Le Routard

Pays basque
(France, Espagne)
Béarn

Cofondateurs : Philippe GLOAGUEN et Michel DUVAL

Directeur de collection et auteur
Philippe GLOAGUEN

Rédacteurs en chef adjoints
Amanda KERAVEL
et Benoît LUCCHINI

Directrice de la coordination
Florence CHARMETANT

Directrice administrative
Bénédicte GLOAGUEN

Directeur du développement
Gavin's CLEMENTE-RUÏZ

Direction éditoriale
Catherine JULHE

Rédaction
Isabelle AL SUBAIHI
Mathilde de BOISGROLLIER
Thierry BROUARD
Marie BURIN des ROZIERS
Véronique de CHARDON
Fiona DEBRABANDER
Anne-Caroline DUMAS
Géraldine LEMAUF-BEAUVOIS
Olivier PAGE
Alain PALLIER
Anne POINSOT
André PONCELET

Conseiller à la rédaction
Pierre JOSSE

Administration
Carole BORDES
Éléonore FRIESS

2016/17

hachette

TABLE DES MATIÈRES

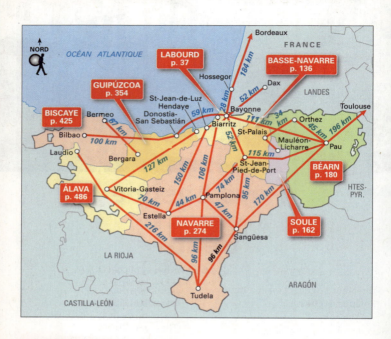

PRÉAMBULE

- La rédaction du *Routard* 8
- Introduction 13
- Nos coups de cœur 14
- Lu sur routard.com 27
- Itinéraires conseillés 28

BON À SAVOIR AVANT LE DÉPART 33

- ABC du Pays basque 33
- Santé 35
- Sites inscrits au Patrimoine
- mondial de l'Unesco 35
- Sites internet 35

LE LABOURD (LAPURDI) 37

- Un peu d'histoire 37

LA CÔTE BASQUE, DE BAYONNE À HENDAYE 38

- Bayonne (Baiona) 40
- Anglet (Angelu) 56
- Biarritz (Miarritze) 60
- Saint-Jean-de-Luz
- (Donibane Lohizune) 85
- Ciboure (Ziburu) 95
- Urrugne (Urruña) 98
- Hendaye (Hendaia) 101

TABLE DES MATIÈRES

LA VALLÉE DE LA NIVELLE 107
- Ascain (Azkaine) 108
- La Rhune (Larrun) 109
- Sare (Sara) 110
- Saint-Pée-sur-Nivelle (Senpere) 114
- Ainhoa 116

LA VALLÉE DE LA NIVE 118
- Ustaritz (Ustaritze) 118
- Espelette (Ezpeleta) 119
- Cambo-les-Bains (Kanbo) 122
- Itxassou (Itsasu) 126

LE PAYS D'HASPARREN ET LE VAL D'ADOUR 128
- Hasparren (Hazparne) 128
- Le val d'Adour et le Pays charnegou 132

LA BASSE-NAVARRE (BEHE NAFARROA) 136
- Un peu d'histoire… et de géo 136
- La Bastide-Clairence (Bastida) 138
- La vallée de l'Arberoue 140
- Bidarray (Bidarrai) 142
- Saint-Étienne-de-Baïgorry (Baigorri) 144
- La vallée des Aldudes 147
- Saint-Jean-Pied-de-Port (Donibane Garazi) 150
- La montagne basque, autour de Saint-Jean-Pied-de-Port 155
- Saint-Palais (Donapaleu) 159

LA SOULE (XIBEROA) 162
- Apprendre la Soule 162
- Dix siècles d'autogestion 163
- Le cœur dur de la culture 164
- Le rallye des cimes 165
- Mauléon-Licharre (Maule-Lextarre) 166
- Le massif des Arbailles 170
- Tardets-Sorholus (Atharratze) 171
- Larrau (Larraine) 174
- Sainte-Engrâce (Santa Grazi) 176
- La forêt d'Iraty 178

LE BÉARN 180
- Où il est d'abord question de Pau… 180
- … Et aussi de poule au pot ! 184
- Et si on parlait béarnais 185
- Béarnais des usines et Béarnais des champs 186
- Le béret « basque » 186
- L'ours des Pyrénées 187
- Personnages 187

PAU ET SES ENVIRONS 188
- Pau 188
- Lescar 203

NORD-BÉARN ET VIC-BILH 204
- Morlaàs 204
- Arzacq 206
- Lembeye 209
- Du vignoble de Madiran et du Vic-Bilh aux coteaux du Jurançon 211

COTEAUX DU JURANÇON ET PIÉMONT 212
- Jurançon 212
- Monein 215
- Balade entre plaine et piémont, au sud-est de Pau 219
- Nay 219

OLORON ET LES VALLÉES PYRÉNÉENNES 223
- Oloron-Sainte-Marie 223

TABLE DES MATIÈRES

La vallée d'Ossau	**234**
VERS LE PIC DU MIDI D'OSSAU ET LE PARC	*244*
La vallée d'Aspe	**246**
La vallée du Barétous	**255**
LE BÉARN DES GAVES	**259**

- Salies-de-Béarn 259
- Orthez 264
- Navarrenx 267
- Sauveterre-de-Béarn 271

LA NAVARRE (NAFARROA) 274

- Un peu d'histoire 274

PAMPLONA (IRUÑA) 279
- Pamplona (Iruña) 279

LES VALLÉES PYRÉNÉENNES 293
La vallée de la Bidasoa **293**
La vallée du Baztán **295**
La vallée de Roncevaux **301**
La vallée d'Irati **305**
La vallée de Salazar **306**
La vallée de Roncal **307**

LA NAVARRE ORIENTALE 310
- La frontière avec l'Aragon 311
- Sangüesa (Zangoza) 312
- Tafalla 315
- Olite (Erriberri) 317

TUDELA (TUTERA) ET LA RIBERA 320
- Réserve de las Bardenas Reales 321
- Tudela (Tutera) 324
- La ribera de l'Èbre 330

LE CHEMIN DE SAINT-JACQUES 333
- Cizur Menor (Zizur Txikia) 334
- Puente la Reina (Gares) 335
- Estella (Lizarra) 338
- Los Arcos 345
- Viana 346

La sierra au nord de Pamplona **347**

LA NAVARRE OCCIDENTALE 348
Lecumberri (Lekunberri) et la sierra d'Aralar **349**
Alsasua (Altsasu) et ses environs **350**
Les sierras d'Urbasa et d'Andia **351**

LE GUIPÚZCOA (GIPUZKOA) 354

- Un peu d'histoire 354

LA ZONE FRONTIÈRE 355
- Hondarribia (Hondarribia) 358
- Irun (Irun) 363

TABLE DES MATIÈRES

DONOSTIA – SAN SEBASTIÁN (DONOSTIA) ET SES ENVIRONS 365
- Donostia – San Sebastián (Donostia) 365

Autour de Donostia – San Sebastián 382
- Pasaia (Pasaia) 382
- Oiartzun (Oiartzun) 384
- Le circuit des cidreries 385

LA CÔTE DU GUIPÚZCOA 387
- Zarautz (Zarautz) 388
- Getaria (Getaria) 394

Le géoparc de la Côte basque 397
- Zumaia (Zumaia) 397
- Deba (Deba) 399
- Mutriku (Mutriku) 401

LES VALLÉES DU GUIPÚZCOA 404
La vallée d'Oria 404
- Tolosa (Tolosa) 405
- Le Goierri 408

La vallée d'Urola 414

La vallée du río Deba 418
- Bergara (Bergara) 419
- Oñati (Oñati) 421

LA BISCAYE (BIZKAIA) 425

- Un peu d'histoire 425

LA CÔTE BISCAYENNE 428
- Bermeo (Bermeo) 429
- Mundaka (Mundaka) 434
- Gernika-Lumo (Gernika-Lumo) 436
- La réserve de la biosphère d'Urdaibai 441
- Entre Gernika-Lumo (Gernika-Lumo) et Lekeitio (Lekeitio) 441
- Lekeitio (Lekeitio) 443
- Ondarroa (Ondarroa) 446

BILBAO (BILBO) ET SES ENVIRONS 449
- Bilbao (Bilbo) 450

LES ENCARTACIONES 470
- Balmaseda (Balmaseda) 470
- La vallée de Karrantza 473

LA VALLÉE D'IBAIZÁBAL (IBAIZABAL) 475
- Le parc naturel de Gorbeia (Gorbeia) 475
- Durango (Durango) 478
- Le parc naturel d'Urkiola 482
- Elorrio (Elorrio) 483

L'ÁLAVA (ARABA) 486

- Un peu d'histoire 486

VITORIA-GASTEIZ (GASTEIZ) ET SES ENVIRONS 487
- Vitoria-Gasteiz (Gasteiz) 490

LA RÉGION DE SALVATIERRA-AGURAIN (AGURAIN) 501
- Salvatierra-Agurain (Agurain) 502

TABLE DES MATIÈRES

LA MONTAÑA ALAVESA 505
- La sierra d'Entzia 506
- Le parc naturel d'Izki 507

LES VALLÉES DE L'OUEST 508
- La sierra de Gorbeia et la région de Zuia 509
- Arceniega (Artziniega) et la vallée d'Ayala (Aiara) 511
- Les vallées du Sud-Ouest 514

LA RIOJA ALAVESA (ARABAKO ERRIOXA) 516
- Laguardia (Gardia) 518
- Labastida (Bastida) 525

COMMENT Y ALLER ? 527
- En train 527
- En bus 530
- En voiture 530
- En avion 530

HOMMES, CULTURE, ENVIRONNEMENT 535
- Achats 535
- Bars 537
- Boissons 538
- Les chemins de Saint-Jacques-de-Compostelle 540
- Cuisine 543
- Droits de l'homme 550
- Économie 551
- Émigration et diaspora 551
- Environnement 552
- *Fueros* ou fors 555
- Géographie 555
- Habitat : l'*etxe* 556
- Histoire 558
- Langue régionale 573
- Médias 574
- Musique, danses et chansons 575
- Personnages 577
- Population 579
- Religions, fêtes et croyances 580
- Sports 581
- *Toro* 586
- *Ventas* 590

PAYS BASQUE – BÉARN UTILE 591
- Avant le départ 591
- Argent, banques, change 592
- Budget 593
- Climat 595
- Dangers et enquiquinements 595
- Fêtes et jours fériés 595
- Hébergement 598
- La langue basque 600
- Livres de route et cartes 604
- Musées et sites 605
- Personnes handicapées 605
- Poste 606
- Randonnées en Pays basque 606
- Sur les chemins de Saint-Jacques-de-Compostelle 607
- Tabac 610
- Taxes et détaxes 610
- Téléphone et télécommunications 611
- Transports 613

Index général 628

Liste des cartes et plans 638

Important : dernière minute

Sauf rare exception, le *Routard* bénéficie d'une parution annuelle à date fixe. Entre deux dates, des événements fortuits (formalités, taux de change, catastrophes naturelles, conditions d'accès aux sites, fermetures inopinées, etc.) peuvent modifier vos projets de voyage. Pour éviter les déconvenues, nous vous recommandons de consulter la rubrique « Guide » par pays de notre site
• routard.com • et plus particulièrement les dernières **Actus voyageurs**.

Recommandation à ceux qui souhaient profiter des réductions et avantages proposés dans le *Routard* par les hôteliers et les restaurateurs.

À l'hôtel, pensez à les demander au moment de la réservation ou, si vous n'avez pas réservé, **à l'arrivée.** Ils ne sont valables que pour les réservations en direct et ne sont pas cumulables avec d'autres offres promotionnelles (notamment sur internet). Au restaurant, parlez-en **au moment** de la commande et surtout **avant** que l'addition soit établie. Poser votre *Routard* sur la table ne suffit pas : le personnel de salle n'est pas toujours au courant et une fois le ticket de caisse imprimé, il est souvent difficile de modifier le total. En cas de doute, montrez la notice relative à l'établissement dans le *Routard* de l'année et, bien sûr, ne manquez pas de nous faire part de toute difficulté rencontrée.

☎ **112 :** c'est le numéro d'urgence commun à la France et à tous les pays de l'UE, à composer en cas d'accident, agression ou détresse. Il permet de se faire localiser et aider en français, tout en améliorant les délais d'intervention des services de secours.

La cathédrale Sainte-Marie à Bayonne

LA RÉDACTION DU ROUTARD

(sans oublier nos 50 enquêteurs, aussi sur le terrain)

Thierry, Anne-Caroline, Éléonore, Olivier, Pierre, Benoît, Alain, Fiona, Gavin's, André, Véronique, Bénédicte, Jean-Sébastien, Mathilde, Amanda, Isabelle, Géraldine, Marie, Carole, Philippe, Florence, Anne.

La saga du *Routard* : en 1971, deux étudiants, Philippe et Michel, avaient une furieuse envie de découvrir le monde. De retour du Népal germe l'idée d'un guide différent qui regrouperait tuyaux malins et itinéraires sympas, destiné aux jeunes fauchés en quête de liberté. 1973. Après 19 refus d'éditeurs et la faillite de leur première maison d'édition, l'aventure commence vraiment avec Hachette. Aujourd'hui, le *Routard*, c'est plus d'une cinquantaine d'enquêteurs impliqués et sincères. Ils parcourent le monde toute l'année dans l'anonymat et s'acharnent à restituer leurs coups de cœur avec passion.

Merci à tous les Routards qui partagent nos convictions : liberté et indépendance d'esprit ; découverte et partage ; sincérité, tolérance et respect des autres.

NOS SPÉCIALISTES PAYS BASQUE ET BÉARN

Fabrice de Lestang : il s'est longtemps levé bien tard puis a subitement réalisé, à 22 ans, que la vie, c'est le mouvement. Régisseur sur les plateaux de tournage 7 jours sur 7, il est passé avec bonheur des décors de studio aux paysages réels. Au *Routard* depuis plus de 20 ans, il se lève désormais très tôt et affiche plus de 100 voyages au compteur.

Gérard Bouchu : bourguignon d'origine, donc volontiers sédentaire, devenu par hasard journaliste spécialisé dans les voyages et la gastronomie. Il a ajouté en 1995 un sac à dos à ses sacs isothermes, pour pouvoir travailler tout en gardant le goût des pays visités. Trekkeur urbain plus que voyageur solitaire, il a toujours aussi soif et faim de nouveautés.

Anne Poinsot : après avoir tâté de l'histoire, de la sociologie et de la sculpture, c'est au *Routard* qu'Anne nourrit chaque jour sa curiosité éclectique, ses désirs d'ailleurs et son goût du mot juste. Toujours l'œil grand ouvert sur la beauté paradoxale du monde. Entre les rencontres, l'exploration de terrain et les plages d'écriture, elle ne voit pas le temps passer…

Amanda, Mathilde et Marie : quand l'une arpente les routes bretonnes en quête de la meilleure pâte à crêpes, l'autre explore le bocage normand à coups de gorgées de cidre, pendant que la troisième chausse ses skis pour dégoter le meilleur refuge alpin. La curiosité, l'enthousiasme et la gourmandise sont leur meilleur sonar, que complètent deux décennies d'expérience à user leurs semelles sur les routes de l'Hexagone. Un trio complice et indépendant qui essaie, entre deux voyages, de garder la ligne.

UN GRAND MERCI À NOS AMI(E)S SUR PLACE ET AILLEURS
Pour cette nouvelle édition, nous remercions particulièrement :

- **Christiane Bonnat, Nathalie Beau de Loménie** et **Cécile Rougier,** du comité départemental du tourisme Béarn-Pays basque ;
- **Laurence Dupreuilh,** de l'office de tourisme de Bayonne ;
- **Katia Puyou,** de l'office de tourisme d'Anglet ;
- **Maylis Garrouteigt** et **Isabelle Eyherabide,** de l'office de tourisme de Biarritz ;
- **Jean-Sébastien Halty,** de l'office de tourisme d'Hendaye ;
- **Serge Ospital,** directeur de l'office de tourisme d'Hasparren ;
- l'incontournable **Myriam,** de l'office de tourisme de Saint-Jean-de-Luz ;
- l'office de tourisme de la Soule au grand complet et les équipes des offices de tourisme de Ciboure, Bidart, Cambo-les-Bains... ;
- Basquetour et tous les offices de tourisme de la région, pour leur professionnalisme ;
- **Elixabete Arbe Iriondo,** de Bilbao Turismo ;
- un remerciement tout particulier à **Itziar,** de Lur, pour son aide remarquable ;
- et, bien sûr, l'office de tourisme d'Espagne à Paris, pour son efficacité sans faille.

Pictogrammes du Routard

Établissements
- Hôtel, auberge, chambre d'hôtes
- Camping
- Restaurant
- Boulangerie, sandwicherie
- Glacier
- Café, salon de thé
- Café, bar
- Bar musical
- Club, boîte de nuit
- Salle de spectacle
- Office de tourisme
- Poste
- Boutique, magasin, marché
- Accès Internet
- Hôpital, urgences

Sites
- Plage
- Site de plongée
- Piste cyclable, parcours à vélo

Transports
- Aéroport
- Gare ferroviaire
- Gare routière, arrêt de bus
- Station de métro
- Station de tramway
- Parking
- Taxi
- Taxi collectif
- Bateau
- Bateau fluvial

Attraits et équipements
- Présente un intérêt touristique
- Recommandé pour les enfants
- Adapté aux personnes handicapées
- Ordinateur à disposition
- Connexion wifi
- Inscrit au Patrimoine mondial de l'Unesco

Tout au long de ce guide, découvrez toutes les photos de la destination sur • *routard.com* • Attention au coût de connexion à l'étranger, assurez-vous d'être en wifi !

© HACHETTE LIVRE (Hachette Tourisme), 2016

Le *Routard* est imprimé sur un papier issu de forêts gérées.
Tous droits de traduction, de reproduction et d'adaptation réservés pour tous pays.
© Cartographie Hachette Tourisme
I.S.B.N. 978-2-01-912475-5

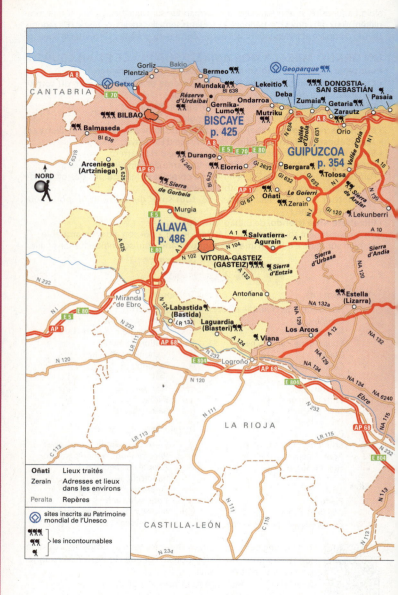

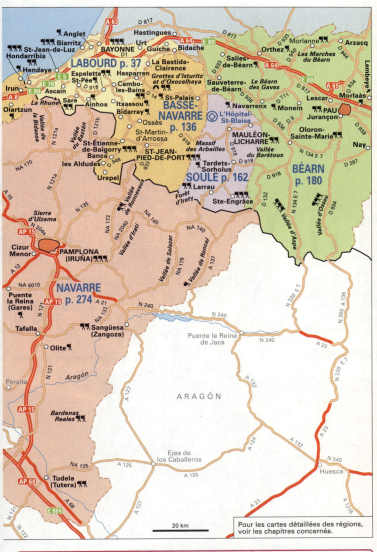

LE PAYS BASQUE ET LE BÉARN

Le port de Getaria

Herria. **C'est ce même mot qui désigne en basque** à la fois le pays et le peuple. Un Basque se nomme lui-même Euskaldun, littéralement « celui qui parle le basque ». Comprendre le Pays basque, c'est comprendre cette alchimie subtile qui unit la langue, l'homme et sa terre.

Le voyageur se laisse, dès l'abord, prendre au piège administratif de Pays basque « français » ou « espagnol ». Et puis… il entendra, dans un village d'Álava, les airs traditionnels qu'il avait essayé de chanter à Bayonne ; il verra, dans une église de Biscaye, danser le même auresku qu'à Saint-Jean-Pied-de-Port ; il entendra partout les mêmes sons rocailleux de la langue, le même nasillement des gaitas – instruments à vent –, la même musique du même monde. Des mêmes signes, au nord comme au sud, qui dessinent le visage de ce qu'il faut bien appeler la civilisation basque.

Le voyageur n'hésitera plus, au bout de quelques jours, à quitter la côte pour aller à la découverte des villages de montagne et des bistrots populaires où s'élaborent les recettes de l'amitié.

Le même voyageur ira même voir côté Béarn si l'herbe n'est pas plus verte que chez le voisin à qui l'Histoire le lie désormais, Pays basque et Béarn faisant tous deux partie du même département des Pyrénées-Atlantiques.

Les Basques sont un peuple de marins qui, dès le XVIe s, allaient chasser la baleine au large du Canada, de missionnaires qui ont cherché leur absolu dans des terres hostiles, de bergers silencieux, de banquiers avisés, d'ouvriers déterminés.

Si vous voulez un symbole, prenez le bataillon Gernika, ces ouvriers des usines de Biscaye et du Gipuzkoa qui ont pris les armes contre Franco et qui, repoussés en France après la défaite de la République, sont entrés dans la Résistance française pour combattre Hitler, au nom d'un idéal de liberté ancré dans l'âme basque.

Voici, en quelques lignes, nos meilleures clés de ce pays. Peut-être incomplètes, mais elles ont été forgées par nos amis basques, et elles sont en or.

Le mont Txindoki

NOS COUPS DE CŒUR

EN FRANCE

① **Flâner le long des quais à Bayonne,** entre les maisons à colombages, et s'embarquer pour une tournée des bars dans le **Petit-Bayonne,** quartier pittoresque et populaire, sans trop savoir comment tout ça finira… (à pied, de toute façon !).

La rue des Tonneliers, passage obligé de la nuit bayonnaise, rappelle le commerce de la paumade, ancêtre du cidre. *p. 48*

Bon à savoir : à l'heure de l'apéro en fin de journée, s'installer sur les quais (côté Petit-Bayonne) pour profiter des derniers rayons du soleil !

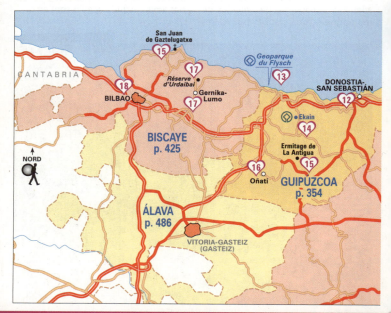

NOS COUPS DE CŒUR 15

② Admirer les surfeurs sur les plages d'Anglet, de Guéthary ou de Biarritz, qui guettent LA vague, quel que soit le temps.

Le surf, venant de Hawaï, débarque à Biarritz au milieu des années 1950. Les spots mythiques des premières années, comme la Côte des Basques, se sont multipliés : on surfe désormais partout ! Aujourd'hui Anglet, plus que Biarritz, est la vraie capitale des surfeurs, qui apprécient les rouleaux de ses 11 plages : les Cavaliers, Marinella, la Madrague, l'Océan, les Corsaires… *p. 59, 74, 83*

Bon à savoir : pour prendre ses premières vagues à Anglet, il y a l'embarras du choix ; chaque plage a son école de surf.

© Sudres Jean-Daniel/hemis.fr

NOS COUPS DE CŒUR

③ Dès la tombée de la nuit, arpenter le front de mer de Biarritz, mis en valeur par un bel éclairage.
Admirer les belles villas et traverser la passerelle métallique jusqu'au rocher de la Vierge. Encore plus impressionnant par gros temps, quand les vagues viennent se fracasser contre les rochers. Attention, ça mouille ! *p. 74*

④ Visiter le port et la vieille ville de Saint-Jean-de-Luz, où Louis XIV s'est marié.
La célèbre station balnéaire a été un port de pêche actif. Malgré le succès sans cesse grandissant, la cité a su préserver tout son charme : une séduisante vieille ville, coquette et bourgeoise, aux ruelles commerçantes bordées de maisons basques. On a un faible pour le port pittoresque et coloré où tanguent les petits chalutiers. *p. 92*
Bon à savoir : le marché des mardi et vendredi (ainsi que samedi en été) est l'un des plus beaux de la région.

NOS COUPS DE CŒUR 17

5 Grimper tout en haut de la Rhune (à pied ou avec le célèbre petit train) pour profiter du panorama époustouflant, entre mer et montagne.
À 10 km de Saint-Jean-de-Luz, la montagne la plus célèbre de la région, véritable borne frontière avec l'Espagne, culmine à 905 m d'altitude. On y croise des troupeaux de pottoks, les fameux petits chevaux basques, élevés en liberté. *p. 109*
Bon à savoir : pour y grimper, on pourra choisir entre le célèbre chemin de fer à crémaillère ou les chemins de randonnée (compter 2h30). On peut aussi combiner les deux.

6 Quitter la côte, à la découverte de beaux villages authentiques qui ont su préserver leur architecture traditionnelle.
Ascain, Espelette, Sare, Ainhoa…, une balade merveilleuse le long de la Nivelle, dans des villages d'opérette, dont les tons blancs, verts, rouges, si francs, si lumineux, éclatent dans les plis veloutés des collines. *p. 107*
Bon à savoir : la vallée est desservie par la compagnie d'autocars Le Basque Bondissant.

7 · **Assister à une frénétique partie de pelote** depuis la terrasse d'un café.

Jeu national ? Non, vous diront les Basques, jeu international, pratiqué un peu partout ! Surtout, jeu fascinant, complexe et simple à la fois. Pas un village qui n'ait son fronton, et, dès qu'un mur est libre, on y trouve deux gamins en train de taper la balle. D'ailleurs qui n'a jamais tapé dans une pelote n'est pas vraiment basque. La pelote est l'un des jeux les plus anciens de la région. *p. 581*

8 · **Se rendre à Urepel, en Basse-Navarre,** l'un des endroits les plus magiques du Pays basque !

Le dernier village de la vallée et une impression indicible de bout du monde. La nature, ici, est admirablement verte, mélancolique et paradisiaque. La forêt est vierge, originelle, à peine dérangée par la main de l'homme. Paix et calme garantis. Évidemment, les balades à pied ne manquent pas. *p. 149*
Bon à savoir : monter sur les hauteurs par l'une de ces routes menant aux fermes isolées, pour le point de vue sur le village et la vallée.

NOS COUPS DE CŒUR

9 **Faire une randonnée dans les gorges de Kakouetta,** le must de la haute Soule, sur la route de Sainte-Engrâce.

La partie la plus impressionnante est un canyon très étroit, de plus de 200 m de haut. L'originalité du parcours réside dans le fait que, pour une fois, on marche au fond du canyon. Un câble le long de la paroi donne un peu plus d'assurance. Quelques passerelles apportent du piment supplémentaire à la balade. Au bout, on parvient à une cascade et à une grotte. *p. 175*

NOS COUPS DE CŒUR

10 **S'enfoncer dans l'immensité du gouffre de la Verna,** dans le massif de La Pierre-Saint-Martin.

Formée il y a plus de 200 000 ans, la Verna est l'une des 10 plus vastes salles souterraines au monde. Ici, ni stalactites ni stalagmites, mais une voûte aussi parfaite que celle d'une cathédrale (tiens, puisqu'on parle de cathédrale, Notre-Dame de Paris tiendrait à l'aise dans la cavité), une rivière qui cascade et baigne une plage de galets, de curieux insectes cavernicoles… Une expérience qui ne se raconte finalement pas, à vivre, inoubliable ! *p. 258*
Bon à savoir : prévoir chaussures et vêtements adéquats, il fait 6 °C en permanence dans la grotte !

EN ESPAGNE

11 **S'attabler, s'accouder, grignoter ou festoyer** dans les innombrables bars à *pintxos* du *Pais vasco*. Ambiance garantie.

Ici, les tapas s'appellent *pintxos* (prononcer « pintchos »), du nom de la petite pique qui les coiffe. Leur variété est confondante : croquettes de morue, de crevettes, omelettes, cassolettes de champignons ou d'escargots, seiches grillées, moules à l'escabèche, araignée de mer, etc. Les ingrédients qui composent les *pintxos* sont très variés, et certains bars se font une fierté de leur créativité : on organise même des concours !

NOS COUPS DE CŒUR

12 **Profiter du très beau site naturel de Donestia-San Sebastián, lovée autour de sa splendide baie.**
Sa superbe plage de la Concha, en croissant, arbore toujours une séduisante architecture Belle Époque et surtout le meilleur de la gastronomie basque. Incontournable aussi, la vieille ville aux rues étroites, jeune, dynamique et fort animée. Si San Sebastián vibre toute l'année, cela devient épique à l'occasion du Festival de cinéma (en septembre), et surtout lors de la *Semana Grande*, une succession ininterrompue de concerts, feux d'artifice, etc., au cours de la semaine du 15 août. *p. 378*

NOS COUPS DE CŒUR

13 Marcher sur le *flysch*, **véritable livre d'histoire géologique** composé de sédiments marins vieux de 60 millions d'années, dans le Geoparque de l'Unesco, entre Zumaia, Deba et Mutriku.

Ces belles lignes de sédiments marins s'étendent sur 8 km de côte et n'émergent qu'à marée basse. Concrètement, de multiples visites sont proposées par les trois offices de tourisme concernés : côté mer, différentes visites du *flysch* à pied ou en bateau ; côté terre, des visites de fermes, moulins, etc. Plus de nombreuses randonnées et circuits à VTT. *p. 397*
Bon à savoir : ttes les infos détaillées sur • geoparkea.com •

14 Parcourir l'une des nombreuses grottes préhistoriques, **ou sa réplique, comme celle d'Ekain,** classée par l'Unesco.

À l'instar de Lascaux, il s'agit de la réplique d'une grotte datant de la période magdalénienne, découverte en 1969. L'intérieur (qui baigne dans une musique appropriée et une douce pénombre) est couvert de peintures de chevaux, cerfs, bovidés… Une visite que les amateurs d'art primitif ne manqueront pas, d'autant qu'elle est complétée par un espace multimédia sur la grotte originale et l'art rupestre en général. *p. 416*
Bon à savoir : résa impérative sur ☎ 943-86-88-11 ou sur • ekainberri.com • Compter min 2h de visite.t

NOS COUPS DE CŒUR

© Azam Jean-Paul/hemis.fr

⑮ **Se recueillir à l'ermita de La Antigua, à Zumarraga (Guipúzcoa) ou à l'ermita de San Juan de Gaztelugatxe (Biscaye), deux des plus beaux ermitages du Pays basque.**

Le premier, perché sur une colline dans un site unique, domine toute la région de sa structure romane, avec une superbe charpente en carène de bateau renversée. Quant à l'ermita de San Juan, proche de Bakio, c'est une minuscule presqu'île posée sur l'azur profond, coiffée d'une charmante petite église du Xe s. *p. 417, 434*
Bon à savoir : lors du pèlerinage à La Antigua, le 2 juil, antique danse de l'épée ; l'ermita de San Juan est ouv tlj sf dim ap-m et lun en juil-août.

24 NOS COUPS DE CŒUR

(16) Vivre la ferveur populaire d'une procession religieuse, par exemple **lors des fêtes de *Corpus Christi* dans la splendide Oñati.**
Durant 10 jours, elles donnent lieu à d'extraordinaires processions organisées par la confrérie du Saint-Sacrement. On y voit le Christ, les apôtres, et surtout saint Michel habillé comme un roi aztèque, avec des plumes roses sur la tête. De nombreuses danses traditionnelles basques ne sont exécutées que ce jour-là. *p. 423*
Bon à savoir : en 2016, à partir du 26 mai ; détails du calendrier sur • onati.eus **/** turismo. euskadi.eus •

NOS COUPS DE CŒUR

17 Revisiter l'Histoire à Gernika, ville martyre dont Pablo Picasso a fait une œuvre inoubliable.
Outre la reproduction de la célèbre toile en céramique (grandeur nature), on y visitera le petit musée de la Paix et on s'inclinera devant l'Arbre de Gernika, symbole des libertés basques. La ville est aussi un bon point de départ pour explorer la réserve de la biosphère d'Urdaibai, créée en 1984 par l'Unesco : plages, falaises, forêts, collines, marais ou estuaire, c'est un panorama complet des jolis paysages de Biscaye. *p. 440*
Bon à savoir : *on peut explorer la réserve de la biosphère à pied, à VTT ou en canoë-kayak.* • turdabai.com •

NOS COUPS DE CŒUR

 Découvrir l'étonnante Bilbao, ville séduisante, après avoir visité le magnifique musée Guggenheim, figure de proue du nouveau visage de la ville.

Inauguré en 1997, ce bâtiment construit par l'équipe de l'architecte californien Frank O. Gehry est une merveille. Depuis, Bilbao fait appel à tout ce que l'architecture contemporaine compte de grands noms pour édifier nouveaux ponts et nouveaux quartiers. Le vieux quartier, lui, avec ses ruelles, son marché couvert, ses maisons anciennes et ses bars branchés… dégage un vrai charme. Enfin, les gastronomes seront servis car la créativité culinaire se manifeste dans les nombreux bars à *pintxos*. *p. 463*

Bon à savoir : *réserver pour le musée Guggenheim afin d' éviter la file d'attente.*
• *guggenheim-bilbao.es* •

Zubizuri, © Santiago Calatrava © Adagp, Paris, 2016 © Maisant Ludovic/hemis.fr

Lu sur routard.com

Bilbao et Donostia-San Sebastián, à l'avant-garde
(tiré du carnet de voyage de Jean-Philippe Damiani)

D'un côté, l'une des prouesses architecturales les plus fascinantes de notre temps : le musée Guggenheim de Bilbao. De l'autre, San Sebastián (Donostia en basque), la capitale européenne de la culture 2016 : une cité balnéaire Belle Époque, située au creux de l'une des plus belles baies de la péninsule Ibérique. **Culture et avant-gardisme, farniente et bonne chère...** Tous les ingrédients d'un week-end réussi se trouvent au Pays basque, de l'autre côté des Pyrénées.

Bilbao, le poumon industriel du Pays basque, a désormais sa cathédrale où l'on vénère... l'art contemporain. Le *musée Guggenheim,* signé par l'architecte d'origine canadienne Frank O. Gehry, est sans doute l'édifice le plus fascinant, déroutant et innovant de notre époque. Cette merveille, inaugurée en 1997, mérite à elle seule le voyage à Bilbao. Sa structure organique, qui évoque un poisson recouvert de fines écailles de titane, ondule harmonieusement et reflète admirablement la lumière. Autre prouesse : le musée s'articule autour d'un vaste atrium de 50 m de haut, surmonté d'une verrière d'où la lumière naturelle se diffuse sur 3 niveaux et dans les 18 salles d'exposition d'une surface de 10 000 m². La plus grande salle, qui s'étend sous un pont reliant les deux rives du Nervion, fait 130 m de long ! Il faut le voir pour le croire.

San Sebastián-Donostia, qui se trouve à une centaine de kilomètres à l'est de Bilbao, se rejoint facilement en train ou en voiture depuis cette dernière. Autre merveille, cette fois-ci naturelle : la baie de la Concha, en forme de coquille (*concha* en espagnol), au creux de laquelle se love San Sebastián-Donostia. Station balnéaire à la mode depuis le XIXᵉ s, la ville a de beaux restes : de superbes immeubles Belle Époque, un casino, une vieille ville animée aux rues étroites, un port charmant aux maisons recouvertes de carreaux en céramique et, surtout, une belle plage de sable de 1,5 km de long. Loin d'être une station balnéaire désuète, San Sebastián est une ville étudiante très vivante où il y a pas mal de jeunes et beaucoup de festivals (jazz, cinéma, musique...) tout au long de l'année. Et en 2016, San Sebastián est *capitale européenne de la culture,* avec plus de 200 événements au programme !

La nouvelle cuisine basque possède désormais une réputation internationale. Les deux maîtres incontestés de cette école, Juan Maria Arzak et Martin Berasategui, ont leurs restaurants (qui portent leur nom) à San Sebastián. Car cette ville est épicurienne et on vient de loin pour déguster les *pintxos,* des tapas à la mode basque, dans les établissements de la vieille ville. Et il suffit de fréquenter les *bars à pintxos* un samedi soir pour comprendre ce que s'amuser – et se régaler – veut dire...

Retrouvez l'intégralité de ce reportage sur

Et découvrez plein d'autres récits et infos

ITINÉRAIRES CONSEILLÉS

Les essentiels

Ce territoire est sacrément étendu : sept provinces basques à cheval entre la France et l'Espagne, sans oublier le Béarn qui ne quitte pas de vue les Pyrénées. Au confluent de l'Adour et de la Nive, *Bayonne (1)* et ses quartiers typiques se découvrent à pied. Pour poser les jalons, visitez le Musée basque, côté Petit-Bayonne. La côte, jusqu'au ravissant port de pêche de *Saint-Jean-de-Luz (2)* en passant par *Biarritz (3)* et ses villas Belle Époque, garantit la baignade dans un océan tonique ! Pour un repas ou un verre en surplomb des flots, le must reste le minuscule port de *Guéthary (4)*. Enfoncez-vous dans l'arrière-pays pour découvrir *Ainhoa (5)*, charmant village sorti tout droit d'une carte postale, et *Saint-Étienne-de-Baïgorry (6)*, où sont concentrés les producteurs d'irouléguy. Goûtez au charme médiéval de *Saint-Jean-Pied-de-Port (7)* avant de repartir d'un pied alerte vers *Mauléon-Licharre (8),* ancienne bastide devenue capitale de l'espadrille. En Béarn, *Oloron-Sainte-Marie (9),* Ville d'art et d'histoire, est à la croisée des chemins. De là, plongez vers la *vallée d'Aspe (10)* ou *celle du Barétous (11)* pour de mémorables balades. Ou rejoignez Pau, d'où la vue sur les Pyrénées est splendide. Première étape côté sud, la festive et très chic *Donostia-San Sebastián (12)*, puis *Getaria (13)*, délicieux port de pêche qui séduira toutes les fashionistas avec son musée Balenciaga. Dans les terres, *Tolosa (14)* pour son beau centre ancien, *Zestoa (15)* et sa réplique de la grotte d'Ekain, couverte de représentations animales, et enfin la *basilique d'Arantzazu (16)*, un sanctuaire parmi les plus vénérés

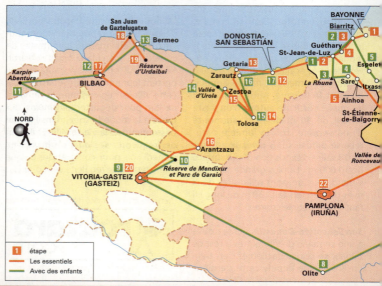

ITINÉRAIRES CONSEILLÉS

du Gipuzkoa. En Biscaye, *Bilbao (17)* et son incontournable museo Guggenheim, mais aussi son *casco viejo* et son Ensanche au cordeau. Sur la côte, comme une bouffée de bout du monde, la presqu'île coiffée de l'*ermita de San Juan de Gaztelugatxe (18)*, avant de s'activer dans la *réserve de la biosphère d'Urdaibai (19)* à pied, à VTT ou en canoë. Résolument dans les terres, *Vitoria-Gasteiz (20)* suivi d'une virée dans les vignobles de la *Rioja alavesa*. Enfin la *vallée de Roncevaux (21)* entre de plain-pied en Navarre et dans l'histoire de la Reconquête, sans oublier *Pamplona (22)*.

Avec des enfants

Si l'océan attire les enfants comme un aimant, préférez les eaux placides de la baie de *Saint-Jean-de-Luz (1)* aux rouleaux déchaînés ! À l'aquarium de *Biarritz (2)*, découvrir la faune marine est un enchantement ! Et jumelez la visite avec la Cité de l'océan pour une exploration des abysses, avant de saliver au musée du Chocolat. Puis quittez le littoral pour partir à l'assaut de la *Rhune (3)*, en train, et engouffrez-vous dans les étonnantes grottes de *Sare (4)*. Avis aux gourmands, le musée du Gâteau basque est tout proche ! Autre spécialité, le piment, dont on visite l'atelier à *Espelette (5)*. À *Itxassou (6)*, les sportifs descendront la Nive en rafting tandis que les plus petits s'attendriront à la Forêt des Lapins. En Béarn, le parcours ludique de la Falaise aux Vautours à *Aste-Béon (7)* permet d'observer d'impressionnants rapaces. Côté sud, le *Palacio Real de Olite (8)* évoque l'univers de Walt Disney, tandis qu'à *Vitoria-Gasteiz (9)* on bataille au museo Fournier de Naipes, un musée des cartes à jouer. Pour les petits ornithologues, le *parc de Garaio et la réserve de Mendixur (10)* déploient leurs trésors à plumes (et même des zones de trempette). Si on attaque la Biscaye par le sud-ouest, on tombe sur *Karpin Abentura (11)* et ses dinosaures qui gesticulent ! Quant au *musée Guggenheim à Bilbao (12)*, même les plus jeunes seront sensibles à son extravagante architecture. À *Bermeo (13)*, les moussaillons adorent le *ballenero Aita Guria*, fidèle reconstitution d'un baleinier du XVIe s. Puis balade en *train à vapeur dans la vallée d'Urola (14)*, après une étape au museo vasco del Ferrocarril. Quelques douceurs au musée de la Confiserie à *Tolosa (15)* (et une étonnante collection de marionnettes), avant de plonger vers la plage de *Zarautz (16)* ou l'*aquarium de Donostia-San Sebastián (17)*.

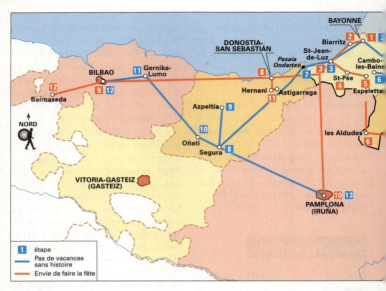

Pas de vacances sans Histoire

Remonter le temps au Pays basque nous amène aux *grottes d'Isturitz (1),* où les peintures rupestres témoignent de la vie et de l'activité artistique au Paléolithique ! Pour s'imprégner de l'Histoire plus récente, arpentez les ruelles typiques du *Vieux Bayonne (2)* à la découverte du riche patrimoine de la ville. Côté têtes couronnées, Louis XIV s'est marié à *Saint-Jean-de-Luz (3),* où il a occupé un superbe hôtel particulier. Au siècle précédent, la naissance du futur Henri IV au château de *Pau (4)* a été un événement qu'on peut admirer en peinture au musée des Beaux-Arts de la ville. Au château moyenâgeux de *Montaner (5),* on suit les traces du seigneur Gaston III Fébus. À découvrir si possible le deuxième week-end de juillet à l'occasion du festival Les Médiévales. Et comme Cyrano est entré dans l'histoire littéraire, allez donc visiter la fastueuse *Villa Arnaga* construite par l'auteur Edmond Rostand, à *Cambo-les-Bains (6).* Pas de Pays basque sans marin : à *Pasaia Ondartxo (7), Arbaola* construit la réplique d'un galion du XVIe s, le *San Juan,* dont l'épave fut retrouvée au large du Canada. Et *Segura (8),* l'une des multiples cités fondées par Alfonse X le Sage au XIIIe s, affiche plus de palais que de maisons ! Histoire plus industrielle, le museo vasco del Ferrocarril à *Azpeitia (9),* laquelle abrite aussi le santuario de Loyola. Quant à *Oñati (10),* son passé mouvementé et prospère se lit dans ses églises et sa splendide université Renaissance. Une pensée émue pour *Gernika-Lumo (11),* ville martyre de la guerre d'Espagne immortalisée par Picasso, avant de prolonger cette découverte de l'art au musée des Beaux-Arts de *Bilbao (12),* qui complète l'incontournable Guggenheim (sans oublier le museo Vasco, aux riches collections historiques et ethnographiques). Enfin, n'oublions pas *Pamplona (13),* l'une des villes d'Espagne les plus chargées d'histoire : ce n'est pas rien d'être le verrou d'une plaine !

ITINÉRAIRES CONSEILLÉS

Envie de faire la fête

La fête colle aux Basques plus encore que la terre qu'ils foulent de leurs espadrilles. Les *fêtes de Bayonne (1),* c'est juste un des plus gros événements festifs de France, chaque année, fin juillet. Pour compenser, à *Biarritz (2),* autour des Halles, c'est la fête toute l'année, le soir, faut juste s'accrocher aux tonneaux. La sage *Saint-Jean-de-Luz (3)* est devenue tendance, avec ses bars éphémères, sa guinguette, des lieux où l'on se presse par centaines, à la nuit tombée. Au point qu'on en oublierait d'évoquer les internationaux de *cestapunta,* car la ville est un haut lieu de la pelote basque. À *Saint-Pée-sur-Nivelle (4), Herri Urrats,* le deuxième dimanche de mai au lac de Saint-Pée. La fête de la langue basque, qui rassemble les meilleurs artistes basques et les enfants des *ikastolak*. À *Espelette (5),* bien sûr, c'est la fête du Piment qui échauffe les cœurs. Dans la *montagne basque (6),* à l'automne, c'est à la palombe que les chasseurs font leur fête, inutile de faire la grimace, tout le pays se vide pour partir la chasser, ou plutôt la manger. Et en *Soule (7),* bien sûr, on cultive la tradition, on ne rigole pas avec les spectacles de danses basques, encore moins avec les chants. Une messe en basque prend même des allures festives, c'est tout dire. Si de belles fêtes rythment la vie de *Donostia-San Sebastián (8)* ou de *Bilbao (9),* il faut bien avouer qu'elles s'éclatent toute l'année, et que l'animation est haute en couleur autour des bars à *pintxos* très créatifs de ces deux cités. À *Pamplona (10),* on ne manquera pas les fêtes de la *San Fermín* du 6 au 16 juillet : pendant une semaine, un déchaînement, entre lâcher de taureaux, fanfares de quartier et ouverture de tonneaux… la ville devient un festival éclaté ! Pour reprendre votre souffle, rien ne vaut la tournée des cidreries, *entre Hernani et Astigarraga (11),* pour s'initier au *txotx*. Enfin, assister à la Semaine sainte de *Balmaseda (12)* s'avère une expérience inoubliable : les Jeudi et Vendredi saints, plus de 500 bénévoles interprètent la Passion et le chemin de croix, avec un réalisme et une conviction confondants !

Les fêtes de Bayonne

Dans la vieille ville de Fontarrabi

BON À SAVOIR AVANT LE DÉPART

ABC du Pays basque

Divisions traditionnelles
- *Sept provinces :* Labourd (Lapurdi), Basse-Navarre (Behe Nafarroa), Soule (Xiberoa), Guipúzcoa (Gipuzkoa), Biscaye (Bizkaia), Navarre (Nafarroa), Álava (Araba).
- *Capitales :* Bayonne (*Baiona,* 46 190 hab.), Saint-Jean-Pied-de-Port (*Donibane-Garazi,* 1 700 hab.), Mauléon-Licharre (*Maule-Lextarre,* 3 440 hab.), Saint-Sébastien (*Donostia,* 186 200 hab.), Bilbao (353 200 hab.), Pamplona (*Iruña,* 198 500 hab.), Vitoria-Gasteiz (240 000 hab.).

Divisions administratives actuelles
- *Au nord :* les trois provinces du Labourd, de la Basse-Navarre et de la Soule composent l'arrondissement de Bayonne et une partie de l'arrondissement d'Oloron (département des Pyrénées-Atlantiques).
- *Au sud :* les provinces de Guipúzcoa, Biscaye et Álava composent la Communauté autonome d'Euskadi. La Navarre forme la Communauté forale de Navarre.

Données générales
- *Superficie :* 20 747 km^2.
- *Monnaie :* l'euro.

Langues officielles :
- *dans le Sud :* l'espagnol et le basque ;
- *dans le Nord :* le français.
- *Population :* env 3 030 000 hab. dont 275 000 hab. au nord ; Navarre : 644 600 hab. ; Euskadi : 2 193 100 hab.

Principales industries
- *Au sud :* la métallurgie et les industries de transformation des métaux, l'agroalimentaire.
- *Au nord :* un peu d'aéronautique et la glisse (certains parlent de Glissicon Valley pour caractériser le boom de tout ce qui est lié au surf et aux sports de glisse sur la Côte basque).

Adresses utiles

Comité départemental du tourisme Béarn – Pays basque : *2, allée des Platanes, 64100 Bayonne.* ☎ *05-59-30-01-30.* • *tourisme64.com* • Pour le Nord (côté France) seulement, évidemment. Envoi sur simple demande des informations et documents thématiques : sports et nature, culture et art de vivre, pêche en eau douce...

Gîtes de France des Pyrénées-Atlantiques : *4, rue Notre-Dame, 64100 Bayonne. Et 20, rue Gassion, 64000 Pau.* ☎ *05-59-11-20-64.* • *gites-de-france-64.com* •

ℹ️ Office Espagnol de tourisme à Paris : *pas d'accueil du public, mais rens touristiques lun-jeu 9h-17h, ven 9h-14h au* ☎ *01-45-03-82-50, sur* ● *paris@tourspain.es* ● *ou sur* ● *spain.info/fr_FR* ● Très compétents et efficaces, n'hésitez pas à les contacter, notamment pour le calendrier des fêtes. Nombreuses brochures très bien faites téléchargeables sur le site. Également des offices espagnol du tourisme en **Belgique,** en **Suisse** et au **Canada,** ainsi que des consulats et ambassades d'Espagne dans ces différents pays (voir plus loin le chapitre « Pays basque – Béarn utile. Avant le départ »).

Formalités

Pour les ressortissants français, belges et suisses, la **carte d'identité** ou le **passeport** en cours de validité suffisent pour entrer sur le territoire espagnol. Les ressortissants canadiens se verront demander leur passeport en cours de validité (pour les séjours touristiques de moins de 90 jours).

> Avant de partir, pensez à scanner passeport, visa, carte de paiement, billet d'avion et *vouchers* d'hôtel. Ensuite, adressez-les-vous par e-mail, en pièces jointes. En cas de perte ou vol, rien de plus facile pour les récupérer dans un cybercafé. Les démarches administratives en seront accélérées. Merci tonton Routard !

Carte internationale d'étudiant (carte ISIC)

Elle prouve le statut d'étudiant dans le monde entier et permet de bénéficier de tous les avantages, services et réductions dans les domaines du transport, de l'hébergement, de la culture, des loisirs, du shopping... La carte ISIC permet aussi d'accéder à des avantages exclusifs sur le voyage (billets d'avion spécial étudiants, hôtels et auberges de jeunesse, assurances, location de voiture...).

Renseignements et inscriptions

– **En France :** ● *isic.fr* ●
– **En Belgique :** ● *isic.be* ●
– **En Suisse :** ● *isic.ch* ●
– **Au Canada :** ● *isiccanada.com* ●

Carte d'adhésion internationale aux auberges de jeunesse (carte FUAJ)

Cette carte vous ouvre les portes des 4 000 auberges de jeunesse du réseau HI-Hostelling International en France et dans le monde. Vous pouvez ainsi parcourir 90 pays à des prix avantageux et bénéficier de tarifs préférentiels avec les partenaires des Auberges de Jeunesse HI. Enfin, vous intégrez une communauté mondiale de voyageurs partageant les mêmes valeurs : plaisir de la rencontre, respect des différences et échange dans un esprit convivial. Il n'y a pas de limite d'âge pour séjourner en auberge de jeunesse. Il faut simplement être adhérent.

Renseignements et inscriptions

– **En France :** ● hifrance.org ●
– **En Belgique :** ● lesaubergesdejeunesse.be ●
– **En Suisse :** ● youthhostel.ch ●
– **Au Canada :** ● hihostels.ca ●

Si vous prévoyez un séjour itinérant, vous pouvez réserver plusieurs auberges en une seule fois en France et dans le monde : ● hihostels.com ●

SANTÉ

Pour un séjour temporaire en Espagne, pensez à vous procurer la **carte européenne d'assurance maladie**. Il vous suffit d'appeler votre centre de Sécurité sociale (ou de vous connecter au site internet de votre centre, encore plus rapide !), qui vous l'enverra sous une quinzaine de jours. Cette carte fonctionne avec tous les pays membres de l'Union européenne (y compris les derniers arrivés), ainsi qu'en Islande, au Liechtenstein, en Norvège et en Suisse. C'est une carte plastifiée bleue du même format que la carte Vitale. Valable 1 an, elle est gratuite et personnelle : chaque membre de la famille doit avoir la sienne, y compris les enfants.

Attention, les remboursements ne couvrent pas les soins dispensés par les cliniques privées. Si vous vous adressez à l'une d'elles, il vous faudra, au retour, prouver que ce choix était motivé par une urgence alors que l'hôpital public était trop éloigné.

SITES INSCRITS AU PATRIMOINE MONDIAL DE L'UNESCO

Organisation des Nations Unies pour l'éducation, la science et la culture

En coopération avec le centre du patrimoine mondial de l'UNESCO

Pour figurer sur la liste du Patrimoine mondial, les sites doivent avoir une valeur universelle exceptionnelle et satisfaire à au moins un des 10 critères de sélection. La protection, la gestion, l'authenticité et l'intégrité des biens sont également des considérations importantes.

Le patrimoine est l'héritage du passé dont nous profitons aujourd'hui et que nous transmettons aux générations à venir. Nos patrimoines culturel et naturel sont deux sources irremplaçables de vie et d'inspiration. Ces sites appartiennent à tous les peuples du monde, sans tenir compte du territoire sur lequel ils sont situés. Pour plus d'informations : ● whc.unesco.org ●

– En Biscaye : *le pont Vizcaya* (2006, à Getxo), *la grotte de Santimamiñe* (2008) et *la cathédrale de Bilbao* (2015).
– En Guipúzcoa : *la grotte d'Ekain,* au titre de « l'art rupestre paléolithique du nord de l'Espagne » (2008).
– **Les chemins de Saint-Jacques-de-Compostelle** (1993 pour la Navarre, et 1998 pour la France), étendus en 2015 au Pays basque avec le *camino Francés* et les *chemins Pays basque-La Rioja, Liébana et le chemin primitif.*

SITES INTERNET

Premier conseil : sur vos moteurs de recherche, tapez « euskadi » ou « euskalherria ». Vous verrez apparaître des dizaines de sites, souvent minuscules mais où l'on peut glaner plein d'infos. Et évidemment, chaque ville, chaque parc naturel et chaque région *(comarca)* a son site Internet !

- *routard.com* • Rejoignez la plus grande communauté francophone de voyageurs ! Échangez avec les routarnautes : forums, photos, avis d'hôtels. Retrouvez aussi toutes les informations actualisées pour choisir et préparer vos voyages : plus de 200 fiches pays, une centaine de dossiers pratiques et un magazine en ligne pour découvrir tous les secrets de votre destination. Enfin, comparez les offres pour organiser et réserver votre voyage au meilleur prix. Routard.com, le voyage à portée de clics !

Pour le Nord (côté France)

- *tourisme64.com* • C'est le site officiel du Comité départemental du tourisme, clair et complet pour prévoir son séjour (hébergements, activités, loisirs, séjours à thèmes...) en Béarn comme au Pays basque.
- *terreetcotebasques.com* • Site officiel des offices de tourisme du pays d'Hendaye – Saint-Jean-de-Luz.
- *lavelodyssee.com* • Pour organiser son périple le long de la Vélodyssée, un itinéraire vélo de 1 400 km allant de Roscoff à Hendaye en passant par la Bretagne, la Vendée, la Charente-Maritime et le littoral aquitain.

Pour le Sud (côté Espagne)

- *navarra.es* • et • *turismo.navarra.es* • Sites officiels, ce sont les meilleurs pour la Navarre. Propositions de centres de réservation et visites virtuelles. Hébergent aussi la quasi-totalité des sites touristiques des villes. En français, espagnol, basque et anglais.
- *turismoa.euskadi.eus* • En basque, espagnol, français, etc. Portail plutôt sympa et riche en infos touristiques. Nombreuses brochures à télécharger, y compris en version mobile pour certaines.
- *mybilbaobizkaia.eus* • En basque, espagnol et anglais. Le site officiel du tourisme de Bizkaia.
- *alava.net* • et • *alavaturismo.com* • En basque, espagnol et anglais. Sites officiels de l'Álava, très bien faits et pratiques (infos culturelles, touristiques, transports, etc.).
- *spain.info/fr_FR* • Le site officiel de l'office de tourisme d'Espagne.
- *xacobeo.es* • Le site officiel des chemins de Saint-Jacques. Et aussi : • *caminosantiago.org* •, avec quelques infos pratiques, mais pas souvent mis à jour. Quant à • *chemindecompostelle.com* •, il est entièrement en français et très complet.
- *fedme.es* • Le site officiel de la Fédération espagnole des sports de montagne et d'escalade : la bible des randonneurs, avec les dernières nouvelles sur les GR et leurs aménagements, les refuges, etc.

LE LABOURD (LAPURDI)

| LA CÔTE BASQUE, DE BAYONNE À HENDAYE.................. 38 | LA VALLÉE DE LA NIVELLE .... 107 LA VALLÉE DE LA NIVE... 118 | LE PAYS D'HASPARREN ET LE VAL D'ADOUR........ 128 |

● Carte p. 38-39

Région maritime au nord du Pays basque dont la plupart des visiteurs ignorent le nom, alors qu'ils peuvent vous énumérer villes et villages célèbres qui jouent ici à touche-à-touche entre Bayonne et Hendaye. Fréquenté (même un peu trop, en saison) pour sa façade atlantique, le Labourd cumule aussi les attraits d'une très belle montagne et d'une campagne pittoresque, que les vrais amoureux du Pays basque adorent. Si l'on ne présente plus ses ports de pêche et ses célèbres stations balnéaires (Biarritz, Saint-Jean-de-Luz...), le Labourd dévoile ses charmes plus secrets à qui s'enfonce au pied de la montagne de la Rhune, dans cette zone de contact entre terres gasconnes et basques où les villages d'Ascain, Ainhoa, Espelette ou Sare révèlent leurs admirables architectures rurales.

UN PEU D'HISTOIRE

Si le Labourd ne possède pas de grottes ornées comme la Navarre ou la Biscaye, les traces anciennes de l'homme y sont nombreuses, sous forme d'abris sous roche, de dolmens ou de cromlechs. Douceur du climat et richesse de la végétation furent les moteurs de cette implantation.
Envahis par les Celtes d'abord (il y a des mines d'or celtes à Itxassou), puis par les Romains, les Labourdins ont appris à se mélanger à tous ceux qui ont fait de la côte une voie de passage. Si on ne sait rien du haut Moyen Âge (à part l'évangélisation du pays par saint Léon), Bayonne et ses environs commencent à apparaître dans les textes dès le XIe s, juste avant de passer sous domination anglaise : le Labourd fait partie de l'Aquitaine qu'Aliénor apporte en dot à son Plantagenêt de mari.
C'est l'âge d'or. Les marins basques sont les favoris des rois d'Angleterre : ils se battent, commercent, apportent en Flandres les laines de Navarre et en Normandie le cidre de Guipúzcoa. En plus, ils bénéficient d'un tas d'exonérations fiscales. Mais tout n'a qu'un temps, et quand Jeanne d'Arc boute les Anglais hors de France, les Labourdins retournent à leurs labours...
Sous l'Ancien Régime, l'organisation juridique de la région est bicéphale : Bayonne est régie par un droit « coutumier » qui emprunte des traits à toute l'Aquitaine, tandis que le reste du pays vit sous la « coutume de Labourd », totalement basque. Un exemple : dans le Labourd, c'est l'aîné, garçon ou fille, qui hérite, tandis qu'à Bayonne la fille est exclue de l'héritage. Dans les faits, Bayonne a peu de rapports avec les terres voisines, sauf pour en exporter les produits. La montée en puissance de Saint-Jean-de-Luz comme port de pêche et de guerre entraînera une certaine rivalité entre les deux ports.
En incluant le Pays basque dans le département des Basses-Pyrénées, la Révolution modifiera profondément l'équilibre de la région. Aujourd'hui, le pendule a changé de sens. La croissance démographique et l'impact du tourisme sur la côte font du Labourd une destination toujours plus prisée.

LE LABOURD / LA CÔTE BASQUE, DE BAYONNE À HENDAYE

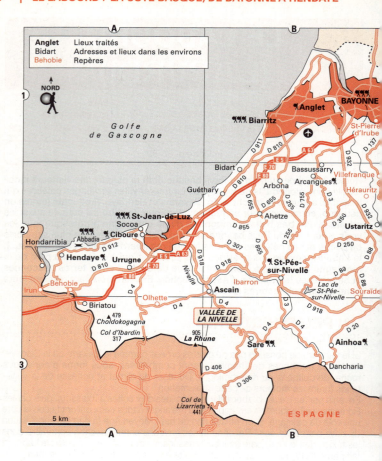

LA CÔTE BASQUE, DE BAYONNE À HENDAYE

- Bayonne (Baiona) 40
- Anglet (Angelu) 56
- Biarritz (Miarritze) 60
  - Arcangues (Arrangoitze) • Arbona
  - Ahetze • Bidart (Bidarte) • Guéthary (Getaria)
- Saint-Jean-de-Luz (Donibane Lohizune) 85
- Ciboure (Ziburu) 95
- Urrugne (Urruña) 98
  - La chapelle Notre-Dame-de-Socorri
  - Le château d'Urtubie
  - Wowpark • Les *ventas* du col d'Ibardin
- Hendaye (Hendaia) 101
- Le domaine d'Abbadia et la corniche basque
- La Maison de la corniche / Asporotsttipi • Le château-observatoire Abbadia • Biriatou (Biriatu) • Hondarribia (Hondarribia)

Vous êtes sur la Côte basque. De Bayonne à Hendaye se succèdent plages, stations balnéaires, villas cossues et terrains de golf. Cette bande côtière

LA CÔTE BASQUE, DE BAYONNE À HENDAYE | 39

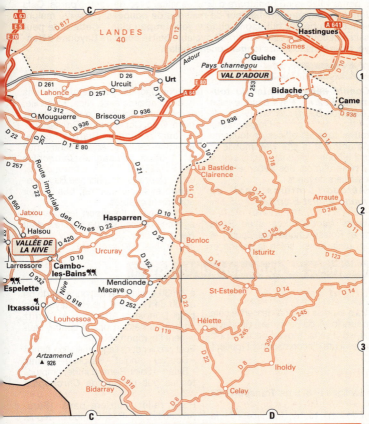

LE LABOURD

de moins de 10 km de large bénéficie d'une géologie tourmentée : les falaises de flysch strié tombent dans la mer, préservant des plages de toute beauté souvent difficilement accessibles. Impossible de construire sur les falaises, impossible de s'établir à leur pied...
Un jour, les petits villages de pêcheurs ont vu débarquer les calèches, puis les Hispano-Suiza. Comme la place était rare, on a cherché (et trouvé)

LE *ROUTARD* DU POLICIER

Dans les années 1950, l'Amicale nationale des policiers éditait et distribuait aux agents un étonnant petit Guide pratique de la Côte basque. *Si l'ouvrage se voulait culturel – on y décrivait aussi bien la langue basque que les règles de la pelote, il devait surtout permettre au gardien de la paix de « réunir un ensemble de renseignements [...] lui permettant de répondre aux innombrables questions qui lui sont posées chaque jour ». Bref, de quoi transformer les flics en agents... touristiques !*

des petits villages où construire d'amples villas avec de vastes parcs. Cela a donné ce paysage enchanteur de maisons de poupées, préservé malgré l'avancée du béton, qui gagne chaque jour un peu plus... Cette côte peut aussi se découvrir à vélo. Un circuit cyclable balisé court de Bayonne à Hendaye, mais sans toujours longer l'océan, hélas.

Adresses utiles

Comité départemental du tourisme du Béarn – Pays basque (plan de Bayonne B3, 1) : ☎ 05-59-30-01-30. ● tourisme64.com ● On peut aussi retrouver tous les offices de tourisme de la côte sur le site web mobile et l'appli iPhone ● macotebasque.com ● Tout plein d'infos, des hébergements aux sentiers de rando.

✈ **Aéroport international de Bayonne-Anglet-Biarritz :** ☎ 05-59-43-83-83. ● biarritz.aeroport.fr ● Liaisons quotidiennes avec Paris (Orly et Roissy-Charles-de-Gaulle) et Lyon, mais aussi, selon la saison et les compagnies qui opèrent, liaisons hebdomadaires avec Nice, Marseille, Strasbourg, Genève, Londres, Stockholm, Oslo, Copenhague, Bruxelles...

– Pour rejoindre Biarritz-centre, Bayonne-centre et Anglet-centre, bus n° 14 de la compagnie *Chronoplus* (☎ 05-59-52-59-52 ; ● chronoplus.eu ●). Pour Bidart (ainsi que Bayonne-centre et Anglet-centre), bus C. Voir également ci-après.

– On trouve à l'aéroport les grandes agences de location de voitures, dont **Hertz** (☎ 0825-38-78-78 ; *ouv lun-ven et dim 8h-22h30, sam 21h*).

Comment se déplacer sur la côte ?

En train

Un train express régional dessert la côte plusieurs fois/j. de Bayonne à Hendaye, dans les 2 sens. Moyen de transport idéal les jours d'encombrement routier !

En bus

🚌 La ligne n° 876 de **Transports 64** (☎ 09-70-80-90-74 ; ● transports64.fr ●) dessert toutes les villes de la côte, de Bayonne, place des Basques (quelques bus démarrent de la gare), à Hendaye. Compter un bus ttes les 1h à 1h30 selon les mois. Départs de 7h à 21h30 environ de Bayonne, et de 6h à 20h de Hendaye. De Hendaye, train pour Donostia. Attention, à Biarritz ce bus ne dessert pas le centre, seulement l'aéroport et la gare.

Pour circuler dans l'agglomération Tarnos – Boucau – Anglet – Bayonne – Biarritz – Bidart – Saint-Pierre-d'Irube, emprunter les bus urbains de **Chronoplus** (☎ 05-59-52-59-52 ; ● chronoplus.eu ●). Pour relier l'arrière-pays (Sare, Arbonne, Saint-Pée, Cambo...) depuis Saint-Jean-de-Luz ou Bayonne, prendre les bus du **Basque Bondissant** (☎ 05-59-26-25-87 ; ● basque-bondissant.com ●).

BAYONNE (BAIONA)   (64100)   46 190 hab.   *Carte Labourd, B1*

● Plan *p. 43*

Porte d'entrée du Pays basque, Bayonne est une ville méconnue et attachante. Elle s'est développée autour d'un site exceptionnel, le confluent de deux cours d'eau (la Nive et l'Adour) environné de douces collines. Les traces d'une histoire complexe s'y trouvent à chaque pas, et on y appréciera

un art de vivre un peu nonchalant, mâtiné d'esprit gascon et d'âme basque. À Bayonne, on a le goût de la fête ; on aime la table, les bistrots sympathiques et les chansons. Et on revendique un zeste d'esprit chauvin, qui s'exprime on ne peut mieux dans la rivalité entretenue avec Biarritz, la voisine huppée amoureusement détestée.
Bayonne possède un magnifique patrimoine, et son vieux centre, réhabilité depuis quatre bonnes décennies, lui permet de figurer parmi les plus belles villes de France, les plus typiques et pittoresques surtout. Cela ne se sait pas assez, et beaucoup de touristes quittent encore le Pays basque sans avoir flâné le long de ses quais, entre les maisons à colombages.
La ville se divise en quartiers typés : le Grand-Bayonne, entre la cathédrale et la mairie, centre commerçant très vivant le jour ; le Petit-Bayonne, sur la rive droite de la Nive, autre quartier ancien, plus populaire et très animé la nuit en fin de semaine ; Saint-Esprit, sur la rive droite de l'Adour, quartier de la gare et de la citadelle, mais aussi quartier multiculturel ; les hauts quartiers (Marracq, Beyris, les Arènes) sont plus résidentiels et moins touristiques. On vous conseille également de suivre une visite guidée, proposée dans le cadre du label des Villes d'art et d'histoire.

UN PEU D'HISTOIRE

Les fouilles archéologiques menées près de la cathédrale ont mis en évidence une occupation humaine organisée dès le Ier s de notre ère. Au IVe s, les Romains y installent une garnison et bâtissent un *castrum, Lapurdum,* entouré d'une muraille jalonnée de tours dont quelques-unes subsistent encore. Selon la légende, la ville est évangélisée au IXe s par saint Léon, à qui les païens coupent la tête. Détruite par les Vikings et les Normands, elle renaît de ses cendres au XIe s sous le nom de *Baiona,* en basque « la bonne rivière ».
Port important du duché d'Aquitaine, **Bayonne devient anglaise dès le XIIe s** à la suite du mariage d'Aliénor avec Henri II Plantagenêt (elle le restera jusqu'en 1451). C'est l'âge d'or de la ville : on construit sur l'Adour le pont Saint-Esprit et on bâtit les nouveaux quartiers, Petit-Bayonne et Saint-Esprit, qui devient une halte pour les pèlerins de Saint-Jacques.
Pendant la guerre de Cent Ans, Bayonne reste résolument fidèle aux Anglais. Les rois de France se méfieront longtemps de ces Bayonnais « anglophiles » et, en construisant le château Neuf, Charles VII le tourne, menaçant, vers la ville dont il a peur.
Le XVIe s voit débarquer à Bayonne les juifs chassés d'Espagne et du Portugal par l'Inquisition. Dans leurs bagages, ils apportent un important réseau bancaire et commercial qui va aider au développement de Bayonne. Au XVIIIe s, la communauté juive de la ville est la plus importante de l'Hexagone. Elle s'implante dans le faubourg de Saint-Esprit, faute de pouvoir posséder un logement ou un commerce dans Bayonne. Aujourd'hui encore, on y trouve la synagogue et le cimetière.
Sous Louis XIV, Vauban débarque pour renforcer les fortifications destinées à protéger la ville des Espagnols (c'est-à-dire, en fait, du beau-père du roi : on n'est jamais trop prudent). **Bayonne devient une vraie ville de garnison, avec une citadelle,** et le port un port de guerre plus que de commerce. Les corsaires bayonnais sont alors célèbres pour leur intrépidité.

> ### CE QUE BAYONNE DOIT À LA NORMANDIE
>
> *Rattachée à l'Angleterre par le mariage d'Aliénor d'Aquitaine, Bayonne se vit couvrir de libéralités par la royauté anglaise. Ainsi, les marins bayonnais reçurent le monopole du transport des vins de Bordeaux, et les bourgeois de la ville perçurent des droits importants sur la Normandie. Depuis on déguste du cidre à Bayonne et surtout au Pays basque espagnol.*

LE LABOURD / LA CÔTE BASQUE, DE BAYONNE À HENDAYE

Sous la Révolution, Pau, bien moins importante que Bayonne, est érigée en préfecture du département : les Bayonnais absents de la représentation aux États généraux, la ville était mal armée pour défendre ses intérêts au moment du découpage administratif de la France. En 1814, à la fin de la guerre d'Espagne, les troupes anglaises assiègent la ville, qui refuse de se rendre : le général Thouvenot, vieux têtu, attendra le retour du roi pour admettre la défaite.

Suivent deux siècles de calme, de développement tranquille à peine influencé par la découverte des gisements de Lacq dont Bayonne exporte le soufre. La région bayonnaise se sera tenue à l'écart des grands bouleversements du XXe s en raison d'un conservatisme bon enfant. Seul changement : la création du district de BAB (Bayonne-Anglet-Biarritz), devenu communauté d'agglomération Côte basque-Adour (ACBA). Bayonne se situe désormais au cœur d'un bassin de vie, entre Landes et côte atlantique.

Adresses et infos utiles

Office de tourisme (plan A2, **2**) : 25, pl. des Basques. ☎ 05-59-46-09-00. ● bayonne-tourisme.com ● Juil-août, lun-sam et dim mat ; hors saison, lun-sam. Propose tout au long de l'année des visites guidées (2h) et payantes *(6 € ; gratuit moins de 12 ans)* et animées par des guides conférenciers (certaines à vélo). Se renseigner pour les thèmes et le calendrier. Boutique sur place pour qui voudrait rapporter des affiches des fêtes depuis l'origine, entre autres.

– *Bayonne Citypass :* ● bayonne-tourisme.com ● S'achète sur Internet et à l'office de tourisme. Compter 12 € *pour 24h, 16 € pour 72h et 20 € pour 7 j. ; réduc.* Avec le *pass,* on peut circuler gratuitement sur le réseau de bus *Chronoplus,* qui couvre l'agglomération Tarnos – Boucau – Anglet – Bayonne – Biarritz – Bidart – Saint-Pierre-d'Irube (☎ 05-59-52-59-52 ; ● chronoplus.eu ●). Gratuité également pour la visite guidée de la ville, l'entrée du Musée basque et de l'Atelier du Chocolat. Enfin, remises chez les commerçants participants et dans divers sites du Pays basque.

Gares routières : dans la cour de la gare Saint-Esprit *(plan B1),* bus pour les Landes (Capbreton, Soustons,

---

■ **Adresses utiles**
- **1** Comité départemental du tourisme du Béarn – Pays basque
- **2** Office de tourisme

Où dormir ?
- 10 Hôtel Côte Basque
- 11 Bar Hôtel Le Port Neuf
- 12 Ibis Styles Bayonne
- 13 Le Grand Hôtel
- 14 Hôtel des Basses Pyrénées

Où manger ?
- 20 Le Chaho, Crêperie Basque
- 21 Le Bar du Marché
- 23 Le Belzunce
- 24 Le Bistrot Sainte-Cluque
- 25 Au Peïta
- 26 Le Chistera
- 27 Le Bayonnais
- 28 Chez Txotx
- 29 Cidrerie Ttipia
- 30 François Miura
- 31 La Grange
- 32 L'Auberge du Cheval Blanc
- 33 La Table de Pottoka

Où manger sur le pouce ? Où boire un verre ?
- 40 Chai Ramina
- 41 La Karafe
- 42 Pantxo
- 43 Brasserie du Trinquet Saint-André

Où sortir ?
- 45 Cabaret Luna Negra

Où déguster et acheter un bon chocolat, un (très) bon gâteau basque ou du miel artisanal ?
- 50 Daranatz et Cazenave
- 51 Puyodebat, artisan-chocolatier
- 52 L'Atelier du Chocolat
- 53 Chocolatier Pascal
- 54 Mokofin
- 55 Loretzia

Où acheter du bon jambon et de bonnes charcuteries basques ?
- 56 Montauzer
- 57 Pierre Ibaialde
- 58 Pierre Oteiza

BAYONNE / ADRESSES ET INFOS UTILES | 43

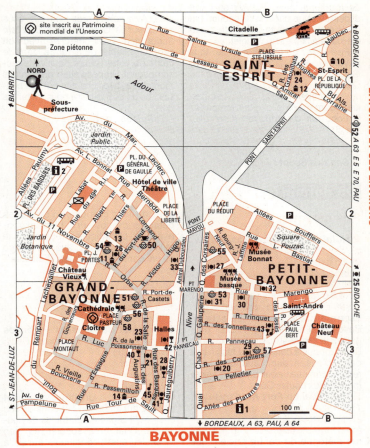

BAYONNE

Vieux-Boucau et Biarrote) ainsi que pour Bidache, Mauléon, Tardets (dans la Soule). De la place des Basques, à côté de l'office de tourisme *(plan A2)*, bus pour Ustaritz, Cambo et Espelette (ligne 814) ; une autre ligne dessert Saint-Jean-de-Luz et Hendaye (Urt ; ligne 816). Le val d'Adour (Urt ; ligne 812) est desservi depuis la gare et la place des Basques. *Eurolines* s'arrête à la gare ferroviaire (● *euro lines.fr* ●). *Starshipper*, enfin, a créé l'événement en proposant 4 départs/j. pour Bordeaux et 2 départs/j. pour Toulouse (● *starshipper.com* ●).

🚌 *Lignes urbaines Chronoplus :* ☎ 05-59-52-59-52. ● *chronoplus.eu* ● De la place des Basques, de l'hôtel de ville ou de la gare, bus A1, A2, nos 8 et 14 pour Biarritz ; n° 11 pour Anglet-La Barre et n° 5 pour Anglet-Plages ; A1 pour Bidart ; C et 14 pour l'aéroport.
– *Navettes électriques gratuites :* lun-sam 7h30-19h30. Elles desservent la plupart des parkings et les lieux importants du centre-ville et permettent de circuler en centre-ville.
– *Vélos* mis à disposition gratuitement pour 1 journée maximum dans 5 lieux stratégiques de la ville (parkings, office

de tourisme, etc.). Prévoir sa carte d'identité et un chèque de caution (ou une simple empreinte CB). Piste cyclable jusqu'aux plages d'Anglet.

▣ *Parkings :* nombreux en ville, tous payants. *Un bon plan, le parking Glacis à 300 m de l'office de tourisme. Compter slt 1 €/j. (8h30-19h), gratuit la nuit ainsi que dim. et j. fériés.* Les parkings sont situés le long des remparts.

■ **Location de voitures** *(hors plan par B1) : agence Hertz, station Esso.* ☎ 05-59-55-48-07. ● hertz.com ● *Lun-sam 8h30-19h, dim 9h-11h30.*

■ **Cap'tain Scoot :** 📱 06-20-94-31-52.

● *captain-scoot.fr* ● *Tlj 24h/24 et sur résa.* Avis aux fêtards : où que vous soyez sur la Côte basque, *Cap'tain Scoot* vient vous chercher avec son scooter pliable qu'il range dans le coffre de votre voiture pour vous raccompagner. Propose aussi des circuits touristiques avec chauffeur et des possibilités de covoiturage pour limiter les frais.

– **Toilettes publiques :** *gratuites devant la gare (plan B1), l'office de tourisme (plan A2), le jardin public (plan A1-2) et l'église Saint-André (plan B3).*

Où dormir ?

Prix moyens

🏠 **Hôtel Côte Basque** *(plan B1, 10) : pl. de la République, 2, rue Maubec.* ☎ 05-59-55-10-21. ● hotelcotebasque@orange.fr ● hotel-cotebasque.fr ● *Tte l'année, 24h/24. Doubles 63-87 € selon saison ; familiales 85-99 €.* 📶 Dans le quartier Saint-Esprit, en face de la belle gare de Bayonne ; il faut franchir l'Adour pour gagner le centre-ville. Cet hôtel de style Belle Époque a conservé sa fascinante cage d'ascenseur. Chambres correctes, pratiques pour un court séjour (pensez aux boules Quies !).

🏠 **Bar Hôtel Le Port Neuf** *(plan A2, 11) : 44, rue du Port-Neuf.* ☎ 05-59-25-65-83. ● hotelportneuf@orange.fr ● *Doubles 60-80 €.* 📶 Dans une rue piétonne du centre ancien, une maison à pans de bois du XVIIe s qui abrite dans les étages (le bar est au rez-de-chaussée) 5 chambres avec poutres au plafond dans certaines. Typique, propre, mais bruyant. Plus on monte, plus la vue est dégagée (sur les toits au dernier étage) et les chambres lumineuses.

🏠 **Ibis Styles Bayonne** *(plan B1, 12) : 1, pl. de la République.* ☎ 05-59-55-08-08. ● h8716@accor.com ● ibis.com ● *Doubles 79-169 € ; familiales 89-209 € ; moins cher sur Internet.* 💻 📶 Situé au bord de l'Adour avec une vue imprenable sur le vieux Bayonne et les Pyrénées, cet hôtel bicentenaire remis aux normes et au goût du jour propose 45 chambres pétantes de couleurs, bien insonorisées et climatisées. Toutes sur le même moule, certes, avec une déco et un confort uniformes. Fait aussi resto.

De chic à plus chic

🏠 |●| **Hôtel des Basses Pyrénées** *(plan A3, 14) : 12, rue Tour-de-Sault, et 1, pl. des Victoires.* ☎ 05-59-25-70-88. ● contact@hoteldesbassespyrenees.com ● hoteldesbassespyrenees.com ● *Doubles 70-200 € selon confort et saison.* 💻 📶 Un hôtel attachant et cosy qui a fait son nid dans un lieu chargé d'histoire ou du moins de souvenirs. Chambres spacieuses, zen et chaleureuses, originales aussi, la déco n'ayant rien d'ordinaire. Accueil décontracté mais pro. Rien d'ampoulé ici. Restaurant-bar dans l'air du temps au rez-de-chaussée, avec une terrasse côté rue piétonne.

🏠 **Le Grand Hôtel** *(plan A2, 13) : 21, rue Thiers.* ☎ 05-59-59-62-00. ● info@legrandhotelbayonne.com ● legrandhotelbayonne.com ● *Doubles 85-190 € selon confort et saison.* 💻 📶 Un hôtel élégant et très central, plutôt cossu. Installé à l'emplacement d'un couvent dont il reste quelques vestiges. Plusieurs niveaux de confort dans les chambres de tailles différentes, à la déco consensuelle, et au standard

Best Western. Certaines possèdent de beaux balcons et offrent une vue agréable sur les toits de la ville. Isolation moyenne, en revanche, les talons claquent aux étages supérieurs. Accueil très pro.

Où manger ?

On trouve de bien bonnes tables pour toutes les bourses à Bayonne, sauf pendant les Fêtes (fin juillet-début août). Les restaurants de la ville proposent alors un menu unique, dont la qualité première est d'éponger l'alcool ingurgité.

De bon marché à prix moyens

|●| **Le Chaho, Crêperie Basque** (plan B3, **20**) : *4, rue des Cordeliers. ☎ 05-59-52-15-04. Ouv le midi lun-sam, plus le soir ven-sam. Plat du jour 12 € ; formules déj 15-19,50 € ; carte env 25 €.* 🛜 *Café offert sur présentation de ce guide.* Une salle traversante tout en longueur, conviviale avec ses murs en pierre et sa petite déco moderne. Et si vous ne craquez pas pour les galettes travaillées et copieuses qui ont fait la réputation de la maison, les plats à la carte devraient vous plaire ! Une cuisine fraîche, de l'instant, exécutée avec talent et servie avec le sourire. En été, belle terrasse.

|●| **Le Bar du Marché** (plan A3, **21**) : *39, rue des Basques. ☎ 05-59-59-22-66. Resto ouv ts les midis. Congés : 15 j. mi-juin et 15 j. mi-oct. Plat du jour 9 € ; carte 15-20 €.* Ce bistrot, situé à quelques mètres des halles couvertes, ne désemplit pas à l'heure du déjeuner. Et pour cause, cela fait plusieurs générations qu'il sert de cantine aux Bayonnais. Cadre pittoresque et ambiance familiale, conviviale et frénétique. Au milieu des habitués, on se fait tout petit et on se régale avec le cochon de lait braisé, la joue de porc ou le gratin de morue.

|●| **Le Belzunce** (plan A3, **23**) : *6, rue de la Salie. ☎ 05-59-25-66-50. ● fred cauvin@gmail.com ● Ouv le midi lun-sam, plus le soir ven-sam ; salon de thé (et saladerie) jusqu'à 19h. Carte env 25 €.* Une adresse un peu secrète, avec une vitrine sur rue plutôt banale : tout se passe en fait dans la grande salle, à l'abri des regards, face à la cour intérieure de ce vieil hôtel Renaissance menaçant ruine, au charme indéfinissable. Fauteuils confortables, tasses dépareillées, grands miroirs, tableaux passant du kitschounet au créatif sans transition. Beaucoup de monde, et du beau monde, autour d'un plat du jour de saison, ou à l'heure du thé, ou plutôt du chocolat, quand le temps s'y prête.

|●| **Le Bistrot Sainte-Cluque** (plan B1, **24**) : *9, rue Hughes. ☎ 05-59-55-82-43. Tlj. Menus 14,50 € (déj en sem)-18 € ; plat du jour et dessert 9,50 € ; carte env 24 €.* 🛜 Une adresse sympa, à deux pas de la gare. Idéal donc quand on attend son train ou quand on dort à Saint-Esprit. Ce bistrot élégant est aussi un des rendez-vous du quartier, et les habitués sont nombreux. Cuisine du Sud-Ouest aux influences méditerranéennes, genre magret de canard miel-citron et paella maison. Terrasse.

|●| **Au Peïta** (hors plan par B2, **25**) : *7, av. du Capitaine-Resplandy. ☎ 05-59-25-41-35. ✗ Suivre les quais, c'est un peu avt le pont de fer, à 10 mn à pied du Petit-Bayonne. Ouv le midi lun-ven, plus le soir jeu-sam. Menus 18 € (déj)-24 € ; carte 35-40 €.* 🛜 Légèrement excentré mais facile d'accès, ce resto a su fidéliser bon nombre de Bayonnais, assurés de trouver chaque jour le meilleur de la pêche locale. Les poissons de la côte (merlu, morue, moules farcies, ventrèche de thon...) sont cuisinés sans fioritures mais avec respect, amour et précision, parfois en *parrillada*. Terrasse.

|●| **Le Chistera** (plan A2, **26**) : *42, rue du Port-Neuf. ☎ 05-59-59-25-93. ● marmouyet@lechistera.com ● ✗ Tlj sf lun et le soir mar-mer en basse saison. Formule déj 16 € ; carte env 27 €. Digestif offert sur présentation de ce guide.* Le nom, la décoration, tout indique que l'on est chez des passionnés de pelote. La cuisine est typiquement

bayonnaise et l'ardoise annonce les plats du jour. S'il y a des pieds de cochon ou de la louvine (autrement dit du bar), n'hésitez pas. C'est la « cantine » de très nombreux Bayonnais. Sympathique terrasse sous les voûtes.

Prix moyens (spécial cidreries)

|●| ▼ *Chez Txotx* (plan A3, 28) : 49, quai Jauréguiberry. ☎ 05-59-59-16-80. *Tlj jusqu'à 22h (voire bien plus tard selon affluence). Menu 26 € ; carte 25-30 €. Digestif maison offert sur présentation de ce guide.* Une *sidrería* comme il se doit, avec grandes tablées, poutres rouge basque, parquet élimé et jambons pendus au plafond. Dans l'assiette, du costaud, genre côte de bœuf et *cochonillo* farci aux cèpes, et des tapas, des planches à partager, pour ceux qui seraient surtout venus là entamer la soirée. D'ailleurs, on peut se contenter de s'en jeter un – ou plusieurs – au comptoir. Convivial. Grande terrasse sur les quais.

|●| *Cidrerie Ttipia* (plan B3, 29) : 27, rue des Cordeliers. ☎ 05-59-46-13-31. ● cidrerie.ttipia@orange. fr ● ⚘ *Tlj sf dim soir et lun midi hors saison ; en août, ouv ts les soirs. Congés : 15 j. début juil. Formule déj en sem dès 10,50 € ; menu 31 € tt compris.* 📶 Dans un ancien chai. Ambiance cidrerie à l'espagnole. Au menu, traditionnelle omelette à la morue, merlu grillé avec poivrons, côte de bœuf, fromage, pâte de coings et noix. Quant au cidre, on va le chercher soi-même au tonneau, comme il se doit, et il coule à volonté (pensez quand même à refermer le robinet !).

De prix moyens à chic

|●| *Le Bayonnais* (plan B2, 27) : 38, quai des Corsaires. ☎ 05-59-25-61-19. *Tlj sf dim, plus lun hors saison. Congés : 3 sem en juin et 2 sem à Noël. Menu 20 € ; carte env 37 €.* Belle maison, bel accueil, belle cuisine. Christophe Pascal est passé chez les plus grands et propose, en toute modestie, une cuisine du terroir qui ne manque pas de personnalité. Les produits du marché sont parfaitement choisis, les suggestions du moment sont griffonnées sur des feuilles de carnet. Surtout, les portions sont plus que généreuses, et le menu du jour est une vraie bonne affaire. La carte des vins permet de choisir de bonnes bouteilles régionales à très bon prix. Terrasse sur la Nive à la belle saison.

|●| *La Table de Pottoka* (plan A2, 33) : 21, quai Amiral-Dubourdieu. ☎ 05-59-46-14-94. ● contact@latabledepottoka. fr ● *Tlj sf mer et dim. Congés : vac scol de fév et de Noël. Formules déj sf dim et j. fériés 20-25 € ; menu-carte 35 € ; dégustation pour tte la table 45 €/pers.* Sébastien Gravé est un chef doué, non seulement d'ubiquité, car il réussit à faire le grand écart entre son resto parisien et celui de Bayonne, où il a mis en place une équipe du tonnerre, mais aussi parce qu'il offre du frais, du savoureux, du créatif à prix doux, avec une touche de folie et de couleur bienvenue par ici. Un lieu chaleureux, où l'on ne s'entend plus mastiquer quand la salle se remplit (complet tous les jours, réservez !), qui fait bouger la ville. Un vrai bonheur.

|●| *La Grange* (plan B3, 31) : 26, quai Galuperie. ☎ 05-59-46-17-84. ⚘ *Tlj midi et soir, sf dim midi (tte la journée en basse saison). Menu 24 € ; menu-surprise 40 € ; carte env 55 €.* Jacques Diharce mitonne avec application les fondamentaux de la cuisine traditionnelle. Chez lui, le mélange des saveurs et des parfums est succulent. Son décor joue lui aussi la carte du retour aux valeurs essentielles. Grande et bien agréable terrasse, lovée sous les arcades. Service parfois longuet, profitez-en pour lire votre guide !

|●| *L'Auberge du Cheval Blanc* (plan B3, 32) : 68, rue Bourg-Neuf. ☎ 05-59-59-01-33. ● chevalblanc.bayonne@ orange.fr ● ⚘ *Tlj sf sam midi, dim soir et lun. Congés : 1 sem en fév, 1 sem en juil et 1 sem en nov. Menus 24 € (en sem), puis 45-84 €.* Depuis 2 générations, les Tellechea ont investi cet ancien relais de poste. Jean-Claude Tellechea, dit « Cacotte », est un chef modeste et précieux, inventif et talentueux. Il adore les produits populaires comme le *xamango* (os de jambon)

qu'il sert en Parmentier avec du jus de veau truffé. Les desserts au chocolat bayonnais sont sublimes. À noter : pendant les Fêtes de Bayonne, le resto chic redevient l'auberge populaire d'antan, et pour y trouver une place, il faut réserver au moins la veille.

I●I François Miura (plan B3, **30**) : *24, rue Marengo.* ☎ *05-59-59-49-89.* ✗ *Tlj sf dim soir et mer. Congés : mars et en fin d'année. Menus 22-33 € ; carte env 55 €.* Une des tables élégantes et gourmandes du Vieux-Bayonne, depuis 30 ans déjà. François Miura, qui aime les beaux produits et les saveurs franches, revisite brillamment le terroir avec, par exemple, ses chipirons farcis au pied de porc, sauce à l'encre. Également de bons œufs cocotte au ris de veau. De la belle gastronomie à déguster dans une salle carrelée avec pierres apparentes.

Où dormir ? Où manger dans les environs ?

Voir aussi plus loin nos bonnes adresses dans le val d'Adour tout proche.

🏠 **I●I L'Héberge de la Nive :** *chemin de halage, 64200* **Bassussarry.** ☎ *05-59-42-39-22.* ● *contact@nivheberge64.com* ● *nivheberge64.com* ● ✗ *À 5 km au sud-ouest de Bayonne. Prendre la sortie 5 Bayonne Sud de l'A 63, puis, au rond-point, le chemin de Compagnet. Doubles 35-40 €. Au resto (fermé le soir et mar), carte env 23 €.* 📶 En bord de Nive, dans le centre équestre *Nivaugalop*, un centre d'hébergement au rapport qualité-prix assez imbattable, avec des chambres pour 2-6 personnes très spacieuses et fonctionnelles, toutes avec salle de bains. Possibilité de resto le midi avec vue sur le manège des chevaux.

🏠 **Chambres d'hôtes Maison Latchueta :** *268, chemin d'Elizaberry, 64990* **Mouguerre.** ☎ *05-59-59-50-82.* 📱 *06-88-22-36-96.* ● *maisonlatchueta@orange.fr* ● *chambres-hotes-paysbasque-latchueta* ● *À 7 km à l'est de Bayonne (moins de 10 mn par l'autoroute). Prendre la sortie « Mouguerre Bourg » sur l'A 5. Monter tt droit sur 1,5 km jusqu'au garage Renault, continuer, puis 1re petite route à droite. Congés : janv-fév. Selon saison, doubles 70-85 €, suites 120-140 €.* 📶 *Apéritif ou café offert sur présentation de ce guide.* Ancienne maison de maître du XVIIe s. 4 chambres cosy et confortables, à la décoration raffinée, un petit déjeuner d'anthologie (produits vraiment maison) et le charmant accueil de Martine Letinier en font une adresse recherchée (penser à réserver). En prime, l'agréable jardin, les palmiers, les bonnes infos...

Où manger sur le pouce ? Où boire un verre ?

Ville commerçante, Bayonne voit son centre-ville déserté dès la tombée de la nuit, ainsi que le dimanche. La vie s'organise autour de certaines adresses, incontournables. Mais les locaux vont prendre un verre en fonction de l'heure et du jour, et n'ont pas un mais plusieurs bistrots favoris. Pour profiter du soleil à l'heure de l'apéro, c'est du côté Petit-Bayonne qu'il faut se poser !

🍷 **Chai Ramina** (plan A3, **40**) : *11, rue de la Poissonnerie.* ☎ *05-59-59-33-01. Tlj sf dim (plus lun hors saison) 9h-20h (2h ven-sam).* Ramina a raccroché son tablier, depuis quelques années déjà, mais l'ambiance demeure ! Pendant les Fêtes, c'est toujours du délire ! L'atmosphère n'est sans doute pas aussi folle le reste de l'année, mais elle n'en demeure pas moins authentique et chaleureuse. Et puis, il suffit de quelques verres de punch ou que des rugbymen débarquent pour que la fête batte à nouveau son plein ! Incontournable et sans limite d'âge, comme souvent au Pays basque.

I●I 🍷 La Karafe (plan A3, **41**) : *25, quai Amiral-Jaureguiberry.* ☎ *05-59-25-69-26. Tlj sf dim, à partir de 18h lun-jeu, midi et soir ven-sam. Formule 25 € avec 2 verres de vin.* Un bar à vins où il faut se faufiler pour s'imposer le long du comptoir ou à l'une des tables posées sur des tonneaux. L'étape est joviale pour commencer la soirée autour d'un verre de vin, à accompagner de *pintxos* et de charcuteries à choisir sur les ardoises. C'est bon et original. Terrasse sur la rue.

|●| ♉ *Pantxo (plan A3, 42) : halles centrales.* ☎ *05-59-46-12-12. Lun-sam 7h-19h, dim 8h-13h30. Plat du jour 9,90 €.* Un poste stratégique au cœur de l'animation, en particulier vers midi. Évidemment, les tables de bistrot débordent largement à l'extérieur, le long de la Nive face au pont Pannecau. Pêle-mêle, devant un verre, des habitués, des touristes en mal d'adresses pittoresques, des employés du quartier qui se mélangent dans une ambiance informelle pour grignoter un plat du jour, des huîtres ou des cassolettes qui ne dérivent pas du terroir. Service dynamique.

|●| ♉ ♪ *Brasserie du Trinquet Saint-André (plan B3, 43) : rue du Jeu-de-Paume.* ☎ *05-59-25-76-81.* 📱 *06-79-01-76-36. Tlj sf dim soir (tte la journée hors saison) ; resto le soir slt (plat du jour env 13 €).* 📶 *Café offert sur présentation de ce guide.* Devenue trinquet au XIXᵉ s, cette ancienne salle de jeu de paume du XVIIᵉ s accueille régulièrement des concerts dans sa cour intérieure, abritée l'hiver par une bâche. Et s'il n'y a pas de musique, il reste toujours les parties de pelote à main nue. Cuisine sympathique de brasserie.
– Le week-end, le *Petit-Bayonne* est très animé. Allez rue des Cordeliers, rue des Tonneliers ou rue Pannecau, vous y trouverez forcément un bar à votre convenance.

Où sortir ?

♪ *Cabaret Luna Negra (plan A3, 45) : 7, rue des Augustins.* ☎ *05-59-25-78-05.* ● *contact@lunanegra.fr* ● *lunanegra.fr* ● ♿ *Ouv les soirs de spectacle, mer-sam. Congés : août. CB refusées. Prix adhérent (12 €) accordé sur présentation de ce guide.* Programmation toujours aussi intéressante : musique du monde, café-théâtre, impros...
– Pour se faire une toile version art et essai, direction Saint-Esprit et ses *cinoches* jumeaux et associés, *L'Atalante (hors plan par B1 ; 7, rue Denis-Etcheverry ;* ☎ *05-59-55-76-63)* et *L'Autre Cinéma (plan B1 ; 3, quai Amiral-Sala ;* ☎ *05-59-55-52-98).* Films d'auteurs en v.o., récents ou plus rétro, et projections jeune public. Programmation sur ● *atalante-cinema.org* ●

Où déguster et acheter un bon chocolat ?

Le chocolat est, ici, un produit phare (voir la rubrique « Cuisine » dans « Hommes, culture, environnement » en fin de guide). Les chocolatiers traditionnels de Bayonne se sont regroupés en une guilde afin de défendre leurs produits grâce à une charte de qualité drastique. Ils se concentrent tous (ou presque) du côté de la rue du Port-Neuf.

🍫 *Daranatz (plan A2, 50) : 15, rue du Port-Neuf.* ☎ *05-59-59-03-55.* ● *daranatz.fr* ● *Tlj sf dim et j. fériés 9h15 (10h lun)-19h.* Depuis 1890 ! Le meilleur chocolatier aux yeux (et aux papilles !) de beaucoup. Le Pays basque, chose rare, a fait de la plaquette de chocolat sa spécialité. On en trouve ici de tous les goûts et de toutes les couleurs, dans un joli emballage multicolore... Les amateurs trouveront bien sûr les traditionnelles bouchées et ganaches. Joli décor de bonbonnière 1900.

☕ 🍫 *Cazenave (plan A2, 50) : 19, rue du Port-Neuf.* ☎ *05-59-59-03-16.* ● *chocolats-cazenave.fr* ● *Lun-sam 9h-12h, 14h-19h (mar-sam hors saison). Congés : 3 sem en oct.* Son décor début XIXᵉ s et ses vitraux donnent à la maison Cazenave un charme adorablement désuet. Ne pas manquer non plus la cage d'escalier du XVIIᵉ s. Vous y serez servi dans des tasses en porcelaine fleuries et débordantes de chocolat mousseux.
🍫 Cela ne vous empêche pas d'aller faire un tour aussi chez *Puyodebat, artisan-chocolatier (plan A3, 51) :*

BAYONNE / OÙ ACHETER DU BON JAMBON... ? | 49

1, rue Argenterie. ☎ 05-59-58-06-97. Lun ap-m et mar-sam 10h-12h30, 14h-19h.

☸ **L'Atelier du Chocolat,** c'est une quinzaine de boutiques en Aquitaine, dont plusieurs en ville *(37, rue du Port-Neuf, et 33, bd Alsace-Lorraine : lun-sam 10h-12h30, 14h-19h).* Mais c'est aussi et surtout la possibilité d'aller en zone artisanale visiter les ateliers de fabrication en suivant un parcours découverte imaginé par le fondateur, Serge Andrieu. Une visite ludique permettant d'explorer en famille toute la chaîne du chocolat *(hors plan par B1, 52) : 7, allée de Gibéléou, dans une zone artisanale.* ☎ *05-59-55-70-23.*

● *atelierduchocolat.fr* ● ♿ *Tt au bout du bd Alsace-Lorraine ; bien fléché depuis la gare. Lun-sam 9h30-12h30, 14h-18h. Dernière visite 1h30 avt fermeture. Entrée : 6 € ; ½ tarif enfants. Durée de la visite 1h30 (logique !).*

☸ **Chocolatier Pascal** *(plan B3, 53) : 32, quai Galuperie.* ☎ *05-59-52-96-49. Mar-sam 10h-19h.* Pascal Moustirats est un artisan chocolatier qui appartient même à l'académie du chocolat de Bayonne ! Mais ce qui nous impressionne, ce n'est pas le titre, mais l'onctuosité du chocolat maison à boire, à croquer ou à lécher (glaces en été) ! Salon de thé avec quelques tables devant la Nive.

Où déguster et acheter un (très) bon gâteau basque ou du miel artisanal ?

🍴 ☸ **Mokofin** *(plan A2, 54) : 27, rue Thiers.* ☎ *05-59-59-04-02.* ● *mokofin.com* ● *Tlj sf lun (hors juil-août) 8h-19h (13h dim). Congés : de fin fév à mi-mars.* Maïtena Erguy, après avoir brillé dans les cuisines d'étoilés parisiens, a décidé de revenir au pays. Elle a ouvert avec sa sœur Joëlle cette petite pâtisserie-salon de thé où elle marie comme personne les goûts et les textures : cannelés, cakes aux pommes et aux raisins, pain perdu de brioche... et un sublime gâteau basque ! Également des tartes salées et des salades pour une halte au déjeuner.

☸ **Loretzia** *(plan B2, 55) : 52, quai des Corsaires.* ☎ *05-59-59-55-37. Mar-sam 10h30-13h, 15h-18h.* Cette boutique alignant pots de miels et de confitures artisanaux propose aussi une petite expo sur le miel et les abeilles, à conclure par une dégustation.

Où acheter du bon jambon et de bonnes charcuteries basques ?

☸ **Montauzer** *(plan A3, 56) : 17, rue de la Salie.* ☎ *05-59-59-07-68.* ● *montauzer.fr* ● *Tlj sf dim-lun.* Le célèbre charcutier, basé sur Guiche (voir plus loin dans « Le val d'Adour et le Pays charnegou »), a ouvert une boutique dans le centre de Bayonne (on le trouve aussi aux halles de Biarritz).

☸ **Pierre Ibaialde** *(plan B3, 57) : 41, rue des Cordeliers.* ☎ *05-59-25-65-30.* ● *pierre-ibaialde.com* ● *En hiver, mar-ven 9h-12h30, 14h-18h ; en été, lun-sam 10h-13h30, 14h30-18h30.* Un artisan conserveur salaisonnier, chez qui on peut faire une visite guidée gratuite de 40 mn du saloir et du séchoir à jambons. Dégustation.

☸ **Pierre Oteiza** *(plan A3, 58) : 68-70, rue d'Espagne.* ☎ *05-59-25-56-89.* ● *pierreoteiza.com* ● *Lun-sam 10h-12h30, 14h-19h.* Un antre pour amateurs de conserves et de charcutaille ! Du plafond pendent les piments, jambons et salaisons de ce producteur réputé jusqu'à Paris. De quoi mettre l'eau à la bouche, et pousser à une dégustation. Ensuite, pour compléter les emplettes, détour par la **Maison du Fromage** *(au 45 de la même rue ; mar-sam).*

À voir

– **Important :** de nombreux parkings périphériques avec navettes gratuites au départ de chacun d'eux vous permettent de faire un petit tour de ville.

Promenade dans le Grand-Bayonne (plan A2-3)

Mieux vaut se garer au parking de la Porte-d'Espagne et pénétrer dans la ville par la *rue d'Espagne,* qui s'est métamorphosée en quelques années. L'opération de repavage l'a rendue plus lumineuse et attrayante pour les commerçants comme pour les promeneurs. Quelques jolies maisons. Prendre à gauche la rue Vieille-Boucherie et parcourir le quartier autour de la *place Montaut (plan A3),* quartier des antiquaires et des métiers d'art. Maisons à colombages et encorbellements.

La cathédrale Sainte-Marie (plan A3) : lun-sam 10h-12h, 12h45-18h45 ; dim et j. fériés 10h-11h15, 12h45-18h45.
Édifiée à partir du XIIIe s sur les bases de l'ancienne cathédrale romane, elle présente une architecture et un style champenois. Située sur la route des chemins de Saint-Jacques, elle est à ce titre classée au Patrimoine mondial de l'Humanité par l'Unesco. Allure massive, trapue et élégante tout à la fois. Chevet (côté fontaine) présentant un ensemble harmonieux. Sur le côté, le porche en saillie a perdu toutes ses statues à la Révolution. Sur la porte, noter le beau heurtoir en bronze du XIIIe s.
Façade principale à pignons surmontée d'une *pietà.* Au-dessus de la grande rosace, façade décorée de l'écu de France aux trois fleurs de lys, soutenu par deux anges. Tours à fenêtres flamboyantes. Celles du bas sont joliment sculptées en spirale.
À l'intérieur, nef à sept travées en croisées d'ogives simples. Ensemble aux formes et aux dimensions harmonieuses, comme en témoignent le triforium ou les hautes fenêtres à vitraux des XVe et XVIe s. À la croisée des ogives, clés de voûte ornées d'armoiries peintes. Noter la largeur exceptionnelle des bas-côtés. Double portail en pierre à l'intérieur de la sacristie. Le portail de droite est consacré au Jugement dernier. Celui de gauche représente l'Adoration de la Vierge. Au pied du portail, saint Jacques avec sa panetière à coquilles, rappelant que Bayonne fut une étape importante sur la route de Compostelle (intérieur de la sacristie uniquement accessible au cours d'une visite « Ville d'art et d'histoire »).
Près du transept gauche, la deuxième chapelle dédiée à saint Jérôme contient le plus beau vitrail de la cathédrale. On y voit le Christ chassant le démon du corps de la fille de la Cananéenne. En haut, la salamandre de François Ier confirme sa date de fabrication (1531). Bleu magnifique !
Enfin, le *cloître* de style gothique rayonnant est l'un des plus vastes de France. Bâti aux XIIIe et XIVe s, il s'ouvrait à l'époque sur la vie de la cité, abritant le forum des marchands et les réunions du conseil de la ville. Il a été profondément remanié au XIXe s, tout comme la cathédrale, par un élève de Viollet-le-Duc, Boeswillwald. Entrée place Pasteur (horaires plus larges). Succession de baies très amples, composées d'élégantes rosaces montées sur de fines colonnettes.
Après avoir visité la cathédrale, longer la médiathèque et prendre la rue de l'Abesque qui débouche sur les remparts aménagés en promenade. En les longeant, coup d'œil aux tours romaines replètes qui ponctuent la ceinture de la vieille ville.

Le château Vieux (plan A2) : rue des Gouverneurs (ne se visite pas). Construit à la fin du XIIe s à l'angle nord-ouest de l'ancien *castrum,* probablement sur les bases d'une forteresse antérieure édifiée par les vicomtes de Labourd, le château fut le siège des prévôts représentant le roi d'Angleterre du XIIe au XVe s. Du Guesclin y connut la prison après avoir été capturé par le Prince Noir en 1367. Autres prestigieux locataires : Alonso le Batailleur (roi de Navarre), don Pedro le Cruel (roi de Castille), Louis XI (en 1463), François Ier (en 1526), Charles IX (en 1565),

Louis XIV (en 1660), la reine d'Espagne (en 1706). Le château fut remanié au XVIIe s. Aujourd'hui, il sert de mess aux officiers de la garnison de Bayonne (menu alléchant, soit dit en passant).

> **BAÏONNETTE AU CANON**
>
> *Au XVIIe s, des soldats de Bayonne, à court de munitions, eurent l'idée de fixer un couteau dans le canon de leur fusil. Cette arme simple fut très utilisée pour les terribles corps à corps, notamment pendant la Grande Guerre.*

Le centre ancien *(plan A2-3) :* faire le tour du château Vieux, admirer les *Galeries Lafayette,* beau témoignage de l'Art déco à Bayonne avec la poste voisine, et prendre la rue Orbe. Descendre la *rue du Port-Neuf,* dévolue aux chocolatiers, en prenant le temps de flâner sous ses arceaux où nichent les commerces. Belles maisons à pans de bois du XVIIIe s montées sur de solides pieux (autrefois, la rue était un canal). Au bout, par la rue Lormand, à droite, retrouver la *rue Victor-Hugo* pour atteindre ensuite le carrefour des Cinq-Cantons : ici et rue Port-de-Castets, attenante, très belles boutiques de linge basque (voir notamment *Artisanat et Tradition,* au n° 3, qui vous donne un avant-goût intelligent de ce que vous allez découvrir dans la région).
Suivre la *rue de la Salie* (au n° 8, hôtel de Belzunce avec escalier monumental en pierre dans la cour intérieure). Au bout de la rue de la Salie, passer sous la voûte et suivre la *rue des Augustins* (plan A3) ; tour romaine et mur d'enceinte bien conservés), traverser la Plachotte joliment rénovée et descendre par le petit escalier vers la Nive. Longer le *quai Jauréguiberry* en appréciant le panorama des maisons typiques, hautes et étroites.

Promenade dans le Petit-Bayonne *(plan B2-3)*

Au niveau des halles à l'ancienne, traverser le *pont Marengo.* La belle maison restaurée à la façon des demeures bourgeoises du XVIIe s, c'est le Musée basque (voir plus loin). On peut poursuivre la rue Marengo pour découvrir l'église Saint-André, pastiche gothique du XIXe s (messe en basque le dimanche matin à 9h30). En face, le château Neuf, bâti sur ordre de Charles VII après la reconquête française de la ville en 1451. Il abrite aujourd'hui un IUT, ainsi que les réserves et l'administration du Musée basque. À découvrir également : l'architecture atypique de la bibliothèque universitaire (entrée par le château Neuf) et plus loin, en bord de Nive, le belvédère du Bastion royal et sa vue imprenable sur la ville.

Les quais Galuperie et des Corsaires *(plan B2-3)* : le long des quais, le Petit-Bayonne présente une splendide rangée de belles demeures. Le quartier fut l'un des bastions des nationalistes basques, comme en témoignent graffitis et fresques. C'est là que, du temps du franquisme, se réfugièrent de nombreux Basques espagnols en lutte contre la dictature. C'est aussi un quartier plus pittoresque et populaire que le Grand-Bayonne. Là aussi, s'y balader, surtout la nuit, pour en sentir l'atmosphère.
Rues de Coursic, Corsaire-du-Roy, quai Galuperie, de belles maisons à arcades, hautes et étroites car, dans le secteur, la parcelle de terrain était précieuse. Quant aux arceaux en pierre, ce sont eux qui soutenaient les maisons à l'époque où l'eau pénétrait encore dans le quartier. La *rue des Tonneliers* évoque en fait le commerce du cidre, les tonneaux fabriqués ici étant destinés à la paumade, ancêtre du cidre. Et les traditions perdurent. Aujourd'hui, la rue aligne les bars, l'alcool coule toujours à flots ! *Rue du Jeu-de-Paume,* on trouve un des plus anciens trinquets du Pays basque, le trinquet Saint-André (ancienne salle de jeu de paume). Le comte d'Artois, futur roi Charles X, y aurait disputé une partie de jeu de paume. La *rue Pannecau* est l'une des plus animées le soir (beaucoup de jeunes dans les bars).

Le musée Bonnat-Helleu, musée des Beaux-Arts de Bayonne (plan B2) : *5, rue Jacques-Laffitte.* ☎ *05-59-59-08-52.* ● *museebonnat.bayonne.fr* ● **Fermé pour travaux jusqu'à fin 2019.** Les collections restent cependant accessibles sur demande pour les chercheurs et amateurs. Et le site internet permet de découvrir les collections, les activités du musée et les différentes manifestations proposées au cours de l'année, en dépit de la fermeture. Construit à l'origine pour accueillir les archives, la bibliothèque et les collections municipales de peintures, ainsi que les dons puis le legs du peintre Léon Bonnat (1833-1922), le musée a ouvert ses portes en 1901. Il conserve aujourd'hui une remarquable collection de près de 7 000 peintures, sculptures, antiques, objets d'art et arts graphiques, dont un cabinet des dessins de réputation internationale, où figurent des œuvres de Léonard de Vinci, Michel-Ange, Raphaël, Dürer, Rubens, Rembrandt, Goya, Ingres, Delacroix ou Géricault. Il doit ses richesses à la générosité de Léon Bonnat, enfant du pays devenu portraitiste attitré des présidents de la IIIe République, mais aussi à celle d'autres collectionneurs comme Antonin Personnaz ou Jacques Petithory, et à différents achats de qualité (sculptures en terre cuite de la seconde moitié du XVIIIe s). Depuis 2010, il abrite également, grâce à la générosité de sa fille cadette, un fonds sur l'artiste Paul-César Helleu (1859-1927).

Le Musée basque et de l'Histoire de Bayonne (plan B2-3) : *maison Dagourette, 37, quai des Corsaires.* ☎ *05-59-59-08-98.* ● *museebasque.com* ● Avr-sept, tlj sf lun et j. fériés 10h-18h30 (juil-août, tlj et nocturne jeu jusqu'à 20h30) ; oct-mars, mar-dim 10h30-18h. Entrée : 6,50 € ; réduc ; gratuit moins de 26 ans et pour ts 1er dim du mois. Ateliers enfants ; boutique. Expos temporaires.
Installé dans une superbe maison du XVIIe s (la maison Dagourette), l'ensemble est structuré autour d'un patio appelé *Argialde* (« puits de lumière »), qui distribue une vingtaine de salles thématiques dédiées à l'histoire et aux traditions du Pays basque. Une collection très riche donc et bien mise en valeur grâce à la présentation aérée, qu'il faut prendre le temps d'apprécier. En guise de préambule, un film sur la vie d'autrefois est projeté au rez-de-chaussée, après l'importante collection de stèles funéraires discoïdales. On accède aux étages par le bel escalier, porté à l'écran dans le film *Amoureuse*, avec Julie Gayet.
Le 1er niveau aborde l'architecture, la vie domestique et la pêche. On découvre la faïence du bassin de l'Adour, le tissage, le mobilier. Très belle maquette du port de Bayonne réalisée à partir d'un plan de 1805, mais peu explicite pour qui ne connaît pas la ville. On remarquera que la cathédrale est absente, probablement faute de place. Vous trouverez aussi la très belle salle de la navigation bayonnaise.
Au 2e étage, c'est le caractère socio-culturel du Pays basque qui prédomine. Une salle est consacrée à la communauté juive, dont la présence à Bayonne remonte au XVe s et à qui l'on doit l'introduction du chocolat en France ! Bien entendu, une place importante est accordée aux jeux, et à la fameuse pelote basque. Les grands tableaux des peintres du Pays basque ponctuent la muséographie, qui est thématique.

Promenade dans Saint-Esprit (plan B1)

Fondé au XIIIe s, le faubourg de Saint-Esprit a toujours été un quartier populaire et un quartier d'immigrants. D'abord simple halte sur le chemin de Saint-Jacques, avec la présence de deux hospices (celui des Chevaliers de Jérusalem aujourd'hui disparu, et celui du prieuré de l'église Saint-Esprit à l'emplacement de l'actuelle église), le quartier devient au XVIe s la terre promise de la « nation portugaise », euphémisme historique qui désignait les juifs chassés d'Espagne.
À la Révolution, Saint-Esprit est rattaché au département des Landes sous le nom de « commune Jean-Jacques-Rousseau ». Le chemin de fer du Midi y installe sa gare au milieu du XIXe s. C'en est trop pour les Bayonnais, car Saint-Esprit abrite déjà les abattoirs et les arènes pour les courses de *toros*. Ils demandent

et obtiennent en 1857 son rattachement à la ville. Quartier de garnison, quartier de gare, Saint-Esprit a d'abord attiré les « immigrants » landais et béarnais (les Basques allaient au Petit-Bayonne), puis une forte colonie espagnole. Aujourd'hui encore, la rue Sainte-Catherine abrite quelques restos marocains et espagnols qui prouvent que ce quartier a su se forger une identité avec les différences de ses habitants.

Depuis la place de la République, aller faire un tour dans l'église médiévale érigée au rang de collégiale par Louis XI à la fin du XVe s (admirable *Fuite en Égypte*, en bois polychrome, du XVe s), se diriger vers la gare et s'engager dans la *rue Maubec*.

L'empreinte juive du quartier : face à la synagogue, construite en 1837 et typique du style académique de l'époque, des maisons du XIXe s. À droite, les escaliers de la petite *rue Tombeloli* (« verse l'huile », en souvenir du commerce des huiles, monopole juif) mènent à une petite place d'où l'on peut découvrir l'arrière des maisons de la rue Sainte-Catherine. Là se trouvent encore les anciens bains rituels juifs (non visitables pour le moment).

ÊTRE CHOCOLAT

C'est aux juifs que l'on doit l'introduction du chocolat en France. Chassés par l'Inquisition, ils se réfugièrent à Bayonne : ils y introduisirent le chocolat, apportant avec eux secrets de fabrication et épices nécessaires. La mode fut lancée lors du mariage de Louis XIV avec Marie-Thérèse d'Autriche. Les Bayonnais se regroupèrent en corporation en 1761, dans le but d'exclure les artisans juifs de toute production à Bayonne. Un comble !

Redescendre par la *rue de la Cabotte* et prendre la *rue Sainte-Catherine*. Belles maisons d'inspiration XVIe s. Au bout de la rue du Moulin, dans un renfoncement à côté du cinéma *L'Atalante*, le *Centre culturel espagnol* propose un bar traditionnel ouvert à tous (le dimanche matin, on se croirait à Saint-Sébastien) ainsi que des initiations au flamenco. On peut revenir par la rue Ulysse-Darracq.

En dehors du centre-ville

La plaine d'Ansot et le Muséum d'histoire naturelle (hors plan par A3) : ☎ 05-59-42-22-61. • ansot.bayonne.fr • Il faut se garer au parking de la Floride (gratuit ; fléché depuis le centre-ville direction « Hôpital Saint-Léon »), puis marcher 1,5 km (soit env 15 mn). Une navette gratuite assure la liaison entre le parking et le site mer et sam ap-m avr-août. Pas de bus direct depuis le centre. Prendre le bus B jusqu'à l'hôpital ; de là, une navette dessert le parking de la Floride. L'idéal est encore de venir à vélo (disponibles gratuitement, on vous le rappelle, dans 5 lieux stratégiques de la ville, dont l'office de tourisme). Accès libre à la plaine tlj sf lun 9h-19h (9h-17h30 15 oct-14 avr). La Maison des Barthes et le Muséum d'histoire naturelle ont des horaires un peu réduits (tlj sf lun et jeu mat 10h30-18h de mi-avr à mi-oct et 13h30-17h hors saison ; 11h-17h le w-e). Site fermé 1er mai, pdt les Fêtes de Bayonne et les fêtes de fin d'année. GRATUIT.

Ce site naturel et protégé, situé à l'orée du centre-ville, en bord de Nive, est une enclave de verdure. On aurait aimé que l'autoroute se fasse plus discrète (autant dire que sa rumeur est incessante), mais cela reste un endroit merveilleux pour s'échapper de la vie moderne et venir observer la faune et la flore. La plaine d'Ansot est une zone humide de 100 ha, une zone d'expansion des crues (que l'on appelle ici « barthes »), que l'on peut découvrir à travers plusieurs sentiers thématiques (à pied et/ou à vélo) de 2 à 3,5 km. Un poste d'observation ornithologique a été aménagé (prêt de jumelles sur demande).

La Maison des Barthes (une ancienne ferme du XVIIIe s qui fait office de bureau d'informations) et le Muséum d'histoire naturelle complètent l'ensemble en présentant, par le biais d'expos scénographiées, le fonctionnement des barthes et le patrimoine naturel régional. Boutique sur place, vouée à la sensibilisation à la nature et à l'environnement, bien dans l'esprit du site. Conférences, sorties sur le terrain, ateliers et animations sont régulièrement proposés, y compris pour les enfants.

À faire

➢ **Promenade en bateau :** *allées Boufflers (embarcadère 126, 250 PK ; plan B3) ; siège :* **Adour Loisirs***, 4, rue de Coursic-Corsaire-du-Roy.* ☎ *05-59-25-68-89.* 📱 *06-32-64-11-42.* ● *adourloisirs@free.fr* ● *adour.loisirs.free.fr* ● ♿ *Tte l'année sf 1er janv-15 fév. Tarif : 12-36 €/pers pour une balade sur l'Adour selon durée (de 1h à la journée) et prestation (repas ou non) ; réduc.* Joli moment de farniente accompagné d'un commentaire sympa sur l'Adour, son histoire, son importance dans la vie du Sud-Ouest. Vous apprendrez pourquoi ici on navigue sur les côtés, découvrirez des moulins à marée, des îles qui attendent que renaissent les fêtes d'autrefois... Vous verrez ces fameuses « barthes » (voir précédemment) où seuls les animaux se rendaient compte de la montée rapide des eaux, annonçant à leurs propriétaires qu'il était temps pour eux d'aller rejoindre l'autre maison, construite là-haut, sur la colline... Vous revivrez le temps des chasses avec un cheval (pour masquer l'odeur de l'homme, y a pas mieux !), etc.

Fêtes et manifestations

Les Fêtes de Bayonne

L'un des plus grands événements festifs de France. Chaque année, **fin juillet,** ce sont plusieurs centaines de milliers de *festayres* qui envahissent Bayonne pendant 5 jours et 5 nuits !
Les Fêtes n'ont cessé de prendre de l'ampleur depuis leur création en 1932, à l'initiative du comité des fêtes de l'époque et de son président Benjamin Gomez, sur le modèle des Fêtes de Dax, Mont-de-Marsan et bien sûr Pampelune (d'où la généralisation de la tenue blanc et rouge). Le programme est à peu près le même chaque année, avec des rendez-vous obligés. D'abord, l'ouverture des Fêtes, le mercredi soir, quand le maire et ses invités remettent au peuple les clés de la ville. À cette occasion, quand débute la *mascleta* (explosion de bombes en rafales), il est d'usage de se nouer autour du cou un foulard, rouge de préférence.
La musique est omniprésente ; dès 8h, les orchestres sillonnent la ville : *gaiteros* et *txistularis* basques, mais aussi ensembles de jazz, fanfares et orphéons (et même cliques militaires). Des apéritifs-concerts ont lieu tous les jours à 12h, et les bals publics se déroulent tous les soirs de 22h à 3h, en face de la mairie, sur le carreau des Halles et sur l'esplanade Roland-Barthes.
Tous les jours, à 12h, devant la mairie, les *bandas* réveillent le roi Léon, roi des Fêtes. Ce réveil est précédé de défilés de géants en carton-pâte dans les rues de la ville. Chaque fin d'après-midi, à 19h, place Jacques-Porte, a lieu un *dantzazpi* : des centaines de personnes dansent ensemble des fandangos et des sauts basques. Un programme spécial a été élaboré pour les enfants avec des goûters dans les jardins publics, des *tamborradas*. L'après-midi, à 17h30, les courses de vaches landaises sur la place Saint-André (ou Paul-Bert) incitent les touristes téméraires à éprouver quelques frissons. Les mercredi et dimanche, au Trinquet moderne, parties de pelote à main nue pour le Master des Fêtes de Bayonne. C'est l'un des

grands tournois de ce jeu, le plus pur et le plus exigeant. Le jeudi est consacré aux enfants, avec des *encierros txikis* (petits *encierros*), où les gosses courent au milieu de faux *toros* en carton poussés par des adultes : c'est sans danger, et ils adorent. Le vendredi soir est appelé « la soirée des célibataires » : en principe, les hommes sortent entre eux et les femmes entre elles. Mais, rassurez-vous (ou déplorez-le), tout ça reste (assez) sage.

Le samedi à 18h se déroule une corrida à cheval, et le soir, c'est le *corso lumineux* : des chars défilent au cœur de la foule et devant un jury chargé de désigner le plus original. Trois points forts ponctuent le dimanche : la messe des Bandas se déroule à 11h, église Saint-André. À 18h, on va assister à la grande corrida des Fêtes. Puis, à 20h, c'est la finale du Master de pelote, au Trinquet moderne. Enfin, à minuit, c'est l'énorme feu d'artifice qui précède la cérémonie de l'enlèvement des foulards : sur la place de la Liberté, on dénoue symboliquement le foulard puis on le brandit en jurant de le renouer l'année suivante.

Quelques conseils pour bien profiter des Fêtes

– D'abord, s'habiller en blanc (et porter un foulard rouge). C'est la règle, et très peu de gens y dérogent. Il s'agit avant tout d'un symbole d'égalité, et l'effet est impressionnant.
– Un parking pour les deux-roues, gardé, fonctionne toutes les nuits place des Basques (de 1 à 3 € selon la cylindrée). Un contrôle d'alcoolémie y est assuré (ne râlez pas, c'est pour votre bien).
– Attention, les restos ont des cartes moins étoffées, avec menu unique ou simplifié, et les prix sont très proches (25 € en moyenne), qu'il s'agisse d'un bon resto ou d'une gargote.
– Les bars étant fermés de 3h à 9h, on se replie vers les *peñas* associatives, en principe réservées aux membres et à leurs invités.
– Les camping-cars se regroupent sur les allées Marines, le long de l'Adour, juste après le pont Rouge.
– Des aires de camping sont aménagées pendant la durée des Fêtes. Renseignements sur le site internet plus loin.
– Les bus de la ligne N assurent la liaison avec Anglet, Biarritz, Boucau-Tarnos et Saint-Pierre-d'Irube de 21h à 5h30 *(rens : ☎ 05-59-52-59-52)*. Également des liaisons avec Saint-Jean-de-Luz et Hendaye, ainsi qu'avec le sud des Landes.
– Un site : ● *fetes-de-bayonne.com* ● pour en savoir plus.

Autres fêtes

– ***Vie nocturne :*** assez faible en temps ordinaire. Seuls quelques rues et troquets du Petit-Bayonne offrent un peu d'animation (rue Pannecau, rue des Tonneliers, rue Bourg-Neuf, etc.). En revanche, la ville s'anime un peu plus à l'occasion d'événements culturels ou sportifs majeurs. Il faut essayer de se faire inviter dans les « clubs privés », associations culturelles ou folkloriques basques (notamment dans le Petit-Bayonne). On se réunit par affinités : chœurs et chorales, pelotaris, rugby, aficionados de corridas, etc.
– ***Foire au jambon :*** *w-e de Pâques (jeu-dim).* Animations, intronisation des membres de la confrérie.
– ***Journées du chocolat :*** *ven-sam de l'Ascension.*
– ***Fête de la Musique :*** *21 juin.* Pas vraiment anecdotique ! Près de 80 groupes, 21 scènes et 50 000 festivaliers… le tout dans une bonne humeur communicative.
– ***Peñas y salsas :*** *fin juin.* Rendez-vous festif dans les arènes.
– ***Feria d'Août*** *(mi-août)* ***et Feria de l'Atlantique*** *(début sept) :* après les Fêtes, encore deux piqûres de rappel pour les aficionados de la corrida.

ANGLET (ANGELU) (64600) 39 430 hab. *Carte Labourd, B1*

Sur la côte basque, les villes se suivent et ne se ressemblent pas. Entre Bayonne l'historique et Biarritz la branchée, Anglet (bien prononcer le « t » final) joue la carte sports-loisirs-nature ; 4,5 km de plages longées par une promenade piétonne, 230 ha de forêt au cœur de la ville et deux golfs (dont celui de Chiberta, très réputé) facilitent cette option. On vous dira volontiers que si Biarritz est la capitale du surf, Anglet est la patrie des surfeurs, qui y trouvent un environnement idéal. Et ils ne sont pas les seuls : tout est moins cher à Anglet (à commencer par le stationnement, gratuit dans toute la ville). Anglet, ça se mérite, en revanche : mieux vaut quitter très vite la quatre voies pour s'en rendre compte. Cette ville très éclatée accumule des quartiers typés à défaut d'avoir un centre ancien pittoresque : Blancpignon, le long de l'Adour, est l'ancienne banlieue du port de Bayonne. L'ensemble Chiberta/La Barre/Chambre-d'Amour aligne ses villas chic autour de la superbe forêt du Pignada, mais le front de mer est remarquablement préservé. Saint-Jean est l'ancien centre du bourg où l'on trouve la mairie, la poste, l'église Saint-Léon et le marché traditionnel en plein air. Avec un peu d'habitude, vous naviguerez facilement entre tous les quartiers qui figurent sur les panneaux de signalisation et sur les plans (Saint-Jean, Cinq-Cantons...). Bref, derrière cet aspect dispersé, Anglet cultive un art de vivre proche de la nature et perpétue ses traditions, comme l'atteste la dernière fabrique de chisteras (indispensables pour jouer à la pelote basque). D'ailleurs, c'est ce qui attire les people, dont Amélie Mauresmo et Guy Forget pour ne citer qu'eux. Anglet est l'une des communes les plus riches du Pays basque...

Adresses et infos utiles

Office de tourisme : *1, av. de la Chambre-d'Amour (pl. des Cinq-Cantons).* ☎ 05-59-03-77-01. *Service de résas pour les loc de vac, hôtels et séjours à thème :* ☎ 05-59-03-07-76. ● anglet-tourisme.com ● *Juil-août, tlj sf dim ; hors saison, tlj sf sam ap-m et dim. Également un bureau d'accueil av. des Dauphins ouv tlj en été.* 🛜 Bonne doc sur la ville et les environs. Se procurer le *Guide loisirs et activités*, petit fascicule gratuit pour tout savoir sur les loisirs, activités et balades à Anglet et au départ d'Anglet. **Prêt gratuit de vélos à la journée** toute l'année.

Bureau de la Chambre-d'Amour : *plage des Sables-d'Or, av. des Dauphins.* ☎ 05-59-03-93-43. *Horaires variables (tlj juil-août ; réduits le reste de l'année), se renseigner.* 🛜 Le bureau sert de point d'information, mais aussi de réservation pour les locations, les hôtels et de billetterie pour les manifestations locales.

Bus urbains Chronoplus : ☎ 05-59-52-59-52. ● chronoplus.eu ● Pour Bayonne, bus n°s 4, 5 et 11 (depuis La Barre pour ce dernier). Tous passent par la gare de Bayonne. Le bus n° 10 longe la côte d'Anglet puis dessert le centre de Biarritz, ses plages et sa gare. En été, le bus n° 13 part des Sables-d'Or pour aller jusqu'à Bidart en passant par Biarritz. Pour l'aéroport, bus C et n° 14 (Anglet-centre).

– **Marché de Quintaou :** *jeu et dim mat sur l'esplanade de Quintaou.* Le jeudi, en particulier, une floraison de produits locaux (bio pour la plupart) vendus directement par tous les petits producteurs de la région. Sans conteste le plus beau marché de la région pour la qualité de ses produits (car le site est sans grand charme), l'un des moins chers aussi.

– **Brocantes :** *pl. du Général-Leclerc le 1er dim du mois, et puces pl. de Quintaou le 4e sam du mois.*

Où dormir ? Où manger ? Où boire un verre ?

Anglet est une ville où l'on ne s'arrête pas par hasard. On y séjourne, à deux ou en famille, le temps d'une thalasso ou d'un spa : **Les Terrasses d'Atlantal** (☎ 05-59-52-75-85 ; ● biarritz-thalasso.com ● ; *50 chambres, env 132 € la double ; accès au lagon 22 €*). Ou pour se mettre au vert et au bleu tout à la fois : **Villa Clara,** sur le golf, une résidence au calme et à la déco contemporaine (☎ 05-59-52-01-52 ; ● villa-clara.fr ● ; *345 €/sem*). Peu d'adresses à petits prix, mais un grand choix de locations possible avec *Anglet Tourisme (service de résa disponible tlj 24h/24 sur ● anglet-tourisme.com ●).*
Une fois sur place, on prend ses repères, et on choisit ses repaires. Le long de la promenade littorale, de la plage de La Barre, au nord, à celle de la Petite-Chambre-d'Amour, au sud, les bars-snacks-cabanons (ouverts de mars à fin octobre) cartonnent, ils ont leurs habitués, on vous en propose quelques-uns, mais d'autres auront peut-être poussé d'ici-là.

Camping

Camping de Parme : *2, allée Etchecopar, quartier Brindos, pas loin de l'aéroport.* ☎ 05-59-23-03-00. ● campingdeparme@wanadoo.fr ● campingdeparme.com ● *Accès : sortie de Biarritz, à droite sur 2 km, 1er rond-point à droite. Ouv début avr-début nov. Compter 18,50-40 € pour 2 selon saison ; mobile homes et chalets 4-8 pers 322-1 085 €/sem selon taille et saison. 170 empl.* Un vaste camping en terrasses enfoui dans les arbres sur plus de 3 ha. Piscine chauffée, avec toboggan en spirale. Supérette, coin barbecue et terrain de pétanque. Sanitaires refaits à neuf. Restauration sympathique en juillet-août.

Prix moyens

À la Chambre-d'Amour

🍽️ 🍷 Plage de la Petite-Chambre-d'Amour, **Le Lagunak** a un succès fou, avec des prix qui ne claquent pas contrairement aux vagues qui viennent vous lécher les pieds. Certains voudraient bien voir cette paillote disparaître, affaire à suivre.
🍷 Plage du Club, voilà 2 adresses qui tiennent la forme. **Diavoli :** *5, pl. des Docteurs-Gentilhe.* ☎ 05-59-45-42-18. ● restaurantdiavoli@outlook.com ● *Sur le front de mer. Juil-août, tlj midi et soir ; hors saison, fermé le soir lun-mer. Congés : de fin nov à mi-fév.* 📶 Ce bar branchouille est tout aussi indiqué pour siroter un verre face à la mer que pour y prendre un repas. Ses terrasses (sur le toit, c'est le top) rivalisent avec celles de son voisin le **Vent d'Ouest Café,** un autre resto-bar à cocktails animé.
🍽️ 🍷 Plage des Sables d'Or, on trouve de tout, même un **Rayon Vert. La Mouche qui Louche,** au nom aussi farfelu que sa déco, fait partie des nouveaux lieux tout de bric et de broc que les locaux plébiscitent, même hors saison *(16, av. des Dauphins ;* ☎ 05-59-29-51-86 ; *tlj, même hors saison).*
🍽️ 🍷 **The Beach House :** *26, av. des Dauphins.* ☎ 05-59-15-27-17. *Tlj 11h-1h en saison ; slt mer-dim (midi et soir) hors saison. Congés : déc-mars. Formule 18 € ; carte 30-35 €.* 📶 Une villa côté route à l'esprit guinguette qui sert pêle-mêle des cocktails et une cuisine du monde à une joyeuse jeunesse globe-trotteuse. Pendant la journée, on prend ses aises au bord de la piscine cachée à l'arrière, on se réchauffe le soir près du brasero ou devant un feu de cheminée hors saison.

En bord de mer ou de l'Adour

🏠 🍽️ **Chez Beñat :** *87, av. de l'Adour (sur la route de Bayonne).* ☎ 05-59-63-62-29. *Tlj sf w-e hors saison. Congés : 2 sem à Noël. Menu unique le midi 13,50 € ; formules 22-28 € le soir ; carte « plancha » le soir en juil-août 30 €. CB refusées.* 📶 *Digestif maison offert le soir sur présentation de ce guide.* Évidemment, la situation en bord de route ne fait pas forcément rêver. Mais ils sont nombreux, les locaux et les fidèles, à venir goûter ici une vraie cuisine familiale et du marché. Et puis, finalement, la petite salle à manger aux nappes à carreaux s'avère plutôt agréable. *Plancha* les soirs d'été, ça le fait. L'établissement propose aussi une dizaine de chambres *(40-60 € selon saison)*.

La Concha : *à La Barre. ☎ 05-59-63-49-52. ● laconcha.rest@wanadoo.fr ● Tlj. Carte env 37 €.* Bien que face à la mer, on ne vient pas vraiment ici pour la vue, sauf si on aime le hockey sur glace (avec la vitre panoramique sur la patinoire). Depuis 40 ans, cette institution est reconnue pour ses fruits de mer et ses grillades. Il faut dire que les poissons sont tout aussi réussis que les viandes avec, en vedette, la louvine et la côte de bœuf. Service efficace.

Plage de La Barre, sinon, il y a toujours **L'Epic Café** ou **Lekua** pour vous accueillir, et le **kiosque à glaces de la Ferme Bailia** pour vous rafraîchir. Et si vous n'aimez pas, continuez en direction de la plage des Cavaliers, testez l'atmosphère du **Coconuts** ou du **P'tit Creux,** changez d'air avec **L'Exotic Café** plage des Dunes ou prenez simplement l'air du large avec le **Snack de l'Océan** sur la plage du même nom. La plage de la Madrague a son **Comptoir de la Plage** et la plage des Corsaires le **snack des Corsaires.** Facile à mémoriser autant qu'à trouver.

En ville

Les Platanes : *7, bd de la Mer. ☎ 05-59-03-75-59. Tlj midi et soir en juil-août ; sinon ouv le midi, plus le soir ven-sam. Menu déj en sem 13 € ; menu-carte 24 €.* Une adresse qui tourne rond, où les prix sont doux et l'ambiance sympa, avec un menu des Bosseurs le midi (eh oui !), des plats à la carte qui font saliver (et boire par ailleurs), et un bar extérieur pour les soirées en terrasse. Avec tapas ou planche à partager.

L'Avant-Scène : *théâtre Quintaou, 12, rue Albert-le-Barillier. ☎ 05-59-01-70-95. Tlj au déj. Menus en sem 16 €, w-e 25 € ; carte env 30 €. Café offert sur présentation de ce guide.* Le centre culturel ultramoderne abrite une table gourmande, orchestrée par un chef doué qui a fourbi ses armes chez les grands. La carte concise se concentre sur des classiques revisités tout en nuances. Pas besoin d'avoir les pieds dans l'eau pour avoir le vent en poupe !

À voir. À faire

On ne vient pas à Anglet pour baigner dans l'histoire, mais plutôt pour prendre l'air du temps et une leçon de géographie. Les fans d'églises basques trouveront quelque intérêt à visiter l'**église Saint-Léon**. Située au sud de la ville (place de la Mairie, quartier Saint-Jean), au bord de l'avenue de Bayonne, elle date du XVIe s. À l'intérieur, galeries en bois traditionnelles. Les amateurs de mairies iront bien sûr observer celle d'Anglet, juste à côté de l'église Saint-Léon. Exemple typique d'architecture néorégionaliste (beau patio). L'**église Sainte-Marie**, près des Cinq-Cantons, mérite aussi une petite visite pour sa belle collection d'ex-voto (maquettes suspendues à la voûte).

Le quartier des Cinq-Cantons est devenu, autour des **nouvelles halles,** un véritable lieu de vie, avec bodega, bars à vins. Quant au **pâtissier Thierry Bamas,** dont la boutique est à deux pas de l'office de tourisme, il a vu le jeune chef de son laboratoire consacré meilleur chocolatier du monde en 2015.

Le Pignada est le poumon vert de l'agglomération : 230 ha de forêt de pins avec sentiers plus ou moins balisés, voies vertes réservées aux vélos et aux piétons, parcours de santé pour les sportifs, à moins de 10 mn du centre de Bayonne ou de Biarritz. Et même un **parcours aventure dans les arbres** pour enfants et adultes, aussi ludique que sportif *(☎ 05-59-42-03-06 ; ● office-des-sports-du-pays-basque.com ● ; compter 5-27 € selon parcours ; hors saison, slt le w-e, appeler avt).* Les promeneurs d'automne resteront sur leurs gardes, des chasseurs se défoulent parfois dans la forêt, malgré les interdictions...

ANGLET / LES PLAGES | 59

À proximité, la **forêt du Lazaret** propose une autre opportunité de voie verte et offre une très belle vue sur le port de Bayonne !

🥾 **La promenade littorale** permet d'aller à pied de la Chambre-d'Amour jusqu'à La Barre en longeant 4,5 km de plages pratiquement vierges au milieu des dunes. Une belle balade en perspective ! De Pâques à la Toussaint, chaque plage possède son petit bistrot où s'installer si le soleil tape trop fort. Pour les oiseaux de nuit, le promenoir a été éclairé, afin de prolonger le plaisir de la balade. Le parcours peut également se faire à vélo (par la piste cyclable du boulevard des plages, parallèle à la promenade).

🥾 **Le site de La Barre** : *bus n° 10 depuis la Chambre-d'Amour et Biarritz, n° 11 depuis Bayonne.*
Vaste espace en bord de plage, à l'embouchure de l'Adour. De là, on peut longer l'Adour et le port jusqu'à Bayonne, à pied ou à vélo, mais ce n'est pas toujours très bucolique...
Sinon, à La Barre, tout est permis : vélo, surf, skate, patinoire, pêche à la ligne depuis les digues, observation de la nature... On peut même se taper une excellente côte de bœuf à *La Concha* (voir « Où dormir ? Où manger ? Où boire un verre ? »).
– On peut y visiter également le **parc écologique Izadia** et la **Maison de l'environnement** : *297, av. de l'Adour. ☎ 05-59-57-17-48. ● izadia.fr ● 1ᵉʳ avr-2 nov, tlj sf lun 10h-12h30, 14h-18h (20h juil-août). Parc et expo permanente : GRATUIT. Visites guidées le w-e (à 10h30 ou 15h) : 3-5 € ; audioguide : 4 €.* À l'embouchure de l'Adour, un sentier découverte de 1,7 km chemine à travers le parc écologique Izadia (14 ha), permettant de comprendre l'équilibre et les relations entre écosystèmes, faune et flore. Prêt d'un kit naturaliste sur demande et nombreuses activités ludiques à la Maison de l'environnement.

🥾 **Lames de Sames** : *1, av. de l'Adour. 📱 06-08-28-50-83. ● couteau-basque. com ● Juste à la sortie de Bayonne, le long de l'Adour. Mars-déc, mar-sam 14h-18h. GRATUIT.* Membre de la confrérie du couteau de Thiers, ce coutelier est un passionné, un artiste ! Sa spécialité, le couteau pliant. Il en possède près d'un millier et en expose 600, en provenance de la France entière, datant du XVIIᵉ s à nos jours. Quand il n'accueille pas gentiment les curieux, il travaille dans son atelier et confectionne des couteaux basques, en reproduisant les formes et les techniques d'autrefois. Compter environ une petite centaine d'euros pour un couteau pliant personnalisé et... plusieurs mois d'attente !

Les plages

⛱ Onze plages s'étendent de Biarritz à l'estuaire de l'Adour. Au loin, les Pyrénées découpent l'horizon. Attention, mer un peu rude, mais les plages sont surveillées de mi-juin à mi-septembre. Sur chacune, des locations de planches de surf et une restauration rapide en saison. Chaque plage a son parking (gratuit).
En juillet-août, la « navette océane » dessert toutes les 15 mn 7h-20h les plages des Sables-d'Or (Chambre-d'Amour), des Corsaires et de la Madrague. Sinon, le bus n° 10 longe la côte par le boulevard des Plages. La plage du quartier de la **Chambre-d'Amour** rappelle la tragique histoire de deux amoureux victimes de la marée alors qu'ils étaient cachés dans une grotte du cap Saint-Martin (baptisée à cette occasion « Chambre-d'Amour »). L'anecdote assura, bien sûr, la publicité du lieu. Les surfeurs, quant à eux, apprécient la **plage des Cavaliers,** située à côté de la **plage des Dunes** (non surveillée) où la pratique du naturisme n'est pas un problème apparemment. En juillet-août, « la Bibliothèque des plages » s'installe **plage des Corsaires** et propose livres et magazines à consulter sur place ou à emporter, et tout ça gratuitement ! De quoi buller intelligent... Également des animations pour les enfants le mercredi, l'été uniquement.

Sinon, les *plages de Marinella, la Madrague, l'Océan* possèdent également leurs fans. En fait, Anglet, avec ses 11 écoles de surf (dès 5 ans), plus que Biarritz, est la vraie capitale des surfeurs locaux.

Manifestations

Agenda disponible sur le site ● anglet-tourisme.com ●
– *Programme spécial au printemps :* festival des arts de rue « Arrêt sur rivage », parcours d'orientation ludique dans le Pignada, footing gastronomique...
– *Tournoi de pelote basque à main nue élite pro « Pilotarienak » :* 29 avr et 4 mai, au Trinquet de verre d'Haitz Pean.
En été, une animation par jour minimum !
– *Les Cabanas :* 2 j. tt début juil. Le rendez-vous des associations sportives au sein d'un village provisoire fait de tentes, sur les espaces verts de La Barre. Nombreuses animations, concerts.
– *Festival international du film de surf :* 10-13 juil. ● surf-film.com ● Projections en plein air à la Chambre-d'Amour de dizaines de films consacrés au surf et à son univers.
– *Anglet Beach Rugby Festival :* 22-24 juil à la plage des Sables-d'Or. Tournois-démonstrations-initiations de rugby sur le sable, village, animations...
– *Spectacle pyrotechnique son et lumière :* 6 août, plage de la Marinella.
– *Surf de nuit :* 12 août. Si vous ne devez voir qu'une compétition, que ce soit celle-là ! Les meilleurs surfeurs du Pays basque (et du monde) surfent la nuit sur les vagues de la Chambre-d'Amour, éclairées pour l'occasion par d'immenses ballons lumineux. Concerts et animations.
– *Pro Anglet :* 23-28 août, plage de la Chambre-d'Amour. Compétition de surf professionnel du circuit WQS, qualificatif pour les championnats du monde.
– *La Nuit de la Chambre-d'Amour :* 27 août. Feu d'artifice et concert pour clore la saison.

BIARRITZ (MIARRITZE)

(64200)　　30 100 hab.　　*Carte Labourd, B1*

● Plan p. 62-63

Un nom certes mythique, évoquant les rois et les empereurs du XIXe s, les frasques de la Belle Époque et les délires de l'entre-deux-guerres. La reine des plages, la plage des rois, a longtemps vécu sur cette image aristo. Et elle la cultive encore en faisant un véritable best-seller d'un ouvrage sorti en 2015, *Biarritz et la Mode*, consacré notamment à ces maisons installées au cœur de la cité, à toutes ces petites mains et à ces dames de la haute couture qui ont attiré

VISIONNAIRE

En 1843, 11 ans avant Eugénie et Napoléon III, Victor Hugo tomba sous le charme de Biarritz, « ce village blanc à toits roux et contrevents verts posé sur des croupes de gazon ». Mais, déjà, l'auteur craignait que « Biarritz ne devienne à la mode », pronostiquant même que « ce jour arrivera vite ! ». Il ne croyait pas si bien dire...

du beau monde, et peut-être du moins beau aussi. Mais Biarritz a changé : aujourd'hui, on y voit surtout les rois du surf, les princesses du shopping et les reines de la thalasso ; quant à la ville elle-même, elle est en cure de rajeunissement sur tous les plans (en commençant par le culturel).

Beaucoup de monde en haute saison, dont tous les amoureux d'air vif et salin. En effet, Biarritz, avec ses palmiers, ses villas néobasques, ses rochers en miettes et les sautes d'humeur de sa météo, se prend parfois pour la Bretagne, parfois pour la Riviera. Et on n'est pas les seuls à bien aimer les jours de tempête hors saison. La ville, en perdant de son vernis, y gagne en humanité teintée d'un brin d'amertume quand les déferlantes s'écrasent au rocher de la Vierge dans un fracas assourdissant. Quel que soit le temps, il n'y a qu'à se poser sur un parapet pour laisser son esprit divaguer, happé par les vagues et ceux qui les chevauchent. Et que dire du coucher de soleil sur l'océan, dans le fracas de la marée montante...

En haute saison, en revanche, Biarritz a toujours le succès un peu arrogant et tapageur, le mètre carré de plage se conquiert tôt le matin. Les affaires vont bien. Hôteliers et restaurateurs en oublient même parfois d'afficher leur satisfaction...

UN PEU D'HISTOIRE

Il était une fois (au Moyen Âge, bien sûr) un village scindé entre les travailleurs de la mer, vivant près du port, et les autres, plus terre à terre, habitant autour de l'église. Il s'appelait *Bearriz*, consonance très proche de son nom basque *Miarritze*, qui pourrait se traduire par « langue de rochers ». Longtemps, **ces Basques chassèrent les baleines** qui venaient passer l'hiver ici. Ambroise Paré, en voyage dans le pays avec Catherine de Médicis et Charles IX, décrivit dans le détail ces chasses étonnantes dans son ouvrage *Des monstres*. S'il n'avait pas choisi la médecine, il aurait pu être grand reporter !

Bien avant (de 1152 à 1451), **Biarritz fut sous domination anglaise, comme tout le Labourd.** Aliénor d'Aquitaine, répudiée par le roi de France, apporta en dot ses terres à son nouveau mari, Henri II Plantagenêt, le roi d'Angleterre. La ville n'était qu'une banlieue de Bayonne sans grand intérêt. Les choses ne s'arrangèrent pas quand les baleines disparurent du golfe. Nombreux furent les marins qui opérèrent une reconversion et devinrent corsaires du roi.

Naissance d'une notoriété

À la fin du XVIIIe s, les médecins vinrent au secours de la ville, déclarant les bains de mer thérapeutiques. Du coup, on plongeait les fous dans les vagues en espérant que le choc leur rendrait la raison. Méthode sans grand résultat, en dehors de quelques noyades ! Bientôt, le plaisir allait remplacer la médication, et le tourisme devint l'une des ressources principales de la cité. En 1808, Napoléon, accompagné de Joséphine, séjourna quelques mois à Biarritz pour installer son frère Joseph sur le trône d'Espagne. Il en profita pour y faire trempette. Hugo et sa maîtresse, Juliette Drouet, Stendhal, Flaubert y séjournèrent également.

Puis, un jour, Louis Napoléon Bonaparte tomba amoureux d'Eugénie qui faisait partie de

IRONIQUES PLAGES D'HISTOIRE

En même temps que Napoléon III, un Allemand bougon du nom de Bismarck arpentait les plages dorées de Biarritz. Il faillit même se noyer, et un Biarrot courageux, surnommé Carcabueno, le tira des vagues. Quelques décennies plus tard, en pleine forme, c'est ce même Bismarck qui allait mettre l'empereur à genoux. Depuis, plus personne ne parle ici de ce pauvre Carcabueno.

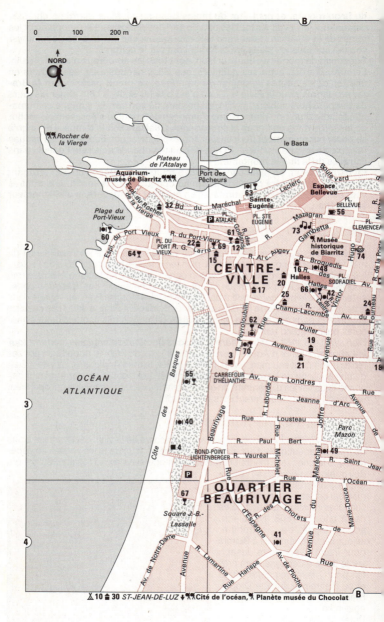

■ Adresses utililes

- **i** Office de tourisme
- **@ 1** Médiathèque
- **3** Sobilo Scooters
- **4** Écoles de surf

🏕🏠 Où dormir ?

- 10 Biarritz Camping
- 11 Auberge de jeunesse Aintziko Gazte Etxea
- 12 Hôtel La Marine
- 14 Petit Hôtel
- 15 Hôtel Le Saphir
- 16 Hôtel Saint-James
- 17 Hôtel Argi Eder
- 18 Hôtel Maïtagaria
- 19 Hôtel Gardenia et Hôtel Édouard VII
- 20 Hôtel Silhouette
- 21 Hôtel Saint-Julien
- 22 Hôtel Palym
- 23 Hôtel Mirano
- 24 La Maison du Lierre
- 25 Maison Garnier
- 26 Hôtel Alcyon
- 27 Le Château du Clair de Lune
- 28 Hôtel Mercure Plaza
- 29 Arima Biarritz
- 30 La Ferme de Biarritz
- 31 Maison d'hôtes Nere Chocoa
- 32 Villa Le Goéland

🍴 Où manger ?

- 40 Restaurant Le Surfing
- 41 Le Crabe-Tambour
- 42 Restaurant le B2
- 43 Txango
- 44 Le Clos Basque
- 45 Chez Ospi
- 46 Léonie
- 47 Los Dos Hermanos
- 48 Café Jean
- 49 Cidrerie Hernani
- 50 Bistrot 2 Génies
- 52 L'Atelier
- 53 Le Sissinou
- 54 Restaurant Philippe

☕ Où prendre le thé et déguster des gâteaux ?

- 56 Miremont

🍴🍷 Où manger sur le pouce ? Où boire un verre ?

- 60 Eden Rock Café
- 61 Le Ventilo
- 62 L'Artnoa
- 63 Crampotte n° 30
- 64 Chez Miguel
- 65 Côte 57 et Le Bar de la Côte
- 66 Le Comptoir du Foie Gras
- 67 Etxola Bibi
- 68 Milwaukee Cafe
- 69 Le Bar Basque
- 70 La Cabane à Huîtres

🎵 Où sortir ? Où danser ?

- 71 Carré Coast
- 73 Le Caveau

🛍 Où acheter de bons produits locaux ?

- 72 Henriet
- 74 Maison Arostéguy

BIARRITZ

cette vieille noblesse espagnole à cheval sur ses principes et son catholicisme. Elle sut donc résister et se faire désirer. Le futur empereur lui demanda quel était le plus court chemin pour parvenir à son appartement. Elle répondit avec vivacité : « Par l'église. »

En 1854, *Napoléon III et Eugénie arrivèrent à Biarritz* pour 2 mois. Ce fut le coup de foudre. Ils y revinrent pendant 14 ans. En construisant la villa Eugénie, Napoléon III consacra le succès de la station. Vendue par l'impératrice en 1881 pour être transformée en un hôtel-casino, la mythique villa devint en 1905, après un terrible incendie et de nombreux agrandissements, l'*Hôtel du Palais,* qui vit défiler toutes les têtes couronnées ou célèbres, à commencer par les rois d'Angleterre.

Apogée du succès

Durant la Belle Époque, Biarritz devient la « plage des rois ». Casinos, tramways, théâtre où se produisent les plus grandes stars, Sarah Bernhardt en tête, concerts, thermes salins, la ville est à la pointe du progrès. Le monde entier accourt à Biarritz dans des hôtels de plus en plus grands et de plus en plus luxueux. On est loin de Paris (12h de train), et seuls les gens riches peuvent se permettre le voyage. La Première Guerre mondiale sera ressentie beaucoup moins durement qu'ailleurs. Et à la sortie du conflit, les Années folles relancent la vogue de Biarritz. La ville connaît des fêtes inoubliables où se retrouvent les plus grandes vedettes du cinéma, des finances, de la mode, des lettres et des arts. Le krach de 1929, la grande dépression qui suivit et la Seconde Guerre mondiale sonnèrent le glas de l'insouciance. Cependant, avec l'avènement des congés payés et grâce au golf, au surf, à la thalassothérapie, sans oublier ses nombreux festivals et sa capacité à attirer les congrès de toutes sortes, la station tient toujours bon la rampe. Climat, douceur de vivre et splendeurs du passé font fantasmer de plus en plus de touristes. Une chance !

> **MERCI HEMINGWAY !**
>
> *En 1956, des Américains vinrent tourner à Biarritz l'adaptation du roman de Hemingway,* Le soleil se lève aussi. *Le scénariste Peter Viertel (mari de l'actrice Deborah Kerr) débarqua avec une planche de surf venant de Californie. La mode était lancée.*

Arriver – Quitter

En train

🚂 *Gare SNCF (hors plan par C4) : à 3 km au sud-ouest du centre-ville, quartier de la Négresse.* ☎ 36-35 (0,34 €/mn). • *voyages-sncf.com* • Quelques trains directs de Paris/gare Montparnasse (env 5h20 de trajet). Une dizaine de trains/j. pour Bayonne, Hendaye et Saint-Jean-de-Luz.

En avion

➢ *Air France* dessert Biarritz au départ d'Orly. Également des vols depuis Roissy (et Lyon en été) avec *Easyjet.*

Adresses et infos utiles

🛈 *Office de tourisme (plan C1) : 1, sq. d'Ixelles.* ☎ *05-59-22-37-10.* • *tourisme.biarritz.fr* • *Tlj.* 📶 Plans et infos sur la ville. Réservation en ligne (hébergement, activités, excursions, musées). Application mobile • *macotebasque.com* •

@ *Accès Internet à la médiathèque (plan C2, 1) : rue Beauséjour. Mar-mer et ven-sam 10h-18h, jeu 14h-18h (20h avr-sept).* Compter 1,50 €/h.

■ *Stages de surf : Biarritz Surf Training (hors plan par A4), 102, rue*

Pierre-de-Chevigné (vers la plage de Marbella). ☎ 05-59-23-15-31. ● surf training.com ● *Pâques-Toussaint. Leçons de 1h30 ou 1 journée, forfaits et stages.* Entre autres, car les écoles ne manquent pas. Toutes disposent d'une cabane sur la plage de la côte des Basques *(plan A3, 4)* ; voir le guide loisirs de l'office ou le site ● tourisme.biarritz.fr ●
■ *Piscine municipale d'eau de mer (plan C1-2)* : *dans le même bâtiment que le casino municipal.* ☎ 05-59-22-52-52. ● tourisme.biarritz.fr ● *Ouv tte l'année (horaires très variables selon jour). Entrée : 2,50 € ; réduc.* Une piscine d'eau de mer chauffée, face à la mer ! Attention, bonnet obligatoire et short de bain interdit. Sur place, jacuzzi, hammam, sauna (supplément).

Transports

🚌 *Gare routière (plan C2)* : *derrière la mairie, sq. d'Ixelles.* Pas vraiment une gare routière, en fait, seulement arrêts des bus de *Chronoplus* et des compagnies espagnoles *Alsa* et *Pesa*.
■ *Compagnies d'autobus*
– *Chronoplus :* ☎ 05-59-24-26-53. ● chronoplus.eu ● Ligne n° 10 de la gare de Biarritz à Anglet (La Barre) en longeant la côte et n° 13 de Biarritz à Bidart. Ligne n° 8 vers Biarritz-centre. De l'aéroport (lire au début du chapitre « La Côte basque, de Bayonne à Hendaye »), ligne n° 14 pour le centre de Biarritz. Ligne A2 de Biarritz-centre à Bayonne-centre.
– *Transports 64 :* ☎ 09-70-80-90-74. ● transports64.fr ● La ligne d'autocar n° 816 dessert, à partir de Bayonne via Biarritz, toute la côte jusqu'à Hendaye. À Biarritz, arrêt à l'aéroport et à côté de la gare de la Négresse (station-service *Esso,* sous le viaduc).
– *Navette gratuite :* dans le centre-ville et quartier Saint-Charles-Milady, tte l'année, lun-sam (plus dim en hte saison), ttes les 15-20 mn. Également une navette effectuant le circuit de la côte des Basques, tlj en hte saison.
🚕 *Taxis :* ☎ 05-59-03-18-18.
🅿 *Parkings :* nombreux parkings couverts payants un peu partout en ville. Dans la rue, le stationnement est payant dans presque tout le centre. Le plus intéressant est d'acheter à un horodateur le *forfait semaine* (12 €, prévoir de la monnaie), valable ensuite dans toute la ville (sauf autour du marché). Enfin, sachez que le parking *Atalaye,* en plein centre *(plan B2),* est gratuit d'octobre à mi-juin.
■ *Location de vélos, scooters et motos (plan B3, 3)* : *Sobilo Scooters,* 24, rue Peyroloubilh. ☎ 05-59-24-94-47. ● sobilo-scooters.com ● *En saison, tlj 8h-20h ; hors saison, tlj 10h-18h.* Loue également des vélos électriques. Carte des pistes cyclables de la région.
■ *Location de voitures* : *Hertz,* à l'aéroport. ☎ 0825-38-78-78. *Lun-ven et dim 8h-22h30, sam 8h-21h.*

Où dormir ?

Attention, en été, nos adresses classées « Prix moyens » voient leurs tarifs grimper dans la catégorie supérieure.

Camping et auberge de jeunesse

⛺ *Biarritz Camping (hors plan par A4, 10)* : *28, route d'Harcet.* ☎ 05-59-23-00-12. ● biarritz.camping@gmail.com ● biarritz-camping.fr ● *À 2 km à l'ouest du centre-ville. Bus n° 10 de la gare ou du centre. Desservi par les bus de nuit jusqu'à 5h en juil-août. Ouv avr-début oct. Compter 20-40 € pour 2 selon saison ; mobile homes 4-6 pers 330-1 015 €/sem selon taille et saison. 190 empl.* 📶 À 500 m de la plage de Milady, un camping en terrasses, tout confort et surtout très plaisant, bien ombragé et idéal pour les familles. De toute façon, c'est le seul de la ville ! Piscine, snack-bar, supérette.
🏠 |●| *Auberge de jeunesse Aintziko Gazte Etxea (hors plan par C4, 11)* : *8, rue Chiquito-de-Cambo.* ☎ 05-59-41-76-00. ● biarritz@hifrance.org ● hifrance.org ● ⚐ *À 2 km du centre-ville, au bord du lac Mouriscot et à 3 km des plages. Facile d'accès ; de la gare de Biarritz ou du centre, prendre

la ligne de bus n° 8 ou 10, arrêt Bois-de-Boulogne, puis 200 m à pied. Bus de nuit en été. Arrivée possible jusqu'à minuit (prévenir) ; accès libre le reste du temps avec des cartes codées. Nuitée 23-30 € en chambres de 4 lits superposés, petit déj et draps compris. Adhésion obligatoire. Pique-nique ou repas complet env 13 €. 🖥 🛜 Cette grande AJ ultra-fonctionnelle et très bien tenue s'est installée au calme dans le quartier de la gare, à l'entrée du bois de Boulogne et du lac Mouriscot. Bar et cuisine à disposition. Location de vélos sur place.

Spécial *road trip*

🏠 **Campy Camper** (hors plan par C4) : *28, Chapelet.* ☎ *09-53-22-44-44.* ● *contact@campycamper.com* ● *cam pycamper.com* ● *Compter 69-119 €/j. selon saison. Réduc de 10 % sur présentation de ce guide. From Biarritz to freedom...* Ici, à deux pas de la gare de la Négresse, on vous loue des vans aménagés pour 2-3 personnes. Y'a la lumière et l'électricité, les banquettes se transforment en lits et le coffre en cuisine : évier, frigo de bateau, réchaud à gaz, vaisselle... et même un flexible pour prendre sa douche en plein air ! Le kilométrage est illimité, l'assurance incluse, y'a plus qu'à prendre la route pour un vrai *revival sixties*, très culture surf.

Bon marché

🏠 **Hôtel La Marine** (plan B2, **12**) : *1, rue des Goélands.* ☎ *05-59-24-34-09.* ● *hotel-lamarine-biarritz.com* ● *Congés : de mi-nov à mi-mars. Doubles 47-65 € selon taille et saison.* Certes, la literie n'en est plus à son premier dormeur ni le linge à son premier tour de machine. Plancher d'origine, sanitaires privés (pas larges), armoire et TV. C'est propre, et on a le sourire en prime ! Pour un tel prix en plein centre de Biarritz, à deux pas de la plage et du port, on ne va pas jouer les difficiles ! Pensez quand même à emporter des boules Quies, la nuit par ici est animée. Brasserie au rez-de-chaussée.

De prix moyens à chic

🏠 **Petit Hôtel** (plan C2, **14**) : *11, rue Gardères.* ☎ *05-59-24-87-00.* ● *contact@petithotel-biarritz.com* ● *petithotel-biarritz.com* ● *Doubles 65-105 € ; triples 85-125 €.* 🛜 À côté du casino et à quelques foulées de la grande plage, une sympathique petite adresse aux chambres nickel, toutes rénovées avec plancher flottant et TV. Petite douche, mais les chambres ne sont pas étriquées. Au contraire, elles sont de bonne taille et avenantes si on évite celles avec un mur devant la fenêtre.

🏠 **Hôtel Le Saphir** (plan B2, **15**) : *3, rue Gaston-Larre.* ☎ *05-59-24-12-23.* ● *contact@hotel-lesaphir.com* ● *hotel-lesaphir.com* ● *Doubles 68-128 € ; triples 110-140 €.* 🛜 Tout près du Port-Vieux, une façade éclatante de blancheur avec volets indigo. Si les chambres aux couleurs flashy affichent une bonne mine, préférez celles côté cour pour le calme. Les plus chères, les plus spacieuses, ont aussi des lits plus larges. Ascenseur pratique quand on dort au 3ᵉ étage. Côté sommeil, gare à l'animation du *Bar Basque* juste en face.

🏠 **Hôtel Saint-James** (plan B2, **16**) : *15, rue Gambetta.* ☎ *05-59-24-06-36.* ● *saint@orange.fr* ● *hotel-saintjames. com* ● *Congés : de mi-nov à mi-déc. Selon saison, doubles 60-130 € ; familiales 70-150 €.* 🛜 L'hôtel a été refait et les chambres sont dotées de tout le confort nécessaire. Des prix corrects pour la ville, surtout hors saison, une situation centrale (la rue Gambetta est parfois bruyante mais il y a le double vitrage), c'est assez pour en faire un bon choix.

🏠 **Hôtel Argi Eder** (plan B2, **17**) : *13, rue Peyroloubilh.* ☎ *05-59-24-22-53.* ● *hotel.argieder@nume ricable.fr* ● *hotel-argieder.fr* ● *Congés : 18 déc-4 janv. Doubles 55-120 €.* 🛜 *Petit déj offert sur présentation de ce guide.* Encore un petit hôtel entièrement rénové, alignant une quinzaine de chambres de bon confort. Celles qui donnent sur l'arrière sont d'un calme total, double vitrage appréciable pour celles donnant sur la rue. Accueil bonhomme.

🛏 **Hôtel Maïtagaria** (plan B3, **18**) : 34, av. Carnot. ☎ 05-59-24-26-65. ● hotel.maitagaria@wanadoo.fr ● hotel-maitagaria.com ● Doubles 68-140 € selon taille et saison ; familiales 91-195 €. 🖥 📶 *Un petit déj/chambre offert hors juil-sept sur présentation de ce guide.* Voici un petit hôtel particulier proposant des chambres spacieuses, tenues au cordeau et meublées dans un style Art déco prononcé. Certaines bénéficient d'une jolie vue sur le jardin de l'hôtel (sur le jardin public pour les autres). Ascenseur. Accueil charmant. On peut se garer gratuitement dans le quartier. Une très bonne adresse.

🛏 **Hôtel Gardenia** (plan B3, **19**) : 19, av. Carnot. ☎ 05-59-24-10-46. ● hotelgardenia@wanadoo.fr ● hotel-gardenia.fr ● Congés : 15 déc-15 janv. Doubles 62-98 € selon confort et saison ; familiales 89-168 €. 🖥 📶 *Réduc de 10 % sur le prix de la chambre de mi-oct à mi-mars (hors vac scol et résa par centraux) sur présentation de ce guide.* Un petit hôtel, propre et agréable, avec des chambres toutes simples, dans des tons clairs. On a bien aimé les petites du dernier étage, légèrement mansardées. Une bonne adresse à deux pas de la Grande Plage et du centre.

Chic

🛏 **Hôtel Saint-Julien** (plan B3, **21**) : 20, av. Carnot. ☎ 05-59-24-20-39. ● saint-julien@wanadoo.fr ● saint-julien-biarritz.com ● Congés : vac scol d'hiver de la zone C. Doubles 90-200 € selon confort et saison. Parking payant. 📶 Cet élégant hôtel de 1895 aux allures de maison de campagne n'a gardé d'origine que son parquet et son bel escalier en bois, désormais secondé par un ascenseur. Réparties sur 3 étages, les chambres, plutôt vastes, ont toutes été rénovées dans un style très actuel et gardent un sacré cachet : couleurs douces, douches à l'italienne, voire baignoire balnéo. Certaines bénéficient d'une vue sympa sur les montagnes ou sur l'océan. Confort excellent et accueil charmant. Bon petit déj (les œufs brouillés, hmm !) servi en terrasse aux beaux jours.

🛏 **Hôtel Édouard VII** (plan B3, **19**) : 21, av. Carnot. ☎ 05-59-22-39-80. ● contact@hotel-edouardvii.com ● hotel-edouardvii.com ● Tte l'année. Doubles 80-195 € ; familiales 4 pers 95-140 €. 🖥 📶 C'est l'un de ces lieux rares, fidèles au charme du passé dont seul Biarritz a su garder le secret. Un établissement élégant, amoureusement rénové dans l'esprit d'une ancienne maison de maître. Teintes claires dans les chambres, parquet lustré, mobilier patiné, jolies salles de bains, suites de rêve. Et parfois une terrasse, un balcon. Excellent confort et bon accueil.

🛏 **Hôtel Palym** (plan A2, **22**) : 7, rue du Port-Vieux. ☎ 05-59-24-16-56. ● b64200@gmail.com ● hotel-palym-biarritz.fr ● Doubles 80-155 € selon taille et saison. 📶 En plein cœur de la ville, à deux pas de la plage, un établissement pimpant, aux chambres joyeuses et de taille honorable (douches à l'italienne ou bains), avec décoration dans l'air du temps. En été, préférer les chambres côté cour, plus calmes que celles qui donnent sur la très animée rue du Port-Vieux. Accueil très sympa.

🛏 **Hôtel Mirano** (hors plan par C3, **23**) : 11, av. Pasteur. ☎ 05-59-23-11-63. ● contact@hotelmirano.fr ● hotelmirano.fr ● ♿ *Dans le quartier Saint-Martin ; fléché depuis la gare de la Négresse (plus difficile à trouver depuis le centre-ville). Bus n° 14 pour le centre, Bayonne et l'aéroport. Congés : 15 j. mi-janv. Doubles 70-140 € selon taille et saison ; familiales 100-190 €. Offres sur Internet.* 📶 Un peu excentré mais facilement accessible depuis la D 810 (l'ancienne N 10), ce petit hôtel installé dans une villa rétro a opté pour un style ultra-pop. La déco, inspirée par l'authentique comptoir en formica orange, assume ses références aux seventies. C'est rond, gai, coloré, vitaminé. Les chambres sont dotées d'un confort tout ce qu'il y a de plus actuel.

🛏 **La Maison du Lierre** (plan B2, **24**) : 3, av. du Jardin-Public. ☎ 05-59-24-06-00. ● biarritz@maisondulierre.com ● maisondulierre.com ● Congés :

15 j. en janv. Doubles 82-149 € selon saison (à bien vérifier lors de la résa) ; petit déj 10 €. 🖥 📶 Adresse qui se prévaut d'un « esprit maison d'hôtes », à savoir convivial et familial. Réception et escaliers aux belles boiseries font d'entrée de jeu une forte impression (que les paresseux se rassurent, il y a un ascenseur), tout comme les chambres. Certaines ont vue sur le jardin ou sur la mer et disposent d'un balcon ou d'une terrasse. Petit déj très soigné à prendre sur l'agréable terrasse, l'œil sur le jardin public.

🏠 **Maison Garnier** (plan B2, **25**) : *29, rue Gambetta.* ☎ *05-59-01-60-70.* ● *maison-garnier@hotel-biarritz.com* ● *hotel-biarritz.com* ● *Congés : 15 j. en janv et de mi-nov à mi-déc. Résa indispensable. Doubles 85-170 € selon confort et saison.* 🖥 📶 Petit hôtel intimiste de 7 chambres climatisées, modernes et agréables, décorées avec beaucoup de goût. On a un faible pour celle lovée sous les toits et dont le pilier central en fer supporte toute la maison.

🏠 **Hôtel Alcyon** (plan C2, **26**) : *8, rue Maison-Suisse.* ☎ *05-59-22-64-60.* ● *contact@hotel-alcyon-biarritz.com* ● *hotel-alcyon-biarritz.com* ● *Congés : janv-fév. Doubles 80-190 € selon taille et saison.* 🖥 📶 *Réduc de 10 % sur présentation de ce guide.* Au calme et pourtant en plein centre, un hôtel intime, sobre et tout confort (clim, minibar), installé dans un élégant immeuble d'angle de 3 étages (ascenseur), bâti au XIXe s. Les chambres les plus chères ouvrent sur un balconnet. Bon accueil.

🏠 **Hôtel Silhouette** (plan B2, **20**) : *30, rue Gambetta.* ☎ *05-59-24-93-82.* ● *reservations@hotel-silhouette-biarritz.com* ● *hotel-silhouette-biarritz.com* ● *Doubles 90-195 €.* L'hôtel de Silhouette, devrait-on dire, en hommage à l'ancien ministre des Finances de Louis XV, un homme qui a donné son nom à une ombre chinoise ou à plusieurs générations de Silhouette. Cette grande villa datée de 1610 abrite aujourd'hui 20 chambres design aux couleurs chaleureuses qui donnent du tonus à tout séjour passé ici. Chambres plus standard côté halles, plus cosy et plus calmes côté jardin.

De plus chic à beaucoup plus chic

🏠 **Le Château du Clair de Lune** (hors plan par C4, **27**) : *48, av. Alan-Seeger.* ☎ *05-59-41-53-20.* ● *reception@hotelclairlune.com* ● *hotelclairlune.fr* ● *À 5 km du centre-ville, non loin du quartier de la Négresse, sur la route d'Arbonne. Résa conseillée. Doubles 130-225 € selon confort et saison ; suites familiales 160-280 €.* 🖥 📶 Isolée dans un superbe parc fleuri de 8 ha, cette demeure du début du XXe s recrée un cadre de vie du grand XVIIIe s : vastes chambres au beau mobilier ancien, atmosphère très british avec quantité de recoins et de salons pour s'isoler, service à la fois stylé et discret. Quant au pavillon de chasse, il propose, à qui préfère son indépendance, quelques chambres plus contemporaines avec terrasse. Piscine. Un endroit de rêve pour se reposer à l'écart de l'agitation de la côte.

🏠 **Hôtel Mercure Plaza** (plan C2, **28**) : *10, av. Édouard-VII.* ☎ *05-59-24-74-00.* ● *h5681@accor.com* ● *hotels-cote-basque.com* ● *Tte l'année. Chambres 110-250 € selon vue et saison ; petit déj 18 €. Parking payant.* 📶 Idéalement situé, à 100 m de la plage. Bâti en 1927, classé Monument historique pour sa façade et ses aménagements intérieurs Art déco, cet ancien palace a de l'ampleur, même si le charme s'émousse. Les 70 chambres, toutes spacieuses, au mobilier années 1930, sont classées selon la vue. Les moins chères, côté ville, sont accessibles ; pour les autres, mieux vaut guetter les promos.

Maisons d'hôtes de charme

🏠 **Arima Biarritz** (hors plan par C4, **29**) : *17 bis, rue Larrepunte (dans un quartier résidentiel, un peu au sud de la rue d'Espagne).* 📱 *06-88-46-78-46.* ● *arimabiarritz@orange.fr* ● *arima-biarritz.com* ● *Doubles 70-130 € selon taille et saison (4 nuits min en été) ; petit déj 9,50 €.* 📶 Annie et Marc proposent dans leur villa de plain-pied 3 chambres contemporaines, élégantes, tout confort, chacune avec kitchenette et entrée indépendante. La plus grande, idéale pour une famille, est en duplex. S'il fait beau, on prend le petit déj sur le deck, au bord de la minuscule piscine.

🏠 *La Ferme de Biarritz* (hors plan par A4, **30**) : *15, rue d'Harcet.* ☎ *05-59-23-40-27.* ● *ferme.de.biarritz@gmail.com* ● *fermedebiarritz.com* ● *À 10 mn à pied d'Ilbarritz. Bus n° 10 pour le centre et les plages. Compter 65-95 € pour 2 (2 nuits min). Attention, de mi-juil à fin août, loc à la sem slt (665 €/sem). CB refusées.* 🖥 📶 On vient du monde entier, depuis des années, passer ici des vacances dans la ferme la plus tendance de la côte. 5 chambres mansardées blanchies à la chaux, dont une avec mezzanine, et toutes avec accès indépendant. Pas grandes mais agréables à vivre : quelques touches de couleurs grâce aux tissus et jetés de lit, du jonc de mer pour le côté vacances, des miroirs pour agrandir l'espace. Grand jardin.

🏠 *Maison d'hôtes Nere Chocoa* (hors plan par C4, **31**) : *28, rue Larreguy, vers le lac Marion et la D 810.* 📱 *06-08-33-84-35.* ● *nerechocoa@wanadoo.fr* ● *nerechocoa.com* ● *Compter 75-130 € pour 2 selon confort et saison ; petit déj 9,50 €.* 📶 Cette belle demeure de vacances pour princesse d'autrefois est devenue une maison d'artistes contemporaine, agrémentée de grands tableaux et d'un coin musique débordant d'instruments. On retrouve les tonalités dominantes (le blanc, le beige et le gris) dans les chambres (3 doubles et 2 suites pour 3, dont une avec terrasse), avec quelques touches de couleurs pour réchauffer l'atmosphère et de vieux meubles de boulanger ou drapier habilement détournés de leur usage d'origine. Belle véranda où prendre le petit déj, et parc pour rêver au pied d'un chêne.

🏠 *Villa Le Goéland* (plan A2, **32**) : *12, plateau de l'Atalaye.* ☎ *05-59-24-25-76.* 📱 *06-87-66-22-19.* ● *info@villagoeland.com* ● *villagoeland.com* ● *Compter 130-280 € pour 2 selon confort et saison ; petit déj 10 €. Parking gratuit d'oct à mi-juin juste devant.* Joliment perchée sur le plateau de l'Atalaye et dominant le Port-Vieux, cette villa classée, à l'étonnante allure de château prussien, est une des seules qui soient restées une demeure familiale. Au cœur de la ville et jouissant d'une incroyable vue panoramique, c'est tout bonnement une adresse exceptionnelle (ce qui explique en partie les prix !). 4 chambres spacieuses et élégamment meublées, dans un style classique qui n'interdit pas le confort moderne. Un hôte passionné et passionnant, une maison qui a une âme.

Où manger ?

Prix moyens

🍴 *Restaurant Le Surfing* (plan A3, **40**) : *9, bd du Prince-de-Galles (sur la côte des Basques).* ☎ *05-59-24-78-72.* ● *lesurfing.btz@gmail.com* ● *Tlj sf mar hors saison. Service en continu le w-e et tlj en été. Congés : de janv à mi-fév. Carte 25-30 €.* 📶 C'est ici, derrière la longue baie vitrée ou sur la terrasse surplombant la mythique côte des Basques, que se retrouvent les fanas des vagues. Le matin, formule petit déj avant de partir à l'assaut des rouleaux, puis les burgers, des poissons *a la plancha*, pour se requinquer à la sortie de l'eau. Le soir, apéro *sunset* pour tous en terrasse.

🍴 *Le Crabe-Tambour* (plan B4, **41**) : *49, rue d'Espagne.* ☎ *05-59-23-24-53.* ● *endale5@hotmail.fr* ● *Fermé lun et dim soir hors saison. Résa conseillée. Formule déj en sem 13,50 € ; menu 26 € ; carte env 30 €.* 📶 *Apéritif maison offert sur présentation de ce guide.* Une adresse qui tient le cap. Matthieu Cohendy cuisine simple, bon et goûteux. Côtes d'agneau grillées ou chipirons à l'encre, colombo de poulet ou tête de veau ravigote, les plats du jour se suivent, le midi, mais ne se ressemblent pas. Mais c'est le poisson qui reste la valeur sûre, en soupe ou en parillada, notamment. Pensez à réserver. Accueil agréable.

🍴 *Restaurant le B2* (plan B2, **42**) : *5, rue du Centre.* ☎ *05-59-24-34-66.*

● restaurantb2@gmail.com ● *Tlj sf mer-jeu hors saison ; juil-août, ouv ts les soirs. Congés : 15 j. en nov. Formule déj en sem 14 € ; menus 25-31 €.* À côté des halles, ce resto bien dans l'air du temps propose une cuisine fraîcheur qui sait où elle va : pas d'extravagances, mais du (bon) goût, et des idées qu'on sent poindre à travers les plats de terroir joliment arrangés. Les produits sont frais, souvent tournés vers le large, et les assiettes équilibrées.

●| *Txango* (plan C3, **43**) **:** 5, av. de la Gare. ☎ 05-59-51-24-98. ● txangobiarritz@gmail.com ● *Tlj sf dim-lun (fermé slt le midi en hte saison). Formule déj en sem 16 € ; menu 32 € ; assortiment de bouchées 18 €.* Il est beau, il est convivial ce bistrot de quartier, avec ses murs en vieille pierre, son bar biscornu au comptoir de fer, sa mezzanine accrochée à de solides poutrelles, sa terrasse rangée au pied des platanes. Le midi, on s'y sustente d'un petit menu à l'ardoise, simple et sans accrocs. Le soir, on pioche dans une cuisine traditionnelle plus solide, à moins d'opter pour des tapas ou des bouchées maison très typées Sud-Ouest, à arroser d'un cocktail.

●| *Le Clos Basque* (plan C2, **44**) **:** 12, rue Louis-Barthou. ☎ 05-59-24-24-96. ● leclosbasque@gmail.com ● *Tlj sf dim soir et lun. Plat du jour 9 € ; menu-carte 28 €.* Voilà des années que la belle affaire est connue des Biarrots qui, à eux seuls, remplissent été comme hiver la salle chaleureuse : tomettes, murs en pierre et linge basque sur les tables. Aux beaux jours, il faut impérativement réserver sa table en terrasse. Des produits locaux qu'une cuisine enlevée met facilement en valeur, un service ultra pro et des prix étudiés, voilà assurément le tiercé gagnant qui assure encore de beaux jours à cette adresse discrète.

De prix moyens à chic

●| *Chez Ospi* (plan C2, **45**) **:** 6, rue Jean-Bart. ☎ 05-59-24-64-98. ● ljulien.ospital@gmail.com ● *Tlj sf mar-mer en basse saison ; de mi-juil à mi-sept, ouv slt le soir. Congés : 10 j. fin juil et 12 nov-5 déc. Formules déj en sem 16-20 € ; menus dégustation 49-59 € ; carte env 45 €.* De la France à la Suisse, les frères Ospital ont fréquenté les meilleurs maîtres avant d'ouvrir ce coin tranquille à deux pas du centre. Cuisine de saison créative, pleine d'esprit et aux saveurs parfaitement équilibrées, qui privilégie les produits nobles et les légumes anciens. Le cadre, zen et épuré, est limite un peu froid, mais qu'importe, on a d'yeux que pour les assiettes artistiquement dressées.

●| *Léonie* (hors plan par C1, **46**) **:** 7, av. La Rochefoucauld. ☎ 05-59-41-01-26. ● contact@restaurant-leonie.com ● *Tlj sf mer et sam midi (ouv mer soir et dim soir en hte saison). Congés : 1 sem mi-mars, 2 sem fin juin-début juil et 2 sem fin déc. Le midi, formule « cocotte » 16 € ; menu-carte 26 €.* Léonie, c'est la rencontre de Manu Michel, Breton converti au rugby et à la cuisine basque, et de Martin Etchemaïté, souletin pure souche qui perpétue à sa façon, en salle, la tradition familiale. Ils ont voulu un bistrot à leur image, un lieu accueillant, simple mais élégant, où l'on vient se régaler d'une fine cuisine de saison. Produits locaux savamment travaillés et joliment présentés. Petite terrasse sur la rue.

●| *Los Dos Hermanos* (plan C2, **47**) **:** 36, av. de Verdun. ☎ 05-59-22-32-67. ● losdoshermanos64@gmail.com ● ♿ *Ouv ts les soirs. Congés : 15 j. en janv et 2 sem fin juin-début juil. Menu 30 € ; carte env 35 €. Sangria offerte sur présentation de ce guide.* Une grande auberge à l'espagnole, conviviale et populaire comme il se doit. Stéphane et Nicolas (les deux frères) savent choisir les producteurs avec qui ils travaillent. La carte des vins comporte quelques belles trouvailles, aussi bien françaises qu'espagnoles, ce qui explique d'ailleurs que le cidre ne coule pas à flots comme dans les autres cidreries. Accueil enjoué, service efficace et ambiance festive.

●| *Café Jean* (plan B2, **48**) **:** 13, rue des Halles. ☎ 05-59-24-13-61. *Tlj. Carte env 35 €.* Devant les halles, à côté de la « maison mère » qu'est l'emblématique *Bar Jean*, rendez-vous incontournable des Biarrots et des Parisiens mondains qui picorent autour d'un comptoir bondé des *pintxos* dans une ambiance très espagnole. Ici, la cuisine oscille entre terroir et fantaisie, des rations à partager et des plats qui illustrent joliment la gastronomie basque. L'ambiance bistrot – avec banquettes rouges, fresque de pêcheurs et portrait de Luis Mariano au bar – colle avec le quartier.

|●| Cidrerie Hernani (plan B3, 49) : 27-29, av. du Maréchal-Joffre. ☎ 05-59-23-01-01. ● contact@cidrerie-hernani.com ● Ouv ts les soirs à partir de 20h. Congés : 3 sem entre mi-juin et mi-juil. Carte traditionnelle des cidreries env 30 €. Ambiance espagnole typique dans ce resto aménagé comme une cidrerie du Guipúzcoa, avec ses tonneaux le long du mur et ses grandes tables en bois. Cuisine basco-espagnole de qualité, avec omelette à la morue et excellentes grillades. Service jusque tard le soir, toujours souriant et très efficace, de quoi contribuer à la bonne ambiance générale.

|●| Bistrot 2 Génies (plan C1, 50) : 10, av. de la Marne. ☎ 05-40-48-04-10. ● bistrot2genies.com ● Tlj sf dim-lun. Plat du jour 13 € ; formule déj en sem 17 € ; menu « poule au pot » 29,50 € ; menu 38 €. Le nom peut faire éclater de rire, la déco sourire mais ensuite on ne rigole plus, dès que les plats arrivent. Du sérieux, du goûteux. Crier au génie est peut-être exagéré, mais c'est de la vraie cuisine familiale qui rassure, en ces temps de doutes existentiels concernant les produits et le savoir-faire des chefs.

De chic à plus chic

|●| L'Atelier (hors plan par C1, 52) : 18, rue de la Bergerie. ☎ 05-59-22-09-37. ● mail@latelierbiarritz.com ● À l'orée du centre-ville, au cœur du quartier Saint-Charles. Tlj sf le midi dim-lun en saison ; fermé dim-lun hors saison. Congés : 2 sem en janv, 1 sem en juin et 2 sem en oct. Formules déj en sem 25-35 € ; menus 68-88 €. Ce discret resto offre un savant dosage de rigueur, de charme, de professionnalisme et de décontraction. Le cadre est cosy, élégant, raffiné, dans des tonalités à la fois actuelles et intemporelles. Chaque jour, le chef Alexandre Bousquet élabore, en plus de la carte, un superbe menu de saison. Il privilégie les beaux produits et les légumes oubliés, et a su trouver un bel équilibre entre subtilité, créativité et simplicité. Tout est fait maison : pain, chocolats, mignardises...

|●| Le Sissinou (plan C2, 53) : 5, av. du Maréchal-Foch. ☎ 05-59-22-51-50. ● restaurant.sissinou@wanadoo.fr ● Tlj sf dim-lun (ouv ts les soirs en août). Congés : vac de fév et de la Toussaint. Résa très conseillée. Plat du jour 20 € ; formules déj 25-40 € ; le soir, carte env 60 €. Décor plutôt zen, plutôt sombre, à découvrir le soir de préférence, et cuisine du marché qui se bouge, elle, à chaque service. Pas beaucoup de monde en cuisine, et guère plus en salle, pour vous offrir des assiettes dans le vent de l'époque, puisant dans le terroir tout en glissant parfois ici et là des épices et des saveurs lointaines.

|●| Restaurant Philippe (hors plan par C4, 54) : 30, av. du Lac-Marion. ☎ 05-59-23-13-12. ● philippe@restaurant_biarritz.com ● Accès fléché depuis la D 810 (ex-N 10). Ouv ts les soirs sf lun-mar (août, ts les soirs ; juil et sept, ts les soirs sf lun). Congés : 15 j. en mars et 15 j. en nov. Menus 40-85 €. Cette petite maison biarrote au décor pop, intime, décalé, abrite une table confidentielle qui bouscule les habitudes et séduit une belle clientèle d'initiés. Philippe Lafargue donne à sa cuisine au four à bois une note inventive, saisonnière, recherchée, qui ravira ceux qui aiment se faire surprendre. Terrasse cachée donnant sur le potager, où le chef va s'approvisionner. S'il pleut, n'oubliez pas le parapluie avant de partir aux toilettes...

Où prendre le thé et déguster des gâteaux ?

☕ **Miremont** (plan B2, 56) : 1 bis, rue Mazagran. ☎ 05-59-24-01-38. Tlj 9h-20h. La pâtisserie de Biarritz depuis 1872. Les jeunes filles de bonne famille s'y retrouvent à l'heure du goûter pour déguster des petits gâteaux dans un décor d'origine, derrière une baie vitrée dominant l'océan.

Il faut souvent faire la queue et parfois, l'ambiance est franchement guindée. Mais ce n'est pas une raison pour bouder son plaisir, car pâtisseries et viennoiseries sont excellentes. Alors, évitez les heures de pointe, les jours de fête (et plus encore les jours de pluie, où c'est la cohue !) ou bien achetez et emportez ! *Miremont*, c'est aussi une brasserie-salon de thé à l'atmosphère évidemment très chic *(pl. Bellevue ; tlj 9h-23h juil-sept)*. Terrasse.

Où manger sur le pouce ? Où boire un verre ?

Biarritz bouge, prenez l'air du temps. Notre liste est loin d'être exhaustive, chaque vague nouvelle chassant les précédentes...

|●| ▼ *Les bars à tapas* du port des Pêcheurs *(plan A-B2)* offrent une belle atmosphère les jours de grande foule (le port est quasiment inaccessible en été !), surtout quand surgit une guitare, tandis que coule le rosé... Si le temps le permet, on pourra par exemple s'attabler à la sympathique terrasse de la *Crampotte n° 30 (plan B2, 63)*, du nom de ces cahutes de pêcheurs qui s'alignent sur le quai. Jolies verrines et tapas à piquer sur des *palas* (des raquettes de pelote basque) disposées sur le comptoir *(d'avr à mi-nov, tlj sf lun-mar hors saison et bien sûr sf s'il pleut ; compter 15 € ; café offert sur présentation de ce guide)*. Un lieu typique, unique en son genre.

|●| ▼ *Milwaukee Cafe (plan C2, 68)* : 2, rue du Helder. ☎ 05-59-54-17-04. *Tlj 9h30-18h. Plat du jour 12 € ; carte 15-20 €*. À la fois *bakery, coffee shop* et grignoterie ludique. Un sympathique quatre-mains mère-fille, Wendy et Emily ! Cookies, brownies et cakes alléchants encombrent délicieusement le comptoir, pour être croqués sur place ou emportés, tout comme bagels et sandwichs. Le plat du jour, qu'on prend le temps de savourer dans la jolie salle avec murs en pierre, fait preuve d'imagination (à défaut de générosité, parfois). Également des salades et burgers. Petite terrasse, et aussi un comptoir aux halles.

|●| ▼ *Le Comptoir du Foie Gras (plan B2, 66)* : 1, rue du Centre. ☎ 05-59-24-41-22. *Tlj sf dim hors saison 10h-14h, 17h-23h. Congés : janv. Tapas 1 € pièce à l'apéro. Mais l'addition grimpe vite avec les planches. Compter 30 € pour 2.* 🛜 *Sangria offerte sur présentation de ce guide*. Face aux halles, un minuscule estaminet comme on n'en fait plus, proposant un remarquable échantillonnage de tout ce que le Pays basque recèle de trésors gustatifs... Petit déj sucré-salé le matin, puis, à midi et dès 17h, apéro de copains, sur le trottoir, autour de gros tonneaux : assiette de charcuterie, fromage de brebis, foie gras inégalable, vins fins.

▼ *Le Bar Basque (plan B2, 69)* : 1, rue du Port-Vieux. ☎ 05-59-24-60-92. *Tlj 18h-2h, sf 24-25 déc. Tapas 1,80 €/ pièce.* En plein centre de Biarritz, un bar qui, avec sa belle déco néobasque, fait figure d'institution. Musiques actuelles, cocktails, clientèle bobo gentiment branchée, nul doute que c'est bien l'air du temps que l'on vient humer ici. Sympathique terrasse dissimulée dans un brin de verdure.

▼ |●| *L'Artnoa (plan B2-3, 62)* : 56, rue Gambetta. ☎ 05-59-24-78-87. ● a.vignac@lartnoa.com ● *Tlj sf dim ap-m et lun 10h-13h, 16h-22h30 ; juil-août, tlj. Verres 3,50-6 € ; planches charcuteries espagnoles, fromages affinés 7-26 €.* Quelques tables et tabourets hauts en terrasse, une grande table de dégustation dans la boutique et un comptoir où tout le monde se presse à l'heure de l'apéro. Grand choix de vins au verre, à choisir à l'ardoise.

|●| ▼ *La Cabane à Huîtres (plan B3, 70)* : 62, rue Gambetta. ☎ 05-59-54-79-65. *Tlj sf dim-lun hors saison : tte l'année 18h-23h, plus le midi hors saison. Digestif maison offert sur présentation de ce guide*. Fraîcheur et bonne humeur garanties dans cette cabane à l'esprit « retour de pêche » lancée par une bande de copains. Un coup d'œil au tableau noir pour choisir le calibre de ses huîtres (de provenances variées), ou pourquoi pas une cassolette (gambas, Saint-Jacques, couteaux, chipirons...), et l'apéro peut

commencer, informel et spontané. À prolonger selon l'humeur avec un verre de jurançon, sur la petite terrasse qui donne sur la rue toujours animée.

♣ *Le Ventilo* (plan B2, 61) : *30 bis, rue Mazagran.* ☎ *05-59-24-31-42. Tlj sf lun midi, plus mar hors saison. Congés : de mi-nov à mi-déc.* 📶 Le rendez-vous de la jeunesse classe, toujours bruyant, toujours plein, du petit déj au mitan de la nuit. En journée, *smoothies* et milk-shakes ; le soir, ça se corse, dans une ambiance très *fashion victim*. Quadras s'abstenir, sauf si vous cherchez un bain de jouvence.

|●| ♣ *Côte 57* (plan A3, 65) : *7, bd du Prince-de-Galles.* ☎ *05-59-22-27-83.* ● *cote57@numericable.fr* ● *Tlj sf mer hors saison. Congés : de mi-nov au 1er mars. Carte env 30 €.* 📶 « Côte » pour la plage de la côte des Basques et « 57 » pour l'année d'arrivée du surf à Biarritz avec les tontons surfeurs. Idéal pour admirer le coucher de soleil sur le plus fameux spot de la côte, allongé sur son transat. Sinon, long comptoir, décor design, dessins façon graff, sangria d'ici et cuisine d'ailleurs. Tout aussi recommandable, **Le Bar de la Côte**, 50 m plus loin. Grande terrasse, bien sûr, et petite cuisine de brasserie (☎ *05-59-22-30-67 ; tlj sf lun hors saison).*

|●| ♣ *Eden Rock Café* (plan A2, 60) : *plage du Port-Vieux.* ☎ *05-59-24-53-11. Avr-oct, tlj (sf j. de mauvais temps !).* Une terrasse superbement placée, quelques tapas à grignoter et des plats plus cuisinés, il n'en faut pas plus pour en faire un endroit très agréable, au coucher du soleil ou quand les vagues se fracassent contre le rocher de la Vierge.

♣ *Chez Miguel* (plan A2, 64) : *rue Perspective-de-la-Côte-des-Basques (à côté du Port-Vieux).* ☎ *05-59-22-36-21. Tlj sf dim-lun en hiver. Congés : 15 j. en fév et en oct.* Un cadre rétro rock'n'roll, rouge baroque, vinyles collés au plafond, une ambiance éclectique et conviviale où le quadra classique côtoie l'artiste ou le *biker*, réunis autour d'un grand choix de rhums arrangés.

♣ *Etxola Bibi* (plan A4, 67) : *sq. J.-B.-Lassalle, av. Beaurivage. Avr-oct, tlj (sf mar hors saison) 8h-23h (ou plus en plein été). Verre de vin offert si repas pris sur place, sur présentation de ce guide.* La plus belle vue sur la côte des Basques et la chaîne de montagnes, qu'ils disaient ! Juchée à côté du terrain de boules, ouverte sur l'océan, cette petite cabane joue la carte brasserie à toute heure.

Où sortir ? Où danser ?

■ *Le Royal* (plan C2) : *8, av. du Maréchal-Foch.* ☎ *05-59-24-45-62.* ● *royal-biarritz.com* ● L'un des plus vieux cinémas de Biarritz, repris par la Ville et confié à une équipe de jeunes passionnés, qui alterne films récents et vieux classiques, rencontres avec des réalisateurs, conférences, le tout toujours en v.o.

■ *La Gare du Midi* (plan C3) : *23, av. du Maréchal-Foch.* ☎ *05-59-22-19-19 ou résa en ligne sur* ● *congres.biarritz.fr* ● L'ancienne gare impériale, depuis sa réhabilitation en 1991, abrite derrière sa splendide façade Art nouveau un centre des congrès programmant toutes sortes de spectacles et concerts (les grandes tournées nationales, les succès parisiens...). On y trouve aussi le Centre chorégraphique national Malandain – ballet Biarritz. Programme disponible sur place ou à l'office de tourisme.

∞ *Le Théâtre du Versant* (hors plan par C4) : *11, rue Pelletier, lac Marion.* ☎ *05-59-23-10-00.* ● *theatre-du-versant.com* ● Abrite le Centre de recherche théâtrale internationale de Biarritz. Riche et éclectique programmation, sur place bien sûr, mais aussi dans les théâtres alentour.

♪ ♪ Quelques boîtes à Biarritz font parler d'elles, à commencer par le mythique *Caveau* (plan B2, 73 ; *4, rue Gambetta ;* ☎ *05-59-24-16-17 ; tlj minuit-6h).* Club plutôt gay à l'origine et jamais vraiment triste. En haut, c'est chaud, chaud, chaud, et il ne faut pas avoir peur de se retrouver compressé. Mais les sourires sont au rendez-vous, ça branche facile, et on revisite les classiques de la chanson française ou de la variété internationale des années 1980. En bas, c'est plus *dark*, plus électro, mais le *dance floor* est toujours bondé, toutes tendances confondues.

🎵 🎶 À essayer aussi, le **Carré Coast** (*plan C1, 71*) : *21, av. Édouard-VII.* ☎ *05-59-24-64-64.* ● *lecarrecoast. com* ● Pour esthètes chic, amateurs d'ambiance *lounge* ou électro-house. Sinon, à vous de voir parmi les nouveaux clubs du moment, à moins que vous ne préfériez des distractions autres.

Où acheter de bons produits locaux ?

Le lieu incontournable pour faire le plein des meilleurs produits d'ici, ce sont les **halles** (*plan B2*) bien sûr, bâties au XIXe s. En été, on y fait ses courses en nocturne le mercredi à partir de 19h, emporté par les chants basques.

🍽 **Maison Arostéguy** (*plan B2, 74*) : *5, av. Victor-Hugo.* ☎ *05-59-24-00-52.* ● *pierre.arosteguy@wanadoo.fr* ● *Juil-août, lun-sam 9h30-19h30, dim 11h-13h ; hors saison, lun ap-m et mar-sam 9h30-13h, 15h30-19h.* Spécialiste de l'épicerie fine présentée dans de beaux rayons en acajou (les mêmes qu'en 1875). Parmi une foultitude de vins, conserves, fromages, épices, cafés… ne pas manquer d'y acheter les succulents gâteaux basques, à la crème ou à la cerise et, surtout, le chaumontais, un délice à la meringue et crème de noisette. Une tuerie ! Très bon accueil.

🍽 **Henriet** (*plan C2, 72*) : *pl. Georges-Clemenceau.* ☎ *05-59-24-24-15. Tlj 9h30-19h30 (19h dim).* Le rendez-vous des croqueurs et autres fondus de chocolat sur Biarritz. Les amateurs de chocolat noir ne manqueront pas le rocher de Biarritz ou le mendiant, vendu au poids. Également des macarons, des glaces artisanales et un grand choix de pâtisseries.

À voir. À faire

Bâtie le long d'une côte découpée semée de somptueuses villas Belle Époque, Biarritz est tout entière ou presque tournée vers l'océan. On y vient donc aussi pour la **plage**, avec ou sans surf. La *Grande Plage (plan C1)*, au pied du casino, bondée l'été, n'est pas forcément la plus glamour. La plage la plus mythique est celle de la *Côte des Basques (plan A3)*, berceau du surf en Europe. Sinon, on descendra plus au sud (plages de Marbella et Milady à Ilbarritz, puis plages de Bidart ; *hors plan par A4*) ou plus au nord, à Anglet. Le bus n° 10 de *Chronoplus* dessert toute la côte, de la plage de Milady au sud de Biarritz jusqu'au site de La Barre au nord d'Anglet. Dès la nuit tombée, tout le front de mer du centre-ville, de l'*Hôtel du Palais* jusqu'au rocher de la Vierge, est joliment mis en valeur par un éclairage conçu par Pierre Bideau (qui a aussi mis au point les illuminations de la tour Eiffel). Autour de Noël, c'est encore plus beau, avec son et lumière.

Dans le centre

🎯🎯 **Le rocher de la Vierge** (*plan A1-2*) : face au musée de la Mer, une des cartes postales de Biarritz ! Promenade traditionnelle via la passerelle métallique attribuée à Eiffel. Petit tunnel dans le rocher de la Vierge pour accéder à un bout de la jetée, vestige du port que Napoléon III tenta de construire et que la tempête réduisit à néant. Tout autour, les célèbres rochers sur lesquels les vagues viennent s'écraser les jours de gros temps, sautant même les parapets des promontoires (gaffe, ça mouille !). En toile de fond, les montagnes dominant la Côte basque. Sur l'un des rochers, une croix en fer scellée ici en souvenir de *La Surprise* et de son équipage. En novembre 1893, ce bateau et ses cinq hommes furent engloutis par les flots.

🎣🎣🎣 🚶 ***Aquarium-musée de Biarritz*** (plan A2) **:** esplanade du Rocher-de-la-Vierge. ☎ 05-59-22-75-40. • museedelamer.com • ♿ *Avec le billet d'entrée, 1h de stationnement gratuit aux parkings Sainte-Eugénie et Bellevue. Nov-mars, tlj sf lun (hors vac scol) 9h30-19h ; avr-oct, tlj 9h30-20h (minuit juil-août). Fermé 1ᵉʳ janv (mat), 2ᵉ, 3ᵉ et 4ᵉ sem de janv et 25 déc. Entrée : 14,50 € ; réduc ; forfait famille (2 adultes + 3 enfants) : 50 €. Billet jumelé avec la Cité de l'océan : 18,30 € ; réduc de 10 % sur présentation de ce guide.*
Construit en 1933 dans un style Art déco, rénové et agrandi depuis, il est couplé à la Cité de l'océan (voir plus loin).
On commence par le sous-sol, et sa vingtaine d'aquariums où batifole la faune marine du golfe de Gascogne (les hippocampes qui portent leurs petits, ce sont les mâles ; méduses, pieuvres...). Suit au 1ᵉʳ étage une expo historique, illustrant le lien étroit unissant Biarritz et la mer. Maquettes de bateaux, squelette de baleine, instruments de navigation et audiovisuels interactifs relatent les techniques de pêche et la chasse aux cétacés, l'exploitation des ressources marines.
Au niveau 2, on passe dire bonjour aux tortues avant d'observer les phoques en vision subaquatique. L'heure du repas (tous les jours à 10h30 et à 17h) a toujours son petit succès ! À l'étage du dessus, on les retrouve à l'air libre sur la superbe terrasse panoramique, avant d'aller chatouiller les habitants du bassin tactile, puis de sillonner les zones tropicales, à travers mangrove et coraux. Des poissons exotiques qu'on observe encore mieux derrière les vitres grossissantes de certains bassins (ceux qui sont bombés). La visite va crescendo, car vous l'aurez compris, plus on s'élève dans les étages, plus les espèces deviennent spectaculaires ! En point d'orgue, un bassin géant où évoluent une trentaine de raies et de requins ! Vraiment magnifique... L'occasion de rappeler que seules 3 espèces de requins sur 300 sont dangereuses pour l'homme. Pendant les vacances scolaires, repas commenté des requins les lundi, mercredi, vendredi et samedi à 14h.

🎣🎣 Après le Port-Vieux – une minuscule crique assaillie par l'écume à la marée montante –, et le musée de la Mer, rejoindre la ***place de l'Atalaye,*** paisible et entourée d'édifices 1900, notamment l'étonnante *Villa le Goéland* aux allures de château prussien en miniature. Belle vue sur la côte et le port des Pêcheurs. Quelques sentiers de promenade agréables. Bordée par l'église paroissiale, la ***place Sainte-Eugénie,*** autre place caractéristique. Accès au pittoresque – et touristique – vieux port des Pêcheurs, à l'architecture rappelant les petits ports méditerranéens. Appelées *crampottes,* les cabanes où les pêcheurs rangent leurs filets se serrent les unes contre les autres, face aux digues s'appuyant fermement sur les rochers. En remontant, on atteint la ***place Clemenceau*** (plan B-C2), réaménagée en espace semi-piéton.

LES BAIGNEUSES DE BIARRITZ

Une des institutions les plus emblématiques de Biarritz ! Tous les jours depuis 1928, une bande de joyeux hurluberlus qui n'ont pas froid aux yeux (ni au reste...) se réunissent pour leur bain de mer quotidien. Le must, le grand bain de la Saint-Sylvestre. À l'origine, il s'agissait pour ces tritons de vanter les bienfaits et la clémence du climat à Biarritz. C'est devenu aujourd'hui une véritable tradition et, preuve que ça conserve, on en connaît qui se baignent tous les jours, été comme hiver, à près de 80 ans !

🎣 ***Le Musée historique de Biarritz*** (plan B2) **:** rue Broquedis. ☎ 05-59-24-86-28. • musee-historique-biarritz.fr • *Mar-sam 10h-12h30, 14h-18h30 (10h-13h, 14h30-18h30 juil-août). Entrée : 4 € ; réduc. Visites guidées des quartiers de la ville sur résa le 3ᵉ sam du mois (env 2h ; 6 €).* Installé dans l'ancienne église anglicane Saint

Andrews, ce petit musée privé présente une collection de souvenirs, objets, gravures, estampes, tableaux, dessins, lettres et plans liés à Eugénie et Napoléon III. Documents et illustrations sur la pêche à la baleine, le vieux Biarritz, Édouard VII, affiches, photos, vêtements, film.

🎭🎭 Dominant la Grande Plage *(plan C1),* à gauche face à la mer, l'ancien casino **Bellevue** (1887) a été transformé en centre de congrès et d'expositions. Au centre de la plage, le **casino municipal,** de style Art déco. Non loin derrière, sur l'avenue Édouard-VII, le **Plaza,** dans le même style et aux belles arcades recouvertes de mosaïque. Cette avenue et celle de la **Reine-Victoria** forment un patchwork original de styles, du vaguement mauresque au gothico-baroque en passant par l'Art déco et le béton.

DANS LA BALEINE, TOUT EST BON

Au Moyen Âge, après avoir harponné une baleine au large de Biarritz, on ne se contentait pas d'en manger la chair. On en tirait aussi de l'huile pour éclairer les maisons, on utilisait les os et les côtes pour fabriquer des clôtures, et la peau pour confectionner des sièges et des casques. Quant à la langue du cétacé, elle était considérée comme un mets de choix...

🎭 Tout au bout, la masse du très chic **Hôtel du Palais.** Il fut construit sur l'emplacement de la célèbre villa Eugénie, lieu de résidence de l'impératrice, et a conservé une partie de son décor 1900. Juste à côté s'élève l'**église orthodoxe,** dédiée à la Protection de la Mère de Dieu et à saint Alexandre de la Neva (1892) avec son beau dôme gris et doré *(visites guidées en français et en russe pdt vac scol, généralement jeu et sam-dim 16h-19h, ou 15h30-18h hors été ; ☎ 05-59-24-16-74).* Au-delà de l'hôtel s'étend la plage de Miramar. Au niveau de la rue des Vagues, bel ensemble de villas typiques, dominé par l'*Hôtel Sofitel* et l'institut de thalasso *Thalassa.*

Vers le quartier du phare (hors plan par C1)

🎭🎭🎭 Parmi les dizaines de fameuses villas biarrotes que l'on découvre en remontant l'avenue de l'Impératrice vers le phare, on peut, entre autres, citer les **villas Marrakech** et **Casablanca** *(2-4, rue Louison-Bobet),* deux maisons d'inspiration mauresque ayant appartenu aux couturiers Paul Poiret et Jean Patou ; la **villa Cyrano** *(18, av. de l'Impératrice),* d'allure plus british, si grande, si belle qu'elle fut déplacée pierre par pierre en 1909 afin d'être sauvée de la destruction qu'impliquait la construction de l'hôtel *Carlton* ; la **villa Mirasol** *(13, av. de l'Impératrice),* pour son bow-window et son grand vitrail ; **La Roche Ronde** *(15, av. de l'Impératrice),* insolite villa de style néogothique ; le **Manoir** *(2, av. du Général-Mac-Croskey, juste après l'hôtel Mercure Regina),* dont le propriétaire fut soupçonné d'espionnage durant la Première Guerre mondiale ; la **villa Etchepherdia** *(7, rue d'Haitzart, à côté du phare),* autrement dit la « maison Verte », une des toutes premières construites en style néobasque. Si ses volets sont ouverts, jetez discrètement un œil aux beaux plafonds peints.

Les passionnés d'architecture des Années folles auront tout intérêt, s'ils veulent approfondir le sujet, à se procurer le petit livre réalisé par les Archives d'architecture de la Côte basque, *Balades architecturales, Biarritz* (éd. Lavielle, 2000), pour découvrir d'étonnantes villas de tous les styles, faisant désormais partie intégrante du patrimoine.

🎭 Tout au bout, sur le promontoire de la pointe Saint-Martin, se dresse un **phare** tout blanc de 73 m de haut qui date de 1831 *(juil-août, tlj 10h30-13h, 14h-19h ;*

mai-juin et sept, tlj 14h-18h ; le reste de l'année, w-e 14h-17h ou 18h, et vac scol tlj 14h-17h ou 18h ; entrée : 2,50 €). Une fois gravies ses 248 marches, superbe point de vue sur de longues plages de sable fin au nord (dans les Landes), qui deviennent plus rocailleuses à mesure qu'on tourne la tête vers le sud. Si le phare est fermé, le panorama sur la ville depuis le promontoire n'est pas mal non plus...

⚐ Avant de revenir dans le centre, s'arrêter à la **chapelle impériale** (plan C1 ; juin-sept, jeu et sam 14h30-18h ; hors saison, sam 14h30-18h – 17h à l'heure d'hiver ; fermé janv-fév ; entrée avec visite guidée : 3 €), située entre la rue Pellot et l'avenue de la Reine-Victoria. Bâtie à la demande de l'impératrice Eugénie dans ce qui était encore le domaine impérial, elle présente une architecture éclectique regroupant toutes les tendances artistiques du Second Empire. Elle est dédiée à Notre-Dame de Guadalupe, car elle fut construite durant les campagnes mexicaines de Napoléon III. Cette expédition militaire française fut un échec cuisant puisqu'elle se solda par l'exécution de l'empereur Maximilien (choisi par Napoléon III) 3 ans après son arrivée au Mexique.

Quartier d'Espagne

⚐⚐ *Le musée Asiatica* (plan C3) : 1, rue Guy-Petit. ☎ 05-59-22-78-78. • museeasiatica.com • ⚐ Tlj 14h-18h30 (19h w-e, 18h j. fériés) ; été et vac scol, lun-ven 10h30-18h30 (14h-19h w-e ; 18h j. fériés). Entrée : 10 € ; réduc ; gratuit moins de 8 ans. Audioguide en sus : 5 € (en français, en anglais et en espagnol). Également une bibliothèque (2 000 ouvrages) consultable gratuitement sur rdv. Michel Postel, enfant du pays et grand collectionneur d'art asiatique, a décidé un jour de mettre sa collection à la disposition du public. Louable initiative qui se hisse, par la qualité de ses pièces, au niveau des plus grands musées européens dans ce domaine. Les objets sont regroupés par zones géographiques : les pièces de l'Inde du Nord, du Népal et du Tibet sont présentées au rez-de-chaussée, celles de l'Inde centrale et du Sud au sous-sol.

Quartier Beaurivage

⚐ ⚐ *Planète musée du Chocolat* (hors plan par A4) : 14, av. Beaurivage. ☎ 05-59-23-27-72. • planetemuseeduchocolat.com • ⚐ Bus n° 10, arrêt Labordotte. Vac scol, tlj 10h-19h ; sinon, tlj sf dim 10h-12h30, 14h-18h30 ; fermeture billetterie 1h avt. Entrée : 6,50 € ; réduc. Tout, tout, vous saurez tout sur le chocolat, ses caractéristiques botaniques, son histoire locale, sa fabrication et sa publicité. Visite libre passionnante, comprenant un film de 12 mn, la découverte d'un atelier de fabrication et trois salles d'expo. Remarquables panneaux sur le chocolat au Mexique et à Bayonne, belle collection de moules et objets publicitaires, et même des sculptures en chocolat ! Pour terminer, une boutique, évidemment.

À Ilbaritz

⚐⚐ ⚐ *La Cité de l'océan* (hors plan par A4) : 1, av. de la Plage. ☎ 05-59-22-75-40. • biarritzocean.fr • Bus n° 10. En été, navette gratuite entre l'Aquarium-musée de la Mer (centre-ville) et la Cité de l'océan. Nov-mars, tlj sf lun 13h-19h ; le reste de l'année et vac scol, tlj 10h-19h (22h juil-août). Fermé 1er janv (mat), 2e, 3e et 4e sem de janv, et 25 déc. Entrée : 11,30 € ; réduc. Pour 1 € de plus, on peut revenir le lendemain. Billet jumelé avec le musée de la Mer : 18,30 € ; réduc de 10 % sur présentation de ce guide. Parking gratuit. Essentiellement pédagogique, ludique et interactif, ce grand musée scientifique, posé en retrait de la plage telle une grande vague de béton et de verre, a reçu en 2012 le titre de *Building of the year*. 2 000 m² de muséographie très (très) aérée, voire glaciale (blanc sur fond blanc !)

pour tout savoir sur les marées, la naissance des océans, la formation des vagues, les plaques tectoniques, les grands fonds, les hydroliennes... On peut regarder les deux films qui sont projetés en alternance dans l'auditorium, se faire raconter le Déluge ou le mystère du triangle des Bermudes par une statue animée, s'embarquer sur un bateau échoué en pleine tempête, approcher une base polaire, et même plonger équipé de lunettes 3D dans le *gouf* de Capbreton (mot gascon qui, en l'occurrence, désigne plus un canyon qu'un gouffre) à bord du bathyscaphe. Compter au moins 3h pour une visite complète. Le billet est valable toute la journée, on peut sortir et revenir, surtout si on a des gamins de 7-8 ans, qui risquent de couler... Avant de partir, n'oubliez pas de taper sur la vitre de la base sous-marine pour dire bonjour au calamar géant.

🍽 À l'étage, caféteria (*L'Esplanade Café*) et restaurant, *Le Sin,* doté d'une vue sur la mer sans pareille. Mais les prix, comme le service, risquent de vous plaire un peu moins. ☎ 05-59-47-82-89. ● *restaurant.lesin@orange.fr* ● *Tlj sf lun. Menu déj 30 € ; carte 45-55 €.*

🚶 *Le lac Mouriscot (hors plan par C4) : départ de l'auberge de jeunesse (voir plus haut « Où dormir ? »).* Zone protégée de 110 ha, idéale pour une balade paisible autour du lac et dans le bois de Boulogne, le long de sentiers aménagés.

Fêtes et manifestations

L'agenda des manifestations (avec possibilité d'achat de billets) est tenu à jour sur le site ● *tourisme.biarritz.fr* ● et, en plus, il y a la webcam pour savoir s'il fait beau, alors...

– *Festival international de programmes audiovisuels (FIPA) : fin janv.* ● *fipa.tm.fr* ● Présentation des meilleures productions internationales télévisées de l'année. Très suivi par le grand public (nombreuses projections), il est surtout prisé des professionnels qui viennent vendre et acheter les programmes que vous découvrirez ensuite sur le petit écran.
– *Festival des arts de la rue : mi-mai.*
– *Les Casetas : mi-juin.* Bodegas, restos et paseo animé par des groupes locaux.
– *BIG festival (Biarritz International Groove) : mi-juil.* Un festival de musique mêlant jeunes talents et artistes connus.
– *Festival Inter de piano classique : début août.*
– *Le Temps d'aimer : 10 j. mi-sept.* ● *letempsdaimer.com* ● Festival de danse de plus en plus couru. Pas de thèmes, mais toutes les formes de la danse pour un festival joliment éclaté, sous la direction de Thierry Malandain.
– *Festival Biarritz-Amérique latine : 1 sem fin sept-début oct.* ● *festivaldebiarritz.com* ● Le plus important festival de cinéma entièrement dédié au monde latino-américain. Une programmation de qualité et une ambiance assez étonnante, surtout pas guindée, où acteurs, producteurs et réalisateurs font volontiers la fête avec le public.
– *Fêtes de la Saint-Martin : autour du 11 nov.* Classiques fêtes basques avec bals, danses et musique partout. Plus local, saison oblige.
– *Biarritz en lumière : de mi-déc au 1er janv, 18h-23h.* Des créations artistiques pour illuminer les sites de la ville.

DANS LES ENVIRONS DE BIARRITZ (MIARRITZE)

ARCANGUES (ARRANGOITZE ; 64200)

Village en hauteur aussi pittoresque que minuscule, que tous les fans de Luis Mariano, ténor mythique entré dans la légende du pays, se doivent de visiter. Adorable place principale couverte de glycine, où se dresse le traditionnel fronton.

DANS LES ENVIRONS DE BIARRITZ / ARCANGUES | 79

➢ Bus n° 22 depuis Bayonne, avec *Le Basque Bondissant* (☎ 05-59-26-25-87 ; ● basque-bondissant.com ●).

Adresse et infos utiles

🛈 **Office de tourisme :** *au bourg.* ☎ 05-59-43-08-55. ● *arcangues.fr* ● *Lun-ven (plus sam mai-oct) 9h-12h30, 14h-17h30.*
– **Marché du Fronton :** *mer mat juil-août, sur la place du village.* Marché traditionnel typique (alimentaire et non alimentaire).
– **Marché nocturne :** *21 juil, 4 et 18 août.* Traditionnel et artisanal.

Où manger ?

|●| **Le Trinquet d'Arcangues :** ☎ 05-59-43-09-64. ● *trinquetdarcangues@hotmail.fr* ● *Tlj sf lun, plus mar hors saison. Congés : fév. Formules déj en sem 12-16 € ; menu très copieux 30 € ; carte env 35 €. Digestif offert sur présentation de ce guide.* La salle à manger aux longues tables donne sur le trinquet où l'on voit les joueurs à l'œuvre : quel plaisir de prendre les calories que les autres perdent ! Cuisine traditionnelle à base de produits locaux, saine et solide. Cheminée pour les soirs de frimas, et terrasse sous les mûriers platanes aux beaux jours.

À voir

🞋 **Le village :** petite balade pittoresque avec, dans un mouchoir de poche, la jolie mairie adossée au fronton, la rustique salle des fêtes, l'école et l'*église* du XVIe s emplie de sérénité. À l'intérieur, superbes doubles galeries sculptées. Coursives et panneaux en bois polychrome du XVIIe s. Très joli chœur également et plafond de bois peint.
Le *cimetière* en terrasses s'ouvre sur la chaîne des Pyrénées (avec la Rhune) et l'océan. Intéressants alignements de stèles discoïdales anciennes. C'est ici qu'est enterré le plus célèbre des chanteurs d'opérette : Luis Mariano (1914-1970). Tombe toute simple, toujours fleurie, côté gauche de l'église, sur la terrasse en contrebas.

🞋 **Le château d'Arcangues :** ☎ 05-59-43-04-88. ● *chateaudarcangues.com* ● *ATTENTION, de mi-oct à mi-déc slt, tlj sf lun 10h-12h, 14h-18h. Entrée : 7 € ; gratuit moins de 12 ans.* Un lieu privilégié, célèbre pour les grandes fêtes qui y étaient données pendant les Années folles, attirant toute l'intelligentsia de l'entre-deux-guerres, à commencer par Jean Cocteau. La période suivante se révèle tout aussi palpitante, entre Résistance et création littéraire ; Pierre et Guy d'Arcangues ayant laissé de nombreux écrits ou poèmes, toujours lus, appréciés et reconnus... À signaler que le château se transmet de père en fils depuis sa construction, en 1150 !

Fêtes et manifestations

– **Fêtes d'Arcangues :** *sur plusieurs j. mi-juin.*
– **Gala de force basque :** *juil-août.*
– **Journée des Mutxiko** (Mutxikoaren eguna) : *2e dim d'oct.* Fête des danses basques.

ARBONA (64210)

Autre village typique, à rejoindre par la belle route cyclable.

➤ Bus n° 22 depuis Bayonne (ou Anglet tôt le matin), avec *Le Basque Bondissant* (☎ 05-59-26-25-87 ; ● basque-bondissant.com ●).

Où dormir ? Où manger ?

🛏 **Hôtel Laminak :** route de Saint-Pée, à la sortie du village. ☎ 05-59-41-95-40. ● info@hotel-laminak.com ● hotel-laminak.com ● Doubles 79-115 € selon confort ; petit déj 11,50 €. Parking. 📶 12 chambres seulement, fraîches et bien équipées, baignant dans une atmosphère qui rappelle plus la maison d'hôtes que l'hôtel. Les chambres logées dans une petite annexe, avec terrasse privée donnant sur le jardin, remportent évidemment tous les suffrages. Les moins chères sont en revanche assez petites. Petit déj délicieux servi sous la véranda ou dans le jardin, face aux montagnes... Sauna et piscine.

🛏 |●| **Eskualduna :** D 255, à l'entrée du village, 2, rue du Bourg. ☎ 05-59-41-95-41. ● eskualduna@wanadoo.fr ● Tlj sf dim soir. Congés : 2 sem en fin d'année. Doubles 43-52 € selon saison ; familiales 52-60 €. Menus 14-26 €. 📶 *Réduc de 10 % sur le prix de la chambre sur présentation de ce guide.* La grosse auberge familiale à tout faire, où rien n'a vraiment changé, en 35 ans. À l'étage, des chambres simples, avec salle de bains. Au rez-de-chaussée, bar-tabac où les habitués viennent causer rugby, et une grande salle où se taper le midi un menu ouvrier à prix serré, courant du potage au café en passant par le quart de vin. Le soir, cuisine classique plus sérieuse. Bref, une halte comme dans le temps !

À voir

🎯 **L'église :** elle date du XIIe s. Clocher-mur, galeries de bois sculpté, plafond peint. Sur le côté, au milieu, bénitier de « cagots » *(parias).* Dans le **cimetière,** le long du mur de l'église et des allées, stèles très anciennes (certaines du XVIIe s).

AHETZE (64210)

À voir surtout pour son église toute blanche érigée au XVIIe s, avec un retable polychrome du XVIIIe s et une croix de procession en argent du XVe s, vraiment belle (ornée de six clochettes).

Où dormir ? Où manger ?

🛏 |●| **Hôtel Harretchea :** 20, chemin d'Harretxea. ☎ 05-59-22-25-59. ● contact@hotel-harretchea.com ● hotel-harretchea.com ● Dans le bourg. Doubles 95-155 €, petit déj inclus. 📶 L'ancien corps de ferme du XVIIIe s a été transformé en hôtel de charme. Une belle déco, et un art de bien vivre, cultivé au quotidien par l'active maîtresse de maison. Aucune faute de goût dans les 14 chambres douillettes et chaleureuses, de tailles différentes (les *deluxe* sont immenses pour certaines, avec des lits ultra-larges). Plancher partout, tons clairs. Et pas besoin de se presser au saut du lit, le petit déj, qu'on prend en terrasse en été, est servi à l'heure qu'on veut. Spa.

|●| **Hiriartia :** pl. Mattin-Trecu, au pied de l'église. ☎ 05-59-41-95-22. Tlj en saison ; fermé mer soir et dim soir hors saison. Congés : 20 déc-20 janv. Menus 20-26 € ; carte env 30 €. Ah ! la belle auberge ! On y pénètre par le bar, qui

n'a pas dû changer depuis des lustres. La salle à manger, derrière, donne en terrasse sur le jardin. Cuisine d'auberge bien entendu sans chichis, copieuse, très copieuse, avec même un succulent foie gras au menu le plus cher. Accueil très agréable et service de même.

IOI *La ferme Ostalapia : chemin d'Ostalapia.* ☎ *05-59-54-73-79 (resto) ou 87-42 (bureau).* • *ostalapia@wanadoo.fr* • *ostalapia.fr* • ⚿ *Du village, prendre direction Saint-Jean-de-Luz/ Autoroute, c'est au bord de la D 855. Tlj sf mar-mer hors saison. Congés : janv. Réserver ! Carte 45-55 €.* Ne regardez pas vos voisins en vous demandant de quelle série télé ils sortent, oubliez le côté « Ferme des célébrités » pour goûter simplement au calme de ce cadre champêtre et admirer la vue sur la Rhune. Aux beaux jours, les places en terrasse s'arrachent, et la ferme prend des airs de guinguette, d'autant que la maison distribue à qui veut un canotier. Côté assiette, rien à redire. Du basque pur jus, simple et sans reproche, un peu cher forcément.

BIDART (BIDARTE ; 64210)

Un autre village basque typique à découvrir par la route de la Corniche. De la petite chapelle Sainte-Madeleine, ne manquez pas le beau panorama sur la côte et les Pyrénées. Sur la place principale de Bidart, il ne manque rien à l'appel : fronton, église, mairie aux balcons fleuris, monument aux morts... Visite possible d'une coutellerie (*Les Couteliers basques, Ferme Etxettoa,* rue d'Oyhara), d'un atelier de confection de pelotes basques et de réparation de chistera (*Ona Pilota,* 597, rue Berrua) et du *Moulin de Bassilour,* réputé pour ses sablés et ses gâteaux basques (*Z.A. de Bassilour,* rue de Bassilour). Enfin, sur 5 km de côte, Bidart offre tous les plaisirs de l'océan non pas sur un plateau mais sur six plages, toutes surveillées en saison (école de surf sur chacune d'elles). La plage d'*Erretegia,* véritable cirque de verdure, est également le point de départ de la randonnée du sentier du littoral (25 km de randonnée pédestre sur la côte de Bidart à Hendaye). Si vous aimez le calme, choisissez plutôt entre mai, juin, septembre et octobre.

➢ Avec *Chronoplus* (☎ *05-59-52-59-52* ; • *chronoplus.eu* •)*,* bus C de Bayonne (centre, aéroport et gare) et bus nº 13 de Biarritz (centre). Bus nº 12 également de Biarritz-gare. En saison, ligne nocturne L (Bidart-Biarritz).

Adresse et info utiles

ℹ️ Office de tourisme : *rue Erretegia (au centre).* ☎ *05-59-54-93-85.* • *bidarttourisme.com* • *Juil-sept, tlj sf dim ap-m 9h-19h ; sinon, lun-ven et sam mat 9h-12h30, 14h-17h.* 📶
– **Marché :** *sam mat, sur la place principale.*

Où dormir ?

Campings

⛺ Une petite dizaine de **campings** sur la commune. Voir avec l'office de tourisme.

De chic à beaucoup plus chic

🏨 **Hôtel Gochoki :** *5, rue Carricartenea.* ☎ *05-59-26-59-55.* • *hotel. gochoki@wanadoo.fr* • *hotel-gochoki. com* • *En contrebas du centre, de l'autre côté de la D 810. Ouv de début avr à mi-nov. Doubles 90-145 € ; familiales 125-170 € ; petit déj obligatoire en été (6,50-9 €). Également des studios avec kitchenette pour 2-4 pers à partir de 370 €/sem (2 nuits min, loc à la sem obligatoire juin-sept).* 📶 Ici, vous avez le choix : des chambres claires et colorées, certaines avec loggia, ou de grands studios avec balcon et kitchenette idéals en famille (1 lit double et 2 superposés) ou pour un long séjour.

Jardin avec piscine chauffée. Accueil très aimable.

🏠 **Hôtel du Fronton :** *pl. Sauveur-Atchoarena.* ☎ *05-59-54-72-76.* ● *contact@hoteldufronton.com* ● *hoteldufronton.com* ● ♿ *Doubles 80-160 € selon vue et saison.* 🛜 En plein centre, derrière des volets rouges et une architecture bien ancrée dans la tradition basque, c'est un confort soigné et furieusement design que l'on retrouve dans chacune des 8 chambres. Certaines ont vue sur la mer, d'autres donnent sur la montagne ou sur le fronton, avec une belle terrasse pour 2 d'entre elles. Le bar, avec sa décoration qui allie tradition et modernité, étale sa terrasse sur la place du village. Idéal pour un apéro-tapas le soir.

🏠 **La Villa L'Arche :** *chemin Camboenea, en surplomb de la plage du Centre.* ☎ *05-59-51-65-95.* ● *contact@villalarche.com* ● *villalarche.com* ● ♿ *Congés : déc-janv. Résa impérative. Doubles 145-295 € selon chambre et saison ; petit déj 18 €. Également 3 apparts 4-6 pers.* 🛜 C'est une jolie maison d'architecte, tout entière tournée vers l'océan. Les 8 chambres, dont les grandes baies ouvrent, pour 6 d'entre elles, sur les flots, jouissent chacune d'un décor original raffiné et d'une grande salle de bains. Des jardins de l'hôtel, garnis de mobilier en teck, on descend directement sur la plage du Centre. Les jours gris, un feu de bois et de profonds canapés attendent les frileux dans la belle véranda.

Où manger ?

Bon marché

🍴 **Venta Gaxuxa :** *pl. de la Mairie, en plein centre.* ☎ *05-59-54-88-70. Tlj sf lun hors saison. Congés : de mi-janv à mi-fév. Plat du jour 9 € ; formule 21 €. Digestif maison offert sur présentation de ce guide.* Le bistrot de village, populaire, bruyant bien sûr, avec sa salle vitrée et sa terrasse dominant la place principale. Dans l'assiette, charcuterie du coin, tapas, et des plats plus costauds pour combler les grosses faims (côte de bœuf, boudin basque, merlu de ligne). Du simple, du typique, qui ne prend pas le client pour un pigeon, en témoignent les frites et les desserts maison. Au fond, petit coin épicerie fine.

De prix moyens à chic

🍴 **Ahizpak :** *av. de Biarritz.* ☎ *05-59-22-58-81.* ● *info@bistrot-ahizpak.com* ● ♿ *Hors saison, tlj sf mer midi et dim ; en saison, tlj sf le midi lun-mer. Congés : 10 j. en fév, en juin et en oct. Résa conseillée. Menu 29 € ; carte env 30 €.* Après avoir cartonné à Biarritz, les sœurs Arangoïts ont investi cette belle salle avec vue (lointaine) sur la mer et une terrasse. *Ahizpak* – les « Sœurs » en v.f. – n'en ont pas pour autant changé leur formule ; un accueil chaleureux et une carte réduite jouant la fraîcheur et les saveurs, s'appuyant sur les traditions sans craindre de les bousculer. Simple, bon, original. Un resto comme on n'en fait plus. Sauf au Pays basque !

🍴 **La Cucaracha :** *rue de l'Uhabia, à côté de la plage du même nom.* ☎ *05-59-54-92-89.* ♿ *Tlj sf mar hors vac scol. Plat du jour 10 € midi en sem ; carte 30-35 €.* Un caboulot dans le vent, à deux pas de la plage (mais donnant sur le parking), où l'on vient autant pour la cuisine locale, toute simple, toute bonne, que pour l'ambiance bodega, toute simple, toute bonne elle aussi. Menu genre cidrerie : charcuterie, côte de bœuf, merlu *a la plancha...* Et si le nom vous donne des envies de danser, ça ne doit pas poser vraiment problème en fin de service. Terrasse sur l'arrière.

🍴 **La Tantina de la Playa :** *plage du Centre.* ☎ *05-59-26-53-56. Tlj midi et soir. Congés : de mi-nov à mi-déc. Carte env 40 €.* On serait bien capable de s'avaler des kilomètres pour un tel cadre ! À l'apéro, quand le soleil se couche sur l'océan juste devant soi, on est déjà hypnotisé. En prime, la cuisine, essentiellement du poisson, est fraîche, et les grandes tablées d'une franche convivialité.

Blue Cargo : *plage d'Ilbarritz (tt contre Biarritz).* ☎ *05-59-23-54-87.* ● *lebluecargo@orange.fr* ● *Ouv de mi-avr à oct slt (de mi-juin à sept, tlj 11h30-2h). Résa conseillée. Formules déj 14-19 € ; le soir, carte 35-50 €.* Dominant la plage, sous 2 tentes ou en terrasse protégée pour les frileux, un resto-bar branchouille où l'on peut manger, boire et danser en plein air. Spécialités de poisson (daurade à l'espagnole, poêlée de chipirons), mais bonne côte de bœuf également. Certains soirs, les jeunes débarquent massivement pour boire un verre en musique. Excellente margarita. Ambiance garantie.

La Plancha : *plage d'Ilbarritz, à l'orée du golf.* ☎ *05-59-23-44-95. Tlj en saison ; sinon, fermé dim soir, lun et certains soirs selon météo. Congés : déc-janv. Carte 30-35 €.* Plus sage que son voisin, avec une grande terrasse et une déco surfo-tahitienne. Carte axée sur le poisson frais grillé, portions bien servies (à partager à deux si on le souhaite) et service très efficace. Clientèle largement locale.

Où acheter du pain ou un gâteau artisanal ?

Le Moulin de Bassilour : *à l'écart du village, vers Arbonne ; suivre les panneaux « Z.A. Bassilour » puis « Moulin ».* ☎ *05-59-41-94-49. Tlj 8h-13h, 14h30-19h.* Perdu en pleine forêt, ce vénérable moulin à eau tourne depuis 1741, produisant des farines de blé et de maïs qui servent à préparer pains, sablés et gâteaux basques en vente à la petite boutique (pas de vente de farine, en revanche). Resto également, flanqué d'une grande terrasse étendue sous les arbres.

À voir. À faire

La place principale : avec le fronton, l'église, le cimetière, la jolie mairie aux balcons fleuris et piliers en grès, la poste, le monument aux morts et deux hôtels avec terrasse. Derrière la mairie enfin, en contrebas, coup d'œil au vieux lavoir.

L'église ne possède pas le charme de celle d'Arcangues ou de Sare. En revanche, le *retable* du XVIIIe s est magnifique, ainsi que le panneau du baptistère et la statue de saint Jacques en pèlerin.

Les plages : il y a en tout six plages à Bidart. Quatre d'entre elles bénéficient d'un parking : celles d'Ilbarritz, d'Erretegia, du Centre et de l'Uhabia. Pour les autres plages, essayez de ne pas vous garer à proximité, d'autant plus que les personnes en vacances à Bidart peuvent bénéficier de tickets de transports gratuits (informations à l'office de tourisme).

GUÉTHARY (GETARIA ; 64210)

La plus petite commune de la Côte basque s'est groupée autour d'un port minuscule créé par les Romains. Construit en plan incliné de gros pavés d'où l'on remonte les bateaux avec des treuils, c'est une curiosité. Malheureusement, l'ancien quartier de pêcheurs a succombé sous le poids de l'immobilier.

➢ Avec *Transports 64* (☎ *09-70-80-90-74 ;* ● *transports64.fr* ●), le bus n° 816 longe la côte depuis Biarritz. En train, liaisons pour Hendaye, Bayonne et Bordeaux.

Adresse et info utiles

Office de tourisme : *74, rue du Comte-de-Swiecinski.* ☎ *05-59-26-56-60.* ● *guethary-tourisme.com* ● *Dans l'ancienne gare.*

15 juin-15 sept, lun-sam 9h-12h30, 14h-18h30 ; le reste de l'année, lun-ven jusqu'à 17h30 et sam mat.
– **Marché :** mai-oct, dim mat.

Où dormir ? Où manger ? Où boire un verre ?

Prix moyens

🛏 🍴 🍷 *Le Madrid : 563, av. du Général-de-Gaulle.* ☎ 05-59-26-52-12. ● contact@lemadrid.com ● lemadrid.com ● *Tlj sf lun-mar nov-déc. Congés : de janv à mi-mars. Doubles 75-175 € selon vue et saison. Carte env 35-40 €.* À la fois simple, convivial, raffiné et authentique, ce beau (et même bobo) bistrot de village a tout pour plaire. La salle, d'un beau volume, a gardé son cachet d'antan entre troquet populo et Art déco, et les 2 belles terrasses, l'une tournée vers la mer, l'autre vers le village, sont tout aussi accueillantes. Dans l'assiette, des produits et des spécialités basques, dont certaines à grignoter, à partager... Belle carte des vins. À l'étage, jolies chambres dans l'esprit du lieu, avec vue sur la mer ou le village.

🛏 *Hôtel Balea : 106, rue Adrien-Lahourcade.* ☎ 05-59-26-08-39. ● contact@hotel-balea-guethary.com ● hotel-balea-guethary.com ● *Doubles 60-135 € selon vue et saison.* 📶 Une nouvelle vie pour l'école du village, qui accueille désormais entre ses murs des vacanciers heureux. Belle initiative de la part d'une famille ayant grandi ici. 26 chambres simples, spacieuses, bien équipées, avec vue sur mer ou jardin, et un jardin intérieur pour un petit déjeuner prolongé ou pour potasser son guide de voyage, au calme. Une vraie cour de récré, enfin !

🍴 *Les Alcyons : chemin du Port, jetée des Alcyons.* ☎ 05-59-26-55-72. ● lesalcyonsguethary@orange.fr ● 🍽 *Ouv début avr-fin oct. Fermé mar, sf juil-août. Plat du jour 12 € ; carte env 25 €. CB refusées.* Petite baraque de bois en plein air, près du port, face à l'océan. Idéal pour un dîner au coucher du soleil et pour regarder les surfeurs évoluer sur les rouleaux les plus puissants de la côte. Petite cuisine régionale orientée mer, évidemment.

🍴 🍷 *Hétéroclito : chemin de la Plage.* ☎ 05-59-54-98-92. ● lannot@wanadoo.fr ● *Avr-oct, tlj sf lun et mar soir. Carte env 30 €.* 📶 Bar hétéroclite et branché, où l'on peut grignoter quelques petites choses toutes simples ou se laisser tenter par des plats un peu plus cuisinés. À voir surtout pour le bric-à-brac foutraque et pour l'ambiance, très surf, très cool. On se laisse vivre et on aime ça ! Toute la côte y accourt pour dîner sur la terrasse quand le soleil plonge dans l'océan, et goûter le programme musical toujours changeant.

De chic à plus chic

🛏 🍴 *Briketenia : 142, rue de l'Église.* ☎ 05-59-26-51-34. ● contact@briketenia.com ● *Tlj sf mar. Congés : 15 j. en nov. Doubles 85-180 €. Menus 35 € (midi sf mer et j. fériés)-60 €.* 📶 Nous sommes ici dans la maison de famille et à la table de Martin Ibarboure, l'un des grands chefs de la côte, secondé par son fils. Un hôtel entièrement rénové, des chambres confortables, voire très confortables, avec balcon donnant sur la mer. Cette grande maison, avec sa belle architecture Art déco, s'avère un décor parfait pour un déjeuner plus que parfait. Le « petit » menu du midi permet déjà de mettre les petits plats dans les grands. Le soir, c'est la fête. Accueil et service attentionnés. Terrasse.

🍴 *Le C : 257, chemin de Cenitz.* 📱 06-50-73-23-09. ● resto@le-c-guethary.com ● le-c-guethary.com ● *Avr-sept slt : tlj juil-août ; tlj sf dim soir et lun avr-juin et sept. Carte 35-45 €.* Ce resto quasi les pieds dans le sable de la plage de Cenitz tire tous les profits de son cadre enchanteur : déco à la fois sobre et colorée, cuisine savoureuse et originale, service sympathique. Les plats, élaborés à partir de produits frais et de saison, sont d'inspiration locale, mais se dotent d'accents asiatiques ou latino-américains, tel ce *ceviche* de

À voir

🏛 **Le musée d'Art contemporain :** villa Saraleguinea. ☎ 05-59-54-86-37. ● musee-de-guethary.fr ● ♿ *Mai-oct, tlj sf mar et dim 14h-18h (10h-12h, 15h-19h juil-août) ; le reste de l'année, visite possible sur rdv. Entrée : 2 € ; gratuit moins de 26 ans et pour ts 3ᵉ sam du mois.* Superbe maison néobasque, installée dans un parc semé de sculptures contemporaines et surplombant la mer. Elle fut construite par un enfant du pays qui fit fortune en Argentine dans la seconde moitié du XIXᵉ s. Le musée abrite la donation Swiecinski, médecin d'origine roumaine devenu sculpteur et mort à Guéthary. À voir également, quelques vestiges romains découverts près de la gare du village. Chaque été, plusieurs expositions d'art contemporain sont organisées autour de jeunes créateurs français, basques ou étrangers.

🏛 Au-delà de la D 810 (ex-N 10) s'élève l'*église* du XVIᵉ s. Belle croix de procession et trois étages de tribunes en bois très anciennes.

SAINT-JEAN-DE-LUZ (DONIBANE LOHIZUNE)

| (64500) | 13 200 hab. | Carte Labourd, A2 |

● Plan p. 87

Port pittoresque et coloré où tanguent les petits chalutiers, doublé d'une station balnéaire au succès sans cesse grandissant, Saint-Jean-de-Luz a su préserver tout son charme, surtout hors saison : d'un côté, une séduisante vieille ville coquette et bourgeoise aux ruelles commerçantes bordées d'immeubles typiques, un élégant front de mer et, de l'autre côté du port, partie intégrante du paysage, la commune de Ciboure, si charmante et encore si méconnue.

UN PEU D'HISTOIRE

Grâce à sa baie abritée postée à l'embouchure de la Nivelle, Saint-Jean-de-Luz (de son nom basque *Donibane Lohizune* : « Saint-Jean-des-Marais ») fait figure de principal port de pêche en Iparralde, et son passé historique est plus important que celui de Biarritz. Les marins de Saint-Jean-de-Luz allèrent, dès le XIᵉ s, taquiner la baleine dans le golfe de Gascogne, puis, aux XVIᵉ et XVIIᵉ s, la morue à Terre-Neuve. La ville s'enrichit aussi de

LA VILLE ENGLOUTIE

Depuis sa création, la ville subit de plein fouet les intempéries venues de la mer. Au XVIIIᵉ s, les inondations se multiplièrent. En 1749, puis en 1782, les flots détruisirent des centaines de maisons. Malgré les travaux entrepris sous Louis XVI pour protéger Saint-Jean-de-Luz, après 8 jours de tempête, un raz-de-marée balaya en 1822 plus d'un quart de la ville. La partie engloutie se situe quelque part au milieu de la baie...

la guerre de courses (les actes de piraterie menés par les corsaires contre les ennemis de leur pays, autrement dit). Les belles maisons des armateurs sur le port témoignent de cette période florissante.

En 1660, Le mariage de Louis XIV avec l'infante d'Espagne Marie-Thérèse fut un événement considérable pour Saint-Jean-de-Luz, qui accueillit plusieurs mois durant le couple royal.

Le traité d'Utrecht, signé en 1715, s'avéra à l'inverse terrible pour la ville. La France fut dépossédée de ses droits de pêche à Terre-Neuve, ce qui ruina l'économie portuaire. Des 58 bateaux que comptait le port en 1741, il n'en restait plus qu'un seul en 1748. Quant à la population, elle chuta de deux tiers en moins de 25 ans !

À partir du XIXe s, la pêche reprit quelque peu, s'orientant vers la sardine (Saint-Jean-de-Luz fut un temps le premier port sardinier en France), l'anchois, le merlu et le thon au milieu du XXe s. Parallèlement, la ville devint un haut lieu de tourisme et de villégiature, suivant l'équation classique Napoléon III, chemins de fer, bains de mer... Son visage s'en trouva, bien entendu, à jamais transformé.

Arriver – Quitter

En train

🚂 **Gare SNCF** (plan B2) **:** av. de Verdun. ☎ 36-35 (0,34 €/mn). ● voyages-sncf.com ● Liaisons tlj avec Biarritz et Bayonne. À la gare, agence de location de voitures **Avis** (☎ 05-59-26-76-66 ; ● avis.fr ●).

En bus

🚌 **Gare routière** (plan B2) **:** bd du Commandant-Passicot, face à la gare SNCF. 2 compagnies : **Transports 64** (☎ 09-70-80-90-74 ; ● transports64.fr ●) et **Le Basque Bondissant** (☎ 05-59-26-30-74 ; ● basque-bondissant.com ●).

➢ Avec *Transports 64* : bus n° 816 pour **Bayonne/Biarritz/Bidart/Guéthary/Saint-Jean-de-Luz/Urrugne/Hendaye.** 1 bus/h 7h-21h. Suit la D 810 (l'ancienne N 10). D'Hendaye, correspondance en train pour **Saint-Sébastien.**

➢ **De/vers Hendaye par la corniche** (Socoa) : 7 liaisons/j. en été avec le bus *Erlaitza* (4 liaisons/j. en hiver).

➢ **De/vers Sare via Ascain :** 3-4 bus/j. tte l'année lun-sam (tlj en juil-août), avec la ligne du *Basque Bondissant*. Passe par le col de Saint-Ignace (correspondance parfois avec le train de la Rhune).

➢ **De/vers Saint-Pée via Ascain :** 3-4 bus/j. tte l'année lun-sam (tlj en juil-août) avec la ligne du *Basque Bondissant*.

➢ Enfin, la **navette Itzulia** (● itzulia.com ●) relie tte l'année Saint-Jean et Ciboure (lignes n°s 1 et 2). Elle dessert aussi le quartier des campings en juil-août (ligne n° 3).

Bon à savoir

Chercher à se garer dans Saint-Jean-de-Luz, même hors saison, n'est pas une partie de plaisir. N'hésitez pas, un stationnement même loin du centre n'est jamais problématique, la ville n'est pas très grande et elle est agréable à traverser à pied. Vous trouverez des parkings gratuits en périphérie (l'un à la sortie nord de l'autoroute, l'autre sur la route d'Ascain en face de la piscine) avec navette régulière – mais en été uniquement – en direction des plages et du centre. Grand parking gratuit (mais souvent complet) derrière la gare, à un saut de puce du centre-ville.

Adresse et info utiles

🛈 **Office de tourisme** (plan B2) **:** 20, bd Victor-Hugo, à côté des halles. ☎ 05-59-26-03-16. ● saint-jean-de-luz.com ● ♿ Tlj sf dim ap-m hors

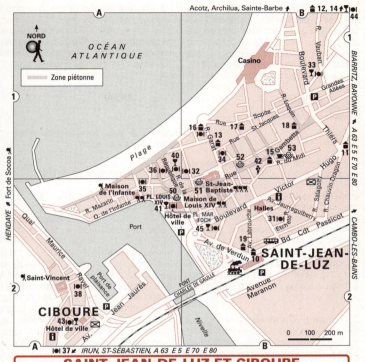

SAINT-JEAN-DE-LUZ ET CIBOURE

- **Adresses utiles**
  - **🛈** Offices de tourisme

- **Où dormir ?**
  - 10 Hôtel de Paris
  - 11 Le Petit Trianon
  - 12 Hôtel Maria-Christina
  - 13 Hôtel Ohartzia
  - 14 Chambres d'hôtes Sekulako
  - 15 Hôtel Les Almadies
  - 16 Hôtel de la Plage
  - 17 La Marisa
  - 18 La Devinière
  - 19 Hôtel Le Relais Saint-Jacques

- **Où manger ?**
  - 16 Le Brouillarta
  - 31 Restaurant Pablo
  - 32 Le Tourasse
  - 34 Petit Grill Basque – Chez Maya
  - 35 Zoko Moko
  - 36 Kaïku
  - 37 Chez Mattin
  - 38 L'Éphémère

- **Où boire un verre ? Où grignoter sur le pouce ?**
  - 33 Le Bar Basque
  - 40 Pub du Corsaire
  - 41 Le P'tit Suisse
  - 43 Maitenia
  - 44 La Guinguette
  - 45 Buvette éphémère Chez Renaud

- **Où acheter de bons produits ? Où déguster une glace artisanale ?**
  - 42 Txomin
  - 50 Maison Adam
  - 51 Pariès
  - 52 La Boucherie des Familles
  - 53 Etchebaster

saison. D'avril à octobre, visites guidées le jeudi à 10h ; compter 1h45 (payant). Également une chasse au trésor pour les 7-11 ans 2 fois par semaine pendant les vacances (sur résa). Visites individuelles possibles avec un audioguide payant.

– **Marché** *(plan B2)* : *bd Victor-Hugo (autour des halles), mar et ven mat, ainsi que sam en juil-août.* Les Luziens lui revendiquent le titre du plus joli marché de la région. Très animé. Halles ouvertes tous les matins (bon à savoir).

Où dormir ?

Campings

Les campings de Saint-Jean-de-Luz sont concentrés dans les quartiers d'Acotz et Erromardie, qui bordent la mer entre Guéthary et Saint-Jean-de-Luz *(hors plan par B1)*. Ces deux quartiers possèdent plusieurs petites criques, moins fréquentées que les plages centrales. Un petit bémol : la proximité de la voie ferrée, qui altère la tranquillité des lieux. Ils sont desservis par une navette en été. Nombreux autres campings sur le site ● *terreetcotebasques.com* ●

Camping Duna-Munguy : *quartier Acotz.* ☎ *05-59-47-70-70.* ● *contact@camping-dunamunguy.com* ● *camping-dunamunguy.com* ● *Au bord de la plage d'Acotz, par la D 810 (ex-N 10). Ouv 15 mars-25 nov. Compter 17-34 € pour 2 selon saison ; bungalows 270-833 €/sem. 36 empl.* Petit camping bien tenu et ombragé, à 300 m des plages d'Acotz. Ambiance familiale, pas d'animations. Ping-pong, babyfoot, aire de jeux et même une bibliothèque où piocher et échanger des bouquins. Piscine chauffée. Idéal pour le surf. Petit rappel : la voie ferrée passe juste à côté...

Camping International Erromardie : *235, allée de la Source, plage d'Erromardie.* ☎ *02-51-33-05-05.* ● *info@chadhotel.com* ● *Ouv de mi-mars à début nov. Compter 15-37 € pour 2 selon saison ; mobile homes 2-4 pers 203-1 253 €/sem. 216 empl.* Un vaste camping 4 étoiles, bien équipé et situé juste à côté de la mer, qu'on entend gronder et qu'on aperçoit même à travers les haies depuis les emplacements du fond (n°s 159 à 164). Piscine extérieure, pétanque, jeux pour enfants, resto et animations en saison.

De prix moyens à chic

Hôtel de Paris *(plan B2,* **10***) : 1, bd du Commandant-Passicot.* ☎ *05-59-85-20-20.* ● *hoteldeparis-saintjeandeluz.com* ● *Doubles 59-99 €. Réduc de 10 % hors juil-août sur présentation de ce guide.* Face à la gare, un bon hôtel 2 étoiles avec des chambres coquettes qui affichent une sympathique déco marine. Et quand elles ne sont pas très grandes, elles compensent avec des astuces bien pensées, comme les têtes de lits avec caissons. Salles de bains compactes mais modernes, double vitrage, clim.

Chambres d'hôtes Argi Eder *(hors plan par B1) : 58, av. Napoléon-III, dans le quartier Acotz.* ☎ *05-59-54-81-65.* ● *villa-argi-eder@orange.fr* ● *chambresdhotes-argi-eder.com* ● *Navette pour le centre en été. Doubles 66-76 €, avec petit déj. Parking.* À 5 mn à pied de la plage, dans une villa moderne posée au milieu d'une immense pelouse, 4 chambres simples, claires et pimpantes, toutes avec une petite terrasse et de grands placards, et dont les prix ne font pas le yoyo avec les saisons. Accueil dynamique.

Le Petit Trianon *(plan B1,* **11***) : 56, bd Victor-Hugo.* ☎ *05-59-26-11-90.* ● *lepetittrianon@wanadoo.fr* ● *hotel-lepetittrianon.com* ● *Congés : de mi-nov à mi-déc. Doubles avec TV 58-98 € selon saison ; familiales 98-160 €. Garage payant.* Hôtel de 24 chambres, rénovées, climatisées et d'un bon confort. Les plus petites donnent sur le patio intérieur et toutes ont une déco personnalisée très plaisante. Au 3e étage, chambres familiales pour 4-5 personnes. Joli patio privé au calme, sympathique au petit déj.

🏠 *Hôtel Maria-Christina* (hors plan par B1, *14*) : *13, rue Paul-Gelos.* ☎ *05-59-26-81-70.* ● *mariachristina@wanadoo.fr* ● *hotel-maria-christina.com* ● *En montant vers Sainte-Barbe, à 10 mn à pied du centre. Congés : de mi-nov à mi-mars. Doubles 60-120 € selon confort et saison.* 📶 Grande maison rose aux volets verts et aux murs recouverts de glycine, qui devrait connaître une seconde jeunesse en 2016. Hors saison, on se retrouve près de la grande cheminée, et en été, au frais dans le patio, près de la fontaine et du citronnier. Les chambres sont assez petites, mais l'accueil prévenant ainsi que l'ambiance familiale en font une étape plaisante. Machine à expresso à disposition pour les lève-tôt.

🏠 *Hôtel Ohartzia* (plan B1, *13*) : *28, rue Garat.* ☎ *05-59-26-00-06.* ● *hotel.ohartzia@wanadoo.fr* ● *hotel-ohartzia.com* ● *Doubles 70-110 € selon confort et saison.* 📶 Dans une petite rue entre l'église et la mer, à 100 m de la plage, un petit hôtel de charme, entièrement rénové. Loin de la foule, un charmant jardin plein de fleurs et d'oiseaux, où l'on sert, en été, le petit déj. Côté chambres, toutes sont différentes et joliment décorées. On aime bien celles du 3e étage (ascenseur désormais) pour la vue sur la Rhune.

De chic à plus chic

🏠 *Chambres d'hôtes Sekulako* (hors plan par B1, *14*) : *12, rue Cépé, à 10 mn à pied du centre.* ☎ *05-59-26-31-22.* ● *chambres-dhotes-sekulako.com* ● *Doubles 75-105 € ; familiale 4 pers 90-130 € selon période. Parking.* 📶 Au calme, tout près du centre, une grosse villa néobasque au classicisme bon teint, abritant 3 chambres vastes et confortables aux couleurs douces, dotées de belles salles de bains. L'une des chambres s'allonge d'une chambrette où coucher les gamins. Aux beaux jours, petit déj dans le jardin ou sur le balcon. Pas mal de doc sur la région.

🏠 *Hôtel Les Almadies* (plan B1, *15*) : *58, rue Gambetta.* ☎ *05-59-85-34-48.* ● *hotel.lesalmadies@wanadoo.fr* ● *hotel-les-almadies.com* ● *Congés : de mi-nov à mi-déc. Doubles 85-135 € selon confort et saison. Parking payant.* 💻 📶 Un charmant petit hôtel de 7 chambres (certaines avec balcon), dont les couleurs douces (caramel, vanille, vert tilleul, bleu tendre) incitent au farniente. La réception est à l'étage, comme l'élégante salle de petit déj. Petite terrasse agréable pour prendre son café tout en lisant les nouvelles du monde. Et tout ça en plein cœur de la ville. Pour ceux qui sont chargés, attention aux escaliers !

🏠 *Hôtel de la Plage* (plan B1, *16*) : *promenade Jacques-Thibaud.* ☎ *05-59-51-03-44.* ● *reservation@hoteldelaplage.com* ● *hoteldelaplage.com* ● *Congés : de mi-nov à mi-déc. Doubles 89-169 € selon vue, confort et saison ; familiales 139-199 €. Garage.* 💻 📶 *Café offert sur présentation de ce guide.* Un hôtel de standing, idéalement situé face à la plage. Les chambres sont claires, confortables et bien équipées (clim, insonorisation, etc.). Si vous le pouvez, demandez-en une avec vue sur la mer et, si vous voulez vous faire un petit plaisir, avec terrasse. Au rez-de-chaussée, restaurant *Le Brouillarta* (voir « Où manger ? »). Accueil pro.

🏠 *La Marisa* (plan B1, *17*) : *16, rue Sopite.* ☎ *05-59-26-95-46.* ● *info@hotel-lamarisa.com* ● *hotel-lamarisa.com* ● ♿ *Congés : début janv-fin fév. Chambres 89-178 € selon confort et saison. Parking payant.* 💻 📶 Confortable et chaleureux : épais tapis, panneaux de bois et plafonds à caissons, chambres cossues, portes doublées pour garantir la tranquillité, hall décoré de meubles anciens, patio fleuri pour le petit déj. Le lieu idéal pour qui recherche le calme au cœur de la ville, surtout si on séjourne dans l'une des grandes chambres du dernier étage (ascenseur). Accueil charmant.

🏠 *La Devinière* (plan B1, *18*) : *5, rue Loquin.* ☎ *05-59-26-05-51.* ● *la.deviniere.64@wanadoo.fr* ● *hotel-la-deviniere.com* ● *Résa obligatoire. Doubles 120-160 € selon vue (rue ou jardin).* 💻 📶 *Café ou apéritif offert sur présentation de ce guide.* Difficile de faire plus cosy, version charme à l'anglo-saxonne. D'abord, un élégant salon commun aux gros carreaux de grès, s'ouvrant sur un joli jardin. Puis les chambres, réparties sur 3 étages, toutes différentes, chargées d'antiquités (meubles, tableaux, estampes), comme dans une maison de famille. Accueil parfait.

▲ *Hôtel Le Relais Saint-Jacques (plan B2, 19) : 13, av. de Verdun.* ☎ *05-59-26-02-55.* ● hotelstjacques@gmail.com ● hotelstjacques-stjeandeluz.com ● ♿ *Congés : janv. Doubles 90-155 € selon confort et saison ; familiales 125-170 €.* 🖥 📶 *Réduc de 10 % pour tte résa en direct sur présentation de ce guide.* À deux pas de la gare, un hôtel pratique et bien insonorisé (triple vitrage). Bon confort (clim, TV satellite, minibar, plateau de courtoisie, et surtout bonne literie). Les chambres les plus sympas ont une petite vue sur le port et sont dotées de balcons, mais la plupart sont face à la gare. Les autres donnent sur une cour intérieure.

▲ *Hôtel-résidence Odalys Erromardie (hors plan par B1) : chemin Erromardie.* ☎ *05-59-51-59-00.* ● erromardie@odalys-vacances.com ● odalys-vacances.com ● *Congés : de mi-nov à mi-fév, sf à Noël. Dans la partie hôtel, à partir de 80 €/j. et par pers.* 📶 À 400 m de la plage Erromardie, au cœur d'un parc privé bordé d'une pinède, un hôtel agréable doté de chambres confortables et spacieuses avec terrasse ou balcon. Côté résidence, différents bâtiments et villas modernes d'architecture basque, dans un environnement sans voitures. En été, c'est à vélo que les enfants parcourent le domaine, sur les allées qui serpentent entre la piscine chauffée (grande pataugeoire pour les tout-petits), le tennis et le fronton. Animations gratuites pour les enfants en juillet-août. Restaurant avec terrasse face à la piscine.

Où manger ?

Les visiteurs s'agglutinent autour de la place Louis-XIV, mais n'hésitez pas à vous éloigner si vous voulez apprécier votre escale luzienne. La ville des Corsaires est en train de subir une cure de rajeunissement qui plaira à tous les fans du *fooding* contemporain. Jetez un œil sur nos adresses « Où boire un verre ? Où grignoter un morceau ? » si vous pensez qu'on est encore trop sérieux. En tout cas, marcher le long du rivage donne faim, ne pas se priver surtout d'une cure de poisson et goûter aux chipirons qui figurent sur toutes les cartes ! La criée est juste en face à Ciboure, et c'est là que s'approvisionnent les restaurateurs.

De bon marché à prix moyens

I●I *Restaurant Pablo (plan B2, 31) : 5, rue Etcheto.* ☎ *05-59-26-37-81. Derrière les halles. Tlj sf le soir lun-mar nov-Pâques (hors vac scol) et mer tte l'année. Congés : 1 sem en juin et 1 sem en sept. Menu déj 16 € ; formule 24 € ; carte env 30 €.* Depuis 1932, 4 générations se sont succédé en cuisine pour préparer des spécialités basques sans chichis mais bien typiques. Au menu, omelette à la morue, chipirons, *piquillos,* et en saison (de novembre à mars), des piballes, le tout à accompagner d'un petit vin blanc pétillant ou de cidre basque. L'été, on s'installe en terrasse dans la petite rue bien au calme.

I●I *Le Tourasse (plan B1, 32) : 25, rue Tourasse.* ☎ *05-59-26-84-31. Tlj. Menu 18 € ; carte 20-30 €.* Une petite salle en longueur prolongée par une terrasse, des murs en pierre égayés par des photos de l'Andalousie et des fleurs artificielles, des tables rapprochées, et dans l'assiette, soles, chipirons, couteaux, bonite... C'est bon, et les assiettes sont servies généreusement. Paella certains soirs et de bonnes viandes pour équilibrer une carte essentiellement tournée vers le large.

De prix moyens à plus chic

|●| Petit Grill Basque – Chez Maya *(plan B1, 34)* : *62, rue Saint-Jacques.* ☎ *05-59-26-80-76. Tlj sf lun midi, mer et jeu midi. Menus 22-31,50 €.* Un établissement pittoresque et hors du temps, tenu par des femmes qui en imposent. Si vous n'avez pas réservé, malheureux, passez votre chemin en vous contentant de regarder les mines épanouies des convives. Un classique de la ville, depuis 65 ans, où les initiés commandent en début de repas le soufflé au Grand Marnier (qui ne figure pas sur la carte !) avant d'attaquer de traditionnels *piquillos* à la brandade de morue ou une baudroie à la luzienne (lotte). Et n'allez pas vous plaindre que les accompagnements ne sont pas inclus dans le prix des plats, vous avez déjà de la chance d'être reçu dans le lieu le plus secret de la ville. La clim, entièrement manuelle, date des origines de la maison et fait partie des attractions à ne pas manquer !

|●| Le Brouillarta *(plan B1, 16)* : *48, promenade Jacques-Thibaud.* ☎ *05-59-51-29-51. Tlj sf lun-mar. Formule déj 18 € ; menu 35 €.* Un restaurant qui ne cherche pas à vous en mettre plein la vue ni à (trop) profiter de son emplacement en or, à quelques mètres de la plage. Du régional sans complexe, du populaire revisité, le midi. Et du gastro décontracté, le soir, avec un menu ou une carte qui permettent de découvrir la créativité d'un chef passé dans de grandes maisons. L'énoncé des plats est sans fioritures, le talent bien réel. Laissez le sommelier vous conseiller son vin (bio) préféré du moment.

|●| Zoko Moko *(plan A2, 35)* : *6, rue Mazarin.* ☎ *05-59-08-01-23.* ● *zoko moko@hotmail.com* ● *Tlj sf lun, plus dim hors saison. Résa conseillée. Formules déj en sem 20-26 € ; menus 49-57 €.* Lumières douces, pierres apparentes, *Zoko Moko* – le « Coin Tranquille » en v.f. – se démarque de ses voisins dans la déco comme dans l'assiette. Les chefs se succèdent, au fil des ans, mais le succès reste au rendez-vous. Belle cuisine du moment, aux couleurs et aux parfums du pays, réalisée par une équipe connaissant son métier.

|●| Kaïku *(plan A1, 36)* : *17, rue de la République.* ☎ *05-59-26-13-20.* ● *contact@kaiku.fr* ● *Tlj en saison ; fermé mar-mer hors saison. Menu déj sf dim 29 € ; menu découverte 64 € ; carte 60-70 €.* Pierres apparentes, passage voûté, poutres gris perle, bouquets de roses et nappes blanches, c'est chic mais pas guindé. En cuisine, évoluant sous l'œil des clients, Nicolas Borombo travaille au plus près des produits qu'il déniche lui-même chez les meilleurs éleveurs, pêcheurs et maraîchers de la région. Ce jeune chef n'hésite pas à pousser les légumes devant, snobant esbroufe et effets de manches pour se concentrer sur l'essentiel, testez-le à midi, vous allez adorer.

Où boire un verre ? Où grignoter sur le pouce ?

Sur la place Louis-XIV *(plan A2)*, nombreuses **terrasses** de bars-brasseries sous les platanes, avec des orchestres en plein air l'été. Moins touristiques, d'autres lieux, inconcevables à Saint-Jean-de-Luz, ont ouvert ces dernières années. Saisonniers, festifs, ils se repèrent à la foule qui stationne en terrasse ou sur le trottoir. Du coup, les habitants, les habitués aussi n'ont plus à aller à Biarritz ou Fontarrabia pour s'éclater.

🍷|●| Pub du Corsaire *(plan A1, 40)* : *16, rue de la République.* ☎ *05-59-26-10-74. À deux pas de la pl. Louis-XIV. Tlj 12h-2h.* Un choix de plus de 120 bières et 100 whiskies différents à siroter sous un plafond en forme de carène de bateau, dans un décor style pub irlandais. Aussi des vins au verre et des soirées à thème régulièrement. Tapas, forcément tapas. Terrasse. Un grand classique.

🍷|●| Le Bar Basque *(plan B1, 33)* : *22, bd Thiers.* ☎ *05-59-85-16-63. Tlj.* Ce bar-brasserie authentique et populaire est le rendez-vous des grandes familles et de figures locales qui, pour certaines, ont grandement participé à sa survie au fil des décennies. Vous aussi, sirotez à l'heure de l'apéro le fameux *Macca B*, créé ici après la guerre. Pour ne pas tomber raide, tapas et carte traditionnelle. Terrasse bien placée pour voir défiler le Tout-Saint-Jean.

🍷 |●| *Le P'tit Suisse (plan A2, 41) :* pl. Louis-XIV. ☎ 05-59-51-85-51. *Ouv le soir tlj, plus le midi ven-dim.* Le pouls de la ville bat ici, sur la place. Coup de chance, ce bar à vins lancé par Camdeborde propose des tapas élaborées qui illuminent un apéro ! Choix réjouissant de vins au verre, qu'on déguste cloué sur l'un des fauteuils en terrasse.

🍷 |●| *Buvette éphémère Chez Renaud (plan B2, 45) :* 4, bd Victor-Hugo. *Avr-oct, mer-dim 18h30-2h.* 600 m² pour faire la fête, à deux pas du port, on croit rêver ! Cet ancien garage, appelé à la démolition, a été sauvé (pour quelques mois encore ? quelques années ?) par des fous qui ont créé l'événement, en 2015, en ouvrant ce lieu improbable : un bar en fer-à-cheval au beau milieu, un comptoir à huîtres, un autre à jambon, des *food truck* qui propose burgers et moules-frites, sur fond de décor industriel magnifié par des ampoules multicolores. Pourvu que ça dure !

|●| *La Guinguette* (hors plan par B1, 44) : *plage d'Erromardie. Tlj, selon le temps, Pâques-Toussaint. Salades et formules 12-16 € le midi ; cassolettes 8-9 € le soir.* N'ayez pas peur d'affronter la foule, aux beaux jours, pour trouver une place autour des tonneaux ou sur le parapet de la plage, face à l'ancienne gare. De l'autre côté de la route, le bâtiment abrite les cuisines et un bout de terrasse, repli obligé les soirs de grand vent.

Où acheter de bons produits ?
Où déguster une glace artisanale ?

❀ *Maison Adam (plan A2, 50) :* 6, rue de la République. ☎ 05-59-26-03-54. ● maisonadam.fr ● *Tlj 8h-12h30, 14h-19h30. Autre boutique au 49, rue Gambetta, non loin du cinéma, tlj 8h30-12h30, 14h30-19h30. Congés : de mi-janv à mi-fév et 1 sem en nov.* Une adresse mythique, historique même ! Vous achèterez ici l'authentique macaron de Saint-Jean-de-Luz.

❀ *Pariès (plan B2, 51) :* 9, rue Gambetta. ☎ 05-59-26-01-46. ● paries.fr ● *Tlj 8h30-19h30 (23h en été).* Dans la même famille depuis 1895. Le spécialiste des tourons (il y en a de toutes les couleurs !), des *kanougas*, ces délicieux bonbons (genre caramel) qui fondent sur la langue, ou encore des *mouchou*, « baisers » en basque *(muxu)*, sortes de macarons accolés 2 par 2. Annexe rue Tourasse pour la version salée.

❀ *La Boucherie des Familles (plan B1, 52) :* 23, rue Gambetta. ☎ 05-59-26-03-69. ● produit-basque.com ● Didier Arrieta sélectionne avec soin toutes ses bêtes, élevées dans les fermes basques. Et si son veau ou son bœuf sont extra, ses charcuteries sont fameuses : saucisson, ventrèche, saucisses... Quant à ses jambons (bagués de bleu comme ses yeux...), il monte lui-même les faire sécher aux Aldudes, dans les règles de l'art. Il fait aussi traiteur, et tudieu, ça sent bon !

● ❀ *Etchebaster (plan B1, 53) :* 42, rue Gambetta. ☎ 05-59-26-00-80. S'il est impossible de trouver au Pays basque un gâteau basque qui fasse l'unanimité, celui-ci est un modèle d'équilibre entre la crème et la pâte.

♦ *Txomin (plan B1, 42) :* 54, rue Gambetta. *Tlj, l'ap-m slt.* Ce glacier artisanal ne travaille qu'avec du lait des fermes du coin, et de la purée de fruits frais pour confectionner ses sorbets. Le matin, c'est fermé, on fabrique !

À voir

✈ *Le port de pêche (plan A2) :* en sortant de l'office de tourisme, allez faire un tour aux halles, pour prendre l'ambiance d'un marché resté dans son jus, si vous arrivez en matinée. Continuez en direction du port et longez les quais en admirant Ciboure, en face. Allez profiter du spectacle de la place Louis XIV, encore cachée par la mairie, et revenez-y à la fraîche, quand la foule a quitté les lieux. Difficile de se lasser du spectacle du port et de ses petits chalutiers qui quittent la rade la nuit tous feux allumés pour rejoindre le large.

> **LES ROIS DE LA FLIBUSTE**
>
> *Pendant près de trois siècles et jusqu'au XVIII*^{e} *s, les armateurs étaient officiellement autorisés par le roi à piller les navires ennemis, pour peu qu'ils lui reversent un cinquième du butin. Les profits générés étaient si importants qu'un corsaire déclara au XVII*^{e} *s que le roi pourrait traverser de Saint-Jean à Ciboure sans se mouiller les pieds, en passant sur le pont des navires capturés ! Vestige de cette époque, quelques rues de la ville portent encore le nom des corsaires les plus fameux.*

🎯🎯 *La place Louis-XIV* (plan A2) : le centre historique. Charmante avec son kiosque à musique et les splendides demeures qui la bordent. Elle s'anime le dimanche matin, quand les chants basques invitent à renouer avec une tradition qui, ici, ne force jamais le trait.

🎯🎯 *La maison Louis XIV* (plan A-B1) : ☎ 05-59-26-27-58. ● maison-louis-xiv. fr ● *1*^{er} *juin-15 oct, tlj sf mar : juin et sept-oct, visites guidées slt, à 11h, 15h, 16h et 17h ; juil-août, 10h30-12h30, 14h30-18h30 (dernière visite 30 mn avt). Également ouv w-e de Pâques et Pentecôte, vac scol de printemps et de la Toussaint (visites à 11h, 15h et 16h). Entrée : 6 € ; réduc.* Construite en 1643 par un riche armateur, la *maison Lohobiague*, dite désormais « Louis XIV », est un des plus beaux hôtels particuliers de la place. Le jeune Louis XIV, venu signer le traité des Pyrénées et épouser l'infante d'Espagne Marie-Thérèse, y résida pendant plus d'un mois en 1660. Ils y passèrent leur nuit de noces (grrrrr...). Cette magnifique maison appartient depuis plus de 360 ans à la même famille. La visite permet de mieux faire connaissance avec l'histoire de la ville et de découvrir cette maison d'armateur du XVIIe s, richement meublée. Belle cage d'escalier.

🎯 *La maison de l'Infante* (plan A2) : *quai de l'Infante.* ☎ *05-59-26-36-82. Juin-11 nov (sf 15-25 oct), tlj sf dim et lun mat 11h-12h30, 14h30-18h30. Entrée : 2,50 € ; réduc ; gratuit moins de 18 ans.* Repérable depuis le port, c'est la belle demeure en brique et pierre de style italien avec fenêtres à meneaux et flanquée de deux tours. Comme son nom l'indique, elle abrita l'infante Marie-Thérèse (ainsi qu'Anne d'Autriche) avant son mariage avec Louis XIV. Aujourd'hui, la boutique de linge *Jean-Vier* est au rez-de-chaussée. Au 1er étage, on ne voit que la grande salle XVIIe s (commentaires enregistrés). Jolie vue sur le port. À en croire la petite histoire, c'est en découvrant le port depuis la tour de cette maison que Napoléon III décida, en 1854, de faire construire les trois digues qui ferment encore aujourd'hui la rade de Saint-Jean-de-Luz.

🎯🎯🎯 *L'église Saint-Jean-Baptiste* (plan B1-2) : les parties visibles les plus anciennes, comme le porche occidental, datent du XVe s. La majeure partie de l'édifice actuel a été cependant construite au XVIIe s. Sur le côté, noter l'emplacement de la porte empruntée par Louis XIV lors de son mariage. Elle n'aurait pas été murée à l'issue de la cérémonie, comme l'indique la plaque commémorant l'événement, mais en 1669, suite au percement du grand portail.
Intérieur tout à fait remarquable. Galerie en bois à trois étages (cinq au fond), réservée autrefois aux hommes. En ces temps de religion hégémonique et triomphante, cela augmentait d'un tiers la surface de l'église. Chœur conçu dans le genre espagnol, mais les chauvins vous diront qu'il est d'une finesse et d'une harmonie toutes françaises. Retable en bois sculpté du XVIIe s (entièrement restauré en 2006), comprenant quatre étages de statues de saints vénérés dans la région. Enfin, remarquer le superbe buffet d'orgue du XVIIe s.

LE LABOURD / LA CÔTE BASQUE, DE BAYONNE À HENDAYE

🚶 *Le centre-ville :* de la place Louis-XIV, on s'engage dans la *rue Gambetta (plan B1-2)*, piétonne commerçante. Très animée en fin de soirée l'été, lorsqu'elle fait office de *passeggiata*. Au n° 25, on passe devant la vitrine du célèbre sellier *Laffargue*, créé en 1890. De la place Louis-XIV, on peut aussi emprunter la pittoresque *rue de la République*. Au n° 17, la plus ancienne demeure de la ville, seule rescapée d'un grand incendie provoqué par un raid espagnol en 1558. Elle abrite le restaurant *Kaïku*.

> **UN MACARON ROYAL !**
>
> *À l'occasion des noces royales de Louis XIV, chacun fut convié à offrir un présent à la gourmande infante. Le pâtissier Adam, qui officiait à quelques rues de là, envoya, par l'entremise de sa plus jolie servante, un plateau de succulentes spécialités aux amandes. Le succès fut immédiat et la cour s'en régala. La jeune servante fut royalement récompensée et épousa l'héritier Adam... Depuis, la famille perpétue la tradition de l'authentique macaron.*

🚶🚶 *Le front de mer :* toujours aussi magique. À découvrir si possible hors saison, évidemment. Digue-promenade en surplomb de la rue. Des passerelles mènent aux villas les plus caractéristiques. Même défiguré, l'ancien casino conçu par Mallet-Stevens à la fin des années 1920 vaut le coup d'œil avec sa galerie piétonne ouverte sur l'océan. Il s'agissait à l'époque d'un des chefs-d'œuvre de l'architecte. Ce bâtiment abrite, entre autres, le centre de thalassothérapie.

🚶🚶 *Le jardin botanique littoral Paul-Jovet* (hors plan par B1) *: 31, av. Gaëtan-Bernoville.* ☎ *05-59-26-34-59.* ● *jardinbotanique-saintjeandeluz.fr* ● *Accès en 30 mn depuis le centre-ville par le sentier du littoral, ou navette en été. Juil-août, tlj 11h-19h ; mars-juin et sept-nov, mer, w-e et j. fériés 11h-18h. Entrée : 4 € ; réduc ; gratuit moins de 12 ans. Expos régulières.* 2,5 ha de verdure pour partir à la découverte de la flore locale et des milieux naturels sensibles, recréés dans le jardin. Vue magnifique sur l'océan qu'on surplombe. Pour les enfants, le must reste le labyrinthe botanique. Une belle promenade, créée de toutes pièces au-dessus d'une station d'épuration !

À faire

➤ *Balades en mer :* le *Nivelle V* propose des parties de pêche en mer le matin, une petite croisière le long de la côte ou des promenades dans la baie *(10-35 €/ pers). Balade à 14h et 16h tte l'année ; juil-août également à 10h30 et 17h. Résas :* ☎ *06-09-73-61-81.*

➤ *Navette maritime :* Le *Passeur* effectue un circuit Digue-des-Chevaux et port de Saint-Jean-de-Luz, puis port de Ciboure et fort de Socoa. *Départs ttes les 45 mn env mai-sept. 1ᵉʳ départ vers 9h, dernier retour vers 18h-19h. Compter env 2,50 €/pers l'aller.* ☎ *06-11-69-56-93.*

– *Thalasso :* à *l'institut Thalazur, pl. Maurice-Ravel.* ☎ *05-59-51-51-51.* ● *thalazur.fr* ● *Forfaits à la journée, au w-e ou à la sem, avec ou sans hébergement.* Située en bord de plage dans la baie de Saint-Jean-de-Luz, une adresse rêvée pour une pause « détente et bien-être ». Quoi de plus agréable que de se faire dorloter et de lézarder, entre deux soins, en peignoir face à la mer ? Ambiance très cool et en aucun cas guindée. Pour la pause déjeuner, resto avec vue panoramique ou petite brasserie au cadre frais et vitaminé.

– *Cesta-punta :* au *jaï-alaï, av. Ithurralde.* ☎ *05-59-51-65-36.* ● *cestapunta.com* ● Saint-Jean-de-Luz est un des hauts lieux de la pelote basque. C'est ici que se déroulent chaque été les Internationaux professionnels de *cesta-punta*, où s'affrontent les meilleurs joueurs du monde. Surveiller le site internet pour le calendrier des tournois et parties (réservation en ligne possible).

➢ *L'incontournable balade à la pointe Sainte-Barbe :* indispensable à tout séjour, elle permet d'avoir un coup d'œil complet sur la baie de Saint-Jean, les Pyrénées et le fort de Socoa. Oubliez la voiture au parking ou garez-vous boulevard Thiers et suivez la promenade Jacques-Thibaud, entièrement piétonne. Sur la hauteur, arrêtez-vous à la chapelle Sainte-Barbe et à la table d'orientation, pour profiter de la vue sur toute la baie de Saint-Jean-de-Luz. La balade se prolonge jusqu'aux quartiers d'Erromardie (avec sa guinguette aux beaux jours !) et Acotz.

Fêtes et manifestations

– Nombreuses fêtes organisées en été, comme la **fête du Thon** *(2ᵉ sam de juil).* Les plus animées sont le **Festival andalou** *(w-e de Pentecôte)* et les **fêtes de la Saint-Jean** *(autour du 24 juin).* Ambiance garantie.
– **Festival international du film :** *2ᵉ sem d'oct.* ● fifsaintjeandeluz.com ●

CIBOURE (ZIBURU)   (64500)   7 025 hab.   *Carte Labourd, A2*

● Plan *p. 87*

Avant d'obtenir son autonomie en 1603 grâce à une décision d'Henri IV, Ciboure n'était qu'un modeste quartier d'Urrugne. Elle est aujourd'hui une commune pleine de charme, de l'autre côté du port de Saint-Jean-de-Luz, dont elle est devenue une véritable petite sœur jumelle. Sur les hauteurs de Bordagain s'étagent les maisons les plus chic et de très belles propriétés (certaines transformées en hôtels et chambres d'hôtes de charme), dont la maison de l'écrivain Pierre Benoit. Le vieux village a gardé tout son charme et, le long de la Nivelle, les conserveries à l'abandon ont fait place à un nouveau quartier dénommé « Zubiburu », hommage au nom basque originel de la ville, qui signifie « tête de pont ». Avec la plage de Socoa, le quartier des pêcheurs, et donc des restos spécialisés dans le poisson, cette fois la palette est complète.

Adresse et infos utiles

ℹ *Office de tourisme* *(plan A2)* : *5, pl. Camille-Jullian.* ☎ *05-59-47-64-56.* ● ciboure.fr ● *Juil-août, lun-sam 9h30-13h, 14h30-19h ; dim 10h-13h. Hors saison, lun-ven 10h-12h30, 15h-18h.* Tout au long de l'année, visites commentées à thème de la ville, en bateau ou à pied. Se renseigner pour les dates (très variables selon la saison).
– **Marché :** *dim 9h-13h, pl. Camille-Jullian, face à la mairie.*
– **Brocante :** *le 1ᵉʳ dim du mois, quartier de Socoa/Untxin (face à la plage de Socoa).*

Où dormir ?

De prix moyens à chic

🛏 ***Hôtel Agur Deneri*** *(hors plan par A2) : 14, chemin de Muskoa.* ☎ *05-59-47-02-83.* ● *hotel-agur.deneri@wanadoo.fr* ● *hotel-agurdeneri.com* ● *Longer le port de Ciboure sur env 400 m, tourner à gauche rue du Docteur-Micé, puis suivre le fléchage.*

LE LABOURD

Congés : 2 sem début janv. Doubles 55-135 € selon confort et saison. Parking gratuit. 📶 Là-haut sur la colline... Chambres à thème (pelote, mer, fandango...), confortables, lumineuses, spacieuses et agréables à vivre (clim, minibar, bains balnéo pour certaines). La vue est exceptionnelle, certaines chambres s'ouvrent d'ailleurs sur un balcon dominant le port. Par les escaliers, on est au centre du village en quelques minutes. Bref, un bon plan pour séjourner par ici.

▲ **Villa Erresinolettean** (« *Chez le Rossignol* » *en v.f. ; hors plan par A2) : chez Henry Chardiet, 4, rue de la Tour (suivre le fléchage « Tour de Bordagain » depuis la route côtière).* ☎ *05-59-47-87-88.* ● *henry@chardiet.com* ● *chardiet.com* ● *Résa impérative. Compter 85-95 € pour 2 côté montagne, 105-115 € côté mer. Sangria maison offerte sur présentation de ce guide.* L'adresse vue sur mer la plus insolite et la plus conviviale que l'on ait trouvée par ici, tout près de la tour de Bordagain. Une villa construite du temps où il n'y avait personne alentour, d'où la vue magnifique sur la baie, la côte et la montagne. Un grand jardin avec un potager, une superbe piscine, un coin barbecue. Belles chambres avec vue et emplies de vie, où le kitsch frôle le sublime : meubles d'antiquaires, portraits de famille pas tristes, dont quelques nus, draps brodés ou fleuris pour tous les lits. Fabuleuse collection de flacons en cristal. Henry Chardiet, qui a repris la maison d'hôtes à la suite de sa mère, grande figure locale, offre, le soir de l'arrivée, une sangria dont il a hérité d'elle la recette. Petites natures, s'abstenir ! Possibilité de louer aussi un des 2 appartements pour un court séjour et même, d'avril à octobre, l'ancienne villa mitoyenne d'Henry, avec sa vue imprenable, ses bouddhas et son immense piscine privée (*à partir de 1 500 €/sem, pour 7 pers*).

Où manger ? Où boire un verre ?

De bon marché à prix moyens

I●I 🍷 **Maitenia** (*plan A2,* **43**) : *8, pl. du Fronton, près de l'office de tourisme.* ☎ *05-40-39-26-03.* ● *maitenia.com* ● ♿ *Tlj sf lun hors saison 8h-minuit (2h ven-sam).* Pintxos *délicieux à partir de 1,50 € au comptoir et petites assiettes 4-6 € le soir, jeu-sam et dim midi ; marmite de la sem le midi 7 €.* L'ancien bar *Chez Maïté* a été repris par Arturo, militant de la cause locale, qui ne prône que le frais, l'artisanal, le sincère dans l'assiette comme dans le verre. Un lieu de rencontre convivial et incontournable, notamment le dimanche matin, jour de marché, où les anciens rejoignent les habitués et frayent avec les touristes, dans ce repaire inspiré, côté déco, des bars des années 1940. Le chef irlandais cuisine plus basque que nature, son tartare de thon est une tuerie, les petits anchois du marché aussi. Comme la sélection de vins et de bières locales est bien faite, c'est le genre de lieu où on entre sur la pointe des pieds, la première fois, quand on ne parle pas basque, et où on revient vite, à toute heure du jour ou de la nuit.

De prix moyens à chic

I●I **L'Éphémère** (*plan A2,* **38**) : *15, quai Maurice-Ravel.* ☎ *05-59-47-29-16. Tlj sf le midi lun et mer en saison, sf mar-mer hors saison. Formules bistrot 22-29 € ; carte env 45 €.* Un nom modeste pour un vrai gastro décontracté qui a trouvé la formule gagnante en salle comme en terrasse, midi et soir. Sylvain Mauran, grand chef qui ne se la joue pas, propose tout à la fois une carte bistrot inventive, fraîche, gourmande, à prix doux et, bien sûr, une version plus gastro, pour qui veut s'offrir quelques nobles produits terremer. Service efficace et enlevé.
I●I **Chez Mattin** (*hors plan par A2,* **37**) : *63, rue Baignol.* ☎ *05-59-47-19-52. Dans le bourg (par l'av. du Docteur-Speraber). Tlj sf dim-lun. Congés : fév. Résa conseillée en été. Carte env 45 €.* L'un des restos traditionnels les plus reconnus sur le plan local. Agréable

salle d'auberge toute blanche, avec quelques beaux tableaux régionaux. Le point fort de la maison, c'est le *ttoro* (la fameuse soupe de poisson) et bien sûr le poisson grillé, frais et excellent, qui vaut son prix, certes pas donné. On peut aussi se laisser tenter par les abats et alléger ainsi l'addition. Venir tôt pour espérer avoir de la place.

I●I *Pantxua* (hors plan par A2) *: 37, av. du Commandant-Passicot (port de Socoa).* ☎ *05-59-47-13-73.* ♿ *Sur la route qui mène au fort. Tlj sf mar hors saison. Congés : 2 sem en janv et 2 sem en nov. Menu 26 € ; carte 35-50 €.* Une cuisine basque authentique, à base de produits de qualité, d'où les prix, certes élevés. Pas de produits d'élevage, que de la pêche de ligne. Paella aux fruits de mer, *ttoro*, zarzuela de homard... toute la gamme de la cuisine locale avec des influences nettement espagnoles. Côté cadre, une salle simple égayée de tableaux colorés, et une grande terrasse donnant sur le port.

I●I *Ziaboga* (hors plan par A2) *: 16, av. Kattalin-Aguirre, quartier de l'Untxin.* ☎ *05-59-54-04-88. Ouv le midi ven-dim, plus le soir mer-dim. Carte 30-35 €.* En retrait de l'affluence touristique, au bord du fleuve, un resto presque confidentiel, tenu par un brillant transfuge de l'*Hôtel du Palais,* que l'on voit travailler en direct, tandis que sa compagne fait le service ! Une cuisine de l'instant, qui change à chaque service en fonction des arrivages. Peu de choix pour mieux servir les clients, une origine locale garantie, fermière, artisanale ou bio. Voilà l'engagement de ce couple de puristes motivés par la quête des beaux produits et la satisfaction des clients.

À voir. À faire

➢ Les **visites commentées** de l'office de tourisme vous permettront de découvrir des lieux non ouverts d'ordinaire à la visite comme la *tour de Bordagain* et l'étonnante *villa Laihorra (ven à 10h ; 7,50 €),* Socoa et le *chai Egiategia,* connu pour son vin vinifié sous la mer, la maison natale de Maurice Ravel, au cours d'une visite du centre. Sinon, visite commentée en bateau du port. Vérifiez les dates et disponibilités auprès de l'office.

🚶 *L'église Saint-Vincent (plan A2) :* édifiée au XVIe s. Aspect fortifié. Clocher peu habituel de forme octogonale, surmonté d'un joli lanternon en bois, d'où l'on scrutait le large, guettant le passage d'une baleine ou l'arrivée d'un navire. À l'intérieur, galerie à trois étages, chœur surélevé et baptistère de Maurice Ravel.

🚶 La balade à pied révèle de splendides **maisons labourdines** du XVIIIe s, dont de nombreuses demeures familiales agrandies par les fils de pêcheurs enrichis sur les bancs de Terre-Neuve, à l'âge d'or de la pêche à la morue. Notamment, *rues de la Fontaine, de l'Escalier, Agorette.* Le nom de cette dernière provient de « agots » ou « cagots », les parias de l'époque. Tout le quartier de la Croix-Rouge présente un remarquable intérêt architectural. Puis, en grimpant encore, on arrive à la **tour de Bordagain.** Ancienne église-forteresse culminant à 82 m, d'où sa fonction d'observatoire. Juste à côté, l'ancienne tour du télégraphe.

🚶 *Le port de pêche (plan A2) :* il est commun à Saint-Jean-de-Luz et à Ciboure. La criée et la capitainerie sont situées sur l'ancienne île des Récollets, qui abritait autrefois le couvent du même nom. On peut toujours voir des vestiges du cloître et de la chapelle. En revanche, la zone portuaire est en accès limité, mais on peut tout de même acheter directement son poisson aux pêcheurs. À l'entrée de la rade et plus loin sur la Nivelle, deux étonnants phares néolabourdins aux lignes déstructurées, œuvres de l'architecte André Pavlovski.

🚶 *Le fort de Socoa (hors plan par A2) :* à l'extrémité de la baie s'élève ce fort décidé par Henri IV, construit en 1627, puis remanié par Vauban. On peut y accéder à pied du 15 juin au 30 août. Visite guidée en bateau *(rens à l'office de tourisme).* Il veille désormais sur un petit port de plaisance bordé de restos. Belle vue d'ensemble sur la baie de Saint-Jean-de-Luz, que l'on peut traverser avec la navette maritime *Le Passeur* (lire plus haut « À faire » à Saint-Jean-de-Luz).

🚶 ***Visite d'Egiategia et dégustation du vin de la corniche*** *(hors plan par A2) : visite sur résa.* 📞 *06-27-29-29-85. À partir de 5 €.* Visite du chai, installé dans l'ancienne maison des blocs sur la zone portuaire de Socoa, puisqu'il n'est pas encore question, pour l'heure, de plonger à la découverte des cuves protégées par la digue et immergées à 15 m. Cuves qui font toute l'originalité de la vinification sous l'eau brevetée par Emmanuel Poirmeur, un homme qui a déjà créé l'événement avec son vignoble planté sur les hauteurs de la corniche, côté Urrugne, et une première récolte juste deux ans après. Un film commenté avec beaucoup de malice permet de retracer l'histoire de ce vin phénomène qui a déjà conquis les Japonais et de nombreuses personnalités invitées ici à le déguster (parmi les tags, à l'extérieur du bâtiment, admirez le portrait de Woody Allen, entre autres !).

➢ De Socoa à Hendaye, superbe route de la Corniche. Toute la côte a été miraculeusement préservée. Et la route qui s'y faufile livre de très jolis points de vue. Pour les marcheurs (vélos interdits), le sentier du littoral, de Saint-Jean-de-Luz à Hendaye, est un joli moment à partager (6 km), sauf dans la portion qui suit d'un peu trop près la route, avant d'arriver au domaine d'Abbadia (voir plus loin « Dans les environs d'Hendaye »). Avec un peu de chance, on apercevra peut-être au large en hiver la mythique vague géante de Belharra. Les vignes que vous apercevez sont celles qui ont été mises à la disposition du seul vigneron de la côte basque. Les plus courageux pourront poursuivre la marche jusqu'à Saint-Sébastien (19 km).

Fêtes et manifestations

– ***Fêtes patronales de la ville :*** *fin janv, pour la Saint-Vincent.*
– ***Les Foulées Kaskarot :*** *mi-mai.* Grande course pédestre.
– ***Les Raveliades :*** *1er w-e d'août.* Festival de musique classique, à l'église Saint-Vincent.

URRUGNE (URRUÑA) (64122) 8 083 hab. *Carte Labourd, A2*

La plus longue côte de la région, et pas une plage ! La falaise règne ici. D'ailleurs, Urrugne ne se sent aucune vocation balnéaire et regarde plus volontiers vers la Rhune et le col d'Ibardin. Village inclassable, que la route évite et qui s'oriente désormais vers une politique intelligente de développement touristique axée sur la randonnée. En fait, Urrugne prend tout son sens le soir, autour de sa petite place, en partie grâce au bel éclairage de son église.
➢ Bus n° 876 ou 877 *(📞 09-70-80-90-74 ;* ● *transports64.fr* ●*),* ligne Bayonne/Biarritz/Saint-Jean-de-Luz/Hendaye.

Adresse utile

🛈 ***Office de tourisme :*** *maison Posta, pl. René-Soubelet.* 📞 *05-59-54-60-80.* ● *urrugne.com* ● *Juil-août, lun-sam 9h-19h, dim et j. fériés 10h-13h ; sept-juin, lun-ven 9h-12h30, 14h-18h (17h30 ven), plus sam mat Pâques-Toussaint.* Plusieurs randonnées accessibles à tous sont matérialisées par des flèches de couleurs différentes. Départ au bourg, devant l'église, puis direction

Où dormir ? Où manger ?

Camping

🏕 **Camping du col d'Ibardin :** *route d'Olhette.* ☎ *05-59-54-31-21.* • *info@col-ibardin.com* • *col-ibardin.com* • *Accès par l'A 63 sortie 2, au rond-point, à gauche direction col d'Ibardin ; sur la D 4, suivre direction Ascain/petit train de la Rhune ; à droite sur la route d'Olhette (200 m). Ouv d'avr à mi-nov. Compter 17-37 € pour 2 selon saison ; mobile homes et chalets 336-910 €/sem. 150 empl.* Dans un environnement naturel préservé, au milieu d'une forêt de chênes, donc bien ombragé. Grands emplacements (dans la partie B) bien délimités. Très calme évidemment, en dehors de quelques grandes (et chaudes) soirées. Piscine, resto, supérette. Bon accueil. Nouveauté : le *Dôme,* une « coque de noix » chic et choc pour 6 personnes.

De prix moyens à plus chic

🏠 **Chambres d'hôtes chez Patricia et Michel Garcia :** *quartier Legartzia, chemin d'Adriluean.* ☎ *05-59-54-37-09.* • *patriciagarcia64@live.fr* • *chambresdhote-garcia.com* • *Au rond-point, à la sortie d'Urrugne, direction col d'Ibardin ; tt de suite à gauche après le pont, puis suivre sur 800 m les panneaux « Gîtes de France ». Compter 70 € pour 2.* Un des meilleurs rapports qualité-prix de l'arrière-pays, à quelques kilomètres seulement des plages mais en pleine campagne, avec un parc à vos pieds pour une balade vespérale. 2 chambres très confortables, et un accueil adorable d'une famille qui se met en quatre pour que votre séjour soit réussi. Petit déj revigorant.

🏠 **Chambres au château d'Urtubie :** *au bord de la D 810 direction Saint-Jean-de-Luz.* ☎ *05-59-54-31-15.* • *info@chateaudurtubie.fr* • *chateaudurtubie.fr* • *Congés : nov-avr. Doubles 80-175 € selon confort et saison ; petit déj 12 €. Repas possible à la ferme voisine 30 €. Parking. Pour une chambre réservée, visite guidée du château pour 2 pers offerte sur présentation de ce guide.* Une folie ? Pas tant que ça. Et on n'a pas tous les jours l'occasion de vivre la vie de château ! Déjà, les noms des chambres (« Empire », « Louis XV », « Louis XVI ») donnent le ton, et inutile de se demander si le mobilier est d'époque... D'ailleurs, si vous voulez savoir depuis quand la famille de monsieur le comte possède le château, ce dernier laisse tomber tranquillement : « 1341. » En plus, il est bien sympathique, ce monsieur de Coral. Parc avec tennis et piscine.

À voir. À faire à Urrugne et dans les environs

🍴 **Le bourg :** Urrugne se trouve sur la voie royale qui reliait autrefois Paris à Madrid, et la commune a maintes fois subi les conséquences du conflit ouvert qui opposait les deux pays. Sous Charles VII, vers 1451, elle était la capitale du Labourd (Ustaritz étant la capitale administrative). C'était aussi la plus importante paroisse avant de cette province. La maison Posta (qui abrite l'office de tourisme) date de 1584 et servait de relais de poste, là où on échangeait les chevaux. La malle-poste, une lourde diligence, allait d'Urrugne à Paris en 13 jours. Et un lieu original pour se poser, à l'ombre de l'église : **Martxuka** *(rue Dongaitz-Anaïak ;* ☎ *05-59-54-63-34 ;* • *martzuka.com* • *; fermé lun et mar mat).* Un lieu de vie, mi-boutique, mi-salon de thé, où Adélaïde présente le travail d'une cinquantaine d'artisans de la région, dans tous les domaines.

🛐 **L'église Saint-Vincent :** *tlj.* Du XVIe s, d'aspect fortifié. Beau portail Renaissance, clocher très haut. Remarquez la statue de saint Jacques sur le portail (Urrugne a toujours été une importante étape compostellane). À l'intérieur, intéressante chaire du XVIIe s avec une statue de Samson terrassant le lion. Sur le cadran solaire, la devise *Vulnerant omnes, ultima necat* (« Toutes les heures blessent, la dernière tue »).

🛐 À 2 km, la *chapelle Notre-Dame-de-Socorri.* Beau point de vue sur la région. Les stèles discoïdales alentour marquent les tombes des habitants morts du choléra en 1855.

🛐🛐 *Le château d'Urtubie :* au bord de la D 810, à 3 km de Saint-Jean-de-Luz. ☎ 05-59-54-31-15. ● chateaudurtubie.net ● 15 avr-15 oct, tlj 10h30-12h30, 14h-18h30 (en continu 15 juil-31 août). Visite guidée ou libre. Entrée : 7 € ; réduc, notamment sur présentation de ce guide. Ses origines remontent au XIVe s et, même s'il a été beaucoup remanié depuis, il reste de nombreux éléments de cette période, à commencer par la tour principale flanquée de deux échauguettes, ou encore quelques éléments défensifs. Le domaine, agrandi et remodelé au XVIe s, est érigé en vicomté sous Louis XIV. Il s'agissait à l'époque d'un poste décisif dans la défense de la frontière avec l'Espagne. Avec le retour de la paix, le château devint purement un château d'agrément. La visite vous mène dans des salles superbement meublées. L'essentiel du mobilier est d'origine, en tout cas de famille (toujours la même depuis 1341). Balade bucolique dans le parc à l'anglaise de 6 ha. Exposition dans l'orangerie sur les plantes médicinales du Pays basque.

– 🚶 *Wowpark :* 11, chemin du Bittola. 📱 07-81-92-99-80. ● wowpark.fr ● *Accès par la D 810 entre Urrugne et Béhobie, tourner à droite au rond-point des Bousquets sur la route de la Glacière. Vac scol, tlj 10h-19h (18h hors saison) ; hors vac scol, mer et w-e. Entrée : 13 € ; 7 € 2-4 ans ; réduc.* Un jardin botanique de 18 ha transformé en forêt fantastique ! Parcours dans les arbres, cabanes perchées et tyroliennes, dans un univers peuplé des fées, lutins et farfadets. Tables de pique-nique et snack.

➤ 🚶 *Randonnées en famille :* prendre la route du col d'Ibardin et tourner à droite à la chapelle d'Olhette. Laisser la voiture au bout de la route. Le chemin grimpe en suivant la rive gauche du ruisseau jusqu'au gué, qu'on traverse en obliquant à gauche. Les gros blocs sur la route sont, paraît-il, les vestiges d'une voie romaine. Petit passage acrobatique (mais ni difficile ni dangereux, tout juste risque-t-on de se mouiller les pieds) 200 m avant la *venta,* quand il faut franchir quelques blocs de grès. On arrive en 1h à la *venta Insola.* On redescend par le même chemin.
– *Trois autres randonnées* (5, 8 et 18 km) démarrent du bourg.

➤ *Les ventas du col d'Ibardin :* prendre tout à la fois la route du col d'Ibardin et son mal en patience, car il y a du monde qui grimpe aux heures chaudes : la montée des prix, dans la plaine, incite nombre de familles à venir grignoter tapas et plats du jour dans ces grandes salles bruyantes, redoutablement décorées, mais où l'on peut s'offrir, pour trois ou quatre personnes, apéro, plat du jour et verre de vin à un prix qui, à Saint-Jean, correspond à un repas pour une seule personne. L'agneau du pays vient peut-être de Nouvelle-Zélande, mais certains peuvent ici s'en offrir, alors qu'ils devraient ailleurs se contenter d'une tranche de jambon de provenance elle aussi souvent contestée... Quant aux grandes surfaces, c'est peu dire qu'on en ressort les caddies pleins. On ne vous parle même pas du prix des cigarettes !

HENDAYE (HENDAIA)

(64700)   14 400 hab.   Carte Labourd, A2

Étendue le long de la rivière Bidassoa, aux portes de l'Espagne, la ville la plus méridionale de la façade atlantique est surtout une station balnéaire familiale, bordée d'une longue et large plage en pente douce, idéale avec des enfants ou pour s'initier au surf. Si elle n'a pas le même charme hors du temps que ses proches voisines, elle peut aussi s'enorgueillir d'aligner sur le front de mer une soixantaine de villas néobasques classées du début du XXe s. Un record sur la côte ! Hendaye-Plage et Hendaye-Ville sont nettement séparées par le port et la baie de Txingudi, et des navettes assurent toute l'année la liaison entre les deux quartiers. Les marcheurs pourront même les relier à pied, en rollers ou à vélo, en suivant le chemin de la Baie... L'occasion de découvrir le port typique de Caneta, les emblématiques rochers Deux Jumeaux ou les derniers canons pointés vers la « rivale » espagnole Hondarribia. Notez aussi que c'est d'Hendaye que vous pouvez vous lancer à l'assaut du sentier du littoral ou du GR 10, qui relie d'est en ouest les Pyrénées.

L'ÎLE DES FAISANS CHARGÉE D'HISTOIRE

Ce minuscule îlot sur la Bidassoa fut le siège de célèbres événements historiques : Louis XI y rencontre le roi de Castille. François Ier, fait prisonnier à la bataille de Pavie (1525), y est libéré en échange... de ses deux fils (sympa, le paternel !). En 1615, échange de princesses, dont Anne d'Autriche qui épousa Louis XIII.
En 1659, signature du traité des Pyrénées, point final d'une guerre franco-espagnole entamée en 1635. Il est confirmé un an plus tard par la signature du

LE DERNIER VICE-ROI DE FRANCE

Puisqu'elle est située au beau milieu de la Bidassoa, donc de la frontière franco-espagnole, l'île des Faisans est gérée alternativement par la France et par l'Espagne, 6 mois chacune. Pendant le semestre hexagonal, c'est le commandant de la marine à Bayonne qui en a la charge. Il prend alors le titre de vice-roi ! Robespierre doit se retourner dans sa tombe...

contrat de mariage de Louis XIV avec l'infante Marie-Thérèse. Les rois n'ayant pas le droit de quitter leurs territoires respectifs, on trace alors un trait au milieu de la maison pour délimiter les territoires français et espagnol ! Le célèbre peintre Vélasquez, qui décora l'édifice où eut lieu la signature, contracta sur l'île une fièvre dont il mourut peu de temps après. Faut dire que, à en croire la petite histoire, il peignait en maillot de bain...
L'île se visite ponctuellement, à l'occasion des Journées du patrimoine. Renseignements à l'office de tourisme.

SAINT-JACQUES À HENDAYE !

Moins connu que le chemin du Puy qui passe par Saint-Jean-Pied-de-Port, Hendaye est la dernière étape française de la Voie du Littoral (ou Voie de Soulac) qui mène à Saint-Jacques-de-Compostelle. Historiquement, elle était surtout empruntée par les Bretons et les Britanniques. Entièrement aménagée sur 550 km, elle suit quasiment intégralement la Vélodyssée ou Vélo-route n° 1. À Hendaye, vous trouverez des hébergements dédiés aux pèlerins et la possibilité d'acquérir, à l'office de tourisme, l'indispensable Credencial, qui ouvrira les portes des prochaines étapes ibériques.

Adresses et infos utiles

Office de tourisme : *67 bis, bd de la Mer.* ☎ *05-59-20-00-34.* ● *hendaye-tourisme.fr* ● *Juil-août, tlj ; juin et sept, tlj sf dim ap-m ; le reste de l'année, lun-sam.* Puisque Hendaye est une station familiale, l'office propose tous les jours pendant l'été et les vacances scolaires de Toussaint et de Pâques des **animations pour les 4-12 ans** (atelier chocolat, contes, cerfs-volants, clowns, chants et danses basques...). Programme sur ● *hendaye-semaine-des-enfants.com* ● Toute l'année, possibilité de chasse au trésor pour les 7-12 ans *(7 €).* Visites de ville proposées d'avril à octobre *(mar et jeu à 10h30 ; compter 1h ; adulte : 4 €, enfant : 2 €).*

Gare SNCF : *bd du Général-de-Gaulle, à Hendaye-Ville.* ☎ *36-35 (0,34 €/mn).* ● *voyages-sncf.com* ● Des navettes gérées par la société **Eusko Tren** relient Hendaye au centre-ville de Donostia (Saint-Sébastien, autrement dit) en 35 mn, un bon plan pour qui rêve d'aller s'offrir une fin d'après-midi tapas en Espagne ou de profiter de la Capitale européenne de la culture 2016. Navette toutes les 30 mn. Compter 2,35 € l'aller simple.

Avec **Transports 64** (☎ *09-70-80-90-74 ;* ● *transports64.fr* ●), bus n° 816 pour Urrugne/Saint-Jean-de-Luz/Guéthary/Bidart/Biarritz/Bayonne. 1 bus/h env 6h-20h.

Taxis : ☎ *05-59-20-20-30.* *06-09-76-15-47 ou 06-16-66-79-43.*

Navette maritime : *au port de plaisance.* Navettes qui relient à l'année Hendaye à Hondarribia (nom officiel de Fontarabie) côté espagnol, ttes les 15 mn 10h-1h 1er juil-1er sept ; sinon, ttes les 30 mn 10h-19h. Compter 10 mn et 3,50 € l'A/R.

Parkings : plusieurs parkings payants en centre-ville. Côté plages, celui de *Sokoburu* est payant toute l'année, et vers le port, celui des *Orangers* est gratuit l'hiver. Bon plan : éviter les 2 ou 3 rues parallèles au front de mer. Celles de derrière (et à moins de 300 m de la plage) sont gratuites.

– **Marchés :** *mer mat, pl. de la République (centre), et sam mat, pl. Sokoburu. En été, mar tte la journée, rond-point du Palmier. Dim mat, pl. de la République.*

Où dormir ?

Camping

Camping Alturan : *rue de la Côte.* ☎ *05-59-20-04-55.* ● *camping.alturan@orange.fr* ● *camping-alturan.com* ● *Bien indiqué du centre-ville. Ouv juin-sept. Compter 27 € en hte saison (20 % de réduc juin et sept). Env 300 empl.* Encore un grand camping bien ombragé, non loin de la plage. Emplacements plutôt vastes, bien délimités par des haies. Grosse clientèle d'habitués en haute saison. Le patron fait un effort d'animation, type concours de pétanque ou de belote. Snack-bar, supérette.

De prix moyens à chic

Hôtel Bellevue : *36, bd du Général-Leclerc.* ☎ *05-59-20-00-26.* ● *contact@hotelbellevue-hendaye.com* ● *hotelbellevue-hendaye.com* ● *En retrait de la baie de Txingudi, entre la ville et la plage. Doubles 68-108 € selon saison, petit déj inclus. Parking* gratuit. 🛜 Grosse villa néobasque rouge et blanche comme il se doit, à l'atmosphère familiale. Prolongée d'une terrasse, la belle salle de petit déj est restée dans son jus, façon gueuleton d'aristos de retour de la chasse. Chambres plus banales, un peu étroites mais impeccables, avec TV satellite. La plage est à 10 mn à pied.

🏠 |●| *Hôtel Bergeret-Sport :* 4, rue des Clématites. ☎ 05-59-20-00-78. ● hotel-bergeret-sport.com ● hotel-bergeret-sport@orange.fr ● Resto ouv tlj juin-sept. Congés : vac de Noël. Doubles 65-100 €. Juil-août, ½ pens slt. Menu 31 € ; carte env 35 €. 🛜 *Café offert sur présentation de ce guide.* Hôtel familial à l'ancienne, situé au cœur d'Hendaye-Plage. Chambres correctes et climatisées. Accueil convivial et chaleureux de la patronne. Les photos de famille au mur sont celles des clients fidèles, c'est bon signe ! Bonne cuisine régionale classique et très copieuse, que l'on peut déguster sous les platanes du jardin.

🏠 *Hôtel Lafon :* 99, bd de la Mer. ☎ 05-59-20-04-67. ● hotel-lafon@orange.fr ● hotel-lafon.com ● ✘ Congés : janv. Doubles 75-100 € selon vue et saison. Parking. Installé dans une villa néobasque, voici l'un des rares hôtels de la côte qui restent ouverts hors saison. Idéal donc pour jouer un remake basque d'*Un homme et une femme...* Chabadabada, chabadabada... 14 chambres, spacieuses, entièrement rénovées et tout confort (clim, douche à l'italienne). Toutes s'ouvrent sur un balcon, la plupart avec vue sur la mer. Atmosphère familiale et tranquille.

🏠 *Chambres d'hôtes Kopol :* 28, rue Walt-Disney. ☎ 05-59-20-37-05. ● jcecoppola@wanadoo.fr ● chambresdhotes-kopol.com ● Double 80 €. Parking privé gratuit. 🛜 Pas du cinéma, malgré les noms, pas non plus une adresse pour petits mickeys ! Dans un quartier calme et résidentiel, à 5 mn de la plage d'Hendaye, Édith et Jean-Charles ont aménagé 2 chambres d'hôtes, zen et climatisées, à l'étage de leur villa, pour amateurs de confort et de tranquillité. Petit déjeuner servi en terrasse sur le jardin.

🏠 |●| *Hôtel Santiago :* 15, rue Santiago. ☎ 05-59-20-00-94. ● hotel.santiago@infonie.fr ● hotel-le-santiago.com ● Tlj. Doubles 80-150 €. Parking privé gratuit. 🛜 Au centre d'Hendaye, loin du tumulte, un hôtel entièrement rénové, dans les tons actuels. Une trentaine de chambres, bien pensées, climatisées, équipées d'un balcon individuel. Piscine chauffée pour les frileux, sans oublier le spa, pour se remettre en forme. Et puis il y a la terrasse du café-restaurant, face à la Rhune, pour prendre un verre, ou plus, si affinités.

🏠 *Villa Goxoa :* 32, av. des Magnolias. ☎ 05-59-20-32-43. ● contact@villa-goxoa.com ● villa-goxoa.com ● Tlj. Doubles 95-145 € ; familiales 190-250 €. 🛜 Installée au cœur d'un quartier calme et résidentiel, à quelques rues du front de mer, cette jolie villa labourdine ne bénéficie d'aucune vue particulière, mais d'un charme paisible. Pour plus d'intimité, de tranquillité, elle n'abrite que 9 chambres, on s'y sent plus dans une maison d'hôtes qu'à l'hôtel. À chacune son thème et sa tonalité, avec, pour certaines, une terrasse privative. Confort et beaux matériaux sont de mise : parquet, bois, acier, toile basque... Une réussite. Petit jardin et piscine pour se mettre au vert au retour de la plage. Accueil sincère de monsieur, par ailleurs ostéopathe. Sa table de massage jouxte le jacuzzi...

Où manger ?

On trouve moult restos balnéaires sur le front de mer, en particulier dans le quartier Sokoburu, vers le port de plaisance et la thalasso *Serge Blanco*.

De prix moyens à chic

☛ Poteak : *site Tribord, Port Floride.* ☎ *05-59-57-77-96. Tlj 10h-18h. Formules 8,50-11,50 €. Parking.* Au fond du magasin *Tribord*, un grand espace pour grignoter un en-cas sans perdre de temps. On vient surtout pour la vaste terrasse donnant sur l'ancien port. Pratique pour avaler un morceau entre 2 emplettes.

I●I Le Chantier : *quai de la Floride.* ☎ *05-59-20-44-87. Tlj en saison ; fermé le soir en sem hors saison. Menus 13,50-19,50 € (midi), puis 32 € ; carte env 35 €. Parking.* Une belle adresse côté port, une terrasse au bord de l'eau et une vue directe sur Fontarrabie, juste en face. L'ancien bar de pêcheurs a acquis une notoriété justifiée, et les excellents poissons (en provenance de la criée de Ciboure) valent le déplacement. Les carnivores ne seront pas en reste, la viande ne démérite pas.

I●I La Poissonnerie : *9, rue des Figuiers.* ☎ *09-83-03-40-79. Tlj sf dim soir et lun. Formules déj 14-16 €, verre de vin inclus ; menus-carte 22-24 €. Kir basque offert sur présentation de ce guide.* 2 casquettes pour cette poissonnerie qui a aussi la bonne idée d'attabler ses clients. La pêche du jour vendue à l'étal se retrouve en toute logique dans l'assiette, à prix serrés. Ici, le poisson (attention, ce n'est pas de l'élevage) ruisselle de fraîcheur et on se frotte les mains de profiter sans intermédiaire de ces solettes qui arrivent parfois en suggestion du jour, accompagnées de légumes de saison. Ambiance marine et décontractée, on s'en doute, en salle comme en terrasse.

À voir

🕿 L'église Saint-Vincent : plusieurs fois reconstruite à la suite des guerres contre l'armée espagnole (comme en 1793). Sur le parvis, voir la croix d'Hendaye, montée sur trois petites marches. Intérieur de l'église complètement rénové au XIXe s mais présentant une statuaire très ancienne. Sur le mur de droite, dans la nef, superbe bas-relief polychrome, *La Fuite en Égypte*, du XVIIe s. Dans le transept droit, remarquable crucifix du XIIIe s. Dans le coin, tabernacle de 1550 avec les figures de l'*Ecce Homo* et de saint Pierre (avec les clés). Au-dessus du crucifix, retable doré avec Vierge du XVIe s. À gauche, chapelle de la Vierge. Statue taillée dans un seul tronc d'arbre. Chœur surélevé. Beau retable avec statues polychromes. De part et d'autre du chœur, en haut, deux petits retables jouant le rôle de tableaux.

🕿 Le port de Caneta : *à Hendaye-Ville, au bord de la Bidassoa.* Plus vieux quartier d'Hendaye, premier port de pêche de la ville, ses maisons ont été pour beaucoup construites avec les pierres des anciens remparts de Vauban, dont il reste quelques vestiges le long de l'eau. Les fans de Pierre Loti peuvent aller voir la **Bakhar Etchea**, sa maison blanc et rouge toute simple, rue des Pêcheurs, en bord de rivière, qui ne se visite pas. L'auteur de *Ramuntcho* et de *Pêcheur d'Islande* y mourut en 1923. Juste à côté, surprenante **Maison mauresque**, classée en 2011. Elle est habitée par un original, qui répond aux coups de canons tirés depuis Hondarribia pour annoncer le lancement des fêtes de la ville en tirant lui aussi un coup de canon !

🕿 Le front de mer : longeant la plage (3,5 km de sable), il est en partie bordé de belles villas néobasques, et a été doublé d'une large promenade ainsi que d'une piste cyclable sur sa partie nord. En toile de fond, les rochers des Deux Jumeaux. Coup d'œil, en passant, à l'ancien casino de style mauresque (1884), le seul bâtiment construit sur la plage. En retrait, un imposant ex-hôtel de luxe, devenu immeuble résidentiel après avoir fait office d'hôpital militaire pour avoir accueilli les réfugiés espagnols fuyant la guerre civile. Côté baie de Txingudi, le **port de plaisance** (☎ *05-59-48-06-00 ;* ● *port-hendaye.fr* ●). Il s'agit du troisième port d'Aquitaine, avec plus de 850 anneaux. Nombreuses activités nautiques (plongée, location de bateaux...).

À faire

– **Le centre nautique :** baie de Txingudi. ☎ 05-40-39-85-43. 📱 06-29-78-59-42. ● centrenautique.hendaye.com ● *Sous forme de stage ou en loc.* Le centre propose un grand choix d'activités pour petits et grands : catamaran, planche à voile, kayak, *stand-up paddle*...

– **Serge Blanco Thalasso :** *125, bd de la Mer.* ☎ 05-59-51-35-35. ● *thalassoblanco.com* ● *Possibilité de forfait à la journée.* Excellentes prestations question soins, mais l'établissement ne possède pas de vue particulière.

➢ **Promenade et pêche en mer :** à bord du *Hendayais II.* (📱 *06-50-67-03-44 ;* ● *hendayais.com* ●). Également des cours de voile et des croisières découverte avec *Spi en Tête* (📱 *06-62-82-34-74 ;* ● *spientete.com* ●).

– **Plongée : Planet Océan.** 📱 *06-62-63-66-27.* ● *planetocean.fr* ● Hendaye abrite un des cinq centres fédéraux de plongée au niveau national. Les fonds marins méritent ici un détour prolongé que ce soit pour un baptême de plongée, une exploration ou une randonnée palmée.

Fêtes et manifestations

– **Festival du film de la mer :** *4 j. en mars.* ● *filmar.hendaye.com* ● Pour voir de belles images des océans.
– **Mai du théâtre :** *19-22 mai 2016.* Arts de la rue.
– Et bien sûr, nombreuses fêtes locales en été : **fête du Chipiron** *(13 juil),* grande **fête basque** *(12-14 août)* avec concerts, cavalcade. Sans oublier une **fête de la Mer** *(22-24 juil.).* ● *hendaye-tourisme.fr* ●
– Bon à savoir : en juillet et en août, la plage s'anime dès 10h30. Inscriptions à l'office de tourisme

DANS LES ENVIRONS IMMÉDIATS D'HENDAYE (HENDAIA)

Le domaine d'Abbadia et la corniche basque : *à 3 km d'Hendaye.* ☎ *05-59-20-37-20.* ● *cpie-littoral-basque.eu* ● *Tte l'année, tlj sf dim-lun (tlj juil-août) et fêtes de fin d'année. Accès libre. Visites commentées du domaine et de la corniche de mi-juin à mi-sept, quasiment tlj, au départ de la maison d'accueil Larretxea – Maison de la lande. Attention : chiens et VTT interdits ; vous risquez sinon de vous faire appréhender par les gardes du littoral.*

Achetée au XIXe s par Antoine d'Abbadie (lire ci-après « Le château-observatoire Abbadia »), puis léguée à sa mort à l'Académie des sciences, cette vaste portion de la côte a ainsi pu rester vierge de toute urbanisation. Des sentiers de randonnée (1 à 2h) partent à la découverte des hautes falaises grises et de leurs plissements si caractéristiques, à travers prairies, petits bois, verger, landes à ajoncs et bruyère. Splendide ! On trouve aussi nombre d'espèces d'oiseaux nicheurs, plus ceux qui viennent en voisins ou les migrateurs.

Si vous partez à pied de la plage d'Hendaye, vous rencontrerez la **pointe Elissacillo,** puis le sentier suit la falaise. Chemin abrupt pour atteindre, à marée basse, les **Deux Jumeaux,** énormes rochers. Aperçu très intéressant des fameux plissements. On revient ensuite au sommet de la falaise, qu'on longe jusqu'à la **pointe Sainte-Anne.** Beau point de vue sur la baie de Loya et sa plage. Un peu plus loin, on domine le paysage de 40 m de haut. Pour retrouver la D 912, retour par la *ferme Nekatoenia* (architecture basque typique), qui accueille désormais des résidences d'artistes.

La Maison de la corniche / Asporotsttipi : route de la Corniche, 64700 Hendaye. ☎ 05-59-20-37-20. ● cpie-littoral-basque.eu ● Tte l'année. GRATUIT. Cette ancienne ferme basque a été entièrement restaurée en 2015. Particulièrement adaptée aux familles et aux amoureux de la nature, elle permet de découvrir au travers d'une exposition permanente mutimédia toutes les richesses de la corniche basque. Géologie, faune, flore, activités humaines... vous allez devenir incollable sur le chapitre !

Le château-observatoire Abbadia : route de la Corniche, 64700 Hendaye (accès depuis la route, pas depuis le domaine). ☎ 05-59-20-04-51. ● chateau-abbadia.fr ● Avr-oct, tlj 10h-12h, 14h-18h (juil-août, en continu jusqu'à 19h30) ; nov-mars, mar-dim 14h-18h. Entrée : 7,90 € (visite guidée passionnante) ou 6,60 € (visite libre) ; réduc. Visite guidée de l'intérieur plus des façades du château mer à 10h (plus ven en été) : 10 € ; réduc. Livret de visite très complet. Pour la visite du lieu, compter 1h30 à 2h avec les jardins.

IL N'A PAS APPORTÉ SA PIERRE À L'ÉDIFICE

Le château Abbadia compte une superbe chambre à coucher conçue exclusivement pour recevoir Napoléon III. Ami d'Antoine d'Abbadie, l'empereur devait d'ailleurs venir lui-même poser la dernière pierre de l'édifice... sauf que celui-ci fut terminé en 1879, 8 ans après la chute du Second Empire ! Napoléon III n'est donc jamais venu, et la dernière pierre n'a toujours pas été posée.

Ce château d'architecture néogothique aux allures de forteresse avec sa tour crénelée fut construit, face à l'océan, entre 1864 et 1884 sur des plans de Viollet-le-Duc pour Antoine d'Abbadie, scientifique et grand voyageur passionné par l'Orient. Une rente confortable lui permit d'assumer sa passion des voyages. Sa maison est ainsi remplie de souvenirs d'Éthiopie (appelée à l'époque l'Abyssinie) dont il dressa la première carte, alors qu'il était parti à la recherche des sources du Nil.

Il aura fallu 20 ans de travaux pour redonner tout son éclat à la décoration orientaliste d'une richesse incroyable. Petits et grands seront totalement séduits par cet univers unique, peuplé de gargouilles et d'un bestiaire fantaisiste : escargots, serpents et chimpanzés grimpent à l'assaut des murs !

Ami des arts, des lettres et des sciences, Antoine d'Abbadie était intime avec un grand nombre de célébrités, à commencer par Pierre Loti, qui dédicaça même son *Ramuntcho* à Mme d'Abbadie. Érudit, il parlait déjà plusieurs langues à 14 ans. C'est ainsi que l'on retrouve sur les murs quantité de phrases et maximes, dans toutes sortes de langues plus ou moins obscures.

La visite permet, entre autres, d'admirer le fumoir mauresque, de superbes azulejos, le salon arabe, la chambre à coucher de madame et son accès à la chapelle, etc. Antoine d'Abbadie et sa femme Virginie sont tous les deux enterrés dans une crypte située sous la chapelle. N'oubliez pas la bibliothèque, qui contenait à l'époque pas moins de 10 000 volumes. Dans chaque pièce, la richesse de l'ornementation est impressionnante ! Le plus incroyable restant tout de même l'observatoire astronomique installé dans le donjon, on ne peut plus moderne à l'époque (il fonctionna jusqu'en 1975).

De nombreuses animations se déroulent au château (concerts, visites en musique, lectures, nuit des étoiles, observation du ciel...), se renseigner quant au calendrier.

BIRIATOU (BIRIATU)

Tranquille petite commune frontalière, à l'écart des grands axes. Église trapue en grès rose et ruelles pentues. Point de départ d'une jolie balade pour le **mont**

Choldokogagna (479 m). Grimpette de 1h30 par le côté ouest, en suivant une portion du GR 10. De là-haut, beau panorama. Bien d'autres balades possibles également.

Le carnaval local est un joli moment de culture basque, à ne pas manquer si vous passez par là en hiver !

Où dormir ? Où manger ?

🏠 **I●I *Les Jardins de Bakéa* :** *dans le bourg de Biriatou, rue Herri-Halde.* ☎ *05-59-20-02-01.* ● *contact@bakea.fr* ● *bakea.fr* ● *Resto fermé le midi lun-mar en hte saison, plus le soir lun-mar hors saison. Congés : 3 sem mi-janv et 2 sem fin nov-début déc. Doubles 79-137 € selon confort et saison. ½ pens demandée 1er-15 août. Formule en sem 29 € ; menus 53-74 €.* 🖥 📶 *Réduc de 10 % sur présentation de ce guide.* Voilà un vrai petit coin de paradis, où l'on goûte, loin de tout, au repos absolu. Chambres joliment rénovées. Toutes sont décorées d'une subtile *basque touch*, et certaines s'ouvrent sur de grands balcons. L'excellent resto profite d'une terrasse de rêve dominant la vallée de la Bidassoa, où apprécier une cuisine actuelle, style terroir revisité. Chaises longues dans le parc, pour buller le regard perdu dans les montagnes. Accueil prévenant, service raffiné.

I●I ***Auberge Hiribarren* :** *dans le bourg.* ☎ *05-59-20-61-83.* ● *auberge.hiribarren@orange.fr* ● *auberge-hiribarren.com* ● *Tlj sf dim hors saison et lun. Menus 18-33 € ; carte 20 €. Apéritif offert sur présentation de ce guide.* Auberge réputée dans un site classé du XVe s. Au choix, salle vitrée surplombant la vallée de la Bidassoa ou terrasse à côté du fronton (reste plus qu'à espérer que les *pelotari* visent juste...). Spécialités du Pays basque, avec au dessert ou à l'heure du thé, un gâteau basque maison. Une adresse bien sympathique.

HONDARRIBIA
(HONDARRIBIA ; anciennement FONTARRABIE)

Oubliez la voiture à Hendaye. Une navette relie les ports d'Hendaye et de Hondarribia (voir intro ville plus haut) Le bateau est vraiment le moyen le plus agréable pour découvrir cette petite ville aux maisons multicolores et fleuries, ainsi que ses nombreux restos et bars à tapas. Voir plus loin « La zone frontière ; Hondarribia » dans le chapitre « Le Guipúzcoa ».

LA VALLÉE DE LA NIVELLE

● Ascain (Azkaine) 108	● Les grottes et le parc animalier de Sare	● Le lac aménagé de Saint-Pée-sur-Nivelle
● La Rhune (Larrun) 109	● Saint-Pée-sur-Nivelle (Senpere) 114	● Ainhoa 116
● Sare (Sara) 110		

La Nivelle naît dans le massif de la Rhune et glisse lentement vers Saint-Jean-de-Luz. Il lui arrive de faire des caprices et d'inonder les terres basses. Ascain, Saint-Pée-sur-Nivelle, Sare, Ainhoa..., une balade merveilleuse dans des villages dont les tons blancs, verts ou rouges, si francs et lumineux, éclatent dans les plis veloutés des collines.

➢ La vallée est desservie par *Le Basque Bondissant* (☎ *05-59-26-25-87 ;* ● *basque-bondissant.com* ●). Ligne Saint-Jean-de-Luz/Saint-Pée-sur-Nivelle/Ascain/Sare. 3-5 bus/j.

ASCAIN (AZKAINE) (64310) 3 800 hab. *Carte Labourd, B2*

À 6 km de Saint-Jean-de-Luz, ce joli village, point de départ pour l'ascension de la mythique montagne de la Rhune, souffre un peu de sa proximité avec la mer et de servir de plus en plus de base arrière aux estivants. Belle place principale bordée d'auberges, avec ses maisons basques typiques, l'église, le fronton. C'est ici que Pierre Loti, installé à l'*Hôtel de la Rhune*, écrivit *Ramuntcho*.
Église au clocher-porche massif. À l'intérieur, admirer la galerie à trois étages, le retable doré et le plafond peint. Certaines des dalles avec inscriptions en basque, au sol, sont des pierres tombales. Dans le cimetière paysagé, on peut voir la tombe de Jacques Chaban-Delmas qui affectionnait la région et possédait une maison sur les flancs de la Rhune. Dans les environs, carrières de grès d'où part un sentier de randonnée pour la Rhune. Vieux pont « romain » du XVIIe s, aux arches élégantes.

Adresse utile

Office de tourisme : *à côté de la mairie.* ☎ 05-59-54-00-84. ● ascain-tourisme.fr ● terreetcotebasques.com ● *Juin-sept lun-ven 9h30-12h30, 14h-18h et sam mat ; oct-mai lun-ven 9h30-12h30, 14h-17h30.* Vous y trouverez tous les conseils pour grimper tout en haut de la Rhune. 9,5 km, 5h A/R sans les arrêts, balisage jaune. Renseignez-vous avant de vous lancer, randonnée difficile, prévoir de bonnes chaussures, un chapeau et des bouteilles d'eau, on est en haute montagne !

Où dormir ? Où manger dans le coin ?

Prix moyens

Ferme Haranederrea : *appelée aussi ferme Gracy (dans cette même famille depuis 1840).* ☎ 05-59-54-00-23. ● jean-louis.gracyl@wanadoo.fr ● *À la sortie d'Ascain, direction Sare – la Rhune, puis à droite route des Carrières (fléché). Compter 64 € pour 2, 76 € pour 3.* Cette authentique grosse ferme basque du XVIe s abrite 4 grandes chambres au parquet craquant, garnies de beaux meubles de famille. En plus du charme de la vieille pierre, d'un jardin très agréable ou du fronton privé, accueil très chaleureux de vos hôtes, qui élèvent près de 200 brebis. Pas de possibilité de repas, mais le village est à 800 m. En revanche, copieux petit déj. Petit frigo commun, où ranger le pique-nique.

Hôtel-restaurant Le Trabenia : *route d'Olhette, à l'écart du village.* ☎ 05-59-54-01-91. ● hotel.trabenia@orange.fr ● hotel-trabenia.com ● *Resto fermé lun et dim soir hors saison. Congés : de mi-nov à mi-déc. Doubles 58-68 €. Menus 16-21 € ; carte env 27 €.* 📶 *Café offert sur présentation de ce guide.* Petit hôtel de campagne joliment rénové. Si la salle à manger a été repensée dans un style contemporain et épuré, privilégiant le blanc et le parme poudré, les 8 chambres, simples mais nickel, ont délibérément misé sur la couleur. Résultat, une petite adresse de charme à prix doux, assortie d'un resto traditionnel. Grandes terrasses aux beaux jours.

Restaurant des Chasseurs : *rue San-Ignacio, à côté de l'église.* ☎ 05-59-54-00-31. *Tlj sf mer, plus le soir lun-mar en basse saison. Congés : de mi-déc à mi-fév. Formule déj 16 € ; menus déj en sem 24-36 € ; carte env 42 €. Sangria offerte sur présentation de ce guide.* Ici, rien n'a vraiment bougé, depuis près d'un quart de siècle, même pas les prix. Dans cette grande salle un rien désuète, on ne sert que de bonnes spécialités du terroir, solides et bien tournées, avec même du gibier en saison (des chasseurs, on vous dit). Agréable terrasse sous une tonnelle.

|●| Cidrerie Txopinondo : *D 918, dans la Z.A. de Lan-Zelaï (entre Saint-Jean-de-Luz et Ascain).* ☎ *05-59-54-62-34.* • *txopinondo@wanadoo.fr* • *Juil-sept et pdt vac scol, tlj midi et soir ; le reste de l'année, fermé lun, mar midi, mer et dim soir. Carte 25-35 €.* Pas la plus authentique, certes, mais on vient ici s'offrir ce qu'on appelle le *txotx*, ce menu typique des cidreries, avec en star la côte de bœuf. Pour le reste, on se lève pour aller chercher le cidre au tonneau et rencontrer les autres, convivialité oblige. Visite libre de la cidrerie hors des heures de repas.

Achats

Lartigue : *Z.A. de Larre-Lore, sur la route de Saint-Jean-de-Luz (D 918).* ☎ *05-59-26-81-81.* • *lartigue1910.com* • *Avr-oct, tlj 9h-19h ; nov-mars, lun-sam 9h30-12h, 14h30-18h30. Congés : 12 janv-2 fév. Visite (gratuite) des ateliers vers 10h et 14h30 (plutôt 11h et 15h30 en saison).* Chez *Lartigue,* on tisse du linge basque depuis 1910. Avant de fouiner dans la belle boutique, vous pourrez visiter l'atelier et ses métiers à tisser automatiques.

Brasserie Akerbeltz : *Z.A. de Larre-Lore, sur la route de Saint-Jean-de-Luz (D 918).* ☎ *05-59-23-84-21.* • *lartigue1910.com* • *Boutique et espace bar ouv juil-août, tlj sf dim 14h-19h (bar jusqu'à 21h) ; hors saison, fermé dim-lun (et mar en hiver). Visites guidées en été (ven à 17h) ou sur rdv et dégustation 7 €.* À côté des Tissages Lartigue, une brasserie artisanale née au tournant de l'an 2000 qui n'a cessé depuis de rafraîchir les palais.

LA RHUNE (LARRUN)

Carte Labourd, A3

À 10 km de Saint-Jean-de-Luz, la montagne la plus célèbre de la région, véritable borne frontière avec l'Espagne (905 m d'altitude). Tout en haut, un relais de TV qui passe très difficilement inaperçu. Le nom de la Rhune vient de *larre-dun,* « pâturage » en basque. De là-haut, panorama évidemment époustouflant sur le Labourd, l'océan, la chaîne des Pyrénées, la vallée de la Bidassoa. Lieu de promenade extrêmement populaire. On croise des troupeaux de pottoks, les fameux petits chevaux basques, élevés en liberté.

Comment y aller ?

➤ **En chemin de fer à crémaillère :** ☎ *05-59-54-20-26.* • *rhune.com* • *Tlj de mi-fév à début nov. Départs ttes les 35 mn env, 9h30-11h30, 14h-16h (8h30-17h30 juil-août). Résa en ligne conseillée en saison (et même hors saison). Aller simple env 15 €, A/R 18 € ; pour les 4-10 ans, aller simple 8 €, A/R 11 €.* Une des attractions incontournables du pays depuis 1924. Le train se prend au col de Saint-Ignace, sur la route entre Ascain et Sare. Le bus n° 868 du *Basque Bondissant* assure la liaison entre Saint-Jean-de-Luz et Sare, via Ascain et le petit train (3-5 bus/j.). De mi-juillet à fin août, une **navette** dessert la gare de 10h à 17h (retours jusqu'à 20h) depuis Saint-Jean-de-Luz et Sare, via Ascain. On achète le billet pour le train dans la navette et, en arrivant à la gare, on est prioritaire, pas besoin de faire la queue ! Sinon, pensez à réserver en ligne, c'est l'idéal. Un sacré gain de temps, vu l'énorme affluence en été (et les problèmes pour se garer). Le trajet en train couvre 4 200 m (compter env 35 mn).

➢ *Par les chemins de randonnée :* de Saint-Ignace, montée en 2h30 env (balisage jaune). D'Ascain et de Lehenbiscay (hameau à 2 km de Sare), en 2h30. On peut aussi (et c'est un conseil) combiner les joies de la rando et celles du petit train. Dans ce cas, il vaut mieux monter à pied (eh oui, quand c'est un peu à pic, il est plus facile de monter que de descendre !) et rentrer en train. La montée étant beaucoup plus belle par Ascain (renseignements à l'office de tourisme), à la descente du train, il vous faudra remarcher jusqu'à la voiture (de 3 à 5 km). Autre solution, attendre le bus ou la navette, ou garer deux voitures, de part et d'autre !

Où manger ?

|●| Restaurant Les Trois Fontaines : *col de Saint-Ignace, au fond du parking du train de la Rhune, 64310 Sare.* ☎ *05-59-54-20-80.* ● *restaurantles3 fontaines@sfr.fr* ● *De mi-fév à mi-nov, tlj midi et soir (fermé le soir en basse saison). Menus 16-21,50 €. Digestif offert sur présentation de ce guide.* Un bon classique des balades à la Rhune, même si le succès du petit train entraîne parfois des embouteillages en salle. Mieux vaut y aller en juin. Cuisine traditionnelle du coin (truite, poulet basquaise...) et grande terrasse le nez dans les bois.

SARE (SARA)   (64310)   2 400 hab.   *Carte Labourd, B3*

Niché au milieu des collines, voici un autre de ces villages typiques, classé parmi les Plus Beaux Villages de France, où les traditions basques restent très vivaces. De splendides demeures des XVIIe et XVIIIe s lui confèrent une belle homogénéité. Le village servit de modèle à Pierre Loti, sous le nom d'« Etchezar », pour le cadre de *Ramuntcho*.

Village devenu pratiquement mythique, il doit beaucoup à Paul Dutournier, ami de Churchill et de Pompidou, conteur infatigable et fou de son pays. Il a fait de Sare, en tant que maire, ce petit paradis qui commence à devenir assez fréquenté en été. L'immobilier n'a cessé de grimper en flèche et les Saratars se sentent un peu dépossédés.

Dans la campagne alentour, quelques champs possèdent encore des barrières faites de grandes pierres plates (lauzes) et des bornes en pierre délimitant la frontière avec le Pays basque Sud. Celle-ci a profondément marqué l'histoire du village, qui fut longtemps un lieu de contrebande... Aujourd'hui encore, le week-end, on monte déjeuner ou s'approvisionner dans les *ventas*, ces auberges-supermarchés postées juste de l'autre côté de la frontière.

Adresse utile

ⓘ Office de tourisme : *Herriko Etxea (sur la place principale).* ☎ *05-59-54-20-14.* ● *sare.fr* ● *Nov-mars, lun-ven ; avr-sept, lun-ven et sam mat (de mi-juil à août, lun-sam et dim mat) ; oct, lun-sam.* L'office de tourisme vend un livret de randonnées proposant 150 km de sentiers balisés. Il est, de manière générale, de bon conseil en matière de randos et autres balades en famille.

Où dormir ? Où manger ?

Campings

▲ ♨ *Camping de la Petite Rhune :* quartier Lehenbiscay. ☎ 05-59-54-23-97. 🗔 06-15-29-36-38. ● la-petite-rhune@wanadoo.fr ● lapetiterhune.com ● *Accès par l'A 63, sortir à Saint-Jean-de-Luz Nord, puis direction Sare par le col de Saint-Ignace. Ouv 15 juin-15 sept (loc de chalets tte l'année). Compter 15-22 € selon saison ; chalets 230-670 €/sem. Également un gîte de randonnée 15,50 €/pers la nuitée. CB refusées. 39 empl.* 🛜 *Apéritif ou café offert sur présentation de ce guide.* Plus de 50 ans de bons et loyaux services pour ce petit camping familial propret et ombragé, aux emplacements délimités par des aulnes. Sanitaires récents, salle TV. Également, en contrebas, un petit bout de prairie où planter un peu moins cher (on ne peut pas y garer sa voiture). Au-dessus, chalets en bois avec pergola, et une piscine avec pataugeoire.

▲ *Tellechea :* route de la Benta-Berrouet. ☎ 05-59-54-26-01. *Sur la route des ventas. Ouv juil-août slt. Compter env 15,50 € pour 2. 55 empl.* En pleine campagne et bien ombragé. Cadre agréable, mais au pic de la saison, trop de monde et pas assez de sanitaires. Un repli possible si vous n'avez pas trouvé de place dans le premier.

Bon marché

|●| *Benta Antton :* route des Grottes. ☎ (00-34) 948-59-91-61. *Eh oui ! c'est juste derrière la frontière (sans poste). Pour s'y rendre, derrière le parking des grottes, monter la grande côte. Ouv Pâques-Toussaint, slt le w-e (juil-août, tlj midi et soir). Carte env 18 €. Apéritif maison offert sur présentation de ce guide.* Perchée à flanc de colline, dans la forêt, une table familiale servant la cuisine typique des *ventas*. Y aller pour la vue sur Sare et sur le Pays basque, en se calant pourquoi pas autour d'une des lourdes tables en pierre de la terrasse.

|●| *Akoka :* à 50 m de la place, face à l'hôtel Arraya. ☎ 05-40-07-58-55. ● saltegi@akoka-sara.com ● *Avr-Toussaint, tlj 10h-18h ; hors saison, tlj 10h-17h. Sandwichs 3,50-4,50 €, plat du jour et assiettes 9-10 €.* Un bistrot-épicerie fine aussi sympathique que minuscule, où se taper une assiette de charcuterie ou de fromages, un petit plat du jour, un sandwich, une salade bio ou un gâteau basque dans une ambiance de bons copains, attablé au milieu des conserves et des bouteilles de pif, de cidre. Petite terrasse.

Prix moyens

♨ *Chambres d'hôtes Uhartea :* quartier Elbarun. ☎ 05-59-54-25-30. ● echeveste.mikeltxu@gmail.com ● uhartea.com ● *Congés : nov-avr. Sur résa en hiver. Compter 65-70 € pour 2, 85-90 € pour 3.* 🛜 Juchée sur son mamelon, en pleine campagne, au milieu des moutons, *Uhartea* a fière allure. Indépendants de la maison, les 5 chambres avec salle de bains sont spacieuses, décorées entre tradition et modernité, et bénéficient d'un bon confort. Kitchenette commune avec un grand frigo. Accueil très sympa de Michel Echeveste, qui connaît bien la culture basque et n'hésite pas à en parler.

♨ *Maison d'hôtes Ttakoinenborda :* sur la D 306. ☎ 05-59-47-51-42. 🗔 06-67-73-76-45. ● ttakoinenborda@orange.fr ● chambredhotebasque.fr ● *Sur la petite route des grottes, en venant du village (ne pas dépasser l'embranchement pour les grottes). Ouv avr-oct. Compter 60-65 € pour 2.* 🛜 *Café offert sur présentation de ce guide.* Une belle ferme du XVIIe s, isolée au creux des arbres, au bord de la rivière et d'un grand jardin. Dans les parties communes, murs en pierre et beaux meubles sombres. Les 4 chambres sont plus lumineuses, malgré d'épais rideaux. Calme assuré et accueil familial très sympa.

|●| *Lastiry :* place du village. ☎ 05-59-54-20-07. ● hotel-lastiry.com ● *Tlj sf mar-mer (sf en été). Menu 22 € ou*

carte. De la terrasse donnant sur la place centrale, à l'abri des regards, on assiste à toute la vie du village. Dans l'assiette, les grands musts de la cuisine basque à prix démocratique : omelettes aux cèpes, piperade... Service parfois un peu lent.

De chic à plus chic

🏠 🍴 *Maison Olhabidea :* à 2 km de Sare par la D 4 en direction de Saint-Pée et Ainhoa. ☎ 05-59-54-21-85. • fagoagaj@gmail • olhabidea.com • Resto ouv à ts sur résa, tlj sf lun-mar, mer midi et dim soir. Congés (resto) : de fin déc à mi-fév. Résa conseillée longtemps à l'avance, surtout en été. Double 80 €. Menus 25-45 €. 📶 Belle maison labourdine du XVIe s, nichée au cœur d'un grand jardin et tenue par Jean et Guillaume Fagoaga. La somptueuse entrée avec galerie ouvre sur un salon douillet, avec bibliothèque et cheminée. 5 chambres d'hôtes (pour qui voudrait séjourner), avec des fleurs et des bibelots anciens partout, des édredons brodés, des tissus fleuris... Un confort de cottage anglais, où règne un calme sans égal. À table, le menu, proposé en direct par le chef, change tous les jours. Cuisine toute de saveurs et de précision, privilégiant les produits locaux et les légumes du potager. Et le matin, la terrasse permet le petit déj au soleil, l'œil sur les montagnes...

🏠 🍴 *Hôtel-restaurant Arraya :* sur la place du village. ☎ 05-59-54-20-46. • hotel@arraya.com • arraya.com • Resto fermé lun midi, jeu midi et dim soir hors saison (ouv tlj de juil à mi-sept). Congés : début nov-fin mars. Résa conseillée. Doubles 94-150 € selon saison ; offre découverte hors saison (85 € en sem). Formule déj sf dim 20 € ; menus 28-38 €. Ancien relais sur le chemin de Saint-Jacques, presbytère au XIXe s, puis maison privée de la famille Fagoaga, l'hôtel accueille sa clientèle dans des chambres au chic champêtre. Celles possédant un balcon et une vue sur le jardin et les montagnes sont idéales pour profiter du calme des lieux, après un repas dans la grande tradition du terroir, en salle ou en terrasse. Nuit dans de beaux draps : linge entièrement cousu main, au motif du fameux flammé basque (boutique attenante pour refaire son trousseau).

À voir. À faire

🎥🎥 *La place du Fronton :* remarquable ensemble constitué par le vieux fronton, l'élégante architecture de l'hôtel-restaurant *Arraya,* l'église et son beau clocher-porche massif, la mairie à arcades. Et pour chapeauter tout ça, la silhouette de la Rhune.

🎥🎥 *L'église :* son clocher a brûlé en septembre 2003, mais grâce au travail de rénovation effectué depuis, on peut de nouveau admirer ce beau clocher-porche massif (XVIe s). Galeries en bois à deux étages magnifiquement conservées.

🎥🎥 *Le quartier Ihalar :* à la sortie de Sare direction Saint-Pée-Ainhoa. Le plus ancien quartier de Sare présente le long de sa rue principale un bel alignement de maisons labourdines, bâties pour la plupart entre le XVIe et le XVIIe s. Il s'agit d'anciennes fermes qui auraient appartenu à des armateurs, toutes construites selon la même orientation pour se protéger des intempéries. Du coup, un côté de la rue aligne les belles façades à colombages, alors que l'autre ne montre que le dos des maisons. Toutes ont un jardin, dissimulé au regard des passants.

🎥🎥🎥 *La maison Ortillopitz :* quartier Elbarun. ☎ 05-59-85-91-92. • ortillopitz.com • De mi-avr à mi-sept, lun-ven, visite commentée à 14h15, 15h30 et 16h45 (dim à 15h30 slt) – de mi-juil à mi-août, visites supplémentaires vers 10h45, 12h et 18h ; de mi-sept à mi-oct, tlj sf sam, visite unique à 15h30. Se présenter min 15 mn avt. Tarif : 9 € ; réduc. Une restauration intelligente d'une maison basque du XVIIe s conservée dans son état d'origine, y compris les meubles. Chai dédié au cidre, étable, cuisine, chambres, combles, pressoir à pommes, tout a été patiemment nettoyé et ramené à la vie. Le résultat, c'est une visite passionnante, surtout grâce aux commentaires de Jean-Élie Tapia, où se mêlent infos techniques, anecdotes, récits historiques. Un régal ! On peut même acheter les tomates du potager (bio).

※ ※ ***Le musée du Gâteau basque :*** *maison Haranea, quartier Lehenbizkai, sur la D 406.* ☎ *05-59-54-22-09.* ● *legateaubasque.com* ● ♿ *Avr-nov, lun-ven, visite découverte à 15h, 16h et 17h (de mi-juil à fin août, visite supplémentaire à 11h30). Durée : 45 mn. Entrée : env 8 €. Atelier de fabrication du gâteau jeu à 14h30 (et mar pdt vac scol) env 15 ou 28 € (résa conseillée).* Convivial et instructif, surtout si l'on opte pour la formule atelier, une bonne façon d'apprendre à cuisiner – le gâteau basque, évidemment – en famille. Mieux vaut prendre rendez-vous (8 à 50 personnes max, et c'est déjà beaucoup), et éviter les jours d'affluence de façon générale. Sinon, une boutique *(mêmes horaires que le musée)* vous propose, outre les gâteaux basques Haranea, des sablés et des gourmandises basques fabriqués dans la pâtisserie toute proche.

➢ ***Promenades équestres :*** *centre équestre* **Olhaldea.** ☎ *05-59-54-28-94.* ● *olhaldea.com* ● *À l'entrée de Sare en venant de Saint-Pée. Tlj sur rdv. À partir de 25 €/pers pour 1h30 de balade.* Nombreuses possibilités, de la promenade autour de Sare aux véritables randonnées d'une semaine, voire plus.

Randonnée

➢ ***Vers le col de Lizarrieta :*** route superbe sinuant à travers vallons et bosquets (accès interdit aux bus). En haut du col, poste de douane et *venta* juste sur la frontière, avec entrée en France et sortie arrière en Espagne. Au parking, emprunter à pied le chemin de gauche pour atteindre un point de vue remarquable sur toute la vallée et la succession de sommets. C'est aussi le point de départ de la balade des palombières. Le sentier suit la crête à l'horizontale sur plusieurs kilomètres, rythmé par les tours des palombières (à éviter en octobre, à cause de la chasse).

Fêtes

– ***Fêtes de Sare :*** *2ᵉ dim de sept (dim-mer).* À ne pas manquer si vous passez par là.

DANS LES ENVIRONS DE SARE (SARA)

※※ ※ ***Les grottes de Sare :*** *à env 7 km du village (par la D 306, direction col de Lizarrieta).* ☎ *05-59-54-21-88.* ● *grottesdesare.fr* ● *Desservi l'ap-m par les bus du* Basque Bondissant. *De mi-fév à mars et nov-déc, lun-ven 14h-17h, sam-dim 13h-17h ; avr-oct, tlj 10h-18h (19h août et 17h oct). Se présenter max 15 mn avt la dernière visite. Fermé de début janv à mi-fév (ouv pdt vac scol de Noël sf 25 déc et 1ᵉʳ janv). Entrée : 8,50 € ; 5-13 ans 4,50 € ; 7,50 € sur présentation de ce guide. Site accessible à ts grâce à un parcours aménagé (prévenir la veille). Bar ouv tte l'année et restauration en été.* Après la diffusion d'un petit film, une visite guidée de 45 mn avec une dizaine d'arrêts présente la géologie particulière de la fameuse grotte Lezea. Parcours scénarisé passionnant. Tout en cheminant sur 900 m, on prend une leçon d'histoire sur la mythologie et les origines du peuple basque (selon les travaux entrepris par l'anthropologue José Miguel de Barandiaran). Vraiment intéressant, et même impressionnant si on tombe sur un vol de chauves-souris. Après la visite, promenade dans le parc mégalithique et le musée qui retrace l'occupation de la grotte par l'homme, de la préhistoire à nos jours. Du parking, un sentier balisé par des silhouettes de pottoks mène en environ 1h10 (aller) jusqu'aux grottes d'Urdax, en Espagne, via celles de Zugarramurdi, connues pour leurs sorcières...

Le parc animalier de Sare : prendre la D 306 et dépasser l'embranchement pour les grottes, c'est à 600 m. 06-15-06-89-51. • etxola-parc-animalier.com • *De mi-mars à août, tlj 10h-18h (19h juil-août) ; sept-oct, se renseigner. Entrée : 5 € ; 4 € 4-12 ans.* Une gentille attraction familiale. Ce parc, né d'une passion pour nos amies les bêtes, rassemble de nombreux animaux domestiques : moutons du Cameroun, chèvres des Pyrénées, cochons, dindons, chevaux miniatures... Une grande ferme quoi, avec des zébus, lamas, buffles et autres dromadaires pour la touche exotique. Pour les enfants de moins de 10 ans, promenades à dos de poney, pottok et mule *(tlj juil-août et vac scol, mer et w-e le reste de l'année ; payant).*

SAINT-PÉE-SUR-NIVELLE (SENPERE)

(64310)   6 200 hab.   *Carte Labourd, B2*

Jolie bourgade commerçante alignant, là aussi, de remarquables maisons des XVIIe et XVIIIe s. Église très intéressante avec de belles galeries en bois sur trois étages. À l'entrée du village, ne pas manquer le lavoir de Legarreta, construit au XIXe s. Village, bien sûr, très touristique en saison. Nombreux hôtels et campings. Marché des producteurs le samedi matin, très convivial.

Adresse utile

Office de tourisme : *pl. du Fronton.* ☎ 05-59-54-11-69. • saint-pee-sur-nivelle.com • *Juil-août, lun-sam et dim mat ; le reste de l'année, lun-ven et sam mat.* Écomusée sur place (voir plus loin).

Où dormir ? Où manger ?

Camping

Camping à la ferme Dona Martia : *route de Sare.* ☎ et fax : 05-59-54-50-59. *Sur la D 3, au sud de Saint-Pée. Ouv de mi-mai à fin sept. Compter env 10,50 € en hte saison. 25 empl.* Grand pré calme et ombragé derrière la ferme, mais sanitaires limite. Accueil sympa.

De bon marché à prix moyens

Hôtel Arocena : *chemin Karrika, en plein centre.* ☎ 05-59-54-10-21. • hotel.arocena@wanadoo.fr • hotel-arocena.com • *Doubles 56-65 € ; familiales 90-105 €.* Chambres simples, anciennes mais bien tenues. Éviter celles côté rue, assez bruyantes. Grande piscine à l'arrière, bordée d'un petit parc. Accueil sympathique.

Hôtel de la Nivelle : *pl. de l'Église.* ☎ 05-59-54-10-27. • contact@hotel-delanivelle.com • hotel-delanivelle.com • *Doubles 65-120 € ; familiales 90-150 €. Menus 22-36 €.* Métamorphose totale, après remise à neuf et aux normes, pour cet hôtel de village passé d'un coup de la nostalgie du terroir à la zen attitude, avec des chambres confortables, insonorisées, aux couleurs actuelles (gris, marron, beige). Restaurant lui aussi passé du basque vieillissant au bistronomique, avec un coin café revigorant et une partie plus gastro pour les amateurs de terroir revisité. Cuisine de saison simple, fine, savoureuse. Grande terrasse côté église.

Ttotta : *espace Ibarrondoan (à la sortie du village direction Saint-Jean-de-Luz).* ☎ 05-59-47-03-55. • contact@ttotta.fr • *Tlj sf mer, plus mar soir hors saison. Formule déj en* sem 13 € ; menus 19-26 € ; carte env 35 €. Laurent s'est d'abord nourri auprès des grands avant d'ouvrir ce petit bistrot d'aujourd'hui, cette table impeccable où déguster une cuisine du marché, fraîche et enlevée. De celles qui donnent un coup de jeune au terroir sans plomber l'addition, et ce dès le menu express du midi en semaine. Produits comme vins ratissent les environs. Terrasse aux beaux jours, salle simple et moderne le reste du temps (mobilier made in Pays basque).

Chic

⌂ **Ferme Elhorga :** *chemin d'Elhorga.* ☎ *05-59-85-18-35.* 📱 *06-10-17-06-12.* ● *contact@elhorga.com* ● *elhorga.com* ● *Prendre la route de Saint-Jean-de-Luz (D 918), dépasser l'Intermarché, c'est ensuite fléché en noir et blanc sur la gauche. Congés : 15 nov-1ᵉʳ mars. Doubles 95-170 € selon chambre et saison ; gîtes (4 pers) 580-980 €/sem.* 🛜 Métamorphose totale pour cette superbe ferme du XVIIᵉ s dont les murs en pierre apparente s'habillent désormais de lignes contemporaines, pour créer une ambiance aussi chic qu'épurée. Du blanc, beaucoup. Des douches à l'italienne aussi, parfois additionnées d'une baignoire, posée au milieu de la pièce si l'on opte pour la suite. Superbe salon où dégringole un bel escalier de fer. Frigo et micro-ondes en libre-service. Également 2 gîtes pour 4, dans le même esprit mais plus conviviaux peut-être, bien équipés. Pour tous, belle piscine chauffée bordée de transats.

À voir. À faire

➤ ***Visite guidée du village :*** *chaque jeu à 10h. Départ de l'office de tourisme. Tarif : 4 € ; gratuit jusqu'à 12 ans.*

🎿 ***L'église :*** énorme clocher-porche avec pierres tombales de benoîtes. À l'intérieur, atmosphère recueillie, discrètement parfumée à la cire pour boiseries. Justement, belle galerie triple. Immense retable de bois sculpté doré, orné d'une vingtaine de statues. Voûte du chœur en forme de coquille. Nef parsemée de pierres tombales gravées et filigranées.

🎿 Place de l'Église, superbes ***maisons,*** notamment celle de Martín de Habans, chirurgien (1707) et, en face, celle de son collègue Martín Borda, maître chirurgien (1774). Voir aussi celle de Martín d'Acola (1676). À croire

LES BÛCHERS DE SAINT-PÉE

Difficile d'imaginer aujourd'hui que le paisible village de Saint-Pée fut le théâtre d'une terrible « chasse aux sorcières » en 1609, initiée par le peu scrupuleux Pierre de Lancre. Ce conseiller au Parlement lança une véritable traque, qui visait les guérisseuses ou cartomanciennes, alors accusées de sorcellerie. C'est au château que se déroulèrent les funestes procès, à la suite desquels près de 200 personnes, femmes et enfants confondus, furent brûlées vives. Aujourd'hui, un mémorial rend enfin hommage à ces victimes, dont le sort a été injustement occulté.

que dans ce village, tout le monde s'appelait Martín ! Au fond de la place, un ***moulin du XIVᵉ s*** exploité depuis près d'un siècle par la famille Daguerre. Dans le fracas du torrent tournent deux meules, l'une pour le blé, l'autre pour le maïs. Lorsque le moulin est en activité, on peut acheter de la farine tamisée à la main *(juin-sept ; pas d'horaires, passer ou téléphoner au ☎ 05-59-54-19-49).*

🎿 ***L'écomusée de la Pelote et du Xistera Pilotari :*** *à l'office de tourisme, pl. du Fronton. En hiver, lun-ven et sam mat 9h30-11h30, 14h-17h ; en été, fermeture à 18h et ouv également dim mat. Entrée : env 5 € ; réduc.* Compter 45 mn de visite, à la découverte de la pelote basque et du *xistera*, de son invention à Saint-Pée en 1857 jusqu'à nos jours.

🚶 *La Ferme aux piments :* RD 4, direction Dancharia. Sur les hauteurs du village. ☎ 05-59-29-99-55. • pierre.diharce@live.fr • lafermeauxpiments.com • *Visite et dégustations (gratuites) ainsi que vente directe à la ferme juin-sept tlj sf dim 10h-12h, 14h30-18h (19h juil-août) ; hors saison, horaires variables (voir sur leur site).* L'histoire du piment d'Espelette racontée sans tricherie par un producteur local. Bon accueil.

Fêtes

– *Herri Urrats :* *2ᵉ dim de mai, au **lac de Saint-Pée.*** La fête de la langue basque. Fabuleux rassemblement avec les meilleurs artistes basques et les enfants des *ikastolak.* Atmosphère extraordinaire, même si on se sent toujours un peu isolé quand on est le seul de la fête à pas causer basque...
– *Feria andalouse : mar à 21h30 en juil-août, dans les arènes de Zaldi-Gorri ; sur la route de Saint-Jean-de-Luz, entre Ibarron et Saint-Pée. Rens :* ☎ *05-59-54-19-77.* Un spectacle inédit, qui se déroule dans un cadre de style espagnol avec patio, dans les arènes couvertes de Zaldi-Gorri. Superbes numéros de dressage de chevaux ibériques (montés, aux longues rênes ou en liberté totale) sur fond musical, alternés de danses de flamenco (*sevillanas, alegrías,* tangos, *bulerías,* etc.).

DANS LES ENVIRONS DE SAINT-PÉE-SUR-NIVELLE (SENPERE)

🚶 🏃 À 2 km (D 918), petit *lac aménagé de Saint-Pée-sur-Nivelle* (• lacsaintpee.jimdo.com •). En juillet-août, embarcations à pédales, canoës, parcours pédestre, pêche, *paddle.* Baignade surveillée en juillet-août. Parcours acrobatique dans la forêt de chênes qui surplombe le lac et « tyrolienne infernale », si, si, on vous le dit : une descente de 600 m pour survoler le lac, allongé dans un harnais suspendu à un chariot à poulie roulant sur un câble *(*☎ *05-59-85-89-47 ; juil-août ; parcours env 20 €/adulte, compter 30 € avec la tyrolienne).*

AINHOA   (64250)   610 hab.   *Carte Labourd, B3*

Bastide fondée au XIIIᵉ s par des moines prémontrés, Ainhoa fut longtemps une importante étape sur la frontière pour les pèlerins en route vers Saint-Jacques-de-Compostelle. Classé parmi les Plus Beaux Villages de France !
➢ En bus, ligne n° 814 Bayonne/Ustaritz/Cambo/Espelette/Ainhoa/Dancharia, du *Basque Bondissant* (☎ *05-59-26-25-87 ;* • basque-bondissant.com •). 1-2 départs/j. sf dim.

Adresse utile

🅸 🚶 *Maison du patrimoine – Ondarearen Etxea : en face de l'église, derrière la mairie.* ☎ *05-59-29-93-99.* • tourisme-ainhoa@orange.fr • ainhoa.fr • *Tte l'année, lun-ven 9h30-12h30, 14h-18h. Fermé lun déc-fév.* Exposition et vidéo *(3 €)* présentant l'histoire d'Ainhoa et du territoire de Xareta. Également sur place, l'office de tourisme et un guide de 5 randos pédestres (payant).

Où dormir ? Où manger ?

À partir du camping *Xokoan*, traversez le pont qui enjambe le torrent Lapitxuri, sans formalités ni contrôle, vous voilà en Espagne. Plus haut sur le chemin se trouvent les fameuses *ventas*. Alcools, conserves... à des prix qui vous paraîtront forcément intéressants. Le retour se fera chargé et sans encombre en empruntant le même chemin.

Camping

△ |●| *Camping Xokoan :* à *Dancharia.* ☎ *05-59-29-90-26. Fax : 05-59-29-73-82.* ゟ *Près de la frontière franco-espagnole ; en venant d'Ainhoa, 100 m avt le poste-frontière, prendre le chemin de gauche. Tte l'année. Compter 16,50 € ; mobile home 420 €/sem. Fait également resto (tlj sf mer le soir slt ; menu 18 €). 30 empl.* Propose quelques emplacements ombragés mais mal délimités, au bord du torrent Lapitxuri. Tranquille. Dans la vieille bâtisse attenante, supérette, resto, et chambres à l'étage, simples et honnêtes, pour dépanner.

De prix moyens à chic

⌂ |●| *Oppoca :* en face du fronton, sur la place principale. ☎ 05-59-29-90-72. ● contact@oppoca.com ● oppoca. com ● ゟ Tlj sf jeu, plus ven midi hors saison. Congés : du 5 janv à mi-fév. Doubles 97-157 €. Formule 18 € côté bistrot ; menus 28-52 €. Une grande demeure traditionnelle qui fut un relais pour les pèlerins de Saint-Jacques-de-Compostelle au XVIIe s. Chambres dans l'air du temps, qu'il faut prendre le temps de choisir, hors saison. Spa et sauna pour parfaire le séjour, ainsi qu'une table chargée d'entretenir la tradition du pays, côté bistrot comme côté resto.

|●| *Ithurria, Côté Bistrot :* rue Principale. ☎ 05-59-29-92-11. ● hotel@ithurria.com ● ithurria.com ● Tlj en saison ; fermé mer et jeu midi hors saison. Congés : nov-avr. Entrées 11-14 €, plat 15 €. Xavier Isabal, qui tient en duo avec son frère la célèbre auberge étoilée, a ouvert ce petit bistrot économique et gourmand, tout à côté du restaurant gastronomique (voir ci-après). Les plats sortent de la même cuisine, seuls les produits diffèrent... Les prix sont ici serrés et les recettes plus bistrot justement. Un vrai régal ! Jolie terrasse en retrait du village, sous les platanes.

Plus chic

⌂ |●| *Ithurria :* rue Principale. ☎ 05-59-29-92-11. ● hotel@ithurria. com ● ithurria.com ● À l'entrée nord du village. Resto fermé mer et jeu midi (sf juil-août). Congés : début nov-début avr. En été, résa indispensable. Doubles 135-165 €. Menus 42-85 €. Parking. Grande maison labourdine typique du XVIIe s, chic et confortable. Chambres climatisées, dotées d'un balcon ou d'une loggia. Mais c'est la salle à manger qui est la pièce à vivre, avec ses magnifiques tomettes et sa cheminée à l'ancienne. *Ithurria* reste, les années passant, une table emblématique du Pays basque ; celle des commémorations et des dimanches en famille, indémodable et intemporelle, avec cochon, palombes et gibier (en saison). Derrière, beau jardin, piscine, salle de sport et sauna pour perdre les calories gagnées à table.

⌂ |●| *Argi-Eder :* route de la Chapelle, quartier Boxate. ☎ 05-59-93-72-00. ● argi.eder@wanadoo.fr ● argi-eder. com ● *Resto fermé le midi lun-mer et ven, plus le soir mer hors saison. Congés : nov-fin mars. Doubles 100-180 € ; 20 €/pers supplémentaire. Menus 31-45 €.* Cernée d'arbres, classée « Relais du silence », cette grosse bâtisse typée basque abrite un bel établissement à l'ancienne. Chambres très confortables et impeccablement tenues, toutes avec clim et balcon. Cuisine moins compliquée qu'appliquée et savoureuse de bout en bout, qu'on peut déguster en terrasse, au bord de la piscine. Compte tenu du service et du cadre (belles nappes, jolies assiettes et fleurs du jardin), c'est d'un excellent rapport qualité-prix.

À voir. À faire

🚶 **Les *maisons à colombages*,** aux volets rouge et vert et aux étages en encorbellement, donnent à la rue principale un remarquable cachet. Prendre le temps de se promener entre les fleurs en détaillant les linteaux des portes. Ils racontent l'histoire de ces bâtiments et de leurs propriétaires. Remarquer, notamment, la *maison Gorritia* (à 100 m de l'église, sur la droite). Le linteau dit que « cette maison a été rachetée par Marie de Gorritia, mère de feu Jean Dolhagaray, des sommes par lui envoyées des Indes, laquelle ne se pourra ni vendre ni engager. Fait en l'an 1662 ». Également quelques belles maisons à larges portes avec des anneaux pour attacher les bêtes.

🚶 ***L'église* :** à clocher carré puis octogonal, en pierre grise. À l'intérieur, poutres de soutien et rampes des galeries joliment sculptées. Voûte étoilée du chœur en cul-de-four. Remarquable retable doré, bleu et rouge. Avec le plafond en bois, tout cela compose un ensemble très harmonieux.

➤ ***Randonnées* :** le village en propose cinq intéressantes, selon le temps dont on dispose. Bien balisées. En 1h30, en famille, on pousse jusqu'à l'oratoire. Vue superbe sur l'arrière-pays et la Côte basque avec, en toile de fond, l'océan, de Bayonne à Hendaye et, à gauche, les premiers sommets. En 2h, balade sur le GR 10. En 3h, marche plus sportive (et panoramique). En 5h, toutes les belles collines aux alentours. En 4h30 environ, la forêt vers la frontière. Agréable et vallonné.

LA VALLÉE DE LA NIVE

- **Ustaritz (Ustaritze)** 118
- **Espelette (Ezpeleta)** ... 119
  - Makhila Ainciart-Bergara, la chapelle du séminaire et la conserverie artisanale Bipia à Larressore
- **Cambo-les-Bains (Kanbo)** 122
- **Itxassou (Itsasu)** 126
  - La route vers le mont Artzamendi
  - La route vers Bidarray

La Nive descend de Navarre assez vivement mais, après le défilé de Louhossoa, elle entre en Labourd et se calme. Elle ondule plus doucement vers Cambo, fait quelques méandres façon mini-Mississippi, avant d'effleurer Ustaritz et d'atteindre Bayonne. Un bout de Pays basque qu'on va prendre le temps de découvrir, en remontant cette vallée tiraillée, comme ses voisines, entre la nostalgie du passé et l'envie de s'adapter à une époque et à une économie nouvelles. Mais bon sang, que la vue est belle sur les Pyrénées quand on va de Bayonne à Espelette !

Comment y aller ?

➤ ***En train* :** plusieurs trains/j. au départ de Bayonne (ligne de Saint-Jean-Pied-de-Port) avec arrêts à Ustaritz, Jatxou, Cambo.

➤ ***En bus* :** 5 bus/j. sur la ligne Bayonne-Cambo pdt les vac, au départ de la pl. Paul-Bert.

USTARITZ (USTARITZE)

(64480)   6 357 hab.   *Carte Labourd, B2*

Ustaritz, l'ancienne capitale du Labourd, reste le passage obligé pour qui veut s'enfoncer dans le Pays basque profond. Petite ville tout en longueur, coincée entre Nive et forêt, elle ne reflète plus vraiment le temps de sa splendeur quand le *Biltzar* de Labourd, assemblée représentative de la province et chambre d'enregistrement des volontés du pays, y regroupait tous les responsables de villages. Exemple exceptionnel de vie politique démocratique au temps de la royauté.

Dominé par la masse imposante de l'ancien séminaire, le vieux village s'est endormi dans une torpeur tranquille. Une petite balade permettra d'apprécier quelques belles maisons anciennes groupées autour de l'église (qui vaut le coup d'œil, avec ses galeries en fonte). Le plus joli, c'est le chemin de halage le long de la Nive qui relie ces deux quartiers et rejoint Bayonne : à faire à pied ou à vélo exclusivement, les voitures étant interdites.

Où dormir ? Où manger ?

🏠 **Chambres d'hôtes Bereterraenea :** *469, rue de l'Église, quartier Arrauntz.* ☎ *05-59-93-05-13.* • *bereter.nicole@wanadoo.fr* • *chambres-cote-basque.com* • *En venant de Bayonne, à gauche après le fronton d'Arrauntz. Congés : nov-avr. Compter 70-80 €. CB refusées.* 📶 *Cidre offert sur présentation de ce guide.* C'est une grande maison du XVIIe s, trapue, carrée, plus navarraise que labourdine. C'est normal : construite par des Navarrais, elle servait d'entrepôt aux laines de Pampelune qui passaient l'octroi de Bayonne. Elle appartient à la même famille depuis la Révolution. Dans cette belle vallée verdoyante, Nicole fait pousser ses pommiers, produit son cidre et reçoit ses hôtes bouteille à la main. Les 3 chambres sont mignonnes, l'accueil et plus que cordial, et tout ça à 10 mn du centre de Bayonne. Entrée indépendante et parking.

|●| **Auberge du Fronton :** *rue du Jeu-de-Paume.* ☎ *05-59-93-00-39. Tlj sf dim soir, lun et mer soir hors saison. Formules déj en sem 11-15 € ; menus 20-36 €. Apéritif offert sur présentation de ce guide.* Tranquille auberge au cœur du village. 2 grandes salles, nappes à fleurs, clientèle locale et fidèles habitués, mon tout sous le regard de braise de Luis Mariano. Excellente cuisine. Certes, pas de grandes envolées lyriques, dignes du beau Luis, mais c'est du sérieux, du régulier et bien servi. Bon choix à la carte. Spécialité de merlu de ligne entier et pavé de morue fraîche... Terrasse aux beaux jours.

ESPELETTE (EZPELETA)
(64250)   2 002 hab.   *Carte Labourd, C2-3*

Espelette aligne en temps ordinaire quelques rues bordées de pittoresques maisons labourdines à encorbellement. À partir de septembre, beaucoup sont décorées des fameux gros piments rouge vif mis à sécher en guirlandes, indispensables dans la cuisine basque et qui ont fait sa réputation. Un avantage en été : pas de voitures dans le centre.

UNE AOP QUI NE MANQUE PAS DE PIMENT !

Obtenue en 2000, l'AOP a donné un coup d'accélérateur à cette plante désormais emblématique du pays, cultivée par une centaine de producteurs, autour d'Espelette, dans la vallée de la Nive. Le piment tient une place essentielle dans la gastronomie basque : on le retrouve dans toutes les spécialités locales, de l'*axoa* à la piperade, en passant par le *marmitako* ou la morue biscayenne. Évidemment, le piment d'Espelette n'a rien à voir avec les autres. Son goût est fin et savoureux, pas besoin donc de 3 l d'eau pour s'en remettre ! Seu-

> ### NOBLE VILLAGE
> *En 1694, les habitants d'Espelette devinrent tous nobles d'un coup. N'ayant pas de descendance, la baronne locale légua son château au village, et avec lui ses droits seigneuriaux.*

lement, son origine reste un peu mystérieuse. On ne sait pas très bien comment cet Américain est arrivé ici ; peut-être à l'initiative d'un de ces barons d'Ezpeleta qui furent vice-rois du Mexique ou de Colombie ? Qu'importe, c'est la terre et le climat d'Espelette qui ont fait le piment !

Quelque 150 t de poudre de piments sont produites chaque année. Semés et élevés en serre mi-février, mis en terre autour du 15 mai, récoltés du 15 août à fin novembre, ils deviennent ces « beaux chapelets de corail » séchant sur les façades, décrits par Loti. Ils sont le principal attrait de la grande fête de fin octobre, devenue véritable foire gastronomique, avec chants basques pour pimenter encore plus l'atmosphère. Si la poudre a remplacé le poivre sur toutes les tables, on n'en finit plus de découvrir, dans les boutiques, les produits dérivés du piment : confiture, bonbons, gelée, crème, sirop, moutarde même au coulis de piment, sans oublier le vinaigre ou l'huile parfumée. Vous l'avez compris, Espelette se visite les yeux et le porte-monnaie grands ouverts.

Adresse et info utiles

Office de tourisme : *à la mairie, dans le château.* ☎ 05-59-93-95-02. ● espelette.fr ● *En été, tlj sf dim ap-m ; juin et sept-oct, fermé sam ap-m et dim ; hors saison, fermé le w-e.* Expositions intéressantes sur place.

– **Marchés aux produits locaux :** *mer mat, tte l'année.* Plus de 50 fermiers des environs viennent proposer leurs meilleurs produits. *Également sam mat en juil-août, pl. du Jeu-de-Paume.* Plus petit (une quinzaine d'exposants).

Où dormir ? Où manger ? Où boire un verre ?

De prix moyens à chic

Hôtel Euzkadi : *285, Karrika-Nagusia.* ☎ 05-59-93-91-88. ● hotel.euzkadi@wanadoo.fr ● hotel-restaurant-euzkadi.com ● *Resto fermé lun, plus mar hors saison. Congés : nov-22 déc. Résa indispensable en saison. Doubles 70-90 €. Plat du jour 13,50 € ; menus 20-36 €. Vins à partir de 18 €.* Dans l'une des plus belles maisons d'Espelette. Ça fait 5 générations que les Darraïdou dénichent de vieilles recettes campagnardes et les remettent au goût du jour, comme le *tripoxa* (boudin de veau ou de mouton servi avec une sauce tomate au piment), l'*eltzekaria* (soupe de légumes) ou encore l'*axoa* (ils lui font même sa fête, le dimanche de Pentecôte !). Derrière le resto, agréable jardin, avec terrasse au calme et piscine. Chambres coquettes, très confortables, avec un ascenseur. Bar très sympa.

Chambres d'hôtes de la Maison Irazabala : *155, Mendiko-Bidea.* ☎ 05-59-93-93-02. 📱 06-07-14-93-61. ● irazabala@wanadoo.fr ● irazabala.com ● *À 2 km du village, après le camping Biper Gori, sur la gauche. Congés : 15 nov-31 mars. Compter 75-85 € pour 2 ; familiales 95-105 €. CB refusées. Parking.* 📶 Cette superbe maison basque simple, sereine et accueillante, est construite au sommet de la montagne qui domine le village. 4 chambres vastes, aux parquets bien

cirés et aux larges lits moelleux, décorées sobrement mais avec goût. La plus chère « possède en plus le bain et le balcon », comme dit sa propriétaire.
IOI Aintzina : *440, Karrika-Nagusia.* ☎ *05-59-93-91-62.* ● *bruno.oulha@hotmail.fr* ● *Tlj sf mer soir et jeu hors saison. Congés : 20 déc-20 janv et 10 j. fin juin. Formules et menus 12,50-16 € (midi, avec buffet), puis 20-25 € ; carte env 30 €. Digestif maison (txopito) offert sur présentation de ce guide.* En plein centre d'Espelette, un sympathique bistrot tenu par Bruno (les locaux, qui n'ont pourtant pas de mal à prononcer « Aintzina », disent d'ailleurs « Chez Bruno », tout simplement !). On y trouve une longue carte de spécialités basques où le piment règne en maître, forcément (on vous rappelle qu'il est extrêmement doux !) : piperade, *ttoro, axoa,* chipirons... Au déjeuner, beau buffet d'entrées fraîches et variées. Terrasse côté rue et jardin.

Où acheter du chocolat ?

Chocolatier Antton : *pl. du Marché.* ☎ *05-59-93-88-72. Tlj 9h30-19h30 (hors juil-août, fermeture au déj). Congés : janv.* Un maître chocolatier qui propose une déclinaison de chocolats aux spécialités basques bien sûr (cerise noire, touron...), dont l'incontournable piment d'Espelette. Visite possible de l'atelier.

À voir. À faire

L'église : elle s'élève sur une petite butte excentrée, au bord de la rivière. Clocher-donjon et joli portail Renaissance. Dans le cimetière, les stèles discoïdales et tabulaires (beaucoup plus rares) anciennes sont présentées dans un espace réservé. À l'intérieur, traditionnelle galerie à trois étages. Plafond entièrement peint. Retable du XVIIe s récemment restauré.

L'expo « Le Piment dans le monde » : réalisée avec le concours du Muséum national d'histoire naturelle, elle est installée dans le château (entrée gratuite). Intéressant panorama sur le piment, son histoire, ses diverses espèces, sa diffusion dans le monde, ses utilisations.

L'Atelier du Piment : *chemin de l'Église.* ☎ *05-59-93-90-21.* ● *atelierdupiment.com* ● *Fléché depuis la D 918 mais pas depuis le village. Tlj 10h30-18h (9h-19h en été). GRATUIT.* Producteur-transformateur situé sur la commune d'Espelette, Ramuntxo Pocheluz, non content de cultiver son piment, s'est mis en tête de faire partager sa passion au grand public. Dans un petit champ situé à deux pas de son atelier, il a mis au point un parcours découverte, où, de pied de piment en pied de piment, un jeu de piste permet de suivre tout le processus, de la culture au séchage, en passant par la cueillette et la mise en corde. La visite se poursuit tout naturellement à la boutique, pour une dégustation de piment sous toutes ses formes. Également des ateliers culinaires autour des recettes traditionnelles, et un jeu labyrinthe pour petits et grands.

➤ **Randonnées au clair de lune :** *juin-sept, mar 19h-23h (parfois, sorties supplémentaires selon affluence). Rens et résas à l'office de tourisme. Tarif : 28 € ; 18 € enfant.* Découverte de la faune et la flore avec un accompagnateur local passionné. Panoramique sur les sommets basques, coucher de soleil, puis casse-croûte local dans une bergerie.

➤ **Astoklok :** *ferme Belazkabieta.* ☎ *05-59-52-98-02.* 📱 *06-08-78-31-96. Avr-oct.* Balades en montagne à dos d'âne de bât. Sentiers d'interprétation de 1 à 3h *(17-28 €)* ou rando de plusieurs jours.

Fête et manifestations

– *Foire aux pottoks : derniers mar-mer de janv.* Car Espelette est connue aussi pour l'élevage des pottoks, chevaux vivant librement dans la montagne.
– *Course des crêtes : 1er sam de juil.* Grande course à pied qui attire chaque année plus de 2 000 coureurs. À l'issue des différentes courses, un repas est servi sous chapiteau.
– *Festival Gauargi : pdt 4 j. mi-juil. Rens et résas :* ☎ *05-59-93-95-02.* ● *gauargi. com* ● Troupes folkloriques enfantines. Malgré la jeunesse des participants, il s'agit d'une rencontre internationale de haut niveau.
– *Fête du Piment : dernier w-e d'oct.* Une des plus belles fêtes du Pays basque. Arriver à l'aube pour avoir une chance d'entrer dans l'église et d'assister à la messe en basque et à la bénédiction des piments. S'ensuit la procession des confréries, puis de grands banquets champêtres. Grande foire gastronomique dans le bourg.

DANS LES ENVIRONS D'ESPELETTE (EZPELETA)

🚶 ⚜ Makhila Ainciart-Bergara : *64480* **Larressore.** ☎ *05-59-93-03-05.* ● *makhila. com* ● *Tte l'année, tlj sf dim et j. fériés 8h-12h, 14h-18h (17h sam).* Un des derniers fabricants du bâton de marche traditionnel basque. Cette famille le fabriquait déjà avant 1789. Huit générations se sont succédé depuis, entretenant la flamme sacrée. Bien sûr, entièrement fait à la main, suivant un rituel très précis, ainsi que

> **UN SECRET DE FAMILLE…**
>
> *Au début de la fabrication d'un makila, le bois du néflier sauvage est d'abord travaillé sur pied : l'artisan dessine directement dessus en incisant l'écorce au moment de la montée de sève. Ensuite, la couleur est donnée au moyen d'une réaction sur le bois, technique secrète connue seulement de la famille…*

vous le découvrirez en visitant cet atelier inscrit à l'inventaire des Métiers d'Art rares.

🚶 *La chapelle du séminaire :* *64480* **Larressore.** ☎ *05-59-93-03-07. Tte l'année, sur rdv à la mairie de Larressore.* Édifiée à partir de 1733, la chapelle du séminaire de Larressore fut agrandie et embellie dans un pur style baroque durant la première moitié du XIXe s. Elle est classée Monument historique et sa restauration s'est achevée en 2010. La chapelle est à l'image du rayonnement important que connut le séminaire à cette époque. Visite de la crypte et du cimetière militaire.

🚶 *La conserverie artisanale Bipia :* *route d'Halsou, 64480* **Larressore.** ☎ *05-59-93-21-86.* ● *bipia.com* ● *Tte l'année, tlj sf dim.* Depuis 17 ans, Jean-Louis Salaberry imagine et crée une multitude de sauces au piment d'Espelette. Film, expo et belle collection de piments du monde. Ici, le piment devient purée, gelée ou chutney… Vente directe.

CAMBO-LES-BAINS (KANBO)

(64250) 6 788 hab. *Carte Labourd, C2*

Une ville-jardin qui conjugue joliment nature et architecture, telle apparaît aujourd'hui Cambo. Une ville qui mérite mieux que l'image « curiste » véhiculée des années durant. On résume.

CAMBO-LES-BAINS | 123

Connue depuis le XVIe s pour son climat d'une douceur exceptionnelle, Cambo devint l'une des plus importantes stations de cure françaises consacrées au traitement des affections pulmonaires. Au début du XXe s, les thermes laissèrent la place aux sanatoriums. La ville accueillit un nombre toujours croissant de malades, dont Albéniz, compositeur espagnol qui mourut ici en 1909, ou encore Edmond Rostand, qui fit construire la villa Arnaga, devenue aujourd'hui l'un des sites les plus visités du département.
Peu après la guerre, la quasi-disparition de la tuberculose contribua à la renaissance des thermes de Cambo, qui ont conservé leur cachet Art déco. Si la cure ne vous tente pas, vous pourrez toujours vous promener dans le parc alentour en admirant palmiers et autres bruyères en fleur.
La ville haute, quartier résidentiel réservé aux curistes, a été revitalisée. Le Bas-Cambo, vieux village basque situé au bord de la Nive, est plein de charme.

Adresses et info utiles

@ Office de tourisme : *3, av. de la Mairie.* ☎ *05-59-29-70-25.* ● *cambolesbains.com* ● *Juil-sept, lun-sam 9h-18h30, dim 9h-13h ; mars-juin et oct, lun-sam ; nov-fév, lun-ven et sam mat (fermé jeu mat nov-Pâques).* 🖥 🛜 Expo permanente sur le Pays basque et Cambo. Boutique.

■ **Les thermes :** ☎ *0820-003-535 (0,12 €/mn).* ● *chainethermale.fr* ● *Ouv de fin fév à mi-déc.* Belle architecture Art déco. Pour les non-curistes, possibilité de soins à la carte et de forfaits remise en forme, détente, vitalité, relaxation. Visite médicale non obligatoire.

– **Marchés :** *traditionnel ven mat, rue Chiquito, et à la brocante mer au parc Saint-Joseph.*

Où dormir ? Où manger ?

De bon marché à prix moyens

🏠 |●| **Auberge Chez Tante Ursule :** *5, pl. du Fronton, dans le quartier du Bas-Cambo.* ☎ *05-59-29-78-23.* ● *contact@auberge-tante-ursule.com* ● *auberge-tante-ursule.com* ● *Resto tlj. Doubles 52-62 € selon confort et saison. ½ pens 98 € pour 2. Menus 14,50 € (déj en sem), puis 28-35 €. Garage fermé.* 🖥 🛜 Vieille auberge assez croquignolette avec sa façade blanc et rouge, donnant sur la place du Fronton. On ne peut rêver plus typique. 7 chambres à peine, au-dessus du resto, rénovées mais qui ont su conserver leur petit cachet rétro et gentiment campagnard, tout en offrant un bon confort. Atmosphère familiale. Plats typiques s'élaborant dans une nouvelle cuisine ouverte. Spécialité de souris d'agneau confite au miel. Relais motards.

🏠 **Hôtel Ursula :** *37, rue du Bas-Cambo, quartier du Bas-Cambo.* ☎ *05-59-29-88-88.* ● *infos@hotel-ursula.fr* ● *hotel-ursula.fr* ● ♿ *Doubles 70-80 € ; beau petit déj-buffet 9 € (produits locaux, confitures, gâteau basque...) !* 🛜 *Café offert sur présentation de ce guide.* Le bâtiment est assez récent mais plaisant et très bien tenu. Parties communes aux couleurs pimpantes. Les 15 chambres sont coquettes et dotées d'un confort exemplaire ; clim et eau chauffée à l'énergie solaire. Il y a d'ailleurs du soleil partout dans cet hôtel. Excellent accueil, patron très sympa et attentif aux besoins des ses hôtes.

|●| **Le Bellevue :** *allée Edmond-Rostand, rue des Terrasses.* ☎ *05-59-93-75-75.* ● *contact@hotel-bellevue64.fr* ● ♿ *Tlj sf dim soir et lun, plus jeu soir hors saison. Congés : début janv-début fév. Menus déj 13,50 € (sf dim et j. fériés)-21 € ; carte env 37 €.* LA table de Cambo ! Cet ancien relais de diligence de 1834, ancienne pension de famille, à l'histoire intimement liée à celle des thermes et de la ville, demeure une excellente table, offrant

un remarquable rapport qualité-prix. Spécialité de pot-au-feu de foie gras frais des Landes. Fait aussi résidence hôtelière.

|●| *Le Chantecler* : *6, allée Anne-de-Neubourg.* ☎ *05-59-29-22-29. Presque en face du Rodriguez. Tlj sf jeu et dim soir. Congés : fév et nov. Menus 17,50-30 €.* Resto qui a acquis rapidement une solide renommée. Salle agréable décorée de fresques colorées célébrant tout à la fois Edmond Rostand et vos animaux préférés dans l'assiette (canard, coq, cochon)... À la carte, le coq au vin justement *(et à 10 € slt !)* et bien d'autres petits plats bien troussés.

Chic

🏠 |●| *Hôtel Laurent Rodriguez* : *31-33, allée Anne-de-Neubourg.* ☎ *05-59-59-38-10.* ● *resa@hotel-laurentrodrigues.com* ● *hotel-laurentrodriguez.com* ● ♿ *Tlj sf mar soir, mer et sam midi. Congés : de mi-déc à mi-janv. Doubles 70-100 €. Menu déj 13,50 € (¼ de vin et café compris) ; plats 15-17 €.* 📶 Chambres habillées de noir et blanc, dans un style plutôt graphique, hyper moderne. Les fans de déco seront ravis, les amoureux du rugby aussi (c'est rare de contenter les uns et les autres !) car le patron n'est autre que l'ancien champion et ancien entraîneur du BO. Voilà qui tranche en tout cas avec l'ambiance tristoune des hôtels pour curistes. Au resto : une vingtaine de pizzas, pâtes, plats terre-mer, etc.

🏠 |●| *Maison d'hôtes Rosa-Enia* : *av. du Professeur-Grancher.* ☎ *05-59-93-67-20.* ● *contact@rosa-enia.com* ● *rosa-enia.com* ● *Selon saison, compter 85-95 € pour 2 (promos sur Internet), triples 110-120 €. Loc de studios et apparts à la sem. Cabane dans les arbres 172 €. Table d'hôtes 25 €.* 📶 *Apéritif offert sur présentation de ce guide.* Le célèbre docteur Granger reconnaîtrait peut-être sa maison, mais plus son environnement. Le hall est toujours imposant, l'escalier sculpté superbe (2 étages, pas d'ascenseur), les boiseries parfaitement patinées, mais les chambres ont été complètement modernisées. On craque pour la n° 5, avec sa belle terrasse et ses boiseries d'époque. Dans ce qu'il reste du parc a poussé un étrange arbre en acier. Viennent s'y cacher les amoureux et ceux qui feront leur nid ici, le temps d'une nuit insolite passée à roucouler ou à méditer, selon l'humeur. Claustrophobes s'abstenir, aventuriers bienvenus. Spa offert. Accueil tonique d'Isabelle et Christophe.

À voir. À faire

🎯🎯🎯 👫 *La villa Arnaga* : *av. du Docteur-Camino.* ☎ *05-59-29-83-92.* ● *arnaga.com* ● *Mars-début nov : mars, w-e slt 14h-17h30 ; avr-juin et de mi-sept à début nov, tlj 9h30-12h30, 14h-18h ; juil-août, tlj 10h-19h ; 1ʳᵉ quinzaine de sept, tlj 9h30-18h. Entrée : 8 € ; réduc ; gratuit moins de 7 ans. Visite libre ou guidée de la villa. Expos à l'Orangerie, animations, conférences, spectacles, marché aux plantes.*
Edmond Rostand, atteint de pleurésie, vint à Cambo pour se soigner. Il tomba fou amoureux du pays et de son climat qui lui avait fait recouvrer la santé. Avec les droits d'auteur de *Cyrano de Bergerac*, il se fit construire cette fastueuse demeure en 1903. Les jardins et les décors des pièces furent entièrement dessinés par Rostand lui-même. Un jardin à la française s'étend devant la villa avec un grand bassin, une pergola, une orangerie... Ils ont été depuis classés Jardins remarquables. Juste après la roseraie, trois bustes d'auteurs que le maître des lieux admirait : Shakespeare, Hugo et Cervantès. Tout cela paraît déjà un peu excessif ! Une fois dans la maison, on se rend compte que l'auteur de *L'Aiglon* était doucement allumé. Arnaga compte quelque 40 pièces, dont 20 ouvertes au public, toutes décorées à l'image du grand hall avec son double arceau en plein centre, ses colonnes de marbre et ses lambris de chêne. L'hôte aimait recevoir ses invités du petit balcon en scandant quelques vers de son cru. Juste derrière, fumoir entièrement décoré (à l'origine) de laque de Chine. La pièce valait à elle

seule l'ensemble de la propriété. À côté, la bibliothèque comptant 15 000 volumes est fermée par une grille en fer forgé fabriquée par le grand-père de Boris Vian. Dans une vitrine, le césar obtenu par Gérard Depardieu pour son *Cyrano*. À droite du hall, la salle à manger Louis XVI tout en trompe l'œil imitant le marbre, avec des médaillons présentant les quatre éléments. Juste derrière, bureau Empire entièrement en bois de citronnier.

ET VLAN !

Henri Vian, maître ferronnier, fabriqua les grilles de la maison d'Edmond Rostand. Grâce à son talent, l'artisan fit fortune. Mais son fils Paul (père de Boris Vian) ne travailla jamais et dilapida son héritage. Installée dans une superbe villa de Ville-d'Avray, la famille Vian dut louer aux parents du célèbre violoniste Yehudi Menuhin et vivre dans le garage.

Au 1er étage, nombreux documents sur la famille et sur l'œuvre de Rostand, chambres de l'auteur et de ses enfants, pièce tapissée en toile de Jouy. Croquis des costumes de *Chantecler*, lettres de personnalités (Sarah Bernhardt, Anna de Noailles), dessins... Dans le boudoir de Rosemonde, son épouse, les costumes d'académicien d'Eugène (le père faisait partie de l'Académie des sciences morales et politiques), d'Edmond et de Jean (Académie française). Unique dans une famille ! En face de la vitrine, intéressante pendule qui compte 14h, destinée à éconduire les nombreux pique-assiettes. Quand sonnait 14h, ils partaient, alors qu'il n'était que 12h. Il fallait y penser ! Bien évidemment classée Monument historique, la villa Arnaga fait partie des sites incontournables du Pays basque.

✖✖✖ **L'église Saint Laurent :** *pl. de l'Église (original !).* Une église basque typique avec sa nef unique et ses trois niveaux de tribunes sculptées. Remarquable retable en bois doré et sa peinture du *Martyre de saint Laurent,* datant du XVIIe s. Jouxtant l'église, l'ancien cimetière abrite de nombreuses stèles discoïdales et tabulaires basques du XVIIe s ainsi que des dalles funéraires du XVIIIe s.

✖ 🚶 **La chocolaterie-musée Puyodebat :** *av. de Navarre.* ☎ *05-59-59-48-42.* ● *chocolats-puyodebat.com* ● *Boutique lun-sam 9h30-12h30, 14h-19h. Musée avr-nov, lun-sam 10h-11h30, 14h30-17h45. Congés : de mi-déc à fin janv. Visite et dégustation : 5 € ; 2,50 € 10-17 ans ; réduc. Compter 45 mn.* Tout sur l'histoire et la fabrication du chocolat sur plus de 700 m², depuis le développement de cette industrie au Pays basque jusqu'à la cuisson sous vos yeux. Film et dégustation des spécialités du chef pâtissier Puyodebat.

Fêtes et manifestations à Cambo-les-Bains et dans les environs

– *Festival Otxote :* *1er w-e de mai, les années paires.* Il rassemble les meilleurs groupes de chanteurs basques dans cette spécialité traditionnelle. On y vient de tout le Pays basque.
– *Festival de la Dame des Aulnes :* *fin juil, à* **Halsou**, *à 5 km de Cambo.* ☎ *05-59-93-23-37.* ● *damedesaulnes-festival.com* ● Ce festival (payant) de musique classique offre une programmation éclectique de jeunes talents et d'artistes confirmés, dans l'église d'Halsou, à l'acoustique exceptionnelle. Après le concert, buffet où l'on peut rencontrer chanteurs et musiciens.
– *Fêtes locales de la Saint-Laurent :* *autour des 9-14 août.* Musique, pelote, défilé de danses, grande braderie...
– *Fête du Gâteau basque :* *1er dim d'oct.* Concours du meilleur gâteau basque amateur, pôle gourmand avec les produits labellisés du Pays basque, village d'artisans d'art, concerts, repas sous chapiteau : il y en a pour tous les goûts.

ITXASSOU (ITSASU) (64250) 2 085 hab. Carte Labourd, C3

Si vous ne souffrez pas encore d'overdose de jolis villages labourdins, ne ratez pas celui-ci. En outre, c'est le point de départ d'une agréable balade vers le Pas-de-Roland, ponctuée de bonnes adresses pour les gourmands. Idéal pour qui cherche à résider dans l'arrière-pays.

Où dormir ? Où manger ?

Prix moyens

Hôtel du Fronton : pl. du Fronton. ☎ 05-59-29-75-10. • reservation@hotelrestaurantfronton.com • hotelrestaurantfronton.com • Au cœur du village. Resto fermé mer. Congés : du 1er janv à mi-fév et 1 sem mi-nov. Doubles 63-77 €. Menus 22-35 €. Apéritif maison offert sur présentation de ce guide, ainsi que 10 % de réduc sur le prix de la chambre hors saison. Sympathique auberge de village, à l'ambiance authentique. Demandez les chambres à l'arrière, qui offrent une vue superbe sur la campagne basque. Belle piscine dans un paysage idyllique. Cuisine traditionnelle de bon niveau à prix raisonnables. Beaucoup de monde, mais la grande salle qui s'ouvre sur la belle vallée permet une relative intimité. En été, on mange en terrasse, quand il y a de la place.

Hôtel Agian : pl. du Fronton. ☎ 05-59-29-75-21. • contact@hotelagian.com • hotelagian.com • Doubles 75-85 €. L'extension contemporaine du précédent, un vrai bonheur : maison basque pimpante, une dizaine de chambres spacieuses et lumineuses, avec parquet en chêne et mobilier contemporain de charme. Douche à l'italienne, clim réversible. Et un balcon pour profiter de la vue et de l'air du pays, dans la plupart des chambres.

Hôtel du Chêne : sur la route du Pas-de-Roland, près de l'église. ☎ 05-59-29-75-01. • hotel.chene.itxassou@wanadoo.fr • lechene-itaxassou.com • Resto fermé lun, plus mar hors saison. Congés : de début janv à mi-fév. Doubles 52-67 €. Menu-carte 32 €. Sangria offerte sur présentation de ce guide. Superbement situé, à l'entrée de la vallée de la Nive. Accueil des plus chaleureux. Cuisine du terroir, sans esbroufe mais succulente... Un vrai talent de cuisinier là-derrière. Quelques spécialités : tournedos de truite de Banka et ris d'agneau en toupinade aux cèpes.

Hôtel-restaurant Le Txistulari : sur la D 918. ☎ 05-59-29-75-09. • hotel-txistulari@wanadoo.fr • txistulari.fr • Un peu à l'écart du bourg. Resto fermé sam midi, plus sam et dim soir en basse saison (sf pour les pensionnaires). Congés : de mi-déc à début janv. Selon confort et saison, doubles 50-70 €, familiales (2 chambres) et duplex (4-5 pers) 120-130 €. Menus 13,50 € déj en sem, 19 € le soir. Un petit hôtel-resto familial rénové avec beaucoup de bonne volonté, spécialisé depuis 30 ans dans l'accueil des curistes et dans les plats régionaux, d'un très bon rapport qualité-prix. Accueil pro et affable. Nouvelle aile avec ascenseur. Jardin, terrasse et piscine.

Chambres d'hôtes Soubeleta : ☎ 05-59-29-22-34. 📱 06-23-19-70-24. • soubeleta@orange.fr • gite64.com/chambre-soubelata • De la D 918, prendre la sortie Itxassou « Pas-de-Roland », puis c'est indiqué. Congés : de mi-nov à mi-mars. Doubles 62-70 € ; 20 €/pers supplémentaire. Mignon petit château du XVIIe s, propriété de famille depuis 1890, dont l'intérieur a été totalement et intelligemment rénové. 5 chambres confortables et spacieuses. Grande pièce à l'entrée, où est servi le petit déj, avec, à côté, un salon doté d'une grande cheminée.

Pas de table d'hôtes, mais cuisine à disposition. Grande terrasse avec panorama exceptionnel sur le village et la vallée. Accueil décontracté.

I●I Venta Burkaitz : *col des Veaux (sur la route de Laxia).* ☎ *05-59-29-82-55. En principe, ouv tlj en saison ; sinon, fermé mer et certains soirs. Téléphoner avt d'y aller. Menus 20-23 € et carte.* Une des *ventas* les plus renommées, à découvrir en prenant son temps. Ce qui ne signifie pas que vous attendrez entre 2 plats, mais qu'il faut faire un bout de route, après Itxassou, une fois passé le défilé du Pas-de-Roland. Une ancienne cabane de contrebandiers, perdue au fond d'un vallon isolé. Produits locaux préparés par le patron.

À voir

L'église Saint-Fructueux : de la place du Fronton, redescendre la rue principale, puis suivre à droite la route du Pas-de-Roland. Arrivé en haut d'une côte, tout à coup, spectacle saisissant ! L'église apparaît, tache blanche immaculée dans son cirque de montagnes d'un « vert basque » éclatant. En contrepoint, à droite, un beau et blanc pigeonnier. Là plus qu'ailleurs, on mesure l'intelligence de l'architecture rurale basque, en symbiose parfaite avec la nature ! Église du XVIIe s. Nef assez longue. Admirable mobilier intérieur. Tribunes et galeries à trois étages, chefs-d'œuvre de bois sculpté. Quant au retable baroque, à détailler de façon gourmande : au milieu, bas-reliefs polychromes sur bois doré (racontant la Passion) ; au-dessus, Christ absolument remarquable, entouré de la Vierge et de saint Jean. Chaire du XVIIe s aux motifs peints. Toile figurant saint François d'Assise attribué à Murillo. En face, la *Mort de Joseph*. En rond autour de l'église, stèles discoïdales très anciennes. C'est tout !

La table d'orientation : prendre la direction de l'aérodrome ; la route est étroite et la montée raide, mais le paysage en haut mérite le détour, car on a une vue à 360° et la table d'orientation permet de bien se situer. Remarquer la statue de la *Vierge à l'Enfant* du sculpteur J.-B. Petrissans : sur le fût de la colonne sont représentés les outils stylisés des artisans basques traditionnels.

À faire

– Évasion Rafting : ☎ *05-59-29-31-69.* 📱 *06-16-74-78-93.* ● *evasion-sports-aventure.fr* ● Tout au long de la Nive, vous pourrez vous initier aux joies du rafting grâce à cette équipe sympa et dynamique qui vous guidera lors de la descente. Escalade et canyoning également.

La Forêt des Lapins : *fléché depuis la D 918.* ☎ *05-59-93-30-09.* ● *laforetdeslapins.com* ● *Juin-sept, tlj 10h30-18h30 ; hors saison, tlj 14h-17h30. Visite guidée de mi-juin à fin sept à 15h. Entrée : 7 € ; réduc. Possibilité de se restaurer ou de pique-niquer sur place.* Olivier Escolano est fou de lapins. Il présente plus de 80 variétés différentes, du plus petit, le lapin nain qui pèse moins de 1 kg, jusqu'au géant des Flandres qui peut atteindre les 18 kg (plus qu'un agneau à la naissance !). Il vous guidera sur un parcours en forêt de plus de 1 km et vous donnera plein d'informations sur ces adorables lagomorphes. On peut aussi y voir plus de 30 variétés de cochons d'Inde. Selon disponibilités, on peut même lui en acheter.

Fête

– Fête de la Cerise : *1er dim de juin.* Tout le pays vient soutenir le curé qui organise cette fête pour entretenir son église. Danses, folklore, pelote, force basque et, bien entendu, repas champêtre. Quelques jours plus tôt, autre fête du même genre, organisée par la confrérie de la cerise cette fois-ci !

DANS LES ENVIRONS D'ITXASSOU (ITSASU)

➢ *La route vers le mont Artzamendi* (culmine à 926 m) *:* défilé en surplomb de la Nive pour parvenir au **Pas-de-Roland.** Ce nom viendrait d'un rocher creusé par le sabot du cheval de Roland. Après, la route s'élève, de plus en plus étroite et sinueuse, dans un paysage très sauvage. Beaucoup de châtaigniers. Tout en haut du col, belle vue sur les vallées basques espagnoles. Une route en terre battue mène à la *venta Lezetako (à 400 m ;* ☎ *05-59-29-83-65).* Si vous continuez à gauche, vous parvenez au relais de télécommunications. *Artzamendi* signifie « montagne de l'ours ». De là-haut, prodigieux panorama. Beaucoup de moutons, quelques pottoks, mais pas d'ours. Superbes promenades sur des sentiers aisés. Si vous poussez jusqu'au **col des Veaux,** attendez le coucher du soleil. Vision paradisiaque. Toutefois, n'oubliez pas d'emporter vos papiers, vous êtes sur un chemin de contrebandiers encore utilisé.

🏠 ⦿ À proximité du col des Veaux, vous trouverez 2 auberges de montagne : la ***venta Burkaitz*** (voir plus haut « Où dormir ? Où manger ? ») et la ***ferme-auberge Esteben,*** qui propose également des chambres *(*☎ *05-59-29-82-72 ;* 📱 *06-32-05-45-96 ; compter 50 €/nuit pour 2 ; ½ pens 46 €/pers).* Là encore, cuisine de montagne copieuse et roborative : garbure, truites, côtes d'agneau et magrets. Obligatoire : téléphoner avant d'y aller.

➢ *La route vers Bidarray :* superbe, déserte, à emprunter si vous ne voulez pas repasser par Cambo-les-Bains pour atteindre la Basse-Navarre (voir ce chapitre plus loin).

LE PAYS D'HASPARREN ET LE VAL D'ADOUR

- **Hasparren (Hazparne)**.................. 128
- La base de loisirs Baigura à Mendionde
- La route impériale des Cimes
- **Le val d'Adour et le Pays charnegou**...... 132
- Urt (Ahurti) • Guiche (Gixune) • Hastingues
- Bidache (Bidaxune)
- Came (Akamarre)
- Les étapes compostellanes : Bergouey, Viellenave et Arancou

On quitte l'exotisme. Les villages du Labourd, entre Nive et Bidouze, aux franges de la Navarre, sont plus rudes, plus isolés, plus industrieux. Plus que quelques tours de roue avant d'atteindre le val d'Adour, et le pays Charnegou, que vous ne trouverez sur aucune carte. Prenez le temps de traîner un peu, sur ces petites routes qui vous donneront l'impression parfois d'être seul au monde (attention aux tournants, quand même !). Les landes d'Hasparren offrent de superbes balades.

HASPARREN (HAZPARNE)

(64240)   6 030 hab.   *Carte Labourd, C2*

Un village qui fait dans l'authentique sans tomber dans le touristique, par lequel vous passerez forcément pour découvrir tout ce pays, plus *basque que nature.* On y travailla beaucoup le cuir au XVIIIe s et, jusqu'au milieu du XXe s, l'industrie de la chaussure fit la richesse du village. On y traînera donc ses espadrilles avec plaisir, surtout si l'on tombe sur le petit marché paysan du samedi matin, où une poignée de producteurs locaux a fini par voler la vedette aux échoppes traditionnelles. C'est le lieu idéal pour faire ses provisions avant une randonnée sur le mont Ursuya (altitude 678 m) ou une découverte des alentours, où même Napoléon aurait traîné ses guêtres. Le dimanche, messe en basque. Une bonne occasion de découvrir les galeries classées désormais Monument historique (avec celles de quatre autres églises du Pays basque).

Adresse utile

Office de tourisme : *pl. Saint-Jean. ☎ 05-59-29-62-02.* ● *hasparren-tourisme.fr* ● *En hte saison, lun-sam 9h-19h, dim 10h-12h30 ; hors saison, lun-ven 9h-12h, 14h-17h, et sam mat.* C'est ici qu'il faudra vous renseigner si vous comptez poursuivre directement votre voyage en Basse-Navarre, car cet office couvre toutes les communes de la vallée de l'Arberoue. Compétent et chaleureux. Un des plus efficaces qu'on connaisse.

Où dormir ? Où manger ?

Campings

Camping L'Ursuya : *quartier Zelaï. ☎ 05-59-29-67-57. À 2 km de l'église sur la D 152, à côté de la ferme équestre Urkodea. Ouv slt juil-août (depuis plus de 45 ans !). Compter 13 € en hte saison. CB refusées. 67 empl.* En pleine campagne, calme garanti. Le camping est établi dans une magnifique chênaie centenaire. Préférer les emplacements sur le haut du terrain, pour la vue sur les montagnes et la vallée.

Camping Les Terrasses de Xapitalia : *route de Cambo (à l'entrée de la ville). ☎ 05-59-55-02-15.* 📱 *06-31-62-01-64. Compter 16-23 € ; camp étoile 23-32 €/nuitée (2 pers max).* 📶 Emplacements ombragés tout près de la piscine, aire de jeux pour les enfants, boulodrome, grand espace de convivialité avec salon de lecture, TV, ping-pong, etc. Un camping qui fait tout pour qu'on l'aime. Accueil chaleureux de Jean-Marie et de sa compagne Dominique. Location de tentes canadiennes et de « camp étoile » (idéal quand on est 2, jeunes et qu'on rêve de dormir à la belle étoile, avec un minimum de confort).

De bon marché à prix moyens

Ferme Urkodea : *quartier Zelaï. ☎ 05-59-29-15-76.* ● *contact@urkodea.com* ● *urkodea.com* ● *Congés : fév. Nuitée 20 €/pers. CB refusées.* 📶 Une petite dizaine de chambres de 3 à 5 lits, remises à neuf, dans une belle maison labourdine blanche avec colombages rouges, sur les hauteurs d'Hasparren. La beauté du site, la gentillesse de Ludovic Loisel, les chevaux bien soignés et doux avec lesquels les enfants peuvent faire des balades, le dîner entre amis, font de cette adresse un de nos coups de cœur dans l'arrière-pays.

Argia : *32, rue du Docteur-Jean-Lissar. ☎ 05-59-29-60-24.* ● *hotel.argia@orange.fr* ● *hotel-argia.com* ● *Juil-août, resto ouv tlj ; sinon, fermé dim soir et lun. Congés : 2 sem en fév et fin nov-début déc. Double 62 € ; triples 74-82 €. Menu déj 12 € ; menus-carte 25-35 €. Parking privé.* 📶 Dans ce village où l'église sonne les heures, les demi-heures et les quarts d'heure (pas la nuit, rassurez-vous !), on ne s'attend vraiment pas à trouver des chambres aussi pop... Elles sont très fraîches et certaines arborent une déco résolument moderne (ton brun grisé et papiers peints à effets). Confort digne d'un 3-étoiles dans certaines chambres avec coin salon, douche ET bains. Chose rare, le côté « déco » n'a en rien altéré l'agréable atmosphère provinciale et familiale. Accueil jeune, ouvert, souriant, ça fait vraiment plaisir. Fait aussi restaurant, cuisine de saison. Bar sympa.

|●| Ferme-auberge Komeiteko Borda : quartier Urcuray. ☎ 05-59-20-00-01. ● komeiteko-borda@orange.fr ● Juil-août, tlj sf dim soir et lun ; mai-juin et sept-oct, mer-dim, le midi ; nov-avr, sam et dim midi. Menus 20-26 €. Un lieu qui vaut le détour, non seulement pour la vue panoramique à 360°, et les couchers de soleil époustouflants des soirs d'été, mais aussi tout simplement pour sa cuisine copieuse, goûteuse, sincère. Arantxa a rejoint ses parents dans l'exploitation agricole pour faire connaître et partager les produits de sa maison : agneau de lait, canard gras, charcuterie mitonnée avec l'aide de sa maman, tout cela servi dans une salle toute moderne, avec simplicité et gentillesse.

Où dormir ? Où manger dans les environs ?

De belles adresses, à quelques lieues à la ronde. Si vous nous suivez dans le val d'Adour, arrêtez-vous d'abord à Briscous. Voir aussi, un peu plus loin (dans « La vallée de l'Arberoue »), les bonnes adresses de la Basse-Navarre toute proche, car on est vraiment ici à la frontière du Labourd. On vous en indique quelques-unes au passage, à moins de 10 km au sud d'Hasparren.

⌂ Ferme Heguia : route d'Urt, 64240 Briscous. 📱 06-80-47-07-67. ● chambresheguia@orange.fr ● chambresheguia.com ● Tte l'année. Double 75 €, familiale 115 €, petit déj inclus. Réduc de 10 % sur présentation de ce guide. Cette chambre d'hôtes, sur sa colline, avec un panorama à 360°, c'est le point de chute de rêve pour qui cherche calme, sérénité et environnement bucolique. Belle demeure avec atrium intérieur offrant 3 chambres confortables : l'une en rez-de-chaussée, les 2 autres à l'étage (l'une avec balcon). Grand jardin, belle piscine et *deck* pour se relaxer et bronzer. Prêt de vélos. Accueil affable. Possibilité de louer un gîte.

|●| Maison Joanto : au bourg, 64240 Briscous. ☎ 05-59-70-27-70. ● maisonjoanto-restaurant.fr ● Tlj sf mar-mer hors saison (mer slt de mi-juil à fin août). Formule déj en sem 13 € ; menu-carte 26 €. Du chic, mais à prix doux, surtout à midi, où le menu du jour est vraiment étonnant. Si le décor contemporain joue la sobriété, Didier, en salle, saura vous trouver le verre de vin idéal pour accompagner les plats que Jeff, en cuisine, se propose de vous faire goûter. Des plats savoureux aussi délicatement dressés que bien pensés et d'excellents desserts ! Jolie terrasse bien agréable aux beaux jours.

⌂ Maison Anderetea : quartier Greciette, 64240 **Mendionde**. ☎ 05-59-29-14-03. ● anderetea@gmail.com ● anderetea.com ● D'Hasparren, D 22 vers Saint-Jean-Pied-de-Port ; passer le village de Bonloc ; 2 km après, entrée de Mendionde bien indiquée ; même route sur 300 m, puis D 252 à droite vers Mendionde ; après 250 m, à droite au panneau « sens interdit ». Doubles 65-85 €. 📺 📶 Grande et mignonne maison basque où l'on est chaleureusement accueilli par Karen et Quentin, jeune couple anglais tombé amoureux du Pays basque. Maison remarquablement restaurée par eux-mêmes avec des matériaux nobles et équipée d'élégants meubles design. Harmonie parfaite de la pierre apparente, du bois et des murs blancs. Charme, confort et climatisation, les 3 C indispensables en été. Spacieuse et agréable salle commune. Environnement bucolique. L'un de nos grands coups de cœur !

|●| Bar-restaurant Ogibarnia : au bourg de **Macaye** (64240). ☎ 05-59-93-30-35. ● olhats.ogib@wanadoo.fr ● À 12 km d'Hasparren. Prendre la direction Mendionde, puis Macaye. Sinon, passer par Ustaritz et Louhossoa. Tlj sf dim soir et lun-mar ; tlj sf mer, plus jeu-sam soir hors saison. Congés : vac scol de fév et de Noël. Formule déj en sem 12,50 € ; menu 17 € ; carte env 28 €. Café offert sur présentation de ce guide. Quelle auberge ! Toute petite, toute gentille, avec ses rideaux aux fenêtres, ses nappes à carreaux et sa patronne qui fait des concours de cuisine et les gagne. Une cuisine traditionnelle et régionale réussie. On vous conseille de goûter au confit de lapin, d'une douceur et d'un goût assez exceptionnels. On ne vous parle même pas de l'accueil, gentil tout plein. Une jolie p'tite adresse !

🏠 **Maison Ondicola :** *au bourg de Macaye (64240).* ☎ *05-59-93-34-77.* ● *chambre-d-hote-pays-basque-ondicola.com* ● *Double 65 €.* 5 belles chambres lumineuses et gaies, un immense coin cuisine à dispo pour les hôtes, du volume, beaucoup de volume et des couleurs, beaucoup de couleurs. Surtout, un accueil des plus chaleureux et dynamique de Stéphanie et de sa petite famille, qui ont décidé d'offrir des séjours au sein d'une exploitation agricole pour changer l'image que beaucoup se font d'une ferme. Épuré... qu'on est bien !

Où acheter de bons produits ?

🍴 **Charcuterie Ospital :** *47, rue du Docteur-Jean-Lissar.* ☎ *05-59-29-64-41. Tlj sf dim-lun.* Un de ceux qui ont œuvré pour la reconnaissance du jambon *Ibaïama*. Vous y trouverez aussi un excellent jambon de Bayonne (moins prestigieux peut-être mais nettement moins cher). Le jambon des Trois Fermes est une qualité intermédiaire offrant un excellent rapport qualité-prix.

🍴 **Boutique Lurra :** *rue Gaskoina.* ☎ *05-59-29-30-68. Tlj sf dim. Lurra* signifie la « Terre » en basque. C'est en fait Jon (prononcez Yon) qui vous fera découvrir d'excellents produits qu'il va chercher dans les villages des alentours.

🍴 **Anne Rozès :** *Mendiko Borda, 64240 Briscous.* ☎ *05-59-31-56-09.* ● *anne-rozes.com* ● *À 10 km au nord-ouest d'Hasparren. Lun-jeu 9h-18h ; ven 9h-13h, 15h-18h.* Une des conserveries les plus réputées du Pays basque. Elle a su préserver son caractère artisanal malgré une importante production qui lui permet d'être référencée dans de nombreuses boutiques du département.

Marché paysan : *sam mat, sous les arcades.* Une poignée de producteurs fermiers locaux ont fini par voler la vedette aux échoppes traditionnelles. Allez saluer de notre part Jocelyne Mendy qui fait craquer les nounours basques avec son miel, sa confiture et son pain d'épice.

À voir

🚶 *La chapelle du Sacré-Cœur :* chapelle datant de 1930, construite sur le modèle des églises siciliennes. Intérieur entièrement recouvert de fresques et de mosaïques. Plafond peint aux couleurs basques. Dans le chœur, simili-Christ pantocrator. Ensemble appelé à devenir un lieu culte (et non plus un lieu de culte) lorsque la municipalité l'aura transformé en espace culturel (demandez la clé à l'office si vous désirez la voir dans son jus, en attendant).

🚶 *La chapelle Elizaberri :* à 2 km du centre d'Hasparren ; demander les clés à l'auberge Etxeberria, à côté. À l'intérieur, un des plus beaux retables du Pays basque, en bois doré polychrome, représentant les enseignements catéchistiques du concile de Trente. Le journal de l'époque !

DANS LES ENVIRONS D'HASPARREN (HAZPARNE)

– 🚶 *La base de loisirs Baigura :* **64240 Mendionde** *(route de Hélette à Louhossoa).* ☎ *05-59-37-69-05.* 📱 *06-84-78-65-09.* ● *baigura.com* ● *Tlj de beau temps, activités sur résa, à partir de 9h30 (13h30 hors saison).* Avec ses 45 km de sentiers balisés, cette base de loisirs est idéale pour les randonneurs, VTTistes et autres amoureux de la vie en plein air. Sur réservation, on peut faire de l'escalade, une descente en trottinette, ou encore s'inscrire pour un baptême de l'air en parapente. En saison, balades à dos de poney pour les enfants et aérotrampoline Le « petit train » vous (pro)mène jusqu'au sommet du Baigura (897 m). Superbe panorama à 360° sur la chaîne des Pyrénées.

I●I On peut prendre un plat du jour en terrasse, ou un petit verre à **La Gaita**, le resto de la base de loisirs (☎ *05-59-37-69-05* ; 📱 *06-87-45-26-42*).

🚶 ***La route impériale des Cimes*** : c'est la D 22 qui vous ramènera sur un rythme lent, mais ô combien agréable, vers Bayonne. Route de crête, elle court là à travers boqueteaux, bois, prairies grasses et hameaux, livrant de-ci de-là de belles échappées sur les collines veloutées alentour. Parfois des deux côtés à la fois, lorsqu'elle se prend pour une moraine. Elle a été construite par Napoléon Ier, paraît-il, pour faciliter l'accès au Pays basque intérieur... et à l'Espagne.

LE VAL D'ADOUR ET LE PAYS CHARNEGOU

Ne le cherchez pas sur les cartes ni dans les guides. Et pourtant, il existe. *Charnegou* est un mot gascon qui peut se traduire par « chair mêlée » (« bâtard », si vous préférez). On désigne ainsi les habitants du bas Adour rive gauche, zone qui va de Bayonne à Bidache. Le fleuve y a déposé sa marque. L'architecture fluctue d'un village à l'autre, les influences sont aussi changeantes que les roseaux.

UN PEU D'HISTOIRE... ET DE GÉO

Historiquement, tout est relativement clair. Près de Bayonne (Lahonce, Urt, Mouguerre), c'est le Labourd traditionnellement sous influence bayonnaise (jusqu'à la Révolution, les Bayonnais ont soigneusement préservé leurs droits sur le bas Adour, indispensable à leur économie). À partir de Guiche, on entre dans la principauté de Bidache, fief des Gramont. Du temps où ils étaient vassaux des rois de Navarre (les premiers, ceux qui régnaient à Pampelune), leurs terres étaient navarraises et donc basques. Sous les rois français de Navarre, ils se sont gasconnisés avec Henri IV et francisés avec les autres. Leurs sujets ont suivi le mouvement.
Géographiquement, c'est le fleuve qui sert de trait d'union. Le fleuve et le pont d'Urt, seul point de passage entre les Landes et le Pays basque (c'est un bon itinéraire de délestage pour éviter la côte en été). Pendant des siècles et durant la Seconde Guerre mondiale, des bateaux faisaient régulièrement le trajet entre Bidache et Bayonne en s'arrêtant partout. Pendant des siècles, les habitants du fleuve ont vécu ensemble, se sont mariés, ont fait du commerce sans se poser la question de savoir si le voisin était basque ou gascon. Des bacs, avant le pont, traversaient le fleuve et faisaient que d'une rive à l'autre, Landais et Basques se mêlaient joyeusement. De là vient ce surnom de *charnegou* que les hommes du fleuve arboraient fièrement. Bien sûr, les maisons gardent un aspect plus labourdin à Lahonce et plus navarrais à Guiche.
Le meilleur moyen de découvrir le Pays charnegou, c'est par la D 261, que tout le monde appelle « le chemin de halage » (très bien entretenu, mais un peu étroit après Urt), qui longe l'Adour rive gauche. Les vues sur le fleuve sont parfois à couper le souffle, les maisons sont cossues, basses, intégrées au paysage (et colonisées par la bourgeoisie locale et les éleveurs de chevaux). Le trait caractéristique du paysage, ce sont les *barthes*, terres alluviales inondées par la marée, pratiquement pas cultivables et riches d'une faune et d'une flore aquatiques remarquables.

URT (AHURTI ; 64240)

Jolies petites routes depuis Hasparren pour rejoindre ce qui était l'un des plus jolis villages des environs de Bayonne. Le progrès l'a, hélas, quelque peu banalisé.

Quelques maisons sympas, dont l'une appartenant à la famille Barthes (Roland Barthes repose dans le cimetière d'Urt depuis 1980).

Comme pour tous les villages de la vallée, il y a Urt-Bourg et Urt-Port, le premier sur la colline, le second au bord du fleuve. Le port d'Urt a gardé son cachet ancien grâce aux efforts d'un autre Urtois célèbre, Christian Parra, restaurateur de génie et adorable géant dont on cultive la mémoire dans son ancienne auberge, devenue une attachante épicerie-librairie-grignoterie.

Adresse et info utiles

Office de tourisme : *pl. du Marché.* ☎ *05-59-56-24-65. Juil-août, lun-ven et le mat sam-dim ; le reste de l'année, slt jeu mat. Sinon, téléphoner à la mairie :* ☎ *05-59-56-20-33. Liste des chambres d'hôtes, gîtes, meublés touristiques à disposition.*
– **Marché :** *mer mat.*

Où dormir ? Où manger au fil de l'Adour ?

Camping

Camping Etche-Zahar : *allée de Mesplès.* ☎ *05-59-56-27-36.* • info@etche-zahar.fr • etche-zahar.fr • *Bien indiqué du bourg (à 500 m). Ouv de mars à mi-nov. Compter env 25 € en hte saison ; chalets, mobile homes, tentes safari (avec plancher de 35 m²), tentes meublées pour 4 pers (31-98 €/nuit), min 6 j. en juil-août (252-686 €/sem). Piscine. 47 empl.* 🖥 📶 *Un peu à l'écart du village, un petit camping de type familial et très accueillant. Notre coin préféré : celui des chevreuils, qui apparaissent au petit matin. Location de vélos (8 €/j.).*

Prix moyens

Chambres d'hôtes Le Relais Linague : *chemin Linague, 64990 Urcuit.* ☎ *05-59-42-97-97.* 📱 *06-08-51-64-02.* • linague@orange.fr • relaislinague.com • *Ouv tte l'année. Compter 65-70 € pour 2 selon saison. Parking privé.* À quelques dizaines de minutes de Bayonne, en longeant l'Adour. Une belle demeure aux colombages bleus, ancienne et jolie maison du XVIIᵉ s avec ses dépendances, restaurée avec autant de soin que de goût. 3 chambres raffinées (nichées dans la vénérable grange au foin), tant dans le choix des meubles et des tissus que des objets de décoration (beaux ciels de lit). Petit déj-buffet servi dans l'ancienne bergerie. Box disponibles pour les cavaliers (les hôtes ont un centre). La vue sur les montagnes, par temps clair, est superbe.

|●| La Galupe : *15, port du Vern, 64240 Urt.* ☎ *05-59-20-30-70.* • maisonjoanto-restaurant.fr • *Tlj sf lun juil-août (plus mar hors saison). Formule déj en sem 16 € ; carte 20-30 €.* Il fallait du courage et une touche de folie douce pour oser reprendre le resto mythique de Christian Parra afin d'en faire un café-épicerie des temps modernes, simple, convivial, avec un coin resto apaisant pour les familles et les couples, les amis de passage, ravis de l'aubaine. Du rustique décalé, pour le cadre, du sain, du bon, du local, dans l'assiette, et à prix doux, tel était le rêve de Didier Peritz, ancien éditeur reconverti dans le bien-manger, dont la compagne, Pascale, tient la salle et la caisse, avec le sourire. Petite terrasse bien sympa elle aussi.

GUICHE (GIXUNE ; 64520)

Le port de Guiche est dominé par le second château des Gramont, reconstruit au XIVᵉ s : devenu aujourd'hui propriété privée, on ne peut plus le visiter. Mais l'intérêt principal de Guiche, c'est la maison *Montauzer,* nichée à côté du château.

Où acheter un bon jambon basque ?

🏵 **Charcuterie Montauzer :** ☎ 05-59-56-82-93. *Tlj sf dim, plus lun hors saison, 7h30-12h, 14h-19h. Une boîte de pâté offerte pour tt achat à la boutique sur présentation de ce guide.* Une institution locale, familiale et discrète. C'est à la famille Montauzer qu'on doit, en grande partie, le fameux jambon *Ibaïama,* devenu aujourd'hui une référence en la matière. Certes, la production est limitée, mais le jambon est proche de la perfection. À côté de l'atelier, la boutique... On peut y acheter, outre les jambons, de remarquables boudins piquants et de la ventrèche assaisonnée à point.

HASTINGUES (40300)

Petit détour par un village des landes créé par les Anglais au Moyen Âge et auquel le Prince Noir a donné le nom de la célèbre bataille gagnée par Guillaume le Conquérant. Une minuscule mais typique bastide avec sa porte, sa grosse tour rectangulaire par laquelle on accède à la rue principale, son ruisseau axial et les maisons anciennes qui la bordent. La coquette placette est, elle aussi, bien encadrée de demeures dignes d'intérêt avec porche, façade Renaissance et mairie aux allures de maison de maître.

À voir

🎋 **L'abbaye d'Arthous :** *sur la commune d'Hastingues.* ☎ 05-58-73-03-89. ● arthous.landes.org ● *Tlj sf lun : avr-sept, 11h-13h, 14h-18h30 ; oct-nov, 14h-17h. Fermé 1er mai, 1er et 11 nov, et déc-mars. Entrée : 4,50 € lors des expos temporaires, sinon 3,20 € ; réduc ; gratuit jusqu'à 17 ans et pour ts 1er w-e du mois.* Fondée au XIIe s, elle fut dévastée au XVIe s par les Espagnols et les troupes protestantes lors des guerres de Religion. À la Révolution, elle fut transformée en exploitation agricole. Son musée présente l'histoire du pays d'Orthe, de la préhistoire à nos jours. À voir à l'extérieur : le chevet et les absidioles, qui proposent de nombreux chapiteaux et modillons sculptés.

⛺ 🏠 Au-dessous de l'abbaye, ***camping à la ferme*** et ***gîte rural.***

BIDACHE (BIDAXUNE ; 64520)

Dernière avancée des collines basco-navarraises face aux Landes et au Béarn, Bidache domine les confluents des gaves de Pau et d'Oloron, ainsi que le confluent de l'Adour. Impressionnante position stratégique et commerciale, que les Gramont ont su jadis exploiter.
Pour la petite histoire, au XVIe s, les Gramont représentaient le roi de France à Bayonne mais étaient libres de leurs mouvements sur la région de Bidache. Quand les Espagnols expulsèrent les juifs, ils les accueillirent chez eux sans demander la permission à quiconque (les Français n'étaient pas très enthousiastes, vieille histoire...). C'est à Bidache et La Bastide-Clairence que s'installèrent ces premiers réfugiés. De là, ils purent essaimer en douceur sur toute la région, commercer, s'enrichir et enrichir les Gramont, qui prélevaient les taxes (déjà puissants, ils étaient devenus incontournables). Pendant trois siècles, ils ont accumulé les charges et les honneurs. Dire qu'ils étaient aimés par leurs sujets... Aujourd'hui, le château des Gramont est en ruine. Il fut en partie détruit une première fois en 1523 par Charles Quint, puis reconstruit par Charles de Gramont, archevêque de Bordeaux. Enfin, il brûla en 1796 dans des circonstances douteuses. Ses ruines dominent la vallée. Il appartient toujours à la famille.

Adresse utile

Office de tourisme : 1, pl. du Foirail. ☎ 05-59-56-03-49. • tourisme-pays-de-bidache.com • Juil-août, lun-sam 10h-12h30, 14h-18h30, et dim ap-m ; sept-juin, normalement mar-sam 9h-12h, 14h-18h. Accueil charmant pouvant vous renseigner sur les différentes activités dans les alentours.

Où dormir ?

Chambres d'hôtes Maison Sarrot : à quelques km de Bidache, route de Saint-Palais, D 11 (bien indiquée). ☎ 05-59-56-04-22. • pierre gauthier.dubedat@gmail.com • cham bresdhotes-paysbasque.fr • Double 58 € ; suite 85 €. Table d'hôtes 20 €. Ancienne ferme restaurée au milieu d'un vaste jardin, en pleine campagne. Des chambres de bon confort, des suites agréables pour familles (2 chambres). Des pièces à vivre, salon et salle à manger, avec vénérable mobilier. Piscine à l'ombre du bananier. L'adresse idéale pour ceux qui veulent fuir la ville et ne cherchent pas du contemporain à tout prix.

À voir

À la sortie du bourg, sur la route de Guiche, émouvant **cimetière israélite** du début du XVIIe s, l'un des plus vieux de France.

L'atelier David Petrissans : à la sortie de Bidache, avt le pont sur la route de Came. ☎ 05-59-56-09-48. On peut visiter cet atelier de tailleur de pierre en appelant impérativement avt. L'un des derniers de la région travaillant la pierre de Bidache, mais aussi le marbre des Pyrénées.

CAME (AKAMARRE ; 64520)

Au sud-est de Bidache, par la D 936. Ancien port sur la Bidouze qui reliait Bayonne à Came. Came exportait des vins de Jurançon et des sels de Salies, et importait du minerai de fer à l'usage de la forge. Pour l'anecdote, Came est la patrie séculaire de la chaise. Plusieurs ateliers d'artisans sont ouverts aux visiteurs.

LES ÉTAPES COMPOSTELLANES

Au XIe s, un important chemin de Saint-Jacques longeait la rivière entre Bidache et Saint-Palais. Aujourd'hui encore, une minuscule route reprend cet itinéraire et passe à **Bergouey** (ruines d'un château du Xe s), **Viellenave,** bastide du XIIIe s, et **Arancou** (remarquable église du XIIe s joliment restaurée), où l'on a découvert un habitat magdalénien.

LA BASSE-NAVARRE (BEHE NAFARROA)

- La Bastide-Clairence (Bastida) 138
- La vallée de l'Arberoue 140
  - Les grottes d'Isturitz et d'Oxocelhaya
  - Iholdy (Iholdi)
  - Irissary (Irissari)
- Bidarray (Bidarrai) 142
  - Saint-Martin-d'Arrossa (Arrosa) • Ossès (Ortzaize)
- Saint-Étienne-de-Baïgorry (Baigorri) 144
  - Le vignoble d'Irouléguy
- La vallée des Aldudes.. 147
  - Banca • Les Aldudes (Aldude) • Urepel (Urepele)
- Saint-Jean-Pied-de-Port (Donibane Garazi).. 150
- La montagne basque, autour de Saint-Jean-Pied-de-Port 155
- Sur le chemin de Compostelle, entre Saint-Jean-Pied-de-Port et Saint-Palais : le Centre d'interprétation des stèles discoïdales à Larceveau
- Saint-Palais (Donapaleu)................ 159
  - Garris (Garruze)
  - Camou (Gamue)
  - De Saint-Palais à Pagolle

- Carte *p. 137*

La Basse-Navarre n'est connue sous ce nom que depuis 1512. Auparavant, ces terres, dépendant du royaume de Pampelune, s'appelaient *merindades de ultrapuertos*, les « régions au-delà des cols ». Elles restèrent dans le giron des rois de Navarre au début du XIe s, quand les rois d'Angleterre eurent récupéré le Labourd et que les vicomtes de Soule eurent marqué leur goût de l'indépendance à coup de hallebardes. Il est vrai que contrôler depuis Pampelune ces quelques vallées de l'autre côté des montagnes n'était pas facile. C'est pourquoi les divers Sanche avaient laissé s'implanter quelques familles navarraises pour garder ces terres : les Ezpeleta, Garro, Belzunce possédaient de petits châteaux et protégeaient les vallées. Or, voici qu'arrivent les rois français au début du XIIIe s. Pour tenir leur frontière du Nord, ils prennent deux grands seigneurs *francos,* Gramont et Beaumont, et leur cèdent des terres dans la vallée de la Bidouze. On imagine sans peine la tête des Navarrais. Si encore les Beaumont et les Gramont s'entendaient... mais pas du tout. Pendant deux siècles, ils vont se jouer les pires tours, se filer des peignées, s'allier avec les Français, les Anglais, les Castillans, les catholiques, les protestants. Bref, la Basse-Navarre va avoir une histoire aussi compliquée que celle de la Navarre.

UN PEU D'HISTOIRE... ET DE GÉO

Côté géographie, tout comme côté histoire, sachez que ce n'est pas simple, même si aujourd'hui les habitants des différents pays retiennent surtout leur appartenance à une même entité. La Basse-Navarre se compose en fait de trois vallées bien différenciées.

À l'ouest, la **haute vallée de la Nive** forme le *pays de Cize* (Garazi), avec Saint-Jean-Pied-de-Port pour capitale. Le pays de Cize touche au Labourd vers Louhossoa et à la Soule au niveau d'Iraty. C'est le pays des vallées encaissées, des terres à moutons, le pays de la fougère et des châtaigniers. Ou, si vous préférez, c'est le pays de la frontière et des contrebandiers, le pays des villages jaloux de leur individualité. L'architecture reflète des influences à la fois labourdines et navarraises. Si le pays de Cize reste un peu à l'écart des turbulences du Moyen Âge, c'est parce que Saint-Jean-Pied-de-Port a obtenu assez tôt ses *fueros* (privilèges). La ville est

UN PEU D'HISTOIRE... ET DE GÉO

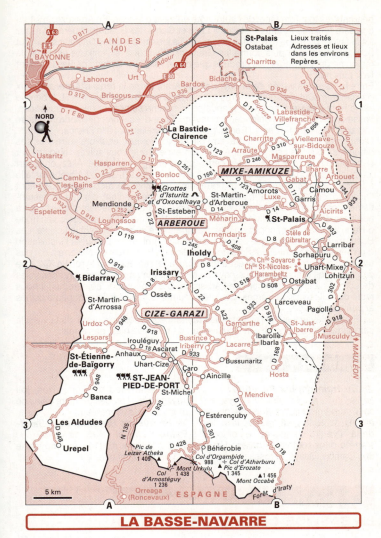

LA BASSE-NAVARRE

libre, défendue directement par le roi de Navarre, travailleuse et commerçante. Garazi est protégé par quelques petits seigneurs installés dans des châteaux à Espelette (Ezpeleta), Mendionde (Garro), Baïgorry (Etxauz). Proche des cols, accessible de Pampelune, le pays de Cize ne pose guère de problème.

À l'est, nous trouvons le **pays de Mixe** (Amikuze), autour de Saint-Palais (Donapaleu). C'est la **haute vallée de la Bidouze,** terre agricole aux lourdes collines, aux forêts épaisses comme la terre alluviale, avec d'immenses champs de maïs et de belles vaches blondes. Les villages commencent à ressembler aux villages béarnais qui leur font face, de l'autre côté du gave d'Oloron. En Amikuze, la situation sera toujours tendue. Installés à Luxe et Garris, les Beaumont perdent assez tôt la faveur du roi de Navarre. Il est vrai qu'ils jouent le jeu des Castillans, surtout pour trouver des appuis contre les Gramont. C'est que, si Amikuze est riche, la région ne peut exporter ses produits que par le val d'Adour, tenu par les Gramont (voir plus haut).

Entre les deux, la **vallée de la Joyeuse** (ou Aran) forme la **terre d'Arberoue,** aux paysages mélangés, belles terres agricoles et landes de fougères. L'Arberoue est la terre des Belzunce. Ces grands seigneurs ne se posent pas de questions. Vassaux de Navarre, ils défendent la Navarre. Quand les Albret deviendront rois de Navarre, ils seront fidèles au Béarn, puis tout naturellement à la France.

C'est après la conquête de la Navarre par la Castille que l'équilibre entre tous ces différents pouvoirs sera rompu. Au fait, on espère que vous suivez toujours, car cette page d'histoire locale n'est certes pas d'une grande clarté. Allez, on repart (ou rejoignez-nous plus loin, on ne vous en voudra pas !). Jean d'Albret s'installe à Saint-Jean-Pied-de-Port pour une ultime tentative de reconquête. Gramont l'accompagne, Beaumont s'abstient. Puis les Albret versent dans le protestantisme. Beaumont prend le parti des catholiques, Gramont devient protestant. La noblesse de Navarre se divise en deux camps. Pour certains, l'accession au trône d'Henri IV sera une bénédiction. Les Navarrais fidèles envahissent le Louvre. Les Beaumont ne sont plus que seigneurs de Luxe. Amikuze a perdu, et l'installation d'un sénéchal à Saint-Palais lors de la création du Parlement de Navarre n'est pas une consolation : le sénéchal est d'abord un juge, représentant le roi. Le XIXe s ne changera pas grand-chose. Le pays de Mixe est tenu à l'écart des grandes voies de communication, tout comme l'Arberoue. C'est pourquoi, aujourd'hui, il nous reste de belles vallées vierges, peu de monuments, mais également peu d'usines et peu de pollution.

La Basse-Navarre est le royaume des randonneurs, des amoureux de la vie à la campagne et au grand air. On y cultive l'art de vivre. Ce n'est pas si mal.

Comment y aller ?

➢ **En train depuis Bayonne :** rens au ☎ 36-35 (0,34 €/mn) ou • voyages-sncf.com • Plusieurs liaisons quotidiennes avec le petit train de la vallée de la Nive (16 tunnels et 16 ponts). Il s'arrête dans toutes les gares : Ustaritz, Cambo, Ossès, Arrossa..., jusqu'à Saint-Jean-Pied-de-Port. Très joli voyage avec l'un des derniers trains de montagne des Pyrénées.

➢ **En bus, de Bayonne pour Saint-Palais : Hiruak Bat,** ☎ 05-59-59-49-00. Ligne n° 811, en moyenne 1-3 départs/j. sf dim.

LA BASTIDE-CLAIRENCE (BASTIDA)

(64240)　　　　　1010 hab.　　　　*Carte Basse-Navarre, A1*

Une vraie bastide en terre basque, fondée en 1312 par Louis Ier de Navarre qui deviendra 2 ans plus tard roi de France, sous le nom de Louis X le Hutin. La fondation de Bastida de Clarenza à cette époque assure au royaume de Navarre une position stratégique car elle se situe à l'extrême limite nord-ouest du territoire navarrais, avec accès facile à l'océan. Pour attirer la population, Louis X choisit la formule de la bastide, qui lui permet de donner à la ville une franchise et d'octroyer des privilèges aux nouveaux arrivants.

LA BASTIDE-CLAIRENCE

Classée parmi les Plus Beaux Villages de France, La Bastide-Clairence a gardé son plan d'urbanisme initial. Maisons navarraises, place à arcades, église avec ses cloîtres latéraux qui servent encore aujourd'hui de cimetière pour les familles bastidotes. Tout est parfaitement entretenu, y compris le cimetière juif du XVIIe s conservé en lieu et place. La municipalité a favorisé l'installation de nombreux artisans (verriers, tisserands, potiers, ébénistes, sculpteurs... et un passementier unique en son genre, accroché à son métier !) en essayant d'axer ses choix sur la qualité. La plupart des ateliers se visitent.

Adresse et infos utiles

Office de tourisme : *pl. des Arceaux (maison Darrieux).* ☎ *05-59-29-65-05.* ● *labastideclairence.com* ● *hasparren-tourisme.fr* ● *Mai-oct, lun-sam 9h30-12h30, 14h-18h (plus dim 15h-18h en juil-août) ; nov-avr, fermé mer ap-m et sam-dim.* Petit fascicule *Les murs vous racontent (1 €)* qui permet de suivre un parcours à travers les ruelles du village à la découverte de ses 700 ans d'histoire. Visite guidée en juillet-août *(payant ; gratuit jusqu'à 14 ans).*

– **Marché fermier :** *juil-août, ven 19h-22h.* Une dizaine de producteurs locaux viennent vendre leurs produits sur la place des Arceaux. Animation musicale et restauration sur place. Le reste du temps, magasin des producteurs ouvert sur la place.
– **Marché potier :** *un w-e en sept, sur la place du village.* Des potiers venus de France et d'Europe se réunissent pour exposer leurs œuvres (raku, faïence, terre vernissée...).

Où dormir ? Où manger ?

Bon marché

Iei Les Arceaux : *pl. des Arceaux.* ☎ *05-59-29-66-70. Tlj sf le soir dim-mar, plus lun midi hors saison. Le soir en hiver, résa nécessaire. Formules déj en sem 9,80-13 € ; assiette fermière servie avec un verre de cidre 19 € ; carte 22-25 €. Café offert sur présentation de ce guide.* Au cœur du village, une petite table sans prétention mais proposant une cuisine très correcte. Laissez-vous tenter par « l'assiette bastidote », impeccable. Parfait pour qui passe ou séjourne à La Bastide-Clairence ! Terrasse sous les arcades.

De prix moyens à chic

Iei Chambres d'hôtes Maison Marchand : *rue Notre-Dame.* ☎ *05-59-29-18-27.* 📱 *06-82-78-50-95.* ● *maison.marchand@wanadoo.fr* ● *pagesperso-orange.fr/maison.marchand* ● *Ouv 1er avr-31 oct. Compter 55-75 € pour 2 selon taille et saison. Table d'hôtes lun et jeu 25 € tt compris. Parking sur résa.* 💻 📶 *Pot d'accueil offert sur présentation de ce guide.* Dans une maison bourgeoise de 1592 qui a conservé tout son appareillage de colombages, briquettes et poutres, de jolies chambres meublées à l'ancienne. Beaucoup d'hôtes anglo-saxons, ce qui donne une ambiance sympa, certains soirs, au moment du dîner. Petit déj copieux.

Chambres d'hôtes Le Clos Gaxen : *route d'Hasparren.* ☎ *05-59-29-16-44.* 📱 *06-86-27-45-62.* ● *leclosgaxen.fr* ● *Congés : nov-fév. Compter 65-75 € pour 2 selon saison.* 💻 📶 Accueil épatant de Christine et Peyo, qui font tout pour être présents sans exagération, surtout à l'heure du petit déj (savoureux), afin de vous laisser au mieux profiter de ce beau lieu, calme et reposant, de la terrasse, du jardin, et bien sûr d'une piscine idéale pour qui veut barboter en paix, dans un écrin de verdure préservé. Les chambres, en rez-de-jardin, agréables à vivre, ouvrent sur un patio intérieur.

LA BASSE-NAVARRE

À faire

L'Asinerie de Pierretoun : *chez Frédéric Ducazeau, au hameau de Pessarou.* ☎ *05-59-31-58-39.* ● *lesanesdupaysbasque.com* ● Ferme découverte qui propose, vous l'aviez deviné, un parcours ludique de la ferme, des balades et randonnées à dos d'ânes, mais aussi une production cosmétique au lait bio d'ânesses (savons, lait de corps, etc.). Tout près de là, vous pouvez poursuivre le dépaysement dans un des chalets de Pierretoun, tenus par Denise, la maman de Frédéric. Calme et nature garantis. ☎ *05-59-29-68-88.* ● *chalets-de-pierretoun.com* ●

LA VALLÉE DE L'ARBEROUE
Carte Basse-Navarre, A-B2

La haute vallée de la Joyeuse et les lourdes collines avoisinantes forment un paysage superbe. Dès que l'on quitte les routes principales, on se trouve dans un lacis de minuscules routes qui montent et descendent en tous sens, traversent des landes couvertes de fougères, offrant d'exceptionnels panoramas sur la chaîne des Pyrénées. On n'est pas vraiment en altitude, et pourtant, on est déjà en montagne. C'est une terre pour de tranquilles balades d'arrière-saison.
Suivez le cours de la rivière Arberoue depuis La Bastide-Clairence jusqu'à Hélette, village tout mignon (statue de saint Jacques dans l'église), surtout connu pour sa procession de la Fête-Dieu avec des costumes extraordinaires : grenadiers napoléoniens, sapeurs armés de haches, danseurs aux bas lacés de rouge.

Où acheter de bons produits ?

Les Fermiers Basques : *pl. des Arceaux.* ☎ *05-59-63-71-41.* Original, sain et sympathique. Un groupe de 11 paysans tous producteurs fermiers se relaient pour vous offrir légumes et fruits de saison, charcuteries, viandes, foie gras, confitures, miel, jus de fruit.

LES GROTTES D'ISTURITZ ET D'OXOCELHAYA

Impossible de visiter l'Arberoue sans voir ou revoir l'attraction numéro 1 du pays : ces fameuses grottes qui demeurent, entre Lascaux et Altamira, une référence pour toute l'histoire de l'homme. Pierre Loti resta « confondu devant la raison des choses, devant l'énigme des formes, devant le pourquoi de cette magnificence étrange, édifiée dans le silence et les ténèbres, sans but, au hasard, à force de centaines de milliers d'années, par d'imperceptibles suintements de pierres. Et si l'on songe que la moindre de ces immobiles bêtes a dû demander pour le moins 2 000 ans de travail aux génies décorateurs du lieu, on en arrive à des conceptions de patience, à des conceptions de durée un peu écrasantes pour nos brièvetés humaines ».

Où dormir ? Où manger autour des grottes ?

Maison Jauregia : *chez Annie Durruty, 64640 Saint-Esteben.* ☎ *05-59-29-65-34.* 📱 *06-84-25-06-47.* ● *maison-jauregia@sfr.fr* ●

maison-jauregia.perso.sfr.fr ● À 5 km à l'est des grottes, à l'entrée de Saint-Esteben. Compter 52 € pour 2. 🛜 Dans une ancienne demeure seigneuriale du XIIIe s rénovée avec ordre et méthode, 4 chambres d'hôtes imposantes où vous serez au calme en toute saison et au frais, assurément, en été.

🏠 🍽️ *Hôtel-restaurant du Fronton :* *pl. du Fronton, 64640* **Saint-Esteben.** ☎ 05-59-29-64-82. ● hotel.fronton@wanadoo.fr ● hotel-fronton.com ● *Resto tlj sf mer et sam midi en basse saison. Doubles 56-58 € selon saison. Menus 17-29 €.* Un petit hôtel dans un tout petit village au cœur même du Pays basque. Cuisine classique et 8 chambres toutes simples mais d'un intérêt évident pour les parents et les enfants, avec la piscine qui vous tend les bras après une balade dans la campagne, ou une partie de pelote au fronton attenant à l'hôtel.

À voir

🎯🎯🎯 *Les grottes préhistoriques d'Isturitz et d'Oxocelhaya : 64640* **Saint-Martin-d'Arberoue** (DONAMARTIRI). ☎ 05-59-29-64-72. ● grottes-isturitz.com ● *15 mars-mai et oct-15 nov, visites tlj 14h-17h (vac scol et j. fériés, également à 11h) ; juin et sept, tlj à 11h, 12h et 14h-17h ; juil-août, tlj 10h-13h, 14h-18h (dernière visite). Entrée : 10 € ; 3,90 € 7-14 ans. Visite spéciale sur résa « Préhistoire et art pariétal » dim à 11h (13,50 €). Tt au long de la saison, ateliers et visites à thème comme la visite « Géologie » (sur demande).*

Les grottes d'***Isturitz,*** qui furent habitées de 80 000 à 10 000 ans avant notre ère, constituent non seulement un lieu unique de regroupement de populations préhistoriques, mais une référence pour la connaissance de l'homme et de son chemin de vie. Visite d'intérêt tout à la fois préhistorique, paléontologique et géologique, comme on vous l'explique dans le petit musée situé à deux pas de l'entrée. On y a retrouvé des peintures, des gravures, mais aussi des outils et des ossements que les chercheurs continuent de remonter au cours des différentes campagnes de fouilles.

Quant à ***Oxocelhaya,*** ce chef-d'œuvre de la nature, c'est à la fois une grotte sanctuaire et une curiosité géologique surprenante. Très belles concrétions qui intéresseront les amateurs de stalagmites et de stalactites. Animations familiales durant les vacances scolaires.

C'est ici qu'on a retrouvé les plus anciennes flûtes connues (taillées dans des os de vautour), tellement célèbres chez les préhistoriens qu'on en a fait des copies pour Altamira, le Lascaux espagnol.

– Pour la petite histoire, la colline au-dessus des grottes s'appelle *Gaztelu.* On y trouve les ruines (hélas ! inaccessibles) du château de *Rocafort,* l'une des plus vieilles forteresses de Navarre.

À faire

🎯 *La ferme Agerria : 64640* **Saint-Martin-d'Arberoue** (DONAMARTIRI). ☎ 05-59-29-45-39. ● agerria.fr ● Bernadette et Jean-Claude aiment leur boulot, et aiment le faire découvrir. Visite et découverte de l'élevage de brebis Manech Tête Rousse, et de porcs basques Kintoa élevés en plein air. Participer aux activités n'est pas une obligation, mais pourquoi pas ? Agnelages (octobre-mars), traite (décembre-juillet) et tonte (avril-mai). Tables de pique-nique pour déguster les produits maison avant (ou après) une randonnée sur le mont Eltzaruze.

IHOLDY (IHOLDI ; 64640)

Un joli village perdu avec quelques belles maisons nobles, notamment celle de monseigneur d'Olce, l'évêque qui a marié Louis XIV. Après le mariage, l'évêque fit reconstruire le château familial (il était un homme de bien dans tous les sens du terme).

⚑ Après avoir été en ruine durant plus d'un siècle, le **château** s'ouvre à la visite aux beaux jours *(☎ 05-59-37-51-07 ; vac de Pâques, puis de juin à mi-sept, tlj sf mer 14h30-18h ; entrée : 6,50 €, réduc jusqu'à 16 ans).* À l'intérieur, décor du XVIIe s en stuc : cheminées monumentales, grand escalier et coupole armoriée, à double voussure. Mobilier d'époque des XVIIe, XVIIIe et XIXe s. Les propriétaires s'attachent à redonner son lustre à ce château de style classique. Jardin à la française et labyrinthe. L'ensemble du site est classé Monument historique.

IRISSARY (IRISSARI ; 64640)

Une superbe commanderie du XIVe s trône sur la place du village. Soigneusement restaurée, la *maison Ospitalia,* autre appellation de cette ancienne commanderie de l'ordre de Malte, évoque les maisons nobles de la Navarre du Sud. Elle abrite un *Centre d'éducation au patrimoine (☎ 05-59-37-97-20 ; ● ospitalea.cg64.fr ● ; tte l'année, lun-sam sf j. fériés 10h-12h30, 13h30-17h30 ; GRATUIT).* Expositions temporaires et médiathèque (mercredi et samedi).
Pour rejoindre la vallée de Baïgorry, passage obligé par Ossès et Saint-Martin d'Arrossa (voir plus loin « Dans les environs de Bidarray »).

Où dormir ?

🏠 ***Chambres d'hôtes Aire Berria :*** *au bourg, bien indiqué.* ☎ *09-79-33-25-22.* 📱 *06-89-75-04-06. ● cristina@aireberria.com ● aireberria.com ● Doubles 65-75 € ; familiale 75-150 €. Apéritif offert sur présentation de ce guide.* Petit château datant de 1880 dans un environnement préservé. Bel escalier, boiseries et lambris patinés, meubles à l'ancienne, objets familiers... Le charme d'une maison habitée depuis longtemps. Accueil sympathique de Cristina, d'origine brésilienne. 3 chambres de bon confort, à la personnalité fort différente, dont une familiale. Au dernier étage, les moins chères ont salle de bains commune. Depuis la terrasse derrière, beau panorama sur la campagne. Atmosphère « Tous les matins du monde », on sort alors sa viole de gambe...

BIDARRAY (BIDARRAI)

(64780)   680 hab.   *Carte Basse-Navarre, A2*

Un agréable village magnifiquement situé au cœur de la montagne basque, au pied des crêtes de l'Iparla, très vieille halte compostellane. Un village tranquille avec une belle église en grès rouge avec chapiteaux romans sculptés, auvent en bois et clocher très particulier avec un fronton en forme de... fronton pour la pelote !
Au-dessus de Bidarray, la crête d'Iparla est un but de randonnée classique, qui permet parfois d'apercevoir l'une des colonies de vautours fauves.

Où dormir ? Où manger ?

🏠 🍴 ***Hôtel-restaurant Barberaenea :*** *pl. de l'Église.* ☎ *05-59-37-74-86.* ● *hotel@barberaenea.fr ● hotel-bidarray.com ● ☙ Congés : déc-janv.*

Doubles 55-65 €. Menus 23-29 €. 🛏 📶 Une très ancienne auberge du pays (1875). Superbe maison basque dans un environnement idéal. Intérieur de charme. Parquet ancien ciré, murs blancs, vieux meubles... Les 9 chambres donnent sur la ravissante petite place et l'église du XIIe s. Idéales pour une clientèle de randonneurs (le GR 10 passe à proximité). Les chambres rénovées sont très épurées, confortables, toutes avec TV, et offrent une vue sur la campagne. Belle cuisine, servie dans une jolie salle à manger.

🍴 *Iparla :* pl. du Fronton. ☎ 05-59-37-87-27. *Tlj sf lun et mar midi. Menus 15-30 €.* Une terrasse, guère visible, propose quelques tables donnant sur de magnifiques collines vertes. Anciennement géré par Ducasse, ce resto a su garder des prix démocratiques tout en respectant la tradition basque. D'ailleurs, les paysans du coin viennent volontiers y prendre l'apéro avant de s'installer à table. Salmis de palombe, ris de veau et boudin noir annoncent bien la couleur locale. Les produits sont évidemment achetés dans les fermes des alentours.

Plus chic

🛏 🍴 *Auberge Ostape :* domaine de Chahatoa. ☎ 05-59-37-91-91. ● contact@ostape.com ● *Dans l'arrière-pays, sur la route de Saint-Jean-Pied-de-Port. Resto tlj sf lun midi, mar et mer midi hors juil-août. Congés : fin nov-début mars. Doubles 140-325 €. Menus 39-75 €.* 🛏 📶 Disséminées au cœur d'un domaine qu'on découvre en voitures électriques, de vastes suites dans 5 villas à la déco personnalisée. Au restaurant, dans un décor chaleureux, cuisine régionale revisitée avec beaucoup de savoir-faire et belle carte des vins. Depuis la terrasse sur laquelle on prend le petit déj aux beaux jours, vue imprenable sur les vertes collines environnantes égayées par les troupeaux de moutons. Une agréable piscine complète l'ensemble. Calme garanti pour ce lieu d'exception où l'on prolongerait volontiers son séjour. Excellent accueil.

Où acheter le meilleur gâteau basque ?

🍰 *Naud Bertrand :* route de l'Église, au pont Noblia. ☎ 05-59-37-71-09. *Juil-août, tlj ; hors saison, fermé lun-jeu. Congés : de mi-nov à mi-déc.* Le gâteau nature à la crème est absolument sublime dans son orthodoxie ; celui à la crème et aux griottes confites est juste à se damner !

DANS LES ENVIRONS DE BIDARRAY (BIDARRAI)

SAINT-MARTIN-D'ARROSSA (ARROSA)

En marge de la D 918, village porte d'entrée de la magnifique vallée de Baïgorry et du Pays quint. Village assez éclaté : il y eut jusqu'à sept quartiers avant la création d'Ossès. Pas bien loin, voir aussi le hameau d'Eyarce.

Où dormir ? Où manger ?

🛏 🍴 *Hôtel Eskualduna* (Chez Katina) *: entre la gare et l'église.* ☎ 05-59-37-71-72. ● chezkatina@wanadoo.fr ● chezkatina.com ● ♿ *Congés : janv-fév. Doubles 54-77 € selon saison. Menus 13 € (déj en sem), puis 19-45 €.* 📶 Grosse demeure basque datant de 1745 et dans la même famille depuis 4 générations. 35 chambres très agréables. Endroit calme et patron accueillant. Grande salle à manger de style rustique. Beaucoup de monde, c'est bon signe. Au menu, feuillantine de noix de Saint-Jacques, ris d'agneau aux cèpes, anguille à la persillade... Piscine couverte et chauffée, sauna, spa, salle de sport, le tout en accès libre et gratuit.

LA BASSE-NAVARRE

OSSÈS (ORTZAIZE)

Petit village plein de charme avec ses artisans, où il faut prendre le temps de vivre, surtout au restaurant.

Où dormir ? Où manger ?

🛏 🍽 **Hôtel-restaurant Mendi Alde :** *pl. de l'Église.* ☎ *05-59-37-71-78.* ● *info@mendi.fr* ● *hotel-mendi-alde.fr* ● ✻ *Resto tlj sf mar hors saison. Doubles 67-88 €, petit déj compris. ½ pens 62-75 €/pers. Menus 15 € (déj en sem), puis 20-33 €.* 🖥 📶 Bel hôtel typique de la région avec une quinzaine de chambres calmes et agréables. Au resto, tout est maison, jusqu'au pain. Spécialité d'agneau du pays. Clientèle locale d'habitués, surtout le dimanche. Service très « basque », comme souvent (ils ont l'éternité devant – et derrière – eux !). Nouvel espace détente avec élégant sauna, hammam, jacuzzi et spa de nage. Piscine chauffée.

À voir. À faire

🎯 Belle *église Saint-Julien* du XVIe s. Clocher heptagonal rappelant les sept anciens quartiers qui constituaient la vallée à l'époque. Retable baroque entouré de colonnes torsadées présentant des scènes de la vie de la Vierge. Un des plus beaux du Pays basque, avec celui de Saint-Jean-de-Luz.

🎯 À la sortie du village, superbe *maison Sastriarena* datant de 1628. Façade en encorbellement à colombages très élaborés. Remarquable linteau gravé et armorié au-dessus de ce la porte principale. Les évêques de Bayonne y passaient de temps à autre lors de leurs visites dans les campagnes basques.

🎯 À quelques mètres de là, la *maison Harizmendi,* dans laquelle mourut l'évêque Jean de Lalande d'Olce, celui qui célébra le mariage de Louis XIV. Façade à colombages avec porte gothique. Aile carrée avec de belles fenêtres à meneaux.

➤ *Balades à cheval :* ferme équestre Les Collines. ☎ *05-59-37-75-08.* ● *ferme lescollines.com* ● *Compter env 50 € pour une journée de promenade (sans repas).* Avec Eugène et ses beaux chevaux, partez pour de magnifiques randonnées, jusqu'à 7 jours, facturées à prix doux.

🎯 ⚛ **Goicoechea :** *au village d'artisans dans la zone artisanale, D 918.* ☎ *05-59-37-71-30.* ● *ooterie-goicoechea.com* ● *Lun-sam 10h-12h30, 14h-18h. Fermé sam janv-mars.* Depuis trois générations, les Goicoechea fabriquent ces magnifiques poteries en terre cuite. De la boutique, on peut voir l'atelier et les potiers travailler, puis flâner dans ce grand espace comme on visite un musée. Les grosses pièces sont évidemment impressionnantes, domptées et montées à la corde selon une technique ancestrale. Mais la maison propose aussi toutes sortes de créations contemporaines, émaillées ou non, toutes plus belles les unes que les autres. Une histoire de famille et de passion ! Autre boutique à Saint-Jean-de-Luz.

SAINT-ÉTIENNE-DE-BAÏGORRY (BAÏGORRI)

(64430)   1 580 hab.   *Carte Basse-Navarre, A3*

Baigorri (en v.o.) est un gros bourg sympathique posé le long de la Nive des Aldudes. L'église et le centre du bourg sont dominés par le château d'Etxauz,

SAINT-ÉTIENNE-DE-BAÏGORRY | 145

berceau de la famille du même nom qui a régné pendant cinq siècles sur la vallée. À la Révolution, vendu comme bien national, le château fut racheté par le père du futur maréchal Harispe, l'enfant le plus célèbre de Baïgorry, enterré dans le cimetière du village. Jean-Isidore Harispe obtint de Napoléon l'autorisation de créer un régiment d'infanterie légère, les chasseurs basques. Idée de génie : il était le seul à pouvoir se faire comprendre de recrues pour qui le français était une langue étrangère. Et les chasseurs basques firent merveille contre Wellington.

Adresse utile

🛈 Office de tourisme communautaire Saint-Jean-Pied-de-Port/Saint-Étienne-de-Baïgorry : *pl. de la Mairie.* ☎ *05-59-37-47-28.* ● *pyrenees-basques.com* ● *Lun-sam et dim mat en été ; hors saison, lun-ven.* 📶 Vend un topoguide sur les randonnées à faire dans la région et organise des visites guidées avec des « raconteurs de pays ». Bel accueil. Vente d'activités pleine nature, résa hébergement.

Où dormir ? Où manger ?

Camping

⛺ Camping Irouléguy : ☎ *05-59-37-43-96 ou 05-59-37-40-80 (mairie).* ● *mairie.baigorri@orange.fr* ● *Au bord de la Nive, dans le bourg. Ouv mars-nov. Compter 9,20-12,20 € en hte saison. CB refusées. 66 empl.* 📶 C'est un grand camping municipal à petits prix. Accès à la Nive pour les chaudes journées et au GR 10 proche pour les randonneurs.

Prix moyens

🏠 Chambres d'hôtes Amestoïa : *quartier Eiheralde, à l'entrée de Saint-Étienne.* ☎ *05-59-37-67-70.* 📱 *06-28-68-77-04.* ● *marjoriemagnan@hotmail.fr* ● *maison-amestoia. com* ● *Doubles 70-85 € ; familiale 105 €.* 📶 Belle demeure du XVe s. Cadre chaleureux et accueil adorable de Marjorie et Stéphane. 5 chambres de charme et d'excellent confort, certaines romantiquement mansardées, avec lit à baldaquin. Super petit déj. Marjorie, qui vient de Brooklyn, est aux petits soins pour ses visiteurs. Possibilité de table d'hôtes hors saison *(nov-mars).*

🏠 |●| Manexenea : *quartier Urdos.* ☎ *05-59-37-41-68.* ● *hotelmanexenea@orange.fr* ● *manexenea. com* ● *À 4 km du centre, sur la route de Saint-Étienne à Saint-Martin-d'Arrossa. Resto fermé le soir en basse saison. Congés : déc-janv. Double 57 € ; familiale 70 €. Menus 20-28 €.* Gentille auberge en pleine campagne, surtout fréquentée par les gens du pays. Calme assuré. Belles chambres. Dans la partie principale, salle rustique sympa, où l'on déguste garbure, ris d'agneau et gibier en saison. Carte courte mais de qualité. Aux beaux jours, on s'installe sur une terrasse ombragée dominant le paysage.

🏠 Chambres d'hôtes Jauregia : *quartier Urdos.* ☎ *05-59-37-49-72.* 📱 *06-87-52-79-24.* ● *daniel.hargain@wanadoo.fr* ● *vacances-au-pays-basque.com* ● *Prendre à gauche après le restaurant Manexenea. Compter 55 € pour 2 ; triple 75 €.* 📶 Une belle maison forte du XVIe s. Daniel Hargain y a aménagé 3 grandes chambres. Vous êtes au bout du monde, face aux crêtes d'Iparla qui appellent à la découverte. Laissez-vous tenter : Daniel est accompagnateur de moyenne montagne et organise également des balades à dos d'âne.

🏠 Chambres d'hôtes Idiartekoborda : *chez Sandrine et Jean-Paul Bibes, route de Belexi.* ☎ *05-59-37-46-29.* 📱 *06-70-87-73-87.* ● *idiartekoborda@wanadoo.fr* ● *idiartekoborda. com* ● *Suivre le fléchage depuis le village. Ouv tte l'année. Doubles 57-65 € ;*

LA BASSE-NAVARRE

triples 74-82 €. Parking. 🛜 Tout au bout (mais vraiment au bout !) du chemin, une ancienne bergerie transformée en habitation en 1832 et en chambres d'hôtes depuis 10 ans. Cette adresse, rustique et charmante, est avant tout dédiée aux amoureux de grands espaces. La vue sur les montagnes est absolument époustouflante, et les chemins de randonnée commencent à la porte...

Chic

🏠 |●| *Hôtel Arcé : quartier de Saint-Étienne.* ☎ *05-59-37-40-14.* ● *reservations@hotel-arce.com* ● *hotel-arce.com* ● *Ouv d'avr à mi-nov. Resto tlj 15 juil-15 sept ; hors saison, fermé le midi lun et mer, plus dim soir, sf j. fériés (ces jours-là, menu unique pour les clients de l'hôtel). Résa conseillée. Doubles 105-180 €. Formule 21 € en sem ; menus 33-55 €. Tennis.* 💻 🛜 *Apéritif maison offert sur présentation de ce guide.* L'ancien repaire de contrebandiers est aujourd'hui la plus luxueuse auberge de la vallée, dirigée depuis 4 générations par la famille Arcé (1864). Grande terrasse ombragée et fleurie. Aux beaux jours, seul l'écoulement du sage torrent couvre le bruit des fourchettes. Grande salle à manger à la blancheur immaculée. Belle carte, gourmande en diable. Piscine splendide avec le cirque de montagnes en fond.

Où acheter de bons produits ?

🌸 *Ferme Enautenea, famille Tambourin : route de Saint-Jean-Pied-de-Port.* ☎ *05-59-37-40-64.* 📱 *06-32-34-26-99.* ● *fromagetambourin.fr* ● Jean-François et Michel, son fils, sont passionnés par leurs fromages. Ils en font goûter différents affinages, différents crus (fromage d'été, fromage d'hiver). De décembre à juillet, on peut assister à la traite tous les jours à 18h. En juillet-août, rendez-vous conviviaux le mercredi à 18h30. Conserves maison également.

🌸 *Chocolaterie Laia : rue de l'Église.* ☎ *05-59-37-51-43.* ● *contact@laia.fr* ● *laia.fr* ● *Tlj sf dim-lun en basse saison 9h-19h. Congés : fév.* Un des très rares chocolatiers à torréfier ses propres fèves (rigoureusement sélectionnées). Fabrication artisanale en petites quantités, fraîcheur assurée. Pas mal de choix : pâte à tartiner bio, pralinés et ganaches diverses, orangettes et citronnettes, *ardi babak* (noisettes caramélisées et enrobées praliné et cacao), etc. Dégustation de chocolat chaud à l'ancienne.

À voir

🎯 **Le pont « romain » :** en fait, comme toujours en Pays basque, il date du XVIIe s. Une seule arche, très haute, élancée, vraiment hardie. Compose, avec les maisons alentour, la végétation, le ravissant château d'Etxauz et les montagnes en fond une superbe photo. Il possède toujours ses énormes galets médiévaux. Il était emprunté par les pèlerins qui rejoignaient le Baztán.

🎯 **L'église Saint-Étienne :** *visite de groupe possible de l'église et de l'orgue (résas à l'office de tourisme). Messe en basque dim à 10h30.* Sous la tour carrée du XVIIIe s, le porche abrite une porte réservée aux cagots (les lépreux d'alors !). À l'intérieur, atmosphère intime, architecture harmonieuse. Triple étage de longues tribunes. Voûte en berceau peinte. Celle du transept est richement décorée. Remarquable retable baroque du XVIIe s. Grand orgue de style baroque également. S'attarder sur les quelques chapiteaux romans de style naïf et rugueux.

🎯 **Le château d'Etxauz :** ☎ *05-59-37-48-58.* ● *etchauz@yahoo.fr* ● *Visites commentées payantes en saison sur résa.* Belle demeure seigneuriale reconstruite au XVIe s (charpente exceptionnelle).

Manifestations

– **Festival des forces basques :** *1 dim en juil et 1 dim en août (se renseigner sur les dates auprès de l'office de tourisme).* Épreuves aussi viriles qu'impressionnantes (voir la rubrique « Sports » dans « Hommes, culture, environnement » en fin de guide).
– **Festival d'orgue de Basse-Navarre :** *env 10 j. en août.* L'orgue de Baïgorry est neuf et sonne remarquablement.

DANS LES ENVIRONS DE SAINT-ÉTIENNE-DE-BAÏGORRY (BAÏGORRI)

🍷🍷🍷 **Le vignoble d'Irouléguy** (Irulegi ; 64220) **:** *sur la D 15, vers Saint-Jean-Pied-de-Port.* L'*irouléguy*, la seule appellation du Pays basque français, est produit sur une dizaine de communes (à peine 220 ha !). Une terre rouge et des cépages caractéristiques (tannat, cabernet franc et achéria pour les rouges et les rosés) lui confèrent un goût bien spécifique et en font un vrai vin de terroir qui se marie bien avec la gastronomie locale. On vous conseille vraiment de venir arpenter le vignoble, c'est un des plus beaux qui soient. En terrasses, à flanc de montagne, il dégringole vers les villages et offre des contrastes de couleurs et des perspectives époustouflantes sur les Pyrénées.

Où acheter de bons vins ?

🍷 Bien sûr, il y a la visite de la **cave coopérative,** à la sortie de Saint-Étienne-de-Baïgorry (☎ *05-59-37-41-33 ; ● cave-irouleguy.com ● ; boutique ouv tte l'année, tlj sf dim oct-mars).* Mais rien ne vaut une visite à des indépendants. On a craqué pour le rouge du **Domaine Ameztia** *(à Saint-Étienne ;* ☎ *05-59-37-93-68 ;* 📱 *06-73-01-27-58).* Ameztia, « le chêne » en basque, est l'aboutissement d'une passion. Berger vigneron, Gexan Costera élève 7 ha de vigne comme il élève ses brebis : de la précision, du doigté, de la passion. Autre coup de cœur pour le rouge du **Domaine Mourguy** *(Etxeberria, à Ispoure ;* ☎ *05-59-37-06-23 ;* 📱 *06-78-84-89-25 ; ● domainemourguy.com ● ; tte l'année lun-sam – nov-mai, sur rdv).* Florence élabore un irouléguy souple et soyeux dont elle peut être fière. Comme tout ici se fait en famille, la maman s'occupe des chambres d'hôtes *(60 €),* et le frère propose des balades à dos d'âne à travers les vignes (voir plus loin, « À faire » à Saint-Jean-Pied-de-Port) ! On aime aussi beaucoup le **Domaine Abotia** *(à Ispoure toujours ;* ☎ *05-59-37-03-99).* Sans oublier le **Domaine Arretxea** *(à Irouléguy ;* ☎ *05-59-37-33-67 ; dégustation tlj sf w-e sur rdv).* Des vins blancs vifs et racés, à la belle minéralité, des rouges fruités soyeux, au grand potentiel de garde, produits en biodynamie par un couple charmant qui vous parlera de ses vins avec passion.

LA VALLÉE DES ALDUDES

Carte Basse-Navarre, A3

BANCA *(64430)*

Minuscule village blotti auprès des berges de la Nive des Aldudes. Aujourd'hui surtout connu pour son élevage de truites. Les belles ruines à l'entrée du village sont celles des forges de Banca, exploitées au XVIII⁰ s mais déjà connues des Romains : on a trouvé à Bordeaux, chez les forgerons romains, du minerai de fer de Banca.

Où dormir ? Où manger ?

🏠 🍴 *Hôtel-restaurant Erreguina :* ☎ 05-59-37-40-37. ● hotel@erreguina.com ● hotelerreguina.com ● *Congés : de mi-nov à fév (sf pour le resto sur résa). Doubles 52-72 € env. Formules en sem 11-15 € ; menus 21-26 €.* 📶 Une petite route mène jusqu'au parking aménagé à l'entrée de cette auberge de bout du monde qui se cache près de l'église, juste au-dessus du fronton. Elle est toujours (aussi bien) tenue par la famille Bidart, depuis 4 générations. Les chambres ont été joliment aménagées, et la cuisine est entièrement régionale et à base de produits locaux. Service efficace, avec le désir de ne pas vous laisser mourir de faim.

À voir. À faire

🎯 **Olhaberri :** *dans le bourg.* ☎ 05-59-37-71-10. ● olhaberri.com ● *GRATUIT. Visite commentée gratuite sur demande.* 📶 Étonnant, ce centre d'évocation très moderne sur l'histoire des mines de cuivre et de fer de Banca, de l'Antiquité à nos jours. Sentier d'interprétation. Bar et restauration rapide.

🎯 **La Truite de Banka :** *route des Aldudes.* ☎ 05-59-37-45-97. ● truitedebanka.com ● *Visite libre lun-sam 10h-12h, 14h-18h.* Voilà une truite bien élevée : en eaux vives, de manière artisanale, et fumée au bois de hêtre. Il faut 1 an pour une truitelle et jusqu'à 4 ans pour une truite, soit quatre fois plus de temps que les confrères qui ont tendance à « forcer » les truites. On comprend mieux la chose en se promenant dans les viviers, alimentés par une source de montagne, ou en visitant l'intéressante petite expo qui explique tout le processus d'élevage. Boutique, bien sûr.

LES ALDUDES (ALDUDE ; 64430)

Les Aldudes, dont le nom signifie « chemin des hauteurs », s'étirent le long de la Nive des Aldudes. À hauteur du monument aux morts, passer le pont pour découvrir le cœur du village, une jolie place avec une église à façade et clocher peu habituels. Porche voûté en grès rouge.

Où dormir ? Où manger ?

🏠 🍴 *Hôtel-restaurant Saint-Sylvestre :* quartier Esnazu. ☎ 05-59-37-58-13. ● stsylvestre.hotel@neuf.fr ● *Suivre le fléchage depuis le village. Congés : fêtes de fin d'année (ouv en janv sur résa). Doubles 50-52 € ; familiale 60 €. ½ pens 40 €/pers. Menus 13-22 €.* Chambres toutes simples, de confort honnête et parfaitement tenues. À table, la patronne et son fils régalent leur petit monde et chouchoutent leurs pensionnaires avec de bons petits plats, type cuisine de grand-mère. Les produits proviennent essentiellement des fermes alentour, à commencer par le porc basque de Pierre Oteiza et les truites de la vallée (qui proviennent des rivières alentour).

🍴 *Auberge Menta :* route d'Esnazu. ☎ 05-59-37-57-58. *Repas 17-22 €.* En bord de route, mais ce n'est pas la circulation qui vous gênera. Une petite adresse de montagne, tout là-haut, dans les alpages, où s'activent 3 générations de femmes, de la grand-mère à la petite-fille. Cuisine correcte et jolie terrasse donnant sur la vallée.

Où acheter de bons produits régionaux ?

🌸 **Gastronomie de la vallée des Aldudes :** ☎ *05-59-37-56-11.* ● *pier reoteiza.com* ● *Tlj 10h-18h30.* Pierre Oteiza est né ici. En 1989, il décide de relancer un élevage qui avait pratiquement disparu dans la vallée, celui du porc pie-noir. Race spécifique au Pays basque et en voie d'extinction. Avec l'aide de quelques éleveurs complices, il entreprend de la sauver. Aujourd'hui, on attend l'obtention d'une AOC pour ce porc *kintoa* (son nom en basque). Oteiza confectionne des jambons, des saucissons, des jésus comme on n'en trouve nulle part ailleurs. Possibilité de déguster ces produits sur place dans l'agréable salle à manger attenante (copieuses « planches découverte » à prix doux).

🌸 **Belaun :** *au centre du village.* ☎ *05-59-37-89-40. 16 mai-15 nov, lun-sam 10h-13h, 15h-19h (fermé sam hors saison).* Cet atelier collectif de découpe et de transformation en viande est l'un des éléments dynamiques de la vallée. Les éleveurs de porcs *kintoa* y trouvent un débouché et un labo pour transformer leurs produits. Vente et boutique sur place de tous les bons produits locaux : piment d'Espelette, irouléguy, fromage ossau-iraty...

Randonnées dans les environs

La vallée se présente comme un petit paradis pour les randonneurs.

➢ 🚶 **Un sentier de découverte du porc pie-noir** du Pays basque a été mis en place : 1h30 de balade pour découvrir les animaux à tous les âges de leur vie, dans leur environnement naturel. Le sentier s'éloigne du village pour se diriger vers les premiers contreforts de la montagne, où les troupeaux paressent au soleil ou au milieu des chênes, des châtaigniers et des hêtres. Plus haut, la vue se dégage et laisse apparaître le col de Roncevaux. C'est le moment d'étudier la flore (ajoncs, callunes, bruyères, fougères) et la faune sauvages (gypaètes barbus, buses, grands corbeaux, parfois vautours fauves). Le retour vers la vallée mène à l'ancien chemin bordé de pierres sèches qui reliait les trois villages de la vallée. Balade à pied, accompagné d'ânes *(juil-août),* selon l'humeur *(rens :* ☎ *05-59-37-56-11).*

– Se procurer sinon la carte IGN au 1/25 000 *(Saint-Jean-Pied-de-Port 5/6)* ainsi que la précieuse brochure *Randonnées dans la vallée des Aldudes.* Ne pas oublier de bien refermer les barrières derrière soi. Ne pas effrayer le nombreux bétail. Quelques itinéraires sont balisés avec deux bandes blanc et vert.

Manifestation

– **Vallée des Aldudes « portes ouvertes » :** *mi-oct, ts les 2 ans (années paires).* Le temps d'un week-end, les Aldudes, de Banca à Urepel, sont à la fête. Pelote, courses à pied, concerts, concours de chant basque ou de chiens de berger, marché de producteurs, banquet, etc.

UREPEL (UREPELE ; 64430)

Le dernier village de la vallée et une impression indicible de bout du monde. Car la nature, ici, c'est quelque chose d'admirablement vert, de mélancolique et d'un peu paradisiaque en même temps. La forêt est vierge, originelle, à peine dérangée par la main de l'homme. Paix et calme garantis. Évidemment, les balades à pied ne manquent pas. Il faut absolument monter sur les hauteurs par l'une de ces routes menant aux fermes isolées, pour le point de vue sur le village et la vallée.

Sans conteste et avec modestie l'un des endroits les plus magiques du monde ! D'autant plus qu'Urepel est la patrie de Xalbador, le grand poète bertsulari du XXe s. Pour ceux qui sont plus terre à terre, visite de la **fromagerie d'Urepel** (☎ 05-59-37-55-81 ; *tte l'année, lun-ven 9h-12h, plus 14h-18h en été*). Spécialité de fabrication de fromage au lait cru.

Balade dans les environs

Peu après avoir quitté Urepel, on arrive à un carrefour. La route de droite se dirige vers l'ancien poste-frontière de la *venta Baztán*. Celle de gauche indique « Pays Quint 2,4 km ». Ce curieux nom vient d'une loi fiscale, les rois de Navarre prenant comme impôts un cinquième de la valeur du bétail vendu. Le partage de la Navarre en 1512 fut, dans la région, une source permanente de revendications et de conflits. On se volait le bétail de part et d'autre. En 1780, les habitants des deux bords se mirent enfin d'accord sur une frontière, ensuite entérinée par un traité en 1856. La partie contestée resterait espagnole mais elle était donnée en bail perpétuel à la France. La trentaine de familles françaises qui y vivent paient donc toujours leurs impôts fonciers à Madrid.

La route étroite musarde dans une charmante vallée. Paysage doux, serein, voluptueux, intime. Surtout en automne. Si vous passez le col, vous arriverez à Eugi (voir plus loin dans le chapitre sur la Navarre, « La vallée de Roncevaux »).

SAINT-JEAN-PIED-DE-PORT (DONIBANE GARAZI)

| (64220) | 1 700 hab. | Carte Basse-Navarre, A3 |

• Plan *p. 151*

À 8 km de la frontière espagnole, au milieu de son verdoyant cirque de montagnes, on découvre Saint-Jean-Pied-de-Port. L'histoire lui a donné un caractère, un charme qu'aucune ville de Basse-Navarre ne peut lui disputer. Avec sa muraille rose, ses rues médiévales quasi intactes, ses jardins tombant en cascade et la belle citadelle dominant le tout, elle compose un tableau dont on ne se lasse pas. Beaucoup de monde en été, vous vous en doutez. Ça ne fait rien, visitez la ville de très bonne heure le matin, un ravissement !

UN PEU D'HISTOIRE

Le premier site de la ville était un peu à côté, à Saint-Jean-le-Vieux. Petite ville romaine appelée *Immus Portis,* elle abritait une garnison qui surveillait la *via Aquitania.* Après les invasions barbares, on retrouve une ville sur l'emplacement actuel. Les premières mentions datent du XIIe s, époque où l'on construit une église et où Sanche le Sage autorise un peuplement. La voie romaine existait toujours puisque c'est par là que Charlemagne était passé en Espagne. Les *fueros* furent accordés au XIVe s seulement par Philippe IV de Navarre. Saint-Jean-Pied-de-Port dépendait directement de l'évêque de Bayonne. D'ailleurs, au moment du schisme d'Avignon (XIVe s), un évêque schismatique s'y installa. L'histoire de la ville est assez paisible malgré la présence de la forteresse reconstruite par Vauban. Ville

SAINT-JEAN-PIED-DE-PORT | 151

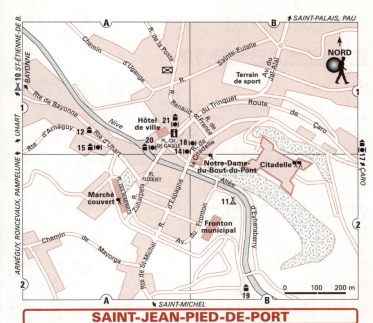

SAINT-JEAN-PIED-DE-PORT

- **Adresse utile**
  - 🛈 Office de tourisme

- **Où dormir ? Où manger ?**
  - 10 Camping de la Truite
  - 11 Camping municipal Plaza Berri
  - 12 Gîte Compostella
  - 14 Restaurant-cidrerie Hurrup Eta Klik
  - 15 Maison Ziberoa
  - 17 Chambres d'hôtes Gure Lana
  - 18 Iratze
  - 19 Maison Donamaria
  - 20 Central Hôtel
  - 21 Hôtel-restaurant Les Pyrénées

carrefour, ville commerçante, ville agricole, Saint-Jean-Pied-de-Port n'a pourtant jamais suscité de convoitises aux temps modernes. Il faut dire que la grande voie de communication s'était déplacée vers la côte.

Adresse et info utiles

🛈 *Office de tourisme communautaire Saint-Jean-Pied-de-Port/Saint-Étienne-de-Baïgorry* (plan A1) : *14, pl. du Général-de-Gaulle, au pied des remparts.* ☎ *05-59-37-03-57.* • *saint. jean.pied.de.port@wanadoo.fr* • *pyrenees-basques.com* • *Juil-août, lun-sam 9h-19h, dim 10h-13h, 14h-17h ; sept-juin, tlj sf dim 9h-12h, 14h-18h.* 🛜 Un nouvel office chic et attrayant qui s'est mis à l'heure du numérique. De bons conseils pour vos visites de la cité fortifiée et de la région. Saint-Jean bien sûr, mais aussi Saint-Étienne, le vignoble, les Aldudes, Banca, les chemins de Compostelle... Visites commentées par les Raconteurs de Pays de la place forte, visites nocturnes, visites de la chapelle de Bascassan. Visites de la citadelle en été. Topoguide sur les randonnées du territoire. Résa hébergement, vente d'activités nature.

– **Marché :** lun mat, pl. du Général-de-Gaulle et dans le marché couvert. Jeu mat au marché couvert (de mi-mai à mi-oct).

Où dormir ? Où manger ?

Campings

⚑ **Camping de la Truite** (hors plan par A1, **10**) : route de Bayonne (D 918), 64220 **Ascarat.** ☎ 05-59-37-31-22. 📱 06-12-83-52-01. ● camping.latruite@wanadoo.fr ● camping-delatruite.com ● ⚐. À 4 km avt la ville en venant de Bayonne. Ouv avr-sept (oct pour les mobile homes). Compter 14-20 € selon saison ; mobile homes 230-600 €/sem. 100 empl. De taille moyenne et correcte. En bord de rivière.

⚑ **Camping municipal Plaza Berri** (plan B2, **11**) : av. du Fronton. ☎ 05-59-37-11-19 ou 05-59-37-00-92. ● mairie.stjeanpieddeport@wanadoo.fr ● st-jean-pied-de-port.fr ● ⚐. Entre la Nive et le fronton. Ouv Pâques-Toussaint. Pas de résa possible. Compter env 10-12 € pour 2. CB refusées. 50 empl. Bien placé au bord de la Nive et bien ombragé. Le centre-ville est tout proche. On y trouve, entre autres, piscine, tennis, minigolf, cinéma, supermarché et laverie.

De bon marché à prix moyens

🏠 **Gîte Compostella** (plan A1, **12**) : 6, route d'Arnéguy. ☎ 05-59-37-02-36. 📱 06-31-89-10-22. ● gitecompostella@sfr.fr ● gitecompostella.jimdo.com ● Ouv mars-nov. Env 12,50-15 €/pers. Sac de couchage souhaité. Grosse bâtisse à l'entrée de la ville, à deux pas du centre donc. Une quinzaine de lits. Accueille pèlerins et randonneurs dans des chambres de 2 ou 4 personnes. Simple mais bien tenu. Cuisine équipée, garage à vélos.

🍴 **Restaurant-cidrerie Hurrup Eta Klik** (plan A-B1-2, **14**) : 3 bis, rue de la Citadelle. ☎ 05-59-37-09-18. Tlj sf mer. Congés : janv-fév. Menus 16-28 € ; plats 11-12 €. Café offert sur présentation de ce guide. Dans cette rue touristique, resto quand même capable d'offrir une belle cuisine traditionnelle servie fort généreusement. Grande salle sans caractère, mais agréable jardin arboré derrière. Accueil affable, service efficace. Des plats solides, goûteux et pas chers, comme l'omelette aux cèpes, jambon de pays et pommes sautées. Offrez-vous sinon le « menu cidrerie ».

De prix moyens à chic

🏠 🍴 **Maison Ziberoa** (plan A1, **15**) : 3, route d'Arnéguy. 📱 06-61-23-59-44. ● maisonziberoa@ziberoa.com ● ziberoa.com ● À deux pas du centre et pourtant à l'abri du trafic sur sa petite butte arborée et fleurie. À la patte-d'oie de sortie de ville, prendre la rue qui monte de suite à gauche. Congés : janv-fév. Double 79 €, familiale 110 €, petit déj inclus. Repas sur résa 22 €. 📶 Ravissante demeure s'ouvrant sur des chambres cosy. On adore celle avec un mur en galets donnant sur le paisible jardin, mais toutes ont bien du charme. Salon aux superbes marqueteries. Accueil tout aussi exquis que discret de Marie-Josée. Possibilité de table d'hôtes. Cuisine de saison goûteuse et simple. Joli petit déjeuner.

🍴 **Iratze** (plan A-B1, **18**) : 11, rue de la Citadelle. ☎ 05-59-49-17-09. ● iratzeostatua@wanadoo.fr ● Tlj sf mar. Congés : janv. Menu déj 26 € ; carte env 35 €. À voir la petite porte côté rue piétonne, on a du mal à imaginer le beau jardin, qui s'étend jusqu'aux remparts. Tous les produits proviennent d'artisans ou de producteurs locaux : porc basque (ferme *Elizaldia*), truites d'Iraty, etc. C'est l'occasion ou jamais de goûter à des recettes traditionnelles rarement proposées, comme l'agneau *txilindron*. Belle carte des vins locaux.

🏠 **Maison Donamaria** (plan B2, **19**) : 1, chemin d'Olhonce. ☎ 05-59-37-02-32. ● info@donamaria.fr ● donamaria.fr ● Compter 70 € pour 2. CB refusées. 5 chambres, dont certaines à l'étage et une dernière plus petite, donnant sur la rivière. Une vieille demeure basque datant du XVIIIe s, une situation privilégiée au bord de la Nive, des chambres de charme meublées à l'ancienne et un beau jardin fleuri font de cette maison un lieu assez idyllique. Ajoutez à cela une piscine au fond du jardin, et ça devient un vrai paradis ! Une jolie petite promenade permet de gagner le centre de Saint-Jean en longeant la rivière.

🏠 |●| *Central Hôtel* (plan A1, 20) : *1, pl. du Général-de-Gaulle.* ☎ *05-59-37-00-22.* ● *central.centralhotel@orange.fr* ● *À côté de la mairie. Resto tlj sf mar hors saison. Congés : 1ᵉʳ déc-15 mars. Doubles 75-95 €. Menus 23-48 €.* 📶 *Réduc de 10 % sur le prix de la chambre sf août-sept sur présentation de ce guide.* Superbe escalier intérieur (sculpté à la main). 14 belles chambres. Demander plutôt celles donnant sur la Nive. Repas servis dans une salle ne manquant pas de charme. Terrasse sur la Nive. Cuisine traditionnelle régionale de bon aloi. Bon accueil et service prévenant.

🏠 |●| *Chambres d'hôtes Gure Lana* (hors plan par B2, 17) : *chez Christian et Geneviève Delteil, 8, route de Çaro.* ☎ *05-24-34-14-97.* 📱 *07-77-76-71-39.* ● *bedandbreakfastgurelana.com* ● *Doubles 65-90 €. Table d'hôtes 29,50 €.* 📶 On est à 10 mn à pied du centre historique. Ancien chef étoilé en Angleterre, Christian Delteil a posé ses valises en terre basque. Goûtez aux mets délicieux qu'il vous concocte et appréciez ensuite le calme et la sérénité qui se dégagent des chambres rénovées, confortables, impeccables.

Plus chic

🏠 |●| *Hôtel-restaurant Les Pyrénées* (plan A1, 21) : *19, pl. du Général-de-Gaulle.* ☎ *05-59-37-01-01.* ● *hotel.pyrenees@wanadoo.fr* ● *hotel-les-pyrenees.com* ● *Resto ouv tlj 1ᵉʳ juil-20 sept ; fermé lun soir nov-mars et mar 20 sept-30 juin. Congés : 1 sem début fév et déc. Doubles 105-255 €. Menus 42-110 €.* 💻 📶 Une des adresses les plus réputées du Pays basque. Vous serez l'hôte de Philippe Arrambide, une étoile, et 4ᵉ génération de cette maison de caractère. Fine cuisine, pleine de saveurs accrochées au terroir, concoctées selon l'humeur, la saison et les goûts du moment. Chambres plutôt chères mais impeccables. Piscine très agréable et joli jardin intérieur.

Où dormir ? Où manger dans les environs ?

Voir aussi, plus loin, nos bonnes adresses dans la montagne basque, autour de Saint-Jean-Pied-de-Port.

Vers Bayonne et Saint-Étienne-de-Baïgorry

🏠 |●| *Auberge paysanne Pekoainia : 64220 Anhaux.* ☎ *05-59-37-27-03.* 📱 *06-76-73-11-27.* ● *pekoainia@wanadoo.fr* ● ♿ *Compter 50 € pour 2 et 45 € à partir de 2 nuits. Repas le soir sur résa à partir de 17 € (y compris pour les non-résidents). ½ pens à partir de 3 nuits. Café offert sur présentation de ce guide.* Sympathique ferme d'André Changala. Propre, bien tenue, dans un petit village navarrais, on ne vous dit que ça ! 3 chambres nickel et de bon confort. Repas dans l'auberge avec les produits de la ferme et des fermes voisines. Spécialité de piperade aux saucisses confites et de caillé de brebis.

Achats à Saint-Jean-Pied-de-Port et dans les environs

🛍 *Maison Brana :* 3 bis, av. du Jaï-Alaï, à Saint-Jean-Pied-de-Port. ☎ *05-59-37-00-44.* ● *brana.fr* ● *Lun-ven 9h-12h, 14h-18h. Congés : 2ᵈᵉ quinzaine de janv. Également une boutique en ville, 6, rue de l'Église (ouv tlj juil-août, fermé mar et dim en basse saison).* La saga Brana remonte à 4 générations, avec une distillerie créée en 1897 où on élabore toujours de remarquables eaux-de-vie ! Depuis 1987, la famille Brana a su redonner à l'irouléguy ses lettres de noblesse.

🛍 *Sauveur Mayté et Fils – Maison Eskerrainia :* 64220 Saint-Jean-le-Vieux. ☎ *05-59-37-10-02.* ● *charcuterie-mayte.fr* ● *Tlj sf dim et j. fériés 8h-12h30, 14h (14h30 sam)-19h ; visites du séchoir et dégustations avr-oct lun-ven 15h-16h, plus sam en juil-août (à 10h, 11h, 14h et 17h).* Le moins que l'on puisse dire, c'est que le détour s'impose ! Le top du top du jambon basque, qu'il soit *Ibaiona* ou « de Bayonne »... Les connaisseurs ne s'y trompent pas et se régalent des jambons de la famille Mayté, séchés de 15 à 22 mois. On en profitera pour faire le plein de bonnes choses (saucisses confites, béret basque...), voire pour visiter le séchoir.

🌀 *Chez Pierre Harispuru : Etxebestia, 64120* **Ibarolle-Ibarla.** ☎ *05-59-37-82-31. Passer le bourg d'Ibarolle en continuant sur la route de Gamia, puis 1re route à gauche ; c'est à 1 km. Compter à partir de 300 € pour le modèle de base.* L'un des grands artisans du makila, le fameux bâton traditionnel basque, fabriqué en bois de néflier sauvage. Pour disposer du néflier parfait, il n'a pas hésité à en planter plus de 500 pieds sur la colline autour de son atelier ; il les bichonne, les fait grandir comme il veut, comme il faut.

À voir

🚶 Sur la **place du Général-de-Gaulle** (ou place du Marché), voir la *mairie,* élégant bâtiment en grès rose du XVIIIe s (appelée « maison Mansart »). En face, la *porte de Navarre* a gardé les caractéristiques des portes d'enceinte du XIIIe s. Rue menant à l'église. À droite, maison des parents de saint François Xavier. Puis deux belles demeures in encorbellement.

🚶 À gauche de la porte de Navarre, escalier menant à la **promenade du Chemin-de-Ronde** et jusqu'à la porte Saint-Jacques. C'est l'occasion d'avoir une vue d'ensemble et d'observer l'envers des maisons et les jardins.

🚶 Retour par la *porte de France* et la ruelle de l'hôtel *Ramuntcho,* et accès à la **rue de la Citadelle,** épine dorsale de la ville intra-muros. La plupart des maisons présentent des linteaux gravés. Ça va de la simple date de construction (ou de rénovation) aux noms de famille, maximes, dessins et symboles religieux.

🚶 **La prison des Évêques :** *41, rue de la Citadelle.* ☎ *05-59-37-00-92 (mairie). Pâques-Toussaint, tlj sf mar 11h-12h30, 14h30-18h30 (tlj 11h-19h juil-août). Entrée : 3 € ; réduc.* Entre 1383 et 1417, durant le Grand Schisme d'Occident, la ville fut, en effet, un évêché dépendant du pape d'Avignon. Impressionnant sous-sol voûté d'ogives (il n'y a cependant aucune preuve que ce fût une prison à l'époque !).

🚶🚶 **La citadelle** *(plan B1-2) :* la rue de la Citadelle s'achève porte Saint-Jacques. Emprunter la montée pour la citadelle, édifiée au XVIIe s. Après sa visite en 1685, Vauban y apposa sa marque : architecture des bâtiments et des portes, construction de souterrains. Assez imposante, avec une belle façade blanche surmontée d'un clocheton. Aujourd'hui, elle abrite un collège. Beau panorama sur la vallée et le cirque de montagnes, et table d'orientation.
Continuer jusqu'à la muraille donnant sur la Nive. À droite part un escalier : c'est le chemin de ronde intérieur de 269 marches, très étroit, avec des passages en mauvais état (déconseillé aux jeunes enfants). On aboutit derrière le splendide chevet de l'église.
Face à la Nive, la *porte Notre-Dame* possède toujours ses gros vantaux cloutés avec les serrures, les gonds et les barres de verrouillage.

🚶 **L'église Notre-Dame-du-Bout-du-Pont** *(plan B1-2) :* construite au XIIIe s. Portail gothique à fines colonnettes. Édifiée en l'honneur de la victoire de Navas de Tolosa (1212) sur les Maures. À l'intérieur, lignes simples, épurées. Élégantes voûtes d'ogives. Architecture équilibrée. Tribune à deux étages.

LA MONTAGNE BASQUE... | 155

✴ Pont en pierre d'une seule arche menant à la très commerçante *rue d'Espagne* avec maisons aux linteaux richement sculptés, et balcons en ferronnerie ouvragée. De l'autre pont, la vision de l'église, de ce pont et des pittoresques demeures à galerie se reflétant dans l'eau est probablement la photo que vous aurez envie de faire illico, à moins que la *pâtisserie Barbier-Millox* soit ouverte. Alors là, n'hésitez-pas et allez plutôt acheter un *chaumontais*, divin gâteau qui à lui seul mérite que vous retardiez l'heure de votre départ, si la porte est encore fermée.

✴ La rue d'Espagne mène à la *place des Remparts* et au marché couvert. Tous les lundi matin et jeudi matin de mi-mai à mi-octobre, marché traditionnel.

À faire

➢ 🚶 *Balade avec un âne :* **Les Ânes de l'Arradoy**, *ferme Etxeberria (un peu après l'église), à* **Ispoure**. ☎ *05-59-37-06-23.* ● *domainemourguy.com* ● *Résa recommandée. À partir de 12 €/h, 25 € la demi-journée, 36 € la journée.* Vous choisissez votre itinéraire, pour lequel on vous fournit fiches et cartes, vous chargez votre pique-nique (et même votre petit dernier qui n'aime pas marcher), et en route ! Proposent également des chambres d'hôtes. Vente directe d'irouléguy (délicieux !) après la visite des chais.

Manifestations

– *Partie de pelote :* incontournable aussi, elle a lieu ts les lun à 17h en été, à 16h en hiver, au trinquet Garat. Entrée : 10 € ; gratuit moins de 16 ans. Pelote à main nue. Ambiance assurée ! En été, initiation à la pelote basque sur rendez-vous.
– *Chœurs basques :* mar en été à l'église.

LA MONTAGNE BASQUE, AUTOUR DE SAINT-JEAN-PIED-DE-PORT

Impossible d'être exhaustif, tant il y a d'itinéraires, de routes menant dans des coins sauvages invraisemblables, et en fort bon état (voire neuves !). En effet, les postes de tir à la palombe (les « célèbres » palombières) se louent si cher à la bourgeoisie basque, bordelaise ou toulousaine qu'une partie de l'argent est réinvestie dans l'amélioration du réseau routier. Les vrais randonneurs râlent, car tout devient désormais trop accessible.
Avertissement : octobre, un des plus beaux mois de l'année pour randonner, demeure une période délicate du fait, précisément, de la chasse à la palombe. D'abord, tous les hôtels de montagne sont complets. Ensuite, dans certains coins, on a l'impression de déranger. Mais on peut quand même trouver des itinéraires peu fréquentés des chasseurs, plutôt sur les versants sud.

Où dormir ? Où manger ?

Vers Roncevaux

🏠 🍴 *Maison Florenia : route de la citadelle, au bourg, 64220 Çaro.* ☎ *05-59-37-25-18.* 📱 *06-43-85-52-83.* ● *othaxc@gmail.com* ● *chambre-hote-florenia.com* ● *De Saint-Jean-Pied-de-Port, direction « Citadelle »,* puis panneau « Çaro » ; ensuite, tt droit. Bien indiqué du centre du village. Tte l'année. Double 58 €, petit déj inclus. Table d'hôtes 20 € (apéro, vin et café compris). Grande demeure basque dans un coin calme et bucolique. Antoinette propose 4 chambres fort plaisantes, décorées à l'ancienne, ainsi que son talent de cuisinière hors pair. Recettes traditionnelles concoctées avec de beaux produits régionaux. En outre, c'est une mine d'infos sur les possibilités du coin. Accueil affable. Également un gîte à louer, fort confortable.

▲ |●| *Ferme Ithurburia :* chez Jeanne Ourtiague, quartier Huntto, 64220 **Saint-Michel.** ☎ 05-59-37-11-17. ● jeanne.ourtiague@orange.fr ● sejour-pays-basque.fr ● ⚒ *Sur la D 428. À 5 km de Saint-Jean-Pied-de-Port et à 500 m d'altitude. Congés : nov-déc. Nuitée 15 €/pers en gîte d'étape. Compter env 55 € pour 2 en chambre d'hôtes ; familiale 85 €. ½ pens 35 €/pers en gîte d'étape et 65 €/pers en chambre d'hôtes. Repas 18 €.* Située sur l'ancienne voie romaine et le chemin historique de Saint-Jacques. Beau panorama. 8 chambres, en ce qui concerne le gîte d'étape, et 5 chambres d'hôtes pouvant accueillir, pour certaines, jusqu'à 4 personnes. Possibilité de camper. Faites confirmer votre réservation, il passe ici plus de 3 000 pèlerins de Compostelle chaque année.

▲ |●| *Le Refuge Orisson :* sur le GR 65, 64220 **Uhart-Cize.** ☎ 05-59-49-13-03. 📱 06-81-49-79-56. ● refuge.orisson@wanadoo.fr ● refuge-orisson.com ● *Très bien fléché depuis Saint-Jean. Ouv d'avr à mi-oct. ½ pens 35 €/pers. CB refusées.* 3 chambres de 6 lits. Le refuge de montagne, sur les chemins de Compostelle, n'accueille pas que les pèlerins. Il offre aussi le couvert (et éventuellement le gîte) aux touristes et randonneurs de passage. Les locaux sont presque aussi nombreux à monter et à venir profiter d'une solide cuisine maison et d'un panorama fabuleux. Belle terrasse avec les montagnes pour unique compagne...

Vers Saint-Palais

▲ |●| *Hôtel-restaurant du col de Gamia :* 64220 **Bussunaritz.** ☎ 05-59-37-13-48. ● restaurant.gamia@sfr.fr ● restaurant-gamia.fr ● ⚒ *À 7 km à l'est de Saint-Jean. Pâques-11 nov, tlj midi et soir. Resto ouv le midi tlj sf mer, le soir sur résa. Congés : janv. Double 45 € ; petit déj en sus. Menus 22-45 €.* La petite route qui y mène est l'une des plus charmantes de la région. De là-haut, terrasse avec panorama exceptionnel. Restauration à l'ancienne, cuisine traditionnelle basque sans manières, privilégiant les produits régionaux : gibier (en saison), civet de sanglier de montagne, Tatin de magret de canard... mais servie dans une grande salle pas très intime. Chambres très propres et confortables.

▲ |●| *Hôtel-restaurant Pecoïtz :* route d'Iraty, 64220 **Aincille.** ☎ 05-59-37-11-88. ● pecoitz@wanadoo.fr ● hotel-pecoitz-pays-basque.com ● *À 6 km de Saint-Jean. Resto tlj sf mer soir et jeu hors vac scol. Congés : janv-mars. Résa fortement conseillée. Doubles 55-60 € ; ½ pens demandée août-sept 49 €/pers. Menus 17 € (en sem)-27 €. Café offert sur présentation de ce guide.* Une belle maison basque avec sa terrasse ombragée, dans un charmant village calme et agréable. Table réputée pour ses spécialités rustiques et sa cuisine mitonnée à l'ancienne : anguilles, pied de porc, piquillos à la morue, ris d'agneau aux cèpes, gibier en saison. Ambiance familiale. Adresse très prisée par les locaux pour le déjeuner dominical et les repas de famille.

Vers Iraty

▲ |●| *Hôtel Andreinia :* dans le bourg, 64220 **Estérençuby.** ☎ 05-59-37-09-70. ● hotel-andreinia@wanadoo.fr ● hotel-andreinia.com ● ⚒ *Congés : de mi-nov à fin déc pour le resto, de mi-nov à fin mars pour l'hôtel. Doubles 65-70 €. Menus 20-30 €.* 📶 Face à l'église, une grande bâtisse entièrement rénovée qui a su conserver l'esprit de la vieille maison de famille. Profitez du spa, de la piscine couverte, et même de l'espace remise en forme. On aime beaucoup la cabane dans les arbres, perchée à 5 m, face à la montagne, avec le panier du petit déjeuner servi au pied. Le resto offre une bonne cuisine traditionnelle, enrichie de quelques plats inventifs servis dans une vaste salle aux poutres apparentes et au mobilier à la belle patine sombre. Quelques spécialités : ris d'agneau à l'espagnole, morue « à la kitchok » coulis de *piquillos*... Accueil vraiment sympa.

À voir. À faire

Balade aux sources de la Nive et au col d'Orgambide

➤ Départ de Saint-Jean-Pied-de-Port pour **Estérençuby.** Jolie route. Puis l'itinéraire s'enfonce profondément dans la montagne. Suivre les indications « sources de la Nive » (la D 301). Paysage assez impressionnant. Arrivée au lieu-dit **Béhérobie.** Passé l'*Hôtel-restaurant de la Nive,* la route serpente merveilleusement dans la forêt d'Orion. Arrivé en haut, au **col d'Orgambide** (988 m), paysages époustouflants. Prendre à gauche, l'itinéraire suit désormais la crête nord du **mont Sayarre** (1 110 m), à l'horizontale. Grands troupeaux de moutons en saison. Avec de la chance, possibilité de tomber sur de joyeuses bandes de vautours fauves se reposant sur le bord de la route. Passage de la borne frontière 212. Au-delà, c'est un plateau ondoyant où broutent les pottoks. La route se termine dans un vallon en cul-de-sac. Petite ferme. De là, possibilité de partir à pied à la découverte de la **caverne d'Harpea.** Environ 1h de balade. Chemin continuant vers le sud-est.

Retour vers Saint-Jean-Pied-de-Port

➤ Au col d'Orgambide, retour par Béhérobie et Estérençuby, ou possibilité de revenir par la D 428, occasion d'effectuer l'excursion au **mont Urkulu,** qui culmine à 1 438 m. Compter 30 mn de bonne grimpette. Tout en haut, on trouve le *trophée d'Urkulu,* ancienne tour romaine qui mesure une vingtaine de mètres de diamètre et 3 m de haut. Construite au Ier s av. J.-C. Assez imposant, vu l'isolement et l'éloignement de tout aujourd'hui. Du temps des Romains passait ici la voie de Bordeaux à Astorga.

➤ Possibilité également de rejoindre à pied le **col d'Orgambide** par le versant sud du mont Urkulu, côté espagnol. Arrivé à un col, prendre le chemin de gauche, à travers la vallée d'Idopile.

➤ Après le col de Bentarte, on longe à main gauche le **pic de Leizar Atheka** (ascension possible par un sentier balisé, puis une dernière montée très raide). Ensuite, à main droite, on trouve l'ancienne redoute de Château-Pignon, fortifiée par Ferdinand d'Aragon. Quitter ensuite la D 428, pour suivre une route à droite vers Estérençuby. Au bout de 1 km, tourner à droite à nouveau en direction des cabanes d'Elhursaro. On parvient alors à un lapiaz, pittoresque relief calcaire complètement usé et fissuré.

Vers la forêt d'Iraty *(avec variante)*

➤ Vers le sud s'élève le **mont Occabé** (1 456 m) que frôle le GR 10. Le sentier démarre pas loin du *Chalet Pedro.* Accès assez facile. Balisé. Sinon, en voiture, emprunter la direction de l'Espagne, puis prendre à droite la route forestière Oraaté jusqu'au col du même nom. À pied, depuis le *Chalet Pedro,* compter 2,5 km jusqu'à la route frontière, puis 400 m jusqu'à l'entrée de la piste d'Ahuntzbide. La suivre sur 2 km avant de retrouver la route forestière. Reste 2,5 km pour parvenir au *col d'Oraaté*. De là, sentier qui traverse le beau plateau d'Occabé. Du *mont Occabé*, on redescend alors au *Chalet Pedro* par le GR 10.

SUR LE CHEMIN DE COMPOSTELLE, ENTRE SAINT-JEAN-PIED-DE-PORT ET SAINT-PALAIS

Quittez la montagne, oubliez les grands cols pour suivre à l'envers le chemin des pèlerins, jusqu'à Saint-Palais. Arrêt intéressant, à mi-chemin et avant d'atteindre Ostabat, ancienne ville-étape sur le chemin de Saint-Jacques-de-Compostelle, à *Larceveau*.

Où dormir ?

🏠 *Duhalde Ostatua, Gîte de l'Escargot :* 64120 *Uhart-Mixe.* ☎ 05-59-65-60-00. 📱 06-16-33-72-13. ● contact@augitedelescargot.com ● augitedelescargot.com ● Pâques-Toussaint, tlj ; en hiver, sur résa. Congés : 2ᵉ sem de juil. Lit en dortoir slt pour les pèlerins 15 € ; double 40 €. Casse-croûte et plat du jour. 📶 Sur le chemin de Compostelle, une halte où pèlerins et randonneurs trouvent toujours le gîte, le couvert et, le plus important, le grand sourire d'Arño, plein de douceur et de générosité... Pour le reste, un gîte d'étape et une cuisine à disposition.

🏠 *Gîte d'étape Ospitalia :* 64120 *Ostabat.* ☎ 05-59-37-83-17. 📱 06-10-04-65-75. À 12 km au sud de Saint-Palais. Ouv avr-oct. Nuitée env 14 €. Minuscule village presque caricatural à force d'être typique. Il est difficile d'imaginer qu'Ostabat était le point de convergence des différentes routes qui menaient à Compostelle, et qu'au Moyen Âge des milliers de pèlerins s'arrêtaient ici, dans l'un des 2 hôpitaux et 15 hôtelleries. Le gîte, installé dans l'un des anciens hôpitaux, est le seul en son genre aujourd'hui. Architecture typique avec sa galerie extérieure et les coins renforcés de blocs de granit. Seulement 10 places. Repos et calme assurés, mais confort rustique. Idéal pour les marcheurs.

🏠 🍴 *Chambres d'hôtes Maison Oyhanartia :* chez Chantal et Christian Isaac-Jaquemin, 64120 *Larceveau.* ☎ 05-59-37-88-16. 📱 06-80-85-61-73. ● contact@oyhanartia.com ● oyhanartia.com ● À env 15 km de Saint-Palais par la D 933 (bien indiqué). Compter 70-78 € pour 2. Table d'hôtes sur demande 30 € tt compris. 📺 📶 Dans un cadre délicieusement champêtre, non loin des chemins de Compostelle et à mi-chemin entre Saint-Jean-Pied-de-Port et Saint-Palais, une ancienne ferme navarraise entièrement restaurée. Les chambres sont charmantes, mais les parties communes sont tout aussi accueillantes, à commencer par le salon avec sa cheminée et sa bibliothèque.

À voir. À faire

🎯 *Le Centre d'interprétation des stèles discoïdales :* 64120 *Larceveau.* ☎ 05-59-37-81-92 (mairie). 🎯 *Au sud de Saint-Palais, sur la D 933 (direction Saint-Jean-Pied-de-Port). Tte l'année, 9h-19h. GRATUIT.* Retirer une carte magnétique auprès des commerçants du coin. Expo d'une centaine de stèles depuis le XVIIᵉ s (la plus grande du Pays basque). Tout sur leur origine, leur histoire, leur symbolique et les rites funéraires (jusque dans les années 1950). Petites vidéos donnant des repères. Vraiment intéressant !

SAINT-PALAIS (DONAPALEU)

(64120) 1 750 hab. *Carte Basse-Navarre, B2*

Avec l'importante coopérative agricole qui regroupe plus de la moitié des agriculteurs du Pays basque, Saint-Palais est un important centre de vie régional. Tous les ans, le 1er dimanche après le 15 août, les plus beaux gabarits du pays se donnent rendez-vous ici pour les jeux basques. *Aizkolari* (bûcheron), *soka tira* (tir à la corde), *lasto atlxari* (lever de paille)… une manifestation à ne pas rater si vous êtes dans les environs. Un environnement qui, hormis Saint-Palais, se compose de villages épars le long de la Bidouze. Beaucoup sont des bouts du monde. Quelle surprise d'y trouver soudain une belle église romane !

UN PEU D'HISTOIRE

Jadis, les pèlerins de Saint-Jacques, après avoir traversé le gave d'Oloron, se retrouvaient, non loin de Saint-Palais, à la croix de Gibraltar (c'est la déformation, par un cartographe zélé et français, du basque *Xalbador*, « le Sauveur »). De là, par la haute vallée de la Bidouze, ils pouvaient rejoindre Saint-Jean-Pied-de-Port pour entamer le passage des grands cols. Cette manne touristique permit le développement du pays dit « de Mixe » sous la houlette des Beaumont. Curieusement, malgré sa richesse agricole, le pays a suscité peu de convoitises de la part des potentats voisins. Il faut dire que ses forêts empêchaient toute incursion humaine. Saint-Palais n'eut jamais qu'une importance commerciale et agricole. À l'écart des grands bouleversements de l'histoire, on y installa, au XVIe s, le siège du sénéchal de Navarre ; ce qui lui permet aujourd'hui de se parer du titre d'ancienne capitale de Basse-Navarre. Il y eut même un atelier où l'on battait monnaie.

Comment y aller ?

➢ **En bus : Hiruak Bat,** ☎ 05-59-65-73-11. ● autocars-hiruak-bat.com ● Lun-sam au départ de Bayonne (cathédrale Saint-André et gare). Le trajet passe par Bidache, et la route entre Bidache et Saint-Palais offre de superbes points de vue sur les Pyrénées.

Adresse utile

Office de tourisme de Basse-Navarre : *14, pl. Charles-de-Gaulle.* ☎ *05-59-65-71-78.* ● *saintpalais-tourisme.com* ● *En saison, lun-sam 9h30-12h30, 14h-18h30, dim et j. fériés 10h-12h30 ; hors saison, mar-sam.* Des fiches individuelles de randonnée sont en vente ou disponibles en téléchargement gratuit sur le site de l'office de tourisme.

Où dormir ? Où manger ?

De bon marché à prix moyens

🏠 **|●| Hôtel-restaurant de la Paix :** *33, rue du Jeu-de-Paume.* ☎ *05-59-65-73-15.* ● *hopaix@wanadoo.fr* ● *hotellapaix.com* ● *Resto fermé sam et dim soir. Congés : 21 déc-22 janv. Doubles 64-69 € ; familiale 104 € (avec 2 chambres communicantes). Menus 16 € (en sem), puis 23-36 €. Apéritif maison offert sur présentation de ce guide.* Entièrement reconstruit de haut en bas, un hôtel au confort moderne, pratique et agréable. Côté resto, bonne cuisine régionale. Spécialité de ris d'agneau sauté au jambon et aux cèpes. Accueil charmant. Terrasse très agréable en été.

🛏 |○| *La Maison d'Arthezenea : 42, rue du Palais-de-Justice.* ☎ *05-59-65-85-96.* 📱 *06-15-85-68-64.* ● *francois.barthaburu@wanadoo.fr* ● *gites64.com/maison-darthezenea* ● *Compter 75 € pour 2. Table d'hôtes sur résa 25 €.* 🖥 📶 En plein centre-ville, 4 belles chambres d'hôtes de charme, dans une demeure familiale du XVIIe s (fortement remaniée en 1900, certes). La déco est un savant mélange de style contemporain et d'ancien. Notre préférée, celle sur rue (très peu passante), à droite de l'escalier. Spacieuse, beaucoup de charme, pleine d'objets chargés de souvenirs, mais les autres sont bien aussi. Adresse particulièrement élégante et accueil charmant. Jardin avec cour pour prendre un petit déjeuner de soleil, en saison.

🛏 |○| *Hôtel-restaurant du Trinquet : 31, rue du Jeu-de-Paume.* ☎ *05-59-65-73-13.* ● *hoteltrinquet.saintpalais@wanadoo.fr* ● *le-trinquet-saint-palais.com* ● *Resto fermé dim soir et lun. Congés : 20 sept-5 oct. Doubles 67-77 € ; familiales 77-87 €. Formule déj en sem env 14 € ; carte env 35 €.* 🖥 📶 Derrière sa façade rétro, on retrouve l'atmosphère chaleureuse et familiale d'une maison bourgeoise et simple à la fois, au confort actuel. Bâtie en 1892, elle est exploitée par la même famille depuis 4 générations. Au resto, goûtez à la cuisine du terroir et aux spécialités telles que le ris d'agneau, les palombes flambées, la *parrillada* de poissons du jour, etc. Belle terrasse en face de la place du marché. Bar à vins *Le Bouchon Basque,* tout un programme.

Où dormir ? Où manger dans les environs ?

🛏 |○| *Auberge Mendibilenea : 64120 Amorots.* ☎ *05-59-65-85-11.* ● *jean-pierre.darritchon@wanadoo.fr* ● *location-gites-amorots.com* ● *À 10 km au nord-ouest de Saint-Palais. Tlj midi et soir. Double 30 €. Menus 13-28 €. Apéritif offert sur présentation de ce guide.* L'intimité d'une auberge de campagne et en même temps l'avantage d'une piscine privée. Plats basiques : la viande est délicieuse, les cèpes goûteux, et il y a du gibier en saison. Une cuisine traditionnelle et familiale, réalisée avec les produits de la ferme. 5 chambres simples, avec w-c sur le palier, mais convenables, au style désuet. Location de gîte en saison. Accueil familial et chaleureux.

À voir. À faire

🎯 Une *balade dans la vieille ville* vous permettra d'admirer quelques très belles maisons anciennes le long de la Bidouze, et l'ancien palais de justice. Le *trinquet,* avec sa belle charpente métallique signée Gustave Eiffel, ne se visite malheureusement pas. Dommage, quand on sait qu'il a gardé ses tribunes et son horloge d'origine. Possibilité d'assister à un entraînement ou à une partie de pelote. Se renseigner auprès de l'office de tourisme.

🎯 *L'atelier Ona-Tiss : 23, rue de la Bidouze.* ☎ *05-59-65-71-84.* ● *onatiss.fr* ● *Lun-jeu 9h-12h, 14h-17h ; plus ven-sam en juil-août. Fermé vac de la Toussaint et de Noël.* C'est le dernier atelier de tissage de linge basque du Pays basque. Vous verrez les métiers à tisser anciens, qui tissent en coton et en lin les motifs traditionnels.

Manifestation

– *Grand championnat de force basque :* *3ᵉ dim d'août.* Un événement à ne pas manquer (voir « Sports » dans « Hommes, culture, environnement » en fin de guide).

DANS LES ENVIRONS DE SAINT-PALAIS (DONAPALEU)

GARRIS (GARRUZE)

Un superbe village ancien, à côté de Saint-Palais, avec quelques très belles maisons navarraises dont l'architecture et le positionnement sont typiques des bastides.
Connu pour sa traditionnelle *foire aux chevaux,* le 31 juillet de chaque année (pour les bovins, venir le lendemain, le 1ᵉʳ août). Elle existe depuis le XIIIᵉ s ! Les marchands viennent de toute l'Europe. On peut déguster le traditionnel repas aux anguilles sur réservation ou se restaurer auprès d'un des nombreux marchands ambulants.

Où dormir ? Où manger ?

🛏 🍽 *Portalenia :* pl. du Foirail. ☎ 05-59-65-74-23. *Resto tlj sf sam. Doubles 40 € (pèlerin)-50 € selon confort et saison. Plat du jour 8 € ; formule déj express 11 € ; menus 13-30 €. Café offert sur présentation de ce guide.* Chambres toutes simples (douches et w-c sur le palier pour les moins chères). Dans un décor rustique à peine touché par le modernisme, en 30 ans, un bon resto traditionnel avec terrasse panoramique. Gibier en saison.

CAMOU (GAMUE)

Un village qui possède un beau ***château*** (☎ *05-59-65-84-03 ;* 📱 *06-44-30-04-57 ; visite sur rdv tte l'année ; entrée : 3,50 €).* Datant du XVIᵉ s, il est presque dans son état d'origine : une motte (XIᵉ s), un fossé, une grosse ferme fortifiée flanquée d'une tour et une église. À l'intérieur, exposition de maquettes de machines réalisées d'après des dessins de Léonard de Vinci. À l'extérieur, démonstration de tir à la catapulte.

DE SAINT-PALAIS À PAGOLLE

➢ ***La route de Lohitzun*** (fléchage à la sortie de Saint-Palais vers Saint-Jean-Pied-de-Port) est absolument superbe. Vous passerez par des villages perdus, comme ***Larribar*** et ***Sorhapuru,*** avant d'atteindre Mauléon. L'arrivée sur la Soule est une merveille par grand beau temps. Les buses, là-haut, doivent avoir la même vue panoramique.

LA SOULE (XIBEROA)

- **Mauléon-Licharre (Maule-Lextarre)** 166
  - L'Hôpital-Saint-Blaise (Ospitale Pia) • Gotein (Gotane) • Sauguis
  - Trois-Villes (Iruri)
  - Barcus (Barkoxe)
  - Ordiarp (Urdiñarbe)
- **Le massif des Arbailles** 170
  - Aussurucq (Altzuruku)
  - Ahusquy (Ahuski)
- **Tardets-Sorholus (Atharratze)** 171
  - Montory (Montori)
  - La Madeleine (Maidalena) • Alçay-Lacarry (Altzai-Lakari)
  - Licq-Athérey (Ligi Atherei)
- **Larrau (Larraine)** 174
  - Randonnées dans les environs : la passerelle d'Holzarte, les gorges de Kakouetta, le canyon d'Ehujarre, spécial ornithologues
- **Sainte-Engrâce (Santa Grazi)** 176
- **La forêt d'Iraty** 178
  - Randonnées et promenades dans les environs : le sommet du Petrilarré, la crête d'Organbideska, l'ascension du pic du Bizkarzé, le pic des Escaliers et le col d'Iratzabaleta et le circuit Beyra

- Carte *p. 163*

Tous les Souletins vous le diront, la découverte de la Soule, ça se mérite. Déjà, le relief et les forêts n'ont rien de commun avec les aimables paysages du Labourd, et l'architecture ressemble à celle des voisins béarnais. Si elle vous reçoit, et fort bien même, quand elle le veut, la Soule ne se livre pas. Mais la Soule a conservé l'essentiel de l'âme basque : de l'ancestral jeu de rebot aux pastorales, toute la tradition revit en Soule. C'est ici que les associations culturelles sont les plus vivantes. Ne vous attendez pas non plus à un accueil exubérant : le Souletin, un Basque de la montagne, est poli, froid et patient. Mais si vous comprenez et aimez la Soule, le reste du Pays basque vous paraîtra peut-être un peu fade.

APPRENDRE LA SOULE

La Soule, c'est la vallée du Saison, affluent du gave de Pau. À l'est, du col de La Pierre-Saint-Martin jusqu'à L'Hôpital-Saint-Blaise, une chaîne de petites montagnes escarpées la sépare de la première vallée béarnaise, la vallée du Barétous. À l'ouest, la forêt d'Iraty et le massif forestier des Arbailles marquent la limite avec le pays de Cize, tandis qu'au sud le massif du pic

SALE CARACTÈRE

Si les grands seigneurs de Navarre et de Castille ont fichu une paix royale aux vicomtes de Soule, c'est qu'ils étaient protégés par leurs montagnes... et par leur sale caractère. Le nom de la ville de Mauléon vient ainsi du surnom de l'un de ces vicomtes : le « mauvais lion ». Il avait un lion sur son blason et prenait les armes à la moindre occasion !

d'Orhy la protège. C'est donc par le nord qu'on pouvait, traditionnellement, pénétrer en Soule. C'est aussi là que les vicomtes de Soule ont bâti leur forteresse et capitale, Mauléon, comme un verrou protecteur. Jouant habilement des rivalités des grands seigneurs voisins, le vicomte de Béarn, le roi de Navarre et le roi d'Angleterre, les Souletins se sont débrouillés tout au long du Moyen Âge pour ne dépendre de personne, ajoutant à leur sens diplomatique un réel mauvais caractère, un goût certain pour la bagarre et une fine utilisation d'un relief plus que tourmenté. Tout cela restant largement exact en ce début de XXIe s.

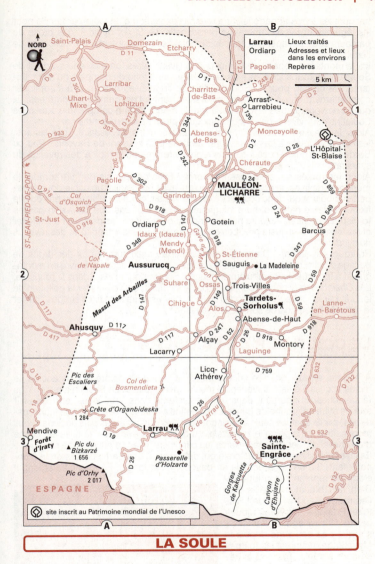

LA SOULE

DIX SIÈCLES D'AUTOGESTION

Au Moyen Âge, les seigneurs de Mauléon avaient mis en place une forme de « démocratie » : la Soule était administrée par le *Silviet,* assemblée à laquelle participaient les représentants élus de toutes les paroisses. Comme dans tout le Pays basque, les terres appartenaient à tous, à l'exception d'un lopin par famille pour les légumes et la consommation personnelle. Le *Silviet* décidait des droits de parcours et de pacage, des coupes de bois, des reboisements, de l'utilisation de l'eau...

Ici, la montagne appartient à ceux qui en vivent. Alors, on a créé le syndicat de Soule qui regroupe tous les élus de la vallée et ne rend de comptes qu'aux habitants. De ce fait, pour un Souletin, les lois françaises n'ont pas à s'appliquer complètement et, en tout cas, pas si elles vont à l'encontre des coutumes. Et quand on vous dit que la forêt est à tout le monde, il faut comprendre à tous les Souletins qui y vivent, pas à tous ceux qui y passent. C'est comme ça.

Alors, la chasse ? Ici, c'est un mal qui semble, hélas, nécessaire. Tous les ans, les cols sont loués à des chasseurs, venus le plus souvent de Bayonne, Pau ou Bordeaux. Le prix de ces locations représente près de la moitié des revenus du syndicat.

Alors, les routes qui envahissent la forêt ? Elles ont permis de faire tomber le monopole de la seule société de sciage qui avait pu installer un câble pour transporter le bois et qui donc coupait ce qu'elle voulait, où elle voulait et au prix qu'elle fixait. Véritable catastrophe écologique, pire en tout cas que l'invasion par les touristes motorisés. Aujourd'hui, le syndicat peut choisir les parcelles à exploiter et les faire payer un juste prix. Les coupes de bois représentent 40 % des revenus du syndicat.

Pourquoi cet argent ? D'abord, pour baisser au maximum le prix des droits de pacage des troupeaux. De ce fait, les bergers peuvent continuer à vivre en montagne et à fabriquer leurs fabuleux fromages. Et puis pour investir dans le tourisme. Les *Chalets d'Iraty* ont été construits par le syndicat, qui veut éviter la pollution de la forêt par le « mitage » des constructions. Les visiteurs sont fixés sur des sites et le reste de la forêt garde son aspect sauvage.

LE CŒUR DUR DE LA CULTURE

À Tardets, en été, on joue encore au rebot, le jeu de pelote le plus ancien, le moins accessible sans initiation, le moins spectaculaire. La Soule n'aime pas les fanfreluches. Et pourtant, dans un spectacle de danses basques, on reconnaît tout de suite un groupe de danseurs souletins à la variété et à l'éclat de leurs costumes, car ils sont les seuls à avoir conservé les costumes les plus anciens : vous reconnaîtrez sans peine le *zamalzain*, ou danseur-cheval, dont la taille est ceinte d'un cheval d'osier, et la *kantiniersa,* ou cantinière, avec sa courte robe rouge.

Essayer d'assister à une pastorale ou, du moins, à une partie de pastorale (honnêtement, 3 à 4h de spectacle en basque, c'est long !). Fondamentalement, il s'agit de représenter la lutte du Bien (les bleus) contre le Mal (les rouges) au travers de l'Histoire. Préparée, répétée et jouée par tout un village, la pastorale n'a que très peu varié depuis le Moyen Âge, même si les thèmes en sont actuels. Tout est extrêmement codifié. Pas de décor, les acteurs jouent de façon terriblement hiératique, le torse raide, l'œil perdu sur l'horizon. Seule la diction, soutenue par le chant, indique où l'on en est. Heureusement, les intermèdes dansés apportent un peu de vivacité

DES DANSEURS HORS PAIR

Les Souletins étaient si bons danseurs que la Grande Armée les aurait sélectionnés pour distraire les grognards de Napoléon. Cela explique les nombreux détails napoléoniens ajoutés aux costumes anciens. D'ailleurs, la richesse et la beauté des danses souletines sont exceptionnelles. Il faut admirer les danseurs lors de la godalet dantza : il s'agit de sauter et de retomber avec un seul pied sur un verre plein de vin sans le renverser !

dans le spectacle. C'est rigoureux et incompréhensible, comme le kabuki ou le théâtre nô japonais. On y trouve des diables et des anges, des soldats et des saints, un récitant et des musiciens.

LE RALLYE DES CIMES

Chaque année en septembre, au grand dam des randonneurs, les montagnes de Soule grondent et rugissent : on y prépare et court le rallye des Cimes. Encore une histoire typiquement souletine qui alarme les écolos et mérite d'être connue. En 1957, la Soule était parfaitement isolée. Une seule mauvaise route conduisait à Larrau. Iraty était impénétrable, et les bergers passaient plus de 6 mois isolés dans les alpages. Le syndicat était bien conscient de l'importance de désenclaver la Soule, mais il fallait en convaincre le gouvernement. C'est alors que Sauveur Bouchet, maire de Licq et figure de la région, eut l'idée d'organiser une course de jeeps entre bergers afin de prouver que l'on pouvait relier la Soule à la Cize. Années mémorables où s'affrontaient une quinzaine de jeeps rescapées du Débarquement, conduites par des bergers sans peur qui refusaient le port du casque parce qu'il les empêchait de garder leur béret ; sur des pistes effroyables, sans pub, sans sponsor, pour le plaisir de s'amuser entre copains, avec un bal public le dernier jour sur la place de Licq.
Sauveur Bouchet avait fait la preuve qu'on pouvait rompre l'isolement de la Soule et de ses bergers. Son rallye est devenu une institution bon enfant, dont l'organisation est toujours intégralement souletine et où plus de la moitié des concurrents restent des enfants de la région avec des voitures bricolées. Les bénéfices réalisés sont destinés à l'amélioration des pistes, vitales pour l'entretien des troupeaux et le confort des bergers. Alors, si vous randonnez par là au début de septembre, n'évitez pas le tracé du rallye. Au bord des pistes, il y a toute la population de la Soule, des commentaires à chaud et des encouragements en basque, plus quelques franches rigolades avec des gens pour qui le 4x4 est d'abord un outil de travail et qui l'utilisent pour s'amuser une fois par an.

Comment y aller ?

➢ *En bus, ligne Bayonne-Mauléon : Hiruak Bat.* ☎ *05-59-59-49-00.* | 3 bus/j. sf dim. Départ à la gare, à Bayonne.

Petit itinéraire en Soule

Un séjour de 2 jours, que vous pouvez bien entendu prolonger autant que vous voudrez, doit vous permettre de ne rien manquer des beautés de la Soule.

➢ *Au départ de Mauléon :* prendre la vallée du Saison jusqu'à Gotein-Libarrenx, puis tourner à droite vers Menditte et Idaux-Mendy. Continuer dans le massif des Arbailles par Aussurucq vers Ahusquy (route sublime dans la forêt, puis dans un paysage de calcaire qui évoque les collines méditerranéennes). Au bord de la route, des houx arbustifs bicentenaires. Dans le ciel, les vautours planent. On longe le col d'Apanise, grande voie de migration, par une route en belvédère, puis on plonge vers Behorleguy. Après Mendive, remonter vers Iraty. Autre forêt, de hêtres celle-là, autres paysages. Suivre vers les *Chalets d'Iraty* et ensuite par Organbidexka, encore une route en belvédère. Dès mi-août, c'est LE point de migration des oiseaux vers le sud. Vallée encaissée, nuages qui jouent à cache-cache, même sous la pluie, c'est l'un des plus beaux points de vue des Pyrénées. Après Larrau, plongée vers Licq-Athérey et Tardets.

➢ **De Tardets :** une autre boucle permet une incursion en Béarn : prendre la route de Lanne, puis d'Arette, et monter vers La Pierre-Saint-Martin. Ne pas manquer à droite l'embranchement de Sainte-Engrâce et de Kakouetta. Après Kakouetta, redescendre vers Logibar et Licq-Athérey.

➢ Si vous êtes arrivé en Soule par la **vallée du Gave** et **Navarrenx,** vous en avez profité pour voir L'Hôpital-Saint-Blaise et vous pouvez repartir de Mauléon par Ordiarp et le col d'Osquish.

MAULÉON-LICHARRE (MAULE-LEXTARRE)

(64130) 3 440 hab. *Carte Soule, B1*

L'histoire de Mauléon, capitale de la Soule, se confond avec celle de la région tout entière. La ville est une ancienne bastide construite au pied d'une colline surmontée d'un château, le château de Malus-Leo (« le mauvais lion » !). Vicomté vassal d'Aquitaine dès 1023, les ducs de Gascogne y imposent leur autorité de 1257 à 1307. Les Anglais prennent la relève jusqu'au milieu du XVe s. La Soule est intégrée aux États des comtes de Foix avant de suivre le destin du royaume de France.

L'ESPADRILLE, UNE AFFAIRE QUI MARCHE

Le développement de Mauléon est lié à sa tradition industrielle et artisanale qui débuta au XIXe s. Cordiers et tisserands fabriquaient des sandales. Un jour, ils eurent la bonne idée de se réunir et de construire des manufactures. C'est que l'espadrille était la chaussure préférée des mineurs du nord de la France : on portait plus de sandales dans les corons que dans tout le Pays basque. Le secteur de la chaussure fit la réputation et la fortune de Mauléon jusque dans les années 1960. La marque *Pataugas* équipa l'armée française et devint un nom commun, tant la production était importante. Malgré la concurrence étrangère, l'industrie s'est maintenue avec les fabriques d'espadrilles qui fournissent 80 % de la production française. Vous verrez à l'office de tourisme une espadrille géante figurant au *Guinness World Records,* fabriquée par les artisans mauléonais regroupés sous le label *Bigaya.* En attendant la création d'une véritable Maison de l'espadrille !

Adresse utile

🛈 ***Maison du Patrimoine – Office de tourisme de Soule :*** *10, rue J.-B.-Heugas.* ☎ *05-59-28-02-37.* ● *soule-xiberoa.fr* ● *En hte saison, lun-sam 9h-13h, 14h-19h, dim 10h-12h30 ; en basse saison, lun-sam slt.* Espace de présentation de la région, expositions tournantes et permanentes. Bonne doc. Brochure très pratique, *Les Sentiers de Soule,* indiquant toute une série de randonnées balisées. Centralise la résa des gîtes, propose des séjours rando ou pêche.

Où dormir ? Où manger ?

Camping

⛺ ***Camping Uhaitza – Le Saison :*** *route de Libarrenx.* ☎ *05-59-28-18-79.* ● *camping.uhaitza@wanadoo.fr* ● *camping-uhaitza.com* ● ⚓ *À la sortie de Mauléon en direction de Tardets. Ouv Pâques-fin oct (tte l'année pour* *les loc). Compter env 20,90 € en hte saison ; chalets et mobile homes 286-617 €/sem. 50 empl.* 🛜 Un camping bien équipé (agréé « Clef Verte ») mais à prix doux. Bien situé en bordure du gave, calme, coquet, très fleuri. Baignade, pêche et possibilité de pratiquer le kayak sur place. Vous vous endormirez bercé par le doux murmure du Saison et peut-être aussi par le chant de quelques *laminak*, petits elfes familiers de ces lieux.

De bon marché à prix moyens

🍴 **Auberge Etcheto Ostatia :** *14, rue de Béla, dans la ville haute (la maison à arcades).* ☎ *05-59-28-29-81. Tlj sf mer, plus mar soir hors saison. Congés : 1 sem avr. Menu du jour 16 € et carte.* Au cœur de la vieille bastide de Mauléon, face au champ de foire, sous les arceaux, un café-bar au décor typiquement souletin : grande cheminée, vieux cuivres qui brillent, comptoir en bois usé par les coudes qui s'y sont frottés... Assiette maison (charcuterie plus un verre d'irouléguy) pour les plus pressés. Cuisine de saison, viandes tendres et savoureuses.

🍴 **Restaurant Etchola :** *30, bd Gambetta.* ☎ *05-59-28-27-96. Tlj sf lun, plus jeu hors saison. Congés : 2 sem fin juin et 2 sem fin nov. Menus 12 € (déj en sem), puis 20-30 €.* Personne n'y va pour le cadre, mais la cuisine attire une clientèle fidèle depuis près de 35 ans. On est au royaume de la bonne cuisine provinciale traditionnelle. Plats vedettes : la morue aux piments et le carré d'agneau de lait.

Où dormir dans les environs ?

🏠🍴 **Chambres d'hôtes Azkena :** *ferme Algaetcheverry, 64130 **Arrast-Larrebieu**.* ☎ *05-59-28-85-34.* 📱 *06-16-99-62-60.* • *aitaeta.ama@wanadoo.fr* • *laparadisiere.com* • *À 8 km au nord de Mauléon par la D 11. Selon saison, doubles 70-99 €, familiales 94-123 €, généreux petit déj inclus. Table d'hôtes 20-27 €.* 🖥 🛜 *Réduc de 10 % sur le prix de la chambre janv-mai et de mi-sept à fin déc sur présentation de ce guide.* Sur une butte, une ancienne ferme, au milieu d'un grand jardin, dans un environnement vert reposant (piscine chauffée). Chambres spacieuses, sobres, avec une entrée indépendante. Immense salle à manger, avec longue table conviviale et cuisine ouverte. Gisèle et Alexis adorent régaler leurs hôtes et partager leurs bonnes recettes de terroir.

À voir

🗡 **Le château d'Andurain de Maytie :** *dans le centre.* ☎ *05-59-28-04-18. De juil à mi-sept, visites à 11h, 15h, 16h15 et 17h30. Fermé jeu et le mat dim et j. fériés. Entrée : 5 € ; réduc.* De style Renaissance, il fut construit par l'évêque d'Oloron, Arnaud Ier, descendant de Pierre de Maytie, violent défenseur de la foi catholique face au protestantisme. Petit chef-d'œuvre de l'architecture du XVIIe s, cette demeure en pierre encadrée de quatre tours est recouverte d'une toiture de bardeaux de châtaignier. L'asymétrie des fenêtres à meneaux et le décentrage de la porte principale atténuent l'austérité de l'ensemble. À l'intérieur, charpente exceptionnelle qui ressemble à une coque de bateau renversée.

🗡 Possibilité de grimper dans la ville haute jusqu'au **château féodal** encore imposant (réouverture progressive après travaux, attention à la tête lors de la visite des cachots !). *De mai à mi-juin, w-e ; de mi-juin à fin sept, tlj 11h-13h30, 15h-19h. Fermé Toussaint-Pâques. Entrée : 2,50 € ; réduc.* Superbe panorama sur la ville, ça va de soi.

LA SOULE

🏹 *La fabrique d'espadrilles Prodiso :* route de Tardets. ☎ 05-59-28-28-48. Visite vidéc en boutique, tlj 1er avr-31 oct, 9h30-12h, 14h-19h. Boutique dans le centre-ville. Également les **Espadrilles MEGAM** (52, bd Gambetta ; ☎ 05-59-28-13-89) et **Don Quichosse** (route de Viodos, Z.I. ; ☎ 05-59-28-28-18).

Fête

– **Fête de l'Espadrille :** 15 août. Messe chantée en basque (un grand moment), parties de pelote, danses souletines. Atelier de fabrication d'espadrilles installé sur la place des Allées.

DANS LES ENVIRONS DE MAULÉON-LICHARRE (MAULE-LEXTARRE)

L'HÔPITAL-SAINT-BLAISE (OSPITALE PIA ; 64130)

◉ 🏹🏹🏹 *L'église de l'hôpital :* ☎ 05-59-66-07-21 ou 05-59-66-11-12 (mairie). ● hopital-saint-blaise.fr ● Tte l'année, tlj 10h-19h. Visite audioguidée avr-nov (participation libre). Son et lumière 1er juin-30 sept, mar et jeu-ven à 18h30. Compter 5 € ; réduc. Un édifice assez proche du sublime, sur les chemins de Saint-Jacques-de-Compostelle, inscrit au Patrimoine mondial de l'humanité par l'Unesco. De l'ancienne fondation hospitalière du XIIe s, et qui accueillit des générations de pèlerins, seule l'église subsiste. Monument unique dans la région, c'est un bel exemple du fonctionnement des influences hispano-mauresques sur le *Camino*. Érigée aux XIIe et XIIIe s, l'église est de style roman sur un plan en forme de croix grecque, ce qui témoigne d'un christianisme ancien, les Wisigoths préférant la croix grecque à la croix latine. Le clocher octogonal recouvre une coupole d'influence nettement arabe : les architectes européens étaient fascinés par la hauteur du minaret octogonal de Cordoue. L'empreinte mudéjar est accentuée par les ouvertures trilobées et les fenêtres à dalles de pierre ajourées de motifs géométriques. Ne rêvez pas : ce n'est qu'une église paroissiale, mais elle est fichtrement intéressante et l'audioguide vous dira l'essentiel.

|●| Deux restos au village, de bonne réputation.

GOTEIN (GOTANE ; 64130)

Son *église* est l'une des plus belles du type souletin, caractérisé par une façade trinitaire (à trois pointes, quoi !). Datant du XVIe s, ce clocher-calvaire évoque la crucifixion du Christ entouré des deux larrons. À l'intérieur, intéressant mobilier et une belle Vierge berçante. Quelques stèles discoïdales dans le cimetière.

Où manger ?

|●| *Auberge Xokottua :* route de Tardets. ☎ 05-59-28-25-75. Tlj sf mar soir et mer. Formule déj en sem 12 € ; menu 26 € ; carte 25-30 €. Café offert sur présentation de ce guide. Un peu en retrait de la route, une halte salutaire, depuis un quart de siècle. Cadre plaisant. Bonne cuisine régionale (les amateurs de ris d'agneau vont se régaler). Bons *piquillos* farcis à la morue. Cidre basque à la pression. Terrasse.

SAUGUIS (64470)

Encore un village où il fait bon vivre et bon séjourner, surtout depuis que Pantxo Etchebehere, l'ancien boulanger de Louhossoa, y a ouvert sa maison d'hôtes.

Où dormir ?

🏠 **Maison Biscayburu :** ☎ 05-59-28-73-19. 📱 06-10-55-14-04. • informations@chambres-hotes-pays-basque.com • chambres-hotes-pays-basque.com • Itinéraire bien indiqué. Congés : en hiver. Compter 60 € (70 € juil-août) pour 2. 📶 Une jolie maison souletine traditionnelle (1880), blanche au toit d'ardoises, accueillante en diable. En surplomb du village, très jolie vue sur la montagne de la Madeleine. À l'étage, 4 chambres d'hôtes joliment et sobrement décorées. Savoureux petit déj maison (servi dans l'ancienne étable, produits maison), normal chez un ancien boulanger ! Également une piscine dominant le paysage.

TROIS-VILLES (IRURI ; 64470)

🍴 **Le château Elizabea :** ☎ 05-59-28-54-01. Avr-mai, juil et sept, visite sam-lun 14h30-18h30 ; août, lun mat slt 10h-12h30. Fermé en juin et Journées du patrimoine-1er avr. Entrée : 5 € ; réduc ; gratuit jusqu'à 11 ans. Il a été construit au XVIIe s par Arnaud du Peyrer, comte de Trois-Villes, capitaine des mousquetaires du roi, immortalisé par Alexandre Dumas sous le nom de Tréville. La visite est guidée par Mme d'Andurain ou son fils, qui évoquent Trois-Villes, mais aussi Mme de Sévigné et Louis XIV.

BARCUS (BARKOXE ; 64130)

Gros village sympa situé sur la D 24, entre Mauléon et Oloron. La commune est très étendue et les fermes isolées y sont nombreuses. Peut-être à cause de cela, ou du fait de sa situation géographique face au Béarn voisin, Barcus est aussi le village qui défend le plus farouchement l'antique culture basque. De là est partie la renaissance des mascarades et des pastorales. C'est la patrie du grand poète régional du XIXe s Pierre Topet-Etxahun.

Où dormir ? Où manger ?

🏠 🍴 **Hôtel-restaurant Chilo :** 68, rue Principale. ☎ 05-59-28-90-79. • contact@hotel-chilo.com • hotel-chilo.com • 🍴 Resto ouv juil-sept tlj sf lun et mar midi ; hors saison, fermé lun-mar et dim soir. Doubles 70-105 € selon confort et saison. Formule déj en sem 15 € ; menus 32-44 € ; carte env 50 €. 💻 📶 Les décennies passent, l'hôtel-restaurant *Chilo* demeure ! Décor qui ne fait pas dans le design, où les meubles basques anciens trouvent naturellement leur place ; si l'hôtel a vieilli, le lieu reste calme et reposant. Jardin avec piscine privée. Cuisine classique aussi, mais dans le bon sens du terme. Souletin, Pierre Chilo l'est jusqu'à la moelle : il connaît les fermes où il va chercher ses produits, les bois où poussent les champignons et où coulent les jolis ruisseaux à truites.

ORDIARP (URDIÑARBE ; 64130)

Un si joli petit village qu'on ne fait que traverser pour rejoindre Saint-Jean-Pied-de-Port. Et ça fait 10 siècles que ça dure, car Ordiarp est sur le chemin de Saint-Jacques. On vous racontera que c'est l'abbaye de Roncevaux qui, en créant un hôpital à Ordiarp, a permis la création du village. Oui, mais pourquoi là ? N'y avait-il pas, au bord de la rivière, un lieu de culte plus ancien ? Le raconteur de pays, qui s'occupe du Centre d'évocation et fait visiter le village, vous parlera des

mystères et légendes d'Ordiarp, des paysans qui ont reconstruit le clocher et des pèlerins qui se hâtaient pour rejoindre Roncevaux.
La D 918 livre de remarquables points de vue, surtout au niveau du col d'Osquich (où vous trouverez de quoi reprendre des forces, si vous commencez à faiblir).

Adresse utile

🛈 Centre d'évocation du patrimoine souletin : ☎ *05-59-28-36-47 ou 07-63.* 📱 *06-49-83-71-03.* ● *mairie-ordiap.fr* ● *De mi-juin à fin sept, jeu-ven 9h-12h ou sur rdv. Entrée : 3 €. Visite racontée (4 €) possible sur demande.* Un espace unique qui traite bien évidemment des chemins de Saint-Jacques sur la voie du Piémont pyrénéen et de l'art roman, mais aussi de la culture souletine avec les chants, les danses et les pastorales, et de la mythologie basque en général.

Où camper ?

⚐ Camping à la ferme Landran : *chez Nathalie et Bruno, ferme Landran.* ☎ *05-59-28-19-55.* 📱 *06-88-23-64-59.* ● *landran@wanadoo.fr* ● *gites-de-france-64.com/la-ferme-landran* ● ♿ *À env 6 km au sud-ouest de Mauléon, 3 km avt Ordiarp, prendre sur la droite la petite route vers Lambarre (assez pentue), puis suivre le fléchage. Ouv Pâques-sept. Compter env 12 € en hte saison ; 2 petits chalets à louer 280-360 €/sem. 25 empl.* En pleine nature, dans un environnement idéal, avec de gentilles bébêtes. Sanitaires impeccables. Accueil fort sympathique. La famille se met en quatre pour améliorer le confort des campeurs. Gîte de groupe également. Petit déj à la demande.

LE MASSIF DES ARBAILLES
Carte Soule, A2

Les Arbailles, c'est Iraty en plus tranquille. Massif forestier dense de hêtres et de châtaigniers, mais surtout domaine du karst qui offre effondrements brusques du sol, sources et résurgences, grottes et dolines (plus de 600 cavités recensées). L'incertitude du terrain, la densité des arbres font des Arbailles la forêt de tous les sortilèges. Mais si on ne croit plus que *Basajaun,* l'homme sauvage, erre sur ses sentiers, si l'on est presque certain que le loup et l'ours ont disparu, ce n'est pas pour autant qu'il faut s'y promener à la légère : le brouillard y tombe vite, et il est fortement déconseillé de s'éloigner des sentiers balisés. En échange de quoi, les Arbailles offrent une myriade de fleurs et une profusion de fougères. Des échappées sur des alpages quasiment méditerranéens où dominent l'ajonc et le houx, et des villages de bout du monde. Génial pour des vacances en famille ou en amoureux.

AUSSURUCQ (ALTZURUKU ; 64130)

La route commence à monter vers la forêt, et on atteint Aussurucq, superbe petit village de montagne, avec une église typiquement souletine et un château du XIIIe s, malheureusement fermé.

AHUSQUY (AHUSKI ; 64130)

Après Aussurucq, la route devient vraiment étroite, et les précipices vous font de l'œil. Mais les paysages, et surtout la végétation, méritent ce petit effort. Quand on sort de la forêt, après le plateau, pour peu qu'il y ait du soleil, c'est féerique. On arrive à Ahusquy et à sa source thermale, réputée dans la région pour tout guérir. On peut monter à la source en prenant le chemin derrière l'auberge (30 mn). Beau panorama sur les Arbailles et le col d'Apanise. Au retour de l'*Auberge d'Ahusquy*, pour regagner Tardets, reprenez bien sûr la D 117, puis conservez-la à droite pour rejoindre la D 247 (Alcay). Délicieusement étroite, livrant nombre de points de vue enivrants.

Où manger ?

I●I *Auberge d'Ahusquy* : ☎ 05-59-28-57-95 ou 05-59-28-57-27. ♿ *De mai à mi-nov, tlj. Menus 23-35 € ; carte env 25 €. Bons petits vins pas chers du tt. CB refusées.* Depuis les années 1960, la famille Etchebarne fait le bonheur des visiteurs comme des bergers alentour (et des chasseurs en octobre). De mère en fille, tout continue comme avant : ici ni l'accueil, simple et charmant, ni la nourriture, excellente et plus qu'abondante, n'ont changé. Foie chaud pommes-raisins et côtelettes d'agneau beignets d'aubergines plébiscités à l'année. Le déjeuner sur la terrasse face à la vallée peut donner un avant-goût de (ce) paradis. Probablement le plus stupéfiant panorama de la Soule.

TARDETS-SORHOLUS (ATHARRATZE)

(64470) 660 hab. *Carte Soule, B2*

Gros bourg commerçant où vous trouverez tous les services. Place centrale à arcades. Tardets est la capitale du rebot, ce jeu de pelote magnifique et passionnant. Les autres disciplines vous paraîtront bien fades après.
Tardets a eu son heure de gloire au début du XXe s dans les industries de la laine et du cuir, ce qui explique son allure encore imposante. Mais la fin de millénaire a été dure... Ne manquez surtout pas la foire aux fromages en août, un rendez-vous haut en couleur.

Adresse utile

ℹ️ *Office de tourisme* : *rue d'Arhampe (près de la pl. Centrale).* ☎ 05-59-28-51-28. ● soule-xiberoa.fr ● *Lun-sam 9h-12h30, 14h-18h30, plus dim 10h-12h30 en juil-août.* Bel accueil au rez-de-chaussée. Propose des séjours randonnées sur les routes secrètes du Pays basque. Au second étage, espace scénographique d'interprétation de la mythologie basque *(Herauskorritze)*. Incontournable !

Où dormir ? Où manger ?

🏠 I●I *Hôtel Piellenia* : *pl. Centrale.* ☎ 05-59-28-53-49. ● hotel-piellenia.fr ● piellenia@wanadoo.fr ● *Resto tlj sf mar soir et mer hors saison. Doubles 53-58 € selon confort et saison. Formule déj en sem 16,50 € ; menu*

LA SOULE

24 €. 📶 Charmant petit hôtel de village, très simple et familial, dans une demeure de 1678. Les eaux tumultueuses du gave qui passe derrière l'hôtel berceront votre nuit. Des gens et un endroit accueillants, depuis 30 ans déjà. Rendez-vous très populaire pour l'apéro et le dimanche matin. Petite cuisine très correcte et pas chère.

I●I *Restaurant Les Pyrénées : pl. Centrale.* ☎ *05-59-28-50-63.* ● *restaurant-les-pyrenees.fr* ● *Tlj midi et soir sf mar. Formule déj 15 € ; menus 23-35 € ; carte env 32 €.* Cuisine régionale remise au goût du jour par le fils d'Henri Abadie, qui a repris le piano d'une maison attachante rachetée en 1954 par son boucher de grand-père. Si l'on trouve toujours à la carte l'omelette du curé, le hamburger du cuistot fait un malheur, et d'autres plats ont fait leur apparition entre-temps. Bons produits, belles saveurs, belles couleurs, aussi, pour apporter une touche de modernité dans les assiettes. Cheminée allumée en hiver pour réchauffer l'atmosphère.

Où dormir ? Où manger dans les environs ?

⚐ *Camping du pont d'Abense :* **64470 Abense-de-Haut.** ☎ *05-59-28-58-76.* 📱 *06-78-73-53-59.* ● *camping.abense@wanadoo.fr* ● *camping-pontabense.com* ● *À 1 km de Tardets. Ouv Pâques-nov (loc tte l'année). Compter 22 € en hte saison ; bungalows 2-4 pers 280-580 €/sem selon saison et nombre de pers. CB refusées. 50 empl.* 📶 Petit camping non loin du Saison, dans le petit village d'Abense. Bien arboré, gazon velouté, atmosphère vraiment sympa.

🏠 I●I *Hôtel-restaurant du pont d'Abense :* **64470 Abense-de-Haut.** ☎ *05-59-28-54-60.* ● *maylisolivier.paradis@orange.fr* ● *hotelrestaurant-pontabense.com* ● *À 1,5 km de Tardets, sur l'autre rive du Saison. Resto ouv tlj sf dim soir et lun. Congés : 10 j. en janv, 1 sem en avr et 1 sem en sept. Doubles 50-55 € ; petit déj en sus. Menus 13 € (déj lun-ven)-26 € et carte.* 📶 Bienvenue « chez » Paradis. Au bord de la rivière, le petit hôtel tel qu'on le souhaite : intime, paisible, dans un village un peu hors du temps. Accueil hors pair et bar chaleureux. Chambres adorables et calmes (dont 2 avec terrasse), où il fait bon se laisser aller à des nuits sereines pleines de beaux rêves. Cuisine réputée pour sa goûteuse simplicité à base de bons produits. Terrasse bien agréable aux beaux jours.

Où acheter du bon fromage ?

✲ *Ferme Erbinia : quartier de la Madeleine.* ☎ *05-59-28-51-61. Prendre la route de la Madeleine, puis, quand les routes de la Madeleine et de Barcus se séparent, prendre la 2ᵉ route à droite ; fléché ensuite. Ouv tlj.* Françoise Pitrau-Etchebarne produit son fromage à l'ancienne, contre vents et marées, sans donner à ses brebis autre chose que du foin et sans mettre de ferments dans ses fromages. Le fromage est donc plus fort, moins sucré, mais il vieillit plus lentement. Le revers de la médaille, c'est que chaque fromage est différent, certains sublimes, d'autres nettement moins bons. Mais, comme dit Françoise, la constance, c'est pour l'industrie. Également vente de yaourts de brebis, de Noël à fin juillet.

Manifestation

– *Foire aux fromages : août.* Elle regroupe tous les producteurs de Soule et du Barétous. À ne pas manquer, c'est un marché vraiment haut en couleur !

DANS LES ENVIRONS DE TARDETS-SORHOLUS (ATHARRATZE)

MONTORY (MONTORI ; 64470)

À 6 km de Tardets, sur la route d'Oloron-Sainte-Marie (à la limite du Pays basque et du Béarn), petit village assez coquet, au pied de la montagne « d'Arguibel », bien connue des amateurs d'escalade... Son imposante église du XIIe s est remarquable par sa hauteur de voûte et ses peintures.

LA MADELEINE (MAIDALENA)

Prendre dans Tardets la route de Barcus (D 347). Après 4 km, l'embranchement à gauche est en principe indiqué. Le point de vue est somptueux : les deux pics du Midi, le pic d'Anie, le pic d'Orhy et, au loin, les montagnes de Navarre.

ALÇAY-LACARRY (ALTZAI-LAKARI ; 64470)

Au fin fond de la vallée d'Ibar-Eskun, à 7 km de Tardets, en suivant l'Aphoura (petite rivière à truites, mais chut... seulement pour les initiés !), découvrez au fil du chemin les magnifiques petites églises romanes avec leurs stèles discoïdales. Possibilité de relier Larrau en passant par *Bostmendietta* (route goudronnée). Suivre la D 247 depuis *Alos-Sibas-Abense* et toujours tout droit. Magnifique point de vue (table d'orientation), nombreux *cayolars* (parcs à brebis) et une palette de verts à vous couper le souffle ! Attention, parfois la voiture est presque aussi large que la route... On prie alors que personne ne déboule en face. Une sensation de sauvage solitude assez poignante !

Où camper ? Où manger ?

⏚ *Camping à la ferme Sobieta* : à *Alçay*. ☎ 05-59-28-52-26. ● bas saber.francoise@wanadoo.fr ● cam pinglaferme-sobieta.fr ● Entre Mauléon et Tardets, direction Ahusquy. Ouv avrnov. Compter 12 € pour 2 en hte saison. 6 empl. Terrain en pleine campagne, à flanc de vallon... Environnement de rêve, pelouse veloutée et arborée, toute la place qu'on veut sans être les uns sur les autres. Tout confort (mais pas d'électricité au niveau des emplacements), salle commune, aire de jeux, circuit sportif, dans un magnifique cadre vert fluo. Eau chaude par énergie solaire. La vie et les travaux de la ferme sont expliqués et partagés par Battitta et Françoise (traite des brebis d'avril à mi-août).

I●I *Chez Primus* : sur la D 24, à *Lacarry*. ☎ 05-59-28-54-87. *Mieux vaut téléphoner avt. Plats 8,50-10 € ; menus 12-19 €.* Une solide maison au pied de la montagne, des prix d'avant guerre et, au bout de la route, une bonne cuisine de femmes : truitelle, salade de ris d'agneau aux cèpes, cailles farcies, sans oublier le *pignolet*, un flan maison dont vous nous donnerez des nouvelles. Pour la galantine de poule, réserver une semaine avant. Casse-croûte à toute heure. Accueil des plus chaleureux.

LICQ-ATHÉREY (LIGI ATHEREI ; 64560)

Abrite deux églises anciennes avec d'intéressants retables du XVIIIe s. Admirer également l'architecture hardie du pont sur le torrent. Il lui manque une pierre :

faites-vous raconter l'histoire du lutin et du type qui, en allumant une bougie dans un poulailler, fit croire à un coq qu'il faisait jour...

Où dormir ? Où manger ?

Le Calamity Jane Saloon : *à la sortie de Licq, route de Larrau. ☎ 05-47-71-30-01. 📱 06-79-34-27-70. ● calamityjsaloon@sfr.fr ● calamity-jane-saloon.com ● ♿ Ouv juil-août. Aire naturelle de camping près du gave ; compter 10 € pour 2. Repas 15-20 €. 📶 Apéritif (Patxaran) offert sur présentation de ce guide.* Arnaud et Patricia cultivent, en Soule, la mémoire des héros de la conquête de l'Ouest américain, pourquoi pas ! L'important, c'est qu'ils vous accueillent à bras ouverts et sourire aux lèvres. En un rien de temps, Patricia vous fera un « énorme » sandwich, une pizza maison à se lécher le bout des doigts, voire un burger maison. Arnaud, en salle, vous fera déguster la bière du pays, l'*Akerbeltz*. En été, on s'installe sur la petite terrasse très agréable. Ambiance jeune, dynamique, cool... Petits prix et musique country à volonté !

Laffargue – Café-bar Alfitcha : *à Licq. ☎ 05-59-28-61-37. Resto tlj midi et soir. Congés : 20 déc-20 janv. Compter 45 € pour 2, petit déj inclus. Au resto, formule 13 € (vin et café compris). Digestif offert sur présentation de ce guide.* Accueil « comme à la maison ». Agna vous fait goûter sa cuisine simple et authentique. Jean-Pé vous fera découvrir « le meilleur fromage de haute Soule ». Lieu de rendez-vous depuis 25 ans en saison des pêcheurs et des chasseurs. Pause casse-croûte à toute heure pour les grands appétits et à petit prix : omelette aux cèpes, *tripotxa*, piperade, ventrèche aux œufs frits, etc. On sait quand on y arrive, mais, en partir, c'est autre chose... 2 chambres d'hôtes.

LARRAU (LARRAINE) (64560) 240 hab. *Carte Soule, A3*

« Des montagnes qui se découpent au ciel avec une netteté absolue et cependant noyées dans je ne sais quoi de diaphane et doré. » Pierre Loti semble avoir écrit ces lignes en souvenir de Larrau. Le village, accroché au flanc de la montagne au-dessus des rives du gave qui porte son nom, est dominé par le pic d'Orhy. Celui-ci culmine à 2 017 m d'altitude (belle randonnée de 4h aller-retour depuis la D 26). Sur ses pentes sont disséminées des fermes, et, plus loin, on entend tinter les clochettes des troupeaux au milieu des *cayolars*, des bordes et des palombières. L'église, reconstruite au XVIIe s, présente une abside romane et une belle Vierge polychrome. Difficile de résister à l'appel de Larrau et de ne pas poser ses valises un (long) moment pour profiter d'un endroit aussi magique.

Où dormir ? Où manger ?

Camping

Camping Ixtila : *☎ 05-59-28-63-09. 📱 06-74-20-35-28. ● lysianefilhol@sfr.fr ● ♿ À l'entrée du village. Ouv mai-fin oct. Compter 13-15 € ; mobile homes et petits bungalows 4-5 pers (en été slt) 420-560 €/sem (hors saison, loc possible à la nuit). Env 40 empl. 📶* Petit camping dont les emplacements, spacieux et ombragés, en font une étape agréable sur la route de l'Espagne. Certains, en terrasses, jouissent d'une très belle vue sur la vallée. Bel accueil de Lysiane, aux petits soins pour ses campeurs.

De prix moyens à chic

Chez Despouey : *à l'entrée du bourg. ☎ 05-59-28-60-82. ● chambresdespouey.weebly.com ●*

Congés : nov-avr. Doubles 36 € (avec lavabo)-44 € ; petit déj en sus. 📶 C'est une grosse demeure blanche au centre du village, un ancien hôtel avec enseigne à l'ancienne, dont les volets bleus vous font de l'œil vous disant de souffler un peu. Chambres d'hôtes désormais, fort bien tenues, avec tout le confort simple espéré. Bon accueil.

🏠 🍴 **Chambres d'hôtes Etcheto :** *au centre du bourg.* ☎ *05-59-28-63-22.* 📱 *06-89-76-37-78. Congés : 15 nov-1er mars. Doubles 57-69 € ; familiale 74-77 €. Table d'hôtes 17 € tt compris. Café offert sur présentation de ce guide.* Au cœur de ce petit village de montagne où les habitations portent toutes un toit d'ardoises, une maison d'une belle simplicité, dotée de 2 jolies chambres pour amateurs de tranquillité. Beaucoup de sérénité se dégage de ces lieux où l'on est accueilli avec énormément de gentillesse. Loue également un gentil gîte rural à 1 km et vend des produits de l'exploitation agricole.

🏠 🍴 **Hôtel-restaurant Etchemaïté :** ☎ *05-59-28-61-45.* ● *contact@hotel-etchemaite.fr* ● *hotel-etchemaite.fr* ● ♿ *(resto). Resto tlj sf dim soir et lun hors saison. Congés : 4 janv-20 fév. Doubles 58-86 € selon confort et saison. ½ pens 28 €/pers. Menus 19 € (sf dim), puis 25-42 €.* 💻 *Apéritif maison offert sur présentation de ce guide.* Que c'est beau la Soule vue de la salle à manger de la ferme Barnetchia ! Quoique, pour être honnête, on regarde plutôt ce qu'il y a dans l'assiette ! En s'appuyant sur la trilogie souletine (agneau, cochon et cèpes), Pierre Etchemaïté réinvente chaque jour une cuisine simple et sophistiquée à la fois. *Etchemaïté*, c'est une auberge au sens le plus noble du terme : un endroit où l'on vous accueille, vous réconforte et vous apprend le pays. Les chambres sont à la hauteur de la table.

Où boire un verre ?

🍷 **Café Karrikaburu :** *comme son nom l'indique (en basque !), au bout de la rue, face au trinquet.* ☎ *05-59-28-60-98.* Halte traditionnelle des bergers pendant la transhumance. Ambiance très conviviale dans une maison souletine typique : leur cuisine est la salle de bar ! Cheminée, *zuzulu*, vieil évier avec ses *ferratas*, jambons qui pendent au plafond en saison. Si Julien est en forme, il vous racontera quelques anecdotes du village, et peut-être même poussera-t-il une petite chanson. Passage obligé pour rencontrer les gens du cru à l'apéro. Ne sert pas de repas.

Randonnées dans les environs

➢ **La passerelle d'Holzarte :** pour s'y rendre, partir de Logibar. Chemin qui fait partie du GR 10. Le sentier balisé s'avance le long de surprenantes crevasses que les torrents ont taillées dans le calcaire, pour donner des parois lisses et des profondeurs vertigineuses pouvant atteindre 300 m. Compter 1h environ pour atteindre une spectaculaire passerelle à 180 m au-dessus du vide. Superbe spectacle de la rencontre des gorges d'Holzarte et d'Olhadubia. Quelques passages un peu rudes en cours de route. Possibilité d'effectuer le tour complet. Après le franchissement de la passerelle, on longe à main gauche la gorge d'Olhadubia jusqu'à un pont. Puis retour par Latsaborda et Bordapia. Total : 5h environ.

➢ **Les gorges de Kakouetta :** ☎ *05-59-28-60-83 (mairie) ou 73-44 (billetterie).* ● *sainte-engrace.com* ● *Le must de la haute Soule, sur la route de Sainte-Engrâce, à 8 km du carrefour Licq/Sainte-Engrâce. Accès 15 mars-15 nov, tlj de 8h à la tombée de la nuit (selon conditions météo). Entrée : 5 € ; réduc (à retirer à l'entrée du site au bar* La Cascade*).* C'est l'une des balades les plus populaires, mais ce n'est pas une raison pour partir en espadrilles (bonnes chaussures exigées !). La partie la plus impressionnante est un canyon très étroit, de plus de 200 m de haut.

L'originalité du parcours réside dans le fait que, pour une fois, on marche au fond du canyon. Un câble le long de la paroi donne un peu plus d'assurance. Quelques passerelles apportent du piment supplémentaire à la balade. Au bout, on parvient à une cascade et à une grotte. Compter 2h environ.

➤ **Le canyon d'Ehujarre :** 7h A/R pour un bon marcheur. Accessible à tous. Partir de l'église du XIe s de Sainte-Engrâce (voir plus bas). Marche dans les buis ; on s'enfonce peu à peu dans le canyon, dont les parois s'élèvent à 400 m. Il est clair, large et même parfois ensoleillé. C'est un canyon qui a atteint le dernier stade de son creusement et n'est plus parcouru que par un petit cours d'eau intermittent.

➤ **Spécial ornithologues :** à 10 km de Larrau, avant la forêt d'Iraty, au niveau des *Chalets d'Iraty*. Cet endroit splendide constitue un lieu rêvé pour observer les oiseaux migrateurs (15 juillet-15 novembre). Accès libre et gratuit. Stages et séjours d'observation ornithologique *(rens à l'association* LPO Aquitaine, *Erdoia,* 64120 **Luxe-Sumberraute** *;* ☎ 05-59-65-97-13 *;* ● migraction.net ●*)*. N'oubliez pas l'équipement, jumelles et autres longues-vues.

SAINTE-ENGRÂCE (SANTA GRAZI)

(64560)   320 hab.   *Carte Soule, B3*

Le village le plus typique de la haute Soule (avec une épicerie face à la mairie où l'on trouve de tout, cela dit pour vous rassurer) et celui qui garde le plus ses particularismes. Aujourd'hui, ce village est désenclavé vers l'est (par la route qui tournicote entre le col de Suscousse et Arette-Pierre-Saint-Martin). Paysage tout à fait remarquable. Plus de 60 virages sont nécessaires pour effectuer les 11 km séparant Sainte-Engrâce de la route Larrau-Licq (roulez doucement, et attention si vous avez un camping-car). Environ 100 fermes tachent de pois blancs la robe verte de la vallée. Une curiosité : elles sont toutes visibles l'une de l'autre, héritage de l'époque où l'on pouvait avoir besoin de son voisin (et de le prévenir également de l'arrivée des gabelous !). Le conseil des familles conserve une forte autorité sur les habitants.

> **LA CRÈME DES BASQUES**
>
> *Selon une étude du département d'ethnologie de l'université d'Oxford, c'est Sainte-Engrâce, toute petite commune d'Euskadi Nord, qui a la réputation d'avoir su maintenir fermement ses traditions. Il paraît que ça en a fait râler plus d'un outre-Pyrénées, les Basques espagnols sont plus de 2 millions !*

Où dormir ? Où manger ?

Camping

⌂ **Camping Ibarra :** *quartier Les Casernes.* ☎ *05-59-28-73-59.* ● *errecarret.maryse@wanadoo.fr* ● *ibarra-chantina.com* ● *Avt le lieu-dit La Caserne. Ouv Pâques-fin oct (loc des gîtes tte l'année). Compter 12,50 € pour 2 en hte saison. Loue aussi 2 gîtes pour 5 pers 340-370 €/ sem. CB refusées. 40 empl.* Bien situé au bord du gave de Sainte-Engrâce. Bien ombragé, en plus. Pêche, baignade, canyoning, escalade, spéléologie et pas loin du GR 10. Très bon accueil.

Bon marché

🏠 |●| **Gîte d'étape à l'auberge Elichalt :** *Maison Elichalt, devant l'église de Sainte-Engrâce.*

☎ 05-59-28-61-63. 📱 06-83-69-70-54. ● a.burguburu@wanadoo.fr ● gites-burguburu.com ● Tlj sf dim hors saison. Congés : de mi-nov à fin déc. *Nuitée simple 14 € ; chambre d'hôtes 49 € pour 2. Également un gîte rural 350-440 €/sem pour 4-5 pers selon saison ; court séjour possible. Carte env 15 € le midi ; menu 18 €, servi le soir slt, café et vin compris.* Madeleine Burguburu tient ce gîte de 15 places et possède aussi 5 belles chambres d'hôtes situées juste à côté. On peut planter sa tente à côté du gîte *(9 €)*. À l'auberge, cuisine familiale locale et généreuse, servie sans façons. Accueil chaleureux.

I●I **Berriex :** *route de La Pierre-Saint-Martin.* ☎ 05-59-28-60-54. *Ouv le midi tlj, plus le soir juil-août. Menus 11,50-13,50 € ; carte env 20 €. Café offert sur présentation de ce guide.* Petite auberge blottie contre sa montagne, à 800 m du village, dans un superbe environnement. Salle chaleureuse où l'on vous servira une cuisine traditionnelle locale bien troussée. Terrasse sympa aux beaux jours.

À voir

🚶🚶 **L'église :** *2 € pour l'éclairage et la sonorisation (chants basques).* Construite au XIe s et restaurée au XIXe s sous la pression insistante de Prosper Mérimée, elle présente l'originalité d'avoir un clocher décalé et un toit dissymétrique. Le chœur et ses deux absides sont en très belle pierre du pays. Les énormes piliers, ornés à la base de têtes d'animaux, offrent une douzaine de remarquables chapiteaux polychromes pleins de fantaisie : des centaures qui chassent à courre, un ours qui danse avec des jeunes filles, eh oui, sur l'un, on dirait bien un couple faisant l'amour (c'est la rencontre de Salomon et de la reine de Saba). Bref, l'église vaut le détour. Dans le cimetière, à gauche du porche en sortant, intéressante série de stèles discoïdales.

🚶🚶🚶 **La Verna :** *espace Arrakotxepia, quartier Calla, sur la D 113 (c'est très bien fléché).* 📱 *06-37-88-29-05.* ● *laverna.fr* ● ♿ *Accès à l'entrée de la grotte depuis le bâtiment d'accueil à pied (compter 1h45 à 2h30 selon votre niveau ; la montée est raide !) ou en navette (5 € A/R). En saison, tlj 9h-18h ; sinon, fermé lun-mar. Résa obligatoire. À partir de 5 ans. Visite : 17 € (1h) ou 27 € (2h) ; réduc. Visite aventure spéléo et engagement d'un guide sur demande. Se renseigner. Prévoir chaussures et vêtements adéquats : il fait 6 °C en permanence dans la grotte et l'humidité relative y est de 100 % !*

Partie intégrante de l'immense réseau souterrain de La Pierre-Saint-Martin (voir ce chapitre dans la partie « Béarn ») et formée il y a plus de 200 000 ans, la Verna a été découverte en 1953, par trois spéléologues lyonnais qui pensaient, après avoir complètement traversé le massif, avoir débouché à l'extérieur. Sinon qu'en haute Soule, à 18h30 et en plein mois d'août, il fait rarement nuit noire... C'est dire l'ampleur de cette salle, la plus grande d'Europe et une des 10 plus vastes du monde : 245 m de diamètre, 193 m de hauteur, 5 ha de superficie et 3,6 millions de mètres cubes de volume. Impressionnant, non ? Mais il faut tout le talent du guide-spéléologue pour que le visiteur prenne vraiment conscience de l'immensité de cette cavité. Parce que sous terre et à la seule lumière des lampes frontales, on perd vite ses repères. Surtout quand on vient de traverser, dans l'obscurité et dans un courant d'air presque glacial, 660 m d'un tunnel creusé en 1960 par EDF dans le cadre d'un projet de captage de la rivière souterraine.

La visite est donc tout sauf touristique (quelques passerelles métalliques, un éclairage volontairement discret) mais sans difficulté. Dans la Verna, ni stalactites ni stalagmites, mais une voûte aussi parfaite que celle d'une cathédrale (tiens, puisqu'on parle de cathédrale, Notre-Dame de Paris tiendrait 10 fois dans la cavité), une rivière qui cascade et baigne une plage de galets, de curieux insectes cavernicoles... Une expérience qui ne se raconte finalement pas, à vivre, inoubliable !

LA FORÊT D'IRATY

Carte Soule, A3

À l'ouest de Larrau et à 1 350 m d'altitude s'étend la fameuse forêt d'Iraty. Partagée à parts inégales entre l'Espagne (18 000 ha), la Soule (1 200 ha) et un morceau de la Basse-Navarre (1 000 ha), la forêt offre quelques beaux secteurs peuplés de hêtres, de noyers, de bouleaux et de sapins. Longtemps, elle fut décimée pour fournir en mâts la marine royale. L'exploitation forestière commença à donner des signes d'épuisement au XVIIe s. Les frontières n'étant pas encore fixées de manière précise, les rapports entre bûcherons espagnols et français devinrent assez houleux. Au XVIIIe s, alors qu'on était à deux doigts de la guerre, un traité attribua à la France un secteur bien délimité de la forêt. Aujourd'hui, si les loups et les ours ont disparu d'Iraty, les amoureux de la faune pourront encore observer des coqs de bruyère, des grives ou des piverts. Voire même, quoique plus rarement, des sorciers qui continuent, paraît-il, à hanter les futaies.

N'oubliez pas que la plus grande partie de la forêt se trouve en territoire navarrais au sud. Elle est plus sauvage que la partie française. Le balisage des sentiers est encore peu cohérent, et la forêt est difficile pour les randonneurs.

Où dormir ? Où manger dans la région ?

Camping

Camping : *3 km après le col (en venant de Larrau).* Tout petit et constamment plein en été.

Prix moyens

Le site ● *chalets-iraty.com* ● met à disposition des visiteurs une quarantaine de chalets, bien équipés, et est plein de bons conseils. À commencer par celui de faire un plein d'essence (et d'argent, au distributeur) à Tardets ou Saint-Jean-Pied-de-Port !

Le Chalet Pedro : *forêt d'Iraty, 64220 Mendive.* ☎ 05-59-28-55-98. ● contact@chaletpedro.com ● chaletpedro.com ● *Sur la D 18, à l'ouest d'Iraty. Bien indiqué. Resto fermé mer hors saison. Congés : 11 nov-Pâques (sf dim et vac scol zone C). Appart en pleine forêt jusqu'à 520 €/sem (max 6 pers). Menus 24-32 €. CB refusées.* Super bien situé. Prodigue une cuisine réputée et copieuse (les forestiers qui le fréquentent ont un bon coup de fourchette). Spécialités de côte de bœuf aux *piquillos,* omelette aux cèpes, etc. Évitez le plein été si vous voulez en profiter au mieux.

Randonnées et promenades dans les environs

➤ Pour le **sommet du Petrilarré** *(1 370 m)*. À 2h de marche environ. On suit une piste de ski de fond et on passe par le col de Mehatze.

➤ Assez facile et populaire, la **crête d'Organbideska** *(1 445 m)*. En moins de 1h. Garer son véhicule au col de Mehatze. Sentier qui part à gauche.

➤ **L'ascension du pic du Bizkarzé** *(1 656 m) :* petite route partant du centre commercial. Après 5 km, on atteint le *col de Leherra Murkhuilla.* Laisser son véhicule. Aller plein sud, tout droit, jusqu'à la crête. Continuer à gauche jusqu'au sommet. Sinon, prendre un sentier plus facile à droite. Beau panorama sur la forêt d'Iraty et les pics des alentours.

➤ Possibilité également d'effectuer la montée du *pic des Escaliers* ou de se contenter de la balade du *col d'Iratzabaleta (1 325 m),* situé à mi-chemin. Plus facile que le pic et bien balisé. Compter 1h.

➤ *Le circuit Beyra :* moins de 6 km (environ 2h de trajet). Départ du plateau d'Iraty. Après avoir longé les *cayolars* d'Iraty Sorho, suivre le lac pour, à sa fin, emprunter une piste forestière qui monte assez rudement (surtout dans les lacets). Sortir de la forêt sur le premier plateau, monter vers la droite pour arriver à un second plateau, d'où l'on pourra admirer vers le sud la forêt d'Iraty. Enfin, descente pour traverser le ruisseau de Sourcay, et l'on retrouve la D 426. Retour par cette route au point de départ (au bout de 2,5 km).

LE BÉARN

PAU ET SES ENVIRONS .. 188	COTEAUX DU JURANÇON	ET LES VALLÉES
NORD-BÉARN	ET PIÉMONT................ 212	PYRÉNÉENNES 223
ET VIC-BILH 204	OLORON	LE BÉARN DES GAVES.. 259

● Carte *p. 182-183*

Qu'est-ce qui peut bien différencier le Béarn du Pays basque ? Le voyageur moderne se pose facilement la question. Même piémont avec de hautes collines, même civilisation pastorale axée sur le mouton et la transhumance, même sens profond de la maison, pierre angulaire de la vie sociale.
Ne cherchez pas : la différence vient de l'histoire, d'un petit seigneur du haut Moyen Âge qui s'appelait Centulle et qui a fait du Béarn une région singulière, unique, qui, pendant des siècles, a tourné le dos à tout le monde (on vous en parle un peu plus loin). Ce que les Béarnais et les Basques ont en commun, c'est le respect de l'autre et l'amour de leur sol et de leurs racines.
Il y a en Béarn de très beaux monuments historiques à visiter, du château de Pau, où Jeanne d'Albret mit au monde le futur Henri IV, aux forteresses de Gaston Fébus, le comte Soleil, en passant par les églises romanes et les villages sur la route des chemins de Compostelle.
Mais le plus beau monument du pays reste son paysage, tout aussi verdoyant et varié qu'au Pays basque voisin. À chaque détour du Béarn, l'écharpe bleutée des Pyrénées barre l'horizon. Les villages prennent souvent des couleurs lorsqu'ils échangent la tuile contre l'ardoise dans le nord du pays, et la campagne se pare d'un visage méditerranéen jovial lorsque les vignes y poussent.
Ici aussi, les traditions sont tenaces : on parle encore le béarnais. En outre, le climat doux a, semble-t-il, influé sur les caractères. Même s'il s'en défend, le Béarnais vous apparaîtra plus communicatif et moins méfiant que le Basque. De par son histoire aussi, il est moins mystique et moins religieux, et possède un bon goût du compromis. Selon l'abbé Grangé, les Béarnais « sont tous trilingues : ils pratiquent le français, le béarnais et le sous-entendu ». À propos d'histoire, justement, remontons le temps...

OÙ IL EST D'ABORD QUESTION DE PAU...

Peu de temps av. J.-C., les Romains mettent en place la *Novempopulanie* (quel beau nom !), une grande province composée de neuf peuples proches des Ibères. Après la fin des Carolingiens, un grand ensemble se met en place sous le nom de *Vasconie*. C'est la future Aquitaine, intégrée au duché de Poitiers.
Tout cela est fort théorique. Poitiers est bien loin et, dans les faits, on voit apparaître une multitude de petites seigneuries, plus ou moins indépendantes. Installé dans la plaine du gave de Pau, sur le territoire d'un vieux peuple gaulois, les *Venarni*, **Centulle** (vieux mot gascon qui signifie « petit chef ») se taille une vicomté depuis sa capitale, Morlaàs. Après quoi, il conquiert la région d'Oloron et les trois vallées d'Aspe, Ossau et Barétous, avant de prendre une raclée par les Souletins quand il veut envahir les régions basques. À sa mort, il laisse à son héritier **Gaston** un territoire correspondant au Béarn actuel.
Gaston IV, dit le Croisé, n'était pas un tendre : c'est à lui que Godefroy de Bouillon confie la prise de Jérusalem. Après quoi, Alphonse le Batailleur, roi d'Aragon, lui

OÙ IL EST D'ABORD QUESTION DE PAU... | 181

demande un coup de main pour prendre Barbastro, Huesca et Saragosse aux Arabes installés dans la vallée de l'Èbre. De toutes ces guerres (il ira même faire le siège devant Grenade), Gaston rapporte du butin, des fiefs, des terres et de l'or. Ses chevaliers en font autant et le Béarn devient aussi puissant que riche. Pourquoi on vous dit ça ? Pour vous expliquer que, depuis plus de neuf siècles, les Béarnais regardent vers le sud.

Avec son butin, Gaston s'offre le luxe de faire construire quelques abbayes et d'aménager les sentiers qui conduisent à Compostelle. Les pèlerins sont hébergés, choyés, protégés, et le chemin du Somport devient le principal point de passage vers l'Espagne. Les Béarnais n'hésitent pas à aller s'installer en Aragon et Navarre, et tissent de solides réseaux commerciaux.

> ## BASQUES ET BÉARNAIS
>
> *Même béret, même système juridique, même civilisation pastorale, même envie d'un département « à soi », qu'est-ce qui différencie donc Basques et Béarnais ? La langue, bien entendu. Et aussi l'histoire : les Béarnais ont été indépendants pendant plus de cinq siècles. Alors, ils regardent leurs voisins d'un air un peu condescendant. Sauf dans les zones de contact : quand on va de Labastide-Villefranche (en Béarn) à Arancou (en Pays basque), bien malin qui pourrait dire où passe la limite. Le plus bel exemple étant le petit village d'Esquiule, situé en terre béarnaise et entièrement peuplé de Basques.*

Du XIe au XIVe s, le Béarn évolue résolument dans l'orbite espagnole. Par le jeu des mariages, les seigneurs catalans de Moncade deviennent vicomtes de Foix et de Béarn et, *lors de la guerre de Cent Ans, Gaston Fébus se proclame roi du Béarn* et abandonne sa suzeraineté en échange d'un petit coup de main contre le roi de France.

Géographiquement, le Béarn apparaît alors comme superbement isolé. Les Aragonais lorgnent vers la Castille, le Pays basque du Nord est anglais, la Navarre et les provinces basques du Sud semblent bien loin, les comtes de Toulouse, et même le roi de France, n'osent pas toucher au royaume de Fébus. Il faut dire que Fébus est un sacré gaillard, qui n'hésite pas à regrouper ses vassaux pour aller donner un coup de main aux chevaliers teutoniques en Pologne ! Les rois de Béarn, royaume indépendant, tissent des alliances, mènent une diplomatie intelligente et restent maîtres chez eux.

En 1481, par un jeu d'alliances, le pays s'enrichit du titre de roi de Navarre. François Fébus est couronné roi à Pampelune. À sa mort, la couronne revient à sa tante, *Catherine d'Albret,* qui règne pratiquement de Foix à Pampelune. Beau royaume, que tout le monde guigne sournoisement. C'est Charles Quint qui va ouvrir les hostilités, avec l'aide de quelques grands seigneurs basques. En 1512, il conquiert la Navarre espagnole. Les Albret conservent toutefois la Basse-Navarre, au Pays basque, mais aussi le titre de « rois de Navarre », et installent à Pau la *Cour Majour,* qui deviendra le Parlement de Navarre. D'où une certaine confusion aujourd'hui entre Béarn et Navarre. Les Béarnais ne sont pas des Navarrais et vice versa !

Quand Jeanne d'Albret épouse Antoine de Bourbon, non seulement ils sont *roi et reine de Navarre et du Béarn,* mais ils possèdent aussi le Vendômois, le Bourbonnais, le Marsan, le Néracois et autres lieux. Leurs possessions couvrent le tiers de la France actuelle ! Ce qui leur permet d'adhérer au protestantisme et de favoriser l'expansion du calvinisme, qui devient religion d'État sous la Réforme. Leur fils, Henri III de Navarre, se convertit au catholicisme pour accéder au trône de France. Toutefois, il ira auparavant demander au Parlement de Navarre l'autorisation de monter sur le trône de France. Pour obtenir cet accord, il aurait même affirmé qu'il « ne donnait pas le Béarn à la France, mais la France au Béarn ». Vrai ou faux, peu importe : les Béarnais adorent cette phrase, et ils l'autoriseront à se faire sacrer sous le nom de *Henri IV de France.*

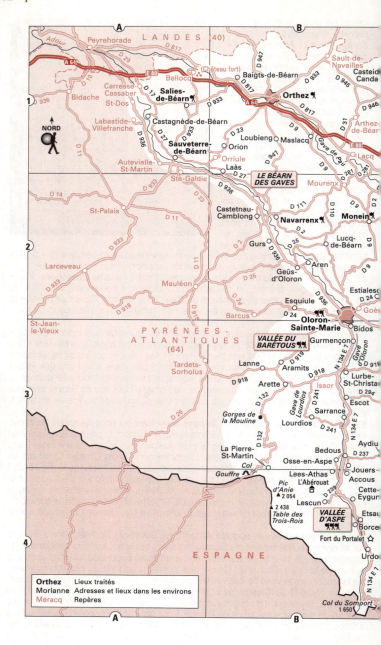

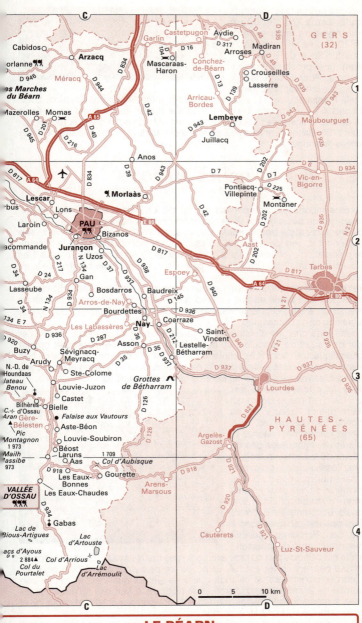

LE BÉARN

N'oublions pas ce fait important : *jusqu'à Louis XIII, le Béarn est un royaume indépendant.* En 1620, Louis XIII modifie le régime juridique du Béarn, qui devient une province comme les autres. Pour compenser, il fait de Pau une véritable petite capitale administrative. Mais les Béarnais acceptent mal cette situation. Lorsque Louis XIV leur impose d'ériger une statue du roi, ils inscrivent sur le socle cette phrase vengeresse : « À Louis XIV, le petit-fils de notre glorieux roi Henri. » Depuis 1790, Basques et Béarnais se retrouvent dans le même département des Pyrénées-Atlantiques.

DEVINETTE

Quelle était la couleur du cheval Blanc d'Henri IV ? Eh bien, gris. En fait, Blanc était le nom du canasson.

... ET AUSSI DE POULE AU POT !

Ici, le plus important est de prendre son temps. Le Béarnais a toujours mangé, vécu au rythme des saisons. Vous n'échapperez pas, même en été, à l'assiette de **garbure, la soupe traditionnelle du pays,** qui a même, chaque automne, son championnat du monde à Oloron ! Le chou et les haricots-maïs sont la base de cette préparation avec fèves, petits pois, pommes de terre, carottes, navets. Des morceaux de confit, que l'on servira à part, viennent enrichir le bouillon de leurs saveurs.

Entre deux garbures mijotées sur un coin du poêle, vous trouverez peut-être de la place pour une **poule au pot** – un repas complet – avec son bouillon servi en entrée, sa farce, ses petits légumes, son riz (c'est d'ailleurs à Henri IV que l'on doit la culture du riz en Camargue).

Sur cette terre chargée d'histoire, il ne faudrait pas vous contenter de tourner autour de Pau et de la poule... au pot ! Même si la ville fête largement ce plat emblématique, tous les ans à compter du 13 décembre, date de naissance du bon roi Henri. C'est aussi et surtout dans la campagne, dans les vallées et les vignes, que vous allez vraiment goûter au Béarn d'hier et d'aujourd'hui.

« *Dans le cochon, tout est bon.* » Ce n'est pas le Béarn qui va faire mentir l'adage. Si, en randonnant sur les estives, vous croiserez évidemment vaches et brebis et ne manquerez pas de découvrir de sublimes fromages, comme l'ossau-iraty, le porc reste l'animal emblématique du Béarn. C'est même un des deux « saints patrons » du traditionnel carnaval béarnais. Et comme les Béarnais ne font pas les transgressions à moitié, Sent Porquin est célébré un vendredi, jour du poisson !

LA BÉARNAISE À TOUTES LES SAUCES !

Contrairement à ce que peut laisser croire son nom, la célèbre sauce béarnaise, à base de beurre clarifié, n'est pas originaire du Béarn. Elle a été créée (par erreur !) en 1837 par le cuisinier du Pavillon Henri IV, à Saint-Germain-en-Laye. C'est juste en référence aux origines du bon roi qu'on l'a dénommée ainsi.

Une fête qui coïncide peu ou prou avec la fin des mauvais jours, quand le cochon, engraissé pendant l'hiver, est tué. La **pèlera** (ou *pèle-porc* ou *tue-cochon*) reste une journée particulière, et cela fait quelques siècles que c'est le cas (le portail roman de la cathédrale d'Oloron en témoigne !). Il faut dire qu'autrefois, les familles, forcément nombreuses, terminaient l'hiver en se contentant de soupe et de noix, dans l'attente de tuer le cochon.

En Béarn, rien ne se perd de l'animal : ventrèche, tripes, jambon (de Bayonne... le Béarn est dans la zone d'appellation), boudin béarnais (un boudin de pays, fort

en goût, composé de fines viandes de tête qui fait bien le double, sinon le triple de son cousin normand de Mortagne-au-Perche), grattons, *coustous*, ou cette andouillette béarnaise qui, par le passé, séchait plusieurs mois dans la grange.
Andouillette avec laquelle on vous proposera d'office le compagnon idéal : un vin du pays, lui aussi. Il faudrait être snob pour préférer un sauternes à un **juran-çon** moelleux. Quant aux **vins de Bellocq**, ils risquent bien de vous surprendre. Sans oublier les **pacherenc**, des blancs secs ou moelleux, qu'on découvre en remontant vers le nord du Béarn, sur les terroirs attenants à ceux où est produit le fameux **madiran**, rouge corsé et chaleureux, imbattable pour accompagner confits et gibiers. Salés et confits sont devenus les symboles de la cuisine béarnaise, qui a toujours préféré à l'huile ou au beurre la fine graisse d'oie ou de canard. Le salage de cette cochonnaille est réalisé avec le sel de Salies-de-Béarn, pardi ! Côté bovins, la race béarnaise se caractérise par sa robe blonde et ses cornes en forme de lyre représentées sur le blason du Béarn.
Et le Béarn est aussi le pays des eaux vives, des cascades et des torrents à truites (la plus célèbre et la belle, la fario, est de souche pyrénéenne). Sans parler des **saumons**, jadis si abondants dans les gaves qu'ils ont toujours remontés, et dont il était précisé dans les contrats des valets de ferme qu'on ne leur en servirait qu'une fois par semaine, pour ne pas les écœurer !

ET SI ON PARLAIT BÉARNAIS

Le petit Béarn a longtemps protégé les particularismes locaux. **Les fêtes traditionnelles sont pieusement conservées,** et on y pratique une convivialité qui ne doit rien au tourisme : c'est en décembre que, traditionnellement, les vignerons jurançonnais ouvrent leurs chais aux amateurs. L'histoire, celle du Béarn de jadis, est une quasi-religion.
Ce rapport à la tradition est unique en Aquitaine : seuls les Basques ont le même. Il va de pair avec une grande réserve et une politesse excessive : le Béarnais ne dit pas « non », il dit « on verra ». Et pour qu'il dise « oui », il est nécessaire de le comprendre et de l'apprivoiser ; pour qu'il dise « òc » (prononcez « ò » !), plutôt.
Parce que dans la famille des **langues d'oc,** le béarnais fait figure d'enfant gâté par rapport à son presque jumeau, le gascon, ou à cet autre frère, l'occitan. **Le béarnais a, plusieurs siècles durant, été une langue officielle.** Au XIe s déjà, les premiers *fors*, chartes qui codifient les rapports entre les habitants et leur dirigeants, sont calligraphiés en béarnais. C'est confirmé au XVIe s par Jeanne d'Albret : tout document officiel, de la simple lettre aux actes de justice, doit être rédigé « en langue ordinaire du pays de Béarn ». Si l'accession au trône d'Henri IV introduit la langue française en Béarn, les réunions des États de Béarn se tiennent encore en béarnais et les actes officiels restent bilingues jusqu'à la Révolution.
Ce n'est qu'en 1789 que les révolutionnaires imposent au Béarn le français comme langue officielle. Ce dont on se moque bien au fond des vallées qui continuent, quasiment jusqu'à la Seconde Guerre mondiale, à ne parler que béarnais.
Un passé historique qui explique qu'au cours des années 1960-1970, quand s'affirme, de l'Alsace à la Bretagne, une réappropriation des langues régionales, le Béarn soit en première ligne. C'est à Pau que s'ouvre, en 1979, la première *Calendreta*, école primaire bilingue, équivalent pour la langue d'oc des *Diwan* bretonnes ou des *Ikastolak* basques. Aujourd'hui l'Ostau Bearnès, maison de la culture béarnaise, revalorise avec l'usage de la langue et des traditions populaires. Vous entendrez parler béarnais en Béarn, sur les marchés, dans les boutiques... Vous découvrirez des chroniques en béarnais dans la presse et les radios locales. Comme chez le voisin basque, vous verrez une signalisation routière bilingue.

BÉARNAIS DES USINES ET BÉARNAIS DES CHAMPS

On serait tenté de ne voir en Béarn que terres agricoles, du vignoble du Jurançon aux estives des vallées pyrénéennes. ***C'est une réalité de ce petit pays, célébrée par plusieurs AOC : ossau-iraty*** pour un fameux fromage de brebis, ***béarn*** ou ***béarn bellock*** pour des vins à (re)découvrir. Par ailleurs, le Béarn est industrialisé. Jusque dans ses vallées.
Comme dans les Alpes où elle a été découverte au XIXe s, la ***« houille blanche », l'énergie hydraulique,*** apporte un complément aux ancestrales traditions pastorales. Minoteries, papeteries ou fabriques textiles profitent de la puissance des gaves. Même évolution autour de Nay, surnommé à l'époque « le Manchester du Béarn ». Une vocation industrielle toujours clairement affirmée puisque c'est à Bordes, entre Nay et Pau, que Turbomeca, leader mondial des moteurs d'hélicoptère, a installé une usine franchement futuriste au cœur d'une véritable « *aerospace valley* ». Une bonne affaire pour le Béarn, l'***aéronautique,*** puisque Bidos, aux portes d'Oloron, accueille le fabricant de trains d'atterrissage Messier-Dowty, et Pau, Exameca, leader français de la chaudronnerie et de la microsoudure, qui travaille notamment pour Airbus et Boeing. C'est aussi à Pau que le pétrolier Total emploie presque 3 000 personnes.
L'autre poumon économique du Béarn s'appelle ***Lacq.*** Lacq où, en 1949, on découvre du pétrole, mais aussi et surtout, à partir de 1951, plusieurs importants gisements de ***gaz naturel.*** Dès 1965, des gazoducs partent de Lacq pour fournir les foyers français en gaz de ville. Un vaste complexe s'est développé sur cette zone : avec des industries d'abord naturellement tournées vers le gaz, puis vers la chimie, les produits pharmaceutiques, la cosmétique. Vous vous êtes d'ailleurs sûrement lavé les cheveux avec un shampoing fabriqué à Lacq (90 % de la production française), avant peut-être de coiffer un béret basque... fabriqué dans le Béarn, à Oloron-Sainte-Marie et à Laàs.

LE BÉRET « BASQUE »

Eh oui ! le béret basque est fabriqué en Béarn. D'origine très ancienne, il existait déjà sous les Romains. « Béret » est d'ailleurs un mot béarnais : *berret* (du latin *birrum,* « capuchon » ou « capote »). Dans l'église de Sarrance, un personnage apparaît dans un bas-relief du XVe s coiffé d'un béret. C'est la première iconographie de cette célèbre coiffure sans bord, ronde et plate. Les bergers tricotèrent longtemps leurs propres bérets. Ils utilisaient quatre grosses aiguilles de buis. L'une d'elles servait de pivot et les autres à faire des cercles concentriques à partir de la petite queue qu'on connaît bien (appelée « cabillou »). Une fois le béret tricoté, les bergers le moulaient autour du genou pour lui donner sa forme. Il était ensuite lavé et martelé (« foulonné ») pour obtenir son aspect feutré définitif. Les bergers tricotaient aussi devant chez eux, lorsque les troupeaux avaient été conduits dans les pâturages. À ***Oloron,*** une rue était célèbre pour le spectacle des bergers jouant de l'aiguille (aujourd'hui, rue Labarraque). Cela donna l'idée à deux Oloronais de rassembler cette production, et c'est ainsi qu'***apparut en 1800 la première entreprise de bérets.*** Par la suite vinrent les machines à main, puis à moteur. En 1829, la première usine apparut à son tour à ***Nay, l'autre « capitale » du béret,*** où se trouve désormais son musée.
Son succès dépassa, bien sûr, le cadre du Béarn. On se rappelle l'engouement des femmes pour le béret dans les années charleston. L'écrivain Hemingway et le maréchal Montgomery furent eux aussi d'efficaces VRP pour cette large galette. Aujourd'hui, la laine d'Australie vient en complément de celle des Pyrénées. De nombreux pays se fournissent en Béarn.

L'OURS DES PYRÉNÉES

Le sujet délicat, hyper sensible, qui ravit les uns et fâche les autres. Pour bien comprendre, un petit historique, en bref.
La population d'ours n'a fait que régresser durant les siècles précédents et cela principalement à cause de la chasse et des empoisonnements. **Plus d'une centaine d'ours étaient présents au début du XXe s dans les Pyrénées.** On en dénombrait moitié moins dans les années 1950 et seulement cinq ou six en 1995 ! La population est remontée à une quinzaine d'individus depuis la fin de l'année 2005, grâce aux naissances qui ont suivi le **premier lâcher, en 1996-1997, de trois spécimens.** Mais pour que l'ours brun ne retourne pas à la seule mythologie pyrénéenne, les scientifiques et une partie de la population locale s'accordaient à dire qu'il fallait un nouveau lâcher. En 2006, quatre femelles et un mâle prélevés en Slovénie ont été relâchés en Haute-Garonne et dans les Hautes-Pyrénées. Mais deux femelles sont mortes accidentellement. Pour les éleveurs de brebis, vivre avec l'ours n'est pas simple. Cela nécessite des adaptations dans la gestion de leurs troupeaux qui ne sont pas toujours faciles à mettre en œuvre, même si l'État accompagne ces changements avec un appui financier. Plusieurs solutions existent pour mieux protéger les troupeaux : les fameux « chiens patous », qui éloignent les prédateurs, et les clôtures électriques. Certains éleveurs les utilisent, d'autres le souhaiteraient mais font l'objet de pressions de la part des plus virulents opposants à l'ours...
Même si le territoire occupé par la petite quinzaine d'ours semi-pyrénéens est vaste, vos chances d'en apercevoir sont minces, si attentif que vous soyez aux traces et aux crottes abandonnées ici et là... Car l'ours a généralement peur de l'homme et se dissimule. Si vous en croisez un, ne vous approchez pas et observez-le de loin. Si vous tombez dessus au détour d'un chemin, à courte distance (moins de 50 m), il faut l'aider à mieux vous identifier en bougeant et en parlant (l'ours est un animal qui ne voit pas très bien ; en revanche, il a une bonne ouïe). S'éloigner calmement et surtout ne pas courir, au risque de l'effrayer.
Pour en savoir plus : • *parc-ours.fr* • (site de l'association Parc'Ours, qui accueille une famille d'ours dans son beau parc animalier en milieu naturel ; voir plus loin à Borce en vallée d'Aspe).

PERSONNAGES

On ne sait si c'est pour être nés dans un petit pays qui a longtemps été un État indépendant et qui a hissé l'un des siens sur le trône de France, mais les Béarnais semblent avoir un certain goût (sinon un goût certain...) pour les jeux politiques et le pouvoir. L'exemple contemporain s'appelle bien évidemment *François Bayrou,* né à Bordères où il conserve sa résidence principale. Un François Bayrou qui, tiens, a consacré un de ses bouquins à Henri IV. Et la liste est longue des Béarnais entrés en politique : *André Labarrère* (né et mort à Pau, dont il a longtemps été maire), premier homme politique français à avoir déclaré son homosexualité ; à droite, plusieurs Palois sont devenus ministres comme *Yvon Bourges, Alain Lamassoure* ou *Francis Mer.* Et une mention spéciale pour *Jean Lassalle,* né à Lourdios-Ichère, village dont il est aujourd'hui maire, qui entonna l'hymne béarnais en pleine séance de l'Assemblée nationale... Certains ont même accédé à de beaucoup plus hautes fonctions, comme *Jean-Baptiste Bernadotte,* né à Pau (où il a aujourd'hui son musée) en 1763 et décédé en 1844 à Stockholm, capitale d'un Royaume de Norvège dont ce simple soldat était devenu souverain. Parce que le Béarn, à l'instar de son voisin basque, a sa diaspora, dont certains membres ont vécu d'invraisemblables histoires. Comme *Pierre de Laclède,* né dans la vallée d'Aspe, à Bédous, qui fonda la ville de Saint Louis dans le Missouri.

Étonnantes, ces envies d'ailleurs dans un Béarn sans mer ni océan, sans ports ni bateaux, qui, pourtant, a donné naissance à quelques grands navigateurs, de **Michel de Grandmont,** corsaire puis flibustier, à **Titouan Lamazou,** originaire d'Arbus, champion du monde de course au large, qui nous régale aujourd'hui de ses carnets de voyage. Toujours sur l'eau, le Palois **Tony Estanguet** est sacré trois fois champion olympique de canoë monoplace. Restons chez les sportifs pour saluer le joueur de tennis **Jérémy Chardy,** né à Pau. À skis, la championne **Annie Famose,** originaire de Jurançon, qui a raflé deux médailles olympiques à Grenoble (argent et bronze) en 1968 est devenue une femme d'affaires chevronnée : c'est elle qui a créé la marque de location de matériel de ski *Skiset*.

Côté cuisine, le médiatique bistrotier **Yves Camdeborde** est né à Pau. Comme **André Courrèges,** qui révolutionna la mode des années 1960.

Adresses utiles

Comité départemental de tourisme Béarn – Pays basque : ☎ *05-59-30-01-30.* ● *infos@tourisme64.com* ● *tourisme64.com* ●
■ **Gîtes de France** *(plan Pau, B3, 4)* **:** *20, rue Gassion, 64000* **Pau.** ☎ *05-59-11-20-64.* ● *gites64.com* ● *Lun-ven 8h30-18h, sam 9h-16h30.* Pour vous aider à choisir parmi près de 1 000 gîtes ruraux, 200 chambres d'hôtes, 20 campings à la ferme, etc.

PAU ET SES ENVIRONS

● Pau.............................. 188	Gourmande – Atelier et	à Uzos
● La Féerie	musée des Arts sucrés	● Lescar........................ 203

C'est le point de départ obligé de toute incursion dans le Béarn. Pau, la « ville anglaise », est à redécouvrir, car elle n'a plus rien de la « belle endormie ». Et Lescar, le premier évêché, appelé par les Romains *Beneharnum,* qui donna son nom à la région.

PAU   (64000)   80 000 hab.   *Carte Béarn, C2*

● Plan *p. 190-191*

Chef-lieu des Pyrénées-Atlantiques et « capitale » du Béarn, Pau est une cité attrayante, plaisante aux beaux jours avec les Pyrénées si proches en toile de fond. Bénéficiant de ce décor naturel grandiose, la ville jouit calmement du privilège de se trouver à proximité de la mer et de la montagne, baignée dans une lumière d'azur et de brume qui a déconcerté poètes (Lamartine, Vigny) et peintres (Delacroix). Pau a d'ailleurs obtenu (et mérité !) le label Ville d'art et d'histoire en 2011. Vieilles pierres et somptueux paysages se marient à merveille pour créer cette ville où il fait bon vivre et flâner.

UN PEU D'HISTOIRE

Les origines de la ville remontent aux environs du IXᵉ s. Jusqu'au XIVᵉ s, Pau n'est qu'une minuscule bourgade de passage pour la transhumance. *La ville commence à se développer sous l'impulsion de Gaston Fébus,* vicomte de Béarn, qui fait exécuter quelques travaux importants avec le château. Après Lescar, Morlaàs et Orthez, Pau devient la capitale du Béarn, lorsque Jean d'Albret et Catherine de Navarre refluent de Pampelune. Pau garde son statut jusqu'en 1620, date de l'incorporation du Béarn à la couronne de France par Louis XIII.

UN POUR TOUS... TOUS POUR PAU

Pau, on l'oublie trop souvent, est la ville qui vit naître en 1617 un certain Isaac de Portau, passé à la postérité sous le nom de Porthos : rappelez-vous, Alexandre Dumas en fit l'un des trois mousquetaires qui sauvèrent leur reine des maux infligés par le cardinal de Richelieu.

Henri II d'Albret et Marguerite d'Angoulême, sœur de François Iᵉʳ, *transforment à leur tour le château* en lui donnant son style Renaissance. Sa vocation militaire disparaît, pour devenir un haut lieu artistique et intellectuel. *Leur fille, Jeanne d'Albret,* vraie femme politique et égérie de la Réforme, *réussit à élever le Béarn au niveau d'un État,* tout en ménageant l'avenir de son fils Henri. Ce dernier, né au château, a droit au baptême béarnais à base de jurançon en guise d'eau bénite et de gousse d'ail en remplacement du saint chrême. Marié à Marguerite de Valois (la fille d'Henri II et de Catherine de Médicis), il est *Henri III de Navarre avant de gagner un numéro et un royaume pour devenir Henri IV de France.* Figure emblématique de Pau et du Béarn, sa mort est vécue comme un drame. La ville se fait oublier ensuite pour un long moment. Il faudra attendre la Révolution pour qu'on recommence à s'intéresser timidement à Pau, devenue le chef-lieu des Basses-Pyrénées puis préfecture des Pyrénées-Atlantiques.

La période anglaise

Pau renoue en fait avec l'histoire au XIXᵉ s. *La présence des troupes anglaises de Wellington bivouaquant en Béarn après la bataille d'Orthez, en 1815,* amorce un mouvement, certes beaucoup plus pacifique, qui devait s'amplifier. Vers 1840, lord Selkirk tombe amoureux de la ville. L'aristocrate anglais vante, avec succès, la douceur du climat, la vie bon marché et la beauté du lieu. Les insulaires commencent à s'installer dans le Béarn.

Lorsqu'un médecin écossais, *Taylor, loue les vertus curatives des conditions météorologiques de la ville,* on assiste à une énorme *vague d'immigration venue d'Albion.* Pau n'est alors qu'une ville administrative. Toute son économie et sa physionomie se trouvent bouleversées par cet afflux de population. Des villas magnifiques entourées de parcs énormes se construisent. *Le premier golf du continent*

LOVELY !

Wellington, le grand ennemi de Napoléon, n'attendit même pas Waterloo pour s'installer à Pau en 1814. Il ne se déplaçait jamais sans sa meute de lévriers. Parieur invétéré, il traça un hippodrome. Quatre de ses officiers concurent ici le premier golf du continent. Pau était lancée.

est aménagé. Le boulevard des Pyrénées est percé. L'inauguration de la gare par Napoléon III en 1863 ne fait que renforcer cet essor. Aux Anglais se joignent l'aristocratie européenne et les Américains. Taylor continue ses nombreux relevés

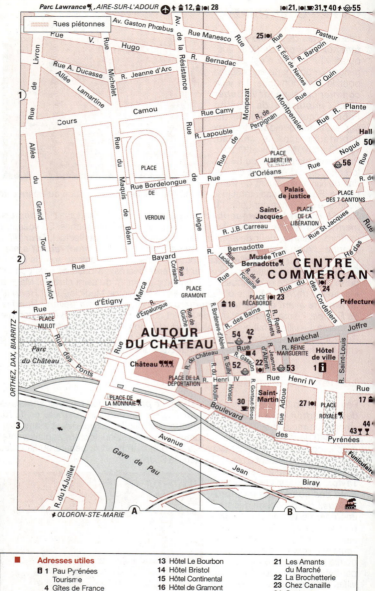

Adresses utiles	13 Hôtel Le Bourbon	21 Les Amants du Marché
1 Pau Pyrénées Tourisme	14 Hôtel Bristol	22 La Brochetterie
4 Gîtes de France	15 Hôtel Continental	23 Chez Canaille
Où dormir ?	16 Hôtel de Gramont	24 Gusto
10 Habitat Jeunes Pau-Pyrénées	17 Hôtel Le Roncevaux	25 La Michodière
11 Hôtel Central	18 Villa Navarre	26 Les Papilles Insolites
12 Hôtel Montilleul	**Où manger ?**	27 Le Majestic
	20 Don Quichotte	28 Le Fer à Cheval

PAU ET SES ENVIRONS

PAU

Où prendre le thé ?	43 Café Russe
30 L'Isle au Jasmin	44 Galway
31 Chez Chloée	45 Winfield
	46 Show Case Time
Où boire un verre ?	47 Connemara Irish Pub
Où sortir ?	
40 La Tireuse	**Où acheter de bons produits ?**
41 Le Garage	
42 Numéro 5 Bar	50 Les halles

- 51 Camdeborde Traiteur
- 52 Artigarrède
- 53 Maison Constanti
- 54 Boutique Francis Miot
- 55 Marché bio
- 56 Au Parapluie des Pyrénées

climatiques qui intéressent les premiers « avionneurs ». À tel point que les frères Wright viennent faire les essais de leur premier avion et y ouvrent la première école de pilotage au monde. Blériot les suivra de près dans leurs essais.
Après un siècle d'anglomanie, la Seconde Guerre mondiale met fin à cette période dorée. Elle laisse à la ville un élégant urbanisme, le golf, une société de chasse à courre parmi les plus prestigieuses et un amour ardent pour la verdure, les essences rares et les jardins. Sans oublier nombre de bars anglais, de restaurants et de grands hôtels (le *Palais Gassion*, longtemps considéré comme le plus beau palace d'Europe, aujourd'hui divisé en appartements, ou la *Villa Navarre*, transformée en hôtel 5 étoiles).

Les temps modernes

La révolution industrielle générée par la découverte, en 1951, d'*une poche de pétrole et d'un énorme gisement de gaz naturel à Lacq va assurer l'avenir de la ville.* En l'espace de quelques années seulement, la zone *Helioparc*, à l'entrée de la ville, va prendre des allures de mini-Silicon Valley. Université, centres de recherche, Zénith, palais des sports : la ville, endormie aux yeux des visiteurs de passage, connaît depuis une mutation surprenante. Heureusement ! Pau, qui est devenue célèbre pour ses équipes de rugby, de basket, son centre d'entraînement équestre (le deuxième en France après Chantilly) et son Grand Prix automobile, entend désormais assurer dans d'autres domaines et concurrencer ses voisines Toulouse, Biarritz et Bayonne.

Arriver – Quitter

En avion

➤ *Aéroport Pau-Pyrénées* (hors plan par A1) : ☎ 05-59-33-33-00. ● *pau. aeroport.fr* ●
➢ Nombreux vols/j. entre Paris et Pau (3 vols/j. pour Roissy-Charles-de-Gaulle, env 6 pour Orly). Également 5 liaisons/j. avec Lyon, 2 liaisons/j. avec Marseille (pas de vol le w-e), 1 vol/sem pour Bastia et 1 vol pour Ajaccio en été slt.

En train

🚆 *Gare SNCF* (plan B3) : av. Gaston-Lacoste. Rens : ☎ 36-35 (0,34 €/mn). ● *sncf.fr* ● *Au pied de la pl. Royale et du funiculaire (gratuit).*
➢ Liaisons directes avec Paris, Bayonne, Bordeaux, Lourdes, Nice et Toulouse.

En bus

🚌 *Transports 64 : départs du bd Barbanègre, de la rue Mathieu-Lalanne ou de la gare SNCF.* ☎ 0800-64-24-64 *(gratuit depuis un poste fixe).* ● *trans ports64.fr* ●
➢ *Pour Laruns* (plaque tournante des balades pyrénéennes) *et Gourette :* 4 départs/j. en hiver et 4 ou 5 en été.
➢ *Pour Lourdes via Nay :* 7 départs/j. sf dim.
➢ *Pour Orthez :* 6 bus/j. sf dim.
🚌 *Bus Starshipper :* ● *starshipper. com* ● ☎ 05-59-26-30-74 *(service clients).* Dessert Bordeaux via Mont-de-Marsan 4 fois/j. Arrêt situé 4 av. de l'Université.

Adresse et infos utiles

🛈 *Pau Pyrénées Tourisme – Office de tourisme communautaire* (plan B3, 1) *:* pl. Royale. ☎ 05-59-27-27-08. ● *tourismepau.com* ● *Près de l'hôtel de ville. Tlj sf dim ap-m hors saison.* Visites guidées en calèche de mi-juillet à fin août. Le *Pass Pau (10 €),* en vente à l'office de tourisme, permet de visiter les 3 musées à prix réduit. Et pour les enfants, demandez le cahier ludique *Enquête à Pau avec l'Inspecteur Rando (3 €).* Les amateurs de bonne chère opteront pour le *Pass gourmand (12 €) qui permet de déguster jusqu'à 33 spécialités du terroir auprès des producteurs des Halles.* Pour parfaire cette initiation gastronomique, des visites dans le vignoble du Jurançon sont organisées durant l'été.

🚌 🚲 *Idelis :* ☎ 05-59-14-15-16. ● *reseau-idelis.com* ● Bus urbains de l'agglomération. Un bon plan, la navette gratuite *Coxitis* qui circule dans tout le centre-ville. *Idelis* gère également le parc de vélos en libre-service **Idecycle**. ● *idecycle.com* ● Accessible avec une carte de paiement si vous n'êtes que de passage, la 1re demi-heure est gratuite, puis compter 1 €/h.

Où dormir ?

Les établissements du centre-ville étant vite réservés par une clientèle de professionnels la semaine, les prix ont tendance à baisser le week-end, offrant alors des nuits d'un bon rapport qualité-prix.

Bon marché

🏠 **Habitat Jeunes Pau-Pyrénées** *(plan C1, 10)* : *30 ter, rue Michel-Hounau.* ☎ 05-59-11-05-05. ● *accueil@habitat-jeunes-pau-asso.fr* ● *habitat-jeunes-pau-asso.fr* ● ♿ *Compter 19 €/pers.* 🖥 📶 Fonctionne comme une AJ (carte FUAJ demandée, sinon tarif plus élevé), mais les clients de passage ne peuvent être accueillis qu'en fonction de la disponibilité, puisque le centre est avant tout un foyer de jeunes travailleurs. Certes, les longs couloirs et la déco inexistante ne rendent pas l'endroit très chaleureux mais au moins ici, les chambres ne se partagent qu'à 2 et possèdent toutes leur salle de bains privée. Propre et basique.

De bon marché à prix moyens

🏠 **Hôtel Central** *(plan C2-3, 11)* : *15, rue Léon-Daran.* ☎ 05-59-27-72-75. ● *contact@hotelcentralpau.com* ● *hotelcentralpau.com* ● *Compter 67-86 € selon saison.* 📶 *Un petit déj/chambre et par nuit offert les w-e et j. fériés sur présentation de ce guide.* Un hôtel accueillant aux chambres de bon confort, mais évitez tout de même les plus petites avec leurs salles de bains encore plus riquiqui. Malgré la déco assez sommaire, les pièces sont très colorées pour la plupart. Et l'accueil souriant et très serviable rehausse encore ces touches de gaieté.

🏠 **Hôtel Montilleul** *(hors plan par A1, 12)* : *47, av. Jean-Mermoz.* ☎ 05-59-32-93-53. ● *marie-paule.kuchly@wanadoo.fr* ● *hotelmontilleul.com* ● ♿ *(1 chambre). À 1 km du centre-ville, direction Bordeaux. Congés : 1 sem à Noël. Doubles 46-60 € selon confort. Parking privé gratuit.* 📶 *Réduc de 10 % sur le prix de la chambre sur présentation de ce guide.* Cette ancienne villa bourgeoise entourée d'un petit jardin propose des chambres basiques et fonctionnelles, les moins chères avec toilettes sur le palier. Certes, elles ne possèdent pas le même charme que la maison, mais elles offrent un joli rapport qualité-prix pour la ville. On aime surtout l'agréable véranda pour le petit déj et l'accueil particulièrement sympathique.

🏠 **Hôtel Le Bourbon** *(plan C2, 13)* : *12, pl. Clemenceau.* ☎ 05-59-27-53-12. ● *contact@hotel-lebourbon.com* ● *hotel-lebourbon.com* ● *Tte l'année. Double 74 €.* 📶 *Réduc de 10 % sur le prix de la chambre sur présentation de ce guide.* Oh, rien de bien folichon pour cet ancien relais de poste du XIXe s. La déco sobre des chambres rappelle celle des hôtels de chaîne, mais elles sont tout confort. On apprécie surtout l'emplacement idéal au cœur de la ville, dans un quartier commerçant le jour et calme le soir.

Chic

🏠 **Hôtel Bristol** *(plan C2, 14)* : *3, rue Gambetta.* ☎ 05-59-27-72-98. ● *bristol-hotel@wanadoo.fr* ● *hotelbristol-pau.com* ● *Doubles*

93-108 € ; familiales 120-129 €. Parking privé gratuit. 🛜 En plein centre de Pau, cet hôtel marie avec beaucoup de goût une déco contemporaine et un mobilier plus ancien en accord avec cette bâtisse du XIXe s. Parées de moquette et de lourds rideaux, les chambres sont chaleureuses et surtout très spacieuses. Certaines possèdent un balcon et offrent une petite vue sur les Pyrénées. Dommage que l'accueil soit si peu aimable.

🛏 *Hôtel Continental* (plan C2, **15**) : *2, rue du Maréchal-Foch.* ☎ *05-59-27-69-31.* • *hotel@bestwestern-continental.com* • *bestwestern-continental.com* • *Tte l'année. Doubles 79-110 € selon type.* 🛜 C'est, de fait, le dernier des hôtels de la grande époque de Pau. Depuis 1919, la liste est longue de ceux qui ont séjourné entre ces murs : de Mistinguett à François Mitterrand en passant par Brel ou Saint-Ex'. Vous en prendrez plein la vue dès l'entrée en admirant les amples volumes, les meubles anciens brillants de cire et autres statues ou miroirs. Les grandes chambres possèdent un style plus contemporain mais n'en restent pas moins spacieuses et chaleureuses, conservant un charme intemporel et offrant le confort d'aujourd'hui. Accueil très pro.

🛏 *Hôtel de Gramont* (plan B2, **16**) : *3, pl. Gramont.* ☎ *05-59-27-84-04.* • *contact@hotelgramont.com* • *hotelgramont.com* • ♿ *En plein centre. Congés : vac de Noël. Doubles 78-120 € selon saison ; également des suites (dont 1 familiale). Parking public gratuit.* 🛜 Très bien situé, cet ancien relais de poste offre une belle vue sur la ville. Les chambres de bon confort empruntent chacune leur style à une époque. Des années 1930 aux sixties, elles possèdent toutes un charme particulier et mêlent avec un goût certain le design au confort rassurant de l'ancien. Accueil professionnel et souriant.

🛏 *Hôtel Le Roncevaux* (plan B3, **17**) : *25, rue Louis-Barthou.* ☎ *05-59-00-00-40.* • *hotel64000@gmail.com* • *hotel-roncevaux.fr* • *Tte l'année. Doubles 109-145 €.* 🛜 *Un petit déj/chambre et par nuit offert sur présentation de ce guide.* À deux pas de la place Royale, cet hôtel offre des chambres spacieuses et modernes, aux couleurs sobres mais chaleureuses. Le mobilier boisé, les lourds rideaux et le parquet leur donnent un petit air de campagne, un brin plus chic. Ajoutez une salle de bains nickel où l'on marche sur des galets, on oublierait presque qu'on se trouve en plein centre-ville.

Beaucoup (beaucoup) plus chic

🛏 *Villa Navarre* (hors plan par D1, **18**) : *59, av. Trespoey.* ☎ *05-59-14-65-65.* • *reception@villanavarre.fr* • *villanavarre.fr* • ♿ *Très bien fléché depuis le centre. Doubles 189-229 € ; petit déj 19 €. Menus 22 € (déj)-75 €. Parking gratuit.* 🛜 Double renaissance pour cette superbe villa, tranquillement installée au cœur d'un vaste parc planté d'arbres qui ont eu le temps de pousser depuis la fin du XIXe s. À l'abandon, la *Villa Navarre* a, au début du XXIe s, fort heureusement été sauvée d'une disparition annoncée et transformée en un hôtel plein de charme : boiseries d'époque pour la salle du petit déj, baies largement ouvertes sur les Pyrénées pour les suites (les chambres les moins onéreuses sont installées dans d'anciennes écuries).

Où manger ?

Bon marché

|●| *Don Quichotte* (plan D1, **20**) : *30, rue Castetnau.* ☎ *05-59-27-63-08. Ouv le soir lun-sam, plus le midi mar-ven. Formule du jour 6,90 € ; plats 7,90-14,90 €. CB refusées.* Affiches de corrida au mur et piments pendus au plafond, le décor donne un avant-goût de ce qu'on retrouve dans son assiette. Une clientèle d'étudiants ou d'habitués vient déguster dans ce resto riquiqui des plats revigorants à base de bonne viande, comme les oreilles de porc grillées ou une généreuse bavette. Le tout

PAU / OÙ MANGER ?

à un prix imbattable avec en prime, un accueil sympa !

|●| Les Amants du Marché *(hors plan par B1, 21)* : *1, rue Bourbaki.* ☎ *05-59-02-75-51.* ● *contact@lesamantsdumarche.fr* ● *Ouv mar-sam. Assiette composée au déj 15 € ; formule 18 € ; menu 22 €.* Tout de bois vêtu, ce petit resto aux allures de cabane sert de bons plats bio et végétariens. De la salade composée au potage maison en passant par les beignets de légumes, la fraîcheur s'impose, et tout est fait maison. Service chaleureux et souriant en prime.

|●| La Brochetterie *(plan B3, 22)* : *16, rue Henri-IV.* ☎ *05-59-27-40-33.* ● *contact@labrochetterie.com* ● *Tlj sf lun, mar midi et sam midi. Formules et menus 13,50-16,20 € le midi en sem, 21-27,50 € le soir ; carte 30-35 €. Apéritif maison offert sur présentation de ce guide.* Ne vous fiez pas à la déco un peu vieillotte mais plutôt à cette salle qui ne désemplit pas. Le gril se pose ici en vedette, magrets et viande y rôtissent dans un fumet délicieux. Réserver près de la cheminée, de préférence, aux jours gris. Accueil et service prévenants.

Prix moyens

|●| Chez Canaille *(plan B2, 23)* : *3, rue du Hédas.* ☎ *05-59-27-68-65. Tlj sf dim-lun. Menus déj en sem 12,50-14,50 € ; carte env 35 €.* L'enseigne annonce la couleur. Vieilles pubs aux murs, bouteilles de vin omniprésentes et ardoises crayonnées, vous êtes bien dans un authentique bistrot. Les amateurs de bonne viande y trouveront forcément leur compte entre le tartare au couteau, l'entrecôte ou l'andouille. On vient donc tailler une bonne bavette mais on ne s'attarde pas sur les desserts. Service un peu longuet.

|●| Gusto *(plan B2, 24)* : *1, rue du Hédas.* ☎ *05-59-98-43-77. Tlj sf sam midi et dim-lun. Congés : 15 j. en mai, 15 j. en sept et vac de Noël. Résa conseillée. Menu déj 15 € ; carte env 30 €.* Dans cette rue encaissée et un peu délaissée recouvrant le ruisseau du Hédas, l'animation du resto apporte une bouffée de gaieté. Encore faut-il le dégotter, ce *Gusto* bien caché ! Au déjeuner, on aurait tort de se priver du menu du jour, à tendance italienne. Mais l'originalité de la carte, où un risotto se frotte à des plats aux influences asiatiques, vous tentera forcément. Préférez venir entre copains plutôt que pour un dîner romantique. La salle aux murs de pierre et poutres apparentes se révèle assez bruyante, alors dégottez si le vous pouvez une des rares tables sur la petite terrasse. Accueil adorable.

|●| La Michodière *(plan B1, 25)* : *34, rue Pasteur.* ☎ *05-59-27-53-85.* ● *contact@lamichodiere.fr* ● ♿ *Tlj sf dim et certains j. fériés. Congés : 3 sem en août. Menus 16 € (déj)-30 € ; carte env 35 €. Apéritif maison offert sur présentation de ce guide.* Une petite maison en pierre aux volets bleus et une salle assez conventionnelle ouverte sur la cuisine, ce qui est toujours rassurant. Le chef cuisine sous vos yeux des plats traditionnels avec une pointe d'imagination. Et en gage de fraîcheur, carte et menus changent avec les saisons.

Chic

|●| Les Papilles Insolites *(plan C2, 26)* : *5, rue Alexander-Taylor.* ☎ *05-59-71-43-79. Ouv mer-sam. Congés : 1 sem en janv, 1 sem en fév, 1 sem en mai et tt le mois d'août. Résa conseillée. Menu déj 22 € ; carte env 40 € le soir.* Une salle un peu à l'ancienne, façon bistrot de toujours, où l'on ne cache pas son penchant pour la dive bouteille. Derrière les casseroles, un tandem rompu aux exigences des grandes brigades, qui régale son monde avec de bons produits locaux associés à des saveurs plus exotiques. Pas de mariages incongrus mais une cuisine subtilement fantaisiste, réussie. Belle sélection de vins naturels, à prix doux, généreusement exposée sur les étagères qui occupent presque toute la surface des murs.

|●| Le Majestic *(plan B3, 27)* : *9, pl. Royale.* ☎ *05-59-27-56-83.* ♿ *Tlj sf dim soir et lun. Congés : 15 j. en oct. Formule et menu déj en sem 17-20 € ; autres menus 32-42 €.* Une belle et grande salle, au rez-de-chaussée de cet ancien hôtel particulier du XIXe s, pour ce joli resto que prolonge, dès les beaux jours, une terrasse ombragée par les tilleuls de l'élégante place Royale. C'est la maison de Jean-Marie Larrère – une des tables emblématiques de la ville – chef aussi doué que discret. Excellente cuisine, parfaitement maîtrisée, qui s'amuse, sans excès, avec le terroir. Service et accueil parfaits.

Le Fer à Cheval (hors plan par A1, **28**) : 1, av. des Martyrs-du-Pont-Long, 64140 **Lons** (route de Bordeaux, à côté de l'hippodrome). ☎ 05-59-32-17-40. • feracheval@club-internet.fr • Ouv lun-ven et parfois le w-e, *appeler avt. Menu du marché (déj en sem) 25 €, vin compris ; autres menus à partir de 38 €.* Une belle adresse aux portes de Pau. Classe mais pas si classique que ça, malgré la mise de table, les lustres, le miroir... Le couple qui a réveillé cet ancien relais de poste arrive de Tahiti, on retrouve donc dans l'assiette de goûteuses influences exotiques pour des plats fort éloignés de la poule au pot. Une jolie façon de revisiter le terroir. Tables dans le très joli jardin, pour continuer à prendre le soleil. Il y a même quelques chambres *(env 66 €)* pour qui ne veut plus repartir.

Où prendre le thé ?

L'Isle au Jasmin (plan B3, **30**) : 28, bd des Pyrénées. ☎ 09-84-04-01-03. *Normalement, tlj 11h-19h (20h en été).* Siroter un thé glacé au soleil, sur une chaise longue, face aux Pyrénées... le rêve ! En tout, une trentaine de variétés de thés et un peu moins de cafés mais celui-ci est torréfié sur place, demandez donc à la patronne de vous faire une démo ! Si le temps vire au gris, réfugiez-vous dans la belle salle néocoloniale au rez-de-chaussée du plus prestigieux des anciens palaces palois. Et si ça vous a plu, vous pouvez acheter le thé ou le café en vrac pour les réserves de la maison.

Chez Chloée (hors plan par B1, **31**) : 1, pl. du Foirail. ☎ 05-59-02-11-60. *Mar-sam 9h-18h. Congés : de mi-juil à mi-août. Formule déj 20 €. Café offert sur présentation de ce guide.* Des têtes de cerfs fleuries aux cages à oiseaux colorées, sans oublier les nains de jardin des toilettes, ce salon de thé a tout d'une bonbonnière. Gâteaux secs, macarons, pâtisseries ou pâtes de fruits, Chloée et son mari sont les rois des sucreries. Tout est exquis, et donc à savourer religieusement !

Où boire un verre ? Où sortir ?

Le quartier le plus animé le soir reste encore celui du Triangle, autour de la rue Émile-Garet avec ses pubs étudiants et authentiques. Mais ça bouge aussi dans le quartier du château, sur le boulevard des Pyrénées, où quelques pubs aux grands écrans s'enflamment les soirs de matchs.

La Tireuse (hors plan par B1, **40**) : pl. du Foirail. ☎ 05-59-84-40-29. • la.tireuse.pau@gmail.com • *Lun-sam 18h-2h.* Dans un décor de plaques publicitaires émaillées, chinées à la brocante de la place, voici un bistrot à l'ambiance chaleureuse et conviviale. On vous prévient, une fois installé dans les profonds fauteuils de récup', on a du mal à en sortir. Le patron propose plus de 45 références de bières et en dégaine une vingtaine à la pression tous les soirs. Une vraie tireuse, quoi !

Le Garage (plan D1, **41**) : 49, rue Émile-Garet. ☎ 05-59-83-75-17. *Tlj 11h (15h w-e)-2h.* Vous ne pouvez pas le louper, le garagiste qui s'ouvre une bière sur le toit vous invite à faire de même. Pompes à essence, vieilles mobs au plafond, plaques émaillées et banquettes en cuir rouge... on plonge dans l'Amérique des années 1950 avec grand plaisir.

Numéro 5 Bar (plan B2-3, **42**) : 46, rue du Maréchal-Joffre. ☎ 05-59-30-52-64. *Tlj 18h-2h.* En terrasse autour d'un fût en bois ou entre les murs en pierre apparente assis dans un confortable canapé, on déguste ici un bon verre de vin ou un cocktail bien dosé. Lumière tamisée et jazz en musique de fond plantent un décor intime où une clientèle de trentenaires se retrouve autour d'une planche de fromages et charcuterie du pays. Les soirées tapas du vendredi et samedi rencontrent aussi un franc succès.

🍷 Plusieurs bars sans grand charme ont posé leurs terrasses le long du boulevard des Pyrénées. Libre à vous de choisir le premier sur votre route ou la terrasse du voisin : le *Café Russe (plan B3, 43 ; ☎ 05-59-82-91-41 ; tlj)* au cadre un peu baroque et à la clientèle de trentenaires. Le *Galway* juste à côté *(plan B3, 44 ; ☎ 05-59-82-94-66)*, pub à l'irlandaise, avec Guinness de rigueur, très branché rugby. Ou deux pas plus loin, le *Winfield (plan B3, 45)*, un pub à l'australienne, un des *before* des étudiants palois.

🍷 🎵 ***Show Case Time*** *(plan D1, 46)* : 8-10, rue Arribes. ☎ 05-59-06-94-62. ● contact@showcasetime.fr ● *Congés : de mi-juil à mi-août. Mar-sam 18h-2h. Entrée souvent libre, sinon 5-15 €. Tarif réduit pour les concerts sur présentation de ce guide.* Les amateurs de bonne musique, passeront un bout de soirée dans cette salle de concerts où se croisent des groupes jazz'n'blues, même si la programmation s'ouvre sans discuter à d'autres horizons musicaux.

🎵 ***Connemara Irish Pub*** *(plan C2, 47)* : 17, rue Valéry-Meunier. ☎ 05-59-27-81-14. *Jeu-sam 22h-7h. Congés : de mi-juil à mi-août.* C'est le rendez-vous de la jeunesse paloise le week-end. Dans un bar aux accents irlandais, on se retrouve entre amis pour boire quelques verres et danser jusqu'au petit matin. Un conseil : arrivez avant 2h, sinon, vous aurez du mal à entrer.

Où acheter de bons produits ?

🛒 ***Les halles de Pau*** *(plan B-C1, 50)* : pl. de la République. *Tlj sf dim.* À fréquenter surtout les mercredis, vendredi et samedi matin, jours de grosse affluence. Dans le « carré paysan », beaucoup de petits producteurs de la région viennent vendre les produits de leur jardin. À côté, le marché officiel avec ses commerçants à demeure et leurs étals bien garnis. C'est le moment de dégainer son *Pass gourmand* pour s'initier à la riche gastronomie béarnaise (voir plus haut dans « Adresses et infos utiles »).

🛒 ***Camdeborde Traiteur*** *(plan C3, 51)* : 2, rue Gachet. ☎ 05-59-27-41-02. *Mar-sam 9h-13h15, 16h-19h45, et dim mat.* Pour acheter andouilles, saucissons et boudins, un charcutier incontournable. Fait aussi traiteur.

🛒 ***Artigarrède*** *(plan B3, 52)* : 3, rue Gassion. ☎ 05-59-27-47-40. *Mar-sam 9h30-12h15, 14h30-19h15 ; dim 9h-13h. Congés : 2 sem en fév pdt vac scol et 3 sem en juil.* Un nom (la maison mère est à Oloron) connu dans tout le département pour son « russe », un délicieux et onctueux gâteau à base de biscuit à l'amande et crème de praliné. Une merveille que vous ne trouverez pas en dehors du Béarn, alors jetez-vous dessus !

🛒 ***Maison Constanti*** *(plan B3, 53)* : 10, rue Henri-IV. ☎ 05-59-27-69-19. *Mar-sam 9h-13h15, 13h45-19h15 (ven en continu) ; dim 8h30-13h.* Gourmands fuyez, vous risqueriez de tout dévorer ! Des pâtisseries à la pâte à tartiner en passant par les chocolats, on ne sait plus où donner de la tête. Difficile de se décider, les plus curieux choisiront le chapeau de d'Artagnan, spécialité maison à base de sorbet aux pruneaux et mousse à l'armagnac sur un lit de nougatine.

🛒 ***Boutique Francis Miot*** *(plan B2-3, 54)* : 48, rue du Maréchal-Joffre. ☎ 05-59-27-69-51. *Lun-sam 10h-19h.* Francis Miot était un véritable artiste. Ses confitures vous raviront et vous aurez, comme nous, envie d'aller lécher le fond de ses casseroles. Plus de 150 goûts aussi classiques qu'originaux, de la délicieuse fraise jusqu'au kiwi, en passant par la gelée au jurançon !

🛒 ***Marché bio*** *(hors plan par B1, 55)* : pl. du Foirail, mer et sam 8h-12h30.

Créé dans les années 1980, ce qui en fait l'un des plus anciens de France.

Dans un tout autre style

✧ **Au Parapluie des Pyrénées** *(plan B1, 56) : 12, rue Montpensier (angle rue Nogué).* ☎ *05-59-27-53-66. Tlj sf dim.-lun.* Le seul et unique fabricant d'authentiques parapluies de berger. Fabriqué sous vos yeux de façon artisanale, son mât et son pommeau sont en bois de hêtre, ses 9 baleines en rotin, et sa toile en coton bleu est imperméabilisée avec de la résine de pin, le tout assemblé à la main... Le maître des lieux se fera un plaisir de vous expliquer la suite. Un bel objet qui, forcément, a un prix.

À voir

L'office de tourisme propose le *Pass Pau* durant l'été : visite des musées, du château, en petit train... et de nombreux avantages chez tous les partenaires (voir coordonnées plus haut).

Autour du château

🗡🗡🗡 **Le château** *(plan A3) : 2, rue du Château.* ☎ *05-59-82-38-02.* • *musee-chateau-pau.fr* • *Tlj : 15 juin-15 sept, 9h30-12h30, 13h30-17h30 (heure de la dernière visite) ; le reste de l'année, 9h30-11h45, 14h-17h. Fermé 1ᵉʳ janv, 1ᵉʳ mai et 25 déc. Entrée : 7 € ; réduc ; gratuit moins de 26 ans et pour ts 1ᵉʳ dim du mois. Visite guidée exclusivement (durée : 1h15 env).*

PAU DE BÉBÉ

Que vient faire la « cuillère à pot », sorte de grosse louche, dans cette expression qui ne veut pas dire grand-chose ? Antoine de Bourbon, roi de Navarre, était retenu loin de chez lui lorsque sa femme Jeanne d'Albret accoucha du futur Henri IV. Alors averti de la bonne nouvelle, le roi s'empressa de l'annoncer à ses courtisans en disant : « Messieurs, la reine nous a donné un petit prince, en deux coups de cul hier à Pau. »

Le château se pare d'une grande variété de styles, reflet de tous les apports architecturaux de l'histoire. Les parties les plus anciennes remontent au XIᵉ s. Le donjon de brique et la tour de la Monnaie furent élevés par Gaston Fébus vers 1370. Au XVIᵉ s, Marguerite d'Angoulême (grand-mère d'Henri IV) lui donne son aspect Renaissance. Au XIXᵉ s, Louis-Philippe (décor intérieur) et Napoléon III (aménagements architecturaux) y contribuent également. Pour mémoire, il ne restait au château, après la Révolution française, que deux fourchettes et le berceau d'Henri IV. Les décorateurs de Louis-Philippe ont habilement mêlé meubles faits pour l'occasion et meubles d'époque : la collection de tapisseries Grand Siècle est somptueuse.

– *L'escalier d'honneur :* de style Renaissance, c'est le premier escalier droit dans le sud de la France. Les plafonds à caissons sont l'exacte copie de ceux du château d'Azay-le-Rideau (Indre-et-Loire).

– *Le Grand Salon (salle du Trône) :* c'est ici qu'Henri IV a été baptisé religieusement. Plafond à l'italienne. Tapisseries des Gobelins avec scènes de la vie quotidienne. Superbes vases bleus à décor chinois. Il n'en reste que très peu dans le monde (dont trois à Pau) ; cartel XVIIᵉ, le seul qui fonctionne au château.

– *La chambre des Souverains :* très beau coffre sculpté. Lit à baldaquin. Curieux coffre sculpté néogothique *(bargueño)* avec 22 tiroirs.

– *L'appartement de l'impératrice Eugénie :* comprenant un boudoir, une chambre, une antichambre. Baromètre Louis XVI, collections de Sèvres. Vases de nuit, et surtout les célèbres « bourdalous », vases de jour utilisés par les dames pendant les sermons, qui duraient longtemps (de 3 à 5h !). Ne se visite qu'à partir de 17h en haute saison.

– *Cabinet de peintures* : parmi les tableaux qui retracent la vie d'Henri IV, on remarquera ceux d'Ingres *(D. Pedro de Tolède baisant l'épée d'Henri IV),* Fragonard fils et Devéria *(La Naissance d'Henri IV),* palois d'adoption. On poursuit la visite, via l'escalier en colimaçon du XVe s, en traversant le *cabinet Bourbon* (portrait d'Antoine de Bourbon par François Clouet), la *salle Marquet de Vasselot* (dont la pièce maîtresse est le *portrait d'Henri IV en Mars* peint par Jacob Bunel) ; il ne vous aura pas échappé que le monumental *Henri IV à cheval* dément la légende de son célèbre cheval blanc. Passage par l'*antichambre de la reine* et la *chambre de Jeanne d'Albret.*
– *La chambre natale d'Henri IV* : avec la fameuse carapace de tortue ayant servi de berceau à Henri IV.
– *Jardins Renaissance* : au pied des remparts, agréables jardins en terrasses à l'image de ceux du temps d'Henri IV, avec vignes, vergers, tonnelles (accès libre). Les 23 ha de parc permettent d'accéder à la tour de la Monnaie (voir la partie « Jardins et panorama »).

> **MORT AUX VACHES !**
>
> *C'était le cri de haine des catholiques contre Henri IV qui avait le défaut d'être protestant. En effet, on trouve deux vaches dessinées sur son blason. L'expression est restée mais on en a oublié l'origine.*

Lors des Journées du patrimoine, ne manquez pas non plus cette visite exceptionnelle :
– *la chapelle,* aménagée par Louis-Philippe à l'emplacement d'un avant-corps fortifié précédant la tour Gaston-Fébus (donjon). Beau vitrail de la manufacture de Sèvres, exécuté en 1840-1841 à partir d'un tableau de Zurbarán.

🚶 ***Autour du château*** : vieux quartier pittoresque. Face au château (au n° 2, rue du Château), l'*hôtel de Peyré,* dit « de Sully », du XVIIe s, présente une superbe entrée pavée de galets. Le chien qui sert de heurtoir sur la porte symbolise la fortune. Il faut le caresser en faisant un vœu, on ne sait jamais. Au n° 9 de cette même rue, des colombages, presque incongrus à Pau. À l'emplacement de la place de la Déportation se serreraient l'église paroissiale du XVe s (qui servit de temple protestant de 1561 à 1620) et le cimetière. Seul subsiste aujourd'hui le clocher, appelé à tort « tour du Parlement ».

Dans le centre commerçant

🚶 ***Le ravin du Hédas*** *(plan B2)* : l'ancien quartier populaire de Pau. Y accéder par la rue René-Fournets, pittoresque descente bordée de maisons pour certaines joliment restaurées. En bas, une vieille fontaine et le lavoir. Ce fut le seul point d'eau jusqu'à la Révolution. Escaliers permettant de regagner la rue des Cordeliers et le centre commerçant du cœur de ville.

🚶 ***Le musée Bernadotte*** *(plan B2)* : *8, rue Tran.* ☎ *05-59-27-48-42. Tlj sf lun 10h-12h, 14h-18h. Entrée : 3 € ; réduc ; gratuit moins de 26 ans et pour ts 1er dim du mois.* Dans cette maison du XVIIIe s naquit Bernadotte, qui devint maréchal d'Empire, puis roi de Suède, de Norvège et de Poméranie orientale ! On raconte que, à sa mort, on découvrit sur sa poitrine un tatouage « Mort au roi ! », souvenir de la Révolution ! Nombreux souvenirs et témoignages sur l'homme qui alla vers le froid.

– En bas de la rue Tran, l'élégante *place Gramont* avec ses arcades.

🚶🚶 ***Le musée des Beaux-Arts*** *(plan C-D2)* : *rue Mathieu-Lalanne.* ☎ *05-59-27-33-02.* ♿ *(rdc slt). Tlj sf mar 10h-12h (12h30 w-e), 14h-18h. Entrée : 4 € ; réduc (5 € pour un billet jumelé avec l'expo temporaire) ; gratuit moins de 26 ans et pour ts 1er dim du mois.*

La muséographie, moderne et aérée, est en tout point remarquable, dotée d'un bel éclairage et d'un accrochage qui respecte l'esprit de collection et d'éclectisme cher au XIXe s. Le hall grandiose est un parfait exemple de cette période qui cultivait un goût certain pour le pompeux, les grands formats, les lourdes tentures et le rouge cramoisi... De là, on est attiré par l'escalier qui mène au 1er étage.

Le musée fut fondé en 1864 et, à l'époque, il fut décidé de privilégier l'art « contemporain ». Voilà pourquoi le XIXe s est si bien représenté, dans tous ses courants : orientaliste, académique, pompier, romantique, réaliste, symboliste, etc., et, bien sûr, impressionniste... Au hasard des toiles, on croise Boudin, Degas, Morisot, Rodin, Bourdelle, Marquet, Van Dongen, Dufresne...

Au milieu de tous ces chefs-d'œuvre, une belle place fut accordée aux peintures historiques (monumentale *Naissance d'Henri IV* de Devéria) et aux peintres régionaux, comme René-Marie Castaing. Tous ne méritent pas qu'on s'attarde sur leur qualité artistique, mais leurs œuvres restent d'indéniables témoignages d'une société révolue. Costumes et fêtes traditionnelles, architecture, alimentation... On y trouve mille détails précieux pour qui s'intéresse à l'histoire et aux paysages du Béarn. Les dernières salles du 1er étage sont plutôt consacrées à la peinture des XIXe s et XXe s. De retour au rez-de-chaussée, on retrouve la peinture ancienne avec, pêle-mêle, Le Greco *(Saint François d'Assise recevant les stigmates),* Bruegel de Velours, Rubens, Nattier *(Madame Henriette en vestale),* sans oublier plusieurs retables primitifs aragonais ou encore quelques beaux exemples de peinture italienne ou flamande.

🎯 *La rue du Maréchal-Joffre (plan B2-3) :* démarrant de la place Clemenceau, vrai cœur de la ville (avec une belle fontaine Art déco), elle aligne nombre d'hôtels particuliers. Au n° 22, la façade un peu fatiguée de celui de Navailles-Mirepeix qui cache une cour intérieure pavée ; juste en face, au n° 27, l'hôtel d'Abadie avec balcon en ferronneries ; au n° 46, celui de Laussat, dont ne verra que la grille d'entrée... Tout au bout de la rue (riche en vieilles portes en bois cloutées), jolie place à arcades Reine-Marguerite, la plus ancienne de la ville.

Jardins et panorama

🎯 *La place Royale (plan B3) :* idéale pour se reposer sous les tilleuls plus que centenaires, elle fut offerte aux Palois par Louis XIV, après la révocation de l'édit de Nantes. Cependant, les habitants de Pau ne portaient pas le Roi-Soleil dans leur cœur, le roi ayant dit que « Pau était une petite ville avec de petites rues peuplées de petites gens ». Les Béarnais se sont vengés en inscrivant sous sa statue : « À Louis XIV, le petit-fils de notre glorieux roi Henri. » L'histoire ne dit pas si Louis XIV a apprécié l'humour. Toujours est-il que la statue disparut à la Révolution française. En 1843, c'est Louis-Philippe qui offrit la statue d'Henri IV, encore là aujourd'hui.

🎯 *Les sentiers du Roy (plan B3) :* charmante promenade bucolique qui permet, depuis la place Royale, de rejoindre la ville basse. Pour remonter, on peut utiliser le funiculaire centenaire (gratuit).

🎯 *La place de la Monnaie (plan A3) :* dans la ville basse, remarquable ensemble urbain des XVIe et XVIIIe s, avec de belles demeures mises en valeur, un canal et les services du conseil départemental installés dans un bâtiment aussi contemporain que les jardins qui l'entourent. Dans la tour de la Monnaie, on frappa la monnaie du XVIe s à la Révolution (deuxième place de France). Calvin y prêcha. À l'intérieur, un ascenseur gratuit *(tlj 8h30-19h30 en été, jusqu'à 18h30 le reste de l'année)* permet de rejoindre les jardins du château.

🎯 *Le boulevard des Pyrénées (plan B-C3) :* inauguré en 1899, c'est une longue terrasse de plus de 1,5 km, d'où, par beau temps, on peut admirer la chaîne des Pyrénées. On a vraiment l'impression de toucher les montagnes. Dommage que le bruit des voitures qui défilent vienne gâcher cette sérénité, mais heureusement, le boulevard est réservé aux piétons chaque premier dimanche du mois. Ouf, on respire !

🎭 **Le palais Beaumont, Centre de congrès historique** (plan D3) : *au bout du bd des Pyrénées et à l'entrée du parc Beaumont.* Né palais d'hiver, en 1900, cadre néorococo de fêtes somptueuses, le casino 1930 symbolisait, avec les villas de l'avenue Trespoey, le souvenir typique de la période anglaise. Un siècle plus tard, avec ses restaurants, sa brasserie, son double jardin d'hiver et ses salons new-look, il offre à Pau un lieu de congrès et de plaisirs digne du rôle que la ville entend jouer dans la région. L'orchestre de Pau-Pays de Béarn se produit tous les mois dans le magnifique auditorium Alfred-de-Vigny.

🎭 🚶 **Le parc Beaumont** (plan D2-3) : *à l'est de Pau, près du casino.* Jardin très agréable au point de départ d'une belle balade entre parcs et jardins, permettant de découvrir Pau sans le secours de la voiture. 12 ha de parc à l'anglaise avec lac et cascade. On y trouve des arbres centenaires et des plantes aux essences rares et variées. À propos, les palmiers que vous trouverez ici dans les jardins de toutes les maisons bourgeoises ne sont pas seulement un signe de clémence du climat, mais aussi d'opulence : rapportés d'Afrique par les soldats partis à la conquête de l'Algérie en 1830-1850, ils sont signe de réussite sociale... L'été, des concerts gratuits, classiques, rock ou techno, sont donnés dans le théâtre de verdure. Se renseigner à l'office de tourisme (voir plus haut « Adresses et infos utiles »).

> **JEUX DE MAINS, JEUX DE VILAINS**
>
> *Cette expression évoque le jeu de paume, sport le plus célèbre de l'ancien régime. La noblesse utilisa rapidement des raquettes pour ne pas s'abîmer les mains. Seul le peuple (les vilains) continua à frapper la balle à mains nues.*

Un peu plus loin

🎭 **Le parc Lawrance** (hors plan par A-B1) : *rue de Montpensier et av. de la Résistance.* Au nord de Pau. Les amoureux des arbres découvriront dans ce beau parc de 4 ha des séquoias de 50 m, des cèdres bleus presque aussi hauts, des rhododendrons centenaires, etc. Au centre, une splendide villa du XIXe s qui abrite aujourd'hui « le Cercle anglais » et un petit musée de la Résistance et de la Déportation (☎ 05-59-02-57-82 ; mer 14h30-18h ; GRATUIT).

🎭 🚶 **Le haras national** (hors plan par A3) : *1, av. du Maréchal-Leclerc, 64410 Gelos.* ☎ 05-59-06-98-37. • *haras-nationaux.fr* • *À 3 km du centre-ville (c'est fléché). Juin-sept, visites guidées lun-ven à 14h30 ; le reste de l'année, mer à 14h30. Tarif : 6 € ; réduc ; gratuit moins de 6 ans. Animations enfants tte l'année.* Créé en 1808 par Napoléon Ier dans l'ancienne résidence d'été du président du Parlement de Navarre. Pas mal pour une résidence secondaire, ce château du XVIIIe s entouré d'un parc de 13 ha ! Découverte des étalons (et selon les saisons des juments et de leurs poulains), d'une jolie collection de voitures hippomobiles du XIXe s, des ateliers du sellier, du maréchal-ferrant...

À faire

🚶 **Le stade Eaux Vives Pau-Pyrénées** (hors plan par D3) : *av. Léon-Heid, 64320 Bizanos.* ☎ 05-59-40-85-44. • *paupyrenees-stadeeauxvives.com* • *Accès bien fléché depuis l'av. Gaston-Lacoste. Juin-sept, tlj 10h-19h ; hors saison, sur résa* *slt, 10h-18h (17h w-e).* Bassins et rivières artificiels à deux pas du gave de Pau. Le – superbe – site d'entraînement de l'équipe de France de canoë-kayak est ouvert à tous à partir de 8 ans (il suffit de savoir nager) pour des séances, libres ou encadrées, de canoë-kayak, mais aussi d'hydrospeed ou de rafting. Il accueille la Coupe du monde de canoë-kayak jusqu'en 2017. Location de matériel.

Culture

– **L'orchestre de Pau-Pays de Béarn :** *hôtel de ville.* ☎ *05-59-80-21-30.* ● *pau.fr* ● La ville peut s'enorgueillir d'avoir à demeure un des meilleurs ensembles qui soient, sous la direction du chef Fayçal Karoui. Belle programmation, riche et éclectique, au palais Beaumont.
– **Le Méliès :** *6, rue Bargoin.* ☎ *05-59-27-60-52.* ● *lemelies.net* ● Un ciné d'art et essai installé dans une ancienne église. Séances spéciales enfants et plusieurs manifestations autour du cinéma au cours de l'année, dont un Festival international du film en décembre.
– **Les espaces Pluriels :** *17, av. de Saragosse.* ☎ *05-59-84-11-93.* ● *espacespluriels.fr* ● Danse et théâtre contemporains sont ici à l'honneur.
– **La Centrifugeuse :** *Maison de l'étudiant, université de Pau.* ☎ *05-59-40-72-93.* ● *la-centrifugeuse.com* ● ♿ Sur le campus, puisque cette salle de concerts dépend du service culturel de l'université. Belle programmation de musiques actuelles. Théâtre et autres spectacles vivants de temps en temps.
– **AMPLI :** *allée Montesquieu, 64140* **Billère.** ☎ *05-59-32-93-49.* ● *ampli.asso.fr* ● C'est le centre de musiques actuelles de l'agglomération paloise. Nombreux concerts.

Manifestations

– **Grand Prix hippique :** *3e w-e de janv.* Depuis plus de 120 ans !
– **Carnaval béarnais :** *courant fév, pdt la période du Mardi gras.* Tout Pau se mobilise quelques jours pour une fête d'enfer : personnages typiques et géants, chants et danses traditionnelles, grande cavalcade à travers la ville pour fêter le cochon et Sent Pançarc !
– **Gala du film de montagne :** *fin mars-début avr.* ● *image-montagne.com* ● Comme son nom l'indique... un gala qui, vu le nombre de films présentés, pourrait s'appeler « festival ».
– **Grand Prix de Pau :** *mai.* Le centre-ville se transforme en circuit automobile. Vieilles voitures (pour le Grand Prix historique) ou Formules 3, 4 et 2.0.
– **L'Été à Pau :** concerts gratuits en été dans divers quartiers et jardins, notamment au parc Beaumont.
– **Hestiv'Òc :** *mi-août.* Festival de la musique et de la culture des langues du Sud.
– **Coupe Gordon Bennett :** *fin août, ts les 4 ans. Prochaine éd. en 2019.* La plus prestigieuse et la doyenne des compétitions aéronautiques qui réunit les meilleurs pilotes de ballon à gaz. ● *gordonbennett.aero* ●
– **Un Aller-Retour dans le noir :** *oct.* Festival du polar : rencontres avec des auteurs, concerts, dédicaces...
– **Les Étoiles de Pau :** *fin oct.* Concours international d'équitation.
– **Les Idées mènent le monde :** *3 j. en nov.* Festival littéraire au palais Beaumont, rencontres avec des écrivains et foire aux livres.
– **Anniversaire d'Henri IV (La Poule au Pot est reine) :** *déc.* Un anniversaire que Pau fête en grande pompe pendant 8 à 15 jours autour du 13 décembre. C'est l'occasion de goûter à la célèbre poule au pot que servent la plupart des restos palois.

DANS LES ENVIRONS DE PAU

🍴🚶 *La Féerie Gourmande – Atelier et musée des Arts sucrés :* rond-point d'Uzos, D 37, 64110 **Uzos.** ☎ 05-59-35-05-56. ● francis-miot.com ● ♿ À la sortie sud de Pau (à 3 km du château). Tlj sf dim 10h-12h, 14h-18h (pas de fabrication sam) ; entrée jusqu'à 16h. Durée de la visite : env 1h30. Tarifs : 4,60 € ; 3 € moins de 12 ans (juil-août : adulte 3 €, enfant 2 €). Un bon complément à la visite de la *Boutique Francis Miot* en centre-ville (voir plus haut « Où acheter de bons produits ? »). L'espace muséographique avec ses collections est sympathique. Les jeux interactifs et les vidéos apprennent plein de choses aux enfants. Mais le must reste l'atelier du goût où l'on vous offre des confitures, à charge pour vous de deviner le fruit de base. On passe ensuite aux ateliers de démonstration : le chocolat, la confiture et les bonbons. Les commentaires sont sympas, et on continue à saliver. La visite se termine par la galerie Sender où sont reproduites une quinzaine des pièces réalisées par le maître pâtissier Sender, troisième associé, dont le gâteau de mariage de Lady Di (4 m de haut !) et, tout à côté, le gâteau commandé par Elton John pour les funérailles de la même Lady Di. Bien entendu, il y a une boutique à la sortie, histoire d'acheter quelques *coucougnettes*, bonbons légèrement aphrodisiaques créés par Miot en hommage à Henri IV !

LESCAR   (64230)   10 200 hab.   *Carte Béarn, C2*

À 5 km au nord-ouest de Pau. La petite ville romaine de *Beneharnum* devint, dès le VIe s, le premier évêché de la région. Tout au long du Moyen Âge, les évêques de Lescar jouèrent un rôle politique important. Adorable vieille ville haute, que l'on atteint par la porte de l'Esquirette (vestiges de remparts).

Adresse utile

🛈 *Office de tourisme :* pl. Royale ; face au porche de la cathédrale. ☎ 05-59-81-15-98. ● lescar-tourisme.fr ● Tte l'année, mar-sam (tlj sf dim en juil-août) 9h-12h, 14h-18h. Propose en saison plusieurs types de visites guidées de Lescar (visite nocturne aux flambeaux en août, rando médiévale...). Se renseigner.

À voir

🍴🚶 *La cathédrale :* tlj 9h-18h. Randonnée médiévale, incluant la visite de la cathédrale tte l'année mar et ven à 15h ; durée : 1h30. Autre possibilité : la visite nocturne aux flambeaux (slt mar à 21h en août) ; résa obligatoire auprès de l'office de tourisme.

Édifiée au XIIe s sous l'épiscopat de Gui de Lons (évêque de Lescar et bagarreur impénitent), elle succédait à la ville gallo-romaine de *Beneharnum*, première capitale du Béarn au IVe s et détruite par les Normands au IXe s. Transformée en temple protestant par Jeanne d'Albret en 1563, ce n'est que quelques années après que la cathédrale fut rendue au culte catholique. Elle subit beaucoup de restaurations mais aucune modification du plan bénédictin originel. Très beau chevet roman sculpté de modillons et de frises.

À l'intérieur, les chapiteaux et les mosaïques constituent l'un des intérêts essentiels du lieu. Stalles en chêne surmontées de 34 personnages sculptés au XVIIe s.

D'un côté, le Christ, les apôtres et les évangélistes ; de l'autre, la Vierge des sept douleurs suivie des confesseurs et des saints locaux. Dans les absides latérales, du plus pur style roman, des retables du XVIIIe s. Celui de l'absidiole de droite, autel du Saint-Sacrement, figure une représentation de la Cène. Les fameuses mosaïques, situées sur le sol à la tête du chœur, datent de la construction de la cathédrale et représentent des motifs orientaux et des scènes de chasse.
Sur la voûte en cul-de-four, peintures murales du XVIIe s représentant des scènes de la vie de Marie, notamment son couronnement.
Sous le chœur sont ensevelis les rois de Béarn-Navarre de la dynastie d'Albret et, notamment, les grands-parents d'Henri IV, Henri II d'Albret et Marguerite d'Angoulême (crypte non accessible).
Ne pas omettre de jeter un œil à l'orgue monumental (XIXe s), classé et restauré.

🕯 En face de la cathédrale, petit **musée Art et Culture** : *ouv en été ; le reste de l'année, sur demande. GRATUIT.* Présentation de la collection archéologique de Lescar (ancienne capitale gallo-romaine).

🕯 Ne pas manquer la balade sur les remparts et les vestiges du palais épiscopal, dont la **tour-prison** du XIVe s.

🕯 Dans la ville basse, le **quartier de Biale** : voir l'église Saint-Julien, au beau mobilier intérieur. Quelques demeures des XVIIe et XVIIIe s.

Manifestation

– **Les Mystères de la cité :** *2e we de sept.* Déambulatoire fantastique sur le thème médiéval et spectacle son et lumière.

NORD-BÉARN ET VIC-BILH

• Morlaàs 204
• Arzacq 206
   • Morlanne • Momas
   • Mascaraas-Haron
	• Lembeye.................... 209
	   • Le vignoble de
	   Madiran et du Vic-Bilh :
	   Lasserre et Aydie
		• Du vignoble de Madiran et du Vic-Bilh aux coteaux du Jurançon... 211
		   • Juillacq • Montaner

C'est le Béarn des origines, une région très différente du piémont et des vallées pyrénéennes : paysages de coteaux plus doux, architecture et petites placettes dans les villages. Les élevages de volailles appartiennent au vaste ensemble des coteaux de Gascogne, dont font également partie la Chalosse, le Tursan et l'Armagnac. On y trouve Morlaàs, la première capitale, de magnifiques petites églises romanes, et le Vic-Bilh, le « vieux pays », au nord-est du département. C'est la région d'un vignoble célèbre, celui du madiran.
– Attention, très peu de restos dans le coin. Alors, un conseil, réservez ou prévoyez le pique-nique !

MORLAÀS   (64160)   3 400 hab.   *Carte Béarn, C2*

À environ 12 km au nord-est de Pau, la première capitale de la vicomté de Béarn a conservé sa splendeur au fil du temps. Jusqu'à la fin du XVIIIe s, Morlaàs fut l'une des grandes villes béarnaises. On y battait monnaie depuis Centulle IV, et la livre morlanne était acceptée dans toutes les Pyrénées, jusque dans la vallée de l'Èbre. Morlaàs est aussi connue pour son école d'ébénistes, qui produisaient de superbes meubles ornés d'une croix de Malte.

Adresse et info utiles

Office de tourisme : *pl. Sainte-Foy.* ☎ *05-59-33-62-25.* • *paysdemorlaas-tourisme.fr* • ⚒ *Mai-sept, lun-sam 9h30-12h30, 14h-17h30 ; oct-avr, lun-ven.* À l'intérieur, salle d'expo qui abrite des originaux provenant de l'église Saint-Foy et des outils de frappe de la monnaie. Balades patrimoniales en été.
– **Marché :** *ven mat ts les 15 j. et ts les sam mat.* Plutôt animé.

Où dormir ? Où manger dans le coin ?

Hôtel de France : *15, pl. Sainte-Foy, à Morlaàs.* ☎ *05-59-33-40-24.* • *hoteldefrance-morlaas@wanadoo.fr* • *hoteldefrance-morlaas.com* • ⚒ *Resto fermé dim-lun. Congés : 2 sem en août. Doubles 52-62 €. Formule déj en sem 9 € ; menu 15 € ; carte env 15 €.* Derrière une façade tout à fait traditionnelle, une adresse qui propose des chambres à la déco classique mais contemporaine, offrant un confort très honnête, dans une extension moderne construite au fond de la cour et donc au calme. Certaines peuvent accueillir 3 personnes. Bon petit resto. Menu du jour avec buffet à volonté, et quelques spécialités à la carte selon l'humeur du chef. Petite terrasse.

La Guinguette du Lac : *route de Saint-Armon, 64160* **Anos.** ☎ *05-59-68-94-61.* • *laguinguettedulac@orange.fr* • *À 5 km au nord de Morlaàs. Pâques-sept, ven-dim, j. fériés et veilles de j. fériés. Formules 19-25 €. CB refusées. Apéritif maison offert sur présentation de ce guide.* Un tout petit resto qui cultive l'influence espagnole avec des brochettes andalouses, des soles à l'espagnole. Cuisine *a la plancha*, pour mieux résumer. Mignonne terrasse ombragée au bord du lac pour les heures chaudes de la journée.

À voir. À faire

L'église Sainte-Foy : *lun-sam 8h-19h (18h mer) et dim mat, en dehors des offices. L'office de tourisme propose une brochure détaillant chaque scène et chaque personnage du tympan.* Superbe porche sculpté du XIIe s, restauré au XIXe s. Sur le tympan, Christ en majesté entouré d'un ange lui présentant le livre de l'évangéliste saint Matthieu et de l'apôtre Jean, figuré par l'aigle. En dessous, de part et d'autre de la colonne centrale, scènes du *Massacre des Innocents* et de la *Fuite en Égypte*.

> ### UNE CROIX SUR LE PASSÉ
>
> *L'église romane Sainte-Foy fut bâtie à la toute fin du XIe s, selon les vœux de Centulle IV (ou V, selon les sources), ancien vicomte du Béarn. Et sa beauté est à la hauteur de son péché ! Celui-ci avait, en effet, épousé sa pupille, ce que prohibait l'Église. Le pape menaça notre homme d'excommunication s'il ne renonçait pas à son penchant. Ce qu'il fit, bien sûr, et, pour mieux expier sa faute, il construisit Sainte-Foy.*

L'archivolte est ornée de rinceaux. Représentation des 24 vieillards de l'Apocalypse soutenus à chaque extrémité par des atlantes, avec au centre l'agneau portant la croix dans une mandorle tenue par deux anges et, aux extrémités, des figures d'atlantes. Tout un programme ! Jolis chapiteaux historiés dans le chœur, notamment un célèbre piton de Jaca qui rappelle les liens entre les anciennes capitales du Béarn et de l'Aragon. Maître-autel en bois sculpté du XVIIIe s.

➢ *Circuits :* un circuit ludique pour les enfants, « Devine Morlaàs ». Surprise gourmande à la fin. Également des circuits de randonnées et une rando-dessin. Infos à l'office de tourisme.

Fête et manifestations

– *Salon du vin et de la gastronomie :* mars.
– *Fête du Cheval avec concours régional des chevaux de trait :* oct.

ARZACQ (64410) 900 hab. *Carte Béarn, C1*

Étape importante sur la voie du Puy-en-Velay à Saint-Jacques-de-Compostelle. Dans l'église se trouve une superbe Vierge à l'Enfant en bois sculpté. Profitez-en pour visiter la belle place avec arcades de cette bastide du XIVe s. Arzacq est le bourg central du Soubestre, petite partie du Béarn plus tournée vers le bassin de l'Adour et la proche Chalosse que vers la vallée des gaves.

Adresse utile

🛈 *Office de tourisme intercommunal En Soubestre :* pl. de la République. ☎ 05-59-04-59-24. ● cc-arzacq.fr ● Lun-mar et jeu-ven 9h30-12h, 14h-18h ; mer et sam, slt l'ap-m. Fermé j. fériés. Visites guidées de la Bastide, se renseigner.

Où manger ?

|●| *Café des Sports :* pl. de la République. ☎ 05-59-04-40-67. ● gabrielregagnon@hotmail.fr ● Tlj sf le soir mar-mer. Congés : 2 sem en sept et 1 sem en hiver. Résa conseillée. Menus 14 € (déj en sem, vin compris), puis 18-26 €. C'est de notoriété publique, vous êtes ici chez Gaby, le roi de la garbure ! Cette épaisse soupe de légumes parfumée au jambon débute tous les menus. Ensuite, place au généreux, au produit de terroir et à la tradition. Foie gras, magret, tournedos aux cèpes défilent dans la salle sans façons de ce bistrot de village ou en terrasse, sous les vieilles arcades de la place du marché. Les habitués viennent et reviennent, parfois de loin, pour ne pas manquer, par exemple, la tête de veau du 1er vendredi du mois ou la poule au pot du 3e.

Où acheter du bon vin dans le coin ?

※ *Château de Cabidos :* 64410 Cabidos. ☎ 05-59-04-43-41 ou 05-59-04-53-96 (w-e). À 4,5 km au sud-ouest d'Arzacq par la D 264. Ouv lun-ven ; le w-e sur rdv. Dans un décor de rêve, un merveilleux château de style béarno-toscan (si, si !)... On craque tout autant pour Madame la comtesse, un sacré personnage, qui, après s'être improvisée vigneronne à plus de 60 ans, récoltait prix et médailles dès les premières cuvées. Bien entourée, elle élabore de délicieux vins blancs, à base de petit et grand manseng, de chardonnay ou de sauvignon. Le domaine produit et vinifie un rouge à base de syrah.

À voir

🗡 La Maison du jambon de Bayonne : *route de Samadet. ☎ 05-59-04-49-93. • jambon-de-bayonne.com • ♿ Mar-sam (plus lun en juil-août) 10h-12h30, 14h30-18h. Fermé dim et j. fériés. Arriver 1h30 avt fermeture pour les visites. Entrée (audioguide compris) : 6 € ; réduc ; gratuit étudiants et chômeurs.* Officiellement, il s'agit du siège du consortium de l'IGP (Indication géographique protégée) « Jambon de Bayonne ». La Maison du jambon s'est dotée d'un bel outil promotionnel, avec un espace muséographique. Évidemment, des vidéos et écrans tactiles pour parler du cochon, ça peut manquer de charme. Mais si l'on a la patience de regarder tous les films et de jouer avec toutes les bornes interactives, on apprend pas mal de choses, et en s'amusant qui plus est. Riche iconographie, jolies gravures et documents intéressants. Tout cela sent quand même un peu le marketing à notre goût, et d'ailleurs, ça tombe bien : on sort par la boutique !

🗡 Lavoir particulièrement joli, sur la route de Morlanne. Il est en forme de fer à cheval et date du XIXe s.

DANS LES ENVIRONS D'ARZACQ

MORLANNE (64370)

Sur la D 946, sans hésitation l'un des plus beaux villages du Béarn, avec ses adorables ruelles, ses belles demeures, son château-forteresse et... la polissonne enseigne du potier. Ancien poste avancé de défense du Béarn.

Adresse utile

🛈 Office de tourisme En Soubestre : *chemin la Carrère du Château. ☎ 05-59-81-42-66. • cc-arzacq.fr • Lun-sam 10h-12h, 14h-19h (18h oct-mars). Fermé j. fériés, plus sam ap-m oct-mars.* Organise des visites guidées sur demande.

Où dormir ? Où manger dans le coin ?

Prix moyens

🏠 |❘| Domaine de Compostelle : *Maison Lacrouts, 64370 **Casteide-Candau**. ☎ 05-59-81-43-48. 📱 06-86-27-19-01. • info@domaine-compostelle.com • domaine-compostelle.com • À 2 km à l'ouest de Morlanne ; à l'écart du village (c'est fléché). En chambre d'hôtes, 80 € pour 2. Dîner sur résa 25-35 €.* Évidemment situé non loin du chemin de Compostelle, cette ancienne ferme, presque isolée, abrite de grandes chambres d'hôtes (certaines avec kitchenette), aussi plaisantes que dépaysantes, ainsi qu'une boutique de produits du terroir. Bonne cuisine familiale de région autour d'une conviviale grande table de bois. Accueil naturellement sympathique. Piscine.

🏠 |❘| Ferme-auberge Lauzet Grandguillotte : *rue du Château, à Morlanne. ☎ 05-59-81-61-28. • cecile.grandguillotte@wanadoo.fr • ♿ En face de l'office de tourisme. Hors saison, ouv slt le midi mer-dim, sur résa ; en saison, ouv le midi mer-dim, plus le soir sur résa. Formule déj 16 € ; menus 18-30 €.* Cécile et Stéphane élèvent des brebis, des canards pour le foie gras et des canettes. Vous imaginez les menus ! Le confit de canard est tout simplement exceptionnel. Accueil authentique et chaleureux. Également des chambres d'hôtes *(52 € la nuit, petit déj compris)*.

Chic

|❘| Cap e Tot : *Carrère du Château, au centre de Morlanne. ☎ 05-59-81-62-68. Ouv slt jeu soir-dim midi. Congés :*

début sept et pdt les fêtes de Noël. Résa impérative. Au bistrot, menu 28 € et menu dégustation 36 € ; au resto, menu gastronomique 56 € (8 plats !). Dans une grosse maison paysanne, ce chef au caractère aussi trempé que sa cuisine a aménagé d'un côté un restaurant, au cadre chic et épuré, de l'autre un bistrot plus campagne... Le décor est l'œuvre du papa, fabricant de quilles (il y a un terrain juste à côté). Les vieux du village sont de retour, tandis qu'une clientèle urbaine n'hésite pas à faire le détour pour goûter une cuisine pleine d'esprit et riche en saveurs...

À voir

¶ **L'église fortifiée Saint-Laurent :** avec tours et chemins de ronde. Beau chœur aux voûtes sexpartites. Superbe mobilier intérieur : lutrin du XVIIe s, confessionnal et bénitier du XVIIIe s.

¶ **Le château :** ☎ 05-59-81-60-27 ou 05-59-04-86-84. *Espace muséographique en construction, possibilité de visiter le donjon et le chemin de ronde. Visite guidée 5 € ; visite libre 3 € ; réduc.* Témoin glorieux du XIVe s et d'une histoire militaire riche. Arnaud-Guilhem, demi-frère de Gaston Fébus, le construisit entre deux rivières. Semblable à Montaner, le château occupait une place particulièrement sensible à l'époque. Enceinte en brique toujours entourée de son fossé. Le parc continue à accueillir des manifestations : cinéma en plein air, expos, spectacles, feux d'artifice, etc., mais aussi les Journées du patrimoine en septembre et les Journées du goût en octobre.

MOMAS (64230)

¶¶ **Le château et les jardins de Momas :** *près de l'église, en haut du village.* ☎ 05-59-77-14-71. • chateaudemomas.com • ♿ *(notamment pour les jardins, en partie accessibles aux fauteuils roulants). Emprunter la D 201 puis la D 945. Visite commentée 1er avr-1er nov, tlj sf jeu 14h30-18h. Entrée : 5 € ; gratuit moins de 12 ans. Expo-vente de plantes à fleurs en juin et d'arbres en nov. Fête des Fleurs début juin.* Bien noble maison que ce château étonnant, ancienne demeure des seigneurs de Momas, bâtie sur une motte féodale. Documents remontant au XIVe s et boiseries du XVIe s. Ce qui fait le charme et l'intérêt de cette demeure, c'est qu'elle est habitée, bien sûr, et que l'on y découvre une foultitude de petits objets retrouvés par les archéologues. La maîtresse des lieux a su redonner vie à ce coin de terre authentique, en restaurant notamment les jardins, labellisés Jardins remarquables. Amis des jardins et des légumes rares ou oubliés, vous allez vous régaler ! Passionnant voyage dans un autre temps.

Où acheter une gourmandise dans le coin ?

❀ **Pâtisserie Larquier :** *64230 Mazerolles (à 3 km).* ☎ 05-59-77-12-52. *Tlj sf dim-lun 8h-19h. Congés : 15 j. en fév et 15 j. en oct.* L'inventeur du fameux « pastis d'Amélie », sorte de brioche, célèbre dans tout le Béarn, a pris sa retraite mais non sans en confier la recette à son fils. Celui-ci a pris la relève et perpétue la tradition. Tellement savoureux qu'on le retrouve même sur les tables de Ducasse !

MASCARAAS-HARON (64330)

¶¶ **Le château de Mascaraas :** ☎ 05-59-04-92-60. ♿ *De Pau, suivre la N 134 jusqu'à Garlin et prendre sur la droite la D 16. Visite guidée : du 1er juin à mi-sept,* *tlj sf mar 10h-12h, 15h-18h ; avr-mai et de mi-sept à fin nov, slt le w-e. Fermé déc-mars. Entrée : 6 € ; réduc.*

Ce château est classé Monument historique en totalité (aussi bien pour les extérieurs que pour les intérieurs, ce qui est assez exceptionnel). Au XIVe s, c'était le siège d'une abbaye laïque. Une personne privée construisait une église et, en échange, elle percevait la dîme. Assez rapidement rentable comme affaire. Dans l'église, retable du XVIIIe s et fonts baptismaux avec un couvercle à clous. Une ordonnance de l'évêque de Lescar exigeait cette attention délicate pour que les gens ne s'assoient plus dessus. Selon la tradition, Jeanne d'Albret aurait fait reconstruire le château au XVIe s pour lui servir de pavillon de chasse. Il est ensuite acheté par un certain de Bats, rien moins que le cousin de D'Artagnan. Le château subit sa deuxième reconstruction au XVIIe s. Avec 600 m^2 au sol, Mascaraas est le plus spacieux château du Vic-Bilh. Le parc planté en 1870 est contraire à la vocation seigneuriale du château. Il comprend, sur 25 ha, des parterres à la française, un parc à l'anglaise, des jardins utilitaires...

Intérieurs des XVIe, XVIIe et XVIIIe s. Bibliothèque exceptionnelle, avec une belle collection d'incunables dont une chronique universelle de Nuremberg de 1493. Dans la salle à manger, papier peint du XIXe s. Ce sont presque des reliques ! Une cuisine comme tout maître queux aimerait en avoir.

LEMBEYE
(64350) 700 hab. *Carte Béarn, D1*

Belle petite bastide où le temps semble presque s'être arrêté. Faites de même pour admirer, derrière la porte fortifiée du XIIIe s, l'église avec deux beaux portails de style gothique flamboyant.

Lembeye est la capitale du Vic-Bilh, *Vicus Vetulus,* **disaient les Romains. Traduction : « le vieux pays », du fait des nombreux vestiges préhistoriques mis au jour. Petite précision : les routes sont assez mal indiquées. Tenez-en compte dans votre emploi du temps !**

Adresse utile

f *Office de tourisme :* 37, pl. Marcadiau. ☎ 05-59-68-28-78. ● tourisme-vicbilh.fr ● *Sur la place centrale. Lun-ven 9h-12h30, 14h-17h30.*

Où manger ?

I●I *Restaurant de la Tour :* 29, pl. Marcadieu. ☎ 05-59-68-97-16. ● stef fanmichel@me.com ● *Tlj sf dim soir, lun et le soir mar-mer. Résa quasi impérative. Menus 14 € (déj en sem), puis 20-26,50 € ; carte env 30 €. Café offert sur présentation de ce guide.* Dans l'une des plus jolies maisons de Lembeye, une petite table tout à fait réjouissante. Jardin de poche et 2 salles aux murs de pierre, égayées de touches colorées et de toiles contemporaines d'artistes locaux. La cuisine est à l'avenant. Un excellent foie gras, de bonnes viandes grillées *a la plancha,* ou encore un magret cuisiné de main de maître. Pour les plus pressés ou les budgets plus serrés, toutes sortes d'alternatives comme le plat du jour. Excellent accueil.

DANS LES ENVIRONS DE LEMBEYE : LE VIGNOBLE DE MADIRAN ET DU VIC-BILH

Dans le Vic-Bilh, on cultive la vigne depuis fort longtemps : les Romains avaient déjà introduit sa culture sur ces paysages vallonnés. En 1030, avec la fondation de l'abbaye de Madiran, on utilisait les vins de la région pour dire la messe. Leur renommée n'a cessé de se propager par l'intermédiaire des pèlerins de Compostelle. Dès 1360, le Prince Noir d'Aquitaine contribue à l'intense exportation de ces vins dans tout le nord de l'Europe, et notamment en Angleterre. Le phylloxéra faillit avoir raison du vignoble au XIXe s. Mais les vignerons ont bataillé et ont gagné en 1948 leur AOC, qui s'étend sur trois départements avec le Gers et les Hautes-Pyrénées. Bien que le village de Madiran soit dans les Hautes-Pyrénées voisines, 45 % du vignoble se trouve en Béarn.

Rouges pour l'essentiel (80 %), avec le fameux **tannat** local très ancien (on remonte comme toujours au temps des Romains), rustique et tannique, les madirans sont des vins corsés, puissants, aromatiques et à déguster avec les viandes rouges et le gibier. Depuis une trentaine d'années, avec l'arrivée de jeunes viticulteurs et d'œnologues passionnés, ce vin autrefois confidentiel ou trop « rustique » a gagné ses lettres de noblesse en faisant la nique aux plus grands bordeaux dans les concours : domaine du Crampilh, châteaux d'Aydie, Montus, Chapelle-Lenclos comptent parmi les fleurons de l'appellation.

Seulement 20 % de la production donne du vin blanc, le pacherenc-du-vicbilh (sec ou moelleux), apprécié des connaisseurs, adeptes des grands moelleux des Pyrénées.

Adresses utiles

■ *Maison des vins de Madiran : Le Prieuré, pl. de l'Église, 65700* **Madiran**. ☎ *05-62-31-90-67.* ● *madiran-story.fr* ● *Tlj en juil-août.*

■ Vous trouverez le point de vente de la **cave coopérative de Crouseilles** dans un château du XVIIIe s entièrement rénové *(☎ 05-59-68-57-14 ; caveau de dégustation ouv tlj : juil-sept, lun-sam 9h-13h, 14h-19h, dim 10h-19h ; oct-juin, lun-sam 9h30-12h30, 14h-18h, dim 14h-18h).* La cave coopérative regroupe quelque 130 vignerons, soit près de la moitié des appellations madiran et pacherenc. Difficile donc de ne pas y trouver son bonheur. D'autant que les vignerons, présents à tour de rôle, ne sont pas avares de leur temps pour vous faire découvrir leur terroir. Une cave coopérative bien vivante qui organise en outre des concerts, spectacles...

Fêtes et manifestation dans le vignoble

– *Fête du Vin :* **14-15 août**, à **Madiran**. Dégustation, bal, ambiance quoi !
– *Fête des Vendanges :* **début sept**, à **Crouseilles**.
– *Portes ouvertes en Madiran : 3e w-e de nov.* Les viticulteurs reçoivent chez eux, et des animations sont proposées sur chaque domaine.

✱ Petit village de **Lasserre** à côté, avec une église romane du XIe s au joli décor intérieur.

AYDIE (64330)

Deux producteurs de madiran à ne pas manquer : les *Vignobles Laplace (château d'Aydie ; ☎ 05-59-04-08-00),* connus et reconnus ; et le *Domaine Damiens (chez André Beheity ; ☎ 05-59-04-03-13),* un domaine qu'on aime bien, à prix encore raisonnables. Vin de garde (12 à 13 ans) qui plus est, pour ceux qui prennent le temps de boire.

Où manger ?

I●I **Le Relais d'Aydie :** *quartier Bardou.* ☎ *05-59-04-00-09. Avt d'entrer dans Aydie, une maison rose au croisement des D 292 et D 317. Tlj sf dim soir* et j. fériés. Congés : vac de la Toussaint et 1 sem à Noël. Menu 12,50 € (lun-sam) ; carte env 20 €. *Café offert sur présentation de ce guide.* Pour ceux qui prennent le temps de manger, une adresse sans façons, campagnarde, bondée le midi. Assiettes pantagruéliques entre animaux naturalisés et meubles de famille.

Où dormir ? Où manger dans les environs ?

🛏 *Chambres d'hôtes Château Sauvemea :* 64350 **Arroses.** ☎ 05-59-68-16-01. 📱 06-81-34-65-59. ● jose.labat@free.fr ● sauvemea.labat.free.fr ● À 6 km au sud d'Aydie et à 15 km au nord de Lembeye. Ouv avr-nov. Compter 70 € pour 2, petit déj compris. Réduc de 10 % sur le prix de la chambre à partir de 2 nuits. 5 chambres (dont une suite) spacieuses et confortables, meublées simplement mais avec goût, dans les dépendances de cette belle demeure familiale. José Labat soigne ses hôtes dans son vignoble. Piscine avec tonnelle ombragée pour les beaux jours, étang de pêche et promenades à cheval pour les cavaliers confirmés. Une belle adresse au calme.

🍴 *Restaurant Larrieu, chez Josiane :* 18, route de Crouseilles, 64350 **Arroses.** ☎ 05-59-68-16-02. ● philippe.balao@wanadoo.fr ● Tlj, le midi slt. Congés : 2 sem en août. Menus 11 € (en sem), puis 14-17 €. CB refusées. *Apéritif maison offert sur présentation de ce guide.* Un petit resto à la cuisine simple et familiale, idéal pour prendre le pouls du pays. Prix imbattables pour se régaler, même avec le « petit » menu aux portions gargantuesques : garbure, entrées, viande et légumes du jour, salade, dessert, vin et café compris, bien sûr !

DU VIGNOBLE DE MADIRAN ET DU VIC-BILH AUX COTEAUX DU JURANÇON

Plutôt que de repasser par Pau pour filer ensuite vers Jurançon, longez les frontières du Béarn pour découvrir, au sud de Lembeye, une campagne encore préservée. Vous pouvez même rejoindre directement la plaine de Nay (voir plus loin « Balade entre plaine et piémont, au sud-est de Pau ») et, par de petites routes, un peu plus loin encore, la vallée d'Ossau (voir plus loin « Oloron et les vallées pyrénéennes »).

JUILLACQ (64350)

L'église propose, là aussi, une exceptionnelle décoration intérieure. Retable du XVIIe s. Tabernacle comportant une profusion de statues. Nombreux tableaux. À noter, les fonts baptismaux à couvercle clouté pour qu'on ne s'assoie pas dessus.

MONTANER (64460)

🏰 *Le château de Montaner :* ☎ 05-59-81-98-29. ● chateau-montaner.com ● Avr-juin et sept-oct, tlj sf mar 14h-18h ; juil-août, tlj 10h-12h30, 13h30-19h ; sur résa le reste de l'année. Entrée : 3,50 € (visite guidée : 5 €) ; réduc. La forteresse de Fébus est le symbole du rêve d'un grand État pyrénéen. De cette position dominante, Gaston III Fébus, le plus riche et le plus flamboyant seigneur de son temps, défendait, face à la Gascogne anglaise, son État souverain. La forteresse fut démantelée en 1621 sur ordre de Richelieu, et le donjon transformé en

prison. Au XIXe s, il servit de carrière (à briques) jusqu'en 1854, date à laquelle le département des Basses-Pyrénées l'acheta, le soustrayant à la démolition.
Aujourd'hui, le donjon carré de 40 m, avec ses cinq étages (avec exposition et musée), comporte l'un des plus considérables escaliers à vis existants. Au-dessus de la porte d'entrée, une plaque comporte les armes de Foix-Béarn et la devise de Montaner, *Febus me fe* (« Fébus m'a fait »). Montaner, symbole d'une splendeur passée, est l'un des monuments béarnais les plus importants de l'époque médiévale. Au 6e étage, panorama exceptionnel sur la chaîne des Pyrénées.
Si le château est la propriété du Conseil général des Pyrénées-Atlantiques, il est animé par l'office de tourisme de Vic-Montaner, qui organise et propose toutes sortes d'ateliers, de visites, de manifestations...
– **Les Médiévales :** *2e w-e de juil.* L'association *Les Amis du château de Montaner* organise un festival avec concerts, musiques, jeux, chants, ateliers de calligraphie, d'enluminures, chevalerie, marché médiéval, etc.

L'église de Montaner : *juil-août, tlj 14h-19h ; sur résa le reste de l'année.* De remarquables fresques datant du XVIe s ornent les murs de cette modeste église de campagne.

Où dormir dans les environs ?

Chambres d'hôtes Vignolo : *252, route de Montaner, 64460 Pontiacq-Villepinte.* ☎ *05-59-81-91-45.* ● *nicole.vignolo@wanadoo.fr* ● *gites64.com/vignolo* ● *À 10 km au nord-ouest par la D 225. Tte l'année. Compter 52 € pour 2. Dîner sur résa 22 €.* Ferme en pleine campagne. Ici, on se sent en famille et au calme. Chambres toutes simples. Déco d'inspiration champêtre, avec, çà et là, quelques meubles de famille. À table, spécialités du terroir. Accueil des plus chaleureux.

COTEAUX DU JURANÇON ET PIÉMONT

● Jurançon .... 212 ● Gan ● Bosdarros ● Laroin ● Lasseube ● Monein.................... 215 ● Lacommande ● Lucq-de-Béarn	● Balade entre plaine et piémont, au sud-est de Pau............................... 219 ● Nay........................... 219 ● Les sonnailles Daban à Bourdettes ● Coarraze	● La roseraie de Saint-Vincent ● Notre-Dame-de-Bétharram ● Les grottes de Bétharram ● Le zoo d'Asson

Le célèbre vignoble béarnais s'étend en douces collines au sud-ouest de Pau, entre Jurançon-Gan d'une part, et Monein de l'autre. Par crainte des gelées, la vigne pousse verticalement (méthode dite « en hautain »). On produit des vins blancs secs, à la robe dorée avec des nuances de vert, délicieux avec les huîtres. Quant aux vins blancs moelleux, ils font partie des grands liquoreux de type sauternes et monbazillac.

JURANÇON   (64110)   7 700 hab.   *Carte Béarn, C2*

Un nom qui fait plus rêver que la ville elle-même, il faut bien l'avouer. Une fois que vous y aurez déjeuné ou acheté quelques bouteilles, filez sur les petites routes environnantes pour poser vos bagages au calme et visiter quelques vignerons indépendants. La commune de Jurançon a donné depuis

JURANÇON | 213

longtemps son nom à toute l'appellation en raison de sa surface en vignes très étendue, mais c'est un quartier uniquement composé de fermes, *La Chapelle-de-Rousse,* qui regroupe tous les domaines.

Où acheter du bon vin ?

☙ *Clos Lapeyre :* à *La Chapelle-de-Rousse.* ☎ *05-59-21-50-80.* ● *jurancon-lapeyre.fr* ● *Quitter la N 134 au 1ᵉʳ feu après Jurançon, suivre le fléchage « Route des Vins », direction La Chapelle-de-Rousse et Clos Lapeyre. Dégustation-vente et visite gratuite lun-ven 9h-12h, 14h-18h et sam ap-m ; sur rdv le reste du temps. Salle de réception à disposition sur résa.* Jean-Bernard Larrieu est un vigneron enthousiaste, membre de l'association *Saveurs du Béarn* qui réunit une poignée de producteurs fermiers soucieux de préserver l'authenticité des goûts du terroir béarnais. Par ailleurs, il travaille la vigne de la manière la plus naturelle possible. Il a bricolé dans sa cave un petit musée de la Vigne très pédagogique et il explique son travail avec gentillesse et intelligence. Ses vignes en terrasses sont de toute beauté. S'il n'est pas là, allez embêter un peu son voisin, autre grand monsieur du jurançon, Jean-Marc Grussaute (Domaine Larredya), avec lequel M. Larrieu a mis en place un sentier balisé pédagogique et ludique, la *jurançonada* (parcours de 1h30), qui traverse leurs deux vignobles.

DANS LES ENVIRONS DE JURANÇON

GAN (64290)

Les communes voisines de Jurançon et Gan forment en fait le pôle phare du vignoble, à l'est de l'appellation. Gan, ancienne bastide du XIVᵉ s, est le siège de l'importante cave coopérative de Jurançon.

Où dormir ?

⌂ *Les Cabanes du Clos Claberot :* chemin de Louisot. ☎ *07-82-40-96-21.* ● *contact@cabanesdanslesarbres64.com* ● *cabanesdanslesrabres64.com* ● *Tte l'année. Cabanes 135-220 €/nuit pour 2 selon taille et période ; 20 €/ pers supplémentaire ; gratuit moins de 6 ans. Apéritif maison offert sur présentation de ce guide.* Jeanne et Jérôme ont tout plaqué pour venir s'installer ici, au milieu de nulle part, au calme surtout. Leur devise, « Pour vivre heureux, vivons perchés ! », prend tout son sens une fois là-haut, dans une de leurs cabanes. L'une, la Case du ruisseau, est un clin d'œil à l'Afrique où ils ont vécu, l'autre conviendra mieux aux familles et peut accueillir jusqu'à 5 personnes. Phyto-épuration, douche chauffée au feu de bois et panneaux solaires, on ne peut que saluer leur démarche écolo. Et pour vous détendre, gambadez avec Arthur, l'âne de la maison, ou allez vous tremper dans le bain norvégien... un vrai bol d'air !

Où acheter du bon vin ?

☙ *Caves des producteurs de jurançon :* 53, av. Henri-IV. ☎ *05-59-21-57-03. Lun-sam 8h-12h30, 13h30-19h, plus dim en été et déc.* La cave draine aujourd'hui 70 % de la production du Jurançonnais, avec 260 vignerons. Dégustation-vente sur place.
☙ *Domaine Latapy :* chemin de

Berdoulou. ☎ 06-23-22-07-29. ● irene.guilhendou@nordnet.fr ● *À la sortie de Gan, direction Oloron ; au rond-point avec les ruches, prendre à gauche le chemin de Berdoulou, c'est tt au bout. Tlj 9h-19h (téléphoner quand même avt !).* Des vignes un peu perchées pour un vin fait par des femmes (et bio !) ; jus de raisin pour les enfants. *Flâneries gourmandes* en été *(lun dès 18h ; 15 €)* : discussion et balade dans les vignes, initiation et dégustation, apéro dansant et dîner.

BOSDARROS (64290)

À quelques kilomètres de Gan, sur la route de Nay, Bosdarros est un des plus jolis villages de la région, niché sur le haut d'une crête avec vue imprenable sur les Pyrénées. Balade à pied agréable dans les vieilles rues (jeter un œil sur l'église du XVIe s) et sur le sentier botanique à l'entrée du village.

Où dormir ? Où manger ?

🏠 |●| ***Chambres d'hôtes Maison Trille :*** *chemin de Labau.* ☎ *05-59-21-79-51.* ● *christiane.bordes@libertysurf.fr* ● *gites64.com/maison-trille* ● *Compter 77 € pour 2. Table d'hôtes (lun, mer et ven slt) 26 €.* 🛏 📶 Jolie petite route pour rejoindre cette maison paisible du XVIIIe s où Christiane Bordes joue les mères poules avec beaucoup de naturel. Chambres à la déco un peu rustique, figée dans le temps, mais confortables. À la table d'hôtes, que du régional, et du bon. Également un gîte rural pour 6 personnes.

|●| ***Auberge Labarthe :*** *rue Pierre-Bideau.* ☎ *05-59-21-50-13.* ● *auberge-labarthe@wanadoo.fr* ● ♿ *Fermé dim soir et lun-mar. Congés : 1 sem en janv. Menus 34 € (en sem), puis 54-78 €.* Dans cette mignonne auberge, derrière l'église de ce charmant village fleuri, se cache un chef plein d'imagination. Il aime mêler classicisme et modernité. Mais surtout, il fait son marché, va cueillir champignons et herbes jusque dans les fossés du village ! Et comme ici tout se passe entre amis, en famille, on fait confiance à la réputation de la maison. Savoureuse carte des vins.

LAROIN (64110)

Passer depuis Jurançon par Laroin (sur la D 2) pour découvrir une adresse magique, que le film *Mondovino* a fait connaître bien au-delà des frontières du Jurançon.

Où acheter du bon vin ?

🍷 ***Domaine de Souch :*** *805, chemin de Souch.* ☎ *05-59-06-27-22. Quitter vite la N 134 pour suivre le fléchage « Route des Vins » jusqu'aux abords du domaine. Tlj (sur rdv dim).* Un magnifique amphithéâtre de vignes en terrasses en fond de décor et, au premier plan, une belle maison de maître. On n'ose plus présenter Yvonne Hégoburu, cette femme « biodynamique » en diable qui s'est lancée, à 60 ans, après la mort de son mari, dans le pari complètement fou de replanter à Laroin quelque 19 000 ceps, aujourd'hui bien alignés sur les pentes inclinées du domaine. Offrez-vous quelques bouteilles (attention, le prix est à la hauteur du produit, à partir de 20 €) de ce vin au goût inimitable, d'une grande élégance et d'un naturel incomparable.

LASSEUBE (64290)

Petit village sympathique avec les anciens sur leur banc qui surveillent tout ce qui (se) passe, une belle église et de superbes maisons anciennes avec leurs jolis volets colorés.

Où dormir ?

🏠 |●| **Chambres d'hôtes Maison Rancesamy :** chemin Rances. ☎ 05-59-04-26-37. ● missbrowne@wanadoo.fr ● missbrowne.com ● Avt d'arriver à Lasseube, tourner à gauche sur la D 324 ; immédiatement après la grande ferme blanche, tourner à droite (panonceau) ; après 2 petits ponts, la maison apparaît à gauche, en haut d'une côte. Compter 90 € pour 2. Repas (sur résa) 32 €. 📶 Une belle ferme du XVIIIe s dont les vieilles pierres et poutres apparentes donnent aux chambres un charme certain. Agréable cour intérieure où l'on se retrouve pour les repas ou l'apéritif, à l'ombre de la glycine, le regard perdu sur le vallon et les vignes. On peut aussi s'installer au bord de la jolie piscine. Côté assiette, la propriétaire a vécu dans de multiples pays, et sa cuisine s'en est enrichie. Rien de béarnais, mais une promenade gourmande à travers les cinq continents !

🏠 **Chambres d'hôtes La Ferme Dagué :** chemin Croix-de-Dagué. ☎ 05-59-04-27-11. ● famille.maumus@wanadoo.fr ● ferme-dague.com ● À 1 km du centre-ville, sur la route de Lacommande (D 34), prendre à gauche le chemin de la Croix-de-Dagué. Ouv mai-oct. Doubles 57-67 € ; familiale 87 €. 💻 📶 Qu'est-ce qu'on se sent bien chez les Maumus ! Déjà, il y a la ferme, restée dans son jus, avec sa traditionnelle cour carrée, son poulailler et ses chambres aux tons gais. Aménagées dans l'ancienne grange, elles allient la pierre et le bois avec une certaine fantaisie, pour créer un cocon chaleureux. Les jours de grande fraîcheur, tout le monde se retrouve pour veiller au coin du feu.

Où acheter du bon vin ?

🍇 **Domaine Bordenave-Coustarret :** chemin Ranque. ☎ 05-59-21-72-66. Lun-sam 10h-18h, dim sur résa. Vieille maison (le domaine est dans la même famille depuis 7 générations) mais jeune vigneron, formé chez quelques grands du coin (Jean-Bernard Larrieu ou Jean-Marc Grussaulte à Jurançon, pour ne citer qu'eux). 5 ha exigeants (les Pyrénées ne sont pas loin...) pour 3 cuvées qui toutes ont de l'intérêt.

À voir

🚶 **L'arboretum de Payssas :** quartier Lembeye. Propriété privée, mais GRATUIT. Un voyage au pays des arbres : ils sont un demi-millier à représenter quelque 130 espèces originales du monde entier, transplantées sur ses terres par Jean Bourdet, des années 1930 aux années 1990. Un remarquable site naturel, désormais ouvert à tous.

MONEIN   (64360)   4 500 hab.   Carte Béarn, B2

Village intéressant pour sa vaste place centrale, bordée de demeures à un seul étage. Halles du XIXe s, très belles et très animées les jours de marché. Henri IV avait surnommé Monein « le Paris du Béarn », en raison de son importante superficie. Monein reste peut-être la meilleure base pour visiter le vignoble de Jurançon et recèle quelques belles adresses de négociants.

Adresse utile

Office de tourisme du Pays de Lacq – Cœur de Béarn : *58, rue du Commerce.* ☎ 05-59-12-30-40. ● coeurdebearn.com ● *De juil à mi-sept, lun-sam 9h30-13h, 14h-18h30, dim et j. fériés 14h30-18h30 ; hors saison, mar-sam.* C'est le principal office du vignoble, vous y trouverez toutes les infos nécessaires à un séjour réussi : hébergement, randonnées, liste des caves ouvertes à la visite, etc.

Où dormir ? Où manger ?

De bon marché à prix moyens

🛌 |●| **Hôtel L'Estaminet :** *17, pl. Henri-Lacabanne.* ☎ 05-59-21-30-18. ● lestaminet2@wanadoo.fr ● lestaminet.fr ● ♿ *Tlj sf dim soir. Congés : 10 j. début janv et 3 sem en août. Double 60 €. Menus 13 € (déj en sem), puis 22-31 €.* 🛜 Idéal pour un arrêt sur la route des Vins du Jurançon, au cœur du vignoble, à deux pas des halles. Cuisine traditionnelle autant que colorée, au bon goût de terroir : garbure, confit et magret de canard maison, et même soupe de poisson ! Bondé le week-end. Quelques chambres, toutes simples.

🛌 |●| **Chambres d'hôtes Maison Cantérou :** *quartier Laquidée.* ☎ 05-59-21-41-38. ● nousty.mariejosee@gmail.com ● gites64.com/maison-canterou ● *À 6 km du centre par la D 34, direction Lacommande. Doubles 66-76 €. Dîner sur résa 23 €.* 🛜 De belles chambres dans une ferme typique. Bonne cuisine familiale, à base de produits fermiers. Piscine. Idéal pour mener une enquête approfondie sur le jurançon.

|●| **La Pêche de Vigne :** *à côté de l'église.* ☎ 05-59-21-48-70. *Tlj sf dim-lun 9h-19h. Carte env 11 €.* Un salon de thé-saladerie sans prétention, à tout petits prix, mais qui a la pêche (évidemment !). Au déjeuner, assiette de charcuterie de canard, salade pêche de vigne, tarte salée, assiette de fromages de brebis, pâtisseries maison... Accueil variable.

|●| **L'Auberge des Roses :** *quartier Loupien.* ☎ 05-59-21-45-63. ● aubergedesroses@gmail.com ● ♿ *À 5 km du centre par la route de Pau, c'est fléché sur la gauche. Ouv le midi tlj sf lun, plus le soir mar-sam. Congés : 10 j. début juil. Menu 30 €. Un verre de jurançon offert sur présentation de ce guide.* Dans la salle en pierre apparente de cette bâtisse traditionnelle du Béarn, le chef propose une cuisine locale généreuse mais aussi des spécialités de poissons, fraîchement débarqués de la criée de Saint-Jean-de-Luz. Aux beaux jours, la terrasse se révèle bien agréable.

Où dormir dans les environs ?

🛌 |●| **Gîte de séjour Maison Biscar :** *37, rue de l'Église, 64230* **Arbus.** ☎ 05-59-83-12-31. ● jean-andre.biscar@wanadoo.fr ● ♿ *Par la route de Jurançon à Mourenx. Nuitée 16 € (apporter ses draps, sinon la loc coûte 6,50 €). Repas 15 € (pour les pensionnaires slt).* 🛜 *Apéritif maison offert sur présentation de ce guide.* Tout en haut du village, au-dessus de l'église. Vue splendide sur toute la plaine de Pau depuis cette solide ferme du XVIIIe s qui élève des vaches en agriculture bio. Le gîte a une capacité de 19 personnes en chambres de 5-7 lits, propres et nettes. Également un gîte rural de 8 personnes. Location à la semaine.

Où acheter du bon vin ?

Quelques belles adresses avec des personnages au caractère très différent, que nous vous laissons le soin de découvrir. Mais téléphonez pour les prévenir ! Vous pouvez retrouver l'ensemble des vignerons de la route des Vins sur ● vins-jurancon.fr ●

☸ **Charles Hours :** clos Uroulat, quartier Trouilh. ☎ 05-59-21-46-19. ● charles.ours@orange.fr ● Sur rdv. L'Hours le plus célèbre du Béarn... Son jurançon sec cuvée Marie est l'un des meilleurs qui soient.

☸ **Domaine Bru-Baché :** rue Barada. ☎ 05-59-21-36-34. ● domaine.brubache@orange.fr ● Lun-ven 9h-12h, 14h-18h ; sam sur rdv. Claude Loustalot travaille en agriculture biologique et biodynamique. Un remarquable jurançon : la Quintessence.

☸ **Jean-Louis Lacoste – Domaine Nigri :** ☎ 05-59-21-42-01. ● domaine.nigri@wanadoo.fr ● Lun-sam 12h-18h, dim sur rdv. Un grand technicien. Histoire de famille aussi (depuis 1685 !). Bonne adresse pour le blanc sec.

☸ **Domaine Guirardel :** chemin Bartouille. ☎ 05-59-21-31-48. ● jurancon@domaine-guirardel.fr ● ⚒ Tlj sur rdv. 4 siècles dans la même famille. Ici, la visite du chai offre un vrai cours d'histoire sur le jurançon. Des moelleux uniquement, très bien dans leur genre.

☸ **Domaine Bordenave :** quartier Ucha, route d'Ucha. ☎ 05-59-21-34-83. ● contact@domaine-bordenave.com ● Lun-sam 9h-19h, dim et j. fériés sur rdv. En reprenant la propriété familiale (depuis 1676), Gisèle a opté pour la qualité et produit aujourd'hui des jurançons racés et expressifs. Elle a su s'imposer parmi les meilleurs, tout en maintenant des tarifs raisonnables. Elle est particulièrement réputée pour ses liquoreux (Harmonie ou Cuvée des Dames, entre autres), mais son jurançon sec qui répond au doux nom de Souvenirs d'Enfance a ses inconditionnels.

Deux petits producteurs qui changent des grands domaines dont la réputation n'est plus à faire. Accueil chaleureux, caractères bien trempés et vins de qualité :

☸ **Clos Laplume :** quartier Loupien. ☎ 05-59-21-27-60.

☸ **Domaine de Malarrode :** quartier Ucha. ☎ 05-59-21-44-27.

À voir

🎥🎥🎥 **L'église Saint-Girons :** visites de l'église et de la charpente 1 à 3 fois/j. selon saison, se renseigner à l'office de tourisme (voir plus haut). Tarif : 5 € ; réduc. Un must ! Construite de 1464 à 1530, c'est la plus belle et la plus importante église gothique du Béarn. Énorme clocher de 40 m au superbe appareillage : alternance de galets (les plus beaux étant placés en feuille de fougère) et de briques. Curieuse tour ronde sur le côté et arêtes en pierre de taille.
À l'intérieur, très beau portail Renaissance, en anse de panier, présentant une frise de 17 petits anges portant les instruments de la Passion. Le plan de l'église n'est bizarrement pas du tout symétrique, en l'absence d'un bas-côté. Transformée en temple par Jeanne d'Albret, la bâtisse n'a recouvré son mobilier qu'au XVIIe s, ce qui explique le retable baroque. À gauche de la porte d'entrée s'ouvre l'autre porte, réservée aux cagots selon la légende locale (voir l'encadré).

> **CAGOTS DE MALHEUR !**
>
> *Sous le terme « cagots », on désignait au Moyen Âge une communauté qui vivait en marge de la société. Ils furent, par ignorance et superstition, accusés de tous les maux, de tous les vices, quand on ne leur prêtait pas de drôles de tares (des pieds palmés...). Considérés comme des êtres nuisibles descendant des lépreux, pratiquant à leurs heures la sorcellerie, la plupart des métiers leur étaient interdits, à l'exception de ceux du bois. Beaucoup de cagots devinrent donc ébénistes ou charpentiers. C'est à eux que l'on doit l'époustouflante charpente de cette église.*

Porte en accolade s'ouvrant sur l'escalier qui permet l'accès au clocher et à l'exceptionnelle charpente de chêne en forme de double carène de navire renversée. On dit qu'elle aurait nécessité 1 400 arbres pour sa conception. Le clou de la visite ! Unique en France, elle est mise en valeur par une scénographie où la poésie et la musique ont, comme dit l'affiche, « rendez-vous avec l'histoire ».

Fêtes et manifestation

– *Fête de la Pêche roussanne :* un sam mi-juil. Dégustation et vente des fruits juteux autour d'animations et d'un grand repas.
– *Fête de Monein :* un dim fin juil-début août. Les vignerons du coin se réunissent sur la place principale pour faire déguster leurs crus.
– *Journées portes ouvertes en Jurançon :* 2e dim de déc. L'occasion de rencontrer les vignerons et de goûter le nouveau millésime. C'est surtout l'occasion de faire la fête, car la manifestation s'accompagne de concerts, de repas et d'expositions.

DANS LES ENVIRONS DE MONEIN

LACOMMANDE (64360)

Lacommande représentait une étape majeure sur les chemins de Compostelle. Aujourd'hui, les pèlerins s'arrêtent toujours au gîte d'étape, les amateurs de vieilles pierres viennent admirer son église ; quant aux amateurs de bons vins, ils se rendent tout droit à la Maison des vins, siège de la route des Vins du Jurançon. À chacun ses chapelles...

Adresse utile

■ *Maison du Jurançon :* ☎ 05-59-82-70-30. • vins-jurancon.fr • Ouv : janv-mars, mer-sam 14h-18h ; avr-juin et sept-déc, mer-dim 14h-18h ; juil-août, tlj 11h (15h dim et j. fériés)-19h. Fermé 1er janv, 1er mai, 1er nov et 25 déc. Aménagée dans une splendide bâtisse médiévale, au cœur d'un village préservé, les vignerons indépendants du Jurançon ne pouvaient rêver mieux comme vitrine. Produits du terroir en dépôt : pratique pour le pique-nique.

À voir

🎯🎯 *L'église :* visites possibles slt pdt les Journées du patrimoine, s'adresser à l'office de tourisme de Monein.
L'édifice offre l'une des plus jolies absides romanes qu'on connaisse. Treize arcs surmontés d'une frise, supportés par de ravissants chapiteaux. Arches de fenêtres décorées également. Sur les chapiteaux, animaux fantastiques, sonneur de trompe, etc. Belle chapelle du baptistère. Retable baroque.
Ne pas manquer le petit cimetière où l'on a installé des stèles discoïdales retrouvées lors des fouilles.

LUCQ-DE-BÉARN (64360)

Petit village paisible, niché dans une cuvette de verdure, que vous découvrirez sur votre route si vous nous quittez ici pour rejoindre directement Oloron. Belles demeures, dont certaines sur piliers dans la rue principale.

Où dormir ?

🏠 |●| Chambres d'hôtes La Bastide Estratte : *chemin de Bas-Affites, quartier Saint-Michel.* ☎ *05-59-34-32-45.* 📱 *06-22-64-16-55.* ● *bastide-estratte@gmail.com* ● *labastide-estratte.com* ● *À 3 km du village. Prendre la route qui part en face de l'église, c'est fléché ensuite sur la droite. Tte l'année, séjour de 2 nuits min. Doubles 95-99 €. Table d'hôtes 30 €.* Tout au bout d'un chemin bordé d'arbres qui fait très « château » et au cœur d'un de ces superbes coins de nature dont ce piémont pyrénéen a le secret. Tranquille donc, cette ancienne ferme. Et superbe avec sa cour intérieure égayée d'érables du Japon et de vigne vierge. La galerie en bois qui surplombe la cour conduit à des chambres tout simplement adorables, avec vue sur les prés alentour. Accueil énergique de Chantal, l'amicale propriétaire belge.

Où déguster et acheter du bon vin ?

🍷 ❀ Domaine Larroudé : *quartier Marquesouquères.* ☎ *05-59-34-35-40.* 📱 *06-08-21-25-83.* ● *domaine-larroude.com* ● *À 6 km du village. Tlj sf dim, jusqu'à 19h.* Dégustation et vente à la propriété. Une dernière belle adresse à visiter avant de quitter le Jurançonnais. Goûtez surtout « Un jour d'automne », le plus cher évidemment ! Entre août et mi-octobre, vous pourrez aussi acheter du raisin bio (blanc ou noir).

À voir

⛪ L'église : ancienne église abbatiale. L'abbaye elle-même (IXe s) a disparu dans la tourmente des guerres de Religion (il reste quelques pans de mur et une tour). Imposant clocher-donjon, belle abside romane, portail Renaissance. À l'intérieur, le plus beau sarcophage paléochrétien (du Ve s) du Béarn, qui sert d'autel. Scènes du Nouveau Testament (résurrection de Lazare, guérison du paralytique). Chapiteaux intéressants.

BALADE ENTRE PLAINE ET PIÉMONT, AU SUD-EST DE PAU

Avant de quitter le Jurançonnais pour Oloron et les vallées pyrénéennes, faites un détour par la plaine de Nay, une plaine alluviale fertile qui borde le gave de Pau et où poussent les plus beaux épis de maïs du Béarn (ça vous changera des vignes !).
La présence aux alentours d'immenses forêts de chênes explique pourquoi cette région au sud-est de Pau est devenue depuis trois siècles le fief de la charcuterie en Béarn. Aujourd'hui, vous trouverez les charcutiers sur le marché de Nay ou sur celui de Pau.

NAY   (64800)   3 340 hab.   *Carte Béarn, C3*

Prononcer « naï ». Une ancienne bastide, capitale, avec Oloron, du béret « basque » (eh oui ! ils sont fabriqués en Béarn, mais ce sont les Basques qui ont fait leur célébrité, allez savoir !). Grandes fêtes fin août : Nay pète littéralement le feu cinq nuits durant !

Adresse et info utiles

Office de tourisme du Pays de Nay : pl. du 8-Mai-1945. ☎ 05-59-13-94-99. • tourisme-bearn-paysdenay.com • *De mi-juin à août, tlj 9h-12h, 14h-18h, dim 9h-13h ; le reste de l'année, lun-ven 10h (9h mar)-12h, 14h-18h, sam 9h-12h30, 13h30-17h.* On y trouve toutes les infos concernant les 24 communes du Pays de Nay : liste des hébergements, animations, sans oublier la liste des restaurants proposant l'assiette et casse-croûte de pays, les producteurs locaux, les ateliers d'artistes...

– **Marché :** *mar et sam mat.* Superbe. C'est le rendez-vous de tous les producteurs, petits et gros, descendus spécialement de la montagne et des coteaux. De bons producteurs pour qui veut rapporter du fromage, des salaisons ou encore du foie gras. Vous pouvez aussi aller voir les conserveries traditionnelles dans la Z.I. Montplaisir (direction Bénéjacq, au carrefour de Coarraze) : *Biraben* et *Laguilhon*. Ce dernier a même ouvert un musée du Foie gras à Bénéjacq (☎ 05-59-61-90-91).

Où manger ?

Le Chanzy : 5, allées de Chanzy. ☎ 05-59-61-15-39. *Ouv le midi mar-sam, plus le soir ven. Congés : 15 j. début nov. Menu du jour 12,90 €. Café offert sur présentation de ce guide.* Le petit bar moderne, très classique, en plein centre-ville, avec un bon menu du jour et surtout un accueil très sympa. Allez-y le samedi, jour de marché, l'ambiance est à la rigolade.

Où dormir ? Où manger dans les environs ?

Campings

Camping Les Ô Kiri : *espace de loisirs Les Ô Kiri, av. du Lac, 64800 Baudreix.* ☎ 05-59-92-97-73. • contact@lesokiri.com • lesokiri.com • *Suivre le fléchage indiquant la base de loisirs. Ouv avr-sept (loc tte l'année). Compter env 20 € pour 2. (à l'accueil et au resto). Café offert sur présentation de ce guide.* Un camping familial où les tentes sont bien séparées des hébergements locatifs (de jolis chalets et bungalows tout confort, loués à la nuitée – sauf en été – ou à la semaine). La base de loisirs attenante est en accès libre pour les résidents : baignade, pataugeoire, toboggan, kayak, escalade, pêche... Certaines de ces activités restent néanmoins payantes. Bon resto avec vue sur le lac, ouvert toute l'année.

Le Saillet : *dans le village de Lestelle-Bétharram (64800), en contrebas, vers la rivière.* ☎ 05-59-71-98-65. • le-saillet@orange.fr • camping-le-saillet.com • *Ouv de juin à mi-sept (loc tte l'année). Compter 12-16 € pour 2 ; chalets 4-6 pers 330-710 €/sem. Piscine.* Joliment situé, à l'ombre et en bordure du gave de Pau, un camping qui plaira aux amateurs de séjours au vert. Pêche à la truite, sports en eaux vives ou spéléologie possibles à proximité immédiate.

Prix moyens

Le Vieux Logis : *route des Grottes, 64800 Lestelle-Bétharram.* ☎ 05-59-71-94-87. • contact@

hotel-levieuxlogis.com ● *hotel-levieuxlogis.com* ● ⚓ *(2 chambres). Au fond d'une grande propriété en bordure de la D 937, entre Saint-Pé-de-Bigorre et Lestelle-Bétharram, à proximité des grottes du même nom. Resto fermé dim soir et lun midi, plus lun soir hors saison. Congés : fév. Doubles 76-95 € ; chalets 3 pers (aux beaux jours) 65-75 €. Menus 19 € (déj en sem), puis 25-36 €.* 💻 📶 Maison de famille aménagée en hôtel moderne de bon standing (mais extensions quelque peu disgracieuses, il faut bien l'avouer). Au choix, on opte pour l'hébergement dans l'une des chambres chaleureuses, aux couleurs sobres mais pas tristes pour autant. Les plus aventuriers dormiront dans l'un des chalets indépendants du jardin, façon tipi indien. Côté resto, décor rustique agréable. Cuisine régionale de qualité et une bonne carte des vins. Piscine dès les beaux jours.

🏠 ***Chambres d'hôtes Maison Palu :*** *19, chemin Arrinthouet, 64800 Asson.* ☎ *05-59-71-05-05.* ● *saint-paul.pierre@wanadoo.fr* ● *Tte l'année. Compter 45 € pour 2.* Dans la vallée sauvage de l'Ouzom, à 4 km, au calme, une ferme de toute beauté avec sa galerie typique d'où vous pouvez rêver devant les Pyrénées. Les chambres, aménagées dans les dépendances, sont vraiment toutes simples. Reste le cadre, les petits prix et la gamme fascinante des verts alentour.

À voir

🍴🍴 ***La Maison carrée :*** *pl. de la République.* ☎ *05-59-13-99-65. Sept-juin, mar-sam 10h-12h, 14h-18h ; juil-août, tlj 10h-12h, 14h-19h. Accès gratuit à la cour et aux expositions. Entrée payante pour le musée de l'Industrie (3,60 € ; réduc ; gratuit moins de 10 ans).*
La cour de cette belle demeure de type Renaissance italienne est ornée de loggias exceptionnelles. C'est l'ancien hôtel particulier d'un marchand drapier du XVIe s. La *Maison carrée* accueille aujourd'hui des expos temporaires. En septembre, par exemple, se déroule chaque année l'expo *Visualis*, consacrée à l'illustration de presse et de publicité.
Également un musée consacré au patrimoine industriel de la région : textile (linge basque, teinturerie...) et métiers du bois (skis, chapelets...) du XIXe s (quand les nombreuses cheminées d'usines des environs valaient à Nay le surnom de « petit Manchester ») à nos jours. À travers jeux, films et autres documents, évocation de la vie ouvrière.

🍴 ***Le musée du Béret :*** *pl. Saint-Roch.* ☎ *05-59-61-91-70.* ● *museeduberet.com* ● ⚓ *Avr-juin et sept-déc, lun 14h-18h, mar-ven 9h30-12h, 13h30-18h, sam 9h30-12h30 ; juil-août, lun-ven 9h30-12h30, 13h30-18h, sam 9h30-12h30 ; janv-mars, lun 13h30-18h, mar-ven 10h-12h, 13h45-18h. Entrée : 4,50 € ; réduc ; gratuit moins de 12 ans.* Fort bien documenté, il présente les différentes étapes de la fabrication du béret dans deux salles d'exposition de machines, avec photographies de stars (de Claudia Schiffer à Marlène Dietrich en passant par Gillespie et consorts) et autres documents. Design et installation réussis. Vidéo (15 mn environ) sur l'art et la manière de porter le béret en Béarn, au Pays basque et dans les Landes, car la mode ne doit pas non plus occulter que cette coiffe, simplissime et indémodable, est avant tout un emblème culturel. Même si, au bout du compte, chacun le porte bien comme il veut, avec ou sans accent ! On peut voir fonctionner un métier à tricoter des années 1930. On peut bien évidemment en acheter de toutes les couleurs, de toutes les formes et à tous les prix, y compris sur Internet.

🍴 ***L'église Saint-Vincent :*** église fortifiée, facilement repérable avec son clocher carré, haut de 33 m. Si le portail date de l'époque romane, l'église offre les caractéristiques du XVIe s avec des vestiges des XIIIe, XIVe et XVe s, dans un style gothique languedocien. À voir à l'intérieur, la nef unique et ses belles voûtes qui mêlent pierre, brique et briquette. Les clés de voûte reprennent les symboles des évangélistes. L'église servit un temps de temple protestant avant de réintégrer le culte catholique. Un petit fascicule détaille le mobilier et les œuvres remarquables (chaire, maître-autel, tableaux...).

DANS LES ENVIRONS DE NAY

🚶 *Les sonnailles Daban :* Z.A. Samadet, 64800 **Bourdettes.** ☎ 05-59-61-00-41. • daban.fr • *Tte l'année, visites mar-ven 8h-10h, 14h-16h. Visite : 7,50 € ; gratuit moirs de 12 ans.* Le pays de Nay abrite depuis sept générations les établissements *Daban,* dernier fabricant de sonnailles des Pyrénées (ils ne sont d'ailleurs plus qu'une poignée en France), véritables « instruments de musique » du bétail en montagne. Le visiteur découvre dans les ateliers et grâce à une vidéo ce savoir-faire d'excellence qui lui vaut le label « Entreprise du patrimoine vivant ».

🚶 *Coarraze* (64800) *:* ancienne place forte à la frontière avec la Bigorre. Château dominant le bourg où Henri IV passa une partie de son enfance. Sa chambre, la bibliothèque et quelques autres pièces du château peuvent se visiter *(de mi-juil à mi-août, tlj 14h30-18h ; visites guidées à 14h30, 15h30, 16h30 et 17h30 ; GRATUIT).*

🚶 *La roseraie de Saint-Vincent :* chemin Henri-IV, 64800 **Saint-Vincent.** ☎ 05-59-53-53-93. • roseraiedesaintvincent.com • ♿ *Tlj 9h-19h (18h oct-mars). GRATUIT.* À 9 km à l'est de Coarraze, un très beau site touristique, entièrement dédié aux roses, face aux Pyrénées. Pépinière et resto sur place.

🚶 *Notre-Dame-de-Bétharram :* à 5 km au sud de Coarraze. Lieu de pèlerinage encore populaire. Un petit sanctuaire qui s'est développé, comme à Lourdes, autour du culte d'une Vierge guérisseuse. À l'intérieur de la chapelle Notre-Dame (XVIIe s), riche décor de peintures, dorures et retables. Petit musée façon cabinet de curiosités *(entrée : 2 €).* La majorité des objets exposés sont en relation avec l'histoire de Bétharram et les pays où travaillent les membres de la congrégation.

🚶 👫 *Les grottes de Bétharram :* à 4 km plus au sud. ☎ 05-62-41-80-04. • betharram.com • ♿ *Début fév-24 mars, lun-jeu à 14h30 et 16h, ven à 14h30 ; 25 mars-fin oct, tlj 9h-12h, 13h30-17h30 (9h-18h juil-août). Compter 1h30 de visite. Entrée : 13,50 € ; 8,50 € 4-12 ans ; réduc.* Succession de 25 grottes, sur 2 800 m de long. Les concrétions les plus remarquables se situent au niveau de l'ancienne voûte de la rivière, en forme d'éponges ou de cervelles. Pour le reste, on retrouve les traditionnelles stalactites, stalagmites, colonnes, draperies... Reste la balade souterraine en bateau et en petit train qui fait toute la notoriété des grottes de Bétharram, un des sites les plus visités du département.

🚶🚶 👫 *Le zoo d'Asson :* 6, chemin du Brouquet, 64800 **Asson.** ☎ 05-59-71-03-34. • zoo-asson.org • ♿ *Tte l'année, tlj 10h-18h (19h avr-sept). Entrée : 12 € ; 8 € 3-11 ans ; gratuit moins de 3 ans.* Comme la plupart des zoos, il est devenu un conservatoire du monde sauvage. Depuis 50 ans, le zoo mène un beau travail scientifique et de conservation : par exemple, Asson accueille de mythiques panthères des neiges dans le cadre d'une coopération internationale pour la sauvegarde de ce félin, mais aussi des loups à crinière, des vautours à tête noire, des grands lémurs des bambous (espèce la plus menacée), un petit panda roux de Chine, un tigre de Sibérie (le plus grand des félins) ou encore des mangoustes brunes et des chiens de prairie. Mais les véritables rois de la jungle ici, ce sont les lémuriens et les singes, avec 22 espèces représentées. Soit, au total, 500 animaux répartis sur près de 5 ha.

OLORON ET LES VALLÉES PYRÉNÉENNES

- **Oloron-Sainte-Marie...** 223
  - Lurbe-Saint-Christau
  - Esquiule (Ezkiule)
- *La vallée d'Ossau...........* 234
  - Arudy • Sainte-Colome • Louvie-Juzon
  - Castet • Bielle
  - Bilhères-d'Ossau
  - De Bielle à Laruns
  - Laruns • Les Eaux-Bonnes et Gourette

- *Vers le pic du Midi d'Ossau et le parc......................* 244
  - Les Eaux-Chaudes
  - Gabas • Le lac d'Artouste • Le Pourtalet • Le lac de Bious-Artigues
- *La vallée d'Aspe.............* 246
  - Escot • Sarrance
  - Lourdios • Bedous
  - Aydius • Accous :

- Jouers • Lees-Athas et Osse-en-Aspe • Lescun
  - Cette-Eygun • Etsaut
  - Borce • Le chemin de la Mâture et le fort du Portalet • Urdos
- *La vallée du Barétous....* 255
  - Aramits
  - Lanne • Arette
  - La Pierre-Saint-Martin

Elles sont trois, d'est en ouest : Ossau, Aspe et Barétous. Même si la première débouche naturellement sur Pau, elles sont toutes commandées par Oloron, petite ville en pleine transformation. Elles forment le Haut-Béarn, domaine mythique de l'ours et des vautours, domaine surtout des bergers transhumants qui gardent vivaces les traditions du pastoralisme. Vous vous en apercevrez vite : la montagne béarnaise est sacrément vivante.

OLORON-SAINTE-MARIE

(64400)   11 700 hab.   *Carte Béarn, B2-3*

● Plan *p. 224-225*

La plus vieille cité du Béarn : plus de 2 000 ans d'Histoire. La ville s'est édifiée au confluent des gaves d'Ossau et d'Aspe (qui donne ensuite le gave d'Oloron, naviguant jusqu'à Bayonne). De tout temps, elle a constitué un site stratégique et un lieu important : débouché des vallées, confluence des gaves, mais aussi point essentiel sur l'axe est-ouest de la route du Piémont pyrénéen (commerce du pastel, des tissus et des étoffes, sur la voie d'Arles et d'Italie vers Saint-Jacques-de-Compostelle). Rien d'étonnant, dès lors, à ce qu'elle ait été classée Ville d'art et d'histoire en 2006. Bourgade pittoresque, au tracé quelque peu anarchique, rythmé par les ponts et les collines, elle présente ainsi des visages différents. L'un d'eux, peut-être le plus marquant, est cette série de demeures à l'allure de hautes falaises tombant abruptement dans le gave d'Aspe.

UN PEU D'HISTOIRE

L'ancienne *Iluro*, cité ibéro-romaine au nom de divinité indigène, sera tardivement christianisée. C'est seulement en 506 que le concile d'Agde nomme le premier évêque d'Oloron. La ville sera détruite par les Normands en 845 ; elle disparaît pour

LA MULE DE SAINT GRATUS

Grat, ou Gratus, fut nommé évêque de Sainte-Marie en 506. Une légende veut qu'il soit mort du côté de Jaca, en Aragon. Les deux villages se disputèrent les reliques. Pour mettre tout le monde d'accord et s'en remettre au jugement de Dieu, il fut décidé d'harnacher la sainte dépouille sur une mule aux yeux crevés et de lui laisser le choix de sa destination. La mule ramena le précieux saint directement à Oloron !

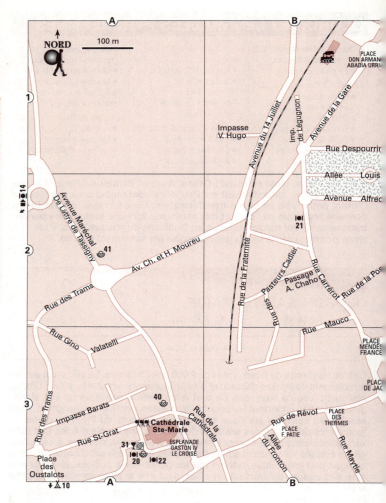

- **Adresse utile**
  - **🅱** Office de tourisme

- **Où dormir ?**
  - 10 Camping-gîtes du Stade
  - 11 Chambres d'hôtes L'Amphitryon
  - 12 Hôtel de la Paix
  - 13 L'Astrolabe
  - 14 Alysson Hôtel – Restaurant Le Pastoral

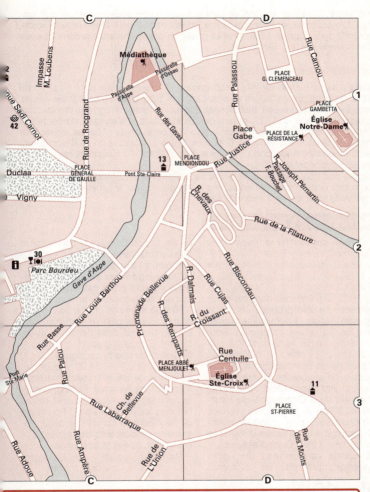

OLORON-SAINTE-MARIE

🍴	**Où manger ?**		31 Café Central
	20 Arts et Délices		
	21 La Maisonnette	🍯	**Où acheter**
	22 La Part des Anges		**de bons produits ?**
🍷	**Où boire un verre ou un thé ?**		40 Pâtisserie Artigarrède
			41 Magasin d'usine Lindt
	30 Le Loft Café		42 Boulangerie Navarrine

longtemps. Elle renaît au XIe s de l'antagonisme entre pouvoirs temporel et spirituel. D'un côté, un évêque ; de l'autre, un vicomte ! Sainte-Marie face à Oloron. Le conflit dura jusqu'en 1858, date à laquelle un décret impérial fusionna les deux villes comme aux premiers temps.

La ville « espagnole »

Quant à sa réputation de ville « espagnole » et « rouge », elle date de la fin du XIXe s, de nombreuses industries ayant attiré la main-d'œuvre espagnole voisine (espadrilles, béret, tissage, métallurgie). Elle fut le premier refuge des républicains espagnols à partir de 1937, et pas des plus calmes. Il s'agissait de centaines d'Aragonais réputés « rouge et noir », selon l'expression de l'époque, virulents et prêts à en découdre à nouveau. D'ailleurs, le premier maquis né en Béarn durant l'occupation allemande (bois du Bager au sud d'Oloron) fut aragonais, ravitaillé par des paysans béarnais.

Aujourd'hui, bon nombre d'Oloronais sont d'origine espagnole, et les relations demeurent constantes avec les voisins, à commencer par le jumelage ou les fêtes organisées avec la ville frontière de Jaca.

Adresses et infos utiles

fl *Office de tourisme* (plan C2) : *allées du Comte-de-Tréville.* ☎ *05-59-39-98-00.* • *tourisme-oloron.com* • *Lun-sam 9h-12h, 14h-18h ; 15 juil-23 août, lun-sam 9h-13h, 14h-19h, dim 10h-13h.* Bienvenue dans cet office 4 étoiles ! La ville propose un circuit patrimoine avec 11 bornes interactives dans les 3 quartiers historiques. Pour une visite guidée « à la carte », il suffit de retirer à l'office un bracelet qui déclenche un commentaire audio sur chacune de ces bornes. Personnel particulièrement disponible et compétent.
– *Le train de la Compagnie du Haut-Béarn :* à l'entrée de l'office, un espace scénographique qui vous invite à un véritable voyage virtuel à travers la région en compartiment train. Original et sympa.
– *L'espace randonnée :* une table numérique présente les différents sentiers de rando grâce à des photos et des commentaires. Il vous suffit ensuite d'imprimer l'itinéraire qui vous plaît.
– *Borne extérieure 24h/24 :* bien pratique quand l'office est fermé. Accès aux plans, réservations en ligne…
– *Photomaton :* on choisit son fond et hop ! La carte postale numérique est créée, on peut alors l'envoyer directement. Sympa et gratuit !
■ *Centre de sports nautiques :* 64400 Soeix. ☎ 05-59-39-61-00. À quelques kilomètres de la ville, un centre nautique sympa et expérimenté. Rafting, canoë-kayak, nage en eaux vives et même hot-dog (canoë gonflable) ! Fourniture de l'équipement complet et beau programme de descente des gaves. Gîte également, ouvert toute l'année.
– *Marché :* ven mat, pl. Georges-Clemenceau (autour de la mairie).

Où dormir ?

Camping

Camping-gîtes du Stade (hors plan par A3, **10**) : *chemin de Lagravette.* ☎ 05-59-39-11-26. 06-08-35-09-06. • *camping-du-stade@wanadoo.fr* • *camping-du-stade.com* • Accès par l'A 64 sortie 3, Salies-de-Béarn, puis Oloron ; à côté du McDo. Ouv mai-sept (loc tte l'année). Compter 11-14 € pour 2 en hte saison ; chalets 4-6 pers 285-550 €/sem selon saison et nombre de pers. Camping classique, confortable et ombragé. Le stade est nautique (avec piscines couverte et découverte, toboggans, etc.) et gratuit pour les campeurs en juillet-août. Pour les randonneurs, le GR 10 passe à proximité.

De bon marché à prix moyens

Chambres d'hôtes L'Amphitryon (plan D3, **11**) : 23,

pl. Saint-Pierre. ☎ 05-59-39-78-50. • diva.oloron@wanadoo.fr • amphitryon-oloron.com • *Compter 60-75 € pour 2. Table d'hôtes 17-25 €, boissons incluses.* 🛜 Au cœur du quartier Sainte-Croix, dans une belle demeure du XVIII° s, 5 belles chambres d'hôtes. Déco moderne, tonique et colorée, qui s'accorde avec harmonie aux poutres et aux vieilles pierres. Les chambres « Aspe » et « Ossau » peuvent être réunies et former une suite familiale. À la table d'hôtes, cuisine régionale servie dans le jardin aux beaux jours. Bon accueil.

🛏 **Hôtel de la Paix** *(plan C1, 12)* : *24, av. Sadi-Carnot.* ☎ *05-59-39-02-63.* • *contact@hotel-oloron.com* • *hotel-oloron.com* • *Face à la gare. Congés : 2 sem fin déc-début janv. Doubles 55-69 €.* *Parking privé gratuit.* 🛜 La très classique façade d'hôtel (*de la Paix*, mais il aurait pu s'appeler *de la Gare* !) est restée. Boiseries, cheminées... quelques éléments de décoration à l'ancienne ont également été conservés. Le charme un peu suranné de la déco opère toujours. Pour le reste, c'est aujourd'hui un hôtel résolument contemporain et garanti tout confort. Préférez les chambres côté cour pour dormir plus au calme.

🛏 **L'Astrolabe** *(plan C1, 13)* : *14, pl. Mendiondou.* ☎ *05-59-34-17-35.* • *contact@hotel-astrolabe.com* • *hotel-astrolabe.com* • *Congés : 10 j. en mai et 10 j. en oct. Doubles 60-76 €.* 🛜 Embarquez à bord de *L'Astrolabe* et passez une nuit au bout du monde : Maroc, Afrique, Angleterre, Inde, Japon, Mexique... Chaque chambre est une invitation au voyage. Murs en *tadelakt*, mobilier en fer forgé, esprit zen, charme de l'Orient, laque rouge de Chine, azur de Méditerranée, il y en a forcément une qui vous ressemble. Tout a été conçu et réalisé par les patrons, dans des matériaux bio. L'atmosphère évoque plus celle d'une maison d'hôtes que d'un hôtel.

Chic

🛏 |●| **Alysson Hôtel – Restaurant Le Pastoral** *(hors plan par A2, 14)* : *24, bd des Pyrénées.* ☎ *05-59-39-70-70.* • *alysson.hotel@wanadoo.fr* • *alysson-hotel.fr* • *Resto fermé sam midi, dim et lun midi. Congés : vac scol de fév et de Noël. Doubles 90-220 €. Formule déj en sem 24 € ; menus 27-48 €.* 🛜 *Apéritif maison offert sur présentation de ce guide.* Ce bâtiment récent, construit à la sortie de la ville, a fait peau neuve pour proposer des chambres spacieuses et modernes. Dommage qu'il soit si près de la route : même si c'est bien insonorisé, les voitures gâchent un peu la vue. Pour les sportifs ou ceux qui aiment se la couler douce, piscine, terrasse, salle de sport, spa et sauna. Côté resto, Christophe Dobard a fait ses premières armes chez Robuchon, puis *Aux Trois Marches* à Versailles, avant de reprendre cet établissement plutôt chic qui fait désormais partie des grandes tables de la ville.

Où manger ?

De bon marché à prix moyens

|●| 🌟 **Arts et Délices** *(plan A3, 20)* : *13, pl. de la Cathédrale.* ☎ *09-54-58-39-84.* • *artsetdelices.oloron@gmail.com* • *Resto ouv tlj et dim midi et lun juil-août ; sur résa pour les groupes hors saison. Assiette de pays 20 €. Boutique ouv tlj sf lun.* Une étonnante boutique gourmande, pleine de bonnes choses que l'on peut acheter toute l'année (andouille, charcuterie et pâtisserie maison, fromage de brebis, plats cuisinés). Plats du terroir savoureux à déguster sur place, comme le *minjaplasé* (tarte salée à l'oignon confit au jurançon, poivron, jambon et fromage), ou l'authentique andouille béarnaise à l'ancienne. Terrasse.

|●| **La Maisonnette** *(plan B2, 21)* : *57, rue Carrérot.* ☎ *05-59-39-59-21.* • *mariannegaillard@gmail.com* • *Dim-ven 12h-18h, sam 15h-19h pour le goûter ; plus le soir ven-sam. Résa fortement conseillée. Menu du jour 13,90 € ; menu le soir 24 € ; carte env*

20 €. De la fraîcheur, enfin ! Si vous frôlez l'overdose de garbure, filez vite dans cette ancienne cave à vins reconvertie en un petit resto-salon de thé. Tables en bois dépareillées, tissus à carreaux et tasses à pois plantent le décor. Derrière le comptoir, deux nanas débordantes d'énergie concoctent des plats pleins d'imagination. On vous le répète, ici « on fait tout toutes seules », alors place à la créativité et à la gourmandise. Pour finir, optez pour le café gourmand, sinon vous ne vous déciderez jamais entre tous les desserts à tomber ! Service décontracté et hyper amical, on se croirait chez des bonnes copines.

I●I La Part des Anges (plan A3, 22) : 13, pl. de la Cathédrale. ☎ 05-59-36-01-96. ● lapartdesanges1@orange.fr ● Tlj sf mar-mer. Menus 14 € (déj en sem), puis 25-35 €. Sangria maison offerte sur présentation de ce guide. Murs en pierre, poutres apparentes, on pourrait se croire dans une énième auberge de montagne, mais non ! Dans cette jolie maison aux volets bleus, Rose-Marie vous accueille avec un grand sourire tandis que Michel, son mari, s'active derrière les fourneaux. Il concocte une cuisine locale gourmande et revisitée. Gardez de la place pour les délicieux desserts : tarte maison, glaces, fondant au chocolat au piment d'Espelette, on se plaît à espionner l'assiette du voisin pour se décider.

Où dormir ? Où manger dans les environs ?

Prix moyens

🏠 Chambres d'hôtes Naba : 8, chemin Carrere, 64290 **Estialescq.** ☎ 05-59-39-99-11. ● maisonnaba@aol.com ● maison-naba-bearn.com ● À 6 km à l'est d'Oloron. Ouv avr-oct ; en hiver, sur résa slt. Compter 60 € pour 2. À deux pas du chemin de Saint-Jacques, une belle ferme béarnaise du XVIIIe s, agrémentée d'un joli parc ombragé et fleuri. L'ancienne grange abrite 4 chambres agréables, à la déco entre hier et aujourd'hui. Accueil très chaleureux de Jeanne Péricou. On s'y sent bien, un peu comme chez soi. Pas de table d'hôtes, il vous faudra dîner « en ville ».

🏠 I●I Le Relais Aspois : 17, route du Somport, 64400 **Gurmençon.** ☎ 05-59-39-09-50. ● daspoise@wanadoo.fr ● relais-aspois.com ● Double 68 €. Menus 12 € (déj en sem)-30 € ; carte env 33 €. 📶 Kir offert sur présentation de ce guide. Ancien relais de bergers, cet hôtel a su garder son authenticité et sa convivialité. Aux commandes, un jeune couple sympathique qui prend soin des voyageurs de passage comme des ouvriers qui travaillent sur les chantiers alentour. L'hôtel est resté dans son jus avec son mobilier en bois brut et ses poutres apparentes, les chambres n'en sont que plus chaleureuses. Les adeptes de la grasse mat' choisiront celles qui donnent sur la jolie cour, le clocher de l'église voisine carillonne à 7h. Côté resto, on sert une riche cuisine traditionnelle et goûteuse, on ne s'y trompe pas, la salle affiche souvent complet.

🏠 I●I Chez Germaine : 18, route de Josbaig, 64400 **Geüs-d'Oloron.** ☎ 05-59-88-00-65. ● chez.germaine64@gmail.com ● hotel-restaurant-chez-germaine.oloron-ste-marie.com ● ♿ À 11 km au nord-ouest d'Oloron. Resto fermé dim soir, plus lun hors saison. Double 64 € ; familiale 4 pers 105 €. Menus 14,50 € (déj en sem), puis 20-31 €. 📶 Apéritif maison offert sur présentation de ce guide. Un hôtel-resto sans prétention mais qui risque de vous surprendre agréablement. Le patron est en cuisine, la patronne à l'accueil. On se régale dans un cadre rustique de choses simples ou plus fines, on laisse le temps passer... et on apprend que Germaine s'appelle Gisèle. Sympathique. Chambres simplement confortables, d'humeur campagnarde. Piscine.

Où boire un verre ou un thé ?

🍷 I●I Le Loft Café (plan C2, 30) : rue de la Poste. ☎ 05-59-39-09-73. ● dura.pascal@gmail.com ● ♿ En face de l'office de tourisme. Tlj sf *lun, et jusqu'à 2h ven-sam. Congés : 2 sem début janv. Formule déj en sem 14 €. ☞ Café offert lors d'un repas commandé sur présentation de ce guide.* Avec sa grande terrasse et sa vue plongeante sur le gave, ce café design est un endroit hautement stratégique. On y vient pour le petit noir du matin, le lunch léger du déjeuner, la petite mousse de l'après-midi, le petit blanc de l'apéro, ou pour finir la soirée. Un bon point de chute à n'importe quelle heure en fait !

🍷 @ **Café Central** (plan A3, 31) : *12, pl. de la Cathédrale.* ☎ *05-59-39-03-39.* • *cos.cos3@voila.fr* • *Tlj sf jeu hors saison et dim soir en saison.* 🖥 ☞ *Un verre de jurançon offert aux internautes sur présentation de ce guide.* Un établissement bien greffé dans la vie associative et culturelle oloronaise. Lieu de rendez-vous des sportifs locaux depuis un demi-siècle ! Le premier café de la ville à avoir eu la TV en 1960 et, ensuite, le premier cybercafé. Terrasse pour les contemplatifs, avec vue directe sur le portail roman de la cathédrale.

Où acheter de bons produits ?

Difficile de résister à la tentation à Oloron, l'usine *Lindt* répand ses effluves de chocolat dans toute la ville. Alors forcément, on finit par craquer ! Voici quelques adresses où faire le plein de douceurs pour le reste du voyage.

🍰 **Pâtisserie Artigarrède** (plan A3, 40) : *1, pl. de la Cathédrale.* ☎ *05-59-39-01-38. Tlj sf lun-mar (ouv mar en août et déc) 8h-12h30, 14h-19h30 ; dim 7h30-13h, 14h30-19h. Congés : 10 j. pdt vac de fév et 3 premières sem de juil.* On vient de loin découvrir le « russe » véritable, dont la recette a été gardée depuis 3 générations. Elle daterait du XIXe s, mais c'est en 1925 que le Béarnais Artigarrède créa ce gâteau délicieux, à base de biscuit aux amandes meringué avec une crème au beurre praliné.

🍰 **Magasin d'usine Lindt** (plan A2, 41) : *2, av. de Lattre-de-Tassigny.* ☎ *05-59-88-87-62. Tlj sf dim et j. fériés 9h-18h30.* C'est l'ancienne usine *Rozan*, créateur du « pyrénéen », ce chocolat hyper fondant que l'on ne produit que pour Noël, reprise par le chocolatier suisse. Les chocolats en vrac y sont plutôt moins chers qu'en boutique. Surtout, on peut véritablement y découvrir désormais l'univers du chocolat, son histoire et son implantation à Oloron à travers un espace muséographique, certes réduit mais intelligemment conçu.

🍰 **Boulangerie Navarrine** (plan C1, 42) : *15, av. Sadi-Carnot.* ☎ *05-59-36-08-40. Tlj sf jeu 7h-13h, 15h-19h30.* Un petit creux ? Goûtez à la spécialité de la maison : le *pastis bourrit*, littéralement « pâte levée » en béarnais. Cette sorte de grosse brioche, cuite dans une casserole (si, si ! regardez bien sa forme) est aromatisée à la vanille, au rhum et à l'anis ou à la fleur d'oranger, puis saupoudrée de sucre. Miam !

🍰 **Magasin d'usine Tissages Lartigue 1910** : *av. Georges-Messier, 64400 Bidos.* ☎ *05-59-39-50-11.* • *lartigue1910.com* • *Boutique ouv de début janv à mi-juil et début sept-fin déc, lun-sam 9h-12h30, 14h-18h30 ; de mi-juil à début sept, lun-sam 9h-13h, 14h-19h. Également des visites d'atelier juil-sept, lun-sam à 10h, 11h, 15h et 16h (le reste de l'année à 10h30 et 15h). GRATUIT (groupes 2 € sur résa).* Créateur et tisseur de linge basque depuis 3 générations. Le beau linge basque est tissé et vendu uniquement ici et à Ascain, dans leurs ateliers ouverts à la visite. De bonnes affaires à faire sur les collections passées.

À voir. À faire

➢ **400 km de randonnées :** fiches gratuites sur le site • *tourisme-oloron.com* • pour chacune des boucles et téléchargement GPS.

Dans le quartier Sainte-Marie

Durant l'Antiquité, le quartier Sainte-Marie faisait partie de la cité d'Iluro, nom d'une divinité celte ibère. Des fouilles archéologiques ont révélé que le site était déjà peuplé avant notre ère, avec au jour de pièces de monnaie en or, de sarcophages paléochrétiens et mérovingiens, de bijoux, de poteries... Puis ce quartier devient cité épiscopale, rivale et indépendante de la cité vicomtale d'Oloron. Jusqu'à la Révolution, les évêques en sont les seigneurs, ils l'organisent et font ériger plusieurs bâtiments à vocation religieuse (palais épiscopal, Grand Séminaire, couvent des Ursulines).

✱✱✱ La cathédrale Sainte-Marie (plan A3) : tlj 8h-19h30.

Sa construction débute au XIIe s, grâce aux nombreux butins rapportés par le vicomte Gaston IV le Croisé, mais nef et chœur furent édifiés au cours des deux siècles suivants. C'est une des plus imposantes églises gothiques du Béarn. Elle a sûrement succédé à un temple gallo-romain, comme l'atteste le remploi de la plaque de marbre du tympan, représentant la Vierge Marie au recto et le dieu Mars au verso. Le portail roman de la cathédrale Sainte-Marie est l'œuvre de deux maîtres sculpteurs du XIIe s ayant travaillé de part et d'autre des Pyrénées. Le premier était un spécialiste de

> **RELIQUATS DE RELIQUES, SUITE ET FIN**
>
> *Une fois ramené à dos d'âne (voir l'encadré dans l'introduction de la ville), Grat fut canonisé et devint l'objet d'une véritable dévotion populaire. Mais sous l'influence des protestants, chasse fut faite aux reliques et le reliquaire de saint Grat fut rapporté à Jaca en catimini. Du moins, c'est ce que l'on croyait car, en réalité, les Espagnols n'avaient récupéré qu'un bout de mâchoire et quelques dents. Le reste du corps fut découvert un siècle plus tard, caché dans un recoin de la cathédrale. La Révolution finit de démantibuler notre pauvre homme et, depuis, il manque plusieurs pièces au puzzle !*

l'ivoire, d'où son extraordinaire travail du marbre, tout en aplat. Une vingtaine d'années plus tard, le second sculpteur travaillera beaucoup plus en relief.
Tous les thèmes de ce *portail roman* sont centrés sur la victoire du Bien sur le Mal. Trumeau soutenu par deux hommes enchaînés, qui donnent lieu à mille interprétations, ce qui n'en finit pas de perturber les exégètes. Au-dessus, sur le tympan, *Descente de Croix*. Dans la voussure qui suit, on voit la préparation d'un festin médiéval, sans doute un repas de noces. On peut s'amuser dans chacune des vignettes à en deviner les gestes : l'abattage du sanglier, le « pêle-porc », la vendange et la mise au tonneau, la fabrication du jambon, la préparation du canard, la capture du saumon, l'élaboration d'une galette, d'un fromage, etc. Au centre, tête de monstre symbolisant le Mal. Dans la voussure supérieure, les vieillards de l'Apocalypse, splendides ! Repérer également le personnage mi-lion, mi-homme qui dévore à pleines dents un individu, ainsi que le cavalier qui foule un vaincu sous les sabots de son destrier. Les parties ocre correspondent à des traces de polychromie, datant du XIXe s. Les billes de verre dans les yeux des personnages datent de la même époque. Quant aux impressionnantes portes cloutées, elles furent offertes par Henri IV.
La cathédrale abrite un riche mobilier en bois doré et polychrome (lutrins, chandelier Pascal), des tableaux représentant la vie de saint Grat (nom du premier évêque connu d'Iluro au VIe s), une chaire à l'origine d'un incident entre catholiques et protestants, mais également un buffet d'orgue datant du XVIIe s et dont l'instrument a été réalisé par Aristide Cavaillé-Coll au XIXe s. De très beaux vitraux et un *trésor* complètent le décor de cette ancienne cathédrale, choisie par l'Unesco comme jalon pour son classement des chemins de Compostelle au Patrimoine mondial de l'humanité.

OLORON-SAINTE-MARIE / À VOIR. À FAIRE | 231

🎥🎥 *Le trésor de la cathédrale Sainte-Marie :* *juil-août slt, tlj 14h-19h. Visite libre.*
Derrière les grilles, on aperçoit de superbes anges baroques en bois polychrome. Le trésor à proprement parler est dans une salle attenante et se dérobe aux regards.
– Le *chapier* abrite une admirable collection de vêtements sacerdotaux, réalisés dans des soieries, damas et brocards de fils d'or et d'argent, datés pour les plus anciens du XVIe s. Selon la tradition, il s'agit d'offrandes faites aux évêques d'Oloron par de grands dignitaires comme François Ier, Marie de Médicis ou encore l'impératrice Eugénie de Montijo.
– Les *pièces d'orfèvrerie* datent des XVIIIe et XIXe s : ciboires, calices, patènes, reliquaires et ostensoirs.
– La *crèche* est l'une des plus belles de France. Daté du début du XVIIIe s, un triptyque de bois sculpté peint et recouvert de feuilles d'or et d'argent évoque la Nativité. À cette scène s'ajoutent sept personnages sculptés dans du bois, qui représentent les différentes classes sociales de la population béarnaise de l'époque. Remarquer l'importance des chausses ou des coiffes, comme autant de signes distinctifs. Certains, bien entendu, arborent fièrement le béret...

Dans le quartier Sainte-Croix

Située sur une haute colline, c'est la partie la plus ancienne de la ville. Belle homogénéité architecturale, même si toutes les maisons ne sont pas de la même époque. On monte par la rue Labarraque (ancienne rue Bonneterie). Autrefois, les ouvriers et fabriquaient les bérets ouvrait leur porte. Place Saint-Pierre entourée de demeures des XVIIe et XVIIIe s. De la place part la rue d'Aspe, ancienne rue des Cagots. Un peu plus loin, petit cimetière où repose le poète Jules Supervielle.

🎥 *L'église Sainte-Croix* (plan D3) : *à deux pas de la pl. Saint-Pierre.* Édifiée au XIIe s, c'est l'un des plus vieux édifices romans du Béarn. Allure très austère. Clocher avec chemin de ronde. Toit en pierre. Portail d'entrée roman, très profond. À l'intérieur, nef et bas-côtés couverts de pierres tombales. Piliers cruciformes ornés de chapiteaux primitifs (plus élaborés dans les absides). Nef aux voûtes et arches romanes particulièrement harmonieuses. Belle croisée de transept où, malgré l'obscurité, on distingue les coquilles peintes en trompe l'œil dans les trompes au niveau de la coupole. Décor mauresque en étoile à huit branches, emprunté à la mosquée de Cordoue. Dans le transept gauche, grand retable baroque doré. Ne pas oublier de se munir d'une pièce de 2 € pour avoir droit à l'illumination et au commentaire, fort intéressant.

🎥 *L'ancien cimetière :* aujourd'hui désaffecté, il contient les tombes de toute l'élite de la ville du XIXe s. Épitaphes souvent grandiloquentes, reflétant bien l'idéologie de l'époque et qu'on lit d'un œil amusé (voir là, la sépulture de la famille Crouseilles). De la terrasse au bout, vue intéressante sur Oloron.

🎥 *La place de l'église* (plan C-D3) : *pl. de l'Abbé-Menjoulet.* Très pittoresques maisons à arcades. Ici battait le cœur de la ville à l'époque médiévale. Imaginer le marché qui s'y tenait en permanence. Emprunter la rue Dalmais (ex-rue de la Montagne). Quelques maisons à grandes arcades ogivales.

🎥 *La Maison du patrimoine :* *52, rue Dalmais.* ☎ *05-59-39-99-99. Juil-août slt, tlj sf mar 14h-19h. Visite libre. GRATUIT.* Intéressant petit musée, installé dans la *maison Marque,* demeure de caractère du XVIIe s qui a pu conserver de magnifiques boiseries en châtaignier. Belles fenêtres à meneaux. Elle présente des collections archéologiques (lampes à huile, monnaies, poteries...) et ethnographiques qui témoignent de la tradition béarnaise aux XIXe et XXe s. Jardin médiéval présentant des plantes aromatiques et médicinales.

🚶 🚴 *La tour de Grède :* rue Dalmais. ☎ 05-59-39-98-00. *Juil-août slt, tlj sf mar 14h-19h. Visite libre.* Un remarquable édifice de style gothique, dont les origines remontent au XIIIe s. Cette tour n'était en réalité qu'un signe ostentatoire de richesse, avec un rôle bien plus décoratif que défensif donc ! Baies géminées, portes ogivales... Elle abrite aujourd'hui une belle exposition interactive sur la faune des Pyrénées. Jolie scénographie sur le thème des quatre saisons. Du haut de la tour (113 marches à grimper !), située en plein cœur du « bourg de l'enclos », panorama sur toute la ville.

🚶 Rue des Remparts *(plan C2-3),* ancien **couvent des Cordeliers** (avec porche du XIIIe s). Ne pas manquer de déambuler sur l'agréable promenade Bellevue (beau panorama, comme son nom l'indique).

🚶 Vestiges des **anciens remparts** du XIIIe s, sur les lacets du Biscondau et rue des Chevaux, en surplomb du gave d'Ossau. Meilleure vision des fameuses maisons tombant dans le gave d'Aspe depuis le petit pont perpendiculaire à la rue de la Poste et à la rue Louis-Barthou.

🚶 *La médiathèque des Gaves (plan C1) :* rue des Gaves. ☎ 05-59-39-99-37. *Mar 12h-19h, mer et ven-sam 10h-13h, 14h-18h (17h sam), jeu sur résa pour les groupes. GRATUIT.* Construite à la rencontre des gaves d'Aspe et d'Ossau, cette médiathèque offre un lieu idéal pour se poser et bouquiner. Confortablement installé sur un pouf, derrière l'immense baie vitrée, on admire l'eau qui file sous ses pieds avant de plonger la tête... dans son livre.

Dans le quartier Notre-Dame

Le développement du quartier Notre-Dame est d'abord dû à l'importance que prirent à Oloron, dès le Moyen Âge, les foires et marchés. L'artisanat, aux XVIIe et XVIIIe s, puis l'industrie aux siècles suivants feront de ce lieu, appelé « quartier du Marcadet », l'un des plus dynamiques de la cité.

🚶 *L'église Notre-Dame (plan D1) :* édifiée de 1869 à 1890, c'est la plus récente des églises d'Oloron. Il s'agit d'une réalisation de l'architecte des palais impériaux Joseph-Auguste Lafollye. Ce monument de style romano-byzantin possède un clocher qui culmine à 52 m et une jolie crypte.

🚶 En bordure du **gave d'Ossau,** vieux faubourg et vue sur les remparts et le bastion du quartier de Sainte-Croix.

🚶 Sur la **place de la Résistance** *(plan D1),* quelques belles demeures du XVIIe s aux élégants portails et aux sobres fenêtres à meneaux. C'est l'ensemble architectural le plus marquant de la ville. L'harmonieuse fontaine, tournée vers le bas de la place, date de la Restauration.

🚶 De la **rue Jéliote,** point de vue intéressant sur la colline de Sainte-Croix.

🚶 🚴 *Le parc Pommé :* agréable balade au milieu de ce grand parc de plus de 3 ha, qui offre un écrin de verdure en centre-ville. Il possède plus de 400 arbres répartis en une cinquantaine d'essences, dont la plupart très rares comme le ginkgo biloba, le cèdre du Liban, le séquoia géant... plusieurs fois centenaires. Deux sculptures réalisées par A. Arghira et A. Gabino rappellent que le chemin de Saint-Jacques-de-Compostelle passait jadis à cet endroit.

Manifestations

Avec 3 500 associations recensées autour d'Oloron-Sainte-Marie, la fête est dans tous les quartiers et les villages du territoire. Concerts, spectacles, festivals, fêtes de villages... prenez note !

– **Foire :** *1ᵉʳ mai.* Foire ancestrale avec bétail (exposition et concours de races locales : ânes, vaches...). Pour découvrir les traditions béarnaises (chants, danses).
– **Festival de jazz Des Rives et des Notes :** *8 j. fin juin-début juil.* ● jazzoloron.com ● Festival dont l'objectif majeur est d'amener devant un large public les créateurs de jazz d'aujourd'hui.
– **Animations Quartiers d'été :** *juil-août.* Spectacles et concerts, mais aussi théâtre en plein air, expositions, pelote basque, marchés de nuit dans les trois quartiers historiques d'Oloron. La plupart des animations sont gratuites.
– **La Garburade** *(championnat du monde de garbure) : 1ᵉʳ sam de sept.* À travers un concours, la Garburade est une grande fête populaire pleine de convivialité et d'amitié qui s'accompagne d'une grande foire gastronomique. Les cuisiniers les plus talentueux s'affrontent et font goûter à plus de 1 300 personnes la garbure oloronaise. Avec ou sans carottes ? *That is the question,* comme on dit en béarnais ! Mais attention, si l'on vous parle des navets qui donnent bon goût, méfiez-vous si on prétend les faire venir de Lourdes. Vous auriez droit à un sourire malin. Évidemment, il s'agit des fameux « navets Maria »...
– **Les 24 Heures du mur :** *un w-e fin sept.* ● lemuroloron.com ● Des grimpeurs du monde entier se retrouvent pour escalader la halle de la mairie.

DANS LES ENVIRONS D'OLORON-SAINTE-MARIE

LURBE-SAINT-CHRISTAU (64660)

Au carrefour des routes d'Arudy et d'Oloron, un village célèbre pour ses eaux... même si les thermes ont cessé leur activité. Idéal pour une étape entre vallée d'Ossau et vallée d'Aspe.

Où dormir ? Où manger ?

Les Résidences Saint-Christau : ☎ 05-59-34-29-29. ● saintchristau@chainethermale.fr ● *Ouv de début mai à mi-oct. Compter 53-88 € pour 2-4 pers.* La station thermale a fermé ses portes, mais les imposants bâtiments du XVIIIᵉ s qui accueillaient les curistes ont été entièrement réaménagés en une belle résidence de tourisme, gérée par la *Chaîne thermale du soleil.* Les appartements et studios (avec kitchenette) se situent dans le bâtiment principal et, pour partie, dans 2 chalets, de style victorien ou béarnais, plus isolés, au bord du lac. Le tout au milieu d'un splendide parc arboré de 80 ha. Un confort, des prix et une indépendance qui raviront à coup sûr les familles. Piscine.

|●| Hôtel-restaurant Au Bon Coin : *route des Thermes, à 1 km du village, direction Arudy.* ☎ 05-59-34-40-12. ● pro620@hotmail.fr ● hotel-auboncoin.com ● *Resto ouv tlj, midi et soir. Doubles 64-82 € selon confort, taille et exposition. Menus 12,50 € (déj)-22,50 €.* Cet hôtel de campagne ravira les amateurs de calme et de grands espaces. Détente assurée grâce à la grande piscine, la salle de remise en forme et aux chemins de randonnée qui démarrent au pied de l'hôtel. Les chambres, sobres et coquettes, offrent un excellent confort pour le prix. Les plus chères disposent d'un « grand » balcon. Au resto, cuisine basco-béarnaise à base de produits soigneusement sélectionnés.

ESQUIULE (EZKIULE ; 64400)

À 10 km d'Oloron, Esquiule est d'origine béarnaise mais, au XVIIᵉ s, le seigneur du village créa ce lieu pour peupler ses terres. Les Souletins s'y installèrent et, depuis,

Esquiule est un village exclusivement basque : architecture, fronton, langue, tout y respire la Soule.

Où manger ?

I●I Chez Château : *pl. du Fronton.* ☎ *05-59-39-23-03.* ● *jb.hour courigaray@wanadoo.fr* ● *Tlj sf dim soir et lun-mar. Congés : janv. Menus 12 € (déj en sem), puis 25-49 € ; menu dégustation 65 €.* À deux pas du fronton du village, c'est un champion de pelote (une bonne quinzaine de titres nationaux) qui est aux fourneaux de ce bistrot de village. Il y sert la garbure à sa façon, omelette aux cèpes comme magrets de palombe. Une (bonne) cuisine béarnaise, tellement remixée, tellement revigorée qu'elle n'a plus rien à voir avec la popote des grands-mères. Les vins, superbement choisis, restent à des prix plus que raisonnables. Équipe hyper aimable. Clientèle encore très locale, ce qui explique la taille des portions. Bref, l'un des plus fabuleux rapports qualité-prix de toute la région.

LA VALLÉE D'OSSAU

L'un des musts du Béarn. Une magnifique balade dans une vallée qui garda longtemps une identité et des particularismes originaux. Au Moyen Âge, le servage n'y avait déjà plus cours. La vallée possédait une grande autonomie et fonctionnait démocratiquement. Au XIIIe s, elle avait obtenu une charte des libertés, le « for d'Ossau ». Chaque commune élisait des délégués (les jurats) qui se formaient en syndicat pour défendre les intérêts de la communauté de la vallée (son siège était à Bielle). L'aisance des habitants de la vallée à cette époque se reflète dans l'architecture. Grande homogénéité des villages, robustesse et noblesse des demeures du XVIe au XIXe s.

L'événement annuel, c'est l'« estivade », la transhumance entre la basse vallée et la haute montagne. À ne pas rater, la 1re semaine de juillet en principe. Pendant 48h, des milliers de bêtes remontent la vallée, dans le vacarme des sonnailles, traversant les villages en émoi (chants, ripailles...).

Et le grand produit de la vallée, c'est bien sûr le fromage de brebis : matière première extra, avec un herbage d'altitude bourré de plantes aromatiques et un affinage à l'ancienne, sur plusieurs mois, régulièrement passé au sel de Salies. Si vous êtes dans le coin le 1er week-end d'octobre, ne manquez pas la foire aux fromages.

ARUDY (64260)

Point de départ de la vallée. Bourg au caractère montagnard déjà très marqué, avec un tout petit mais charmant centre ancien. Les Arudiens ont été pendant de nombreuses années les champions de la chasse aux escargots. Ces gastéropodes constituaient, en effet, la base de leur alimentation dès 8000 av. J.-C. Quand le glacier qui envahissait la vallée fondit comme neige au soleil, le climat doux et humide favorisa la végétation et... les escargots. Et aujourd'hui encore, une grotte de la vallée du Bas-Ossau est surnommée L'Escargotière. Voilà pour la petite histoire !

LA VALLÉE D'OSSAU / ARUDY

Adresse et info utiles

ⓘ Office de tourisme : pl. de la Mairie. ☎ 05-59-05-77-11. ● arudy-tourisme. com ● Juil-août, lun-sam 10h-12h, 16h-19h ; vac scol, lun-sam 10h-12h ; le reste de l'année, mar-sam 9h-12h.
– **Marché :** mar et sam mat.

Où dormir ? Où manger dans le coin ?

Campings

⚑ Camping municipal des Chênes : 64260 **Buzy.** ☎ 05-59-04-80-27 ou 05-59-05-95-78 (mairie). ⚐ À 3 km d'Arudy, sur une butte au-dessus du village, face à la vallée. *Ouv juin-oct. Compter 13,60 € pour 2 en hte saison. 43 empl.* Petit, sympa, confort acceptable. Merveilleux panorama sur les montagnes environnantes et les vaches du champ d'en face. Petite restauration l'été.

⚑ Camping municipal : à Arudy. ☎ 05-59-05-80-44 (mairie). *Ouv de mi-juin à mi-sept.* Une vingtaine d'emplacements près de la piscine municipale. Et c'est gratuit !

Prix moyens

🏠 |●| Maison Lagrave : à la hauteur de Marère, 64260 **Sévignacq-Meyracq.** ☎ 05-59-05-55-94. 📱 06-73-39-24-33. ● maisonlagrave@ neuf.fr ● maisonlagrave.com ● (Mal) fléché depuis Rébénacq ; mieux vaut téléphoner. *Fermé en hiver, se renseigner avt pour connaître les dates précises. Compter 72-82 € pour 2 ; familiale 115 €. Repas 28 €.* 🖥 📶 Cette belle ferme béarnaise offre 5 chambres d'hôtes à thème, à la déco raffinée. Un petit paradis qui ravira les familles. Les chambres, mignonnes et confortables, entretiennent leur côté campagnard, mais les proprios ont donné à chacune son trait de caractère : romantique, printanière, flamboyante... choisissez celle qui vous correspond ! Le grand parc (avec piscine) s'avère être un excellent terrain de jeux. La table est conviviale et de qualité, à base de bons produits du terroir. Une excellente adresse où il fait bon séjourner et s'attarder.

🏠 |●| Chambres d'hôtes Maïnade : 6, pl. Cazenave, 64260 **Buzy.** ☎ 05-59-21-01-01. ● lamainade@ yahoo.fr ● lamainade.com ● Sur la D 920. Venant d'Arudy (3 km), c'est à gauche après la mairie et la boulangerie ; indiqué dans le village. *Ouv avr-sept. Double 62 €. Table d'hôtes sur résa 21 €.* 📶 Dans un paisible et sympathique village, une ferme (en activité) toute mignonne où on vous accueille (chaleureusement !) en famille. Grandes chambres agréables et lumineuses : parquets ou carrelages à l'ancienne, belles armoires béarnaises. Aux beaux jours, on vous sert en terrasse toutes les bonnes spécialités régionales (garbure, charcuteries maison...), à base des produits de la ferme dans la mesure du possible. Et si la souriante Rolande veille toujours à la bonne marche de la maison, la jeune génération fourmille de belles idées : massages ayurvédiques, piscine biologique...

🏠 |●| Les Bains de Secours : 64260 **Sévignacq-Meyracq.** ☎ 05-59-05-62-11. ● hotelbains@wanadoo. fr ● hotel-les-bains-secours.com ● *Suivre les panneaux de la N 934, avt d'arriver à Arudy. Resto fermé dim soir et lun-mar. Congés : janv. Double 63 €. Formule 26 € ; menu-carte 33 €.* 📶 À flanc de vallon, une ancienne ferme béarnaise, typique avec sa cour intérieure. Derrière la façade noyée sous la vigne vierge et les balcons fleuris, 7 chambres seulement, confortables et d'un calme olympien dans ce presque bout du monde. Accueil aussi réjouissant que la cuisine, dans la tradition béarnaise mais avec un soupçon de modernité. Plaisante salle à manger dont la déco joue un peu la carte de la nostalgie, à deux pas des thermes (*Les Bains de Secours,* bien sûr) qui semblent installés là depuis toujours.

À voir

✱ La Maison d'Ossau : *rue de l'Église.* ☎ *05-59-05-61-71.* ● *museearudy.com* ● *Juil-août, tlj sf lun 10h-12h, 15h-18h ; janv-juin et sept, mar-ven 14h-17h, dim 15h-18h ; pdt vac d'hiver et de printemps, ouv aussi sam 15h-18h ; oct-déc, sur rdv pour les groupes. Entrée : 4 € ; réduc.* Installée dans une ancienne abbaye laïque du XVIIe s qui a conservé quelques jolis souvenirs de son passé, notamment deux cheminées de bois d'un baroque quelque peu exubérant. La toiture est, elle aussi, plutôt originale. Dans le jardin, un monolithe gravé de l'âge du bronze annonce les salles du sous-sol consacrées à la préhistoire. Dans les étages, c'est le parc national des Pyrénées qui se dévoile : faune, flore, géologie de la vallée. Section ethnographique (vêtements, outils, vie du berger, traditions) sous la superbe charpente des combles. Sentiers de découverte au départ du musée (plaquettes à disposition à l'office de tourisme ou sur place).

✱ L'église : construite du XVe au XVIe s, plutôt gothique. À l'intérieur, retable du XVIIe s avec colonnes jumelées.

✱ Sur la place de l'Église, ainsi que dans les rues Hondaa, Mayos et Tilhou, quelques *maisons* des XVIe et XVIIe s. En contrebas de l'église, *lavoirs à ciel ouvert* des deux côtés du canal, qui servaient autrefois au lavage des peaux d'agneau.

À faire

– *Centre de bien-être Les Bains de Secours :* à *Sévignacq-Meyracq,* non loin de l'hôtel. ☎ *06-22-98-04-10.* ● *sejour-en-pyrenees.com* ● *Bains d'eau ferrugineuse dans des baignoires en pierre, hammam, massages, soins... Soins à partir de 40 €. À l'étage, jolies chambres d'hôtes, compter 65 €. CB refusées.* Cette grande maison thermale du XIXe s, rénovée avec charme, propose au rez-de-chaussée des soins et massages traditionnels.

SAINTE-COLOME (64260)

Petit village du bas Ossau, en marge de la D 934. Présente une fort belle homogénéité architecturale. Beaucoup de maisons aux portes à accolade et fenêtres à meneaux. Pittoresque *église Saint-Sylvestre* du XVIe s, avec un remarquable porche gothique flamboyant qui n'a que peu souffert des guerres de Religion. Pour la visiter, demander la clé à la mairie *(ouv slt mar et ven).* À l'intérieur, fonts baptismaux très anciens, surmontés d'un *Baptême du Christ* en bois sculpté polychrome. Dans la sacristie, châsse renfermant les reliques de sainte Colome.
Ne pas manquer de grimper par le chemin qui part du cimetière, pour la vue sur le village.

LOUVIE-JUZON (64260)

Intéressante *église* du XVIe s. À l'intérieur, jolis petits chapiteaux sculptés représentant une vache et un ours, un sage et un démon, et des bustes d'hommes. Chaire du XVIIe s supportée par un atlante, calvaire en bois et, surtout, un ravissant petit orgue du XVIIIe s.

Adresse utile

■ **Aventure Chlorophylle :** *pl. Camps.* ☎ *05-59-71-11-07.* ☎ *06-28-07-90-22.* ● *aventure-chlorophylle.com* ● *Sur rdv tte l'année.* Initiation au canyoning, à la spéléologie, à l'escalade et aux sports en eaux vives. Très compétents.

Où camper ?

⚹ Camping Le Rey : 1, route de Lourdes. ☎ 05-59-05-78-52. ● celine@campinglerey.com ● campinglerey.com ● À la sortie du village. Congés : 2 sem en janv et 2 sem en nov. Compter 13-18 € pour 2 selon saison. Chalets et mobile homes 240-680 €/sem selon modèle et saison. Une cinquantaine d'emplacements pour ce camping très calme, confortable et avec une jolie vue sur la montagne du Rey. Épicerie bio et snack (juin-octobre). Piscine.

CASTET (64260)

Pour se rendre dans cet adorable village, l'un des plus typiques de la vallée d'Ossau, il faut d'abord passer Louvie-Juzon (ou à la rigueur par Béon). L'église Saint-Polycarpe apparaît sur une butte, noyée dans la verdure. Sur une autre butte, ruines d'un château du XIIIe s (les deux pouvoirs qui se concurrencent). Du cimetière « aérien », superbe vision de la forêt d'ardoises grises et de la vallée. Sur les linteaux des maisons, des dizaines de dates de naissance, de symboles (fleurs, vases, etc.).
On accède au lac par le rond-point situé à l'entrée de Bielle. Les familles y trouveront (en saison) de quoi passer un agréable moment. Barque, poney, calèche, canoë, aire de jeux, aire de pique-nique, ping-pong, sentiers d'interprétation, ateliers pêche pour les enfants, location de vélos, etc. En revanche, la baignade est interdite. La plupart de ces activités sont payantes. Renseignements auprès de *La Maison du Lac* (☎ 05-59-82-64-54 ; mai-juin et sept, slt l'ap-m le w-e ; juil-août, tlj).

Où dormir ?

⚹ ≜ I●I Chez Cazenave-Doux : 19, rue Houndaa. ☎ 05-59-05-88-26. 🗎 06-81-44-15-99. ● chezjeancazenave@wanadoo.fr ● cazenave-doux.vallee-ossau.com ● À la sortie de Castet vers le sud. *Camping juin-sept ; autres hébergements tte l'année. Compter 12,70 € pour 2 en hte saison ; gîte 6 pers 350-480 €/sem ; chambre d'hôtes 60 € pour 2. Table d'hôtes sur résa 22 €.* Un petit bout de prairie pour planter sa tente, au pied de la falaise aux Vautours. Également 3 chambres d'hôtes charmantes aménagées avec des matériaux du coin et des meubles anciens retapés au goût du jour. Salles de bains modernes et nickel en prime. Les familles peuvent opter pour le gîte à la déco plus classique mais entièrement équipé. Quelle que soit l'option envisagée, le splendide décor des montagnes alentour reste le même : bluffant ! Pour se mettre au vert ou randonner (proximité du GR 10). Bel accueil.

BIELLE (64260)

L'ancienne « petite capitale » de l'Ossau (voir le préambule en tête du chapitre). Là aussi, le village présente une homogénéité architecturale quasi parfaite. Mais pour s'en rendre compte, il faut quitter l'axe principal, pénétrer le cœur du village (qui se cache !) et se perdre dans ses ruelles imbriquées. Il faut détailler les portes et fenêtres des maisons du XVIe s, témoins de l'opulence passée (mais aussi de quelques emprunts à un monastère aujourd'hui disparu...) : encadrements sculptés, meneaux, œils-de-bœuf ouvragés, linteaux gravés.

Où dormir ? Où manger ?

≜ Chambres d'hôtes Le Boila Laslie : rue de l'Église. ☎ 05-59-82-65-83. 🗎 06-27-91-18-56. ● leboilalaslie@neuf.fr ● leboilalaslie.com ● *Tte l'année.*

Compter 58 € pour 2. 🛜 Au cœur de ce charmant village, 2 très jolies chambres dans ce qui fut une école de filles du début du XVIIe s jusqu'en 1960. L'une est plutôt d'humeur scandinave, l'autre plus montagne de toujours. Les deux, en rez-de-jardin, semblent tout droit sorties d'un magazine de déco, emplies de bibelots et de créations maison. Somptueux petit déj servi dans la grande cuisine de la charmante propriétaire.

🛏️ 🍽️ **Hôtel-restaurant L'Ayguelade :** sur la D 934, en direction de Laruns. ☎ 05-59-82-60-06. ● hotel.ayguelade@wanadoo.fr ● hotel-ayguelade.com ● ♿ (slt resto et toilettes). Resto fermé ven, sam midi et dim soir (hors saison). Congés : 2 sem début janv et Noël. Doubles 61-80 € ; familiale (4 pers) 90 €. En été, ½ pens demandée 59 €/pers. Menus 20 € (déj en sem et pour les clients de l'hôtel), puis 27-36 €. 🛜 Malgré un environnement pas très glamour face à la route, une bonne adresse, qui défie le temps. Il faut dire que c'est la 3e génération qui est aux commandes et que la table est toujours aussi réputée, il faut voir le monde certains soirs ! Chambres nickel, souvent avec 2 grands lits, donc très confortables.

À voir. À faire

🎯 *L'église Saint-Vivien :* des moines aragonais fondèrent un monastère au IXe s mais il n'en reste rien.
Construite aux XVe et XVIe s. Porche de style gothique béarnais typique de la région : accolade, frises et festons enserrés dans un cadre étroit. Tout en haut, deux écussons. L'un figure le soleil (emblème de François Fébus, comte de Foix et roi de Navarre), l'autre associe les emblèmes de Navarre, de Béarn et de Foix (vaches, pals et chaînes). Juste en dessous, deux animaux sans tête : deux ours pour certains, un ours et une vache (armoiries d'Ossau) pour d'autres.
À l'intérieur, ce qui marque tout d'abord, ce sont les voûtes en étoile de la nef, du chœur et des bas-côtés. Curieuses aussi, les colonnes en marbre qui entourent le chœur. Elles proviennent probablement d'une villa romaine découverte dans le village. À Henri IV qui les convoitait, le curé répondit : « Sire, notre roi, nos corps et nos biens sont à vous, les colonnes appartiennent à Dieu, arrangez-vous avec lui ! » Retable de 1650 avec panneaux peints bien patinés par le temps.
À l'extérieur, côté nord, un escalier permet de monter au « Segrari », où se réunissaient les jurats pour délibérer.

➤ *Randonnée :* une jolie balade est proposée au départ de l'église, c'est la *promenade de l'Arriu-Mage* (1h) qui passe par Bilhères. Bien détaillée dans la brochure *59 randonnées en vallée d'Ossau*.

BILHÈRES-D'OSSAU (64260)

Situé au-dessus de Bielle, il s'étire en chapelet de façon languissante sur la montagne. Typique de ces villages pyrénéens qui s'essoufflent tout doucement, avec beaucoup de belles maisons rurales qui se muent irrémédiablement en résidences secondaires.
Tout en haut du village, à l'indication « Le Benou 2,5 km », prendre à gauche ; on arrive à un charmant ensemble fonctionnant à partir de la même source : ancien petit moulin (1425), lavoir, fontaine et abreuvoir. De Bilhères, on profite de l'un des plus beaux panoramas sur la vallée. À ne pas rater.

Où dormir ? Où manger ?

🛏️ **Chambres d'hôtes L'Arrajou :** quartier de l'Église. ☎ 05-59-82-62-38. ● contact@larrajou.com ● larrajou.com ● Compter 64-69 € pour 2,

115-125 € pour la suite familiale. 📶 Belle maison d'architecte, ouverte sur la vallée et offrant, de chaque fenêtre ou presque, une jolie vue dégagée sur les Pyrénées. Chambres aussi spacieuses que coquettes, d'un excellent confort. 3 d'entre elles possèdent un balcon où il fait bon lézarder sur les transats mis à disposition. Une maisonnette indépendante offre aux voyageurs un espace commun cosy où regarder la TV ou jouer au baby-foot. Également une grande cuisine à disposition.

🏠 🍴 *Auberge-gîte du Chemin de Perchades :* quartier Arroust. ☎ 05-59-82-66-89. • jeanlouisgg@wanadoo.fr • gite-ossau.com • ♿ Tlj sf lun soir, mar midi et sam midi. Table ouv midi et soir, y compris aux non-résidents, sur résa. Congés : nov. Nuitée 20 €, avec petit déj. ½ pens (imposée pdt vac scol) 33-37 €. Menu 15 €. 📶 Apéritif maison offert sur présentation de ce guide. Gîte de séjour d'une trentaine de places en chambres pour 2, 4 et 6 personnes, nettes et colorées. Excellent accueil.

Randonnées

➤ De l'ancien petit moulin part un chemin à gauche. Carrossable dans son tout début mais vite sillonné d'ornières (laisser le véhicule au village). Très rapidement, on retrouve à gauche le *chemin de l'Arriu-Mage* (qui part de Bielle). Balisé en rouge et jaune.

➤ Possibilité aussi de continuer tout droit sur 4 à 5 km d'un très bon sentier. Belle balade dans des paysages vraiment sauvages, vers la cabane d'Aspech. De là, sentier pour le *pic Montagnon* (1 973 m) ou le *Mailh Massibe* (même altitude).

➤ Emprunter la route qui mène, via le célèbre col de Marie-Blanque, de la vallée d'Ossau à la vallée d'Aspe (c'est d'ailleurs la dernière possibilité de rejoindre cette vallée sans s'offrir un détour par l'Espagne). Sur le *plateau de Benou,* à 2,5 km, vous découvrirez, tout au début, la charmante *chapelle* de montagne *Notre-Dame de Houndaas.* Elle est entourée de beaux chênes qui représentent chacun une des 55 familles de Bilhères qui reconstruisirent la chapelle au XVIIIe s (après un tremblement de terre). De la chapelle, un petit sentier conduit facilement aux cromlechs de Lou Couraus (chouette point de vue sur la vallée d'Ossau).

DE BIELLE À LARUNS

De Bielle, continuer sur la D 934 et prendre la direction Béon (deuxième rond-point à gauche), puis continuer sur la petite route des villages (la D 240).

🎯 🚶 *La Falaise aux Vautours :* 64260 *Aste-Béon.* ☎ 05-59-82-65-49. • falaise-aux-vautours.com • ♿ *(pour le rdc du musée et pour la visite commentée). Ouv avr-sept et pdt vac scol, j. et horaires variables, mieux vaut téléphoner avt. Entrée : 6 € ; 4 € 5-15 ans ; gratuit moins de 5 ans.* Au pied des falaises d'Aste-Béon, la *Falaise aux Vautours* est un espace muséographique original : des caméras placées près des nids permettent d'observer en direct et sur écran géant les vautours fauves et le percnoptère d'Égypte. Des jumelles mises à disposition et une caméra télescopique dirigée par le visiteur permettent également de découvrir l'ensemble de la falaise. Le guide commente les images fascinantes, de l'éclosion au premier envol des jeunes en passant par le nourrissage et l'entraînement au vol. Un parcours pédagogique parfaitement ludique très bien fait permet de découvrir la vie en montagne, territoire partagé en bonne intelligence par les bergers et les rapaces. Soirées à thème en juillet-août.

🎯 *Louvie-Soubiron (64440) :* carrière de marbre blanc, qui fut utilisé, entre autres, pour l'église de la Madeleine et certaines statues de la place de la Concorde à

Paris. Dans le village, quelques encadrements de fenêtres en marbre. Ruelles étroites qui ne servaient autrefois qu'aux hommes et à leurs troupeaux.

🚶 *Béost* (64440) : joli petit village un peu perché. Nombreuses maisons anciennes avec des linteaux dont il faut prendre la peine de détailler les inscriptions. Petit château (une ancienne abbaye laïque) présentant une façade du XVIIIe s et une tour du XVe s (belle fenêtre). Église au portail du XIVe s intéressant. À l'intérieur, retable du XVIIe s avec une statue de saint Jacques et une belle Vierge en pitié du XVe s.

UN VRAI DROIT DE CUISSAGE

Le hameau de Listo est l'un des seuls où l'on a trouvé trace d'un droit de... cuissage ! L'article 22 de la charte du village stipulait en effet que les habitants « sont tenus, avant de jouir de leur femme, de la présenter la première nuit au seigneur, pour qu'il en fasse à son plaisir » ! En 1786, les habitants se sont cotisés pour racheter ce droit au seigneur, 3 ans avant l'abolition des privilèges...

Où manger ?

|●| Auberge Chez Trey : ☎ *05-59-05-15-89. Fermé le soir lun-jeu. Congés : 2 sem à Pâques et 2 sem à la Toussaint. Menu unique 12 €, vin compris.* Un bon vieux bistrot de campagne ouvert depuis 1900, qui fait cantine le midi pour la *Calendreta* d'à côté, et parfois bar à tapas, comme chez le voisin espagnol, pour l'apéro, qui balance de la musique bien électrique mais baisse le son pour les vieux habitués à béret, et propose une goûteuse cuisine familiale à base de produits vraiment locaux et à des prix d'avant l'euro. Le genre d'adresse comme on les aime. Vraiment.

LARUNS (64440)

Ce gros bourg commerçant, à la jonction de deux vallées importantes, offre toutes les commodités (poste, banque, office de tourisme, essence...). Vous y trouverez entre autres de quoi préparer un méga pique-nique avec les produits locaux. Très touristique été comme hiver.

Adresses et info utiles

🛈 ***Office de tourisme :*** *Maison de la vallée d'Ossau, pl. de la Mairie.* ☎ *05-59-05-31-41.* ● *ossau-pyrenees.com* ● *De mi-juil à fin août, lun-sam 9h-19h30, dim 10h-18h (13h 14 juil et 15 août) ; fin août-1er w-e d'oct, lun-sam 9h-12h, 14h-18h, dim 9h-12h ; après 1er w-e oct-vac de Noël, lun-sam 9h-12h, 14h-17h. Fermé 1er janv, 1er mai et 25 déc.* 📶 Bonne doc sur toute la vallée d'Ossau et Artouste (la station de ski et son train). Infos sur les nombreuses balades dans la vallée et les multiples activités (canyoning, raft, spéléo, équitation...).

■ ***Maison du parc national des Pyrénées :*** *av. de la Gare (à côté de l'office de tourisme).* ☎ *05-59-05-41-59.* ● *parc-pyrenees.com* ● 🚶 *De mi-juil à mi-août, tlj ; le reste de l'année, lun-ven 9h-12h, 14h-17h.* On y trouve des infos sur les randonnées. Boutique, expositions sous forme de modules et salle de projection. Organise des sorties en été.

– ***Marchés :*** *sam mat tte l'année et marché nocturne jeu en juil-août.*

Où dormir ? Où manger ?

Camping

🏕 **Camping des Gaves :** quartier Pon. ☎ 05-59-05-32-37. 📱 06-30-98-10-75. ● campingdesgaves@wanadoo.fr ● campingdesgaves.com ● De Laruns, prendre la direction du col du Pourtalet, c'est fléché sur la droite. Compter 15,40-25,20 € pour 2 selon saison ; chalets, mobile homes et apparts 287-735 €/sem selon type et saison. Réduc de 5 % sur le prix du séjour hors juil-août sur présentation de ce guide. 📶 Entre le gave d'Ossau et l'un de ses affluents. Si les bâtiments qui abritent réception, sanitaires et appartements datent un peu, les emplacements, surtout ceux en bord de rivière, sont plutôt agréables.

De bon marché à prix moyens

🛏 🍴 **Gîte-auberge de l'Embaradère :** 13, av. de la Gare. ☎ 05-59-05-41-88. ● contact@gite-embaradere.com ● gite-embaradere.com ● Téléphoner avt d'y aller. Resto fermé lun. Congés : de mi-nov à mi-déc. Nuitée 13,50-18 €. Menu 13 €. Apéritif maison offert sur présentation de ce guide. 📶 Le quartier n'est pas folichon, mais cette petite maison en pierre est plutôt sympathique (à l'image de l'accueil). Pour dormir, 6 petits dortoirs (4-14 personnes), simples et nets. Pour manger, petits plats de région et salades.

🛏 **Casa Paulou :** chez Jean-Bernard Mourasse, 6, rue Bourg-Neuf. ☎ 05-59-05-35-98. ● casa.paulou@neuf.fr ● casapaulou.com ● Compter 60 € pour 2. En plein centre de Laruns, une grosse ferme familiale transformée en maison d'hôtes. Chambres coquettes, jolies salles de bains. Un bon plan pour les randonneurs, les cyclistes et les familles, même si une mauvaise insonorisation ne garantit pas le silence parfait. L'accueil rattrape le coup.

🛏 **Hôtel de l'Ossau :** pl. de la Mairie. ☎ 05-59-05-30-14. ● hotelossau@orange.fr ● hotelossau.com ● Double 68 €. 📶 Si, sur la place centrale, il a gardé sa façade 1900, cet hôtel a été retapé dans un esprit presque design, du bar aux chambres, pas immenses mais plaisantes. Resto également, entre plats régionaux et pizzas.

Où acheter de bons produits ?

🧺 **Chez Jean-Pierre Casabonne :** route des Cols. ☎ 05-59-05-35-11. Tlj sf mar hors saison. Congés : 2de quinzaine de juin et de nov. Fromages, produits régionaux, vins, gâteaux et, surtout, la fameuse tarte au greuil de brebis (sur commande), qui s'avale comme un rien !

🧺 **Charcuterie Coudouy :** 4, rue du Bourguet. ☎ 05-59-05-31-25. Tlj sf dim ap-m et lun 8h-12h30, 15h30-19h30 (20h en été). Congés : 2 sem fin mai-début juin et 2 sem en nov. Chez le fameux charcutier-poète de la vallée, vous passerez un bon moment à l'écouter tout en le laissant couper boudin typique et saucisse sèche et préparer graisserons et rillettes.

🧺 **Boulangerie Chatron :** rue du Port. ☎ 05-59-05-32-05. Tlj sf mar 7h-13h, 15h30-19h30. C'est dans le vieux four que sont fabriquées les futures miches du casse-croûte et les fougasses.

🧺 **Chez Pierre Baylocq :** « La Flou de la Vallée », quartier de la gare. ☎ 05-59-05-35-48. La flou, c'est la fleur. Et la devise de la maison, c'est : Je fais et je vends mon fromage.

À voir. À faire

🚶 **Balade dans la vieille ville :** quelques très belles maisons béarnaises aux portes et linteaux sculptés, notamment rue du Bourguet, et à l'extérieur du centre, dans le quartier Pon. Circuit de découverte de la ville disponible à l'office de tourisme.

🏃 À **Espalungue,** on peut jeter un coup d'œil sur le château d'Aramits, mais on ne peut pas le visiter. Dommage.

➢ *Randonnées :* deux belles randos sont possibles au départ de la place du village. Pour celle de la Cascade de Séris, suivre le balisage de la flèche rouge sur fond jaune qui vous mènera jusqu'à la cascade. C'est le lieu idéal pour un pique-nique. Compter environ 2h aller-retour pour parcourir ces 3,5 km. Attention, ça grimpe ! Les plus sportifs suivront le balisage du rond noir sur fond jaune qui les mènera jusqu'au Belvédère des Sémoun. Compter 4h aller-retour pour venir à bout des 7,5 km de sentier.

Fêtes et manifestations

– *Passage de la transhumance :* 2 nuits et 2 j. la 1ʳᵉ quinzaine de juil (hors w-e). Des milliers de brebis, vaches, chevaux traversent le village pour rejoindre les routes qui les mènent vers les pâturages d'altitude. Animations thématiques.
– *Fêtes traditionnelles :* 15 août. Défilés, chants et danses ossaloises, course à la montagne, partie de pelote basque. Pittoresque.
– *Foire aux fromages :* 1ᵉʳ w-e d'oct. Marché des produits du terroir et foire aux fromages (le dimanche matin). Sur fond de spectacles de rue (animations musicales, dresseurs de chiens...), démonstrations de tonte de brebis, de fabrication de fromages, ateliers de dégustation, chants traditionnels, danses, poule au pot ou agneau de lait à l'honneur sur toutes les tables dignes de ce nom.

LES EAUX-BONNES (64440)

Célèbre station thermale sur la montée du col d'Aubisque, qui est aussi le point de départ de nombreuses randonnées. Plus tardive que sa rivale des Eaux-Chaudes, elle prend son essor avec l'impératrice Eugénie sous le Second Empire. Le thermalisme lui donne un visage plus avenant, plus luxuriant que sa voisine, même si l'ambiance n'y est pas forcément plus festive. Un conseil : visitez les thermes (ORL, rhumatismes), en haut de la ville. Ambiance surréaliste et surannée avec une odeur de soufre et d'iode en prime. Les Eaux-Bonnes ont su cultiver un charme particulier : une architecture remarquable, un grand parc en centre-ville, de petites rues montagnardes...
Sans compter sa station de ski, **Gourette,** au pied du col d'Aubisque, qui est désormais la station numéro 1 du Béarn. Dormir aux Eaux-Bonnes et monter tous les jours à Gourette peut être un plan économique.

Adresses et infos utiles

🛈 *Office de tourisme :* dans le petit kiosque au centre de la place. ☎ 05-59-05-53-08. • gourette.com • Lun-ven 9h-12h30, 13h30-17h30, plus w-e en hiver 9h-18h. Infos sur les activités sportives : *via ferrata,* parcours arboré en centre-ville, randonnées (fascicule avec 21 randonnées), dont celle gratuite « À la rencontre du berger » le jeudi.
🛈 *La Maison de Gourette :* ☎ 05-59-05-12-17. Tlj en juil-août et de déc à mi-avr.
➢ En saison (juil-août et déc-avr), une *navette* (en provenance de Pau, via Laruns) assure 4 fois/j. la liaison entre Les Eaux-Bonnes et Gourette ; compter env 15 mn.
■ *Les thermes :* ☎ 05-59-05-34-02. • valvital.fr • Soins de détente et remise en forme.

Où dormir ? Où manger aux Eaux-Bonnes ?

🛏 🍽 *Hôtel Le Richelieu :* 35, rue Louis-Barthou. ☎ 05-59-05-34-10. • hotelrichelieu@gmail.com • hotel-richelieu.fr • ⚿ À l'un des angles de la grande place. Congés : d'avr à mi-mai et de mi-oct au 20 déc. Doubles 59-61 €. Menus 12,80-16,50 € ; carte 20-30 €. 📶 *Réduc de 10 % sur le prix de la chambre hors fév et août sur présentation de ce guide.* Construit au tout début du XXe s mais de style Empire. On lui trouve un certain charme, de ce charme aujourd'hui désuet des hôtels de cure du temps d'Eugénie : grands salons, parquets cirés et hauts plafonds. Chambres dans le même style, avec du volume, de la lumière, et pour certaines, du mobilier d'époque. Problèmes d'isolation phonique toutefois... Accueil prévenant de propriétaires venus d'autres montagnes (ce qui explique la reblochonnade à la carte).

Où dormir ? Où manger à Gourette et dans les environs ?

De bon marché à prix moyens

🍽 *Les Crêtes Blanches :* route du col d'Aubisque, 64440 **Béost**. ☎ 05-59-05-10-03. Pratiquement au col. Ouv tte l'année au déj slt, sur résa hors saison. Menu 17 €. Vue grandiose garantie depuis la terrasse de cet hôtel-resto construit dans les années 1950, qui ne fait aujourd'hui plus que resto. Un resto qui impose (mais est-ce si désagréable ?) un menu unique qui rassasiera cyclistes comme randonneurs. Ne manquez pas d'acheter du fromage aux bergers qui viennent faire paître leurs troupeaux.

De prix moyens à chic

🛏 *Hôtel Le Glacier :* route du col d'Aubisque, à Gourette. ☎ 05-59-05-10-18. • hotel.leglacier@free.fr • hotel-leglacier-gourette.com • Doubles 62-93 €. 📶 Petit hôtel de montagne rustique, aux chambres toutes simples mais pas désagréables, même plutôt confortables, en plein centre de la station. On a un faible pour cette adresse, surtout pour la gentillesse de l'accueil.

🛏 🍽 *Hôtel La Boule de Neige :* à Gourette. ☎ 05-59-05-10-05. • bouledeneige@wanadoo.fr • hotel-bouledeneige.com • Congés : de mi-avr à mi-juin et de mi-sept à mi-nov. Doubles 60-140 €. ½ pens 62-82 €/pers. Menus 15-17 € (déj), puis 35 €. 📶 *Café offert ainsi que 10 % de réduc sur le prix de la chambre (en été) sur présentation de ce guide.* Au pied des pistes, un hôtel clair et confortable dans un style bien montagnard. On aime assez les chambres toutes de bois vêtues, au mobilier digne des vrais chalets. Au dernier étage, les chambres avec mezzanine sont l'aubaine des familles. Également salle de fitness et musculation, pour ceux qui n'auraient pas assez souffert sur les pistes (en hiver) ou sur les chemins (en été). Jacuzzi-sauna. Accueil sympa.

🍽 *L'Amoulat :* à Gourette, au cœur de la station, vers le col d'Aubisque. ☎ 05-59-05-12-06. • chalet.hotel.amoulat@wanadoo.fr • Ouv slt le soir sur résa. Congés : d'avr à mi-juin et de mi-sept à mi-déc. Menus env 20 € (en été)-28 € ; carte 30-45 €. Ce chalet ouvert depuis les années 1930 et au cadre faussement rustique abrite l'une des meilleures tables de la station. Savoureuse cuisine régionale.

À voir. À faire

🐝 *La miellerie de la Montagne Verte :* à **Aas**, 64440 Les Eaux-Bonnes. ☎ 05-59-05-34-94. • lamielleriedelamontagneverte.com • ⚿ Tte l'année, tlj (fermé dim hors vac scol) 10h-12h, 14h-18h30, avec dégustation gratuite des

LES VALLÉES PYRÉNÉENNES (FRANCE)

produits de la ruche. Si vous n'avez jamais vu les abeilles turbiner, c'est le moment. Accueil prévenant des producteurs et commentaires passionnants. Si vous ne l'avez pas fait au marché de Laruns, où ils descendent chaque samedi matin, achetez ici du miel de rhododendron ou de tilleul, des pains d'épice ou des bonbons, c'est bon et pas très cher. Belle balade également au départ de la miellerie.

➤ *La promenade horizontale :* *3 km, 1h A/R sans les arrêts.* Départ de la station thermale des Eaux-Bonnes. Panneaux d'indication. Facile, puisque l'impératrice Eugénie l'a faite en crinoline ! Le chemin est, comme son nom l'indique, plat et a d'ailleurs été tracé à l'origine pour les curistes et la cour impériale ; Delacroix et Taine s'y rendirent aussi. Les kiosques et les bancs sont faits pour un repos mélancolique qui contraste avec l'environnement montagnard et austère.

➤ *Le col d'Aubisque :* *juste après Gourette.* À 1 709 m d'altitude, un classique du Tour de France. Superbes panoramas et randonnées en tout genre.

PARLER EN SIFFLANT

Aucune chance aujourd'hui d'entendre le strident sifflement des bergers d'Aas. Ils n'en ont pas transmis la technique, car il n'avait plus de raison d'être. Ils s'en servaient autrefois pour communiquer de montagne à montagne, de vallée à vallée. Un bon siffleur pouvait se faire entendre jusqu'à 3 km... Ce langage codé fut utilisé par les maquisards. Refusant toute récupération folklorique, les derniers bergers sont morts en emportant leur secret avec eux... On s'est rendu compte que ce langage sifflé existe encore dans un seul endroit au monde : les îles Canaries.

➤ *Le lac d'Anglas :* on peut s'en rapprocher grâce au télésiège de Cotch (1 400-2 100 m) et profiter de l'extraordinaire panorama en évitant les 600 m de dénivelée. *Compter 8 € l'A/R (réduc et forfaits ; ouv juil-août).* On peut embarquer son VTT à bord.

VERS LE PIC DU MIDI D'OSSAU ET LE PARC

LES EAUX-CHAUDES (64440)

Station thermale connue déjà au XVIe s, où coulent sept sources d'eau sulfureuse dont deux sortant de terre à 36 °C. Très fréquentée sous le Second Empire et à la Belle Époque. Aujourd'hui, elle dégage un parfum un peu rétro-décadent avec ses grands bâtiments et hôtels vieillots style XIXe s. À droite quand on grimpe s'étend un massif montagneux qui sépare les vallées d'Ossau et d'Aspe, où s'étaient réfugiés les derniers ours bruns des Pyrénées (notamment autour du pic de Sesques).

Où dormir ?

🏠 *Chambres d'hôtes Baudot 1900 :* pl. Henri-IV. ☎ 05-59-05-34-51. 📱 06-73-12-34-99. ● baudot1900@orange.fr ● chambre-hote-baudot.com ● *Congés :* nov-avr. Compter 65 € pour 2 ; 95-115 € pour 3-4 pers.

Dans cette station thermale encaissée, donc rarement offerte au soleil, des chambres d'hôtes où il fait bon séjourner. Un couple de Belges (le mari est spécialisé dans la déco et la réfection de beaux meubles anciens) a retapé le vieil *Hôtel Baudot* (on peut toujours voir l'ancienne réception dans le hall), datant de 1900 et donnant sur le gave. Ils en ont sauvegardé l'âme tout en lui donnant une touche actuelle, très déco, empreinte de chaleur, de charme et de douceur. Bois patinés, meubles de récup', éclairages tamisés, c'est un sans-faute !

GABAS (64440)

À 1 000 m d'altitude, village-étape sur la D 934, fief des saloirs à fromages fabriqués en estives. À l'entrée, petite chapelle du XIIe s, ultime témoin de l'hôpital construit par Gaston IV pour recevoir les pèlerins de Compostelle. Après Gabas, la vallée se sépare en deux, l'une filant vers la frontière, l'autre permettant de faire une des plus belles balades que l'on puisse imaginer, avec le train touristique le plus haut d'Europe, jusqu'au lac d'Artouste.

Où dormir ? Où manger ?

🏠 IOI *Hôtel Chez Vignau : au centre.* ☎ *05-59-05-34-06.* • *viviane@hotel vignau.fr* • *hotelvignau.fr* • *Resto tlj sf jeu hors saison. Congés : nov. Double 50 €. Menu unique 14,50 € (19,50 € w-e).* D'un côté de la route, cet hôtel aux volets verts offre des chambres toutes simples, à la déco minimaliste, mais confortables. De l'autre, le bar-resto, son zinc, sa salle rustique et sa (très) généreuse et bien tournée cuisine de terroir à prix très gentils. Et des deux côtés, accueil franchement amical !

LE LAC D'ARTOUSTE

➢ L'une des plus belles balades de la région, à faire dans un **petit train à ciel ouvert** qui trottine à 2 000 m d'altitude à travers les plus beaux paysages, jusqu'au lac d'Artouste. *Rens et résa (fortement conseillée en juil-août) :* ☎ *05-59-05-36-99.* • *altiservice.com* • *Début juin-début oct slt ; durée : env 3h40-4h. Adulte : env 25 € ; réduc et forfait famille ; gratuit moins de 4 ans.* Départ du lac de Fabrèges. On prend d'abord la télécabine de la Sagette, qui mène au départ du petit train, où un espace M3 (prononcer « m cube ») sur l'histoire du train a été créé. Ensuite, promenade de 10 km en 50 mn à travers les cartes postales les plus époustouflantes. Traversée du domaine skiable d'Artouste. Au lieu-dit Ormélias, vue plongeante sur le plateau du Soussouéou. Au terminus, sentier bien balisé menant en 10-15 mn au lac d'Artouste, au pied du Balaïtous (3 145 m) et du Palas (2 974 m). Un site magnifique qui ne vit pas que du tourisme : la production d'hydroélectricité est une activité majeure. Après avoir longé le lac, possibilité de marcher sur le barrage.

➢ On peut aussi faire une randonnée de 1h30 jusqu'au **refuge d'Arrémoulit** (300 m de dénivelée), y manger *(résa recommandée au* 📱 *06-71-05-24-37)* et reprendre le train plus tard (attention, en juillet-août, réserver son billet randonneur pour le retour à 19h15).

LE POURTALET

Un col qui, à 1 794 m d'altitude, fait frontière entre la France et l'Espagne. Le Pourtalet surplombe, côté français, le sauvage cirque d'Anéou où paissent les troupeaux. Le contraste est d'ailleurs saisissant entre la très nature haute vallée d'Ossau et, de l'autre côté de la frontière, les paysages plus ouverts et surtout beaucoup plus urbanisés – la très chic station de sports d'hiver de Formigal est à quelques kilomètres de la vallée de Tena (voir *Le Routard Catalogne*). Tabac-souvenirs, évidemment, côté espagnol.

🏠 |●| **Hôtel du Pourtalet :** *route du col du Pourtalet.* ☎ 05-59-05-32-00. ● contact@hotel-pourtalet.com ● hotel-pourtalet.com ● *Hôtel et resto fermés lun-mar au printemps et à l'automne. Congés : de mi-oct à début déc et 2de quinzaine d'avr. Doubles 83-149 €. Menus 20-32 €.* 📶 Propriété de la même famille depuis 1933, cet hôtel du bout du monde réchauffera les voyageurs qui auront fait la route jusqu'ici. Alexandra, 4e génération à gérer l'établissement, a conservé ou chiné des vieux meubles pour les mélanger à une déco moderne et épurée. Le pin, les épaisses couvertures et le parquet donnent aux chambres, vraiment chaleureuses, des airs de chalet. Toutes disposent de larges fenêtres avec vue magnifique sur les sommets. Après une bonne journée de ski, prélassez-vous dans un profond fauteuil au coin du feu, ou bien au spa. Également un resto, mais on préfère passer la frontière espagnole (à 20 m) pour finir la journée en beauté !

LE LAC DE BIOUS-ARTIGUES

À 4 km de Gabas, une autre très belle vallée y mène (par la D 231). Lac au fond d'un cirque de montagnes, avec le magnifique pic du Midi d'Ossau. Point de départ de nombreuses randonnées sans difficulté majeure. Très, très fréquenté en été.

➤ Le grand classique, c'est le tour des ***lacs d'Ayous.*** Se procurer la carte IGN au 1/25 000 *Laruns 1547 Est.* Durée : environ 5h (suivant son rythme). Nature fantastique. Au troisième lac, beau *refuge (ouv tte l'année mais gardé slt juin-sept ;* ☎ *05-59-05-37-00).*

➤ Point de départ également du célèbre **tour du pic du Midi d'Ossau,** le must de la région, réservé aux randonneurs aguerris, compter quand même 7-8h de marche.

LA VALLÉE D'ASPE

Faut-il rappeler avant tout quelle fabuleuse vallée est la vallée d'Aspe, avec ses paysages et ses villages pittoresques ? Cirque de Lescun, aiguilles d'Ansabère, gorges de la Mâture, forêt d'Issaux, villages de Lourdios, d'Aydius, de Borce ou d'Accous, tous vous laisseront un bon souvenir.
La vallée est géographiquement très proche de l'Aragon et du Pays basque, par ses coutumes et le caractère de ses habitants. Mais on y parle encore un béarnais d'une pureté à faire pâlir les linguistes. Ne dit-on pas *« Aspés, cadun vau mei que trés »,* ce qui signifie : « Un Aspois vaut plus que trois hommes réunis » ?

DÉSENCLAVEMENT DE LA VALLÉE : LE BOUT DU TUNNEL ?

Pour désenclaver la vallée d'Aspe, le **tunnel sous le Somport** a été percé en 2003, et il y a pratiquement consensus entre les différents acteurs pour dire qu'il demeure indispensable. Bien que la route ait été élargie par endroits, elle a gardé son aspect d'autrefois. Les sites classés (Esquit, Portalet) ont permis de limiter les aménagements, préservant ainsi les défilés glaciaires qui rythment la traversée de la vallée. Mais elle semble bien incapable d'absorber l'énorme trafic promis. Il n'y a pas une station-service sur plus de 50 km, et les chauffeurs renâclent. À priori, ce tunnel a été surtout profitable aux touristes qui vont en Espagne et aux sociétés de BTP qui l'ont construit.

Il reste toujours la **question du rail,** qui pourrait être la solution idéale. Elle consiste à réhabiliter l'historique ligne ferroviaire de Pau à Canfranc sur le versant espagnol, où le rail se prolonge vers Saragosse et toute l'Espagne. Triple avantage : un coût moindre, les bienfaits pour l'environnement et un trafic routier raisonnable, limité par la capacité de la ligne, qui imposera de revoir, sur le fond, les politiques de transport de marchandises entre le nord et le sud de l'Europe. Ça, c'était le projet des écolos qui a fait progressivement son bout de chemin, et qui est repris aujourd'hui par le conseil régional. La ligne ferroviaire qui relie Pau à Oloron-Sainte-Marie sera prolongée jusqu'à Bedous d'ici à fin 2016. En espérant que, dans un second temps, le train poursuive sa route en vallée d'Aspe, jusqu'en Espagne (Canfranc). Il faut souhaiter que les intérêts de la nature deviendront plus forts que les intérêts privés et politiques. Il n'empêche que la vallée reste la plus belle du département, à la fois sauvage et riche en découvertes.

Adresse et info utiles

Office de tourisme de la vallée d'Aspe : pl. Sarraillé, à **Bedous.** ☎ 05-59-34-57-57. • tourisme-aspe.com • Lun-sam 9h-12h30, 14h-17h30 ; de mi-juin à mi-sept, lun-sam jusqu'à 18h30, dim 9h-13h. Propose un topoguide *45 Randonnées en vallée d'Aspe.* Liste des hébergements. Également des forfaits séjour à thème comme la « Rando-liberté », sorte de randonnée où tout est inclus, y compris le transfert des bagages. Propose aussi des circuits de chasse au trésor avec GPS *(géocaching).*
– **Cars SNCF :** d'Oloron à Canfranc (Aragon). Ils s'arrêtent quasiment dans tous les villages au bord de la N 134.

ESCOT (64490)

Départ de la vallée d'Aspe. C'est ici qu'avait lieu, au XIIe s, un curieux échange. Craignant pour leur vie, les seigneurs du Béarn avaient fait consigner sur une charte de droits, devoirs et libertés (le « for d'Aspe ») que chaque fois qu'ils se présenteraient dans la vallée d'Aspe pour traiter des affaires ou de toute autre chose, celle-ci fournirait neuf habitants en otage ! L'échange s'effectuait au ruisseau Riou Cottou. L'église présente un clocher du XVIIe s au milieu de l'édifice, coiffé d'un toit en accolade.

Plus haut, *défilé de la Pène-d'Escot,* gorge très étroite.

SARRANCE (64490)

Très joli village s'étirant tout en longueur le long du gave et montrant une belle homogénéité avec ses façades blanches et ses toits d'ardoises grises. Sarrance est le lieu d'une des plus intéressantes légendes pyrénéennes, où viennent se mêler culte de l'eau, mythologie du taureau, adoration de la Vierge et rites de passage. Un arrêt dans le petit musée vaut la peine.
– Célèbre lieu de **pèlerinage** depuis (au moins) le XIVe s, le 1er dimanche de septembre.

À voir

L'église Notre-Dame : du XIVe s, détruite, puis reconstruite au XVIIe s. En 1385, Gaston Fébus rencontra ici Charles le Mauvais, roi d'Aragon. Ils avaient des choses à se dire. À gauche, dans la petite chapelle Santa Maria, deux panneaux de bois sculpté polychrome du XVIIIe s racontant la découverte de la Vierge noire par un vacher dans le gave et représentant la Vierge noire elle-même. La Vierge a une tête celtibère assez étonnante : ce serait une divinité ancienne remise à la mode qu'on ne serait pas autrement étonné.

QUI PORTE LE CHAPEAU ?

Noter un détail amusant sur un bas-relief en bois du XVIIIe s de l'église Notre-Dame : le vacher porte une espèce de couvre-chef tout plat sous le bras, tout comme le pêcheur à la ligne sur l'autre panneau : c'est déjà le fameux béret basque. Mais c'est surtout une preuve que ce couvre-chef si emblématique serait plutôt d'origine... béarnaise !

Le cloître : *petite porte à droite du portail de l'église.* Double galerie gothique surmontée d'élégants clochetons recouverts d'ardoise.

L'écomusée Notre-Dame-de-la-Pierre : *tt près de l'église, à côté des platanes.* ☎ *05-59-34-55-51.* ● *ecomusee.vallee-aspe.com* ● *Juin, tlj 14h-18h ; juil-sept, tlj 10h30-12h30, 14h30-19h (18h sept) ; vac scol, w-e et j. fériés 14h-18h (17h en automne). Entrée : 4 € ; réduc ; gratuit moins de 10 ans. Audioguide. Loc d'iPad (5 €) pour visiter le village.* C'est le premier maillon de la chaîne de l'écomusée de la vallée d'Aspe. Une mise en scène originale de l'histoire de Sarrance : un pèlerinage dans les années 1930, la légende de la Vierge de Sarrance en images (contée par Marcel Amont, originaire de la vallée), les rapports entre la pierre et l'eau. Laissez-vous guider par les sons, les lumières, et même l'odeur. Nombreux objets de culte. Enfin, une histoire du pèlerinage avec maquettes et statuettes. Petite boutique sympa et accueil par un « raconteur de pays » de l'écomusée.

En bord de gave, *fontaine* et *statuette* commémorant la découverte de la Vierge miraculeuse.

LOURDIOS (64570)

Petite route via le col d'Ichère pour gagner ce joli village au creux d'une vallée, partie intégrante de l'écomusée de la vallée d'Aspe. Si vous passez par là début juin, ne manquez pas la fête de la Transhumance.

Où dormir ? Où manger ?

Estivade d'Aspe Pyrénées : *maison Pelou.* ☎ *05-59-34-46-39.* ● *estivade.tourisme@orange.fr* ● *estivade.net* ● *À 3 km au nord du village par la D 241 direction Issor, c'est fléché sur la droite. Tte l'année. Avec la carte d'adhérent (4 €), nuitée 13,80 € (prévoir env 5 € en sus pour le chauffage en hiver).* 🛜 *(slt dans l'un des 2 gîtes). Café offert sur présentation de ce guide.* En pleine nature, 2 bordes restaurées peuvent accueillir 30 personnes, en studio, dortoir ou chambre individuelle. « La Grange » – avec des dortoirs de 7-11 places, basiques, avec cuisine à disposition – est donc idéale pour les groupes. Les familles préféreront « La maison Pelou » plus authentique. Ouvrez l'œil, des vautours se nichent sur la falaise voisine. Plein d'infos pour organiser votre séjour sur place. Accueil souriant.

LA VALLÉE D'ASPE/ ACCOUS

🏠 |●| *Chez Lamothe : dans le village, vers l'écomusée.* ☎ *05-59-34-41-53. Tte l'année, tlj, mais il est toujours prudent de téléphoner avt ! ½ pens slt, 40 €/pers (dîner + nuit + petit déj). Menus 14,50-22 €.* Auberge de campagne, aux pimpants volets verts, qui est restée dans son jus. 3 chambres toutes simples à la déco un peu surannée, avec lavabo mais toilettes et salle de bains se trouvent sur le palier. Côté resto, on déguste une cuisine aussi familiale que généreuse. Accueil chaleureux et souriant de Jany et de son mari, qui ne cesseront de vous répéter « Vous êtes ici chez vous ! ».

À voir

🚶 🏃 *L'écomusée Un village se raconte :* ☎ *05-59-34-44-84.* ● *ecomusee. vallee-aspe.com* ● *Juil-août, tlj 13h-19h ; sept, tlj 14h-18h ; hors saison, slt w-e, j. fériés et vac scol 14h-18h (17h en hiver). Fermé en janv. Entrée : 2,50 € ; réduc ; gratuit moins de 10 ans. Accueil par un « raconteur de pays » de l'écomusée.* Deuxième site de l'écomusée de la vallée d'Aspe. Exposition permanente où l'on apprend tout sur la vie des paysans et des bergers de la vallée au rythme des saisons... Un diaporama retrace l'activité d'aujourd'hui, accompagné des voix et des chants des hommes. On repart avec un petit cadeau symbolisant les trois éléments de la terre : un morceau de schiste (minéral), un bout de laine brute (animal) et une fougère (végétal).

BEDOUS (64490)

Gentille place du Marché avec ses vieilles demeures traditionnelles, son église du XVIIe s et son château. Bedous s'avère néanmoins un passage obligé puisque ce village abrite, outre l'office de tourisme de la vallée d'Aspe squattant l'ancienne épicerie coloniale (voir « Adresse et info utiles » en début de chapitre), les rares commerces de la vallée : une sympathique épicerie bio et un tabac-journaux où trouver cartes et topoguides pour vos randos.
– *Marché : jeu mat tte l'année.* Vente de produits fermiers, entre autres.
– *Fête : à la Saint-Michel, le 4e ou 5e w-e de sept. Rens à la mairie :* ☎ *05-59-34-70-45.*

AYDIUS (64490)

À 6 km, dans un site sauvage, pittoresque village accroché plein sud dans un cirque qui domine Bedous. Pour les randonneurs, on peut s'y rendre à pied par un magnifique sentier (compter 5h aller-retour). Renseignements à l'office de tourisme. Grimper les ruelles jusqu'à la petite église Saint-Martin.

CARRIÈRE ÉPIQUE !

Au XVIIIe s, un berger de la vallée, Pierre Loustaunau, prit en charge un troupeau de chèvres à Aydius pour transhumer vers Bordeaux. Il le vendit pour s'embarquer aux Indes, où il devint le général d'un maharaja. Du troupeau aux troupes, il n'y avait qu'un pas... Lorsqu'il revint en France, longtemps après, il s'acheta des forges. Ruiné, il partit à nouveau, fut fait prisonnier par des pirates et termina sa vie au Liban comme... prophète !

ACCOUS (64490)

Village de fond de vallée, Accous aussi vaut le détour pour ses ruelles étroites et ses parapentes dans le ciel. De nombreux professionnels du parapente se partagent en effet les lieux.

Où dormir ?

≙ Chambres d'hôtes Auberge Cavalière : *quartier de l'Estanguet.* ☎ 05-59-34-72-30. • cavaliere.auberge@wanadoo.fr • auberge-cavaliere.com • *Accès par la N 134 direction le Somport, c'est fléché. Tlj sur résa. Compter 72 € pour 2.* 🛜 Bonne halte pour les randonnées équestres, mais aussi si vous chevauchez des chevaux-vapeur et voulez changer de monture. Confortable et généreux. 5 chambres de bon confort, dont 2 familiales.

≙ |●| Maison Despourrins : *dans le village.* ☎ 05-59-34-53-50. • maison.despourrins@wanadoo.fr • maison-despourrins.com • *Nuitée en gestion libre 18 € sept-juin. En été, ½ pens 38 €/pers, pension complète 44 €/pers. CB refusées.* 🛜 Un gîte « Rando Plume » comme on aimerait en trouver plus souvent, chaleureux, accueillant. Annie Lespinasse, accompagnatrice en moyenne montagne, sait faire régner le bonheur et la paix autour d'elle ; chacun met la main à la pâte. Une bonne vingtaine de places, réparties en chambres de 2-4 lits. Des chambres impeccables, claires et colorées. Tout le monde se retrouve dans une grande salle commune avec un coin salon, une bibliothèque et une cheminée. Notre meilleure trouvaille dans le coin à ce prix-là.

≙ Chambres d'hôtes L'Arrayade : *au cœur du village.* ☎ 06-70-71-89-45. • arrayade@sfr.fr • chambresdhotes-larrayade.com • *Double 55 €.* 🛜 *Réduc de 10 % sur le prix de la chambre hors vac scol sur présentation de ce guide.* Une maison charmante, avec de belles chambres à la déco sobre mais sans faute de goût. On aime surtout qu'elles soient presque toutes en bois. Jaune, bleue, rouge, il ne vous reste qu'à choisir votre couleur ! Coquet jardin ombragé et accueil bien agréable.

À voir à Accous et dans les environs

🏛 Importante *église* reconstruite au XVIIe s. Tribunes en bois comme dans beaucoup d'églises de la région. Portail armorié, seul vestige du manoir Despourrins.

🏛 🚶 **L'écomusée du Fromage :** *sur la N 134, à l'entrée du village.* ☎ 05-59-34-76-06. • ecomusee.vallee-aspe.com • 🕐 *Juil-août tlj 9h-12h30, 14h-19h (17h lun) ; sept-juin lun-sam 9h-12h, 14h30-18h30. Fermé 1er janv et 25 déc. GRATUIT.* Halte obligatoire. La fromagerie *Bergerou* accueille, après Sarrance, Lourdios et avant Borce, le troisième site de l'écomusée de la vallée d'Aspe. Une belle manière de montrer qu'au-delà de la nostalgie c'est la vie qui continue. L'espace d'accueil est agréable, avec expos, spectacle audio sur écran panoramique présentant agriculture et fabrication du fromage en vallée d'Aspe, ainsi qu'une dégustation. Vente de produits de belle qualité exclusivement fermiers au lait cru.

🏛 **Jouers :** abrite l'une des rares chapelles romanes de la vallée, la plus ancienne ! Cette *chapelle Saint-Saturnin* est également classée pour ses beaux modillons sculptés. À côté, abbaye laïque du XVIIIe s, avec pigeonnier.

LEES-ATHAS ET OSSE-EN-ASPE (64490)

Deux pittoresques villages qui se suivent, de l'autre côté du gave. Un petit parcours randonnée « Chasse au trésor » permet de découvrir les deux bourgs, en passant par un sentier autrefois couvert de vignes. Renseignements à l'office de tourisme de Bedous.

🏛 **Lees-Athas :** un gentil bourg assez homogène. Église avec abside ronde. Dans le prolongement, un autre quartier avec une église aux proportions également harmonieuses (mais chevet carré). À l'intérieur, beau retable du XVIIe s. Dans ces villages, la tradition paysanne est encore profondément ancrée.

🍴 *Osse-en-Aspe* est un charmant village, traversé par un ru bordé de vieux lavoirs. Au milieu, demeure avec élégant porche rond et tour carrée. Église tout à côté, formant avec les vieilles maisons alentour un bel ensemble. Le village possède encore un temple, héritage des combats de Jeanne d'Albret.

Où dormir ?

🏠 *Gîte d'étape Les Amis de Chaneü : rue du Temple, à Osse-en-Aspe.* ☎ *05-59-34-78-40.* 📱 *06-72-36-78-37.* ● betran.domi@hotmail.fr ● tourisme-aspe.com ● *À 1,5 km de Bedous, dans le village, près de la salle des fêtes et du temple. Ouv tte l'année, mais en hiver slt pour les groupes. Nuitée 12-13 € selon saison.* Une trentaine de places réparties dans de petits dortoirs simples mais très propres. À l'heure des repas ou après une bonne rando, les marcheurs se retrouvent dans la grande salle commune sans fioritures, au coin de la grande cheminée. Une bonne adresse pour une étape très tranquille.

LESCUN *(64490)*

Au milieu d'un magnifique cirque de montagnes, Lescun bénéficie d'un des plus beaux environnements des Pyrénées. Village, là aussi, présentant une grande unité architecturale. Il n'a pratiquement pas bougé depuis le XVe s. Surplombé par le pic de Pétragème, le Dec de Lhurs et le Billare et, surtout, le majestueux Anie (2 504 m) et les aiguilles d'Ansabère.

Où dormir ?

⛺ 🏠 *Camping du Lauzart :* ☎ *05-59-34-51-77.* ● lelauzart@gmail.com ● 🍴 *À 2 km du village, sur la D 340, juste face au cirque de Lescun. Ouv avr-sept (gîte ouv tte l'année). Compter 11,50 € pour 2 ; gîte d'étape 13 €/pers. CB refusées.* Familial, avec une cinquantaine d'emplacements. Très bien situé et plutôt nature (bien ombragé donc). Épicerie ouverte seulement en juillet et août.

À voir. À faire

🍴 *L'église Sainte-Eulalie :* du XVIe s, avec tribune à deux étages, grand retable de style néoclassique imitant le marbre. Dans un coin, le pittoresque corbillard de campagne.

🍴 Ne pas manquer de se rendre au *refuge de l'Abérouat* (situé sur le GR 10 ; compter 1h45 pour y grimper à pied). Belle petite route de montagne pour y aller. Du refuge, à 1 442 m, panorama prodigieux, notamment sur la vallée de l'Ansabère. À gauche, passage pour l'Espagne par le col de Pétragème, sentier de montagne. Vers le pic d'Anie, par le val d'Anaye, le GR 10 permet de rejoindre La Pierre-Saint-Martin. Le col d'Annès était appelé « col des clandestins », car nombreux furent les juifs qui l'empruntèrent.

➤ *Randonnées :* les deux plus connues sont celles de la *table des Trois-Rois* par Anaye (10h aller-retour) et, surtout, le *pic d'Anie.* Demande seulement une bonne habitude de la montagne ; pas de difficultés majeures, sauf lorsqu'il y a de la neige. Compter 8h aller-retour (donc faisable dans la journée). Avoir de bonnes chaussures et de bons mollets, car ce n'est tout de même pas évident. Possibilité de louer un âne de randonnée (seulement pour la journée) avec *La Compagnie des Ânes*, au départ de Lescun (☎ 05-59-34-57-96 ; ● laetitia.ledivelec@neuf.fr ●). Noter qu'il existe d'autres randonnées plus faciles (cabane d'Ardinet sur le GR 10, par exemple).

CETTE-EYGUN (64490)

Se divise en deux. *Eygun* est situé en bord de route. Manoir du XVIIIe s s'appuyant sur une maison forte romane. *Cette,* charmant hameau sur une hauteur, possède l'une des rares églises romanes de la vallée qui échappèrent aux destructions du XVIe s.

Où dormir ? Où manger ?

▲ ⦁ *Au Château d'Arance* : à Cette. ☎ 05-59-34-75-50. ● jallaisluc@gmail.com ● chateaudarance.com ● ⚒ Resto ouv slt le soir 18h30-22h30. Congés : de mi-déc à fin mars. Double 65 € ; petit déj 9 €. Menu du jour 20 €. ⌖ Accroché à flanc de montagne comme le très joli hameau qu'il précède, un petit château dont les origines remontent au XIIIe s. S'il mérite ses 3 étoiles, avec des chambres résolument contemporaines, pas immenses mais bien équipées, l'ambiance reste très familiale. Bonne cuisine de tradition, simple et goûteuse. Panorama superbe sur les montagnes environnantes depuis la vaste terrasse. Dommage que les chambres aient de si petites fenêtres, on pourrait profiter de la vue depuis son lit.

ETSAUT (64490)

Attention, en bon béarnais, à bien prononcer le « t » final ! Quelques maisons anciennes à ouvertures ogivales, dont une grande bâtisse élevée sans doute au XIIe s, la *maison de l'Ours*. Aliénor d'Aquitaine y retrouvait son cousin, le roi d'Espagne. Plus tard, elle accueillit des hôtes illustres tels Édouard Ier d'Angleterre et son épouse Aliénor de Castille. Sur ses bas-reliefs figurent notamment la vache et le léopard, symboles du Béarn et de l'Angleterre. On trouve également l'emblème de la maison : une tête d'ours.
– **Marché :** *dim mat en été.*
– **Fête du Fromage :** *dernier dim de juil.*

Où dormir ?

▲ ⦁ *Gîte-auberge La Garbure* : *sur la place de la mairie, prendre le chemin de l'église, à droite du monument aux morts, c'est au bout de l'impasse.* ☎ 05-59-34-88-98. ● l@garbure.net ● garbure.net ● Tte l'année. Nuitée 14 €. ½ pens et pens complète possibles. CB refusées. ⌖ Dans une vieille ferme béarnaise du XVe s restée bien authentique derrière sa cour pavée. Gîte de 53 places et resto à la bonne franquette. Chambres et dortoirs de 2-8 lits. Location de raquettes et randonnées avec les ânes (lire « À voir. À faire »).

À voir. À faire

🎒 *La Maison du parc national* : *dans l'ancienne gare d'Etsaut.* ☎ 05-59-34-88-30 ou 70-87. ● parc-pyrenees.com ● ⚒ *Juil-août, tlj 10h-12h30, 14h-18h30 ;*

2de quinzaine de juin et 1re quinzaine de sept, lun-ven 10h-12h30, 14h-17h30 *(fermé mer ap-m et w-e). GRATUIT.* Accueil, boutique, information sur les randonnées, sorties sur le terrain, conférences... Outre une partie consacrée à l'ours, l'exposition permanente s'intéresse aussi aux rapaces et autres grands mammifères. Photos, panneaux explicatifs, etc. Visite assez intéressante. Personnel compétent et passionné par la montagne, par le parc et par l'ours. C'est peut-être ici qu'on œuvre le plus pour la sauvegarde de l'ours brun pyrénéen, même si le pessimisme est plus que de rigueur, désormais. Sentier d'interprétation, accessible aux personnes handicapées, sur le thème des arbres et arbustes de la montagne, avec des points d'observation de la faune.

➢ ✸ *Rand'en Âne :* à Etsaut. ☎ *05-59-34-88-98.* ● *garbure.net* ● Peut vous louer au printemps et en été des ânes de bât pour porter vos bagages. Ils peuvent également vous fournir des circuits de randonnée à faire avec un âne sur plusieurs jours. Très professionnels.

BORCE (64490)

Vu de la route, joli village accroché à la montagne. Étape historique sur le chemin de Saint-Jacques-de-Compostelle, son système défensif lui a permis de résister pendant les guerres de Religion. Borce est ainsi le seul village à avoir échappé aux grands incendies de 1569. Ce qui explique que l'on découvre aujourd'hui un authentique village médiéval de montagne.

Où dormir ? Où manger ?

🏠 |●| *Gîte d'étape-bar-épicerie Le Communal :* dans le bourg. ☎ *05-59-34-86-40.* ● *lecommunal64@gmail.com* ● *Congés : de mi-nov à mi-déc. 14 € la nuitée ; petit déj (slt en été) 7 €.* 🖥 📶 Sympathique gîte d'étape installé dans une vieille maison. À deux pas, tout aussi sympathique bistrot de village. Fromages et charcuteries du pays pour casse-croûter en terrasse. Pour les nombreux randonneurs, une épicerie-ravitaillement, avec un coin librairie de montagne (topoguides, cartes).

🏠 *Chambres d'hôtes Maison Bergoun :* tt au bout du village. 📱 *06-42-69-47-45.* ● *maisonbergoun@gmail.com* ● *maisonbergoun.fr* ● *Tte l'année. Compter 65-72 € pour 2 selon type de chambre.* Très vieille maison (du XVe s pour partie). Au rez-de-chaussée, gros murs en pierre et toutes petites fenêtres pour des chambres forcément un peu sombres. Elles sont plus lumineuses, et très rétro, à l'étage, côté jardin. Accueil très décontracté ! Sauna.

À voir

✸ Belle *église* avec clocher carré à ouvertures romanes. À l'intérieur, un intéressant bénitier à la sculpture primitive (du XVe s) où l'on retrouve la coquille des pèlerins. Près de l'église, la *mairie* est abritée dans une maison forte du XIIe s aux fenêtres gothiques à colonnes et encore percée de quelques meurtrières. Au long de la rue principale, on découvre la *maison de Bernard de Sallefranque* (noble demeure du XVe s) ou la *maison de Tarras* (procureur du roi au XVIIIe s).

✸✸ *L'hôpital Saint-Jacques-de-Compostelle :* ☎ *05-59-34-88-99.* ● *ecomusee.vallee-aspe.com* ● *W-e et tlj vac scol, 10h-19h. GRATUIT.* Cette ancienne chapelle a retrouvé, à travers une scénographie originale, son aspect... originel ! Pour 1 €, toute son histoire vous est racontée. Très joli écomusée (le dernier de la vallée d'Aspe, si vous nous avez bien suivis !) dédié au chemin d'Arles, lieu d'accueil (gîte pèlerin) et de méditation.

🐾 👫 **Le Parc'Ours de Borce :** ☎ 05-59-34-89-33. • parc-ours.fr • Avr-déc, tlj 10h-19h (horaires réduits hors saison) ; de nov à mi-janv w-e, vac scol et j. fériés 10h-18h. Fermé janv-mars. Entrée : 10,90 € ; 7,90 € enfant ; gratuit moins de 4 ans. Dans un vaste espace accroché aux pentes de la montagne, au-dessus du village de Borce, l'association recueille des animaux domestiques abandonnés ou maltraités de la région et des animaux sauvages pyrénéens (ours, marmottes, isards, bouquetins, mouflons, ânes chevreuils...). Plusieurs animations par jour sont proposées en haute saison. Le long du circuit (2h), différents parcours pédagogiques permettant aux petits et grands d'apprendre à reconnaître les empreintes, les arbres... Également un point de vue avec jumelles pour observer les vautours et leurs nids (se munir d'une pièce de 0,50 €).

LE CHEMIN DE LA MÂTURE ET LE FORT DU PORTALET

À 788 m d'altitude, un site assez surprenant. C'est un chemin qui fut entièrement creusé à la main dans la falaise au XVIIIe s pour permettre le passage des troncs d'arbres abattus plus haut, destinés à la fabrication des mâts de navires. Chemin pas très long, en surplomb du ravin (appelé opportunément « gorge d'Enfer ») et du torrent. Impressionnant ! Il est sur l'itinéraire du GR 10. Si vous êtes en voiture, vous pouvez le laisser au pont de Cebers et emprunter le sentier (GR 10) ; au bout de 10 mn, vous arrivez sur ledit chemin de la Mâture (attention au vertige et soyez prudent avec les enfants). Un des hauts lieux de l'escalade en paroi.

Un peu plus loin s'élève le *fort du Portalet,* également à flanc de falaise. Construit suite à une ordonnance royale de Louis-Philippe en 1842, il a la particularité d'être en partie troglodytique. Alfred de Vigny y passa un moment en garnison alors que le fort n'était qu'un petit fortin en bord de route, ainsi qu'Alexis Léger (dit Saint-John Perse). Devenu propriété de la communauté de communes de la vallée

IRONIE DE L'HISTOIRE

Le fort du Portalet fut avant-guerre transformé en colonie de vacances. Puis Pétain en fit une prison où, dès 1941, il enferma Léon Blum, Daladier, Reynaud et Mandel. En 1945, ce fut au tour du maréchal Pétain lui-même d'y être reclus, avant de connaître les geôles de l'île d'Yeu.

d'Aspe et classé Monument historique, il est en cours de restauration et peut se visiter *(tte l'année sur résa obligatoire auprès de l'office de tourisme de la vallée d'Aspe à Bedous ; entrée : 8 €, réduc ; interdit aux moins de 8 ans).*

URDOS (64490)

Urdos est resté dans les esprits le traditionnel poste de douane avant de grimper la route du col du Somport pour l'Espagne. Superbes balades à faire dans toute la haute vallée : lac d'Estaens, lac d'Arlet et une quinzaine de bergeries d'altitude où il fait bon partager le pain et le fromage avec le berger. Au retour de la balade, une halte s'impose à l'*Hôtel des Voyageurs* qui, en son temps, accueillait les familles des prisonniers du fort du Portalet.

Où dormir ? Où manger ?

🛏 🍽 **Hôtel des Voyageurs – Le Somport :** ☎ 05-59-34-88-05. • hotel.voyageurs.urdos@wanadoo.fr • hotel-voyageurs-valleeaspe.

com ● Fermé dim soir et lun (sf vac d'été). Congés : de mi-oct à début déc. Double 45 €. Menus 14,50 € (déj en sem), puis 21-30 €. On pourrait tout aussi bien l'appeler « L'Hôtel du bout du monde ». Cette affaire de famille tourne depuis 7 générations, à l'époque où l'endroit n'était encore qu'un relais de poste, sur la route de Compostelle. Chambres très classiques, voir figées dans le temps avec voilages en dentelle et couvertures marron, mais à prix toujours bien raisonnables. On déguste ici une bonne cuisine du terroir dans une salle très fréquentée, c'est bon signe !

À voir

¶ **Le col du Somport :** vestiges de l'hôpital de Sainte-Christine, sur la route de Saint-Jacques, l'un des plus importants de la chrétienté, fondé par Gaston IV le Croisé. On vous accorde qu'on ne voit plus grand-chose et qu'il faut un peu d'imagination pour faire revivre la grande époque du pèlerinage. Mais ça reste émouvant. Après, c'est l'Espagne.

¶¶ **La gare de Canfranc-en-Aragon :** *côté espagnol, de l'autre côté du col du Somport (ou du tunnel).* Drôle d'endroit ! Imaginez une gigantesque gare – elle fut, à l'époque, la plus grande d'Europe – livrée à l'abandon. Le bâtiment en impose par son envergure (plus de 200 m et haut de trois étages) et son architecture rétro. Plus aucun train ne s'arrête le long de ces quais depuis la suspension de la ligne en 1970, suite à la destruction accidentelle d'un pont. On parlait de transformer la gare en hôtel de luxe, on penche plus aujourd'hui pour un lieu d'exposition. Possibilité de visiter la gare ; se renseigner à l'office du tourisme de Canfranc (☎ *974-37-31-41).*

LA VALLÉE DU BARÉTOUS

Bienvenue au pays des Trois Mousquetaires : Athos, Porthos et Aramis (le quatrième, d'Artagnan, étant du Nord, c'est-à-dire du nord Madiran, un étranger en somme).

Paysages harmonieux, grandes forêts. Cet itinéraire dans le Barétous peut également comporter un petit détour par *Barcus,* village souletin célèbre pour ses restos : la route est en effet plus commode et plus agréable depuis Oloron que depuis Mauléon. Dans cette région de transition avec le Pays basque, comme l'indique sa rivière principale, le Vert, vous trouverez déclinés des verts comme nulle part ailleurs : équilibre parfait entre les prairies à brebis, les landes à fougères, les châtaigneraies, puis les hêtraies et les sapinières en altitude.

LES CÉLÈBRES MOUSQUETAIRES

Aux XVIe et XVIIe s, le Béarn, et en particulier le Barétous, connut une surpopulation, et la pauvreté ne permettait pas de nourrir toutes les bouches. Comme la structure familiale était soumise ici à la règle implacable du droit d'aînesse – les aînés gardaient le droit exclusif de la propriété et des biens –, les cadets n'avaient d'autre recours que de s'expatrier. Les hommes du Béarn (réputés courageux) s'enrôlaient dans les troupes spéciales de l'époque qu'étaient les régiments de mousquetaires : les mythiques cadets de Gascogne !

ARAMITS (64570)

Base de départ de nombreuses activités très sportives dans le Barétous, à commencer par le VTT. Église remarquable par son portail à bossages du XVIIe s. Et un nom familier aux lecteurs de Dumas. Aramis, bon sang, mais bien sûr !

Infos utiles

– *Point Vélo :* au camping Barétous-Pyrénées *(voir plus bas).* Unique en son genre ! Cet espace dédié aux cyclistes et aux VTTistes leur permet de nettoyer, réparer et gonfler leur vélo. Il est équipé d'un coin douche.
– *Marché :* dim mat. Particulièrement convivial en été.

Où dormir ?

Camping Barétous-Pyrénées : quartier Ripaude. ☎ 05-59-34-12-21. ● contact@camping-pyrenees.com ● camping-pyrenees.com ● *En contrebas du village (c'est fléché). Ouv de mars à mi-oct pour les tentes, de fin déc à mi-oct pour les chalets. Compter 16-24,50 € pour 2 selon saison ; chalets, mobile homes et bungalows 4-5 pers 357-720 €/sem selon type et saison. Apéritif maison offert sur présentation de ce guide.* Dans un coin verdoyant, un très accueillant camping, ni trop petit ni trop grand avec sa soixantaine d'emplacements, et très bien équipé : épicerie bio, resto *(en été slt),* piscine, sauna et hammam, location de vélos... Sympathique petit village de chalets à l'écart.

Chambres d'hôtes L'Olivé de Haut : ☎ 05-59-34-61-18. ● henridugois@gmail.com ● olivedehaut.info ● *À env 1 km, sur les hauteurs du village ; tourner à gauche à la fromagerie. Compter 76 € pour 2 (66 € à partir de 2 nuits) ; gîte 6 pers 220-420 €/sem, compter 10 € de chauffage en sus/j. en hiver.* Construite en 1826, cette belle maison béarnaise est tenue par un couple de Belges haut en couleur qui en a fait une maison du bonheur. 2 chambres dans la maison. Gîte de charme à côté (pour 6 personnes), entièrement équipé, avec une immense et bien agréable cheminée.

À faire

Aventure Parc : ☎ 05-59-34-64-79. ● aventure-parc.fr ● *Tlj 10h-19h juil-août et vac scol de Pâques ; slt le w-e et certains j. fériés de mi-avr à fin juin et sept, 13h30-18h30. Entrée : 25 € ; 12-23 € enfants selon âge.* Parcours nature dans les arbres, composé de 95 jeux aériens, du circuit « spécial enfants » jusqu'à la piste noire. Contrairement à nombre de parcours de ce style qui poussent chaque été en France, il s'agit ici d'un vrai site de loisirs où passer la journée, dans un cadre de montagne sublime. Cerise (noire) sur le gâteau : le grand frisson avec le saut à l'élastique ou le parcours « sensation » au-dessus d'un filet géant de 800 m². Restauration sur place.

Fête

– *Fête des Bergers :* 3e *w-e de sept. Rens :* ☎ 05-59-34-10-67. Un moment émouvant et chaleureux, car tout le petit monde des estives se retrouve après des mois d'isolement. Grand concours de dressage de chiens, renommé par-delà les Pyrénées. À ne pas manquer si vous passez par là.

LANNE (64570)

Une tradition tenace en fait le berceau de Porthos, le plus corpulent des Trois Mousquetaires. Né à Pau en 1617, il aurait en effet vécu ici sous le nom d'Isaac de Portau. N'hésitez pas, à la sortie du village, à remonter la petite vallée du Barlanès, par une très belle route en lacet et en forêt, jusqu'au site d'Issarbe, à 1 500 m d'altitude : beau panorama sur les hautes montagnes et les canyons de la Soule, lieu privilégié pour la cueillette des myrtilles ! C'est un des hauts lieux de randonnée en été et de ski de fond en hiver. Sur ce plateau, on trouve un petit bar-resto, ouvert toute l'année, où l'on peut louer des VTT.

Adresse utile

■ **Pyrénées Aventures Nouvelles :** ☎ *05-59-34-10-70.* ● *pyrenees-aventures-nouvelles.com* ● *Congés : 1 mois en déc-janv.* Spéléo, canyoning, escalade, randonnée... Idéal pour découvrir les arrondis de cette région de piémont.

Où dormir ?

🏠 |●| **Le Château de Porthos :** *dans le bourg.* ☎ *05-59-34-66-74.* 📱 *06-40-96-50-43.* ● *chateaudeporthos@hotmail.fr* ● *chateau-de-porthos.com* ● *Tte l'année. Compter 83-93 € pour 2 selon saison ; familiale 135-145 €. Table d'hôtes 25 €.* 📶 *Apéritif maison et café offerts sur présentation de ce guide.* Ne vous fiez pas à l'austérité apparente de la façade. L'intérieur de ce petit château du XVIIe s est franchement superbe, rien que l'escalier vaut le détour ! Les chambres, ornées de belles boiseries (et qui répondent aux noms d'« Athos », « Porthos », « Aramis » et... « Milady » !), sont absolument ravissantes et vraiment spacieuses. Excellente cuisine familiale à base de produits locaux (voire du potager). Une belle adresse au pays des mousquetaires, où l'on prendrait facilement ses habitudes. Accueil adorable.

ARETTE (64570)

Célèbre (malheureusement...) pour avoir été, en 1967, l'un des très rares villages détruits à 80 % par un tremblement de terre en France. Arette, presque entièrement reconstruit, ne possède donc pas un charme fou.
Petit *sentier de découverte* dans le bois « du Calvaire », promenade ludique avec panneaux thématiques et interactifs permettant de découvrir pas moins de 57 essences. Également en fonction, un *moulin* communal restauré et en fonctionnement, le plus ancien monument du village puisque ses parties les plus anciennes remontent au XIIIe s. Démonstration de fabrication de la farine *(juil-août, lun à 18h ; tte l'année sur rdv au* ☎ *05-59-88-90-82).*

Adresse utile

🛈 *Office de tourisme de la vallée du Barétous :* *pl. de la Mairie.* ☎ *05-59-88-95-38.* ● *valleedebaretous.com* ● *Tte l'année, lun-sam 9h-12h, 14h-18h (tlj juil-août). Fermé lun janv-mars.* Ne pas manquer la *Maison du Barétous,* la partie musée sur l'histoire de la vallée : pastoralisme, massif karstique de La Pierre-Saint-Martin, tremblements de terre, patrimoine... Idéal avant de visiter la vallée *(tarif adulte : 5 €).*

Où dormir ? Où manger ?

🏠 |●| **Hôtel de l'Ours :** *8, pl. de l'Église.* ☎ *05-59-88-90-78.* ● *contact@hoteldelours.fr* ● *hoteldelours.com* ● *Resto fermé mer* *hors saison. Congés : de début nov à début déc. Doubles 56-59 € ; familiale 4 pers 88 €. Menu unique le soir 16 € ; carte casse-croûte au déj 12-17 €.* 📟 📶 Repris par un jeune couple, l'ancien bistrot est redevenu le point de ralliement du village. La démarche écolo (labellisée) est évidemment à saluer. On y mange, dans un esprit table d'hôtes, une fraîche et imaginative cuisine familiale. Excellent et copieux petit déj, en terrasse, l'été, côté jardin. Chambres confortables mais très conventionnelles. Accueil aussi cool que prévenant.

I●I Pour un casse-croûte dans un site original, une bonne adresse : le *Foehn,* route de La Pierre-Saint-Martin *(☎ 05-59-88-91-18 ; 📱 06-85-36-83-45).* Pisciculture, parcours de pêche et produits du pays.

LA PIERRE-SAINT-MARTIN (64570)

On grimpe jusqu'à cette station de sports d'hiver familiale, créée en 1961 par une belle et facile route de montagne (presque un boulevard !) qui traverse notamment les pittoresques *gorges de la Mouline.* Beau domaine skiable, entre 1 500 et 2 200 m d'altitude, adapté aux familles, de tous niveaux : 24 pistes, desservies par 13 remontées, serpentent dans la forêt de pins ou s'ouvrent sur un magnifique panorama. Nombreuses activités : ski de fond, raquettes, mais aussi traîneaux à chiens, *ski joëring...* Sentiers balisés GR 10, pic d'Anie, etc.

Adresses et infos utiles

🛈 **Office de tourisme de la vallée du Barétous :** *Maison de La Pierre-Saint-Martin.* ☎ **05-59-66-20-09.** ● *lapierrestmartin.com* ● *De fin nov à début avr ; juil-août, tlj 9h-12h30 et 13h30-17h30 (sf dim ap-m juil-août). Fermé le reste de l'année.*

■ L'association ***La Pierre Handis Pyrénées,*** labellisée Tourisme et Handicap, propose une découverte des plaisirs de la glisse à tous, quel que soit le handicap (📱 06-85-60-51-14 ; ● *lapierrehandis.com* ●).

🚌 Une *navette* (qui dessert toutes les communes de la vallée) relie le w-e en hiver Oloron-Sainte-Marie à La Pierre-Saint-Martin.

Où déguster et acheter du fromage ?

I●I 🐑 ***Bergerie :*** en juillet-août, vous pouvez retrouver les bergers dans leur *cayolar* (cabane et terrain environnant) pour y découvrir la fabrication du fromage (brebis ou mixte), déguster et acheter leurs produits. Ils vous feront également visiter la bergerie et le saloir à fromages *(rens à la Maison de La Pierre-Saint-Martin :* ☎ *05-59-66-20-09).*

À voir

🎿 À quelques kilomètres, on trouve le célèbre *gouffre de La Pierre-Saint-Martin,* découvert en 1950, un des plus profonds au monde. Le site karstique de La Pierre recouvre l'un des plus grands réseaux souterrains d'Europe, avec plus de 400 km de galeries topographiées à ce jour. Paysages hallucinants, fantasmagoriques par temps de brume, immense glacier de roches pétrifiées, creusées par le ruissellement des eaux sur plusieurs centaines de mètres, avec des gouffres dantesques. La spectaculaire *cavité de la Verna* peut aujourd'hui se visiter (☎ 09-75-17-75-66 ; 📱 06-37-88-29-05 ; ● *laverna.fr* ●). Pour le reste, le réseau est à découvrir avec des clubs de spéléologie uniquement.

🥾 À 5 km de la station, au **col de La Pierre-Saint-Martin** (borne frontière 262), se tient chaque année, le 13 juillet, une curieuse et spectaculaire **cérémonie** : la Junte de Roncal, l'une des plus anciennes du pays et de plus en plus populaire parmi les visiteurs de la région !

🥾 La route qui descend ensuite vers **Isaba** et **Roncal** en Navarre (voir ce chapitre plus loin) est somptueuse en été. Elle traverse un paysage karstique à la végétation quasi méditerranéenne.

BŒUFS DE PAIX

Depuis 1375, les maires de la vallée du Barétous et ceux de Roncal (voir le chapitre « La Navarre ») se retrouvent chaque année pour réaffirmer leur volonté de paix, en vertu d'un traité qui avait mis fin aux querelles entre les deux vallées. En signe d'amitié et en échange du droit de pâturage en territoire espagnol, les habitants du Barétous offrent trois génisses à leurs homologues de Roncal.

LE BÉARN DES GAVES

- Salies-de-Béarn.......... 259
- Orthez........................ 264
- Navarrenx.................. 267
  - Gurs • Aren • Laàs
- Sauveterre-de-Béarn.................... 271

C'est une région intermédiaire entre le Pays basque et les paysages montagneux du Sud. Ici se rejoignent les gaves des deux plus grandes vallées du Béarn, Ossau et Aspe, pour former le gave d'Oloron, voisin de celui de Pau. Au passage, le gave est un torrent pyrénéen, au cas où on ne vous l'aurait pas encore dit.
C'est le fief incontesté de la pêche (championnats du monde de la pêche au saumon) et des sports d'eaux vives : de l'eau toute l'année descendant de la montagne, avec des parcours propices à la pratique du raft et du canoë-kayak.
Par opposition à la montagne pastorale et indépendante, voilà LE Béarn historique et patrimonial : châteaux, cités médiévales, routes Gaston-Fébus (pour reprendre l'écriture locale, plutôt que Phoebus ou Phébus) et abbayes laïques (dont la tradition perdura jusqu'à la Révolution). Le territoire a été labellisé Pays d'art et d'histoire en 2010.

SALIES-DE-BÉARN (64270) 4 900 hab. *Carte Béarn, A1*

Petite station thermale connue et touristique qui présente un visage très avenant. La légende rapporte qu'un sanglier blessé lors d'une chasse vint mourir dans les terres marécageuses. On le retrouva plus tard miraculeusement préservé, tant il était confit dans le sel. Les habitants purent constater que les eaux alimentant le marais étaient très salées. D'où les armes de Salies : deux hommes portant un seau d'eau salée et un sanglier. Adorable ville basse bâtie en coquille d'escargot autour de la source du Bayaà. De belles maisons Renaissance en encorbellement surplombent la rivière Saleys. Toits très pentus couverts de tuiles brunes patinées, et galeries reposant sur des piles de pierre. C'est du pont de Lalune qu'on en a la plus belle vue. L'église Saint-Vincent est du XIVe s. Série d'élégantes demeures du XVIIIe s, avenue des Docteurs-Foix. L'architecture Belle Époque est également très présente et donne à la ville un air délicieusement suranné. Les thermes, outre les cures classiques, ont misé sur la remise en forme ; le bâtiment classé bénéficie de la même cure de jouvence. Résultat, la dynamique semble lancée et la clientèle a rajeuni.

HISTOIRES SALÉES

Bien sûr, le sanglier n'était qu'une légende. Les eaux salées de Salies étaient déjà connues des Romains.

Durant tout le Moyen Âge, **le sel fut une véritable manne d'or** blanc pour les Salisiens, qui en livraient jusqu'à Bayonne. Mais les Salisiens n'aimaient pas partager la galette. Aussi inventèrent-ils un système pour que seuls les autochtones se sucrent avec le sel ! La source était bien communautaire, appartenant aux villageois qui avaient « droit de sauce », c'est-à-dire le droit de puiser de la saumure pour faire du sel. Il fallait donc habiter la ville depuis au moins 6 mois et y résider régulièrement. Le droit appartenait à toute personne « tenant famille ». Les veuves conservaient une demi-part, mais pouvaient retrouver une part complète si elles se remariaient, le nouvel époux héritant de l'ancien. Forcément, les Salisiens avaient le monopole de la vente du sel en Béarn et Bigorre, et étaient francs de gabelle ! Dans les années 1900, les revenus du sel permettaient encore de payer le loyer de l'année et d'acheter un cochon.

UNE TRADITION QUI NE MANQUE PAS DE SEL

Il existe à Salies une association de voisins, appelée la « Corporation des parts-prenants de la fontaine salée ». En effet, dès le Moyen Âge, les habitants de la ville ont instauré une loi de partage de l'eau salée. Ce droit de puisage les rendait riches. Ici, on ne restait jamais longtemps célibataire. Ce droit s'applique toujours. On trouve cette fontaine salée sur l'une des places principales de la ville, non loin de la rue des Voisins.

Après la Révolution et l'abolition des privilèges, on aurait pu penser que la faillite frapperait la ville. Il n'en fut rien, car on assista au début du thermalisme. Avec une eau dix fois plus salée que l'eau de mer (soit pas loin du taux de la mer Morte), le succès de Salies coulait de source !

Arriver – Quitter

➢ **En train :** à **Puyoô,** à 6 km. Un TER assure la liaison Dax-Puyoo-Salies.

Adresse et infos utiles

Office de tourisme du Béarn des Gaves : pl. de la Trompe. ☎ 05-59-38-00-33. ● tourisme-bearn-gaves.com ● *Lun-sam, plus dim mat juil-août.* C'est le principal office du secteur. Pas mal de doc concernant les 4 cités (Salies, Orthez, Navarrenx et Sauveterre), notamment des circuits à effectuer à pied ou en voiture, ou encore des circuits ludiques à travers les villes, à la découverte d'un trésor du patrimoine.
– Visite de Salies-de-Béarn avec **Ze Visit.**
– **Marché :** *jeu mat, sur la jolie pl. du Bayaà.*

Où dormir ? Où manger ?

De prix moyens à plus chic

🛏 **Chambres d'hôtes La Demeure de la Presqu'île :** *22, av. des Docteurs-Foix.* ☎ *05-59-38-06-22.* ● *demeurepresquile@gmail.com* ● *lademeurepresquile.com* ● *Compter 60-80 € pour 2 ; familiales 90-140 €.* Très belle maison de maître à l'entrée de la ville, ancienne demeure de négociants que ses propriétaires ont aménagée avec beaucoup de goût. 4 chambres, jolies mais de charme et de confort inégaux ; certaines spacieuses et décorées comme des bonbonnières XVIIIe s, d'autres petites, avec la douche en guise de tête de lit (les moins chères) ! Pour les familles, celles qui communiquent sont spacieuses et agréables. Côté détente, grand salon ou balade au bord de l'eau, à moins que vous ne préfériez aller voir le magnifique potager.

🛏 **Hôtel Hélios :** *chemin de Labarthe.* ☎ *05-59-38-37-59.* ● *golf.salies@wanadoo.fr* ● *golfsalies.com* ● *À moins de 1 km du centre ; suivre le fléchage du golf. Congés : vac de Noël. Doubles 56-70 €.* 📶 Une dizaine de chambres dans cette maison béarnaise, avec terrasse pour certaines, et calme absolu pour toutes. Les chambres avec parquet d'origine ont beaucoup de cachet et se prêtent au cocooning. Sans compter la vue sur le green, délicieusement reposante.

🛏 🍽 **Hôtel du Golf – Le Lodge :** *chemin de Labarthe.* ☎ *05-59-67-75-23.* ● *lelodge.salies@orange.fr* ● *le-lodge-salies.com* ● *À 1 km du centre, à côté de l'hôtel Hélios. Hôtel fermé sam soir; resto fermé sam-dim. Congés : vac de Noël. Doubles 79-98 €. Menu déj en sem 16 €. Apéritif maison offert sur présentation de ce guide.* Ne vous fiez pas à sa façade un peu tristoune, cet hôtel apparemment banal s'ouvre largement sur le golf. La terrasse et la piscine n'en sont que plus agréables. L'intérieur offre un confort feutré, très cosy, tandis que le bar renoue avec la tradition des pianos-bars des hôtels d'antan. La majorité des 28 chambres donnent sur le green et certaines disposent d'un balcon. L'ensemble est nickel et l'accueil vraiment charmant.

🛏 🍽 **Chambres d'hôtes La Closerie du Guilhat :** *quartier du Guilhat.* ☎ *05-59-38-08-80.* ● *guilhat@club-internet.fr* ● *closerieduguilhat.com* ● *À 4 km de Salies. Le quartier du Guilhat est indiqué. Tte l'année. Doubles 60-66 €. Dîner sur résa 22 € (sf mar et mer soir).* 📶 À l'étage, 4 chambres avec vue sur le parc, dont une familiale, pour se mettre au vert. On se sent bien dans cette ancienne maison de maître où règne la tranquillité, au milieu de l'un des plus beaux jardins de la région, et pour cause : le *Guilhat* était la maison de famille des Despaux, une dynastie d'horticulteurs célèbre dans tout le Béarn. Terrasse pour dîner aux beaux jours. Grand séjour de style béarnais où il fait bon se réchauffer au coin du feu en hiver.

🛏 🍽 **Chambres d'hôtes Villa Hortebise :** *31, av. des Pyrénées, sur la route de Sauveterre.* 📱 *06-88-73-41-38.* ● *villahortebise@gmail.com* ● *villahortebise.com* ● *Tte l'année. Doubles 66-89 €. Table d'hôtes 20-28 €.* 📶 *Pot de confiture maison offert sur présentation de ce guide.* Poussez la porte de cette jolie maison de famille, vous vous y sentirez comme chez vous tant Corinne, l'adorable propriétaire, met un point d'honneur à chouchouter ses hôtes. Les chambres, joliment décorées, adoptent chacune leur style. La « Travertin », du nom de la pierre que l'on retrouve dans la salle de bains, entretient sa touche campagnarde. La suite, dans les tons bleu roi, est un poil plus chic. À table aussi, Corinne aime faire plaisir, et il flotte tous les matins de doux effluves de gâteaux qu'elle prépare pour le petit déjeuner. Bref, une adresse où il fait bon vivre !

🛏 🍽 **Hôtel du Parc :** *bd Saint-Guilly.* ☎ *05-59-38-31-27.* ● *hotelduparc@partouche.com* ● *hotelsalies.com* ● *Tte l'année. Double 89 € ; suite 165 €. Menu du jour en sem env 18 € ; autres 22-28 € ; carte 22-30 €.* 📶 Au cœur de la cité thermale, cet établissement du XIXe s est classé Monument historique.

Au rez-de-chaussée, le casino et ses machines à sous, le resto (où l'on mange très honorablement à prix honnêtes), le bar et la superbe verrière Belle Époque. Les belles galeries suspendues donnent au hall une touche coloniale qui se marie parfaitement avec les chambres plus modernes, aux tons chaleureux. Confort haut de gamme à un prix somme toute raisonnable.

IOI Restaurant des Voisins : *12, rue des Voisins.* ☎ *05-59-38-01-79.* ● *restaurantdesvoisins@orange.fr* ● *Tlj sf lun-mar, plus dim soir oct-juin. Congés : 3 sem en nov. Formule déj en sem 16 € ; menu 32 €.* Dans une maison du XVIIe s, soit l'une des plus vieilles – et des plus belles – de la ville, une adresse aussi charmante que gourmande. Les murs de pierre, les poutres et la cuisine ouverte composent un cadre contemporain et chaleureux. Dans l'assiette, place aux produits locaux, travaillés avec finesse pour des assiettes hautes en couleur. On regrette parfois de ne pas en avoir plus dans l'assiette.

🍷 La Boutique de Jeanne : *pl. du Bayaà.* ☎ *05-59-38-36-99.* ● *portet.virginie@gmail.com* ● *Mar-sam 10h-19h, ainsi que dim en juil-août. Congés : 2 sem en fév et 2 sem fin oct. Formule « Tart'salade » 12,50 € ; brunch 20 € (dim slt en été, sur résa le reste de l'année). Café offert sur présentation de ce guide.* Torchons colorés, toiles cirées pimpantes ou bougies acidulées, on trouve ici de la déco pour égayer sa cuisine et son petit chez-soi. Après les emplettes, installez-vous dans la partie salon de thé où Virginie concocte de délicieuses douceurs, à assortir d'un thé bien parfumé. Elle tient son amour des gâteaux de sa grand-mère, une excellente pâtissière. Madeleines, meringues et financiers, on a opté pour le fondant au chocolat : sa spécialité ! Et si vous passez par là un dimanche, dégustez le brunch maison, préparé avec attention et… gourmandise !

Où dormir ? Où manger dans les environs ?

🏠 IOI La Belle Auberge : *64270 Castagnède-de-Béarn.* ☎ *05-59-38-15-28.* ● *la.belleauberge@orange.fr* ● *À 15 km au sud-ouest de Salies, en direction d'Escos. Resto fermé le soir dim-lun, sf juil-août. Congés : 1re quinzaine de juin et de mi-déc à fin janv. Doubles 49-52 €. Menu 13 € ; carte env 20 €. 📶 Café offert sur présentation de ce guide.* Une quinzaine de chambres au calme. Fleurie, cette bonne grosse auberge de campagne est une étape plaisante pour se prélasser au soleil, après un bon repas pris en terrasse ou en salle. Sachez-le, vous ne serez pas seul à vous régaler, c'est bourré de VRP et d'habitués : même en semaine, les serveuses ne chôment pas, et ce n'est pas nous qui économiserons sur le dessert : du gâteau basque à la crème brûlée en passant par les tartes, tout est délicieux !

Où acheter de bons produits ?

Sel et Fleur de Sel : *à la saline. Tte l'année, tlj.* Une découverte : les sels parfumés à l'eucalyptus et les eaux mères (le secret des bienfaits des cures thermales !).

Chocolaterie Franck Lavignasse : *8, cours du Jardin-Public.* ☎ *05-59-38-17-57. Tlj sf dim ap-m et lun 8h-12h30, 14h30-19h.* Incroyable mais vrai ! Une belle adresse gourmande, tenue par une personne étonnante qui ne cesse de mettre son grain de sel dans tous les chocolats qui se créent ici. Et le résultat est étonnant. Comme pour le caramel au sel, d'ailleurs. Goûtez également le chocolat salé, le petit béarnais, spécialité à l'amande ou les crottines de sanglier (pralinés enrobés de chocolat noir amer) et la pâte à tartiner caramel à la fleur de sel.

Domaine Lapeyre-Guilhemas : *52, av. des Pyrénées.* ☎ *05-59-38-10-02. Lun-sam (sf j. fériés) 9h-12h, 15h-19h30.* Lapeyre Pascal, retenez bien ce nom. Les vignes de ce domaine familial, fondé en 1900, tapissent les coteaux de Salies sur 11 ha et produisent des blancs raffinés, des rosés secs et fruités à savourer l'été avec les charcuteries béarnaises, et surtout des rouges superbes que vous retrouverez sur toutes les bonnes tables des environs. Dégustation gratuite dans les chais.

À voir. À faire

Le musée du Sel et des Traditions béarnaises : *15, rue des Puits-Salants.* ☎ *07-83-95-68-92. Avr-oct, mar-sam 14h-18h, ainsi que 10h-12h juin-sept. Entrée : 4 € ; visite guidée 5 € ; réduc ; gratuit moins de 6 ans.* Dans une belle maison du XVIIe s avec un toit de tuiles picon, ce musée raconte l'histoire du sel à Salies. Géologie du sel, expansion de l'activité des saunières à l'époque gallo-romaine, légende du sanglier, reconstitution d'un atelier de façonneur de sel du XVIIIe s et histoire du thermalisme. Didactique et intéressant.

La crypte du Bayaá : *sur la place du même nom. Infos et résas :* ☎ *05-59-38-00-33. Visite slt sur résa. Tarif : 2,50 € ; gratuit moins de 12 ans.* Une descente dans les entrailles jusqu'à la source, toujours alimentée. Jusqu'au XIXe s, le bassin était à ciel ouvert, à l'emplacement de l'actuelle place centrale, au-dessous de laquelle se trouve la crypte. Elle a été créée après la suppression du bassin. Visite éclairée par les commentaires d'un guide et par le jeu de lumières.

– **Les thermes de Salies – Bains de la Mude :** *pl. du Jardin-Public.* ☎ *05-59-38-10-11.* • *thermes-de-salies.com* • *Tte l'année. Espace aquatique tlj 10h (10h15 lun)-12h, 14h-19h (18h mer, sam-dim et j. fériés). Entrée : 9,50 €/h, 15 €/2h, 20 € la journée.* Construits en 1888 dans un style mauresque, avec une alternance de pierre et de brique, les thermes, classés Monument historique, défient les modes et les époques. Au programme, cures thermales, bien-être et prévention. Leur spécificité, c'est d'associer les eaux thermales naturellement salées et les eaux mères (concentré d'eaux thermales). Bref, une alchimie qui a fait ses preuves en pédiatrie (problèmes de croissance), rhumatologie et gynécologie. Même de passage pour une heure ou deux, on barbote agréablement dans les deux bassins chauffés à 32 °C (eau douce et eau salée) avec cascades, geysers, bains bouillonnants, hammam, sauna. Et désormais une grotte de sel et le *Lagon de la mer Morte,* un bassin d'eau saturée en sel.

– **La saline :** *av. des Salines/Jacques-Dufourcq.* ☎ *05-59-38-96-90.* • *sel-salies-de-bearn.com* • *Lun-sam 10h-12h, 14h30-18h. Entrée : 6 € ; réduc.* Exploitation à ciel ouvert visible depuis une plate-forme aménagée. Des panneaux explicatifs placés à l'entrée permettent de comprendre le processus de fabrication du sel depuis la source jusqu'au séchage et à l'ensachage (l'archiduchesse et

L'OR BLANC DE SALIES

En s'évaporant, il y a 200 millions d'années, la mer Boréale a laissé du sel sur l'actuel Bassin aquitain. Des sédiments argileux l'ont ensuite recouvert. Quand les Pyrénées se sont formées, des sources ont jailli, faisant remonter à la surface un sel enrichi en oligoéléments. Ce gros sel, très blanc, est aujourd'hui utilisé pour le salage du jambon de Bayonne.

ses chaussettes peuvent aller au diable !). Chaque année, cette entreprise qui appartient au consortium du jambon de Bayonne produit 2 000 t de sel ! Pôle muséographique où l'on découvre l'histoire du sel salisien. Visite interactive. Durée : 1h30. Boutique.

Fête et manifestations

- **Festival des sottises :** 2 j. mi-juil. • lacaze.aux.sottises.free.fr/asso.html • Festival de cirque et de théâtre de rue.
- **La Piperadère :** 15 août. Le jardin public voit défiler marmites et marmitons pour le « grand concours de piperade béarnaise au sel de Salies ». À dévorer avec les autres produits du pays sur fond de *bandas* et de chants béarnais.
- **Fête du Sel :** 2e w-e de sept. L'occasion pour toute la ville de se plonger dans le passé tout en affirmant son identité autour du produit auquel elle doit son origine. Costumes traditionnels, marché artisanal, repas béarnais, spectacles hauts en couleur, course de porteurs de *sameaux* (non, on ne zozote pas !), grand défilé de chars...

ORTHEZ   (64300)   11 000 hab.   *Carte Béarn, B1*

Ancienne capitale du Béarn empreinte du souvenir du poète Francis Jammes, étape du pèlerinage de Saint-Jacques, Orthez connut son âge d'or aux XIIIe et XIVe s, époque de Gaston Fébus, et arbore encore fièrement sa devise : *Toquey si gaouses !* (« Touches-y si tu l'oses ! ») Au XVIIIe s sont édifiées la plupart des maisons et des grands hôtels particuliers, avec leurs toits de tuiles picon, en forme d'écailles de poisson, si caractéristiques. En flânant, on peut effectivement remarquer un bon nombre de beaux bâtiments, dont la splendide maison de Jeanne d'Albret...

Sinon, Orthez est la seule place taurine du Béarn. N'oubliez pas la célèbre feria de la ville, fin juillet. Un grand moment !

UN PEU D'HISTOIRE

Très tôt, les idées de la Réforme se répandent à Orthez. Jeanne d'Albret, mère du futur Henri IV, crée en 1566, dans les bâtiments des Jacobins, une académie protestante, érigée en université en 1583. Celle-ci est supprimée en 1620, lors du rattachement du Béarn à la France par Louis XIII.

Adresse et infos utiles

ⓘ Office de tourisme : 27, rue Aristide-Briand. ☎ 05-59-38-32-84. • tourisme-bearn-gaves.com • *Lun ap-m et mar-sam (plus dim mat juil-août).* Visite guidée de la cité organisée par le Pays d'art et d'histoire (renseignements sur place). Demander les infos sur le parcours ludique de visite de la ville, à la découverte d'un trésor du patrimoine. Également des infos sur les activités sportives : location de vélos, ski nautique, pêche...

- **Marché :** *mar mat (le plus important) pl. de l'Église et sam mat à la Moutète.* Sous une halle des années 1930, la seule, à notre connaissance, à posséder des paniers de basket et des gradins : normal, c'est ici que le célèbre Élan Béarnais Pau-Lacq-Orthez disputait ses matchs.
- **Marché au gras :** *nov-fév, mar mat à partir de 7h à la Moutète.*

Où dormir ? Où manger dans le coin ?

I●I Chez Cabeillou : 52, rue Saint-Pierre, à Orthez. ☎ 05-59-69-03-55. *À peine excentré, derrière l'église Saint-Pierre. Fermé le soir, ainsi que dim et j. fériés. Menu du jour 12 €.* Un endroit comme il n'en existe malheureusement plus guère. Pas d'enseigne pour ce bistrot-resto fondé en 1930, dont le décor a été banalement modernisé mais qui, de mère en fille, sert toujours une généreuse cuisine familiale et des plats de toujours dans une ambiance simplement populaire. Un grand moment à ne pas rater : « le petit déjeuner à la fourchette », le mardi matin (très tôt !), jour de marché à Orthez. Autant vous prévenir qu'on n'y boit pas que du thé !

🏠 |●| *Chambres d'hôtes La Villa Les Pins :* *605, chemin de Bergemayou, 64300* **Baigts-de-Béarn.** ☎ *05-59-65-10-45.* 📱 *06-80-78-84-03.* ● *villalespins@gmail.com* ● *villalespins.fr* ● ♿ *À 8 km au nord-ouest d'Orthez ; à Baigts, suivre Saint-Boès puis le fléchage. Tte l'année. Compter 70 € pour 2. Dîner 20 €. Piscine.* 📶 *Réduc de 10 % sur le prix de la chambre sur présentation de ce guide.* Dans un tranquille hameau, 2 chambres aménagées dans la dépendance d'une petite maison de maître du XIXe s. La proprio avait autrefois un magasin de déco en région parisienne, et ça se voit ! Chaque chambre a sa terrasse côté jardin où l'on peut déguster son petit déjeuner au calme. Table d'hôtes d'exception. Madame est une vraie passionnée de cuisine (et a pris des cours chez quelques toqués). Monsieur est, lui, intarissable sur l'histoire de son Béarn natal et aime cultiver son potager, juste en face de la maison. Accueil charmant.

🏠 *Les Nids du Béarn :* *1716, chemin de Hourcloum, 64300* **Loubieng.** ☎ *05-64-11-02-26.* 📱 *06-75-00-54-65.* ● *did.lorre@gmail.com* ● *lesnidsdubearn.com* ● *À 7 km au sud d'Orthez. Ouv avr-oct. Nid 99 € pour 2, petit déj inclus ; cabane 129 €. Ajouter 25 € pour un enfant de moins de 10 ans. Panier-repas 23 €.* Vivre comme un oiseau sur la branche, c'est évidemment réaliser un rêve de gosse ! C'est ce que proposent Sylvie et Didier avec leurs 6 nids douillets perchés dans les pins de l'immense parc (entre 4 et 8 m de hauteur), et leurs 4 cabanes. Des bulles en toile auxquelles on accède par des filets sécurisés. Les nids sont eux-mêmes accrochés entre les arbres et soutenus par d'immenses câbles. Il y a même un nid avec une table circulaire (unique en France !) pour manger en altitude ; sinon, à terre, un abri avec table et chaises pour casser la croûte dans la forêt. Toilettes sèches à proximité. Également une cabane (4 personnes maximum). Dépaysement assuré et accueil charmant.

🏠 |●| *Hôtel Maugouber :* *1, rue du Fronton, 64300* **Maslacq.** ☎ *05-59-38-78-00.* ● *maugouber@wanadoo.fr* ● *hotel-maugouber.com* ● *À 15 km au sud-est d'Orthez par la N 117 en direction de Pau. Resto fermé ven soir et sam, plus dim soir hors saison. Congés : fêtes de fin d'année. Doubles 67-75 €. Menus 13 € (en sem), puis 17-32 €.* 📶 Une adresse familiale, bien tenue et accueillante, située dans un village de charme. Chambres nickel, avec TV. Demandez-en une avec balcon donnant sur la piscine. Cuisine régionale, terrasse agréable.

Achats

🛍 *Tissage Moutet :* *route de Biron, ou rue du Souvenir-Français (pour les GPS), à la sortie d'Orthez, dans la Z.I. des Saligues.* ☎ *05-59-69-14-33. Magasin d'usine ouv tlj sf dim et j. fériés 10h-12h30, 14h30-18h.* Dans les mains de la même famille depuis 5 générations, la marque existe depuis 1919 mais a su trouver sa place dans la création contemporaine de linge de maison. Mieux qu'une carte postale, si vous voulez rapporter un souvenir original et fabriqué en France, contre vents et marées, compte tenu de la mondialisation ! Régulièrement, de bonnes affaires à saisir sur des fins de série. Visite des ateliers sur réservation.

À voir

⚔ *Le Pont-Vieux :* médiéval, avec le donjon-porte au milieu, c'est l'une des images de marque les plus connues de la ville. Belle vue de l'ouvrage depuis le

Pont-Neuf, avec ses berges verdoyantes et ses anciennes demeures aux belles tuiles.

� Le château Moncade : *juin-sept, tlj 10h-12h30, 14h-18h30 (18h sept) ; mai, slt w-e et j. fériés 10h-12h30, 14h-18h. Entrée : 4 € ; réduc.*

Vestige impressionnant dominant la ville et où vécut Gaston Fébus. De forme pentagonale, la tour tronquée mesure encore 33 m de haut. Au cours de la visite guidée, on découvre tout le génie militaire de Fébus, qui lui permit de tenir tête, au cœur de la tourmente, aux deux grands royaumes qu'étaient la France et l'Angleterre. Au 1er étage, maquette relatant par le biais d'un son et lumière les grands moments de l'histoire de ce site. Beau panorama du sommet. Précisément 141 marches pour y accéder !

Redescendre par la rue des Remparts, où l'on peut voir des vestiges significatifs de l'enceinte, et par la rue Moncade, bordée d'élégantes demeures et hôtels particuliers.

Un peu en contrebas de la tour se trouvent les vignes du délicieux « raffiat de Moncade », vinifié à Cabidos et en vente au château Moncade. Incroyable, les archives ont montré que des vignes étaient déjà cultivées à cet exact emplacement du temps de Gaston Fébus.

✱ L'église Saint-Pierre : date des XIIIe et XIVe s (mais le clocher est du XIXe s).
Portail gothique mais usé. À l'intérieur, les clés de voûte, sculptées, méritent un coup d'œil.

✱✱ Le musée Jeanne-d'Albret, Histoire du protestantisme béarnais : *maison de Jeanne d'Albret, 37, rue Bourg-Vieux.* ☎ *05-59-69-14-03.* • *museejeannedalbret.com* • *Avr-oct, mar-sam 10h-12h, 14h-18h (14h30-18h30 juin-août) ; nov-mars, slt l'ap-m. Fermé 3 dernières sem de janv. Entrée : 4,50 € ; réduc ; gratuit moins de 15 ans. Visite guidée à 10h30 et 15h (1h) : 6 €.*

Ce musée invite à la découverte de quatre siècles d'histoire en Béarn, de la Réforme au début du XXe s. Il est installé dans une maison qui fut donnée à Jeanne d'Albret par le sieur Arnaud de Gachissans, en échange de lettres de noblesse. Un courrier montre que la reine Jeanne fut ravie de ce cadeau, car elle se plaisait à Orthez alors même que le château médiéval de Moncade était vétuste et inhabitable. Elle emménagea donc, au moins pour un temps, dans cette belle demeure du XVIe s.

L'exposition présente une importante collection : photographies, gravures, mobilier, objets rares, etc., et retrace les événements majeurs du protestantisme à travers ces grandes figures que sont Jeanne d'Albret, Henri IV, Catherine de Bourbon, les frères Reclus... À noter que ce musée est un musée historique, afin de comprendre comment le Béarn est la seule région de France où le calvinisme fut instauré comme religion officielle. D'ailleurs, nous vous conseillons la visite guidée (passionnante), à notre avis indispensable pour donner vie à tous ces riches documents.

✱ La maison Chrestia : *7, av. Francis-Jammes.* ☎ *05-59-69-11-24.* • *francis-jammes.com* • *De mi-janv à fin mai, lun-ven 10h-12h, 15h-17h ; juin-sept, mar-sam. Fermé pour les fêtes de fin d'année (de mi-déc à mi-janv) et les fêtes d'Orthez.* Cette belle demeure du XVIIIe s est le siège de l'association Francis-Jammes, célèbre poète (1868-1938) qui vécut presque 33 ans à Orthez. La maison abrite des souvenirs du poète, de nombreux manuscrits, des gravures, des photos et différentes œuvres. Comme le château Moncade, la maison Chrestia a été labellisée « Maison des Illustres » par le ministère de la Culture.

✱ Le temple : *20, rue du Général-Foy.* Possède un orgue contemporain (1996) de 22 jeux, conçu sur le modèle des orgues baroques de l'Allemagne du Nord.

À faire

– **La ferme Lait P'tits Béarnais :** *2400, chemin d'Eslayas.* ☎ *05-59-67-54-41.* 📱 *06-84-83-18-63.* • *lait-petits-bearnais.fr* • *Mar-sam 14h30-18h.* On vous expliquera pendant environ 20 mn l'élevage, la transformation et l'affinage du fromage au lait de vache, tout en faisant le tour de l'exploitation, puis vous pourrez flâner et profiter des animaux et des panneaux d'explication. Dégustation à la clé.

Fêtes et manifestations

– **Jazz Naturel :** *1 sem en mars.* ☎ *05-59-69-76-83.* Au programme, du jazz bien sûr, mais aussi du blues, de la chanson... toutes les musiques actuelles, en fait, sous influence jazzy.
– **Fêtes d'Orthez :** *4 j. fin juil.* C'est la copie conforme (mais en plus petit) des Fêtes de Bayonne ou de Dax, avec corridas, *bandas*, bars ouverts sur la rue, théâtre dans les rues...
– **Rallye tout-terrain Orthez-Béarn :** *début août, sur la pl. des Armes.*
– **Journées du livre :** *3 j. mi-oct. Entrée libre.*

NAVARRENX (64190) 1 200 hab. *Carte Béarn, B2*

Petite ville fortifiée fondée au XIe s, elle fut transformée en bastide au XIVe s. L'austérité de son architecture et la simplicité de son plan sont tempérées par la verdure environnante. On n'est pas les seuls à lui trouver du charme, elle a été classée « Plus Beau Village de France » en 2014. Devenus héritiers de la Navarre, les princes de Béarn éprouvèrent le besoin de construire une solide forteresse.
Sachez que c'est le plus bel exemple de fortifications du XVIe s (à mi-chemin des hautes murailles médiévales et des bastions de Vauban). La technique consistait à construire bas et large avec de la terre sur les remparts pour amortir l'effet des boulets. Réussite totale, puisque la ville, tenue par les protestants, ne fut jamais prise durant les guerres de Religion. Belle porte Saint-Antoine. Aujourd'hui, les remparts gazonnés représentent un très agréable lieu de promenade.
Navarrenx est aussi une étape très importante sur le chemin de Saint-Jacques (voie du Puy), avec hôtels, gîtes d'étape et menus pèlerins dans toute la ville. Bonne étape également pour d'autres pêcheurs, en eaux claires cette fois, avec son site superbe au bord du gave d'Oloron, où est organisé chaque année le championnat de pêche au saumon (en deux manches, de mars à fin juillet).

Adresse et info utiles

🛈 **Office de tourisme du Béarn des Gaves :** *pl. des Casernes.* ☎ *05-59-38-32-85.* • *tourisme-bearn-gaves.com* • *Lun ap-m et mar-sam, plus dim mat début juil-fin août.* 📶 Visite guidée par des guides conférenciers du Pays d'art et d'histoire du Béarn des Gaves. Sur place, maquette de la cité fortifiée avec commentaire sur l'histoire de Navarrenx. Un plan vous permettra de faire une visite complète de la ville entre remparts et constructions militaires.
– **Marchés :** *mer mat autour de la mairie. Également un marché traditionnel dim mat en été.*

Où dormir ? Où manger ?

De bon marché à prix moyens

▲ *Gîte d'étape Charbel :* chemin du Moulin. ☎ 05-59-66-07-25. ● etape. charbel@wanadoo.fr ● etapecharbel. com ● ⚡ Suivre le marquage « Étape Charbel » ou, depuis Navarrenx, prendre la direction Jasses. Ouv de fin mars à mi-oct. Résa fortement conseillée. Chambre 42 € ; nuitée en dortoir 16 €. 🛜 Dans un tranquille hameau. Très agréable avec son grand jardin bordé d'un étang, sa piscine. Kitchenettes à disposition. Accueil dynamique des pèlerins, randonneurs et autres touristes bienvenus.

▲ *Chambres d'hôtes Lasarroques :* 4, pl. d'Armes. ☎ 05-59-66-27-36. ● lasarroques.monique@orange.fr ● chambres-hotes-lasarroques.com ● Tte l'année. Double 60 €. Rouge, vert ou orange, choisissez votre couleur préférée parmi les 3 chambres modernes et simples de cette maison donnant sur la place principale. Jean-Pierre et Monique chouchoutent les touristes et pèlerins de passage, notamment en préparant de (très !) copieux petits déj. Ajoutez une bonne literie et voici une étape idéale pour faire le plein d'énergie avant de continuer votre route.

▲ I●I *Chambres d'hôtes Le Relais du Jacquet :* 42, rue Saint-Germain. ☎ 05-59-66-57-25. ● regis.gabastou@orange.fr ● chambres-hotes-navarrenx.com ● En plein centre. Tte l'année sur résa. Compter 55-65 € pour 2, 84-104 € pour 3-4 pers. Repas 14 €. 🛜 Réduc de 10 % sur le tarif w-e (nov-mars) sur présentation de ce guide. Dans une vieille maison de ville qui cache une sympathique courjardin. Une adresse créée par un passionné du chemin de Saint-Jacques, qui accueille donc volontiers les pèlerins (tarifs spéciaux). Mais tout le monde est le bienvenu, à condition de respecter l'esprit communautaire du lieu et l'atmosphère de partage et de convivialité. Les chambres sont rétro à souhait. Pour les moins onéreuses, douches et w-c se partagent en toute simplicité. Une adresse qui ravira les amateurs de belles rencontres atypiques.

▲ I●I *Hôtel du Commerce :* pl. des Casernes. ☎ 05-59-66-50-16. ● hotel. du.commerce@wanadoo.fr ● hotel-commerce.fr ● ⚡ Resto ouv tlj sf ven soir, sam et dim soir ; fermé oct-avr. Congés (hôtel) : de mi-déc à mi-janv. Double 75 €. Formule déj en sem 15 € ; menus 25-42 €. 💻 🛜 Café offert sur présentation de ce guide. Une des plus vieilles maisons de Navarrenx, qui a connu un sérieux coup de jeune, dans ses murs comme dans la cuisine. La couleur et la fantaisie ont fait leur apparition, dans la salle de resto comme dans les agréables chambres. À la réception, la grosse cheminée commence à crépiter dès les premiers frimas. Bonne cuisine pleine de bonnes saveurs du pays et pas en panne de créativité. Jolie terrasse sur la place. Accueil très agréable.

I●I *La Taverne de Saint-Jacques :* pl. de la Poste. ☎ 05-59-66-25-25. ● la-taverne-de-st-jacques@wanadoo. fr ● Tlj sf le soir lun-jeu hors saison. Menus 13 € (déj en sem)-14,50 € ; carte env 20 €. 🛜 Café offert sur présentation de ce guide. Un « bearnish pub » juste à l'entrée de la ville et donc impossible à manquer. Ici, et ce n'est rien de le dire, la thématique Saint-Jacques-de-Compostelle est déclinée partout, du bar aux w-c en passant par les noix roulées à la ventrèche. Pour le reste, honnête cuisine de brasserie. Très agréable dès l'arrivée des beaux jours, quand la terrasse est ouverte.

Où dormir dans les environs ?

▲ I●I *Chambres d'hôtes Domaine Lespoune :* 20, rue Camblong, 64190 Castetnau-Camblong. ☎ 05-59-66-24-14. 📱 06-86-14-72-66. ● contact@lespoune.fr ● lespoune.fr ● ⚡ À 3 km à l'ouest de Navarrenx par la D 115 ; fléché dans le village. Ouv de mi-mars à mi-nov. Compter 95 € pour 2. Table d'hôtes 22-38 €. 🛜 Très jolie maison de maître du XVIIIe s qu'on aurait pu rencontrer à La Nouvelle-Orléans ou à Buenos Aires avec sa galerie soutenue par des colonnes. Les 5 chambres sont tout aussi jolies : « Black & White », « Compostelle », « Art déco »... leurs noms devraient vous donner une idée de ce à quoi elles ressemblent ! Et si on vous dit que la proprio organise des stages de cuisine, peut-être aurez-vous envie de rester dîner. Sauna, jacuzzi posé face à la chaîne des Pyrénées et possibilité de massages.

Où acheter de bons produits ?

🍴 ***Jean-Pierre Casamayou :*** *70, rue Saint-Germain.* ☎ *05-59-66-50-88. Tlj sf dim-lun (ouv dim ap-m juil-août).* Un charcutier réputé pour ses différentes variétés de saucissons, comme celui de taureau, mais aussi d'excellents jambons, parmi autres saucisses et andouilles.

À voir. À faire

🏛 L'*église Saint-Germain* (place Darralde) et son élégant clocher. À l'intérieur, grandes ogives dans la nef (avec « masques » aux retombées). Autel en marbre blanc sculpté.

🏛🏛 ***La Maison du cigare :*** *pl. des Casernes.* ☎ *05-59-66-51-96.* • *cigare-navarre.com* • *Visite (des ateliers aussi) 9h-10h ou 10h30-11h30, sur résa slt : 12 €.* Une adresse unique en France, avec une production entièrement locale. La manufacture a été aménagée dans une caserne datant de 1537. Un bel espace d'exposition qui explique le processus du tabac depuis sa graine jusqu'au cigare, en passant par les différents cycles. Quant aux cigares, ils sont confectionnés sous vos yeux avec une extrême dextérité par les *torcedoras* cubaines, et les amateurs soutiennent que le cigare béarnais n'a rien à envier à ses prestigieux cousins cubains ! Existe en trois versions : *short, Robusto* et *Double Corona*.

– Possibilité de faire du *rafting* sans danger (pour tous les âges) sur le gave d'Oloron, avec **Rafting 64** (☎ *05-59-66-04-05).*

– **VTT :** 225 km de circuits qui croisent ici ou là le chemin de Saint-Jacques. Location de cycles : **Prêt à Rouler** (☎ *05-59-66-23-09).*

– **Pêche à la truite et au saumon :** *sur le gave d'Oloron.*

DANS LES ENVIRONS DE NAVARRENX

GURS (64190)

🏛 ***Le camp de Gurs :*** *à 5 km au sud de Navarrenx ; très bien fléché (de partout !). GRATUIT. Visite libre. Film diffusé « en libre-service » au point accueil.*
La création du camp de Gurs se place dans le contexte de la fin de la guerre civile espagnole (début 1939). Après que les républicains espagnols et les populations eurent passé la frontière en masse, les autorités françaises décidèrent de les parquer dans 428 baraques, construites en zone marécageuse et organisées en 13 îlots ceinturés de barbelés. Avec une capacité de 20 000 personnes, ce camp d'internement fut, de 1939 à 1945, le plus grand camp de France. Plusieurs populations y ont été internées au fil des ans : les Espagnols (printemps et été 1939), les « indésirables » (mai-juillet 1940), les juifs (octobre 1940-novembre 1943) et les gitans (printemps 1944), soit 60 000 personnes en tout.

Il existe deux parcours de découverte du camp de Gurs : le *sentier de la mémoire*, qui comprend cinq bornes d'information, et le *sentier historique*, aménagé avec 21 bornes d'information et qui passe dans tout le camp, jusqu'à la cabane de la Croix-Rouge suisse (le seul bâtiment d'origine) puis le cimetière... Le site, très dépouillé, nous replonge dans la Seconde Guerre mondiale, de Guernica à Auschwitz (puisque la plupart des 26 000 juifs y seront déportés). Une seule baraque a été reconstruite, mais on se rend facilement compte des conditions sordides d'accueil. On découvre comment la vie s'y est malgré tout déroulée, organisée jusqu'à la Libération... Une visite poignante.

AREN (64400)

À 12 km au sud-est de Navarrenx. Village connu pour son très beau **château**, élégant édifice des XVe-XVIIe s, qui écrase un peu l'église. À l'intérieur, si vous avez la chance de pouvoir y pénétrer, une remarquable peinture murale de 1450, représentant des scènes de la vie des seigneurs (dessin d'une très grande finesse).

LAÀS (64390)

Après avoir décrété Laàs comme centre du monde en 2012, l'original maire, Jacques Pedehontaa, a le projet de transformer son village en principauté. Laàs deviendra-t-il le prochain Monaco ? Affaire à suivre. En attendant, il reste l'un des plus beaux villages du Béarn. À ne pas manquer, notamment pour son château.

Où dormir ? Où manger ?

Auberge de la Fontaine : *pl. de l'Église.* ☎ *05-59-38-20-20.* • *aubergedelafontaine.net* • *Resto fermé mer et dim soir. Congés : de mi-fév à mi-mars. Double 55 € ; familiales 2-5 pers 65-85 €. Menus 13 € (déj), puis 22-27 €.* 🛜 *Apéritif maison offert sur présentation de ce guide.* Un village comme on les rêve, avec sa place, sa fontaine, son église et la jolie terrasse de cette auberge aux volets bleus qui permet d'embrasser le tout. À table, le menu du midi a les faveurs des habitués tandis que les gourmands de passage se laissent tenter par les spécialités du chef. Dans tous les cas, on a droit à une belle cuisine régionale, savoureuse et très très copieuse, alors n'abusez pas de la garbure dès le début du repas. Mention spéciale pour les desserts... TOUS les desserts ! 5 chambres à l'étage, toutes simples, mais également un gîte entièrement retapé juste à côté, avec 3 chambres mignonnes et très soignées. Sans aucun doute, l'un de nos coups de cœur de la région !

À voir. À faire

Le domaine du château de Laàs : ☎ *05-59-38-91-53.* ⚜ *Juil-août, tlj 10h-19h ; mai-juin et sept, tlj sf mar 10h-19h ; avr et oct-nov, tlj sf mar 14h-19h. Fermé déc-mars. Nombreuses animations estivales : voir la rubrique « Fête et manifestation » et leur site internet. Entrée château : 5 € ; réduc ; gratuit moins de 10 ans. Parcs et jardins : entrée libre.* Le château abrite l'une des plus belles collections d'arts décoratifs d'Aquitaine, rassemblée à partir de 1946 par Louis et Madeleine Serbat, amateurs d'art éclairés qui ont pris le soin d'étoffer un héritage déjà conséquent. Originaire du nord de la France, le couple était soucieux de mettre son riche patrimoine à l'abri des vicissitudes des guerres. N'ayant pas eu d'enfants, le château revient au conseil départemental, avec la condition de le maintenir tel quel et de l'ouvrir au public. C'est l'opportunité de pénétrer dans l'intimité de cette harmonieuse demeure, admirablement décorée dans une ambiance XVIIIe s. La visite guidée vous permettra de découvrir de magnifiques meubles d'époque (estampillés Leleu), des tapisseries d'Aubusson, des tableaux de l'école flamande (Bruegel, Rubens) et française (Fragonard, Vigée-Lebrun), mais aussi de belles porcelaines, des faïences rares. Des pièces précieuses, comme cet ensemble d'éventails XVIIe s peints et collés sur bois représentant l'activité fluviale sur la Seine, exposé dans la bibliothèque. Jardins à la française avec un miroir d'eau, une terrasse sur le gave et une fontaine du XVIIe s. Les jardins font écho aux collections d'objets d'art du château avec deux jardins qui viennent désormais s'ajouter à la visite. Ce qu'on aime, ce sont les sentiers romantiques qui descendent vers les berges du gave, et les jardins italiens qui le surplombent. Parc de 12 ha tout autour, verger conservatoire et théâtre de verdure. Largement de quoi occuper un bel après-midi ! Salon de thé en été.

La Fabrique du béret français : route de Narp, juste avt le château. 06-89-86-44-15. • leberetfrancais.com • Boutique ouv lun-ven 8h-12h, 14h-18h (17h ven). Fermé à Noël. Visite pour les particuliers ven après 15h. Pour percer les secrets du célèbre couvre-chef béarnais, c'est ici ! Du tricotage de la laine à la mise en forme manuelle, en passant par le feutrage, Pascal se fera un plaisir de vous expliquer les différentes étapes de fabrication de son béret 100 % français. À la boutique, il y en a pour tous les goûts et de toutes les couleurs *(compter 12-20 € pour un béret).*

Fête et manifestation

– *Les Transhumances musicales :* 4 j. au printemps, dans le parc du château de Laàs. Rens : ☎ 05-59-66-53-90. • transhumances-musicales.com • Chaque année, une région de l'arc atlantique est invitée à présenter ses musiques, traditionnelles ou contemporaines.
– *Fête du Maïs :* 1 w-e d'oct, dans le parc du château de Laàs. Un grand moment de liesse populaire. S'y déroule notamment le championnat du monde de l'*escoupit,* sport béarnais qui consiste à cracher le plus loin possible un grain de maïs. Le champion actuel approche les 11 m. Essayez donc si vous pensez que c'est facile !

SAUVETERRE-DE-BÉARN

(64390)   1 460 hab.   *Carte Béarn, A1*

Construite sur un saillant, Sauveterre, tout d'abord étape des pèlerins de Saint-Jacques-de-Compostelle, est au Moyen Âge chargée de surveiller la Navarre, la Gascogne et la Soule. Cette ancienne sauveté (territoire de refuge délimité par des croix) cache toute sa rigueur dans un écrin de verdure parsemé de vieilles pierres. Il fait bon s'y attarder et on aime s'y balader au rythme du temps en admirant le charme de son architecture. De la terrasse derrière l'église, on découvre les vestiges du vieux pont construit

LES SAUVETÉS

Au Moyen Âge, les guerres meurtrières entre seigneurs chassaient les populations qui erraient par les chemins. Certains villages offraient le droit d'asile aux vagabonds ou paysans sans terre. Ces enclos protégés par de puissantes abbayes ou monastères permirent la mise en valeur des terres et l'édification de villes nouvelles. Ces lieux de paix étaient délimités par des bornes surmontées d'une croix.

par Gaston VII Moncade sur le modèle de celui d'Orthez. Ce pont reliait la ville à l'île de la Glère et permettait de rejoindre l'autre rive du gave. C'est à Sauveterre que, de retour d'une chasse, Gaston Fébus est mort.

Adresse et info utiles

Office de tourisme : *pl. Royale.* ☎ *05-59-38-32-86.* ● *tourisme-bearn-gaves.com* ● 🛜 Visite guidée par des guides conférenciers du Pays d'art et d'histoire du Béarn des Gaves.
– **Marché :** *sam mat, pl. Royale.*

Où dormir à Sauveterre et dans les environs ?

Camping du Gave : *chemin du Camping, à Sauveterre.* ☎ *05-59-38-53-30.* ● *campinologue@gmail.com* ● *campingdugave.fr* ● *Bien indiqué depuis la ville. Ouv de mi-avr à mi-oct. Compter 9,40-13,50 € pour 2 selon saison ; mobile homes 4 pers 211-417 €/sem. CB refusées. 55 empl.* Au bord du… gave (!), face à l'île de la Glère. Camping classique, tout simple.

Château d'Orion : *64390 Orion.* ☎ *05-59-65-07-74.* ● *info@chateau-orion.com* ● *chateau-orion.com* ● *À l'écart du bourg, c'est indiqué. Doubles 134-184 € ; suite 204 €. Table d'hôtes 30 €.* Entrer dans cette demeure du XVIe s, c'est en percer les secrets. Chaque chambre raconte une histoire à travers les objets exposés que les propriétaires ont trouvés en ces murs. Tableaux d'ancêtres, bibliothèque aux livres jaunis, costumes d'époque, on se croirait presque dans un musée. Des tomettes au sol aux brillants lustres, on traverse les magnifiques pièces comme on voyagerait dans le temps. Les chambres, toutes spacieuses et impeccables, offrent une literie de qualité et des salles de bains modernes qui se marient à merveille avec les vieilles pierres. La plupart donnent sur l'immense parc avec, pour toile de fond, les Pyrénées. Magique ! Dans l'assiette, on se fournit auprès des producteurs locaux, dans un rayon de 64 km.

À voir

L'église Saint-André : édifiée de la fin du XIIe au début du XIIIe s ; classée Monument historique en 1912. Le clocher fortifié gagne en élégance avec de belles baies géminées. L'extérieur est de style roman. Sur le mur ouest, un beau tympan roman comporte une belle iconographie de pierre (Christ en majesté, évangélistes), ainsi qu'une clé pendante. À l'intérieur, considérablement remanié au XIXe s dans un style néomédiéval, absidioles romanes avec voûte en cul-de-four. Sur l'un des piliers du chœur, chapiteaux historiés représentent la médisance et la gourmandise. Tabernacle en bois doré avec porte ornée de l'*arbre de Jessé*.

La tour Monréal : 📱 *06-70-36-79-05. Ouv mai-oct : juin-août, mar-sam 14h30-18h30 ; le reste du temps, sur rdv à partir de 4 pers. Entrée : 5 €.* Cette énorme tour rectangulaire du XIIIe s domine le gave du haut de ses 30 m. Elle abrite un aménagement scénographique moderne et ludique autour d'une extraordinaire maquette de la cité au

LA PORTE DES CAGOTS

C'est par la petite porte située face au gave que devaient pénétrer les cagots, ces personnes rejetées par la population. En gascon, cagot signifie « lèpre blanche » et regroupait l'ensemble des maladies de peau au Moyen Âge. C'est donc pour éviter la contagion que les cagots étaient tenus à l'écart.

XVIe s. Des milliers de petites pierres taillées pour reconstruire maisons et remparts. Bluffant !

Voir aussi le **pont fortifié** du XIIIe s, la légende de la reine Sancie, la **porte du Datter,** accompagnée de vestiges significatifs de la muraille du XIIIe s, et le tympan de l'église.

À faire

Belle petite *plage* au bord du gave, en contrebas du château et des remparts. La baignade n'est ni surveillée ni même vraiment autorisée (mais agréable quand même !). Buvette sur place.

– *L'île de la Glère :* jolie balade dans cet espace classé en bord de gave et doté d'un patrimoine naturel remarquable, présenté par divers panneaux. Vestiges de la cité médiévale.

LE SUPPLICE DE LA REINE

C'est du pont de Sauveterre que la reine Sancie, épouse de Gaston V, vicomte de Béarn, fut jetée dans la rivière pour subir l'ordalie (jugement de Dieu). En effet, quand, à la mort de son mari, elle accoucha d'un enfant difforme qui ne survécut pas, on la jeta pieds et poings liés dans les flots afin de savoir si elle était responsable de sa mort. Apparemment non, puisqu'elle resta miraculeusement à la surface et fut donc innocentée !

– *Location de canoës :* avec **2xaventures,** base d'accueil à **Sorde-d'Abbaye.** 06-10-61-79-02. • 2xaventures.fr • Ou avec l'**USSCK.** *07-82-34-24-04 ou 06-03-07-16-70.* Promenades familiales en canoë ou kayak sur le gave d'Oloron, ainsi que *stand up paddle*. Possibilité de bivouac sur 2 jours.

Manifestation

– *Foire de la Blonde d'Aquitaine :* mi-août. Nombreuses animations autour du bétail sous le label Blonde d'Aquitaine : repas « de la Blonde », concours de meilleur pot-au-feu « Hesta deu Borit », jeux béarnais, marché artisanal, vide-greniers et feu d'artifice.

LA NAVARRE (NAFARROA)

PAMPLONA (IRUÑA) 279	LA NAVARRE ORIENTALE 310	LE CHEMIN DE SAINT-JACQUES 333
LES VALLÉES PYRÉNÉENNES 293	TUDELA (TUTERA) ET LA RIBERA 320	LA NAVARRE OCCIDENTALE 348

● Carte *p. 276-277*

Il y a deux Navarre, la Navarre du *toro* et l'autre, nous a affirmé un sociologue de bistrot. Et on a failli le croire parce que ça nous sautait aux yeux. Après, on a regardé une carte. Il y a bien deux Navarre, mais ce n'est pas le *toro* qui les distingue, ni la langue. À partir du pic d'Orzanzurieta (au-dessus de Roncevaux), les Pyrénées s'incurvent vers le sud-ouest. Les rivières du nord-ouest de la Navarre coulent vers l'Atlantique. Les habitants de cette zone sont bien loin de Pampelune, culturellement et historiquement, si ce n'est physiquement. Ils n'organisent pas de corridas, ils ne chantent pas la *jota*. Ils n'ont pas eu à combattre les Maures (en revanche, ils n'ont pas loupé Charlemagne) mais ils n'ont pas, non plus, subi leur influence. Ils ont été romanisés plus tard et christianisés plus tôt. Ils vivent au milieu des chênes pédonculés et des hêtres, pas des oliviers et des vignobles. Tout cela fait beaucoup de différences.

D'ailleurs, traverser la Navarre du nord au sud, c'est comme aller dans une même journée de la Suisse au Maroc. On part d'Ochagavia, petites maisons aux couleurs vert et blanc au bord d'un torrent de montagne, dans un océan de conifères émeraude. Une heure plus tard, peupliers et cyprès, toits de tuiles et clochetons carrés évoquent la Toscane. Encore quelques tours de roues et l'on rencontre les premiers oliviers, puis tout de suite la vigne. Les terres à blé s'allongent à perte de vue. Et soudain, voici les Bardenas, désert calcaire, paysages du grès strié où la pluie se fait prier. Tout au sud, Tudela se donne des airs d'Andalousie et les rives de l'Èbre portent encore la trace des travaux d'irrigation arabes.

UN PEU D'HISTOIRE

Des origines communes avec le Pays basque

Un peu ne suffira pas. Il faut beaucoup d'histoire et d'histoires pour expliquer la Navarre. Ce passé se confond largement avec celui du Pays basque (voir « Histoire » dans « Hommes, culture, environnement » en fin de guide) et, de ce fait, on est toujours un peu dans l'ambiguïté. Que la Navarre ait été originellement peuplée de Basques ne fait aucun doute. De nombreux noms géographiques du sud de la province sont carrément basques, comme Mendigorria, petit village installé sur une éminence de grès rose (en basque, *mendi* = la montagne, *gorria* = rouge). En revanche, les noms des premiers rois de Navarre ne sont pas franchement basques. Tous ces Sanche, Garcia, Iñigo qui peuplent les chroniques du IXe au XIe s peuvent être de n'importe quelle origine ou un peu mâtinés.

Le puissant royaume de Navarre (XIe-XVe s)

On sait que les deux premiers rois de Navarre connus, Eneko Aresta et García Iñiguez, ont tous deux marié leurs filles à des musulmans de la **famille des Banu Qasi**. Tout cela ne va pas sans quelques sévères batailles, dont celle de **Roncevaux** (Roncesvalles) en 788. Au terme de cette bataille, Roland et ses chevaliers sont massacrés par la coalition formée par les Vascons (Basques) et les Arabes. Les musulmans mettent Pampelune à sac au IXe s. Vers l'an 1000, le royaume de Pampelune est ainsi dirigé par une association entre les seigneurs basques et les Banu Qasi, dans un compromis durable. Les rois de Navarre, chrétiens et appuyant leur pouvoir sur les monastères, participent à la **Reconquête** (la Reconquista). Sanche VII dit le Fort remporte même en 1212 la bataille de Las Navas de Tolosa, qui met fin au royaume de Cordoue : c'est le début du démembrement de l'Andalousie musulmane. De cette bataille, le roi rapporte les chaînes qui entouraient la tente de l'émir et l'émeraude qui ornait son turban (ces reliques sont conservées aujourd'hui dans l'église de Roncevaux où Sanche le Fort est enterré). Chaînes et émeraude sont, depuis ce jour, les armes de la Navarre.

À la fin du XIIe s, **la Navarre est un puissant royaume,** entourée de la Castille et de l'Aragon, alliée aux plus grandes familles d'Europe et bien implantée dans les Pyrénées. Le pèlerinage de Saint-Jacques y amène artisans et grands seigneurs. Le chemin des pèlerins *(el camino francés)* traverse le royaume en oblique de Roncevaux à Pampelune, et de Cizur Minor à Viana au sud-ouest. Dès la fin du Xe s, les divers rois de Navarre avaient octroyé des *fueros*, une certaine autonomie, c'est-à-dire des privilèges, aux principales villes du royaume : le droit d'organiser leur commerce, leur défense et leur administration. On assiste alors à l'apparition d'une nouvelle couche sociale, les **francos.** Ce mot désigne aussi bien les hommes libres (non serviles) que les Français, qui formaient le plus gros contingent de ces émigrés.

La Navarre sous influence française

À la mort du roi Sanche VII le Fort, la couronne de Navarre passe à son neveu, le comte Thibaut de Champagne (Troyes 1201-Pampelune 1253), dont la mère est Blanche de Navarre. Il est resté dans l'histoire sous le nom « Thibaut le Trouvère ou le Chansonnier ». Ses chants lyriques et ses poésies furent même remarqués par Dante... Mais sous ces abords badins, c'est aussi un fin stratège et un véritable homme d'État. Thibaut de Champagne quitte Reims, se fait sacrer roi de Navarre à Pampelune en 1234 et réorganise le royaume. Premiers conflits entre un roi centralisateur, qui veut appliquer à la Navarre le modèle français, et les villes et confréries navarraises attachées à leurs libertés. Sauf que Thibaut Ier de Navarre (Teobaldo en espagnol) n'est pas venu tout seul. Avec lui, quelques seigneurs de son vasselage et une armée vont rétablir l'ordre. Le roi fera quelques concessions et matera quelques révoltes. Il nomme comme gouverneur **Eustache de Beaumarchais** (1235-1294), et les *francos* prennent les leviers de commande. Parmi ces familles françaises émigrées en Navarre à l'époque : les Baylle, les Bernal, les Biolante, les Boville, les Chaminade, les Marigny, et les Breton, toutes nobles, et blasonnées. C'est l'époque où, dans les textes administratifs, chaque fois que doit apparaître un mot basque (un nom de domaine, par exemple), il est suivi de la formule *rustico dicunt,* « comme disent les paysans ». Le sens est clair : il y a les paysans, qui parlent le basque, et les *francos,* qui s'expriment dans la langue romane.

Comme la Navarre est une importante voie de passage, il est évident que tout le monde a intérêt à être au moins bilingue. Le vieux français est la langue de tous les textes officiels, mais aussi celle du commerce (beaucoup d'exportations se font par Bayonne), comme le latin est celle de la religion. C'est le début d'un long processus d'éradication de la langue basque. La conquête de la Navarre par la

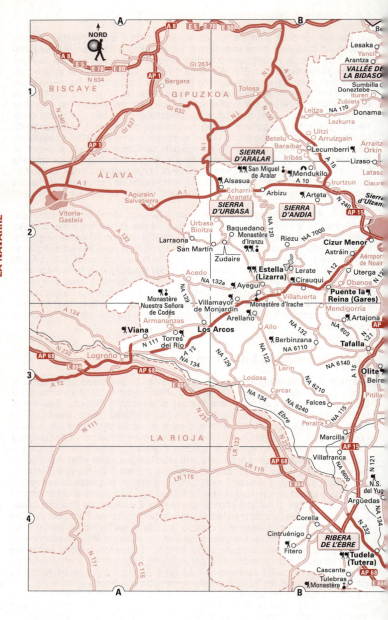

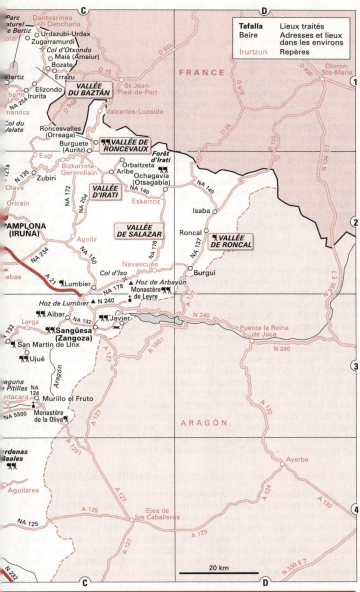

Castille n'améliorera pas les choses, pas plus que les guerres carlistes (bien plus tard au XIXe s).

La Haute-Navarre conquise en 1512 par la Castille

Les soubresauts du royaume de Navarre durant le haut Moyen Âge (du XIVe au XVIe s) s'expliquent ainsi. Très tôt, les grands seigneurs basques du Guipúzcoa et de Biscaye rendent hommage au roi de Castille, qui représente la branche cadette des rois de Navarre. L'arrivée des rois venus de France ne fera qu'exacerber cette attitude. Pour l'Aragon et la Castille, ses voisins, le royaume de Navarre est un peu étranger, du fait que ses rois vivent autant à Paris qu'à Pampelune et que les grands seigneurs parlent le français d'oïl et non le castillan. Seul **Charles III le Noble** (Carlos III) fera exception. Roi de Navarre, mais aussi comte d'Évreux par son grand-père Philippe III (maison capétienne d'Évreux-Navarre, 1361-1425) passa presque toute sa vie en Navarre. Il maria ses filles à tout ce que la péninsule Ibérique comptait de familles régnantes. Mais il est déjà trop tard, et cette politique conjugale aboutira à la conquête du royaume de Pampelune en 1512 par Ferdinand roi d'Aragon, qui est alors proclamé roi de Navarre. En 1516, il remet le royaume à sa fille Jeanne La Folle (la mère de Charles Quint), reine de Castille. Le destin de la Navarre est désormais lié à la Castille et donc au Nouveau Monde contrôlé par la couronne d'Espagne.

Le saint et le conquistador : les fous de Dieu et de l'or

Parmi les grands voyageurs navarrais de cette époque citons le père **Francisco Jabier** (saint François-Xavier, 1506-1552), de son vrai nom Francisco Jabier de Jasso de Azpilikueta y Aznarez. Avec Ignace de Loyola (un Basque), il est le fondateur de la Compagnie de Jésus (les jésuites) et le premier évangélisateur de l'Inde, de Malacca, des Moluques et du Japon. Né au château de Jabier dans l'est de la Navarre, mort à Sancian au large de Macao, ce grand saint enterré à Goa (Inde) est aujourd'hui le patron de la Navarre. D'un style plus belliqueux, le conquistador **Pedro de Ursua** (1525-1561), né à Arizcun dans la vallée du Baztán, va gagner le Pérou à la recherche de l'Eldorado, ce royaume mythique où l'or coulerait à flots. Mais il préfère l'amour à la quête de l'or qui rend fou les conquérants. Son associé Lope de Aguirre (encore un Basque !) le fait assassiner (voir le film *Aguirre ou la colère de Dieu* de Werner Herzog.

Les rois de Castille maintiennent les *fueros,* auxquels les Navarrais sont viscéralement attachés, et poursuivent le processus d'éradication de la langue basque, comme ils l'ont fait dans les autres provinces. Les grands seigneurs, attirés à Madrid, reçoivent prébendes et postes importants. Les Ezpeleta, par exemple, donneront plusieurs vice-rois à la Colombie et au Mexique.

XIXe s : les guerres carlistes (un conflit méconnu)

À l'écart des grandes voies de communication, hormis le couloir naturel de l'Èbre, la Navarre est un peu isolée géographiquement. En mars 1830, le roi Ferdinand VII promulgue une loi qui permet aux filles d'accéder au trône d'Espagne. En 1833, Isabel II, mineure, lui succède donc, ce qui ne plaît pas du tout au frère du roi, Don Carlos María Isidro, qui refuse de reconnaître sa nièce. En plus de cette querelle de succession, la reine Isabel II modifie la Constitution et supprime les *fueros* (privilèges). La Navarre se range alors en masse aux côtés de Don Carlos. Commence la ***première guerre carliste*** (1833-1840) qui secoue la province (elle durera jusqu'en 1876 et gagnera la Catalogne).

Au XIXe s se constitue ce que certains ont appelé le « fait navarrais », sorte de nationalisme provincial qui s'appuie sur l'Église (le libéral basque Mendizabal supprime les congrégations) et sur les revendications forales. La Navarre agricole et conservatrice s'oppose aux Basques libéraux de Biscaye comme aux libéraux de Madrid. Les *requetes* navarrais (combattants carlistes) seront, à un siècle d'intervalle, les troupes de choc de Zumalacárregui et de Franco. Mais les choses ne sont pas si simples : la vallée de l'Èbre, républicaine jusqu'au bout des ongles, paiera un lourd tribut à la **guerre civile** (la guerre d'Espagne, 1936-1939). On estime à plus de 5 000 les républicains navarrais passés par les armes par les troupes franquistes.

Tout au long des siècles, la richesse de la Navarre a donc attiré de nombreux émigrants. Dans les zones fertiles de la vallée de l'Èbre, dans la conque de Pampelune, cette nouvelle population a pris le pouvoir économique et politique, avec l'appui des dirigeants de Madrid. Aujourd'hui, les Basques sont minoritaires en Navarre. Dans les secteurs bascophones du Sud-Ouest et au Nord-Ouest, dans les régions d'Alsasua, Lekunberri, et dans la vallée de la Bidassoa, on parle basque et on est bilingue, mais pas du tout dans l'est de la Navarre (Tudela, Olite, Sangüesa), où le castillan est maître.

Lors de la mise en place des autonomies, la Navarre refuse de se joindre aux trois autres provinces basques (Guipúzcoa, Bizcaye, Álava), les blessures de l'Histoire étant trop profondes. Les siècles ont aggravé les fractures et exacerbé les antagonismes. Aujourd'hui encore, le gouvernement conservateur navarrais se veut fidèle à Madrid.

Bon à savoir

Internet peut vous aider lors de vos trajets en bus. La plupart des compagnies ont leur propre site. À consulter aussi, le site de la région ● *navarra.es* ● et son site spécialisé dans le tourisme ● *turismo.navarra.es* ●, très complet et traduit en français.

PAMPLONA (IRUÑA)

Traditionnellement, on parle de « conque de Pamplona » pour désigner le bassin de la capitale de la Navarre. Et c'est bien de cela qu'il s'agit, même si l'urbanisation moderne gêne aujourd'hui la lecture du paysage. Environnée de montagnes à l'ouest, au nord et à l'est, Pamplona s'est développée dans un site en forme de vaste cirque ou de coquille (*concha* en espagnol) ouverte au sud sur la vallée de l'Èbre. Pour bien comprendre, allez à la tombée de la nuit sur le chemin de ronde au nord de la cathédrale. La vue superbe, pour peu qu'un joli coucher de soleil soit au rendez-vous, s'ouvre sur les montagnes du Nord. Aujourd'hui, cette plaine circulaire très urbanisée et parcourue d'autoroutes concentre l'essentiel des activités industrielles navarraises.

PAMPLONA (IRUÑA)   198 000 hab.   *Carte Navarre, B-C2*

● Plan *p. 282-283*

Pampelune ! La capitale navarraise est l'une des villes les plus chargées d'histoire d'Espagne (et donc du Pays basque, avec lequel elle a des liens historiques). L'ambiance y est très particulière, mi-castillane, mi-basque. Les Pamplonais se déclarent navarrais avant tout et, selon le cas, admettent une petite dose de « basquitude » ou un gros zeste d'hispanité. Vous aimerez cette ville, qui n'est pas belle à proprement parler mais jeune et très vivante. Elle s'organise autour de sa splendide plaza del Castillo, piétonne et bordée de beaux immeubles peints, aux balcons de fer forgé. Les ruelles tout autour concentrent les bars à *pintxos* : c'est ici que l'animation bat son plein, en fin de semaine et jusque tard dans la nuit.

Les célèbres fêtes de la Saint-Firmin sont, bien entendu, l'événement le plus caractéristique, surtout depuis qu'elles furent immortalisées par Hemingway dans *Le soleil se lève aussi.* Enfin, Pamplona se révèle un excellent camp de base pour découvrir une région très riche en monuments religieux et en cités médiévales, notamment le long du chemin de Compostelle. Remarquez qu'en basque Pamplona se dit *Iruña,* à ne pas confondre avec Irun.

– **Bon à savoir :** la police municipale est d'une grande sévérité envers le stationnement irrégulier. Ne vous garez pas en double file, la fourrière guette. Donc, voiture au parking. Pour le centre, allez au parking du Rincón de la Aduana ou choisissez le parking du nouveau centre des congrès (Baluarte).

UN PEU D'HISTOIRE

On connaît la date de fondation de **Pompelaio par Pompée,** en 74 av. J.-C. Ce brave Pompée vient de mettre fin à la rébellion de Sertorius et de pacifier l'Espagne pour le compte de Rome. À la suite de quoi, il est nommé *imperator*. Bien entendu, le site est déjà occupé par un petit village basque appelé Iruña, mais la romanisation est rapide et complète. Les vestiges sont encore nombreux dans toute la région.

Saint Firmin : d'Amiens à Pampelune

Pamplona est christianisée assez tôt. La légende veut qu'un jeune chrétien nommé Firmin soit allé suivre l'enseignement de l'évêque de Toulouse, un certain Saturnin (que l'on appelle aussi Cernin). Après quoi, le Firmin en question évangélise successivement Pamplona et une partie de la Navarre, ainsi que la Picardie autour d'Amiens. Il est même à la fois évêque d'Amiens et de Pamplona, ce qui ne doit pas être simple avec les transports de l'époque. En tout cas, il est mort à Amiens, où ses reliques sont conservées.

Pendant le haut Moyen Âge, la ville devient assez importante pour qu'apparaisse au IXe s un « **roi de Pampelune** », mais aussi pour que les chroniques maures fassent état de multiples campagnes pour la prendre et la détruire. C'est dans ce bras de fer géopolitique qu'intervient Charlemagne pour la raser. Il est vrai que les Pamplonais ont alors de bonnes relations avec les Arabes, maîtres de l'Aragon voisin.

Les Francos : des migrants français à Pampelune

Au Moyen Âge, Pamplona est divisée en quatre quartiers : la **Navarreria,** le vieux quartier qui est surtout peuplé de Basques de toutes origines et de toutes conditions ; la **Judería,** qui, comme son nom l'indique, est le quartier juif, avec quelques habitants maures convertis ; tandis que **San Cernín** et **San Nicolás** abritent les *francos,* les nouvelles familles venues dans les bagages des rois français. Les chroniques bruissent des querelles entre les habitants d'origine et les émigrés, jusqu'à un jour de 1277 où Eustache de Beaumarchais rase la Navarreria et en décime la population. Ce jour-là, Pamplona a cessé d'être basque, et pour longtemps : la Navarreria sera reconstruite et repeuplée en 1324 seulement, presque 50 ans plus tard. Charles III arrive à trouver un accord entre les quartiers en 1423, d'autant plus facilement qu'à cette date la Navarreria est devenue aussi un quartier de *francos.* Cet épisode ne doit pas être oublié. Ce qui reste de population ancienne en Navarre prendra désormais le parti des rois de Castille contre les rois français.

Pamplona, cœur et moteur de l'histoire navarraise

Lorsque les Castillans s'emparent de la Navarre, en 1512, **Henri d'Albret** (certaines rues portent son nom hispanisé *Enrique Labrit*, notamment à Sangüesa, sa ville natale) fait une ultime tentative pour reprendre Pamplona. Il échoue, mais c'est lors de cette bataille qu'un grand seigneur gipuzkoan (un Basque né à Azpeitia) va être gravement blessé et se découvrir une vocation mystique : *Ignacio Lopez de Recalde,* qui deviendra saint **Ignace de Loyola.** Un jeune Navarrais viendra vite le seconder, Francisco de Jabier, plus connu sous le nom de saint François-Xavier (voir plus haut). Lors des guerres carlistes, Pamplona, comme toute la Navarre, prendra parti pour Don Carlos. La suppression des *fueros,* l'abolition des congrégations, c'en était trop pour Pamplona la catholique. Au début de la guerre civile (1936-1939), la Navarre dépend du général Mola, qui prend aussitôt fait et cause pour Franco. La Navarre sera le bastion des nationalistes du nord de la Péninsule et, quand Franco débarque dans le Sud, les républicains sont déjà pris dans un étau.

Hemingway à Pamplona

Correspondant du journal *Toronto Star* basé à Paris, Ernest Hemingway vint pour la première fois à Pampelune en 1923. Enthousiasmé par les fêtes de la San Fermín, il y revint ensuite chaque année jusqu'en 1959 (moins souvent pendant la guerre d'Espagne et la Seconde Guerre mondiale). Les fêtes de la San Fermín lui ont inspiré son roman *Le soleil se lève aussi,* et de nombreux reportages passionnés qui ont fait connaître la Navarre et les corridas au grand public américain.
Il existe aujourd'hui une route Hemingway *(Ruta Hemingway)* avec dépliants et panneaux explicatifs (infos à l'office de tourisme).
Voici quelques lieux marqués par ses séjours à Pamplona : près des arènes (plaza de Toros), le *Paseo Hemingway* avec son buste sculpté sous les arbres, plus loin l'*Hotel Yoldi* où Hemingway faisait la bringue avec son copain le torrero Antonio Ordóñez. Pilier de bar, Hemingway fréquenta tous les cafés de la *plaza del Castillo* (le *Suizo,* le *Kutz*...). La plupart ont disparu aujourd'hui sauf le *Txoko* (n° 20) et le fameux *Café Iruña.* On y voit une statue de lui, dans une salle surnommée le *rincón de Hemingway,* et des photos de l'époque. À côté, le *Grand Hôtel La Perla,* où l'écrivain épris de tauromachie habitait la chambre 217. Le fameux *Hotel Quintana,* haut lieu des beuveries d'Ernesto et de ses amis, a disparu. Pour la pêche à la truite, le Prix Nobel de littérature 1954 allait à Auritz-Burguete... vers Roncevaux ou à Aribe dans la vallée de Salazar.

Arriver – Quitter

En avion

✈ **Aéroport** *(hors plan par C4) : à 6 km au sud du centre-ville.* À 800 m de l'aéroport (localité de Noáin), bus n° 16 qui dessert la gare routière ; env 1 bus/h. Pour gagner le centre de Pamplona, prendre un taxi. Compter env 18 € la course. Attention, très peu de taxis le dimanche. On peut se regrouper avec d'autres passagers.
■ *Iberia :* ☎ 902-400-500. Central de résas depuis la France : ☎ 0825-800-965. ● iberia.fr ●
➢ **Madrid :** jusqu'à 6 liaisons/j.
➢ **Barcelone :** jusqu'à 3 liaisons/j.

En train

🚆 *Gare RENFE (plan A1) : avda San Jorge s/n.* ☎ 902-320-320. ● renfe.com ● Accès par le bus n° 9. Également un bureau RENFE au centre-ville (voir « Adresses utiles »).

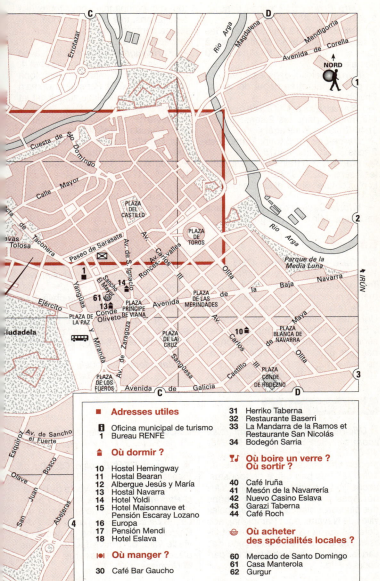

PAMPLONA (IRUÑA)

➢ **Olite (Erriberri) :** 3 trains/j. dans les 2 sens. Env 30-40 mn de trajet.
➢ **Tudela :** 10-12 trains/j. dans les 2 sens (certains avec changement à Castejón), 6h25-20h15. Env 1h ou 1h20 de trajet.
➢ **Irun :** 2 trains/j. dans les 2 sens, en fin de matinée et en début de soirée. Env 2h de trajet.
➢ **Saragosse (Zaragoza) :** 6-8 trains/j. dans les 2 sens. Trajet : 1h40-2h20 selon les arrêts.
➢ **Barcelone :** 3-5 trains/j. dans les 2 sens. Trajet : 3h50-4h15.
➢ **Madrid :** 3-5 trains directs/j. dans les 2 sens, 6h35-19h35. Durée de trajet la plus courte : 3h10, et la plus longue : 5h18.
➢ **Vitoria-Gasteiz :** 4-6 trains/j. dans les 2 sens. Min 52 mn de trajet.

En bus

🚌 **Gare routière** *(plan C3) : avda Yangüas y Miranda.* ☎ 948-20-35-66. Très développé, le réseau de bus permet de rayonner dans toute la Navarre ou de rejoindre les autres provinces. Une des meilleures gares routières d'Espagne ! Chaque compagnie possède son propre guichet. Consigne à bagages 6h30-23h. Un office de tourisme *(lun-ven 10h-14h, 15h-19h ; w-e 10h-13h, 16h-19h)* donne horaires et nom des compagnies pour toutes les destinations, très bien fait. Sinon, renseignements sur ● *estaciondeautobusesdepamplona.com* ●
➢ **Paris** (ligne Paris-Murcie) **:** avec *Eurolines* (● *eurolines.fr* ●), guichet 4. 1 bus slt sam. Départ de Pamplona vers 23h, arrivée à Paris le lendemain vers 14h. Résa sur place au guichet, et non par téléphone.
➢ **Navarre :** bus env ttes les heures pour *Alsasua* et *Tafalla* ; env 15 bus/j. pour *Estella* et *Olite* ; 10 bus/j. pour *Tudela* ; 4-5 bus/j. pour *Sangüesa.*
➢ **Donostia – San Sebastián :** env 12 bus/j., 7h-21h15, avec *Alsa* (● *alsa.es* ●). Durée : 1-2h selon les arrêts.
➢ **Vitoria-Gasteiz :** 7-11 bus/j. avec *La Burundesa* (☎ 948-22-17-66 ; ● *autobuseslaunion.com* ●).
➢ **Irun :** 1 bus/j. avec *La Burundesa* (☎ 948-22-17-66 ; ● *autobuseslaunion.com* ●). Durée : 2h45.
➢ **Madrid et Saragosse :** respectivement env 15 bus/j. et env 10 bus/j. avec *Conda* (☎ 902-42-22-42 ; ● *conda.es* ●) ou *Alsa.* Durée : 5h ou 6h45 pour Madrid, selon les arrêts.
➢ **Logroño :** 6 bus/j. avec *La Estellesa* (☎ 948-22-22-23 ; ● *laestellesa.com* ●). Durée : 1h40 ou 2h selon les arrêts.
➢ **Barcelone :** 2-5 bus/j. avec *Vibasa* (☎ 902-10-13-63 ; ● *vibasa.com* ●).

Adresses utiles

🛈 **Oficina municipal de turismo** *(plan zoom) : c/ San Saturnino, 2.* ☎ 948-42-07-00. ● *turismo.navarra.es* ● *turismodepamplona.es* ● Tte l'année, tlj 10h-17h. Très bon office de tourisme, accueillant, compétent, organisé. Des hôtesses parlent le français. Donne des plans très bien faits des principales villes de Navarre (dont Pamplona), doc détaillée sur la région, horaires actualisés des bus et des trains. Vend des cartes pour les randonnées et les parcours à vélo.

✉ **Correos** (poste ; plan zoom) **:** *paseo de Sarasate, 9.* Lun-ven 8h30-20h30, sam 9h30-13h.
■ **Bureau RENFE** *(plan C2, 1) : c/ Estella, 8.* Lun-ven 9h-13h30, 16h30-19h30 ; sam 9h30-13h. Vente de billets.
🅿 **Parkings :** *c/ Arrieta, sous la plaza de Toros, au Rincón de la Aduana, au centre de congrès et sous la plaza del Castillo.* Si l'on s'éloigne un peu de la vieille ville, on trouve facilement des places (payantes) dans la rue.
■ **Urgences :** ☎ 112.

Où dormir ?

Attention, pendant la fête de la San Fermín (6-14 juillet), la demande pour les hôtels est telle que les prix triplent, voire quadruplent. Les réservations se font souvent d'une année sur l'autre, alors autant prévoir très, très à l'avance ! Si vous vous décidez au dernier moment, essayez de trouver une chambre chez l'habitant par l'intermédiaire de l'office de tourisme. Dans la calle San Nicolás, plusieurs bars proposent des chambres mais seulement pendant la San Fermín.

Auberge des pèlerins et auberge de jeunesse

▲ **Hostel Hemingway** (plan D3, **10**) : c/ Amaya, 26, 31004. ☎ 948-98-38-84. ● info@hostelhemingway.com ● hostelhemingway.com ● *Au 1ᵉʳ étage gauche. Congés : 20 déc-1ᵉʳ janv. Lit en dortoir 16-20 €/pers, doubles 40-44 €, petit déj inclus.* 🖳 🛜 À 5 mn à pied des arènes et de la place centrale del Castillo, dans un quartier plus résidentiel qu'historique, mais proche de tout. Dortoirs de 2 à 7 lits (superposés), propres, agréables et bien arrangés (casiers fermés à clé). Une chambre privative avec lit double. Sanitaires en commun. Cuisine, laverie, salon, infos pratiques sur la ville et la région.

▲ **Albergue Jesús y María** (plan zoom, **12**) : c/ Compañía, 4, 31001. ☎ 948-22-26-44. ● jesusymaria@aspacenavarra.org ● *Ouv mars-oct. Couvre-feu à 23h. Lit en dortoir 8 € (pèlerin) et 12 € , draps inclus. CB refusées.* 🛜 Située en plein centre ville, c'est une auberge avant tout destinée aux pèlerins munis de la *credencial* (mais pas exclusivement). Récente, très propre et bien équipée, elle abrite des dortoirs de 28 lits et une chambre pour 4 personnes. Les sanitaires sont toujours sur le palier. Et aussi : cuisine, laverie gratuite, local à vélos...

Bon marché

▲ **Hostal Bearan** (plan zoom, **11**) : c/ San Nicolás, 25, 31001. ☎ 948-22-34-28. ● hostalbearan@hotmail.es ● hostalbearan.es ● *Doubles en moyenne 45-60 € selon saison.* Au cœur de la ville, dans la rue des bars à *pintxos*, cet immeuble de 4 étages abrite des chambres simples, propres et bien équipées (douche et w-c, et AC). Il vaut mieux en prendre une dans les étages élevés et savoir que les soirs de week-end l'animation bat son plein dans la rue San Nicolás. Accueil par un gentil monsieur.

▲ **Pensión Escaray Lozano** (plan zoom, **15**) : c/ Nueva, 24, 31001. ☎ 948-22-78-25. 📱 637-07-03-44. ● esca24@gmail.com ● pensionescaraypamplona.com ● *Au 1ᵉʳ étage gauche. Double 40 €, sanitaires communs ; pas de petit déj. CB refusées.* 🛜 À gauche de l'*Hotel Maisonnave*, dans un vieil immeuble très bien entretenu. Après une grande porte en bois, monter par le bel escalier. C'est une dame affable et attentionnée qui tient cette pension aménagée dans un grand appartement patiné par le temps et très propre. Décoration familiale, avec des objets anciens, des vieux meubles, des cadres et des tableaux. Les chambres à prix sages sont impeccables et d'un confort suffisant, elles ne manquent pas de caractère.

▲ **Pensión Mendi** (plan zoom, **17**) : avda Navas de Tolosa, 9, 31002. ☎ 948-22-52-97. ● info@pensionmendi.es ● pensionmendi.es ● *Au 2ᵉ étage gauche. Doubles avec sdb 40-45 €.* Un immeuble ancien du début du XXᵉ s (avec bow-windows), assez chic, situé à une intersection ombragée, en bordure de la vieille ville. Un aimable retraité loue des chambres sur 2 étages, dans un grand appartement propre et bien tenu, au charme un peu rétro. Certaines ont une déco plus contemporaine. Pour toutes, vue sur la rue (plus de bruit, mais double vitrage) ou sur l'arrière plus calme mais plus sombre.

De prix moyens à un peu plus chic

▲ **Hostal Navarra** (plan C2, **13**) : c/ Tudela, 9, 31002. ☎ 948-22-51-64. ● info@hostalnavarra.com ● hostalnavarra.com ● *Congés : Noël. Résa conseillée. Double avec sdb env 60 € (285 € pdt la San Fermín) ; petit déj en plus.* 🖳 🛜 Un des meilleurs rapports qualité-prix de Pamplona, à deux pas de la vieille ville et du quartier historique. Le jeune patron a repris l'hôtel créé par son grand-père et réserve un accueil dynamique. Toutes confortables, les chambres ont du caractère et des salles de bains superbes. Pas d'AC, mais ventilateur.

Plus chic

🛏 *Hotel Eslava* (plan zoom, **18**) : *plaza Virgen de la O, 7, 31001.* ☎ *948-22-22-70.* • *correo@hotel-eslava. com* • *hotel-eslava.com* • *Congés : 22 déc-7 janv. Doubles avec sdb 60-70 € (170 € pdt la San Fermín) ; petit déj 6 €.* 📶 *Petit déj offert sur présentation de ce guide.* Il donne sur une place ombragée et calme, le long des remparts. Son architecture, sa façade en brique et colombages, ses bow-windows, tout évoque un hôtel original et cossu. On est accueilli par une gentille dame qui tient sa maison avec soin. Fauteuils en cuir et portraits des fondateurs à la réception. Les grandes chambres sont classiques, meublées sobrement, avec de belles salles de bains. Elles donnent sur la place. En demander une en hauteur (plus de lumière et vue). Réservation pour la San Fermín pratiquement impossible : certains clients viennent ici depuis 30 ans !

🛏 *Hotel Yoldi* (plan C2, **14**) : *avda San Ignacio, 11, 31002.* ☎ *948-22-48-00.* • *yoldi@hotelyoldi.com* • *hotelyoldi.com* • ♿ *Double env 80 € (plus de 300 € pdt la San Fermín) ; petit déj 13 €.* 💻 📶 En plein centre, cet hôtel de bonne réputation abrite des chambres spacieuses et élégantes aménagées dans un style moderne et épuré (toutes avec AC). Il y a aussi des triples. C'est l'hôtel préféré des *toreros* quand ils viennent à Pamplona. Ici ont logé quelques célébrités de la tauromachie dont le grand Antonio Ordoñez, ami d'Hemingway et d'Orson Welles. Une très bonne adresse dans cette catégorie.

🛏 *Hotel Maisonnave* (plan zoom, **15**) : *c/ Nueva, 20, 31001.* ☎ *948-22-26-00.* • *informacion@hotelmaisonnave.es* • *hotelmaisonnave.es* • ♿ *Doubles env 91-125 € (550 € pdt la San Fermín) ; petit déj en sus. Parking souterrain env 15 €.* 📶 Très bien situé, dans le secteur piéton du centre historique. Grand hôtel moderne avec des chambres agréables, vastes, propres, aménagées d'une manière classique et fonctionnelle. Celles des étages élevés sont les plus calmes. L'excellent buffet du petit déj est un vrai plus. Au rez-de-chaussée, il y a un bar à *pintxos*.

🛏 *Europa* (plan zoom, **16**) : *c/ Espoz y Mina, 11, 31002.* ☎ *948-22-18-00.* • *europahreuropa.com* • *hoteleuropapamplona.com* • *Fermé dim. Congés : Noël-1er janv. Doubles 80-105 € selon saison (plus de 300 € pdt la San Fermín) ; petit déj 12 €. Parking proche (14 €/j.).* 📶 Emplacement idéal, à deux pas de la plaza del Castillo. Petit hôtel à taille humaine, avec des chambres modernes et bien équipées. Fait aussi resto : cuisine navarraise soignée et bien faite (prix au-dessus de la moyenne mais justifiés).

Où dormir dans les environs ?

Il existe de très nombreux hôtels et restos en proche banlieue : les Pamplonais adorent manger hors de la ville. Pendant les *Fermines,* ces hôtels sont souvent un bon plan. Ils sont un peu moins chers qu'en centre-ville, et pendant les fêtes des services de navettes sont organisés.

⛺ 🛏 *Camping Ezcaba :* ctra Irun, km 7, 31194 **Eusa.** ☎ *948-33-03-15.* • *info@campingezcaba.com* • *campingezcaba.com* • ♿ *À 7 km, sur la route d'Irun par la N 121a (bien indiqué). Prendre le bus 4V pl. de las Merindades, à côté de la banque BBVA, demander au chauffeur l'arrêt au camping (4 bus/j., en sem 7h30-19h30, w-e 9h-19h30). Ouv tte l'année. Résa conseillée. Env 20 € pour 2 avec tente et voiture ; bungalows 5-6 pers 78-100 € selon saison. Doubles 36-49 € selon confort.* Très grand camping (750 places), mais c'est le seul dans les environs de Pamplona. On parle le français à la réception. Bungalows, chambres doubles ou triples, dortoirs de 60 lits (min 10 personnes). Les emplacements sont bien ombragés. Fait aussi resto (prix sages). Piscine gratuite. Location de vélos. Resto en face du camping *(compter 10 € en sem, 20 € w-e, slt avr-oct).* À éviter lors des fêtes de la San Fermín, car très bruyant (et les tarifs augmentent).

Où manger ?

Bars à *pintxos* et à tapas

– Comme partout, les **bars à** pintxos sont innombrables. Certains proposent quotidiennement un *pintxo* du jour différent, affiché sur une ardoise.
– Les **calles San Nicolás** et **San Gregorio**, près de la plaza del Castillo, regorgent de petits **restos** furieusement animés, tous plus ou moins touristiques mais néanmoins appréciés des autochtones.

I●I *La Mandarra de la Ramos (plan zoom, 33) :* c/ San Nicolás, 9. ☎ 948-21-26-54. ● lamandarra@lamandarradelaramos.com ● *Tlj jusqu'à minuit (2h45 ven-sam).* Remarquable bar à *pintxos* au cœur de l'animation dans une rue piétonne survoltée les soirs de week-end. Les *pintxos* sont soignés, certains avec beaucoup d'imagination et toujours appétissants. On peut aussi manger assis à une table (salle du fond) des *raciones,* des *platos combinados,* des salades. Tout est frais et savoureux. Accueil jeune et très sympathique.

I●I *Restaurante Baserri (plan zoom, 32) :* c/ San Nicolás, 32. ☎ 948-22-20-21. ● info@restaurantebaserri.com ● ♿ *Tlj.* Pintxos 2-2,50 € ; *menus 13,50-25 €.* 🛜 Souvent primé lors des concours de *pintxos,* voici encore une excellente adresse. La collection qui s'étale sur le comptoir est alléchante : carpaccio de poivrons, crêpes farcies aux champignons, morue et huile d'olive... Tout est inventif, d'excellente fraîcheur et bien présenté. Le resto, un peu plus cher (n'hésitez pas à demander le menu du jour s'il n'est pas proposé), a bonne réputation, mais on préfère résolument le bar et ses *pintxos.*

I●I *Bodegón Sarria (plan zoom, 34) :* c/ Estafeta, 50. ☎ 948-22-77-13. ● info@bodegonsarria.com ● *Tlj jusqu'à minuit, plus tard le w-e.* Pintxos 2-3,50 €. *CB refusées.* C'est une des rues les plus animées de la ville bordée d'une ribambelle de bars. Le *Bodegón Sarria* est réputé pour son décor tauromachique. Jambons suspendus au-dessus d'un grand bar exposant une belle collection de *pintxos.*

I●I *Café Bar Gaucho (plan zoom, 30) :* c/ Espoz y Mina, 7. ☎ 948-22-50-73. ● cafebargaucho@cafebargaucho.com ● *Tlj jusqu'à 0h30 (2h ven-sam).* Pintxos 2,50-3 €. De l'avis de nombreux connaisseurs, ce serait le meilleur bar à tapas de la ville ! On y sert de vraies petites œuvres d'art ou plutôt, comme le dit la pancarte au-dessus du comptoir, « de la grande cuisine navarraise en miniature » : boulettes de morue et crevettes, tartelettes fromage-épinards, chaussons au thon et à la crème de champignons... Pas besoin d'en dire plus, il suffit d'y goûter. On en redemande !

De bon marché à prix moyens

I●I *Restaurante San Nicolás (plan zoom, 33) :* c/ San Nicolás, 13. ☎ 948-22-13-19. ● info@lacocinavasca.com ● *Tlj.* Pintxo env 2 € ; *menus 11,50-13,50 €* midi et soir en sem, 15-21 € w-e. *CB refusées. Café offert sur présentation de ce guide.* Dans un décor contemporain (et non typique), une bonne cuisine basque, populaire et goûteuse, à prix sages. Beau choix de *pintxos* toujours scrupuleusement frais et de belle taille. Desserts maison.

I●I *Herriko Taberna (plan zoom, 31) :* c/ Carmen, 34. ☎ 948-22-28-28. ● herrikotaberna@gmail.com ● *Tlj. Menus 12-21,50 €, vin ou cidre à volonté inclus.* 🛜 Un peu à l'écart de l'agitation du centre, cette taverne rustique-design (on y parle le basque) propose un bon choix de plats végétariens (brochettes de tofu, quinoa, boulgour), et des plats de viande et de calamar à prix plancher. Délicieux desserts également, notamment le gâteau au fromage. L'ambiance y est jeune et décontractée, la déco moderne et aérée. Une super adresse où l'accueil est vraiment sympa.

Où boire un verre ? Où sortir ?

La plaza del Castillo et les ruelles environnantes concentrent, bien sûr, une bonne part de la vie sociale. Les jeunes se retrouvent plutôt calle Estafeta ou calle Calderería. Nombreux bars pour tous les goûts avec ambiance d'enfer.

Café Iruña (plan zoom, **40**) : *pl. del Castillo, 44.* ☎ *948-22-20-64.* ● *gerencia@cafeiruna.com* ● *Menu env 14 €.* Grande brasserie du début du XXe s ayant conservé son fabuleux décor : colonnes sculptées, lampes ouvragées, stucs au plafond et d'immenses miroirs recouvrant tous les murs. Si vous le demandez, on vous montrera la table préférée de Hemingway sur la terrasse... ou le coin d'Hemingway (*rincón de Hemingway*) avec sa statue. Hemingway reste le grand fantôme de ce café légendaire dont il parle souvent (14 fois !) dans son roman *Le soleil se lève aussi*. On peut y manger, mais la cuisine s'avère classique et sans originalité. Vous êtes là surtout pour le cadre exceptionnel et la vue sur la place.

Mesón de la Navarrería (plan zoom, **41**) : *Navarrería, 15.* ☎ *948-22-50-36. Tlj jusqu'à minuit (3h30 w-e).* Bar à l'ambiance bohème, jeune et décontractée, tout en longueur. Aux beaux jours, la petite place juste devant s'anime, et les clients du bar s'y entassent dans la bonne humeur.

Nuevo Casino Eslava (plan zoom, **42**) : *pl. del Castillo, 16.* ☎ *948-21-29-37.* ● *ceslava@ya.com* ● *Tlj (sf lun en hiver).* Le nom n'est pas vraiment bien choisi, car il ne s'agit pas d'un casino mais d'un lieu branché et design de Pamplona. Situé dans un angle de la place, réparti sur plusieurs étages, avec une façade de cuivre, un décor post-industriel, style années 1930 et des fresques cubistes au mur. La clientèle semble adorer sa terrasse couverte et vitrée donnant sur la place. Bons milk-shakes.

Café Roch (plan zoom, **44**) : *c/ de las Comedias, 6.* ☎ *948-22-23-90.* ● *info@caferoch.com* ● *À 10 m de la plaza del Castillo. Tlj 9h (11h sam, 12h dim)-15h, 18h-22h30.* On remarque d'abord sa façade verte et rétro qui rappelle les vieux cafés de village. L'intérieur de ce troquet hors du temps s'avère tout aussi charmant et démodé, mais on y sert un bon café depuis 1898.

Garazi Taberna (plan zoom, **43**) : *c/ Calderería, 36.* ☎ *948-22-08-79.* Dans une rue bordée de nombreux bars. Salle en rotonde dans les tons pastel. Musique rock et ambiance décomplexée.

Où danser ?

Les boîtes de nuit se trouvent, pour la plupart, dans le quartier de San Juan *(plan B2)*. Depuis le centre, suivre la calle Mayor ou le paseo de Sarasate jusqu'à l'avenida Navas de Tolosa, pour rejoindre la plaza Juan-XXIII. Compter au moins 10 mn de marche ou prendre les bus de nuit N 2 ou N 7 (vendredi 23h-4h, samedi et fêtes 23h-6h). L'**avenida de Bayona,** axe d'un nouveau quartier moderne et très vilain, abrite un certain nombre de cafés branchés dont la plupart sont des *pafs* (bars où l'on peut danser), ainsi que quelques discothèques distillant une musique commerciale, comme le *Más y Más (avda Barcelona, 45)* ou le *Marengo (même avenue, au n° 2).* Y venir après minuit.

Où acheter des spécialités locales ?

Mercado de Santo Domingo (plan zoom, **60**) : *pl. de Santiago. Lun-sam 8h-14h ; ven et fêtes 8h-14h, 16h30-20h.* Un marché couvert bâti en 1876.

Pas terrible architecturalement, mais c'est l'endroit idéal pour dégoter de bonnes charcuteries navarraises *(txistorra, chorizo pamplonica)* ou des fromages du coin (roncal, uzkain).

☸ **Gurgur** *(plan zoom, 62)* **:** *c/ Estafeta, 21.* ☎ *948-20-79-92.* ● *gurgurestafeta.com* ● *Tlj 9h-21h.* Une boutique de bons produits de Navarre. Choix très important : *chistorra* (saucisse), jambons, saucissons, asperges d'Hojaldre, piments *(piquillos),* fromages d'Elizondo, miel, confitures, biscuits, chocolat à l'orange... et aussi huile d'olive, vins... Quel panier !

☸ **Casa Manterola** *(plan C2, 61)* **:** *c/ Tudela, 5.* ☎ *948-23-04-74.* ● *manterola.es* ● La maison, fondée en 1810, a gardé son style et ses recettes familiales. À base de lait frais de montagne, fabriqués selon une recette ancienne, les caramels sont goûteux, fondants, mais attention, ce sont des caramels durs qui font aussi le bonheur de générations de dentistes : à sucer, et non à croquer.

À voir

Pamplona a conservé une vieille ville assez homogène, aérée grâce à ses promenades et à ses espaces verts. La survivance des remparts et contrescarpes sur un long pourtour de la cité lui donne un charme évident. Vous remarquerez que dans certaines rues parcourues par l'*encierro* (voir plus loin « Les fêtes de la San Fermín ») les trottoirs ont été supprimés par mesure de sécurité, histoire de limiter les risques de chute.

¶¶ **Catedral y Expo Occidens** *(plan zoom)* **:** *c/ de Curia.* ● *catedraldepamplona.com* ● *Lun-sam 10h30-17h. Entrée : 5 € ; réduc. Accès gratuit pdt les messes. Plan de l'église à l'accueil.*

Il s'agit d'un ensemble religieux comprenant la cathédrale, un cloître accolé, diverses chapelles et un réfectoire.

– *La cathédrale* est l'une des plus curieuses églises du pays pour sa façade XVIIIe s, très classique et plutôt austère, dont le style assez lourd contraste avec l'intérieur gothique. Il existait ici un édifice chrétien connu au Xe s, qui fut à plusieurs reprises détruit, agrandi et remanié. La cathédrale romane et l'édification d'un premier cloître datent du début du XIIe s. L'édifice gothique que l'on voit aujourd'hui fut érigé après l'effondrement de la cathédrale romane fin XIVe s. Victor Hugo y est passé en 1843 et n'aima pas la façade : « Quel bonnet d'âne que ces deux clochers. » Plus insolite, Hemingway y est venu dans les années 1920 prier pour que les fêtes de la San Fermín se passent bien...

– *L'intérieur de la cathédrale :* belle nef centrale d'une grande sobriété. Devant l'autel, un **splendide tombeau royal** du XVe s portant les gisants de Carlos III roi de Navarre (1321-1425) et de son épouse. Charles III, dit Le Noble, était par sa mère issu de la dynastie capétienne et d'Évreux. C'est le roi préféré du peuple de Navarre, encore aujourd'hui. C'est aussi ce tombeau que Victor Hugo a le plus aimé.

Admirer également le travail en fer forgé de la grille du chœur (du XVIe s). Sur le maître-autel, la *Virgen del Sagrario,* devant laquelle étaient sacrés les rois de Navarre. Dans le déambulatoire (à l'arrière du chœur), nombreuses chapelles présentant des œuvres remarquables, notamment le *retable de Cristo de Caparroso* dans la chapelle Santa Cristina (la 3ᵉ à droite, dos au chœur).

À l'entrée de la *sacristía de los Canónigos,* on reste pantois devant l'*autel de Caparroso,* merveilleux mélange de peinture et de sculpture. Les grands panneaux de part et d'autre illustrent la vie de la Vierge. Juste à côté, belle pietà du XVIe s.

– *Expo Occidens :* entrée par la cathédrale. Mêmes horaires et billet. Il s'agit d'un parcours culturel et religieux qui permet de découvrir les édifices attenants à la cathédrale. On découvre notamment le **réfectoire des moines,** vaste salle voûtée dominée par la belle chaire sculptée du lecteur, qui sert aujourd'hui de salle de concert. La voûte repose sur des piliers polychromes sculptés d'animaux

fantastiques effrayants. Tout au fond du réfectoire, le précieux *retable de las Navas de Tolosa* (XVe s), encadré par des vitraux d'une grande finesse. La pièce voisine abrite la **cuisine monumentale,** avec des cheminées géantes (ça mangeait, un moine !) parmi les plus imposantes d'Europe. La promenade continue par d'autres pièces et une salle d'archéologie où l'histoire de Pamplona est évoquée en détail.
– **L'Expo Occidens passe par le cloître** gothique, remanié au XIVe s. Il révèle des œuvres somptueuses telles la *puerta Nuestra Señora del Amparo* (porte entre le cloître et la cathédrale), surmontée d'une *Vierge dormante* avec restes de polychromie. Ce joyau architectural présente des baies gothiques d'une délicatesse inouïe : une vraie dentelle de pierre ! L'œuvre la plus remarquable du cloître est la **puerta Preciosa** (la porte Précieuse) du XIVe s qui relie le cloître au dortoir : extraordinaire sculpture relatant la vie et la mort de la Vierge avec, tout en haut, son couronnement. En passant la porte, on découvre la chapelle musicale, sa collection d'instruments et de livres de cantiques grand format.
Voir aussi la *capilla* (chapelle) *de Las Navas de Tolosa* (XIVe s) avec sa fontaine glougloutante. Une légende affirme que la grille qui l'entoure serait faite des chaînes du calife al-Nasir-Miramolin prises par le roi navarrais Sanche VII en 1212...
– Quelques **sépultures** autour du cloître, dont le gisant d'Arnaut de Garro (derrière une grille rouillée), et plus loin la sépulture de Joanni Bonaventure Dumont, officier français mort en 1753 en Navarre...
– Par le jardin *Patio de los Mil Años,* on accède à la **Casa del Campanero** (Maison du Sonneur), maison-tour de trois étages (et 74 marches) qui renferme quelques documents sur la construction de la façade de la cathédrale. Peu intéressant.

➢ En sortant de la cathédrale, la contourner par la gauche, traverser la plazuela San José et emprunter la vieille **calle del Redin,** avec ses maisons en pierre patinées par les siècles. On débouche sur le **paseo de ronda** (chemin de ronde), qui offre de beaux points de vue depuis les bastions et redoutes. En descendant la rampe, la **puerta de Francia** (porte de France, XVIe s) avec pont-levis est toujours en état de fonctionnement.

🛉🛉 *Museo de Navarra* (musée de Navarre ; plan zoom) : cuesta de Santo Domingo, 47. ☎ 848-42-64-92. *Dans la vieille ville. Mar-sam 9h30-14h, 17h-19h ; dim et j. fériés 11h-14h. Entrée : 2 € ; gratuit moins de 18 ans et pour ts sam ap-m et dim mat.*
Un musée qui conserve des œuvres de toutes les époques, depuis les sculptures et les mosaïques de la période romaine jusqu'à la peinture du XXe s en Navarre. Visite complémentaire à celle de la cathédrale, puisque plusieurs pièces intéressantes en proviennent.
Ce musée, installé dans un ancien hôpital, devrait attirer les passionnés d'archéologie et d'architecture autant que les amateurs de peinture. On commence au **sous-sol** par une petite section archéologique.

1er étage
Quelques restes de mosaïques romaines, intéressante collection de pierres milliaires et de stèles votives et funéraires (on note avec surprise des motifs solaires romains très proches des motifs basques). À voir spécialement, des chapiteaux romans du XIIe s finement sculptés dans un luxe de détails représentant la *Passion du Christ.* En s'attardant un peu, on suit le Calvaire du Christ jusqu'à la Crucifixion, remarquable ! Très peu d'art arabe, sauf un **magnifique coffre en ivoire** *(arqueta hispano arabe)* sculpté à Cordoue, vers 1004-1005. Il est illustré de représentations humaines (contrairement à une idée reçue, ces dernières sont autorisées dans l'art islamique en dehors des lieux de culte).

2e étage
Des retables gothiques et peintures murales, avec un beau *Saint Antoine* primitif peint *a tempera,* mais surtout une exceptionnelle collection de fresques gothiques attribuées au maître d'Artajona et aux deux maîtres de Gallipienzo (le grand calvaire surmonté du soleil et de la lune est superbe). Un peu plus loin à cet étage,

les amateurs d'art oriental verront avec surprise un *Saint Christophe* du XIIIe s, qui évoque les fresques gréco-bouddhiques du Gandhara. À côté, on a reconstruit une abside pour présenter l'*Adoration de l'Agneau divin* et on a reconstitué la voûte et les murs d'une chapelle du château d'Olite, afin d'y présenter l'œuvre du maître d'Olite.
– Trois salles sont consacrées aux **fresques Renaissance du palais d'Oriz.** Réalisées selon la technique de la grisaille, elles constituent l'un des ensembles les plus importants d'Espagne pour ce type de décoration. Une incroyable leçon d'histoire narrant avec précision les campagnes de l'Elbe et du Danube (1546-1547) menées par Charles Quint (Carlos V) contre les protestants. Le palais d'Oriz (modeste, vieilli, mais toujours debout à Oriz, à 12 km au sud de Pamplona) appartenait à la famille Cruzat, d'origine bretonne, venue à Pamplona au XIIIe s pour combattre les musulmans. Don Diego Cruzat fut officier de l'armée de Carlos V, et on pense qu'il aurait participé à ces batailles allemandes du XVIe s, qu'il fit représenter ensuite sur les murs de son palais... Les Cruzat étaient si importants en Navarre qu'en 1592 le roi d'Espagne Philippe II leur rendit visite à Oriz.

3e et 4e étages
– Le 3e étage est consacré à la peinture baroque. Au 4e, les peintres navarrais du XXe s nous ont moins convaincus, hormis les belles œuvres expressionnistes et abstraites de Julio Martín Caro.

➢ Dans le même quartier, vos pas vous mèneront vers la **casa consistorial** (hôtel de ville) et sa façade baroque assez délirante (voir la statue de la Renommée, avec sa trompette de cuivre doré). *Calle Campana,* on trouve l'ancienne cour des comptes du royaume de Navarre, la **cámara de Comptos Reales** *(plan zoom),* petite maison à l'élégante architecture gothique et au pavement intéressant. À côté, l'austère **iglesia San Saturnino** (plan zoom), à la tour romane et au porche gothique. En arpentant la *calle Mayor,* on découvre une poignée de palais avec façades à armoiries. Entrées d'immeubles pavées de petits galets ronds serrés dessinant des motifs. Au n° 65, entrée d'un ancien couvent. Au débouché de la calle Mayor, l'**église San Lorenzo** *(plan zoom ; tlj 8h-12h30, 18h30-20h30)* qui abrite la statue de saint Firmin portée dans les processions et au 2e jour de la San Fermín, le 7 juillet.

🎋 Une bonne idée est de faire, du moins partiellement, le sentier urbain de Pamplona, le **paseo del Arga,** large boucle qui joint le quartier de Burlada au quartier de San Jorge en longeant la rivière. Il suffit de suivre les flèches au départ de n'importe quel point du trajet (la *plaza Consistorial,* par exemple) et le balisage jaune et blanc. Quelques panneaux en espagnol aident à se repérer. Le parcours complet demande près de 3h.

Les fêtes de la San Fermín

L'événement cher au cœur des Navarrais, qui se déroule chaque année du 6 au 14 juillet. La ville retient son souffle, semble calme jusqu'au 6 juillet à minuit. Une fusée éclate alors, et tout change. La ville va appartenir aux hommes, à la musique, basculer dans la folie, parfois dans le sang.
Dès lors, pendant une semaine, Navarrais habillés en blanc avec foulard rouge et touristes en nombre égal vont tenter de faire le plus de bruit possible, de se défoncer comme jamais. Les petits orchestres de quartier et des villages environnants jouent partout. Tambours, grosses caisses, trompettes, trombones rythment la danse. Le vin coule à flots. Le mot « civilisation » se dissout avec délectation dans l'alcool. Chaque année, il se boit plus de 3 millions de litres d'alcool en 1 semaine...
La ville devient alors un festival éclaté. Seul un don d'ubiquité permettrait de ne rien rater. Concerts de musique folklorique, de jazz, de *txistu* (flûte basque à trois

trous), feux d'artifice, défilés des grosses têtes et des géants, bals populaires, théâtre, expos, etc. Les enfants ne sont pas oubliés. Beaucoup d'attractions et activités sont prévues : défilés, parades, concours, marionnettes, manifestations sportives, *encierros txikis* avec des veaux, etc. L'un des grands moments pour les Navarrais est la *foire agricole* qui se tient le 7 juillet dans le quartier de la Magdalena.

Pour les horaires, se procurer le remarquable programme édité par l'office de tourisme. Fortement conseillé, le site ● *sanfermin.com* ● présente tous les matins, à 11h, les plus belles photos de l'*encierro* du jour, une sélection des meilleures photos des 10 dernières années, plein de conseils et des infos sur les chambres libres. Voici, en gros, les phases les plus importantes de la fête.

– **Encierro :** chaque matin à 8h précises, c'est le lâcher des six taureaux de la corrida de l'après-midi dans les rues de la ville. Inchangé depuis 1922, l'itinéraire de 848 m emprunte les calles Santo Domingo, plaza Consistorial, Mercaderes, Estafeta jusqu'à la plaza de Toros. Une fusée annonce le départ des premières bêtes, une deuxième des dernières, une troisième signale enfin qu'elles ont toutes gagné la plaza de Toros. Les taureaux sont accompagnés de bœufs. Voici venu le moment le plus fou, le plus délirant de la San Fermín. Le jeu consiste à courir devant ces tonnes de chair lancées à pleine vitesse avec pour seule « arme » un journal roulé qui sert à maintenir une distance de sécurité vis-à-vis du *toro*. Chacun a peur, chacun nourrit, entretient son angoisse avec une jouissance démesurée. On accompagne les taureaux vers la mort comme de vieux compagnons de toujours, dans un rapport affectif et physique total. Le risque d'être encorné, piétiné est une réponse à la mesure de la bête. Chaque jour, dans les bousculades, les chutes, les retournements inattendus des taureaux, des dizaines de personnes sont blessées, en général légèrement. Pour les autres, il se passe plus de choses en 2 ou 3 mn que dans toute une vie ! Aussi étonnant que cela puisse paraître, on ne déplore qu'une quinzaine de morts dans l'histoire moderne de l'*encierro*.

Si vous désirez une bonne place, arrivez au moins 1h30 avant. On peut aussi choisir d'attendre à la plaza de Toros l'arrivée des taureaux. L'atmosphère est indescriptible. Les premiers *encierros* sont toujours les plus palpitants mais aussi les plus surchargés. Si vous voulez tenter un brin de conduite avec les bêtes, choisissez plutôt le troisième ou le quatrième jour, vous avez plus d'espace pour vous dégager. Ne tentez rien sans vous faire conseiller : contrairement aux apparences, c'est un exercice très technique. N'oubliez pas que pratiquement tous les accidents graves impliquent des touristes, soit qu'ils se fassent blesser par inexpérience, soit (et c'est plus grave) qu'ils aient gêné un coureur confirmé. Le moment le plus délicat est l'arrivée aux arènes, où il y a un goulet d'étranglement : il est alors très difficile de s'extraire.

– Le matin du 2ᵉ jour, à 10h, ***procession de la statue de saint Firmin*** dans la ville, caution religieuse obligatoire des fêtes païennes. Départ de l'église San Lorenzo.

– ***Bal*** endiablé tous les soirs de minuit à l'aube, plaza del Castillo.

– Chaque jour, à 18h30 précises, début de la ***corrida***. Possibilité de rendre visite aux taureaux aux *corrales del Gas* (dans le quartier Rochapea, au nord du centre, de l'autre côté du rio Arga).

– Pour l'achat des tickets, pour les défilés des géants et des grosses têtes, les *encierros* pour enfants, les concerts, les feux

> **RELIGION OU SUPERSTITION ?**
>
> *1940 : le maréchal Pétain désira faire un cadeau à Franco. Sur le conseil de Xavier Vallat (futur commissaire aux questions juives), il décida de lui offrir une partie des reliques de saint Firmin, conservées à Amiens. Le reliquaire frappé de la francisque pétainiste prit la route pour Pamplona. À la frontière, la ferveur populaire était telle que la voiture se trouva bloquée. Les Navarrais embrassèrent la route devant le véhicule, les prêtres processionnèrent autour : la voiture mit 3 jours à arriver...*

d'artifice, les manifestations gratuites de toutes sortes, impossible de donner les horaires et les lieux. Prendre les renseignements à l'office de tourisme. En principe, les arènes de Pamplona affichent complet pendant la feria, la plupart des places étant retenues par abonnement. Il y a d'ailleurs un marché noir, et, en achetant vos places au tout dernier moment, vous pourrez bien vous en sortir. Une fois dans les arènes de Pamplona, vous verrez bien la corrida si vous êtes « à l'ombre », ou même « à l'ombre et au soleil ». En revanche, si vous avez des places « au soleil », vous ne verrez probablement rien du tout et vous serez fraternellement chahuté et bombardé de vin, « champagne », etc., par les membres des *peñas* locales. Prévoyez ciré et vieux vêtements.

– *Quelques conseils :* pensez à réserver une chambre très longtemps à l'avance. Cela dit, beaucoup de gens dorment dans les parcs ou passent des nuits blanches. Bien sûr, ne transportez aucun objet de valeur sur vous. Les premières nuits sont toujours les meilleures. Après, ça dégénère un peu et ça perd en spontanéité. Enfin, pensez à vous faire envoyer le programme un peu avant, afin de bien préparer votre séjour.

– Les malins reviendront le *3ᵉ week-end de septembre* (vendredi-dimanche), quand le quartier de la Navarrería célèbre ses fêtes appelées **San Fermín txiki** (la petite San Fermín). Il n'y a pas d'*encierros,* pas de touristes non plus, mais des concerts dans les rues, des fanfares, des défilés de géants, et tard dans la nuit, des hommes déguisés en taureaux bombardent la foule de feux d'artifice en poursuivant les enfants faussement effrayés. Pamplona fait la fête entre amis.

LES VALLÉES PYRÉNÉENNES

La vallée de la Bidasoa.. 293
- Lesaka (Lesaka)
- Arantza, Sumbilla et Doneztebe

La vallée du Baztán....... 295
- Zugarramurdi (Zugarramurdi) • Urdazubi-Urdax (Urdazubi)
- Le col d'Otxondo
- Maia (Amaiur)

- Bozate (Bozate)
- Arizcun • Errazu (Erratzu) • Elizondo (Elizondo) • Irurita
- Le parc Señorío de Bertiz à Oronoz-Mugairi

La vallée de Roncevaux .. 301
- Roncesvalles (Orreaga ou Roncevaux)
- Burguete (Auritz)

La vallée d'Irati............... 305
- Aribe • Orbaitzeta

La vallée de Salazar....... 306
- Ochagavia (Otsagabia)

La vallée de Roncal........ 307
- Isaba (Izaba)
- Roncal (Erronkari)
- Burgui (Burgi)
- De Burgui à Lumbier

Du Labourd, de la Basse-Navarre, de Soule, toutes les routes qui traversent la chaîne des Pyrénées conduisent à des vallées navarraises. Eh oui ! même la vallée de la Bidasoa, si proche de Béhobie, est navarraise. Les rois de Navarre savaient bien que celui qui tient les cols tient la richesse. Dès qu'on a passé l'ancienne frontière et qu'on a quitté les villages où fleurissent les **ventas,** commence l'enchantement navarrais : des routes étroites traversant des sites d'un charme et d'une douceur inoubliables. De petits villages hors du temps alignant leurs maisons typiques sans agressions architecturales de mauvais goût.

LA VALLÉE DE LA BIDASOA

La route N 121a, qui conduit au village frontière de Behobia, est souvent encombrée d'énormes camions. Pour revenir en France, choisissez plutôt de passer par le col d'Ibardin, puis Urrugne, à partir de Bera (route étroite mais superbe et toujours dégagée), ou par le col de Lizarrieta qui mène à Sare (encore une belle petite route étroite à travers les forêts).

Quelques jolis itinéraires sur ces routes permettent des balades sympas, surtout au printemps et en automne. Peu d'hébergements. La plupart des nombreuses *casas rurales* ne se louent qu'à la semaine.

Comment y aller ?

➤ **En bus :** 2 compagnies desservent la vallée de la Bidasoa avec correspondances soit à Mugairi, soit à Lesaka. *La Baztanesa* (☎ 948-58-01-29 ; ● labaztanesa.com ●) assure la liaison Pamplona-Elizondo (5 bus/j. en été, durée env 1h) et Donostia – San Sebastián et Elizondo. *La Unión Burundesa* (☎ 948-22-17-66 ; ● autobuseslaunion.com ●) : 1 bus/j. pour Lesaka ; 1-4 bus/j. vers Bera (durée 1h20), via Donetzebe, Lesaka et Donostia – San Sebastián.

Adresse utile

🛈 **Office de tourisme municipal :** *Eztegara Pasalekua, 11, 31780* **Bera.** ☎ *948-63-12-22.* ● *berakoudala.net* ● *Slt de mi-juin à mi-sept et pdt la Semaine sainte, mar-sam 10h-14h, 16h-19h, et dim mat.* Plein de doc sur la vallée et accueil en français.

LESAKA (LESAKA ; 31770)

À 7 km au sud de Bera et environ 20 km seulement d'Irun et Hendaye, un peu à l'écart de la route NA 4000, Lesaka est un gros bourg navarrais situé au pied du mont Aguerregui. Le centre ancien est coupé par le *río* enjambé de multiples ponts de pierre. Il a conservé son caractère navarrais avec ses maisons anciennes, ses balcons ouvragés, et ses portes sculptées. La ville fut le quartier général de la résistance aux troupes napoléoniennes.
Sur la place centrale, bel *ayuntamiento* (hôtel de ville) baroque, entouré de plusieurs maisons blasonnées comme le *palais de Maritxalar* (le berceau de la famille du mari de l'infante Elena) et surtout le *palais Zabaleta*, le long du *río*.
Pendant les fêtes, on danse ici l'*ezpata-dantza* (« danse des épées »).

Où dormir ? Où manger ?

🛏 🍴 **Hostal Ekaitza :** pl. Berria, 13. ☎ *948-63-75-59.* ● *ekaitzalesaka@telefonica.net* ● *ekaitzalesaka.com* ● *Snack-bar fermé mar soir. Selon confort et saison, doubles avec sdb 44-60 €, apparts 3-4 pers 88-110 €. Au snack, plats 6-10 €.* 📶 Miguel-Angel a transformé l'ancienne maison familiale en *hostal* de 4 chambres grandes et agréables. Certaines ont une petite terrasse comme la n° 12 avec 2 fenêtres. Loue également un appartement avec cuisine, pratique pour les familles.

🍴 **Kasino :** pl. Zaharra, 23. ☎ *948-63-72-87. Tlj sf lun soir. Fermé 24-25 déc. Menú del día 15 € le midi en sem ; carte env 30 €. CB refusées.* 📶 Plus qu'un casino, il s'agit d'une vieille auberge de caractère, installée dans le palais de Maritxalar, au cœur du village. On y sert une cuisine locale savoureuse et copieuse. Selon les connaisseurs, on y prépare la meilleure omelette aux patates (*tortilla Navarra*) de toute la Navarre (minimum 3 personnes et sur commande !). Et c'est vrai qu'elle est extraordinaire... d'autant qu'on la savoure dans un décor chargé d'histoire.

Où dormir ? Où manger dans la vallée de la Bidasoa ?

⛺ 🍴 **Camping Ariztigain :** *caserio Zubizargaña, 31791* **Sumbilla.** ☎ *948-45-05-40.* ● *info@campingariztigain.com* ● *campingariztigain.com* ●

🏕 *À 4 km au nord de Doneztebe (Santesteban). Congés : de mi-déc à mi-janv. Compter 20 € pour 2 avec tente et voiture ; bungalow 4 pers env 90 €. Menu 10 € (22 € w-e).* Superbe emplacement : le camping est installé dans une chênaie magnifique, au sommet d'une colline dominant le village et la vallée. Tenu par des patrons chaleureux et francophones. Loue aussi des mobile homes et des bungalows en bois. Bar, resto et épicerie de dépannage.

🏨 |●| *Hotel Ameztia : Ameztia, 9, 31740 Doneztebe.* ☎ *948-45-00-28.* ● *info@ameztia.com* ● *ameztia.com* ● *Tte l'année. Doubles avec sdb 48-50 €.* Au cœur du village, un hôtel-resto avec un bar à *pintxos*, une petite terrasse pour boire un verre, et des chambres propres et suffisamment confortables. Loue aussi des VTT à la journée *(20 €/j.).*

🏨 |●| *Donamaria'ko Benta : barrio Ventas, 4, 31750 Donamaria.* ☎ *948-45-07-08.* ● *info@donamariako.com* ● *donamariako.com* ● *De Doneztebe, prendre la direction de Donamaria, c'est 3 km plus loin sur la gauche. Fermé à Noël, et resto fermé dim soir et lun. Résa conseillée. Doubles avec sdb 70-80 €, sans ou avec petit déj. Menus 20-32 € ; carte env 30 €.* 📶 Un peu avant le village de Donamaria, voici une charmante *casa rural* située dans un environnement champêtre et verdoyant, avec rivière à truites, jardin, et saules pleureurs. Bon accueil de la famille Luzuriaga-Badiola. Les chambres sont installées dans une vieille demeure navarraise du XIXe s, aux grosses pierres apparentes. Décorées avec soin, sous la charpente en bois, 2 chambres ont une terrasse donnant sur le jardin. Fait aussi restaurant : cuisine locale soignée et mijotée, faite avec des produits frais de la région.

À voir dans la vallée de la Bidasoa

🎯 À 9 km au sud de Lesaka, **Arantza** est l'un des plus beaux villages de la région basco-navarraise. Plus au sud encore, **Sumbilla** se niche au fond de la vallée (beau camping). À 18 km au sud de Bera, et à environ 15 km de Lesaka, sur la N-121A, la petite ville de **Doneztebe** (*Santesteban* en espagnol), cœur de la vallée de la Bidassoa, possède de grosses demeures blanches avec des pierres de granit rose typiques de cette région.

LA VALLÉE DU BAZTÁN

En venant de France, on peut entrer dans le Baztán par le village de Dancharia, 3 km au sud d'Ainhoa. Première surprise, ce n'est pas un col, mais un pont sur la rivière de Lapitxuri qui marque la frontière.

Comment y aller ?

➤ *De Pamplona :* en **bus** avec la compagnie *La Baztanesa* (☎ *948-58-01-29 ;* ● *labaztanesa.com* ●). 3-5 bus/j. entre Pamplona et Elizondo. Durée : 1h.

Adresse utile

🛈 *Oficina de turismo : c/ Jaime Urrutia, à* **Elizondo.** ☎ *948-58-15-17.* ● *baztan.es* ● *De juil à mi-sept, tlj ; en hiver, ouv ven-dim et pdt ponts et Semaine sainte.* Dans le beau palais Arizkunenea. Doc détaillée sur la ville, la vallée du Baztán, *casas rurales,* randonnées, animation.

ZUGARRAMURDI (ZUGARRAMURDI ; 31710)

À 4 km au sud de Dancharia (frontière France-Espagne), voici le premier village de montagne navarrais, caché dans les monts. La cuisine navarraise y est réputée. On trouve quatre restaurants dans le centre du village, ce qui est étonnant pour la taille de la bourgade.
– **Site du village :** ● turismozugarramurdi.com ●

Où dormir ?

▲ *Casa rural Sueldeguia :* c/ Lapizteguia s/n. ☎ 948-59-90-88. ● sueldeguia@gmail.com ● locations-paysbasque-espagnol.com ● En arrivant dans le village, l'église est sur votre gauche, prendre à droite le chemin qui monte, c'est 50 m plus haut (indiqué). Ouv tte l'année. Double avec sdb 37 € ; petit déj 4 €. CB refusées. 🛜 Dans une maison du XVe s : façade blanche et balcons verts. L'une des rares *casas rurales* du village où l'on peut passer une seule nuit (les autres se louent à la semaine). Patron jovial et francophone. Il propose 4 grandes chambres propres à la déco rustique, avec vue sur la montagne (sanitaires dans la chambre ou sur le palier). Accès gratuit à la cuisine.

▲ |●| *Graxiana Aterpea – Albergue de las Brujas :* Lapiztegia kalea ; à 50 m de la Casa Sueldeguia. 📱 675-71-14-98. ● info@graxiana-aterpea.com ● graxiana-aterpea.com ● Resto tlj sf mar. Congés : 24 janv-8 fév. Compter 19,50-21,50 €/pers en dortoir et 50 € la double avec sdb ; petit déj 3,50 €. Menus 12,50-25 € ; plats 10-17 €. 🛜 Auberge moderne dans une grande maison peinte en rouge au bord du vallon. Déco insolite et personnalisée sur le thème des sorcières qui pendent dans les coins et aussi des objets réalisés avec du matériel recyclé. Ensemble rustique et confortable, intéressant pour les groupes. Impeccables dortoirs de 4-10 lits avec des sanitaires privés ou communs. Quant aux chambres doubles, elles sont originales et agréables. Il y a aussi un gîte rural à louer à la semaine.

À voir

🏃 *Cueva de las Brujas* (grotte des Sorcières) : ☎ 948-59-93-05. Tlj sf lun 10h30-20h (19h30 en basse saison, 19h w-e). Durée : max 1h. Entrée : 4 € ; réduc. Billet combiné avec le museo de las Brujas : 7,50 €. Les derniers supposés sabbats de Zugarramurdi eurent lieu au début du XVIIe s et les dernières sorcières (ou considérées comme telles !) furent brûlées sur ordre de l'Inquisition. Creusée sur 100 m par le torrent d'Urbia sous la montagne calcaire, la grotte se visite facilement. Le retour se fait par le même sentier. L'un des derniers dimanches de juillet, Zugarramurdi organise la **fête des Sorcières** en souvenir de cet épisode lugubre de son histoire.

🏃 *Museo de las Brujas* (musée des Sorcières) : c/ Behitiko Karrika. ☎ 948-59-90-04. À env 300 m avt la grotte des Sorcières. Mer-dim 11h-19h30 (18h en hiver, 19h w-e), plus mar en été. Fermé 1re quinzaine de janv. Entrée : 4,50 € ; réduc. Billet combiné avec la grotte : 7,50 €. Un petit musée retrace l'histoire de l'Inquisition dans la région. Affreux détails techniques sur la torture.

URDAZUBI-URDAX (URDAZUBI ; 31711)

À 3 km de Zugarramurdi, dans une sorte de cirque de montagnettes, ce village est baigné par plusieurs canaux qui donnent de la fraîcheur à la localité. Paisible comme un village anglais et noble comme un *pueblo* de Castille, le bourg compte plusieurs maisons dites d'*Indianos*, naguère construites et habitées par des émigrés de retour d'Amérique. On peut voir le vieux moulin avec son bief, l'église San Salvador et son petit couvent qui possédait la plus belle bibliothèque médiévale de Navarre, incendiée en 1793 par les soldats français de la Convention. Il abrite aujourd'hui un petit cloître et une expo de peinture – 300 œuvres d'une vingtaine d'artistes navarrais. *Visite de mi-juil à mi-sept, tlj 11h-20h ; le reste de l'année, mer-ven 14h-18h30, w-e et vac scol 11h-19h. Billet combiné (musée, couvent et grottes d'Urdax proches du village) : 8 € ; réduc.*

Où dormir ? Où manger ?

Hotel Irigoienea : *barrio Iribere, à la sortie du village en allant vers la N 1218.* ☎ *948-59-92-67.* ● *reservas@irigoienea.com* ● *irigoienea.com* ● *À droite après un pont, suivre le panneau, c'est 600 m plus loin. Ouv slt jeu-sam. Congés : janv-fév et 4e sem de juin. Résa obligatoire. Doubles avec sdb 76-86 € selon saison ; petit déj env 8 €. Plats 5-10 €. CB refusées.* Une auberge de campagne dans une vieille ferme navarraise aménagée chaleureusement, dans un environnement verdoyant et paisible. Les plus belles chambres se nichent sous les combles, avec poutres et charpente apparente. Elles sont toutes confortables et meublées dans un style rustique de bon goût. Vue sur un beau paysage de prairies et de montagnes. Accueil jovial. Sert aussi le dîner (à la demande) ; petite carte avec des plats locaux : asperges, saucisson de sanglier, pâtes aux cèpes...

La Koska : *c/ San Salvador, 4.* ☎ *948-59-90-42. Tlj sf dim soir et lun. Congés : de mi-nov à mi-déc. Menu déj 18 € ; plats 6-18 € ; carte en français.* En face du vieux moulin, voici un bien bel endroit, avec sa grande salle rustique accueillante au milieu de laquelle trône une cheminée massive. On y mijote une bonne cuisine navarraise, qui suit le rythme des saisons. Bon service, dans un français impeccable. Terrasse ombragée au bord du bief.

LE COL D'OTXONDO *(Puerto d'Otxondo)*

À 9,5 km au sud du village frontalier de Dancharia, la superbe route N 121b monte en tournant jusqu'au col d'Otxondo (602 m). On traverse de belles forêts de châtaigniers. Le col d'Otxondo est l'entrée de la zone adjacente au parc naturel Señorio de Bertiz (voir plus loin). En été, point d'info touristique et parking pour ceux qui désirent randonner dans le parc. Une fois passé ce col, la route redescend dans la vallée du Baztán vers Elizondo.

MAIA *(AMAIUR)*

À l'est de la route principale (sur la gauche en venant du col d'Otxondo), ce très beau village est célèbre dans toute la Navarre pour avoir été le dernier nid de résistance aux Espagnols au XVIe s. Il est vrai que le nombre et la taille des maisons blasonnées laissent penser que ce n'était pas un village de paisibles laboureurs ! La plus belle de ces demeures est celle, au centre du village, qui abrite la mairie.

BOZATE *(BOZATE)*

À 2 km au sud de Maia (Amaiur), vous pouvez visiter le **parc-musée Santxotena** : ☎ *945-39-66-64.* ● *santxotena.org* ● *Sam 11h-13h30, 16h-19h (19h30 fin juil-fin août) ; dim 11h-14h. Entrée : 5 €.* C'est à la fois un atelier d'artiste, une maison traditionnelle et un jardin de sculptures. Plusieurs générations de menuisiers-sculpteurs ont vécu dans la vieille demeure bien conservée et restaurée. On y voit des meubles anciens à la patine lourde et sombre, et un atelier du début du XXe s avec ses gouges, ses rabots et ses ciseaux à bois. Dans une prairie, plusieurs sculptures modernes du dernier fils Santxotena sont exposées au public. On les découvre librement au fil de la promenade.

|●| Deux petits *restos-bars* sans prétention au carrefour avec la N 121 (à Bozate, 2 km d'Errazu). Le meilleur est l'*Asador Ordoki*.

ARIZCUN

🌲 *La maison natale du conquistador Pedro de Ursua :* en venant de la nationale, en direction d'Errazu, au 1er rond-point (panneau Bozate). Derrière une file d'arbres se dresse une grande maison blanche *(Lamiarrita)* avec des arcades. Faire 70 m, tourner à gauche, un chemin de terre (300 m) mène à la maison du conquistador à flanc de colline (pignon blanc avec colombages, le reste en pierres). Privée, elle ne se visite pas, mais l'histoire hors du commun de Pedro de Ursua (vers 1525-1561) mérite d'être contée (voir encadré).

UN AMOUR VAUT PLUS QUE L'ELDORADO

Le Navarrais Pedro de Ursua prit la tête d'une petite armée à la recherche de l'Eldorado. Les Espagnols pensaient que ce royaume indien dirigé par un roi couvert de feuilles d'or (dorado) se trouvait en Colombie. En route, il tomba amoureux et renonça à la quête de l'or. Son assistant, Lope de Aguirre, le fit assassiner pour prendre la tête de l'expédition. Werner Herzog relate cette aventure, de feu et de sang, dans son film Aguirre ou la colère de Dieu.

ERRAZU (ERRATZU ; 31714)

À l'est de Bozate par la NA-2600 et à 8 km à peine au nord d'Elizondo. Niché dans un beau vallon, entouré de monts et de prés verdoyants, avec une rivière de montagne qui se glisse au milieu des maisons, voici notre village coup de cœur dans le Baztán. Le grès rose se retrouve partout pour souligner la blancheur des façades. Rues étroites, maisons discrètement blasonnées, aux fenêtres et aux balcons fleuris. L'église (en grès rose, bien entendu) cache un minuscule cloître avec jardinet. Le sol du cloître est l'ancien cimetière : chaque pierre porte le nom d'une maison du village.

Où dormir ? Où manger ?

⌂ *Camping Baztán :* ctra Francia s/n. ☎ 948-45-31-33. ● campingbaztan@campingbaztan.com ● campingbaztan.com ● ♿ À la sortie du village (300 m), sur la route du col d'Ispeguy. Ouv de mi-mars à oct. Env 22 € pour 2 avec tente et voiture ; bungalows récents avec sdb et cuisine 81-118 € selon saison. 📶 Camping bien aménagé en bordure de route (pas de circulation) et proche de la rivière. Environnement vert et paisible. Le patron parle remarquablement le français et se met en quatre pour aider ses clients. Emplacements ombragés, bons équipements, piscine (gratuite), tennis, resto, boutique.

🏠 *Casa Etxebeltzea :* presque en face du pont. ☎ 948-45-31-57. 📱 605-20-44-91. ● info@etxebeltzea-baztan.com ● etxebeltzea-baztan.com ● Résa conseillée. Double avec sdb 60 € ; petit déj 5 €. CB refusées. Parking. Cette ancienne demeure noble, bordée par un petit jardin, est à l'image du village : authentique, charmante et chargée d'histoire. Toute de grès, ornée d'un balcon fleuri, elle s'ouvre sur un large porche de grès rose qui rehausse sa façade blanche. Dans l'entrée, un antique *zuzulu* (banc de cheminée) rappelle l'époque où l'on faisait asseoir les invités avant de leur offrir le pain et le fromage. Les grands salons de l'étage (meublés comme un vieux manoir seigneurial) mènent aux 4 superbes chambres de caractère, toutes confortables et impeccables. La famille Fagoaga est particulièrement accueillante. Pas de repas, mais madame vous indiquera un bar à tapas du village.

🏠 |○| *Hotel Señorío de Ursua :* *caserío Ikazatea, 31713 Arizcun.* ☎ *948-45-35-00.* ● *info@hotelursua.com* ● *hotelursua.com* ● *Près du carrefour avec la N 121. Congés : janv. Doubles 75-120 € selon saison ; petit déj 8 €. Repas env 20 € (à la carte).* 💻 🛜 *Apéritif maison offert sur présentation de ce guide.* Les chevaux et les vaches paissent au milieu des champs, tandis que sur une petite colline se tient cet hôtel rural installé dans une vieille demeure du XVIIe s. Chambres stylées et confortables, arrangées avec goût. Elles donnent sur la campagne et les monts. Au rez-de-chaussée, un beau salon cossu avec billard français. Spa payant. Dîner servi sur commande. Patron très prévenant.

ELIZONDO (ELIZONDO ; 31700)

À 9 km de la route Pamplona-Irun, Elizondo est la capitale de la vallée du Baztán. C'est un grand et long village-rue étiré le long de la rivière Baztán, qui vient des montagnes pour se jeter dans la Bidasoa. Garer sa voiture et marcher dans cette charmante petite ville à taille humaine pour admirer quelques très belles maisons anciennes, de style navarrais (colombages, façades blanches et entourages de pierre en grès rouge). Elizondo est une bonne base pour explorer la région.
– Du 18 au 25 juillet, lors des **fêtes patronales**, appelées *Baztandarren Biltzarra* (« la réunion du Baztán »), les habitants de la vallée se rejoignent à Elizondo pour de superbes parties de pelote, des danses basques et un défilé de voitures à cheval.

Où dormir ? Où manger ? Où boire un verre dans le coin ?

À Lekaroz
(LEKAROZ ; 31795 ; sortie sud d'Elizondo)

Le village est tout petit, juché sur une éminence.

🏠 |○| 🍷 *Hotel Hiru-Iturri :* *pl. Mayor.* 📱 *652-34-99-69.* ● *info@hiruiturri.net* ● *hiruiturri.net* ● *Resto tlj sf lun. Congés : 1 sem mi-sept. Double avec sdb 35 €. Menu 11 €. CB refusées.* L'un des hôtels navarrais les moins chers de la région, avec des chambres simples, propres et suffisamment confortables. Fait aussi bar, resto, épicerie et bazar. Ici, les vieux du village jouent aux cartes, et les montagnes vous regardent.

À Elizondo même

🏠 |○| 🍷 *Hostal Trinquete Antxitonea :* *Braulio Iriarte kalea, 16.* ☎ *948-58-18-07.* ● *hostal@antxitonea.com* ● *antxitonea.com* ● ♿ *Tte l'année. Resto ouv le soir tlj sf dim, plus le midi sam. Doubles avec sdb 64-77 € selon taille et saison. Plats 8-16 €.* 🛜 Hôtel au charme rustique, aménagé dans le vieux trinquet d'Elizondo. On pousse une porte, et nous voilà dans la galerie au-dessus des joueurs de pelote, avec un bon bistrot où viennent se retrouver les passionnés. On peut aussi y manger une cuisine classique et consistante. Préférer les chambres sous les combles, plus grandes, plus belles... et un peu plus chères. En un mot, l'endroit parfait pour découvrir la ville et les Navarrais du Baztán.

|○| 🍷 *Bar-restaurant Txokoto :* *Braulio Iriarte kalea, 25.* ☎ *948-58-03-49. Tlj sf mer. Congés : 10 j. en juin et 15 j. en sept. Menus du jour 10-12 € midi sf dim ; le soir, carte*

env 30 €. CB refusées. Petite maison blanche aux volets verts dont la salle à manger donne sur le río Baztán. Le *Txokoto* est l'un des cœurs de la vie d'Elizondo. Le chef mitonne une cuisine du terroir, généreuse et délicieuse. On recommande l'omelette au jambon et fromage de la femme de Firmin, le jovial patron. Il y a aussi des *pintxos* au bar, pour grignoter.

|●| Restaurant Santxotena : *c/ Pedro de Axular.* ☎ *948-58-02-97.* ● *restaurante@santxotena.es* ● *À moins de 100 m de la plaza de los Fueros, près de la rivière. Juil-août, tlj midi et soir ; hors saison, ouv slt le midi mar-dim, plus le soir sam. Congés : 1re quinzaine de sept et 24 déc-6 janv. Menus 13 € (midi)-21 € ; carte env 30 €.* La meilleure table de la ville ! Les horaires ne sont pas toujours très pratiques, mais la maison a une très bonne réputation. Cuisine navarraise, raffinée et fraîche, élaborée avec de bons produits locaux par 2 talentueuses femmes (c'est la 4e génération d'une famille de cuisinières) : ragoût de queue de génisse, tournedos de la vallée, haricots blancs aux palourdes... Salle à manger « rustique-chic », et accueil particulièrement remarquable de la famille Lopez Santxotena.

À voir

✝ Vieilles demeures blasonnées : le **palacio Arozarena** au 17, calle Jaime Urrutia. Le palais le plus imposant est le ***palacio Arizkurenea***, près de la plaza de los Fueros, sorte de manoir navarrais abritant des bureaux de la mairie et le centre culturel d'Elizondo.

✝ L'église paroissiale : au centre du village, dédiée à saint Jacques, elle date du XVIe s. Intéressante pour ses escaliers extérieurs qui permettent aux hommes de rejoindre les galeries (au Pays basque, la mixité est anticléricale).

✝ Museo etnográfico Jorge Oteiza : *Braulio Iriarte kalea, 36, en bord de rivière.* ☎ *948-58-15-17. En été, mer-dim 11h-14h, 17h-20h ; en hiver, mêmes horaires mais ouv-dim slt le mat. Entrée : 4 € ; réduc.* Dans un bel édifice du XVe s, l'un des plus vieux d'Elizondo. Comme d'habitude dans ce type de musée, on trouve une accumulation d'outils et machines agricoles, de costumes et de mobilier ancien. Le plus intéressant reste la maison elle-même avec sa façade de grès rose et ses poutres vermoulues.

IRURITA

À 4 km au sud d'Elizondo, surplombant le fond de vallée depuis une hauteur stratégique. Incroyable place centrale (plaza de la Duquesa de Goyeneche) où toutes les maisons (sauf deux) portent un blason sculpté (certains sont très grands). Pourquoi ? Voir encadré. Dans un angle de cette place, possibilité de visiter le **Palacio Jaureguia** *(visites guidées tlj en août à 12h, 17h et 20h ; sinon, à 11h et 17h ou sur rdv ;* ☎ *948-45-20-56 ;* ● *palaciojaureguia.com* ● *; entrée : 5 €, réduc).* Navarre éternelle ! Le charmant palais Jaureguia appartient à la même famille (apparentée aux rois de Navarre) depuis 1437 ! Il s'agit d'une maison-tour de la fin

TOUS NOBLES, RICHES OU PAUVRES !

Incroyable le nombre de maisons portant des blasons sculptés dans la vallée du Baztán ! Au XIIIe s, ses habitants participèrent en masse à la bataille de Las Navas de Tolosa contre les Maures. Reconnaissant, le roi accorda à ces braves Navarrais un privilège de noblesse. Il décréta que chaque habitant, riche ou pauvre, qui naît dans la vallée devient automatiquement un hidalgo (un noble), détenteur d'un blason noble. Ainsi fut inventée l'aristo-démocratie !

XIVe-début XVe s. Intérieur très bien conservé et encore habité. De là vient tout son charme ! Beaucoup de vieux meubles et des peintures anciennes. La visite est commentée par le propriétaire, José Maria Hualde. Un de ses ancêtres, gouverneur d'Arica au Chili, fit fortune en Amérique. La maison est restée dans la famille grâce à cette fortune, mais aussi aux alliances matrimoniales.

– À la sortie du village, près du *río*, deux superbes demeures fortifiées du Moyen Âge, carrées, massives : rez-de-chaussée en pierre, premier étage en bois, le tout surmonté d'un toit à quatre pentes et d'un clocheton-mirador également en bois.

LE PARC SEÑORIO DE BERTIZ

À **Oronoz-Mugairi.** ☎ 948-59-24-21. ● parquedebertiz.es ● *L'entrée se fait par la grille à côté de la station-service, en plein virage. Prudence ! Tlj sf 1er janv et 25 déc. Jardin botanique ouv 10h30-14h, 16h-19h30 (17h30 en hiver). Parc ouv sans interruption. Entrée : 3 € pour le jardin botanique. Entrée libre pour randonner dans le parc.* Le « domaine du seigneur de Bertiz » appartient au gouvernement de Navarre. Il se compose de quelque 2 000 ha de chênaie aménagés pour les randonneurs, auxquels on accède facilement par le col d'Otxondo. Cinq circuits sont tracés dans la montagne, longs de 6 à 22 km. L'entrée principale du parc se trouve donc à *Oronoz-Mugairi.* On y trouve l'office de tourisme, et surtout le jardin botanique créé par le dernier des Bertiz autour du palais familial du XIXe s. Le jardin, parfaitement aménagé et entretenu, sert d'écrin à cette belle demeure. Jolie balade dans la bambouseraie et dans la palmeraie. À noter qu'Oronoz est le berceau de la famille Iturbide Aramburu dont un des descendants fut empereur du Mexique (Agustín Iturbide, 1783-1824) pendant 2 ans. Mazette !

Office de tourisme de Bertiz : *à l'entrée du parc.* ☎ 948-59-23-86. ● oit.bertiz@navarra.es ● *En été, tlj 10h-14h, 16h-19h (sf dim ap-m) ; hors saison, mar-dim 10h30-14h, 16h-17h30 (19h30 w-e).* Accueil professionnel et documentation abondante. Maquette de la région.

LA VALLÉE DE RONCEVAUX

Si l'on vient du nord (France) et de Saint-Jean-Pied-de-Port (26 km), la route tortueuse est belle, surplombant une vallée encaissée dans un paysage de montagnes couvertes de forêts. Après la bourgade de Valcarlos, la vallée se resserre, se met à ressembler à une gorge. De cette route en balcon, on imagine très bien l'armée de Charlemagne, en bas. C'est en franchissant cette montagne à l'été 778, alors qu'elle combattait les Arabes dans la péninsule Ibérique, que l'arrière-garde de l'armée fut massacrée par les Vascons (les Basques) alliés aux Sarrasins et que Roland trouva la mort.

L'HISTOIRE RÉÉCRITE EN CHANSON

La Chanson de Roland *raconte la bataille de Roncevaux qui se déroula au VIIIe s. Écrite 200 ans après la bataille, la chanson transforme les faits historiques. Alors que Roland, à la tête d'une armée de Charlemagne, était en fait écrasé par les Basques, la légende veut que le preux chevalier résista héroïquement aux musulmans. Sa mort en fait un guerrier luttant pour la foi chrétienne. C'est l'occasion d'exalter les sentiments patriotiques et religieux, dans ce Moyen Âge de reconquête chrétienne et de croisades. Question propagande, on connaissait déjà la chanson !*

Préfet des Marches de Bretagne, Roland (que beaucoup présentent, sans doute à tort, comme le neveu de Charlemagne) n'avait aucune chance de s'en tirer : Roncevaux est une nasse, un piège. Charlemagne ne le savait pas, les Basques si. On comprend mieux pourquoi l'auteur de *La Chanson de Roland* a fait appel au traître Ganelon et aux méchants Sarrasins pour sauver la face. La vérité historique, c'est que faire passer une armée à cheval là-dedans est une erreur stratégique. Les historiens ne sont pas sûrs que Roncevaux soit l'exact emplacement de la bataille qui coûta la vie à Roland et décima l'armée, mais c'est bel et bien ici que se forgea sa légende, et de cette légende naquit la renommée du site et son développement.

UN PUISSANT MONASTÈRE SUR LE CHEMIN DE SAINT-JACQUES

Au Moyen Âge, la vallée devint l'un des lieux de passage privilégiés du chemin de Saint-Jacques. Un petit hôpital-monastère fut d'abord installé au col d'Ibañeta au XIIe s, puis, le succès du pèlerinage aidant, un hôpital plus important fut construit un siècle plus tard un peu plus bas dans la plaine, sur le site de Roncevaux, et une collégiale lui fut accolée. Cette route était certes difficile, mais l'installation du monastère garantissait aux pèlerins une halte sûre entre Saint-Jean-Pied-de-Port et Pampelune. La puissance du monastère était telle que Sanche le Fort, au XIIIe s, y déposa un tiers des chaînes de Las Navas de Tolosa, emblème mythique de la Navarre, et voulut s'y faire enterrer. Après la soumission du Guipúzcoa par la Castille, la route de Roncevaux était la seule qui permettait aux Navarrais d'avoir un accès sûr à la mer par le port de Bayonne. Jusqu'au XVe s, elle eut donc une importance stratégique et économique énorme pour les rois de Pampelune.
L'itinéraire compostellan quitte la vallée de Roncevaux après Auritz-Burguette, car le río Urrubi descend tout droit vers le sud, bordé par la Navarre orientale. Au Xe s, cette région n'était pas sûre, et les pèlerins préféraient partir vers l'ouest, franchir les deux cols de Meskiritz et d'Erro pour rejoindre la haute vallée du *río*. Il leur suffisait alors de suivre cette rivière pour atteindre Puente la Reina et Estella en traversant Pampelune.

Arriver – Quitter

En bus

➢ *Pamplona :* avec la compagnie Artieda (☎ 948-30-02-87 ; • autocaresartieda.com •). De Pamplona : juil-août, 2 bus/j. lun-sam (mat et ap-m) ; hors saison, slt 1 bus (lun-sam ap-m). De Roncevaux : juil-août, 2 bus/j. lun-sam (mat et midi) ; hors saison, 1 bus le mat. Jamais de bus dim. Trajet : env 1h.

En taxi

➢ *Saint-Jean-Pied-de-Port :* la course avec un monospace pour 5-6 pers (ça dépend des bagages) coûte env 40 € l'aller simple. Pour l'A/R, tout dépend du temps que le taxi passe à vous attendre. On s'est laissé dire que certains pèlerins évitaient ainsi la rude montée du col, mais ce sont sûrement des mensonges...

RONCESVALLES (ORREAGA OU RONCEVAUX ; 31650)

À 960 m d'altitude, Roncesvalles est une des toutes premières étapes du chemin de Saint-Jacques en Navarre, et donc une halte incontournable. En fait, c'est d'ici que partent la plupart des pèlerins lorsqu'ils entament leur longue marche vers Compostelle. Un grand panneau planté au bord de la route indique « Santiago de Compostela 790 km ». Ce n'est pas une petite randonnée ! Le site de Roncevaux est superbe et idéal pour commencer cette expédition pédestre. Protégé côté français par une imposante façade montagneuse noyée dans des brumes

LA VALLÉE DE RONCEVAUX / RONCESVALLES

mystérieuses, il s'étend vers le sud en des pentes plus douces couvertes de forêts. Le site se compose de plusieurs monuments regroupés autour du grand monastère et de ses dépendances, d'une église et des hébergements pour pèlerins et touristes. C'est tout petit, et le territoire, fait exceptionnel, appartient encore à l'Église.

Adresse utile

Office de tourisme municipal : Antiguo Molino. ☎ 948-76-03-01. • roncesvalles.es • Tlj sf dim ap-m. Quelques brochures sur le site. Bon accueil.

Où dormir ? Où manger ?

Très bon marché

Albergue de peregrinos (auberge des pèlerins) : *à côté de l'office de tourisme.* ☎ 948-76-00-00. • info@alberguederoncesvalles.com • alberguederoncesvalles.com • Ouv tte l'année. Nuitée 10 €. Credencial *obligatoire*. (payant). Installée dans un grand bâtiment rénové de l'ancienne collégiale, dans un cadre historique. Sur 3 étages, on y trouve des dortoirs impeccables avec des lits superposés en bois clair. Les draps peuvent être loués sur place, mais il vaut mieux avoir son sac de couchage. Sanitaires en commun, très propres. Cuisine à disposition, réfectoire, laverie, tous les services utiles pour un pèlerin.

De bon marché à prix moyens

Casa Sabina : *juste à côté de l'office de tourisme, à l'entrée du village.* ☎ 948-76-00-12. • casasabina@gmail.com • casasabina.es • Ouv de mars à mi-déc. Doubles avec sdb 50-55 €. Menu du pèlerin (à réserver l'ap-m) 9 €, servi à 19h ou 20h30 ; menu du jour 14 € (16 € fin de sem) ; plats 7-16 €. Ce petit hôtel-resto est tenu par la famille Arostegui, qui gère également l'*Hotel Roncesvalles*. Les chambres sont coquettes, propres, bien équipées, et sans luxe. Au resto, la famille mijote une cuisine goûteuse et copieuse pour les marcheurs avec des plats traditionnels où l'on retrouve agneau, gibier en saison et truite. Accueil jovial.

Hotel Roncesvalles : *dans la casa de Beneficiado, qui communique avec la collégiale.* ☎ 948-76-01-05. • info@hotelroncesvalles.com • hotelroncesvalles.com • Congés : déc-mars. Selon saison, doubles 70-90 €, familiales 100-120 € ; petit déj 10 €. Menus 10-20 € ; menu spécial pour pèlerins. Parking gratuit. Un hôtel installé dans des murs historiques, avec une décoration de caractère et des prix qui sont restés raisonnables pour la qualité du lieu. Les chambres les plus grandes sont des petits appartements avec salon et cuisine, pour 3-4 personnes. Si la déco et l'équipement des chambres sont modernes, les parties communes ont gardé leur charme ancien. Belle salle à manger.

À voir

Le monastère, ensemble de bâtiments massifs aux larges toits de plomb, et principalement la **collégiale Santa María** *(tlj 10h-20h ; entrée libre),* église du gothique le plus pur, édifiée au XIIIe s par un architecte français. Et la *Vierge à l'Enfant,* sculpture en bois plaquée d'argent datant du XIVe s.
– **Le cloître et la salle capitulaire** (chapelle San Agustín) : *en été, tlj 10h-14h, 15h30-19h (10h-20h en août) ; en hiver, tlj 10h-14h, 15h-18h (janv, tlj sf mer*

10h30-14h30). Entrée : 3 € *(cloître et tombeau, avec audioguide). Visite guidée en espagnol : 4,30 € (avec audioguide en plus 5,20 €).* Le cloître s'effondra sous le poids de la neige en 1600 et fut reconstruit dans le style trapu que l'on peut observer aujourd'hui. Salle capitulaire *(capilla San Agustín)* aux beaux vitraux tardifs représentant la bataille de Las Navas de Tolosa en 1212. Au cœur de la salle se tient le *gisant du roi Sanche VII dit le Fort*. Restauré en 1912, à cette occasion on a pu mesurer la taille du roi : 2,07 m. Noter la position originale des jambes qui se croisent, alors qu'habituellement elles reposent sur des lions. C'est une attitude attribuée aux croisés, qui fut d'abord adoptée en Angleterre. Le roi Sanche VII a régné 40 ans. Il est le vainqueur de la bataille de Las Navas de Tolosa, étape décisive de la Reconquista. Ce bon roi a fini sa vie solitaire et reclus à Tudela. On l'avait d'ailleurs surnommé « Le Renfermé ». Il transmit la couronne de Navarre à son neveu Thibaut de Champagne.

Au fond de la salle, protégée par une lourde grille, une chapelle renferme les statues de Sanche VII et de sa femme Clemencia. Ces personnages sont tournés vers un autel couvert d'un drap rouge aux armes de la Navarre. Au pied de celui-ci, posées sur un coussin rouge, les **chaînes de la fameuse bataille** de 1212 (Las Navas de Tolosa) rapportées par le roi. On dit qu'elles servirent à attacher les soldats sarrasins pour éviter qu'ils ne s'enfuient devant l'ennemi... Elles ont inspiré le dessin du blason du royaume de Navarre (regardez bien). Au centre du blason se tient une émeraude verte, qui fut le trophée de guerre symbolique de Sanche le Fort pris à son ennemi vaincu.

– *Le musée : mêmes horaires que le cloître. Visite guidée obligatoire (en castillan slt) : 4,30 € (avec la visite du cloître), 5,10 € avec l'audioguide. Durée : env 45 mn ; départs selon affluence.* Présente notamment de superbes pièces d'orfèvrerie religieuse (évangéliaire, coffret en argent) et un triptyque flamand du XVIe s. Également quelques beaux livres anciens sous vitrine.

¶ *Le Silo de Charlemagne (Silo de Carlomagno) :* à gauche du restaurant *La Posada*, à l'ombre d'une chapelle, ce monument discret, reposant sur des arcades, aurait servi autrefois à entreposer les restes des combattants de la bataille de Roncevaux. Une légende dit aussi que Charlemagne y aurait enterré les os de Roland. Les stèles et les tombes que l'on aperçoit de l'extérieur sont celles des moines du monastère.

BURGUETE (AURITZ ; 31640)

À 3 km au sud de Roncesvalles par une jolie route ombragée. C'est aujourd'hui la première bourgade que traversent les pèlerins sur le chemin de Saint-Jacques-de-Compostelle. Dans ce village-rue, les maisons navarraises toutes blanches, aux volets rouge et vert, dégagent une austère noblesse. Leurs murs épais et leurs toitures en avancée rappellent qu'elles endurent les longs hivers du piémont pyrénéen. Autour du village, les collines, les prés et les bois ondulent dans un beau paysage encore bien préservé. Grand amateur de pêche à la truite, Hemingway y vint dans les années 1920-1930. Il évoque Burguete dans son roman *Le soleil se lève aussi*.

Où dormir ? Où manger ?

⌂ *Camping Urrobi : ctra Pamplona-Valvarlos, km 42, 31694* **Aurizberri.** ☎ *948-76-02-00.* ● *info@campingurrobi.com* ● *campingurrobi.com* ● *Juste après Burguete vers le sud, au croisement de la NA 172. Ouv avr-oct. Compter 21-30 € pour 2 avec tente et voiture ; bungalows 2-6 pers 60-105 €/nuit selon saison et capacité, linge et vaisselle inclus.* ⌖ Situé entre la route et un méandre du río Urrobi, ce grand camping affiche presque toujours complet en été. L'environnement est agréable et verdoyant avec des pelouses entretenues et des parterres de fleurs. Peu d'ombrage pour les campeurs, mais les installations en dur (resto, épicerie, sanitaires) sont en parfait état et propres. Piscine, tennis, minigolf.

🏠 🍴 *Hotel Burguete :* c/ San Nicolás, 71. ☎ 948-76-00-05. • info@hotelburguete.com • hotelburguete.com • *Ouv avr-nov. Double avec sdb env 50 €. Repas 15 €.* Au bord de la route, une robuste maison d'allure un peu montagnarde. Elle fait autant partie du pèlerinage à Saint-Jacques que de la *Ruta Hemingway.* En effet, l'écrivain et baroudeur américain a logé (chambre n° 23) dans cette auberge au cours des années 1920. Il passait ses journées à pêcher la truite (panneau explicatif au dehors). Il en parle avec émotion dans son roman. L'auberge a gardé son côté simple et charmant, et les chambres meublées à l'ancienne ont été modernisées côté confort. En demander une donnant sur la campagne, moins bruyante que la rue. Un petit hôtel littéraire à ne pas manquer !

🏠 🍴 *Hotel Rural Loizu :* c/ San Nicolás, 13. ☎ 948-76-00-08. • reservas@loizu.com • loizu.com • ✱ *Congés :* de mi-déc au 15 mars. *Doubles avec sdb 65-85 € selon saison ; petit déj 6,50 €. Menu pèlerin 10 € ; menu du jour 18 € ; carte env 25 €. Parking.* 📺 📶 *Réduc de 10 % sur le prix des doubles ou petit déj offert (sf août) sur présentation de ce guide.* Mignon petit hôtel-resto, avec un jardinet ombragé pour l'apéro. Tout est peint dans les tons pastel, les chambres décorées classiquement, d'un confort correct sans extravagance. En demander une donnant sur le jardin, plutôt que sur la rue (mais il y a des doubles vitrages efficaces). Au resto, cuisine locale fraîche et sincère, avec une carte qui suit le rythme des saisons.

Où dormir sur la route de Pamplona ?

À Zubiri (31630)

À 22 km au sud de Burguete.

🏠 *Auberge des pèlerins municipale :* avda Roncesvalles (la route principale), près de l'école. 📱 628-32-41-86. • concejozubiri@yahoo.es • *Ouv mars-oct. Nuitée 8 € avec la credencial.* 78 lits répartis en 2 dortoirs… Assez collectif, donc ! Il y a généralement quelqu'un sur place.

🏠 *Albergue El Palo de Avellano :* avda Roncesvalles, 16. 📱 666-49-91-75. • info@elpalodeavellano.com • elpalodeavellano.com • *Ouv mars-oct. Nuitée 15-17 €/pers, draps et couvertures inclus ; double 58 €, petit déj inclus.* Une auberge privée impeccable et bien tenue, idéale pour une étape. Avec des adresses comme celle-là, le pèlerinage n'est plus un chemin de croix ! En chambre double ou en dortoirs (8-12 lits), tout est propre, net, fonctionnel. Les sanitaires, impeccables aussi, sont communs, comme partout. Salon avec jeux, livres et billard français.

LA VALLÉE D'IRATI

Étroite vallée parcourue par une route encore plus étroite. Voici une autre Navarre, plus marquée par les Pyrénées encore que les vallées de Roncevaux et du Baztán. Notre itinéraire commence à 2 km au sud de Burguete (Auritz) et emprunte la NA-140 vers l'est. Si l'on continue, on passe le col de Alto de Remendía (1 040 m) avant de redescendre dans la vallée de Salazar (Ochagavia), puis plus loin encore, en passant le col Portillo de Lazar (1 129 m), on débouche sur la vallée de Roncal. Ainsi Irati, Salazar et Roncal forment un ensemble géographique naturel et logique pour le voyageur. Appelons-le le circuit exceptionnel des trois vallées ! Au total, de Burguete (Auritz) à

Burgui, il y a 72 km de routes sinueuses, mais en bon état. On conseille de passer une nuit en chemin.

À voir

✱ **Aribe :** *à 11 km au sud-est de Burguete.* Au creux d'une belle vallée, un village traditionnel baigné par le río Irati, une rivière de montagne où Hemingway venait pêcher la truite.

✱ **Orbaitzeta :** *à 6 km au nord d'Aribe par une route étroite et très belle.* Si le cœur vous en dit, vous pouvez grimper jusqu'à la *fabrique de munitions* d'Orbaitzeta *(Orbaitzeta Ola),* qui a produit jusqu'au XVIIIᵉ s grenades et balles à l'usage du royaume, mais la visite est décevante : quelques murs effondrés au pied d'un village assoupi.

🏠 🍴 **Albergue Mendilatz :** *barrio Larraun, 31670 Orbaitzeta.* ☎ *948-76-60-88.* • *mendilatz@mendilatz.com* • *mendilatz.com* • *3 km tt droit après Orbaitzeta, puis indiqué. Réception ouv 18h-21h. Double 57 € ; lit en dortoir 20 € sans les draps ; petit déj 5 €.* Menus 12-15 €. Ancienne ferme de montagne au toit pentu, entourée d'un grand jardin dans un environnement paisible et verdoyant. Très belles chambres, bien équipées, décorées avec soin, donnant sur le jardin. Une belle étape loin de l'agitation du monde !

LA VALLÉE DE SALAZAR

Ochagavia, gros village de la vallée, est le cœur des trois vallées, la plus belle, la plus sauvage. Le río Anduna prend sa source sur la ligne de crête à cheval sur la France et l'Espagne, puis il glougloute dans le fond de la vallée. Les villages vivent à son rythme, en harmonie aussi avec les immenses forêts qui couvrent les versants des montagnes. Ces bourgs sont parfois blancs et coquets comme des hameaux suisses, parfois austères et fiers comme des bourgs bretons.

Arriver – Quitter

➢ **En bus :** avec la compagnie *Conda.* • *conda.es* • Liaison Pamplona-Ochagavia, tlj sf dim : 1 bus/j. dans les 2 sens. Durée : 1h30-2h.

Adresse utile

ℹ **Office de tourisme d'Ochagavia :** *sur la route principale, à gauche, face au río.* ☎ *948-89-06-41.* • *navarra.es* • *15 juin-15 sept, tlj sf dim ap-m 10h-14h, 16h30-19h30.* Très bonne documentation, riche et variée. Infos sur les hébergements dans la campagne environnante *(casas rurales),* et sur les sentiers de rando du coin, notamment à travers la sierra de Abodi et la sierra de Irati. Abrite aussi un centre d'interprétation de la nature pour les passionnés de faune et de flore.

OCHAGAVIA (OTSAGABIA ; 31680)

À 34 km à l'est de Burguete, on est déjà dans un autre univers. Cette petite ville de montagne est souvent considérée comme « le plus beau village » de la Haute-Navarre. Une rivière aux eaux vives et fraîches, des maisons robustes et élégantes serrées au fond d'une vallée encaissée et boisée, le sentiment d'être loin de tout. Solitaires mais solidaires, ainsi sont les habitants de ce lieu qui vit plus ou moins en autarcie. Au fil des ruelles pavées de galets ronds, on arrive à l'*église paroissiale* qui possède un beau retable du XVIe s. Ochagavia se souvient qu'elle eut à lutter en 1793 contre les armées de la Convention et que les exportateurs de révolution brûlèrent beaucoup de maisons. Cet épisode sanglant n'a pas empêché la réconciliation franco-espagnole de se faire grâce à un « pacte » signé avec la commune de Tardets, de l'autre côté des Pyrénées. Des festivités en août et septembre sont l'occasion de renouveler cette amitié entre ces deux grandes communes qui ont pour point commun la montagne.

– *Fête populaire :* 8 sept. Vous pourrez voir les groupes de danseurs d'Ochagavia, aux costumes particulièrement colorés, dirigés par le *bobo* (un arlequin).

Où dormir ? Où manger ?

Il existe près de 40 *casas rurales* dans Ochagavia ! La plupart d'entre elles se louent à la semaine et intégralement. L'office de tourisme pourra vous conseiller si vous cherchez une chambre pour la nuit.

Camping

🏕 🏠 ❙●❙ *Camping Osate :* c/ Arbea. ☎ 948-89-01-84. ● info@campingosate.net ● campingosate.net ● À l'entrée sud (500 m) du village. Congés : nov-déc. Compter env 21 € pour 2 avec tente et voiture ; chalets et bungalows 2-8 pers 43-134 €/nuit avec cuisine et sdb. Chambre 4 pers 65 €. Menu du jour à l'auberge 9 €. 🛜 Proche de la rivière, au pied d'un versant de montagne, l'environnement est remarquable. Voici un camping récent et donc encore peu ombragé, mais les arbustes deviendront des arbres, un jour. Les équipements sont en bon état, les bungalows propres et bien tenus. Les chambres ne sont louées que pour un minimum de 4 personnes. Sur place, snack-resto, épicerie, laverie... Propose des activités sportives : randonnées, vélo, escalade, rafting...

Prix moyens

🏠 ❙●❙ *Hotel rural Auñamendi :* Urrutia, 23, à côté du fronton. ☎ 948-89-01-89. ● info@hostalauniamendi.com ● hostalauniamendi.com ● Congés : de mi-sept à mi-oct. Doubles avec sdb 75-85 € selon saison, petit déj inclus. Menus (tlj midi et soir) 13-27 €. 🛜 Grande et belle bâtisse en pierre au centre de la ville, avec un bar à *pintxos* au rez-de-chaussée. Patron très aimable qui a refait l'hôtel de la cave au grenier. Les murs sont anciens, mais l'intérieur est presque branché et design ! Résultat : chambres impeccables, bien équipées, confortables, avec vue sur la rue et la montagne. On préfère celles qui donnent sur le fronton ou les chambres mansardées du dernier étage, pleines de charme. Le bar à *pintxos* et le resto ont bonne réputation. Cuisine locale rustique et franche, avec une influence montagnarde.

LA VALLÉE DE RONCAL

Longue et boisée, la vallée de Roncal est une coulée verte, un couloir qui descend des Pyrénées jusqu'au sud c'est-à-dire de Ustárroz à Burgui en passant par Isaba et Roncal (22 km). Elle est la dernière des vallées navarraises sur le versant sud des Pyrénées. Roncal est une vallée consacrée à l'élevage. Ses fromages de brebis sont célèbres dans tout le pays et bénéficient d'une AOC depuis 1981.

Arriver – Quitter

➢ **En bus :** avec *La Tafallesa (☎ 948-70-01-99 ou 09-79),* 1 A/R par j. sf dim de Pamplona à Isaba, Roncal et Uztárroz. Départ en fin d'ap-m de Pamplona, le mat d'Uztárroz. Durée : 2h.

ISABA (IZABA ; 31417)

Cœur de la vallée de Roncal, ce modeste village (400 habitants) ne manque pas de personnalité. D'abord le site est étonnant avec ses montagnes formant un écrin. Le village serre ses maisons anciennes, en grosses pierres sombres. Petit mais mignon et fleuri : ruelles pavées et géraniums aux fenêtres. S'il faut dormir quelque part, c'est ici. On indique plus bas notre meilleure adresse de la vallée.

Où dormir ? Où manger ?

△ 🏠 ●|● *Camping-auberge d'Asolaze :* ctra Francia, km 39,5. ☎ 948-89-30-34 ou 32-34. ● info@asolazecamping.com ● asolazecamping.com ● *Suivre la direction de la France, puis 6 km plus loin, c'est indiqué. Résa conseillée en août. Compter env 19 € pour 2 avec tente et voiture ; bungalows 4-6 pers 60-90 €/nuit selon saison. Lit en dortoir 4-7 pers 13 € ; draps 4 €. Doubles avec sdb 38-40 €. Plato combinado 10 € ; menu du jour 12,50 €.* 📶 Sans doute un des campings les plus hauts perchés et les plus isolés de Navarre. Établi en lisière de forêt, sur un terrain ombragé par des pins. Les nouveaux propriétaires, une équipe dynamique, mettent du cœur à maintenir un bon entretien.

🏠 *Hostal Rural Ezkaurre :* Garagardoia, 14. ☎ 948-89-33-03. ● info@hostalezkaurre.es ● hostalezkaurre.es ● *Possibilité de laisser la voiture au parking (gratuit), en contrebas du village. Congés : 22 déc-2 janv. Doubles avec sdb 50-60 € selon saison ; petit déj 6 €.* Jolie maison traditionnelle en pierre dans une ruelle au centre du bourg. Chambres petites, bien aménagées, dans le style chalet de montagne. Accueil aimable.

🏠 ●|● *Hostal Lola :* Mendigatxa, 17. ☎ 948-89-30-12. ● info@hostal-lola.com ● hostal-lola.com ● *Au cœur du village. Congés : nov. Doubles avec sdb 55-62 € selon saison ; suites 70-90 € ; petit déj en sus. Menu 15 €.* Dès la réception, on sait qu'on est en montagne : bois ciré, pierres apparentes et bonne atmosphère. Le patron est dynamique, ouvert et jovial. Ancien champion de pelote basque, il peut vous en parler volontiers, ainsi que de la vallée qu'il connaît par cœur. Chaleureuses chambres, toutes soigneusement décorées. Certaines possèdent un balcon donnant sur le village. Au 5e étage, 2 suites plus belles, mais un peu plus chères. Au resto, bonne cuisine locale bien tournée avec des spécialités comme les *alubias* (haricots). Bref, voilà notre meilleure adresse dans la vallée !

À voir

🐾 *L'église San Cipriano :* bâtie au XVIe s. Architecture très militaire : elle ressemble à un donjon ! Beau retable.

🐾🐾 D'Isaba, une superbe route de montagne serpente dans les forêts et grimpe en quelques kilomètres sur les alpages. Elle atteint le massif de La Pierre-Saint-Martin (France) et la vallée du Barétous en terre béarnaise.

RONCAL (ERRONKARI ; 31415)

À 9 km au sud d'Isaba. Ici la vallée s'élargit, mais elle est toujours bercée par la rivière. Roncal garde une allure un peu austère de village montagnard avec des maisons blanches aux volets verts et des balcons en fer forgé.

Adresse utile

fi Office de tourisme : *c/ Gayarre.* ☎ *948-47-52-56.* ● *oit.roncal@navarra. es* ● *En été, tlj sf dim ap-m 10h-14h, 16h30-19h30.* Bien documenté, avec plan de la ville, et infos sur la vallée. Abrite aussi un centre d'interprétation de la nature.

Où manger ?

I●I L'un des rares restos est celui de l'*Hotel Zaltua* : *c/ Castillo, 1, à côté du pont.* ☎ *948-47-50-08.* ● *zaltua.com* ● *Tlj midi et soir. Menus 13-15 €.* Simple, copieux et de bon rapport qualité-prix.

À voir

✤ *Casa-museo Julián Gayarre :* *dans le village.* ● *juliangayarre.com* ● *Juin-sept, mar-dim 11h30-13h30, 17h-19h ; oct-mai, w-e slt 11h30-13h30, 16h-18h. Pour vérifier les horaires :* ☎ *948-47-51-80. Entrée : 2 €.* En plus d'être connu pour son fromage, Roncal l'est aussi pour Julián Gayarre (1844-1890), l'une des grandes voix du XIXe s, un ténor exceptionnel à la carrière internationale. Il chanta à la Scala de Milan, à Rome, à Vienne, à Moscou, à Buenos Aires... Wagner aurait dit le plus grand bien de lui ! Dans sa maison natale (vert et blanc, comme tout le village) sont réunis des costumes de scène, des photos, des partitions. Amusant pour les passionnés d'opéra et les fous de l'histoire du romantisme.

✤ *Le mausolée de Gayarre :* *sortir du village vers Nurgui, puis prendre un chemin à droite qui monte vers le cimetière, 400 m plus haut.* Parmi les nombreuses tombes, le mausolée de Gayarre se distingue du lot par son architecture et son style romantique. La base est en marbre blanc de Carrare. La partie haute, en bronze, représente des muses et un ange figés par la mélancolie...

BURGUI (BURGI ; 31412)

À environ 10 km au sud de Roncal. Sur le río Esca, gros bourg situé à l'entrée d'une gorge encastrée dans des falaises calcaires et abruptes. On dirait un peu le Jura ou le Vercors. Pas de restaurants à Burgui, seulement un bar... et un petit hôtel.

– *Fiestas de las Almadias :* *1er w-e de mai. Rens sur* ● *almadiasdenavarra.com* ● Une fête qui commémore l'époque où les trains de bois descendaient d'Irati par le río Salazar. Les habitants de la vallée confectionnent les énormes radeaux de grumes et les font descendre au départ de Burgui sur les eaux du *río* gonflées par la fonte des neiges et les pluies de printemps.

Où dormir ?

🏠 *Hostal El Almadiero :* *pl. Padre Tomás de Burgui, 1 (c/ Mayor).* ☎ *948-47-70-86.* ● *info@almadiero.com* ● *almadiero. com* ● *Congés : janv-fév. Doubles avec*

sdb 64-90 € selon saison ; petit déj 8 €.
Au cœur du village, un petit hôtel rural dans une belle demeure fleurie. On y entre par une vieille porte arrondie digne d'un manoir... Accueil attentionné d'une gentille dame. Chambres nettes et bien tenues, avec du bois clair partout (style chalet de montagne), de la pierre, des balcons. Confort cosy et d'une grande simplicité, on aime bien.

DE BURGUI À LUMBIER

De Burgui, on peut rejoindre l'autoroute Pamplona-Zaragoza au niveau de Lumbier (40 km à l'ouest de Burgui). Dans ce cas, on passe par un col à 950 m, le village de Navascués et la vallée inférieure du río Salazar. Panorama sur les spectaculaires gorges d'Arbayon depuis le belvédère au nord d'Iso. À Lumbier, un vaste parc d'éoliennes marque le paysage plus aride, plus proche des horizons de Castille que des vallées des Pyrénées. Le changement de paysage est rapide et sans transition. On passe presque de la Suisse à l'Andalousie en l'espace de 50 km...

À voir en route : les gorges impressionnantes de *Hoz de Arbayún* (9 km au sud de Navascués, panneau) et de *Hoz de Lumbier* (2 km sud de Lumbier). Ce sont des plateaux entaillés de falaises se jetant dans le río Irati et le río Salazar, nids de rapaces, parcourus de chemins de randonnée.

LA NAVARRE ORIENTALE

- **La frontière avec l'Aragon** 311
  - Lumbier • Monastero de Leyre • Castillo de Javier
- **Sangüesa (Zangoza)** .. 312
  - Aibar (Oibar)
- **Tafalla** 315
  - Artajona • Berbinzana • San Martín de Unx et l'ermita San Martín de Tours • Ujué (Uxue)
- **Olite (Erriberri)** 317
  - Monasterio de la Oliva à Carcastillo

C'est la terre des monastères et des châteaux, la terre des conquérants et des batailles. Cette partie de la Navarre se trouvait historiquement sur la ligne de frottement et d'affrontement entre les Navarrais et les Maures (appelés aussi Sarrasins), maîtres de l'Aragon jusqu'au XIII° s. Les Maures chassés, les rois d'Aragon, proches parents des rois de Navarre, eurent quelques altercations avec eux. La méfiance entre les deux royaumes demeura. D'où, au Moyen Âge, la mise en place d'un système défensif sur les collines les plus stratégiques. Terre de grès rouge et de calcaire doré, vaste paysage aux horizons lointains et moutonnant, la Navarre orientale semble éloignée de tout. C'est pour cela que les moines cisterciens y établirent leurs monastères à la fois pour exploiter les terres, protéger les pèlerins et se trouver en première ligne de la Reconquista. On y trouve donc plus de monastères que de discothèques et plus de villes fortifiées que de stations balnéaires.
Pour couronner le tout, les paysages sont admirables. D'autant que sur le calcaire pousse la vigne et que la gastronomie locale bénéficie d'une excellente réputation. Vous êtes ici dans la Navarre majoritairement non bascophone (officiellement du moins).

Arriver – Quitter

En bus

Liaisons tlj au départ de Pamplona.
➤ **Tafalla, Olite, Carcastillo :** avec *Conda* (☎ 902-42-22-42 ; • conda. es •) pour Tafalla env 20 bus/j. en sem, moins le w-e (durée 30 mn-1h15). Env 12 bus/j. pour Olite (durée 40-50 mn) et 3 bus/j. pour Carcastillo (durée 1h15-1h40).
➤ **Sangüesa (par San Martín de Unx) :** avec *Veloz Sangüesina*

(☎ *948-87-02-09*). En sem, 3-4 bus/j., slt 1 le dim. Durée : 45 mn.

En train

Au départ de Pamplona.
➢ **Olite :** 3 trains/j. dans les 2 sens. Env 30-40 mn de trajet.
➢ **Tudela :** 8-12 trains/j. dans les 2 sens (certains avec changement à Castejón). Env 1h15 de trajet.
➢ **Tafalla :** 10 trains/j. sur la ligne Pamplona-Saragosse. Env 35 mn de trajet.

LA FRONTIÈRE AVEC L'ARAGON

Après le lac de retenue de Yesa (60 km à l'est de Pamplona), le río Aragón pénètre en Navarre, qu'il va traverser du nord au sud. Vallée ouverte, facile à parcourir mais aussi à défendre, rien d'étonnant donc qu'une voie de communication importante ait été implantée là dès le haut Moyen Âge, reliant deux royaumes chrétiens, celui de Pamplona et celui de Jaca. Ce fut même la première transversale pyrénéenne sûre entre Navarre et Aragon.
Dès le IXe s, le monastère de Leyre est établi, entre les villes fortifiées de Lumbier et de Sangüesa. Il devient rapidement une des pièces maîtresses du dispositif politique navarrais. C'est là que se font enterrer les premiers rois de Navarre et c'est de Leyre que viennent les évêques de Pamplona. Les divers rois comblent le monastère de dons : taxes, impôts, domaines. Leyre devient riche et finit par tenir sous sa coupe plusieurs autres monastères. Seul Roncevaux peut lui être comparé, et Sanche le Fort donnera à chacun de ces deux monastères un tiers des chaînes symboliques de Navarre.
Au Moyen Âge toujours, les pèlerins de Saint-Jacques-de-Compostelle joignaient l'abbaye cistercienne de l'Escaladieu à l'abbaye cistercienne de Leyre. Plus le nombre de pèlerins était élevé, plus les dons et les cadeaux étaient justifiés. C'est ainsi que le chemin du Somport prit son essor.

À voir dans la région

Lumbier : *à 3 km au nord de l'autoroute Pamplona-Zaragoza (sortie 35).* Lumbier est surtout connu pour ses gorges *(foz de Lumbier)*, au sud de la ville. Énorme faille dans la montagne grisâtre perçant la sierra de Leyre, où planent quelques vautours. Au pied de ces belles falaises coule le río Irati. Un petit chemin de randonnée est tracé le long de la gorge (1 km). Les plus courageux continueront la balade sur le plateau (5,5 km). Parking payant *(2 €/voiture).*

Un ***centro de interpretación de la naturaleza*** a été installé dans l'office de tourisme de Lumbier, plaza Mayor (☎ *948-88-08-74 ;* ● *focesdenavarra. es* ● ; *juil-août, lun-sam 10h-14h, 16h30-18h30, plus dim mat ; le reste de l'année, sam aux mêmes horaires et le mat ven, dim et j. fériés).* Vous y trouverez des infos sur la faune, la flore et les sentiers de la région.

Monasterio de Leyre : ☎ *948-88-41-50.* ● *monasteriodeleyre.com* ● *Sur la route de Huesca, à 55 km de Pamplona. Depuis Lumbier, suivre Jaca-Huesca. Juin-sept, tlj 10h-19h30 ; oct-mai, tlj 10h30-19h (18h nov-fév). Entrée : 2,75 € ; 3,50 € avec visite guidée (+ 0,50 € pour une visite en français). Messe à 9h (11h30 dim), vêpres tlj à 19h, complies tlj à 21h10.*
Les moines savaient décidément choisir leurs sites. Le site de Leyre est superbe, offrant un beau panorama sur le lac de retenue de Yesa, la vallée et les collines alentour. On voit toute la plaine jusqu'à Ujué vers le sud et Pamplona à l'ouest. Construit au XIe s à l'emplacement d'un petit couvent déjà là au IXe s. L'église présente un beau portail sculpté. L'intérieur mélange les styles : voûtes en berceau

des travées et voûte gothique du XIIIe s de la nef centrale. Derrière une grille, sur la gauche, un *coffre ancien* conserve les restes des premiers rois de Navarre, de Sancho García (fin du IXe s) jusqu'à Sancho García IV (fin du XIIe s). On rend hommage au coffre et aux rois, le dernier dimanche de juin, chaque année.
Le *chœur* du XIe s est la partie la plus ancienne de l'église et, dit-on, le plus ancien monument de Navarre. Il abrite une *Vierge à l'Enfant* gothique, presque grandeur nature.
– L'entrée de la *crypte* se trouve près de la billetterie. Avec ses arches massives se terminant par d'énormes chapiteaux presque au ras du sol, c'est la crypte la plus originale de Navarre.

🏠 |●| *Hospedería de Leyre :* à l'intérieur du monastère, 31410 **Yesa**. ☎ 948-88-41-00. • hotel@monasteriodeleyre.com • monasteriodeleyre.com • ♿ Ouv de mars à mi-déc. Doubles avec sdb 65-77 € selon saison. Menu env 18 €. Un grand bâtiment du monastère abrite cet hôtel ouvert à tous les publics et pas seulement aux pèlerins. Le style monacal des chambres n'invite pas à la plaisanterie, mais il y a un confort suffisant, et les fenêtres donnent sur la jolie cour intérieure. C'est donc calme. Bon et copieux petit déjeuner. Au rayon des friandises, on peut également acheter chocolat, miel et liqueurs produits par les moines, qui sont décidément des commerçants avisés !

🍴 *Castillo de Javier :* tlj 10h-13h30, 15h30-18h30 (17h30 nov-avr). Entrée : 3 € ; 4 € avec audioguide. En venant de Sangüesa (6 km), on monte par une belle route sur le versant d'une colline aride et soudain, on arrive dans une oasis de verdure formée par le domaine autour du castillo de Javier. Le village est en contrebas, mais il est minuscule et sans attrait. L'intérêt du lieu réside dans ce château, solitaire et perché sur son piton rocheux, semblant monter la garde au-dessus de la vallée du río Aragón. C'est dans ce nid d'aigle qu'est né *Francisco Jabier* (saint François-Xavier, 1506-1552), de son vrai nom Francisco Jabier de Jaso de Azpilicuelta y Aznarez. Avec Ignace de Loyola (un Basque), il est le fondateur de la Compagnie de Jésus (les jésuites) et le premier évangélisateur de l'Inde, de Malacca, des Moluques et du Japon. Il est aujourd'hui le patron de la Navarre. Démoli en grande partie (sauf la tour de guet) au XVIe s, le château n'a été reconstruit (copie de l'original) que vers le XIXe s. Au fil de la visite, on découvre au sous-sol 12 niches vitrées avec des scènes sur la vie de François-Xavier. Le musée abrite des documents, des peintures du XVIIe s, et des *kakemono* japonais sur la vie du saint. Dans la chapelle, une superbe *Danse de la Mort* d'inspiration flamande et surtout un très beau Christ gothique qui semble sourire (une rareté). Du chemin de ronde, accès à la tour San Miguel avec une vue superbe sur la vallée.

🏠 |●| *Hotel El Mesón :* pl. de Javier, 31411 **Javier**. ☎ 948-88-40-35. • info@hotelmeson.com • hotelmeson.com • Près du parking du château. Congés : de mi-déc à fév. Doubles avec sdb 55-70 €. Menu 16,50 € ; platos combinados 11-14 €. À l'ombre des arbres du parc, donc au calme, l'hôtel est un bon choix même si la décoration intérieure est assez austère et sans fantaisie. Y viennent les touristes et beaucoup de pèlerins. Chambres sobres et bien tenues, avec une déco moderne. Accueil jovial et professionnel.

SANGÜESA (ZANGOZA)

(31400)   5 000 hab.   *Carte Navarre, C3*

À 45 km à l'est de Pamplona, à l'écart de la grande autoroute, voici une cité traversée par le río Aragón et chargée d'histoire. Plusieurs palais, dans le centre ancien, témoignent de sa richesse passée.

UN PEU D'HISTOIRE

Sangüesa doit au pèlerinage de Santiago de Compostela toute sa prospérité. Au XIIe s, Alphonse Ier le Batailleur octroie des *fueros* à la ville, alors en plein développement. À l'aube de la Renaissance, Sangüesa est riche, comme en témoignent les palais encore debout, tel celui du prince de Viana. C'est à Sangüesa qu'est né en 1503 Henri d'Albret (appelé Enrique Labrit) qui fut roi de Navarre de 1517 à 1555. Il régna surtout sur la Basse-Navarre, en France, car la Navarre espagnole avait été conquise par le roi de Castille. Cet inconnu de l'histoire est le beau-frère du roi de France François Ier et le grand-père d'Henri IV. Le déclin du pèlerinage de Compostelle provoqua une récession et la petite ville entra dans les oubliettes de l'histoire.

Adresse utile

Office de tourisme : c/ Mayor, 2. ☎ 948-87-14-11. ● oit.sanguesa@navarra.es ● *En été, tlj sf dim ap-m 10h-14h, 16h30-18h30 ; en hiver, mar-dim 10h-14h.* Donne un plan de la ville avec les principaux centres d'intérêt et les horaires (parfois alambiqués) des bâtiments historiques.

Où dormir ? Où manger ?

Auberge

Albergue de Peregrinos : c/ Enrique Labrit. ☎ 659-06-87-69. ● carurtea@aspacenavarra.org ● *Dans le prolongement de la rue Alfonso el Batallador. Réception ouv 12h-18h. Congés : déc. Nuitée 5 €/pers.* L'auberge est bien indiquée et dispose d'une quinzaine de lits. Intérieur simple et bien tenu.

Prix moyens

Hostal Rural JP : c/ Padre Raimundo Lumbier, 3. ☎ 948-87-16-93. 650-66-95-47. ● info@hostalruraljp.es ● hostalruraljp.es ● *À la sortie de la ville à côté du pont métallique (parking gratuit). Ouv tte l'année. Doubles 50-55 €.* Près de la rivière Aragon, à un carrefour, l'emplacement n'est pas idéal, mais l'*hostal* est bien tenu et l'accueil excellent. Les chambres sont simples et propres, d'un confort suffisant. Le jovial patron connaît la ville et la région par cœur, et peut vous renseigner. Un bar au rez-de-chaussée.

Hotel Yamaguchi : ctra Javier s/n. ☎ 948-87-01-27. ● info@hotelyamaguchi.com ● hotelyamaguchi.com ● *À l'entrée de Sangüesa quand on vient de Javier. Congés : 1er janv et 25 déc. Doubles 65-74 € selon saison ; petit déj 7 €. Menus 13-20 € ; carte 35-40 €. Parking gratuit. Petit déj offert sur présentation de ce guide.* Architecture moderne en brique près d'un rond-point, à la sortie est de la ville. Excellent accueil. Chambres modernes dans le style des années 1970, réparties dans un bâtiment donnant à l'arrière sur le jardin. Au resto, cuisine réputée de Leonardo, le patron et cuistot. Pourquoi ce nom de Yamaguchi ? C'est la ville du Japon où François-Xavier tenta d'évangéliser les Nippons. Elle est jumelée avec Pamplona en souvenir de cette période du XVIe s.

À voir. À faire

Iglesia Santa María la Real : *à côté du pont sur la rivière Aragon. Lun-sam 10h15-14h et pdt les messes. Entrée : 2,30 € ; gratuit pdt les messes (lun-sam à 19h30, dim à 10h et 13h). Le billet s'achète sur le côté de l'église, près du jardin* *public (infos à l'office de tourisme situé en face de l'église).* Le portail de cette église est considéré comme **l'un des plus beaux témoignages de l'art roman espagnol**. Dans la partie inférieure, on reconnaîtra, non sans peine, les trois Marie (Madeleine, la Vierge et la mère de saint Jacques), Judas, saint Pierre et saint Paul. Sur le tympan est représenté le Jugement dernier. Remarquer, au coin, saint Michel avec sa balance, en train de peser les âmes. Toute une théorie de petites sculptures montre les divers métiers de la société médiévale, les forgerons, les laboureurs, les jongleurs, etc.

Calle Mayor : ses palais baroques appartiennent toujours aux descendants des grandes familles navarraises. Surtout, ne pas oublier les deux grands palais aux n°s 12 et 14 de la rue, aux façades usées par le temps. Pousser jusqu'à la calle San Miguel pour voir le *palais du prince de Viana* (passer sous les arcades à gauche et traverser la petite place). De style médiéval, avec deux tours crénelées, il abrite aujourd'hui la bibliothèque.

Au n° 20 de la calle Alfonso el Batallador o Mediavilla (qui donne sur la calle Mayor), on peut admirer le superbe **palais d'Ongay-Vallesantoro** du XVIIe s, avec sa façade de style churrigueresque et son portail baroque encadré de colonnes torsadées et surmonté d'un grand blason sculpté portant des motifs évoquant le Pérou et le Mexique. Il fut construit par un vice-roi de la Nouvelle Espagne (le Mexique à l'époque coloniale, l'Amérique centrale, l'Arizona). La partie la plus insolite est son **incroyable avant-toit** en bois. Cet auvent extraordinaire dépasse de loin sa fonction pratique, c'est une œuvre d'art ! Il est sculpté de 13 créatures fantastiques et menaçantes (des chiens) qui s'emparent d'humains effrayés. Le palais abrite la Maison de la culture. On peut voir à l'intérieur un superbe escalier en bois. Au second palier, un tableau représente *Don Miguel de Azanza* (qui fut un propriétaire du palais au XIXe s) peint par Agustín Esteve, disciple de Goya. Sur l'un des côtés de la plaza de los Fueros, le couvent de San Francisco.

– **Fêtes patronales :** *11-17 sept.*

DANS LES ENVIRONS DE SANGÜESA

Aibar (OIBAR) **:** *à 6,5 km à l'est de Sangüesa.* Encore une belle bourgade médiévale, perchée sur son piton rocheux. Garez-vous en bas pour la visiter à pied, car manœuvrer y est presque impossible. Le village mérite une balade jusqu'au sommet où se tient la *iglesia de San Pedro* (nef romane du XIIe s et impressionnant retable), en passant par la *plaza Consistorial* et la petite *plaza de la Virgen* avec ses arcades. Les rues sont si étroites que par endroits, des passerelles relient entre eux les étages des maisons.

Hotel Nobles de Navarra : *Cuesta Zapata, 5, 31460 Aibar.* ☎ *948-87-75-20.* • *info@hotelnoblesdenavarra.com* • *hotelnoblesdenavarra.com* • *Dans le vieux village. Demandez votre chemin, c'est impossible à indiquer ! Surtout ne pas tenter de s'y rendre en voiture ! Congés : janv-fév. Double env 65 € ; petit déj 9 €. Dîner, sur résa et slt pour les hôtes, 18 €.* Nichée dans les ruelles empierrées, cette belle maison noble du XVIIe s abrite 11 chambres qui allient confort moderne et caractère historique. Tout ici rappelle le glorieux passé des grandes familles navarraises : murs en pierre, dalles vernissées et mobilier patiné. Les chambres varient dans la déco ; le carrelage des salles de bains a été peint à la main. Notre préférée ? La n° 104 avec son balcon. Quelques œuvres contemporaines sont là pour vous ramener au XXIe s. Côté resto, une bonne cuisine faite avec des produits naturels de la région.

TAFALLA (31300) 11 500 hab. *Carte Navarre, B3*

À environ 40 km au sud de Pamplona, sur la route de Tudela, Tafalla est une ville nettement plus grande que Olite mais moins visitée. Son nom romain était Tubala et son nom arabe Al-Tafaylla. L'animation se concentre dans le quartier autour de la place de Navarre et de l'église Santa María, au centre de la ville et à 100 m l'une de l'autre.
– *Site de la ville :* • tafalla.es •

Où manger chic ?

|●| *Restaurant Túbal* : *pl. de Navarra, 4.* ☎ *948-70-08-52.* • *tubal@restaurantetubal.com* • *Ouv le midi mar et ven-dim, plus le soir ven-sam. Congés : 1er janv, 15 j. fin janv-début fév, 15 j. fin août-début sept et 24-25 déc. Menú del día servi tlj (sf w-e et j. fériés) 20-39 € (boisson incluse) ; autre menu, dont un menú verduras au printemps, 49 € (boisson incluse) ; menu-dégustation env 63 € (boisson non incluse).* Un jury d'hommes décernant la récompense de « Meilleur restaurateur de l'année » à une femme : on peut penser que son restaurant est une bonne adresse. On pénètre dans un décor chic, moderne avec une immense salle à manger décorée de tableaux, des tables superbement dressées. L'accueil est assuré par Atxen Jiménez, la charmante patronne (qui fut chef de cuisine pendant longtemps), secondée par son fils Nicolás – aujourd'hui aux fourneaux. La carte est longue et riche, avec des plats traditionnels revisités et des inventions originales, des produits de saison (un accent particulier est mis sur les légumes) et des vins de qualité à prix raisonnables. À notre avis, la meilleure adresse de Navarre.

DANS LES ENVIRONS DE TAFALLA

⚑ Artajona : *à 11 km au nord-ouest de Tafalla.*
Un village perché sur une colline dans un vaste paysage agricole aux horizons ouverts. Essayez d'arriver par Tafalla ou Pamplona pour profiter de l'image des murailles ceignant le sommet de sa butte. Montez par les vieilles rues bordées de maisons du XVIIIe s jusqu'à la ville haute. Bien que les voitures soient autorisées, laissez la vôtre à l'extérieur, la circulation étant difficile.
Au sommet de la ville, parfaitement conservées, les murailles du XIIe s ne sont pas très hautes, comparées aux tours du mur d'enceinte. L'explication ? Le haut des murailles était jadis en bois. C'est de la placette devant l'église que la vue sur la plaine est la plus étendue.
ℹ Petit office de tourisme près du porche de l'église (ville haute).
– *Site municipal :* • artajona.net •

⚑ Berbinzana : *à 18 km à l'ouest de Tafalla.* On peut y faire un tour pour le *site archéologique de Las Eretas,* joli petit ensemble de l'âge du fer, bien dégagé, bien conservé, bien présenté *(*☎ *948-72-21-76 ;* • *eretas.es* • *; sam et dim mat 11h-14h, 17h-19h30 – 16h-18h oct-mars ; entrée : 4 €, réduc).* On aime bien ce type de reconstitution à l'identique parce qu'on a l'impression de tout comprendre. Juste à côté se dresse la très contemporaine *plaza de toros* (arènes).

⚑ San Martín de Unx : *à 11 km à l'est de Tafalla.* Village réputé pour ses *bodegas.* Tout le bas du bourg est une enfilade de maisons de vignerons vendant directement leur production. À côté de l'église Santa María del Popolo, sur la grand-route, une petite rue monte vers l'**ermita San Martín de Tours** (☎ 948-73-82-32 ; *visite en été, lun-ven 11h-15h, 16h30-18h30 ; compter 2 € ; le guide s'appelle Javier*). C'est une charmante chapelle romane, toute simple, avec une petite abside percée de trois meurtrières et des fonts baptismaux du XIe s. Le plus intéressant reste la crypte, minuscule, avec des traces de polychromie romane sur les chapiteaux et les arcades. Le sol est pavé de galets qui forment un labyrinthe compliqué. Il s'agirait d'un chemin symbolique pour aider à la méditation, un peu comme les jardins de sable des monastères zen du Japon.

– **Grand pèlerinage :** le sam suivant le 27 avr.

🛏 |●| **Albergue Casa Pedro :** *ctra de Ujué, 31495 San Martín de Unx.* ☎ *948-73-82-57.* 📱 *699-51-02-57.* ● *casapedro@casapedro.net* ● *casapedro.net* ● ♿ *Sur la gauche de la route en direction d'Ujué, env 1 km après le bourg de San Martín. Double avec sdb 45 € ; lit en dortoir 16 € (18 € avec draps et serviettes). Menu déj en sem 10 € ; le soir, menu 15 € slt pour les hôtes (18 € w-e).* Plusieurs petites maisons rouges chaulées à flanc de coteau. L'auberge aspire à l'autarcie, produit une partie de son électricité solaire et éolienne, cultive ses légumes, élève ses volailles et recycle ses déchets. On est accueilli par un couple dynamique, lui est basque pur jus, elle, une Anglaise joviale et parlant couramment l'espagnol. 4 chambres doubles agréables (ventilo mais pas d'AC), décorées dans un style hispanique et 2 dortoirs de 12 lits. Piscine et petite salle de gym. Ici, on parle le basque (et l'anglais), on a le cœur à gauche... et sur la main. Une halte originale et sympathique.

※※ **Ujué** (UXUE) **:** *à 19 km à l'est de Tafalla.*
Village médiéval perché en nid d'aigle, dominant toute la région. Sans doute le plus haut perché de tous ! Des tours et du chemin de ronde, panorama prodigieux portant très loin. Dès le Xe s, Ujué est mentionnée comme l'une des principales forteresses des rois de Navarre. Aujourd'hui, si vous y montez un jour de grand vent (c'est-à-dire presque tous les jours), la sensation d'être un guetteur face au désert des Tartares est très forte.

Voir la belle *église-forteresse Santa María* avec son portail richement sculpté et des voûtes sous les passages extérieurs ornées d'expressifs et effrayants animaux de la mythologie.

La spécialité d'Ujué, ce sont les amandes, vendues dans une boutique proche de l'église. L'autre fierté locale, c'est le vin, et il est vraiment de bonne facture ; pour tester, direction la *bodega* située à l'entrée du village.

– **Fête traditionnelle des Pénitents :** le dim suivant la Saint-Marc (25 avr). Le pèlerinage part de nuit de Tafalla et se clôt par la traditionnelle procession des pénitents, en cagoule noire, pieds nus. Impressionnant.

– **Fiesta de las Migas :** *dernier dim de sept.* Les *migas* sont un plat traditionnel de bergers à base de mie de pain. Le grand moment de la journée, c'est le repas pris en commun sur le fronton du village.

|●| **Mesón Las Migas :** *c/ Villeta, 17, 31496 Ujué.* ☎ *948-73-90-44.* 📱 *617-57-56-48.* ● *mesonlasmigas@hotmail.com* ● *Visible depuis l'église, le resto est en dessous. Août, tlj ; le reste de l'année, slt w-e, j. fériés et ponts. Menu 19 € (été slt ; 26 € le reste de l'année) ; carte env 28 €. CB refusées. Café offert sur présentation de ce guide.* Un couple a installé là un petit resto qui sert des plats traditionnels, comme l'agneau en *chilindrón* ou le lièvre aux amandes. Choisissez de préférence une table donnant sur la terrasse qui domine les Bardenas. Service attentif pour une bonne cuisine familiale. Ses horaires étant limités, on vous conseille aussi le **Mesón Las Torres** *(tlj),* au pied de l'église. On peut manger au bar *(pintxos, bocadillos),* sans s'attabler, sinon au resto où l'on est assis.

OLITE (ERRIBERRI) (31390) 3 700 hab. *Carte Navarre, B3*

Entre Pamplona (44 km) et Tudela (57 km), au cœur de la Navarre, dans une vaste plaine, Olite est une petite ville à taille humaine qui doit sa réputation à son vieux château. Celui-ci dresse ses tours médiévales crénelées et ses toits en poivrière au-dessus de la ville, comme dans un tableau romantique du XIXe s. Pourquoi un si important château dans une si petite ville ? Olite fut un temps la capitale des rois de Navarre. Certes, la ville s'est agrandie de manière un peu anarchique, mais dès qu'on s'approche du centre, le charme du décor urbain opère à nouveau.

UN PEU D'HISTOIRE

Olite existait bien avant le château, puisque les traces les plus anciennes remontent aux Romains. Dès le Xe s, c'est un village fortifié, plus important que Tafalla. Il est vrai que la ville commandait une plaine fertile, protégée par de nombreuses forteresses. C'est au XIIIe s que la *merindad* de Olite va prendre toute son importance. Au XIIIe s les rois de Navarre transforment la petite fortification en vrai château et y multiplient les séjours. Né en France, le roi Carlos III le Noble (sa mère était Jeanne de France) va ordonner début XVe s la conversion du château franc en palais et y installer durablement le siège de la monarchie.
Le nouveau château, inspiré des châteaux français de style gothique, est une résidence royale qui a de faux airs de carton-pâte hollywoodien. Un château pour un décor de film de cape et d'épée. Pas de vrais créneaux, pas de vraies meurtrières ni de vrais murs faits pour la guerre, rien que des éléments décoratifs. La cour de Navarre y résidera régulièrement jusqu'en 1512. Un âge d'or pendant lequel la ville s'enrichit d'églises, de maisons nobles. Après la conquête de la Navarre par la Castille (1512), Olite redevient un gros bourg agricole jusqu'au XXe s, quand le tourisme lui redonne un coup de fouet.

Adresse utile

fl *Office de tourisme municipal : plaza de los Teobaldos, 10.* ☎ *948-74-17-03.* ● *olite.es* ● *De Pâques à mi-oct, tlj sf dim ap-m 10h-14h, 16h30-18h30 ; en hiver, ven 16h30-18h30, sam 10h-14h, 16h30-18h30, dim 10h-14h.* Dans le même bâtiment que le *museo del Vino*. Très bon accueil dans toutes les langues. Beaucoup d'infos sur la région. Plan de la ville, doc culturelle et historique...

Où dormir ? Où manger ?

Prix moyens

🏠 |◎| *Hotel Merindad de Olite : c/ rúa de la Judería, 11.* ☎ *948-74-07-35.* ● *reservas@hotelmerindaddeolite.com* ● *merindaddeolitehoteles.com* ● *Dans une petite rue calme près des remparts, à l'angle de la plaza de los Teobaldos. Tlj. Doubles avec sdb 58-78 € selon saison ; petit déj 8 €. Menu 23 € ; carte env 25 €. CB refusées.* 🛜 Vieille maison familiale abritant un hôtel de charme et de caractère. Une dizaine de chambres impeccables toutes soigneusement décorées et bien aménagées, dont certaines offrent une vue sur le château. Deme, la patronne, bavarde comme une pie, a la passion de la décoration. Elle peint, sculpte, brode, prépare le petit déj, vous demande 10 fois si tout va bien et vous donne plein de conseils pour visiter la région. Si elle n'est pas là, c'est son mari ou un employé à l'accueil. Très bon restaurant, servant une cuisine locale savoureuse et soignée, belle carte des vins (l'hôtel abrite aussi une superbe œnothèque).

🛏️ 🍴 **Casa Zanito :** *rúa Mayor, 16.* ☎ *948-74-00-02.* • *contacto@casazanito.com* • *casazanito.com* • *Mai-oct, resto tlj sf lun-mar (juil-août tlj) ; nov-avr, slt w-e. Résa conseillée au resto. Doubles 58-68 € selon saison ; petit déj 7 €. Menu 25 € ; plats 15-25 €.* Dans la salle du bas, assez neutre, on commande les menus. Dans la salle du haut, bien plus belle, avec ses tables dressées et ses chaises recouvertes de tissu, c'est seulement à la carte. À vous de choisir ! La spécialité de la maison, ce sont les légumes (superbe *meneau* – ce que nous appelons une macédoine) provenant des fermes de la plaine. Les chambres sont grandes, classiques, très confortables, mais celles donnant sur la rue peuvent être bruyantes.

🍴 **Asador Erri Berri :** *rúa Fondo, 1.* ☎ *948-74-11-16. Pas loin du palais royal. À l'étage : ouv le midi tlj, plus le soir ven-dim. Au rdc : tlj midi et soir. Menu de base env 17 € ; menu cidrerie env 24 € ; carte env 30 €.* Une bien belle cidrerie cachée au détour d'une ruelle. Pour manger léger et simple, allez au rez-de-chaussée, le resto plus gastronomique étant à l'étage dans le bâtiment attenant (la porte à côté). Déco d'auberge rustique et service diligent. Cuisine navarraise, copieuse et goûteuse : confit de canard, asperges, grillades...

Très chic

🛏️ 🍴 **Parador Príncipe de Viana :** *pl. de los Teobaldos, 2.* ☎ *948-74-00-00.* • *olite@parador.es* • *parador.es* • ♿ *Doubles env 85-167 € ; petit déj 18 €. Menus env 24-29 €.* 📶 Installé dans l'ancien palais royal, au cœur de la ville, sur une place on ne peut plus centrale... Décoration médiévale recherchée et soignée, car c'est l'un des fleurons de la chaîne. Certaines chambres possèdent une cheminée immense, mais ce sont les plus chères. En fait, il y a 2 tarifs, un pour le château et un pour la partie la plus récente. Accueil à la hauteur de la qualité. On peut aussi y boire un verre dans la cour-jardin centrale, ombragée et fleurie.

Où dormir dans les environs ?

🛏️ 🍴 **Bei.tu – Albergue Rural :** *ctra de Aragón, 1, 31393 Beire.* ☎ *948-74-00-41.* • *beire@reasnet.com* • *beire.com* • ♿ *À env 4 km d'Olite, face au pont de Beire. Congés : 1 sem en sept et 20 déc-mars. Resto sur résa hors saison. Nombreux groupes de jeunes au printemps, et pour août, résa min 1 mois à l'avance. Dortoirs 6-18 lits avec sdb commune 22 €/pers, avec petit déj (+ 3 € drap-housse). Doubles avec sdb 59-64 €. Menus en réfectoire 12,50-20 €.* 📶 C'est l'ancien palais des comtes d'Ezpeleta repris par une fondation pour en faire un lieu de vacances populaire. Bâti autour d'une vaste cour carrée, l'édifice est intéressant de l'extérieur. De l'intérieur, un peu moins, car il a servi de couvent pendant un siècle, et les moines ont fait dans le fonctionnel. Voir néanmoins la chapelle, dont les murs ont été peints à la main. Le confort se résume à l'essentiel, c'est propre, et les prix sont imbattables. Les chambres doubles et familiales sont aménagées dans un esprit *casa rural*. Bien pour les collégiens, les groupes de jeunes, éventuellement les pèlerins, mais ce n'est pas leur route...

À voir. À faire

Palacio Real : ☎ *948-74-12-73.* • *guiartenavarra.com* • *Juil-août, tlj 10h-20h ; avr-juin et sept, tlj 10h-19h (20h Semaine sainte et w-e juin et sept) ; oct-mars, tlj 10h-18h (18h30 w-e mars et oct). Entrée : 3,50 € ; audioguide : 2 € ; visite* *guidée : 4,90 €. Garder le ticket, il offre une réduc de 1 € à l'entrée du museo del Vino.*

Dans sa configuration actuelle, ce château est très proche de ce qu'il était sous Charles III (Carlos III), grâce à une restauration scrupuleuse menée sur de nombreuses années. Dès sa construction au XVe s, c'était un lieu de résidence, sans fonction militaire défensive. D'où son aspect de château néogothique d'inspiration française (Carlos III était né en France et y avait grandi), d'où aussi son côté anachronique de château d'opérette, avec tourelles en poivrière et toitures coniques à la Walt Disney. C'est une reconstitution admirable, mais attention les pièces, nombreuses, sont vides... Toutefois, la brochure donnée à l'entrée livre des détails qui permettent de mieux se représenter la vie à Olite au temps de Charles III.

Une splendeur déchue et ruinée qui renaît de ses cendres, voilà le destin de cet étonnant château. Il a été construit entre la fin du XIVe et le début du XVe s par des artisans navarrais, chrétiens ou musulmans, et des artisans normands : dès 1355, les maçons de Franconville formaient les artisans navarrais. Ne pas oublier que Carlos III appartenait à la dynastie d'Évreux par sa mère. Olite devint le château le plus luxueux de son époque. On sait que la cour d'Olite n'avait rien à envier aux autres cours européennes. Carlos III ne regardait pas à la dépense : des tapissiers venus d'Arras et de Noyon, des peintres de cartes de Bayonne. L'horloge de l'une des tours, commandée à Thierry de Belduc, a nécessité 5 200 baguettes de cuivre doré. Il faut un peu d'imagination pour se représenter les ouvrages de plâtre ou d'azulejos qui ornaient les murs, les plafonds à caissons ou les vitraux polychromes, car la décoration intérieure a disparu. Au XIXe s le château vidé vivait déjà sur sa splendeur passée : un triste fantôme. En 1813, Espoz y Mina l'incendie pour éviter qu'il ne tombe aux mains des soldats de l'armée napoléonienne. En 1911, c'est une vraie ruine. En 1937 débutent les travaux de reconstruction qui ont duré... 30 ans !

– **La visite** commence par la **salle des fouilles** et la **salle des arcs,** qui avait pour mission de soutenir le jardin suspendu de la reine. Puis un bel escalier en colimaçon conduit à l'**étage noble,** celui des appartements royaux : salle de la reine et son boudoir, jardins suspendus, chambre du roi et sa galerie d'où l'on surplombe la volière (oui, le roi aimait beaucoup les oiseaux). On remarque que les pièces sont assez petites en taille ; ainsi la chambre de la reine est-elle à peine plus grande qu'un studio. Le château disposait, outre les jardins de la reine, d'un petit zoo, pour le plus grand plaisir du roi. Faucons et chiens de chasse, buffles, girafes, chameaux et loups peuplaient ce minizoo exotique. Dans une fosse construite en son honneur se promenait un lion !

Extravagance à la hauteur du luxe du château d'Olite, les **jardins suspendus** ont contribué à sa légende. Dans les cours et sur les plus petites terrasses, on y cultivait plantes et arbres exotiques (pamplemousses, citronniers, orangers, jasmins d'Alexandrie, etc.). Un **système complexe d'irrigation** permettait d'arroser tout ça : une grosse tour-citerne fut érigée pour stocker l'eau pompée de la rivière d'où partaient des tuyaux vers les différents jardins. Autre système ingénieux, que l'on peut observer plus loin, en contrebas des remparts : un **colossal « œuf » de pierre** qui faisait office de glacière. On y entreposait la glace en hiver, et le roi pouvait mettre des glaçons dans son *calimucho* jusqu'à l'été suivant !

On aime le château d'Olite, pour son côté labyrinthique chargé d'histoire, ses escaliers qui conduisent aux chemins de ronde. On apprécie aussi le fait qu'on puisse librement monter dans les tourelles pour jouir des belles échappées sur la plaine.

🔺 **Iglesia Santa María la Real :** *accessible à travers la visite guidée du palais ; sinon, ouv pdt les messes (horaires affichés sur la porte).* Il s'agit de l'ancienne chapelle royale, protégée par une colonnade très fine qui peut avoir été une galerie de cloître. Le portail gothique présente des scènes de la vie du Christ. À l'intérieur, beau retable plateresque abritant une Vierge gothique du XIIIe s. Devant l'église, plaza de los Teobaldos, discret hommage rendu aux trois rois de Navarre français qui s'appelaient Thibaut (le plus célèbre étant Thibaut II de Navarre, 1253-1270).

Museo del Vino *(musée du Vin) : pl. de los Teobaldos, 10.* ☎ *948-74-12-73. Même bâtiment que l'office de tourisme. De la Semaine sainte à mi-oct, lun-sam 10h-14h, 16h-19h, dim et j. fériés 10h-14h ; le reste de l'année, lun-ven 10h-17h, w-e et j. fériés 10h-14h. Entrée : 3,50 €. Garder le ticket, il offre une réduc de 1 € à l'entrée au château.* Un petit musée très bien conçu, installé dans l'une des maisons historiques de la ville. Il n'y manque rien : description des cépages, des techniques de culture, des AOC navarraises, outils anciens et panneaux didactiques qui expliquent en plusieurs langues le rôle des monastères dans les vignobles de Navarre. On peut même participer à des dégustations à certaines heures (demander à l'accueil). Les vins de Navarre à l'origine étaient des blancs contrairement aux vins de la Rioja, qui sont en majorité des rouges. Avec le temps et les progrès de la viticulture, les rouges navarrais se sont améliorés et développés.

Galerias medievales : *au milieu de la plaza de Carlos III.* ☎ *948-74-18-85. Mar-ven 11h-13h, w-e et j. fériés 11h-14h, 16h30-19h. Entrée : 1,50 €.* Il s'agit des anciennes douves du château primitif qui ont servi de base à ces souterrains. Les deux galeries que l'on visite menaient au palais royal. Le roi Charles III les aurait utilisées, dit-on, comme passage secret pour aller et venir en toute discrétion. Aujourd'hui, elles abritent une petite expo sur les mœurs de la cour à la fin du XIVe s et au début du XVe s. Cette petite visite toute simple complète bien celle du château.

La **vieille ville** et ses maisons nobles, que l'on trouve surtout dans la calle Mayor et dans le quartier de la Judería (derrière la plaza de los Teobaldos). Flâner dans Olite est un vrai plaisir, car c'est une ville vivante, qui n'a pas vendu son âme au diable du commerce. Les boutiques de souvenirs n'envahissent pas la place centrale. Équilibre, et taille humaine !

– **Fête patronale :** *13-19 sept. 2 encierros/j., à 9h et 20h.* L'encierro dure ici plusieurs heures, car les bêtes font plusieurs allers-retours dans la rue principale de la vieille ville. Corrida l'après-midi.

DANS LES ENVIRONS D'OLITE (ERRIBERRI)

Monasterio de la Oliva : *à env 30 km au sud-est d'Olite, à* **Carcastillo.** ☎ *948-72-50-06. Lun-sam 15h30-18h ; dim et j. fériés 9h30-11h, 16h-18h. Entrée : 2,50 €.* Contrairement à d'autres, le site de la Oliva est plat et sans relief, dans une plaine agricole. Ce monastère construit mi-XIIe s fait partie, avec Leyre et Fitero, de la chaîne des couvents que les moines de Cîteaux édifièrent en Navarre face aux territoires musulmans (Aragon notamment). On pénètre dans la cour carrée et on découvre une architecture dépouillée et austère.

L'**église** est une petite réplique de celle de Vézelay, avec sa nef aux harmonieuses proportions et ses gros piliers. Sur le côté gauche de l'église, une porte conduit au **cloître,** de construction plus tardive.

TUDELA (TUTERA) ET LA RIBERA

- **Réserve de las Bardenas Reales...** 321
  - Monasterio Nuestra Señora del Yugo
  - Randonnée Cañada real de los Roncaleses : El Plano et les ruines du château de Peñaflor
- **Tudela (Tutera)** 324
- **La ribera de l'Èbre** 330
- Cascante • Le monastère de Tulebras • Fitero
- Cintruénigo • Corella
- Villafranca • Marcilla
- Falces

Cette région de Tudela semble moins navarraise dans sa physionomie géographique, et pourtant c'est encore la Navarre du Sud. Par ses paysages vastes et ses horizons fuyants, elle se rapproche un peu de la Castille et de l'Aragon. Tudela se trouve au cœur d'une grande plaine très fertile, la vallée de l'Èbre (appelée aussi la Ribera), qui a toujours été très ouverte aux influences extérieures. Grande voie de passage dès l'époque romaine, elle est aujourd'hui encore parcourue de grandes routes et de voies de chemin de fer. Zaragoza l'Aragonaise et Logroño la Castillane sont à moins de 1h et, sur l'autre rive, s'ouvrent les plateaux de Castille commandés par Soria l'orgueilleuse. Ne jamais oublier que, pendant longtemps, Tudela a rivalisé avec Pamplona.

Arriver – Quitter

En bus

➢ **Pamplona :** env 10 bus/j. pour Tudela avec *Conda* (☎ *902-42-22-42 ;* ● *conda.es* ●). Trajet : 1h15-1h40.
➢ **Olite :** 4-7 bus/j. (selon j. et saison) dans les 2 sens avec *Conda.* Trajet : env 1h.
➢ **Zaragoza :** env 8 bus/j. dans les 2 sens avec *Conda.* Trajet : env 1h15-1h35.

En train

Avec *RENFE*.
➢ **Pamplona :** 8-14 trains/j., de Pamplona à Tudela, 7h27-21h30. Trajet : 1h-1h15. Certains s'arrêtent à Olite et Tafalla.
➢ **Olite :** 2-4 trains/j. pour Tudela, dans les 2 sens. Trajet : 37-46 mn.
➢ **Bilbao :** 1-2 trains/j. Trajet : env 3h45.
➢ **Donostia – San Sebastián et Irun :** 2 trains/j. 1 départ de San Sebastián le mat, un autre le soir. Trajet : env 3h.
➢ **Zaragoza (Aragon) :** min 10 trains/j., 6h10-21h41. Trajet : env 40 mn pour les plus rapides, sinon 1h.
➢ **Barcelona (Catalogne) :** 9 trains directs/j., au départ de Barcelone, 7h30-20h20. Trajet : 2h40-3h.

RÉSERVE DE LAS BARDENAS REALES

Carte Navarre, C3-4

Tudela est la porte d'entrée la plus pratique pour accéder aux célèbres plateaux désertiques des Bardenas Reales, situées à une quinzaine de kilomètres au nord. Cette zone d'aridité extrême de 40 000 ha constituent l'un des paysages les plus fascinants de Navarre. Selon le lieu, on peut se croire dans n'importe quel désert apparenté géologiquement : au Maroc ou au Nouveau-Mexique, en Jordanie ou en Arizona. Les couleurs, du rougeâtre au rose en passant par l'ocre, renforcent cette impression étrange.

Soumises à un climat de type désertique avec très peu de précipitations, les Bardenas Reales ne sont pas pour autant dépourvues de végétation. Leurs plateaux sont couverts d'une herbe rase et pauvre, et le maquis arbustif est prédominant. Cette aridité, cette pauvreté en ont fait un territoire inhabité. Elles n'appartiennent à personne d'autre qu'aux bergers, qui les utilisent depuis des siècles comme voie de transhumance.

On distingue trois zones dans les Bardenas. La Bardena Blanca au centre, ainsi nommée pour son sol blanchâtre, zone désertique. Au nord, El Plano, la plus belle zone, terrasse élevée, plateaux sculptés par

les vents et l'érosion. Au sud, la Negra, à la terre d'argile rouge foncée et de calcaire, grandes plaines, un peu plus de végétation qu'ailleurs.
Le sol est composé d'alluvions calcaires et de grès, soumis depuis des milliers d'années à l'érosion éolienne. D'où ces petites gorges avec des falaises striées de veinules colorées, ces collines en forme de tables au sommet plat, ces longues plaines grisâtres qui fuient sous le soleil.

LA MALÉDICTION DE DON QUICHOTTE

Terry Gilliam réalisait en 2001 un film sur Don Quichotte, avec Jean Rochefort et Johnny Depp, en partie tourné dans les Bardenas Reales. Entre le rugissement des avions militaires de la base voisine, le décor détruit par des pluies diluviennes (dans une zone où il ne pleut jamais !) et Jean Rochefort, qui ne pouvait plus monter à cheval... ce fut un fiasco intégral ! Au lieu d'un film, Gilliam sortit Lost in la Mancha, *un making-of relatant cet échec. Têtu, il relança le projet en 2010, mais les financements le lâchèrent peu avant le tournage...*

UNE TERRE DE BERGERS

Les Bardenas ont été de tout temps un pâturage d'hiver pour les bergers pyrénéens des vallées de Roncal ou de Salazar. Les villages de ces deux vallées ont acquis le droit de profiter de ces terres. Quand arrivaient les premiers froids, ils descendaient des Pyrénées et venaient passer l'hiver avec leurs moutons sur ces pâturages tempérés qui verdissent avec les rares pluies d'automne. La date traditionnelle d'arrivée des troupeaux dans les Bardenas est la Saint-Michel, le 29 septembre. Comme souvent, les droits des bergers sur les pâturages faisaient enrager les agriculteurs installés sur le chemin parce que les moutons dévastaient leurs champs. Pour éviter les conflits, les usages concernant ces terres ont été codifiés par le premier roi de la maison de Béarn, Jean III d'Albret (il régna de 1491 à 1516), plus connu ici sous le nom de Juan de Labrit, d'où leur nom de *« désert royal »*.
– Au cœur des Bardenas se trouve un champ de tir des forces aériennes espagnoles et de l'OTAN (*cuartel militar,* appelé aussi *polígono*). La base militaire payant un important loyer, elle devrait rester encore longtemps malgré les plaintes et les demandes des habitants de la région.

Accès et visites

L'accès aux Bardenas se fait principalement par la ville d'**Argüedas,** à 14 km au nord de Tudela, sur NA-134 vers Olite. On peut y circuler tlj entre 8h du matin et le crépuscule. À l'intérieur de la zone désertique, tout est très réglementé.

– *Pour les randonneurs :* plusieurs sentiers de randonnée et neuf parcours cyclistes, tous clairement signalés et balisés. Infos détaillées, plans et itinéraires au centre d'information (voir « Adresses utiles » ci-dessous).
– *Pour les voitures :* il existe quelques chemins de terre autorisés à la circulation. Les conditions d'accès sont limitées. Habituellement, les automobilistes entrent dans la réserve par Argüedas au sud-est, ils peuvent réaliser une boucle de plusieurs kilomètres et revenir à leur point de départ. Ils peuvent aussi bien sortir par le nord-est des Bardenas, par un chemin de terre qui débouche sur la NA-128 à 3 km au sud du village de Carcastillo.
– *Règles de conduite :* rouler lentement (vitesse limitée à 40 km/h) et ne pas s'écarter des pistes, circulation autorisée jusqu'à 1h avant le coucher du soleil, etc. Ces règles et les pistes balisées figurent sur un document diffusé par le centre d'information des Bardenas (voir « Adresses utiles »).

RÉSERVE DE LAS BARDENAS REALES / À VOIR. À FAIRE

– Bonne carte des Bardenas sur fond IGN au 1/50 000, en vente au centre d'information des Bardenas. À noter aussi que le *camping sauvage est interdit*. Il n'y a aucun hébergement dans la zone, mais on peut loger à Argüedas ou à Valtierra.
– *À lire :* Randonnées dans le désert des Bardenas Reales à pied et en VTT, par B. Chupin et H. François (Rando Éditions, 2012).
– *Attention :* plusieurs lecteurs nous signalent des pneus crevés sur des voitures laissées sur le bord des pistes. L'explication : il s'agit de pistes réservées à l'agriculture et donc strictement interdites aux touristes. Les bergers supportent mal que les règles ne soient pas respectées.

Adresses utiles

Centre d'information des Bardenas Reales : *du bourg d'Argüedas, direction Tudela, par la NA-134. Après env 1 km, tourner à gauche après la station-service, c'est mal indiqué. Continuer sur une route bitumée jusqu'à la Finca de los Aguilares, sur la route de la Bardena Blanca et du polígono.* ☎ *948-83-03-08.* • *bardenasreales. es* • *Tlj 9h-14h, 15h-17h (16h-19h le reste de l'année).* Ce bureau offre la meilleure source de renseignements sur la région. On y vend une carte détaillée des Bardenas Reales. Dépliants sur la faune, la flore et la culture. Peut également vous mettre en relation avec des agences qui organisent des tours guidés à pied, à vélo ou en 4x4.

■ **Location de VTT :** *Ciclos Martón, c/ Real, 31, à Argüedas.* ☎ *948-83-15-77.*

Où dormir ?
Où manger en bordure des Bardenas Reales ?

Casas rurales Cueva Bardeneras (chambres troglodytiques) : *Palomares, 46, 31514 Valtierra.* ☎ *948-84-32-25.* 📱 *661-84-67-57.* • *info@bardeneras. com* • *bardeneras.com* • *À 17 km au nord de Tudela. À la sortie de Valtierra, en allant vers l'autoroute AP-15, sur la droite, un panneau l'indique. Appart 2-4 pers 170 € ; petit déj 12 €. Digestif offert sur présentation de ce guide.* À l'entrée, près de la réception, remarquer les citrouilles géantes, dont une de 331 kg ! Ces chambres aménagées dans une falaise calcaire ont la particularité de vous plonger dans l'univers rocheux des Bardenas Reales. Véritables petits appartements, elles sont bien décorées, gaies, confortables, et disposent de petites ouvertures permettant de profiter du calme ambiant. Pour manger, demi-pension possible, sinon des restos à Valtierra. Piscine publique à 300 m.

Hotel Rural Txapi Txuri : *à Murillo el Fruto (31313).* ☎ *948-71-58-08.* 📱 *610-31-78-60.* • *reservas@ txapitxuri.com* • *txapitxuri.com* • *À l'entrée du village. Congés : janv-fév. Doubles 60-65 € selon saison ; petit déj 9 €. ½ pens possible. Menu du jour 16 € ; autres menus 20-35 € ; carte env 25 €.* À environ 26 km au sud-est d'Olite, proche du monastère d'Oliva, donc de la partie nord des Bardenas Reales. Située au bord de la route, cette auberge couverte de vigne vierge abrite des chambres de caractère, bien arrangées et colorées. En demander une donnant sur l'arrière (jardin, plus calme) de préférence. Très bon accueil du patron qui connaît bien sa région. C'est aussi une très bonne table régionale qui propose une cuisine savoureuse et bien confectionnée.

À voir. À faire

Monasterio Nuestra Señora del Yugo : accessible depuis Argüedas par une bonne route asphaltée et étroite (environ 2,5 km). Le trajet offre un bel aperçu des paysages et de la végétation de la zone. Du monastère *(ouv slt pour le pèlerinage de sept),* superbes points de vue sur la Bardena Blanca.

➢ ***Randonnées pédestres :*** la randonnée du *Barranco de las Cortinas* est la plus facile (1 km). Départ au pied du Cabezo de Castildetierra (sorte de cheminée en terre au sommet d'une butte). La randonnée *Cabezo de las Cortinillas,* très courte promenade, permet de découvrir un mamelon stratégique qui surplombe la dépression de la Bardena Blanca, près du polygone militaire de tir. Enfin, la randonnée *El Fraile* (4,5 km) mène au Cabezo del Fraile, situé à l'extrémité sud-est des Bardenas, dans un des secteurs les plus désertiques et désolés de la réserve.

➢ ***Randonnée Cañada real de los Roncaleses :*** au départ de Nuestra Señora del Yugo sur le GR 13 (topoguide édité par SUA, Mixel Labeguerie, 2-5, 48005 Bilbao). Itinéraire balisé. Pas d'eau sur le trajet. Compter 5h pour l'aller-retour.
Du monastère Nuestra Señora del Yugo, la piste de transhumance part vers le nord en direction d'El Trillo, petite éminence dont le relief s'impose à 431 m. Suivant diverses bifurcations, la piste longe la forêt relicte d'Eguaras. On pense que jadis, les Bardenas étaient couvertes de forêts méditerranéennes de ce type. On arrive tout de suite à *El Plano,* sorte de dépression caractéristique de cette géographie aride de toute beauté. Au centre, les **ruines du château de Peñaflor** remontent au XIIIe s. Elles retentissent encore des pleurs de cette belle prisonnière, Doña Blanca, reine de Navarre infidèle, enfermée par son Maure de mari. Le donjon n'est plus qu'un simple doigt d'argile, inaccessible, qui domine de plusieurs mètres cette cuvette lunaire. Le retour se fait par le même chemin. Sur la piste, vous pouvez croiser des bergers. Ils aiment peu qu'on les photographie. En revanche, ils aiment bien parler, indiquer le chemin, raconter leur vie.

– Une autre randonnée intéressante consiste à faire le tour du polygone de tir *(el cuartel militar)* au départ d'Aguilares. Chemin ouvert pour voitures et vélos. La balade passe à proximité des plus belles curiosités géologiques de la Bardena Blanca, comme ces extraordinaires pitons rocheux surmontés d'étranges châteaux de terre ou ces hautes collines pointues.

TUDELA (TUTERA) (31500) 34 000 hab. *Carte Navarre, B4*

● Plan *p. 325*

Dans la plaine fertile de l'Èbre, au sud-est de la Navarre, aux confins de l'Aragon et de la Castille, voici Tudela, deuxième ville de la province par sa population. C'est un centre agricole ancien et réputé. Du coup, partout dans les bars et les restaurants, les plats à base de légumes cultivés dans les fermes des environs sont à l'honneur. Horticulture et maraîchage sont les deux mamelles économiques du secteur, et ceci n'est pas nouveau. Déjà du temps des Arabes, l'agriculture et l'irrigation était développée. Dernière ville de Navarre à avoir été conquise par les rois de Navarre, Tudela garde des traces de son passé arabe dans l'utilisation de la brique dans l'architecture des maisons les plus cossues. Briques de toutes teintes, utilisées en motifs décoratifs géométriques dont le rendu ocre et rose s'affirme dans la lumière du printemps.

UN PEU D'HISTOIRE

Selon toute vraisemblance, Tudela, postée sur la vallée de l'Èbre entre *Caesaraugusta* (Saragosse) et *Calagurris* (Calahorra), a été habitée sinon fondée par les

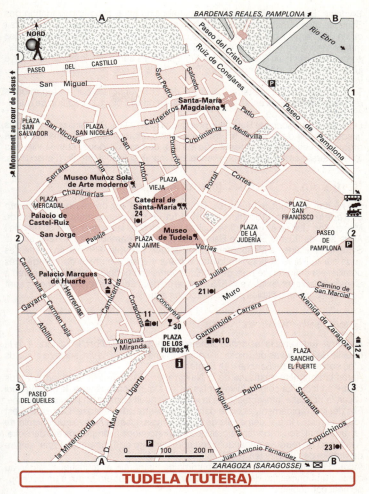

TUDELA (TUTERA)

	Adresse utile		◉		**Où manger ?**
	Oficina de turismo			10 Hostal Remigio
				11 Hostal-restaurante Pichorradicas
🛏	**Où dormir ?**			21 Bar José Luis
	10 Hostal Remigio			23 Restaurant 33
	11 Hostal-restaurante Pichorradicas			24 Bar Rancho
	12 Hotel Tudela Bardenas		🍷	**Où boire un verre ?**
	13 Pensión La Estrella			30 Bar Aragón

TUDELA ET LA RIBERA

Romains. Elle apparaît comme ville au début du IXe s, sous la domination des Banu Qasi (ces Cassius islamisés) apparentés aux rois de Pampelune. Ce qui fait qu'en 842 l'*émir Abd al-Rahman* assiège Tudela, pourtant déjà aux mains des musulmans. Même scénario 40 ans plus tard, quand l'*émir de Cordoue* en personne vient punir les Banu Qasi. Et même si la ville abrite une importante colonie juive, elle restera longtemps arabe. Tout ce petit monde vit finalement en bonne intelligence.

Tous sont attirés par les terres alluviales de l'Èbre, enrichies par les **techniques d'irrigation des Maures.** C'est l'époque où se met en place la tradition de maraîchage toujours vivace.

Finalement, Alphonse le Batailleur prend la ville en 1119. Pendant quatre siècles (jusqu'aux rois de Castille), les trois religions monothéistes vont cohabiter sans problème. Les historiens disent que Tudela, comme Cordoue, était la ville des trois cultures : arabe, juive et chrétienne. Les manuscrits sont remplis d'anecdotes.

Benjamin de Tudela, grand voyageur

On ne sait s'il était teinturier ou lapidaire, mais il est certain que **Benjamin de Tudela** (né vers 1130-mort en 1173) fut un des plus grands voyageurs du Moyen Âge. Juif né à Tudela, il souhaitait visiter toutes les synagogues du monde ! Alors âgé de 30 ans, il quitte Saragosse en 1160, parcourt l'Italie, la Grèce, la Syrie, la Palestine, la Mésopotamie (Irak actuel), l'Égypte, et recueille même des infos sur la Perse et la Chine lointaine (sans y aller). Son récit de voyage, très détaillé, est enfin publié près de 4 siècles après son périple, en 1543 en hébreu à Constantinople, et en latin en 1575. Malgré ce décalage, ses renseignements sont considérés comme fiables par les historiens actuels.

Grandeur, oubli et renouveau

Au XIIIe s, Tudela est la résidence préférée du roi **Sanche le Fort,** le vainqueur de la bataille de Las Navas de Tolosa. Il y passa même la fin de sa vie, solitaire et reclus d'où son surnom de Sanche « Le Renfermé »...

Après la conquête castillane de la Navarre (en 1512), Tudela redevient un gros centre agricole. La colonie juive expulsée, les Maures christianisés, le mélange qui faisait la richesse intellectuelle de la ville s'évanouit comme un rideau de fumée. Elle décline rapidement, et entre dans les oubliettes de l'histoire. Certes, elle est toujours restée la deuxième ville de Navarre mais, jusqu'à l'arrivée du chemin de fer (au XIXe s), son importance politique et économique a longtemps été dérisoire. À noter qu'on retrouve cependant son nom sur l'Arc de Triomphe, à Paris, au titre de victoire de l'Empire (en 1808).

Aujourd'hui, forte d'un important patrimoine historique et touristique, située au cœur d'un bon réseau de communications, Tudela peut prétendre à un développement harmonieux.

LES LÉGUMES DE TUDELA

Sur les terres fertiles des rives de l'Èbre sont cultivés les légumes qui font la renommée de la ville dans toute l'Espagne du Nord. Il existe deux légumes avec « appellation Tudela contrôlée » : les *cogollos,* ou « laitues sucrines », et les *artichauts* (le mot artichaut ne vient-il pas de l'arabe *al-harsūf* ?). Cette tradition maraîchère a donné l'idée à la ville d'organiser des « Journées d'exaltation des légumes » ! Tous les ans, les restaurateurs se lancent dans le grand concours des meilleurs **pintxos** *à base de légumes.* Un prix est décerné en mai. Le genre de concours qu'on aime, car le gagnant est forcément le consommateur, qui retrouve dans son assiette les meilleures créations. Et c'est vrai qu'on y mange diablement bien.

Adresses utiles

🅘 *Oficina de turismo* (plan A3) : *pl. de los Fueros, 56*. ☎ 848-42-04-20 ou 948-84-80-58 (slt Tudela). • *oit.tudela@navarra.es* • *Mer-ven 10h-14h, 16h-18h30 ; sam 9h-14h, 16h-19h ; dim 10h-14h. Jusqu'à 20h tlj en été*. Infos de bonne qualité en français. Plan de la ville, infos historiques et culturelles. Plan de la réserve des Bardenas Reales avec itinéraires de randonnée.

■ *Compañía de guías de las Bardenas* (hors plan par B3) : *avda de Zaragoza, 80*. ☎ 948-48-76-00. • *turismobardenas.com* • *Dans le magasin de rando Cara Norte*. Une agence sérieuse qui propose des randonnées, des parcours VTT et des excursions en 4x4 sur une demi-journée ou un jour entier. On parle le français.

Où dormir ?

Le camping le plus proche se trouve à Villafranca (voir plus loin « La ribera de l'Èbre »).

Bon marché

🛏 *Pensión La Estrella* (plan A2, **13**) : *Carnicerías, 12*. ☎ 948-41-04-42. 📱 606-57-56-31. • *pensionlaestrella@hotmail.es* • *pensionlaestrella.com* • *S'adresser au bar du même nom. Doubles 30-35 €.* Sur une des petites places les plus animées de la vieille ville. Les chambres sont propres, sommaires et pas chères, avec sanitaires communs.

De prix moyens à chic

🛏 *Hostal Remigio* (plan B3, **10**) : *Gaztambide Carrera, 4*. ☎ 948-82-08-50. • *info@hostalremigio.com* • *hostalremigio.com* • *Double avec sdb env 55 € ; triple 70-80 € selon saison ; petit déj 6 €. Parking privé proche 9 €.* 📶 *Apéritif maison offert sur présentation de ce guide.* Très bien situé, à deux pas de la plaza de los Fueros. Un hôtel familial, aux chambres confortables, toutes rénovées (avec AC), aménagées de façon classique. Prendre de préférence une chambre sur la rue, car la cour abrite une soufflerie de clim. À part ça, comme la rue et la place sont en zone piétonne, il faut se garer en dehors du vieux centre. Fait aussi resto (voir « Où manger ? »).

🛏 *Hostal-restaurante Pichorradicas* (plan A3, **11**) : *Cortadores, 11*. ☎ 948-82-10-21. • *info@pichorradicas.es* • *pichorradicas.es* • *Ouv tte l'année. Resto fermé dim soir et lun sf j. fériés. Doubles avec sdb 60-90 € selon saison ; petit déj 10 €. Parking 17,50 €.* 📶 Dans une vieille maison traditionnelle tout en hauteur, aux murs en brique typiques de la ville, se cache le seul véritable hôtel de charme de Tudela, superbement aménagé dans un style contemporain très réussi. Chambres claires, colorées et bien équipées, certaines sous de belles poutres en bois. Elles portent des noms de légumes, spécialité de la région. Originales salles de bains ouvertes sur les chambres. Resto (voir « Où manger ? »).

🛏 *Hotel Tudela Bardenas* (hors plan par B3, **12**) : *avda de Zaragoza, 60*. ☎ 948-41-08-02. • *hotel@tudelabardenas.com* • *tudelabardenas.com* • ♿ *Double min 62 € ; petit déj 9,50 €. Parking 12 €.* 💻 📶 Pratique pour les routards motorisés, car proche du centre et doté d'un parking. Ne pas chercher une vieille auberge rustique, on est ici plutôt dans un univers contemporain avec des chambres modernes et bien arrangées. Accueil professionnel et aimable. On y parle le français. Le meilleur rapport qualité-prix de la ville dans cette catégorie. Au sous-sol de l'hôtel, un pub reste ouvert tard le soir.

Où manger ?

Bon marché

|●| Bar José Luis (plan B2, **21**) : *Muro, 23.* ☎ *948-82-00-91. Tlj. Pintxo env 2 €.* Récompensé à plusieurs reprises lors des belles « Journées d'exaltation des légumes », ce bar propose des dizaines de *pintxos* à déguster en terrasse ou accoudé au bar. À base de légumes, évidemment, mais aussi de poisson ou de fromage. Une adresse très fréquentée et l'on comprend pourquoi, tant la nourriture est fondante et le choix diversifié.

|●| Bar Rancho (plan A2, **24**) : *c/ La Rúa, 6.* ☎ *948-82-27-80. Pintxo env 2 €, ración et cazuelita env 8 €.* Discret, à l'écart de l'agitation, ce bar propose un beau choix de tapas. Les légumes sont souvent exposés au comptoir, et on ne peut qu'aimer ces *verduras*, crus, cuits ou en beignet. Et aussi tapas aux sardines, aux poulpes, aux moules... et aux champignons. Plein à certaines heures mais pas toujours.

De prix moyens à plus chic

|●| Voir aussi le resto de **Hostal Remigio** (plan B3, **10**), pour ses bons plats de légumes *(menu du jour en sem 16 € ; autres menus 25-40 € ; carte env 35 €)* ; et celui de **Hostal-restaurante Pichorradicas** (plan A3, **11**), tourné aussi bien vers la mer que vers la terre, il jouit d'une bonne réputation *(repas 25-30 €).*

|●| Restaurant 33 (plan B3, **23**) : *c/ Pablo Sarasate, 7.* ☎ *948-82-76-06.* ⚒ *Tlj sf le soir dim-mer. Congés : 1re quinzaine d'août. Menú del día 20 € (le midi) ; menu dégustation 44 € ; carte 40-45 €.* Dans une impasse discrète se cache une très bonne table de Tudela. À la fois traditionnelle, inventive et légère la cuisine s'inspire du terroir mais elle est magnifiée par le talent du chef Ricardo Gil. Parmi les plats vedette : les asperges au vinaigre, les *cogollos* de Tudela, l'agneau de lait... Comme les vins sont parfaitement choisis, que pain et desserts sont maison, on peut faire bombance pour un prix correct. Service attentionné et jovial.

Où boire un verre ?

La plaza de los Fueros *(plan A-B3)* se révèle être le cœur de l'animation avec environ 8 bars en terrasse. Ensuite, le centre de gravité se déplace vers la calle Muro, à côté de la place. Les jeunes se réunissent plutôt dans la calle San Julián *(plan A-B2)*, appelée *El Tubo* tellement elle est étroite, parallèle au Muro. Mais l'ambiance est un peu glauque et très grunge... enfin, il y en a qui aiment ! Ambiance plus sympa autour de la plaza San Jaime *(plan A2)*, vers la cathédrale, dans les bars **Josema**, **San Jaime** et **La Fuente** *(tlj sf lun)*. Et enfin, ceux qui cherchent des endroits un peu plus classes se joindront à la clientèle des bars de la plaza Herrerías *(plan A2)*.

Y Bar Aragón (plan A3, **30**) : *pl. de los Fueros, 15.* ☎ *948-82-10-54.* ● *boris@bararagon.com* ● *Tapas et pintxos 2-5 €.* 📶 Superbe choix de tapas et *pintxos*, mais aussi salades et *bocadillos*. C'est l'un des endroits stratégiques de la ville. Vaste terrasse sur la place et coin salon plus intime à l'intérieur avec des divans zébrés.

À voir. À faire

⚑ Plaza de los Fueros *(plan A-B3)* : construite au XVIIIe s, c'est une place carrée piétonne, harmonieuse, avec un kiosque à musique en son centre. Sur les murs des maisons qui la bordent, vous pourrez voir les blasons en céramique colorée, représentant des villes du Pays basque ayant reçu des *fueros* de Navarre. Quand le soir tombe et que les cigognes regagnent leur nid, la place devient le centre névralgique de la ville. Pour s'en convaincre, il suffit d'observer les Tudelans qui envahissent les terrasses du *Diamante* ou du *Bar Aragón*.

🎥🎥 ***Catedral de Santa María*** *(plan A2) :* lun-ven 10h-13h30, 16h-19h ; sam 10h-13h30. Entrée : 4 €. Le billet s'achète à la réception du musée, attenant à l'édifice. Messe à 11h dans la Capilla Santa Ana, dim à 11h dans l'autel principal. Intéressants panneaux illustrés explicatifs dans divers coins de la cathédrale.

Au cœur de la vieille ville, construite sur l'emplacement de l'ancienne mosquée. La façade principale mérite un coup d'œil pour le mélange des genres (base romane et ajouts successifs du gothique à la Renaissance). À l'intérieur, cette simplicité romane disparaît au profit d'une

> **J'IRAI MARCHER SUR VOS TOMBES**
>
> *Au Moyen Âge, l'inhumation dans les églises était pratique courante. Mais à Tudela, cette coutume a perduré jusqu'au XIXᵉ s. Lors des fouilles effectuées sous la cathédrale, les archéologues ont trouvé des tombes de différentes époques : plus d'une centaine de corps ! Les membres du haut clergé et les aristocrates du coin se faisaient inhumer dans les cryptes, sous le chœur et sous les chapelles. On a continué... jusqu'à ce que la place vienne à manquer et que toute la clique soit envoyée au cimetière !*

abondance de chapelles baroques, de retables sculptés et dorés. Voir surtout l'étonnante *capilla del Espíritu Santo* (chapelle du Saint-Esprit), sur le côté droit. Ne pas manquer non plus la *Capilla Santa Ana* (chapelle Sainte-Anne) à gauche, de style baroque, on se croirait à Prague... enfin derrière le chœur, immense retable daté de 1494.

– Le **cloître** permet de retrouver un peu de paix et d'harmonie. Superbes chapiteaux sculptés provenant de l'ancienne mosquée de Tudela. Intéressants panneaux explicatifs sur les trois grandes communautés religieuses qui firent l'histoire de la ville.

🎥 ***Museo de Tudela*** *(plan A-B2) :* c/ Roso, 2. ☎ 948-40-21-61. • museode tudela.com • *Tlj sf sam ap-m et dim 10h-13h30, 16h-19h. Entrée : 4 € ; réduc.* Petit musée qui abrite quelques belles pièces. Au début de la visite, voir le *facsimilé* (reproduction de l'original) de la *Bible of Alba*, la première bible traduite en espagnol (en 1433) à partir du texte hébreu de rabi Mose Arragel. L'original appartient aux collections de celle qui fut l'incroyable et très fortunée duchesse d'Albe, aujourd'hui décédée. Voir aussi les sculptures baroques (y compris un *Saint Louis*), un très beau retable provenant du palais des Tournemire (tout à fait en haut, ce n'est pas un chasseur de palombes mais Dieu le Père et l'Esprit saint), un *Jugement dernier* attribué à Jérôme Bosch et quelques saint(e)s de Vicente Berdusán, le régional de l'étape. Plutôt pour passionnés d'iconographie religieuse.

🎥 ***Museo Muñoz Sola de Arte moderno*** *(plan A2) :* plaza Vieja, 2. ☎ 948-40-26-40. • museomunozsola.com • *Jeu-sam 10h30-13h30, 17h30-20h30 (18h-20h30 sam) ; dim mat. Entrée : 1 €.* Ce modeste musée expose, outre quelques toiles du peintre local Cesar Muñoz Sola, une partie de sa collection privée, composée notamment de peintures d'un genre assez académique (natures mortes, portraits...) datant de la période 1850-1950. Là encore, pour spectateurs avertis.

➤ Balade dans le **casco viejo** (vieux quartier historique) et autour de ses nombreux palais, comme le superbe ***palacio de Castel-Ruiz*** *(plan A2)*, attenant à la cathédrale. Il fut construit par les jésuites dans un style néoclassique mais en brique. Il abrite désormais le centre culturel (qui propose des expos temporaires). On peut entrer dans la cour pour apprécier la double arcature des galeries. L'église jésuite *San Jorge,* dans le même bâtiment, renferme quelques belles statues dont une représentation de la *Vierge du pommier*, identique à celle de Hondarribia. Sur le fronton, noter le blason de Charles III.

Le **palacio Marqués de Huarte** *(plan A2)*, transformé en bibliothèque municipale, donne sur la calle Burgaleta. Sa façade vaut surtout pour les décorations en trompe l'œil autour des fenêtres (feuillages, faunes et cariatides dans le goût le plus baroque). Également un escalier monumental en carreaux de céramique géométrique qui évoquent l'art andalou et mozarabe.

En descendant vers l'Èbre, les maisons deviennent plus modestes, mais les étroites ruelles aux murs de brique gardent un caractère quasi andalou. Dans l'ensemble, vous remarquerez que le vieux centre est assez dégradé : façades écorchées, huisseries vermoulues, balcons rouillés... De nombreux bâtiments sont à l'abandon.

Iglesia de Santa María Magdalena *(plan B1)* **:** *tlj 10h-13h, 17h30-20h.* Son portail roman est une merveille d'harmonie, au tympan frappé d'un Christ en majesté. La nef, du début du gothique (XIIe s), est superbe. Le chœur abrite un retable platéresque dont le maniérisme contraste fortement avec la simplicité du reste de l'édifice.

– Remonter ensuite par la calle Portal, qui passe sous une porte monumentale et longe quelques belles maisons nobles.

Les flâneurs peuvent se fendre d'une balade jusqu'au **Monument au cœur de Jésus** *(hors plan par A1)* qui domine Tudela à la manière du Christ Rédempteur de Rio. À pied, un chemin grimpe directement depuis le bout du paseo San Miguel. En voiture, longer le fleuve vers le nord et passer sous la voie ferrée ; parking en haut. Inutile de préciser que le panorama est imprenable : se déploient à vos pieds la vieille ville et la ville nouvelle, les collines alentour et toute la vallée de l'Èbre bordée de jardins.

Fêtes

– **La Semaine sainte** revêt ici une importance particulière. Le Samedi saint, on procède à la **cérémonie du Volatín,** une tradition qui remonte au XVIe s. On suspend au balcon de la maison de l'Horloge, plaza de los Fueros, un mannequin de bois représentant Judas, avec un énorme pétard dans la bouche. Quand on allume le pétard, le mannequin saute et tressaute dans tous les sens, en perdant un à un ses vêtements que les enfants récupèrent comme souvenirs. Toute la ville est au rendez-vous, commentant l'événement parce que les vêtements changent chaque année et sont réalisés en fonction des petits faits de l'année passée. Et ça se termine dans les bistrots.

Le lendemain, dimanche de Pâques, on recommence avec la **Bajada del Angel,** où un enfant d'une dizaine d'années, déguisé en ange avec son tralala d'ailes en plumes, traverse la place accroché à un filin pour ôter le voile noir qui recouvre une statue de la Vierge, afin de symboliser la Résurrection. Comme la veille, la place est noire de monde, et l'événement ne dure que 3 mn.

– **Fêtes de Santa Ana :** *24-30 juil.* Elles célèbrent l'apothéose de l'été (d'ailleurs, en août, presque tout est fermé, il faut bien se reposer). Corridas, *encierros,* défilés de géants et un grand bal organisé sur la plaza de los Fueros...

LA RIBERA DE L'ÈBRE

Carte Navarre, B4

De part et d'autre de l'Èbre, plusieurs sites étonnants à découvrir, car ils sont assez loin des itinéraires touristiques habituels. L'horizon de la plaine

de l'Èbre est festonné par quelques sierras en de nombreux points similaires aux paysages de westerns. Terre rouge, relief de mesas. On s'attend à voir débouler de la montagne Yul Brynner et ses copains mercenaires.

CASCANTE

À 12 km à peine au sud-ouest de Tudela. Aux confins de la Navarre, de la Castille, et de l'Aragon. Ne pas hésiter à monter sur la colline jusqu'à la **basílica de Nuestra Señora del Romero.** Le jardin qui l'entoure offre un beau panorama sur la plaine. L'église a été reconstruite au XVIIe s, mais le principal retable est antérieur, avec une jolie statue polychrome de saint Marc. La basilique abrite une petite *casa-museo (1er mai-30 sept, théoriquement tlj 10h30-13h30, 18h-20h30).* De l'abside, une galerie à arcades descend vers la ville. C'est le chemin de croix que les fidèles parcourent (certains à genoux) lors du pèlerinage à la Vierge, mi-septembre. En bas du chemin de croix, la ***iglesia de la Victoria,*** de style mudéjar. À consulter : ● *cascante.com* ●

LE MONASTÈRE DE TULEBRAS

✱ *À 3 km au sud de Cascante et à 13 km de Tudela.* ● *monasteriodetulebras. com* ● *Mai-sept, tlj sf lun 11h-13h30, 16h-18h ; oct-avr, slt w-e 16h-18h. GRATUIT, mais on vous recommande de laisser une obole.* Ce serait le premier monastère cistercien d'Espagne (XIIIe s). Il abrite une belle collection d'art sacré, où l'on remarquera la peinture symbolique de la Trinité par Jérôme Cosida et de nombreuses pièces d'orfèvrerie (ciboires, crucifix, patènes). Les sœurs vendent du miel.

FITERO

À 23 km au sud-ouest de Tudela. Aux confins de la Navarre, presque à égale distance de l'Aragon et de la Rioja.

🛈 **Office de tourisme :** *c/ la Iglesia, 8.* ☎ *948-77-66-00.* ● *fitero.es* ● *Juste en face de l'entrée du monastère. Tte l'année, lun-ven et sam mat.* Organise les visites guidées du monastère (minimum 4 personnes).

✱ **Monasterio cisterciense Santa María :** *lun-sam à 12h, dim et j. fériés à 12h45. Pour le visiter, contacter l'office de tourisme. Billet : 3 €.* Fitero abrite le monastère cistercien Santa María, le plus ancien de Navarre, fondé par saint Raymond (la statue du saint homme orne la grande place) en 1140. Ce Raymond-là est aussi le fondateur de l'ordre militaire de Calatrava, qu'il créa pour repousser les Maures. Refaite au XVIe s, l'église est de style plateresque, avec des plafonds couverts de fresques, un orgue baroque et un énorme retable abritant une statue de la Vierge. On peut faire le tour du monastère pour admirer les absidioles romanes et la cour monumentale avec sa belle colonnade.

CINTRUÉNIGO (31592)

À 6 km de Fitero. Un gros bourg (8 000 habitants) dont la partie ancienne exhibe quelques belles maisons, notamment, dans la rue principale. La ville est connue depuis des siècles pour son travail de l'albâtre. C'est d'ici que viennent les fines lames d'albâtre translucide qui servaient de vitraux à toutes les églises romanes de la région. Quelques ateliers perpétuent encore la tradition, mais leurs magasins ne proposent plus que vases et jeux d'échecs !

🏠 |●| **Hotel-restaurante Maher :** *c/ La Ribera, 19.* ☎ *948-81-11-50.* ● *gestion@hotelmaher.com* ● *hotelmaher.com* ● ✱ *Resto tlj sf dim soir et* *lun. Congés : 20 déc-20 janv. Double avec sdb env 90 €, petit déj compris. Menus 28-45 €.* Installé dans un bâtiment récent le long de la route principale, mais conçu et décoré avec un goût certain. Grandes salles, cheminée de marbre lilas, mobilier discret et fauteuils profonds. Chambres vastes, calmes et confortables (AC). Mais si on vient de loin chez *Maher,* c'est surtout pour la cuisine d'Enrique Martinez, la meilleure de la région. Savoureuse, raffinée, inventive, elle suit le rythme des saisons.

CORELLA

À 5 km de Cintruénigo en remontant vers l'Èbre.
C'est la capitale du baroque en Navarre, et cela « grâce » à la tuberculose... Au XVIIIe s, la reine d'Espagne, épouse de Philippe V, y débarque afin de soigner sa tuberculose. La malheureuse se baladait depuis plusieurs années dans toute l'Espagne à la recherche du traitement miracle. Or, voici que grâce au climat sec et à un régime axé sur la consommation d'ail, elle se porte mieux. Du coup, elle annexe une maison et toute la cour s'installe à Corella. On refait les palais, on crée une académie de peinture, bref, le bourg agricole devient quasiment la petite capitale de l'Espagne. La reine va y rester près d'un an, avant de repartir, guérie, à Madrid – enfin, presque guérie, vu qu'elle meurt de tuberculose 3 ans plus tard.
Corella est surtout connue pour le ***museo Arrese,*** qui abrite de très nombreuses peintures de l'école espagnole des XVIIe et XVIIIe s. Il les abrite si bien qu'il est fermé depuis plusieurs années et qu'aucune date de réouverture n'est prévue.

🛈 **Office de tourisme municipal :** *c/ de la Merced ; à côté du museo Arrese.* ☎ *948-78-08.25.* • *corella.es* • *Mar-sam.*

➢ **Une balade dans la ville** est fortement recommandée (se garer un peu à l'extérieur), car il y a plusieurs très belles demeures et palais baroques. Voir surtout la *plaza de los Fueros* et la *casa de los Virto de Vera.* Au n° 8, ce palais abandonné de 1741 mériterait bien une restauration. Remarquer l'admirable loggia à arcades au dernier étage comme en Toscane... Sur cette même place, belle **église en brique** au clocher baroque. Noter les influences multiples dans sa construction, moucharabieh à l'orientale et fenêtres ornées de colonnades à la vénitienne.
– À l'angle des calles Vallejo et San Miguel, attenant à l'église paroissiale, voir le *palacio Arrese* et ses exceptionnelles peintures à fresque dans les tons rose Vichy. En très bon état, toujours habité par la famille, on peut en faire le tour à pied.
À 50 m en contrebas de la plaza de los Fueros et de la casa de los Virto de Vera, dans la calle Peñuela, curieuse maison récente qui repose entièrement sur une sculpture d'atlante.

VILLAFRANCA *(31330)*

À env 30 km de Tudela, par l'autoroute et les routes secondaires. Aller devant l'église *Santa Eufemia* pour profiter du panorama sur la plaine de l'Èbre, puis pousser jusqu'à la superbe petite *plaza de los Fueros,* parfaitement restaurée.

⋀ 🏠 ***Camping Bardenas :*** *ctra NA 660, km 13,4.* ☎ *948-84-61-91.* • *info@campingbardenas.com* • *campingbardenas.com* • *À 1 km de la ville sur la route de Cadreita, sur la droite. Env 24-27 € pour 2 avec tente et voiture selon saison ; bungalows 4-6 pers 80-130 €/nuit selon saison. En dortoir, nuitée 12,50-14,50 €/pers.* 📶 Ce camping récent a l'avantage d'être le seul à des kilomètres à la ronde. Son emplacement n'est pas idéal, et il vaut mieux s'éloigner de la route pour dormir... Il propose des emplacements (peu ombragés) pour les campeurs, des dortoirs de 12-14 lits, et des équipements corrects (resto, piscine, salle de gym).

MARCILLA

À env 10 km de Villafranca. Au centre de la bourgade se tient un château en pierre et brique jaune. Sa forme régulière, ses fossés, ses grosses tours carrées et ses créneaux, et surtout son emplacement insolite tel un décor de cinéma... tout est curieux. Il abrite désormais la police, la bibliothèque et des services municipaux. Inutile de le visiter, il suffit de jeter un coup d'œil en passant. Une anecdote raconte que l'épée Cizona ayant appartenu au Cid y aurait été conservée naguère... À vérifier.

LOUIS DE FUNÈS, HIDALGO NAVARRAIS ?

L'acteur comique Louis de Funès était issu d'une famille de la noblesse castillane ruinée et émigrée en France en 1904. Certains pensent que son père, Carlos Luis de Funès de Galarza, serait lui-même issu d'une lignée navarraise dont le berceau serait le village de... Funès, à 6 km de Marcilla et à 42 km de Tudela. Un vieux palais décrépit y est encore debout portant un fier et beau blason, celui de la famille de Funès. L'ancêtre chevalier serait venu de Bretagne, aurait chassé les Maures du secteur au XIIIe s, recevant en retour du roi le titre de seigneur de Funès...

FALCES

À env 12 km au nord de Marcilla.
Falces a été construit au pied d'une falaise ocre, sorte de crête rocheuse plantée de pins. De loin, on ne voit du village que l'église Salvador del Mundo au sommet de celle-ci. Dans le village, très belle église néoclassique. Falces est surtout connu pour son **encerro** (nommé *« pilón »*) qui a lieu l'avant-avant-dernier dimanche d'août.

LE CHEMIN DE SAINT-JACQUES

- Cizur Menor (Zizur Txikia) 334
- Puente la Reina (Gares) 335
  - Ermita Nuestra Señora de Arnoteguy et sierra del Perdón • Cirauqui (Zirauki)
- Estella (Lizarra) 338
  - Au nord : monasterio Santa María de Irantzu
  - Au sud : Ayegui (Aiegi), Villamayor de Monjardín et Arellano
- Los Arcos 345
  - Torres del Río
- Monasterio Nuestra Señora de Codés
- Viana 346
- *La sierra au nord de Pamplona* 347
  - La chênaie d'Orgi à Lizaso

Au sud de Pamplona, le chemin du Baztán et celui de Roncevaux n'en font plus qu'un qui va rejoindre très vite, à Puente la Reina (Gares), le chemin du Somport. C'est le chemin « classique », aménagé, équipé d'auberges pour pèlerins. On conçoit, à le parcourir, que les pèlerins du Moyen Âge s'y sentaient mieux que sur le chemin du nord ou l'ancien chemin du Guipúzcoa. Les paysages sont ceux du calcaire : larges vallées, reliefs assouplis et adoucis, villages nombreux, visibles de loin. On n'a aucun mal à imaginer ce même paysage au XIIe s couvert de champs de blé, piqueté de vignes, parcouru çà et là de troupeaux de moutons. Après les rudes montagnes, c'était le retour à la civilisation, aux églises de l'ordre de Malte, aux villages fortifiés, à la sécurité. Dans ces plaines, on sait vers quoi on va.
– *Nos villages préférés :* Uterga, Torres del Río et Villamayor de Monjardín, pour leur site et leur caractère.

– De nombreuses infos utiles sur le chemin de Saint-Jacques (Camino de Santiago) sur le site de la province de Navarre : ● turismo.navarra.es ●

Comment se déplacer ?

➢ **En bus :** la compagnie *La Estellesa* (☎ 948-22-22-23 ; ● laestellesa.com ●) gère la ligne Pamplona-Logroño : env 8 bus/j. (7h20-21h env) desservent Puente la Reina (durée 30 mn), Estella (1h), Los Arcos (1h30) et Viana (1h30).

CIZUR MENOR (ZIZUR TXIKIA)

(31190)　　　1 200 hab.　　　*Carte Navarre, B2*

À 4 km au sud de Pamplona, cette halte traditionnelle sur le chemin de Saint-Jacques s'est convertie en banlieue pseudo-résidentielle. On l'atteint en suivant la route de Logroño. Ne pas confondre avec Cizur Major, de l'autre côté de la route, et ne pas hésiter à s'éloigner de la grand-route pour atteindre le vieux quartier. Pour les pèlerins, Cizur était au moins aussi importante que Pamplona. En effet, dès le début du XIIe s, les chevaliers de l'ordre de Malte y implantèrent une église et surtout une hospice, qui ne mit pas longtemps à devenir la halte favorite des marcheurs, les chevaliers étant connus pour la qualité de leurs gîtes. Mais d'après ce qu'on a vu, ils ont quelque peu perdu la main...

Où dormir à Cizur Menor et alentour ?

🛏 *Albergue de peregrinos Maribel Roncal :* paseo de Lurbeltzeta, 1, à Cizur Menor. ☎ 948-18-38-85. 📱 670-32-32-71. ● maribelroncal@jacobeo.net ● elalberguedemaribel.com ● Congés : nov-mars. Lit 10 €/pers, draps inclus. Pour pèlerins slt, avec credencial. 📶 C'est la très jolie maison ancienne de l'autre côté de la rue face à l'église San Emeterio. Francophone, Isabel Roncal, l'adorable maîtresse des lieux, peut vous parler pendant des heures du pèlerinage. Dans son jardin plein de fleurs, elle a fait construire un premier petit gîte très pratique, calme et cosy. Dortoirs impeccables et bien tenus, de 8-10 lits, avec sanitaires collectifs. Machine à laver, cuisine. Si c'est complet, Isabel vous aidera à trouver un hébergement dans les environs.

🛏 *Casa rural Carpintero :* c/ Iturritxes, 5, 31190 **Astráin**. ☎ 948-35-32-28. 📱 616-34-04-52. ● etxeacarpintero@telefonica.net ● casakarpintero.com ● À 6 km au sud de Cizur. Doubles avec douche ou sdb 42-50 € selon saison (50 € pdt la San Fermín). 📶 Dans un petit village typiquement navarrais, proche de l'église, cette vieille demeure a été restaurée avec goût par son propriétaire Fernando. Ce passionné par l'histoire de la Navarre vous accueille en français. Sa maison est dans la famille depuis 250 ans ! Galets dans l'entrée, mobilier ancien, salles de bains neuves et collection d'outils. Il y a 8 chambres toutes bien tenues.

Où dormir ? Où manger entre Cizur et Puente la Reina ?

Quelques *auberges pour pèlerins* se trouvent directement sur le chemin dans les villages proches avant l'arrivée à Puente la Reina. Parmi elles :

🛏 🍴 *Albergue Camino del Perdón :* c/ Mayor, 61, 31133 **Uterga.** ☎ 948-34-45-98. ● noerolca@yahoo.com ● caminodelperdon.es ● ♿ À 15 km de Pamplona et 7 km de Puente la Reina. Sur la gauche quand on descend la rue principale. Congés : nov-fév. Lit en dortoir 10 € pour pèlerins slt ; double avec sdb 50 € ; familiale 75 € ; petit déj 5 €. Menu 12 €. CB refusées. Parking. 📶 Dortoirs de 16 lits dans une maison récente. Quelques chambres privatives et plus confortables dans un *hostal* à 300 m de là. Cafétéria et bar (*pintxos,* plats) doté d'une courette pour se relaxer.

À voir

🥾 La première *église* qu'on voit en arrivant à Cizur Menor est consacrée à san Emeterio et san Celedonio, bien que tous les guides l'appellent **San Miguel.** Il paraît que la paroisse a changé de patron au cours des siècles. Petite église du XIIe s qui abrite une *Vierge à l'Enfant* du XIIe s et, dans la sacristie, un très beau christ du XVe s. Vous remarquerez les fonts baptismaux en forme de coquille Saint-Jacques, taillés dans un seul bloc de pierre.

PUENTE LA REINA (GARES)

(31100)   2 800 hab.   *Carte Navarre, B2*

À une vingtaine de kilomètres au sud de Pamplona, Puente la Reina est depuis toujours une étape importante du pèlerinage à Saint-Jacques-de-Compostelle. « Et à partir de là, les trois chemins n'en font plus qu'un », écrivait le moine Picaud dans son *Guide du pèlerin.* Dans leur route vers l'ouest, les pèlerins devaient traverser le río Arga sur un pont (reconstruit au XIIe s). Celui-ci enjambe en beauté la rivière, et on y arrive à pied après avoir suivi la longue rue principale qui traverse cette belle petite cité de caractère, chargée d'histoire.

UN PEU D'HISTOIRE

Le premier vrai document est la charte de fondation (le *for*) qu'Alphonse le Batailleur donne à la ville en 1122. Cette charte est concédée aux habitants pour qu'ils puissent s'organiser et gérer le flux commercial lié au pèlerinage. La ville change son nom basque pour celui de Puente la Reina. En deux siècles, du XIIIe au XVe s, la ville va se couvrir de monuments. Après le déclin du pèlerinage, Puente la Reina restera un gros bourg agricole, ce qu'elle est encore aujourd'hui. Régulièrement, à l'entrée de la ville, les paysans et maraîchers viennent vendre leur production. Puente la Reina est considérée comme la capitale du piment de la région de Pamplona.

Adresse utile

ℹ *Office de tourisme municipal :* dans la casa del Vínculo, *à la base du* pont. ☎ 948-34-13-01. *Tlj sf lun.* Petite expo temporaire et maquette de la ville.

Où dormir ?

Très bon marché (auberges des pèlerins)

- *Albergue Puente :* paseo de los Fueros, 57. ☎ 948-34-10-52. ● albergue@alberguepuente.com ● alberguepuente.com ● Congés : 10 nov-14 mars. Lit en dortoir 12 €, double 34 €, petit déj inclus. Menu du pèlerin 10 €. Auberge de pèlerins privée, installée dans une petite maison à l'intérieur moderne. Dortoirs de 4-10 lits, très propres, spacieux et colorés, et des doubles ; sanitaires communs. Sur le toit, agréable terrasse pour se reposer en soirée, avec vue sur le village et la campagne. Notre meilleure adresse dans cette catégorie.
- *Albergue des Padres Reparadores :* pl. P. Guillermo Zicke. ☎ 948-34-00-50. ● puente@scj.es ● À l'entrée nord de la ville, face à l'iglesia del Crucifijo. Nuitée 5 €, avec draps (credencial obligatoire). L'auberge appartient à la communauté des prêtres du Sacré-Cœur-de-Jésus. Elle dispose d'une centaine de places en dortoirs de 6-12 lits. Ensemble propre, bien tenu, ambiance sérieuse et austère.
- *Albergue de peregrinos Santiago Apóstol et camping :* à la sortie sud de la ville. ☎ 948-34-02-20. ● alberguesantiagoapostol@hotmail.com ● campingelreal.com ● Prendre le chemin de terre qui monte raide face au vieux pont ; c'est 500 m plus haut, dans les champs. À l'auberge, lit en dortoir 10 € avec draps. Repas 10 €. Au camping, ouv à ts, juste à côté, env 25 € pour 2 avec tente et voiture ; bungalows 2-6 pers 50-85 €/nuit avec cuisine et sdb. Les couchages à l'auberge sont assez spartiates, en lits superposés dans de petits dortoirs qui sentent le neuf. Bonne literie, sanitaires propres, et l'ambiance est cool que chez les ecclésiastiques du Nord. Piscine (ouv slt en été) pour pèlerins et campeurs, sans distinction.

De prix moyens à plus chic

- *Hotel Bidean :* c/ Mayor, 20. ☎ 948-34-11-56 ou 04-57. ● info@bidean.com ● bidean.com ● Congés : de mi-déc à mi-fév. Doubles 55-57 € selon saison. Dans la rue centrale, piétonne et bordée de vieilles demeures. Voici un petit hôtel très prisé des pèlerins qui cherchent un peu de confort. Les chambres sont exiguës, mais on note un joli effort sur la déco, plaisante et chaleureuse. Certaines ont un balcon qui donne sur la belle calle Mayor.
- *Hotel Jakue :* c/ Irunbidea. ☎ 948-34-10-17. ● hotel@jakue.com ● jakue.com ● Congés : 3 sem début janv. Double avec sdb 65 € ; petit déj 8 €. Dortoir pour pèlerins 12 €/pers. Parking gratuit. À l'entrée nord de la ville, un hôtel aux normes classiques avec des chambres confortables mais sans originalité. Propose aussi un dortoir de 30 lits, parfaitement tenu. Fait aussi resto (fermé en hiver). Cuisine locale à prix doux.

Où manger ?

- *Bar-restaurante La Plaza :* c/ Mayor, 52. ☎ 948-34-01-45. ● info@barrestaurantelaplaza.es ● Tlj midi et soir jusqu'à 3h (w-e). Menus 9,50-13,50 € ; menu du pèlerin 6 €. En plein centre, devant la plaza Julián Mena. Deux gros tonneaux dehors et une guirlande de piments au-dessus du bar. On y sert des *pintxos* et des plats locaux faits à partir des produits de leur jardin. Petite cuisine sans prétention mais copieuse. C'est simple, bon et naturel. Loue aussi des chambres.
- *Restaurante Bidean :* voir plus haut « Où dormir ? ». Menus 10-20 € ; tapas, bocadillos et raciones 6-12 €. Bidean signifie « sur le chemin », et c'est bien vrai. Cet hôtel-resto se trouve au cœur de la vieille ville, pile sur la route qui mène au célèbre pont. Salle voûtée en pierre et bois : mélange parfait d'une ambiance rustique modernisée. Cuisine traditionnelle copieuse.

À voir. À faire

Puente la Reina est coupée en deux par la nationale. Seule la vieille ville, toute parée de belles demeures aux balcons en fer, avec sa place sous arcades, vaut le coup.

🞶🞶 *Iglesia del Crucifijo :* superbe ensemble à l'entrée nord de la ville. Église ouv tte l'année, tlj 9h-18h. En revanche, le couvent des Padres Reparadores ne se visite pas. Cette église romane du XIIe s est célèbre pour son christ, crucifié sur une croix en Y. Une seconde nef, plus petite, fut ajoutée au XIVe s pour l'abriter, et l'ensemble a été accolé à un hospice de l'ordre de Malte (voir les croix au-dessus de l'entrée). Admirer la décoration du beau portail roman qui porte des motifs géométriques et des animaux fabuleux, harpies, chimères, monstres divers. En regardant le crucifix, vous remarquerez qu'il est anatomiquement hérétique, avec ses bras trop longs et son torse trop maigre.

🞶 *Iglesia de Santiago :* au niveau du n° 28 de la c/ Mayor. Tlj sf dim soir 10h30-13h30, 17h-19h30. Ceux qui ont visité la cathédrale de Tudela remarqueront la grande similitude de leurs portails, avec des représentations de l'enfer et du paradis.

🞶 *Casco viejo* (le centre historique), et notamment la *calle Mayor,* avec ses vieilles maisons blasonnées, ses portes massives et ses balcons en fer forgé.

🞶🞶 *Le pont médiéval :* sur le río Arga. À l'origine, il y avait un pont romain. Il fut détruit puis reconstruit au XIIe s. Il est en photo partout avec ses six arches, alors on ne le présente plus. C'est devenu un symbole (il figure sur les armes de la ville) et un mythe, puisque c'est là que les différents tronçons du chemin de Saint-Jacques se rejoignent pour n'en former plus qu'un.

🞶 *Ermita de Santa María de Eunate :* à 5 km à l'est du centre-ville, le long de la route NA-6010 et du chemin de Saint-Jacques. Tlj sf lun : juil-sept, 10h30-13h30, 17h-20h ; mars-juin et oct, 10h30-13h30, 16h-19h ; janv-fév et nov, 10h30-14h30. Fermé 9 déc-8 janv. Modeste, humble, au milieu des champs de maïs, il s'agit d'un petit édifice octogonal du XIIe s en grès rose, entouré d'une colonnade circulaire. On pense qu'elle supportait un toit pour abriter les pèlerins. Une autre hypothèse veut que ce soit un cimetière pour les pèlerins morts en route. Il aurait pu appartenir à l'ordre des Hospitaliers de Saint-Jean-de-Jérusalem.

DANS LES ENVIRONS DE PUENTE LA REINA (GARES)

🞶 *Deux points de vue remarquables :* la *ermita Nuestra Señora de Arnoteguy* (à 5 km à l'est de Puente la Reina, au-dessus d'Obanos). Une route étroite conduit au sommet de la colline où se tient une chapelle. Un moine solitaire vit toujours dans l'ermitage attenant. Vue magnifique sur la région. L'autre site remarquable, accessible en voiture, est la *sierra del Perdón* (à 10 km au nord d'Estella, entre Uterga et Astráin). Sorte de montagnette hérissée d'éoliennes animées par un vent permanent. Là aussi la vue sur la Navarre est spectaculaire, au nord et au sud.

🞶 *Cirauqui* (ZIRAUKI ; 31131) *:* à 7 km au sud de Puente la Reina, sur la route d'Estella. Gros village perché au-dessus de l'autoroute. Les maisons regardent vers le sud, tournant le dos au versant nord abrupt. Cirauqui possède quelques demeures blasonnées avec de belles fenêtres en fer forgé ainsi qu'une mignonne petite plaza de la Casa Consistorial avec des arcades. Au sommet du village, l'église San Román (du XIIIe s) est intéressante pour son porche orné de sculptures d'animaux chimériques et de motifs géométriques. Les pèlerins de l'auberge se reposent le soir sur la petite place.

– **Fête patronale :** *14-19 sept.*

🏠 **Albergue Maralotx :** *San Román, 30.* 📱 *678-63-52-08. À côté de l'église San Román, dans le haut du village. Ouv mars-oct. Résa possible. Lit 11 € ; 2 doubles avec sdb 42 € ; credencial obligatoire.* 📶 Une maison ancienne rénovée, transformée en auberge pour pèlerins. Déco rigolote et un peu fourre-tout. Les doubles sont assez coquettes. Terrasse avec vue sur l'église. Ambiance décontractée. Un bar à côté pour grignoter.

⛺ **Camping Aritzaleku :** *San Pedro s/n, 31291* **Lerate.** ☎ *948-39-50-64.* 📱 *686-69-91-33.* ● *info@aritzaleku.com* ● *aritzaleku.com* ● *À env 10 km de Cirauqui par une route secondaire qui mène à l'embalse d'Alloz. Compter env 26 € pour 2 avec tente et voiture ; bungalows 2-6 pers avec sdb et cuisine 53-112 €/nuit selon saison et capacité.* Dans une région de collines parsemées de quelques lacs aux eaux limpides. C'est un grand camping bien ombragé, sur les rives d'un lac de barrage, avec de nombreuses activités (école de voile, cours d'équitation, windsurf). Bonne base pour découvrir la région d'Estella.

ESTELLA (LIZARRA) (31200) 5 820 hab. *Carte Navarre, B2*

● Plan *p. 339*

À 40 km au sud de Pamplona, sur la route de Logroño, entourée de collines et de petites montagnes, la ville d'Estella est une étape très agréable pour les pèlerins comme pour les touristes. Elle s'est étendue autour du río Ega, qui la baigne, et se compose de quatre quartiers distincts : San Juan, San Miguel, San Pedro et la Judería. Garez votre véhicule et promenez-vous à pied dans cette petite cité de caractère, où l'histoire a laissé sa marque dans plusieurs très beaux monuments anciens.

UN PEU D'HISTOIRE

Il était jadis un petit bourg basque nommé Lizarra (« l'étoile »). Solidement adossé à la montagne, il commandait la vallée du río Ega. À la fin du XIe s, le roi Sancho Ramirez, soucieux de protéger (et peut-être d'exploiter) le flot des pèlerins vers Compostelle, donne un *fuero* à la ville sous le nom d'Estella, traduction latine du nom basque. C'est le premier noyau urbain regroupé autour du palais des rois de Navarre, sous le nom de quartier de San Pedro la Rúa (l'ensemble du quartier est classé Monument historique). À l'est se bâtit très vite le quartier de la Judería où vivaient les juifs navarrais qui bénéficiaient d'un statut officiel. Ce quartier a été rasé par les Castillans au XVe s lors de l'expulsion manu militari des juifs d'Espagne.

Aux XIIe et XIIIe s, deux autres quartiers vont se construire : celui de San Miguel, sur l'autre rive du río Ega, et celui de San Juan, encore appelé barrio de los Francos (« quartier des Français »). On a du mal, aujourd'hui, à imaginer l'importance de Lizarra à cette époque. La ville tout entière vivait par et pour le pèlerinage.

Au début du XIXe s, l'infant Don Carlos, par respect de la tradition, s'établit à Lizarra, qui est devenue (et restée) la capitale des carlistes. Les curieux de cette période pourront d'ailleurs visiter le Musée carliste, dans la calle la Rúa. La défaite de Don Carlos n'entraîna pas de destructions, à l'inverse de ce qui se passa dans de nombreuses autres villes navarraises.

ESTELLA | 339

ESTELLA (LIZARRA)

- **Adresses utiles**
  - **1** Oficina de turismo
  - **2** Bureau du tourisme (gare routière)

- **Où dormir ?**
  - 10 Albergue de peregrinos
  - 11 Hostal Cristina
  - 12 Albergue juvenil Onciñeda
  - 13 Pensión San Andrés
  - 14 Hotel Tximista

- **Où manger ?**
  - 20 Bar Restaurante Izarra
  - 21 Restaurante Casanova
  - 22 Restaurante Navarra
  - 23 Asador Astarriaga

Arriver – Quitter

Gare routière – Estación de autobuses *(plan A1) :* *pl. Coronación.* ☎ 948-55-01-27. Un bien grand édifice pour un bureau modeste mais suffisant. ➢ La compagnie Estellesa (● laestellesa.com ●) assure env 12 bus directs/j. vers **Pamplona** (trajet : 45 mn-1h) et **Logroño** (env 45 mn de route). Pour **Donostia – San Sebastián,** 2-3 bus/j. (trajet : 1h30).

Adresses et info utiles

Oficina de turismo *(plan B2, 1) :* *c/ San Nicolás, 1.* ☎ 948-55-63-01. ● estellaturismo.com ● À côté du palais des rois de Navarre. *Lun-sam 10h-14h, 16h-19h, et dim mat ; en hiver, lun-ven 10h-17h, w-e 10h-14h.* Accueil en français. Plans de la ville et visites guidées, seul moyen de voir les monuments fermés au public, y compris les églises qui n'ouvrent que pour la messe. À l'intérieur

LE CHEMIN DE SAINT-JACQUES

de l'office de tourisme, une maquette en relief de la ville permet de voir l'évolution du site au cours des siècles.
- **Autre bureau du tourisme** (Consorcio Túristico ; plan A2, 2) : à la gare routière (estación de autobuses), pl. Coronación, 1. ☎ 948-54-65-03. En été, tlj 10h-14h, 16h-20h ; le reste de l'année, mêmes horaires, mais sam mat slt, et fermé dim.
- Voir aussi ● turismotierraestella. com ● pour des infos sur la région.

Où dormir ?

Campings

- **Camping Lizarra** (hors plan par B1) : c/ Ordoiz (Curtidores). ☎ 948-55-17-33. ● info@campinglizarra. com ● campinglizarra.com ● Sur le chemin de Saint-Jacques, à env 1,5 km au sud d'Estella. En voiture, prendre la direction Pamplona par la N 111, c'est indiqué. Resto fermé déc-début mars. Compter 22,60 € pour 2 avec tente et voiture ; bungalows 4-5 pers 75-98 €/nuit selon saison. Vaste camping bien situé, en bord de rivière, avec des équipements en bon état et propres. Emplacements ombragés, 2 piscines, un resto, une épicerie et une discothèque (évitez de camper à proximité).
- **Camping Iratxe** : prado de Iratxe, 14. ☎ 948-55-55-55. ● info@campingiratxe.com ● campingiratxe.com ● Env 500 m après la sortie d'Ayegui, après le monastère d'Irache (voir « Dans les environs d'Estella »). Bus nos 1 et 2 depuis Estella. Ouv tte l'année. Compter 21-29 € pour 2 avec tente et voiture selon saison ; bungalows en bois 70-110 €/nuit (5 pers max) et cabanes lambrissées avec sdb 29-44 € pour 2 pers (max 4 pers). Un beau camping moderne et bien aménagé, en retrait de la route. Tout est bien organisé et professionnel. Très bon accueil. Emplacements spacieux mais il y a peu d'ombrage car les arbres sont jeunes encore. Nombreux services : resto, location de vélos, piscine et plusieurs activités sportives proposées.

Très bon marché (auberges de pèlerins)

- **Albergue de peregrinos** (plan B1, 10) : c/ La Rúa, 50. ☎ 948-55-02-00. ● caminodesantiagoestella@hotmail. com ● Près du puente de la Cárcel. Congés : de mi-déc à mi-janv. Lit en dortoir 6 €, draps compris ; credencial exigée. Près du musée du Carlismo, sur le chemin des pèlerins, un vieux bâtiment avec une cour intérieure agréable. Dortoirs de 16 ou 30 lits, très bien tenus, avec les sanitaires à l'intérieur de la chambre. Cuisine à disposition, laverie, garage à vélos.
- **Albergue juvenil Oncíneda** (hors plan par A-B2, 12) : c/ Monasterio de Irache, 11. ☎ 948-55-50-22. ● info@albergueestella.com ● albergueestella.com ● Juil-août, accueil 8h-22h ; avr-juin et sept-oct, 8h-21h. Congés : nov-mars, sf pour les groupes. Env 17-19 € la nuit selon âge (−/+ de 30 ans), 10-14 € avec la credencial. Double env 20 € ; petit déj 5 €. Menus midi et soir 10-11 €. Parking. Grande auberge qui ressemble à un collège des années 1970. Elle abrite 150 lits en chambres doubles, quadruples ou en dortoirs de 7-15 lits. Sanitaires impeccables. Cafétéria, laverie, le tout à 10 mn à pied du centre.

De bon marché à prix moyens

- **Pensión San Andrés** (plan A1, 13) : pl. Santiago, 1. ☎ 948-55-41-58. À l'angle de la c/ Mayor. Doubles avec sdb 38-40 €, avec lavabo 32 € ; quadruple 60 € ; pas de petit déj. L'entrée est sous les arcades. Très bien située, cette pension tenue avec soin par une dame joviale abrite des chambres propres et suffisamment confortables. Demander une chambre au dernier étage (avec ascenseur) pour bénéficier d'une jolie vue sur les toits de la ville et d'une petite terrasse.
- **Hostal Cristina** (plan A1, 11) : c/ Baja Navarra, 1. ☎ 948-55-04-50.

Congés : 15 déc-1ʳᵉ sem de janv. Double 45 €. Réception au 1ᵉʳ étage d'un immeuble très central, près de la plaza de los Fueros. Grand appartement tenu par une aimable dame, avec des chambres simples et propres. Vue sur la rue.

Plus chic

🏠 |●| *Hotel Tximista (hors plan par A1, 14) :* c/ Zaldu, 15. ☎ 948-55-58-70. ● info@hoteltximista.com ● sanvirilahoteles.com ● ⚒ *À 1 km du centre d'Estella, sur la N-132-A, sortie nord vers Vitoria. Congés : 19 déc-9 janv. Doubles 75-110 € selon confort et saison. Avec la credencial, prix spécial. Parking.* 🛏 📶 *Réduc de 10 % sur les prix internet pour tt séjour 10 janv-31 mars et 20 oct-20 déc (sf ponts) sur présentation de ce guide.* Notre coup de cœur dans cette catégorie ! L'hôtel a été aménagé dans un vieux moulin à eau sur la rivière Ega, au fond d'une vallée verdoyante et fraîche. Le vieux bâtiment a été récupéré et fondu dans un ensemble ultramoderne au style design très recherché. Le résultat est étonnant. Confortables, climatisées, décorées avec soin dans les tons noir et rouge (les couleurs des alchimistes, d'où vient le nom de la maison), les chambres donnent pour la plupart sur le jardin, la rivière et le vallon ombragé. Fait aussi resto : savoureuse cuisine locale, revue et corrigée par un chef joyeux qui officie derrière la baie vitrée dans la salle à manger.

Où dormir dans les environs ?

Très bon marché

🏠 |●| *Albergue de peregrinos Hogar de Monjardín – Oasis Trails :* Plaza, 13, 31242 **Villamayor de Monjardín**. ☎ 948-53-71-36. ● info@oasistrails.org ● oasistrails.org ● *Ouv avr-oct. Lit 8 €/pers en dortoir 4-8 lits, avec la credencial ; double sans lavabo 25 € ; petit déj-buffet 5 €. Draps non fournis. Menu le soir 10 €.* Tout en haut du village, sur le chemin de Saint-Jacques. Cette maison vieille de plus de 400 ans possède un certain caractère : salon avec cheminée, grosses poutres et murs chaulés. Elle est tenue par de souriants bénévoles néerlandais qui parlent l'anglais, parfois le français. Dortoirs arrangés convenablement et propres. Bonne ambiance jeune et dynamique, et belle vue sur la vallée.

De prix moyens à plus chic

🏠 *Casa rural Palacio de Riezu :* pl. de la Fuente, 1, 31176 **Riezu** (ERREZU). ☎ 948-54-23-12. 📱 600-40-56-60. ● info@palacio-riezu.com ● palacio-riezu.com ● *À 13 km au nord-est d'Estella. Congés : janv-mars. Doubles sans ou avec sdb 60-80 € selon saison ; petit déj env 8 €.* 📶 *Apéritif maison offert sur présentation de ce guide.* Vieille demeure en pierre entourée d'un jardin fleuri, tenue par le jovial Stéphane, un Belge originaire de Gand, établi ici par amour du pays. Larges dalles au sol, charpentes patinées, murs épais, l'ensemble a un bel aspect rustique, et la déco lui donne des airs d'atelier d'artiste. Les chambres ont des thèmes (le parfum...). 2 ont la douche sur le palier, les autres à l'intérieur. Confort suffisant, petites fenêtres mais jolie vue sur le jardin.

🏠 *Hotel Lurgorri :* prado de Iratxe, 7, 31240 **Ayegui** (AIEGI). ☎ 948-55-11-50. ● info@hotellurgorri.com ● hotellurgorri.com ● *Au sud d'Estella, suivre la N132, passer le monastère d'Irache, c'est 500 m plus loin à droite. Doubles avec sdb 75-110 € selon saison (promos régulières sur le site).* Grand hôtel en retrait de la route, à l'architecture des années 1970, un peu dépassée aujourd'hui. C'est malgré tout une option correcte pour séjourner à Estella, dans la mesure où le choix d'hôtels en ville est limité. Chambres impeccables, confortables, toutes très spacieuses, avec vue sur le parking, le camping *Iratxe* voisin et les monts au loin. On y trouve une cafétéria et un resto.

Où manger ?

Bon marché

Asador Astarriaga *(plan A1, 23)* : pl. de los Fueros, 12. ☎ 948-55-08-02. • jeastarriagacorres@gmail.com • *Tlj sf dim soir et jeu soir. Menu (en français) 15 € ; carte 25-30 €.* Emplacement idéal sur la place centrale. Produits frais, plats très bien tournés, comme les cœurs de laitue au fromage d'Urbasa, les piments farcis de champignons, la morue à l'ail... La partie resto se trouve au fond (plus sombre), mais vous pouvez aussi vous rassasier d'appétissants *bocadillos* au comptoir ou en terrasse. Service impeccable.

Restaurante Casanova *(plan A1, 21)* : c/ Fray Wenceslao de Oñate (c/ Nueva), 7. ☎ 948-55-28-09. *Tlj sf lun. Congés : 20 déc-20 janv. Menu 13 € (22 € w-e).* Dans une salle un peu tristoune à l'étage, un bon menu du jour (servi midi et soir), avec portions archicopieuses. Cuisine sans prétention, classique mais bonne.

Bar Restaurante Izarra *(plan A1, 20)* : c/ Caldererería, 20. ☎ 948-55-00-24. • barizarra@gmail.com • *Tlj sf mer. Menus 12-14 € en sem, 18 € w-e ; carte 20-25 €. Loue également des doubles sans sdb 30 €.* Café offert sur présentation de ce guide. Petite salle rustique, souvent pleine, où l'on sert des plats typiques de la Navarre.

De prix moyens à chic

Restaurante Navarra *(plan A2, 22)* : c/ Gustavo de Maeztu, 16. ☎ 948-55-00-40. • restaurantenavarra@hotmail.com • *Tlj sf dim soir et lun. Congés : 25 déc-fin janv. Menus 15-28 € ; carte env 35 €.* L'adresse huppée de la ville, installée près d'une école, dans une villa au milieu d'un beau jardin fleuri. Un îlot de calme et de sérénité ! Bon menu du jour. Excellente cuisine navarraise traditionnelle avec une carte qui change souvent ; le talent inventif du chef lui ne change pas...

À voir

Dans le barrio San Pedro

Iglesia San Pedro de la Rúa *(plan B2) : dans une ruelle à 20 m de la c/ San Nicólas. Lun-sam 10h-13h30, 18h-20h ; dim 9h-13h15. Visite : 3,75 €/pers en espagnol ou en français (dans ce cas, prévenir l'office de tourisme).* Superbe portail sculpté du XIIe s avec des motifs géométriques et végétaux qui dénotent une influence arabe. Le point fort reste le *cloître,* en partie détruit puisqu'il ne reste que deux galeries sur quatre. Cela dit, les sculptures sont assez étonnantes, surtout celles qui représentent des scènes de la vie du Christ et de quelques saints célèbres en Espagne.

Museo Gustavo de Maeztu *(plan B2) : installé dans l'ancien palais des rois de Navarre.* • museogustavodemaeztu.com • *Mar-ven 9h30-13h, w-e 11h-14h. GRATUIT.* Remarquer, à l'entrée, le chapiteau représentant Roland se battant avec Ferragut. Le musée regroupe l'œuvre du peintre Gustavo de Maeztu (1897-1947), mort à Estella. On peut ne pas aimer : la peinture de Maeztu est d'excellente facture, mais il n'est jamais allé aussi loin que ses copains. Moins constructiviste qu'Arteta, il a un peu flirté avec un cubisme mou avant de se livrer aux délices des portraits mondains. C'est de la bonne peinture académique de l'entre-deux-guerres. Et puis il a flirté avec le franquisme...

Le palais de justice *(plan B2) : en face du palais des rois de Navarre.* Belle construction du XVIe s. Remarquer, au-dessus de la porte, le blason qui porte les armes de Navarre et de France.

🏛 **Calle La Rúa :** ancienne grande rue de la ville, elle est bordée de belles maisons bourgeoises. C'est une agréable promenade jusqu'au quartier de la Judería.

🏛 **Museo del Carlismo** *(musée du Carlisme ; plan B1) : c/ La Rúa, 27.* ☎ *948-55-21-11. Mar-sam 10h-14h, 16h-19h ; dim 11h-14h. Entrée : 2 € ; réduc ; gratuit sam ap-m et dim mat.* Musée très bien fait qui raconte un des épisodes les plus mal connus de l'histoire de l'Espagne au XIXe s : les guerres carlistes qui ont duré de 1833 à 1876 ! À l'origine de ce conflit interminable et sanglant, une banale querelle de succession au trône d'Espagne entre Isabel II, fille du roi Fernando VII, et Don Carlos María Isidro, frère envieux de celui-ci. Estella fut un foyer du carlisme d'où la présence ici de ce musée où tout est parfaitement expliqué et illustré.

Dans la Judería

🏛 **Puente de la Cárcel** *(pont de la Prison ; plan B1) :* curieux pont avec ses deux pentes raides. Il a été reconstruit en 1873 à l'identique, dit-on. À 150 m du pont, au-dessus de la calle Curtodores, se tient la **Iglesia Santo Sepulcro** *(plan B1 ; ne se visite pas).* On peut voir son portail gothique, à notre avis plus précieux que celui de San Pedro.

Dans le barrio San Miguel

🏛 **Iglesia San Miguel** *(plan B1) : angle c/ Chapitel et c/ Julio Ruiz de Alda. De mi-mai à mi-sept, lun-sam 10h30-13h30, 17h30-20h ; le reste de l'année, ouv slt 30 mn avt la messe. GRATUIT.* On vous conseille de l'aborder par le bas en grimpant l'escalier commence au milieu de la calle de Alda. Un premier parvis conduit à une petite chapelle où niche une statue polychrome du XVe s de saint Georges terrassant le dragon. Puis vous longerez l'église pour arriver sur le parvis d'où l'on peut admirer le portail nord.

Dans le barrio San Juan

🏛 On est ici dans le cœur d'Estella. Flâner dans la **calle Mayor.** Au n° 42, belle demeure avec une porte du XVIIe s, des balcons en forme de coquilles Saint-Jacques et un grand balcon en fer forgé du XVIIIe s. Gagner le **paseo de la Inmaculada** *(plan A1),* puis la **plaza de los Fueros** *(plan A1),* classique place espagnole carrée, reconstruite à l'époque franquiste, avec des bars sous les arcades et l'église San Juan à la façade massive et fort austère. Pour les gourmands, la pâtisserie *Patxi* (au n° 8 de la calle Calderería) fait de drôles de coquilles Saint-Jacques en chocolat.

🏛 **Basílica Nuestra Señora del Puy** *(hors plan par B1) :* elle domine le quartier et toute la ville. On peut y aller pour le panorama mais sûrement pas pour la qualité architecturale de l'édifice, construit en 1951. Pour l'anecdote, elle tire son nom de l'église du Puy-en-Velay (Auvergne), haut lieu historique d'où, au Moyen Âge, les pèlerins français entamaient leur route vers Saint-Jacques-de-Compostelle.

Fêtes

– **Fêtes patronales d'Estella :** *pdt 1 sem, à partir du ven précédant le 1er dim d'août.*

DANS LES ENVIRONS D'ESTELLA (LIZARRA)

Pas mal d'idées aussi sur • *turismotierraestella.com* •

Au nord

¶¶ Monasterio Santa María de Irantzu : ☎ 948-52-00-12. • *monasteriodei ranzu.com* • *À 10 km au nord d'Estella, direction NA-120 vers Donostia – San Sebastián, et tourner à gauche au village d'Abárzuza. Tlj 10h-14h, 16h-20h (18h oct-avr). Messe dim à 17h. Entrée : 2,50 € ; réduc.*
La petite route aboutit dans un fond de vallée, site isolé et verdoyant, encadré par des collines calcaires couvertes de buissons et de bois. Le monastère est tenu par les pères théatins. C'est un ordre religieux italien, fondé au XIIe s par un évêque de Pampelune qui s'appelait Pedro de París. Le noyer plus que centenaire qui se trouve à l'entrée est censé avoir été planté lors de la fondation, mais c'est quand même plus que douteux. Après sa destruction au XIXe s, le monastère a été tellement restauré qu'on pourrait le croire neuf.
Tout ce qu'il y a à voir se tient autour du **cloître** : les cellules des moines, minuscules, avec des portes basses, l'église cistercienne du XIIe s avec une statue de la Vierge d'Iranzu polychrome du XIIIe s et, surtout, l'impressionnante **cuisine médiévale** avec l'âtre au centre.
– Petit point info sur place *(ouv juil-août slt).* Il y a même un bistrot !

Au sud

¶ Ayegui (AIEGI) : *juste à la sortie sud, direction Logroño.* Abrite à la fois le monastère d'Irache (voir ci-après) et les *bodegas Irache.* Le chemin de Saint-Jacques passe entre les deux.
– À voir, le ***museo del Vino*** *(w-e 10h-14h, 15h-19h, variable selon saison).* GRATUIT. Se trouve sur la place devant le monastère d'Irache. Intérêt médiocre. On peut cependant y acheter du vin *(*☎ *948-55-19-32 ; lun-ven 9h-13h30, 15h-19h – 18h en hiver).*

LE P'TIT VERRE DU PÈLERIN

Le chemin de Compostelle passe devant les bodegas (caves) de cette région tapissée de vignobles. Pour perpétuer la tradition d'aide aux pèlerins, les bodegas ont installé, sur le côté d'un mur collé au chemin, une fuente de vino (« fontaine à vin »). Deux robinets en forme de coquilles Saint-Jacques, l'un pour l'eau, l'autre pour le vin (devinez lequel est le plus usé). Bon, il est mal vu d'en remplir des jerrycans.

– ***La fuente de vino*** *(fontaine à vin) :* elle se trouve à 40 m en contrebas de la place du monastère et du museo del Vino. Un panneau l'indique. Au bord d'un chemin de terre par où passent les pèlerins, encastrée dans le mur de la *bodega,* voici une fontaine unique au monde. Gratuite ! Elle distribue par deux robinets distincts du vin (à gauche) et de l'eau (à droite). Pour savoir le pourquoi de cette fontaine « magique », voir encadré plus haut.
– ***Monasterio de Irache :*** *à côté des* bodegas. *Mer-dim 10h-13h15, 16h-19h (18h nov-mars).* GRATUIT. Il offre un bel exemple de façade Renaissance espagnole, très sobre, sur le modèle de l'architecture imposée par Felipe II à l'Escorial. De l'église, accès au cloître du XVe s (de style platseresque) avec sa jolie fontaine couverte de mousse (les arcades de l'étage sont vitrées, c'est dommage). Les piliers sous les voûtes sont agrémentés d'animaux fabuleux ou de personnages très détaillés. Impressionnant travail de sculpture. La coupole de l'église gothique repose sur d'énormes coquilles Saint-Jacques sculptées en creux.

🚶 *Villamayor de Monjardín :* *à 9 km au sud d'Estella, en retrait de l'autoroute A 12.* Voici un beau village perché au-dessus de la plaine. En bas s'étendent des champs de vigne entourant le *castillo,* sorte de petit manoir de style néo-navarrais, appartenant à un viticulteur local. En montant, on arrive au village où les maisons se serrent autour de l'église, le tout étant dominé par une forteresse juchée (le roi Sancho García Ier, mort en 925, y est enterré) sur son piton rocheux : c'est l'archétype des paysages navarrais. L'église romane classique du XIIe s *(ouv tte la journée)* possède un portail très austère orné d'un chrisme et d'un combat entre un Navarrais et un Sarrasin. Contrairement aux apparences, la croix qui orne la vieille fontaine du village, ce n'est pas la croix de Lorraine, mais la croix de Caravaca, symbole classique en Espagne.

🚶 *Arellano :* *à env 15 km d'Estella.* Ce village établi sur une colline est connu pour sa ***villa romaine Las Musas de Arellano.*** Le site archéologique se trouve à 3 km au sud du village d'Allo en allant vers Arróniz, donc assez loin du village d'Arellano. *Ven-sam 10h-14h, 17h-20h (15h-18h en hiver) ; dim 10h-14h. Entrée : 2 €.* Sur une butte, en pleine campagne, un hangar abrite les vestiges de cette implantation romaine. Les ruines en elles-mêmes sont peu spectaculaires, mais le site est assez beau, surtout au coucher du soleil.

LOS ARCOS (31210) 1 260 hab. *Carte Navarre, A3*

À 19 km au sud d'Estella et à 28 km de Logroño (La Rioja). Pendant quelques siècles, la ville a continué à jouer son rôle de halte. C'est de nos jours l'étape logique des pèlerins venant d'Estella. Ces derniers empêchent Los Arcos de tomber dans une torpeur molle, d'autant qu'une rocade contourne soigneusement son centre.

Adresse utile

🛈 *Office de tourisme municipal :* dans la *casa de la Villa, plaza del Coso, 2 (la pl. du kiosque à musique).* ☎ 948-64-00-21. • *losarcos.es* • *Ouv mat et ap-m mar-ven, et le mat sam-dim.*

Où dormir ? Où manger ?

🏠 *Casa de la Abuela :* pl. de la Fruta, 8, au cœur de la vieille ville. ☏ 630-61-07-21. • contacto@casadelaabuela. com • *casadelaabuela.com* • *Lit en dortoir 10 € (12 € avec draps) ; doubles 35-45 € selon confort ;* credencial *facultative.* 📶 Une bonne auberge d'excellent confort. Au choix, 3 chambres doubles avec sanitaires privés ou à partager, et des dortoirs de 6-8 personnes avec de beaux lits superposés. Cuisine équipée, machines à laver, beau *comedor* dans une cave voûtée... Tout respire le frais et la propreté. Une bonne alternative à la vieille auberge, qui est certes 2 fois moins chère, mais triste et vieillotte.

🍽 *Pour manger* sur la plaza Santa María, on a le choix entre le *Mesón de Gargantua (menu 11 €),* la cafétéria *Buen Camino (des pintxos surtout)* ou le resto de l'*Hotel Monaco (menu 12 €).*

À voir

🚶 Dans le village, quelques maisons anciennes : *calle Mayor* (voir le hall d'entrée du n° 73), le n° 16 de la *calle del Medio* avec sa belle porte ornée d'un saint Jacques en bois sculpté, la *casa consistorial* (mairie) ou la *puerta de Castille.* La *iglesia **Santa María de la Asunción*** date du XVIe s *(visites guidées tlj en espagnol à 12h et 18h).*

DANS LES ENVIRONS DE LOS ARCOS

🎥 ***Torres del Río*** *(31229)* **:** *à 12 km au nord de Viana.* Très joli village navarrais, à flanc de colline, en face de Sansol, un autre village perché sur une butte couverte d'une pinède. Les plus belles maisons de Torres del Río se trouvent en haut du village autour de la minuscule église romane du Saint-Sépulcre *(visite tlj, en général 9h-13h, 16h30-19h ; et on laisse 1 € à une dame assise à l'entrée).* D'ici à Saint-Jacques-de-Compostelle, il y a encore 23 jours de marche !

🛏 Il y a plusieurs auberges de pèlerins dans le village, la ***Casa Mariela*** (sert aussi des menus aux pèlerins), la ***Casa Lili***, la ***Pata de Oca*** *(lit 7 € à l'albergue, double à l'hostal 40 €).* Cette dernière a même une petite piscine dans sa courette intérieure...

🎥 ***Monasterio Nuestra Señora de Codés* :** *à 12 km au nord de Torres del Río. Prendre la NA-720 à Torres del Río et remonter jusqu'à Torralba del Río.* C'est un ancien village fortifié avec quelques belles maisons. Ensuite, la route grimpe sur 4 km jusqu'au monastère, adossé à la montagne. Architecture simple, un peu austère, mais relevée par la jolie couleur du grès rose de Navarre. L'église du XVIe s vaut surtout pour son retable, au centre duquel trône la Vierge de Codés, habillée de tissu blanc.

🛏 On peut loger dans la petite ***hospedería du monastère*** *(double avec douche env 50 €),* aux chambres d'un confort quelque peu monacal (logique) mais agréablement décorées.

VIANA (31230) 3 812 hab. *Carte Navarre, A3*

À 9 km à peine de Logroño et donc de La Rioja, nous voici à Viana, dans le Sud navarrais où les horizons glissent vers le vignoble et la plaine ondulée de La Rioja. C'est une étape importante sur le chemin de Saint-Jacques. Posée sur une butte, la ville est un gros bourg qui a conservé son caractère ancien, époque où l'héritier du royaume de Navarre portait le titre de prince de Viana.

UN PEU D'HISTOIRE

C'est à Viana en 1507 qu'est mort César Borgia (le frère de Lucrèce), tué devant la ville alors qu'il commandait les armées de Navarre. Rappelons-nous le personnage : par sa cruauté et son cynisme César Borgia inspira à Machiavel son œuvre majeure, *Le Prince.* Comment ce tyran sanguinaire s'est-il retrouvé ici ? D'abord par son mariage, il épousa Charlotte d'Albret (de la maison des Foix-Albret qui régnait sur la Navarre au début du XVIe s). C'est en Navarre donc, auprès de son beau-frère Juan III d'Albret (Juan de Labrit, roi de Navarre) qu'il se réfugia après sa chute et sa captivité. Il prit la tête des armées navarraises en lutte contre la Castille, laquelle voulait conquérir la province, d'où la guerre, et la mort de César Borgia. Contrairement à une idée reçue, les Borgia ne sont pas italiens mais espagnols, seigneurs de la petite ville de Borja en Aragon.

Adresse et info utiles

Office de tourisme municipal : plaza de los Fueros. ☎ 948-44-63-02. *Sous les arcades de l'ayuntamiento. De la Semaine sainte à mi-oct, lun-sam 9h-14h, 17h-19h, et dim mat ; le reste de l'année, slt le mat et fermé dim.*
➢ **Bus :** pour **Logroño,** 12 bus/j. en sem avec *La Estellesa* et *La Vianesa* ; dim, slt 3 bus.

Où dormir ? Où manger ?

Albergue de peregrinos Andrés Muñoz : c/ San Pedro s/n. ☎ 948-64-55-30. 📱 609-14-17-98. ● alber guedeviana@hotmail.com ● *Ouv tte l'année. Réception 12h-22h. Nuitée 8 € en dortoir ; credencial obligatoire.* 📶 Idéalement située dans une maison ancienne à côté de l'église en ruine de San Pedro. Une cinquantaine de places dans des dortoirs de 6, 8 ou 12 lits. Cuisine et local à vélos. Au bout du passage de l'auberge, belle esplanade sur les remparts, avec vue sur toute la plaine de l'Èbre.

Hostal Casa Armendariz : c/ Navarro Villoslada, 15. ☎ 948-64-50-78. ● casa_armendariz@hotmail.com ● *Resto fermé dim soir. Congés : Noël. Double avec lavabo 44 € (sdb partagée). Menu 12 € ; carte env 25 €.* Une auberge dans un petit immeuble en brique, au cœur de la ville, avec 7 petites chambres doubles bien aménagées et bien tenues. Fait aussi bar et resto. Cuisine copieuse et sans prétention.

À voir

Iglesia Santa María : *plaza de los Fueros. Ouv de la Semaine sainte à mi-sept : lun-sam 10h-13h, 19h30-20h30 ; dim 12h-13h15.* À voir pour son portail monumental du XVIe s avec une Vierge allaitante surmontée d'une *Mise au tombeau,* elle-même surmontée d'un calvaire bien complet avec les larrons et, au-dessus, une Vierge de l'Assomption. À l'intérieur, la nef du XIIIe s est de dimension très impressionnante, digne d'une cathédrale. Sur le parvis devant le portail, une plaque en marbre blanc rappelle que c'est à Viana le 11 mars 1507 qu'est mort **César Borgia.** Jusqu'au XVIIe s il eut droit à un superbe mausolée dans l'église. Un évêque de Calahorra décida de le détruire pour venger la mémoire d'un de ses prédécesseurs enfermé sur ordre de César et mort au château Saint-Ange, à Rome. L'évêque fit exhumer les restes de ce souverain diabolique et les enterra dans la rue « pour qu'en paiement de ses fautes, les hommes et les bêtes puissent le piétiner ». On les retrouva au XIXe s pour les placer sur le parvis de l'église où ils sont aujourd'hui.

LA SIERRA AU NORD DE PAMPLONA

Les monts de Bidasoa, la région du Malerreka et la vallée d'Ultzama forment un ensemble délicat à classer. C'est le triangle situé entre le Guipúzcoa, l'*autovía* A 15 et la route N-121a qui va de Pampelune à Irun. Excepté dans sa partie méridionale, proche de Pamplona, c'est un désert touristique. Enchâssé de lourdes forêts de chênes qui s'ouvrent par endroits pour abriter un village et quelques champs, c'est une région qui se réveille lors des grands carnavals traditionnels de Navarre (Lantz, Ituren, Zubieta).
Vous verrez les *joaldunak* d'Ituren, vêtus de leurs peaux de chèvre, coiffés de leur chapeau conique, marcher selon un rythme ancestral qui fait tinter à l'unisson les clarines qu'ils portent sur les fesses (pour les férus de

carnavals, on trouve les mêmes personnages, cloches et chapeaux pointus en Roumanie). À Lantz, on juge et on brûle un immense mannequin de 3 m de haut. Partout, des cortèges parcourent les rues et les routes.

Adresse utile

Office de tourisme : *casa Cuartelenea, à Lizaso.* ☎ *948-30-53-00. Tlj 11h-14h, parfois plus tard en saison.* Il se trouve dans la dernière maison du village (n° 37) quand on vient de Pamplona. Bonnes infos sur les randonnées, l'observation des oiseaux et la cueillette de champignons, dont le coin regorge (achat d'une licence obligatoire).

Où dormir ? Où manger ?

Venta de Ulzama : *c/ Pamplona-Irun, km 27 (Puerto de Belate-Arraiz), 31797 Ulzama.* ☎ *948-30-51-38.* • *info@ventadeulzama.com* • *ventadeulzama.com* • *(au resto). Quand on vient de Pamplona, par la route N-121a, env 1,5 km avt le tunnel de Belate, prendre sur la droite (panneau) et continuer par une route secondaire (encore 2 km). Resto tlj sf lun. Congés : 20 déc-20 janv. Doubles 66-70 € selon saison ; petit déj 11 €. Menus 25 € (déj en sem), puis 25-32 € ; carte env 30 €.* 🛜 Autrefois c'était une halte pour les voyageurs à cheval sur les chemins de France, puis un resto pour routiers, aujourd'hui une auberge de campagne, tenue par la même famille depuis 5 générations (1890). Elle est située à flanc de colline, loin du bruit. La chambre n° 16 est celle qui a la meilleure vue (sur le jardin et le parc). La salle à manger est souvent pleine, et on vient de loin pour apprécier la cuisine rustique et soignée élaborée avec des produits de qualité : asperges de la vallée, cèpes d'Ulzama, légumes du potager, gibier en saison...

À voir. À faire

La chênaie d'Orgi : *à 25 km de Pamplona, juste avt l'entrée sud du village de Lizaso. De Pamplona, prendre la route d'Irun ; à Ostiz (7,5 km), prendre la direction de Lizaso, à 8 km plus loin par la NA-411.* ☎ *620-95-54-54.* • *bosque-orgi.com* • *Visites guidées en été tlj à 11h et 12h30. Durée : 1h. Billet : 3 €. Min 5 pers.* Sanctuaire naturel dédié à l'arbre mythique des Basques, le chêne pédonculé. La plus grande part de la chênaie est fermée au public (réserve absolue et conservatoire botanique), mais il reste une vingtaine d'hectares aménagés avec des sentiers pour se balader. Un petit bureau d'info est ouvert en été (sinon, s'adresser à l'office de tourisme de Lizaso).

LA NAVARRE OCCIDENTALE

Lecumberri (Lekunberri) et la sierra d'Aralar 349
- Lecumberri (Lekunberri)
- La vía verde de Plazaola
- Cuevas de Mendukilo
- Santuario de San Miguel de Aralar à Uharte-Arakil

Alsasua (Altsasu) et ses environs 350
- Alsasua (Altsasu)

Les sierras d'Urbasa et d'Andia 351
- La sierra d'Urbasa
- Dans les environs de Zudaire : San Martín et Larraona, les sources de l'Urderra, Baquedano et el palacio de Urbasa • La sierra d'Andia : Arteta et la randonnée d'Ollo à l'ermitage San Donato

Traversée par une longue vallée (axe routier important) qui relie Pamplona à Vitoria au Pays basque (Guipúzcoa), cette belle région méconnue possède deux parcs naturels qui couvrent la sierra de Urbasa prolongée par la sierra d'Andia et, de l'autre côté, la sierra de Aralar. Voici une Navarre encore différente des autres secteurs de la province, naturelle, dépaysante, sauvage et peu peuplée à mesure que l'on monte en altitude (de 800 à 1 400 m).

LECUMBERRI (LEKUNBERRI) ET LA SIERRA D'ARALAR

Adresse utile

Office de tourisme municipal de Lecumberri : *dans l'ancienne gare, à l'entrée du village.* ☎ 948-50-72-04. ● plazaola.org ● *En été, lun-sam et dim mat ; hors saison, le mat mar-dim.* Excellents renseignements (parfois en français). Fournit un topoguide illustré des randonnées faciles dans le coin. Location de vélos pour la *vía verde (env 12 €/j.).*

À voir. À faire

Lecumberri (LEKUNBERRI**) :** *à env 30 km au nord-ouest de Pamplona, à l'écart de l'autoroute A 15 en direction de Donostia – San Sebastián.* C'est un long village-rue qui ne présente que peu d'intérêt, à part quelques maisons anciennes au bout du bourg. À signaler toutefois l'***Hotel Ayestaran,*** sur la rue principale, habité par deux fantômes de la littérature et du cinéma. L'écrivain Ernest Hemingway logea en 1951 et en 1953 dans la chambre n° 126 (dans le plus joli bâtiment donnant sur le jardin). Du village, il se rendait aux fêtes de la San Fermín à Pamplona. À la réception de l'hôtel, on peut voir encore une photo dédicacée qu'Hemingway avait envoyé à la mère de la propriétaire actuelle. En 1965, Orson Welles séjourna ici aussi lors du tournage de *Falstaff* (« Campanadas a Medianoche » en version espagnole), avec Jeanne Moreau et Marina Vlady, considéré comme son meilleur film. Il avait installé le bureau de la production dans la salle à manger.

La vía verde de Plazaola : il s'agit de l'ancienne voie de chemin de fer Pamplona-Donostia désaffectée puis réhabilitée sous forme de chemin de randonnée familial. C'est une bien belle balade de Lecumberri à Andoain, sans dénivelées trop fortes. On peut suivre cette voie à vélo, ou à pied. On passe notamment par le tunnel de Uitzi, qui fait 3 km de long. Sites à consulter : ● *viasverdes.com* ● *plazaola.org* ●

Cuevas de Mendukilo (grottes) **:** *à env 4 km au sud de Lecumberri, direction Astitz ; fléché.* ☎ 948-39-60-95. ● mendukilo.com ● *Juil, tlj 10h-13h30, avec visites guidées à 11h30, 12h30 et 13h ; août, tlj 10h-14h, 16h-18h, et visites guidées aux mêmes heures plus 16h30 et 17h30 ; juin et sept, lun-ven 10h30-13h, w-e 10h-13h30, 15h30-18h. Hors saison (mars-mai et oct-nov) ouv slt le w-e en horaires réduits. Visite guidée obligatoire (horaires précis des visites par tél ou sur leur site). Durée : 50-60 mn. Entrée : 8 € ; réduc.* Un ensemble de six grottes, dont trois ouvertes au public. Ces excavations ont longtemps servi de refuge aux bergers. Dans les différentes salles, stalactites et stalagmites viennent entailler les impressionnants volumes, jusqu'à 20 m de haut à certains endroits sous les voûtes rocheuses. À visiter chaudement vêtu (il fait 8-10 °C toute l'année) et avec de bonnes chaussures.

🍴 *Santuario de San Miguel de Aralar :* à **Uharte-Arakil.** ☎ 948-37-30-13. Tlj 10h-14h, 16h-19h (18h en hiver). Entrée : 2 €.

De Lecumberri, une étroite mais belle route monte au sommet du massif. Attention, c'est assez long : 18 km ! On traverse une dense forêt de hêtres et de chênes avant de s'élever à travers les alpages. Sur le versant sud, qui descend vers la vallée de l'Álava, ce sont des paysages rudes et rocailleux. Bâti à 1 133 m d'altitude sur un épaulement du mont Arxueta, le sanctuaire domine toute la région. Naturellement, la vue est à la mesure du site, c'est-à-dire extraordinaire. On aperçoit les murailles de la sierra d'Urbasa et la vallée de l'Álava.

Adossée à des bâtiments couverts de lauzes, l'*église de San Miguel,* d'époque romane (1074), se compose de trois nefs, d'une abside principale et de deux absidioles. À l'intérieur, très beau retable en cuivre doré et émaillé, orné de pierres fines, qui proviendrait d'un atelier limousin. Exemple unique en Navarre, c'est un magnifique travail d'orfèvre, d'une grande finesse, et qui change un peu des retables peints. L'hospice voisin aurait été construit au XIe s pour les pèlerins de Saint-Jacques.

Le sanctuaire San Miguel de Aralar est rattaché à une légende, celle de Teodosio de Goñi, chevalier navarrais. Au retour de la guerre contre les Sarrasins, on lui apprit que sa femme l'avait trompé avec un de ses serviteurs. Fou de rage, il rentra chez lui, pénétra dans la chambre conjugale et tua à coups d'épée les deux êtres qui y dormaient dans le même lit... manque de chance, il s'agissait de sa femme et de son fils, et non de l'épouse et de son amant... Teodosio fut condamné par l'Église à porter une chaîne de fer et à faire pénitence dans la sierra d'Aralar. Surpris par l'attaque d'un dragon (il y a de quoi en effet !), il invoqua saint Michel, lequel apparut, combattit la bête et la tua. L'exploit accompli, les chaînes de Teodosio tombèrent à terre, libérant le chevalier de sa pénitence. Il construisit l'ermitage, le dédia à saint Michel. Cette chaîne a été conservée à l'entrée de la petite chapelle centrale !

🍷 |●| *Bar-resto :* ☎ 948-37-30-32. Attenant au sanctuaire. *Bocadillos,* cuisine locale.

ALSASUA (ALTSASU) ET SES ENVIRONS

C'est le vrai cœur de la Navarre bascophone. Rien ne vous le laissera ignorer, ni les habitants qui parlent ostensiblement le basque (l'euskara), ni les affiches, ni les graffitis, ni les banderoles : aucun panneau n'est épargné ! De nombreux villages du coin sont tout entiers parés des couleurs indépendantistes, et beaucoup de municipalités sont tenues par des activistes. Il est vrai que, bloqués entre les sierras et l'*autovía,* les gens de la région se sentent un peu oubliés. Ils regardent avec envie leurs voisins du Guipúzcoa. Le Sakana (c'est le nom de cette région) est d'abord une voie de passage.

Un détail : au Xe s, le chemin primitif de Saint-Jacques suivait la vallée de Sakana pour aller de Pamplona à Vitoria. Il en reste quelques traces dans les villages, mais voilà bien longtemps qu'aucun pèlerin n'est passé par là.
– Site de la ville : ● *alsasua.net* ●

Où dormir ? Où manger ?

⛺ 🏠 *Camping Etxarri :* 31820 **Etxarri-Aranatz.** ☎ 948-46-05-37. 📱 648-46-05-37. ● *info@campingetxarri.com* ● *campingetxarri.com* ● 🚗 À 2 km du centre d'Etxarri, sur la route 120, direction Donostia, à gauche à la sortie du bourg. Ouv tte l'année. Compter env 23 € pour 2 avec tente et voiture en hte saison ; bungalows 4-6 pers 60-130 €/nuit selon capacité et saison. Également des mobile homes et des lits à l'auberge des pèlerins (12 €/pers en dortoir). 🛜 Dans un environnement exceptionnel, sans doute le plus beau camping de Navarre. Il a le privilège d'être implanté dans l'une des plus vieilles chênaies de Navarre (plus de 400 ans pour certains arbres). Autant dire que c'est le camping le mieux ombragé de la province ! Le patron s'appelle Florencio. C'est un Navarrais charmant et jovial, qui parle bien le français. Les installations, récentes, sont parfaitement entretenues. Restaurant et piscine en forme de croix basque. Il y a aussi un petit musée sur la vie des chênes.

🏠 |●| **Hotel rural Olatzea :** *Errota Kalea s/n, 31839* **Arbizu.** ☎ *948-46-18-76.* ● *info@hotelolatzea.com* ● *hotelolatzea.com* ● 🐾 *Fermé à Noël. Doubles 86-115 € selon saison ; petit déj 7,50 €. Au resto (ouv le soir slt), menu 12 €, carte env 30 €.* 🛜 *Apéritif maison ou petit déj offert sur présentation de ce guide.* Ancien moulin restauré et aménagé en petit hôtel rural. On peut voir fonctionner le mécanisme au sous-sol. Les murs sont anciens et en pierre mais la déco des chambres est contemporaine et très soignée. Elles donnent sur le jardin. Celles côté autoroute sont calmes grâce au double vitrage. Fait aussi restaurant. Bonne cuisine locale à prix raisonnables.

À voir dans le Sakana

🥾 *Alsasua (***ALTSASU***) : à 50 km à l'ouest de Pamplona sur l'axe Pamplona/Vitoria-Gasteiz.* Cœur de la vallée du Sakana (arrosée par le río Arakil), c'est une ville active, industrieuse et un peu triste. Ce qui doit expliquer la folie de son carnaval, l'un des plus colorés du Pays basque. Si l'on vous dit qu'on y vient du monde entier, ce n'est pas une blague. Hors Espagne, c'est le Japon qui fournit le plus gros contingent de touristes. Les habitants revêtent les déguisements traditionnels, dont le *momotxorro* : une peau de mouton blanche, des pantalons bleus et une sorte de masque velu qui porte d'énormes cornes. Les *momotxorros* parcourent les rues (et les bars) en chantant et en chahutant avec les autres personnages, tous parfaitement codifiés.

LES SIERRAS D'URBASA ET D'ANDIA

Deux belles sierras au sud de la route Pamplona/Vitoria-Gasteiz. Routes en lacet, minuscules villages, troupeaux de moutons, forêts à perte de vue, hardes de pottoks, plateaux calcaires désolés et, survolant le tout, quelques rapaces profitant des vents d'ouest. C'est le royaume des randonneurs, des amateurs de nature et des cyclotouristes, qui y trouvent des routes superbes : on comprend pourquoi les coureurs cyclistes navarrais (Induráin et Olano en tête) étaient si bons grimpeurs ! Les deux sierras sont séparées par la route NA 120 qui joint Estella au Guipúzcoa et le parc navarrais d'Urbasa au parc gipuzkoan d'Aralar. On s'arrêtera au col de Lizarraga pour profiter de l'exceptionnel panorama.

LA SIERRA D'URBASA

Elle a été déclarée parc naturel dès 1987. Une seule route au départ d'Estella (la NA 718), qui, sur le plateau, se divise en deux branches, dont l'une conduit à Agurain en Álava, l'autre à Alsasua en Navarre. La route grimpe sec vers la muraille d'Urbasa. Ce sont les dernières terres cultivées de Navarre, avec quelques villages à flanc de la montagne.

– *Conseils aux randonneurs :* un certain nombre d'installations agropastorales existent dans la sierra (abris de bergers, abreuvoirs ou enclos pour les animaux, zones de traitement antiparasitaire des brebis) ; il est formellement interdit d'y toucher, de laver son linge dans les abreuvoirs, de pénétrer dans les abris, etc. Quant aux passionnés de 4x4, les pistes forestières sont strictement réservées aux bergers. Normal...

Adresse utile

Centre d'information du parc Urbasa-Andia : *peu avt Olazagutia (Olazti), sur la NA 718.* • *parquenaturalurbasa.com* • *Juil-août, tlj 11h-18h ; avr-juin et sept-oct, w-e aux mêmes heures. Congés : nov-mars.* Donne des infos de première main sur les itinéraires de randonnée (carte détaillée gratuite), notamment les balades thématiques (circuits de 4 à 8 km). Également une petite expo sur la géologie, la faune et la flore de la sierra.

Où dormir ? Où manger ?

Camping Urbasa Bioitza : *ctra Estella-Olazagutia (Olazti), km 30, 31800 Alsasua ; en fait, à l'extrémité nord du plateau, à 8 km d'Olazti.* ☎ *948-39-10-04.* • *info@campingurbasa.com* • *campingurbasa.com* • *Congés : 9 déc-fin fév. Compter 22-25 € pour 2 avec tente et voiture selon saison ; bungalows 85-130 €/ nuit selon taille. Quelques doubles 45-52 €. Raciones 5-8 € ; menu 13 €.* Grand camping propre, bien entretenu et établi en pleine nature, sur une sorte de haut plateau, loin de l'agitation du monde. Plantations récentes, donc peu d'ombrage. 14 bungalows de 4-8 places. Bar à *pintxos*-resto. Petite épicerie de base. Le camping organise de nombreuses activités (école de nature, VTT, cheval, randonnée).

Hotel Irigoyen : *c/ San Antón, 55, 31272 Zudaire.* ☎ *948-53-90-06.* • *hostalirigoyen@gmail.com* • *hostalirigoyen.es* • *Double avec sdb 40 €. Menus du jour 10-16 €.* Petit hôtel de bord de route avec un resto-bar au rez-de-chaussée. Les chambres sont simples et propres ; en préférer une avec vue sur la vallée pour profiter du panorama. Cuisine locale sans prétention, mais bonne et copieuse.

À voir dans les environs

En venant d'Estella, par la route NA 718, on atteint **Zudaire,** gros bourg accroché au flanc sud de la sierra d'Urbasa. De Zudaire, une petite route dessert quelques jolis villages comme **San Martín** et surtout **Larraona,** qui possède une belle église fortifiée du XIIe s avec un portail roman.

De Zudaire, en prenant à droite (par la NA 718 en direction d'Alsasua), on arrive à un col (*Puerto de Urbasa,* 927 m) qui débouche sur un plateau d'altitude sauvage avec des prairies d'herbe rase, sorte de steppe piquée de bosquets d'arbres où vivent des troupeaux de moutons et des chevaux en liberté. D'un parking bien indiqué commence le sentier qui mène aux **sources de l'Urderra** (« la belle eau » en basque). Attention la signalisation est presque effacée. Si on fait toute la balade : compter 3h pour 5,3 km. On vous conseille de passer avant au centre d'info du parc (voir plus haut) pour connaître les chemins autorisés et la réglementation en vigueur. De la source, la randonnée peut se poursuivre en descendant sur **Baquedano** (vous pouvez aussi le faire dans l'autre sens, mais ça grimpe plus).

LES SIERRAS D'URBASA ET D'ANDIA / LA SIERRA D'ANDIA | 353

➤ À 3 km plus au nord, en allant vers Alsasua, dans un vaste paysage évoquant parfois les monts d'Auvergne, ruines du *palacio de Urbasa,* un manoir à l'abandon qui fut naguère une auberge de campagne animée et chaleureuse. Le camping *Urbasa Bioitza* se trouve 3 km plus loin encore (très bien indiqué). Côté nord, la route décrit des courbes et redescend vers le terroir du Sakana, le río Arakil et Alsasua.

LA SIERRA D'ANDIA

Ce massif montagneux prolonge la sierra d'Urbasa vers l'est. Une route la traverse du nord au sud, c'est la NA-120 qui part d'Etxarri (près d'Alsasua) et monte au Mirador del Puerte de Lizzaraga (1 031 m) d'où la vue embrasse une belle partie de la sierra d'Andia. On retrouve un paysage de haut plateau avec des forêts de conifères à perte de vue. Les premiers villages s'accrochent au flanc sud du massif : Goñi, Arteta, Munárriz... que l'on atteint par des routes en lacet aux virages serrés...

✾ *Arteta : accès par une route que l'on prend à Irurtzun (au niveau de l'intersection des autoroutes A 10 et AP-15). D'Irurtzun, faire env 15 km sur une route étroite et sinueuse qui passe par Anoz et Ollo.* On arrive enfin dans ce bout du monde ! Un village bâti dans un magnifique cirque de montagnes. Ne pas manquer le *Musée ethnographique (mar-dim 11h-13h30, sur rdv l'ap-m ; hors saison, slt w-e 11h-13h30 ; GRATUIT).* Aménagé par le sculpteur *José Ullibarena Arellano* dans la vieille maison Fanticorena. C'est un fabuleux fouillis d'outils et de machines agricoles de la Renaissance à nos jours, dans lequel interviennent les très belles sculptures du maître des lieux qui a travaillé en France et qui fut l'ami des plus grands artistes espagnols du XXe s. Il reste peu connu hors de la Navarre, et c'est bien dommage.

➤ Une *randonnée* classique emprunte l'itinéraire *d'Ollo à l'ermitage San Donato.* Compter 8h de marche.

LE GUIPÚZCOA (GIPUZKOA)

LA ZONE FRONTIÈRE ... 355	ET SES ENVIRONS 365	LES VALLÉES DU GUIPÚZCOA 404
DONOSTIA – SAN SEBAS- TIÁN (DONOSTIA)	LA CÔTE DU GUIPÚZCOA 387	

● Carte p. 356-357

Qu'il s'agisse d'agriculture, de villes balnéaires ou d'industrie lourde, le Guipúzcoa est riche. Visiter cette province densément peuplée (plus de 700 000 habitants sur moins de 2 000 km^2), c'est tenter de dépasser les apparences. Pour atteindre les ports de pêche ou de jolis centres-ville, il faut souvent traverser des ports ou des zones industrielles hideux comme tout, et il arrive que le vent de mer entraîne sous vos narines les effluves d'une papeterie voisine... Ainsi, la route N 634 qui chemine le long du río Deba n'est qu'une succession d'ateliers et de bâtiments industriels. Mais il faut avoir la curiosité de quitter le bitume, de plonger dans le cœur des villes et villages afin d'atteindre la beauté des quartiers anciens et des églises romanes.

Dans ces vallées d'un vert émeraude, la vie a évolué sans planification. Le Guipúzcoa est une belle fille souvent mal habillée, qui cache sous les haillons du modernisme des recoins d'une saveur inoubliable.

UN PEU D'HISTOIRE

L'histoire ancienne du Guipúzcoa est un peu obscure. Pour ce qui nous intéresse, elle commence par deux perles vieilles d'environ 15 000 ans : les grottes d'Ekain et d'Altxerri, dont les parois sont couvertes de peintures de chevaux sauvages (et autres animaux). On trouve également des dolmens, plus récents (Néolithique, vers 5000 av. J.-C.), comme sur la quasi-totalité du littoral atlantique européen. Les Romains n'ont laissé de traces qu'à Irun, l'antique port d'Oiasso.

Le haut Moyen Âge n'est pas mieux connu. Au Xe s, la région dépend du diocèse de Bayonne, puis, un siècle plus tard, le roi de Navarre donne le monastère de San Sebastián au monastère de Leyre. Quelques années plus tard, à la mort de Sanche le Grand, apparaît un certain Eneco Lupis, seigneur de Guipúzcoa et de Biscaye, dont le fils va prêter serment au roi de Castille, retirant ainsi le Guipúzcoa de l'escarcelle navarraise. Moyennant quoi le roi de Castille le comble d'honneurs et donne des *fueros* (privilèges) aux villes : Hondarribia en 1203, Mutriku et Getaria en 1209, Zarautz en 1237, Tolosa et Ordizia en 1256.

Le *for* de Donostia consolide les rapports commerciaux avec les marchands bayonnais, grâce notamment à l'exonération mutuelle de taxes entre les deux ports, d'où les relations particulières que Bayonne et Donostia ont entretenues au cours des siècles. Copains, certes, mais avec prudence. Le Guipúzcoa fortifie ses villes (Donostia et Hondarribia), qui commandent l'accès à l'intérieur de l'Espagne. Toute l'histoire du Guipúzcoa bruit des rapports entre France et Espagne : c'est à Donostia qu'on emprisonne François Ier, capturé à Pavie, et à Hondarribia que Louis XIV vient chercher son épouse, Marie-Thérèse d'Autriche, infante d'Espagne. Napoléon tentera même pendant quelques mois le rattachement du Guipúzcoa à la France. En 1813, les Français brûlent San Sebastián au moment où Wellington les déloge. La population les suit en rigolant et en les imitant : c'est la naissance des *tamborradas.*

Dès le XVIIIe s, le Guipúzcoa a développé ses mines de fer, générant de véritables conurbations industrielles. Enfin, au XIXe s, Donostia devient, sous l'influence de la reine régente, une station balnéaire à part entière. Mais les hautes vallées restent à l'écart du mouvement et entretiennent une agriculture aux produits réputés. Affaibli par les guerres carlistes qui le divisent, le Guipúzcoa sera en première ligne dès le début de la guerre civile. Le général Mola, installé à Pampelune, fait déferler ses troupes vers la frontière pour couper toute retraite aux républicains.

Aujourd'hui, le Guipúzcoa continue à fonctionner sur ses trois points forts : la côte joue la carte du tourisme, les vallées celle de l'industrie et les montagnes celle de l'agriculture.

LA ZONE FRONTIÈRE

| ● Hondarribia (Hondarribia) .... 358 | ● Irun (Irun) .... 363 ● Behobia (Behobia) |

En général, c'est par là qu'on entre en Hegoalde (le Pays basque espagnol). Pour une journée de plage à Hondarribia ou une soirée à Donostia, pour faire son marché à Irun ou pour un rapide aller-retour jusqu'à Behobia, le temps de remplir le coffre de la voiture d'alcool et de tabac, moins taxés que dans le Nord. Mais heureusement, certains, piqués de curiosité, voudront aller plus loin et découvriront une contrée à l'identité forte, fière d'avoir su préserver sa culture malgré la puissance des voisins du Nord et du Sud : ce n'est pas la France, mais ce n'est pas non plus vraiment l'Espagne. C'est une zone charnière, un endroit un peu à part et fier de l'être. Dites-vous bien que pour le Catalan ou l'Andalou, l'Euskadi est une terre presque aussi étrangère que pour vous.

UN PEU DE GÉOGRAPHIE

Au début était la Bidasoa, cette rivière paresseuse qui sépare la France de l'Espagne entre le massif d'Ibardin et la mer. Frontière politique plus que géographique depuis que Charles Quint fortifia Hondarribia pour protéger ses provinces basques. La Bidasoa débouche dans la baie de Txingudi. De part et d'autre de l'embouchure, Hendaye et Hondarribia se font face ; la première, petit village monté en graine sous l'impact de la civilisation balnéaire, la seconde, antique, puissante et vénérable. Puis, au fond de la baie, Irun, peut-être l'une des plus vieilles villes de la Côte basque, et le petit faubourg de Béhobie, qui a bâti sa croissance sur l'exploitation de la frontière. Enfin, derrière, le massif de la Rhune et ses versants abrupts. Du XVIe au XVIIIe s, on venait y échanger les princesses qui épousaient le dauphin de l'autre royauté, on y ramenait les otages politiques, on y faisait passer les armées. Peu propice à la navigation de lourds vaisseaux, la baie était un no man's land entre les corsaires de Saint-Jean-de-Luz et ceux de Pasaia.

Aujourd'hui, une des plus intéressantes expériences du Pays basque est menée sur les rives de Txingudi. Depuis 1998, Irun, Hondarribia et Hendaye ont formé ensemble la première communauté urbaine transfrontalière d'Europe, le *Consorcio*. Comment mettre en application le traité de Maastricht ? Comment administrer un ensemble d'habitants indépendamment de leur nationalité ? Comment gérer ensemble énergie, déchets, transports en commun ? Tentative passionnante parce qu'elle cherche à retranscrire dans les faits et la vie quotidienne le discours politique dominant. En plus, ça marche plutôt bien.

LE GUIPÚZCOA

Légende :
- **Mutriku** — Lieux traités
- Altzo — Adresses et lieux dans les environs
- Ondarroa — Repères
- ⓧ site inscrit au Patrimoine mondial de l'Unesco

Lieux et repères sur la carte

- Ondarroa
- Plage de Saturraran
- **Geoparque** ⓧ
- **Mutriku**
- **Zumaia**
- Deba
- Itxaspe
- Elorriaga
- **Getaria**
- BISCAYE
- Markina-Xemein
- Itziar
- Ekain ⓧ
- Zestoa
- Ermua
- Elgoibar
- Eibar
- **VALLÉE DU RÍO DEBA**
- Lasao
- Azkoitia
- Azpeitia
- Sanctuaire de Loyola
- **VALLÉE D'UROLA**
- Elorrio
- **Bergara**
- Urretxu
- Ermitage de La Antigua
- Zumarraga
- San Prudencio
- Arrasate/Mondragon
- Legazpi
- Ordizia
- Beasain
- Ormaiztegi
- Aretxabaleta
- **Oñati**
- Zerain
- Aizpea
- Lazkao
- **LE GOIERRI**
- Eskoriatza
- **Parc de Mirandaola**
- Segura
- Idiazábal
- Leintz-Gatzaga
- Col de Arlabán
- Arantzazu
- Sanctuaire Nuestra Señora
- Zegama
- San Gregorio
- Col d'Otzaurte
- Parque Aizkorri-Aratz
- ÁLAVA
- Col d'Etxegarate

5 km

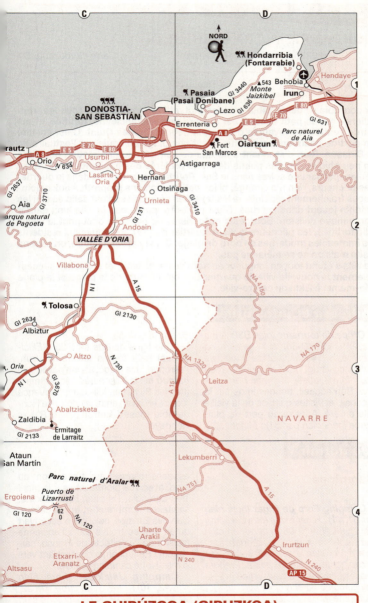

LE GUIPÚZCOA (GIPUZKOA)

HONDARRIBIA (HONDARRIBIA)

(20280)   16 500 hab.   *Carte Guipúzcoa, D1*

● Plan p. 359

Hondarribia – Fuenterrabía en espagnol, et Fontarrabie pour tous les frontaliers – est un petit bijou. C'est d'abord une ville ancienne, fortifiée, et qui garde l'entrée du royaume d'Espagne depuis Charles Quint. C'est ensuite un port de pêcheurs actif. Enfin, c'est une plage alanguie sur l'estuaire de la Bidasoa. Rien d'étonnant à ce que ce soit devenu une station balnéaire un peu chic et l'un des points de chute préférés des habitants du Nord qui veulent passer une soirée dans le Sud. Pourtant, quand on va dans le quartier des pêcheurs, rien n'a changé, ni les petites maisons proprettes aux colombages fraîchement repeints, ni les tavernes où le poisson est délicieux, ni les enfants jouant dans les rues. C'est peut-être parce que la ville a su garder son antique division. Bourgeois et touristes de passage occupent la vieille ville fortifiée, les pêcheurs le vieux quartier du port, les nouveaux résidents les immeubles modernes en bord de plage. D'un quartier à l'autre, on se rend visite mais on ne se mélange pas.
La ville s'étend tout en longueur au nord du *casco viejo*, et on trouve successivement la nouvelle ville, le quartier du port, la route de la plage et la plage elle-même, à 2 km du centre-ville.

Adresse et infos utiles

❶ **Office de tourisme** (plan B3) : *Arma plaza, 9.* ☎ *943-64-36-77.* ● *bidasoaturismo.com* ● *Sur la place principale du casco antiguo. Tlj sf dim ap-m en été ; fermé aussi lun mat hors saison.* Bon accueil, bonnes infos sur la Bidasoa, et visites guidées de la vieille ville en été. Annexe au port de plaisance *(hors plan par B1)* : *Minatera, 9.* ☎ *943-64-54-58.*

➢ Une ligne de **bus** (la E 25 d'*Ekialdebus*) relie toutes les 15 mn Irun, l'aéroport et la plage, et une navette en **bateau** fait la liaison très fréquemment (ttes les 30 mn en juil-août ; fréquence réduite en hiver) entre le centre de Hondarribia (paseo Butrón ; plan B1) et Hendaye.

Où dormir ?

Campings

⚑ **Camping Faro de Higer** *(hors plan par B1, 11)* : *Higer bidea (ctra del Faro), 58.* ☎ *943-64-10-08.* ● *faro@campingseuskadi.com* ● *campingfarodehiguer.es* ● *À env 3 km au nord du centre, sur le cap, juste à côté du phare. Prendre le bus qui mène à la plage, d'où il reste env la moitié du chemin à parcourir (et ça monte !). Env 23,50 € pour 2 avec tente et voiture.* 📶 La première vue du camping est une marée de toits de bungalows et de caravanes... Mais les espaces réservés aux tentes sont au fond, avec vue plongeante sur la mer ! Très agréable. De plus, belle piscine, sanitaires nombreux et impeccables. L'un des 2 restos, celui qui n'est ouvert qu'en été, se trouve dans l'ancienne maison de l'architecte de Franco, carrément ! Petit chemin descendant vers la mer. Notre camping préféré.

⚑ **Camping Jaizkibel** *(hors plan par A2, 10)* : *ctra Guadalupe, km 22.* ☎ *943-64-16-79.* ● *recepcion@campingjaizkibel.com* ● *campingjaizkibel.com* ● *À env 1,5 km du centre-ville, sur la GI 3440 vers Jaizkibel. Aucun bus*

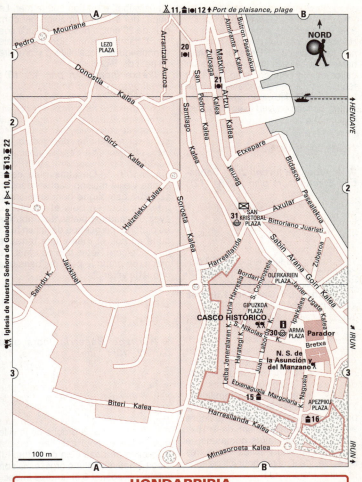

HONDARRIBIA

- **Adresse utile**
  - Office de tourisme

- **Où dormir ?**
  - 10 Camping Jaizkibel
  - 11 Camping Faro de Higer
  - 12 Albergue juvenil Juan Sebastián Elkano
  - 13 Albergue Capitán Tximista, Agroturimo Artzu, Iketxe et Haritzpe Baserria
  - 15 Txoko Goxoa Pentsioa
  - 16 Hotel Obispo

- **Où manger ?**
  - 20 Taberna Gran Sol
  - 21 Hermandad de Pescadores
  - 22 Guadalupeko Kantina

- **Où acheter des produits du terroir ?**
  - 30 Sala Nort
  - 31 Solbes Gourmet

LE GUIPÚZCOA

entre le camping et le centre-ville. Env 22 € pour 2 avec petite tente et voiture, 32 € avec grande tente ou caravane ; bungalows jusqu'à 6 pers 75-121 €/ nuit selon saison._ Dans un environnement de collines (mais sans vue sur celles-ci), un petit camping très bien tenu, avec 3 zones bien distinctes pour les bungalows, les camping-cars et les tentes. Espace couvert avec barbecue. Resto et bar.

Auberges de jeunesse

Albergue juvenil Juan Sebastián Elkano (hors plan par B1, **12**) : Higer bidea (ctra del Faro), 7. ☎ 943-41-51-64. • elkano@gipuzkoa.eus • gipuzkoangazte.eus/albergues • Au nord du centre, au début de la route du camping Faro de Higer. Nuitée 15-22 € selon âge, petit déj inclus. Repas 7,50-10 €. Auberge de jeunesse de 152 places en chambres de 2-16 lits dans un bâtiment moderne de 3 étages.

Albergue Capitán Tximista (hors plan par A2, **13**) : Jaizubia auzoa, 14. ☎ 943-64-38-84. • info@capitan tximista.com • capitantximista.com • À 3 km au sud-ouest de la ville (plan d'accès sur le site internet). Compter 19-21 €/pers selon saison (réduc pèlerins et moins de 18 ans), petit déj inclus. Possibilité de repas (10-18 €)._ Dans un ancien moulin du XVIe s entièrement restauré, niché dans un joli site isolé où paissent quelques ânes. Dortoirs uniquement, de 4, 16 et 20 lits, avec sanitaires communs, le tout très bien tenu. Petit bar-resto. Très agréable, idéal même pour les pèlerins et autres marcheurs !

De bon marché à prix moyens

Agroturismo Artzu (hors plan par A2, **13**) : Montaña auzoa, 25. ☎ 943-64-00-30. • casartzu@hotmail.es • casa-artzu.com • À env 5 km du centre-ville. Suivre la route du Jaizkibel (GI 3440), puis fléché. Congés : Noël. Doubles 46-52 € selon saison ; petit déj 3 €. CB refusées. Une maison rustique perdue sur les hauteurs du Jaizkibel, d'où l'on voit la mer. Le papa, qui a tenu la maison pendant plus de 20 ans, a passé le relais à son fils. Chambres sans fioritures mais économiques. Possibilité d'y prendre un petit déj léger.

Iketxe (hors plan par A2, **13**) : Arkoll auzoa, 61, apdo 343.. ☎ 943-64-43-91. • iketxe5@hotmail. com • nekatur.net/iketxe • Près de l'ermitage Santiago, à env 3 km au sud-ouest de la ville, par la GI 3440 puis, sur la gauche, par des routes très étroites (prudence). Doubles 55-66 € selon saison ; petit déj env 5,50 €._ On aime bien cette bonne vieille maison cachée dans la superbe campagne hondarribienne. Intérieur tout en bois et en pierre, avec 6 chambres plaisantes, poutres au plafond, parquet ou dalles en terre cuite au sol, et même une terrasse ou un balcon. Hôtes très courtois. Le matin, on prend le petit déj dans une chouette véranda.

De prix moyens à plus chic

Haritzpe Baserria (hors plan par A2, **13**) : Zimizarga auzoa, 49. ☎ 943-64-11-28. 📱 635-72-71-18. • haritzpe@telefonica.net • haritzpe. net • ♿ Dans le même secteur que l'agroturismo Iketxe. Congés : vac de Noël. Doubles 70-75 € selon saison ; familiale 100 € ; petit déj complet 6 €._ Un peu plus proche de la ville que Iketxe, et pourtant, l'endroit est déjà dans un beau coin de nature ! Il s'agit à nouveau d'une grosse maison rurale, proposant 6 chambres impeccables et réalisées dans des matériaux nobles, avec du beau mobilier en bois et de belles salles de bains carrelées de faïence. Grand salon pour les hôtes aussi, avec cheminée et canapés moelleux pour se détendre. Proprios très accueillants.

Txoko Goxoa Pentsioa (plan B3, **15**) : Margolari Etxenagusia s/n. ☎ 943-64-46-58. 📱 685-44-39-88. • info@txokogoxoa.com • txokogoxoa. com • Doubles avec sdb 50-76 € selon saison ; petit déj min 4 €. Parking gratuit. 💻 _ Réduc de 50 % sur le prix du petit déj si résa directe sur présentation de ce guide. Charmante petite maison située au cœur de la vieille ville, rénovée par le nouveau propriétaire. À l'intérieur, du parquet qui brille et 6 chambres plus ou moins grandes, mais agréables et bien refaites. Si vous voulez de l'espace, réservez la n° 201. Bon accueil en français. Une bonne petite adresse.

🏠 *Hotel Obispo (plan B3, 16) : pl. del Obispo, 1.* ☎ *943-64-54-00.* ● *recepcion@hotelobispo.com* ● *hotel obispo.com* ● ♿ *Congés : début déc-début janv. Doubles 106-220 € selon saison et confort ; petit déj 11 €. Parking (7 places) gratuit.* 🖥 📶 Cet « évêque »-là (*obispo* en espagnol) est installé dans un bâtiment historique restauré, qui ouvre, d'un côté, sur un minuscule jardin (de curé ?), au pied de quelques créneaux. Les chambres sont confortables et pleines de cachet avec leurs vieilles pierres ou poutres. Pour la petite histoire, l'évêque, c'est Ricardo de Sandoval, né dans cette maison, qui devint archevêque de Séville et chapelain de Charles Quint.

Où manger ?

Pas mal de restos *(menus du jour env 12-20 € ; carte 20-35 €)* et bars à *pintxos*, notamment dans la *San Pedro kalea (plan B1-2)*, qui a gardé tout son charme : par exemple, l'*Ardoka Vinoteka*, au n° 30, ou son voisin plus populaire, le *Senra*, au n° 34.

🍽 *Taberna Gran Sol (plan B1, 20) : San Pedro, 65.* ☎ *943-64-27-01.* ● *info@bargransol.com* ● *Tlj sf lun 11h30-23h. Tapas 2,50-4 € ; menus en sem env 15-29 €, w-e 30 €.* Grand soleil sur les *pintxos* et les *raciones*, car c'est l'un des meilleurs bars du centre-ville. Essayez toutes affaires cessantes le *huevo mollete oro* (à commander), unique ! Ils ont aussi un resto *(ouv slt le midi, plus le soir ven-sam)* à côté... tout aussi recommandable et encore abordable.

🍽 *Hermandad de Pescadores (plan B1, 21) : Zuloaga, 12.* ☎ *943-64-27-38. Fermé dim soir et lun. Résa conseillée. Plats 18-22 €.* Les pêcheurs se réunissaient autrefois dans ce resto pour discuter boulot et boire un coup. L'adresse est devenue plus chic (même si la déco demeure rustique) mais reste très prisée. Vedette incontestée en entrée : la soupe de poisson, sans doute la meilleure à des kilomètres à la ronde ! Ensuite, partez à la pêche en lisant la belle carte des poissons.

🍽 *Guadalupeko Kantina (hors plan par A2, 22) : Gornutz Montaña auzoa, 24 ; derrière la iglesia de Nuestra Señora de Guadalupe (voir plus loin), à 4 km à l'ouest du centre sur la GI 3440.* ☎ *943-64-12-11.* ● *guadalupeko kantina@gmail.com* ● *Tlj sf mer ; cuisine 13h-15h, plus ven-sam 19h-21h. Congés : nov. Résa conseillée (surtout si vous êtes nombreux). Menus déj en sem 12-13 € ; plats w-e 5-12 €. CB refusées.* Une vraie cantine de campagne, où l'on mange dehors sous les platanes s'il fait bon, à de grandes tables (sinon, salle rustique). C'est diablement sympa, et surtout, les prix sont ridiculement bas ! Au menu : soupe de poisson (pleine soupière), omelette à la morue, poivrons farcis, boulettes de viande... Certes, ce n'est pas de la grande cuisine, mais à ces tarifs-là, interdit de se plaindre ! Endroit très apprécié des gens du coin, réservez ou arrivez tôt !

Où acheter des produits du terroir ?

🏵 *Sala Nort (plan B3, 30) : Arma plaza, 8.* ☎ *943-64-61-87. À côté de l'office de tourisme. Tlj sf mar.* Produits en conserve de luxe.

🏵 *Solbes Gourmet (plan B2, 31) : Santiago, 2.* ☎ *943-64-55-51. Lun-sam 9h-14h30, 17h-21h, plus dim mat.* Une petite supérette spécialisée dans les produits locaux : vins, charcuterie, fromages et, bien sûr, poissons et fruits de mer en conserve.

À voir. À faire

Petit rappel : l'office de tourisme organise des visites guidées de la vieille ville (voir dans « Adresse et info utiles »).

⚜⚜ Casco histórico *(plan B3) :* très bien entretenu et relativement peu rénové. Pour s'en convaincre, aller jeter un œil aux balcons et encorbellements de Konpostela kalea, qui part de la ravissante place de Guipúzcoa. La montée de la Javier Ugarte kalea offre une très jolie vue sur la baie. Quant à la Nagusia kalea, bordée de demeures pittoresques et de jolies boutiques aménagées avec soin, elle débouche sur la plaza de Armas (épicentre de la vieille ville) et le magnifique hôtel *Parador de Hondarribia,* installé dans le château de Charles Quint (pour info, la double standard de cet hôtel coûte près de 250 € !). Juste à côté, la maison natale de l'écrivain Eduardo Ugarte, où séjourna également un certain García Lorca (aujourd'hui la pension *Ostatua Zaragoza*).

⚜ Iglesia Nuestra Señora de la Asunción y del Manzano *(plan B3) : dans la vieille ville. Ouv slt pdt la messe... sam et dim mat.* On ne rigole pas, elle s'appelle bien « Notre-Dame-de-l'Assomption-et-du-Pommier » ! Mais personne ne sait pourquoi. Belle église gothique avec une tour baroque ajoutée au XVIIIe s. On y célébra par procuration le mariage de Louis XIV et de Marie-Thérèse. Après quoi, on traversa la Bidasoa pour le vrai mariage à Saint-Jean-de-Luz.

⚜⚜ Iglesia de Nuestra Señora de Guadalupe *(hors plan par A2) : à env 4 km du centre-ville, sur la GI 3440.* Sur le mont Jaizkibel, cette chapelle, dédiée à la sainte patronne de la ville, est sise dans un cadre de toute beauté avec vue imprenable sur la ville, les montagnes et la mer. Départ de nombreuses randonnées (voir ci-après).

➢ Pour les marcheurs, il y a pas mal de **balades** à faire dans le coin : la municipalité a balisé neuf sentiers au départ de Nuestra Señora de Guadalupe, d'une longueur de 5 à 12 km. On peut se procurer, pour une somme modique, les fiches de ces différents sentiers à l'office de tourisme.

➢ Et pour les plus courageux, un sentier le long du littoral permet de rejoindre Pasaia en 7h (21 km) et, 8 km plus loin (compter 3h de plus), San Sebastián.

⌂ Enfin, superbe **plage** à côté du port de plaisance.

Fêtes et manifestations

– **Procession du Vendredi saint :** *14 avr 2017.* Réputée dans tout le Guipúzcoa.
– **Foire médiévale :** *2ᵉ ou 3ᵉ w-e de juin (vérifier auprès de l'office de tourisme).* Ambiance médiévale dans toute la vieille ville, décorée pour l'occasion, avec musique et concerts, marché traditionnel, etc.
– **Fêtes de kutxa entrega :** *25 juil.* La *kutxa entrega* est une ancienne tradition des pêcheurs. Le clou de la fête est la danse de la reine de la *kutxa* qui virevolte avec, sur la tête, le coffre *(kutxa)* dans lequel, jadis, la confrérie des pêcheurs mettait son argent. Plus elle fait de tours avant que le coffre ne tombe, meilleure sera la pêche de l'année.
– **Fêtes patronales :** *8 sept.* Fêtes avec *alarde* en fin de journée, c'est-à-dire un défilé pseudo-militaire où l'on tire des salves à blanc en l'honneur de la Vierge. Normalement, elles sont tirées en direction de la France, souvenir d'une bataille de 1638 où, le 7 septembre, l'armée espagnole repoussa le Grand Condé qui assiégeait la ville. Pour l'anecdote, sachez que cette fête est l'objet d'un conflit local : les tenants de cette tradition (masculine, il va sans dire) n'acceptent pas que les femmes défilent à leurs côtés... ce qu'elles font pourtant !

IRUN (IRUN) (20300) 61 000 hab. *Carte Guipúzcoa, D1*

Même si elle possède un riche passé, Irun (Irún en espagnol) est surtout aujourd'hui un centre commercial, organisé autour de la ville neuve et des jardins Luis-Mariano. Eh oui, c'est ici qu'est né le prince de l'opérette, et Irun en est très fière. À part ça, peu de choses à voir... On vient plutôt ici le week-end quand l'ambiance, jeune et populaire, bat son plein.

UN PEU D'HISTOIRE

Pendant des siècles, Irun a été un appendice de Hondarribia, en moins joli. Et pourtant, il s'agit de l'une des plus vieilles villes de la baie, dans laquelle on a trouvé les vestiges du port romain d'Oiasso. C'est l'ensablement de la baie qui a entraîné le déplacement du port vers Hondarribia. Et la fortification de cette dernière par Charles Quint n'a pas vraiment arrangé les choses... Les archives témoignent des brouilles et disputes entre les deux cités. En outre, le roi avait défendu qu'on fortifie Irun au cas où l'ennemi (la France) s'en emparerait. Il faudra attendre la fin du XVIIIe s pour qu'Irun s'affranchisse enfin de la tutelle de sa voisine. En 1813, la bataille de San Marcial est la dernière de la guerre d'Indépendance. Les troupes napoléoniennes repassent la Bidasoa avec Wellington aux trousses.
Le décollage économique de la ville a lieu au XIXe s, avec la ligne de chemin de fer Paris-Madrid. La gare d'Irun devient la première gare de marchandises du nord du pays. Mais, détruite en 1874 lors de la seconde guerre carliste, Irun va vivre un enfer pendant la guerre civile. Les bombardements franquistes détruiront plus de la moitié de la ville, provoquant un véritable exode vers Hendaye.

Arriver – Quitter

Attention : il y a **2 gares** à Irun, celle de la *RENFE,* réseau national, et celle d'*Eusko Tren,* réseau basque. Il faut donc changer de gare si vous avez prévu une correspondance pour les villes de la côte. Cela dit, vu que l'*Eusko Tren* part en fait d'Hendaye, vous avez plutôt intérêt à faire le changement dans cette ville, où les deux gares sont voisines.

- **Gare RENFE :** *c/ de la Estación.* ☎ *902-320-320 (n° national).* • *renfe.com* • *En direction de Hondarribia, remonter jusqu'au bout le paseo Colón (l'artère principale) ; panneau vers la gauche après le pont qui enjambe la voie ferrée.*
- ➢ Trains pour **Pamplona, Vitoria, Barcelone, Madrid** et la **France.** Sert aussi de **gare routière** pour les longues distances.

- **Gare Eusko Tren :** *paseo Colón.* ☎ *902-54-32-10.* • *euskotren.eus* • *Entrée sur le paseo Colón (la grande artère de la ville), sur la droite en direction de la gare RENFE.*
- ➢ Trains pour **ttes les stations de la côte** d'Hendaye à Bilbao.

Adresse utile

- **Office de tourisme :** *pl. Luis Mariano, 3 ; en plein centre.* ☎ *943-02-07-32.* • *bidasoaturismo.com* • *Tlj sf dim ap-m, plus lun mat hors saison.*

Où manger ? Où boire un verre ?

- |●| **Bar Don Jabugo :** *pl. del Ensanche, 8.* ☎ *943-02-06-24. En plein centre, face à l'office de tourisme. Pintxo env 2 €, plats 10-16 €. Sur la grande* place avec son kiosque à musique, un bar spécialisé dans le jambon de qualité, suspendu au plafond. L'idéal est de prendre une grande assiette de jambon (pas donné mais exquis) avec un verre de vin. Choix de *pintxos* aussi, et de plats. Terrasse sous les platanes.

|●| ▼ **Gaztelumendi Antxon :** *pl. San Juan Harri, 1.* ☎ *943-63-05-12. Dans le centre, à droite de la mairie.* Pintxo env 4 € ; menus 12-14 € déj en sem, 30-32 € w-e. Ce bar déploie un bel assortiment de bons *pintxos*, plutôt créatifs (surtout les chauds, à commander). L'une des meilleures adresses où manger sur le pouce. Également une partie resto, plus chère le week-end mais assez réputée.

Où sortir ?

Le week-end, Irun est très animée. Plein de jeunes viennent des villes alentour, du nord comme du sud. Il faut dire que l'ambiance est moins chic qu'à Donostia et les prix moins élevés.

▼ Plusieurs **bars traditionnels** (notamment le *Gaztelumendi,* voir « Où manger ? ») dans la calle Mayor, qui monte de la place de la mairie, et sur Urdanibia plaza, dite « place de Moscou ». Là, essayez le **Deportivo** : rock basque et reggae.

▼ ♪ Plus vers la gare, Cipriano Larranaga kalea, quelques **bars à salsa** plus récents et une **boîte.**

À voir. À faire

🎭 **Le marché :** *sam mat, sur Urdanibia plaza.* Convivial et animé. C'est là que les Basques du Nord viennent faire leurs courses quand il leur faut du fromage de brebis ou des légumes de la Ribera. La plupart des marchands parlent le français. Quant au **marché couvert** (*mercado Mendibil, pl. del Ensanche, au sous-sol du centre commercial ; lun-ven 8h30-13h30, 16h30-20h, sam 8h30-14h*), il est certes aux normes mais fort aseptisé.

🎭 **Oiasso – Museo romano :** *Eskoleta, 1.* ☎ *943-63-93-53.* ● *oiasso.com* ● *Avr-août, mar-dim 10h-20h (14h dim) ; sept-mars, mar-dim 10h-14h, plus ven-sam 16h-19h. Visite guidée sur résa : en sem à 10h, 12h et 17h ; sam à 11h et 17h. Entrée : 6 € ; réduc ; ½ tarif pour ts dim. Entrée + visite guidée : 7,50 €.* Ce musée moderne expose le produit des fouilles archéologiques menées à Irun, qui ont révélé l'importance de la ville et de son port à l'époque romaine ; une position due à l'exploitation des mines d'argent et à la situation stratégique de la ville. Présentation claire et multimédia, en français. Un film de 15 mn sur l'histoire de la ville (avec des personnages en tenue d'époque) illustre également plutôt bien le propos.

🎭 **L'ermitage d'Ama Xantalen :** *s'adresser au Museo romano pour la visite (en supplément de celle du musée).* Bel édifice du XIe s. Quant à l'ermitage de San Marcial, il ne se visite pas forcément, mais un mirador voisin offre une superbe perspective sur la ville, la baie, etc.

🎭 **Iglesia de Santa María del Juncal :** *avda Nafarroa, juste à côté de Oiasso. Visite slt dans le cadre de la visite guidée de la ville, s'adresser à l'office de tourisme.* Un peu en retrait du paseo Colón, dans son jardin, avec un beau retable baroque autour d'une ravissante Vierge romane.

– Les mardi, mercredi, jeudi et vendredi à 17h en été (et le dimanche à 11h), un petit **train touristique** va du Musée romain aux mines d'Iruguruzketa (qu'on visite au passage). *Résa nécessaire ; 3 €. Infos à Oiasso – Museo romano ou à l'office de tourisme.*

Fêtes

– **Fêtes patronales de la San Marcial :** quelques j. autour du 30 juin. Par un heureux hasard, c'est le jour de la fête d'Irun qu'en 1813 les Français ont pris la pâtée. Deux occasions valant mieux qu'une, tout cela est fêté en même temps, et la ville s'arrête de travailler pendant quelques jours. On processionne, on organise une *alarde*. Toute la côte, de Bayonne à Bilbao, se précipite à Irun pour festoyer.
– **Euskal Jira :** fêtes basques 1er sam d'août.

DANS LES ENVIRONS D'IRUN (IRUN)

BEHOBIA (BEHOBIA)

Administrativement, c'est un quartier d'Irun, mais ce n'est pas Irun. Au départ, un poste-frontière pour les autos (les piétons prenaient le vieux pont Saint-Jacques), une station-service, quelques épiceries, un poste de douane. Bien connu des frontaliers sous le nom de Béhobie. Et depuis que les douaniers ont disparu, le commerce transfrontalier a explosé. Tous les jours, des centaines de Français viennent ici faire leurs courses. À côté du centre commercial, il reste deux petites rues anciennes.

DONOSTIA – SAN SEBASTIÁN (DONOSTIA) ET SES ENVIRONS

• Donostia – San Sebastián (Donostia).... 365 *Autour de Donostia – San Sebastián* 382	• Pasaia (Pasaia) .... 382 • Albaola à Pasaia Ondartxo • Fuerte de San Marcos à Errentería	• Oiartzun (Oiartzun) .... 384 • Le circuit des cidreries 385

Sur quelques dizaines de kilomètres carrés, voici le concentré le plus frappant du Guipúzcoa. Donostia (San Sebastián en castillan) est une grande ville balnéaire chic et bourgeoise, mais aussi une capitale universitaire. À Rentería ou Pasaia Antxo, c'est l'industrie qui prédomine, avec ses faubourgs ouvriers des débuts du franquisme. Mais dès que l'on passe Oiartzun, la campagne reprend ses droits et les moutons intègrent le paysage. Quelques kilomètres suffisent aussi pour atteindre la montagne quasi déserte du parc naturel d'Aia. Le camp de base pour cette découverte est naturellement Donostia. Mais on y est tellement bien qu'on a souvent du mal à en partir.

DONOSTIA – SAN SEBASTIÁN (DONOSTIA) (20000)

env 186 000 hab. (agglomération : 435 000 hab.)   *Carte Guipúzcoa, C1*

• Plan *p. 368-369*

À une portée d'arbalète de la frontière, Donostia est la station balnéaire la plus chic d'Espagne. Lovée autour de sa splendide baie, elle a gardé un côté nettement Belle Époque, quand la noblesse espagnole tenait à avoir sur la Côte basque au moins deux villas de vacances, une à Biarritz, l'autre à Donostia. La ville cultive toujours ce côté bourgeois du XIXe s, où l'on aime bien être entre gens du même monde. Un peu comme sur la Côte d'Azur, on est ici habitué à une clientèle fortunée. D'où un accueil parfois un rien pincé, réservé aux touristes de passage. Mais le site est tout bonnement merveilleux et la ville, très dynamique, prend conscience de la nécessité d'une plus grande ouverture sociale, histoire aussi d'apaiser les tensions du passé. La preuve, élue Capitale culturelle européenne 2016, elle a choisi comme thème : « Vagues d'énergie citoyenne et culture pour la coexistence ». En plus clair, une trentaine de projets culturels développés par des créateurs mais en concertation avec les habitants et les associations de quartiers.

CAPITALE CULTURELLE EUROPÉENNE EN 2016

Au programme, tout au long de 2016, le thème de la paix avec l'exposition *Tratado de paz* (*Koldo Mitxelena Kulturunea* et *musée San Telmo*), de la danse et du théâtre participatifs sur le thème de la violence et des conflits sociaux, la tente sahraouie *Tuiza* axée sur les droits humains, le festival *Antibelicista* (musique, cinéma et arts scéniques), des arts de la rue (graffs), des dessins de presse exposés dans les campus de la ville ou encore des ateliers numériques *(Hirikilabs).* Également le Festival mondial des marionnettes, un concert géant de 20 000 musiciens européens, des rencontres d'improvisation et de gastronomie, etc. Enfin, une touche de fantaisie bienvenue dans ce monde de brutes, avec la *Caravane du Désir* et le *Dragodrôme*... Tous les détails sur les dates et lieux de ces manifestations auprès de l'office de tourisme et sur le site ● *dss2016.eu/fr* ●

UN PEU D'HISTOIRE

L'histoire de la ville s'inscrit dans son urbanisme. Le port, bien que protégé par la rade, a longtemps fait pâle figure face à celui de Pasaia, plus profond, mieux abrité. D'ailleurs, au XIe s, Donostia n'est qu'un monastère, propriété de l'abbaye de Leyre. Dotée de *fueros* par Sanche le Sage en 1180, la cité a pris tout son temps pour se développer, jouant de son accès à la côte et aux villes de l'intérieur par la vallée d'Oria. En 1813, les combats entre Français et Anglais furent si durs qu'elle fut ravagée par un gigantesque incendie. Mais l'installation du couple impérial à Biarritz et la vogue des bains de mer au milieu du XIXe s furent sa grande chance. À la vieille ville, lovée au pied du fort et contre le port, vint s'ajouter une ville nouvelle le long de la plage de la Concha. À la même époque, Donostia ravit à Tolosa le titre de capitale du Guipúzcoa. On imagine facilement comment la bourgeoisie donostiarra saisit cette chance. Elle s'appuya sur son agriculture prospère et son industrie métallurgique déjà importante pour bâtir une grande métropole.

Donostia aujourd'hui

Donostia est restée une ville de plaisirs. Le superbe panorama de la baie, la plage en croissant de la Concha, les grands hôtels du XIXe s, encore en activité et à deux pas des flots, les commerces chic de la ville neuve (le *Centro* ou *Barrio romántico*), l'animation nocturne du *casco viejo,* sont connus de toute l'Espagne. Ici, il se passe toujours quelque chose : on n'y ressent donc jamais, même en hiver, l'impression de délaissement de certaines villes d'eaux.
En 1999, la cité a inauguré un palais des congrès adjacent au pont Zurriola, juste à l'est de la vieille ville, et qui porte le nom de... « Kursaal », en souvenir du temps où les riches Allemands fréquentaient les casinos de la côte ! C'est le gros bloc (blockhaus ?) parallélépipédique face à la mer, surnommé « Los Cubos » par les habitants, à l'architecture assez discutable. Cela dit, la qualité technique de ses équipements en fait un vrai succès, et il entraîne dans son sillage tout le quartier

de Gros. À Illumbe, la plaza de Toros, reconstruite, accueille concerts et grands-messes musicales juste au sud du centre-ville, près du stade d'Anoeta. Les pistes cyclables et les couloirs pour rollers se multiplient, et la ville est dynamisée par son université et ses étudiants. En signe de reconnaissance, Donostia a été désignée Capitale culturelle européenne 2016.

Arriver – Quitter

En avion

✈ *Aéroport (hors plan par D3) : à Hondarribia, à 23 km à l'est de Donostia, juste en face d'Hendaye.* Aucun vol avec la France, slt des lignes intérieures **(Madrid, Barcelone)** avec *Iberia, Air Nostrum, Vueling* et quelques low-cost selon les saisons.
– *Infos aéroport :* ● aena.es ●
– *Plusieurs agences de location de voitures :* **Avis,** ☎ *943-66-85-48 ;* **Hertz,** ☎ *943-66-85-66 ;* **Europcar,** ☎ *943-66-85-30 ;* **National-Atesa,** ☎ *943-98-80-08.*
➢ *Rejoindre Donostia en bus :* env 1 liaison/h (moins w-e), 6h-20h15, avec le bus E21 d'*Ekialdebus* (● ekialdebus.net ●). Dans l'autre sens (départ de la pl. de Guipúzcoa à Donostia), 1ᵉʳ bus à 6h30, dernier à 21h10. Trajet : env 30 mn. Billet : env 2,50 €.

En train

La ligne à grande vitesse, en construction, reliera d'ici à quelques années les principales villes basques au reste du réseau rapide européen. Il faudra moins de 40 mn entre Donostia et Bilbao, contre plus de 2h30 aujourd'hui ! En attendant :

🚆 *Gare RENFE (estación del Norte ; plan D2,* **2***) : paseo de Francia s/n.* ☎ *902-320-320 (nº national).* ● renfe.com ●
➢ Grandes lignes : **Madrid, Pamplona, Barcelone,** et trains régionaux (**Tolosa, Ordizia, Zumarraga** et **Legazpi**).
➢ *Paris :* pas de liaison directe, il faut passer par Irun ou Hendaye. Slt 3-4 TGV/j. en direction de Paris.
➢ *Madrid :* 4-5 liaisons/j. (mat et ap-m).

➢ *Barcelone :* 2 liaisons/j. (mat et ap-m).

🚆 *Gare Eusko Tren (estación de Amara ; hors plan par D3,* **3***) : pl. de Easo.* ☎ *902-54-32-10.* ● euskotren.eus ●
➢ Pour la ligne **Hendaye** (qui passe par **Irun** et **Donostia,** min 2 trains/h, env 6h-22h30), et la ligne **Donostia-Bilbao** (1 train/h, env 6h-20h15).

En bus

🚌 *Gare routière : ATTENTION, la gare routière doit emménager en face de la gare RENFE (estación del Norte ; plan D2,* **2***). Si ce n'était pas encore le cas lors de votre passage, rendez-vous à l'ancienne gare (hors plan par D3), pl. Pío XII ; bus nº 28 depuis Alameda del Boulevard.*
Départs pour toutes les grandes et moyennes villes et le Sud jusqu'à Madrid. Il faut vous informer directement auprès des compagnies pour savoir quel bus dessert votre destination.
➢ *Madrid :* 8-10 bus/j. 7h15-18h30 avec *Alsa* (☎ *902-42-22-42 ;* ● alsa.es ●).
➢ *Barcelone :* 2-3 bus/j. avec *Vibasa* (☎ *982-29-29-00 ;* ● vibasa.com ●).
➢ *Ligne Bayonne – Biarritz – Saint-Jean-de-Luz – Hendaye – Irun – Donostia :* 2 bus/j. (sf dim) ; compter 2h de Bayonne à Donostia. Ligne assurée par *Pesa* (☎ *902-12-14-00 ;* ● pesa.net ●), qui dessert aussi d'autres villes de la côte. En été, également des liaisons avec *Alsa* (● alsa.es ●).
➢ *Pamplona :* ttes les 60-90 mn 7h-22h avec *Alsa.*
➢ *Bilbao :* env 10 bus/j. 7h-21h30 avec *Alsa* et *Pesa.*

Où se garer ?

Pas évident de se garer en surface dans Donostia, surtout aux abords de la vieille ville. De plus, si on trouve une place, il ne faut pas se tromper de

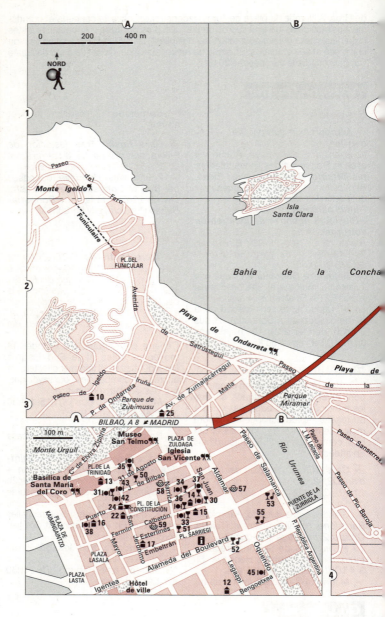

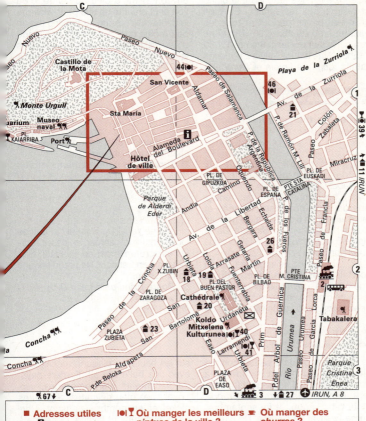

DONOSTIA – SAN SEBASTIÁN

■ **Adresses utiles**

- Office de tourisme
- 2 Gare RENFE
- 3 Gare Eusko Tren

🏠 **Où dormir ?**

- 10 Albergue juvenil Ondarreta – La Sirena
- 11 Albergue juvenil Ulia
- 12 Urban House Hostal
- 13 Pensión Amaiur Ostatua
- 14 Pensión Izar Bat
- 15 Bretxa Hospedaje
- 16 Pensión Edorta
- 17 Pensión Anne
- 18 Pensión Urkia
- 19 Pensión La Perla
- 20 Pensión Fany
- 21 Pensión Kursaal
- 22 Pensión Irune
- 23 Hostal Alemana
- 24 Pensión Goiko et Miramar
- 25 Hotel Codina
- 26 Downtown River Hostel
- 27 Green Nest Hostel

🍴 **Où manger les meilleurs *pintxos* de la ville ?**

- 30 Goiz Argi
- 31 A Fuego Negro
- 33 Edaritegia Txondorra
- 34 Bar Txepetxa
- 35 La Cuchara de San Telmo
- 36 Borda Berri
- 37 Zeruko
- 38 La Mejillonera
- 39 Bergara Bar
- 40 Alex
- 41 Bar Casa Vallés

🍴 **Où manger assis ?**

- 42 TTUN-TTUN Taberna
- 43 Gandarias Jatetxea
- 44 Kaskazuri
- 45 Café Oquendo
- 46 Restaurante Ni Neu

☕ **Où manger des churros ?**

- 24 Chocolatería Santa Lucia

🍷 **Où boire un verre ?**
🎵 **Où écouter de la musique ? Où sortir ?**

- 50 Herria
- 51 Bar Txiki
- 52 Museo del Whisky
- 53 Be-Bop Bar
- 54 Terrasse Bokado
- 55 Altxerri

🛍 **Achats**

- 57 Aitor Lasa
- 58 Vinos Martínez
- 59 La Sevillana

🎭 **À voir**

- 67 Eureka ! Zientzia Museoa

couleur de lignage (attention, le blanc est réservé aux résidents !). Et, bien sûr, il faut payer, partout et tous les jours, en gros de 9h à 20h (18h dim), avec parfois une « trêve » entre 13h30 et 15h30. Une astuce : il y a 2 parkings gratuits (ceux de *Loiola* et *Illumbe*) à environ 30 mn à pied du centre, d'où l'on peut prendre un bus pour rejoindre le centre-ville. Sinon, le parking est un peu moins cher à proximité du stade d'Anoeta, au sud. Ailleurs, les 24h dans les parkings couverts tournent autour de 20-25 €.

Adresses utiles

❶ **Office de tourisme** (plan zoom) : *alameda del Boulevard, 8.* ☎ *943-48-11-66.* ● *sansebastianturismo.com* ● **En été, en sem 9h-20h, dim 10h-19h (20h j. fériés) ; en hiver, lun-sam 9h-19h, dim 10h-14h.** On peut y acheter la *San Sebastián Card (valable 3 ou 5 j. ; 9-16 €)*, qui donne droit à des réductions dans de nombreux musées et restos ainsi qu'à 6 ou 12 trajets gratuits en bus. Également la *Basque Card*, valable 5 jours dans tout le Guipúzkoa et non nominative *(16-36 € selon la formule choisie)*, avec visite guidée, accès à certains bus régionaux et réducs. Organise aussi des visites guidées à thème (le cinéma, les bars à *pintxos*...) et des tours guidés de la ville à pied ou à vélo *(sur résa au* ☎ *943-21-77-17 ou sur* ● *sansebastianreservas.com* ●*).* Enfin, il peut vous aider à trouver une chambre dans une pension.

■ **Bureau des hébergements ruraux** (Nekazal Turismoa) : *edificio Pia Araikina, Juan Fermin Gilisagasti, 2, Zuatzu, 20018.* ☎ *943-32-70-90.* ● *nekatur.net* ● **Lun-ven 9h-17h (19h juil-août), plus, en juil-août, permanence téléphonique w-e 10h-21h.** Central de résa de logements à la campagne (*casas rurales* et *agroturismos*) en Euskadi. Site très clair, en français. Ne prend aucune commission.

✉ **Poste principale** (plan D2) : *Urdaneta. Lun-ven 8h30-20h30, sam 9h30-13h.*

Où dormir ?

Les prix varient selon la saison, comme ailleurs, et culminent pendant la Semaine sainte, en juillet-août (notamment pendant la *Semana Grande* autour du 15 août), et fin septembre, pour le Festival de cinéma. De plus, à cette période, tout est archi-complet : la réservation s'impose !

Camping

⛺ **Camping Igueldo :** *paseo Padre Orkolaga, 69.* ☎ *943-21-45-02.* ● *info@campingigueldo.com* ● *campingigueldo.com* ● ♿ **À 5 km.** En voiture, direction d'Ondarreta, puis Igeldo (fléché autour de l'AJ officielle). Sinon, bus n° 16 (« Igeldo »), départ pl. Gipuzkoa, 2 (ttes les 30 mn, 7h-22h et jusqu'à 2h du mat en juil-août). Selon saison, env 18-30 € pour 2 avec tente et voiture ; mobile homes (5 nuits min en hte saison) 81-110 € pour 2 pers et 100-120 € pour 4. 🖥 *(payant).* 📶 Camping isolé sur les hauteurs, plaisant, au calme et avec une belle vue sur l'arrière-pays. Emplacements bien ombragés, verdoyants et bien délimités. Sanitaires nickel et en nombre suffisant. Bar-resto, supérette et laverie. Consigne à bagages.

Auberges de jeunesse

🛏 **Albergue juvenil Ondarreta – La Sirena** (plan A3, **10**) : *paseo de Igeldo, 25, 20008.* ☎ *943-31-02-68.* ● *ondarreta@donostia.eus* ● *donostialbergues.org* ● ♿ **À 300 m de la plage d'Ondarreta.** Bus n° 16 « Igeldo » depuis la pl. Gipuzkoa, 2 ; il s'arrête devant. Réception 8h-minuit (21h30 en hiver). Pas d'accès aux chambres 10h-15h. Nuitée 15,20-24,30 €/pers selon âge (-/+ de 30 ans) en été, 13,50-21 € en hiver, petit déj inclus. 🖥 📶 Dans une rue en pente, grosse bâtisse à la façade rose, ancienne usine de confection de maillots de bains (d'où son nom). Environ 100 lits en tout. Dortoirs unisexes ou mixtes de 6 à 18 lits, ainsi que 2 chambres triples et 3 quadruples, la plupart avec salle de bains refaite récemment. Chambres très modernes et bien équipées. Un lieu lumineux, moderne et impeccable. Cuisine et laverie à disposition, local à vélos. Accueil très serviable.

🏠 *Albergue juvenil Ulia* (hors plan par D1, **11**) : *paseo de Ulia, 297, 20013.* ☎ *943-48-34-80.* • *ulia@donostia. eus* • *donostialbergues.org* • *À 6 km du centre. Du pont Santa Catalina, prendre Miracruz (qui devient l'avda José Elosegi) sur 1,5 km, puis le paseo Ulia (sur la gauche) sur 4 km ; l'AJ est tt au bout. Pas de liaisons en bus. Ouv tte l'année (sf 2 sem vac Noël). Nuitée 19-23 €/ pers en été, 15-19 € en hiver selon âge (-/+ de 30 ans) ; petit déj inclus, sf pour les chambres avec cuisine. Réduc pèlerins.* 🛏 📶 Assez loin du centre, juchée sur une colline, mais on est largement récompensé par la vue sur Donostia et la mer ! De plus, un chemin piéton mène à la plage de Zurriola en à peine 10-15 mn (plutôt 20 mn pour revenir, car ça grimpe !). Chambres hyper modernes de 4 à 6 lits... escamotables, sises dans des édifices de bois, agréables et bien conçus. Dans chaque chambre, salle de bains digne d'un hôtel. Cuisine dans les chambres de 6 lits. Coin biblio et baby-foot à l'extérieur. Bar-cafét' pratique pour un en-cas *(slt le midi)*. Et, bien sûr, une terrasse... panoramique !

🏠 *Urban House Hostal* (plan zoom, **12**) : *pl. Gipuzkoa, 2.* ☎ *943-42-81-54.* 📱 *619-31-27-36.* • *urbanhousehostel@ gmail.com* • *urbanhousesansebastian. com* • *Réception au 1er étage. Nuitée 15-30 €/pers selon saison. Doubles 40-80 €. Pas de petit déj.* 🛏 📶 Une AJ privée aménagée dans un immeuble donnant sur la très belle place Gipuzkoa, à deux pas de la vieille ville. C'est d'ailleurs sa principale qualité, car les lieux ne respirent pas exactement la jeunesse, loin du nom branché qu'on leur a attribué... Ici, on a plutôt fait du vieux avec du vieux ! Une dizaine de dortoirs et de chambres de 2 à 4 lits, corrects sans plus. Cuisine réduite. Au rez-de-chaussée, sous les arcades, un café plus sympa pour le petit déj ou un verre en journée. Également une annexe, *Lolo Urban House (Boulevard, 26 ; juin-sept),* avec seulement des chambres twins au même tarif.

🏠 *Downtown River Hostel* (*plan D2,* **26**) : *San Martín, 2, à l'angle de Foru.* ☎ *943-56-34-66.* • *downtownrive rhostel@gmail.com* • *downtownri verhostel.com* • ♿ *Lit 20-30 € selon saison.* 📶 Située à proximité de la gare des trains et de la nouvelle gare routière (toutes deux de l'autre côté du pont), cette petite AJ privée s'avère assez pratique pour les petits budgets. Attention, uniquement des dortoirs, tous de facture récente dans un style contemporain convenu. Préférez le rez-de-chaussée, tout de même plus gai que le sous-sol. Tous avec salle de bains commune et casiers. Cuisine équipée. Le carrefour est un peu bruyant mais la position est centrale, à 5 mn à pied du *casco viejo*.

🏠 *Green Nest Hostel* (hors plan par D3, **27**) : *camino de Uba, 43, dans le parc Ametzagaña.* ☎ *943-45-71-17.* • *reser vas@greenestdonostia.com* • *nestho stelsansebastian.com* • ♿ *Au sud-est du centre-ville. Pour y aller, bus n° 33 (jusqu'à 21h) puis 5-10 mn à pied ou train Eusko Tren depuis Amara jusqu'à Intxaurrondo, et encore 10 mn à pied. Lit env 25 € en hte saison.* 🛏 📶 Uniquement pour ceux qui, comme son nom l'indique, veulent se mettre au vert, à proximité de la ville. Car ça grimpe pour s'y rendre, vous voilà prévenu ! Cette auberge de jeunesse municipale est un gros bâtiment récent de verre et de métal, posé dans le parc. Grands couloirs dotés de portes vertes ouvrant sur une trentaine de dortoirs de 4 à 6 lits et une douzaine de chambres privées avec lits doubles ou jumeaux. Espace commun un peu froid, avec néanmoins une petite cuisine, laverie, terrasse et coin télé. Snack-resto. Location de vélos pas chère, ce qui permet d'être assez autonome... à condition, une fois encore, d'avoir de bons mollets.

De bon marché à prix moyens

🏠 *Pensión Amaiur Ostatua* (*plan zoom,* **13**) : *31 de Agosto, 44, 20003.*

☎ 943-42-96-54. • info@pensio namaiur.com • pensionamaiur.com • *Réception au 2ᵉ étage. Congés : janv. Doubles 50-100 € selon vue et saison ; pas de petit déj.* 🛜 En plein centre ancien, cette jolie maison à la façade fleurie abrite une adorable pension de 12 chambres réparties sur 2 étages. L'atmosphère rappelle un peu ces vieux appartements de grand-mère, en moins kitsch car la déco est très réussie. Papier peint fleuri ou uni dans les couloirs et chambres bien douillettes, avec parquet et cadres aux murs. La moitié se partagent plusieurs salles de bains (une pour 2 chambres en moyenne), très soignées. Les autres disposent de sanitaires privés. Les plus chères, dotées d'un balcon et de double vitrage, donnent sur la rue. Nos préférées ? Celles sur l'arrière, qui s'ouvrent sur un fronton de pelote basque. 2 adorables petites cuisines (avec micro-ondes et frigo) à chaque étage (café, thé et condiments à disposition) rendent l'endroit très convivial. Une maison nickel où l'on se sent à l'aise grâce au bon accueil de Maider.

🛏 **Pensión Izar Bat** *(plan zoom, 14)* : *Fermín Calbetón, 6, 20003.* ☎ *943-43-15-73.* • *pensionizarbat@gmail.com* • *pensionizarbat.com* • *Réception au 1ᵉʳ étage. Doubles 35-70 € selon saison.* 🛜 Une pension rénovée qui propose 6 chambres impeccables et coquettement arrangées, dans des tons estivaux, avec salle de douches carrelée. José María, le sympathique proprio, a installé un frigo, la TV dans chaque chambre et un sèche-cheveux. Évitez celles côté rue, un peu bruyantes malgré le double vitrage. Celles donnant sur l'intérieur sont en revanche quasi aveugles. Excellent rapport qualité-prix.

🛏 **Bretxa Hospedaje** *(plan zoom, 15)* : *Fermín Calbetón, 5, 20003.* ☎ *943-43-04-70.* • *info@hospedajebretxa.com* • *hospedajebretxa.com* • ⚒ *Au 2ᵉ étage. Congés : 15 j. fin oct. Doubles avec sdb commune 53-62 € selon saison.* 🛜 *Réduc de 10 % sur le prix des doubles oct-mai sur présentation de ce guide.* Blottie dans l'une des ruelles les plus animées de la vieille ville, cette minipension propose 5 chambres pas très grandes mais propres. Elles se partagent les 2 salles de bains de la maison. On aime bien les nᵒˢ 1 et 2, avec leur balconnet et la vue sur rue. Les autres donnent sur l'intérieur. Certaines permettent d'accueillir 3 à 4 personnes.

🛏 **Pensión Edorta** *(plan zoom, 16)* : *c/ Puerto, 15, 20003.* ☎ *943-42-37-73.* • *info@pensionedorta.com* • *pensionedorta.com* • *Au 1ᵉʳ étage. Selon saison, doubles sans sdb 40-75 €, avec 60-110 €.* 🛜 Une dizaine de chambres dont 3 avec sanitaires privés et 3 donnant sur une courette calme (mais pas accessible). Une constante ici : les matériaux nobles (bois, pierre naturelle et brique), que l'on retrouve dans toutes les chambres, non seulement confortables et très bien tenues mais pleines de caractère. Un poil plus cher que ses voisines du secteur, mais c'est justifié. Bonne qualité de double vitrage côté rue.

🛏 **Pensión Anne** *(plan zoom, 17)* : *Esterlines, 15, 20003.* ☎ *943-42-14-38.* • *ihonel@hotmail.com* • *pensionanne.com* • *Au 2ᵉ étage. Doubles avec lavabo 49-65 € (62-80 € pour celle avec sdb), sans petit déj ; env 20 €/pers supplémentaire.* 🛜 Une volée de marches, pas plus, et on découvre ce petit nid tranquille. Les 7 chambres sont claires et simplement arrangées (une d'entre elles seulement possède sa salle de bains). Les autres se partagent 2 salles de bains extérieures. Laverie gratuite. Petite cuisine à dispo des hôtes. Même propriétaire à la **Pensión Urgull**, au nᵒ 10 de la même rue. Mêmes tarifs et chambres un peu plus grandes pouvant accueillir 3-4 personnes.

🛏 **Pensión Urkia** *(plan D2, 18)* : *Urbieta, 12, 20006.* ☎ *943-42-44-36.* • *pensionurkia@gmail.com* • *pensionurkia.com* • *Doubles avec sdb 40-80 € selon saison ; pas de petit déj servi. Parking proche 16 €/24h.* 💻 🛜 Au 3ᵉ étage d'un immeuble cossu avec ascenseur, une pension d'une grande propreté tenue par Juan-Mari, fort sympathique. Les 8 chambres, sobrement décorées, ont toutes un frigo, la TV, des sanitaires privés et même un micro-ondes. Ensemble impeccable. Machine à café à dispo. Calme assuré, car ce quartier est peu animé en soirée.

🏠 **Pensión La Perla** (plan D2, **19**) : Loiola, 10, 20005. ☎ 943-90-04-75. 📱 610-68-67-56. ● info@pensionlaperla.com ● pensionlaperla.com ● *Au 1er étage. Doubles avec sdb 40-72 € selon saison ; 55-90 € pour 3-4 pers.* 💻 📶 *Café offert sur présentation de ce guide.* Une dizaine de chambres assez petites mais agréables, confortables (TV, frigo, micro-ondes, sèche-cheveux) et très soignées, dans un beau bâtiment au cœur des rues commerçantes. Pas de petit déj servi mais boissons chaudes à dispo à la réception. Atmosphère plutôt familiale. Un peu bruyant l'été, quand on ouvre les fenêtres. Accueil chaleureux.

🏠 **Pensión Fany** (plan D2, **20**) : San Bartolomé, 6, 20007. ☎ 943-42-11-28. 📱 617-77-13-55. ● reservas@pensionfany.com ● pensionfany.com ● *Au 1er étage. Congés : janv et une partie de nov. Selon saison, doubles avec lavabo 40-60 €, avec sdb 45-75 €. Parking vraiment pas cher (2 places slt ; 10 €/24h).* 📶 Une petite pension dans un immeuble chic, tenue avec sérieux par l'accueillante Fany. Chambres calmes dans les tons jaune ou vert, avec clim et TV, 3 avec sanitaires privés, les 2 autres se partageant une salle de bains nickel. Bon double vitrage pour celles sur rue. Ensemble fonctionnel à défaut d'être charmant. Bonne situation.

🏠 **Pensión Irune** (plan zoom, **22**) : San Jerónimo, 17, 20003. ☎ 943-42-57-43. ● info@hospedajepensionirune.com ● hospedajepensionirune.com ● *Au 1er étage. Doubles avec sdb 45-50 € en basse saison et 69-75 € en hte saison.* 📶 Les 5 chambres aux tons bleu et blanc de cette impeccable et lumineuse pension ont toutes double vitrage, AC et TV. À deux pas de là, les proprios possèdent aussi la **Pensión San Vincente** *(San Vincente, 7),* où 2 chambres sont proposées, pour quelques euros de plus.

🏠 **Pensión Goiko et Miramar** (plan zoom, **24**) : Puerto, 6, 20005. ☎ 943-43-11-14. ● info@pensiongoiko.com ● pensiongoiko.com ● *Au 1er étage. Selon saison, lit en dortoir 20-35 €/pers, doubles sans sdb 40-75 €.* 📶 Petite pension, ou plutôt deux en une, qui fait aussi AJ (un dortoir de 7 lits). Salle de bains extérieure (une pour 2 chambres). Petite cuisine à dispo. La n° 8 possède une grande fenêtre qui donne sur la rue. D'autres donnent sur le patio intérieur (plus calme mais plus sombre). Très propre et bon matelas. Possibilité de faire garder ses bagages le jour du départ.

De prix moyens à chic

🏠 **Pensión Kursaal** (plan D1, **21**) : Peña y Goñi, 2, 20002. ☎ 943-29-26-66. ● kursaal@pensionesconencanto.com ● pensionesconencanto.com ● *Au 1er étage, porte gauche. Doubles avec sdb 50-91 € selon saison ; petit déj 4 € (servi dans la chambre). Parking 12 €/24h.* 💻 📶 Dans le quartier de Gros, à deux pas de la vieille ville et du Kursaal, mais dans une rue très calme. Ambiance raffinée, sobre et élégante et déco contemporaine. Belles chambres rénovées et impeccables dans les tons gris, grège et blanc, et couleurs vives dans les salles de bains. Elles donnent sur rue ou sur le patio intérieur (plus sombres). Accueil pro. Un bon rapport qualité-prix, surtout hors saison.

🏠 **Hostal Alemana** (plan C2, **23**) : San Martín, 53, 20007. ☎ 943-46-25-44. ● reservas@hostalalemana.com ● hostalalemana.com ● *Au 1er étage. Doubles avec sdb 65-135 € selon saison ; petit déj env 8 €. Garage env 20 €.* 📶 *Réduc de 10 % sur le prix des doubles en basse et moyenne saisons sur présentation de ce guide (en résa directe slt).* Excellent hôtel familial (plus de 50 ans dans la même famille !), tenu aujourd'hui par les deux jeunes fils. Ensemble absolument impeccable, chambres immaculées, et proche de la plage. Hyper confortable. Chambres au mobilier épuré, dans les tons blanc, gris et décorées de grandes photos noir et blanc de San Sebastián, avec minibar, baignoire, TV, clim, coffre-fort, bref, la totale. Accueil professionnel. Nos lecteurs en sont très satisfaits, et ce depuis fort longtemps.

Plus chic

🏠 **Hotel Codina** (plan A3, **25**) : avda Zumalacárregui, 21, 20008. ☎ 943-21-22-00. ● info@hotelcodina.es ● hotelcodina.es ● Doubles 70-180 € selon confort et saison ; petit déj 12 €. 🖥 📶 Juste en retrait de la plage d'Ondarreta, un hôtel semi-luxe, aux chambres impeccables. 2 avantages : on est à 3 mn de la plage à pied, et il est possible de se garer dans les rues à proximité pour pas cher *(3,50 €/24h)*. Le bus passe devant et on est dans le centre en 5 mn. Côté confort : AC, frigo, sèche-cheveux... Parfait pour ceux qui n'apprécient pas trop les pensions et qui ne souhaitent pas résider dans le vieux centre.

Où dormir dans les environs ?

🏠 **Casa rural Igeldo :** Benta Aldea, 12, 20810 **Orio.** 📱 645-72-25-37. ● jose@igeldoturismo.com ● igeldoturismo.com ● 🍴 À env 10 km à l'ouest de Donostia, avt Orio. En voiture, direction Ondarreta ; après Igeldo, continuer 4 km, puis prendre à droite sur 800 m. Congés : janv-fév. Doubles 55-65 € selon saison ; petit déj env 5 €. 🖥 📶 Petit coup de cœur pour cette villa perdue dans les collines qui surplombent l'océan entre Donostia et Zarautz ! Passé la lourde porte en bois, on découvre une maison ravissante, réalisée dans des matériaux nobles. 6 chambres de style campagnard aux murs joliment colorés, avec des dalles en terre cuite au sol, du mobilier choisi et une belle salle de bains moderne. Les n°s 1 et 2 ont une vue fantastique surplombant la mer. Pour le reste, splendide cuisine à dispo avec une grande table, terrasse commune donnant sur un petit jardin... et toujours cette même vue.

Où manger les meilleurs *pintxos* de la ville ?

Des soirées entre « pote » : si votre budget est un peu serré et que vous voulez rencontrer du monde, faites comme les habitants, rendez-vous le jeudi soir, entre 19h et 23h, dans le quartier de Gros *(plan D1)*, pour la soirée ***pintxo pote*** (prononcer « pintchopoté »). Pour 2 €, vous aurez droit dans certains bars à un verre *(pote)* et à un *pintxo.* Idem le vendredi soir au centre commercial San Martín *(plan D2)*, dans un décor certes plus moderne, pour la soirée ***gastro pote.*** Même principe et même tarif.

Manger à Donostia, c'est d'abord fréquenter les excellents bars à *pintxos* de la ville. Dans le *casco viejo*, on ne compte plus les lieux qui, midi et soir, font le plein de passants avides de grignoter les fameux *pintxos* qui s'étalent fièrement sous leurs yeux ébahis. Les prix tournent autour de 2-2,50 € pour les *pintxos* froids et 3-5 € pour les chauds (à commander au comptoir), selon la complexité de la préparation et les ingrédients utilisés. Attention quand même : c'est délicieux, on en reprend un, on en goûte un autre, puis un petit dernier (pour la route) et, au bout du compte, on digère mal l'addition ! Attention également à l'effet « superposition ». Certains *pintxos* aux assemblages hasardeux ont parfois plus de gueule que de goût. La plupart des bars-restos sont ouverts midi et soir mais ferment entre 16h et 19h (sauf indication contraire). Certains sont fermés le lundi.

🍽 🍷 **Goiz Argi** (plan zoom, **30**) : Fermín Calbetón, 4. ☎ 943-42-52-04. ● mostapasbar@hotmail.es ● Tlj midi et soir. Cet établissement renommé étale sur son comptoir de délicieux *pintxos* légers, inventifs, toujours très frais et pas très chers, les spécialités maison étant les brochettes de gambas (à accompagner de *txakoli*), ou encore la *marijuli,* délectable ! On y mange debout, en piétinant serviettes et cure-dents dans un joyeux brouhaha.

|●| ♟ A Fuego Negro (plan zoom, **31**) : *31 de Agosto, 31.* 📱 *650-13-53-73.* ● *jan@afuegonegro.com* ● *Tlj sf lun. Congés : 15 j. en fév. Pintxos 3,50-4 € ; menus min 15 €. CB refusées.* Ce bar à *pintxos* au décor sombre, qui rend hommage à la musique afro-américaine, s'est rapidement taillé une réputation, jusqu'à devenir l'un des chouchous des locaux. Pas donné, mais leurs *pintxos* sont innovants, très bien balancés et présentés avec beaucoup d'originalité. Le best-seller est le *makobe*, un *pintxo* au bœuf de Kobe, le grand luxe ! Bonne sélection de vins. Quelques tables au fond pour s'asseoir.

|●| ♟ Edaritegia Txondorra (plan zoom, **33**) : *Fermín Calbetón, 7.* ☎ *943-42-07-82. Tlj sf lun. Pintxos 2-5 €, plats 9-16 €.* On peut, au choix, y déguster une ribambelle de *pintxos* au comptoir ou s'asseoir à l'arrière pour commander des plats chauds de bonne facture. Plats simples ou *sugerencias* plus élaborées. Déco claire et agréable, assez tendance.

|●| ♟ Bar Txepetxa (plan zoom, **34**) : *Pescadería, 5.* ☎ *943-42-22-27.* ● *nuneiri@hotmail.com* ● *Tlj sf lun et mar midi. Congés : 2ᵈᵉ quinzaine de juin. Pintxos 2-3 €.* Ici, on s'est spécialisé dans l'anchois depuis 80 ans ! *Pintxos* d'anchois donc, le plus fameux étant celui couvert d'une crème de tourteau, à déguster avec un petit verre de *txakoli*. Le mur du fond est tapissé de photos des célébrités passées par là et de coupures de presse.

|●| ♟ La Cuchara de San Telmo (plan zoom, **35**) : *31 de Agosto, 28.* ☎ *943-42-08-40. À droite du nº 30, en haut et à droite du cul-de-sac (Valle Lersundi). Tlj sf lun et mar midi en été (lun et jeu soir en hiver). Congés : fév. Pintxos 3-4 €, media raciones 8-12 €.* L'un des bars les plus constants de Donostia, considéré aussi comme l'un des meilleurs depuis pas mal d'années. Plutôt que de simples *pintxos*, parlons plutôt de gastronomie. Souvent excellent, mais aux heures d'affluence il faut vraiment jouer des coudes pour s'approcher du comptoir ! Décor moderne. Sinon, on peut s'asseoir aux quelques tables en terrasse dans la ruelle, mais il faut alors prendre au moins une *media ración* et l'ambiance n'est plus tout à fait la même...

|●| ♟ Borda Berri (plan zoom, **36**) : *Fermín Calbetón, 12.* ☎ *943-43-03-42. Tlj sf lun. Pintxos 3-4 €.* En entrant, on se demande si l'on est bien dans un bar à *pintxos* car il n'y a rien sur le comptoir. Mais cherchez l'ardoise, qui affiche les *pintxos*, du jour (à commander), excellents, un peu chers bien que copieux. Essayez quelques tapas comme le *zurrukutuna*, une soupe de morue à l'ail (en hiver seulement), les *ravioli cremoso* ou encore les oreilles de porc au *romescu*, vous nous en direz des nouvelles !

|●| ♟ Zeruko (plan zoom, **37**) : *Pescadería, 10.* ☎ *943-42-34-51. Tlj sf dim soir et lun. Pintxos froids 2-3 € et chauds 4-8 €.* Difficile de parler des bars à tapas du *casco antiguo* sans citer le *Zeruko* car, ici, on atteint les sommets culinaires ! Assortiment saisissant de *pintxos* froids (cannellonis à la mousse de cèpes, oursins, verrine d'encornet...), mais grand choix aussi de *pintxos* chauds, dont la liste est inscrite sur le tableau noir (goûtez au risotto de homard ou au *bacalao la hoguera* !), d'une originalité confondante. On pourrait presque leur reprocher de pousser la complexité un peu loin. Certains adoreront, d'autres parleront d'esbroufe !

|●| ♟ La Mejillonera (plan zoom, **38**) : *Puerto, 15.* ☎ *943-42-84-65. Tlj midi et soir sf lun midi.* L'étroite salle quelconque qui longe le comptoir en alu et la frise de photos rétro-éclairées disent toute l'importance de la déco : aucune. On est là pour l'atmosphère et les petits plats sur assiettes. Pas de *pintxos* à proprement parler mais essentiellement des préparations à base de moules (à toutes les sauces) ou des anneaux de calamars frits et quelques patates sautées. Avec une *caña* bien fraîche, l'affaire est dans l'estomac, accompagnée d'une bonne tranche de vie locale, rythmée par les hurlements des serveurs qui passent les commandes. Bon, simple, efficace.

|●| ♟ Bergara Bar (hors plan par D1, **39**) : *General Artetxe, 8, à l'angle de Bermingham.* ☎ *943-27-50-26.* ● *pinchos@pinchosbergara.es* ● *Dans le quartier de Gros, à 5 mn du pont Santa Catalina. Tlj midi et soir. Pintxos 2,50-3 € (3-4 € les chauds).* Déco banale, mais le comptoir est couvert de *pintxos* (à prix unique) tous plus goûteux les uns que les autres. Essayez, par exemple, la tortilla de champignons et de langoustines, à se rouler par terre. A reçu des prix, notamment de la « confrérie du *pintxo* » de la ville. On n'y vient pas exprès, mais c'est une bonne halte si vous logez dans le secteur.

|●| ▼ Alex (plan D2, 40) : *Larramendi, 10.* ☎ *943-46-02-25. Derrière la cathédrale, dans le coin des bars nocturnes. Tlj midi et soir, sf dim. CB refusées.* De l'avis de certains, l'un des meilleurs de la ville, mais chaque chapelle a ses prêcheurs. Déco inexistante et peu de *pintxos* sur le bar : ici, c'est la nourriture avant tout ! Et les *pintxos*, qu'ils soient chauds ou froids, sont créatifs et vraiment goûteux, sans tomber dans l'excès de complexité.

|●| ▼ Bar Casa Valles (plan D2, 41) : *Reyes Católicos, 10.* ☎ *943-45-22-10. Tlj en continu (c'est rare).* Une vraie légende qui existe depuis 1942. Spécialités de charcuterie (jambonneau, chorizo) et de fromages locaux. Comparé à d'autres endroits, les *pintxos* y sont plutôt simples, bon marché et puis, c'est ici qu'aurait été créé le premier *pintxo* de la ville : le *gilda*, des petits piments doux avec une olive et un anchois, qu'on trouve désormais partout. Également des *raciones*. Atmosphère authentique et peu touristique, avec des dizaines de jambons qui sèchent au plafond. Terrasse sur rue.

Où manger assis ?

Il existe aussi d'excellents restos à Donostia : la ville est tout de même la capitale de la nouvelle cuisine basque et on y trouve (si on inclut les environs proches) 2 restos régulièrement classés dans les 20 meilleurs mondiaux (*Mugaritz*, à Errenteria, et *Arzak*) ! On peut aussi citer l'*Akelarre* et l'emblématique *Martín Berasategui*, à Lasarte. Un repas chez eux coûte évidemment très cher, aussi préférons-nous vous livrer les quelques adresses ci-dessous.

De bon marché à prix moyens

|●| TTUN-TTUN Taberna (plan zoom, 42) : *San Jerónimo, 25.* ☎ *943-42-68-82.* ● *ttunttunak@gmail.com* ● *Ouv slt midi et soir (jusqu'à 1h30 ven-sam). Menu du jour 12 € en sem, 16 € w-e (jusqu'à 16h).* 🛜 On vous l'indique, car c'est l'un des seuls du *casco viejo* à proposer un menu complet pas cher au déjeuner. Si le menu est correct, les *pintxos* sont excellents, variés, copieux et frais. Beaucoup de monde d'ailleurs, mieux vaut arriver en début de service.

|●| Gandarias Jatetxea (plan zoom, 43) : *31 de Agosto, 23.* ☎ *943-42-63-62.* ● *gandarias@casagandarias.com* ● *Tlj 11h-minuit.* Si les *pintxos* sont moins créatifs que dans d'autres lieux, ils sont aussi plus copieux, frais et goûteux. S'ajoutent aux grands classiques quelques miniplats chauds, là aussi reconstituants et réussis, genre risotto, *solomillo* en sauce et généreuses *tortillas*. Une adresse appréciée par les trentenaires de la ville, qui savent conjuguer les *pintxos* à tous les temps. Service survolté le soir.

|●| Kaskazuri (plan D1, 44) : *Salamanca Pasealekua, 14.* ☎ *943-42-08-94. Tlj. Plusieurs menus intéressants : le midi l'env 20 € (22 € le soir) ; le w-e à midi 25 € ; le soir ven-sam 33 €.* Cadre contemporain classique. Un resto que nous vous signalons pour ses menus variés. Non seulement très complet (vin et dessert compris) mais aussi très bon. Une bonne affaire. Accueil et service courtois.

|●| Café Oquendo (plan zoom, 45) : *Oquendo, 8.* ☎ *943-43-07-36.* ● *restauranteoquendo@gmail.com* ● *Tlj. Menus env 18 € midi en sem (10 € pour le menu pintxos côté bar), 27 € le soir ven-sam ; pintxos, raciones et salades 2-16 €.* 🛜 Situé face au théâtre et à l'hôtel *María Cristina*, c'est un peu le lieu dédié au festival de San Sebastián (visez le mur couvert de photos de gens du spectacle et de célébrités !). La cuisine y est soignée et les *pintxos* chauds délicieux : essayez le *tempura* de gambas, la croquette de morue ou la *morcilla de Burgos* au chèvre et poivron rouge, un régal ! Bonnes salades également. Ambiance conviviale.

|●| On vous rappelle aussi que certains des bars à *pintxos* mentionnés plus haut servent également des plats ou des menus en salle, comme le ***A Fuego Negro*** *(menus à partir de 15 € le midi en sem)* ou l'***Edaritegia Txondorra*** *(plats 12-20 €).*

Chic

|●| ***Restaurante Ni Neu*** *(plan D1, 46) : avda de la Zurriola, 1.* ☎ *943-00-31-62.* ● *info@restaurantenineu.com* ● *Dans le Kursaal. Tlj juil-août (midi et soir) ; le reste de l'année, fermé lun, et le soir mar-mer et dim. Résa impérative w-e. Menus déj en sem 18-26 €, le soir 32-39 € (vin, pain et eau compris).* Dans le *Kursaal*, grande salle de spectacle qui accueille entre autres le Festival de cinéma. Le chef porte ici avec brio les couleurs de la nouvelle cuisine basque, mélange de simplicité et de créativité. Sa patte se retrouve, par exemple, dans la morue confite à la crème d'oignons ou le *txangurro* à la Donostiarra (chair émiettée d'araignée de mer à la tomate). On se régale, et pourtant, les prix restent abordables. Cadre épuré de bistrot au rez-de-chaussée ou salle vitrée au 1er étage (un peu compassée), d'où l'on voit les vagues s'écraser à l'embouchure du río Urumea. Au bar ou sur la belle terrasse, on peut aussi déguster une assiette de *pintxos* ou des *miniplatos* à prix modérés.

Où manger des *churros* ?

🍫 ***Chocolatería Santa Lucia*** *(plan zoom, 24) : Puerto, 6.* ☎ *943-42-50-19. Tlj 8h30-21h.* 📶 Contrairement à ce que son nom laisse espérer, c'est un snack-cafétéria froid comme un hall de gare, éclairé aux néons et aux murs juste rehaussés de quelques photos du vieux Donostia. Pourtant, depuis 1958, on s'y réconforte les jours de pluie avec un bon *chocolate con churros*. Pas la peine d'essayer le reste, les photos ne donnent d'ailleurs pas envie !

Où boire un verre ? Où écouter de la musique ? Où sortir ?

Hormis quelques bars et clubs épars, c'est dans la vieille ville que l'on trouve le plus d'animation le soir. Bien sûr, tous les bars à tapas mentionnés plus haut sont autant d'endroits agréables pour descendre une *caña* (bière pression) ou déguster un verre de vin.

🍷 ***Herria*** *(plan zoom, 50) : Ikatz kalea (Juan de Bilbao), 14.* ☎ *943-42-22-63.* ● *herriakultur@gmail.com* ● *Au cœur de la vieille ville. Tlj 11h-23h (3h w-e). Pintxo env 2 €. CB refusées.* Plein de jeunes qui grignotent des *pintxos* au comptoir dans ce bar un peu psyché, mais on ne vient pas vraiment pour ça. Ambiance locale, assez politisée mais sympa et ouverte.

🍷 ***Bar Txiki*** *(plan zoom, 51) : San Lorenzo, 11. Tlj dès 19h.* Dans la vieille ville, bar tout petit et bruyant, à l'atmosphère un peu basquisante mais surtout rock. Pour boire un coup et jouer aux fléchettes.

🍷 🎵 ***Museo del Whisky*** *(plan zoom, 52) : alameda del Boulevard, 5.* ☎ *943-42-64-78.* ● *info@museodelwhisky.com* ● *Tlj sf dim 19h-3h (4h ven-sam).* Bar à whisky de nuit aux boiseries lustrées. Une des plus grandes sélections que l'on connaisse ! Et si vous n'aimez pas le whisky, essayez donc le *café con hielo* (au sucre de canne liquide), surprenant ! Un pianiste vient certains soirs (vers 23h) dévider quelques inusables standards. Notre bar préféré à Donostia.

🍷 🎵 ***Be-Bop Bar*** *(plan zoom, 53) : paseo de Salamanca, 3.* ☎ *943-42-98-69.* ● *bebop@barbebop.com* ● *Tlj 16h-5h (6h30 w-e).* Grande salle avec un imposant miroir et un curieux piano accroché au mur du fond. Jazz, blues ou funk live régulièrement. Soirée DJ aussi, tendance pop-rock. Un endroit cool, fidèle au poste depuis plus de 30 ans.

🍷 *Terrasse Bokado* (plan C1, 54) : sur le port, sur la terrasse de l'aquarium. ☎ 943-43-18-42. Tlj sf lun, jusqu'à 18h. Cette terrasse offre une vue exceptionnelle sur la baie de Donostia. Très agréable pour prendre un verre ou grignoter quelques *pintxos*, même si on ne visite pas l'aquarium.

🍷 🎵 *Altxerri* (plan zoom, 55) : Reina Regente, 2. ☎ 943-42-16-93. Tlj sf lun 18h-2h (3h w-e). La salle est en sous-sol. Pour les amateurs, concerts de jazz, rock, salsa, bossa-nova... presque tous les soirs, sauf le week-end (entrée payante).

🎵 Enfin, la ville compte plusieurs *boîtes*, notamment sur le *paseo de la Concha* (le **Bataplan**, temple de la techno, ou **La Rotonda**). Plusieurs clubs aussi calle Larramendi, comme *El Nido*.

Achats

🛍 *La Sevillana* (plan zoom, 59) : Esterlines, 4. ☎ 943-42-15-63. Tlj 10h-13h30 (14h sam), 17h30-20h. Bonite, anchois, thon, morue... Tous les produits de la mer mis en conserve, mais aussi des olives fraîches dans leur jus et autres spécialités basques. Une boutique à l'ancienne, fidèle au poste depuis 1945 !

🛍 *Aitor Lasa* (plan zoom, 57) : Aldamar, 12. ☎ 943-43-03-54. Épicerie fine. On y trouve de tout : charcuterie, fromages, huiles d'olive, conserves, etc. Pas vraiment donné.

🛍 *Vinos Martínez* (plan zoom, 58) : Narrica, 29. ☎ 943-42-08-70. • vinos martinez.com • De juil à mi-sept, tlj 10h-21h (en hiver, fermé 14h-16h30). Si vous cherchez un vin espagnol ou basque... ou juste une petite bouteille de *txakoli*, c'est l'endroit.

À voir. À faire

🏛🏛 *La vieille ville* (plan zoom) : rues étroites, maisons anciennes, c'est un quartier populaire, où vous ne verrez pas les imposantes demeures blasonnées de Bergara ou de Hondarribia. Ambiance à la fois touristique et jeune, très remuante en soirée. Le centre névralgique en est la *plaza de la Constitución*, belle place carrée du XVIIIe s très homogène avec ses trois façades identiques et un étroit balcon qui court tout autour. Elle fut utilisée comme *plaza de toros*, comme le montrent les numéros sur les balcons. Toutes les rues de cette partie de la ville présentent des édifices intéressants, parfois agrémentés d'un bow-window et accueillent un nombre incroyable de bars à *pintxos*, qui animent joyeusement le quartier.

🏛 De la vieille ville, possibilité de grimper au **mont Urgull** (plan C1) pour bénéficier d'un intéressant panorama sur la cité. Le chemin part de l'église Santa María. La colline est surmontée d'une forteresse du XVIe s.

🏛🏛 *Iglesia San Vicente* (plan zoom) : tlj 9h-13h, 18h-20h. Éclairage payant. La plus ancienne de la ville, de style gothique tardif et même basque pour le sanctuaire, et finalement refaite en style plateresque au XVIe s. Très bel intérieur, avec un impressionnant retable de l'école de Michel-Ange, qu'on peine à distinguer dans la pénombre. À moins de mettre une pièce de 1 € pour l'éclairer...

🏛🏛 *Basílica de Santa María del Coro* (plan zoom) : c/ 31 de Agosto. Tlj 10h30-13h, 16h-19h30. Entrée : 2 € ; gratuit dim mat. Elle date du XVIIIe s et présente une magnifique façade de style churrigueresque, copieusement chargée et aux influences coloniales certaines, avec un porche rococo et un saint Sébastien piqueté de flèches au fronton. Prendre un peu de recul dans la calle

Mayor, tout en observant à l'autre bout la cathédrale du *Buen Pastor,* pile dans l'axe. L'intérieur de la basilique, en revanche, est assez décevant. Projet d'un musée diocésain en cours.

🚶🚶 *Museo municipal San Telmo* *(plan zoom) : plaza de Zuloaga, 1 ; dans l'ancien couvent San Telmo.* ☎ *943-48-15-80.* ● *santelmomuseoa.com* ● *Tlj sf lun 10h-20h. Fermé 1ᵉʳ et 20 janv, et 25 déc. Entrée : 6 € ; réduc ; gratuit moins de 18 ans et pour ts mar. Audioguide (en français) inclus.*
Cet ancien couvent dominicain du XVIᵉ s., restauré en 2011, auquel on a ajouté une aile résolument moderne, abrite sur trois niveaux des collections relatives au peuple basque. Très beau cloître à arcades avec, tout autour, une intéressante série de croix funéraires basques en pierre.
– *Au rez-de-chaussée :* la visite démarre dans l'***église,*** où une dizaine d'énormes toiles évoquent la culture et le caractère dudit peuple. Aussi artistique qu'incompréhensible ! Au même niveau, autour du cloître, une autre salle abrite la section ***Traces de mémoires.*** Elle passe en revue l'histoire de la région à travers moult objets : amphores, armures, outils agraires, mesures, coiffes basques... À noter encore le premier dictionnaire trilingue basque-castillan-latin (1745).
– *Au 1ᵉʳ étage :* large section ethnographique qui fait tout le tour du cloître. Elle reprend (un peu rapidement) de nombreux aspects historiques du Pays basque : le monde rural, l'évolution de la société et la naissance de l'industrialisation de la région (locomotive économique de l'Espagne fin XIXᵉ s), costumes typiques, instruments de musique, évocation des sports basques, lutte des classes, guerre civile, années 1960... Également évocation de l'art avec des toiles d'Ugarte, Zuloaga et Arteta, autant d'artistes qui témoignent des traditions. Un peu d'art moderne également.
– *Au 2ᵉ étage :* une collection de peintures du XVᵉ au XIXᵉ s. Panorama de l'histoire de la peinture au cours des siècles, avec entre autres, la présence du Tintoretto, El Greco, Bassano, ainsi qu'Alonso Cano et Luca Giordano. Plus proche de nous, Sorolla avec une série de beaux dessins et des petites toiles autour de la baignade.

🚶 *Centro* *(plan D2) :* quartier commerçant chicos qui s'étend autour de la récente cathédrale *del Buen Pastor.* Deux axes importants : Loiola et Urbieta. De jolis bâtiments du XIXᵉ s et même Art nouveau dans d'autres rues, comme sur Garibay, 21, ses balcons et sa pharmacie 1900. Plus loin, Getaria kalea, 14, un fabuleux magasin du début XXᵉ s qui ne vend que du cordage et de la ficelle sous toutes les formes.

🚶 *Tabakalera* *(Centre international de la culture contemporaine ; plan D2) : Duque de Mandas, 52, barrio Egia.* ☎ *943-01-13-11.* ● *tabakalera.eu* ● ⛷ *Entre la gare RENFE et le parque Cristina Enea. Bus nᵒˢ 9, 42 et B3. Accès à l'édifice tlj 9h (10h w-e et j. fériés)-22h (23h ven-sam), mais expos tlj sf lun 12h (10h w-e et j. fériés)-20h (21h ven-dim et j. fériés). Visites guidées sur résa ven à 18h et sam à 11h, plus 1ᵉʳ mer du mois 18h30-20h. GRATUIT.* Cette ancienne manufacture de tabac (de 1913 à 2003) est devenue le principal centre d'art contemporain de la ville. Des artistes s'y installent en résidence pour produire leurs œuvres. Nombreuses expositions temporaires, cela va de soi.

🚶 *Koldo Mitxelena Kulturunea* *(plan D2) : c/ Urdaneta, 9.* ☎ *943-11-27-56. Derrière la cathédrale del Buen Pastor. Mar-ven 16h-20h ; sam 11h-14h, 16h-20h.* Cette bibliothèque accueille en sous-sol des expositions temporaires *(GRATUIT),* notamment d'art contemporain.

🚶 *Le port* *(plan C1) : au bout de la plage, adossé au mont Urgull et à la vieille ville.* On peut assister à l'arrivée des bateaux et au déchargement du poisson. On y retrouve, le long du quai, un peu de l'architecture d'autrefois, avec cette série de maisons à la façade carrelée. Tout au fond, un bout de quai où les gamins se baignent... malgré l'interdiction. Quelques restos aussi, mais à notre avis pas les meilleurs de la ville. C'est par ici qu'on accède au *Museo naval* et à l'*aquarium*.

> **« UNA MONEDITA AL AGUA ! »**
>
> *Sur le port de San Sebastián, des mômes interpellent tous ceux qui passent, touristes ou locaux :* « Una monedita al agua por favor ! ». *Il s'agit de lancer aux gamins une pièce dans l'eau du port, qu'ils tentent de récupérer avant qu'elle ne coule. Une tradition fort ancienne qui permet aux gamins, à défaut de s'enrichir, d'être vaccinés contre les bactéries portuaires !*

🏛️ ***Museo naval*** (Untzi Museoa ; plan C1) **:** *au bout du port, juste avt l'aquarium.* • um.gipuzkoakultura.net • *Mar-sam 10h-14h, 16h-19h ; dim 11h-14h. Entrée : 3 € ; réduc ; gratuit jeu.* Pour les passionnés de mer, un petit musée à ne pas manquer. Il propose des expos temporaires de qualité, qui tournent tous les ans environ.

🏛️ 🚶 ***L'aquarium*** *(plan C1) :* sur le port. ☎ 943-44-00-99. • aquariumss.com • *Tlj : 10h-21h juil-août ; 10h-20h (21h w-e) avr-juin et sept ; 10h-19h (20h w-e) oct-mars. Fermé 1er et 20 janv, et 25 déc. Entrée : 13 € ; 6,50 € 4-12 ans ; réduc. Audioguide en français : 2 €.* On débute la visite de l'aquarium par un intéressant musée sur la mer et la pêche, avec en vedette le squelette de l'avant-dernière baleine chassée au Pays basque (1878). Gravures marines, instruments de mesure, différents aspects de la navigation, superbes maquettes de bateaux à travers le temps, dioramas sur les différents types de pêche dont la pêche à la baleine (voir l'huile et les fanons de cétacés), quelques poissons dans le formol (sic !), et belles collections de coquillages et de fossiles. On arrive naturellement à la partie vivante où de superbes aquariums révèlent une vie sous-marine insoupçonnée. Deux grandes sections : les poissons du golfe de Gascogne où l'on trouve plusieurs milliers de poissons étonnants. Clous de la visite, le grand bassin aux poissons de belle taille, puis l'incroyable tunnel surmonté de requins. La deuxième partie est dédiée aux poissons des eaux tropicales, avec de très curieuses espèces, comme la murène étoilée, la rascasse volante, la méduse inversée, le piranha végétarien, le nautile, les poissons-vaches, trompettes, ananas, torpilles, sangliers... Sans oublier les classiques étoiles de mer, oursins...

🍷 L'aquarium possède également, au dernier étage, une belle **cafétéria** (doublée d'un resto chic), le **Bokado**, avec une terrasse donnant sur toute la baie de Donostia. Parfait pour prendre un verre (voir « Où boire un verre ? »).

➤ On peut aussi, depuis le port, faire une **excursion en bateau** dans la baie de la Concha, avec *Motoras de la Isla* (• motorasdelaisla.com • *; 1-2 départs/h ; durée 30 mn ; 6 €),* ou avec le catamaran *Ciudad San Sebastián* (☎ 943-28-79-32 ; • ciudadsansebastian.com • *; 40 mn ; 10 €),* ce dernier allant aussi faire un petit tour au large de la plage de Zurriola. Il propose également un trajet jusqu'à la isla Santa Clara, au cœur de la baie, où l'on peut descendre et faire une balade (retour par un autre bateau plus tard).

🏛️ 🏖️ ***La plage de la Concha*** *(plan B-C2) :* c'est la partie orientale de la baie mais en fait le nom générique de toute la plage. Courbe parfaite, sable doré, c'est à elle que Donostia doit sa notoriété. Sans cette *playa*, pas de bains de mer, pas de bourgeoisie, pas de richesse ! Aujourd'hui comme il y a un siècle (mais pas dans la même tenue), les personnes âgées déambulent le long de la plage les pieds dans l'eau dès potron-minet, avant d'ouvrir une chaise pliante et de se gaver de bon air. Les promeneurs se promènent, les estivants estivent, les joggeurs joggent, et tout le monde semble heureux. C'est le matin que la plage offre ses plus belles lumières. Zone de baignade surveillée et ponton au large pour plonger et se relaxer.

Paseo de la Concha *(plan B-C2-3)* : la plage est surmontée d'une élégante promenade, à arpenter idéalement en fin d'après-midi. Puis, lorsque vous serez lassé d'observer les différentes variétés d'estivant(e)s, vous pouvez faire une pause au *Café de la Concha* avec sa terrasse offrant une vue dégagée sur la plage.

La plage d'Ondarreta *(plan A-B2)* : c'est la partie ouest de la Concha (en fait, c'est la même qui change de nom). Elle bute au pied du *Monte Igeldo*. L'enfant chéri du pays, Eduardo Chillida, y a inscrit dans le paysage une sculpture monumentale. Sur cette partie de la plage, location de parasols, transats et kayaks.

Monte Igeldo *(plan A1-2)* : une promenade classique des Donostiarras. Depuis le début du XXᵉ s, on y a installé un parc d'attractions avec montagnes russes, labyrinthe de glaces et maison de l'horreur. C'est plus sympa de s'y rendre en **funiculaire** *(plaza del Funicular, 4 ; au bout de la plage d'Ondarreta ; ttes les 15 mn 10h-21h en été, moins fréquent en hiver ; 3,10 € l'A/R)*, mais on peut y aller en voiture *(parking payant)* en poursuivant sur la route où se trouve l'auberge de jeunesse officielle. Pas de forfait d'entrée, ticket pour chaque attraction. Atmosphère très foraine, les enfants qui n'ont pas connu Disney adorent. Les autres, en revanche, trouveront l'attrait un peu limité. Depuis le parc, splendide vue sur la ville.

La plage de Zurriola *(plan D1)* : elle s'étend au-delà du *Kursaal*, dans le quartier de Gros, et attire les surfeurs. Si vous voulez taquiner les vagues charnues de ce très bon spot, location de matériel à la boutique *Pukas* (propose aussi des cours), face à la plage *(avda Zurriola, 24 ; ☎ 943-32-00-68 ; tlj 10h-21h ; compter 25 €/j. pour un surf)*. Avant de vous jeter à l'eau, consultez le panneau, très bien fait, qui détaille les différents pics de vagues et les règles de priorité en vigueur.

Eureka ! Zientzia Museoa *(musée des Sciences ; hors plan par C3, 67)* : paseo Mikeletegi, 43-45. ☎ 943-01-24-78. • eurekamuseoa.es • *Au sud de la ville, au cœur du Parque tecnológico. Bus nº 28 depuis alameda del Boulevard ou nº 31 du paseo Colón. En voiture, pas évident à trouver : depuis la N 1, prendre la sortie 7 vers Amara ; depuis le centre, remonter la petite rue Aldapeta. Tlj 10h (ou 11h)-19h (20h w-e et juil-août). Fermé 1ᵉʳ janv et 25 déc. Entrée : 10 € (12 € avec le planétarium) ; réduc.* Musée des Sciences assez pédagogique. Des modules permettent de saisir les principes de base de la physique. Par bonheur, tout est traduit en français. Ne manquez pas les boules plasma, le lit de fakir et les illusions d'optique. Ni ce globe terrestre de 3 t qui tourne tout seul sur un lit d'eau de 0,5 mm... Expo sur le corps humain à l'étage illustrant son fonctionnement, des autopsies filmées et des corps plastinés. Un planétarium *(entrée : 3,50 €, réduc)* et une cafétéria complètent cette agréable cité de la découverte.

Fêtes et manifestations

– **Fête de San Sebastián** : *20 janv.* La *tamborrada* commence le 19 à minuit et dure jusqu'à minuit le lendemain.
– **Rompeolas** : *3 j. fin mai.* • rompeolas.eu • Festival de musique, théâtre, danse, photo, etc., où le visiteur devient un participant actif.
– **Festival de Jazz** : *pdt la 2ᵈᵉ quinzaine de juil.* ☎ 943-48-19-00. • jazzaldia.com • Toujours une bonne programmation (Miles Davis, James Brown ou Winston Marsalis y ont participé).

- **Fête de San Ignacio :** *fin juil.* Fête célébrant le patron du Guipúzcoa avec une grande *tamborrada* le 31.
- **Semana Grande :** *sem du 15 août.* C'est une succession ininterrompue de concerts, feux d'artifice, etc.
- **Quincena musical de Donostia :** *août-début sept (en fait, cette quinzaine dure presque 1 mois !).* ☎ 943-00-31-70. ● quincenamusical.com ● Festival de musique classique organisé depuis 1939. Au programme : opéra, ballets, chorales, orchestres symphoniques, etc. Monserrat Caballé ou Placido Domingo s'y sont produits.
- **Fêtes basques** (Euskal Jaiak) **:** *du 1er au 2e w-e de sept.* Entre autres manifestations folkloriques, régates de *traînières* les deux dimanches.
- **Festival international de Cinéma** (Donostia Zinemaldia) **:** *2de quinzaine de sept.* ☎ 943-48-12-12. ● sansebastianfestival.com ● Depuis plus de 60 ans, un rendez-vous important dans le monde du septième art. Nouveaux films, œuvres de jeunes réalisateurs, mais également cycles consacrés à des cinéastes ou thématiques ; en tout, plus de 250 séances. La sélection officielle, elle, réunit une vingtaine de films, qui concourent pour l'attribution de la *Concha de Oro*. Les places sont mises en vente à partir du vendredi qui précède le début du festival.

AUTOUR DE DONOSTIA – SAN SEBASTIÁN

C'est un puzzle de villes ouvrières et de lieux oubliés du monde. Ports enfumés et collines émeraude. Le plus bel exemple de ce contraste, c'est Pasaia. En fait, les environs immédiats de Donostia, c'est un petit bout de côte entre Irun et Donostia, la vallée du río Urumea et la basse vallée de l'Oria. Comme dans tout le Guipúzcoa, les abords immédiats des grands axes sont urbanisés et industrialisés à outrance. Mais, comme ailleurs, il suffit de prendre une petite route pour se retrouver dans de jolies vallées où le temps s'est arrêté. Dans ces vallées, le mot qui revient le plus c'est *temporada* (la saison). Tout est rythmé par la *temporada* : le cidre, le fromage, l'agneau de lait. On mange les produits de la saison, à la saison qui convient, comme on le fait depuis des siècles.

PASAIA (PASAIA) (20110) 16 100 hab. *Carte Guipúzcoa, D1*

Malgré un écrin industriel on ne peut plus disgracieux, nous avons découvert avec joie ce petit bijou bien caché et venu tout droit du passé. Et nous ne sommes pas les seuls : Victor Hugo a dédié de superbes pages au petit port qu'il appelait « Passage » (traduction hugolienne du nom espagnol de Pasai, *Pasajes*), une traduction fort logique quand on observe la rade... Précisons cependant qu'à son époque, les vertes collines environnantes n'étaient pas couvertes d'immeubles disgracieux. Hugo y a vécu quelques semaines en 1843 et s'est promené dans les environs. Il avait été précédé par La Fayette, qui avait choisi cette ville pour embarquer vers l'Amérique.

Arriver – Quitter

En bus

➤ **Donostia :** liaison ttes les 20 mn env, avec *Ekialdebus* (☎ 943-49-18-01 ou 943-64-13-02 ; ● ekialdebus.eus ●). À Donostia, départ des bus de la plaza de Guipúzcoa.

En train

➤ **Donostia :** liaison ttes les 30 mn avec le *Topo* (☎ 902-54-32-10 ; ● euskotren.eus ●).

En voiture

➤ De Donostia, suivre « Irun » puis les panneaux « Lezo » et « Pasaia » (ou Pasai Donibane, selon les panneaux). Se garer à l'entrée du village, la vieille ville (qui n'est en fait qu'une rue étroite) est interdite aux voitures.

Adresse utile

Office de tourisme : Donibane kalea, 63. ☎ 943-34-15-56. ● oarsoaldea-turismo.net ● Au rdc de la maison où vécut Victor Hugo. Tlj sf dim ap-m (plus lun en hiver). Visite guidée sur réservation.

Où manger ?

De prix moyens à plus chic

|●| **Ziaboga :** Donibane, 91. ☎ 943-51-03-95. ● alexziaboga@gmail.com ● Tlj sf mar en hiver. Congés : vac de Noël-début janv. Menus 20-50 € ; plats 18-22 €, raciones 7-9 €. 📶 *Apéritif maison offert sur présentation de ce guide.* Sur l'agréable plaza Santiago. Terrasse aux beaux jours et salle blanc et bleu tout en bois donnant sur le port. *Pintxos* et *raciones* abordables pour les petits budgets. Sinon, menu du jour bien goûteux. Le poisson y est d'une fraîcheur totale, cuisiné sans affectation et sans sauce, simplement grillé avec un filet de citron ou d'huile d'olive. Notre resto préféré dans le village.

|●| **Casa Camara :** Donibane, 79. ☎ 943-52-36-99. ● info@casacamara.com ● 🍴 Fermé dim soir et lun, plus mer soir en hiver. Plats 18-40 € ; menu 40 € en hiver. La charmante salle à l'ancienne, avec ses fenêtres donnant sur le port, présente également un trou en son centre. Ce sont les viviers de langoustes et homards, plongés directement dans les eaux du port. Impossible de faire plus frais ! Spécialité de fruits de mer donc, mais aussi turbot, sole, lotte, etc. La table chic de Pasaia.

À voir

🎥 Le *vieux Pasaia* se compose essentiellement d'une rue étroite qui longe la *ría*. Bordée de hautes maisons d'époque reliées entre elles par des passages voûtés et des escaliers, elle a gardé son aspect ancien malgré quelques slogans nous rappelant que nous sommes dans un haut lieu de l'indépendantisme.
Cette rue passe d'abord devant l'*iglesia Juan Bautista* (ouv parfois à 18h ou, mieux, le dim mat),

UN DÉPART EN CATIMINI

Le marquis de La Fayette fit construire la frégate Hermione à Rochefort en Charente-Maritime. Ce bateau avait pour mission d'aider les insurgés américains contre les colons anglais. Le tout était financé par Louis XVI. Pour ne pas créer d'incident diplomatique, le roi de France exigea, en 1777, que La Fayette partît discrètement d'un port espagnol, Pasaia en l'occurrence.

qui renferme un énorme retable platéresque et le *Christ de Bristol*, statue de bois qu'un bateau de Pasaia, perdu dans les brumes du port anglais, retrouva, paraît-il, dans sa mâture après avoir miraculeusement accosté. Les **maisons où vécurent Hugo et La Fayette** se font presque face de part et d'autre de la rue principale. Dans la *maison de Victor Hugo (GRATUIT),* au n° 63, on trouve l'office de tourisme et, à l'étage, l'expo « Victor Hugo, voyage vers la mémoire », issue d'un premier musée ouvert en 1902. On y voit sa chambre meublée, un piano, des dessins, des éditions originales et une vidéo intéressante (en français), où Hugo se fait guide touristique pour vous présenter Pasaia et « sa rue arabe ». On débouche ensuite sur la belle **plaza Santiago**, délimitée par de hautes maisons à balcons, où se trouvent nos restos de poisson. Atmosphère méditerranéenne très agréable. Poursuivre jusqu'à la *iglesia de Bonanza,* presque face à la mer, où les anciens devisent en contemplant l'entrée de la rade. Ne vous arrêtez pas en si bon chemin : la **promenade le long de l'eau** amène à croiser pêcheurs, touristes et même des baigneurs en été. Également des cyclistes et des randonneurs, car les sentiers du Jaizkibel ne sont pas loin (demander la brochure *Rutas* à l'office de tourisme). En chemin, on peut s'arrêter boire un verre sur la terrasse en bois de l'*Alibortza Kantina*.

DANS LES ENVIRONS DE PASAIA (PASAIA)

On vous conseille la voiture pour explorer le coin, les transports en commun se faisant plus compliqués. Cela dit, depuis le port de Pasaia, un petit bac mène à Albaola pour moins de 1 €...

🍴 🚶 **Albaola :** *à Pasaia Ondartxo.* ☎ *943-39-24-26.* • *albaola.com* • *En voiture, garez-vous au bout de la route et marchez 10 mn ; sinon, en bac depuis Pasaia. Pâques-sept, tlj 10h-14h, 15h-19h ; oct-Pâques, mer-sam 10h-14h, 15h-18h. Fermé 1er janv, 24, 25 et 31 déc. Entrée : 7 € ; réduc.* Ici, une équipe de passionnés reconstruit et restaure des bateaux basques anciens d'après des plans d'époque. Pour célébrer San Sébastián, Capitale culturelle européenne, ils devraient même achever en 2016 la construction de A à Z d'un galion du XVIe s, le *San Juan*, dont l'épave fut retrouvée au large du Canada, et qui avait lui-même été construit à Pasaia. Quand il sera fini, il voguera à nouveau vers Terre-Neuve, où les marins basques, il y a cinq siècles, allaient pêcher la morue et chasser la baleine... On peut aussi monter sur le pont du *Jaizkibel,* un dragueur hollandais des années 1930 qui servit à agrandir le port de Pasaia. Un endroit intéressant et en perpétuel mouvement.

🚩 **Fuerte de San Marcos :** *camino de San Marcos, Errenteria.* ☎ *943-44-96-38.* • *touractive.com* • *Par la GI 2132 qui relie Oiartzun et Astigarraga. Pâques-oct, mer-dim 11h-14h, 16h-18h. GRATUIT.* Construit à la fin du XIXe s sur des plans de type Vauban, en grès rose, pour protéger d'une éventuelle invasion française qui n'eut jamais lieu, il occupe une position stratégique sur les hauteurs de Donostia. La vue depuis les murailles est imprenable (d'ailleurs, on ne l'a pas prise) et s'étend pratiquement de Saint-Jean-de-Luz (voire du phare de Biarritz) à Zarautz. Aujourd'hui, désaffecté puis restauré, il abrite un petit musée exposant des pièces d'artillerie et un café-resto.

OIARTZUN (OIARTZUN)

(20180)   env 10 000 hab.   *Carte Guipúzcoa, D1*

On aime bien ce village d'Astérix (Astéritz ?) qui résiste encore et toujours à son effrayant environnement routier et industriel, avec un minuscule centre

piéton où se jouxtent maisons paysannes et maisons blasonnées (l'une d'elles date de 1678), sans oublier la jolie mairie dont le porche a été transformé en fronton de pelote basque.
Le village est aussi la porte d'entrée du *parc naturel d'Aiako Harria,* installé dans la sierra qui le domine. On peut faire une belle randonnée (de 14 km aller-retour) sur le tracé de l'ancien chemin de fer qui conduisait aux mines d'Arditurri.

Adresse et info utiles

Office de tourisme d'Oarsoaldea : *Madalen, 3, Errenteria.* ☎ *943-49-45-21.* • *oarsoaldea-turismo.net* • *Tte l'année, tlj sf dim ap-m et lun en hiver.* C'est l'office de tourisme principal pour tous les environs de Donostia, la comarca d'Oarsoaldea (Pasaia, Errenteria, Lezo et Oiartzun).

➤ *Bus* ttes les 30 mn de Donostia (pl. de Guipúzcoa) avec *Lurraldebus* (☎ *943-49-18-01 ou 943-64-13-02 ;* • *ekialdebus.eus* •).

Où dormir ?

De bon marché à chic

Les adresses indiquées ci-dessous se situent à 2 ou 3 km du centre d'Oiartzun, en direction d'Irun par la GI 2134.

Agroturismo Arkale Zahar : *Gurutze auzoa.* ☎ *943-49-00-65. Prendre la route d'Arkale face à l'hôtel-resto Gurutze-Berri, pl. Bizardia, et monter sur 500 m ; aucun panneau ne l'indique, c'est la ferme sur la gauche, dans un virage. Doubles avec lavabo 38 €, avec sdb 40 € ; petit déj 3 €. CB refusées.* 🛜 Le plus vieux *caserio* d'Oiartzun. Une adresse rustique proposant 3 chambres sobres et propres (une seule avec salle de bains privée). Vue magnifique sur la vallée (jusqu'à San Sebastián par temps clair) et jolie terrasse qui fleure bon le jasmin. Accueil très gentil. Parfait pour aller explorer le parc naturel d'Aia.

Caserio Peluaga : *Gurutze auzoa.* ☎ *943-49-25-09.* • *peluaga.com* • *Même chemin que pour l'*Agroturismo Arkale Zahar, *c'est env 1 km plus loin, sur la gauche (panneau). Doubles avec sdb 56-78 € selon saison, petit déj inclus. CB refusées.* 🛜 Belle ferme ancienne chaulée, avec pierres apparentes. Isolée sur son promontoire, elle veille sur de magnifiques vallons verdoyants. Maison vraiment charmante et très agréablement décorée. L'accueil est discret et souriant. Petite cuisine commune sous les combles.

LE CIRCUIT DES CIDRERIES

Du côté de Hernani et d'Astigarra, au sud de Donostia. C'est l'une des institutions basques les plus typiques et les plus conviviales, mais il vous sera difficile d'en profiter en haute saison car, hormis quelques-unes, les vraies cidreries ne sont ouvertes que 2 ou 3 mois par an, de fin janvier à avril. Allez, *txotx* quand même !

TXOTX !

Traditionnellement, une cidrerie *(sagardotegia)* est un lieu où l'on fabrique le cidre, rarement un endroit où l'on en boit ! Mais ici, les pommes récoltées en automne sont aussitôt pressées, mises en futailles et, dès la fin janvier, le cidre de l'année est prêt à être bu. C'est la période où les habitants des environs viennent faire le *txotx* (prononcer « tchotch »). Grande tradition locale s'il en « fût » (ouaf, ouaf), le *txotx* consiste à s'approcher des cuves en file indienne et un verre à la main. On ouvre le robinet et le cidre jaillit bien plus loin que le petit robinet du Manneken-Pis... Il suffit alors d'attendre son tour et de recueillir à distance le breuvage avec force éclaboussures, tout en remontant bien vite le verre en direction de la cuve, avant de laisser sa place au suivant. Et ainsi de suite jusqu'au dernier client et à la dernière cuve. Le cidre basque étant nettement plus aigrelet et un poil plus fort en alcool que le cidre normand, il est moins évident d'en boire beaucoup sans manger (hips !). C'est ainsi que les visiteurs commencèrent à apporter de quoi grignoter pour accompagner les libations. Quelques tables et bancs mis à disposition par la ferme, des œufs, des côtelettes, un peu de morue séchée, un morceau de pain, et c'était parti, les bandes de convives ripaillaient en chantant et en rigolant. Aujourd'hui, rares sont les cidreries où l'on peut encore apporter sa nourriture. À la place, elles proposent un menu fixe (facturé autour de 30-35 € par tête), qui s'inspire de ce que les visiteurs apportaient autrefois : *tortilla de bacalao* (omelette à la morue), *bacalao frito con pimiento* (cabillaud frit aux poivrons), *chuletón* (côte de bœuf) et, en dessert, du *membrillo* (pâte de coing) et du fromage de brebis, le tout, bien sûr, servi avec du cidre à volonté !

Cidreries traditionnelles

Il y a une cinquantaine de cidreries répertoriées dans la région. Après le hameau d'**Otsiñaga**, coup sur coup, on en trouve cinq. Il ne reste plus qu'à choisir. **Elles ne sont ouvertes qu'en saison,** le soir (de 20h à minuit environ) et, pour certaines, le week-end à midi, et proposent à peu près le même menu de cidrerie, autour de 30-35 € par personne, boissons comprises.

|●| *Itsas Buru :* Otsiñaga auzoa, 1,5 km après avoir franchi le 2ᵉ pont à la sortie de Hernani. ☎ 943-55-68-79. *Ouv le soir tlj, plus le midi w-e.* Au rez-de-chaussée d'une maison blanche, une assez grande salle avec les cuves.

|●| *Olaizola :* Otsiñaga auzoa, env 600 m après Itsas Buru, *sur le même chemin.* ☎ 943-55-64-05. *Tlj sf dim.* Grande maison de style traditionnel basque.

Trois autres cidreries traditionnelles se succèdent ensuite.

|●| *Altzueta :* ☎ 943-55-15-02. *Mar-sam.*
|●| *Iparragirre :* Otsiñaga auzoa, 10. ☎ 943-55-03-28. ● info@iparragirre.com ● Fév-avr, mer-dim midi ; le reste de l'année, slt ven-dim. *Congés : de mi-déc à fin janv.* Menus mer-ven 21 €, w-e 31 €. **Café offert sur présentation de ce guide.**
|●| *Elorrabi :* ☎ 943-33-69-90. Celle-là est ouv tlj midi et soir, à partir de 12h puis 20h.

Si, à **Hernani,** vous avez choisi d'aller tout droit, continuez sur 3 km environ, puis, après une usine à papier, prenez un chemin sur la gauche (qui indique la cidrerie). Après 1,5 km d'une route étroite, qui grimpe assez dur, vous voilà arrivé :

|●| *Larre Gain :* Ereñozu auzoa, à **Hernani.** ☎ 943-55-58-46. *Ouv fin janv-fin avr, le soir tlj sf dim-lun, plus le midi ven-dim.* Grosse maison blanche qui domine la vallée, au milieu des pommiers. Une situation superbe qui justifie le détour. Clientèle essentiellement locale.

Cidreries ouvertes toute l'année

Comme on n'est pas trop durs quand même, voici deux ou trois adresses ouvertes toute l'année et qui ont su conserver un cachet d'authenticité.

|●| **Petritegi Sagardotegia :** Petritegi Bidea, 8, à **Astigarraga** (20115). ☎ 943-45-71-88. ● reservas@petritegi.com ● ♿ *Sur la route GI 131, indiqué sur la gauche (juste après le pont autoroutier) en venant de Donostia et avt d'entrer à Astigarraga. Resto tlj 13h-15h30, 20h-22h30. Congés : 20 déc-15 janv.* Menus 28-36 €. Visites guidées payantes (voir plus loin dans « À voir »). 📶 C'est une

adresse qu'on aime bien parce que c'est une vraie cidrerie, que l'on peut visiter, avec un resto ouvert toute l'année. On partage d'énormes tablées en bois avec ses voisins, ce qui est propice aux rencontres. Bien sûr, le cidre n'est pas le même en février qu'en août et l'ambiance change. Grande salle à la déco rustique, avec des *cupelas* en bois où l'on va faire *txotx*. Très bonne viande, préparée saignante, comme le veut la tradition.

I●I Alorrenea : *Alorrene-Bidea, 4, à Astigarraga.* ☎ *943-33-69-99.* ● *info@alorrenea.com* ● *Juste avt la petite route qui conduit à la Petritegi Sagardotegia venant d'Astigarraga. Tlj sf lun, midi et soir. Menu env 31 €.* Presque sous le pont autoroutier et donc pas très agréable en terrasse, mais la vaste salle, avec ses longues tables en bois, ses énormes barriques et son impressionnant fourneau pour griller les côtes de bœuf, est très accueillante.

I●I Kako Sagardotegia : *Nagusia kalea, 19, dans le centre d'Astigarraga.* ☎ *943-55-17-41. Tlj sf dim, midi et soir. Résa conseillée. Repas env 35 €.* Une ancienne cidrerie transformée en resto, au cadre agréablement rustique (mur de pierre, vieux poêle, petite bibliothèque). Ambiance un peu chic, mais ce n'est pas grave car tout est fameux : omelette baveuse à la morue, viande rouge exceptionnelle. En hiver, spécialité de haricots au chou et au chorizo. Très bon accueil.

À voir

🍴 **Sagardoetxea** (musée du Cidre basque) **:** *Nagusia kalea, 48, dans le centre d'Astigarraga.* ☎ *943-55-05-75.* ● *sagardoetxea.com* ● *Mar-sam (tlj en été) 11h-13h30, 16h-19h30 ; dim et j. fériés 11h-13h30. Entrée : env 4 € (dégustation incluse) ; gratuit moins de 10 ans. Visite en français possible.* Pour ceux qui veulent creuser la question du cidre basque, un petit musée pas mal fait. On commence par une promenade dans le verger, où l'on vous dira qu'il faut, pour faire un bon cidre, 50 % de pommes acides, 30 % de pommes sures et 20 % de pommes sucrées. Puis elle se poursuit au musée, où sont expliqués tout le processus de fabrication du cidre et l'évolution de la production au Pays basque. Enfin, on revient à l'accueil pour la dégustation.

🍴 **Petritegi Sagardotegia :** *voir plus haut « Cidrerie ouvertes tte l'année ». Visites (possible en français) tlj sf dim à 12h et 18h30. Durée : 1h. Tarif : env 13,50 €.* En plus de proposer un resto ouvert toute l'année, c'est l'une des seules cidreries qui se visitent. Tout le processus d'élaboration du cidre y est expliqué, du verger à la cave (pour la dégustation, avec un *pintxo* de chorizo) en passant par les cuves en alu et les *cupelas,* ces énormes barriques en châtaignier.

Fête

– **Fête du Cidre :** *à la Sainte-Anne, 26 juil, à Astigarraga.* Si vous êtes dans le coin, ne manquez pas cette journée entière consacrée au jus de pomme fermenté, avec sport rural et dégustations.

LA CÔTE DU GUIPÚZCOA

● Zarautz (Zarautz) 388	*Le Géoparc de la Côte basque*....... 397	● Deba (Deba) 399
● Parque natural de Pagoeta		● Mutriku (Mutriku)........ 401
● Getaria (Getaria) 394	● Zumaia (Zumaia)........ 397	

On considère en général la côte de Donostia à Bilbao comme une seule région. Pourtant, la coupure est nette quand on passe Mutriku. Les plages sont plus petites, les ports plus animés. Le tourisme se fait plus discret. Il est vrai que sous l'influence de Donostia, la côte du Guipúzcoa s'est ouverte au

LE GUIPÚZCOA / LA CÔTE DU GUIPÚZCOA

tourisme dès l'immédiat après-guerre. Il était de bon ton d'aller déjeuner à Zarautz ou de dîner à Getaria.
Le Tout-Madrid de la politique et des affaires venait d'ailleurs à l'époque prendre ses quartiers d'été sur la côte du Guipúzcoa. Mais ce mouvement n'eut que peu d'influence sur l'activité hôtelière. En revanche, les villas chic se sont multipliées et font encore planer sur ces stations le charme désuet des saisons de bains de mer.

Comment se déplacer sur la côte ?

Pour les non-motorisés, plusieurs possibilités.

En train

➤ Avec *Eusko Tren* (☎ *902-54-32-10 ;* ● *euskotren.eus* ●), ligne **Hendaye-Irun-Donostia-Zarautz-Zumaia** (env 2 trains/h), ou celle qui relie **Donostia** à **Bilbao** (1 train/h).

En bus

➤ ***Donostia et Zumaia via Zarautz et Getaria :*** avec *Lurralde Bus* (☎ *943-00-01-17 ;* ● *lurraldebus.eus* ●) qui assure une liaison entre ces villes ttes les 30 mn.
➤ ***Donostia et Lekeitio via Deba et Mutriku :*** avec *Pesa* (☎ *902-12-14-00 ;* ● *pesa.net* ●), 4 liaisons/j. (bien réparties) entre ces villes.

ZARAUTZ (ZARAUTZ)

(20800)   22 100 hab.   *Carte Guipúzcoa, C1-2*

● Plan *p. 390-391*

Zarautz fait penser à une vieille dame élégante, partagée entre passé et avenir... Mais lequel choisir ? En fait, il y a deux Zarautz, séparés par la longue Nafarroa kalea (calle Navarra). D'un côté, le vieux centre, qui regorge de ruelles pavées et de petits bistrots populaires. De l'autre, la belle plage – c'est même la plus longue de la côte –, récemment aménagée et fréquentée par les surfeurs. Côté ouest de la plage, le très joli palais de Narros qui se trouve au point le plus méridional de la côte nord du pays (vous suivez ?). Côté est, l'hôtel très médiéval de *Karlos Arguiñano,* l'une des stars des émissions culinaires espagnoles (avec des chambres à partir de 140 €). Et pour aller de l'un à l'autre, le *malecón* (la promenade) qui ne manque pas de charme pour le petit *paseo* du soir.
– Voir précédemment « Comment se déplacer sur la côte ? ».

Adresse utile

ℹ *Office de tourisme (plan B1) : Nafarroa kalea, 3.* ☎ *943-83-09-90.* ● *turismozarautz.eus* ● *Dans la rue principale. De mi-juin à mi-sept, tlj ; le reste de l'année, fermé sam ap-m et dim.* Excellent accueil (en français) et doc abondante. *Un second* **point d'info** *sur le malecón ; juin-sept, tlj.*

Où dormir ?

Campings

⚑ *Gran Camping Zarautz (hors plan par D1,* **10***) : Talai Mendi auzoa.* ☎ *943-83-12-38.* ● *info@grancampingzarautz.com* ● *grancampingzarautz.com* ● **⚒** *À 2 km du centre-ville par la N 634, prendre à gauche* en allant vers Donostia. *Selon saison, compter env 16-26 € pour 2 avec tente et voiture.* 🖥 *(payant).* 📶 Grand camping superbement situé sur une colline et plutôt bien ombragé. Réservez un emplacement côté mer, pour la vue. Cela dit, en été, vous risquez de vous y sentir aussi à l'aise que des sardines dans leur boîte... Laverie, supérette, barbecue. Et 2 restos *(menu 10 €)*, un bar et même une sidreria.

⛺ **Camping Talai Mendi** *(hors plan par D1, 10) : Talai Mendi auzoa.* ☎ *943-83-00-42.* ● *talaimendi@campingseuskadi. com* ● *campingseuskadi.com/talai mendi* ● *Au pied de la colline du* Gran Camping Zarautz. *Ouv fin juin-début sept. Compter env 38 € pour 2 avec tente et voiture.* Moins haut perché que son voisin, mais il offre une belle vue aussi. Et les emplacements réservés aux tentes, donnant directement sur la mer, sont très agréables. De plus, c'est un peu moins l'usine. Bar-resto et épicerie.

Auberge de jeunesse

🏠 **Zarautz Hostel** *(hors plan par D1, 12) : Gipuzkoa kalea, 59.* ☎ *943-83-38-93.* ● *info@zarautzhostel.com* ● *zarautzhostel.com* ● ⛔ *Congés : fév. Selon saison, lit en dortoir 20-30 €/pers, doubles 50-70 €, petit déj inclus.* 📶 Certes, on n'est pas loin du carrefour et juste derrière une station-service, mais la plage est à 400 m et il y a un parking gratuit en été juste à côté. De plus, le lieu est récent, lumineux et bien plus coquet que l'AJ officielle *(slt en dépannage : **AJ Igerain**, San Ignacio kalea ;* ☎ *943-41-51-34 ;* ● *igerain@gipuz koa.net* ●*).* Pas mal de randonneurs et de surfeurs viennent faire étape ici. Les 5 dortoirs de 4 à 6 lits et l'unique chambre double se partagent 4 salles de bains. Bon accueil de Claudio.

Bon marché

🏠 **Argoin Txiki** *(hors plan par B2, 13) : Argoin auzoa, 310.* ☎ *943-89-01-84.* 📱 *634-96-90-05.* ● *info@ argointxiki.com* ● *argointxiki.com* ● *Du centre, direction* Urteta *jusqu'au concessionnaire* Ford, *puis à droite. Doubles 50-60 € ; appart 4-6 pers 150 € ; petit déj 4 €.* Grande auberge sur les hauteurs de Zarautz. Elle abrite 6 chambres vastes et récentes, vraiment correctes et pas chères. La plupart donnent sur la ville et la mer. Fait aussi resto (voir « Où manger ? »).

🏠 **Agroturismo Itulazabal** *(hors plan par B2, 13) : camino* Urteta *s/n.* ☎ *943-13-30-53.* 📱 *619-97-17-12.* ● *itulazabal_nekazalturismoa@yahoo. es* ● *itulazabal.com* ● *Même trajet que pour* Argoin Txiki *mais prendre le chemin de gauche après* Ford. *Doubles avec sdb 41-45 € ; appart 4 pers 100 €. CB refusées.* 📶 La sympathique Gurutze propose 6 chambres dans sa ferme horticole, sur les hauteurs de la ville. Elles sont modernes, sans charme particulier, mais d'un bon rapport qualité-prix. Salon et cuisine *(payante).* Également un appartement avec cuisine. Vélos à disposition.

De prix moyens à plus chic

🏠 **Pensión Txiki Polit** *(plan A1, 14) : Musika plaza.* ☎ *943-83-53-57.* ● *info@txikipolit.com* ● *txikipolit. com* ● ⛔ *En pleine vieille ville, à 50 m de la plage. Réception au 1ᵉʳ étage. Doubles 55-80 € selon saison ; petit déj 6 €. Parking 10-15 €.* 📶 Il s'agit en fait plus d'un hôtel que d'une pension, bien tenu, avec un grand puits de jour. Chambres très contemporaines, dans les tons chauds, un peu bruyantes l'été, côté place. Balcon privé ou terrasse commune. Le soir, au rez-de-chaussée, la terrasse et le bar de l'hôtel bruissent d'une douce animation. Fait aussi resto (réduc pour les hôtes).

🏠 **Hotel Roca Mollarri** *(plan D1, 15) : Zumalakarregi, 11.* ☎ *943-89-07-67.* ● *info@hotel-rocamollarri.com* ● *hotel-rocamollarri.com* ● ⛔ *Dans une rue parallèle à la plage. Congés : de mi-déc à début janv. Doubles avec sdb 85-123 € selon saison (tarifs w-e intéressants hors saison), petit déj*

390 | LE GUIPÚZCOA / LA CÔTE DU GUIPÚZCOA

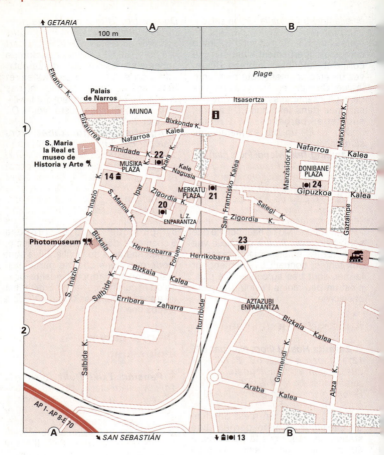

- ■ **Adresse utile**
- 🛈 Office de tourisme
- ⛺ 🏠 **Où dormir ?**
- **10** Gran Camping Zarautz et Camping Talai Mendi
- **12** Zarautz Hostel
- **13** Argoin Txiki et Agroturismo Itulazabal
- **14** Pensión Txiki Polit
- **15** Hotel Roca Mollarri

inclus en été (sinon 10 €). 📶 *Réduc de 10 % sur le prix des doubles en basse et moyenne saisons sur présentation de ce guide.* Une charmante petite villa bourgeoise, à deux pas de la plage mais sans vue sur la mer. Déco sobre, discrète et de bon aloi. Copieux petit déj-buffet que l'on peut éventuellement prendre dans le patio intérieur. Une jolie adresse au calme, à l'accueil soigné et gentil. On a presque l'impression d'être reçu dans la maison d'un ami plutôt qu'à l'hôtel.

ZARAUTZ / OÙ DORMIR DANS LES ENVIRONS ? | 391

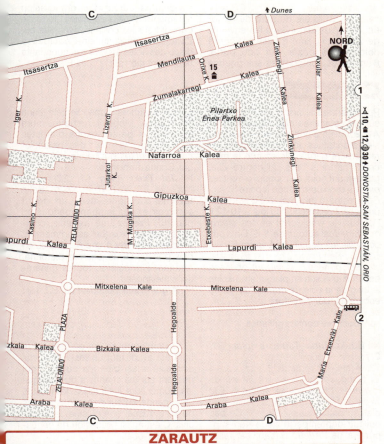

ZARAUTZ

|o| **Où manger ?**	
	13 Argoin Txiki	23 Lagunak
	20 Bars à tapas de la plaza Barren	24 Asador Telesforo
	21 Euskalduna Taberna	**Achats**
	22 Jai Txiki	30 Txakolina Talai Berri

Où dormir dans les environs ?

Casa rural Landarbide Zahar : Laurgain auzoa, 26, 20809 **Aia** (entre Orio et Aia). ☎ 943-83-10-95. 655-72-06-82. ● reservas@landarbide.com ● landarbide.com ● (1 appart). Par la N 634 vers Orio, puis, à 3,5 km, la GI 2631 vers Aia ; c'est 2,5 km plus loin, sur la gauche. Selon saison, doubles avec TV et sdb 44-49 €, familiales 3-4 pers 61-75 € ; petit déj 5 €.

Apparts 2-6 pers 130-140 €. CB refusées. 🛜 En lisière du parc de Pagoeta (voir plus loin « Dans les environs de Zarautz »), une grosse maison à colombages posée sur une butte. 6 chambres confortables aux poutres apparentes, autour d'un grand salon agrémenté d'outils agricoles. Terrasse donnant sur les collines, avec vue sur Zarautz, grande cuisine équipée à dispo des hôtes *(payante)* et abondante documentation sur le coin. Bien !

Où manger ?

Pour les bars à *pintxos*, rendez-vous sur la très animée *plaza Barren (plan A1, 20),* bien planquée, qui abrite plusieurs adresses aux comptoirs généreusement garnis. Notez que le mercredi, certains bars du centre-ville, rapidement noirs de monde, offrent les *pintxos* si on commande à boire !
Côté restos, à midi, nombre d'entre eux proposent des menus du jour à 10-12 € (12-15 € le week-end) et des *platos combinados* autour de 8 €. On vous conseille les populaires **Lagunak** *(plan B2, 23* ; *San Frantzisko, 10* ; *tlj en été, sf le soir dim-jeu hors saison),* pour son petit menu et son emplacement insolite le long de la voie de chemin de fer, ou encore **Asador Telesforo** *(plan B1, 24* ; *pl. Donibane, 6* ; *tlj sf dim soir hors saison)* pour ses bonnes grillades.

|●| **Euskalduna Taberna** *(plan B1, 21)* : *kale Nagusia, 37.* ☎ *943-13-03-73.* • *felix.euskalduna@hotmail.com* • ♿ *Congés : 2 sem en oct. Menu du jour env 11 € à midi, passant à 17 € le w-e* ; *pintxos, raciones, cazuelitas et platos combinados 2-12 €.* 🛜 Ce bar, qui fut longtemps le siège des supporters de l'*Atletic Bilbao*, est resté populaire auprès d'une clientèle jeune et enjouée. Mobilier rustique, murs en pierre et petites expos d'artistes locaux. On s'y repaît des beaux et copieux *pintxos* qui fleurissent sur le bar. Bonne ambiance.

|●| **Jai Txiki** *(plan A1, 22)* : *kale Nagusia, 30.* ☎ *943-83-51-22.* Belle taverne classique, avec un grand comptoir et des jambons pendus au plafond. Prenez une assiette, choisissez vos *pintxos* (bel assortiment) et allez les déguster à une des tables en bois posées sur la jolie rue piétonne. Ambiance populaire, toutes générations mélangées.

|●| **Argoin Txiki** *(hors plan par B2, 13)* : *voir plus haut « Où dormir ? ». En été, fermé lun soir et mar* ; *en hiver, fermé le soir dim-jeu. Menu du jour en sem 11 €* ; *menu cidrerie le soir 30 €* ; *plats 7-14 €.* L'auberge qu'on cite plus haut est avant tout un restaurant, qui accueille aussi bien les ouvriers qui bossent sur les chantiers du coin que les promeneurs, les familles, les locaux. On y mange, autour de grandes tablées ou en terrasse, une cuisine sans chichis. C'est aussi l'occasion de déguster le cidre local.

Achats

🍇 **Txakolina Talai Berri** *(hors plan par D1, 30)* : *Talai Mendi auzoa, 728.* ☎ *943-13-27-50.* • *talaiberri.com* • *Juste à côté du Gran Camping Zarautz. Visite ven-sam à 11h ou 12h sur résa (durée : 1h30)* ; *env 10 € avec dégustation et petite collation.* C'est le producteur de *txakoli* le plus connu de Zarautz, la 5ᵉ génération aux manettes. 12 ha de vignobles, que l'on aperçoit depuis la belle terrasse, vendangés à la main fin septembre. Surtout du blanc (cépage *hondarribi zuri*), mais aussi un peu de rouge *(hondarribi beltza),* tous légèrement pétillants comme il se doit.

À voir. À faire

⛰ 🚶 ***La plage :*** la plus longue de la côte (2,5 km). Belle, en pente très douce, idéale avec des enfants. C'est aussi un spot de surf. Elle est bordée par le

ZARAUTZ / À VOIR. À FAIRE

malecón, une digue ponctuée de quelques sculptures abstraites, rendez-vous des habitants pour l'agréable *paseo* du soir.

🥾 *Le vieux quartier (plan A-B1-2) :* notamment la *kale Nagusia* (voir la *torre Luzea* au n° 28, très belle maison-tour du XVe s) et la *plaza de la Musika*, avec son kiosque à musique digne d'un dessin de Peynet et, au n° 18, une exceptionnelle maison gipuzkoane parfaitement restaurée. Voir aussi le petit marché *(Merkatu plaza ; tlj sf dim)*, moderne mais bien plaisant et, derrière, la superbe maison *Portu*, qui abrite la mairie, côté plaza Enparantza.

🥾 *Iglesia Santa María la Real et museo de Historia y Arte de Zarautz (plan A1) :* San Inazio kalea. ● menosca.com ● *De Pâques à mi-sept, tlj sf lun et dim mat 10h-14h, 16h30-18h ; hors saison, slt ven-dim (sf dim mat) et j. fériés. Fermé de janv à mi-fév. Entrée : env 2 €.* L'entrée se fait sous un porche qui débouche sur un joli petit parc bordé par l'église Santa María la Real. À l'intérieur, un beau retable abritant une *Vierge à l'Enfant* du XIVe s. Juste à côté de l'église, la tour-clocher abrite le musée d'Art et d'Histoire de Zarautz qui présente, entre autres choses, des vestiges de l'époque romaine et des tombes du Moyen Âge.

🥾🥾 *Photomuseum (plan A2) :* San Inazio kalea, 11. ☎ 943-13-09-06. ● photomuseum.name ● *Tlj sf lun 10h-14h, 17h-20h. Entrée : 6 € ; gratuit mer et ven.*
Fondé il y a une vingtaine d'années par deux passionnés de la photo, ce musée, le seul du genre en Espagne, séduit par la richesse de ses collections et la pertinence de son propos.
La visite démarre au 4e étage, où des boîtes optiques, feuilleteurs et autres lanternes

JADIS ET DAGUERRE

Tous les 19 août, le Photomuseum rend hommage à Daguerre, le père de la photographie (qui avait, pense-t-on, des origines basques), en déposant des fleurs... puis en exécutant quelques pas de danse devant sa statue ! Pourquoi le 19 août ? Parce que c'est le jour où Daguerre présenta sa fameuse invention à l'Académie des sciences de Paris. Laquelle académie racheta l'invention, qui disparut très vite.

magiques donnent un bel aperçu de la « préhistoire » de la photo. Notez par exemple les bougeoirs qui projettent sur une surface l'ombre de Napoléon... Ils furent conçus après la chute de l'Empereur et servaient aux partisans de ce dernier à s'identifier comme tels... Au 3e étage : panorama des techniques photographiques, du daguerréotype au reflex moderne en passant par les appareils à soufflet et ceux qui permirent de réaliser les premiers clichés panoramiques. Puis, au 2e étage, les genres photographiques : portraits, paysages, natures mortes, anthropologie... le tout illustré par des œuvres d'artistes de renom. Le parcours se poursuit au 1er niveau, consacré aux usages de la photo : la photo médicale, d'architecture, le photojournalisme, la photo aérienne. Enfin, au rez-de-chaussée, expos temporaires d'artistes (photographes) espagnols ou étrangers, contemporains ou non. À ne pas manquer, vraiment, si le sujet vous titille un tant soit peu.

➤ Plusieurs *sentiers de rando* partent de Zarautz. L'un d'eux débute à l'extrémité est de la plage, conduit à l'embouchure de la *ría* d'Orio et traverse une zone de dunes au moyen de passerelles « flottantes » en bois, longues de 700 m, avant de monter vers le camping. En haut du sentier à gauche, au niveau du gros bâtiment *Cargadero Mollarri*, vue imprenable sur la côte au coucher du soleil. Également une superbe promenade de 7 km aller-retour entre Zarautz et Getaria (de l'autre côté donc), traversant les cépages utilisés pour le vin *txakoli* (avec retour possible par la corniche ou... en bus). Départ derrière l'église. Infos et cartes gratuites à l'office de tourisme.

Fêtes

- **Fêtes patronales de San Pelayo :** 25-28 juin. Belle animation dans la ville, avec *tamboradas*, messes, kermesse et sports ruraux.
- **Fête du 15 août :** célébrée du 14 au 16 comme ailleurs, mais il y a ici en plus une régate de bateaux traditionnels.
- **Fêtes basques :** début sept (surtout le 9). Essayer de ne pas les manquer, d'autant que c'est pour cela qu'on les a créées : pour faire rester les touristes un peu plus longtemps !

DANS LES ENVIRONS DE ZARAUTZ (ZARAUTZ)

Parque natural de Pagoeta : au sud de Zarautz. Accès par la GI 2631 entre Orio et Aia. Le *Centro de información* (☎ 943-83-53-89 ; ● aiapagoeta.com ● ; juil-sept, mar-ven 10h-14h, 16h30-18h30, w-e 10h-14h ; oct-juin, slt w-e 10h-14h) vous donnera ttes les infos utiles (dont une carte). Visite guidée gratuite jeu-dim en été et dim et j. fériés en hiver. À côté du centre d'info, un *jardin botanique* de 3 ha regroupant quelque 4 800 espèces d'arbres et de plantes du monde entier et, un peu plus loin, accessibles par des sentiers, une vieille forge et un moulin en état de fonctionnement.

GETARIA (GETARIA)

(20808)   2 600 hab.   *Carte Guipúzcoa, B1*

Malgré les difficultés de stationnement, c'est l'un de nos ports de pêche préférés, avec sa petite baie arrondie entourée de falaises et l'îlot rocheux qui protège l'entrée du bassin, surnommé *El Ratón* (« la souris »). Bien cachées de la route, les quelques rues de la vieille ville qui descendent jusqu'au port sont absolument délicieuses. Ici, la mer est une religion. Tous les jours, des bateaux s'y élancent, de la barque proprette au chalutier où embarquent 15 « canneurs ». D'ailleurs, le poisson de Getaria est peut-être le plus renommé de la côte.

Autre religion, autre prêtre, Getaria n'est pas peu fière d'être le village natal du célèbre couturier Cristóbal Balenciaga, à qui elle consacre un musée – et quel musée !

LE LIEUTENANT DE MAGELLAN

Mais qui est donc ce Juan Sebastián Elkano qui a droit à trois statues dans le village ? Marin de Getaria, il est le premier à avoir fait le tour du monde. Comment, ce n'est pas Magellan ? Non, car ce pauvre Magellan est mort aux Philippines, dévoré par les cannibales comme un modeste missionnaire, et n'a donc jamais bouclé la boucle. C'est son lieutenant, Elkano, qui a fini le travail. Si le monde entier l'ignore, Getaria ne l'oublie pas !

Arriver – Quitter

➤ En *bus*, avec *Lurralde Bus*, filiale d'*Eusko Tren* (● lurraldebus.eus ●), env 2 bus/h depuis **Donostia**, **Zarautz** et **Zumaia**.

Adresse et info utiles

🛈 Office de tourisme : Aldamar Parkea, 2. ☎ 943-14-09-57. ● getaria. net ● *Sur la route qui traverse le village. Ouv tte l'année.*

Où dormir ?

Prix moyens

🛏 Pensión Iribar : Aldamar kalea, 23. ☎ 943-14-04-51. 📱 605-70-05-74. ● iribar@iribar.com ● ♿ *Accès par la ruelle à l'arrière du resto du même nom (gestion séparée). Congés : 2ᵉ sem d'avr, 2ᵉ sem de juin, 2ᵉ sem d'oct et 2ᵉ sem de nov. Doubles avec sdb 60-70 € selon saison.* 📶 4 petites chambres contemporaines au cœur de la vieille ville, soignées et agréables. Petit avertissement tout de même : l'église, juste à côté, sonne jusqu'à minuit et dès 7h du matin...

🛏 Pensión Katrapona : Katrapona kalea, 4. ☎ 943-14-04-09. ● info@katrapona.com ● katrapona.com ● *Congés : nov. Double avec sdb env 70 € ; familiales 95-120 € ; petit déj 5 €.* 📶 Au pied de l'église (mais moins près du carillon que la pension *Iribar*), face au port, dans une vieille maison restaurée pleine de charme. Propose 8 chambres avec baignoire et TV, certaines aussi avec vue. Un bon choix là encore.

🛏 Agroturismo Usotegi : karretera Meagas, Akarregi auzoa, Usotegi 32. ☎ 943-14-04-07. 📱 688-64-91-49. ● usotegi@hotmail.com ● usotegi.com ● ♿ *Remonter la rue du resto Elkano, puis, à 700 m, prendre le chemin à droite et suivre le fléchage. Doubles 47-65 € ; petit déj 5 €. Apparts 90-130 €.* 📶 Un *agroturismo* vraiment plaisant et superbement situé. Chambres contemporaines avec sanitaires rutilants, TV, solide mobilier en bois et terrasse avec vue sur les vignes de *txakoli*, la mer et le rocher de Getaria ! Excellent petit déj. Vente de vin sur place. Accueil charmant. Notre adresse préférée à Getaria.

🛏 Hotel San Prudentzio : San Prudentzio auzoa, 4. ☎ 943-14-04-11. ● info@hotelsanprudentzio.com ● hotelsanprudentzio.com ● ♿ *Prendre la route de Zumaia et tourner à gauche à 2 km. Doubles 70-102 € selon saison ; petit déj-buffet 8,50 €.* 📶 Perché sur les hauteurs, cet hôtel familial tenu par 2 sœurs très accueillantes a été rénové de manière très contemporaine. Vue épatante sur le dos de la Souris et sur les vignobles de *txakoli*. La chambre n° 6 bénéficie d'une immense terrasse privée, et elle est au même prix que les autres. Petit déj de qualité et resto (pas très cher) réservé aux clients, tout comme la vente du *txakoli* maison. Une belle adresse un peu chic.

Où manger ?

Pour manger sur le pouce, prenez la rue qui descend vers l'église, vous y trouverez plusieurs bars aux comptoirs garnis de *pintxos*, dont la **Taberna Politena** et **Giroa**. Sinon, la spécialité locale est bien sûr le poisson, mais pensez à réserver en été et à ouvrir votre portefeuille...

🍽 Asador Astillero : Puerto Muelle, 1. ☎ 943-14-04-12. *Au fond du port à gauche. Tlj sf dim soir et mar soir.* *Congés : de Noël à mi-fév. Poisson au poids, servi pour 2, env 15-25 €/pers.* Le resto se situe au 2ᵉ étage, dans une salle très simple donnant sur le port. On trouve ici tous les poissons et fruits de mer que le coin peut offrir, servis ultra-frais dans l'assiette et grillés au charbon de bois. Daurade, lotte, rascasse, etc.

🍽 Iribar Jatetxea : Nagusia kalea, 34. ☎ 943-14-04-06. ♿ *Tlj sf mer soir et jeu. Menus 28-55 € ; carte env*

45 €. Café offert sur présentation de ce guide. Niché dans la rue qui descend vers l'église et, donc, sans vue sur le port. Qu'importe, ici encore, on se régale vraiment. Musique douce et ambiance conviviale dans une salle rustique rehaussée, çà et là, de touches marines.

Achats

Même si on en produit dans toute la région, Getaria est la patrie du *txakoli,* ce petit vin blanc de l'année que les Basques adorent. Contrairement au *txotx* du cidre (servi de très haut, presque comme un thé à la menthe !), le *txakoli,* légèrement pétillant, se sert à une main de hauteur et dans un verre à pied. Attention, ça monte vite à la tête. Les vignerons sont peu nombreux à ouvrir leurs portes aux visiteurs et ne le font que sur résa (visite payante avec dégustation). À Getaria, nous vous conseillons le producteur **Txomin Etxaniz** (*Eitzaga auzoa, 21 ;* ☎ *943-14-07-02 ;* ● *txakoli@txominetxaniz. com* ●), qui produit un *txakoli* de très bonne qualité. Sinon, rendez-vous chez *Talai Berri* à Zarautz (voir notre rubrique « Achats ») ou demandez la liste des producteurs dans les offices de tourisme locaux. Le *txakoli* n'est pas un vin très cher (6-7 € la bouteille, en moyenne) et il est souvent un peu moins cher en direct. Si vous passez à Getaria le **17 janvier,** jour de la fête de la Saint-Antoine, vous serez parmi les premiers à boire le *txakoli* des vendanges de l'année précédente.

❀ **Conserves artisanales :** plusieurs boutiques autour du port, dont **Maisor** (*à côté du resto* Astillero, *tt au fond du port*). On y trouve, entre autres, des anchois, manufacturés sur place, mais pas donnés (près de 7 € les 40 g !). Autres boutiques de bons produits, mais pas meilleur marché : **Amona Maria,** sous l'église face au port, **Salanort** et **Getaka,** respectivement aux n°ˢ 22 et 35 de Nagusia, la rue qui descend vers le port.

À voir

🚶🚶 *Iglesia San Salvador :* elle domine le port. Tlj sf dim ap-m. Entrée : env 4,50 €. Classée Monument national, c'est l'un des plus beaux exemples du gothique basque. Sa particularité est d'être accrochée à la pente, comme le reste de la ville. Mais l'architecte, astucieux, a joué avec ce défaut et en a profité pour faire une église au sol incliné. De ce fait, on est toujours plus bas que l'autel. Comme, en plus, le Christ sur sa croix est plus grand que nature, le fidèle n'a plus qu'à s'agenouiller. À côté, dans le *palais Zarautz,* des fouilles archéologiques ont mis au jour des vestiges de l'époque romaine, visibles de la rue.

🚶🚶 *Cristóbal Balenciaga Museoa :* Aldamar Parkea, 6. ☎ 943-00-88-40. ● cristobalbalenciagamuseoa.com ● Juin-sept, mar-dim (tlj juil-août) 10h-19h ; hors saison, mar-ven 10h-17h (15h nov-fév), w-e et j. fériés 10h-19h (17h nov-fév). Entrée : env 10 € ; réduc ; gratuit moins de 9 ans. Audioguide en français inclus. Visite guidée (en castillan et en basque) sans supplément à 12h30.
La Fondation Cristóbal-Balenciaga rend hommage au grand couturier, dans la ville même qui l'a vu naître. Poussé à l'exil par la guerre civile espagnole, c'est dans le Paris des années 1940 et 1950, soit les années d'or de la haute couture (Dior, Coco Chanel...), que Balenciaga achèvera de se faire un nom. À son tableau de chasse : la princesse Grace de Monaco, la duchesse de Windsor, la reine Fabiola de Belgique et on en passe...
Avec un fonds de 1 350 pièces, le musée abrite la plus importante collection Balenciaga jamais réunie, exposée par roulement. Un film de 23 mn, à l'entrée, permet aussi d'en savoir plus sur le maître, et des expos temporaires viennent

compléter la visite. Amateurs de haute couture, ne vous privez pas, d'autant que la muséographie, à elle seule, vaut le détour !

Fêtes

– **Fête de la Saint-Antoine :** 17 janv. Pour goûter au txakoli nouveau !
– **Fête basque :** dernier w-e de mai. Assez animée.
– **Fête de San Salvador :** 6 août. Getaria fête son saint patron.

LE GÉOPARC DE LA CÔTE BASQUE

Les communes de Zumaia, Deba et Mutriku sont regroupées au sein du *Geoparque de la Costa Vasca,* sous l'égide de l'Unesco. Cette appellation concerne aussi bien la dimension environnementale, touristique, culturelle que scientifique de la région, dont le phénomène géologique appelé *flysch* est la grande attraction. Certes, mais c'est quoi, le *flysch* ? Lorsque la tectonique des plaques a fait émerger les Pyrénées, elle a aussi fait remonter le *flysch,* ces belles lignes de sédiments marins qui s'étendent désormais sur 8 km de côte et n'émergent qu'à marée basse. Ce livre d'histoire géologique de 60 millions d'années, auquel il ne manque aucune page, a même permis de remonter à la chute de la grande météorite dans le Yucatán, responsable de la disparition des dinosaures ! Concrètement, de multiples visites sont proposées par les trois offices de tourisme concernés : côté mer, différentes visites du flysch à pied ou en bateau ; côté terre, des visites de fermes, moulins, etc. Plus de nombreuses randonnées et circuits à VTT. Plus d'infos sur ● geoparkea.com ●

ZUMAIA (ZUMAIA)

(20750)   9 800 hab.   *Carte Guipúzcoa, B1*

Zumaia avait la réputation d'un charmant port de pêche où les artistes venaient se ressourcer. Le modernisme des années 1950 est passé par là, et Zumaia souffre de la concurrence de villages mieux préservés. Cependant, la ville possède une plage étonnante, visuellement spectaculaire et très chargée en iode. C'est surtout le point de départ d'une très belle randonnée vers Deba, le long des superbes falaises de flysch.

Arriver – Quitter

En train

➤ Avec *Eusko Tren* (☎ 902-54-32-10 ; ● euskotren.eus ●), ligne **Hendaye-Irun-Donostia-Zarautz-Zumaia** (1 ou 2 trains/h), ou celle qui relie **Donostia** à **Bilbao** (1 train/h).

En bus

➤ *Lurralde Bus* (● lurraldebus.eus ●) assure une liaison entre **Donostia** et **Zumaia** via **Zarautz** et **Getaria** ttes les 30 mn.

Adresse utile

ℹ Office de tourisme : Kantauri plaza, 13. ☎ 943-14-33-96. ● zumaia.eus ● geoparkea.com ● Tlj sf dim ap-m et lun hors saison. Plein d'infos sur le *Geoparque,* les promenades en bateau et les visites guidées.

Où dormir ? Où manger ? Où boire un verre ?

🏠 **Agroturismo Santa Klara :** *Santa Klara baserria.* ☎ *943-86-05-31.* ● *info@santaklara.es* ● *agroturismosantaklara.com* ● *À 1,5 km du centre par Odieta (kaletik igota). Doubles 50-60 € (remise pour les pèlerins) ; petit déj 4 €.* 📶 Impeccablement située, avec une vue saisissante sur le flysch et la ville, cette ferme, qui élève des vaches, propose 2 maisons d'hôtes. Préférez l'une des 4 chambres de la vieille *casa rural* en pierre, bien plus agréable. L'autre maison, plus « moderne », propose 6 chambres sans charme, propres et fonctionnelles. Cuisines communes (accès payant). Également un appartement pour 6 personnes. Accueil énergique.

🏠 **Agroturismo Karakas Zar :** *Artadi auzoa (barrio San Miguel).* ☎ *943-86-17-36.* ● *karakas-zar@hotmail.com* ● *nekatur.net/karakas* ● *Petit chemin sur la droite un peu après le museo Zuloaga à la sortie de la ville (direction Getaria), c'est à 800 m. Doubles avec sdb 44-50 € selon saison ; petit déj 3-4 €.* 📶 Un joli cul-de-sac rural, comme on dit ! Soit une vraie ferme, avec ses vaches, ses moutons, ses chevaux et ses vignes, dans un bel environnement vallonné. Une poignée de chambres impeccables et confortables... Cuisine à disposition *(payante).* Une bonne base pour profiter de la région.

🍽🍷 **Idoia Ardotegia :** *Julio Beobide Ibilbidea, 2.* ☎ *943-57-49-86. Tlj sf lun.* Situé face au port, c'est le meilleur choix du coin pour une soirée *pintxos* ou un petit plat bien fait.

À voir. À faire

🎬 **Espacio Cultural Ignacio Zuloaga :** *à l'entrée de Zumaia quand on vient de Getaria, sur la droite.* 📞 *677-07-84-45.* ● *espaciozuloaga.com* ● *Slt avr-sept, jeu-sam 16h-20h. Entrée : env 10 €.* Curieux personnage que ce Zuloaga (1870-1945), né à Eibar, où son père était ciseleur. À Paris, il fréquente des peintres d'avant-garde, puis sa peinture s'assagit et le fils de prolo devient un portraitiste en vogue. Il s'enrichit, achète la magnifique propriété de Zumaia, où il installe ses tableaux de maîtres : Zurbarán, Morales, le Greco, Goya. Au sommet de sa gloire, il est le peintre préféré de Franco. Pourtant, il ne sera jamais exposé. Le musée présente avant tout ses œuvres, quelques Goya intéressants et des œuvres mineures. Également une chapelle et... une minicollection de costumes de toréros.

🎬👥 **Iglesia San Pedro :** *messe tlj à 19h (11h dim) ; visite guidée en espagnol (gratuite) dim à 12h30.* Très bel édifice fortifié du XIVe s, qui domine le vieux quartier de sa masse imposante. On y accède par un bel escalier qui longe le mur et aboutit sur un parvis en belvédère clos d'une muraille crénelée. Au-dessus du portail, un joli saint Pierre en bois polychrome et, à l'intérieur, un immense retable doré Renaissance. L'autel, d'ailleurs, est classé Monument national.

🎬 **Algorri – centro de interpretación del Geoparque:** *Juan Belmonte, 21.* ☎ *943-14-31-00.* ● *algorri.eu* ● *Mar-sam 10h-13h30, 16h-18h30 (19h30 sam et tlj juil-août) ; dim 10h-13h30, plus 16h-19h30 juil-août. Entrée : 3 €.* Petit centre d'interprétation qui explique la formation des étonnantes falaises de Zumaia, leur faune et leur flore. Interactif et plutôt pédagogique. Le film de présentation est aussi disponible en français. Attention, il y a un projet de rénovation...

🏖 **La plage d'Itzurun :** *au pied de l'hôtel-thalasso* Zelai *(stationnement peu aisé), à 5 mn à pied du centre.* Vous voilà sur une plage de taille moyenne mais dans un site superbe, encore à peu près sauvage, environné de hautes falaises grises, composées des feuilles de roche ciselées et superposées. Il paraît que c'est la deuxième plage la plus saine d'Europe, pour sa teneur en iode... Un peu difficile à vérifier, mais on n'exagère pas en disant que c'est l'une des plus belles du Guipúzcoa !

➤ On peut aussi faire une très jolie **promenade** le long de la crête de la falaise qui borde la plage d'Itzurun à l'ouest. Le chemin part un peu avant le sanctuaire de San Telmo, sur la gauche. Pour l'anecdote, sachez que le sanctuaire apparaît dans la scène de mariage du plus gros succès cinématographique de tous les temps en Espagne, le film *Ocho Apellidos Vascos* (2014)... De là, compter 10 mn pour aller jusqu'à la pointe : vue spectaculaire.

➤ **Randonnée Zumaia-Deba, via Sakoneta :** là encore une superbe balade, mais de 14 km (compter 4-5h), sur le GR 121, qui longe le littoral. Arrêtez-vous surtout à Sakoneta, également accessible en voiture au km 35 de la N 634, via le gîte *Errota Beri,* puis en 10 mn à pied. À marée basse (renseignez-vous sur les horaires avant, sinon déception garantie !), on y découvre un beau morceau de flysch. Possibilité de descendre en rappel au moyen d'une corde.

➤ **Sortie en bateau entre Zumaia et Deba :** il s'agit d'un aller-retour au départ de Zumaia, qui a lieu presque tous les jours en été (renseignements et achat des billets aux offices de tourisme de Zumaia, Deba et Mutriku ou en ligne sur ● *geoparkea.com* ●). Une très belle façon de découvrir la côte et, à nouveau, les magnifiques falaises de Zumaia et la route du flysch. *Durée 1h30 ; billet : env 17 €, 10 € enfant, audioguide en français inclus.*

DEBA (DEBA)   (20820)   5 450 hab.   *Carte Guipúzcoa, B1*

Quand on découvre la plage en contrebas, on dirait presque un petit miracle sur cette côte rocheuse. Et puis on veut accéder à la plage et on s'aperçoit qu'elle est longée par la ligne de chemin de fer Bilbao-Donostia. Aïe ! Et c'est là, coincés entre la plage et la voie ferrée, qu'ont été construits les deux hôtels de la ville. Ouille !
Ah, qu'il est loin le temps où Deba commandait toute la côte et expédiait des laines partout en Europe. De cette époque, il ne reste qu'un joli quartier ancien et une superbe église.

Arriver – Quitter

En train

➤ Avec *Eusko Tren* (☎ *902-54-32-10* ; ● *euskotren.eus* ●), ligne de **Donostia** à **Bilbao** (1 train/h).

En bus

➤ Avec *Pesa* (☎ *902-12-14-00* ; ● *pesa.net* ●), 4 liaisons/j. (bien réparties) entre **Donostia** et **Lekeitio** via **Deba** et **Mutriku.**

Adresse utile

🅘 @ *Office de tourisme :* Ifar kalea, 4. ☎ *943-19-24-52.* ● deba.eus ● *Au centre de la vieille ville, à côté de l'église. Mai-sept, tlj sf dim ap-m ; oct-avr, le mat tlj, plus l'ap-m ven-sam.* Centre d'interprétation du *Geoparque,* avec des vitrines de fossiles, des tas d'infos et même des films. Accès libre à *Internet.*

Où dormir à Deba et dans les environs ?

Vous trouverez à Deba une **auberge pour les pèlerins** de Saint-Jacques-de-Compostelle (50 places ; à peine 5 € la nuit). Clés et infos à l'office de tourisme (ou au commissariat de police si l'office de tourisme est fermé).

Camping

🏕 🏠 **Camping Itxaspe :** *barrio Itxaspe, ctra N 634, km 37,5, GI 3291.* ☎ *943-19-93-77.* • *info@campingitxaspe. com* • *campingitxaspe.com* • ♿ *Prendre la direction de Zumaia, puis, après 6 km, au carrefour d'Itziar, la GI 3291 à gauche sur 2 km. Ouv Pâques-fin sept. Selon saison, compter 18-40 € pour 2 avec tente et voiture ; bungalows 2-6 pers 50-150/nuit €. Apparts 2 pers 50-80 €.* 🛜 Installé sur un promontoire, ce camping très bien tenu jouit d'une vue splendide sur les falaises de flysch et la mer. Boutique, piscine, parc à jeux et resto servant le petit déj. Un chemin très pentu conduit en 20 mn à une plage de galets. Les proprios (qui parlent bien le français) sont très accueillants. Ah, enfin un vrai camping sympa !

De prix moyens à plus chic

🏠 **Agroturismo Goikola :** *à Lastur (Itziar-Deba).* ☎ *943-19-90-82.* • *goikola@goikola.com* • *goikola.com* • ♿ *À 10 km de Deba ; direction Zumaia et tourner à droite à Itziar. Doubles avec sdb 55-65 € ; apparts 4 pers 90-110 € ; petit déj env 5,50 €.* 🛜 Sur les hauteurs de Deba, une belle maison en pierre tenue avec cœur par Karmen, une charmante mamie qui fabrique son propre fromage et tisse la laine de ses moutons. Elle propose 6 chambres et 2 appartements, avec poutres et des couleurs gaies, plus un accès à 2 cuisines communes. Dans le village, plus bas, outre la taverne locale, on trouvera 2 petits moulins à maïs, une ancienne petite église, 2 *casas rurales* et... une *plaza de toros* (utilisée seulement pour les fêtes, bien sûr).

🏠 **Txerturi Goikoa :** *barrio Itxaspe, 7, GI 3291.* ☎ *943-19-91-76.* 📱 *616-05-59-19.* • *txerturi@gmail.com* • *txerturi.com* • *800 m avt le camping. Doubles avec sdb 60-65 € ; petit déj env 5,50 €. Apparts 2-4 pers 100-130 €.* 🛜 *Réduc de 10 % sur le prix des doubles en basse saison sur présentation de ce guide.* Il s'agit d'une ancienne ferme équestre proposant 5 chambres charmantes, plus 2 appartements, avec poutres au plafond, murs en pierre apparente et joli mobilier rustique. Mignon petit salon commun avec un vieux piano et une très belle vue, et salle à manger bien agréable pour le petit déj. Cuisine à dispo (payante). Rien à redire, vraiment, pour le prix !

🏠 |●| **Arriola Txiki :** *barrio Arriola, à Itziar, sur les hauteurs de Deba.* ☎ *943-19-20-00.* 📱 *606-52-21-47.* • *arriola_txiki@hotmail.com* • *nekatur.net/arriolatxiki* • ♿ *Prendre la route de Zumaia (N 634) et, au km 40, celle qui grimpe à droite, sur 2 km, direction Donibane. Congés : 15 janv-1er mars. Doubles avec sdb 58-60 € selon saison ; petit déj 5-6 €. Dîner sur résa env 20 €, sf août.* 🛜 *Cidre offert sur présentation de ce guide.* Dans une ferme encore active (avec poules, vaches et moutons), 6 chambres bien tenues, à la déco un peu campagnarde. L'endroit bénéficie surtout d'une situation privilégiée, face à la vallée et même, du jardin où sont posées quelques chaises longues, la mer. Terrasse (avec vue) où l'on peut prendre le petit déj. Cuisine commune *(payante, sf hors saison)*. Vente de produits locaux (cidre notamment). Les proprios sont charmants.

Où manger ?

|●| Plusieurs **restos** et **bars à tapas** le long de la plage (**Itsas Gain** notamment) et dans la vieille ville (comme le **Izenbe,** sur la Foruen plaza).

|●| **Calbeton :** *Hondartza, 7.* ☎ *943-19-19-70.* • *calbeton@calbetonjatetxea.es* • *En plein centre, dans la rue principale. Tlj sf dim soir et lun hors saison. Menus déj env 11,50 € en sem, 20 € w-e ; plats 12-17 €.* On s'attable, au choix, sur le trottoir à la bonne franquette, ou dans le *comedor* à l'arrière, plus calme. Entre les deux, c'est le bar populo. Cuisine d'une grande

simplicité, mais pas chère du tout. Bon accueil.

|●| Urgain : *Hondartza, 5.* ☎ *943-19-11-01.* ● *info@urgain.net* ● *À droite du Calbeton. Tlj, sf en oct. Menu du jour env 20 € en sem, 28 € w-e ; carte env 50 €.* C'est le resto chic du village, mais son menu en semaine vaut le détour. On choisit plutôt la salle du bar, contemporaine et décontractée, car le *comedor,* vraiment chic, est réservé aux grandes agapes et aux grosses additions. Dans le menu, beaucoup de choix et des produits de qualité. Sinon, grand éventail de poissons hyper frais à la carte. Belle cave. Également des *pintxos* le soir. Chef volubile et chaleureux.

Achats

⊛ Martin Sukia : *San Roke, 4.* ☎ *943-19-11-38. Dans le centre (l'atelier se trouve derrière la boutique). Tlj 8h-20h.* S'il vous vient l'envie d'acquérir une paire d'*abarkas,* soit les chaussons basques traditionnels (en cuir), monsieur est l'un des deux derniers artisans du Pays basque. Sa charmante épouse est française.

À voir

🎯 Iglesia Santa María : *sur la mignonne plaza Zaharra, avec sa fontaine et ses bancs en pierre. Tlj 9h-13h. Messe tlj à 19h (11h dim et j. fériés). Visite guidée de 1h15 (parfois combinée à un concert) certains sam (et ts les jeu d'août) : 6 € avec concert et 1 pintxo ! Rdv à 17h à l'office de tourisme (voir plus haut « Adresse utile »).*
Levez les yeux pour admirer l'un des deux seuls portails en pierre polychromes du Guipúzcoa, un bijou du gothique basque classé Monument national et financé par des siècles de taxes portuaires. Il représente les 12 apôtres, pour une fois facilement reconnaissables, le sculpteur ayant eu la bonne idée d'inscrire leurs noms. Toute la partie centrale, sculptée en haut relief, est une ode à la Vierge.
À l'intérieur, voir le triforium de la première église au-dessus du narthex et le retable baroque polychrome, assez grandiose, également sculpté de scènes de la vie de la Vierge (Annonciation, Fuite en Égypte, visite à sainte Anne, Assomption). Superbe chapelle gothique sur la gauche. Très joli petit cloître carré (c'est le plus ancien du Guipúzcoa), dont l'arcature est soutenue par de fines colonnes formant comme une grille de pierre, et ornée de motifs octogonaux d'inspiration nettement arabe. Si par bonheur la sacristie est ouverte, jetez un œil à l'intérieur : la cité fut tellement riche que la paroisse comptait à l'époque 16 curés, d'où les 16 coffres en bois !

Manifestation

– Pèlerinage du sanctuaire d'Itziar : *1er sam de mai.* Ce sanctuaire est surtout célèbre pour son pèlerinage. Les pèlerins partent à pied, le soir, de Donostia : 40 km de nuit pour célébrer la Vierge avec chants et prières.

MUTRIKU (MUTRIKU)

(20830)   5 000 hab.   *Carte Guipúzcoa, B1*

Dernier bastion du *Geoparque,* le port le plus occidental du Guipúzcoa s'avère bien plus charmant que sa voisine Deba. Encaissé dans une crique, traversé de ruelles étagées et d'escaliers qui mènent au port, le centre ancien

garde un aspect nostalgique, qui fait tout de même regretter l'urbanisation récente. Bastion du séparatisme, Mutriku ne laisse rien ignorer de ses préférences politiques, mais avec bonhomie. Le cordon de petites plages, nommé *Las Siete Playas,* se trouve sur la côte qui s'étend à l'ouest de la ville. Mutriku, de toute façon, est une ville sérieuse et les bains de mer une chose bien futile. D'ailleurs, personne ne vous laissera ignorer que le grand astronome et géographe Ptolémée, dès le IIe s de notre ère, signalait l'importance du port de Mutriku.

Arriver – Quitter

➢ En *bus,* avec Pesa (☎ *902-12-14-00 ;* ● *pesa.net* ●), 4 liaisons/j. (bien réparties) entre **Donostia** et **Lekeitio** via **Deba** et **Mutriku.**

Adresse utile

Office de tourisme : *plaza Txurruka.* ☎ *943-60-33-78.* ● *mutriku.eus* ● *Juil-août, tlj ; sept-juin, tlj sf dim ap-m et lun.*

Où dormir ?

Campings

Camping Aitzeta : *de Deba, prendre le chemin à gauche à l'entrée du village et faire 500 m.* ☎ *943-60-33-56.* ● *info@campingaitzeta.es* ● *campingaitzeta.es* ● *Ouv mai-oct. Env 21 € pour 2 avec tente et voiture. CB refusées.* 🛜 Belle situation en surplomb de la mer, avec des emplacements gazonnés. Jeux pour enfants, bar et épicerie. Des 4 campings des environs de Mutriku, c'est notre préféré.

Si c'est complet, vous pouvez essayer le **Camping Santa Elena** (*Galdona Auzobidea s/n ;* ☎ *943-60-39-82 ;* ● *camping-santaelena.com* ●) en direction d'Ondarroa puis Caldonamendi. Belle situation avec vue sur la mer, mais on y est un peu serré et l'accueil est parfois rustique. Ou encore le **Galdona** (☎ *943-60-35-09),* plus bas, sur la même route : situation moins belle, mais accueil un peu meilleur. *Les 2 facturent l'emplacement env 18-19 € pour 2 avec tente et voiture.*

De bon marché à chic

Pensión Kofradi : *Muelle, 1.* ☎ *943-60-39-54. Congés : de mi-sept à mi-oct. Résa obligatoire. Double env 46 €. Plats 6-15 €.* Cette pension de marins occupe une position originale, pile-poil sur la jetée qui coupe le bassin en deux. La vue, c'est donc bateaux à tribord ou bateaux à bâbord. Le bâtiment, refait sans beaucoup de charme, propose des chambres très simples. L'autre originalité du lieu, c'est cette jolie petite criée en bois datant du XIXe s, avec les numéros des acheteurs... Au rez-de-chaussée, la taverne populaire, juste sous les chambres. Pour les amateurs d'ambiance !

Hotel Zumalabe : *Bajada al Puerto, 2.* ☎ *943-60-46-17.* ● *zumalabe@hotelzumalabe.com* ● *hotelzumalabe.com* ● ♿ *À droite en arrivant de Deba, dans le virage qui descend vers le port. Doubles env 66-88 € selon saison ; petit déj 5,50 €. Parking (limité).* 🛜 Petit hôtel bien placé lui aussi, en surplomb du port et de la pension *Kofradi.* 6 chambres dans les tons clairs et bien meublées, la moitié avec une terrasse et toutes avec une super vue ! La *Burumendi* n'a pas de terrasse mais arbore un joli vitrail. Confort supérieur (TV, frigo, etc.). Agréable espace pour le petit déjeuner, avec une fresque marine. Excellent accueil du patron.

Haitzalde : *Eskimera Parajea.* ☎ *943-60-48-65.* 📱 *626-91-39-00.* ● *info@haitzalde.com* ● *haitzalde.com* ● *À env 1,5 km du centre, sur les hauteurs de Mutriku. Doubles et* suites 60-96 € selon saison ; petit déj env 7 €. 🛜 Ça, un *agroturismo* ? D'accord, la maison est archimoderne, mais madame produit des fleurs et des tomates... 6 chambres avec vue, y compris depuis les douches. Petite préférence pour la n° 2. Petit déj maison à prendre dans la salle contemporaine. Dans le jardin, quelques terrasses en bois pour plonger dans la mer, du moins virtuellement...

🏠 *Hotel Arbe :* Laranga auzoa, 5. ☎ 943-60-47-49. • info@hotelarbe.com • hotelarbe.com • ♿ Sur la route de Deba (4 km avt). Doubles 99-110 € ; suite 132 € ; petit déj 11 €. 💻 🛜 Réduc de 5 % sur le prix des doubles hors saison pour tte résa en direct sur présentation de ce guide. On découvre avec étonnement, puis avec plaisir, cet hôtel très moderne, avec vue imprenable sur le golfe de Gascogne. À l'intérieur, c'est le royaume du design, avec une dizaine de chambres de grand confort, dont le nec plus ultra est l'ouverture des portes à empreinte digitale... S'il fait beau, on prend le petit déj (excellent, avec gâteaux maison) dans le jardin, face à la mer. Piscine et petit sauna avec fauteuils chauffants, massages ayurvédiques ou... des pieds. De plus, les proprios (madame parle le français) feront, décidément, des pieds et des mains pour vous faire plaisir.

Où manger ?

🍽 *Ametza :* pl. Txurruka, 2, à droite de l'office de tourisme. ☎ 943-60-37-49. Tlj. Pas de menu ; plats 8-15 € et poisson env 30 €/kg. C'est le bar-resto populaire de la place, là où l'on vient écluser une bière ou un verre de *txakoli* le soir avec les enfants. Bonne ambiance et cuisine sympathique. Salades, soupe de poisson, *chipirones, merluza* ou *rapé* de lotte...

À voir. À faire

🎒 *Nautilus, centro de interpretación del Geoparque :* Jose Antonio Ezeiza, 3. ☎ 943-60-32-59. Juil-août, tlj sf dim ap-m et lun 10h-14h, 17h-19h ; avr-juin et sept-oct, slt w-e. Fermé nov-mars. Entrée : env 1,50 €. Pour les amateurs de fossiles, belle collection (notamment d'exceptionnelles ammonites géantes !) qui raconte environ 100 millions d'années d'histoire géologique. Explications en français.

🎒 *La vieille ville :* vous ne pourrez pas manquer la jolie petite *place Txurruka,* avec l'impressionnante *église Notre-Dame-de-l'Assomption* (XIXe s, néoclassique lourd). S'y dresse aussi la *statue de Côme-Damien Txurruka,* héros de Trafalgar. Voir enfin, dans la rue Conde de Motrico, la *casa de Txurruka,* superbe palais du XVIIIe s.

MINCE, TRAFALGAR, C'ÉTAIT (UN PEU) À CAUSE DE LUI

Côme-Damien Txurruka, marin, géographe et cartographe d'exception, a établi la première carte du détroit de Magellan et a même publié un guide de la Terre de Feu. Notez qu'il a surtout commandé une partie de la flotte franco-espagnole à Trafalgar... Les historiens pensent d'ailleurs que sa mort pendant la bataille permit à Nelson, le commandant de la flotte anglaise, de l'emporter !

🎒 *Le port :* on y tombe littéralement ou alors on y glisse par des rues pentues, des escaliers ou, pour les moins sportifs, un ascenseur. Plus que le bassin lui-même, c'est l'ensemble des constructions, dont certaines du XVe s et encore habitées, bâties à flanc de falaise, qui séduit. Au bout, une petite plage et deux piscines naturelles, qui s'emplissent à marée haute, accueillent les baigneurs en saison.

Fêtes

– *Fêtes de Mutriku :* 21-25 juil.
– *Fêtes des Calvarios :* 13-16 sept. Le 2e jour, chaque patron de bateau de pêche fait dire une messe pour son équipage et offre ensuite à boire aux marins et à leurs familles. Elles (les messes !) se succèdent de 10h à 14h. Les jours suivants, c'est la fête sur le port.

LES VALLÉES DU GUIPÚZCOA

La vallée d'Oria 404
● Tolosa (Tolosa) 405
● Le Goierri 408
  ● Ordizia (Ordizia) ● Le parc naturel d'Aralar
  ● Idiazábal (Idiazabal)
  ● Segura (Segura)
  ● Zegama (Zegama)

● Zerain (Zerain)
La vallée d'Urola 414
  ● Azpeitia (Azpeitia)
  ● Azkoitia (Azkoitia)
  ● Zestoa (Zestoa)
  ● La route Azkoitia-Zumarraga (Azkoitia-Zumarraga) : Urretxu

(Urretxu) ● Zumarraga (Zumarraga) ● Legazpi (Legazpi)

La vallée du río Deba 418
● Bergara (Bergara) 419
● Oñati (Oñati) 421
  ● Basílica de Arantzazu
  ● Cuevas de Arrikrutz

Trois vallées, Oria, Urola et le río Deba, conduisent vers les montagnes du Guipúzcoa et vers les autres provinces basques. Bon, côté mer, on va d'usine en zone industrielle, le tout dans un flot incessant de camions en particulier le long de la N 1 Irun-Madrid. Bref, elles feraient fuir le diable en vacances...
Moralité, chaque fois que, le long de ces grands axes, une petite route vous fait signe, prenez-la ! Car on ne soupçonne pas qu'une fois les deux pieds bien implantés dans les terres, celles-ci réservent de merveilleuses petites surprises : sanctuaires, sentiers, grottes, musées, sans oublier les produits du terroir comme le *fromage d'Idiazábal,* considéré comme le meilleur fromage de brebis d'Espagne.

LA VALLÉE D'ORIA

Déjà bien abîmée par les guerres carlistes (le grand homme du coin est le général Zumalacárregui, qui infligea une série de défaites sévères à l'armée espagnole), la vallée d'Oria est, hélas pour elle, une accueillante vallée sur laquelle débouchent les petites vallées des affluents du río Oria. Il n'en fallait pas plus pour que de nombreux industriels s'y installent au début du XXe s... Puis ce sera la guerre civile et l'urbanisation sauvage. Il est des reconstructions pires que des destructions !
Heureusement, il reste des villages adorables, de petites routes perdues, des traditions culinaires et d'authentiques agrotourismes...

Arriver – Quitter

En train

➢ La ligne *RENFE* **Irun-Brinkola** (2 trains/h env) dessert **Tolosa, Ordizia** et **Beasain.**

En bus

➢ *Transvía San Sebastián* (☎ 943-36-17-41 ; ● tsst.info ●) propose 1 bus ttes les 30 mn entre **Donostia** et **Tolosa.**

➤ *Pesa* (☎ 902-12-14-00 ; ● pesa. net ●) assure 2 fois/j. la ligne **Donostia-Bilbao**, qui passe par **Tolosa, Ordizia, Beasain** et **Ormaiztegi**, et la ligne **Pamplona-Eibar** (même fréquence), qui dessert **Beasain** et **Ormaiztegi**.

➤ Pour *rallier les villages de l'intérieur de la vallée*, il y a les lignes de la compagnie *Goierrialdea* (☎ 943-88-59-69 ; ● goierrialdea.eus ●) : en gros, 1 bus ttes les 60-90 mn en sem entre les différents villages (3-4/j. le w-e).

TOLOSA (TOLOSA)

(20400)   18 000 hab.   *Carte Guipúzcoa, C3*

Ancienne capitale du Guipúzcoa, avant que Donostia ne lui enlève ce titre, elle hérite logiquement d'un vieux centre assez riche pour une ville de cette importance. Du reste, Tolosa conserve des traditions vivaces, comme son carnaval, et accueille le samedi plusieurs marchés hauts en couleur en surplomb de la rivière Oria. Enfin, lecteurs gourmands, sachez que ses *alubias* (haricots noirs) jouissent d'une solide réputation. Tout comme sa fabrique de bérets basques, la plus renommée de la région.

UN PEU D'HISTOIRE

Au XIIIe s, le roi de Navarre Sanche le Fort avait installé en Guipúzcoa un gouverneur dont on affirme qu'il était violent et tyrannique. Sous la conduite des Tolosans, les Basques l'ont d'abord destitué puis tué, et sont allés se mettre sous la coupe du roi de Castille, qui s'est empressé de leur accorder des *fueros* et le droit de bâtir des murailles. À l'abri de ses *fueros* (restés inchangés de 1328 à 1844 !), Tolosa s'est bien développée comme une ville industrieuse : les forgerons avaient une telle réputation que les grilles du Retiro à Madrid leur avaient été commandées ! Centre important, évêché, Tolosa a même été la capitale du Guipúzcoa avant d'être détrônée par Donostia. Il faut dire que les deux cités n'étaient pas fréquentées par les mêmes gens !

Adresse et info utiles

🛈 **Office de tourisme :** *Santa María plaza, 1 ; juste en face de l'église du même nom.* ☎ 943-69-74-13. ● tolosaldea.eus ● *En été, tlj ; le reste de l'année, mar-dim.* Organise de bonnes visites guidées *(env 3 €/pers)* sur rendez-vous.
– **Parkings gratuits :** dans le quartier San Estebán, repérables aux panneaux « Doan ».

Où dormir ?

Bon marché

🏠 **Pensión Karmentxu :** *c/ Korreo, 24.* ☎ *943-67-37-01.* 📱 *630-55-66-78. À deux pas de l'office de tourisme ; au 1er étage. Doubles 45-50 €. CB refusées.* 📶 Au 1er étage d'un immeuble ancien (bientôt 200 ans !), 6 chambres sans déco particulière (la TV quand même !) mais bien tenues. Salle de bains commune. Pas de petit déj ni de cuisine. Bon accueil.

De prix moyens à chic

🏠 **Agroturismo Korteta :** *San Estebán auzoa, 70.* 📱 *639-48-98-33.* ● info@agroturismokorteta.com ●

agroturismokorteta.com ● ✂ *Sur les hauteurs, à env 2 km au sud-ouest ; fléché depuis le quartier San Estebán. Doubles 55-66 € ; petit déj 5,50 €.* 🛜 *Accès gratuit à la cuisine hors saison (sf le w-e) sur présentation de ce guide.* Il s'agit d'un bel *agroturismo* isolé sur la colline, abritant des chambres joliment meublées, avec sanitaires. La charmante Asun se démène pour préparer tous les jours un plat différent au petit déj. Elle vend aussi les produits de sa ferme (confiture, liqueurs). Agréable salon TV et cuisine moderne à disposition *(payante)*. N'hésitez pas !

🏨 **Hotel Oria :** *Oria, 2.* ☎ *943-65-46-88.* ● hoteloria@hoteloria.com ● hoteloria.com ● ✂ *Doubles avec sdb 66-99 €. Parking (limité) 14 €.* 🛜 C'est l'hôtel moderne de la ville, bien que les chambres soient un peu datées pour le prix (qui a dit vintage ?). Cela dit, c'est central et le resto-cafétéria est animé.

Où manger des *pintxos* ? Où manger assis ?

Bon marché

🍴 🍷 Pour manger des *pintxos* en éclusant des bières, rendez-vous dans les rues *Arostegieta, Errementari* et *Korreo,* où vous trouverez quantité de bars plus populaires les uns que les autres, comme **Babes** (plutôt jeune) ou **Asteasuarra** (rendez-vous des anciens). Mais il y en a plein d'autres... Sur la belle *plaza Euskal Herria,* à deux pas, gros succès pour le pub irlandais **Nest** et chez son voisin le **19-90.** Bref, suivez la foule !

🍴 **Beti Alai :** *Arostegieta, juste à droite du bar* Asteasuarra. ☎ *943-67-19-20. Tlj sf lun soir et jeu soir. Menus déj env 13 € en sem, 20 € w-e ; plats 16-20 €.* Petit resto sympa pour ceux qui veulent s'asseoir. La salle, populaire, se cache derrière le comptoir. Plats basques et pas mal de poisson à la carte. Les pressés peuvent aussi se contenter des *pintxos* du comptoir.

Prix moyens

🍴 **Lur Lan :** *pl. Nueva.* ☎ *943-24-33-39. Tlj sf dim et j. fériés 10h-16h, 18h-23h (minuit ven-sam). Plats env 10-15 €.* C'est une boutique et un resto, le fruit d'une association de producteurs régionaux. Dans un cadre contemporain, on se régale de *guindillas de Ibarra* (piments verts), d'anchois ou de thon de Getaria, du fondantissime *cerdo* (porc) Basatxerri ou encore du riz bio des *Bardenas.* Le tout arrosé d'un vin bio. Et puis, on remplit son cabas de quelques souvenirs gastronomiques du coin, comme les fameux *alubias.* Une excellente adresse.

Plus chic

Il est une tradition, à Tolosa, qui s'appelle la *txuleta,* soit la côte de bœuf... ou plutôt de vache. Vieille, qui plus est, car la vache, tous les Basques vous le diront, prend du goût en prenant de l'âge ! Sur ce délicieux et monstrueux créneau (faut avoir de l'appétit !), 2 institutions locales. Côté décor, c'est le jour et la nuit. Mais au niveau des prix, les 2 sont aussi chers : environ 55-60 €... sans le vin !

🍴 **Casa Julián :** *Santa Klara, 6.* ☎ *943-67-14-17.* ✂ *Ouv le midi tlj, plus le soir ven-sam. Résa indispensable.* On adore son décor à l'ancienne, l'impression de manger dans la cuisine d'un vieux paysan en compagnie des maquignons du coin. Quelle atmosphère ! Et pourvu que rien ne change...

🍴 **Casa Nicolás :** *Zumalacárregui, 7.* ☎ *943-65-47-59.* ✂ *Tlj sf dim soir. Fermé à Noël.* 🛜 Ce n'est plus Nicolás qui tient le resto, mais son fils Pedro. Le décor est devenu totalement chic et contemporain, mais la maison est toujours l'un des temples de la *txuleta.* Ah, notez que Pedro possède une cave de 25 000 bouteilles, rien que ça...

Où prendre le petit déj ou manger une bonne pâtisserie ?

🍴 **Pastelería Eceiza :** *San Francisco, 8.* ☎ *943-65-19-16. Tlj 7h30-20h.* 📶 Un bon plan pour ceux qui se lèvent tôt. Petit déj, chocolat chaud et spécialité de *teja y cigarillo*, une sorte de tuile et de cigarette russe.
– Et aussi dans « À voir » la confiserie *Gorrotxategui,* qui ne décevra ni les gourmands ni les gourmets. Mais elle n'ouvre pas avant 10h.

Achats

🎁 **Longarón :** *Nagusia kalea. Tlj 10h-13h, 17h-20h.* Cette vieille boutique (1886 !) vend les fameux bérets basques *(boinas)* de la fabrique **Elosegui,** dont Tolosa est la (dernière) capitale.
🎁 **Lur Lan :** *voir « Où manger des pintxos ? Où manger assis ? ».* Vente de bons produits du terroir.

À voir

🚶 **Casco viejo :** principalement les rues Rondilla, Arostegieta, Errementari et Korreo. Voir aussi la très élégante plaza Euskal Herria, l'ancienne place aux bestiaux. Quelques belles maisons du XVIIᵉ s comme la mairie ou le *palais Idiaquez,* à l'angle de la plaza Zaharra. Pour la photo, il faut traverser le pont Naparzubia qui part de la place Zaharra ; avec les arcades qui se mirent dans le fleuve, les belles maisons qui le bordent et l'église Sainte-Marie derrière, c'est du plus bel effet.

🚶🚶 **Museo Gorrotxategui de la Confitería** *(musée de la Confiserie)* : *Letxuga kalea, 3. Visites tlj à 10h et 18h, en français sur résa (s'adresser à l'office de tourisme). Entrée : env 3 €, chocolat chaud à la pâtisserie Gorrotxategui compris !* Quand José María Gorrotxategui dut moderniser l'atelier où sa famille préparait pâtisseries et confiseries depuis le XVIIᵉ s, il ne put se résoudre à jeter toutes ces vieilles choses. Au contraire, il se mit à voyager et à collectionner des artefacts aussi divers qu'une machine à broyer le cacao du XVIIᵉ s en pierre, une sorbetière du XVIᵉ s, des moulins à café et alambics anciens, de jolis moules à caramel, et même des moules à hosties (dont un du XVIIIᵉ s, avec une scène de corrida). Un très bon moment pour les férus d'art populaire.

🚶 **Iglesia Santa María :** *ouv slt pdt messes (lun-sam à 9h, 10h et 19h).* Bel exemple de gothique basque tardif, avec ses trois nefs et d'immenses peintures aux sujets tirés de l'histoire sainte.

🚶🚶 **Topic :** *Euskal Herria plaza.* ☎ *943-65-04-14.* ● *topictolosa.com* ● *Tlj sf lun 11h-13h (14h en été, w-e et j. fériés), 16h-19h (20h en été, w-e et j. fériés). Entrée : env 3 € ; réduc. Visite « animée » disponible en français.* Très belle présentation, ludique et animée, de marionnettes du monde entier. Le spectre couvre les ombres du *wayang kulit* indonésien jusqu'au célèbre Pinocchio. Également des ateliers, spectacles et expositions temporaires.

Marchés

Il y en a deux principaux le **samedi.**
– Le marché qui se tient sous la halle le long de la rivière, à côté de la plaza Zaharra, est célèbre dans tout le Guipúzcoa. Incroyable variété de **légumes** secs (surtout des *alubias*), d'oignons, de choux de toutes tailles. Tout le monde

(ou presque) s'exprime en basque, s'interpelle. Les acheteurs comparent, flairent, hument, soupèsent. On peut même y déguster des *alubias* et des *pintxos*...
– Le marché aux **fleurs** et aux **plantes** a lieu, lui, sur la plaza Verdura, pas loin du précédent (sorte d'arcade couverte qui ressemble à un boulodrome).
– Enfin, il y a la **halle des marchés spéciaux,** sur la plaza Triángulo. S'y tiennent, entre autres, une foire aux bestiaux en mars, à la Saint-Jean et en octobre, une foire aux *alubias* fin novembre et une fête de la *txuleta* fin décembre. Se renseigner à l'office de tourisme.

Fêtes et manifestation

– **Carnaval de Tolosa :** 40 j. avt Pâques, pdt 6 j. L'un des plus animés du Guipúzcoa : déguisements, concerts, parades, défilés de géants, rien n'y manque et surtout pas l'ambiance. C'est le premier jour (le Jeudi gras) que la fête bat son plein, ainsi que le week-end qui suit.
– **Fêtes patronales :** 24 juin, pour la Saint-Jean. Les festivités commencent une semaine avant, avec des défilés de chars notamment.

LE GOIERRI

Carte Guipúzcoa, B3-4

Le Goierri, dont le nom signifie « hautes terres » en basque, est en effet une terre de contrastes. Après avoir visité rapidement Ordizia et son joli quartier ancien, on fuit l'affreuse zone industrielle de la N 1 pour grimper bien vite dans les charmants villages de la région, notamment à Segura et dans le parc naturel d'Aralar, ou sur le GR 283 qui suit l'alléchante *ruta del queso*... Notez que l'Unesco a récemment pris sous son aile le *camino Real* et le tunnel de San Adrián, un tunnel naturel reliant le Guipúzcoa à l'Álava, où l'homme n'a pu s'empêcher d'édifier un... ermitage, quelle question !
– **Site de la région :** ● goierriturismo.com ● Pour toute info sur le Goierri.

ORDIZIA (ORDIZIA)

Fondée par Alphonse X le Sage au XIIIe s. Vieux centre rapidement visité mais très plaisant. Ici, l'usine de construction ferroviaire de la CAF fait vivre près de 2 500 personnes. Mais on y vient surtout pour le grand marché du mercredi, qui existe depuis plus de 500 ans...

Adresse utile

🛈 **Office de tourisme :** rue Santa María, 24. ☎ 943-88-22-90. ● ordizia.eus ● Tlj. Dans les locaux d'*Elikatuz*, qui abritent un centre d'interprétation sur le Goierri et le musée de l'Alimentation et de la Gastronomie.

Où manger ? Où boire un verre ?

|●| ♀ Pour ceux qui voudraient avaler quelques *pintxos,* on vous conseille les bars **Ostadar (chez « Pinto »)** et **Portoka** sur la belle plaza Mayor. Pour

s'asseoir, aller plutôt chez **Martinez** (Santamaria-Andre Mari kalea, 10 ; tlj sf lun), juste derrière la mairie. La maison, plus que centenaire, sert un bon petit menu dans les 12 € le midi en semaine, plus des raciones et des pintxos le reste du temps.

À voir

Casco histórico : sachez que le camino Real, classé par l'Unesco, passe dans la vieille ville. À l'entrée, on est accueilli par la statue d'Andrés de Urdañeta, « cosmographe et introducteur de la civilisation chrétienne aux Philippines » ! En face, deux jolies maisons-tours, notamment la maison Barrenetxea. Allez ensuite jeter un œil à la mairie (udaletxea), qui est en soi un bel édifice baroque. À côté, la belle plaza Mayor, avec ses colonnes néogothiques de la fin du XIXe s, qui accueille le marché du mercredi. Admirer la maison Sujeto-Enea, dont le dernier étage arbore des fresques du XVIIe s. Une plaque rappelle que c'est à Ordizia que Don Carlos a juré de respecter et de renforcer les fueros du Guipúzcoa. Enfin, notons aussi l'église Renaissance N. S. de la Asunción (clé à l'office de tourisme), avec son auvent protégé par une grille en fer forgé, ainsi que la maison baroque de l'ancienne poste.

Marché

– Il a lieu le mercredi (depuis 1512 !) sur la monumentale plaza Mayor. Les prix pratiqués ici servent de référence dans tout le Guipúzcoa. La mairie d'Ordizia a même publié un calendrier très sérieux des dates de récolte des principaux légumes. Comme ça, si on vous propose de la scarole en été, vous saurez qu'elle vient d'ailleurs !

Fêtes

– **Fête des Bergers :** le mer qui suit la Semaine sainte. À ne pas rater ! Ce jour-là, tous les bergers du Goierri viennent à Ordizia avec leurs troupeaux, car c'est le départ pour la transhumance.
– **Fêtes patronales :** 26 juil (la Sainte-Anne). Le motif de grandes réjouissances et du célèbre baile de los Santaneros, que doivent danser les couples mariés dans l'année.
– Au marché hebdomadaire viennent s'ajouter quelques **marchés annuels**, comme celui consacré au fromage, qui se tient pendant les **Fêtes basques** (autour du 8 sept).

LE PARC NATUREL D'ARALAR

Créé pour protéger l'immense forêt qui sépare le Guipúzcoa de la Navarre, avec des dolmens en guise de frontière... Au milieu, la **sierra d'Aralar** forme la ligne de partage des eaux du Pays basque. La pluie qui tombe sur le versant navarrais rejoint l'Èbre et la Méditerranée, et les eaux du Guipúzcoa filent vers l'Atlantique. C'est un massif karstique où abondent les grottes (beaucoup restent à explorer), mais aussi les pièges classiques de ce genre de terrain (dolines, notamment).

➢ On peut faire une belle **balade en voiture d'Ordizia à Echarri-Aranaz** en Navarre (voir plus haut « La Navarre occidentale ») en suivant la petite GI 2120, qui passe par le col forestier de Lizarrusti. Là, nombreux départs de **sentiers de randonnée** (cartes disponibles à la Maison du parc, voir ci-après). Aucune route ne mène aux alpages et aux zones rocheuses de la partie haute du massif, où abondent les troupeaux de moutons. Une aubaine pour les marcheurs ! En route, vous passerez par le village d'**Ataun San Martín,** qui possède une église abritant un orgue baroque, l'un des plus vieux du Guipúzcoa. *Ouv pdt la messe du w-e ou demander la clé au museo Barandiaran sur résa (voir plus loin). Concert en été.* Juste après, le hameau d'**Ataun Gregorio** est la patrie de José Miguel (ou Joxemiel en basque) Barandiaran, le Lévi Strauss du Pays basque. On y trouve d'ailleurs, le **museo Barandiaran** *(ouv 10h-14h : janv sam-dim ; fév, avr, juil, août, oct et nov jeu-dim et j. fériés ; mars, mai, juin et sept mar-dim et j. fériés ; déc ven-dim et j. fériés ; entrée : env 1 €, 2 € avec visite guidée, réduc).* Film de 15 mn, expo des fouilles locales et visite de la maison des meuniers à côté de l'ancien moulin. À **Ataun Ergoiena,** la cidrerie Urbitarte (☎ 943-18-01-19) se visite sur résa et propose en saison des repas dans les 30-35 € à base de *chuleta,* de *queso* et de… cidre (*txotx* !).

■ *La Maison du parc* (Parketxea) : *au col de Lizarrusti.* ☎ 943-58-20-69. • *lizarrusti.com* • *Ouv 11h-14h30 : à Pâques, tlj ; en été, slt ven-dim et j. fériés ; mai-juin, w-e ; sept-oct, dim et j. fériés. Fermé nov-mars.* Située à la frontière avec la Navarre, elle présente une superbe maquette de tout le massif ainsi qu'un diaporama (paysages, faunes, etc.). Départ de nombreux sentiers : demander la carte et les infos. Possibilité de faire un gros trek de 6 jours (100 km) entre le parc d'Aralar et celui d'Aizkorri-Aratz, via le tunnel San Adrián, récemment classé par l'Unesco.

🏠 |●| *Lurra :* au même endroit. ☎ 943-58-20-69. • *lurra2@hotmail.com* • *Tlj sf lun. Congés : janv. Env 16-18 €/pers en dortoir ; petit déj 3 €. Menu 11 € en sem ; plats 10-15 € w-e.* 📶 Hébergement et bar-resto pour randonneurs. Lits en dortoir et 1 seule chambre double (même tarif). Salle de bains commune. Ils organisent aussi des activités dans la nature environnante : descente de canyon, escalade, orientation… Cuisine variable (le cuistot change quasiment chaque année…).

➢ Autre idée de balade : la jolie route GI 2133 qui part d'Ordizia et, via Zaldibia (belles maisons anciennes), monte jusqu'à l'**ermitage de Larraitz.** Il n'y a rien à y voir, l'ermitage n'est qu'une banale petite chapelle, mais Larraitz est *l'autre porte d'entrée du parc.* Petit office de tourisme *(tlj sf lun en été, slt w-e et j. fériés mars-oct)* avec doc et infos sur le très populaire chemin de *trail* (course de montagne) et sur les randonnées (à pied, à VTT) dans les monts Aralar, notamment vers le pic Txindoki. À Larraitz, on trouve aussi deux restos.

🏠 |●| *Lazkao-Etxe :* Aiestaran erreka-auzoa, 20247 *Zaldibia.* ☎ 943-88-00-44. • *info@lazkaoetxe.com* • *lazkaoetxe.com* • *À 4-5 km d'Ordizia par la GI 2133 puis, à Zaldibia, par la GI 3781 vers Arkaka. Resto fermé en août et à Noël. Doubles 55-61 €, petit déj inclus. Repas env 17 € (slt ven soir-dim midi si on n'y loge pas) ; carte 40-45 €.* 📶 Une accueillante auberge au pied de la sierra d'Aralar. Une poignée de chambres bourgeoises et rustiques à la fois, avec sanitaires privés. Bonne affaire, d'autant que le petit déj est compris ! On peut aussi manger dans l'ancienne grange restaurée, qui a conservé ses poutres et son toit en pente. Excellente cuisine, service amical et avisé, bref, une bien bonne adresse dans un coin qui en manque singulièrement.

IDIAZÁBAL (IDIAZABAL)

Sur la N 1, à 7-8 km au sud-ouest d'Ordizia. La bourgade n'a pas de charme (on lui préfère nettement Segura !), mais il faut bien faire un petit arrêt dans le village qui prête son nom au meilleur fromage de brebis d'Espagne.

🍴 *Centro de interpretación del Queso idiazabal :* Nagusia, 37. ☎ 943-18-82-03. ● idiazabalturismo.com ● En été, tlj 11h-14h, 16h-19h ; le reste de l'année, slt w-e. Entrée : env 2,10 € (3,10 € avec dégustation et 4,10 € avec un verre de vin). Tout, tout, tout, vous saurez tout sur son processus de fabrication (notamment grâce à un petit film conté par une souris) et la manière dont il faut le déguster. D'ailleurs, on peut en avaler des lichettes.

UN FROMAGE QUI VAUT DE L'OR...

Il serait dommage de venir au Goierri sans en rapporter le célèbre fromage de brebis d'Idiazábal, reconnu dans toute l'Espagne pour ses qualités gustatives exceptionnelles. C'est le seul fromage de brebis d'Europe fabriqué avec du lait cru, non pasteurisé. Tous les ans à Ordizia, la moitié du meilleur idiazabal de l'année est mise aux enchères... En 2014, l'un de ce demi-lingot a atteint le prix hallucinant de... 13 050 € !

🧀 Voir surtout **Ondarre,** à **Segura** (voir plus loin).
🧀 *J. Aranburu :* Ondramuino baserria. ☎ 943-18-74-92. Visite avec dégustation env 3 € (gratuit si achat). Une fromagerie mécanisée mais toute proche du musée du Fromage. Tenue par trois frères, qui produisent 20 à 25 000 fromages par an. Cela dit, ils ont gagné plusieurs fois le 1er prix au concours d'Ordizia. Petit musée en projet.

➢ D'Idiazábal, **belle balade en voiture** jusqu'au **col d'Etxegarate,** puis à droite en revenant vers Idiazábal, via Zegama et Segura. Ravissante route de montagne, étroite mais qui se coule sous la marquise des arbres et plonge vers le río Oria. Au **col d'Otzaurte,** un sentier, peu visible, conduit à l'ermitage du tunnel San Adrián, classé par l'Unesco. On peut aussi faire la randonnée dans l'autre sens, en partant de Zalduondo en Álava ; le repérage est plus facile.

SEGURA (SEGURA)

Notre village préféré dans la région, qui a conservé une bonne partie de sa splendeur ancienne. Encore une cité fondée par Alphonse X le Sage au XIIIe s, stratégiquement située sur le *camino Real* entre la Castille et le reste de l'Europe. Grâce à la famille Guevara et à leur grande influence, il y a ici plus de palais que de maisons, et on peut toujours admirer trois des cinq portes de la ville. Difficile de manquer le **palais des Guevara,** c'est le plus gros et le plus blasonné, ou l'**église Notre-Dame-de-l'Ascension,** splendide gothique basque du XVIe s *(clé à l'office de tourisme).* La mairie est logée dans l'ancien **palais des Lardizabal,** dont l'un des membres, un certain Martín, fut maire de Madrid et vice-roi du Venezuela ! Voir aussi la *cárcava,* dans Gernika kalea, un passage de 1,50 m de large, typique du Moyen Âge. Notez enfin le nombre élevé de tournesols sur les splendides portes anciennes de la cité : c'est le porte-bonheur traditionnel.

LE CASTILLAN AUX BASQUES !

Segura est le seul village de la région qui porte un nom castillan et non basque. Et pourquoi donc ? Parce que c'était le poste avancé de la famille des Guevara en Guipúzcoa. Et alors ? Alors, Nicolás Guevara était le majordome des Rois catholiques ! Ce qui explique le nom du village mais aussi la profusion de palais...

🏠 🧀 **Ondarre :** Ondarre baserria. ☎ 943-80-16-64. ● agroturismondarre.es ● ♿ Doubles 42-48 €, accès à la cuisine inclus ; petit déj 4 €. Appart 4 pers 88 €. Visite de la fromagerie 6-15 € selon formule choisie. Certes, on loge en contrebas du village, mais dans une maison du XVIe s restaurée, avec des chambres à l'arrière, coquettes, impeccables et pas chères. Bel espace pour le petit déj et salon avec poêle. Surtout, vous logez chez le plus artisanal des producteurs de fromage idiazábal (seulement 1 000 fromages par an), celui qui a battu le record de vente aux enchères de 2014 (13 050 € le demi !). Rassurez-vous, le petit musée-boutique l'affiche à environ 18 € le kilo, blanc ou fumé... Fromage délicieux et accueil itou.

¶¶ *Office de tourisme et centro de interpretación medieval :* Nagusia, 12. ☎ 943-80-17-49. • seguragoierri.net • *Dans la casa Ardixarra. Fin juin-début sept, tlj 11h30-13h30, 16h30-19h30 ; sept-déc, ven 17h30-19h30, w-e 11h30-13h30, 16h30-19h30 ; janv-fin juin, slt sur rdv. Entrée : env 2 €.* Dans l'une des plus anciennes maisons de la région (XVIe s), avec de petites fenêtres typiques du gothique flamand. On y voit les actes de fondation de la ville (ainsi qu'une maquette de celle-ci au XVIIe s) et on y apprend, entre autres, que les femmes mariées du Moyen Âge avaient le crâne rasé et portaient un chapeau indiquant leur statut social... En sortant, jeter un œil à la *casa Jauregui,* un magnifique palais baroque du XVIIe s.

– La **Semaine sainte** de Segura est un grand moment, notamment la procession des pénitents du Jeudi et du Vendredi saints.
– **Fête médiévale :** tous les 2 ans en juillet, les années impaires.

ZEGAMA (ZEGAMA)

Zegama est un village de montagne, comme le prouvent les pierres placées sur les toits pour fixer la neige. Peu de choses à voir et à faire, à moins de partir en rando dans le parc Aizkorri-Aratz...

¶ *Parketxe Anduetza – Centro de interpretación del parque natural de Aizkorri-Aratz :* ☎ 943-80-21-87. • parketxesarea.org/anduetza • *En saison, tlj sf dim ap-m 10h-14h, 16h-18h ; hors saison, tlj le mat, plus sam ap-m. Fermé janv. Entrée : env 2 €.* Dans un ancien hôpital du XVIIe s transformé en ferme. Expo sur les parcs naturels de la région, notamment le parc Aizkorri-Aratz et le tunnel San Adrián, plus quelques vestiges de fouilles locales. Au sous-sol, une *xiloteca,* soit des dizaines de pièces de bois du monde entier. En sortant, jetez un œil au petit ermitage.

ZERAIN (ZERAIN ; 20214)

Croquignolet village perdu dans ses montagnes. Pas mal d'atouts pour attirer le voyageur curieux, notamment sa position, sur un piton dominant magnifiquement la vallée de l'Oria et le mont Txindoki. Foire bio le 3e dimanche de septembre.

Adresse utile

ℹ ✱ *Office de tourisme :* Herriko plaza. ☎ 943-80-15-05. • zerain.eus • *Au-dessus de la taverne* Mandioa. *Tlj.* Pour la clé de l'église, c'est ici. Organise *(sur résa, slt le w-e ; payant)* la visite d'une scierie hydraulique et du musée de la mine *Monte del Hierro.* Belle boutique de produits régionaux.

Où dormir ?

🛏 *Albergue Harizti Erdi :* plaza Herriko. ☎ 943-80-15-05. • turismobule goa@zerain.eus • *Ouv tte l'année. Env 12-15 €/pers ; petit déj 3 €.* Cette petite école communale propose un dortoir de 24 lits, un autre de 6 lits, 3 chambres de 4 lits et une double, avec salle de bains. Confort spartiate, mais propreté rigoureuse. Souvent occupé par des groupes durant l'été : tentez votre chance...

🏠 **Casa rural Tellerine-Enea :** *Aizpea auzoa.* ☎ *943-58-20-31. À 5 km de Zerain : prendre la route de Legazpi (la GI 3520), puis, à 3,7 km, sur la gauche (panneau). Double avec sdb env 46 € ; petit déj 4 €. Accès à la cuisine 3 €/j. CB refusées.* Attention, adresse exceptionnelle ! Superbe *caserio* en pierre des XVIe-XVIIIe s, restauré pendant 20 ans par le chaleureux José Miguel et son papa, aujourd'hui disparu. Sa maison est un musée vivant, dont il est le guide. Il vous racontera par exemple l'usage du *sisilu* et du *kutxa*, 2 meubles du beau *comedor* (salle à manger) où l'on prend le petit déj, préparé avec les produits du domaine. Très bel environnement campagnard. Une adresse à l'écart du monde : pas de wifi, pas de réseau de portable. Le rêve !

🏠 **|●| Oiharte :** *Irukaketa-gain auzoa.* ☎ *943-50-10-13.* 📱 *680-17-12-91.* ● *oiharte@oiharte.com* ● *oiharte. com* ● *Depuis Segura, dépasser Zerain, c'est dans un virage à droite. Doubles avec sdb 50-55 € selon saison ; duplex 4 pers 70-80 € ; petit déj 4,50 €. Accès à la cuisine 4,50 €. Menu env 30 €, visite de la cidrerie incluse (sinon, 8 € la visite mais slt le w-e à 11h).* 📶 Pour les amateurs d'agrotourisme, celui-ci propose à la fois le gîte, le couvert et une cidrerie. 5 chambres et un duplex de très bon confort dans une belle maison en pierre avec vue. Au resto (grandes tablées de janvier à mai, la saison du cidre), omelette à la morue, morue avec piments, excellente *chuleta de vaca*, fromage avec noix et compote de pommes. Le tout à arroser, bien sûr, du cidre maison en allant faire *txotx* directement aux cuves... Mieux vaut dormir sur place !

Où manger ?

|●| **Ostatu :** *pl. del Ayuntamiento.* ☎ *943-80-17-99.* ✗ *Tlj sf mar ou mer. Congés : fév. Menus env 13 € (déj en sem)-25 €.* 📶 Fréquenté par les travailleurs du coin. Belle terrasse avec vue sur Segura, la vallée et le mont Txindoki. L'intérieur abrite un cachot du XVIIIe s et le mur du bar est orné de fers de bagnards (surnommés *esposas*, soit « épouses », sans commentaire !). Cuisine correcte.
– Voir aussi **Oiharte** dans « Où dormir ? ».

À voir

🎭🎭 ***Museo etnográfico :*** ✗ *Lun-ven 10h30-13h30, 15h30-18h30 ; w-e 11h-14h, 16h-19h. Entrée : env 3 €.* Installé dans une superbe maison basque du XIXe s et précédé d'un buste de Goya. C'est que Goya était basque, lui aussi ! Son arrière-grand-père, né à Zerain, émigra à Saragosse comme tailleur de pierre. Et voilà comment les Aragonais s'enorgueillissent d'un génie qui leur doit peu. Bon, ce musée n'a rien à voir avec Goya... Cela dit, une fois le diaporama historique ingurgité, il faut absolument monter *goya*, pardon « en haut » (ou *goya* en basque), pour voir le magnifique grenier. Admirez les belles quilles et le jeu de *bolos* (et non de boloss), une sorte de bowling en bois qui se joue dans la *bolera* du village, à deux pas. Notez aussi les beaux coffres en bois, les araires au soc en fer, et surtout le très ancien et rare *takataka* en châtaignier, c'est-à-dire un youpala pour apprendre aux enfants à marcher.

🎭 ***Le cachot du XVIIIe s :*** *dans le resto* Ostatu. *Ouv aux mêmes heures que le resto (voir « Où manger ? »). Entrée : 1 € (gratuit pour les clients affamés).* Les prisonniers y faisaient une escale forcée sur la route des galères. Il a été utilisé jusqu'à la fin du XIXe s.

Palacio Jauregui : *énorme bâtisse face à l'église.* Parfait exemple d'architecture rurale du Guipúzcoa. Ne se visite pas. Mais, à côté de la porte d'entrée, jolie pierre gravée où le soleil, en partie éclipsé par la lune, pleure.

LA VALLÉE D'UROLA

On l'atteint au départ de Tolosa par la jolie route GI 2634. En automne, vous apercevrez peut-être des paysans encordés en train de faucher les fougeraies, tant les à-pics sont importants... On passe près de quelques gros villages de montagne, comme *Albiztur* (belles maisons anciennes, dont une de 1707). Après, la route grimpe pour changer de vallée : piquetage blanc des moutons, pottoks (le poney basque), parfois un âne gris attaché à une énorme charrette de fougères. C'est bucolique comme une chanson de Cabrel. En arrivant sur l'Urola, les panoramas sont époustouflants, les montagnes s'ouvrent, et on dirait presque qu'on peut apercevoir Bilbao au loin.

Arriver – Quitter

En bus

➢ La *Guipuzcoana* (☎ 943-85-11-59 ; ● laguipuzcoana.eus ●) propose env 1 bus/h en sem (moins le w-e, surtout dim) entre **Donostia** et **Azkoitia**, via **Azpeitia** et **Zestoa**.

➢ Avec *Euskotren* (☎ 902-54-32-10 ; ● euskotren.eus ●), 1 bus/h en sem (moins le w-e) entre **Zumaia** et **Zumarraga** via **Zestoa**, **Azpeitia**, **Loiola**, **Azkoitia** et **Urrentxu**. Également 2-3 bus/j. entre **Azkoitia** et **Tolosa**, et 5-6 liaisons/j. entre **Azkoitia** et **Zarrautz**.

➢ Avec *Pesa* (☎ 902-12-14-00 ; ● pesa.net ●), 2 liaisons/j. entre **Donostia** et **Bilbao** via **Zumarraga** et **Bergara**. Également, ttes les 90 mn, un bus qui fait la boucle **Bergara-Zumarraga-Legazpi-Oñati-Bergara**.

AZPEITIA (AZPEITIA)

C'était l'un des hauts lieux de la métallurgie guipúzcoane... jusqu'à la fermeture récente des hauts fourneaux. Le plus haut des fourneaux, aujourd'hui, est sans doute celui qui forge la foi, un sanctuaire qui porte le nom d'Ignace de Loyola, né ici, à Azpeitia. Également un musée ferroviaire et une balade en train à vapeur. Aucun rapport, on vous le concède !

Adresse utile

Office de tourisme : *dans un kiosque devant le sanctuaire de Loyola.* ☎ 943-15-18-78. ● urolaturismo.eus ● tierraignaciana.com ● *En saison, tlj sf dim ap-m ; hors saison, tlj sf dim ap-m et lun.*

À voir. À faire

Casco viejo : à côté du pont ancien, la *maison-tour Enparan,* très bel édifice Renaissance qui abrite la bibliothèque. En diagonale, de l'autre côté du *río,* la *maison Basozabal* et son étage à arcades. Au fond, l'*église Soreasu* avec son clocher typique du gothique basque, plus un vieux lavoir derrière.

🍴 🚶 Museo vasco del Ferrocarril *(musée basque du Chemin de fer)* : *Julian Elorza, 8.* ☎ *943-15-06-77.* ● *euskotren.eus* ● *bemfundazioa.org* ● *Dans la gare désaffectée. En été, tlj 10h30-14h, 16h-19h30 ; hors saison, tlj sf dim ap-m et lun 10h30-13h30 (14h dim), 15h-18h30 (16h-19h30 sam). Congés : fin déc-début janv. Entrée : env 3 € ; 6 € avec la balade en train à vapeur.* Dans la jolie gare de style faussement néogothique, on peut démarrer la visite à l'étage par la collection d'horloges et de pendules ferroviaires pour se mettre la musique des carillons dans les oreilles. Longer ensuite les voies pour se diriger vers l'atelier de maintenance (en état de marche, l'un des derniers du genre en Espagne). Au dépôt, voyage dans le temps garanti puisqu'il est rempli de vieilles locomotives et d'antiques wagons. Au hasard des saisons (la collection tourne...), vous verrez peut-être ce wagon anglais en bois de 1876, le fameux *Topo* de 1912 qui faisait la liaison avec la France ou encore le *VFM* (pour *Voies ferrées du Midi*), qui amenait les voyageurs de Bayonne à Donostia en 1925. Également un camion de pompiers de 1922 pour faire rêver les gosses, des trolleys, des bus, plus le wagon dernier cri, accessible aux personnes handicapées, de la compagnie *Eusko Tren*.

➤ 🚶 Le train à vapeur de la vallée d'Urola : *avr-oct ou nov, départs w-e et j. fériés à 12h30, plus sam à 18h ; attention, en août, c'est un train diesel et non à vapeur, mar-ven à 12h30 et 18h ; hors saison, slt certains j. fériés, aux mêmes horaires.* ● *euskotren.eus* ● *Tarif : 6 € à régler au musée du Chemin de fer, la vieille gare d'où démarre le train à vapeur (visite de la gare-musée incluse dans ce prix). Le voyage d'Azpeitia à Lasao A/R dure 40-45 mn.* On roulerait bien un peu plus longtemps derrière l'antique machine de 1898 *Nasmyth & Wilson,* mais il ne faut pas fatiguer cette vieille dame. À bord, l'ambiance est sympa, avec plein de familles qui commentent le paysage, assises sur les banquettes en bois. Pour bien en profiter, on peut se placer sur les plates-formes à l'arrière des wagons, mais alors on « déguste » les escarbilles de charbon renvoyées par la machine (si vous y tenez quand même, évitez le tee-shirt blanc !).

🍴 Santuario de Loyola : *à la sortie d'Azpeitia sur la route d'Azkoitia.* ☎ *943-02-50-00.* ● *santuariodeloyola.org* ● *Tlj 10h-13h30, 15h30-19h30 (18h30 hors saison), sf pdt les offices. Visite libre (sf petits groupes, sur résa !).* C'est encore l'un des hauts lieux du catholicisme basque. D'ailleurs, n'y aller que par ferveur religieuse car, artistiquement, à moins d'être un fan de classicisme bien lourd, on ne peut pas dire que ça vaille vraiment l'effort. Le sentiment dominant quand on découvre le sanctuaire, c'est l'effroi. Cette énorme bâtisse grise, ornée de statues et surmontée d'une coupole, ressemble à un haut fourneau de la foi. Cela dit, puisque vous êtes là, jetez donc un œil à l'intérieur baroque où règnent les huit vertus... sans oublier le bel orgue romantique signé Cavaillé-Coll, la fameuse dynastie française de facteurs d'orgues qui a essaimé dans tout le Pays basque.

🍴🍴 La maison natale d'Ignace de Loyola : *à gauche de l'entrée de la basilique. Mêmes horaires mais entrée payante : env 4 €, audioguide inclus.*
C'est une très belle maison forte du XVe s, bien qu'on manque de recul pour en apprécier les proportions, puisque la basilique a été construite autour. Tout juste peut-on apercevoir l'étage supérieur, construit en brique sur une base de pierres de taille, selon la technique classique de l'architecture mudéjare (inspirée des Arabes). À l'entrée, on est accueilli par une statue grandeur nature d'Ignace blessé, sur son brancard.
Illuminé par une vision, Ignace de Loyola fonda la Compagnie de Jésus et envoya des missionnaires (les jésuites, donc, dont François-Xavier) prêcher la bonne nouvelle à des peuples qui n'en demandaient pas tant. Cela dit, notez que l'actuel pape François est jésuite de formation et que ça ne lui réussit pas trop mal !
Le rez-de-chaussée est éclairé par les meurtrières d'origine. Dans les étages, quelques meubles basques anciens et des objets religieux. Au dernier étage, un impressionnant meuble à chasubles et une belle copie ancienne de la Vierge

de Montserrat, la Vierge noire de Catalogne. Après quoi, un diaporama religieux raconte la vie d'Ignace (c'est fou tout ce qui a pu lui arriver...).

Fêtes

– **Fêtes traditionnelles d'Azpeitia :** *31 juil.* Pour san Ignacio, le célèbre voisin, avec procession jusqu'au sanctuaire. Très animées.

AZKOITIA (AZKOITIA)

Si Azpeitia a vu naître Ignacio de Loyola, Azkoitia est le lieu de naissance... de la pelote basque ! Faites abstraction autant que possible des bâtiments industriels qui s'étalent le long de l'Urola et allez directement à l'*iglesia Santa Maria la Real,* un bel exemple d'architecture de la Contre-Réforme (très beau retable, impressionnant calvaire dans l'une des chapelles de droite, plus l'un des derniers orgues de la dynastie Cavaillé-Coll). Elle est encadrée de deux superbes maisons nobles, dont l'ancien *palais de la famille Idiaquez,* à la façade bien noire. Aurait-il été victime de l'accumulation des suies industrielles locales, comme on le dit parfois ? Hum, il semblerait plutôt qu'il fût incendié et que l'on décidât par la suite que, bah, après tout, ça lui donnait un certain style ! On emprunte ensuite Nagusia pour aller jusqu'à la place de la *mairie (udaletxea),* où bat le cœur de la ville. Enfin, un petit tour du côté de *Pilotartea,* le quartier populaire où l'architecte Jorge Oteiza a édifié sept frontons de pelote basque dans un style moderne.
Le samedi, c'est jour de *marché* : à droite de l'église, dans Nagusia, et dans le bâtiment construit au-dessus de la rivière, face à la mairie.
– **Fêtes :** Azkoitia célèbre la Vierge le 15 août et saint André le 30 novembre.

ZESTOA (ZESTOA)

Est en général considérée comme faisant partie de la côte, peut-être parce qu'il s'agit d'une station thermale. C'est gai comme une ville d'eaux des années 1950 ! Cela dit, la grotte d'Ekain et le *palacio Lili (visite « théâtrale » guidée le w-e sur résa à l'office de tourisme, Portale kalea, 1 ;* ☎ *943-86-88-11)* méritent le coup d'œil...

À voir

⊗ ♜♜♜ *La réplique de la grotte d'Ekain :* on n'y accède qu'à pied en *20-25 mn depuis l'office de tourisme de Zestoa (Portale kalea, 9).* ☎ *943-86-88-11.* ● *ekainberri.com* ● *Tlj sf lun 10h-18h (19h en été, w-e et j. fériés). Attention,* **résa impérative par tél ou Internet,** *et retirer sa place 30 mn (au moins) avt le début de la visite à l'office de tourisme. Entrée : 6 €. Possibilité de visite en français si on réserve min 1 sem à l'avance.* À l'instar de Lascaux, il s'agit de la réplique, ouverte au public, d'une grotte datant de la dernière glaciation (période magdalénienne, c'est-à-dire entre - 14 500 et - 10 000 ans). L'originale, découverte en 1969, se trouve à 600 m de là. Comme à Lascaux, l'intérieur (qui baigne dans une musique appropriée et une douce pénombre) est couvert de peintures de chevaux, cerfs, bovidés, bref, de produits de la chasse. Une visite que les amateurs d'art primitif ne manqueront pas ! En outre, il y a un espace multimédia sur la grotte originale et l'art rupestre en général, qu'on visite après avoir vu la réplique. Compter au moins 2h en tout (temps de marche entre Zestoa et la grotte compris).

LA ROUTE AZKOITIA-ZUMARRAGA
(AZKOITIA-ZUMARRAGA)

🦃 **Urretxu** (URRETXU) : *village collé à Zumarraga quand on vient d'Azkoitia.* Possède une très romantique *udaletxea* (mairie) en grès rose, donnant sur une placette carrée, fermée par une jolie petite église. Idéal pour se mêler à un mariage le samedi, d'autant que l'on peut avaler des *pintxos* et écluser un verre dans l'un des bars de la place...

ZUMARRAGA (ZUMARRAGA)

Vous sentez la petite odeur piquante en arrivant ? Arcelor-Mittal y est bien implanté. Mais la ville est surtout connue pour l'*ermitage de La Antigua,* l'un des trois grands sanctuaires du Guipúzcoa, avec Arantzazu (voir plus bas dans les environs d'Oñati) et Loyola (voir plus haut). Là-haut, vous trouverez un office de tourisme *(tlj sf lun en été)* et un café-resto moderne.

🦃🦃🦃 **Ermita de La Antigua** : *à env 2 km du centre de Zumarraga (direction Antigua). Pâques-oct, tlj sf lun 11h30-13h30, 16h30-19h30 ; le reste de l'année, slt ven 15h45-17h15 et w-e et j. fériés 11h30-13h30, 16h-18h. Brochure en français et guide à disposition. Festival de musique ts les sam de sept à 19h30. GRATUIT.*
Quitte à voir un seul sanctuaire, autant, à notre avis, choisir celui-ci, d'autant qu'il est perché au sommet d'une colline, dans un site superbe dominant toute la région. La structure est du XIIe s, mais l'église date du XIVe s. Elle frappe d'abord par la simplicité propre à toutes les églises romanes. Une seule nef, percée de huit meurtrières. Le seul élément gothique est le portail légèrement ogival.
Mais ce qui nous a bluffés, c'est la charpente. Reposant sur des piliers en pierre de taille, c'est une superbe carène de bateau renversée. Au fond, le chœur, pas très grand, qui abrite la statue de la Vierge de La Antigua, au visage serein. Levez la tête pour admirer la clé de voûte en bois ! Les chapiteaux, en bois eux aussi, sont sculptés de motifs géométriques (des ustensiles, nous dit-on) et de visages féminins stylisés. Admirez donc les balustrades qui reposent sur des pierres fichées dans les murs... On se demande comment les charpentiers pouvaient concevoir une telle structure, avec des lignes de force, des appuis presque aériens, équipés des outils de l'époque. Également quelques très belles statues baroques, dont celle de sainte Anne apprenant à lire à la Vierge.
– **Pèlerinage à l'ermitage de La Antigua :** *2 juil.* Ce jour-là, les jeunes gens de Zumarraga exécutent dans le sanctuaire l'antique danse des épées.

LEGAZPI (LEGAZPI)

Par la route GI 2630, on arrive à Legazpi, gros bourg très industriel, au cœur de « la route du Fer ». On y trouve logiquement le musée du Fer, flanqué d'une ancienne forge, et un parcours d'une quinzaine de sites permettant de « sentir » ce qu'était la vie des familles ouvrières dans les années 1950. Bref, si le sujet vous intéresse, mais il vaut mieux appeler avant de venir !

Adresse utile

🛈 **Office de tourisme :** *au museo del Hierro Vasco, parc de Mirandaola-Legazpi, à la sortie sud de Legazpi, sur la GI 2630.* ☎ *943-73-04-28.* ● lenbur.com ● urolagaraia.com ● *En saison, tlj 10h-14h, 16h-18h ; hors saison, slt le mat. Cela dit, mieux vaut téléphoner avt de venir...* On peut s'y procurer la carte de la « Route ouvrière » dans Legazpi et le parcours dans le parc de Mirandaola et la vallée du Fer.

Où manger ?

|●| Mirandaola : *juste au-dessus de l'office de tourisme.* ☎ 943-73-12-56. *Ouv le midi tlj sf mar, le soir sur résa. Menu déj 12 € en sem ; w-e, plats env 9-16 €.* 📶 C'est le bar-resto du musée. Propose des pintxos et un menu du jour, qu'on peut boulotter face à la grande salle du musée du Fer. Correct et pratique. Sinon, on peut pique-niquer dans le parc...

À voir. À faire

🚶 Museo del Hierro Vasco *(musée du Fer basque) : à l'office de tourisme. Mêmes coordonnées et horaires. Visite guidée slt (en français sur résa), donc téléphoner avt de venir ! Entrée : env 2 € ; 7 € avec la visite de la forge et de la capilla de la Cruz de Hierro.* Pas étonnant de trouver un tel musée par ici, quand on voit toutes les industries métallurgiques installées dans le coin. Un musée sur le fer donc, basque, mais pas seulement. Dans une grande salle (en fait une ancienne fonderie), on explique au visiteur ce qu'est le fer, comment on l'obtient, etc. Vous saurez tout aussi sur les mines de fer et les forges du Guipúzcoa, celles de l'ère industrielle et d'avant, à travers des maquettes, panneaux explicatifs, petits « théâtres visuels »... Un beau musée, technologique et didactique, mais qui, bien sûr, vous laissera d'acier si le sujet ne vous parle pas...

🚶 🚶 Ferrería *(forge) : à deux pas de l'office de tourisme. Réserver avec la visite du musée (voir plus haut) ! Démonstrations : Pâques-sept, dim à 12h et 13h ; le reste de l'année, slt sur résa.* Un bâtiment du XIXe s abrite une reconstitution de machines du XVIe s liées à l'industrie métallurgique. On remet la forge en marche comme à l'époque et les forgerons vêtus d'aubes blanches manipulent le fer rouge avec de grosses pinces, le martèlent, le mettent en forme sous les yeux écarquillés des visiteurs...

LES RISQUES DU TRAVAIL DOMINICAL

À côté de la forge se trouve le beau petit ermitage de Mirandaola où, paraît-il, une malédiction se réalisa le 3 mai 1580 : ce jour-là était un dimanche, mais cela n'empêcha pas les forgerons, après la messe, d'aller travailler à la forge. Des clous ! Alors qu'ils avaient de quoi travailler plus de 250 kg de fer, ils n'arrivaient pas à produire autre chose... qu'un objet en forme... de croix, bien sûr. Difficile de boire le jour du Seigneur !

– **Pèlerinage à l'ermitage de Mirandaola :** le dim qui suit le 3 mai (voir l'encadré).

LA VALLÉE DU RÍO DEBA

De Deba au col d'Arlaban, la vallée du Deba offre une excellente voie d'accès vers l'Álava par la route GI 627. Route étroite, encombrée de camions, au point que beaucoup préfèrent rester sur l'autoroute A 6 (puis AP 1, le plus simple). La vallée du Deba est industrieuse, sombre, sérieuse. Elle recèle pourtant quelques surprises, dont le sanctuaire d'Arantzazu, l'un des hauts lieux du catholicisme en Guipúzcoa.

Arriver – Quitter

La compagnie *Pesa* (☎ 902-12-14-00 ; ● pesa.net ●) assure dans les deux sens plusieurs lignes qui passent par *Bergara* et *Oñati*.
➢ *Donostia-Bergara :* ttes les 2h en sem (moins le w-e).
➢ *Donostia-Tolosa-Ordizia-Ormaiztegi-Zumarraga-Bergara-Bilbao :* 2 fois/j.
➢ *Bergara-Bilbao :* 2 fois/j.
➢ *Oñati-Bilbao :* 2 fois/j.
➢ *Bergara-Zumarraga-Legazpi-Oñati-Bergera :* ttes les 90 mn en sem (moins le w-e).

BERGARA (BERGARA)

(20570)　　　14 600 hab.　　　*Carte Guipúzcoa, A3*

Encore une ville fondée au XIIIe s par Alphonse X le Sage (mais l'était-il tant que ça pour en fonder autant ?). Une histoire de fonderie, si l'on ose dire, puisqu'une fois enrichie par les terres fertiles du río Deba, la ville s'épanouit au XVIIIe s grâce aux forges où se fabriquaient de grandes quantités d'armes blanches... Jolie bourgade à découvrir aujourd'hui. Dès que l'on a quitté la route et franchi la rébarbative zone industrielle, le vieux centre apparaît dans toute sa splendeur.

Adresse utile

🛈 *Office de tourisme :* palacio Errekalde. ☎ 943-76-90-03. ● bergaraturismo.eus ● *À l'arrière de la mairie et de l'église San Pedro. De juil à mi-sept, tlj sf dim ap-m ; hors saison, slt le mat mer-dim, plus l'ap-m ven-sam.* Dans un très joli palais doté d'un parc. Infos et documentation habituelles. Également un musée, le *Laboratorium* (voir plus loin dans « À voir »).

Où dormir ?

🛏 *Hotel Ormazabal :* Barren, 11. ☎ 943-76-36-50. ● reservas@hotelormazabal.com ● hotelormazabal.com ● *Double env 55 € ; petit déj 5,50 €. Parking (limité et payant).* 📶 Placé très stratégiquement, donnant à la fois sur la place la plus animée et sur la rue des bars à *pintxos*. De plus, aménagé dans une très belle maison du XVIIe s. Chambres meublées à l'ancienne, avec de vieux planchers qui craquent mais avec des sanitaires modernes. Les chambres du 3e sont sous les combles, tandis que celles donnant sur les terrasses de la rue Irala sont plus claires. La n° 12 possède un salon et un charmant balcon donnant sur la place. Insonorisation certes un peu moyenne, mais le lieu a bien du caractère.

🛏 *Lamaino Etxeberri :* San Martzial auzoa. ☎ 943-76-35-06. 📱 657-79-53-62. ● maitearis7@gmail.com ● nekatur.net/lamaino ● ♿ *Passer sous la GI 627 au niveau de San Martzial ibidea et grimper jusqu'au panneau « Nekazal Turismoa ». Double avec sdb env 47 € ; appart 61 € ; petit déj env 4,50 €.* 📶 Belle ferme en pierre un peu isolée, où l'on est accueilli par les chiens de la maison. La pente bucolique offre une vue superbe. La sympathique propriétaire parle bien le français. Chambres agréablement rustiques, réalisées dans des tons gais et harmonieux, et disposant de belles salles de bains. Cuisine à disposition. Excellent petit déj composé de produits locaux.

Où manger ?

Là encore, plein de **bars à pintxos** pour allier ambiance festive et grignotage sympathique. Pas d'hésitation : il faut fréquenter ceux de *Irala kalea* (plutôt une place qu'une rue, à vrai dire), comme *Pol-Pol*, et ceux de **Barren kalea** juste derrière, autour du *Sirimiri*...

IOI Sirimiri : *Barren, 3. ☎ 943-04-44-92. Juste à gauche de l'hôtel Ormazabal. Tlj, midi et soir. Menus env 11 € déj en sem, 18-22 € le w-e ; plats 10-18 €.* Central et animé, le bar propose les habituels *pintxos* sur le comptoir. Mais on peut aussi s'asseoir dans la coquette salle en pierre à l'arrière. Excellents et copieux petits menus, à déguster avec les locaux. Sinon, à la carte, tous les classiques : *rapé, cogote, pescado del día, chuleta*...

IOI Lasa : *Zubiaurre, 35. ☎ 943-76-10-55. ● reservas@restaurantelasa.es ● À un bon km au sud du centre, au bord de la rivière. Tlj sf dim soir et lun. Congés : Semaine sainte, août et Noël. Résa conseillée. Menus 28 € (déj en sem), puis 35-47 € ; carte 45-50 €. Digestif maison offert sur présentation de ce guide.* Koldo Lasa marche dans les pas de son père (et de son grand-père) en revisitant les recettes traditionnelles. La salle, de belle taille, aménagée dans un charmant petit palais du XVIe s, est assez sobre mais très élégante. Rien d'extrêmement innovant, mais la cuisine est d'une qualité constante. Que dire de plus ? Sinon que le poisson arrive tous les matins de Pasaia, les jambons de Salamanca et les légumes du marché de Donostia... Spécialité de gibier en saison, et pain maison.

À voir

Le Laboratorium : *à l'office de tourisme (voir « Adresse utile »). Mêmes horaires. GRATUIT.* Logé dans le beau palais Errekalde, de style romantique anglais, entièrement rénové. C'est un musée « sociétal », qui conjugue les apports du siècle des Lumières et les découvertes locales, telle la malléabilité du platine ou encore le tungstène des filaments d'ampoules, issu de la *wolframite* et que l'on doit aux frères Elhúyar. Vidéo sur l'innovation en temps de crise et collection d'objets scientifiques du XVIIIe s (dilatomètre) et du XIXe s (morse, antique téléphone, système de poulies de 1882 élaboré à Paris, etc.). On traite ensuite de l'influence de Darwin, des conflits avec l'Église ou encore de la dissection scientifique des animaux (lémurien de Madagascar et quetzal du Guatemala taxidermisés). Enfin, le XXe s et ses grands penseurs... Expos temporaires.

À l'entrée de la ville, l'**iglesia Santa Marina,** fortifiée, possède un joli clocher du XVIIe s et un superbe auvent. Belle nef avec nervures entremêlées, retable rococo, en bois de chêne, noisetier et noyer. Sinon, derrière la mairie, en haut d'un petit escalier qui part de Barren kalea, l'**iglesia San Pedro** vaut le coup d'œil pour sa tour baroque, son retable plateresque (courant architectural espagnol bourré de décorations), son polyptique de San Miguel, et, surtout, son *Christ agonisant* du XVIIe s, de Juan de Mesa (maître baroque de Séville).

Allez donc flâner dans le **casco viejo** pour admirer l'élégante mairie à arcades : c'est apparemment la seule du Pays basque qui tourne le dos à l'église, ce qui fait dire aux locaux que les constructeurs ne devaient pas être très croyants ! Surtout, ne manquez pas les maisons blasonnées tout autour : la *casa Jauregui*, à l'angle de Bidekurutzeta, et la *casa Arrese*, à l'angle de Barren kalea et Arrese kalea, avec sa superbe fenêtre d'angle.

ESPRIT FRONDEUR

Si vous doutez encore de l'esprit indépendantiste de la région, allez donc jeter un œil à la plaque apposée sur la mairie. Il y est écrit : « Contre la volonté démocratique majoritaire, le drapeau espagnol a été installé par ordre du juge le 31 mars 2014. »

Fêtes et manifestation

Essentiellement agricoles, les fêtes de Bergara donnent lieu à des concours de bétail, de fleurs, de légumes, de fromages. On peut y faire de savoureuses emplettes à bon prix.

- **Fête de San Marcial :** *autour de l'ermitage de San Marcial, le w-e qui suit le 30 juin.* Elle est très typique et les habitants l'adorent : ils y mangent, ils y boivent et s'y amusent bien.
- **Fête de la Saint-Martin-Aguirre :** *mi-sept.*
- **Foire d'Elosu :** *12 oct.* Grande foire aux bestiaux.

OÑATI (OÑATI) (20560)   10 700 hab.   *Carte Guipúzcoa, A3*

On nous avait dit que c'était la plus belle cité du Guipúzcoa. Mais comme l'informateur était d'Oñati... Bref, on a quand même quitté la rocade, qui traverse la zone industrielle et qui évite le centre. Pour voir. Et on a vu.

UN PEU D'HISTOIRE

Oñati a été incorporé au Guipúzcoa en 1845 seulement. Jusqu'à cette date, la ville était sous la coupe des Guevara, et notamment de la branche Lazarraga. C'est important parce que la ville est adossée à la montagne et qu'elle commande le passage à la fois par le col d'Udana et par le tunnel de San Adrián. De l'autre côté de la sierra, ce sont les terres fertiles de l'Álava et les châteaux des Guevara et des Lazarraga, qui avaient donc tout intérêt à ce qu'Oñati soit une ville puissante pour se protéger.

Aujourd'hui encore, les habitants d'Oñati sont fiers d'une réputation de solides gaillards, et ils n'hésitent pas à vous rappeler le souvenir du plus célèbre fils de la ville, le conquistador Aguirre, qu'on avait appelé « la Colère de Dieu » (rappelez-vous Klaus Kinski dans le film de Werner Herzog).

D'ailleurs, du XIVe au XVIIIe s, l'histoire de la ville regorge de bagarres, de vendettas, de meurtres, de prises de pouvoir entre les deux grandes familles, les Garibay, qui tiraient leur pouvoir de l'agriculture, et les Uribarri, qui étaient plutôt éleveurs. Comme au Far West. Au XVIIIe s, ils finissent par se mettre d'accord et se lancent ensemble dans l'exploitation minière, car la région est riche en fer.

Pendant les guerres carlistes, Oñati fut l'une des capitales de Don Carlos.

Adresse utile

Office de tourisme : *San Juan kalea, 14.* ☎ *943-78-34-53.* ● *onati.eus* ● *Derrière l'église San Miguel. Juin-sept, tlj ; oct-mai, tlj sf lun.* Petit film gratuit, et en français, sur Oñati. On peut aussi y voir fonctionner un moulin à eau du XVe s, restauré.

Où dormir ?

Plusieurs hôtels à Arantzazu, à quelques kilomètres, pour ceux qui aiment le calme monastique. Vous pouvez demander à l'office de tourisme de les appeler pour savoir s'il y a de la place.

Hotel Etxe-Aundi : *Torre Auzo, 9.* ☎ *943-78-19-56.* ● *etxeaundi@etxeaundi.com* ● *etxeaundi.com* ● *En venant de Bergara, prendre la GI 3593 sur la droite un peu avt d'arriver à Oñati. Double avec sdb env 60 €,* petit déj inclus. 📶 L'hôtel est installé dans une grosse maison fortifiée et blasonnée du XIIIᵉ s, ayant appartenu aux Lazarraga. À côté, l'un des vieux ermitages d'Oñati. Les chambres, auxquelles on accède par un bel escalier en métal, sont nickel-chrome, certaines avec poutres. Que dire de plus ? Fait aussi resto (voir « Où manger ? »).

🏨 🍽 *Hotel Torre Zumeltzegi :* *Torre Zumeltzegi, 11.* ☎ *943-54-00-00.* ● *reservas@hoteltorrezumeltzegi. com* ● *hoteltorrezumeltzegi.com* ● ♿ *Doubles 115-140 €, petit déj inclus. Menus 19 € (midi en sem et le soir lun-jeu)-29 €.* 📶 En surplomb de la ville, une grosse tour carrée médiévale entièrement restaurée. Beau point de vue depuis les chambres, que l'on atteint par un ascenseur, puis par un escalier pour la jolie supérieure du 4ᵉ étage. Chambres fort plaisantes avec pierres apparentes et grande salle de bains. Restaurant avec vue et un premier menu d'un bon rapport qualité-prix.

Où manger ? Où boire un verre ?

🍽 🍷 Comme d'habitude, on trouve de nombreux *bars à pintxos* où l'ambiance bat son plein en début de soirée. Parmi eux, *Aloña Mendi (Atzeko kalea)* ou *Arkupe* et *Oñati (sur la place de la mairie).* Mais il y en a une flopée d'autres les ruelles autour...

🍽 *Restaurant de l'hôtel Etxe-Aundi :* *voir plus haut. Tlj sf dim soir. Calme le w-e, mais résa conseillée en sem, à cause des déj d'affaires. Menus 12 € déj en sem, 28 € w-e ; carte 35-40 €.* Au premier abord, la grande salle paraît un peu froide, un peu compassée. Mais la cuisine est d'excellente qualité et le service pro et fort courtois. D'accord, c'est parfois un tantinet grassouillet, mais c'est par générosité et non par facilité. De plus, tout est d'une grande fraîcheur et servi copieusement. Mention spéciale au poisson. En dessert, s'il y en a, on vous conseille le biscuit glacé de figues à la sauce de noix fraîches ou la *torta de queso.* Un de nos coups de cœur !

Achats

🛍 *Txokolateixia :* *Barria, 29.* 📞 *605-76-35-95. Tlj 10h-13h, 17h-20h.* À priori, on ne s'attend pas à trouver ici une charmante petite boutique de chocolat artisanal. Mais il y a une tradition locale fort ancienne. Et le chocolat est excellent et pas cher, vous auriez bien tort de vous en priver. Noir, au lait, au café, à l'orange, au biscuit, etc. Petit musée.

À voir

🚶🚶 *Casco viejo :* totalement piéton. La *plaza de los Fueros,* fermée sur trois côtés seulement, avec le bel immeuble baroque de l'*udaletxea* (la mairie) et ses balcons en fer forgé rouges comme le piment basque, vaut le coup d'œil. De même, ne négligez pas la façade arrière du superbe *palais des Lazarraga,* à l'angle de *Atzeko kalea,* également bordée de quelques belles maisons nobles (notamment à l'angle de *Ramón Irizar*).

🚶🚶 *Parroquia San Miguel :* *pl. de los Fueros. Ouv aux heures des messes, sam vers 19h et dim dès 12h ; en été, se renseigner auprès de l'office de tourisme.* Édifice du XVᵉ s. Ses murs extérieurs, de style gothique, sont très richement sculptés et blasonnés. Mais l'intérieur mérite aussi qu'on s'y attarde. Nef bien équilibrée et chœur doté d'un retable abondamment chargé, plein de saints et de grappes de raisin (n'y voyons aucune corrélation, bien sûr). Une porte permet, en principe, d'accéder au très joli cloître, construit comme un pont au-dessus de la rivière, où l'on pourra admirer un magnifique *Christ polychrome* du XIVᵉ s. Dans la chapelle du fond, le gisant du Christ, recouvert d'une fine dentelle et surmonté d'une Vierge en deuil *(la Dolorosa),* vêtue de voiles noirs, ne manque pas d'allure. Juste à droite des belles portes massives, ne manquez pas la « B.D. » du XVIIe s, qui raconte le martyre d'un saint d'Oñati, san Miguel de Aozaraza, flagellé, brûlé et pendu par les pieds par les Japonais dans l'île d'Okinawa. On appréciera aussi le retable plus ancien qui figure les vies de saint Jean et de saint Jacques avec le baptême, les deux décollations, bien réalistes, avec la présentation de la tête sur un plat à Salomé. Les sculpteurs de l'époque aimaient bien le gore !

🎭🎭 Universidad Sancti Spiritus : *à deux pas de la place. Lun-jeu 9h-17h, ven 9h-14h. GRATUIT. Visite guidée (bon marché), sur résa, avec l'office de tourisme pdt la Semaine sainte et en été.* Construite par l'évêque Rodrigo Mercado de Zuazola, ancien président de la chancellerie de Grenade et vice-roi de Navarre. Cet humaniste de la Renaissance, jugeant que les Basques étaient doués pour les lettres, a dépensé toute sa fortune pour construire une université dans sa ville natale. Il fit appel à Pierre Picart, sculpteur, architecte et fils du constructeur de la cathédrale de Burgos. La façade est surchargée de statues symboliques et allégoriques auxquelles on ne comprend plus rien ! On y trouve, pêle-mêle, Hercule, quelques guerriers, saint Jérôme, des centaures, sainte Agathe, un beau blason, etc. À droite de l'entrée, petite chapelle avec retable du XVIe s, où figurent saint Sébastien et ses flèches, saint Michel et son dragon, saint Jacques et son chapeau, saint Paul et ses lettres. Bienvenue à tous !
À l'entrée, un beau plafond à caissons sculpté dans le goût mudéjar. Le cloître, superbe de proportions avec sa magnifique galerie à arcades, est le point d'orgue de cette visite. Pour accéder à la galerie, prendre l'escalier à l'angle sud-est. En haut de l'escalier, sublime plafond octogonal en bois sculpté.

🎭🎭 Monasterio de Bidaurreta : *juste en dehors du centre en allant vers Legazpi. Tlj sf sam mat 10h-12h, 16h30-20h30. Messes en basque lun-sam à 20h, dim à 10h et 12h30.* Construit au XVIe s et encore habité par des moniales. L'entrée du monastère est à droite de la porte de l'église, et le tour ancien en bois, qui permet aux religieuses de rester en contact avec l'extérieur, fonctionne toujours...
Une des particularités de l'église, ce sont les tombes des habitants d'Oñati, d'imposantes plaques de bois numérotées, chaque numéro correspondant à une maison. L'utilisation de numéros souligne l'égalité de tous devant la mort.
Le grand retable, sans une seule dorure, est orné d'une vingtaine de statues grandeur nature des principaux saints du calendrier, et surmonté d'un énorme balcon portant une Vierge de l'Assomption polychrome.
Voir aussi la première chapelle à gauche figurant la Passion du Christ, ainsi que le retable plateresque de droite, l'un des premiers du Guipúzcoa, avec ses très jolies scènes du jardin d'Éden.
Enfin, ne manquez pas les messes en basque, quand, protégées du public par un claustra de bois, les sœurs franciscaines arrivent au balcon pour chanter l'office.

Fêtes

– **Fêtes de Corpus Christi :** *en mai-juin, à date variable.* Extraordinaire procession organisée par la confrérie du Saint-Sacrement. On y voit le Christ, les apôtres, et surtout, saint Michel habillé comme un roi aztèque, avec des plumes roses sur la tête. De nombreuses danses traditionnelles basques ne sont exécutées que ce jour-là.
– **Nuestra Señora de Arantzazu :** *9 sept.* Voir « Dans les environs d'Oñati ».
– **Fêtes patronales :** *29 sept, pour la San Miguel.* Fêtes de bergers, avec, notamment, un concours international de chiens de berger qui attire une énorme foule. Public de connaisseurs qui suit les épreuves dans un recueillement digne d'une première communion.
– **Nuestra Señora del Rosario :** *1er dim d'oct.*

DANS LES ENVIRONS D'OÑATI (OÑATI)

🍴 Basílica de Arantzazu : à 9 km au sud d'Oñati par la GI 3591. Tlj 9h-20h. Accès libre. Messes lun-sam à 8h30 et 12h, dim à 12h et 13h30 (cette dernière en espagnol, les autres en basque). Dim, arriver tôt, sous peine de devoir se garer à plus de 1 km du sanctuaire ! Office de tourisme à l'entrée du site (tlj juin-sept ; le w-e en hiver). Visite guidée (payante) sur rdv au ☎ 943-71-89-11 ou 943-79-64-63.

Tout commence en 1468 avec la découverte d'une statue de la Vierge, sur un rocher, par un berger. S'ensuivent pèlerinages, miracles, puis construction d'une chapelle, d'une ermitage et d'un couvent, où s'installent en 1501 les frères franciscains. En 1834, le monastère est incendié par les troupes anticarlistes. En 1950, les franciscains lancent une souscription pour ériger une basilique, achevée en 1969, juste à temps pour le 500e anniversaire de l'apparition de la Vierge.

La route serpente vers l'église à travers les paysages superbes des monts du Guipúzcoa. Puis on découvre la basilique. Le sacristain prétend qu'il s'agit de l'œuvre architecturale contemporaine la plus importante du Pays basque, d'autant plus qu'il n'a été fait appel qu'à des artistes du Pays basque (« On n'a pas eu besoin d'un architecte américain, nous. » Allusion à un certain musée de Bilbao...).

L'extérieur, en béton cru, possède la lourdeur architecturale des conceptions de l'époque, malgré le campanile hérissé de pointes de pierre symbolisant l'aubépine. Mais le bâtiment recèle de beaux éléments contemporains comme, sur la façade, la frise des apôtres, tous alignés sous une pietà, signée Oteiza, l'un des maîtres des années 1950. Les portes en fer, d'une parfaite simplicité, sont d'Eduardo Chillida. Mais le plus impressionnant reste le retable monumental du sculpteur (madrilène !) Lucio Muñoz, qui orne les parois d'un puits de lumière naturelle. L'artiste a sculpté plus de 600 m² de bois exotique pour bâtir l'écrin, un paysage stylisé, au centre duquel trône, seule, une toute petite Vierge de pierre polychrome du XIIIe s. De chaque côté, les vitraux à dominante bleue du franciscain Xabier Alvarez de Eulate. Dans la crypte, ne pas manquer le Christ rouge flamboyant de Nestor Basterretxea (un vrai tableau de propagande soviétique !)... achevé seulement après la mort de Franco. En bref, un lieu qui plaira surtout aux fans de déco religieuse contemporaine.

Quelques sentiers de balade en surplomb du site. Sur place, quelques hôtels à pèlerins et une sympathique petite taverne, *Milikua*, avec une jolie terrasse derrière le campanile.

– On peut participer à des journées de prière ou faire des retraites au monastère. S'adresser à la *casa de Ejercicios espirituales* (☎ 943-78-13-15). Un pèlerinage au départ d'Oñati est organisé le 9 septembre, jour de la Vierge.

🚶 Cuevas de Arrikrutz : à 5 km d'Oñati et du sanctuaire d'Arantzazu. ☎ 943-08-20-00. D'Oñati, rouler vers Arantzazu sur 3 km, puis prendre à droite la GI 3592 sur 2 km. Résa recommandée. Visites de 1h (possibles en français, téléphoner avt) mar-dim ttes les 30 mn 10h-14h, 15h30-17h30 (18h30 ou 19h en saison). Entrée : env 9 € ; réduc. Du réseau de galeries souterraines de 14 km de long, on ne visite qu'une portion de 500 m, sur une passerelle, à la découverte des stalactites et stalagmites (ou de rares formations « zoomorphes ») pendant qu'un commentaire enregistré (dialogue entre un grand-père et son petit-fils) explique l'origine géologique du site. Ne vaut pas certaines grottes du sud-ouest de la France, mais c'est joli quand même, et le petit musée est plutôt intéressant.

– Et si vous êtes un fou d'**escalade,** sachez que le site d'**Araotz**, à deux pas des grottes, est considéré comme l'un des meilleurs d'Europe (possibilité de louer du matériel à Oñati). Il est même, paraît-il, vanté dans les boutiques d'escalade au Japon !

LA BISCAYE (BIZKAIA)

• LA CÔTE BISCAYENNE 428	ET SES ENVIRONS 449	• LA VALLÉE D'IBAIZÁBAL
• BILBAO (BILBO)	• LES ENCARTACIONES 470	(IBAIZABAL) 475

• Carte p. 426-427

S'il n'y avait pas de Biscaye, il n'y aurait pas de Biscayens, aurait pu écrire Alfred Jarry. C'est qu'ici, le sentiment d'appartenance à deux communautés est très fort : on est basque, certes, mais on est tout autant biscayen.
Au Pays basque, la Biscaye est la province des superlatifs : celle qui possède la plus grande ville, la plus peuplée, la plus riche, la plus industrielle. C'est la province de Bolívar et de la *BBV (Banco Bilbao Vizcaya),* l'une des plus importantes banques européennes. Ici, on sait vous rappeler la réputation des marins biscayens, l'efficacité des banquiers biscayens, le courage des soldats biscayens. On cultive l'histoire autant qu'on parie sur l'avenir.
Ce double souci de préservation culturelle et de prise en main de ce siècle est naturellement symbolisé par le musée Guggenheim de Bilbao, et surtout par son implantation en limite des friches industrielles du Nervión, abandonnées par les métallurgistes. Car il ne faut pas oublier que lorsque le gouvernement basque paria sur la construction de ce magnifique monument, Bilbao souffrait d'un taux de chômage de 23 %. Les syndicalistes des hauts-fourneaux ont eu du mal à accepter l'idée que la culture et le tourisme puissent remplacer l'industrie lourde comme moteur du développement. Et pourtant...
Aujourd'hui, Bilbao est devenue l'une des villes les plus visitées d'Espagne. Tout le monde va au Guggenheim. Mais il ne faudrait pas que ce musée soit l'arbre qui cache la forêt, et oublier les autres richesses touristiques de la Biscaye : la côte, superbe et sous-équipée d'un point de vue touristique (et donc peu fréquentée), mais aussi les vallées de l'intérieur. Dans aucune autre province nous n'avons vu autant d'ermitages marquant la voie de Compostelle. Il faut donc passer derrière le rideau pour découvrir la Biscaye, en sachant d'emblée qu'on aura à plonger dans des villes de tradition double, à la fois biscayenne et radicale. La langue des ancêtres est désormais utilisée pour élaborer de nouveaux slogans politiques. Pour le voyageur, ce peut être surprenant, un peu comme si, en France, Longwy était implanté à Saint-Tropez.

UN PEU D'HISTOIRE

En Biscaye, le cousin de Cro-Magnon était installé dans les grottes de Santimamiñe, où il dessinait chevaux et bisons. Et après ? Pas de nouvelles pendant quelques milliers d'années... Alors qu'il y a des vestiges romains à peu près partout en Espagne, on en trouve peu en Biscaye et ils se limitent à la côte.
Plus tard, vers le IXe s, il est fait mention du règne du roi de Navarre sur la Biscaye. Au XIe s, le fils d'un certain Eneco Lupis ôte la Biscaye de l'orbite navarraise et la dépose dans celle du roi de Castille. Moyennant quoi, ce dernier, ravi, le comble d'honneurs. La famille s'appellera désormais Haro et s'installera en Rioja. Pendant

LA BISCAYE

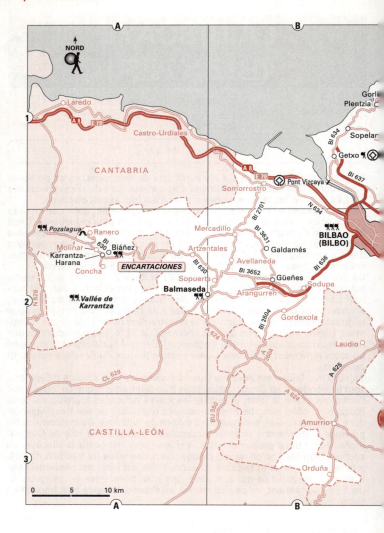

des siècles, elle jouera un rôle primordial dans l'histoire de la Péninsule. Propriétaires en Rioja, mais aussi en Castille ou en Andalousie, les Haro fichent une paix royale aux Biscayens.
Au XIIIe s, soucieux de développer le commerce maritime, les Haro octroient une flopée de *fueros* aux villes biscayennes, devenant ainsi libres et exemptées fiscalement. « Bon plan », ont dû se dire les Biscayens ! Cette mesure va entraîner un développement fulgurant de la côte. Bilbao construit des fortifications et commence à s'urbaniser. La situation géographique est

UN PEU D'HISTOIRE

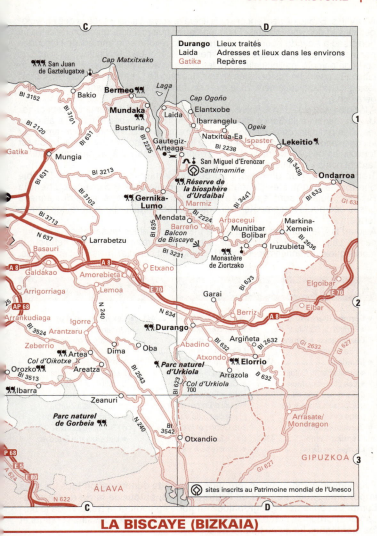

LA BISCAYE (BIZKAIA)

bonne : les marchandises remontent de Castille pour être acheminées vers l'Europe du Nord et plus tard vers l'Amérique. Pour faire leurs draps, les Flamands achètent d'énormes quantités de laine en Castille, Bilbao exporte. Le Guipúzcoa et le Durango produisent du fer dont ont besoin Français et Anglais, Bilbao l'exporte. Par le port transitent aussi les vins de la Rioja, les bois de l'Álava. À tel point qu'au XVIe s les bourgeois et marchands de Bilbao créent le *consulado,* sorte de chambre de commerce qui va régir l'activité maritime.

Au XVIIIe s, Bilbao devient encore plus libérale, suivant ainsi les idées des encyclopédistes et des physiocrates. Enfin, presque : quand il sera question de créer un port franc à Abando pour les concurrencer, la révolte sera immédiate ! Occupée par les Français, la Biscaye souffre moins que d'autres provinces. Il y avait une sorte de parenté intellectuelle entre les libéraux biscayens et les fils de la Révolution. En revanche, les carlistes en font une priorité : cette région riche et libérale les agace prodigieusement. Et la mort de Zumalacárregui devant Bilbao n'arrangera rien...

À la fin du XIXe s, le développement de la Biscaye devient carrément exceptionnel. Usines, banques (la *Banco Bilbao* est née en 1857)... Bilbao s'agrandit, absorbe les villes proches, crée une Bourse, une chambre de commerce pour remplacer le *consulado* et le chemin de fer sillonne les vallées biscayennes L'émigration est forte et les besoins de main-d'œuvre donnent naissance à un prolétariat qui ne tardera pas à s'organiser.

Trop d'argent, trop d'usines, trop de combattants : la Biscaye est la cible des forces franquistes pendant la guerre civile. Les Biscayens quittent la Biscaye, puis ce sont les années noires de la dictature, suivies des années grises des bouleversements économiques. La métallurgie souffre, les usines ferment.

Aujourd'hui, le tourisme a remplacé la métallurgie, et les musées les hauts fourneaux. Les usines high-tech fleurissent un peu partout, les villes se nettoient. Il faudra quelques années pour que le toilettage soit complet, mais il est en marche.

LA CÔTE BISCAYENNE

- **Bermeo (Bermeo)** 429
  - Ermita de San Juan de Gaztelugatxe • Ermita de San Pelaio
- **Mundaka** 434
  - Ermita Santa Catalina • Les plages de Mundaka et de Laida • La plage de Busturia • La plage de San Antonio
- **Gernika-Lumo (Gernika-Lumo)** 436
- **La réserve de la** biosphère d'Urdaibai ... 441
- **Entre Gernika-Lumo (Gernika-Lumo) et Lekeitio (Lekeitio)** 441
  - Urdaibai Bird Center à Gautegiz-Arteaga • Cueva de Santimamiñe • Ermita San Miguel d'Erenozar • La plage de Laida • Le cap Ogoño et la plage de Laga • Ibarrangelu • Elantxobe • Ea
- **Lekeitio (Lekeitio)** 443
- **Ondarroa (Ondarroa)** 446
  - Balade entre Ondarroa et Lekeitio • Markina-Xemein • Balade entre Iruzubieta et Gernika : Munitibar • Bolibar (Bolibar) • Ziortzako monastegia à Ziortza • Randonnée pédestre de Bolibar à Ziortza • Le balcon de Biscaye

Pour simplifier, nous avons regroupé sous cette dénomination tous les sites importants situés au nord de l'autoroute A 8, autour de la ría de Gernika-Lumo. Cet ensemble géographique englobe également la Réserve de la biosphère d'Urdaibai, créée par l'Unesco, qui s'étend sur les bassins versants et les montagnes jusqu'au balcon de Biscaye.

Gernika-Lumo en est le centre économique et historique. Ville symbole depuis son bombardement en avril 1937, c'est avant tout un gros bourg à l'écart du mouvement touristique de la côte. C'est qu'il n'y a rien de commun entre les pêcheurs et les paysans biscayens et les surfeurs australiens, désireux de trouver des spots moins fréquentés que ceux d'Iparralde. À l'opposé, les randonneurs font partie du paysage depuis quelques siècles, quand le chemin de Saint-Jacques a saupoudré la montagne de ce qu'on appelle aujourd'hui des ermitages (en basque, *baselizak*), en fait de minuscules églises où venaient prier pèlerins et paysans du coin.

Comment se déplacer sur la côte ?

En train

🚆 *Eusko Tren (*☎ *902-54-32-10 ;* • *euskotren.eus* •*) relie ttes les 30 mn Bilbao à Bermeo via Gernika et Mundaka.*

En bus

➢ *Bizkaibus (*☎ *902-22-22-65 ;* • *bizkaia.eus* •*) dessert toute la province au départ de Bilbao (gare d'Abando). Pour la partie ouest de la côte, lignes Bilbao-Munguia-Bakio et Bilbao-Gorliz-Armintza. Pour le centre, ligne Bilbao-Bermeo via Gernika et Mundaka. Enfin, pour l'est de la côte, il faut utiliser les lignes Bilbao-Lekeitio et Bilbao-Durango-Ondarroa.*

BERMEO (BERMEO)   (48370)   17 200 hab.   *Carte Biscaye, C1*

• Plan p. 430-431

Bermeo est un important port de pêche, dont l'ancienneté et la réputation des marins sont emblématiques sur la Côte basque. Fondé au XIIIe s, Bermeo est utilisé par les marchands castillans pour acheminer leurs produits par bateaux vers l'Europe du Nord ; d'où son surnom de *Cabeza de Bizkaia* (« Tête de Biscaye »), décerné au XVe s par les Rois Catholiques !
On est séduit par les ruelles pentues de son quartier historique, installé sur un promontoire rocheux, dont les murailles, maisons et autres églises médiévales dominent le vieux port pittoresque. Et, à deux pas de là, le grand port de pêche avec ses navires et entrepôts modernes.

Arriver – Quitter

En train

🚆 **Gare ferroviaire Eusko Tren** *(plan C2) : au fond du port de pêche, juste devant le chantier naval.* ☎ *902-54-32-10.* • *euskotren. eus* •
➢ *Bilbao (gare d'Atxuri), Gernika, Mundaka : ttes les 30 mn en été et ttes les heures hors saison, env 6h-22h (ligne Bilbao-Bermeo).*

En bus

🚌 **Arrêt Bizkaibus** *(plan C2) : sur le port de pêche, côté parc de la Lamera, à côté du casino.* ☎ *902-22-22-65.* • *bizkaia.eus* •
➢ Bus très fréquents pour **Bilbao**, *les plus rapides (ligne A 3527) passant par Mungia, les autres par Mundaka et Gernika (ligne A 3515).*
➢ **Bakio :** *1 navette/h en été, ttes les 2h en hiver.*

Adresse et info utiles

ℹ️ **Office de tourisme** *(plan C2) : Lamera.* ☎ *946-17-91-54.* • *bermeokoudala. eus* • *Tlj sf dim ap-m.* 📶 *(et sur Lamera).* Plan de la ville et de son vieux quartier et quelques brochures en français.

@ **Internet :** *30 mn de connexion gratuite à la bibliothèque municipale (plan C2), juste à côté de l'office de tourisme. Lun-ven 9h30-14h, 15h30-20h ; sam 9h30-13h.*

LA BISCAYE / LA CÔTE BISCAYENNE

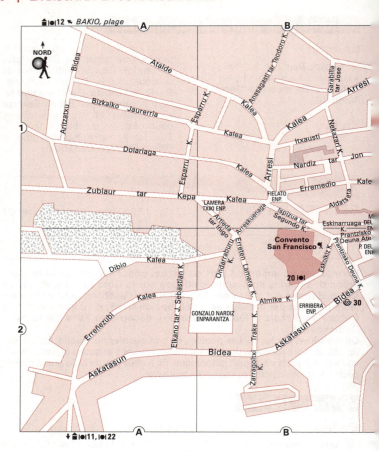

- ■ **Adresse utile**
  - 🅱 Office de tourisme
- 🏠 **Où dormir ?**
  - 10 Torre Ercilla
- 11 Txakoli Arreta et Agroturismo Lurdeia
- 12 Pensión Gaztelu-Begi

Où dormir à Bermeo et dans les environs ?

🏠 **Torre Ercilla** (plan C1, **10**) : Talaranzko, 14, à Bermeo. ☎ 946-18-75-98. 📱 628-48-67-48. ● torrercilla@euskalnet.net ● *Doubles avec sdb 60-70 € selon saison ; pas de petit déj.* Charmante petite pension au cœur du vieux centre, qui propose 4 petites chambres mignonnes et bien tenues, avec parquet. Elles ont chacune leur couleur, et tout le confort de base est là. On aime bien le bow-window de la *Gaztelu*. Très bon accueil.

BERMEO / OÙ DORMIR À BERMEO ET DANS LES ENVIRONS ? | 431

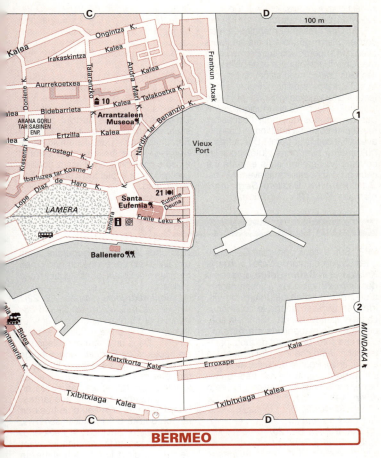

|●| ▼ Où manger ? Où boire un verre ?		22 Almiketxu
20 Beitxi	⊛ **Achats**
21 Jokin	30 Geuzetxuek

🛏 |●| *Txakoli Arreta* (hors plan par A2, 11) : *Artike auzoa, 24, à Bermeo.* ☎ *946-88-15-79. À env 1,5 km du port, au niveau du bâtiment* Infrisa. *Env 20 €/pers en dortoir ; double 50 €. Menus 10 € en sem, 20 € w-e.* 🛜 Pas de charme particulier, à part la terrasse du bar-resto, mais on y trouve des dortoirs de 4 à 10 lits avec salles de bains communes. Également quelques doubles basiques. Coin cuisine et salon. Petit déj au bar.

🛏 *Agroturismo Lurdeia* (hors plan par A2, 11) : *Artike auzoa, à* **Lurdeia** *(6 km au sud de Bermeo).* ☎ *946-47-70-01.* 📱 *666-47-76-65.* ● *lurdeia@*

lurdeia.com • lurdeia.com • Doubles 72-94 € *selon confort* ; *petit déj 8 €.* Une grosse et magnifique maison en pierre posée sur les hauteurs avec une superbe vue sur Bermeo et la mer. Chambres soignées et de belle taille (les plus chères avec salon), avec poutres, TV, salle de bains nickel et excellente literie. Cuisine *(gratuite)* et laverie *(payante)*. Petit déj en musique, servi par les proprios qui, pour l'occasion, revêtent le costume traditionnel basque, avec chaussons et béret ! Une adresse qu'on aime bien mais plutôt pour les couples (voyageant) sans enfants car ceux-ci ne sont pas admis avant 12 ans.

Pensión Gaztelu-Begi (hors plan par A1, **12**) : *Gibelorratzagako bidea, 78, à Bakio.* ☎ 946-19-49-24. • gaztelubegi@yahoo.es • gaztelubegi.com • *À 8-9 km de Bermeo, sur la route de Bakio, au parking de l'ermita de San Juan de Gaztelugatxe. Congés : nov-déc. Doubles avec sdb et TV 60-70 € selon saison ; petit déj 5,50 €. Repas env 30 €, tlj sf mer.* Réduc de 10 % sur le prix des doubles hors saison sur présentation de ce guide. On vous la signale surtout pour sa situation, en surplomb de l'ermitage de San Juan (voir « Dans les environs de Bermeo »). Très belle vue sur celui-ci et, côté chambres, c'est assez douillet, avec plancher et plafond à poutres. Fait aussi resto.

Où manger ? Où boire un verre ?

I●I Y Sur le vieux port *(plan C2)*, quelques bistrots comme le **Café Loidxie**, le **Kaialde** et le **Batun-Batun** proposent des *pintxos* et *raciones*, à accompagner d'un *zurito* ou d'un petit verre de vin. Idéal en terrasse quand le soleil couchant enflamme le port... Sinon, la spécialité locale s'appelle le **marmitako** : c'est une sorte de ragoût de thon, patates et *pimiento choricero* (piment rouge traditionnel). Pour le déguster avec vue sur le port, même s'il est très touristique, nous vous conseillons le resto **Jokin** (plan C1, **21**) : *Eufeme Deuna, 13.* ☎ *946-88-40-89. Tlj sf dim soir. Menu 20 € (25 € en août).*

I●I Beitxi (plan B2, **20**) : *c/ Eskoikiz, 6.* ☎ *946-88-00-06.* • beitxijatetxea@euskalnet.net • *Tlj sf mer ap-m. Menus 12-13 € le midi, 29-40 € le soir.* Un classique à Bermeo, qui propose un solide menu le midi. Le soir, c'est évidemment plus cher. Ambiance populaire dans une salle fermée, à côté du bar, ou en terrasse aux beaux jours. Accueil franc et direct.

I●I Almiketxu (hors plan par A2, **22**) : *Almike auzoa, 8, à Almika.* ☎ *946-88-09-25. Résa indispensable soir et w-e. Menus 18 € déj en sem, 33 € w-e ; plats 20-35 €.* Dans un charmant village sur les hauteurs de Bermeo, une auberge un peu chic qui ne désemplit pas. Il faut dire que la vue est agréable, les salles coquettes et les serveuses en tenue traditionnelle fort avenantes. Dans l'assiette, un menu d'un très bon rapport qualité-prix le midi en semaine, un peu plus endimanché le week-end. Mais la spécialité (à commander avant de venir !), c'est le *talo*, la galette de maïs traditionnelle servie avec des œufs frits, chorizo, *tocino* (bacon) et boudin noir.

Achats

Geuzetxuek (plan B2, **30**) : *Askatasun bidea, 1.* ☎ *946-88-25-42. Tlj sf l'ap-m le w-e.* Vaste choix de produits alimentaires locaux, notamment les marques *Campos* et *Zallo,* spécialisées dans l'anchois et le *bonito* (thon blanc).

À voir. À faire

Arrantzaleen Museoa (musée du Pêcheur ; plan C1) : *torre Ercilla.* ☎ *946-88-11-71.* Accès par une ruelle et un escalier partant derrière l'église Santa Eufemia.

Tlj sf dim ap-m et lun 10h-14h, 16h-19h. Entrée : env 3 € ; réduc ; gratuit moins de 12 ans et pour ts sam. Installé dans une « maison-tour » du XVe s, la seule de la ville encore debout. Au rez-de-chaussée, voir la jolie barque de pêcheur et la criée en bois, les instruments de pesage ou encore le vieux livre de la *cofradía* (association de pêcheurs, à connotation religieuse). En mezzanine, une barque d'aviron de 12 m de long, suspendue, et un film sur les courses basques. À l'étage, section consacrée à la chasse à la baleine avec un film d'animation, de vieux harpons, plus une vidéo instructive.

🐋 🚶 ***Ballenero Aita Guria*** (baleinier ; plan C2) : *derrière l'office de tourisme.* ☎ 946-17-91-21. *Pâques-oct slt, tlj sf dim ap-m et lun-mar 10h-14h, 16h-19h, selon marées ; consulter le panneau des visites guidées. Entrée : 3 € ; réduc.* Depuis que sa mâture est tombée en 2010, à cause d'une tempête, on le remarque moins... Pourtant, il s'agit de la reconstitution fidèle d'un baleinier du XVIe s (sauf pour la largeur, car il a été réalisé à partir d'un bateau de pêche). La visite guidée révèle des anecdotes passionnantes sur les expéditions au large de

CHASSE SANGLANTE MAIS JUTEUSE

La chasse à la baleine au large de Terre-Neuve, au XVIe s, rapportait gros. Après 4 mois de chasse, un baleinier pouvait rapporter jusqu'à 1 200 tonneaux de graisse de baleine convertie en huile (soit 25 baleines tuées), qui aujourd'hui se monnayeraient chacun... 4 000 €. De plus, les chasseurs chargeaient le bateau de la viande, des os, des fanons et, surtout, des langues des baleines, qu'une loi obligeait à remettre aux dignitaires de l'Église, car ces prélats raffolaient de cette viande !

Terre-Neuve, qui rassemblaient 70 membres (masculins) de 14 ans et plus, et duraient en moyenne 8 mois (dont 4 pour le seul voyage !). On visite notamment la cabine du capitaine, qui mesurait la vitesse du vaisseau avec un sablier et une corde ponctuée de nœuds, le pont, la salle des canons, puis les cales, où l'on entreposait tout, y compris du bétail vivant... On vous racontera bien sûr comment on harponnait l'animal. Dur, dur, parfois, la vie, ou plutôt la mort, d'une baleine...

🛐 ***Iglesia Santa Eufemia*** (plan C1-2) : *sur Lamera, derrière l'office de tourisme. Messe tlj à 12h (13h dim).* De style gothique tardif (XVe s), on y voit surtout le tombeau en marbre des Mendoza, à gauche en entrant.

🛐 ***Convento de San Francisco*** (plan B2) : *à deux pas du parc Lamera. Se visite en passant par l'église.* Construit aux XIVe-XVIe s et utilisé tour à tour comme couvent, caserne, prison ou école, cet ensemble monastique compte une église gothique et un cloître d'une grande sobriété.

⛱ La *plage,* si l'on ose dire, n'existe qu'à marée basse ! Autant dire que les années de haute mer, il n'y en a pas... Prendre la route de Bakio et se garer face au cimetière ; le chemin d'accès longe celui-ci et descend sur la gauche.

Fêtes et manifestation

– ***Foire au poisson :*** *3e ou 4e w-e de mai.* Producteurs de conserves, dégustations, animations et concours de *pintxos*.
– ***Fête de la Saint-Pierre :*** *29 juin.* Une jolie fiesta de marins, avec des processions dans le port.
– ***Fête de la Madeleine :*** *22 juil.* On commémore le jour où, selon la légende, une *traînière* de Bermeo arriva sur l'île d'Izaro avant celle de Mundaka, pour en revendiquer la propriété. Le maire et sa clique se rendent en bateau près de l'îlot

en question pour y jeter, en mer, une tuile. Et l'accompagnent les habitants de Bermeo qui, bien sûr, possèdent un moyen de transport allant sur l'eau !
– **Fêtes patronales :** *8 sept (fête de la Vierge d'Amilke), 9 sept (fête du Pêcheur) et 16 sept (fête de Sainte-Euphémie).*

DANS LES ENVIRONS DE BERMEO (BERMEO)

🌟🌟🌟 **Ermita de San Juan de Gaztelugatxe :** *au nord-ouest de Bermeo, un peu avt Bakio.* Quand on le voit de loin pour la première fois, c'est un choc ! Cette minuscule presqu'île flottant sur l'azur profond, avec le petit ermitage posé dessus comme une cerise sur un gâteau, est absolument superbe. Pour y aller, prendre la route de Bakio et, 8-9 km plus loin, au panneau marron « Gaztelugatx », se garer près du resto *Eneperi*. De là part un chemin (abrupt et rocailleux) qui mène en 20 mn au petit pont de la presqu'île, d'où il reste 231 marches à gravir pour gagner la charmante petite église du Xe s *(tlj sf dim ap-m et lun en juil-août).* Une fois là-haut, observez bien la mer : il arrive que les navires des pêcheurs de Bermeo viennent faire des ronds dans l'eau devant l'ermitage pour que la pêche soit bonne. Retour (un peu éprouvant) par le même chemin.

🌟 **Ermita de San Pelaio :** *un peu après l'ermitage de San Juan, sur la gauche de la route en direction de Bakio.* C'est un bel édifice roman au clocher-tour carré et entouré d'un auvent.

MUNDAKA (MUNDAKA)

(48360)   1 900 hab.   *Carte Biscaye, C1*

Délicieux port de pêche miniature conservé dans son jus. Il faut se balader entre sa falaise, sa digue, ses maisonnettes et son quai bordé par une terrasse ombragée de platanes où les pêcheurs, cartes en main, jouent au *mus* en sirotant à côté des touristes... Mundaka est un endroit à la mode où, Dieu merci, le béton n'a pas pris et où il est impossible d'amarrer yachts de luxe et bateaux de pêche sportive... Situé à l'embouchure de la *ría*, le coin est aussi propice aux grandes déferlantes longeant la jetée, pour le plus grand plaisir des surfeurs qui en ont fait leur repaire favori en Biscaye.

Arriver – Quitter

En train

🚆 **Gare ferroviaire Eusko Tren :** *à l'entrée du village, au bord de la route BI 2235, à env 300 m du port.* ☎ 902-54-32-10. ● *euskotren.eus* ●
➢ **Bilbao** *(gare d'Atxuri),* **Gernika, Bermeo :** 1-2 trains/h 6h-22h (ligne Bilbao-Bermeo).

En bus

🚌 **Arrêt Bizkaibus :** *à l'entrée du village, au bord de la route BI 2235, à env 300 m du port.* ☎ 902-22-22-65. ● *bizkaia.eus* ●
➢ Liaisons très fréquentes avec **Bermeo, Gernika** et **Bilbao.**

Adresse et infos utiles

🛈 **Office de tourisme :** *Joseba Deuna.* ☎ 946-17-72-01. ● *mundakaturismo.com* ● *Sur le port. Tlj en été ; slt jeu-lun mat hors saison.* 📶

MUNDAKA | **435**

@ *Internet :* payant, à l'Eco-Hotel Mundaka *(voir « Où dormir ? »).*

– **Marché :** *mar mat devant l'église.*

Où dormir ?

Camping

Camping de Portuondo : *barrio Portuondo, ctra Gernika-Bermeo, km 47.* ☎ *946-87-77-01.* ● *recepcion@ campingportuondo.com* ● *camping portuondo.com* ● *À env 1 km de Mundaka en direction de Gernika, sur la gauche. Congés : de mi-déc à fin janv. Selon saison, compter 29-38 € pour 2 avec tente et voiture ; bungalows 2-6 pers 53-105 €/nuit.* Un camping agréable mais cher, établi sur un site dominant l'estuaire sauvage de la *ría*. Une soixantaine d'emplacements avec vue et ombre limitée, mais sanitaires propres. Sinon, une vingtaine de mobile homes et une trentaine de bungalows contemporains, équipés et bien placés, mais un peu les uns sur les autres. Il faut dire que c'est la foule en été... Piscine, boutique et restos sur place. Un chemin mène en 10 mn à la plage de Mundaka.

De bon marché à chic

Mundaka Hostel & Sports Café : *Santa Katalina, 1* (polideportivo). ☎ *946-02-84-77.* ● *info@mundakahos tel.com* ● *mundakahostel.com* ● *Selon saison, lit en dortoir env 15-17 €/pers, 1 seule double avec sdb 34-38 € ; petit déj en plus et possibilité de ½ pens et de pens complète.* Dans un centre sportif, 3 dortoirs avec des lits superposés, dans un décor contemporain égayé de quelques slogans locaux sympathiques. Casiers. Fait aussi resto. Organise des cours de surf en cheville avec *Mundaka Surf Shop*.

Hotel El Puerto : *Portu, 1.* ☎ *946-87-67-25.* ● *info@hotelelpuerto.com* ● *hotelelpuerto.com* ● *Congés : 1re quinzaine de janv. Doubles 55-99 € selon confort et saison ; petit déj 9 €. Parking 11 €.* Situé idéalement sur le port, le gentil petit hôtel familial comme on en rêve, croquignolet à souhait. Chambres très agréables, la plupart rénovées dans un style actuel, les plus chères avec la super vue sur le port. Accueil souriant. Au rez-de-chaussée, terrasse sous les platanes pour siroter sa bière en avalant des *pintxos*, un *bocadillo* ou une *ración*.

Eco-Hotel Mundaka : *Florentino Larrinaga, 9.* ☎ *946-87-67-00.* ● *info@ hotelmundaka.com* ● *hotelmundaka. com* ● *Congés : 8 déc-fév. Doubles 62-86 € selon saison ; petit déj 9,50 €. Parking 9,50 €. Réduc de 10 % sur le prix des doubles en basse et moyenne saisons sur présentation de ce guide.* Aménagé dans une jolie maison ancienne, sans vue directe sur le port mais à deux pas, cet hôtel propose de mignonnes petites chambres rénovées (y compris les salles de bains). Celles du 3e étage, mansardées et lambrissées, sont les plus sympas. Bar au rez-de-chaussée. Accueil souriant du patron qui joue la carte écologique : petit déj bio, électricité solaire, recyclage, etc.

Où manger ? Où boire un verre ?

|●| Plusieurs *bars* dans la rue principale et sur la place de la mairie proposent des menus le midi à environ 10-12 €. Rien à voir, donc, avec Saint-Trop' ! On recommande aussi les 2 *bars du port,* dont celui de l'hôtel **El Puerto,** pour leurs agréables terrasses ombragées de platanes avec vue sur les bateaux.

|●| **La Fonda :** *pl. Olazabal.* ☎ *946-87-67-65-43. Tlj sf lun. Menu déj en sem env 15,50 € ; plats 17-25 €.* À une enjambée du port, l'auberge au fond de la place. Un peu sombre de prime abord, mais dans le *comedor,* on pénètre chez grand-mère et dans ses propres souvenirs d'enfance... Adorable salle à manger avec lustre ancien (dans tous les sens du terme !), où virevolte un papi qui fait tout ce qu'il peut, tandis que mamie s'active aux fourneaux. Certes, tout n'est pas irréprochable, mais dans l'assiette, on ne vous vole pas ! Excellents *solomillo, lenguado, merluza,* etc.

LA BISCAYE

À voir. À faire à Mundaka et dans les environs

Le port : minuscule et charmant port de carte postale. De là, un sentier court le long de la *ría,* offrant un panorama sauvage magnifique.

Ermita Santa Catalina : *au nord du village.* Isolé sur la splendide côte sauvage, juste à l'entrée de la *ría,* ce petit ermitage fut construit en 1855 sur un ancien bâtiment du XVIe s. Il servit de lieu de réunion à la confrérie des pêcheurs, de quarantaine aux malades d'épidémies, ou encore de poudrière alimentant une forteresse contiguë dont il subsiste quelques vestiges... La Sainte-Catherine se fête ici tous les 25 novembre.

Si la **plage de Mundaka** est un peu petite, en été, un bon plan consiste à prendre le bateau qui fait la navette entre Mundaka et la **plage de Laida,** beaucoup plus vaste, juste en face, de l'autre côté de l'embouchure (voir plus loin « Entre Gernika-Lumo et Lekeitio »).

La plage de Busturia : *entre Mundaka et Gernika (panneau). Garer sa voiture au parking avt ou après le pont interdit aux voitures et faire les derniers 500 m à pied.* Grande plage aménagée et surveillée, à l'abri des vagues. Très sympa avec des enfants.

La plage de San Antonio : *un peu avt Busturia, à droite en venant de Gernika.* C'est la plage qui précède Busturia, pas mal non plus.

– **Prendre une leçon de surf :** *chez* **Mundaka Surf Shop,** Txorrokopunta, 8. ☎ 946-17-72-29. ● mundakasurfshop.com ● Plusieurs forfaits selon la durée de votre séjour. Loue aussi des planches.

Fêtes et manifestation

– **Carnaval :** *le dim de mi-Carême.* Toutes les filles de Mundaka se déguisent en sorcières (robe noire, coiffe rouge, perruque blanche). Les garçons, eux, symbolisent le Bien, tout habillés de blanc. Et ça chante, ça fait de la musique, ça danse, ça rigole ; bref, c'est la fête !
– **Fête de la Saint-Jean :** *nuit du 23 au 24 juin.* On brûle une effigie de sorcier dans la liesse générale, en attendant San Pedro, 5 jours plus tard...
– **Fêtes patronales :** *29 juin, pour la San Pedro.* Ne vous étonnez pas du nombre de fêtes sur la côte pour la Saint-Pierre. Depuis la pêche miraculeuse, voici quelque deux millénaires, saint Pierre est le patron des pêcheurs !
– **Fêtes basques** (Euskal Jaïak) **:** *début août.* Musiques et danses, bien entendu, mais surtout plein d'animations sur la *ría* de Gernika, notamment une belle course de traînières.

GERNIKA-LUMO (GERNIKA-LUMO)

(48300)   16 290 hab.   *Carte Biscaye, C1*

● Plan *p. 439*

Gernika ne possède pas un caractère bien marqué. Pas de surprises architecturales, peu de belles maisons anciennes et aucune trace du bombardement de 1937. En fait, Gernika, c'est d'abord le célèbre tableau de Picasso et l'idée qu'on s'en fait. C'est ensuite la possibilité d'explorer la Réserve de la biosphère d'Urdaibai, dont la ville est le centre géographique.

UN PEU D'HISTOIRE

Fondée en 1366, Gernika devient au XVe s le lieu de réunion des chefs de villages de la Biscaye : *Las Juntas de Bizkaia*. Ils s'y retrouvent dans un petit ermitage, autour d'un chêne, et jurent de maintenir les libertés en discutant des affaires de la Biscaye, aplanissant les conflits entre villages, fixant le montant des impôts... Si l'ermitage fut remplacé au XIXe s par un édifice qui se visite aujourd'hui, le chêne, visible lui aussi, demeure le symbole des libertés basques à travers les siècles. Appelé « Arbre de Gernika » *(Gernikako Arbola)*, il confère à la ville un caractère mythique.

Cela explique certainement l'énorme impact émotionnel et médiatique du bombardement du 26 avril 1937. Ce jour-là, l'aviation allemande, au service de Franco, attaque le marché de la ville, visant expressément la population civile (plus de 1 500 morts selon certaines sources, 200 à 800 selon d'autres). Il s'agissait alors de tester une nouvelle tactique militaire, qui fut aussi utilisée le 31 mars contre la ville de Durango, avec des résultats tout aussi meurtriers. Mais curieusement, la presse internationale s'émut plus pour Gernika.

C'est alors que Picasso peint *Guernica,* toile monochrome commandée par les républicains espagnols, évoquant la barbarie de la guerre et toute la colère de l'artiste. Ce tableau de grande taille est présenté à l'Exposition universelle de Paris de 1937, un mois seulement après l'attaque aérienne. « La peinture n'est pas faite pour décorer les appar-

PICASSO LE DIPLOMATE

En pleine Seconde Guerre mondiale, à Paris, Picasso reçut dans son atelier l'ambassadeur de l'Allemagne nazie qui lui demanda : « C'est vous l'auteur de Guernica ? » ; et le peintre de répondre : « Non, c'est vous ! »

tements, déclare alors le peintre ; c'est un instrument de guerre, offensif et défensif, contre l'ennemi ! » *Guernica* s'expose ainsi à travers le monde jusqu'en 1939, avant de prendre ses quartiers d'exil au MoMA de New York. Selon le souhait de Picasso, la toile arrive en Espagne en 1981, après la mort de Franco et une fois les libertés publiques rétablies. L'œuvre est aujourd'hui exposée au museo de Arte Reina Sofia à Madrid (voir *Le Routard Madrid, Castille*).

Arriver – Quitter

En train

Gare ferroviaire Eusko Tren *(plan B2)* **:** Geltoki plaza. ☎ 902-54-32-10. ● euskotren.eus ●

➤ **Bilbao** (gare d'Atxuri), **Bermeo** et **Mundaka :** 1-2 trains/h 6h-22h sur la ligne Bilbao-Bermeo.

En bus

Arrêt Bizkaibus *(plan B3)* **:** Iparragirre kalea, à proximité de la gare ferroviaire. ☎ 902-22-22-65. ● bizkaia.eus ●

➤ **Bilbao, Mundaka et Bermeo :** bus très fréquents (lignes A 3514 et 3515).

➤ **Plages de Laida et Laga :** bus ttes les 30 mn (ligne A 3526), en juil-août slt.

➤ **Lekeitio :** env 1 bus/h, certains (ligne A 3513) via **Gautegiz-Arteaga, Ibarrangelu, Elantxobe, Ea** et **Ispaster,** d'autres (ligne 3523) par l'intérieur via **Mendata** et **Aulestia.**

LA BISCAYE / LA CÔTE BISCAYENNE

Adresses et info utiles

Office de tourisme (plan B2) : Arte kalea, 8. ☎ 946-25-58-92. • gernika-lumo.net • Dans la rue principale, face à la mairie. Tlj sf dim ap-m. 📶 (face mairie). Organise sur demande différentes visites guidées de la ville (notamment sur le bombardement) mais, hors Semaine sainte, mieux vaut être un petit groupe. On peut aussi y acheter le billet combiné pour le musée-Fondation de la Paix et le musée ethnographique Euskal Herria. Guide local en français et guide des balades en castillan. Accueil efficace et sympa.

✉ **Correos** (poste ; hors plan par B3) : Iparragirre kalea, 26 A (angle c/ Alhondiga). Lun-ven 8h30-14h30, sam 9h30-13h.

Errekamendi (plan A-B2, **1**) : Carlos Gangoiti kalea, 1. ☎ 946-25-29-08. Tlj sf sam ap-m et dim. Cette boutique vous équipera de la tête aux pieds pour partir en randonnée dans la réserve d'Urdabai. Bons conseils sur les itinéraires de la région.

– **Marché** (plan B2) : lun mat, plus 1er sam du mois juin-déc. Un grand marché agricole à ne pas rater. Le plus grand de l'année se tient le dernier lundi d'octobre. Là, c'est la folie, toute la ville est envahie par les commerçants et agriculteurs, et il peut y avoir jusqu'à 100 000 personnes dans les rues !

Où dormir dans le coin ?

Auberge de jeunesse

Gernika Aterpetxea (hors plan par B1, **10**) : Kortezubi bidea, 9. ☎ 946-12-69-59. • gernikaterpetxea@gmail.com • Pas très simple à trouver : prendre le pont au bout de San Juan, continuer sur San Bartolomé et tourner à gauche avt l'hôpital (rond-point) ; c'est dans une impasse. Lit en dortoir env 18 €/pers (17 € moins de 25 ans), draps et petit déj inclus. Parking. 📶 Petite maison rénovée abritant 40 lits en chambres de 4 à 10 lits. Simple et accueillant. Pas mal de pèlerins.

De bon marché à chic

Pensión Akelarre (plan B2, **11**) : Barren, 5. ☎ 946-27-01-97. • akelarre@hotelakelarre.com • hotelakelarre.com • Doubles avec sdb 47-55 € selon saison. 💻 📶 Dans une rue piétonne du centre de Gernika, on aime bien cette gentille petite pension aux chambres flashy dans les tons verts ou bleus, avec parquet. Pas de petit déj, mais un espace sympa – doublé d'une agréable terrasse – au dernier étage avec machine à café et distributeur de cakes. Une très bonne adresse.

Hotel Gernika (hors plan par A-B1, **12**) : Carlos Gangoiti, 17. ☎ 946-25-03-50. • h_gernika@hotel-gernika.com • hotel-gernika.com • Doubles 80-100 € selon saison ; petit déj-buffet 7 €. Parking gratuit mais garage payant. 📶 Le seul véritable hôtel du centre de Gernika. Pas d'un charme fou, mais des chambres confortables et de bon aloi. Bon accueil.

Aldori Landetxea (hors plan par B3, **13**) : Zabale, 8, à **Muxika**. ☎ 946-27-15-09. • reservas@aldori.es • aldori.es • ♿ Au sud de Gernika par la BI 635. Doubles et suites 80-180 € selon saison ; petit déj 8 €. Dîner sur résa env 20 €. 📶 En retrait de la gare et de la route chargée, voici un agroturismo surprenant car totalement contemporain, luxueux et plein d'humour. Carrelage anthracite, vieux documents et vieilles photos reproduites sur les murs, dont une du papa du patron qui fut mécanicien de marine. L'une des suites, avec terrasse, hamac, salon et jacuzzi, met à disposition une... guitare. Salon TV avec bar et rétroprojecteur au sous-sol. Bref, un agrotourisme branché.

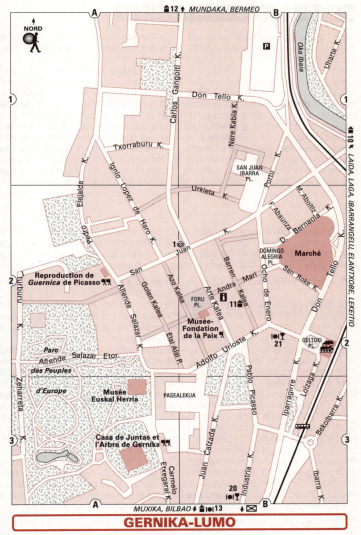

GERNIKA-LUMO

- **Adresses utiles**
  - **ℹ** Office de tourisme
  - 1 Errekamendi

- **Où dormir ?**
  - 10 Gernika Aterpetxea
  - 11 Pensión Akelarre
  - 12 Hotel Gernika
  - 13 Aldori Landetxea

- **Où manger ? Où boire un verre ?**
  - 20 Gernika Jatetxea
  - 21 Boliña El Viejo

Où manger ? Où boire un verre ?

I●I ▼ Gernika Jatetxea (plan B3, 20) : *Industria, 12.* ☎ *946-25-07-78.* ● *jatetxegernika@hotmail.com* ● *Menus env 11 € le midi, 20 € w-e ; plats 13-20 €.* 🛜 *Apéritif maison offert sur présentation de ce guide.* Appétissants *pintxos* et jambons suspendus au-dessus du bar. Salle faussement rustique où les nappes à carreaux sur les tables répondent aux vieilles pendules accrochées aux murs en pierre. Bonne cuisine basque traditionnelle, servie avec le sourire. Sympa aussi d'y boire un verre avec les habitués. Gère la *Pensión Gernika*, à deux pas, hyper basique mais qui dépannera les pèlerins n'ayant pas trouvé de lit à l'AJ...

I●I ▼ Boliña El Viejo (plan B2, 21) : *Adolfo Urioste, 1.* ☎ *946-25-05-87. Tlj sf mar soir. Menu du jour 12 € midi et soir ; plats env 10-17 €.* Le plus vieux bar-resto de la ville, depuis 1939. Une ambiance très populaire, au bar et devant la télé, et des prix (quasiment) d'avant-guerre. *Comedor* simplissime séparé du bar par une porte à double battant. Cuisine tout aussi modeste, vin au compteur, accueil sans façons et service énergique.

À voir

🕵 Guernica de Picasso (plan A2) : *Pedro Elejalde kalea, face au centre médical.* C'est une reproduction grandeur nature du célèbre tableau de Picasso avec des carreaux de céramique (le tableau de Picasso étant exposé au museo de Arte Reina Sofia à Madrid). Voir *Guernica* à Gernika est essentiel !

🕵 L'Arbre de Gernika et la Casa de Juntas (plan A3) : *Allende Salazar.* ☎ *946-25-11-38. Tlj 10h-14h, 16h-19h (18h oct-mai). GRATUIT. Brochure en français.* Véritable symbole des libertés basques, ce chêne veillait sur les assemblées des chefs de villages de Biscaye, qui se déroulaient à ses côtés dès le Moyen Âge. Dans le jardin, on admire un vieux tronc sec protégé par un kiosque à colonnes. Ce n'est pas l'arbre initial, mais le plus ancien (1700) qui nous soit parvenu.
Juste à côté, voir la *casa de Juntas (Jaunako Etxea)*, bâtiment néoclassique construit au XIXe s pour abriter les fameuses assemblées régionales. Si l'institution des *juntas* s'est maintenue jusqu'en 1876, date d'abolition des *fueros*, elle fut relancée en 1979 pour demeurer, avec l'Arbre de Gernika, les symboles vivants et actifs du peuple basque. On y découvre une superbe salle ornée des portraits des seigneurs de Biscaye. Observer *Le Baisemain des habitants de Biscaye à Ferdinand V,* qui dépeint le cadre et les habits du XVe s, ainsi que les divers serments d'allégeance aux *fueros*. Sortir du *Baisemain* pour jeter un œil à l'Arbre actuel, planté en 2005. Retour à l'intérieur par la *salle du Vitrail,* énorme verrière-vitrail datant de 1985 et représentant, bien sûr, l'Arbre, point de ralliement des communes de Biscaye, dont les principaux monuments forment une frise tout autour. Dans les vitrines, notez les billes creuses en argent qui servaient à l'occasion des votes, ainsi que les « baguettes d'autorités » ou *chuzos*. Ce pèlerinage obligatoire étant accompli, vous pourrez aller vous promener, juste en face, dans le **parc des Peuples d'Europe** (plan A2-3), où figurent une rondouillarde statue de Henry Moore et le *monument à la Paix* de Chillida.

🕵 Gernikako Bakearen Museoa Fundazioa (musée-Fondation de la Paix ; plan B2) : *Foru plaza, 1.* ☎ *946-27-02-13.* ● *museodelapaz.org* ● *Face à l'office de tourisme. Tlj sf dim ap-m et lun 10h-14h, 16h-19h (en continu 10h-19h mars-sept). Entrée : env 5 € ; réduc ; gratuit moins de 12 ans et pour ts dim. Brochure en français.* Ce musée consacré à la culture de la paix est évidemment inspiré du bombardement de Gernika le 26 avril 1937. Sur le thème « Qu'est-ce que la paix ? », on parcourt l'héritage de Gernika, avec une copie du tableau de Picasso, des images du conflit basque et de conflits résolus. Mais l'essentiel reste la présentation du *bombardeo,* à grand renfort de vieilles photos, films, objets guerriers, sans oublier que l'on marche sur des gravats... Une mise en scène bien dans l'air du temps. Expositions temporaires.

Fêtes et manifestation

– **Fêtes patronales de San Roke :** 14-18 août. Les principales fêtes de la ville.
– **Les Marijeses :** 15-25 déc. Sortes de chorales traditionnelles de Noël, avec des chants basques. Pour les noctambules uniquement : elles ont lieu entre 2h et 4h du matin !

LA RÉSERVE DE LA BIOSPHÈRE D'URDAIBAI

Carte Biscaye, C-D1-2

En plein cœur de la Biscaye, l'Unesco a créé en 1984 la Réserve de la biosphère d'Urdaibai : un assez vaste territoire où les activités humaines doivent cohabiter sans nuisances avec la nature, dans un souci de développement durable.

Ainsi, l'Urdaibai compte 220 km² (soit 10 % de la Biscaye) et regroupe près de 45 000 habitants sur 22 communes (dont Bermeo, Mundaka, Gernika-Lumo, Gautegiz-Arteaga, Ereno, Elantxobe et Ibarrangelu) autour de la *ría de Gernika,* estuaire d'un intérêt écologique majeur. Entre plages, falaises, forêts, prairies, cultures agricoles traditionnelles, collines, torrents, rivières, vallées fluviales, marais, et puis cet estuaire qui unit les milieux marin et rural, on découvre une grande variété de jolis paysages où végétation et faune évoluent sereinement.

Également une multitude de lieux culturels pittoresques (villages, ermitages, églises, vieilles maisons...) à découvrir en explorant la réserve d'Urdaibai à pied, à VTT, en canoë-kayak (lire plus haut « À voir. À faire à Mundaka et dans les environs » et plus loin « Entre Gernika-Lumo et Lekeitio. La plage de Laida »), et même en voiture pour les moins sportifs. On peut aussi y pratiquer l'escalade, le tir à l'arc, le surf (voir encore Mundaka et la plage de Laida)... En bref, un lieu propice pour des « vacances vertes » !

Adresse et info utiles

Centro de información Idatze-Etxea : Elexalde auzoa, à **Mendata.** ☎ 946-25-72-04. ● mendata.eus ● *Au sud-est de Gernika. Prendre, au nord de la ville, la route BI 3224, puis à droite la BI 3222 jusqu'à Mendata. Ouv mer-dim : mat et ap-m avr-oct, slt mat le reste de l'année.* Cette « maison de la fougère » propose des cartes et infos sur la dizaine d'itinéraires balisés dans la réserve. Location de VTT. Fait aussi AJ pour les pèlerins munis de leur *credencial.*
– Consulter aussi le site ● turdaibai.com ●

ENTRE GERNIKA-LUMO (GERNIKA-LUMO) ET LEKEITIO (LEKEITIO)

De Gernika, prendre la route BI 2238 direction Lekeitio, puis, au niveau du village de Gautegiz-Arteaga, tourner à gauche vers Laida pour finalement rejoindre Lekeitio par la petite route côtière BI 3234 offrant de grandes plages, d'impressionnantes falaises plongeant dans la mer et de petits villages de pêcheurs pittoresques. Une belle balade en perspective.

🚶 **Urdaibai Bird Center :** *Orueta auzoa, 7, à* **Gautegiz-Arteaga.** 699-83-92-02. ● birdcenter.org ● *Bus de la ligne A 3513.* En été, tlj sf lun 10h-20h ; hors saison, en sem 10h-14h, w-e et j. fériés 10h-20h (sf 14h-16h en hiver). Entrée : env 5 € ; réduc. Visite guidée sur résa : 8 € ; réduc. Centre d'interprétation et d'observation des oiseaux de la biosphère. Panneaux explicatifs et projection de films spécialisés. Bien sûr, on en apprend bien plus avec une visite guidée !

🏠 **Casa rural Ozollo :** *barrio Ozollo, 3, 48314* **Gautegiz-Arteaga.** ☎ 946-25-10-13. 666-70-57-21. ● *casarura lozollo@gmail.com* ● *casaruralozollo. com* ● *À 10 km au nord de Gernika ; prendre la route BI 2238 direction Lekeitio, puis, à Gautegiz-Arteaga, à gauche (panneau). Doubles avec sdb 50-53 € selon saison ; petit déj 4 €.* 📶 *Réduc de 10 % sur le prix des doubles en basse saison sur présentation de ce guide.* Dans un hameau en pleine nature, une belle ferme à colombages du XVIIe s avec façade en brique à l'arrière, déco contemporaine et peintures familiales à l'intérieur. 4 chambres impeccables avec TV et chauffage. Cuisine commune coquette. Bon accueil. En bout de *ría,* le site est superbe, calme, assez sauvage, On est proche du site d'observation des oiseaux, des marais *(marisma)* et de la superbe plage de Laida (5 km).

◎ 🚶 **Cueva de Santimamiñe** (grotte) **:** *à droite sur la route Gernika-Lekeitio ; parking à 2 km, avec une aire de pique-nique et un bel escalier de 256 marches, qui grimpe à travers une chênaie.* **Résa vivement conseillée :** ☎ 944-65-16-57 *ou 60, ou sur ● santimamine@bizkaia.net ● santimamiñe.com ● Visites guidées : de mi-avr à mi-oct, tlj à 10h, 11h, 12h, 13h, 15h30, 17h et 17h30 ; hors saison, tlj sf lun à 10h, 11h, 12h et 13h. Env 1h30 de visite. Entrée : env 5 € ; réduc.* Inscrites au Patrimoine mondial de l'Unesco en 2008, ces grottes offrent des galeries de concrétions calcaires avec de belles irisations et représentent un site très important de la préhistoire basque, pour ses peintures rupestres découvertes en 1917... Mais, comme pour la majeure partie de ces grottes où les peintures rupestres sont d'une grande fragilité, l'accès est aujourd'hui limité au vestibule d'origine. L'ermitage voisin accueille une exposition-reconstitution des œuvres les plus emblématiques, ainsi qu'une animation en 3D qui permet une sorte de déambulation virtuelle dans la grotte !

🚶 **Ermita San Miguel d'Erenozar :** *indiqué depuis le village d'Ereno. Grimpette assez raide (500 m pedibus) pour y accéder.* Perché sur une montagne, ce petit ermitage médiéval offre une vue superbe sur la verdoyante réserve d'Urdaibai et sa *ría.* Accueille aussi quelques vestiges archéologiques.

EAU DE VIE

Il est de coutume de se laver les mains et le visage avec l'eau tombée du toit sur le sarcophage abrité par l'ermitage San Miguel d'Erenozar, et d'en faire trois fois le tour pour qu'elle sèche, pour ainsi guérir les maladies de peau.

🏖 **La plage de Laida :** *arrêt Bizkaibus juste devant.* Superbe et étonnante plage d'estuaire, avec des bancs de sable fin. Très agréable, bien aménagée (allez grignoter des *pintxos* au bar *Atxarre* !) et plébiscitée par les habitants de Gernika. On peut la rejoindre à partir de Mundaka par un bateau-navette. Ici, on a les plus jolis points de vue sur l'estuaire de la *ría,* qu'il est aussi possible d'explorer en canoë-kayak à partir de cette plage avec *Laida Kanoak* (☎ *946-27-65-15 ;* ● *laidakanoak.com* ●) ou *Urdaibai* (☎ *946-27-66-61 ;* ● *urdaibai. com* ●). Propose également escalade, tir à l'arc, surf, etc., toujours dans la réserve d'Urdaibai.

🏖 **Le cap Ogoño et la plage de Laga :** *à l'est de l'estuaire.* Il faut découvrir le cap en arrivant de Laida, comme une immense étrave grise, puissante, qui s'enfonce dans la mer. À ses pieds, la petite plage de Laga (à ne pas confondre avec Laida !), peu fréquentée, dans un site sauvage, avec un équipement minimum (w-c et snack-bar). Mais ça pourrait changer...

🚶 **Ibarrangelu :** ce village possède une église baroque à la voûte en caisson plateresque, sur laquelle on a juché un christ bénissant d'au moins 5 m de haut, un peu comme celui de Río de Janeiro. Marrant mais pas du meilleur goût ! Dans les environs, le petit *ermitage du mont Atxarre* offre un panorama sublime sur la réserve d'Urdaibai, côté mer et côté campagne.

🏠 **Urresti :** barrio Zendokiz, 48314 **Gautegiz-Arteaga.** ☎ *946-25-18-43.* • *urresti@wanadoo.es* • *À 2 km d'Ibarrangelu, direction Gernika. Doubles avec sdb 56-65 € ; petit déj 5-7 €. Apparts 2-4 pers 85-125 €.* Un petit *agroturismo* simple et accueillant, très propre, où l'on est très bien reçu par un jeune couple. Madame, d'origine japonaise, a baptisé les 2 appartements de noms en provenance du pays du Soleil-Levant, ce qui n'oblige en rien à se lever tôt, rassurez-vous ! Cuisine *(payante).* La ferme élève des poulets et produit des fruits et légumes bio. Parfait pour se faire un p'tit frichti...

🚶🚶 **Elantxobe :** *de l'autre côté du cap Ogoño.* C'est un étonnant village littéralement accroché à la falaise. Si le minuscule port manque un peu de charme, la vision des maisons à vérandas collées à la roche grise et bordées de ruelles abruptes est tout à fait charmante.

🏠 **Itsasmin :** *Nagusia, 32, 48310 Elantxobe.* ☎ *946-27-61-74.* • *info@ itsasmin.com* • *itsasmin.com* • *En haut du village, derrière l'arrêt Bizkaibus. Doubles sans ou avec vue 40-55 € ; petit déj 6 €.* 📶 Un petit hôtel installé dans une charmante maison ancienne. On vous le signale pour ses chambres avec petit balcon et vue vertigineuse sur le port. Les autres n'ont pas d'intérêt particulier.

🍴 **Itxas-Etxea :** *sur le port d'Elantxobe.* ☎ *946-27-66-27. Tlj. Carte slt : pintxos au comptoir, raciones 8-18 € et poisson au poids 25-30 €/ kg.* 📶 L'ancien bar-resto des pêcheurs est devenu la table chic du port. Poisson au poids, comme la *lubina*, excellent mais pas donné. Les entrées sont chères aussi et les desserts sans intérêt. Nouveau resto (meilleur marché ?), avec terrasse, en projet juste à côté...

🚶🚶 **Ea :** créé au XVIe s, ce minuscule port de pêche est caché au fond d'une calanque, entre deux falaises. En s'y baladant, on découvre de pittoresques ruelles, quais, ponts, et les petites embarcations de pêche qui patientent sur le sable à marée basse.

🏠 🍴 **Hotel Ermintxo :** *barrio Eleixalde, 30, 48311 Natxitua.* ☎ *946-27-77-00.* • *ermintxo@euskalnet.net* • *euskalnet.net/ermintxo* • 🚶 *Juste avt Ea, en arrivant d'Elantxobe. Resto fermé lun soir et mar sf juil-août. Congés : nov. Doubles avec sdb env 72 € (61 € dès 2 nuits) ; petit déj 5-6 €. Menu du jour en sem 12 € ; plats 17-18 €.* 📶 Planté sur une colline dominant mer et campagne, un hôtel récent, sans charme, mais offrant une belle vue... En tout, 9 chambres propres et modernes, avec radiateur et, pour certaines, une vue ou un balcon dominant l'océan (les n°s 6, 7 et 8). Fait aussi resto. Patron chaleureux.

LEKEITIO (LEKEITIO) (48280) 7 290 hab. *Carte Biscaye, D1*

Lové au creux d'une baie bordée de collines verdoyantes, Lekeitio est un important port de pêche de la côte de Biscaye. On y découvre un très joli centre historique sillonné par des ruelles pavées, des quais accueillants et, à un jet de pierre au large, une presqu'île couverte de pins maritimes évoquant de surprenants paysages méditerranéens.

Arriver – Quitter

En bus

Arrêt des bus : *Larrotegi kalea, à la sortie sud de la ville, sur la route de Markina.*
➢ Avec *Bizkaibus* (☎ 902-22-22-65 ; ● bizkaia.eus ●), 1 liaison/h avec **Bilbao** (ligne A 3512) et **Gernika** (lignes A 3523 et 3513, cette dernière passant par **Ispaster, Ea, Elantxobe, Ibarrangelu** et **Gautegiz-Arteaga**).
➢ Avec *Pesa* (☎ 902-12-14-00 ; ● pesa.net ●), 4 liaisons/j. (bien réparties) entre **Lekeitio** et **Donostia – San Sebastián** via toutes les petites villes de la côte.

Adresses utiles

Office de tourisme : *Independantzia enparantza.* ☎ 946-84-40-17. ● lekeitio.org ● faro-lekeitio.com ● *Face à la basilique, à l'angle du bassin portuaire. De mi-juin à mi-sept, tlj ; le reste de l'année, fermé dim ap-m et lun.* Plan de la ville, horaires des bus, infos loisirs, festivités... Propose aussi des visites guidées de la ville.
■ **École de surf et de paddle board : Dzingua Kirol Ekintzak,** *Paskual Abaroa Etorbidea, 5.* ☎ 688-82-67-97. ● dzinguakirolekintzak.com ● Location de matériel et cours.

Où dormir ?

Campings

Camping Leagi : *barrio Leagi, 48289* **Mendexa.** ☎ 946-84-23-52. ● leagi@campingleagi.com ● campingleagi.com ● *À la sortie de Lekeitio, direction Ondarroa (BI 4449) ; juste après le pont, à droite vers Mendexa (panneaux) ; c'est à env 1 km sur la colline. Selon saison, compter 23-30 € la petite parcelle pour 2 avec voiture ; bungalows 4-5 pers 68-120 €/nuit.* **Réduc de 10 % sur le prix des bungalows de mai à mi-juin et de mi-sept à début nov sur présentation de ce guide.** Un camping bien situé au sommet d'une colline dominant Lekeitio et la mer. Belle pelouse pour planter sa tente, mais peu d'ombre. Sanitaires impeccables. Également quelques jolis bungalows en bois bien équipés, certains avec vue. Sur place : resto (en saison), lave-linge, jeux pour enfants, piscine, ping-pong, billard et même un petit fronton. Accueil sympa.

Camping Endai : *ctra Lekeitio-Ondarroa, km 58, 48289* **Mendexa.** ☎ 946-84-24-69. ● campingseuskadi.com/endai ● *De Lekeitio, direction Ondarroa (BI 3438) ; c'est à env 3 km, côté colline. Ouv juil-début sept. Compter env 20 € pour 2 avec petite tente et voiture.* À flanc de colline, dans un bel environnement boisé et tout proche de la mer, un petit camping tranquille, propre et pas cher. Emplacements en terrasses. Bar-resto, lave-linge et épicerie.

Auberges de jeunesse

Trinkete etxea : *Eusebio Mª de Azkue, 5.* ☎ 946-84-41-75. ● trinkete@suspergintza.net ● trinkete.net ● *Au-dessus du Merkatu Plaza (marché couvert), au tt début de la rue vers le phare de Santa Catalina. Nuitée 17,50-27 €/pers selon âge et saison. Parking gratuit à proximité.* À l'étage d'un centre sportif avec piscine, une douzaine de petits dortoirs de 4 à 7 lits (plus 1 chambre double). Laverie. Bar-cafétéria.

Lekeitio Aterpetxea : *Arropain, 10.* ☎ 946-11-06-01. 📱 685-79-78-69. ● josuiriondo21@gmail.com ● *Dans le prolongement d'Iñigo Artieta, non loin du resto Mesón Arropain. Selon* saison, lit 23-26 €/pers, 1 seule double 45-60 € ; petit déj 2 €. Une petite auberge de jeunesse privée, avec 4 dortoirs de 4 à 8 lits et 1 chambre double avec salle de bains privée extérieure. C'est petit, propre, récent et bien équipé (prises, casiers, loupiotes). Coin salon, cuisine commune et laverie.

De prix moyens à plus chic

🏠 *Hotel Palacio Oxangoiti :* *Gamarra, 2.* ☎ *944-65-05-55.* 📱 *659-39-39-28.* ● *hotel@oxangoiti.net* ● *oxangoiti.net* ● *À côté de l'office de tourisme et de la basilique. Doubles 97-121 € ; petit déj 6-11 €.* 📶 Au cœur du centre ancien et à deux pas du port, un vieux palais du XVIIe s réhabilité en hôtel de charme. Certes, ici et là, on trouvera toujours à redire sur le mobilier choisi à ce tarif-là ou encore sur la qualité du service car la gérante est seule aux manettes. Mais elle se mettra en quatre pour vous aider à vous garer (pas facile dans le secteur). Un beau lieu et superbement situé, quoi qu'il en soit !

Où manger ? Où boire un verre ?

|●| 🍷 Le long du port, on trouve plusieurs **bars à pintxos** *(Norai, Kaia),* pour descendre des verres en terrasse, en rêvassant devant les bateaux. Pour des *pintxos* de chipirones (à commander !), rendez-vous chez *Lehiope* dans le vieux centre...

|●| 🍷 *Lumentza :* *Buenaventura Zapirain, 3.* ☎ *946-84-15-01.* ● *lumentza@gmail.com* ● *Tlj sf lun.* 📶 C'est le QG du centre, tout en bois et bouchons de liège, un *gastro-bar* qui sert d'excellents *pintxos* et *raciones,* plus quelques plats plus consistants. Bon vin au verre, tortilla, poulpe aux pommes de terre et *kokotxa* (joue de morue) succulents, le tout servi avec du pain cuit sur place. Prix très corrects et service sans façons.

☕ |●| 🍷 *Café Metrokua :* *à l'hôtel du même nom, playa de Karraspio.* ☎ *946-84-49-80.* ● *info@metrokua.com* ● ♿ *Congés : nov-mars.* 📶 Au bord de la jolie plage de Karraspio, un café bien décoré (aviron, bois flotté, vieilles photos), sympa pour un petit déj ou un verre en journée. Fait resto le midi en été *(pintxos,* salades, etc.).

|●| *Mesón Arropain :* *Arropain, 5.* ☎ *946-24-31-83.* ● *arropain.restaurante@gmail.com* ● *Dans le prolongement de Iñigo Artieta, entre l'hôtel Zubieta et l'AJ Lekeitio Aterpetxea. Tlj midi et soir. Congés : déc-fév. Plats env 20-25 €.* Dans une mignonne maison du XVIIe s, si vous en avez les moyens, vous serez séduit par la cuisine basque simple mais soignée et goûteuse, qui met en avant les qualités des produits. Et pour les amateurs, il y a même des *momos,* car la femme du patron est tibétaine. Belle carte des vins.

Achats

🛍 *Lur :* *Apalloa, 2.* 📱 *665-72-89-50. Tlj sf dim hors saison.* Juste à droite de l'hôtel *Palacio Oxangoiti,* cette minuscule épicerie dont le nom signifie « terre » vend des produits locaux et régionaux (thon, anchois, asperges, *ventrexa, hongos...*).

À voir. À faire

🏖 *La plage de Karraspio :* *un peu à l'écart du village, par la route d'Ondarroa.* Très jolie plage soignée, assez longue, qui s'étend à droite du bel îlot des pins. La forêt descend de la colline et vient mourir tout au bord de la plage. Mais ce sont des sapins et non des cocotiers ! Plus proche du centre, la **plage d'Isuntza** est un peu moins attrayante mais plus tranquille et moins exposée à la houle.

🍴 **Basílica Santa Maria Asunción :** *en face de l'office de tourisme. En saison, tlj sf mer et dim 10h-13h, 15h45-17h45 ; hors saison, voir l'office de tourisme. Messes à 8h30, 10h (en basque) et 14h30. Entrée : env 2 € ; visite guidée 4 €.* Ancrée sur le rivage, cette église – étonnamment monumentale pour cette petite ville de pêcheurs – fut construite au XVIe s dans le style gothique tardif avec, côté mer, ni vitraux ni ouvertures. Son retable principal est l'un des plus grands d'Espagne (seuls ceux de Tolède et de Séville lui sont supérieurs en taille), alors n'hésitez pas à demander l'éclairage total... On y voit 20 groupes sculptés en bas-relief et 20 grandes statues figurant les principaux saints et apôtres dorés. Impressionnant. À l'arrière du chœur, dans l'abside, encore d'autres retables. Mais allez surtout saluer la patronne de la paroisse, la très belle *Virgen de la Antigua* (XIIe s).

🚶 Dans la vieille ville, la Ezpeleta kalea, parallèle au port, abrite l'**ancien bâtiment de la confrérie des pêcheurs de San Pedro,** magnifique construction néoclassique. Aux fenêtres, on voit encore les énormes poulies de bois qui servaient à monter les filets dans les étages.

🚶 👫 **El Faro de Santa Catalina** (Itsasargia) : *avda de Santa Catalina.* ☎ *946-84-40-17.* • *faro-lekeitio.com* • *À 2 km au nord. Mer-dim, visites à 11h30, 13h, 16h30 et 18h. Entrée : env 6 € ; réduc.* Le seul phare qu'on peut visiter de la Côte basque. Expo multimédia (disponible en français) avec des vidéos sur les techniques de navigation au cours des âges et sur le rôle des femmes dans l'industrie de la pêche. Puis on monte, en ciré, sur le pont d'un bateau fictif pour un voyage virtuel sur une mer déchaînée, avant de se rendre sur la plate-forme du phare lui-même, qui offre une super vue sur la côte abrupte et déchiquetée. Caféteria avec vue.

➤ **Balade en kayak :** *avec* **Dzanga,** *à l'extrémité de la plage d'Isuntza, juste à l'embouchure de la rivière Lea. Ouv juin-août.* Location, cours d'initiation et balades guidées le long de cette jolie côte.

Fêtes et manifestation

– **Fête de la San Pedro :** *29 juin.* Cérémonie étonnante de la *kaxarranka* : on balade à dos d'homme un gros coffre de bois sur lequel un danseur exécute des pas traditionnels. On ne sait pas comment les porteurs tiennent le choc, d'autant qu'on n'a jamais vu de danseur maigre sur le coffre...
– **Pèlerinage à l'ermitage San Martín :** *1er dim de juil.* À 2 km de Lekeitio, sur la route de Gernika-Lumo, ermitage du XVe s, avec une procession.
– **Fêtes de San Antolin** (ou **fêtes des Oies**) **:** *1er-8 sept.* On accroche des oies à une corde tendue en travers des eaux du port tandis que les participants, en costume traditionnel, doivent arracher la tête du volatile (préalablement tué)... Tout le monde n'y arrive pas puisque, pour une vingtaine d'oies à décapiter, on dénombre plus de 80 bateaux (décorés aussi !), qui chacun tenteront leur chance.

ONDARROA (ONDARROA)

(48700) 8 850 hab. *Carte Biscaye, D1*

Cette « bouche de sable » est une ville portuaire dont le mignon centre historique est coincé entre mer et montagne dans un gracieux méandre de la rivière Artibai, d'où son surnom, largement abusif, de « Venise de la Biscaye ». Cela dit, on y découvrira une étonnante église suspendue, deux ponts pittoresques et des ruelles escarpées menant à des maisons médiévales... Bon, juste à côté, la partie moderne d'Ondarroa, défigurée par l'urbanisation sauvage, avec son port qui abrite la plus importante flotte de haute mer du Pays basque.

Arriver – Quitter

En bus

Arrêt des bus : sur le port, juste devant l'élégant et moderne pont blanc.
➢ Bus pour **Bilbao** ttes les 30 mn avec *Bizkaibus* (☎ 902-22-22-65 ; ● *bizkaia.eus* ●).
➢ Avec *Pesa* (☎ 902-12-14-00 ; ● *pesa.net* ●), 4 liaisons/j. (bien réparties) entre **Lekeitio** et **Donostia – San Sebastián.**

Adresse utile

Office de tourisme : *Erribera, 9.* ☎ *946-83-19-51.* ● *ondarroa.eu* ● *Dans la vieille ville, à côté du pont en pierre. Tlj sf dim ap-m hors saison.* Plan de la ville. Organise d'intéressantes visites guidées d'Ondarroa, passant par le centre historique, la criée du port moderne et une usine de conserves de poisson.

Où dormir ? Où manger ? Où boire un verre ?

Casa rural Harizpe : *Goimendi auzoa.* ☎ *946-83-23-67.* 📱 *615-73-06-15.* ● *agroturismoharizpe@gmail.com* ● *harizpe.com* ● *Prendre Artabide, puis à gauche direction Kanpo Santo et à droite (panneau Nekazal Turismoa). Téléphoner avt de venir. Double env 55 € ; petit déj 4,50 €.* Une agréable *casa rural* dans les hauteurs de la ville, avec vue sur la mer et les vignes de *txakoli*. Chambres bien proprettes avec parquet et salle de bains (douche à hydromassage pour certaines). Déco marine et terrasse avec vue. Vente de *txakoli*.

|●| Erretegi Joxe Manuel : *Arana Tar Sabin, 23.* ☎ *946-83-01-04. Au bord de la rivière, face à l'église suspendue et à côté du vieux pont en pierre. Tlj sf le soir dim-lun. Congés : vac de Noël-fin janv. Carte min 30 €.* Bonne ambiance dans ce resto simple mais chaleureux, avec de grandes tables en bois clair sous un plafond traversé de poutres. Excellentes spécialités de poisson, fruits de mer et viande *a la plancha*. Idéal pour faire connaissance avec les gens du coin entre 2 visites de la vieille ville.

|●| ☕ La zone des bars à pintxos se trouve surtout dans la vieille ville, dans la rue de l'office de tourisme *(Alai, Sutargi...)*. D'ailleurs, l'office de tourisme propose, en principe, un forfait *ruta del pintxo* dans les 9 € pour déguster 8 *pintxos* différents dans une dizaine de bars...

À voir

Iglesia Santa María : *en surplomb de la rivière et du vieux pont en pierre. Messes tlj à 11h (12h dim) et 19h.* De style gothique tardif (fin XVe s), elle fut rehaussée pour compenser la dénivelée de la montagne. Notez que ses arcades servaient à la fois de caves et à amarrer les bateaux. Sur les murs extérieurs, un groupe de 12 statues représentent un cortège médiéval de style flamand-bourguignon et quelques gargouilles.

Ermita de la Virgen de La Antigua : *prendre l'ascenseur de l'église Santa Maria et grimper ! En voiture, par Artebide puis Kanpo Santo à gauche. Tlj 10h-14h, de 16h30 au crépuscule.* Édifié au XVe s. Malgré les fils électriques, il offre un sympathique panorama sur la ville et sur la mer. On dit qu'il fut bâti pour observer le passage des baleines... Dans l'église, *Vierge à l'Enfant* habillée comme une mariée et maquettes de voiliers suspendues. Notez la paire de rames derrière l'autel !

Fêtes

– **Fête de l'Anchois :** *mai.* Dégustation de *pintxos* à base d'anchois dans toute la ville.
– **Fêtes patronales :** *14-17 août.* Débutent par l'apparition du personnage populaire Leokadi, se poursuivent par des défilés animés de musiques et danses traditionnelles, régates, etc., pour s'achever le 17 août par la fête des Marins.

DANS LES ENVIRONS D'ONDARROA

➤ Belle **balade entre Ondarroa et Lekeitio** par une petite route en corniche, la BI 3438, qui domine la mer et serpente dans la forêt. Attention : elle est fréquentée par de nombreux marcheurs.

Markina-Xemein *(48270) : au sud-ouest d'Ondarroa par la BI 633.* Pour tous les Biscayens, c'est LA capitale de la pelote. Mais la première chose qu'on y voit, c'est l'énorme carmel du XVIIIe s et le tout aussi monumental couvent des franciscains. Le trinquet, l'un des plus vieux du pays basque (1798), a produit plus de champions du monde que n'importe quel autre. Dommage qu'il soit tout bétonné aujourd'hui ! Enfin, la ville est connue pour son carnaval *(dim de la mi-Carême),* l'un des plus réputés de Biscaye, pour sa fameuse danse *zagi-dantza* et la qualité de ses déguisements. À part ça, peu de choses...

|●| **Niko Jatetxe :** *Abesua, 2.* ☎ *946-16-75-28.* ✗ *D'avr à mi-oct, tlj ; le reste de l'année, ouv le midi tlj, plus le soir ven-dim. Menu env 10 € ; carte env 30 €.* 📶 Sur la place triangulaire, un resto populaire à l'ancienne avec parquet. Leur *menú del día* est honnête et sans chichis, pain et vin compris. Bien aussi pour boire un verre en terrasse.

➤ Au sud-ouest de Markina par la route BI 633, belle **balade** sur la petite route BI 2224 **entre Iruzubieta et Gernika.** Jolis villages de montagne avec des églises fortifiées du XVe s, comme **Munitibar,** fermes isolées aux façades ornées de piments rutilants et sombres forêts de sapins et d'eucalyptus, d'où se dégage une voluptueuse odeur poivrée lorsqu'il fait très chaud...

🏠 ***Casa rural Garro :*** *caserio Garro, 33, 48381 Munitibar-Gerrikaitz.* ☎ *946-16-41-36.* ● ube12@hotmail.com ● nekatur.net/garro ● *À Munitibar, à gauche direction Balcon de Biscaye et encore à gauche dans Gerrikaitz. Slt sur résa. Double avec sdb env 55 € ; petit déj env 7 €.* 📶 Un endroit exceptionnel ! Construite au XVe s par un cadet de la maison de Garro (à Mendionde, près de Bayonne), cette superbe maison seigneuriale siégeait à la *casa de Juntas* de Gernika. Et comme il en était l'usage, son maître la transmit jusqu'à sa descendante actuelle, Mme Maria Etxeberria, même si c'est surtout son fils qui vous reçoit aujourd'hui. Sculpteur de talent, il expose partout dans le monde et parsème la *casa* de ses œuvres. Appelez tout de même avant de venir car il est souvent très occupé ! 6 chambres impeccables. Meubles anciens, superbe terrasse et jardin fleuri. Assurément une adresse de charme. Cuisine *(payante).*

Bolibar *(BOLIBAR) : au sud-ouest de Markina ; accès par la BI 633 et la BI 2224.* C'est le village d'origine de Simón Bolívar, libérateur du Venezuela, de la Colombie, de l'Équateur, du Pérou et de la Bolivie. C'est vrai que Bolívar est né à

Caracas, mais ses ancêtres étaient originaires de ce petit village. Bien sûr, il a droit à sa statue sur la place...

Sous l'auvent de l'*église* (fondée par la famille Bolívar au Xe s), la très quelconque *statue de Notre-Dame de Coromoto*, un cadeau du Venezuela. Pourquoi cela ? Parce que cette Vierge est apparue au XVIIe s au cacique des Indiens coromotos du Venezuela pour lui dire qu'il avait tout intérêt à se christianiser. On appelle cela l'évangélisation. Derrière l'église, le **museoa Simón Bolívar** (☎ 946-16-41-14 ; ● simonbolivarmuseoa.com ● ; mar-ven 10h-13h, w-e et j. fériés 12h-14h, plus 17h-19h juil-août ; *GRATUIT*). Devant la porte, un autre buste du *Libertador*. Et à l'intérieur, son portrait, son épée, sa maison, ses décorations...

%% Ziortzako monastegia (monastère de Zenarruza) : *à Ziortza*, à 2 km au sud-ouest de Bolibar par la route BI 4401. ☎ 946-16-41-79. *Tlj 10h30-13h30, 16h-19h15. GRATUIT.*

Quand on arrive en haut de la montagne, la vision de cette lourde forteresse de grès jaune est écrasante. En pénétrant dans la cour de cet ancien hospice pour pèlerins, l'impression se dissipe. Les bâtiments aux portes basses et l'auvent-galerie de l'église forment un ensemble beaucoup plus harmonieux. Devant vous, une porte donne sur l'extérieur, où se présentaient (et où se présentent encore !) les pèlerins en route pour Santiago. Devant le portail de l'église, levez la tête pour admirer la charpente sculptée de symboles solaires basques et la poutre taillée en forme de démon !

À l'intérieur, nef centrale avec deux travées de style gothique. Joli retable à peine doré, où alternent peintures du XVIe s et petites sculptures en bas-relief représentant les évangélistes. Très jolie *pietà* du XVIe s, aux délicats drapés.

En sortant, admirez le cloître Renaissance de style roman, avec une galerie à colonnades sur laquelle donnent, au 1er étage, les cellules des quelques moines cisterciens qui vivent ici.

➢ **Randonnée pédestre :** 1h de marche *de Bolibar à Ziortza* en suivant l'antique sentier des pèlerins à travers la montagne. Le chemin, large et bien tracé, reprend à droite de la route qui va de Bolibar à l'abbaye, à environ 50 m du carrefour. Il grimpe à flanc de coteau dans un paysage mi-bois, mi-pâturages, et offre de très beaux panoramas sur la vallée.

% Le balcon de Biscaye : *après Munitibar par la BI 3231.* Une petite balade sympa à travers la forêt pour le panorama par intermittence sur la *ría* de Gernika et la Réserve de la biosphère d'Urdaibai. Ne misez pas sur le « Balcon » lui-même et la publicité que lui font les panneaux de signalisation, car la vue est bouchée par les arbres !

BILBAO (BILBO) ET SES ENVIRONS

● Bilbao (Bilbo).............. 450	Vizcaya à Getxo ● Gorliz	Sopelana ● Balade entre
● Le pont transbordeur	et Plentzia ● La plage de	Mungia et Larrabetzu

Longtemps l'agglomération de Bilbao n'eut pas très bonne presse. Si l'on consentait du bout des lèvres à aller visiter le centre-ville, les faubourgs englués d'usines et de noires fumées n'attiraient vraiment pas. Certes, on poussait parfois jusqu'à Santurtzi pour essayer de retrouver le « joli village » de la chanson populaire basque, mais le cœur n'y était pas.

Les temps, cependant, ont changé à vitesse grand V et le cœur de la ville s'est transformé. Un seul nom : Guggenheim. Un nom qui a donné à Bilbao un nouveau souffle, pour ne pas dire un autre destin. Et si les banlieues et stations balnéaires des environs, telles Getxo et Plentzia, offrent un attrait plutôt limité, on peut tout de même y loger sans déplaisir lorsque, de temps à autre, l'offre hôtelière de Bilbao – car, oui, désormais cela arrive ! – est dépassée par le nombre de visiteurs venus découvrir les nouvelles richesses de la ville.

BILBAO (BILBO)   (48000)   353 200 hab.   *Carte Biscaye, B2*

● Plan *p. 452-453*

Longtemps engoncée dans sa corolle poussiéreuse, qui rimait avec mines, construction navale et hauts fourneaux, Bilbao rebutait par bien des aspects, et l'on ne s'y arrêtait guère. Mais, au crépuscule de sa vie industrielle, la capitale économique du Pays basque a pris son destin en main en réhabilitant ses quartiers et en se muant, peu à peu, en un pôle touristique de premier ordre.
Le musée Guggenheim, ce joyau de titane inauguré en 1997, en est évidemment le navire amiral. Ce géant ancré sur les bords de la Nervión est à Bilbao ce que l'Opéra de Jorn Utzon est à Sydney. Acquise de haute lutte, sa notoriété mondiale n'a pas pour autant fait tourner la tête de ses habitants. Ils savent d'où ils viennent et ont conservé leur bonne humeur et un sens inné de l'accueil. Et même si les prix ont grimpé depuis qu'on vient la visiter de partout, ils restent abordables si l'on évite les périodes de congrès ou de festivals.
Outre le musée-star, Bilbao a fait appel à tout ce que l'architecture contemporaine compte de grands noms pour édifier également de nouveaux ponts et de nouveaux quartiers. Sans oublier les innombrables galeries d'art et les performances en tout genre disséminées dans les friches industrielles. Le vieux quartier constitue un contrepoint historique à cette modernité. Il dégage un vrai charme avec ses maisons anciennes et ses excellents bars à *pintxos* au coude à coude. Bilbao est devenue très tendance, au point de dépasser San Sebastián en terme de fréquentation touristique et de servir de modèle à bien d'autres villes. Il faut donc, au minimum, y passer une journée et une nuit.

UN PEU D'HISTOIRE

Bilbao est le plus grand port du nord de l'Espagne, même s'il vient, en termes de trafic, assez loin derrière les plus grands d'Europe tels Rotterdam, Anvers ou Hambourg.
Fondé en 1300, quand Don Diego Lopez de Haro lui octroie ses *fueros*, c'est alors un petit bourg blotti sur la rive droite du Nervión, autour de l'église qui deviendra ultérieurement la cathédrale de Santiago. Petit bourg puisque, aujourd'hui encore, on appelle le vieux quartier « les sept rues ». Les premiers siècles verront un développement lent et mesuré, et une tranquille colonisation des rives de la *ría*, rendue difficile par les nombreuses inondations qui, périodiquement, ravageaient la ville. Une première digue est construite au XVIe s, sous l'impulsion du *consulado del Mar* (sorte de chambre de commerce), créé en 1511. Bilbao vit alors essentiellement du commerce avec l'Europe du Nord, notamment avec l'exportation de draps et textiles, et avec l'Amérique. Très curieusement, les pêcheurs sont rares puisqu'on n'a aucune trace d'une *Cofradía de Pescadores* comme dans les autres ports de la côte. Le XVIIIe et surtout le XIXe s verront l'explosion économique et démographique de la ville, engendrée par les grandes compagnies minières. Dès 1723, la plaza Nueva est construite, et les premiers bâtiments de la zone de l'*Ensanche* commencent à s'élever. Bilbao, qui possède à sa porte, autour du massif de Triano,

les plus importantes mines de fer d'Espagne, devient rapidement une immense zone industrielle. Naturellement, le développement se fait surtout en direction de l'embouchure, et les rives du Nervión deviennent une gigantesque conurbation où se mêlent chantiers navals, ateliers sidérurgiques et leur cohorte de sous-traitants. Autant de richesses ne laissent pas indifférent, et Bilbao sera assiégée trois fois pendant les guerres carlistes, mais jamais prise, et elle est fière de son titre latin de *Invicta Villa*, la ville invaincue. Cette hégémonie économique durera jusqu'aux années 1960. Mais la crise de la sidérurgie européenne touchera aussi Bilbao. Et comme on le sait, après des années de doute, Bilbao a donc réussi sa cure de jouvence. À tel point que la ville croit de nouveau à son destin portuaire...

Arriver – Quitter

Bilbao n'est une plaque tournante pour aucun moyen de transport. Bien sûr, l'importance économique et, de plus en plus, touristique de la ville en fait une destination très fréquentée, mais routes et voies ferrées ont été conçues au pire moment de la centralisation en Espagne, et la ville est restée un peu à l'écart.
Pour les adresses et téléphones, voir

■ Adresses utiles

- 1 Estación del Norte ou de Abando
- 2 Estación de Atxuri
- 3 Estación de La Concordia ou de Santander
- 5 Termibús
- 6 Bilbao Turismo (OT principal)
- 7 Bilbao Turismo
- 8 Pharmacie

☗ Où dormir ?

- 10 Albergue Bilbao Aterpexea
- 11 Bilbao Central Hostel
- 12 Pil Pil Hostel
- 13 Pensión Méndez I et II
- 14 Pensión Iturrienea Ostatua
- 15 Pensión Mardones
- 16 La Estrella
- 17 Hotel Arriaga
- 18 Pensión Central
- 19 Hotel Ripa
- 20 Bilbao City Rooms Hostal
- 21 Pensión Caravan Cinema
- 22 Hotel Hesperia
- 24 Hotel Artetxe
- 25 Petit Palace Arana
- 26 Miró Hotel

|●| Où grignoter des *pintxos* ?

- 30 Xukela
- 31 Txiriboga Taberna
- 32 Zuga
- 33 Gure Toki
- 34 Sakakortxos
- 36 El Globo
- 37 La Viña del Ensanche
- 39 El Molinillo
- 40 Berton
- 41 Cafetería Plaza Albia

|●| Où manger assis ?

- 30 Bar Río Oja
- 35 Sua San
- 42 Gau-Txori
- 43 Café Iruña
- 44 Bar et Bistró Guggenheim

☕ Où prendre un café ou le petit déj ?

- 50 New York
- 51 Don Manuel

🍷 🎵 🎶 Où boire un verre ? Où écouter de la musique ?

- 60 Bar Jaunak, K2, Nekane Bar et Madariaga
- 61 Terraza Yandiola
- 62 Bilborock – La Merced
- 63 Twiggy
- 64 Kafé Antzokia
- 65 Café Bar Bilbao
- 66 Victor Montes
- 67 Irrintzi
- 68 Marzana
- 69 Satélite T

⊛ Achats

- 78 Mercado de la Ribera
- 91 Almacenes coloniales y bacalao Gregorio Martín
- 92 El Rincón del Vino
- 93 La Catedral de la Cerveza

✴ À voir

- 2 Estación Atxuri
- 3 Estación de La Concordia ou de Santander
- 73 Museo de Pasos de Semana santa
- 75 Museo diocesano de Arte sacro
- 76 Teatro Arriaga
- 79 Escuelas Maestro Garcia Rivero
- 82 Edificio de Ramón Sota
- 86 Museo arqueológico

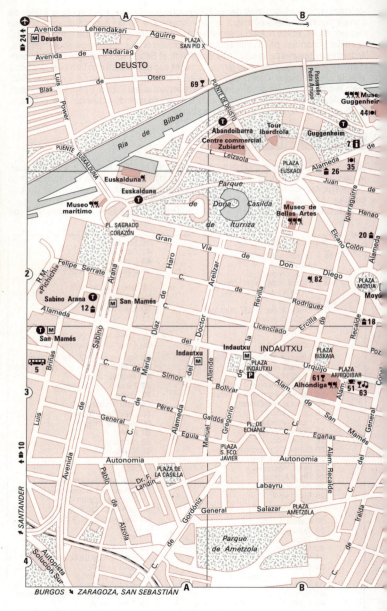

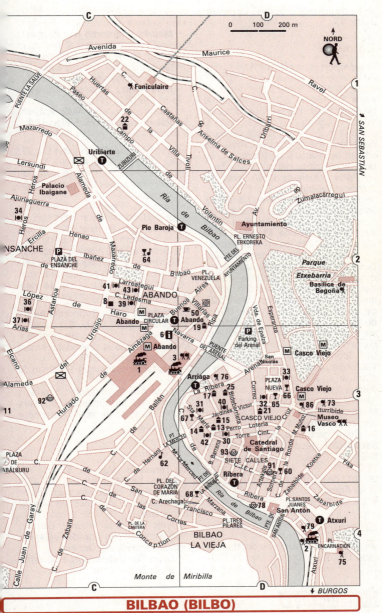

BILBAO (BILBO)

en fin de guide le chapitre « Comment y aller ? ».

En avion

✈ **Aéroport** (hors plan par A1) **:** à **Loiu**, à 12 km au nord-est de la ville. ☎ 944-86-96-62 ou 63. ● aeropuertodebilbao.net ● 🛜 (gratuit 30 mn). Terminal moderne, nombreux services : office de tourisme régional (aux arrivées, porte 1, tlj 10h-14h, 15h-19h). Tous les loueurs de voitures (Hertz, Europcar, Avis...) se situent au niveau 0 de l'aéroport, au bout du couloir-tunnel, sur la gauche.

➢ **Paris :** plusieurs vols/j. avec Air France et Vueling.
➢ **Madrid et Barcelone :** nombreux vols tlj avec différentes compagnies, dont Iberia et Vueling. Liaisons aussi avec **Séville, Valence, Málaga...** et en été avec les **Canaries** et les **Baléares**.
➢ **Pour rejoindre le centre-ville :** bus Bizkaibus à prendre au niveau des arrivées (porte 1), sur la droite ; ttes les 20-30 mn selon saison, 6h20-minuit depuis l'aéroport, 5h20-22h depuis le centre-ville ; compter 20 mn de trajet et env 1,50 €. À Bilbao, arrêts sur l'alameda Rekalde, 14 (à l'angle c/ Barraincúa), plaza Moyua-Gobierno Civil (correspondance métro), Gran Vía (angle María Díaz de Haro), avant d'arriver au Termibús. Mêmes arrêts dans le sens Bilbao-aéroport, situés en général juste en face. Appuyer sur le bouton rouge pour demander l'arrêt. En taxi, compter min 25 €.
➢ **Bus direct pour Donostia – San Sebastián :** départs ttes les heures 6h45-23h45, avec la compagnie Pesa. ☎ 900-12-14-00. ● pesa.net ● Compter 1h15 de trajet et env 17 €.

■ **Air France :** ☎ 901-11-22-66.
■ **Iberia :** ☎ 902-40-05-00.

En train

🚆 **Estación del Norte ou de Abando** (plan C3, **1**) : plaza Circular. ☎ 902-24-02-02 (infos). Ⓜ Abando. Pour les trains de la RENFE (☎ 902-320-320 ; ● renfe.com ●).
➢ **Madrid Chamartín (via Burgos) :** 2 trains/j. en sem (le mat et en fin d'ap-m de Bilbao) et 1 le w-e. Env 5h de trajet (2h30 pour Burgos). Sinon, 2 autres liaisons avec changement à Saragosse.
➢ **Barcelone :** 2 trains/j., le mat et l'ap-m. Env 6h40 de trajet.
➢ Liaisons aussi avec **Ávila, Valladolid, Palencia, Salamanca, Vigo, León :** au moins 1 train/j., parfois de nuit.

🚆 **Estación de Atxuri** (plan D4, **2**) : trains d'Eusko Tren (☎ 902-54-32-10 ; ● euskotren.eus ●) à destination d'Eibar, Bermeo via Gernika, Durango et Donostia.
➢ **Irun :** env 1 train/h, avec un changement à Donostia – San Sebastián. En tout, plus de 3h de trajet. C'est le seul accès ferroviaire quand on vient du nord. Mais le bus est plus pratique (avec Alsa).
➢ **Bermeo (via Gernika et Mundaka) :** 1-2 trains/h (selon la période de la journée), 6h20-21h20. Env 1h15 de trajet pour Bermeo, 50 mn pour Gernika.

🚆 **Estación de La Concordia ou de Santander** (plan C-D3, **3**) : ☎ 944-23-22-66. ● renfe.com/viajeros/feve ● Même topo que la précédente, mais avec la compagnie FEVE.
➢ **Santander :** 3 trains/j. Env 2h45 de trajet.
➢ **León (via Balmaseda) :** 1 train/j. ; départ de Bilbao comme de León vers 14h30. Env 6h45 de trajet (50 mn pour Balmaseda).

En bus

🚌 **Termibús** (plan A3, **5**) : c/ Gurtubay, 1. ☎ 944-39-52-05. Ⓜ San Mamés. Pour les bus interurbains et internationaux. Consignes, en face de la cafétéria (8h-20h ; bon marché).
➢ Avec **Alsa International**, liaisons avec la plupart des **grandes villes de France, Bruxelles** et **Genève**.
➢ **Ligne San Sebastián-La Coruña :** gérée par Alsa National.

Les quartiers

– **Casco viejo :** le quartier historique. Le plus traditionnel, le plus typique, le plus bondé. Se singularise par ses Siete Calles (les « sept rues »),

parallèles les unes aux autres et qui débouchent toutes sur le marché couvert de la Ribera. Très animé en journée, et le week-end en soirée. Plus tranquille le dimanche, car beaucoup de commerces sont alors fermés.
– **Ensanche :** la ville « neuve ». Cette excroissance de la vieille ville naît au XVIe s, mais se développe surtout au XIXe s. Peu d'animation, quelques hôtels, mais de nombreux édifices absolument remarquables.
– *La rive droite du Nervión :* ici, la bourgeoisie, au début du XXe s, construisit ses palais aux façades fiérotes, transformés aujourd'hui en lofts ou luxueux appartements. Pas grand-chose à voir sur le plan purement touristique.
– **Deusto :** sans grand intérêt. Quartier populaire mais sans grand charme. Les amoureux de poésie urbaine et de friches industrielles du style « Allemagne, années 1990 » pousseront derrière le canal de Deusto.

Circuler à Bilbao

➢ *En métro : rens au* ☎ *944-25-40-25.* ● *metrobilbao.eus* ● Il y a 2 lignes, la 1 et la 2, qui ne font en fait qu'un seule ligne à Bilbao (à travers le *casco viejo* et l'*Ensanche*), avant de se dédoubler, la ligne 1 allant jusqu'à Plentzia (via Getxo) et la 2 jusqu'à Kabiezes, de part et d'autre de l'embouchure du fleuve. En service 7h-2h. Tarification différente selon les zones couvertes. Compter 1,50-1,70 € (1 ou 2 zones) pour un parcours dans la zone urbaine de Bilbao, ou 4,60 € pour une carte à la journée. Objets perdus dans le métro : ☎ 944-25-40-40.
➢ *En Bilbobus : rens au* ☎ *944-79-09-81.* Le réseau de bus urbains de Bilbao. Billet : 1,25 €.
➢ *En tramway : rens au* ☎ *902-54-32-10.* ● *euskotren.eus* ● La ligne de tram traverse toute la ville, de La Casilla à la gare d'Atxuri, en longeant la *ría* de Bilbao. Fréquence : ttes les 15 mn, 6h30-23h30. Compter env 1,50 € pour un trajet, ou à peine 5 € pour une carte à la journée. À noter que le billet ne revient qu'à env 0,75 € avec la carte *Barik* (voir plus loin). Attention, on composte son billet à l'arrêt du tram, avant d'y grimper, et non dans la rame.

➢ *En Bizkaibus : rens au* ☎ *902-22-22-65. Bizkaibus* est le réseau des bus interurbains à l'intérieur de la province, qui se prennent un peu partout. En service 6h-23h.
– *Carte Barik :* ● *ctb.eus* ● Système de carte prépayée et économique, utilisable à plusieurs, et qui donne accès à tous les services de transport cités ci-dessus, partout en Biscaye, incluant aussi l'accès au pont transbordeur de Getxo, à l'ascenseur vers Begoña ou à celui qui relie la plage de Getxo au village en surplomb, etc. S'achète aux distributeurs automatiques des stations de métro, du tramway, dans les tabacs ou les kiosques. Coût de la carte : 3 €, puis on met au choix, 5, 10 ou 15 €... jusqu'à 90 €. La carte est débitée à chaque trajet et on la recharge au fil des besoins. Intéressant si vous comptez utiliser ces différents moyens de transport et si vous restez plusieurs jours.
➢ *En taxi : Teletaxi,* ☎ *944-10-21-21 (24h/24). Résa en ligne sur* ● *teletaxibilbao.com* ●

Adresses utiles

🛈 *Bilbao Turismo :* **office de tourisme principal** (plan C3, **6**), pl. Circular, 1. ☎ 944-79-57-60. Tte l'année, tlj 9h-21h. 💻 📶 **Autre office** (plan B1, **7**) sur alameda de Mazarredo, 66, à gauche du musée Guggenheim. ☎ 944-79-57-60. ● bilbaoturismo. net ● *De juil à mi-sept, tlj 10h-19h ; en hiver, lun-sam 10h-19h, dim 10h-15h.* Demandez la brochure *Bilbao a pie* (5 circuits de balades architecturales), le *Bilbao Gida*, bimensuel qui répertorie l'actualité de Bilbao, et le *Ría del Ocio* (clin d'œil à la *Guía del Ocio* madrilène), sorte d'*Officiel des spectacles*. Organise 2 visites guidées de la ville le week-end en espagnol et en anglais (et d'autres jours de la semaine en été ; en français sur résa) : inscription recommandée ; env 4,50 € pour 1h30. Pour celle du *casco viejo* : départ à 10h du Bilbao Turismo de la plaza Circular ; pour celle du *Bilbao moderne* : départ à 12h de l'office à côté du Guggenheim. Vend la *Bilbao Bizkaia Card* (comprend transports urbains, entrées dans les musées, visites guidées le week-end, etc. ; tarifs : 24h/30 €, 48h/35 € et 72h/40 €).

✉ ***Correos*** *(postes) : alameda del Urquijo, 19 (plan C3), ou alameda de Mazarredo, 13 (plan C1). Lun-ven 8h30-20h30, sam 9h30-13h.*

■ ***Pharmacie*** *(plan C2, 8) : Gran Vía de Don Diego López de Haro, 8.* ☎ *944-23-31-53. Tlj 9h-22h. Également sur Hurtado de Amezaga, 10.* ☎ *944-15-57-16.*

■ ***Objets perdus :*** ☎ *944-20-49-96.*

Où dormir ?

Les pensions les moins chères se situent dans la vieille ville et à proximité des gares. Question parking, il faut trouver une place dans la rue (payant en journée sauf le dimanche), laisser sa voiture au parking de l'hôtel le cas échéant ou dans un parking public, pour 18-20 € les 24h... Dans la vieille ville, la meilleure solution reste le parking souterrain *del Arenal* (plan D2-3). Cela dit, si vous pouvez éviter de venir en voiture à Bilbao, on s'en passe très bien...

Sinon, les hôtels chic ont poussé comme crocus au printemps dans la partie XIXe-XXe s de la cité, et le long du Nervión. Malgré l'effet Guggenheim, ils ne sont pas toujours pleins, ce qui les pousse à proposer, parfois, des réductions et autres promos... que l'on trouve généralement sur Internet.

Camping

Il faut pousser jusqu'à Sopelana (voir plus loin « Dans les environs de Gorliz et Plentzia ») pour planter sa toile, ou encore jusqu'à Gorliz, au-delà de Sopelana. Cependant, tous les étés de fin juin à mi-septembre, une aire d'accueil pour camping-cars et caravanes est aménagée à proximité de l'auberge de jeunesse ci-après, au lieu-dit Kobetamendi.

Auberges de jeunesse

▲ ***Albergue Bilbao Aterpexea*** *(hors plan par A3, 10) : ctra Basurto-Kastrexana, 70, 48002.* ☎ *944-27-00-54.* ● *info@alberguebilbao.net* ● *albergebilbao.net* ● ♿ *Pour y aller du centre, bus n°s 58 (de la vieille ville) et 80 (de la gare routière). Congés : Noël-début fév. Dortoirs 4-6 lits env 19,30-25,30 €/pers selon âge, saison et type de dortoirs ; doubles env 40-45 € ; petit déj copieux inclus. Parking gratuit.* 🖥 📶 La première AJ officielle de la ville domine Bilbao depuis la rive gauche du Nervión. Dans un grand bâtiment sans grâce, elle offre 150 places sur 8 étages, en chambres de 2 à 6 lits. Tout est nickel, avec caféť, laverie, etc. Plats très variés à la cafétéria. Cuisine à disposition. Bon, c'est un peu loin du centre, dont elle est séparée par l'autoroute de Santander, et le lieu n'a aucun charme.

▲ ***Bilbao Central Hostel*** *(plan B-C3, 11) : Fernández del Campo, 24.* ☎ *946-52-60-57.* ● *info@bilbaocentralhostel.com* ● *bilbaocentralhostel.com* ● ♿ *Ouv 24h/24. Réception au 2e étage (ascenseur au fond du couloir). Dortoirs 4-8 lits, 18-28 €/pers, petit déj-buffet compris. Réduc pèlerins.* 🖥 📶 Une soixantaine de lits, répartis en dortoirs de chaque côté d'un large couloir. Ceux de gauche ont plus de lumière (à droite, fenêtres minuscules). Sanitaires en nombre et salle de bains très modernes. Grand salon-cuisine avec TV et grand frigo à disposition. Machine à laver à pièces, consigne. Ensemble impeccable. Local à vélos sur le palier.

▲ ***Pil Pil Hostel*** *(plan A2, 12) : av. Sabino Arana, 14.* ☎ *944-34-55-44.*

● info@pilpilhostel.com ● pilpilhostel.com ● &. *Tte l'année, 24h/24. Dortoirs 6-12 lits, 16-20 €/pers selon saison ; doubles 45-60 € (25 €/pers supplémentaire), petit déj compris.* 🖥 📶 Une soixantaine de lits en tout, répartis dans différentes pièces au rez-de-chaussée d'un immeuble. Très propre et excellents matelas. Seul inconvénient : pas beaucoup de lumière, ni dans les dortoirs tout en longueur, ni dans les chambres. Location de vélos pas chère *(8 €/j.).* Courette au fond du couloir, où l'on peut garer son vélo. Petite cuisine à dispo, mais on peut aussi commander des plats (via un site web en liaison avec l'AJ). Une adresse pratique.

De bon marché à prix moyens

Dans le casco viejo

🏠 **Pensión Méndez I et II** *(plan D3, 13) : Santa María, 13, 48005.* ☎ *944-16-03-64.* ● *comercial@pensionmendez.com* ● *pensionmendez.com* ● *Accueil au 1ᵉʳ étage. Doubles sans ou avec sdb 35-55 €.* 2 pensions en une, comme le shampoing : au 1ᵉʳ étage, chambres avec salle de bains privée (la moitié d'entre elles), carrelage, TV et mobilier plutôt neutre ; et au 4ᵉ, tout est plus simple (et sanitaires communs uniquement) et moins cher. Les chambres, avec balcon donnant sur la rue pour la plupart, y sont plus lumineuses. Déco inexistante. Consigne et garage à vélos.

🏠 **Pensión Iturrienea Ostatua** *(plan D3, 14) : c/ Santa María, 14, 48005.* ☎ *944-16-15-00.* ● *iturrienea@outlook.es* ● *iturrieneaostatua.com* ● *Au 1ᵉʳ étage. Réception 8h30-21h. Doubles avec sdb 60-80 € ; petit déj 6 € en saison.* 📶 Voilà une pension qui s'est ingéniée à faire ressortir le cachet de cette vieille bâtisse, qu'elle a ensuite décorée d'œuvres d'artistes dans quelques chambres. Résultat on ne peut plus réussi : poutres, déco personnalisée dans les chambres, agréable coin petit déj. On se sent presque chez des amis ! Demandez les chambres nᵒˢ 4 et 6, pour leurs pierres apparentes. Ou la nᵒ 9, qui ouvre sur une courette. Les nᵒˢ 1 à 4 disposent d'un balcon. Salles de bains nickel, TV et chauffage. Tenu avec soin par Daniel et José-Manuel.

🏠 **Pensión Mardones** *(plan D3, 15) : Jardines, 4, 48005.* ☎ *944-15-31-05.* ● *info@pensionmardones.com* ● *pensionmardones.com* ● *Réception au 3ᵉ étage. Doubles sans ou avec sdb, à 1 à 2 lits, 37-60 €. Parking 15 €.* 📶 *Réduc de 10 % sur le prix des doubles d'oct à mi-juin sur présentation de ce guide.* Pension ouverte, paraît-il, depuis 1865, qui abrite une vingtaine de chambres, avec des poutres et un parquet moderne. Simple et confortable, ensemble très correct, à part l'insonorisation (très moyenne). Équipées ou non de salle de bains, elles sont plus ou moins grandes et lumineuses, certaines donnant sur la jolie ruelle piétonne. Bon rapport qualité-prix en moyenne saison et un peu cher en été.

🏠 **La Estrella** *(plan D3, 16) : María Muñoz, 6, 48005.* ☎ *944-16-40-66.* ● *laestrellabilbao@yahoo.es* ● *la-estrella-ostatu.com* ● *Au 1ᵉʳ étage. Doubles avec sdb 48-65 € ; petit déj 3-4,50 €. Compter 15-20 €/pers supplémentaire.* 📶 Une vingtaine de chambres du 1ᵉʳ au 3ᵉ étage, pour 1 à 3 personnes, aux couleurs fortes, sans grande déco hormis les puzzles accrochés aux murs. Petit déj avec jus d'orange pressée. Accueil souriant. Situé dans une zone plutôt calme du *casco viejo,* mais les chambres sur rue peuvent être bruyantes (bars au rez-de-chaussée).

🏠 **Hotel Arriaga** *(plan D3, 17) : c/ Ribera, 3, 48005.* ☎ *944-79-00-01.* ● *info@hotelarriaga.es* ● *hotelarriaga.es* ● *Au 1ᵉʳ étage. Doubles avec sdb 50-80 € selon saison. Parking 10 €.* 🖥 📶 Dans ce petit hôtel familial, 2 générations participent à la bonne tenue et à la convivialité de l'ensemble, même si les chambres sont banales. Au choix, sur rue (avec bow-window), avec vue sur la *ría* et le teatro Arriaga ou, plus calme mais plus sombre, sur la cour intérieure. Ambiance un peu bohème à la réception, excellent accueil de Jon et de Begonia. Parking à prix réduit.

Dans l'Ensanche

🛏 **Pensión Central** (plan B2, **18**) : alameda Recalde, 35 A, 48011. ☎ 944-10-63-39. ● reservas@hostal central.com ● hostalcentral.com ● *Au centre de l'Ensanche. Au 1er étage. Résa conseillée. Doubles avec sdb 50-60 €.* 📶 Dans un immeuble de bureaux, un petit hôtel de 8 chambres, petites mais agréables et colorées, aux tons pastel. Salles de bains impeccables. Parties communes un peu vieillottes en revanche. Lits avec édredon, TV, bouilloire, bref, bon confort, et l'accueil est professionnel.

🛏 **Hotel Ripa** (plan D2-3, **19**) : c/ Ripa, 3, 48001. ☎ 944-23-96-77. ● info@ hotel-ripa.com ● hotel-ripa.com ● *Réception au 1er étage. Doubles avec sdb 50-75 € selon saison.* 📶 Non loin de la gare, dans une rue calme. Ici encore, les chambres sont presque coquettes, avec quelques touches de déco, des photos de Bilbao, et des salles de bains parfaitement nettes.

🛏 **Bilbao City Rooms Hostal** (plan B2, **20**) : alameda Recalde, 24, 48009. ☎ 944-25-60-50. ● reservas@bilbao cityrooms.com ● bilbaocityrooms. com ● ♿ *Réception au 4e étage (ascenseur). Doubles 55-80 €, sans petit déj.* 📶 Une vingtaine de chambres, réparties sur 2 étages, modernes et colorées, agréables et au rapport qualité-prix imbattable. Côté confort, frigo et bouilloire (avec café et thé) à disposition. Photos de Bilbao en têtes de lits, tons gris et blanc, avec une pointe d'acidulé.

De prix moyens à chic

Dans le casco viejo

🛏 **Pensión Caravan Cinema** (plan D3, **21**) : c/ Correo, 11, 48005. 📱 688-86-09-07. ● info@caravan-cinema.com ● caravan-cinema.com ● *Réception au 1er étage. Doubles avec sdb 75-130 € selon saison.* 📶 Entièrement dédiée au culte du 7e art, cette pension soignée et confortable propose 5 chambres au cœur du *casco viejo*, chacune rendant hommage à un grand réalisateur espagnol. Dans les tons blancs, or et pierres apparentes, malgré leur petite taille, elles dégagent un vrai cachet, avec une touche vintage ici et là. On y retrouve les incontournables Pedro Almodóvar, Julio Medem, Fernando Trueba... Et la télé de chaque chambre permet de voir ou de revoir les films de chaque réalisateur. Excellente adresse et bon accueil.

Dans les proches environs

🛏 **Hotel Artetxe** (hors plan par A1, **24**) : ctra Enekuri-Artxanda, km 7, 48015. ☎ 944-74-77-80. ● info@ hotelartetxe.com ● hotelartetxe.com ● ♿ *Prendre la direction d'Enekuri, puis la BI 3741 vers Artxanda. Congés : vac de Noël-1re sem de janv. Doubles avec sdb 50-80 € selon saison ; petit déj 7 €. Également 1 appart 5 pers 90-150 €.* 📶 *Verre de txakoli offert sur présentation de ce guide.* Petite ferme restaurée, presque en surplomb de Bilbao, et convertie en un hôtel fonctionnel. Il propose 3 catégories de chambres, toutes assez confortables, malgré une déco qui prend un peu d'âge. La moitié (toutes pour la catégorie supérieure) avec vue extra sur la ville. En revanche, l'insonorisation pêche un peu... Petit déj très varié à prendre dans un espace tout vitré. Accueil sympa.

De chic à beaucoup plus chic

Dans le casco viejo

🛏 **Petit Palace Arana** (plan D3, **25**) : Bidebarrieta, 2, 48005. ☎ 944-15-64-11. ● arana@petitpalace.com ● petit palace.com ● ♿ *Résa indispensable. Doubles 75-150 € selon saison ; petit déj 9 €. Parking 12 €.* 💻 📶 Idéalement situé à l'entrée du *casco viejo*, un charmant petit hôtel de luxe aux belles chambres design. La soixantaine de chambres s'étage sur 5 niveaux, mais préférer celles dans les étages supérieurs. Chambres assez différentes les unes des autres (en voir plusieurs). Les plus chères sont même équipées d'un ordinateur et d'un vélo d'appartement ! Prix attractifs hors juillet-août.

À proximité du musée Guggenheim

🛏 **Miró Hotel** (plan B1-2, **26**) : alameda de Mazarredo, 77, 48009.

☎ 946-61-18-80. ● reservas@mirohotelbilbao.com ● mirohotelbilbao.com ✜ Doubles 100-180 € selon type de chambre et saison ; petit déj 18,50 € (hors de prix !). 💻 📶 Sans surprise, la déco intérieure de cet établissement, qui s'inscrit dans la vogue des *design hotels*, a été conçue par Antonio Miró, un des grands stylistes espagnols (et non le peintre). L'hôtel abrite des chambres au style épuré, avec salle de bains en marbre ouverte sur la chambre, le tout dans les tons noir et blanc. Chic et sobre, avec un confort très moderne (lecteur MP3 et lecteur CD). Certaines donnent sur la rue, avec le Guggenheim en ligne de mire... sur la droite. Spa en supplément, mais salle de fitness gratuite... de même que le café, au bar au rez-de-chaussée.

🏨 *Hotel Hesperia* (plan C1, 22) : paseo Campo de Volantín, 28, 48007. ☎ 944-05-11-00. ● hotel@hesperia-bilbao.com ● hesperia-bilbao.com ✜ Doubles 80-130 € selon saison ; supplément de 30 € pour la vue ; petit déj-buffet 15 € si résa (17-19 € sinon !). Parking 18 €. 💻 (payant). 📶 Superbement placé sur le quai, en bordure de la *ría*, entre le pont Zubizuri et le Guggenheim. On le repère tout de suite grâce à sa jolie façade composée de balcons-vérandas multicolores. Excellent accueil, pro et souriant, dès le hall design laqué de noir. L'élégance se poursuit dans les couloirs et dans les chambres aux tons beige-marron. Tout confort, il va de soi. Les plus chères ont la vue depuis les balcons colorés (étrange sensation, d'ailleurs !). Beau café moderne donnant sur le quai.

Où grignoter des *pintxos* ?

Aucun problème pour manger pas cher. Bilbao aligne une myriade de petits bars, cafétérias et restos (attention, beaucoup sont fermés le dimanche). Certains bars sont très fiers de leur créativité en matière de *pintxos*. Chaque année, ils s'affrontent d'ailleurs dans des concours... Nous essayons de faire la part belle autant à la tradition qu'à l'innovation. Signalons tout de même que parfois se glisse une fausse créativité qu'essaie de masquer une superposition d'un peu de tout, sans cohérence gustative. Ne tombez pas dans le panneau !

Dans le casco viejo

🍴 *Xukela* (plan D3, 30) : c/ del Perro, 2. ☎ 944-15-97-72. Tlj 13h-15h30, 19h30-23h30. *Pintxos* créatifs et amusants (genre crêtes de coq sur lit de cèpes, fèves au jambon, champignons-morue...). Également de la charcuterie, des fromages et des pâtés. Au-delà de ce que l'on y déguste, ce vieux café couvert d'affiches et de photos dégage une sympathique atmosphère. Un classique du genre. Bons vins au verre.

🍴 *Txiriboga Taberna* (plan D3, 31) : Santa María, 13. ☎ 944-15-78-74. *Fermé dim soir et lun.* Aucune déco (à part quelques photos en noir et blanc) dans ce bar-resto populaire : tout ici est dans les croquettes, variées et succulentes et, en plus, bon marché. Parfois ils ont du mal à suivre en cuisine, car elles sont réalisées au fur et à mesure de la soirée. Autre spécialité, les *boquerones de anchoa* et les calamars. Bref, un lieu qui vaut le déplacement, comme en témoigne le large débordement des clients sur la ruelle.

🍴 *Gure Toki* (plan D3, 33) : pl. Nueva, 12. ☎ 944-15-80-37. ● info@guretoki.com ● ✜ *Tlj sf mer et dim soir 9h30-23h30 en continu. Congés : de mi-juil à mi-août.* Une terrasse, un comptoir, une petite poignée de tables modernes, et surtout, sur le comptoir, des petites merveilles, aussi raffinées pour les papilles que pour les yeux. Essayez la *sopa de queso idiazabal* (soupe au fromage avec un œuf de caille), le *pulpo a la plancha*, ou encore le crabe en tempura ! Quand le *pintxo* rencontre la créativité gastronomique ! Le meilleur de la place.

🍴 *Zuga* (plan D3, 32) : pl. Nueva, 4 (angle Cueva Goiko-Lau). ☎ 944-15-03-21. *Tlj 9h-23h (plus tard en fin de sem).* Un petit local (la vraie salle, ce sont les arcades de la place !) où les *pintxos* présentés sur le bar, pleins d'idées, s'avèrent assez savoureux. N'hésitez pas à commander un de leurs *pintxos* chauds (un « pintchaud » ?), autour du foie grillé, accompagné de fruits... Jeune et sympa. Bons vins au verre. Musique rock-jazz.

|●| **Berton** *(plan D3, 40)* : *c/ Jardines, 11.* ☎ *944-16-70-35. Tlj sf mar 11h30-minuit.* Un bar à *pintxos* de plus ? Pas tout à fait, car les préparations proposées ici sont étonnantes de qualité, sans tomber dans l'esbroufe de l'empilement. Ils sont servis dans un cadre chaleureux, baigné de musique classique. Bonne sélection de vins de la région.

Dans l'Ensanche

|●| **El Globo** *(plan C2, 36)* : *c/ Diputación, 8.* ☎ *944-15-42-21.* ● barel globo@gmail.com ● *Tlj sf dim. Congés : 15 j. début août.* Alignées sur le comptoir, les meilleures créations du quartier, à prix sages et flanquées d'étiquette explicative (ouf !). Parmi les spécialités, le *txangurro* (l'araignée de mer), calamars sur lit d'oignons, *pintxos* au thon, aux anchois, au *karraspio* (des algues !)... et côté chaud, affiché sur l'ardoise, foie gras frais poêlé, très en vogue au Pays basque. Quelques salades complètent la carte. Tables en terrasse. Excellent, à tous points de vue.

|●| **La Viña del Ensanche** *(plan C2, 37)* : *c/ Diputación, 10.* ☎ *944-15-56-15.* ● info@lavinadelensanche.com ● *Tlj sf dim. Congés : 1 mois en été.* Beaucoup plus traditionnel et embourgeoisé que son voisin *El Globo*, c'est le rendez-vous des amateurs de charcuterie ibérique, comme vous le prouveront les jambons suspendus au-dessus du bar. Excellente qualité des produits, vaste choix de vins, et même quelques tables en cas de fatigue. Outre les *pintxos*, quelques *raciones* sont également proposées. Cela dit, l'addition grimpe vite.

|●| **Sakakortxos** *(plan C2, 34)* : *Henao, 28 (angle Heros).* ☎ *946-52-49-86. Tlj sf dim.* Sous un vieil immeuble avec balcon vitré, une petite institution de quartier. Les employés et les habitués, habillés plutôt classe, savent qu'ils y trouveront du bon vin (grand choix) et des *pintxos* de qualité (certains au rosbif et au magret). Également des plats pour ceux qui veulent s'asseoir.

|●| **El Molinillo** *(plan C2, 39)* : *c/ Ledesma, 5.* ☎ *944-24-22-76. Tlj sf dim.* Tout le long du comptoir moderne, des préparations originales et pleines de fraîcheur (*bola de roquefort*, poivron farci aux fruits de mer, pâte feuilletée au foie gras, au poulpe, aux légumes...), le tout servi exclusivement par des femmes. Quelques tables dans la ruelle piétonne. Très bon accueil.

|●| **Cafetería Plaza Albia** *(plan C2, 41)* : *c/ Colón de Larreategui, 13.* ☎ *944-24-69-57. Tlj 8h30-22h30 (plus tard sam).* Un établissement moderne, avec son bar de marbre en U, aux murs couverts de lamelles de bois. Contrairement aux télés qui débitent des clips au kilomètre, les *pintxos* sont réalisés artisanalement et soigneusement. Ils sont frais, originaux et goûteux. Certaines préparations s'éloignent gentiment de la tradition : *wraps*, miniburgers, tortillas, pavé de thon aux légumes... Clientèle de tous âges.

Où manger assis ?

Plusieurs des bars à *pintxos* cités plus haut permettent aussi de s'asseoir. C'est le cas du *Globo*, de la *Viña del Ensanche* ou encore de la *Cafetería Plaza Albia*. N'hésitez pas !

De bon marché à prix moyens

Dans le casco viejo

|●| **Bar Río Oja** *(plan D3, 30)* : *c/ El Perro, 4.* ☎ *944-15-08-71. Tlj sf lun 9h-23h. Congés : 1 sem après la Semaine sainte et 3 sem en sept. Raciones 6,50-9 €.* Un bar en fer à cheval couvert d'azulejos, qui présente la spécialité de la maison : des *cazuelitas* (ragoûts et autres plats mijotés), présentés autour du bar, comprenant des plats de lapin, queue de bœuf, moules, *bacalao*, calamars dans leur encre, etc. Rien que du *casero* (fait maison), facturé à petits prix. Installez-vous à table si vous trouvez de la place, sinon il reste le bar... Clientèle de tous âges et de tous bords, mouvement incessant et service sans état d'âme. On adore.

IOI *Gau-Txori* (plan D3, **42**) : *Pelota, angle Santa María* (ne pas confondre avec l'Amarena, mitoyen !). ☎ 944-16-66-75. *Tlj midi et soir jusqu'à 23h. Menus 11 € le midi jusqu'à 16h en sem, 16 € w-e ; ración de paella 7 €.* Petit resto tout en longueur, popu et bien vivant, avec une petite salle au fond et quelques tables en terrasse. Bonne pioche pour le menu du déjeuner, copieux, incluant entrée, plat, dessert, vin et pain. On ressort content et repu !

Dans l'Ensanche

IOI *Sua San* (plan B1, **35**) : *Mazarredo, 65 bis.* ☎ 944-98-77-51. *Lun-sam 9h-22h (23h ven-sam), dim 10h-16h30. Menu midi env 12,50 € ; plats 5-8 €.* Pile poil en face du Guggenheim, cette petite cafétéria moderne, avec terrasse, propose un petit menu du midi fort honnête, plus des salades et sandwichs économiques. Pour une pause rapide avant de retourner au musée...

IOI *Bar et Bistró Guggenheim* (plan B1, **44**) : *avda Abandoibarra, 2.* ☎ 944-23-93-33. • info@bistroguggenheimbilbao. com • *Accès de l'esplanade. Tlj sf lun. Bar (et terrasse) tlj (sf lun en hiver) 9h30-20h30, Bistró mar-dim 13h-15h15, plus jeu-sam 20h30-22h30. Au Bar, formule 3 pintxos et boisson 9 €, bonnes salades 10 € (avec gâteau et boisson, 14,50 €). Au Bistró (en fait un resto), formule déj express 18 € et menu complet 25,40 € (verre de vin compris) ; le soir, menu-dégustation env 37 €.* Un deux-en-un : d'abord, à l'entrée, ce *Bar* avec une généreuse terrasse bien agréable pour grignoter quelques tapas ou salades ; puis la partie resto appelée *Bistró*, très recommandable pour ses différentes formules joliment tournées (malgré les portions un peu chiches), servies dans un cadre contemporain, dans la droite ligne stylistique du musée. Attention, ça se remplit très vite, on vous conseille vivement de réserver, même pour le midi (possible le matin avant la visite du musée). Enfin, pour les plus fortunés, il y a aussi, de l'autre côté du musée, le restaurant *Nerua* (☎ 944-00-04-30 ; *fermé 15 j. en janv*), véritablement gastronomique celui-là, tenu de main de maître par le chef Josean Alijá, avec une belle vue sur la *ría* et des menus à partir de... 70 €.

IOI *Café Iruña* (plan C2, **43**) : *Berástegui, 4 ; à l'angle de Colón de Larreategui.* ☎ 944-24-90-59. *Menus du jour 14 € en sem, 19 € w-e.* Le café ancien par excellence. D'un côté, vieilles céramiques écaillées vantant les différentes marques de jerez, pompe à bière gentiment Art déco et, de l'autre, une grande salle à l'étonnante déco néomudéjar. Spécialités de *pintxos morunos* (brochettes d'agneau grillées – également à emporter). On pourra jeter un œil à la partie resto, mais ne pas y manger (moyen). Contentez-vous des *pintxos* cités plus haut. Un classique qui mise sur son décor.

Où prendre un café ou le petit déj ?

♣ *New York* (plan D2, **50**) : *Buenos Aires, 13.* ☎ 944-23-25-17. • newyorkpast@gmail.com • *Tlj 8h (9h w-e)-22h30. Petit déj 2,50-5 €.* Boulangerie-pâtisserie avec, à l'arrière, un salon de thé un peu hors du temps (la déco date de 1922) mais très fréquenté quand le temps fait grise mine (et comme cela arrive, à Bilbao...). Et, bien sûr, tout est maison !

♣ *Don Manuel* (plan B3, **51**) : *alameda Urkijo, 39.* ☎ 944-43-86-72. • contacto@pasteleriadonmanuel.com • *Tlj 8h30-21h.* À deux pas de l'Alhondiga, un café-pâtisserie au décor hyper contemporain. Pâtisseries exquises et colorées. Spécialités : *miloja* (feuilleté) et *pastel de arroz* (tartelette... sans riz !). Café et chocolat chaud, servi *a la taza*.

Où boire un verre ? Où écouter de la musique ?

Dans le casco viejo

♀ *Les bars de la plaza Nueva* (plan D3) : très belle place, hyper agréable pour siroter un verre de ce que vous voudrez. Le *Café Bar Bilbao* (plan D3, **65**) et le *Victor Montes* (plan D3, **66**) s'y prêtent bien. Terrasse et murs couverts d'azulejos pour le premier, décor Art Nouveau pour le second. En revanche, on a été moins séduits par les *pintxos* et la cuisine... *Tlj sf dim ap-m.*

🍷 Indéniablement, la **calle Somera** *(plan D3, 60)* rassemble la jeunesse gentiment turbulente de Bilbao et les bars un peu destroy qui vont avec. Dans l'ordre, le **Bar Jaunak**, le **K2**, le **Nekane Bar** ou encore son voisin, le **Madariaga**...

🍷 **Irrintzi** *(plan D3, 67)* : *Santa María, 8.* ☎ *944-16-76-16. Tlj.* Un petit bar contemporain dans la vieille ville, que l'on ne vous indique pas tant pour ses *pintxos*, banals, que pour sa bonne atmosphère nocturne. Cela dit, à midi, la formule *pintxo* + verre de vin est bon marché.

🎵 **Bilborock – La Merced** *(plan C3, 62)* : *muelle La Merced, 1.* ☎ *944-15-13-06.* ● bilbao.net/bilborock ● *Ouv slt jours de concerts.* De l'autre côté du pont de La Merced, cet édifice baroque du XVIIe s est un ancien couvent, transformé en un lieu de rencontre abritant toutes sortes d'activités, musicales notamment. Environ 1 ou 2 concerts par semaine, essentiellement de rock. Mais aussi du théâtre, de la lutte (la scène sert alors de ring)... Petite buvette sur place.

Dans Bilbao la vieja

C'est l'ancien quartier immigré qui, peu à peu, se gentrifie. Rassurez-vous, ce n'est pas encore fait... On y trouve quelques bars authentiques voisinant avec de nouvelles adresses plus branchées, toutes situées dans Arechaga et San Francisco *(Bihotz, Dando la Brasa, Bilbao...)*. Un quartier à découvrir.

🍷 **Marzana** *(plan D4, 68)* : *Marzana.* ☎ *944-15-01-37. Tlj 17h (12h w-e)- 23h (1h ven-sam).* À l'orée de Bilbao la Vieja, en surplomb de l'eau et du marché de la Ribera, ce petit café un peu bohème attire les jeunes et les amoureux désargentés. Possibilité de grignoter. Très cool.

Dans l'Ensanche

🍷 **Terraza Yandiola** *(plan B3, 61)* : *pl. Arriquibar, 4 ; dans le centre Alhóndiga, au 3e étage (prendre l'ascenseur dans le hall sur la gauche).* ☎ *944-13-36-36. Tlj 13h30-23h (minuit w-e).* La terrasse de cet incroyable édifice classico-moderne, mélangeant allègrement les styles (on est au niveau d'un beau clocheton classique couvert d'écailles de zinc) se révèle fort agréable. On y prépare d'excellents cocktails. Atmosphère musicale de qualité.

🍷🎵 **Twiggy** *(plan B3, 63)* : *alameda Urquijo, 35. Jusqu'à 23h30 en sem et 3h w-e. DJ le w-e sf août-sept.* Un bar tant de jour (belle sélection de thés)... que de nuit (place alors aux cocktails !). Déco orientalisante assez déjantée et ambiance zen, qu'un DJ vient réveiller le week-end.

🍷🎵 **Kafé Antzokia** *(plan C2, 64)* : *San Vicente, 2.* ☎ *944-24-46-25.* ● kafeant zokia.com ● *Jeu-sam, le soir slt.* Anticonformiste, ce théâtre loué au diocèse est un tremplin pour la culture locale. Pas celle reléguée à la poussière des musées et au folklore touristique, mais bien celle de la culture vivante, avec du théâtre, des lectures, des concerts *(en fin de sem, compter 10-20 €)* ou des soirées DJ. Inutile d'arriver tôt *(pas avt 22h en fin de sem).*

À Deusto

🍷 **Satélite T** *(plan A1, 69)* : *Botica Vieja, 3.* ☎ *946-00-21-93.* ● sateli tetbilbao@gmail.com ● *Tlj 13h30- 23h (minuit w-e).* Ce « Bilbao Kosmik Bar », situé pile poil sous la pile du pont de Deusto, est devenu rapidement une référence en matière de petits concerts. Déco sympa, style container et caisses en bois, plus comptoir avec ciel étoilé. Surveiller la programmation (rock, pop, metal, etc.). On peut même y manger, pour pas cher et pas si mal...

Achats

🛍️ **Almacenes coloniales y bacalao Gregorio Martín** *(plan D3, 91)* : *Artekale, 22.* ☎ *944-15-37-07. Tlj sf sam ap-m et dim.* Tout, tout, tout, vous saurez tout sur le poisson favori des Ibères. De la morue séchée sous toutes ses formes, du filet à celle en boîte, et de l'épicerie fine. Les gros néons

🍷 **El Rincón del Vino** (plan C3, **92**) : Euskalduna, 5. ☎ 944-10-47-91. ● info@pasionporelvino.com ● Lun-ven 9h-14h30, 16h-20h30, plus sam mat. Un magasin de vins, vous l'aviez deviné, qui propose quelque 3 000 étiquettes, la plupart d'Espagne mais pas seulement. Patron charmant.

🍷 **La Catedral de la Cerveza** (plan D3, **93**) : Carniceria Vieja, 23. ☎ 616-59-36-54. Lun-mer 11h-14h, 16h30-20h30 ; jeu-sam 11h-21h. La plus grande sélection de bières locales et internationales. On peut même fabriquer sa propre bière !

🍷 **Mercado de la Ribera** (plan D4, **78**) : c/ de la Ribera. Mar-ven 8h-14h, 17h-20h (19h30 ven) ; lun et sam 8h-15h. Slt le mat de mi-juin à mi-sept. Ce beau marché de 1930, entièrement rénové, propose une large sélection de produits régionaux : charcuterie, fromages, vins, etc. Possibilité de se restaurer, évidemment, et même d'y écouter du jazz en fin de semaine...

À voir

🎬🎬🎬 **Museo Guggenheim** (plan B1) : avda Abandoibarra, 2. ☎ 944-35-90-80. ● guggenheim-bilbao.es ● Ⓜ Moyúa. 🚊 Guggenheim. Au bord du Nervión, près du Puente de la Salve. Ouv 10h-20h : tlj en juil-août, mar-dim le reste de l'année. Fermé 1er janv et 25 déc. Entrée : 10-13 € selon accrochage ; réduc ; gratuit moins de 12 ans. Audioguide en français inclus, constamment réactualisé en fonction des expos. Bono Artean (Guggenheim + musée des Beaux-Arts) : 14 € (supplément de 2 € si expos importantes).

– **Réserver son entrée sur Internet :** vous pouvez réserver votre entrée sur Internet et la retirer à un guichet spécial, évitant ainsi de faire la queue.
– **Meilleures heures :** 13h-16h, pendant lesquelles beaucoup de visiteurs sont partis déjeuner...
– **Visites guidées gratuites :** généralement en espagnol ou en anglais, elles ont lieu à 12h30 et 17h, pour des groupes de 8 à 20 personnes. Il suffit de s'inscrire au comptoir d'information à partir de 30 mn avant le début de la visite.
– **Les collections du musée en bref :** le Guggenheim présente essentiellement de grandes expos temporaires d'artistes internationaux du XXe s et d'art contemporain, ainsi que quelques installations visibles de manière permanente. Avant de vous déplacer, bien se renseigner sur les expos en cours et éviter de tomber entre deux expos.

L'histoire du musée

Le Guggenheim a fait l'objet d'une pléthore de commentaires puisqu'on a même comparé la couverture presse de son inauguration, en 1997, avec celle des J.O. de Barcelone ou de l'Expo en 1992 à Séville. Il faut bien le reconnaître, ce bâtiment construit par l'équipe de l'architecte californien Frank O. Gehry est une merveille. Cet artichaut de titane, cette demi-sirène qui ondule fièrement sur les bords du Nervión (faites autochtone et dites « la *ría* ») a bénéficié, lors de sa conception, des derniers progrès en matière d'imagerie aéronautique.
Alors qu'au Moyen Âge on construisait les cathédrales au centre des villes sur un espace quasi vierge, ici, on devait composer avec un site déjà bien occupé. Un vrai palimpseste (cherchez dans le dico !). Une fois rasé l'ancien dépôt de bois, encore fallait-il s'occuper des voies de chemin de fer et de l'ignoble pont de la Salve. Un sacré casse-tête car d'harmonie, il n'y en avait pas vraiment. On a donc sélectionné un calcaire blond des environs de Grenade pour que le musée se marie avec l'université de Deusto, sur l'autre rive, tandis que l'on optait pour de fines écailles de titane posées sans fixations sur les flancs du monstre. Extrait aux États-Unis, laminé en France et découpé en Italie en de fines feuilles de 0,38 mm d'épaisseur, ce métal rappellerait le passé industriel de la ville. Ainsi l'édifice est-il tour à tour une incandescence de métal blanc, une vieille baleine en pleurs sous

la pluie ou un scintillement diffus de reflets mordorés et cuivrés quand le couchant pointe. Tout simplement superbe !

Mais le travail n'était pas pour autant bouclé. L'idée principale de l'architecte était de faire pénétrer la lumière naturelle dans toutes les salles d'exposition. Il a donc fallu doter le musée de vastes verrières. Le cœur du musée est l'atrium, un vestibule de 60 m de haut, qui diffuse sa lumière aux 18 autres salles d'exposition. En tout et pour tout, quelque 11 000 m² d'exposition, censés offrir un ballon d'oxygène à la Fondation Guggenheim, puisque dans le monde entier, seulement une petite partie de ses collections est présentée au public. La pièce maîtresse est sans aucun doute la longue salle qui s'étend sous le pont de la Salve : 130 m de long et pas un seul pilier ! Autre particularité du Guggenheim : la « modulabilité » de ses salles, qui s'adaptent aisément à la taille de l'expo en cours, en escamotant une partie de l'espace ou en comblant un vide...

La province de Biscaye a supporté l'ensemble du projet à la hauteur d'une somme colossale : 160 millions de dollars, tandis que l'exploitation commerciale du musée revient à la Fondation Guggenheim. Mais Bilbao peut être sacrément fière de son investissement, car si la province n'a pas fini de le rembourser, il a déjà été indirectement rentabilisé grâce au million de visiteurs annuels que le musée attire, et dont une fraction seulement se donnerait la peine de venir à Bilbao si le musée n'avait pas vu le jour. Pari gagné, donc. On parle même ici « d'effet Guggenheim », car le musée a aussi entraîné dans sa dynamique, ces 15 dernières années, la réhabilitation et l'assainissement de tout le quartier environnant et un envol touristique indéniable pour la ville et la région. Par exemple, en 2007, un plasticien français, Daniel Buren, a habillé de rouge l'arc du pont de la Salve. Ce n'est pas tout : *TVE* y tourne des spots de pub, Paco Rabanne y a présenté ses mannequins métallisés, et les syndicats du coin s'enchaînent aux grilles de l'entrée pour faire connaître la moindre doléance. Même les indépendantistes s'y sont collés en manquant leur attentat peu avant l'inauguration...

Les expos

La philosophie du musée est que personne ne puisse dire « J'ai vu le Guggenheim ». Donc, les collections d'art moderne et contemporain qui y sont présentées bougent en permanence. Une expo chasse l'autre, et c'est vrai que ce n'est jamais le même musée. Pour résumer, il y a d'un côté la « collection permanente », qui consiste en une partie des œuvres, exposées par roulement, de TOUTE la collection de la Fondation Guggenheim et, de l'autre, de grandes expos temporaires (qui changent tous les 3 à 6 mois) avec des œuvres étrangères à la collection de la Fondation. C'est ce qu'ils appellent « la rotation dynamique ». Comme disent les responsables : « Pourquoi exposer toujours les mêmes œuvres alors qu'on en a 150 autres du même artiste en réserve ? » Il faut aussi souligner l'intelligence de l'accrochage et de l'organisation des expos : aérées et pédagogiques, jamais prises de tête. Bref, accessibles à tous.

Les œuvres permanentes

Ces réalisations étonnantes font en quelque sorte partie de « l'architecture » du musée. Elles ont été pensées comme telles. On commence par l'incroyable « *puppy* » (chiot) géant tout fleuri devant l'entrée du musée (visible par tous) et les tulipes (qui, on ne le dirait pas, sont en acier) de Jeff Koons (derrière le musée). À proximité les *Boules* d'Anish Kapoor (ensemble de boules métalliques superposées), et non loin la grosse araignée répondant au doux nom de *Maman* de Louise Bourgeois. Toujours à l'extérieur, l'œuvre du Japonais Nakaya : de la vapeur d'eau qui sort de temps à autre depuis le bas de la passerelle fermant un petit bassin, nimbant ce dernier d'un nuage vaporeux. Et enfin la *Fontaine de Feu* d'Yves Klein, qui se met en marche une fois par jour quand il fait sombre (infos sur les horaires à l'accueil). À l'intérieur du musée, on verra les *9 colonnes de diodes lumineuses* verticales de Jenny Holzer (bel effet visuel !), et surtout, la *« matière du temps »* de Richard Serra, huit gigantesques « sculptures » en acier qui occupent l'immense salle du rez-de-chaussée. Incroyables ondulations et labyrinthes fantastiques (ne pas manquer la salle avec les maquettes des réalisations et l'interview de l'artiste). Ensemble, elles pèsent environ 1 000 t. La pièce maîtresse, le *Serpent*, a même été installée avant la pose du toit du musée. Le but est de pénétrer à l'intérieur... et de s'y perdre.

Vous l'avez compris, en visite au Pays basque, une halte au Guggenheim constitue une étape quasi obligatoire.

🎥🎥🎥 *Museo de Bellas Artes* (musée des Beaux-Arts ; plan B2) : *dans le parc D. C. de Iturriza, plasa del Museo, 2.* ☎ *944-39-60-60.* ● *museobilbao.com* ● Ⓜ *Moyúa. Tlj sf mar 10h-20h. Fermé 1er et 6 janv, et 25 déc. Entrée : 7 € ; réduc ; gratuit moins de 12 ans, pour les moins de 25 ans dim 14h-20h et pour ts mer. Ouf ! Audioguide : 2 €. Bono Artean (musée des Beaux-Arts + Guggenheim) : 14 € (supplément de 2 € si expo importante au Guggenheim). Cafétéria agréable tlj sf mar 10h-21h.*

Construit en 1945 et augmenté d'une aile moderne bien conçue, il abrite une remarquable collection de peintures du XIIIe au XIXe s, aussi bien espagnoles (une dominante), qu'internationales : du roman au romantisme en passant par la Renaissance, le baroque, le néoclassicisme et l'impressionnisme. Un musée méconnu, souvent injustement délaissé par les touristes qui n'ont d'yeux que pour le Guggenheim, alors qu'il en est le superbe complément artistique. Salles intelligemment organisées, par style pictural et chronologie.

– **Les salles 1 à 20 :** elles abritent d'abord l'**art religieux** du XIVe s, avec l'accent mis sur les écoles de Valence, Barcelone, Tolède et Burgos. On poursuit avec la **Renaissance des pays nordiques** (XVIe s). On verra notamment Lucas Cranach et Martin de Vos. Suivent les **portraits de cour.** Belle *Anunciación de San Francisco*, du Greco. De Zurbarán, une sublime *Vierge à l'enfant*. José de Ribera est également de la partie. Arrêt obligatoire devant *Loth et ses filles* d'Orazio Gentileschi, aux étonnantes couleurs. On notera encore le *Portrait de Felipe IV* de Velázquez. Puis Jordaens *(Tête de paysan)* et Van Dick. Le **XIXe s** présente des paysages, des portraits et d'intéressantes scènes rurales. Joaquim Sorolla tire aisément son épingle du jeu avec sa peinture lumineuse et touchante. Guinea est bien présent, ainsi que Guiard (scènes de genre, portraits) et Darío de Regoyos, tout deux nettement influencés par l'impressionnisme français.

– **1er étage, les salles 21 à 25 :** artistes espagnols et français, fin XIXe-début XXe s. Francisco Iturrino nous enivre avec sa série de rondes baigneuses, absolument lumineuses. *Lavandières à Arles* de Gauguin. Voir encore les œuvres de Hermenegildo Anglada Camarasa *(Nue)* et de Romero de Torres (intrigante *Vénus à la poésie*). Touchantes et tristes, les toiles de Maeztu *(Aveugle)* et celles d'Ignacio Zuloaga. La **salle 25** est entièrement consacrée à Sorolla (il le mérite !), avec cette *Femme andalouse* ou ce *Buveur de cidre.* Quelle justesse !

– **Salles 26 à 30 :** elles accueillent les travaux de Echevarria (Gypsies), d'Ángel Larroque (poignante *Maternité*), et une série de toiles de Aurelio Arteta (cycle allégorique sur la culture et la vie des champs). José Arrúe délivre un intéressant témoignage sur les fêtes de villages basques, au traité précis et naïf. Sur le même thème, mais pas le même style, voir les œuvres de Zubiaurre. Splendide *Tomas Meabe* de Arrúe.

– Les vastes **salles 32 et 33** sont entièrement dédiées à l'**art moderne.** Parmi les installations et les créations diverses (à boire et à manger !), on retrouve Delaunay, Luiz Fernández, des sculptures de Vincente Larrea, des toiles de Karel Appel (du groupe Kobra), Alechinsky, sans oublier l'incontournable Tàpies, mais aussi l'étrange Francis Bacon, dont on reprendrait bien une tranche.

– **Les expos temporaires :** au rez-de-chaussée et au 2e étage, toujours bien conçues, elles complètent le parcours de ce superbe musée. On peut terminer sur la terrasse de l'agréable cafét', proposant une vue reposante sur le parc.

🎥🎥 *Museo Vasco* (plan D3) : *pl. Miguel de Unamuno, 4 (dans la vieille ville).* ☎ *944-15-54-23.* ● *euskal-museoa.org* ● Ⓜ *Casco Viejo. Lun et mer-ven*

10h-19h ; sam 10h-13h30, 16h-19h ; dim 10h-14h. Fermé de nombreux j. fériés. Entrée : 3 € ; réduc ; gratuit moins de 12 ans et pour ts jeu.

Après l'expulsion des jésuites de la péninsule Ibérique, on récupéra le couvent, qui fit office de maison de charité, d'archives des registres civils et de salle des audiences provinciales. Puis, en 1921, on créa cet intéressant musée, qui avait pour mission de retracer le parcours ethnographique du peuple basque.

– Commencez par le *3ᵉ étage*, qui abrite un grand plan-relief de la Biscaye, bien réalisé. Au fond de la salle, maquettes des différents styles de tours de la région. À côté a été reconstituée la salle du conseil du *consulat de mar* de Bilbao, où furent rédigés la plupart des actes concernant le port.

– Au *2ᵉ étage,* plusieurs sections : vitrines de porcelaine provenant de nombreuses fabriques de la région et atelier de forgeron (bof !) ; quelques éléments de mobilier, marines du XVIIᵉ s.

– Le *1ᵉʳ étage* est surtout consacré à l'ethnographie, avec d'intéressantes vitrines sur la culture pastorale, l'habitat, les coutumes et les croyances, le tissage, les industries textiles, et, bien sûr, la navigation, la vie quotidienne des pêcheurs et la chasse à la baleine. Dioramas sur les différents types de pêche, photos et documents. Quelques pièces sympas comme ce pêcheur de morue du XVIIIᵉ s, habillé comme un Esquimau et installé dans un tonneau pour ne pas tomber à la mer. Le rez-de-chaussée est consacré à des expos temporaires. Autour du cloître, les murs accueillent des armoiries et frontons sculptés de différents monuments. Au centre du jardin, l'*Idole de Mikeldi,* statue datant de l'âge du fer trouvée à Durango, dont la fonction, ou ce qu'il représentait, n'a toujours pas été élucidée.

¶ *Museo arqueológico (plan D3, 86) :* calzadas de Mallona, 2. ☎ 944-04-09-90. Mar-sam 10h-14h, 16h-19h30 ; dim 10h30-14h. Entrée : 3 € ; réduc ; gratuit moins de 12 ans et pour ts ven. On y présente les collections archéologiques de la province dans un espace muséal récent, sur trois niveaux. Toutes les périodes sont passées en revue, de la Préhistoire aux Temps modernes, et illustrées par de nombreuses pièces. Pour les vrais fans du genre.

¶¶ *Museo marítimo – Ría de Bilbao (plan A2) :* muelle Ramón de la Sota. ☎ 946-08-55-00. • museomaritimobilbao.org • *Tlj sf lun 10h-20h (18h mar-ven en hiver). Entrée : 6 € ; réduc ; gratuit moins de 6 ans et pour ts mar sept-juin.* Un musée qu'apprécieront ceux que la mer inspire ou qui font rêver. Il est surtout dédié à l'agglomération de Bilbao en tant que cité maritime (documents et gravures de la ville aux siècles passés, section sur les chantiers navals de la région, etc.), mais recèle aussi de très nombreuses maquettes de bateaux de différentes époques, de vieux atlas, vieilles mappemondes, du matériel de navigation et la reconstitution d'un bureau de compagnie maritime. L'extérieur du musée se visite aussi, on y a conservé une partie du port ancien, ses docks, ses bassins à flot, une grue et divers bateaux en cale sèche. Y sont même présentés parfois des bateaux qui naviguent sur la *ría* à l'occasion de sorties en mer ou de croisières dans les environs.

¶ *Funicular de Artxanda (plan C1) :* pl. del Funicular s/n. ☎ 944-45-49-66. *Lun-sam 7h15-22h, dim 8h15-22h (23h juin-sept). Ticket : env 1 €.* Presque centenaire mais restauré en 1983, il vous hissera, à la vitesse de 5 m par seconde, jusqu'au plus beau point de vue sur la ville !

À voir encore, si vous avez un peu de temps

Pour les infatigables et les curieux, n'hésitez pas à vous procurer la brochure *Bilbao a pie* à l'office de tourisme : cinq circuits à thème vous emmèneront à la découverte de l'éclectisme architectural de la ville : le long de la *ría,* dans les *Siete calles (casco viejo)* ou encore de San Antón à l'Arenal, entre autres...

Dans le casco viejo

🎭 **Museo de Pasos de Semana santa** (plan D3, **73**) : Iturribide, 3. ☎ 944-15-04-33. Mar-ven 11h-13h30, 17h-19h30 ; sam 11h-14h, 17h-20h ; dim 11h-14h. Fermé 2 sem autour de la Semaine sainte. Entrée : 2 € ; réduc. Amis des statues dorées et des christs sanguinolents, bonjour ! Ce musée regroupe tous les chars des confréries qui défilent le lundi de la Passion. Au rez-de-chaussée, les andas (chars ne transportant qu'une seule image). Sur la gauche, les costumes des confréries avec leurs capuches pointues couvrant tout le visage. Sous l'escalier, photos des processions et dioramas sur la vie du Christ. À l'étage, les pazos (chars à plusieurs images), certains construits au XVIIe s mais la plupart au XXe s. Chaque char reproduit une scène de la Passion, de préférence un peu gore : flagellation, couronne d'épines, crucifixion... s'accompagnant d'hémoglobine sous forme de peinture rouge. Et toujours la vie du Christ en dioramas. Tout de même très kitsch.

🎭 **Museo diocesano de Arte sacro** (musée diocésain d'Art sacré ; plan D4, **75**) : pl. de la Encarnación, 9 B. ☎ 944-32-01-25. Mar-sam 10h30-13h30, 16h-19h ; dim 10h30-13h30. Entrée : 3 € ; réduc. Tout sur l'art statuaire des églises de Biscaye. Également une belle collection d'orfèvrerie religieuse, des vêtements liturgiques et même un peu d'art moderne... en rapport avec la religion, bien sûr.

Beaucoup de bâtiments méritent aussi un coup d'œil appuyé ; en voici quelques-uns :

🎭 **Teatro Arriaga** (plan D3, **76**) : pl. Arriaga, 1. ☎ 944-79-20-36. ● teatroarriaga.com ● Construit en 1890, il est l'œuvre de l'architecte de la ville, Joaquín de Rucoba. Sa silhouette néobaroque, qui force la ressemblance avec l'Opéra Garnier de Paris, est un point de repère dans la ville. Programmation de qualité.

🎭 **Escuelas Maestro Garcia Rivero** (plan D4, **79**) : c/ Atxuri, 2. Construit par les mêmes architectes que le marché de la Ribera (voir la rubrique « Achats »), mais 2 ans plus tôt, ce bâtiment répond au style « régionaliste » : tourelles fiérotes, toits de tuiles supportés par une armature de bois, briques rouges pour les voûtes.

🎭 **Estación Atxuri** (plan D4, **2**) : angle des rues Atxuri et 16 de Agosto. Auparavant, un resto occupait l'intérieur de cette gare et une terrasse surplombait même la ría. Manuel María de Smith a puisé dans le registre de l'architecture de montagne. La tour belvédère et les matériaux « rudes » employés séduiront les plus réticents.

🎭 **Basílica de Begoña** (plan D2) : en surplomb du casco viejo, dans le parc Etxebarria, avda Abandoibarra, 4. Accès à pied ou par un ascenseur (0,50 €) depuis le métro Casco Viejo, derrière San Nicolás (plan D3). Tlj 8h30-13h30, 17h-20h30. La plus ancienne église de la ville, refaite à l'époque baroque. À l'intérieur, statue romane de Notre-Dame-de-Begoña, patronne de la cité.

Dans l'Ensanche et ailleurs

🎭 **L'Ensanche :** cette excroissance de la vieille ville ne naît qu'au début du XVIe s, d'où la présence de nombreux édifices administratifs et si peu d'églises. Pléthore de beaux immeubles bourgeois cependant, datant de la fin du XIXe s. Dans Gran Vía et l'Alameda de Recalde, on trouvera aussi bien du néogothique, que du néo-Renaissance, de l'Art nouveau, et des accents Art déco ! Parallèlement, quelques édifices récents offrent une touche moderne et audacieuse à ce quartier, qui résume bien la tendance architecturale avant-gardiste du Bilbao d'aujourd'hui.

🎭🎭 **Estación de La Concordia ou de Santander** (plan C-D3, **3**) : c/ Bailén, 3. Achevée en 1898, elle est à la fois étrange par sa situation, presque rejetée sur les bords de la ría, face à la vieille ville, mais aussi par sa configuration intérieure, puisque les voies se trouvent... à l'étage. Son tympan vert et jaune lui donne une belle allure !

¶¶ *Alhóndiga* (Azkuna Zentroa ; plan B3) : *pl. Arriquibar, 4.* ☎ *944-01-40-14.* ● *alhondigabilbao.com* ● *Lun-ven 7h-23h, w-e et j. fériés 8h30-minuit (23h dim). Point d'info dans le hall* (Infopuntua). *Accès libre.* Drôle de rencontre ! Celle d'un entrepôt à vin du début du XXe s, où brique et béton sculpté prennent toute la place, et du designer Philippe Starck. Le résultat ? Une sorte de vaste place publique intérieure digne d'un forum romain... à peine troublée par d'épaisses colonnes fantaisie évoquant les différentes cultures du monde à diverses époques ! Quelques bancs lumineux permettent aux passants de s'installer, et à l'extérieur, de drôles de chaises et des tables d'échecs invitent à s'arrêter. Le complexe abrite divers lieux culturels et sportifs : médiathèque, salle de spectacle et d'expos, auditorium, une géniale piscine suspendue (impressionnant de voir les nageurs depuis le hall principal !), salle de sport, boutiques, trois restos et un bar en terrasse (voir « Où boire un verre ? »).

¶ *Edificio de Ramón Sota* (plan B2, 82) : *Gran Vía de Don Diego López de Haro, 45.* Un peu caché par les arbres, un des plus élégants édifices construits par Manuel María de Smith. La maison de ville bourgeoise par excellence, avec ses balcons, ses arcades et ses réminiscences régionalistes.

¶ Le *centre de conférences et opéra Euskalduna* (plan A1-2), non loin du Guggenheim, est assez grandiose. On le doit aux crayons de Federico Soriano et Dolores Palacios. Derrière sa façade en claustras se cachent de vastes salles, y compris un opéra que Montserrat Caballé a qualifié de « plus belle salle d'Europe » !

Fêtes et manifestations

– *Pèlerinage de San Blas :* *3 fév, à l'église San Nicolás.* On achète des caramels traditionnels.
– *La Semaine sainte :* superbe procession le lundi de la Passion (1 semaine avant Pâques). C'est aussi le seul jour où la *Quinta Parroquia* (quartier San Francisco) se vide de tout ce qui pourrait offenser le Seigneur : plus un voyou, plus une prostituée ; miracle, sex-shops et bars louches baissent le rideau de fer ! *Basque Fest* la même semaine : musique, démonstration de sports ruraux, danses, concours culinaires...
– *Procession maritime :* *16 juil.* Procession sur le Nervión, en l'honneur de la Vierge. Le départ a lieu au petit port de Santurtzi.
– *Semana Grande :* *débute le sam suivant le 15 août.* Bals, processions, promenades de géants, etc.
– *Marché de Santo Tomás :* *vers le 20 déc, dans le casco viejo.* Pour Noël, tous les producteurs de la région viennent s'installer plaza Nueva.

DANS LES ENVIRONS DE BILBAO (BILBO)

⊛ ¶¶ *Le pont transbordeur Vizcaya :* à *Getxo,* station balnéaire au nord de Bilbao qui se donne de grands airs pour faire oublier la proximité du port industriel et commercial... Elle a tout de même l'avantage d'être connectée directement par le métro (1,60 € le voyage). Pas mal de bons festivals de musique, en saison, si vous êtes mélomane. *Ttes infos à l'office de tourisme : playa de Erreaga.* ☎ *944-91-08-00.* ● *getxo.eus* ● *Se renseigner aussi sur les visites théâtralisées du pont Bizkaia et du vieux port en saison.* Le pont transbordeur, l'un des plus anciens d'Europe, fut inauguré en 1893, d'où son classement au Patrimoine mondial de l'Unesco. Il permet de rejoindre la rive gauche, soit à pied par la passerelle *(7-9 €)* tout en haut, avec un beau point de vue sur le port, soit en voiture par la curieuse nacelle suspendue sous le pont *(1,35 €)*, ou encore à pied *(0,35 €)*. ● puente-colgante.com ●

🏠 **Pensión Basagoiti :** avda Basagoiti, 72, à Getxo. ☎ 944-91-09-67. 📱 608-57-74-46. ● info@pensionbasagoiti.es ● pensionbasagoiti.es ● Ⓜ Algorta ou Bidezabal. Réception au café Jolas-Aurre, c/ Andrés Cortina, 4. Double avec sdb et TV env 55 €. 📶 Une petite pension dans un édifice en brique très modeste. Petites chambres simples et proprettes. Bien située, non loin de la plaza San Nicolas. Petit déj à prendre au café, cela va de soi.

|●| 🍷 **Arantzale :** Portu Zaharra, 3, à Getxo. ☎ 944-60-12-44. Sur le vieux port. Tlj 12h-16h, 20h-23h. Sandwichs 5-6 €, raciones 6-15 €. Sur une charmante placette du vieux port, sous les platanes, on boit un verre tout en picorant des *pintxos* ou des *raciones* de bonne qualité, comme le *bacalao al pilpil* ou les *antxoas*. Très sympa !

|●| **Itxas-Bide :** muelle de Ereaga, 42, à Getxo. ☎ 944-91-05-89. Sur le vieux port, après l'office de tourisme. Tlj sf dim soir et mar. Pintxos au rdc ; carte 40-50 €. Le bar du rez-de-chaussée est souvent bourré de jeunes, le verre ou le *pintxo* à la main. À l'étage, un resto, qui n'a rien à voir avec le bar. La salle est quelconque et les prix élevés. Cela dit, le poisson frais est excellent, et la vue sur l'embouchure de la *ría*, très belle.

🥾 **Gorliz et Plentzia :** accessible en métro de Bilbao (ligne Etxebarri-Plentzia), en 45 mn jusqu'à Plentzia. De là, la ligne A 3499 de Bizkaibus assure la liaison ttes les 20 mn avec Gorliz. Ce sont deux villes sœurs qui se partagent la plus grande plage de Biscaye... coupée en deux par un hôpital ! Aujourd'hui, Plentzia semble assoupie autour de son petit port, et Gorliz cherche à faire valoir son seul atout : la plage.

⛺ **Camping Arrien :** Uresarantze bidea, 15 bis, 48630 **Gorliz**. ☎ 946-77-19-11. ● campingarrien@gmail.com ● campinggorliz.com ● À côté du terrain de sport, sur la colline. Congés : nov-fév. Compter 23-30 € pour 2 avec tente et voiture ; bungalows 2-7 pers 87-120 €/nuit en été. 🖥 📶 Ce n'est pas notre camping préféré, il est un peu vieillot. Mais cette partie de la côte en manque singulièrement. Quelques bungalows en bois tout équipés. Plage à 600 m. Supérette et cafétéria.

🏠 |●| **Pensión-restaurante Arrarte :** Erribera, 27, à **Plentzia**. 📱 615-70-55-98. ● pensionarrarteplentzia.com ● Réception à l'étage. Doubles 40-60 € selon confort et saison. Au resto, menus 13-15 €, 33-35 € w-e. 📶 Pas beaucoup de choix dans le secteur, alors on était assez content de trouver une si belle façade à l'ancienne, bleu et blanc. À l'intérieur, des chambres très simples, certes, avec lino et douche posée à la va-vite, mais correctes pour le prix. Les moins chères avec sanitaires communs, certaines avec vue sur le port. Au resto, belle terrasse côté promenade et bateaux. Cuisine de bonne facture. Le tout petit centre ancien est à deux pas.

🏖 **La plage de Sopelana :** à mi-chemin entre Plentzia et Getxo. C'est une très belle plage de sable, bordée par les falaises et la verdure. Hâtez-vous d'y venir faire trempette, car le béton arrive ! D'abominables résidences de vacances ont d'ores et déjà vu le jour sur la hauteur... **Office de tourisme** à proximité de la station de métro.

⛺ **Camping Sopelana :** playa Atxabiribil, 30, 48600 **Sopelana**. ☎ 946-76-19-81. ● recepcion@campingsopelana.com ● campingsopelana.com ● Compter env 31 € pour 2 avec tente et voiture en été ; bungalows 2-6 pers 55-120 €/nuit selon saison. 📶 *(au resto).* Le camping le plus proche de Bilbao. Situé en hauteur, à seulement 5 mn à pied de la jolie plage, il est organisé en terrasses couvertes de pelouse, idéales pour planter sa tente. Pas énormément d'ombre et entretien insuffisant en été, mais là encore les campings ne sont pas légion dans le coin...

➤ Belle **balade entre Mungia et Larrabetzu** sur la route BI 3102, dans une jolie vallée cultivée qui peut faire penser aux Vosges. À Larrabetzu, très belle église dans le quartier de Goikolexea, avec une intéressante galerie extérieure pavée en lauzes anciennes. Remarquer le cimetière en forme de columbarium, où les sépultures portent le nom des maisons, pas des familles.

LES ENCARTACIONES

- **Balmaseda (Balmaseda)** 470
- Güeñes
- Torre de Loizaga – Museo de Coches
- clásicos y antiguos à Galdamés
- **La vallée de Karrantza** 473
- Karpin Abentura
- Museo-iglesia San Andrés de Biañez
- Cueva de Pozalagua
- Thermes El Molinar

C'est la pointe ouest extrême de la Biscaye, qui vient s'intercaler comme un coin entre Castille et Cantabrie. Coincées entre deux chaînes de montagnes, les Encartaciones ont su préserver d'agréables paysages et de charmants villages. À 30 mn de la métropole biscayenne par la route BI 636, on se retrouve dans le vieux centre de Balmaseda et dans une vallée encaissée, avec une végétation de *matorral* (maquis arbustif) alternant avec des forêts de résineux. Mais le véritable bout du monde, c'est la petite vallée de Karrantza, ses hameaux perdus, sa nature sauvage et son... parc animalier.

BALMASEDA (BALMASEDA)

(48800) 7 540 hab. *Carte Biscaye, A-B2*

Fondée en 1199 au bord de la rivière Kadagua, alors principal axe commercial entre la Castille et le port de Bilbao, la toute première ville de Biscaye est aussi le chef-lieu de la région. Les seigneurs locaux y installèrent un gros marché et une douane qui firent la prospérité de la ville jusqu'au XVIIe s. Une partie de cette richesse reposait alors aussi sur l'existence d'une importante communauté juive, ce qui est assez rare en Biscaye... Mais au XVIIIe s, la nouvelle route commerciale d'Orduña vers la Castille plongea la ville dans un lent déclin économique. Balmaseda ne retrouva l'embellie qu'un siècle plus tard, avec l'arrivée du chemin de fer et le développement industriel... Aujourd'hui, sa splendeur passée est l'occasion d'une balade tranquille dans le centre historique (entièrement piéton).

Arriver – Quitter

En train

Gare ferroviaire FEVE : *Estación.* ☎ 946-80-19-64 *ou* 944-25-06-15 *(Bilbao).* • renfe.com/viajeros/feve • *À l'est du centre historique, de l'autre côté de la rivière.*
➢ ***Bilbao :*** 1-3 trains/h dans les 2 sens sur la ligne Bilbao-Balmaseda qui dessert notamment ***Güeñes.***

En bus

Arrêt Bizkaibus : *El Calvario, 11.* ☎ 902-22-22-65. • bizkaia.eus • *Au niveau de la station-service.*
➢ ***Bilbao :*** 8-15 bus/j. (ligne A 0651) dans les 2 sens, via notamment ***Güeñes.***
➢ ***Avellaneda, Sopuerta et Galdames :*** 5 bus/j. (ligne A 3334) dans les 2 sens sur la ligne Balmaseda-Santurzi.
➢ ***Vallée de Karrantza :*** liaisons tlj.

BALMASEDA

Adresse utile

Office de tourisme : Martín Mendia, 2. ☎ 946-80-29-76. ● visitenkarterri.com ● balmaseda.net ● Tlj sf l'ap-m sam-dim (ouv sam ap-m en été). Outre les infos et brochures sur les itinéraires de randonnée du coin et sur la vallée de Karrantza, propose gratuitement la *Enkarterri-Bizkaia Card,* donnant droit à des réductions sur les musées et loisirs des Encartaciones et de la vallée de Karrantza. Vente de produits régionaux.

Où dormir ? Où manger ? Où boire un verre ?

Hotel-restaurante San Roque : campo de las Monjas, 2. ☎ 946-10-22-68. ● info@hotelsanroque.es ● hotelsanroque.es ● Doubles 50-82 € selon j. et saison, petit déj inclus slt le w-e. Menus 18-31 € ; carte env 35 €. Parking gratuit. Installé dans l'ancien couvent Santa Clara du XVIIe s. Charmant patio avec puits central, joli jardinet, et un bel escalier en bois conduisant, au 1er étage, à une galerie pittoresque desservant une vingtaine de chambres. Classiques, mais spacieuses et impeccablement tenues. Resto chic et romantique où l'on concocte une cuisine traditionnelle, relevée de quelques tonalités modernes, dans une salle magnifiquement voûtée. Une bonne adresse.

Rien d'extraordinaire côté bars à *pintxos* et petits restos... Néanmoins, la rue qui mène à l'hôtel *San Roque* abrite quelques bars, comme le *Narú,* ainsi que le bar-resto *Los Gemelos,* qui propose un petit menu pas cher et correct, à prendre sur une terrasse avec pergola.

À voir

La ville ancienne : la cité s'adosse à la montagne le long du río Kadagua qui descend vers la *ría* de Bilbao. Sur la place San Severino, le cœur de la ville, la belle **iglesia San Severino,** de facture gothique, dont le portail est orné d'une statue du saint (intérieur sans grand intérêt à part deux gisants de pierre), et la *casa consistorial,* belle maison baroque construite au-dessus d'une halle aux arcades de grès (et non de force, encore que). Également quelques très belles maisons *kale Pío Bermejillo.*

Palacio Horkasitas : donne à la fois sur la rue Pío Bermejillo et sur la rue Martín Mendia. L'intérieur, bien délabré, ne se visite pas, sf en cas d'expo temporaire. Il vaut mieux le voir côté rivière, pour apprécier la façade baroque avec son entrée flanquée de deux colonnes et le petit parc attenant. Juste devant, un très esthétique cadran solaire moderne en pierre fait face à la rivière.

Museo de Historia : dans l'église San Juan, pl. San Juan et Martín Mendia. ☎ 657-79-58-06. ● bhmuseoa@balmaseda.net ● Juin-sept, tlj sf sam-lun 10h-14h, 17h-19h30 ; oct-mai, tlj sf lun 10h-14h. Entrée : env 1 € ; gratuit moins de 16 ans. Dépliant en français. On y vient plutôt pour le cadre de l'ancienne église San Juan (XVe s), que pour l'exposition, somme toute vite vue. Quelques documents retraçant les grands événements historiques de la ville, photos, peintures, portraits des hommes illustres de la région, etc. Le plus sympa est sans doute de grimper au clocher de l'église pour la vue sur la rivière et le pont.

Le vieux pont : charmant pont médiéval joliment cambré, sur lequel se dresse une tour qui protégeait naguère la principale entrée de la ville.

🚶 **Convento de Santa Clara :** ce bel édifice est un ancien couvent du XVIIe s qui abrite aujourd'hui l'hôtel *San Roque* (voir « Où dormir ? Où manger ? ») et le *musée de la Passion vivante* (voir ci-dessous).

🚶 **Centro de interpretación de la Pasión Viviente** *(musée de la Passion vivante) : convento Santa Clara, juste à gauche de l'hôtel San Roque, campo de las Monjas.* ☎ *946-80-14-38. Tlj 11h-14h, plus 17h30-19h30 juil.-sept. Entrée : env 1 € ; gratuit moins de 16 ans.* Logé dans une salle de l'ancien couvent Santa Clara, ce musée rend hommage à l'extraordinaire procession de la Semaine sainte qui se déroule chaque année à Balmaseda (voir « Fête » plus loin). On y expose de beaux retables et une partie des costumes utilisés pendant la procession. Petite animation son et lumière...

🚶 **Boinas La Encartada :** *barrio El Peñueco, 11.* ☎ *946-80-07-78.* ● *bizkaikoa. bizkaia.eus* ● *À env 2 km au sud-ouest du centre par la BI 636. Pâques et de mi-avr à mi-oct, mar-ven 10h-14h, 16h-19h ; sam 10h30-19h ; dim 11h-15h. De mi-oct à mi-avr, tlj sf lun et sam 10h-14h (11h-15h dim). Visite guidée de 1h15 en espagnol (résa conseillée) : env 5 € ; réduc. Brochure en français.* De l'ancienne fabrique de bérets basques *(boinas)*, créée en 1892 et fermée 100 ans plus tard, on a conservé l'atelier avec ses impressionnantes machines animées par une turbine qui utilisait la force de la rivière voisine et la redistribuait par un savant jeu de poulies. Vous saurez tout sur le processus de confection, de la tonte des moutons à l'empaquetage des fameux bérets vendus dans toute l'Espagne et jusqu'aux États-Unis. Boutique de bérets fabriqués à... Tolosa (Guipúzcoa). Aire de pique-nique.

Fête

Il ne faut pas manquer la **Semaine sainte** à Balmaseda ! Les Jeudi et Vendredi saints s'y déroule la plus extraordinaire représentation de la *Passion* de tout le Pays basque. On y vient de loin, et il vaut mieux prévoir son coup plusieurs mois à l'avance.

Toute la ville est impliquée, et l'on compte plus de 500 acteurs bénévoles. Certains rôles sont interprétés par des personnes qui changent d'une année sur l'autre (notamment pour le Christ, qui

> ### TROUBLANT DE VÉRITÉ
>
> *Pendant la procession, la pression est exceptionnelle, et on finit par ne plus voir les anachronismes : Jésus ne tombe pas devant la station-service mais sur la route du Calvaire... Âmes sensibles, attention ; on a beau savoir que ce n'est pas vrai, entre la foule qui chante et prie, et le réalisme du spectacle, y compris le sang et les larmes, on finit par se laisser prendre au jeu !*

doit rester jeune !), d'autres sont tenus par les mêmes depuis des lustres. Costumes superbes, maquillages étonnants, chants religieux, danses traditionnelles, tout est mis à contribution pour faire prendre la sauce.

La représentation commence le Jeudi saint à 21h, plaza San Severino. On installe des gradins pour le public, mais tout est bondé longtemps à l'avance. Le Christ et ses disciples sont réunis pour la Cène, puis ils vont se reposer au jardin des Oliviers. Les décors sont criants de vérité, les acteurs amateurs impressionnants de réalisme.

Au campo de las Monjas, le vendredi matin, après le suicide de Judas qui se pend devant le public, on juge Jésus. Puis commence le chemin de croix qui va parcourir toute la ville. Les rues sont étroites, bondées, et il est exclu que vous puissiez tout voir. La croix est finalement dressée de l'autre côté du río Kadagua, devant le terrain de pelote. C'est là qu'on crucifie Jésus et les larrons. Et puis la Vierge se lamente, on descend le Crucifié et on va l'enterrer en

procession solennelle. Fini ? Non, car une dernière procession parcourt alors les rues de Balmaseda, la procession du Deuil, qui se déroule dans un impressionnant silence.
– *Attention :* c'est un jour de jeûne, tout est fermé. Prévoir un casse-croûte !

DANS LES ENVIRONS DE BALMASEDA (BALMASEDA)

🦶 **Güeñes :** *à mi-chemin de Balmaseda et Bilbao.* Uniquement pour son église, aux proportions inhabituelles, avec un superbe portail gothique flamboyant surmonté d'une *Vierge à l'Enfant.*

🦶🦶 **Torre de Loizaga – Museo de Coches clásicos y antiguos :** *castillo de Concejuelo, barrio Concejuelo, à* **Galdamés.** ☎ *649-41-20-01.* ● *torreloizaga.com* ● *À env 5 km au nord de Güeñes par la Bl 3631. Ouv slt dim et fêtes, plus 25 juil, 10h-15h. Entrée : env 7 € ; réduc ; gratuit moins de 12 ans.* En pleine campagne, dans ce château construit en 1985 sur les ruines d'une ancienne tour de défense du XIIIe s, on découvre un étonnant musée de l'Automobile regroupant plus de 75 bagnoles de 1899 à 1990. C'est même la seule collection au monde qui regroupe tous les modèles de Rolls-Royce – 45 au total – construits du temps où la firme était encore anglaise, soit avant le rachat par BMW.

LA VALLÉE DE KARRANTZA (48891)   *Carte Biscaye, A2*

À l'ouest des Encartaciones, c'est une vallée superbe à la fois montagneuse, verdoyante à souhait et parsemée de hameaux et de petits villages authentiques, tous réunis au sein de la commune de Karrantza. Bienvenue dans cette Biscaye profonde qui nous plaît tant !

Comment y aller ?

En train

🚆 **FEVE :** ☎ *944-25-06-15 (à Bilbao).* ● *renfe.com/viajeros/feve* ● *Sur la ligne Bilbao-Santander, descendre à l'arrêt Karrantza-Ambasaguas.* Compter env 3 trains/j. pour env 1h de trajet depuis Bilbao.

Pas de liaison directe depuis Balmaseda.

En bus

➤ **Bizkaibus** (☎ *902-22-22-65* ; ● *bizkaia.eus* ●) assure quelques liaisons/j. avec **Bilbao** et **Balmaseda.**

Adresse utile

ℹ **Office de tourisme de la vallée de Karrantza :** *barrio de Ambasaguas, 22, sur la route Bl 630.* ☎ *946-80-69-27.* ● *karrantza.org* ● *À l'entrée d'***Ambasaguas***, tt près de la station-service. Juil-août, tlj ; le reste de l'année, mar-sam et dim mat. Congés : 10 déc-31 janv.* Plans de la région, liste des hébergements en gîtes, et toutes les infos sur les petits secrets de la vallée, circuits de randonnée, petits producteurs de fromage, charcuteries...

Où dormir ? Où manger ?

Casa rural Artetxea : Biañez auzoa, 24, 48891 **Karrantza-Harana.** ☎ 946-10-68-53. 📱 688-61-12-52. ● casaruralartetxea@gmail.com ● Dans la ruelle derrière la boutique Karrantza. Congés : début déc-début janv. Doubles 46-66 € selon confort ; petit déj env 4 €. Dîner pour les hôtes slt sur résa 16 €. Possibilité de ½ pens. CB refusées. 🛜 Dans cette maison du XIXe s entièrement rénovée, on aime bien les 6 belles chambres impeccables, avec ou sans salle de bains, et décorées dans le style rustique du pays. Accueil gentil et tranquillité assurée. Une bonne base pour visiter cette région sauvage magnifique.

Restaurante Concha « Casa Garras » : pl. Concha, 6, 48891 **Karrantza-Harana.** ☎ 946-80-62-80. Menus env 12 € en sem, 21 € w-e (alubiada et dessert) ; menu gastro 49 € ; plats 16-30 €. 🛜 On entre par le bar du pays, totalement rénové au goût du jour (et hyper bruyant !), avant de se réfugier au 1er étage. Petites salles coquettes, parfaites pour se régaler d'une cuisine basque authentique et goûteuse, réalisée avec les produits frais du cru. Du poisson, mais aussi une délicieuse vaca de Karrantza et des desserts maison (comme la pantxineta, un gâteau à la crème et aux amandes). Excellente adresse !

Achats

Karrantza : Biañez auzoa, 16, **Karrantza-Harana.** 📱 627-34-02-18. Tlj. Une petite boutique de produits régionaux, dans le charmant village de Biañez. Charcuterie (chorizo, lomo), fromage de brebis, txakoli, vermut Txurrut, etc. Organise aussi une visite guidée de l'église et de la vallée...

À voir. À faire

Karpin Abentura : depuis la route BI 630, prendre la BI 4675 vers Biañez ; c'est après le village sur la gauche, dans un virage. ☎ 946-10-70-66 ou 944-47-92-06. ● karpinabentura.com ● D'avr à mi-oct, tlj 11h-19h ; le reste de l'année, tlj 11h-17h ; fermeture du guichet 1h avt. Fermé fin déc-début janv. Prévoir 2h30 de visite, et n'oubliez pas les poussettes ! Entrée : env 9,50 € ; 6 € 4-16 ans ; gratuit moins de 3 ans. À flanc de colline et parfaitement aménagé avec de longues allées, ce grand parc présente la faune et la flore des montagnes basques : loups, rapaces, mouflons, chats sauvages, cerfs, etc. ; mais aussi léopards, autruches, singes et alligators qui ne font pas trop couleur locale ! En tout, 200 animaux représentent 55 espèces différentes, dans de grands enclos bien tenus et agrémentés de panneaux clairs et didactiques mais pas en français... La visite se poursuit dans une végétation épaisse où de grands dinosaures en plastique gesticulent et rugissent ! Une aventure étonnante, pendant laquelle on vous explique – à grand renfort de bruitages – la disparition de ces gros bestiaux et l'avènement de l'homme préhistorique. Les gamins sont ravis ! Jeux, aire de pique-nique et snack sur place.

Museo-iglesia San Andrés de Biañez : en arrivant de la BI 630, avt d'entrer dans le village de **Biañez,** sur la gauche. Visite sur résa au ☎ 946-80-69-28. 📱 616-49-86-21. Entrée : env 1 €. La boutique Karrantza (voir « Achats » plus haut) organise aussi une visite guidée pour env 5 €/pers. Construite au XIIe s, cette jolie petite église romane fortifiée a été récemment restaurée. Derrière l'autel, on admire une curieuse fresque du XVIe s où Jésus est mis en croix par des soldats... espagnols !

Cueva de Pozalagua (Pozalaguako koba – grotte) **:** depuis la route BI 630, prendre à droite la BI 4678 jusqu'au village de Ranero ; c'est env 3 km après (panneau) par une petite route sinueuse (prudence !). 📱 649-81-16-73. ● karrantza.

org ● ♿ *D'avr à mi-oct, tlj 11h-20h ; le reste de l'année, jusqu'à 18h ; dernière entrée 1h avt. Visite de 45 mn par groupe de 20 pers max. Entrée : env 7 € ; réduc ; gratuit moins de 8 ans.* Découvertes en 1957, ces grottes, que l'on parcourt sur des passerelles, offrent un fabuleux spectacle de stalactites et stalagmites qui parfois se rejoignent pour former d'impressionnantes colonnes ; sans compter d'innombrables cristaux qui scintillent sous les éclairages tamisés... Par ailleurs, le site extérieur offre de très beaux points de vue : falaises de karst grisâtre, végétation de maquis. De là, on domine toute la Biscaye.

– *Se détendre :* aux thermes *El Molinar,* barrio Molinar, 17. ☎ 946-80-60-02. ● casavicentepallotti.com ● *Le long de la route Bl 630.* Alimentée par une eau de source qui jaillit à 31 °C et qui soulage, paraît-il, les rhumatismes et autres douleurs articulaires, leur piscine est idéale pour se remettre d'une bonne journée de randonnée. Également toute une gamme de massages et de soins, et possibilité de dormir sur place.

LA VALLÉE D'IBAIZÁBAL (IBAIZABAL)

| ● **Le parc naturel de Gorbeia (Gorbeia)** 475
● Orozko ● Ibarra et Ugalde ● Le col de Bikotzgane ● Artea (Artea) ● Areatza | (Arteatza) ● Oba
● **Durango (Durango)**..... 478
● Ermita San Juan de Momoitio ● Garai (Garai)
● **Le parc naturel d'Urkiola** .... 482 | ● **Elorrio (Elorrio)** 483
● La nécropole d'Argiñeta et l'ermitage San Adrián ● La voie verte d'Arrazola |

La vallée d'Ibaizábal a toujours été la principale voie de passage entre le Guipúzcoa et Bilbao. Aujourd'hui encore, elle sert de tracé à l'autoroute A 8-E 70 et à la route N 634. C'est peu dire que le trafic y est ahurissant ! Sur la nationale, on va de zones industrielles en villes grises. L'autoroute, quant à elle, offre de plus jolis points de vue qui donnent envie de partir à la découverte du coin. À juste titre d'ailleurs, car les villes recèlent de superbes monuments et, du côté des parcs naturels, les montagnes de la Duranguesa sont presque aussi désertes que nos Cévennes. Sauvage comme on aime...

Comment y aller ?

En train

🚆 **Eusko Tren :** ☎ *902-54-32-10.* ● euskotren.eus ● Cette compagnie dispose d'une ligne *Bilbao/Donostia – San Sebastián* qui dessert notamment *Galdakao, Durango, Berriz, Ermua...* Compter env 18 trains/j. dans les 2 sens.

En bus

➢ **Bizkaibus :** ☎ *902-22-22-65.* ● bizkaia.eus ● Plusieurs lignes au départ de *Bilbao* desservent *Galdakao, Durango, Elorrio, Ermua...* Quant à la sierra de Gorbeia, elle se trouve sur le tracé de la ligne *Bilbao/Vitoria-Gasteiz.*

LE PARC NATUREL DE GORBEIA (GORBEIA)

Carte Biscaye, C2-3

Partagée entre la Biscaye et l'Álava-Araba, il s'agit d'une vaste zone montagneuse de 20 016 km², culminant au sommet du mont Gorbeia (1 481 m). On y accède par les routes N 240 et Bl 625, qui desservent de gentils villages bordant le parc : Dima, Areatza, Artea, Zeanuri, Orozko, etc. ; bref, autant de bases arrière authentiques disposant de *casas rurales,* d'où l'on peut se lancer à la découverte du parc à pied, à VTT, à cheval et en faisant de l'escalade. Car pour sillonner cette nature sauvage et désertique, il existe une foule d'itinéraires balisés, où l'on s'extasie devant des paysages incroyables : montagnes enrobées de végétation et recélant d'innombrables gouffres avec stalactites, crevasses, falaises et puis cette spectaculaire cascade de Gujuli, de plus de 100 m de haut ! La sierra de Gorbeia est aussi une zone de pâturage pour les brebis, chevaux et bovins, qui trouvent refuge dans de vieilles bergeries. Signalons que la présence de l'homme remonte ici à fort longtemps, comme en témoignent ces étranges mégalithes, ou encore ces petits ermitages isolés du monde. On trouve encore ici des rivières limpides, des forêts de chênes et de hêtres, habitées par une faune riche et diversifiée : du cerf à la grenouille, en passant par les rapaces, les chats sauvages… et les lutins (meuh, non, on blague !)

Adresse utile

Centre d'interprétation du parc : *Gudarien plaza, 1, à* **Areatza.** ☎ *946-73-92-79.* ● *gorbeia.parke.naturala@biskaya.eus* ● *biskaya.net* ● *Devant la mairie. Tlj sf j. fériés 10h-14h, 16h-18h.* Explications sur la flore et la faune du parc, sa géologie, ses particularités culturelles, sans oublier les principaux sites et les circuits de randonnée. Brochures en français sur les sentiers et les activités gratuites organisées par le parc. Possibilité de louer les services d'un guide.

Où dormir ? Où manger ? Où acheter de bons produits ?

Casa rural Goikoetxe : *barrio Uribe Zelai, 36, 48144* **Zeanuri.** ☎ *944-73-94-80.* 📱 *620-14-33-27.* ● *goikoetxe2@euskalnet.net* ● *nekatur.net/goikoetxe* ● *À 2 km au nord du village (panneau). Tte l'année, sur résa. Doubles avec sdb 46-49 € ; petit déj 3 €.* Au milieu des forêts et des alpages, ce joli corps de ferme (vieilles poutres et pierre de taille) rénové compte 6 chambres propres et décorées simplement. Cuisine commune (accès payant) et salle à manger avec cheminée et TV. Possibilité d'assister aux travaux de la ferme des proprios et d'acheter des produits du terroir (fromages…) chez un voisin. Le site est aussi le point de passage de plusieurs randonnées pédestres.

Casa rural Etxegorri : *Urigoiti, 8, 48410* **Orozko.** ☎ *636-96-70-66.* ● *info@etxegorri.org* ● *etxegorri.org* ● *À 8,5 km d'Orozko par la BI 3513, direction Artea, puis à droite vers Urigoiti. Doubles 77-97 € selon confort ; petit déj 6,50 €. Dîner sur résa 22 €.* 📶 La petite route via villages, hameaux et vieux *caserios* en pierre, est charmante. Cette *casa rural* n'est peut-être pas la plus authentique, mais elle est ouverte presque toute l'année, contrairement à la plupart, et s'avère très confortable. Déco contemporaine entre les vieux murs de pierre, depuis le beau salon rouge et noir avec cheminée jusque dans les chambres. Les moins chères avec douche, les autres plus spacieuses avec bains, certaines avec hydro-massage ou un poêle. Repas avec les produits maison ou du coin. Une *casa rural* un peu chic. Accueil courtois.

Hotel rural Osabarena : *Murueta auzoa, 48410* **Orozko.** ☎ *946-94-11-46.* ● *info@osabarenahotela.com* ● *osabarenahotela.com* ● ⚿ *D'Orozko par la BI 2522, direction Bilbao, puis à gauche vers Aizetza sur 2,5 km (route étroite !). Congés : 15 j. en janv. Double env 70 € ; suite 130 € ; tarif promo tte l'année à 60-115 €, non remboursable ! Petit déj 7,50 €. Dîner sur résa 19 € (16 € pour les clients de*

LE PARC NATUREL DE GORBEIA / À VOIR

l'hôtel). 🛜 Un « hôtel rural », soit une ancienne ferme entièrement rénovée au goût du jour, dans un hameau paisible au fond d'un vallon, en voilà une surprise ! Là, 7 chambres contemporaines avec douche ou bain, plus 2 belles suites avec jacuzzi, poutres, pierres apparentes et cheminée (à l'éthanol). L'autre surprise, c'est que les proprios, très sympas, sont de fervents lecteurs du *Trotamundos* !

🍴 **Axpe Goikoa Erretegia :** *Iturriotz auzoa, 11, 48141* **Dima.** ☎ *946-31-72-15.* ● *axpegoikoa@axpegoikoa.com* ● *D'Areatza, direction Bilbao par la N 240 sur 1,5 km ; au km 27, tourner à droite vers Lamindao, c'est à 1 km. De Dima, direction Otxandio sur 1,5 km puis à droite vers Lamindao sur 3 km. Tlj sf lun, le midi slt, plus sam soir (résa conseillée). Congés : 2de quinzaine d'août. Menu env 27 € ; plats 22-26 €.* Isolé en haut d'une colline verdoyante, avec vue sur la vallée et le vignoble, cet excellent resto – l'un des meilleurs de la région selon les gens du cru – sert de bonnes spécialités basques, fines et goûteuses. À la carte, *chuletón,* *entrecot, solomillo, bacalao* ou *merluza...* Et que du bon !

🍴 **Arrugaeta :** *Zubiaur plaza, 8, 48410* **Orozko.** ☎ *946-61-00-01.* ● *rte.arrugaeta@hotmail.com* ● *Face à la mairie du village. Menus du jour 11,50-15 € selon salle, puis 25 € ; plats 12-20 €.* 🛜 Dans la salle derrière le bar, on avale avec les ouvriers du coin un *menú del día* simple et roboratif. Notez que le même menu est servi dans le beau *comedor* chic pour quelques euros de plus, histoire, sans doute, de rembourser la déco ! En tout cas, l'accueil est bon et l'ambiance populaire. Bien aussi pour un petit déj en terrasse avec café et *pastel casero* (tartelette maison).

🍴 ❀ **Txoko Sagarna :** *San Isidro, 2, 48144* **Zeanuri.** ☎ *946-31-79-45. Tlj. Menu env 10 € à midi en sem ; dîner (très simple) sur résa ven-sam.* C'est l'épicerie du village, qui vend les produits locaux (légumes, viande, fromage, miel...), tout en disposant d'un coin resto, très moderne, sous les casiers à vins. Bon rapport qualité-prix. Tout est maison, du pain au dessert.

À voir

🎯🎯 *Orozko* (OROZKO) **:** *sur la BI 625.* Quelques belles fermes anciennes, de jolies maisons blasonnées et cette *casa consistorial* du XVIIIe s tout en pierre grise. Dans le quartier de Jauregia *(Jauregia auzoa),* mignon petit ermitage à clocheton. Également un *musée ethnographique,* dans le *palacio Legorburu,* qui fait aussi office de tourisme *(pl. Zubiaur ;* ☎ *946-12-26-95 ; juil-août, tlj 10h-14h, 16h-18h ; hors saison, tlj sf lun 10h-14h, plus ven-sam 17h-19h ; GRATUIT).*

🎯🎯 *Ibarra* **:** *sur les flancs de la sierra.* Croquignolet village de montagne avec de très belles maisons en pierre, une petite église du XVe s, un ancien couvent et un petit ermitage. Dans le hameau voisin d'**Ugalde,** joli petit moulin ancien avec son bief qui coule tranquille. On a l'impression que la vie s'est arrêtée voici trois siècles.

🎯 *Le col de Bikotzgane :* superbe panorama sur toute la chaîne de Gorbeia et les monts de Biscaye. Le regard se perd à suivre tous les sentiers tracés dans les centaines d'hectares de forêt parfaitement entretenue...

🎯🎯 *Artea* (ARTEA) **:** *au pied du col d'Oikotxe.* Du village, prendre la direction d'Orozko puis à gauche. Logiquement, vous devriez tomber sur l'*ermitage de Santiago* avec sa statue polychrome de saint Jacques tueur de Maures, chevauchant un blanc destrier aux côtés des chrétiens lors de la Reconquista. Curieusement, la remarquable *église San Miguel,* en contrebas, est généralement passée sous silence. Injustice profonde. Ce serait dommage de louper son clocher en bois du XVe s, très scandinave, sa belle charpente et sa nef toute simple. À l'intérieur, un chemin de croix du XVIe s, un tabernacle polychrome ancien, un autel en bois et, juste derrière, une statue de san Miguel du XIIIe s qui, à elle seule, mérite le coup d'œil. Le saint porte un écu comme on en faisait dans le haut Moyen Âge et le dragon est tout simplement... un gros chien ! C'est la dame de la maison n° 2 qui a les clés.

🎒 *Areatza* (AREATZA) : possède un minuscule centre ancien. Sur la place du *centre d'interprétation du parc de Gorbeia* (voir plus haut « Adresse utile »), jeter un œil au *palacio Gortazar*, avec ses fresques baroques du XVIIIe s, et à la mairie. Plus loin, le portail de la *iglesia San Bartolomé* (XVe s) présente de curieuses statues : la Vierge est presque obèse et saint Pierre a l'air d'un gnome ! L'autre particularité du village, c'est l'édifice de la *escuela Bolívar*, un ancien ermitage bâti en 1924 par le neveu de Simón Bolívar. Ne se visite pas. On peut cependant admirer le joli campanile, alambiqué comme il faut... Et si l'endroit vous plaît, sachez que l'on trouve sur place un pub irlandais sympa, *The Quiet Corner*, à droite de l'église.

🎒 *Oba : tt en haut de la vallée au départ de Dima.* Abrite aussi un petit ermitage dédié à saint Antolin, avec une belle statue de Santiago Peregrino (on préfère ça au « tueur de Maures » !).

DURANGO (DURANGO)

(48200)   26 270 hab.   *Carte Biscaye, D2*

Véritable forteresse ouvrière, Durango a acquis au XXe s la réputation d'une ville dure. Il est vrai que les idées marxistes et l'idéologie nationaliste y ont toujours fait assez bon ménage... L'aspect industriel de la ville cache néanmoins un charmant centre historique, concentré autour de sa basilique et traversé par une petite rivière. Et, à quelques kilomètres de là, la nature farouche reprend ses droits dans le parc naturel d'Urkiola, à découvrir absolument.

DURS À... CUIRE ?

Les historiens ont du mal à comprendre pourquoi les Romains ont tracé la voie de Bordeaux à Astorga, à l'est, dans des montagnes peu commodes, alors que la vallée de Durango s'ouvrait à eux. Et si les ancêtres des Basques, déjà, avaient su résister aux envahisseurs, les repoussant à l'est ? Hypothèse séduisante... et valorisante !

UN PEU D'HISTOIRE

Durango apparaît dans l'histoire au XIIe s, sous le règne de Sanche le Sage, mais le peuplement existait sûrement avant. Il est impossible d'imaginer qu'un tel site, au bord d'une belle rivière, dans une vallée fertile et protégé par de fortes montagnes, soit resté inoccupé.

Au XIIIe s, Durango est incorporée dans la seigneurie de Biscaye. Au XVe s, la ville défraie la chronique avec le **mouvement hérétique du franciscain Alonso de Mella.** Conformément à beaucoup de mouvements populaires inspirés par les ordres mendiants, l'hérésie de Mella prône la communauté des biens (voire des femmes, mais les avis sont partagés sur la question). Il n'en faut pas plus pour que la répression s'abatte sur Durango et que flambent les bûchers. Pour faire bonne mesure, on élève la **croix de Kurutziaga** (visible au *museo Kurutzesantu*) afin d'implorer le Pardon divin. Au fil des siècles, Durango et ses environs ont eu la réputation d'être une terre de sorciers. À cette époque, la ville est connue pour la compétence de ses tisserands et, dans le sud de la France, les tisserands sont appelés des « duranguiers ». Les forgerons et les travailleurs du fer s'installent par la suite.

La mode architecturale baroque va profiter à la ville, qui devient célèbre dans toute l'Espagne pour la qualité de ses... balcons en fer forgé ! Le début du XIXe s voit le déclin de cette activité, concurrencée par le proche Guipúzcoa. Durango redevient alors un gros bourg agricole. Mais la mécanisation s'en mêle : la tradition des forges renaît, et Durango, grâce à l'agriculture, redevient industrielle. En 1900, c'est un gros bourg de 4 000 habitants. Un siècle après, ils sont plus de 26 000.

La ville a toujours été progressiste. Pendant la première guerre carliste, Durango prend position pour les libéraux. Républicaine en 1936, elle devient autonomiste dès les années 1950. Le point d'orgue sera la fête de San Fausto en 1976 : une immense manifestation organisée pour la légalisation de l'*ikurriña* (drapeau basque) entraînera une solide répression et la démission du maire.

Aujourd'hui, Durango est toujours une ville des travailleurs du métal : fonderies et ateliers de mécanique sont les plus gros employeurs de la ville.

UN MOIS AVANT GERNIKA

Prolétaire et basque, Durango est farouchement républicaine, cette République qui accordera à l'Euskadi sa première autonomie. Tout cela explique le bombardement du 31 mars 1937. Ce jour-là, l'aviation allemande pilonne la ville. Un mois avant Gernika, près d'un millier de civils périssent dans ce qui est la préfiguration des grandes destructions de la Seconde Guerre mondiale. La presse internationale s'en émeut mais, un mois plus tard, focalise son attention sur Gernika.

Arriver – Quitter

En train

🚆 **Gare ferroviaire Eusko Tren :** c/ Geltoki, 8. ☎ 946-20-25-51. ● eusko tren.eus ● *En plein centre, tt proche de la vieille ville.*

➤ **Bilbao** (gare d'Atxuri) **et Donostia – San Sebastián** (gare d'Amara) **:** env 18 trains/j. dans les 2 sens sur la ligne Bilbao/Donostia – San Sebastián. Trajet : respectivement 45 mn et 2h.

En bus

🚌 **Arrêt des bus :** *Landako etorbidea, au niveau de Madalena plaza, de part et d'autre de l'avenue selon votre destination.* Ces 2 arrêts sont desservis par 3 compagnies :

■ **Bizkaibús :** ☎ 902-22-22-65. ● biz kaia.eus ●

➤ **Bilbao :** 1 bus/h 7h-21h (ligne A 3933) dans les 2 sens, en sem slt ; le w-e, prendre la ligne suivante.
➤ **Elorrio :** 15-16 bus/j. (ligne A 3923) dans les 2 sens (terminus à Bilbao).
➤ **Markina Xemein et Ondarroa :** 1 bus/h 6h-20h (ligne A 3915) dans les 2 sens (terminus à Bilbao).

■ **Bus Pesa :** ☎ 902-12-14-00. ● pesa.net ●
➤ **Bilbao :** 5-6 bus/j.
➤ **Donostia – San Sebastián :** 2-3 bus/j. dans les 2 sens.

■ **Bus Alsa – Continental Auto :** ☎ 902-42-22-42. ● alsa.es ●
➤ **Col d'Urkiola et Vitoria-Gasteiz :** 4-7 bus/j. dans les 2 sens.

Adresses et info utiles

🛈 **Office de tourisme :** *Lariztorre kalea, 2.* ☎ 946-03-39-38. ● turismo durango.net ● *Ouv le mat tlj, plus l'ap-m lun et jeu-ven.* Plan de la ville très détaillé, audioguide en français *(env 1 €),* pas mal d'infos sur le parc naturel d'Urkiola, et organise des visites guidées en espagnol de la ville. Vraiment compétent. Accueil en français.

❀ **Erreka Mendi Kirolak :** *Ermodo, 17.* ☎ *946-03-33-00.* ● *errekamendi.com* ● On achète ici tous les équipements de randonnée : chaussures, vêtements, couteaux, tentes, duvets... Également de bonnes infos sur les itinéraires de la région.

– **Marché :** *lun-sam mat sur Azoka plaza, juste derrière la basílica de Santa María.* Plus fourni le samedi.

Où dormir ?

🛏 **Aterpetxea & Ostatua Errota :** *Intxaurrondo, 54.* ☎ *946-21-60-21.* ● *errota@ibaizabalikastola.eus* ● *Au sud de la vieille ville. Réception à la cafétéria à l'arrière. Lit en dortoir env 16,50 € ; double avec sdb et TV 52 € ; petit déj en plus. Parking gratuit.* 🛜 Dans une école dotée d'un gymnase, à 5 mn à pied du centre historique. À la fois une AJ équipée de dortoirs (10-20 personnes) nickel, et un hôtel proposant des chambres (2-4 personnes) propres avec radiateur. Sauna. Cafétéria sur place. Ambiance jeune sympa, idéale pour rencontrer des routards espagnols.

🛏 |●| **Hotel Olajauregi :** *Kurutziaga, 52.* ☎ *946-20-08-64.* ● *info@olajauregi.com* ● *olajauregi.com* ● *Doubles env 71 € en été et les w-e d'hiver, 88 € le reste de l'année. Menus env 13 € pour les clients de l'hôtel, sinon 19-25 € (31 € le w-e) ; carte env 50 €. Parking gratuit.* 🛜 Dans un agréable hôtel particulier, une vingtaine de chambres contemporaines, spacieuses et très confortables. Bar et resto chic qui, curieusement, pratique des prix très raisonnables (sauf à la carte). Notez, dans le jardin, ce vieux projecteur de cinéma de quartier... Très bon rapport qualité-prix.

Où manger ? Où boire un verre ?

🍷 |●| Les **bistrots** se concentrent essentiellement sur *Goien kalea*, en plein cœur de la vieille ville. Avec les habitués du coin, on s'y envoie des verres de vin du pays, que l'on éponge à l'aide de *pintxos* et *bocadillos* ; le tout à des prix raisonnables. Mais attention, vous êtes dans une ville ouvrière, et en semaine, à 22h, tout (ou presque) est fermé. En revanche, le jeudi soir c'est la soirée *pintxopote*, soit 1 *pintxo* offert pour 1 conso ! Et le week-end, c'est la fiesta...

🍷 |●| **Bodegón Azoka :** *Uribarri, 15.* ☎ *946-81-15-96.* Dans la rue derrière la basilique Santa María, face au marché, un parfait bistrot à l'ancienne, populo et un peu kitsch, avec faïences et tables en formica. On y descend des petits verres de vin frais *(1-2 €)* accompagnés de *pintxos* et *bocadillos (3-4 €)*. Atmosphère authentique.

|●| **Anboto Jatetxea :** *Goien kalea, 14.* ☎ *946-81-10-20. Tlj sf mar soir. Menus env 10 € à midi, 24 € le soir ; carte env 30 €.* 🛜 Dans une ruelle de la vieille ville, on traverse le bar avec ses jambons suspendus, pour grimper un escalier plein de vieilles photos jusqu'à une salle de resto chaleureuse. Dans l'assiette, délicieuse cuisine basque, typique et familiale, concoctée simplement avec les produits frais de la saison. Bon rapport qualité-prix-accueil.

Où acheter de bons produits ?

❀ **Oka :** *Andra Mari, 3.* ☎ *946-81-79-36. Juste à gauche de la basílica de Santa María. Tlj sf sam ap-m et dim.* Un vrai déluge de vins, conserves, charcuteries et fromages de la région. Ouvrez le parapluie !

À voir

La rue Kurutziaga : vous y verrez, au n° 38, le petit *museo Kurutzesantu (ouv slt le w-e : sam 16h30-20h30, dim 12h-14h ; GRATUIT),* qui abrite l'étonnante *croix de Kurutziaga,* calvaire gothique typique du XVe-XVIe s. Lire absolument notre paragraphe consacré au mouvement hérétique d'Alonso de Mella dans « Un peu d'histoire ». Si vous tombez le bon jour, ne la manquez pas, la croix est très belle et son histoire s'avère passionnante, quoique encore assez mystérieuse. En tout cas, sa partie inférieure symbolise l'Ancien Testament, surmontée des apôtres et du Nouveau Testament. On y voit aussi l'archange expulsant Ève du Paradis. Il existe d'autres répliques de cette croix, notamment à Portugalete (entre Getxo et Bilbao). Sachez enfin qu'en 1981 elle fut victime d'un attentat : c'est vous dire ce qu'elle représente encore comme pouvoir symbolique !

Basílica de Santa María : construite au XVIe s, elle possède une halle en bois dotée d'une superbe charpente ! C'est le point de rendez-vous de toutes les générations : les enfants jouent en se bousculant devant leurs jeunes parents qui les surveillent du coin de l'œil, alors que les vieux papotent tranquillement. Là se tenait évidemment le marché au Moyen Âge... À l'intérieur, l'imposante nef gothique voisine avec un retable Renaissance dégoulinant de dorures.

Le centre historique : derrière la basílica de Santa María, sur Azoka plaza, le *marché* est assez sympa avec ses arcades, ses fresques naïves et son... terrain de basket (basquette ?). Sur une petite place, Zehar kalea, en face du bureau de poste, très bel édifice blasonné et à arcades de l'*udaletxea* (la mairie). La façade est entièrement recouverte de stucs et de fresques du XVIIIe s, très restaurées, avec des angelots joufflus et des drapés imposants. Autre belle *maison blasonnée* à côté du musée d'Art et d'Histoire, avec une plaque rappelant la naissance à cet endroit de Bruno Mauricio Zabala, le fondateur de Montevideo (la rue porte d'ailleurs son nom).

Museo de Arte e Historia : *San Agustinalde, 16.* ☎ *946-03-00-20. Tlj sf dim ap-m et lun 11h-13h30 (11h-14h dim), 16h30-20h. GRATUIT.* Installé dans le palais d'Etxezarreta (XVIIIe s), ce petit musée regroupe, sur trois niveaux, une maquette de Durango au XVe s, des documents historiques et quelques peintures anciennes. Au dernier étage, on aperçoit la belle charpente. Expos temporaires de peintures avec cependant un petit fonds permanent (on a bien aimé *El Comedor,* de María Purificación Herrero !).

Iglesia et plaza Santa Ana : *dans le centre historique.* C'est certainement l'un des plus charmants endroits de Durango. On y découvre, outre l'église du XVIe s *(messe tlj mais le mat ou l'ap-m !),* la dernière des anciennes portes de la ville et un vieux pont sur la rivière. Tout à côté, quelques jolies maisons sur Balbino Garitaonaindia plaza.

Eskurdi plaza est le centre névralgique de la ville, juste à côté du centre ancien, débouchant sur la gare et les quartiers modernes. N'y manquez pas, au n° 10, la façade de la *Caja Laboral* et ses statues surdimensionnées.

Fête et manifestations

- **Ardo Saltsan :** *début mars.* Fête du vin et des spécialités régionales.
- **Euskal Astea** *(Semaine basque) :* *mi-juin.* Autour d'une foire agricole, nombreuses manifestations folkloriques, *bertsolariak* (improvisations), théâtre, etc.
- **Fête de San Fausto :** *13 oct.* C'est la fête principale : épreuves de force basque, parties de pelote, musique, marché...
- **Durangoko Azoka et Euskal Denda** *(Festival du livre et du disque basques) :* *début déc.* Créé en 1965, c'est le festival le plus important de l'année, un

rassemblement des artistes, musiciens, écrivains et éditeurs de langue basque. En même temps a lieu l'*Euskal Denda,* une foire de l'artisanat.

DANS LES ENVIRONS DE DURANGO (DURANGO)

🚶 **Ermita San Juan de Momoitio :** sur la route entre les villages de Berriz et Goiuria, déjà presque à Garai. Il possède un joli calvaire du XIVᵉ s où, à la place du Christ, le sculpteur a placé une *Vierge à l'Enfant.* À l'intérieur de l'ermitage, trois statues polychromes. Magnifique vue plongeante sur la vallée.

🚶 **Garai** (GARAI) **:** charmant et tranquille village de montagne. Un promontoire offre un très beau point de vue sur la vallée de Durango, surplombée par les montagnes alentour. Belle maison du XVIIᵉ s et église gothique fortifiée qui domine la vallée.

|●| **Herriko Jatetxea :** San Migel auzoa, 20. ☎ 946-81-25-80. ● herriko garai@yahoo.es ● Tlj sf lun. Congés : août. Menu env 11,50 € le midi en sem ; plats 14-23 €, et viande et poisson au poids. Cette auberge offre un superbe point de vue sur la vallée. Ensuite, côté fourneaux, on vous sert une très bonne cuisine du coin à prix moyens. Nous déplorons cependant, avec toute l'énergie qui nous caractérise, les nappes en papier qui protègent le joli linge basque !

LE PARC NATUREL D'URKIOLA *Carte Biscaye, C-D2-3*

Classée en 1989, la sierra d'Urkiola est une zone magnifique particulièrement sauvage, peu peuplée, et enserrée entre deux routes : la N 240 et la GI 627. Avec 6 000 ha de vallées, forêts, pâturages, lac, falaises, grottes, cols et montagnes calcaires culminant à 1 330 m, ce véritable sanctuaire de la nature éclatante se distingue aussi par ses ressources culturelles, historiques et archéologiques. Le col d'Urkiola est situé au centre exact de la ligne de partage des eaux du pays : entre l'océan Atlantique et la mer Méditerranée. Les itinéraires de découverte sont nombreux et gradués selon le niveau de chacun : à pied, à VTT, à cheval, en escalade...

Adresse utile

🛈 **Maison du parc – Centro de interpretación Toki Alai :** col d'Urkiola. ☎ 946-81-41-55. ● urkiola.net ● Face à l'entrée du sanctuaire d'Urkiola, prendre le chemin qui monte à gauche du resto Bizkarra, c'est tt en haut. Mai-oct, tlj 10h-14h, 16h-18h ; nov-avr, tlj 10h30-14h30, 15h30-17h30. Toutes les infos sur le parc naturel d'Urkiola, les horaires des bus, les choses à voir absolument, les hébergements, restos, sans oublier les itinéraires de randonnée pédestre (dont certains partent d'ici), hippique, VTT, escalade... Vente de topoguides, cartes, livres sur la faune et la flore (peu chers). Sur place, au niveau du parking, un centre d'interprétation présente la géographie (maquette) et la géologie du parc, les espèces végétales et animales rencontrées, projection de films, etc.

Où dormir ? Où manger ?

🏠 **Casa rural Kerizara :** barrio Kerizara, 2, 48210 **Otxandio.** ☎ 945-46-14-12. 📱 605-77-14-79. ● info@kerizara.es ● kerizara.es ● Double env 42 € ; petit déj env 4,50 €. Apparts 4-6 pers env 75-86 €. Une ferme très

bien restaurée, entourée d'une belle pelouse. Juste derrière, une dépendance du même style renferme plusieurs jolies chambres impeccables, et 3 appartements équipés de cuisine, salon-salle à manger et cheminée. Chaque hébergement possède salle de bains, TV, chauffage et une agréable terrasse sur le jardin. Jeux pour enfants. Bon rapport qualité-prix.
I●I *Huri-Barrena Jatetxea :* Uribarrena kalea, 8, 48210 Otxandio.

☎ *945-45-01-25. Passer devant l'église ; c'est un peu plus loin sur la droite. Tlj sf le soir dim-jeu. Congés : 3 sem en août. Menu env 11 € ; carte 20-27 €.* À deux pas de la jolie place du village, une salle refaite au goût du jour, tout en profondeur, où l'on sert une très bonne cuisine de pays à prix doux. Également des sandwichs pour les petits budgets. Bien pour reprendre des forces en visitant le parc.

À voir

🔸 *Otxandio :* dans le centre ancien, voir la belle place Nagusia avec son église, son vieux fronton, sa *casa consistorial* blasonnée à arcades et son ancienne halle à colonnes.

🔸 *Santuario de Urkiola :* au col d'Urkiola. Également appelé « sanctuaire des Antoine », pour saint Antoine et saint Antoine de Padoue, cette grande église affiche un curieux mélange de styles, du XVIe s à nos jours. On y a toujours fait des travaux, histoire de montrer une ferveur inébranlable, et le sanctuaire garde encore un aspect inachevé... L'intérieur ne plaira qu'aux amateurs de fresques et vitraux modernes. Non loin de là, jolie vue depuis l'*ermita de Cristo*. Cérémonies importantes le 17 janvier (Saint-Antoine), le 13 juin (Saint-Antoine-de-Padoue) et le 2e dimanche de juillet, jour de la bénédiction des enfants de la région.

ELORRIO (ELORRIO) (48230) 7 110 hab. *Carte Biscaye, D2*

Entouré de montagnes et posé sur un écrin de verdure, Elorrio mérite un petit détour pour admirer son patrimoine architectural – unique en Biscaye – essentiellement composé de superbes églises et d'étonnants palais blasonnés des XVIe, XVIIe et XVIIIe s.

Arriver – Quitter

En bus

🚌 *Arrêt Bizkaibús :* c/ San Pío X, à l'entrée du centre historique. ☎ 902-22-22-65. ● bizkaia.eus ●

➢ *Durango et Bilbao :* 1 bus/h, 6h-20h en sem, 8h-21h le w-e (ligne A 3923) dans les 2 sens (terminus à Bilbao).

Adresses utiles

🛈 *Infos touristiques :* Berriotxoa kalea, 15. ☎ 946-82-01-64. ● turismoa@elorrio.net ● elorrio.net ● Tlj sf dim ap-m et lun. Infos, plan de la ville et visites guidées sur demande.
⚙ *Mendi Kirolak :* Erreka, 23.

☎ 946-82-06-11. On trouve dans cette boutique l'équipement du parfait randonneur : chaussures, vêtements, couteaux, tentes, duvets... Également de bons conseils sur les circuits du coin.

LES VALLÉES DE KARRANTZA ET D'IBAIZÁBAL

Où dormir ? Où manger ?

🛏 *Casa rural Ibarluze :* Iguria auzoa, 18. ☎ 946-58-29-74. 📱 635-71-20-36. ● baserri-ibarluze@hotmail.com ● À env 2 km au sud-est d'Elorrio. Du centre, par la BI 632 puis à droite (panneau). Double avec sdb env 45 € ; petit déj 3 €. CB refusées. Sur la colline, entourée de forêts et de pâturages, cette charmante ferme du XVIIe s, parfaitement tenue par de gentils éleveurs de vaches, cache 5 belles et grandes chambres à la déco rustique soignée, toutes avec TV, canapé et chauffage. Accès à la cuisine payant. Une adresse vraiment paisible. Ah, la vie au grand air !

🛏 🍽 *Hotel Elorrio :* San Agustín auzoa. ☎ 946-23-15-55. ● info@hotelelorrio.com ● hotelelorrio.com ● Direction Durango, juste à droite de l'église San Agustín de Etxebarria. Congés : vac de Noël. Doubles env 60 € en été et le w-e, sinon 72 € ; petit déj 8,50 €. Mènus midi et soir env 10-12 € en sem, 27 € w-e. 📶 Ce bâtiment moderne et sans charme, à la sortie de la ville, abrite néanmoins des chambres spacieuses et confortables. Certes, pas de vieilles pierres, mais on est juste à côté de la belle église San Agustín. Au resto, grande salle qui se veut un brin classe, avec une clientèle d'hommes d'affaires. Un peu froid, donc, mais on y sert midi et soir un bon *menú del día*.

🍽 *Tanger :* Berriotxoa, 57. ☎ 946-82-00-52. 🍴 Au bout de la rue de l'office de tourisme, à l'angle de Txantxibiri. Ouv le midi tlj, plus le soir ven-sam. Congés : 2 sem en août. Menus env 10 € (déj), puis 23-30 € ; plats 8-19 €. 📶 À un joli carrefour, un sympathique bistrot de campagne en pleine ville. Dans l'assiette, des plats basques typiques et très corrects. Une bonne adresse à prix raisonnables. Accueil adorable.

À voir

Basílica de la Purísima Concepción : *Gernikako Arbola plaza, face à la mairie. Lun-sam 9h30-19h, dim 10h-13h30.* Superbe église typiquement biscayenne, avec son auvent à colonnes de grès lisses. Elle fut construite aux XVe-XVIe s en adoptant successivement le style gothique et Renaissance. À l'intérieur, si vous n'êtes pas impressionné par la voûte à faisceaux croisés en étoile, vous le serez certainement par le retable doré, l'un des plus tartinés de dorures du Pays basque. On peut verser son obole pour l'éclairer, mais on l'a trouvé plus intéressant dans la pénombre... Ne surtout pas louper l'incroyable autel, de style pseudo-oriental, dédié à saint Valentin de Berriotxoa. La fresque évoque sa décapitation au Vietnam en 1861. C'est l'unique saint de toute la Biscaye, canonisé en 1988.

Le centre ancien : jolie *udaletxea* (mairie) à arcades sur la place Gernikako Arbola. Plusieurs bars avec une terrasse. En prenant la rue San Valentino de Berriotxoa, on découvre quelques très beaux palais, à commencer par le *palacio Urkizu* qui abrite la banque *Caja Laboral* (admirer la porte sculptée au n° 5). Juste en face, une intéressante maison blasonnée. Et puis en remontant la rue, d'autres beaux palais, chacun flanqué du blason de la famille qui l'occupait à l'origine. Au bout de la rue, un calvaire du XVe s, avec son imposante colonne torsadée et, juste à côté, encore un beau palais où le plus rigolo, c'est la tête de cheval qui orne la porte des écuries.

Iglesia San Agustín de Etxebarria : *à l'entrée d'Elorrio, en arrivant de Durango. En principe, tlj sf dim 9h30-18h30. Messes tlj à 19h en sem, 11h30 et 12h30 dim.* Ne manquez pas cet ensemble magnifique construit au XIIe s et remanié aux XIVe et XVIIIe s. Plus que l'auvent, ses jolies colonnes de pierre et sa très belle charpente, c'est l'architecture simple de la nef et le retable où figurent les statues de saint Augustin et de sa mère, sainte Monique, qui attirent le regard. Sur un mur, deux fragments de peintures murales médiévales.

Fêtes

- *Fête de San Valentino de Berriotxoa :* 4 juil.
- *Fêtes des Errebonbillos :* 1er dim d'oct. On tire en l'air des coups de feu à blanc.

DANS LES ENVIRONS D'ELORRIO (ELORRIO)

🍴 *La nécropole d'Argiñeta et l'ermitage San Adrián :* barrio Zenita, à 1,5 km au nord. Très bien signalé partout en ville (panneaux de couleur rose).
La nécropole, en plein air, regroupe 23 sarcophages en pierre des VIIe-IXe s d'origine wisigothe et des stèles discoïdales basques, dont une très rare, de forme triangulaire, certainement associées à des rites funéraires perdus... Quelques sarcophages présentent des inscriptions, à peine lisibles, avec des dates. Et l'un d'entre eux est peu courant, à deux places, vraisemblablement pour des époux. Explications en espagnol bien faites.
Quant au vieil ermitage San Adrián, il est surtout célèbre pour son **pèlerinage du 1er dimanche d'août,** avec barbecue et... jeu de boules ! C'est le seul jour où il est ouvert.

➢ *La voie verte d'Arrazola :* d'Elorrio, par la route BI 636 jusqu'à Apatamonasterio puis à gauche par la BI 4332 jusqu'à Arrazola. Ce sentier de 5 km, à parcourir pedibus ou à vélo, traverse la sublime vallée d'Arrazola, qui s'étire au pied de la montagne Anboto. Ce tracé était celui d'un ancien chemin de fer qui évacuait les minerais de plomb, cuivre et fer exploités dans les mines alentour, dont l'activité cessa vers 1925. C'est aujourd'hui l'occasion d'une charmante balade au milieu des prairies et forêts.

L'ÁLAVA (ARABA)

VITORIA-GASTEIZ (GASTEIZ) ET SES ENVIRONS............ 487 LA RÉGION DE	SALVATIERRA-AGURAIN (AGURAIN) .. 501 LA MONTAÑA ALAVESA..................... 505	LES VALLÉES DE L'OUEST .... 508 LA RIOJA ALAVESA (ARABAKO ERRIOXA).. 516

● Carte p. 488-489

L'Álava possède tous les atouts des autres provinces, sauf la mer et les touristes. Et pourtant... entre les parcs nationaux, les églises romanes, les cascades et les palais de la Renaissance, il y a fort à faire et à voir. Depuis toujours l'Álava a été une voie de passage entre la côte basque et l'intérieur de la péninsule Ibérique, mais aussi vers la Navarre et les Pyrénées. Aujourd'hui encore, la province est traversée d'est en ouest par la N 1 (Irun-Madrid) et du nord au sud par l'A 68 (Bilbao-Barcelone). Hormis ces deux grands axes, seul un lacis de petites routes sillonne une campagne belle et sauvage.
Alors, un bon conseil : sortez de l'*autovía* et allez vers ces ermitages blottis dans des grottes reculées, vers les villes où rien n'a changé depuis trois siècles, ou encore dans les parcs nationaux de toute beauté.

UN PEU D'HISTOIRE

Un peu d'histoire, et beaucoup de géographie. L'Álava est une plaine alluviale entourée de montagnes sur les trois quarts de sa circonférence. Au nord, les sierras de Gorbeia, d'Arangio et d'Urkiola joignent les monts Cantabriques et les Pyrénées, à tel point qu'on ne sait plus très bien si l'on est encore dans les uns ou déjà dans les autres. Premier barrage naturel entre la Navarre et le León. À l'est, encore trois sierras pour séparer Álava et Navarre : d'Urbasa, de Lokia, de Kodes. À l'ouest, même configuration : sierras d'Alkamo, de Sabalda et d'Arcena. Au sud, la plaine de l'Èbre ; avant, on se balade souvent entre 1 000 et 1 500 m.
Cette situation explique beaucoup de choses car, dès le Néolithique, des hommes s'installent dans cette plaine fertile. Les montagnes servent de remparts. Pas assez toutefois pour éviter que ne débarquent les peuples celtes et ibères à l'âge du fer. Ceux-là vont s'installer sur tous les pitons de la plaine. Bagarreurs, ils n'empêcheront pourtant pas les Romains de conquérir l'Álava quelques siècles plus tard. Ces derniers s'installent dans la plaine et y font même passer l'un de leurs grands axes, la voie de Bordeaux à Astorga, et construisent sur le site d'Iruña. Au début de notre ère, l'Álava est déjà bien civilisée. C'est une région riche où l'on cultive le blé et la vigne.
Les *Wisigoths,* pas si fous, viennent se saisir de tout ça. Le roi Léovigild rase Iruña et crée Vitoria, entre autres joyeusetés. Lors de l'éclatement des royaumes wisigoths, l'Álava tombe sous la coupe du roi des Asturies et devient ainsi un théâtre d'opérations pendant les guerres de reconquête. Le territoire finit par tomber au Xe s pour devenir enfin, en 1023, un comté et un diocèse dépendant de l'autorité du *roi Sanche le Grand.* Après sa mort, ses fils se partagent le royaume et commencent à se disputer l'héritage. Résultat, pendant un siècle, l'Álava va faire le yoyo entre mains navarraises et mains castillanes, avant d'échouer définitivement dans les mains du roi de Castille.
Les Castillans tenaient beaucoup à l'Álava pour une bonne raison : elle leur offrait un débouché vers les ports de Biscaye et du Guipúzcoa. Aussi déplacèrent-ils le siège de l'évêché à Calahorra, en Rioja, et confisquèrent-ils toutes les terres de l'Église pour les donner à des seigneurs castillans et alavais fidèles. Ce ne fut

pourtant pas suffisant et, à la fin du XIIe s, l'Álava redevient possession du roi de Navarre, qui octroie des *fueros* à la plupart des villes. Un siècle plus tard, l'Álava est définitivement castillane et Pamplona, ville navarraise sous contrôle de la Castille.

De cette époque date la création du comté de Treviño, au cœur de l'Álava, aujourd'hui encore administrativement dépendant de Burgos. Ce qui énerve de nombreux Basques et explique ces graffitis le long des routes : « Trebiño, Gibraltar de l'Álava. » Rien de moins !

Sur les terres fertiles de la Rioja et de la plaine s'est bâtie une économie essentiellement agricole. Cela a permis l'enrichissement de **quelques grandes familles** – les **Mendoza,** les **Guevara,** les **Ayala** (ceux du champagne) – et la prospérité de toute la province, prospérité dont témoignent les nombreuses maisons blasonnées et les églises somptueusement ornées. Cette richesse a été répartie sans trop de heurts, grâce à des séries d'accords passés du XVe au XVIIIe s entre les grandes familles nobles et les **hermandades** (associations d'habitants), chacun veillant jalousement sur ses prérogatives. Ces accords ont délimité des **cuadrillas** (le terme signifie « bande »), montrant par là que les gens qui vivaient dans une zone s'entendaient bien).

Le XIXe s passera sur l'Álava sans laisser trop de traces, sauf à Vitoria-Gasteiz et au nord, où le secteur de Llodio (Laudio) s'est industrialisé à cause de la proximité de la Biscaye.

L'implantation de la capitale de la *Communauté autonome basque* à **Vitoria-Gasteiz** est venue ajouter une dimension administrative et universitaire à cette économie rurale. Aujourd'hui, l'Álava dispose de nombreux atouts, dont un réseau de communications qui fait de cette région le principal carrefour entre Madrid et le nord de l'Espagne. Ajoutez à cela un immobilier à prix raisonnables et vous comprendrez pourquoi, à Vitoria et dans les alentours, maisons, pavillons et tours poussent comme des champignons.

Bon à savoir

L'Álava (3 037 km²) est divisée en sept districts, les *cuadrillas*. La *cuadrilla* de Vitoria-Gasteiz regroupe plus de 242 000 des 322 000 habitants de la province. C'est dire que dans le reste de la province, on n'est pas gêné par la foule.

– Le patrimoine religieux est exceptionnel : on rencontre des centaines d'églises superbes, drôles, émouvantes, construites entre les XIe et XVe s. Malheureusement, elles ne sont en général visitables qu'au moment des messes, dont les horaires varient.

– La province compte **seulement 3 campings** ! Et le camping sauvage est interdit.

– 2 sites très bien conçus et complets (en espagnol et anglais) : ● *alavaturismo.com* ● et ● *alava.net* ● Vous y trouverez tout, depuis les sites à visiter jusqu'aux infos culturelles et pratiques (les transports, notamment).

– Tous les musées dépendant de la *diputación foral* sont gratuits.

– Les paysages et les routes de l'Álava se prêtent très bien à une exploration à vélo.

VITORIA-GASTEIZ (GASTEIZ) ET SES ENVIRONS

| ● Vitoria-Gasteiz (Gasteiz) .... 490 | ● Santuario Nuestra Señora de Estibaliz | ● L'oppidum romain de Iruña-Veleia |

Cette plaine qui entoure Vitoria-Gasteiz dans un rayon de 15 km est, pour l'essentiel, le rayon des balades d'une journée en voiture, en bus ou à vélo.

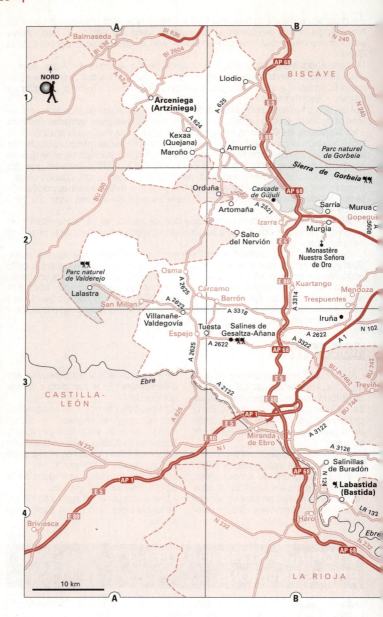

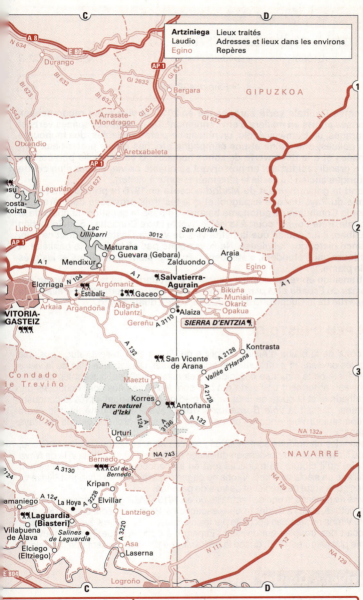

VITORIA-GASTEIZ (GASTEIZ)

(01000)   242 200 hab.   *Carte Álava, C2-3*

• Plan *p. 492-493*

Nommée Capitale verte européenne en 2012, la ville a été récompensée pour ses efforts en matière d'environnement. De nombreux espaces verts et ombragés, un tramway écolo, un réseau de pistes cyclables, des faubourgs peu pollués, une plaine et une campagne proches qui se prêtent aux randonnées et à la découverte de zones humides. C'est une ville peu connue qui a grandi rapidement en préservant sa qualité de vie, autour d'un centre historique ancien (la partie la plus intéressante à visiter).

Quand le gouvernement de Madrid accepta en 1976 le principe de l'autonomie du Pays basque espagnol et que les trois provinces décidèrent de créer la Communauté autonome basque, se posa la question du choix de la capitale. Pour couper court à la vieille rivalité entre Donostia – San Sebastián et Bilbao, il fut décidé que la petite ville de Vitoria-Gasteiz tiendrait ce rôle. Chance historique fabuleuse. Ne soyez donc pas effrayé par la banlieue et ses tours qui s'étendent, s'étendent... en grignotant les champs et les prés de la plaine.

La transition entre les quartiers anciens et modernes se fait en douceur par la *plaza de España* et la *plaza de la Virgen Blanca,* qui permettent d'aller de la vieille rue de la Cuchillería à la moderne calle Eduardo Dato.

UN PEU D'HISTOIRE

Au cœur de la plaine d'Álava, la colline de Vitoria était le seul refuge possible pour les paysans et a dû abriter un oppidum celte. D'ailleurs, le plan de la vieille ville reflète cette structure d'oppidum. Les rues, parallèles, suivent les courbes de niveau et forment une sorte d'ovale dont les extrémités sont occupées par la cathédrale et la plaza de España. Au pied de cet oppidum, après la conquête romaine, passait la **voie Bordeaux-Astorga** avec, tout à côté, la ville-étape d'Iruña, aujourd'hui encore l'un des plus jolis sites archéologiques du Pays basque.

Ensuite, les chroniques sont muettes jusqu'au XIe s, siècle où Sanche le Grand, roi de Navarre, prend possession du village de Gasteiz : il y fonde la ville de **Nova Vitoria,** qu'il clôture de murailles tout en lui concédant un *for*. En redevenant castillane un siècle plus tard, Vitoria ne gagne pas vraiment au change. L'Álava va devenir une sorte de grenier et de voie de passage.

La ville ne revient à la une de l'actualité qu'en *1813* : Wellington y remporte une terrible victoire, avec l'aide des troupes espagnoles. Pour Napoléon, c'est le début de la fin. Vitoria ne sera pas occupée par les carlistes, mais la ville s'évertuera à rester à l'écart des troubles qui divisent l'Espagne à cette époque. Puis, à nouveau, calme plat jusqu'en 1976, quand la petite ville de province devient une capitale.

Arriver – Quitter

En avion

✈ **Aéroport :** à 8 km du centre-ville. • aena.es • *Peu de trafic. Très peu desservi, et slt par* Iberia. Seuls les taxis relient l'aéroport à la ville (compter 15-18 €).

– Le plus simple est d'arriver à Bilbao

(plus grand aéroport) en avion, puis de louer une voiture.

En train

Gare ferroviaire RENFE *(plan C4) : pl. de la Estación.* ☎ *902-320-320.* ● *renfe.com* ●
➢ ***Irun :*** env 8 liaisons/j. en *Intercity* ou en *Alvia*. Durée : 2h-2h15.
➢ ***Pamplona :*** 4-6 liaisons/j. 10h05-19h05. Durée : 54-65 mn.
➢ ***Donostia – San Sebastián :*** 7-10 liaisons/j. (mieux qu'en bus). Durée : 1h30-1h50.
➢ ***Burgos :*** env 12 trains/j. 6h40-20h45. Durée : 1h10-1h30 selon le train. On arrive à la gare de Burgos/Rosa-de-Lima, gare moderne située à 6 km au nord de la ville.
➢ ***Bilbao :*** aucune liaison directe en train, il faut prendre le bus.

En bus

Gare routière *(Estación de autobuses ; hors plan par B1) : Euskaltzaindia plaza, 70 A.* ☎ *945-16-16-66. Consigne (horaires limités). Lun-sam 8h-20h, dim et j. fériés 9h-20h. Une nouvelle gare routière tte récente.* Plusieurs lignes nationales, locales et internationales desservent Vitoria. Pour connaître ttes les liaisons, consulter ● *alava.net* ●
➢ ***Paris :*** *Eurolines* s'arrête à Vitoria sur la ligne Paris-Madrid.
➢ ***Bilbao :*** env 40 bus/j., soit 1 départ ttes les 30 mn avec *La Unión* (☎ *945-26-46-26 ;* ● *autobuseslaunion.com* ●). Durée : 1h15.
➢ ***Donostia – San Sebastián :*** env 10 bus/j. 5h-23h30 avec *Alsa* (☎ *913-27-05-40 ;* ● *alsa.es* ●). Durée : 1h15-1h40. Env 17 bus/j. 5h45-22h45 avec *Pesa* (☎ *902-10-12-10 ;* ● *pesa.net* ●).
➢ **Et aussi : *Burgos*** avec *Continental Auto*, ***Vigo*** *(Galice)* avec *Vibasa* (● *vibasa.com* ●), ***Salamanque*** avec *Alsa* (● *alsa.es* ●).

Adresses utiles

Office de tourisme *(plan C3) : pl. de España, 1.* ☎ *945-16-15-98/99.* ● *vitoria-gasteiz.org/turismo* ● *Juil-sept, tlj 10h-20h ; oct-juin, lun-sam 10h-19h, dim 11h-14h.* 🛜 *Un office de tourisme au top !* Excellent accueil, documentation riche et variée, nombreuses infos sur les visites (thématiques, théâtralisées, y compris visites guidées en été), les hébergements, les randonnées, les événements, les fêtes et les spectacles.

✉ **Correos** *(poste ; plan C3) : 9, Posta kalea. Lun-ven 8h30-20h30, sam 9h30-14h.*

Où dormir ?

Camping

⛺ **Camping Ibaia :** *ctra N 102, 01195 Zuazo de Vitoria (ZUHATZU).* ☎ *945-14-76-20.* ● *info@campingibaia.com* ● *campingibaia.com* ● *À env 7 km du centre-ville, sur la N 102 vers Burgos/N 1 vers Madrid. Desservi par aucun bus. Tte l'année. Compter env 22 € pour 2 avec tente et voiture.* 🛜 Au sud-ouest de la ville, en retrait d'une route nationale, à côté d'une station-service. Heureusement, une fois à l'intérieur, le terrain vert et ombragé invite à planter sa tente ou à garer son camping-car. Accueil cordial. Sanitaires aux normes. Abrite aussi un bar, un resto, une épicerie. Possibilité de louer des mobile homes.

Bon marché

🏠 **Pensión Araba** *(plan C4, 14) : c/ Florida, 25, 01005.* ☎ *945-23-25-88.* ● *info@pensionaraba.com* ● *pensionaraba.com* ● ♿ *Réception au 1er étage. Double avec sdb 45 € ; familiales 60-80 €. CB refusées. Parking privé 12 €.* 🛜 *Café ou thé offert sur présentation de ce guide.* Situé au-dessus

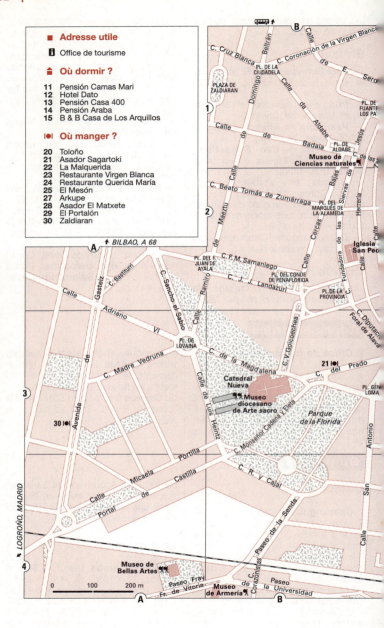

■ Adresse utile

ℹ Office de tourisme

🏠 Où dormir ?

- 11 Pensión Camas Mari
- 12 Hotel Dato
- 13 Pensión Casa 400
- 14 Pensión Araba
- 15 B & B Casa de Los Arquillos

|◉| Où manger ?

- 20 Toloño
- 21 Asador Sagartoki
- 22 La Malquerida
- 23 Restaurante Virgen Blanca
- 24 Restaurante Querida María
- 25 El Mesón
- 27 Arkupe
- 28 Asador El Matxete
- 29 El Portalón
- 30 Zaldiaran

VITORIA ET SES ENVIRONS

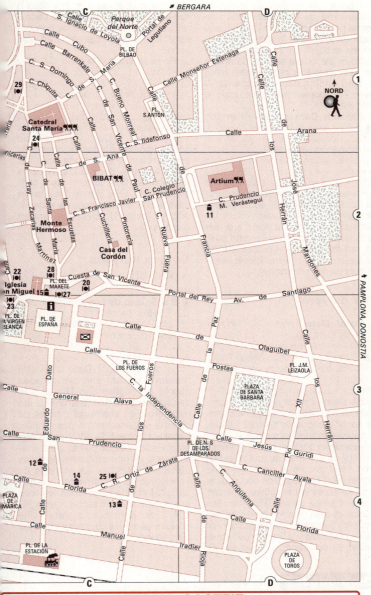

d'un bazar chinois, dans un immeuble cossu orné de verrières, voilà une bonne petite pension familiale, entre la plaza de España et la gare ferroviaire. On est accueilli par la patronne, une dame joviale, ou par son fils. Dans tous les cas, c'est très propre, bien tenu, et bien confortable. Les chambres (avec TV) donnent sur la rue, mais le bruit est faible.

▲ *Pensión Camas Mari* (plan D2, **11**) : c/ Prudencio María Verástegui, 6, 01002. Accueil c/ Francia, 23, dans la rue perpendiculaire. ☎ 945-27-73-03. ● pension@camasmari.com ● camasmari.com ● *Au 2ᵉ étage. Double sans sdb env 35 € ; pas de petit déj.* Une des adresses les moins chères du secteur, au bord de l'esplanade où se tient le centre d'art contemporain *Artium*. Un immeuble en brique attenant à la discothèque *People* (on ne l'entend pas). Accueil familial. Plutôt propre, parfois lumineux, même si le mobilier et la literie sont un peu sommaires.

Prix moyens

▲ *Hotel Dato* (plan C4, **12**) : c/ Eduardo Dato, 28, 01005. ☎ 945-14-72-30. ● info@hoteldato.com ● hoteldato.com ● *Résa conseillée. Doubles avec sdb 53-58 € ; familiales 70-78 €. Parking 12 €.* 🛜 *Réduc de 10 % sur le prix des doubles sur présentation de ce guide.* Dans une rue piétonne et centrale, un hôtel de charme à prix sages. Le décor baroque de l'entrée (glaces, esclaves vénitiens et statues de marbre) surprend quelque peu et annonce un hôtel de luxe. Pas du tout : c'est un petit hôtel décoré et aménagé avec recherche et beaucoup de coquetterie. Les chambres impeccables sont carrelées et assez claires. 3 d'entre elles disposent d'un mirador (bow-window) sur la rue piétonne. Les autres donnent sur un patio calme à l'arrière de l'hôtel. L'adresse est connue, réservez ! Si c'est complet, on vous enverra dans la rue parallèle, à la *Residencia Dato 2 (c/ San Antonio, 17)* : même propriétaire, tout aussi impeccable en plus sobre.

▲ *Pensión Casa 400* (plan C4, **13**) : c/ Florida, 46, 01005. ☎ 945-23-38-87. 📱 678-61-70-51. ● pgandiaga@telefonica.net ● pensioncasa400.com ● ♿ *Au 3ᵉ étage ; réception sur la gauche en sortant de l'ascenseur. Doubles avec sdb 43-47 € selon saison. CB refusées.* 🛜 Dans un immeuble ancien rénové, de vastes chambres très bien tenues et confortables (mais pas d'AC), à la déco plutôt moderne et élégante. Coin cuisine dans chacune d'elles. Elles donnent sur la rue mais possèdent des doubles vitrages. Accueil jovial. Un très bon rapport qualité-prix.

De prix moyens à plus chic

▲ *B & B Casa de Los Arquillos* (plan C2-3, **15**) : paseo Los Arquillos, 1. ☎ 945-15-12-59. ● info@lacasadelosarquillos.com ● lacasadelosarquillos.com ● *Résa conseillée. Doubles 65-90 € selon confort et saison. Parkings proches.* 💻 🛜 Dans une vieille maison reposant sur des arcades auprès de l'église San Miguel. Cet ancien atelier textile *(sistrería)* a été transformé en chambres d'hôtes de charme par une femme passionnée. Excellent accueil. Décoration design mais vieux murs de pierre, c'est chaleureux et de bon goût, avec de belles peintures d'artistes. Le mariage de l'ancien et du moderne est presque parfait. Les chambres sous les toits ont la clim, pas les autres. Les nᵒˢ 1, 4 et 5 donnent sur la place. Une adresse de qualité au cœur du quartier historique.

Où manger ?

Nombreux restos partout dans la ville. Comme d'habitude, un même endroit vous propose très souvent deux formules : repas complet dans la salle de resto ou tapas à consommer au bar.

Tapas et *pintxos*

I●I **Toloño** (plan C2, 20) : cuesta San Francisco, 3. ☎ 945-23-33-36. ● info@tolonobar.com ● Congés : 15 j. en janv. Pintxos 2-4 € ; menu midi 13 €. Encore un emplacement idéal, au pied de l'église San Miguel et derrière la plaza de España, au cœur du quartier historique. S'il fallait le classer, on le mettrait en tête du *best of* des bars à *pintxos* de la ville ! La taille humaine du local, l'accueil cordial, le service rapide, les *pintxos* succulents, l'ambiance du bar, les vins bien choisis, et enfin les prix raisonnables : rien à redire, c'est presque le parfait endroit !

I●I **Asador Sagartoki** (plan B3, 21) : c/ del Prado, 18. ☎ 945-28-86-76. ● info@sagartoki.com ● Tlj jusqu'à 23h. Pintxos 2,25 € en moyenne, plats (picoteo) 4,50-16 €. Entre la plaza de la Virgen Blanca et la Catedral Nueva. On ne peut pas le rater : les tables et les chaises hautes encombrent le trottoir. Dans la salle, on sent tout de suite le souffle de l'esprit créatif du chef. Il a remporté le prix des meilleurs *pintxos* du Pays basque. De fait, ils sont exceptionnels, tant par leur composition que par leur présentation. Savoureuses tortillas également. En plus, il y a une cave à vins (de la Rioja, notamment) climatisée. Tout est exquis ici !

I●I **La Malquerida** (plan C2, 22) : c/ Correría, 10. ☎ 945-25-70-68. Pintxos à partir de 2 €, tapas 3,50-8 €. Très bien situé, dans une rue très animée les soirs de week-ends. Cette « mal-aimée » est pour nous une « bien-aimée » car elle sert de délicieux « *pintxos creativos* » aux saveurs et au style élaborés. Propose aussi des *raciones*, des *tostas* et des *croquetas*. Une excellente adresse !

De bon marché à prix moyens

I●I **Restaurante Virgen Blanca** (plan C3, 23) : pl. Virgen Blanca, 2. ☎ 945-28-61-99. Pintxos 1,50-4 € ; menus env 16 € (midi)-20 € ; carte env 12 €. Quelle situation incroyable, à l'angle de la plaza de la Virgen Blanca et de la très animée calle de la Correría, bordée d'une ribambelle de bars à *pintxos*. La terrasse extérieure est étagée sur 8 niveaux. La salle est souvent pleine midi et soir. On peut manger debout ou assis, des *pintxos* ou des *raciones*, c'est selon. L'accueil remarquable, le service rapide et l'ambiance conviviale font de ce bar-resto non pas un piège à touristes (malgré son emplacement) mais une très bonne adresse centrale.

Prix moyens

I●I **Restaurante Querida María** (plan C1, 24) : pl. Santa María, 2. ☎ 945-20-56-59. ● restaurantequeridamaria@gmail.com ● Tlj sf dim soir et lun. Menus 26-30 € ; plats 12-18 €. Sur une petite place pavée où glougloute une fontaine à l'ombre de la catedral Santa María, ce petit restaurant séparé en 2 salles est une étonnante surprise. Pour le prix, la qualité de la cuisine est exceptionnelle. Elle s'inspire de la tradition basque, mais le chef la modernise et l'arrange à sa sauce avec beaucoup de talent. Quelques spécialités comme le *risotto de hongos* (aux champignons), ou le *bacalhao al pil-pil* (morue)... Accueil attentionné.

I●I **El Mesón** (plan C4, 25) : c/ R. Ortiz de Zárate, 5. ☎ 945-14-61-91. ● abbyzu1960@yahoo.es ● Tlj sf lun soir et mar. Congés : 15 j. en avr (parfois quelques j. en fév pour le carnaval) et 15 j. en sept. Menus 15,50 € (déj en sem), puis 40-50 € ; carte env 45 €. 🛜 *Digestif offert sur présentation de ce guide.* On peut se contenter des *pintxos* à savourer accoudé au beau comptoir de bois et de marbre. Pour manger assis, il faut monter dans une salle plus confortable. Là, les gourmands profiteront de plats typiques bien préparés et à des prix raisonnables.

Plus chic

I●I **Arkupe** (plan C2-3, 27) : Mateo de Moraza, 13. ☎ 945-23-00-80. ● reservas@restaurantearkupe.com ● Sous les arcades dans une rue à l'arrière de la pl. de España, proche de l'église San Miguel. Tlj sf lun 13h30-15h30, 20h30-23h. *Menus 29-40 € ; carte 25-35 €.* Le midi c'est souvent plein, et le soir aussi ! On en déduit que c'est une adresse appréciée des locaux. Ils ont raison. On a beaucoup aimé *Arkupe,* sa petite salle bien mise, ses gros murs de pierre, sa cave bien fournie, sa savoureuse cuisine ancrée dans la tradition, qui suit le marché et les saisons. Spécialités nombreuses, comme *merluza con chipirones* (colin aux calamars), *manitas de cordero* (agneau de lait), *atun rojo a la brasa* (thon rouge braisé).

|●| *Asador El Matxete* (plan C2, **28**) *: pl. del Matxete, 4-5.* ☎ *945-13-18-21. Sur une très jolie place derrière l'église San Miguel. Tlj sf dim soir et lun. Congés : 15 j. en août. Résa conseillée. Plats 7-17 € ; repas 30-35 €, plus selon vins.* Au cœur du centre historique, sur une charmante place, ce resto cache une belle salle voûtée, aux murs de pierre, avec des tables et des bancs en bois. C'est le style rustique-chic en somme. Le chef concocte une belle cuisine sincère et élaborée, où il s'inspire de la tradition basque en tentant de la magnifier avec sa touche personnelle. Desserts maison. C'est réussi !

|●| *El Portalón* (plan C1, **29**) *: c/ Correría, 151.* ☎ *945-14-27-55.* ● *reservas@restauranteelportalon. com* ● *Dans la maison du même nom, derrière la grande porte cloutée. Tlj sf dim soir. Congés : à Noël. Menu du jour env 35 € ; autres menus 39-70 € ; carte 40-45 €.* Dans le quartier de la catedral Santa María. Une vénérable demeure du XVe s (ancien relais de poste) avec ses poutres sombres et ses colombages, ses briquettes rouges, ses boiseries, et ses salles médiévales patinées par le temps. Un vrai musée ! C'est un bon restaurant qui propose une cuisine classique servie avec style.

Très chic

|●| *Zaldiaran* (plan A3, **30**) *: avda de Gasteiz, 21.* ☎ *945-13-48-22.* ● *info@ restaurantezaldiaran.com* ● *Tlj sf dim soir. Menu-dégustation env 60 € ; carte 50-70 €.* C'est l'incontournable du Vitoria gastronomique et le temple de ce que les journalistes appellent la « cuisine d'auteur » de haute voltige. Le chef Patxi Eceiza excelle dans l'art de magnifier les saveurs sans jamais les couper de la nature. Avec ce grand artiste basque, la morue peut être préparée confite ou le gibier servi en carpaccio. Certains goûts vous titilleront, et vous ne risquez pas de rester indifférent. On se souvient longtemps d'un repas chez *Zaldiaran*... Chic et cher, mais du grand art !

Où dormir ? Où manger chic dans les environs ?

⌂ |●| *Hotel Palacio de Elorriaga :* 01192 **Elorriaga.** ☎ *945-26-36-16.* ● *info@hotelpalacioelorriaga. com* ● *hotelpalacioelorriaga.com* ● ♿ *À l'entrée ouest de Vitoria, un peu en retrait de la route N 104. Resto fermé dim soir et lun. Doubles avec sdb 60-100 € selon confort, petit déj inclus. Menus 22-45 €.* 📶 Un ancien palais du XVIe s (monument classé) remarquablement restauré. Poutres sombres, tapis et planchers cirés, meubles anciens, tout est arrangé avec beaucoup de personnalité et de caractère. Chambres spacieuses et confortables (avec AC). Préférez celles donnant sur le jardin. Excellent resto gastronomique, assorti d'une belle carte des vins. Accueil chaleureux.

Où boire un verre ? Où sortir ?

Calme dans la journée, la ville devient une ruche effervescente le soir venu, en particulier en fin de semaine. L'animation se concentre autour de la *plaza de España,* de la *plaza de la Virgen Blanca* (plan C2-3) et dans les rues environnantes (*Correría* et *Zapatería*). Plus au sud, en allant vers la gare ferroviaire, les *calles San Prudencio* et *Eduardo Dato (plan C3-4)* alignent de nombreuses terrasses fréquentées par une population familiale. Pour trouver une clientèle jeune et estudiantine, il faut remonter jusqu'à la *calle Cuchillería* en passant devant l'église San Miguel.

À voir

Ts les musées de la ville (sf le musée d'Art contemporain Artium) sont ouv tlj sf lun, aux mêmes horaires : mar-ven 10h-14h, 16h-18h30 ; sam 10h-14h ; dim et j. fériés 11h-14h. Prix d'entrée identique : 3 € ; réduc ; gratuit moins de 12 ans et pour ts 1er sam du mois. Bono 2 Museos 5 € ou 4 Museos 9 €.

🎭🎭 Le *casco viejo (centre historique)* est le cœur historique de la ville, son noyau dur, là où tout a commencé. Curieusement, il dessine une forme ovale (comme une amande), constituée par des rues qui rappellent par leur tracé régulier le mode d'expansion de la ville au fil des siècles (à la façon d'un tronc d'arbre). On atteint le centre historique à pied par la *plaza de la Virgen Blanca*, l'escalier de la *iglesia San Miguel* et la mignonne *plaza del Matxete*. Celle-ci est de forme triangulaire, avec de belles proportions. Sa particularité est d'être bordée de demeures anciennes ornées de *miradores* (bow-windows). Ils ont été installés au début du XXe s pour agrandir les maisons et donner plus de lumière aux salles intérieures. Entre la plaza de España et la plaza del Matxete, la petite *calle Mateo de Moraza* se distingue par l'alignement de ses maisons reposant sur une série d'arcades *(Paseo de los Arquillos)*.
Comme dans beaucoup de villes d'Álava et de Navarre, les rues perpendiculaires s'appellent des *cantons*, vieux mot français qui signifie « carrefour ». Nombreuses maisons blasonnées, en plus ou moins bon état, dont beaucoup sont en cours de restauration.

🎭 Le quartier historique *(casco viejo)* s'organise autour de deux places classiques en son centre : la *plaza de España (plan C3)*, carrée, avec ses arcades, construite au XVIIIe s sur le modèle de la plaza Mayor de Madrid. On y donnait des courses de *toros* avant la construction des arènes

UNE BELLE AMANDE

Vu d'en-haut, le cœur du quartier historique de Vitoria-Gasteiz a la forme d'une amande. Pour cette raison, les habitants l'appellent la *almendra*.

au XIXe s. La plaza de España est reliée à la *plaza de la Virgen Blanca (plan C3)* par un passage. Cette dernière est le cœur de l'animation nocturne, avec de nombreux cafés et terrasses prisées aux beaux jours. Au centre de cette place se dresse un *grand monument* à la gloire des généraux Álava et Wellington, vainqueurs des Français en 1813. Derrière le général à cheval, le sculpteur a représenté avec réalisme les grognards napoléoniens, à genoux, vaincus.

🎭 *Iglesia San Miguel (plan C2)* : *elle surplombe la pl. de la Virgen Blanca. Accès libre.* À l'intérieur, un grand retable dans le chœur, et des chapelles latérales dont une consacrée à la Vierge blanche (la *Virgen Blanca*).

– Attenant à l'église, le *palacio de Villa Suso (ne se visite pas)* possède une loggia au dernier étage et un blason sculpté bien abîmé par le temps. Construit au XVIe s pour Martín de Salinas, délégué impérial de Charles Quint, il est adossé aux remparts de la ville.

– Au 24, calle Cuchillería, la *casa del Cordón* (Kordoi Etxea ; inscription « Ave Maria » près de la porte) accueille parfois des expositions temporaires *(lun-ven 8h30-14h, 16h30-19h).* Le bâtiment est construit en petites briques fines avec deux portes ornées d'un cordon sculpté, symbole de l'humilité des moines franciscains. La maison abrite les œuvres sociales de la ville. Plus loin, on croise le *Cantón San Francisco Javier,* jolie maison du XVIIe s avec un trompe-l'œil. À ce niveau, remarquer les escaliers roulants extérieurs destinés aux piétons et couverts par une galerie en plexiglas.

– Derrière la cathédrale, la **plaza de la Burullería** et les rues adjacentes offrent quelques beaux exemples de maisons anciennes. La *casa Portalón*, à l'angle de la place, est un ancien relais de poste du XVe s, avec une façade très harmonieuse. Aujourd'hui, un très bon restaurant s'y est installé (*El Portalón,* chic et cher ; voir plus haut notre rubrique « Où manger ? »).

– Par la **calle de las Escuelas,** on remonte vers le nord du *casco viejo* (quartier historique). On arrive dans un secteur appelé **Monte Hermoso.** Il s'agit d'une petite forteresse abritant des bureaux. Autour, un terrain de sport et des logements sociaux, pas de commerces. Continuer encore vers le nord, on atteint la catedral Santa María.

ﾐﾐﾐ Catedral Santa María *(plan C1)* **:** *pl. Burullería s/n.* **En restauration.** *Visites guidées en espagnol, en anglais et en français (sur demande), sur résa slt sur place au bureau d'accueil* (Centro de atención al visitante), *sur le côté nord du monument, ou en téléphonant au* ☎ *945-25-51-35 ou encore sur* ● *catedralvitoria.com* ● *Tlj 10h30-18h. Durée de la visite : 1h. Entrée : 8,50 €* (catedral) *ou 10,50 €* (catedral y torre) *; réduc. Brochures en anglais et en français. Les visites guidées sont organisées à heures fixes.*

La visite guidée est la seule façon de découvrir cette cathédrale fermée au culte en raison des travaux de restauration. On remet au visiteur un casque qu'il faut porter pendant toute la durée de la visite, des soubassements jusqu'à la nef, du triforium au clocher. Tout est très bien organisé et passionnant ! C'est un spectacle unique en Europe ! Une cathédrale en chantier comme au temps des cathédrales, quand celles-ci sortaient de terre au XIIIe s.

Certains auront justement l'impression de remonter dans le temps et de se trouver dans l'ambiance du chantier de construction de l'édifice. Quelle est son histoire au fait ? Plantée sur l'éperon nord de la ville, elle fut fondée comme église-forteresse par le roi castillan Alfonso VIII vers 1200. Elle prit sa forme de cathédrale gothique au XIIIe s sous le roi Alfonso X. Le portail gothique est illustré de bas-reliefs représentant des scènes de la vie de la Vierge et des saints. Son très *joli clocher carré* à cadran solaire ne date que du XIXe s.

En raison de l'oxydation de la pierre (calcaire), l'édifice avait mal vieilli, et menaçait de s'effondrer par endroits. En 2000, un grand projet de sauvegarde et de restauration fut lancé, occupant environ 80 ouvriers qui travaillent comme les compagnons d'autrefois, mais équipés de la plus haute technologie. La durée des travaux est indéterminée.

ﾐﾐ Museo de Bellas Artes *(musée des Beaux-Arts ; plan A4)* **:** *en haut du paseo Fray Francisco de Vitoria.* ☎ *945-18-19-18. Horaires ci-dessus, plus sam 17h-20h.*
Le *palacio de Augusti* fut construit entre 1912 et 1916 par Ricardo Augustín Ortega, et Elvira Zulueta Ruiz de Gámiz, marquise d'Álava. Ils étaient tous les deux descendants de familles riches ayant des racines lointaines en Álava. Les Zulueta s'étaient enrichis à Cuba, notamment dans la traite négrière. Le couple voulut édifier la plus belle maison de Vitoria. C'est un édifice de style éclectique avec des touches néobaroques qui abrite aujourd'hui un beau musée consacré à l'art espagnol des XVIIe et XIXe s et à l'art basque de 1850 à 1950.

Vous y verrez de belles œuvres de peintres basques plus ou moins connus, comme Ignacio Díaz Olano, ou Aureliano Arteta, fortement influencé par le cubisme, et beaucoup de peintres plus conventionnels comme les frères Zubiaurre, Elias Salaverria ou Gustavo de Maeztu. Au second étage, des œuvres léguées par l'artiste basque Fernando de América. De plus, la collection du musée s'enrichissant d'année en année, les œuvres sont présentées par roulement (et complétées par les collections d'autres musées espagnols) au travers des expos temporaires.

🏹 **Museo de Armería de Álava** *(musée des Armes ; plan B4) :* paseo Fray Francisco de Vitoria, 3. ☎ 945-18-19-25. Dans les années 1960, Félix Alfaro Fournier, riche bourgeois et collectionneur, fit don à la Diputación Foral de Álava d'une belle collection d'armes et de nombreux objets. Pour ceux qui aiment ça, ce musée des Armes présente une belle collection, très éclectique. Il y a un peu de tout : une armure milanaise du XVIe s tellement ciselée qu'on se demande si l'on osait se battre avec, des armures de samouraï, des épées de toutes tailles (l'une devait appartenir à un géant), des souvenirs des guerres napoléoniennes (la fameuse bataille de 1813, toujours très présente dans la mémoire collective des habitants de Vitoria)...

🏹🏹 **Museo diocesano de Arte sacro** *(musée d'Art sacré ; plan B3) :* parque de la Florida. ☎ 945-15-06-31. *Mar-ven 11h-14h, 16h-18h30 ; w-e et j. fériés 11h-14h.* Dans la nouvelle cathédrale (Catedral Nueva), édifice néogothique construit dans les années 1920 et achevé seulement en 1969 ! Voir surtout les salles des sculptures polychromes médiévales (XIVe et XVe s), notamment la Vierge d'Eskibel habillée en Aragonaise avec un fichu délicatement sculpté, ou le saint Michel pesant les âmes au jour du Jugement dernier. Le clou de la visite reste le tableau de Giordano représentant saint Jean-Baptiste prêchant : les têtes des paysans qui écoutent le saint sont impayables ! Également quelques belles pièces d'orfèvrerie.

🏹🏹 **Artium** *(Museo vasco de Arte contemporáneo ; plan D2) :* c/ Francia, 24. ☎ 945-20-90-00. ● artium.org ● *Mar-ven 11h-14h, 17h-20h ; w-e et j. fériés 11h-20h. Entrée : 6 € ; gratuit moins de 14 ans ; mer, prix libre.* Musée d'Art contemporain dont les importantes collections basque et espagnole sont présentées au travers d'expos temporaires d'envergure, élaborées en collaboration avec les autres grands musées espagnols. Plusieurs expos, construites autour d'un artiste, d'un mouvement ou d'une idée, sont proposées simultanément. Soulignons le gros travail mis en œuvre pour donner quelques clés d'accès à l'art contemporain. Ainsi, l'expo principale est normalement accompagnée d'un audioguide (compris dans le prix du billet) avec traduction en français. Le musée possède un fonds important de 1 800 œuvres d'artistes espagnols des années 1920-1930 jusqu'à aujourd'hui : Picasso, Miró, Dalí... exposées à certaines occasions.

🏹🏹 🚶 **BIBAT – Museo de Arqueología de Álava y Museo Fournier de Naipes de Álava** *(musée d'Archéologie et des Cartes à jouer ; plan C2) :* c/ Cuchillería, 54. ☎ 945-20-37-00.

Deux musées en un ! Vu de l'extérieur, le nouveau bâtiment avant-gardiste jouxtant le vieil édifice (le palais Renaissance de Bendaña) montre un visage froid, sombre et presque déjà rouillé... Le contraste entre les deux parties du musée n'est pas du tout harmonieux. À notre avis, c'est raté ! Bref, le plus important est à l'intérieur, heureusement.

– *Museo Fournier de Naipes :* un musée dédié aux cartes à jouer *(naipes)* fondé par Felix Alfaro Fournier (1895-1989), qui s'était inspiré du musée des Cartes de Bielefeld en Allemagne. Fournier, comme le suggère son nom, est bel et bien le descendant d'un immigré français. Tout a commencé au XVIIIe s, quand l'ancêtre Fournier quitte la France pour créer une imprimerie à Burgos. Le plus jeune de ses deux fils, Heraclio Fournier (1849-1916), abandonne l'entreprise familiale en 1868 et vient installer à Vitoria une imprimerie spécialisée dans les cartes à jouer. À la différence de ses concurrents, il produit aussi bien des jeux français que des jeux espagnols et, en peu de temps, l'imprimerie Fournier devient une sorte de leader européen. Naturellement, Heraclio conserve un exemplaire de tous les jeux qu'il produit. Augmentée d'achats à l'étranger, enrichie par ses descendants, cette collection de base s'est encore agrandie depuis son acquisition en 1986 par le gouvernement de l'Álava. Aujourd'hui le musée Fournier est le premier musée mondial de la Carte à jouer (avec plus de 20 000 pièces).

– On y suit l'évolution des cartes à jouer au cours de l'histoire (présentation chronologique) : jeux où les cartes sont des cartes géographiques, jeux caricaturaux, jeux moraux et religieux, tout a été fait ou presque ! Il y a même, dans les jeux français, un jeu napoléonien où les régiments anglais sont le carreau, les régiments russes le pique, les régiments prussiens le trèfle et les régiments français... le cœur ! Si les cartels des cartes sont uniquement en espagnol ou en basque, dans chaque salle un panneau en anglais retrace les grandes lignes de ce qui est présenté.
Parmi les **cartes les plus rares** : un tarot milanais de 1497 peint à la main sur du parchemin, un jeu de cartes brodé en soie (France), des cartes italiennes avec liserés d'or... Voir aussi les jeux chinois, japonais ou indiens des XVIIIe et XIXe s, anciens jeux allemands ou hollandais (le plus vieux, complet, date du XIVe s) qui font la fierté du conservateur. Au rez-de-chaussée, exposition de machines d'imprimerie et de pierres lithographiques et bois gravés.
– *Museo de Arqueología :* le musée regroupe le produit des fouilles des différents sites d'Álava. On notera ceux du Néolithique (poteries de La Hoya) et d'Iruña (borne miliaire, statues). Les salles sont vastes, les vitrines très bien présentées et les tableaux explicatifs très clairs (brochure avec traduction en français à l'entrée de chaque salle). Dans le jardin, petite collection de stèles discoïdales, caractéristiques des tombes basques.

🏛 *Museo de Ciencias naturales* (musée des Sciences naturelles ; plan B1) : *c/ Fundadora de las Siervas de Jesús, 24.* ☎ *945-18-19-24.* Situé dans la Torre de Doña Ochanda, une demeure noble du XVe s adossée à l'ancienne muraille de la ville. Le palais fut reconstruit au XVIe s par don Andrés Martinez de Iruña pour sa fille doña Ochanda. Au 1er étage, la géologie, et au second la botanique. Textes explicatifs, très intéressants et didactiques quant aux problèmes d'environnement. Le plus mignon reste quand même le ptérodactyle nain de la collection de fossiles.

Fêtes et manifestation

– *Fêtes de San Prudencio :* 27-28 avr. Occasion d'une superbe *tamborrada* de cuisiniers et d'un pèlerinage à Armentia.
– *Festival de jazz :* 1 sem pdt la 2de quinzaine de juil. ● jazzvitoria.com ●
– *Fête de la Saint-Jacques (Santiago) :* 25 juil. Pendant cette fête se tient la **foire de l'Ail.**
– *Fêtes de la Vierge blanche (Virgen Blanca) :* 4-9 août. Elles commencent avec la « descente de Célédon ». On fait descendre sur un filin depuis l'église San Miguel un mannequin surmonté d'une sorte de parapluie. C'est rigolo mais rapide ; les autres jours, feria, concerts, procession de géants...

DANS LES ENVIRONS DE VITORIA-GASTEIZ (GASTEIZ)

Vaste plaine où courent les autoroutes et voies rapides. Il faut en sortir pour découvrir quelques bijoux, des sites archéologiques, de jolis châteaux, mais peu de paysages époustouflants.

🏛🏛 *Santuario Nuestra Señora de Estibaliz* (monastère et sanctuaire d'Estibaliz) : ☎ *945-29-30-88.* Pour y accéder en voiture, le plus simple est de suivre l'A 132 vers Estella. En bus, prendre la ligne Vitoria-Estella (compagnie Autobuses Hermanos ; env 7 bus/j.), s'arrêter à Argandoña ; il reste env 2 km jusqu'au monastère, par la route ou par un sentier. Église ouv tlj 8h-20h. À côté du parking, aire de pique-nique et de jeux pour les enfants. Le sentier GR 38 passe là.
Au sommet d'une colline plantée d'arbres (avec une vue étendue sur la campagne environnante), ce monastère est un des hauts lieux de l'histoire et de l'art en Álava.

Édifié au XIe s sur un site religieux antérieur, il n'a jamais cessé d'être un lieu de prière. Aujourd'hui encore, il abrite une communauté de moines bénédictins.
– Du parking, monter à pied au sommet de la colline (5 mn). Le monument le plus intéressant à voir est l'église romane, modeste mais belle. Le portail de cette église est touchant de simplicité. Au lieu des sculptures humaines habituelles, c'est tout un lacis de symboles géométriques qui court sur les colonnes. On y retrouve la symbolique traditionnelle celte : on croirait presque admirer une église romane du Poitou ou de Saintonge ! L'intérieur de l'église est austère, dépouillé et sombre, éclairé par seulement quatre fenêtres étroites comme des meurtrières. Se placer au fond pour admirer dans la pénombre le chœur qui sert d'écrin à la Vierge polychrome du XIIe s. Les amateurs découvriront dans les sculptures des chapiteaux et des fonts baptismaux tout un monde symbolique de diables, de pécheurs, de figures de l'Ancien Testament.
– La **messe du dimanche** *(à 11h)*, chantée en basque, peut être un grand moment d'émotion.
– Le monastère moderne, occupé par les bénédictins depuis 1923, ne présente que peu d'intérêt, mais son architecture a le mérite de ne pas défigurer le site.

L'oppidum romain de Iruña-Veleia : ☎ *945-40-30-44* ou 📱 *618-53-93-53.* ● veleia.com ● *À env 12 km à l'ouest de Vitoria-Gasteiz, sur la commune de* **Iruña Oka,** *entre Trespuentes et Villodas. En voiture, prendre l'autovía de Madrid et sortir à Mendoza. 1er juin-sept, mar-ven 11h-14h, 16h-18h ; w-e 11h-14h. Oct-mai, mar-dim 11h-14h. GRATUIT. Visite guidée en castillan et en français (sur demande, résa possible par tél).*

L'oppidum d'Iruña-Veleia occupait à l'époque romaine une position stratégique sur la voie romaine (via Aquitania) d'Astorga à Bordeaux. Dès la première moitié du Ier s (fin du règne d'Auguste), une petite cité existait sur ce site. C'est aujourd'hui un vaste champ de fouilles qui demande une certaine imagination pour comprendre ce qu'on y trouvait. Ce n'est pas Vaison-la-Romaine, certes, mais le site est beau et peut faire l'objet d'une instructive promenade. C'est l'un des plus vastes du Pays basque. Les objets trouvés sur le site sont exposés au Musée archéologique de Vitoria.
Les archéologues ont mis au jour en 2006 un ensemble épigraphique du IIIe s apr. J.-C. parmi les plus importants du monde romain, ce qui a valu au site des comparaisons avec Pompéi. Il y a néanmoins une polémique autour de cette découverte : les 270 inscriptions (des mots du latin tardif, des mots celtes et basques) sont-elles d'origine ou non ? Ils ont même trouvé des hiéroglyphes égyptiens, à des milliers de kilomètres de la vallée du Nil. Le plus étonnant est que ceux-ci ont été gravés près de 500 ans après l'abandon de cette écriture au pays des Pharaons...
Le parcours sur le site est fléché, ponctué de panneaux explicatifs (en français). On y apprend que le nom romain du site était *Veleia* et que c'était une importante étape sur la via Aquitania. Tout ce qu'on peut voir date des IIIe-Ve s de notre ère, même si l'occupation du site fut bien antérieure (Iruña fut probablement habitée dès la fin de l'âge du bronze).

LA RÉGION DE SALVATIERRA-AGURAIN (AGURAIN)

● **Salvatierra-Agurain (Agurain)** .... 502 ● Iglesia de Gaceo ● Iglesia de Alaiza	● Araia ● La randonnée de San Adrián ● Zalduondo	● Guevara (Gebara) ● Le parc de Garaio et la réserve ornithologique de Mendixur

La *cuadrilla* d'Agurain s'étend le long de la N 1 entre la Navarre et Vitoria. Il suffit de quitter la voie rapide pour se retrouver en quelques kilomètres au pied des montagnes. Quelques très jolis villages, un parc naturel, plusieurs

monuments intéressants éparpillés au hasard des petites routes tranquilles. Une campagne sans prétention, loin de l'agitation des villes.

SALVATIERRA-AGURAIN (AGURAIN)

(01200)   4 800 hab.   *Carte Álava, D2*

À 26 km à l'est de Vitoria-Gasteiz. Perché sur une petite colline au cœur de la plaine fertile, à l'écart de l'autoroute Vitoria-Pamplona, Salvatierra-Agurain occupe une position stratégique. Ce n'est pas par hasard si la vieille ville est entourée de jolis remparts et si les églises sont fortifiées. Le centre historique *(casco viejo)* consiste en trois longues rues parallèles qui traversent la ville d'est en ouest, de l'église Santa María à l'église San Juan Batista. Elles sont bordées de quelques très belles demeures blasonnées.

Arriver – Quitter

➢ *En train :* Agurain est situé sur les lignes Vitoria-Irun et Vitoria-Pamplona. Env 6 liaisons/j. depuis Vitoria (durée : 14 mn).
➢ *En bus :* liaisons avec **Vitoria** assurées par *La Unión y La Burundesa* (☎ *948-22-17-66* ; ● *autobuses launion.com* ●). Env 1 bus ttes les 2h, 6h15-22h. Durée : 30 mn.

Adresse utile

🛈 *Office de tourisme :* c/ Mayor, 8. ☎ 945-30-29-31. ● *cuadrillasalvatierra.org* ● *agurain.com* ● Juil-août et pdt la Semaine sainte, tlj 10h-14h, 16h-20h ; le reste de l'année, mar-dim 10h-14h. Organise des visites guidées du centre historique et des églises d'Agurain, Gaceo et Alaiza *(en hte saison slt ; 5 €/pers).*

Où manger ?

🍴 *Restaurante Jose Mari – El Gordo :* c/ Mayor, 69. ☎ 945-30-00-42. ● *info@restauranteelgordo.com* ● Tlj sf dim soir. Menu env 13 € ; carte 30-35 €. En plein centre, on y sert des *pintxos* et des *bocadillos* au bar, sinon des repas classiques dans la salle *(comedor)* à l'arrière. D'ailleurs, c'est toujours rempli par une clientèle locale. Cuisine du coin fraîche et copieuse. Très bon accueil.

À voir

Le week-end, la circulation est interdite dans la vieille ville (constituée de trois rues parallèles). De toute façon, vous trouverez très facilement à vous garer gratuitement tout autour et vous n'aurez que quelques minutes de marche pour rejoindre le centre.

🎯🎯 *Iglesia Santa María :* au début de la c/ Mayor. Accessible slt pdt les visites guidées de Tura Agurain. Magnifique église fortifiée du XVe s, qui possède un chemin de ronde avec vue sur les environs. À l'intérieur, un impressionnant retable, et un blason des Habsbourgs d'Espagne *(los Austrias)* qui rappelle la fidélité de la ville à Carlos Ier après la rébellion de Pedro López de Ayala en 1519.

SALVATIERRA-AGURAIN | 503

🚶 **Calle Mayor** *(Nagusi Kalea) :* ses maisons blasonnées (aux nos 40 et 42) et la petite place qui la coupe avec ses deux toitures en auvent ne manquent pas de charme. Au n° 79 de la calle Mayor, près de l'église Santa María, très belle **Casa Azkarraga**. Il s'agit d'une maison seigneuriale appartenant à la famille Azkarraga, l'une des plus importantes d'Agurain. Elle compte parmi ses membres Joseba Azkarraga Rodero, banquier et homme politique basque et membre du gouvernement de la communauté autonome. Remarquez la fenêtre d'angle, le porche et les deux blasons. Quand le casque au-dessus du blason regarde droit devant ou sur la droite, il s'agit d'une famille noble. Le casque qui regarde sur la gauche signifie qu'il y a de l'enfant illégitime dans l'air... ce qui est le cas du blason de gauche.

🚶🚶 **Iglesia San Martín :** *c/ Zapatari, 15 ; située dans la mairie (l'ayuntamiento, une imposante bâtisse rose).* ♿ *Accessible aux heures d'ouverture des bureaux et aux heures de messes.* Dans la mairie, située au point le plus haut de la ville, se dissimule une étonnante petite église romane. Construite au XIIIe s, on lui accola la prison au XVe s, puis la mairie. Pour finir, tous les bâtiments se retrouvèrent sous le même toit. D'énormes travaux, réalisés de 2001 à 2005, ont permis la mise en valeur de cette église qui se trouve littéralement au milieu des bureaux. Une vraie curiosité ! Si l'intérieur est une simple salle de réunion, vous pourrez admirer son toit, vu du dessus, en grimpant au 2e étage, ajouté à cet effet.

🚶 **Iglesia de San Juan Bautista :** *à l'extrémité est de la c/ Mayor. Ouv slt à l'heure des messes (à 19h sam, 20h dim ; l'église ouvre 30 mn avt les offices).* Sur une petite place bordée d'arcades. Importante étape compostellane, cette église-forteresse de style gothique présente une façade de style baroque qui rappelle l'église-sanctuaire de Loiola en Guipúzcoa, village natal de saint Ignace de Loyola, fondateur de l'ordre des Jésuites. Le mur de l'abside est inclus dans les fortifications. Le grand retable du XVIIe s est influencé par la peinture flamande.

Fêtes

– **Fêtes patronales :** *24 juin pour la Saint-Jean et 1er dim d'oct pour la Vierge-du-Rosaire.*

DANS LES ENVIRONS DE SALVATIERRA-AGURAIN (AGURAIN)

🚶🚶 **Iglesia de Gaceo :** *à 3 km à l'ouest d'Agurain par la petite route A 3100. Se visite slt lors des tours organisés par l'office de tourisme (voir « Adresse utile »).* Dédiée à saint Martin de Tours, l'église ne brille pas par son extérieur. Trapue, sans clocher et flanquée d'un curieux pan de mur, elle est d'une grande simplicité, mais elle renferme un exceptionnel ensemble de peintures gothiques du XIVe s. Découvertes en 1967 (elles étaient cachées derrière un retable) et soigneusement restaurées, elles sont l'un des plus beaux exemples de l'art gothique primitif en Espagne. Les peintures qui recouvrent la voûte du chœur sont d'une main inconnue mais indubitablement l'œuvre d'un « professionnel » (contrairement aux fresques de l'église voisine d'Alaiza, réalisées par un amateur). On y voit surtout des scènes inspirées du Nouveau Testament, comme le *Jugement dernier,* et un exceptionnel Calvaire. Le centre du chœur est occupé par un Christ en majesté.

🚶 **Iglesia de Alaiza :** *minuscule village à 3 km au sud de Gaceo. Visites guidées organisées par l'office de tourisme d'Agurain.* Toute petite église romane du XIe s, avec des frises datées du XIVe s. À l'intérieur, un peintre amateur a réalisé d'étranges fresques d'un réalisme cru. Ce pourrait être un soldat qui aurait utilisé les murs pour raconter la guerre dont il était témoin au XIVe s. Voir des scènes de bataille et de viols représentées dans l'abside d'une église, voilà qui est peu banal ! Il s'agirait peut-être de la guerre menée en 1367 par le roi Pedro de Castille (dit Pedro le Cruel) aidé par le prince de Galles Eduardo (dit *el Príncipe Negro* – le Prince Noir) contre Enrique de Trastámara, frère bâtard du roi castillan. « El Mural Bárbaro », « Guerre et Paix », « Un théâtre d'ombres chinoises » : tels sont les noms donnés à ces peintures étranges et sombres, toutes monochromes, par certains historiens de l'art. Le terme *gehenne* a été inscrit quelque part, il signifie enfer, enfer de la guerre... Au sol, les pierres trouées sont des pierres tombales (les objets retrouvés à l'intérieur sont au Musée archéologique de Vitoria).

🥾 ***Araia*** : *à env 10 km au nord-est de Salvatierra-Agurain par l'autoroute, sortie 385.* Un gros bourg basque, sans grand intérêt, au pied de la cordillère Sierra de Urkilla. Les randonneurs y passent pour monter à San Adrian (voir plus bas), ermitage situé au sommet de la montagne.

🏠 ***Casa rural Mendiaxpe*** : *Salsamendi, 22, 01250 Araia.* ☎ *945-30-42-12.* 📱 *646-10-45-84.* ● *mendiaxpe@gmail.com* ● *mendiaxpe.com* ● ⚒ *À la sortie nord du village (fléché), à env 1 km du centre d'Araia. Double avec sdb 50 € ; petit déj 5 €. Appart 4 pers 125 €. CB refusées.* 📶 *Légumes du jardin ou visite du parc naturel Aitkorri offerts sur présentation de ce guide.* Au centre d'un délicieux jardin planté d'arbres fruitiers, baigné par une rivière, le site est bucolique et verdoyant, surtout au printemps. L'intérieur de la maison est peut-être un peu sombre, mais les chambres sont fraîches, grandes et bien décorées (et toujours cette propreté maniaque et ces parquets luisants !). Très belle vue sur la campagne et les champs. Accueil adorable. On y parle un peu l'anglais mais pas le français.

🍽 ***Umandi Jatetxea*** : *Andoni Urrestarazu, 4, à Araia.* ☎ *945-31-46-15.* ⚒ *Tlj. Congés : Semaine sainte, 2de quinzaine d'août et Noël. Menu midi env 12 € ; carte env 20 €.* 📶 *Café offert sur présentation de ce guide.* À 100 m de l'église, en venant de la pharmacie et de la supérette, continuer tout droit dans une impasse bordée d'immeubles sans style. Le resto est au rez-de-chaussée de l'un d'eux. Le bar à l'entrée donne sur une jolie salle de resto. La carte propose un bon choix de plats de la région, à prix sages. Service d'une grande gentillesse.

🥾🥾 ***La randonnée de San Adrián*** : la randonnée complète Araia-San Adrián-Araia dure 4h15 pour environ 11 km et 500 m de dénivelée. Pour monter à San Adrián, au départ du bourg d'Araia, passez le long de l'église et tournez dans la rue à droite au niveau du parvis. Continuez jusqu'à une ferme fortifiée avec un gros mur devant, et prenez à gauche au panneau « Marutegui ». La route monte à travers les alpages (en mauvais état, mais les voitures passent). À la 2e fourche (la 1re mène à des fermes), tournez à droite vers Zumarraundi. La petite route de montagne aboutit à un parking (à 3 km d'Araia), on se gare et on continue par le sentier qui traverse une très belle forêt.
La montée est assez facile (mais chaussez-vous bien, le terrain est glissant) et demande environ 1h30 de marche depuis le parking pour atteindre le tunnel naturel de San Adrián. On peut hésiter à s'engager dans ce tunnel, qui ressemble à une petite porte basse creusée dans la montagne. Aucun danger, car il va s'élargissant. En moins de 50 m, on débouche sur la vallée d'Orio, c'est-à-dire de l'autre côté de la cordillère, sur le versant du Guipúzcoa. Au bout de passage, le ***petit ermitage de San Adrián*** dont on sait peu de choses : un ermite y vivait-il ? Peut-être pas, mais le nombre de graffitis indique qu'on n'est pas les premiers à y passer. Chaque année une messe est célébrée dans l'ermitage. Le chemin est tellement étroit qu'on a du mal à croire qu'il s'agit d'une voie romaine, la via Aquitania (de Bordeaux à Astorga), la plus fréquentée en son temps.

🥾 ***Zalduondo*** : *à 4 km d'Araia et d'Ordoñana.* Plus petit, plus authentique qu'Araia, ce village (un gros hameau en fait) est d'une simplicité étonnante. Une petite fontaine glouglute sous les arbres, les maisons sont en pierre jaune, et il n'y a pas de commerces, juste un bistrot. Zalduondo est connu pour sa petite église avec un retable du XVIIe s, mais surtout pour le *palacio Los Lazarraga,* petit palais du XVIe s. C'est une construction assez humble mais dont l'entrée est encadrée de deux atlantes portant l'orgueilleux blason de la famille Lazarraga. Par rapport à la façade, les statues des personnages en costume d'époque sont surdimensionnées.

Le palais abrite un *Museo etnográfico (infos* : ☎ 945-30-43-93 ou 945-31-45-69) qui ne manque pas d'intérêt, mais les horaires d'ouverture sont impossibles *(ouv slt dim 12h-14h).* Voir les reconstitutions d'une cuisine basque avec son *zuzulu* (banc à tablette rabattable), les instruments agricoles, les stèles discoïdales, les costumes du carnaval de Zalduondo, la collection de céramiques traditionnelles basques (c'est vraiment rustique), mais surtout les très belles fresques murales qui ornaient jadis la maison.

– Tous les ans se déroule à Zalduondo un *carnaval* qui attire toute la région. On y juge et brûle Markitos, gros mannequin singulièrement accoutré. Une cérémonie pleine de rires.

✻ *Guevara* (GEBARA) : *à env 15 km à l'est de Vitoria-Gasteiz, à 2 km au nord de la sortie 367 de la voie rapide.* Le village est dominé par les ruines d'un joli château médiéval (XVe s) dont il ne reste que la tour et les murs. Ce village est mentionné dès le IIe s apr. J.-C. par le géographe grec Claude Ptolémée, sous le nom de *Gebara.* Le toponyme a donné le patronyme Guevara que portait Che Guevara, le révolutionnaire argentin, probablement de lointaine origine basque.

✻ *Le parc de Garaio et la réserve ornithologique de Mendixur* : *à 15 km au nord-est de Vitoria-Gasteiz. Prendre la route A 3012, le parc de Garaio est ensuite fléché. Infos :* ☎ 945-18-18-18. La création du lac de retenue d'Ullibarri a permis l'installation du parc et de la réserve, pour la préservation et la découverte des milieux naturels humides. Vous pourrez profiter des plages aménagées sur les rives du lac pour faire trempette ou bronzette. Également des aires de pique-nique et de jeux très bien équipées, ainsi que des sentiers pour vous promener, à pied ou à vélo.

– À *Mendixur,* point d'entrée principal de la réserve, deux sentiers conduisent aux observatoires aménagés. Surtout, munissez-vous de jumelles pour profiter du spectacle : les canards prennent la pose et les échassiers déambulent les pieds dans l'eau.

🏠 |●| *Casa rural Sagasti Zahar* : *c/ Sagasti Zahar, 10, 01206 Maturana.* ☎ *945-31-71-58.* 📱 *610-03-36-78.* ● *sagasti-zahar.com* ● *Double avec sdb 59 € ; petit déj 5 €. CB refusées.* 📶 À 2 km au nord de l'autoroute Vitoria-Pamplona, sur le versant d'une colline, près de l'église du village, cette belle maison en pierre du XVIe s a été transformée en un gîte rural très bien aménagé, entouré d'un grand jardin. Elle abrite 6 chambres doubles (équipées) décorées et meublées avec soin, et une belle salle de séjour. La chambre du pigeonnier est une petite merveille. Les propriétaires ne sont pas toujours là, téléphonez et réservez avant.

LA MONTAÑA ALAVESA

● **La sierra d'Entzia**........ 506	● San Vicente de Arana	d'Izki 507
● La vallée d'Harana	● Antoñana	● Korres ● Ururi
● Kontrasta	● **Le parc naturel**	

En fait, ce n'est pas une zone très montagneuse : les cols culminent à 800 m, voire 900 m. Ils mènent à des vallées encaissées qui constituaient autant de voies de passage vers la Navarre. Les villages fortifiés ont donc été bâtis dans des gorges étroites selon une stratégie subtile. Un seul exemple : le río

Ega, qui prend sa source peu après le col d'Azaceta, va arroser Estella en Navarre. Pour protéger ce versant de montagne, Navarrais puis Castillans ont donc fortifié des villages comme Antoñana.

C'est aussi le domaine du cheval, où l'on entretient avec soin la race de pottok (plus grands qu'en Iparralde) et, surtout, celui du chêne pyrénéen, l'arbre symbolique des Basques. D'ailleurs, la route A 132 qui conduit au col d'Azaceta serpente au milieu d'une vaste forêt de chênes.

LA SIERRA D'ENTZIA
Carte Álava, D3

Superbe balade par la route A 2128, au départ de Salvatierra-Agurain, qui traverse d'abord la plaine, et monte ensuite vers la vallée d'Harana en longeant des chaos rocheux au milieu d'une forêt mixte. Les amateurs de botanique reconnaîtront, pêle-mêle, les ifs, les chênes verts, les genévriers sauvages, les frênes. En approchant du col d'Opakua (1 020 m, à 5 km au sud de Salvatierra-Agurain), panorama exceptionnel sur la plaine d'Álava.

Notre promenade « coup de cœur », la voici : continuer la route A 2128 par les villages de Kontrasta, San Vicente de Arana, Antoñana, puis entrer dans le parc naturel d'Izki, rejoindre Urturi puis Bernedo et enfin le col de Bernedo (Puerto de Bernedo, La Aldea 1 000 m) qui débouche en Rioja alavesa dans un paysage magnifique.

Où manger ? Où boire un verre dans la région ?

|●| ⊤ *Café-restaurant Obenkun : plaza Juegabolos, à* **San Vicente de Arana** *(01117).* ☎ *945-40-61-23. Ouv tlj, dim slt pour le déj, jusqu'à minuit mer. Plats 9-15 €.* Enfin un vrai bistrot-resto de pays, accueillant et chaleureux. Il est tenu par le jovial Jose Jabier San Vicente, le maire du village, et sa femme. *Merluza al horno, cogollos de Tudela, chuleta de vaca...* cuisine basque rustique et naturelle à prix doux. La providence du voyageur !

À voir

⚑ La **vallée d'Harana** est une « vallée suspendue », c'est-à-dire un vaste plateau creusé par l'érosion. Les terres fertiles ont permis l'établissement de plusieurs petits villages très anciens, très proches les uns des autres. Ils ont tous la même structure nucléaire autour d'un lieu de culte.

⚑ **Kontrasta :** *à 12 km au sud de Salvatierra-Agurain.* C'est un ancien village fortifié entouré de monts et de champs. Se garer sur la place de la fontaine pour aller voir d'un côté l'*église fortifiée* du XIIIe s, avec sa petite tour et ses fenêtres en meurtrières, et de l'autre côté l'*ermita Nuestra Señora de Elizmendi* (« Notre-Dame-de-la-Montagne-de-l'Église »), petit ermitage préroman construit avec des pierres « romaines » d'après le panneau. On y reconnaît surtout des symboles solaires et des pierres gravées avec des caractères qui évoquent fortement les Celtibères. Joliment situé sur son promontoire, cet ermitage offre une douce vue sur les collines environnantes.

⚑⚑ **San Vicente de Arana** (DONE BIKENDI HARANA) **:** *à 8 km de Kontrasta, sur la route A 2128.* Le village possède une *église fortifiée* du XVIe s assez étonnante, autant par sa structure que pour sa décoration intérieure. Pour la visiter, demander la clé à Vicente Perez de Leceta, au n° 1 de la c/ Uriondo, en face de

l'église (☎ 945-40-60-56). Cet homme charmant a beaucoup de plaisir à montrer « son » église dont il est fier.
Une partie de l'église (à gauche en entrant) est occupée par un superbe balcon en pierre sculptée, soutenu par des arcatures gothiques dont les clés de voûte sont ornées des clés de saint Pierre et d'une fleur de lys. La partie la plus intéressante est le chœur, divisé en deux parties. La partie inférieure forme une sorte de grotte-chapelle. L'arc roman, les sculptures d'animaux chimériques, les symboles géométriques évoquent l'art roman populaire. Dans cette chapelle, trois statues en bois polychrome du XIVe s représentent le Christ, san Emeterio (à gauche) et san Celedonio (à droite). Au-dessus de la chapelle, dominant le chœur, le **retable polychrome** du début du XVe s est soutenu par deux statues représentant un démon et une démone, témoignage exceptionnel de l'art populaire pour l'époque. On y voit la Cène, le Calvaire, le martyre de saint Sébastien, le jugement de saint Jacques et celui du Christ. Il est rare de voir un retable d'aussi près et de pouvoir admirer l'expressivité touchante et grotesque parfois des personnages (comme ces deux soldats en armure, la bouche ouverte, l'air effaré). Ces personnages du retable auraient été sculptés par les villageois eux-mêmes.

✯✯ Antoñana : *sur l'A 132, à env 5 km au nord de Santa Cruz de Campezo.* En surplomb de la route, dans la vallée du río Ega, un paysage qui évoque un peu le Jura. Voici un autre joli village fortifié, bâti au XIIe s par Sanche le Sage. Les murailles, discrètes et peu visibles, sont classées Monument national du Pays basque. L'endroit est petit, constitué d'une seule grande rue, la *calle Mayor.* Au début de celle-ci, la *iglesia San Vicente,* carrée, avec son porche ouvrant à l'intérieur des murailles. Joli portail gothique surmonté d'une Mise au tombeau. Au nº 7, admirez la maison blasonnée, bâtie en 1565, et son étroite voûte conduisant au chemin de ronde, occupé aujourd'hui par des jardins.

LE PARC NATUREL D'IZKI
Carte Álava, C3

Situé au sud de Vitoria (une cinquantaine de kilomètres par la route A 132 et le col d'Azáceta), aux confins sud-ouest de la province d'Álava, ce parc naturel, créé en 1998, abrite et protège une ancienne forêt de chênes (chêne tauzin ou chêne des Pyrénées) et une châtaigneraie qui cache les plus vieux châtaigniers d'Euskadi. L'habitat disséminé, l'environnement vallonné et verdoyant, la rivière Izki, la forêt entourée d'un écrin de monts (de 600 à 1 175 m) et de ravins, la faune (sangliers, chevreuils, chats sauvages, cerfs, aigles...) et la flore, les étangs artificiels refuges d'oiseaux aquatiques, tout était justifié et réuni pour sauvegarder ce morceau de territoire sauvage, en créant le parc d'Izki.

Adresse utile

❚ *Casa del Parque* (Maison du Parc d'Izki) : *dans le village de Korres, sur l'A 4124.* ☎ *945-41-05-02.* ● *par queiski@parques.alava.net* ● *À l'entrée du village. Avr-sept, mar-dim 10h-19h ; oct-mars, mar-ven 9h-15h, w-e 10h-18h.* Informations et documentation sur les sentiers de randonnées. Il existe 15 sentiers, pour des balades longues de 3 à 10 km (soit environ 1 à 3h de durée). Infos aussi sur les balades à vélo ou à cheval.

Où dormir ? Où manger ?

🛏 *Aitonaren Etxea :* c/ *Abajo, 6, 01118 Urturi.* ☎ *945-37-81-47.* 📱 *605-72-65-86.* ● *info@aitonarenetxea.com* ● *aitonarenetxea.com* ● *Congés : nov-mars. Double avec sdb env 42 € ; petit déj 4 €.*

CB refusées. L'accueil de Cristina Fernandez est adorable, et les cyclotouristes apprécieront le garage à vélos. Sa maison est très bien tenue, au centre du village. Les chambres confortables, décorées simplement, donnent sur la rue (vide et calme la nuit) ou sur le côté. De toutes les manières, c'est une bonne adresse accueillante et sans prétention.

|●| *Garimotxea :* c/ Eduardo Urarte, 15, à **Urturi**. ☎ 945-37-82-12. Tlj sf lun. Menus du jour 11 € en sem, 16,50 € w-e. Une petite auberge toute mignonne près de la place du village, avec une terrasse extérieure débordant sur la pelouse du jardin. On y sert une cuisine rustique et fraîche, qui suit le rythme des saisons.

À faire

➢ *Korres :* la découverte d'Izki peut commencer avec le joli petit village de Korres, situé à 6 km au sud du village d'Arraia-Maeztu, sur la route A 3136. Isolé dans une nature doucement vallonnée, Korres (706 m d'altitude) est dominé par son imposante église. Au bourg se trouve la Maison du parc.

➢ *Urturi :* à env 10 km de Korres. Continuer la route A 3136, passer par les bourgs de San Roman de Campezo et Quintana. On arrive à Urtiri, modeste bourg d'où partent des sentiers qui traversent le parc. On y trouve aussi deux hébergements et une auberge. D'Urturi, une très belle route de montagne permet de rejoindre la Rioja alavesa en passant par le col de Bernedo (Puerto de Bernedo, La Aldea 1 000 m). C'est sans doute la plus belle manière d'arriver en Rioja. Vue magnifique de là-haut.

➢ *Randonnées :* le parc peut être découvert de plusieurs façons, et par plusieurs sentiers. Les cartes du parc et des randos sont en vente à la *casa del Parque* de Korres. Des promenades faciles et familiales partent du village même. Juste en dessous de Korres, vers le sud, vous trouverez un parking avec une immense aire de jeux et de pique-nique très bien équipée (w-c, et barbecues en nombre).

LES VALLÉES DE L'OUEST

- **La sierra de Gorbeia et la région de Zuia** 509
  - Ollerias Museo de Alfarería Vasca à Elosu
  - Santuario de Nuestra Señora de Oro
  - Balade entre Murgia et Orduña : Artomaña
  - La cascade de Gújuli (Goiuri) à Goiuri-Ondona
- **Arceniega (Artziniega) et la vallée d'Ayala (Aiara)** 511
  - Vers le sud : Quejana
  - Aux confins de l'Álava et de la Biscaye : Orduña (Urduña), mirador del Nervión et canyon de Delika
- **Les vallées du Sud-Ouest** 514
  - Tuesta • Les salines de Gesaltza-Añana (valle salado de Añana)
  - Le parc naturel de Valderejo et Lalastra

Excepté la vallée du Nervión, à l'extrême nord-ouest autour de Laudio (Llodio), qui a subi l'attraction industrielle de Bilbao, les vallées situées à l'ouest de Vitoria ont été préservées de la modernité. Vallées encore agricoles avec des villages vénérables qui semblent hors du temps, elles conservent des traditions venues du fond des âges. C'est encore l'Álava des montagnes protectrices et des parcs nationaux.

LA SIERRA DE GORBEIA ET LA RÉGION DE ZUIA

Carte Álava, B1-2

Au nord de Vitoria, cette petite région montagneuse et dépeuplée sépare l'Álava de la Biscaye, abritant quelques beaux villages sur ses versants. Les collines vertes et boisées ondulent et montent de Vitoria jusqu'au pied de la montagne qui forme une barrière naturelle (sierra de Gorbeia, point culminant 1 481 m) entre les deux provinces basques. La porte d'entrée du parc naturel de Gorbeia (environ 20 000 ha) est la petite ville de Murgia, située dans une vallée à une vingtaine de kilomètres au nord-ouest de Vitoria-Gasteiz.
– Voir également plus haut le texte consacré au parc naturel de Gorbeia dans « La vallée d'Ibaizábal », au chapitre « La Biscaye ».

Arriver – Quitter

En voiture
➢ Soit par la N 240 vers Bilbao, puis l'A 3608 vers Murua ; soit par la N 622 (vers Bilbao toujours) en sortant par l'A 3608 ou l'A 3610 à Murgia.

En bus
➢ *Etxaguen-Murua-Gopegi-Vitoria :* env 3 bus/j. avec la compagnie *Alegria Hnos* (☎ 945-20-01-00).
➢ *Elosu :* 1 bus/j. sur la ligne Vitoria-Bilbao assurée par *La Unión-Burundesa* (948-22-17-66 ; ● *autobuseslaunion.com* ●).
➢ *Murgia :* au départ de Vitoria, env 13 bus/j. en sem 7h10-20h15. 3-4 bus/j. le w-e. Trajet : 40 mn.

Adresses utiles

ℹ Office de tourisme : c/ Domingo de Sautu, 20, **Murgia.** ☎ 945-43-04-40. ● *cuadrillazuia.com* ● Sur la grand-route, à côté de l'ayuntamiento (mairie), près de la place principale. Juil-août, tlj 9h30-14h, 15h30-19h ; mars-juin et sept-oct, jours variables 9h30-12h30, 15h-17h. Déc : w-e du 6 et 20-30, 9h30-13h30. Congés : janv-fév et nov. Très bien documenté, et accueil aimable.

ℹ Casa del Parque Natural de Gorbeia : à **Sarría,** petit bourg situé à 3,5 km au nord de Murgia. C'est indiqué. ☎ 945-43-07-09. Avr-sept, tlj sf lun 10h-19h ; oct-mars, mar-ven 10h-14h30, 15h30-17h, w-e 10h-14h30, 15h30-18h. Vend les cartes du parc avec les détails sur les itinéraires de randonnée. Les VTT et chevaux sont acceptés dans le parc.

Où dormir ? Où manger ?

De bon marché à prix moyens

🏠 **Guikuri :** Guikuri, 1, Zigoitia, 01138 **Murua.** ☎ 945-46-40-84. ● *guikuri@euskalnet.net* ● *guikuri.com* ● ⚒ Sur la N 240 ou la N 622 vers Bilbao, prendre la petite route A 3608 (direction Gorbeia) jusqu'à Murua. Si vous arrivez par la N 240, la maison est fléchée à la sortie du village ; si vous arrivez par la N 622, panneau bien visible à l'entrée de Murua. Apparts (min 2 nuits) 200 € pour 2 nuits pour 2 pers, 250 € pour 4 pers. 📶 Sur le versant d'une douce colline, à l'orée d'un bois, voici une grande maison couverte de vigne vierge, dans un hameau tranquille. Excellent accueil des propriétaires, qui ont ajouté une annexe dans le grand jardin. On dort dans des appartements pour 2 à 6 personnes. Tout est bien décoré et chaleureux, avec des matériaux locaux. Il y a de l'espace pour les enfants, de l'air frais et du vert, et ceux sur le gâteau, le jacuzzi et les saunas ! Adresse exceptionnelle.

🏠 *Chambres à la ferme Izpiliku :* Mendia, 6, Zigoitia, 01138 **Acosta-Okoizta**. ☎ 945-46-41-54. ● izpilikuetxea@yahoo.es ● nekatur.net/izpiliku ● Sur l'A 3608, à Gopegui, prendre la direction d'Okoizta ; à l'arrivée, seul un discret panneau de bois sur le mur de la maison signale l'adresse. Double avec sdb 54 € ; petit déj env 5 €. Accès cuisine 5 €. 🖥 📶 Une très bonne adresse dans une vraie ferme en activité ! Les fermiers élèvent des vaches, des cochons et des poules selon les règles de l'agriculture biologique. On est accueilli par le fils ou par sa mère, qui tient sa maison (elle date de 1848) avec grand soin. Salon commun chaleureux, meubles rustiques, chambres familiales impeccables, décorées avec goût dans le style campagne basque. Pour les repas, on trouve une petite auberge dans le village.

De prix moyens à chic

🏠 🍽 *La Casa del Patrón :* c/ San Martín, 2, 01130 **Murgia**. ☎ 945-46-25-28. ● hotel@casadelpatron.com ● casadelpatron.com ● Fermé 1er janv, 24-25 et 31 déc. Doubles avec sdb 60-65 € selon saison ; triples 74-80 € ; petit déj 5 €. Menu du jour env 15 € déj en sem (servi aussi le soir pour les hôtes slt, 17,50 €) ; carte env 30 €. Parking public gratuit à côté ou garage payant 5 €. 📶 Réduc de 10 % sur le prix des doubles nov-mai, sf pdt Semaine sainte et j. fériés, sur présentation de ce guide. Au cœur du village, sur la place principale, cette belle demeure ancienne a été prolongée au-dehors par une terrasse sous verrière (resto). Au rez-de-chaussée, le bar est fréquenté par les habitués. Dans les étages, les chambres, assez standard mais confortables et propres, ont des doubles fenêtres contre le bruit de la rue et de la place. Au restaurant, bonne cuisine locale à prix raisonnables, dans une ambiance de brasserie villageoise. Au bar comme au resto, excellent accueil, personnel souriant et dynamique.

À voir. À faire

🎨 *Ollerias Museo de Alfarería Vasca* (musée de la Céramique basque) : B° Ollerias, 9, à **Elosu**. ☎ 945-45-51-45. ● euskalzeramika.com ● Situé au bord de la N 240 vers Bilbao, entre les sorties vers Elosu et l'A 3608 vers Gorbeia. Lun-ven 10h-13h, 16h-19h ; sam 10h-14h. GRATUIT. Installé dans une ancienne fabrique (datée de 1711), ce musée très attachant mérite un détour. On est accueilli par la charmante Blanka Gómez de Segura, une passionnée qui connaît bien son sujet. Avec sa collègue, Blanka travaille encore la céramique sur place, dans un atelier de production, fidèle au savoir-faire et à la tradition initiée naguère par la famille Ortiz de Zárate. On découvre le four traditionnel (classé Monument historique) qui fut en activité jusqu'en 1958, date à laquelle la création des deux lacs voisins et l'immersion des terrains ont privé la céramique de son argile. À l'étage, musée sur la céramique et son usage : bols, coupes, cruches, vases, jarres... Petite boutique où l'on peut acheter de belles poteries traditionnelles.

🎨 *Santuario de Nuestra Señora de Oro :* à 3,5 km de Murgia. Prendre la petite route à la sortie est de Murgia, qui passe par Bitoriano ; le sanctuaire est indiqué. *Église ouv slt lors des pèlerinages (15 août-8 sept env) et pour la messe (dim 12h-14h30).* Érigé sur le flanc d'un éperon rocheux (841 m), le sanctuaire offre un panorama superbe sur la région. C'est un édifice roman tardif, cité dans un parchemin de 1138, mais il ne reste rien de roman dans son architecture actuelle. Le monument a été deux fois incendié et remanié au XVIIIe s. Son nom contient le mot « oro » qui ne désigne pas l'or mais indique un lieu élevé, une éminence, dans la toponymie basque.

➤ *Balade en voiture sur la route A 2521 entre Murgia et Orduña :* très bel itinéraire de montagne, qui permet de rejoindre la haute vallée du Nervión. Avant

ARCENIEGA ET LA VALLÉE D'AYALA

d'arriver à Orduña, possibilité de faire un petit crochet par le bourg d'**Artomaña,** cerné par un beau cirque de falaises.

☠☠ *La cascade de Gújuli* (GOIURI) : au village de **Goiuri-Ondona** (municipalité d'*Urkabustaiz*), sur la route A 2521 en direction d'Orduña, à env 7 km à l'ouest de *Murgia. Accès à pied par un petit chemin (env 1 km) sur la droite en venant de Murgia.* Haute de 100 m, la cascade se jette dans la rivière Oiardo. Tout le monde vous en parle, mais elle ne déverse vraiment de l'eau qu'au printemps, et le spectacle vaut alors le déplacement. Dès le début de l'été, elle est à sec, sauf années exceptionnelles. On dirait que la cascade surgit de l'immense forêt de hêtres d'Altube.

ARCENIEGA (ARTZINIEGA) ET LA VALLÉE D'AYALA (AIARA)

Carte Álava, A1

À 28 km au sud-ouest de Bilbao, dans l'arrière-pays des collines basques (elles culminent à 600 m), aux confins de la Biscaye, de l'Álava et de la province de Burgos, voici Arceniega, une gentille petite ville de caractère (1 843 hab.) avec un centre ancien interdit aux voitures. À découvrir à pied au fil des rues pavées et des placettes. La ville compte 47 maisons blasonnées, preuve de son ancienneté et de son importance stratégique. Elle fut fondée en 1272 par le roi de Castille Alfonso X El Sabio, pour contrecarrer l'influence grandissante des seigneurs de Biscaye. Jusqu'au début du XIXe s les puissants ducs d'Ayala (puis ceux de Veragua, Berwick y Liria) avaient la haute main sur les affaires de justice de la ville, un héritage du passé.
Au XIXe s de nombreux habitants fuient la pauvreté et émigrent vers l'Amérique espagnole, sans jamais oublier leur terroir natal. Aujourd'hui, Arceniega voit sa population augmenter grâce à sa situation (proximité de Bilbao, qualité de vie, et loyers peu élevés).

Arriver – Quitter

➢ ***En bus :*** *La Unión* (☎ 945-26-46-26 ; ● autobuseslaunion.com ●) relie Arceniega à ***Vitoria*** et ***Amurrio*** env 4 fois/j. en sem (6h30-11h45) et 2 fois/j. le w-e. Trajet : 1h15. Les villes d'***Izarra*** et ***Murgia*** sont desservies 1-2 fois/j. sur cette même ligne. Pour rejoindre ***Bilbao,*** il faut changer à Murgia (attention, bus peu nombreux, une longue attente n'est donc pas à exclure !).

Adresse et info utiles

🛈 ***Infos touristiques :*** pas d'office de tourisme mais les hôtesses du *Museo etnográfikoa* (Musée ethnographique) donnent des infos et de la documentation sur la ville et ses environs. Voir adresse plus bas.

🛈 Également des ***offices de tourisme*** à ***Llodio*** (☎ 944-03-49-30), ***Quejana*** (☎ 945-39-94-14) et ***Amurrio*** (☎ 945-39-37-04).

Où dormir ? Où manger dans le coin ?

🏠 |◐| *Hotel Torre de Artzinigea : cuesta de Luciano, 3, 01474 **Arceniega.*** ☎ 945-39-65-00. ● hotel@ torredeartziniega.net ● torredeartziniega.net ● Résa conseillée. Doubles avec sdb 75-80 € ; petit déj 8 €. Menus

11 € (midi), puis 16-33 € ; carte env 25 €. 🛜 Installé dans l'ancien donjon de la ville fortifiée, cet hôtel de caractère propose des chambres à la déco rustique-chic. La charmante chambre n° 302 a un lit à baldaquin et 2 fenêtres, la n° 204 est rose, la n° 301 plutôt bleue et la n° 401 donne sous la vieille charpente en bois. Au 1er étage, la salle du resto, agréable et assez vaste, sert une cuisine basque traditionnelle, sincère et soignée : brochettes de lotte (rape) et langoustines, jambon de la sierra, boudin (morcilla) aux piments de Lodosa. Au dessert, goûtez le goxua, spécialité régionale composée de fromage frais, de crème et de caramel. Organise parfois des dîners de cuisine médiévale ! Accueil agréable.

Dans les environs : entre Arceniega et Amurrio

🏠 🍴 *Hotel Los Arcos de Quejana :* ctra Beotegui s/n, 01477 **Quejana**. ☎ 945-39-93-20. ● info@arcosdequejana.com ● arcosdequejana.com ● ♿ Fléché sur la droite avt d'arriver au château d'Ayala. Congés : à Noël. Doubles avec sdb 72-92 € ; petit déj 12 €. Menus env 16 € (midi), puis 25-40 € ; carte 40-45 €. 🛜 Réduc de 10 % sur les doubles sur présentation de ce guide. Situé sur une colline dans un beau paysage vallonné, dans un recoin paisible de la campagne. L'ancienne maison noble abrite les salles du restaurant, mais les chambres se trouvent dans une aile moderne attenante. Elles sont très bien arrangées, de taille moyenne, avec vue sur le jardin et la campagne. Côté resto, cuisine basque bien travaillée et élaborée avec attention.

🍴 *Arenalde de Maitea :* c/ Cerrajería, 1, à **Amurrio**. ☎ 945-89-24-26. ● arenaldemaitea@arenaldemaitea.com ● Situé sur la gauche quand on sort du bourg, direction Llodio (indiqué). Lun-jeu 11h-18h, ven-sam 11h-1h, dim 11h-20h. Au rdc, bar à pintxos 2-4 € ; aux 1er et 2e étages, resto plus gastronomique : menus 11,50-47 €. Aux portes de la ville, une grande demeure typique du Pays basque, avec terrasse et parking. Dans tous les cas, il s'agit d'une nourriture classique mais très copieuse, un peu plus sophistiquée au 1er étage. Confit d'oie au porto, entrecôte aux piments doux, cochonnet sauce Rioja, et bons desserts. Service prévenant et surtout très rapide.

Où dormir ? Où manger dans une auberge campagnarde ?

🏠 🍴 *Agroturismo Restaurante Guzurtegi :* village de **Maroño**. ☎ 945-39-94-38. ● guzurtegi@gmail.com ● guzurtegi.com ● Resto ouv le midi tlj, plus le soir ven-sam. Congés : 1 sem en août. Double 55 €. Carte 25-30 €. Notre coup de cœur en Álava ! C'est à peine un village, un hameau oublié à 3 km au sud de la route A 624, entre Amurrio et Arceniega. Ce patelin isolé est à peine visible sur la carte routière. La route monte, passe près d'un lac de barrage, et on découvre un vaste cirque de collines, des champs et des bois dominés par une haute muraille rocheuse, comme dans le Vercors ou le Jura. À paysage magnifique, auberge unique ! Dans la cour, les cuisinières en bonnet blanc s'activent dans la cuisine. La salle est chaleureuse avec une cheminée, et le service d'une grande jovialité. Excellent accueil. Carte brève mais rien que du très bon : la spécialité ici, ce sont les viandes, les côtelettes grillées surtout. Il y a aussi un savoureux magret de canard aux bolets. Farandole de desserts exquis.

À voir

🚶‍♀️ Une balade dans les rues d'**Arceniega** pour en apprécier l'architecture Renaissance. Grosse église de cette époque, carrée, massive, abritée derrière un auvent et présentant un fronton triangulaire qui annonce le XVIIIe s.

DANS LES ENVIRONS D'ARCENIEGA

🎭 *Artziniegako Museo etnográfikoa (Musée ethnographique) :* c/ Arteko Aldapa, 12, à **Arceniega.** ☎ 945-39-62-10. ● artziniegamuseoa.org ● *Dans le centre ancien, suivre la direction de Balmaseda, c'est à env 400 m sur la droite de la route. Mar-sam 11h-14h, 16h30-19h30 ; dim et j. fériés 11h-14h. Entrée : 4 € ; réduc. La visite se fait accompagné et guidé par une des hôtesses de l'accueil, qui parle l'espagnol et un peu l'anglais.*
« L'être humain est notre raison d'être », telle est la devise de ce beau musée installé dans une imposante demeure, sur 1 700 m² (plus l'espace extérieur qui accueille les expos temporaires et diverses manifestations). Objectif : sauvegarder le patrimoine local et la mémoire de la région. Dans ses 17 salles, à travers de nombreux objets et des lieux reconstitués, le musée présente les arts, les métiers anciens, les savoir-faire populaires, les coutumes spécifiques et les modes de vie d'antan.
– *Au rez-de-chaussée :* neuf pièces consacrées aux traditions populaires et aux vieux métiers : le tisserand (métier à tisser, fabrication des espadrilles), la boisson (le miel, le pressoir, le cidre et la vigne), plus loin est exposé le travail du forgeron, du tailleur de pierre, du boulanger, de l'agriculteur. Tout ici démontre l'autarcie économique dans laquelle vivaient les ancêtres d'Arceniega.
– *Au 1er étage :* boutique d'apothicaire, salle d'école à l'ancienne, explications sur l'histoire de la ville, sur les jeux basques (le fronton, la pelote basque, le tir à la corde...). Un intérieur de maison bourgeoise de la fin du XIXe s a été reconstitué.

DANS LES ENVIRONS D'ARCENIEGA

Vers le sud

🎭 *Quejana* (KEXAA) *: à env 8 km au sud d'Arceniega, sur la route d'Amurrio. Un panneau l'indique sur la droite de l'A 624.* Ce hameau isolé sur un flanc de colline est surtout connu pour être le berceau de la puissante famille Ayala, qui a donné son nom à la vallée. Le château fortifié est tout au bout du village, sur un éperon qui commande la vallée *(visite de l'église et de la tour-chapelle sur rdv slt auprès du curé au ☎ 945-39-92-64).* C'est une magnifique bâtisse carrée avec des tours (la plus grosse date de 1399), des créneaux et une église-monastère fortifiée incluse dans la muraille. La chapelle renferme les beaux gisants de Pedro Lopez de Ayala (1332-1407) et de sa femme Leonor de Guzmán. Une aile de ce château, appelée palais des Ayala, abrite le *musée d'Art sacré (juil-sept, tlj 10h-14h, 16h-19h ; oct-juin, tlj sf lun 10h-14h ; GRATUIT),* très bien fait et intéressant. Il présente l'histoire de la puissante famille Ayala, qui fut la plus importante de l'Alava et de Castille du XIVe au XVIe s. L'histoire continue par l'alliance avec les ducs de Veragua, descendants de Christophe Colomb et au XVIIIe s la branche Ayala se fond dans la fameuse dynastie des ducs d'Albe *(casa de Alba).* On découvre des peintures et des documents ainsi que quelques œuvres d'art conservées jalousement dans le couvent durant plus de 600 ans.
On apprend que Pedro Lopez de Ayala (le « canciller ») fut homme de guerre et de lettres, et amiral de la flotte de Pedro I^{ero} de Castille. Son fils Fernán Pérez de Ayala assista au concile de Constance en 1414-1418. En 1419, il arbitra un conflit entre les marins basques et les marins bretons... En 1749, Antonio de Ayala est nommé trésorier royal des Finances de la Nouvelle Grenade (aujourd'hui Colombie, Équateur, Panamá et Venezuela). Un de ses descendants, Luis de Ayala y Vergara, rejoint la cause de Simón Bolívar (un autre Basque) et signe l'acte d'indépendance de la Colombie en 1813.

Aux confins de l'Álava et de la Biscaye

🍴 **Orduña** (URDUÑA ; *en Biscaye*) : *à 7 km au sud d'Amurrio et 22 km à l'est d'Arceniega.*

Orduña est une petite ville étendue au cœur d'une plaine fertile, dominée par l'immense muraille formée par les falaises calcaires séparant nettement la Biscaye de la province de Burgos. Cette barrière naturelle et historique est aussi une ligne de partage des eaux entre le Bassin atlantique et le Bassin méditerranéen, incroyable mais vrai. En voiture, l'idéal consiste à arriver par la route BU 556 qui franchit le col d'Orduña (900 m, voir plus bas « Mirador del Nervión »).

Le centre-ville d'Orduña s'organise autour de la place centrale (Plaza de los Fueros ou Foru Plaza) qui ne manque pas de caractère, avec son église aux deux clochers trinitaires (clochers avec chacun trois pointes symbolisant la Sainte-Trinité). Pour acheter de savoureux chocolats rendez-vous aux n°s 12-14 de la place, en face de l'église, à la **Confitería de Pantaleón de Larrea**. Avec ses colonnes, son vieux comptoir, ses vitrines jaunes rétro, cette *pâtisserie* à l'ancienne maintient une belle tradition familiale remontant au XIXe s. Alexandre Dumas aurait adoré cet endroit !

🍴🍴 **Mirador del Nervión et canyon de Delika** (*belvédère cascade du Nervión*) : une des plus belles routes de la région. À ne pas manquer. Si l'on vient d'Orduña, prendre l'A 2625 vers Burgos. La route grimpe vers le sommet de la vertigineuse barrière rocheuse en décrivant de nombreux virages en lacet, comme dans les montagnes pyrénéennes. Au col, la vue est splendide sur la plaine avec tout en bas, entourée de champs, la ville d'Orduña. Après le col d'Orduña, tourner à gauche vers le *monumento natural Montesantiago*. Du parking, dirigez-vous vers le mirador du Nervión (2 km à pied), un balcon suspendu au-dessus du **canyon de Delika**. Superbe point de vue sur la cascade de la rivière Nervión, qui se jette de 270 m de haut (une des plus hautes d'Espagne, du moins lorsqu'il a beaucoup plu).

Fêtes et manifestation

– **Fête du Txakoli à Amurrio** : *3e dim de mai.* Marché consacré au *txakoli* ! À votre santé.
– **Fêtes du village à Arceniega** : *pdt 8 j. autour du 8 sept.*
– **Atzai Eguna à Amurrio** : *3e dim de sept.* Fête et foire des bergers.

LES VALLÉES DU SUD-OUEST

Ces vallées méconnues, desservies par des routes tranquilles, se trouvent au sud-ouest entre Orduña et Mirande de Ebro, aux confins de l'Álava et de la province de Burgos. Une très belle façon de les rejoindre consiste à prendre l'A 2625 au départ d'Orduña et d'aller vers le sud. D'abord sinueuse et montagnarde, la route redescend joliment en traversant le petit village d'Osma et son pont médiéval, et dessert de charmants bourgs comme Espejo, Tuesta et Barrón. À l'extrême ouest de l'Álava, à la source du río Omecillo, se trouve le parc naturel de Valderejo, le plus isolé de la province mais pas le moins fréquenté.

Où dormir ? Où manger dans la région ?

Camping

🏕 🍴 *Camping Angosto* : ctra Villanañe-Angosto, 2 bis, 01426 Villanañe-Valdegovia. ☎ 945-35-32-71. • info@camping-angosto.com • campingangosto.com • 🏕 *À env 15 km du parc de Valderejo. Ouv de fin* fév à mi-déc. Compter env 24 € pour 2 avec tente et voiture ; bungalows env 98 €/nuit pour 4 pers et 114 €/nuit pour 6 en hte saison. Menus 10-16 € et pintxos. 🛜 Dans un vallon entouré de collines boisées, voici le 2ᵉ camping (familial) de l'Álava, où bungalows et camping-cars occupent la part belle du terrain, même si les tentes ont leur propre espace ombragé séparé par des haies. Piscine, petite épicerie et resto bon marché. Nombreuses activités pour les enfants.

De bon marché à prix moyens

🏠 ❘●❘ *Valderejo Etxea (Mesón et Casa rural) :* Real, 2, 01427 **Lalastra,** *à l'entrée du village.* ☎ 945-35-30-85. ● *valderejo etxea.com* ● *Resto fermé lun. Congés : sept et Noël. Résa conseillée (slt 6 chambres). Double env 45 € ; petit déj 4,40 €. Menus du jour env 15-18 € servi midi et soir ; carte env 35 €.* La seule possibilité de logement et de restauration à Lalastra et dans le parc. Les chambres, propres et rustiques, se nichent dans une maison de pierre de 1700, au cœur du village. Le restaurant *Mesón Valderejo* est dans un autre lieu, au centre du village aussi, près de la *casa del Parque*. On y sert une bonne cuisine locale, bien mijotée, dans une salle chaleureuse. Les propriétaires, Bea et Rafa, sont très accueillants. Ils peuvent vous renseigner sur les randonnées à cheval notamment.

🏠 *Hôtel rural Amona :* c/ La Iglesia, 9, 01423 **Tuesta.** ☎ 945-35-14-96. ● *rural@hotelamona.com* ● *hotelrural amona.com* ● *À 2 km à l'est d'Espejo. Double 60 €, avec petit déj.* Une maison à gauche de l'église dans un charmant village tranquille. Accueil jovial. Les chambres sont impeccables, propres, simples et bien équipées, elles donnent sur la vallée. 3 d'entre elles disposent d'un balcon commun. Les propriétaires ont un petit zoo privé (entrée gratuite pour les clients) situé dans le vallon à 300 m de l'hôtel : poules, cochons, lapins, brebis, oiseaux...

À voir. À faire dans la région

🥾 *Tuesta :* à 2 km d'Espejo. Ce joli petit village (50 habitants seulement) possède une très belle église romane dont le tympan représente un Christ en majesté entouré de la Vierge et des rois d'Israël. L'arrière de l'église offre une très belle vue sur la vallée... et sur le petit zoo de l'hôtel rural *Amona*. Également un calvaire du XIIIᵉ s.

🥾🥾 *Les salines de Gesaltza-Añana* (valle salado de Añana) : *à 2,5 km de Tuesta, sur l'A 2622. Centro de visitantes (bureau d'infos) et boutique à l'entrée du site.* ☎ 945-35-11-11. *D'avr à mi-oct, tlj 9h45-14h30, 15h45-19h30 ; de mi-oct à mars, tlj 10h30-14h30. Visites guidées des salines (en espagnol) : 7 visites/j. Durée : 1h. Tarif : 6 € ; réduc. Possibilité de se baigner dans un bassin salé* (spa salino) *pour 2 € slt avr-oct.*

Sur les versants d'une vallée reculée, on dirait un grand chantier de fouilles enneigé... il s'agit de salines étagées et compartimentées en une multitude de terrasses, contenant des bassins à sel (certains sont soutenus par des pilotis). Le paysage est très original. Le spectacle de cette vallée, en plein été, vaut le détour. L'exploitation du sel à Añana remonte à des temps reculés. Les sources du village sont captées et l'eau est conduite dans de larges bacs de ciment peu profonds où elle s'évapore, laissant une croûte de sel. La durée de l'exploitation, très brève, se concentre sur quelques semaines au début de l'été, quand les sources sont pleines et le soleil suffisant. Les bassins sont au nombre de 5 000, mais on en exploite aujourd'hui moins de la moitié car une usine moderne a pris le relais. Le site, désormais classé, a fait l'objet d'un gros travail de mise en valeur et de restauration.

– En haut du village se tient le bâtiment du *couvent des Madres Comendadoras de San Juan de Acre*. De là, un petit sentier offre un très beau panorama sur la ville et les salines.

🚶 *Le parc naturel de Valderejo :* c'est le premier parc naturel créé en Álava, de taille modeste avec seulement 3 500 ha de territoires protégés. Il est situé dans une poche géographique à l'extrémité sud-ouest de la province d'Álava. Du village d'Espejo, prendre la route A 2622 en direction de Villanañe et Villanueva de Valdegovía puis San Millian ; l'embranchement est indiqué à droite après San Millian. De ce village, rejoindre San Zadornil, et rouler encore une dizaine de kilomètres jusqu'au bout de la vallée. Le paysage, mélange de collines et de bosquets, ressemble parfois à l'Ardèche ou aux Causses. Pour les camping-caristes, attention, la traversée du village d'Arroyo de San Zadornil est très étroite. Obligation de garer les voitures à l'entrée de Lalastra.

On arrive alors dans une sorte de cul-de-sac, au fond d'une cuvette entourée de collines boisées et de crêtes rocheuses. Le climat hybride, mi-méditerranéen et mi-océanique, produit des étés très chauds et des hivers très froids (il neige souvent).

– En haute saison, le minuscule village de *Lalastra* à 900 m d'altitude (7 habitants) devient un petit musée vivant. On a restauré avec soin, autour de la petite église du XIe s, le four à pain, le moulin, le vieux jeu de boules, et même l'abri à ferrer les bœufs. Le petit *Musée ethnographique* de Lalastra, dans l'ancienne mairie, au centre du village *(mêmes horaires que la casa del Parque ; GRATUIT)* présente l'histoire de la vallée, les traditions agricoles, et notamment la transhumance d'antan, la mort du cochon, et la culture du lin autrefois très pratiquée.

➢ Il existe neuf *sentiers de randonnées* dans le parc (infos à la Maison du parc) qui permettent de découvrir cette microrégion, entre champs et collines. On passe par des bois de pins sylvestres, de hêtres, de chênes verts... pour atteindre le défilé de Purón, l'ermitage de San Lorenzo, le col de la Sierra ou le col Barrerón, sur les lignes de crête. Les hameaux de Lahoz et de Villamardones, autrefois habités, sont aujourd'hui abandonnés. Avec un peu de chance, on peut surprendre un chevreuil, une fouine et parfois des vautours.

ℹ️ *Casa del Parque de Valderejo : tt au bout du village de Lalastra.* ☎ 945-35-31-46. *1er avr-30 sept, tlj sf lun 9h-19h ; le reste de l'année, mar-ven 9h-15h, w-e 10h-18h.* Excellent accueil. On y trouve les itinéraires de randonnée et l'ensemble des fascicules ou guides édités sur la faune et la flore du parc. Nombreux sentiers adaptés aux promenades avec des enfants, mais chaussez-vous bien. Le camping est interdit dans le parc ; chevaux et VTT y sont, quant à eux, autorisés.

LA RIOJA ALAVESA (ARABAKO ERRIOXA)

● **Laguardia (Gardia)**...... 518 ● Bodegas Ysios ● Les salines de Laguardia ● La Hoya – Museo prehistórico y	poblado ● Les dolmens entre Laguardia et Kripan et entre Laguardia et Samaniego ● Puerto de Bernedo ● Randonnée	de Kripan à Elvillar et le dolmen de l'Hechicera ● Elciego (Eltziego) ● Villabuena de Álava ● **Labastida (Bastida)** 525

En allant vers le sud, après la plaine de Vitoria, on grimpe les premiers contreforts des monts Cantabriques pour plonger sur la Rioja, région connue dans toute l'Espagne pour la qualité de ses vins et ses traditions gastronomiques. Le mieux, selon nous, est de découvrir la Rioja alavesa en suivant l'A 2124 qui va de Vitoria-Gasteiz à Laguardia en franchissant le col de Herrera. Après le col, sur la droite en descendant, il y a un promontoire, appelé *balcón de la Rioja,* **où une table d'orientation donne les indications nécessaires pour admirer la plaine jusqu'à Haro et Logroño.**

La Rioja alavesa n'est pas une vraie plaine, mais le résultat d'un processus d'érosion des terres calcaires, qui a laissé un peu partout des éminences en

forme de petites tables : c'est le relief des *mesetas*, que connaissent tous les géographes. Ces *mesetas* calcaires, tournées vers le sud, sont de remarquables terres à vignobles. Les vignes y poussent en buissons et le cépage *tempranillo* traditionnel reste majoritaire. Mais tout ça, on vous en parle dans la rubrique « Boissons » du chapitre « Hommes, culture, environnement » en fin de guide... En Rioja, on affirme que la vigne existe depuis l'époque romaine. Probable. Mais cette partie de l'Álava a été surtout mise en valeur aux XIIIe et XIVe s. Aujourd'hui, 77 % des habitants de la Rioja travaillent dans la viticulture.

De cette époque datent la superbe ville de Gardia (Laguardia) et la fondation de Labastida.

Visite de caves et achat de vin dans la Rioja alavesa

– *Achat dans les* **vinotecas :** ces magasins sont pratiques car situés dans les villes. Le choix est grand. Mais achète-t-on un vin sans y goûter ?
– Sachant qu'il y a quelque 200 *bodegas* en Rioja alavesa, qu'elles ne sont pas toutes ouvertes au public et que nous n'avons pas pu toutes les tester (hips !), voici une petite sélection de nos fournisseurs préférés. Certains servent des repas. Prévoyez des espèces, les cartes de paiement ne sont pas toujours acceptées.
– *Visites et horaires des caves* (bodegas) *:* dans le secteur de Laguardia, plus d'une vingtaine de *bodegas* sont ouvertes au public les jours ouvrables et font goûter leur production. Attention, certaines caves ferment en août. Dans tous les cas, il faut prendre rendez-vous à l'avance *(cita previa)* par téléphone. Pour connaître les horaires et les prix des visites des différentes caves, l'office de tourisme de Laguardia distribue une liste complète avec les détails pratiques. Quant aux prix des bouteilles, ils sont en moyenne 20 à 25 % moins élevés qu'en magasin.

🍇 **Bodegas Eguren Ugarte :** *ctra A-124 (ctra Nacional Vitoria-Logroño, km 61),* à **Páganos-Laguardia.** ☎ *945-60-07-66.* ● *enoturismoeguren ugarte.com* ● *À l'extérieur de la vieille ville de Laguardia (à env 1 km au sud). Entrée : 10 €/pers. Visite en français slt pour les groupes sur résa. 5 visites en espagnol (parfois en anglais), tlj 10h30-18h. Durée : 1h15. Visite + repas : 39 €.* On remarque de loin ce domaine avec sa tourelle qui évoque une vigie au-dessus du vignoble. Le site remarquable, l'histoire de la famille basque Eguren Ugarte, la taille familiale de la cave, l'accueil, tout est attirant ici. Ni trop petite ni trop grande, la cave en contrebas de l'hôtel abrite des vins d'une très belle qualité, exportés dans 20 pays à travers le monde. Boutique sur place.

🍇 **Marqués de Riscal :** à **Elciego,** à *la sortie de la ville en direction de Cenicero.* ☎ *945-18-08-88.* ● *marquesderiscal.com* ● *Boutique ouv tlj 10h-19h (parfois 20h en été). Visites guidées sur résa (obligatoire) à 16h, 16h30, 17h, 17h30 et 18h. Durée : 1h30. Langues : espagnol, anglais et français possibles. Visite + dégustation : 10,50 €.* La *ciudad del Vino* (la cité du Vin) se remarque de loin par l'architecture futuriste de son hôtel, œuvre de l'architecte Frank O. Gehry (créateur du musée Guggenheim de Bilbao). Sa silhouette métallique et ondulée, aux couleurs allant du rose au doré en passant par l'argenté, réfléchit le soleil. La visite du domaine inclut un film (15 mn), la découverte extérieure de cet hôtel futuriste, une promenade rapide dans un arpent de vigne tout proche, puis les caves et les entrepôts ainsi que l'usine d'embouteillage. On apprend que le domaine s'étend sur 1 500 ha (dont 500 appartiennent à la marque) et que 65 % de la production est exportée hors d'Espagne. Malgré sa dimension industrielle, la *bodega* maintient le sérieux de la tradition : les vendanges sont faites à la main, et le vin est conservé dans des cuves et des tonneaux de chêne.

❀ **Bodegas Ysios :** *voir aussi notre commentaire plus loin dans la rubrique « Dans les environs de Laguardia ». Située camino de la Hoya, à 1,5 km au nord de Laguardia.* ☎ *945-60-06-40.* ● *pernodricardbodegas.com* ● *Visites sur résa lun-ven à 11h, 13h et 16h ; sam à 10h, 11h, 13h et visite en anglais à 16h ; dim à 11h et 13h. Résa obligatoire. Entrée : 12 €.* Conçue par Santiago Calatrava, c'est sans doute la cave la plus design de la Rioja alavesa, comme une vague ondulatoire et argentée au-dessus des champs de vigne. Il s'agit d'un petit domaine qui produit environ 200 000 bouteilles par an sur 75 ha. Vendanges manuelles, fermentation dans des cuves en inox, vieillissement dans des tonneaux en chêne. Pas de *vino joven*, ni de *crianza*, seulement du vin de réserve (qualité supérieure).

❀ **Granja Nuestra Señora de Remelluri :** *ctra Rivas de Tereso, à* **Labastida.** ☎ *945-33-18-01.* ● *remelluri.com* ● *À la sortie du village vers Laguardia, suivre la direction du monastère de Remelluri et Riva de Tereso. Boutique ouv lun-ven 9h-17h (16h en août), sam 11h-13h. Visite guidée sur résa slt lun-sam à midi (ou tt autre horaire sur résa min 4 pers). Prix de la visite : 12 €.* Dans un ancien monastère, cette *bodega* dépend d'un domaine de 150 ha, propriété de la famille Solis, originaire du Guipúzcoa.

Les caves souterraines de Laguardia

Le sous-sol de la ville de Laguardia ressemble à un vaste réseau de caves et de galeries souterraines où des viticulteurs entreposent les tonneaux et les bouteilles de leurs vignobles depuis des siècles. 5 caves privées sont ouvertes à la visite. À la différence des caves situées à la campagne, on ne voit pas les vignobles mais seulement les caves obscures et fraîches. C'est néanmoins très intéressant et ça ne manque pas de charme. Les visites se terminent par une dégustation.

❀ **Bodegas El Fabulista :** *plaza San Juan, Laguardia.* ☎ *945-62-11-92.* ● *bodegaelfabulista.com* ● *Visites à 11h30, 13h, 17h30 et 19h (dim slt le mat). Durée : 1h. Entrée : 7 €.* Cette cave souterraine date du XVIe s et appartient à la famille du poète Samaniego. Le commentaire est assuré par une personne en costume d'époque. Visite rétro et poétique.

❀ **Bodegas Mayor de Migueloa :** *c/ Mayor, 20.* ☏ *647-21-29-47.* ● *mayordemigueloa.com* ● *Visites mar-dim à 11h et 12h ; plus sam à 17h30 et 18h30 Semaine sainte et en été. Durée : 45 mn. Entrée : 5 €.* Située en pleine ville, sous un palais transformé en hôtel de charme (voir rubrique « Où dormir ? » à Laguardia).

Fête

– **Fête des Vendanges de Rioja alavesa :** *mi-sept, dans l'un des villages de la Rioja. Se renseigner à partir de mi-août (en castillan slt) au* ☎ *945-20-01-00.* Énormément de monde, des spectacles de *jota* et de force basque. Tout le village choisi cette année-là est voué à la dégustation. Pour 11 € environ, trois autobus partent le matin de Vitoria-Gasteiz, Bilbao et Hondarribia, et ramènent chez eux les fêtards fatigués.

LAGUARDIA (GARDIA) (01300) 1 480 hab. *Carte Álava, C4*

À 19 km au nord-ouest de Logroño, au cœur de l'Álava. Au pied de la barrière rocheuse des monts Cantabriques, Laguardia est un très beau village médiéval haut perché sur une colline. D'où que l'on vienne, on ne peut manquer cette petite cité de caractère juchée sur son promontoire rocheux. Excepté à midi, quand la lumière est trop vive, ses murailles mordorées semblent appeler à la visite. Et quelle visite ! C'est l'une des villes les plus agréables d'Álava et un excellent port d'attache pour découvrir les vignobles.

UN PEU D'HISTOIRE

Le nom actuel de la ville est en fait l'abréviation de son nom médiéval : La Guardia de Navarra. C'est l'une des toutes premières bastides navarraises, créée par un *fuero* de Sanche le Sage en 1164 pour protéger son royaume. Succès de courte durée puisque, 30 ans plus tard, Laguardia devient castillane. Biasteri, son ancien nom basque, serait en fait une erreur. L'académie de langue basque considère que « Guardia » est le véritable nom basque de Laguardia, Biasteri s'appliquant en fait aux habitants d'un bourg voisin. La proximité du site de La Hoya et les nombreux vestiges néolithiques montrent que le village était peuplé depuis longtemps mais, comme toujours dans cette région, c'est l'octroi du *fuero* qui est considéré comme la vraie date de sa fondation. Au XVe s, Isabelle la Catholique crée la Tierra de Laguardia et l'incorpore à l'Álava.
La ville a subi quelques dommages lors de la guerre d'Indépendance contre la France. En 1809, le marquis de Barriolucio s'empare de la ville et ordonne la destruction d'une grande partie des murailles. Il veut éviter que les troupes napoléoniennes, au cas où elles reprendraient la cité, puissent s'y retrancher. Depuis les années 1980, une stricte politique de conservation et de restauration lui a rendu son charme tout médiéval.

Arriver – Quitter

➤ **En bus :** liaisons tlj pour **Vitoria-Gasteiz** (avec *Continental Auto*), **Logroño** (9 bus/j., 4 le w-e avec *Alsa*) ; et pour **Salinillas, Labastida** et **Samaniego**, 4 fois/j. (3 fois/j. le w-e).

Adresse utile

🛈 Office de tourisme : *Casa Garcetas, c/ Mayor, 52.* ☎ *945-60-08-45.* ● *laguardia-alava.com* ● *À 50 m de la place de la mairie (ayuntamiento). Lun-ven 10h-14h, 16h-19h ; sam 10-14h, 17h-19h ; dim et j. fériés 10h45-14h.* L'office est installé dans la maison natale du fabuliste Félix María Samaniego, sorte de La Fontaine espagnol qui s'est ruiné pour l'éducation des classes populaires. Très bel espace, bon service en plusieurs langues, documentation excellente, infos pratiques sur les visites de caves *(bodegas)* de la Rioja alavesa.

Où dormir ?

De bon marché à prix moyens

🛏 ***Agriturismo Larretxori :*** *portal de Páganos.* ☎ *945-60-07-63.* ● *info@bodegalamioga.com* ● *bodegalamioga.com* ● *Maison en brique rouge juste à côté des parkings, sur l'esplanade ouest de la ville. Double avec sdb env 50 € ; petit déj 6 €. Parking public à côté.* 📶 Dans cette bonne maison en brique, située à l'extérieur des remparts, on trouve quelques chambres modestes et propres, à la déco ordinaire. Mais le grand charme ici, c'est cette vue époustouflante plein ouest sur les vignobles de l'Álava ! Prix sages, à proximité de la vieille ville. Les propriétaires possèdent un vignoble et une cave très proche de la *casa rural* : la *bodega Lamioga,* que l'on peut visiter.

De prix moyens à plus chic

🛏 *Hotel Marixa :* Sancho Abarca, 8. ☎ 945-60-01-65. • info@hotelmarixa.com • hotelmarixa.com • Sur l'esplanade est. L'hôtel ne compte que 10 chambres, alors réservez ! Doubles 45-80 € selon confort, vue et saison ; petit déj env 10 €. ½ pens possible. 📶 Petit hôtel familial situé près de la muraille (côté est), en surplomb de la plaine viticole. Bien aménagées, lumineuses et agréables, les chambres disposent d'une terrasse avec vue sur la vallée ou la ville. *Marixa* abrite également un excellent restaurant (voir « Où manger ? »), que nous recommandons autant pour la vue et la cuisine que pour le service et l'accueil très jovial.

Plus chic

🛏 *Posada Mayor de Migueloa :* c/ Mayor, 20. 📱 647-21-29-47. • reservas@mayordemigueloa.com • mayordemigueloa.com • *Double min 100 €, petit déj inclus.* Au cœur de la ville, ce vieux palais rustique de 1619 abrite un hôtel de charme, un très bon resto (voir plus bas), et au sous-sol une cave familiale ouverte au public (voir plus haut). Beaucoup de caractère, vieil escalier, murs en pierre apparente, et surtout la patronne (Meri), une personnalité aussi attachante qu'autoritaire. Chambres meublées à l'ancienne, confortables, et donnant sur la rue ou sur l'arrière de la demeure. Elles ne sont pas très lumineuses mais possèdent un style patiné.

🛏 *Hotel Castillo El Collado :* paseo El Collado, 1. ☎ 945-62-12-00. • hotel@hotelcollado.com • hotelcollado.com • *Prendre le long des murailles depuis l'esplanade est. Double avec sdb 125 € ; suite env 175 €. Menus 25-40 € ; carte 40-45 €. Parking gratuit (mais pas dans l'hôtel même).* 📶 Hôtel de charme à taille humaine, dans un petit manoir, tenu par un vieux monsieur distingué et adorable. Pour couple en lune de miel ou amoureux romantiques... Dès l'entrée, on est accueilli par un grand retable de style pláteresque, entièrement en argent. Chaque chambre est décorée dans un style différent et porte un nom particulier. On vous recommande la luxueuse n° 8, *Amor y Locura* (« Amour et Folie »), pour sa décoration façon XVIIIe s et son installation d'hydromassage. La chambre *Neptune* abrite un jacuzzi et un lit à baldaquin.

Où manger ?

🍽 *Restaurant de l'Hotel Marixa :* voir « Où dormir ? ». *Tlj jusqu'à 2h. Menus 19-30 € ; carte env 25 €. Apéritif et digestif offerts sur présentation de ce guide.* Notre restaurant préféré à Laguardia. Grande salle vitrée jouissant d'une vue superbe sur la plaine viticole et la chaîne cantabrique. Accueil excellent, à la caisse, comme en cuisine ou en salle. La chef (la femme du patron) concocte une cuisine très soignée et goûteuse : thon blanc aux poivrons rouges, poireau chaud aux crevettes, pommes de terre au chorizo, riz mariné aux amandes et au sésame... La carte des vins (de la Rioja uniquement) est somptueuse.

🍽 *Restaurant de la Posada Mayor de Migueloa :* voir « Où dormir ? ». *Menus 28-30 € ; carte 30-35 €.* Dans un vieux palais de 1619, cet hôtel abrite aussi un restaurant au charme ancien. La patronne (Meri) prend souvent la commande elle-même et vous oriente dans le choix des plats. Savoureuse cuisine suivant les saisons et le marché, servie dans un décor chic et rustique, toujours de bon goût. Côtelettes d'agneau de lait, tournedos de bœuf, petits piments rouges à l'huile d'olive... Délicieux vin de la cave familiale.

LAGUARDIA / À VOIR | 521

Où dormir ? Où manger dans les environs ?

Prix moyens

🏠 🍽 *Casa rural Bodegas Señorio de las Viñas :* Laserna. ☎ 945-62-11-10. • bodega@senoriodelasvinas.com • senoriodelasvinas.com • À 9 km de Laguardia, sur la route de Logroño, sur la droite de la route A-124 (panneau). Doubles 51-61 €, petit déj compris. Menus 15-30 € (35 € avec dégustation et visite de la cave). Une maison moderne dans les vignes d'un petit domaine appartenant à la même famille depuis 4 générations. Accueil franc, direct et jovial. Simples et sans décoration (salle de bains à partager pour certaines), les chambres donnent sur le côté de la maison, la façade côté vignoble étant occupée par les installations de la cave (visite sur demande). Repas sur place dans une salle d'auberge style « noces et banquets ». Ça manque un peu d'intimité, mais l'accueil chaleureux compense. Savoureuse cuisine familiale.

Plus chic

🏠 🍽 *Hotel Eguren Ugarte :* ctra A-124 (ctra Nacional Vitoria-Logroño, km 61), 01309 Páganos-Laguardia. ☎ 945-60-07-66. • reservas@egurenugarte.com • egurenugarte.com • À l'extérieur de la vieille ville de Laguardia (à env 1 km au sud). Doubles 79-151 € selon confort et saison. 📶 Notre coup de cœur ! La famille Eguren Ugarte est dans le vin depuis 1870, et 4 générations se sont succédé sur le domaine. Outre le vignoble, ils ont aussi cet hôtel chic et choc qui se remarque à son insolite tourelle extérieure de style vigie en brique. L'ensemble domine un vaste paysage de collines ondulantes. De gros murs de pierre, et de grandes chambres très confortables qui jouissent d'une vue admirable sur le vignoble. Accueil excellent. Possibilité de se restaurer sur place et de visiter la cave.

Spécial design

🏠 *Hotel Viura :* c/ Mayor, 01307 *Villabuena de Álava.* ☎ 945-60-90-00. • info@hotelviura.com • hotelviura.com • ♿ Doubles 138-253 € selon confort et saison, petit déj inclus ; offres intéressantes sur leur site. 💻 📶 Un des plus beaux hôtels design de la Rioja. L'architecture extérieure a été confiée à une architecte originaire du village, tout comme l'aménagement intérieur. Les couloirs sont noirs, les chambres sont claires, mais il faut aimer le style post-moderne et les parois en béton brut. Spacieuses, très confortables, décorées avec beaucoup d'imagination, ces chambres donnent pour la plupart sur le village. Fait aussi resto. Il y a une piscine (celle du village accessible aux clients de l'hôtel), une *vinoteca* qui propose des bouteilles des petits producteurs locaux. Voir aussi la cave souterraine qui conduisait autrefois à l'église.

À voir

Toutes les visites se font à pied. Le plus simple est de se garer sur le grand parking en contrebas de l'esplanade ouest, mais vous pouvez toujours tenter votre chance sur les esplanades ouest ou est (par où nous commençons notre visite).

🚶 *Plaza San Juan :* entrons par la plus belle porte de la ville, la Puerta San Juan ! Située au sud-est, cette porte passe sous l'église San Juan et débouche sur une petite place ombragée qui rappelle un peu l'Italie.

🚶 *Puerta de la Carnicería :* construite au XVe s, elle est belle aussi. Noter le petit azulejo qui porte un gentil message : « Paix à ceux qui partent, santé à ceux qui habitent, bonheur à ceux qui passent. »

🚶 **Plaza Mayor :** toute petite mais au cœur de la ville. Sur cette place cohabitent les deux *ayuntamientos,* l'ancien (celui où il y a une cafétéria et les armes de Charles Quint) et le nouveau. L'attraction de la place est le carillon, situé sur la partie haute du mur de la mairie. Il sonne à 12h, 13h, 14h, 20h et 22h en été. À ces heures-là, deux volets s'ouvrent, les cloches sonnent, des personnages en costume basque sortent de leur niche et dansent en automates bien réglés. En hiver, le carillon sonne à 12h et à 20h seulement, car les voisins ne supportent plus le bruit !

🚶 **Calle Mayor :** elle conduit à l'église Santa María de los Reyes. Plusieurs belles maisons anciennes la bordent ainsi que des commerces. Bien restaurées et toutes propres, avec leurs portes anciennes, leurs écussons, leurs halls d'entrée ouverts sur la rue et pavés de petits galets, ces maisons des XVIe et XVIIe s sont pour la plupart bâties sur des caves souterraines. Au n° 20, la posada Mayor de Migueloa abrite une cave souterraine qui se visite.

🚶🚶 **Iglesia Santa María de los Reyes (tour abbatiale et portail) :** *tt au bout de la c/ Mayor, entourée de 2 petites places.*
À l'est de l'église sur une petite place, la **tour abbatiale** est ouverte à la visite *(☎ 945-60-02-18 ; tlj 10h30-14h30, 16h30-19h30 ; entrée : 1 €).* L'intérêt majeur de Santa María de los Reyes est son *portail* du XVe s, devenu polychrome plus tardivement. Attention, ce **portail** *(pórtico)* est situé à l'intérieur du porche (fermé). Il faut profiter des visites guidées proposées par l'office de tourisme *(30 mn ; 2 €)* pour le voir. Sinon, l'église est ouverte lors des messes *(juin-sept, mar-sam à 20h, dim à 12h30).*
C'est un portail peint unique en Espagne (avec celui de Zamora) et même en Europe. Il date de 1380. À l'origine il était dans la rue. Le curé a voulu protéger les sculptures de l'usure du temps, d'où l'idée de l'enfermer sous le porche. Les peintures couvrant les personnages sculptés n'ont jamais été refaites depuis le XVIIe s mais juste nettoyées. Le résultat est étonnant ! Au centre, une *Vierge à l'Enfant* (admirez le drapé de la robe) surmontée de sculptures du Nouveau Testament. Sur les côtés, les douze apôtres. La qualité de la sculpture, l'expression des visages, la finesse des détails décoratifs, tout indique la patte d'un grand sculpteur réaliste, influencé par l'art italien.
Dans l'église, peu de fenêtres, mais la taille et les volumes d'une petite cathédrale pour une ville de moins de 2 000 habitants ! Voir le grand retable doré et surmonté d'une coupole en forme de conque.

🚶🚶 **Centro temático del Vino « Villa Lucia » :** *villa Lucia, ctra de Logroño.* ☎ *945-60-00-32.* ● *villa-lucia.com* ● *Mar-sam, visites à 11h, 12h30, 17h et 18h30 ; dim à 11h et 12h30. Visite guidée : 6,50 € (résa conseillée), ou 11 € avec dégustation.* Pierre, adobe et bois sont les matériaux qui composent cette maison typique de la Rioja. Elle abrite un musée très didactique qui présente (en espagnol et en anglais) à la fois la terre, les hommes et les techniques du vin dans la Rioja, avec de nombreuses comparaisons avec les autres régions viticoles. Quelques belles machines anciennes, de jolies maquettes sur la géologie et les paysages, et une intéressante présentation des cépages. Le centre accueille des congrès, des soirées thématiques, des stages d'œnologie, des noces et des banquets.
🛍 Et bien entendu, une boutique où l'on peut acheter du vin, un peu plus cher que dans les *bodegas* mais moins que dans les vinothèques.

Fêtes et manifestation

– **Rassemblement de gaiteros :** *2e ou 3e dim de mai.* C'est ici que se tient le plus grand rassemblement de *gaiteros* (joueurs de *gaita,* la cornemuse basque) de tout le Pays basque.

– *Fêtes patronales :* *23-29 juin (San Juan et San Pedro).* Feux de la Saint-Jean et danses folkloriques dans une ambiance de kermesse enfiévrée. Le point culminant de la fête est la course des vachettes dans les rues de Laguardia. La fête se termine le dernier jour par « l'enterrement de la barrique », une cérémonie où le vin est à l'honneur.

DANS LES ENVIRONS DE LAGUARDIA

Bodegas Ysios : *camino de la Hoya.* ☎ *945-60-06-40.* ● *pernodricardbodegas.com* ● *À 1,5 km au nord de Laguardia. Descendre de la vieille ville. À l'intersection avec la route A 124 vers Logroño, au niveau des bodegas Casaprimicia, prendre une petite route de campagne et suivre les panneaux. Visite sur rdv lun-sam à 11h, 13h et 16h ; dim à 11h et 13h. Entrée : 12 €. Voir aussi plus haut notre rubrique « Visite de caves et achat de vin dans la Rioja », qui parle un peu plus de l'aspect viticole d'Ysios.* Au pied des monts Cantabriques, au milieu des vignes, surgit soudain un étonnant bâtiment futuriste en aluminium dentelé qui ondule sous le ciel de la Rioja, évoquant d'insolites ondes, des vagues bachiques... Un centre d'accueil pour extra-terrestres ? Un four solaire ? Un musée d'Art moderne égaré entre les ceps et les grappes ? Non, une superbe cave construite par le groupe Domecq (associée à Pernod-Ricard) qui l'a commandée à l'architecte Santiago Calatrava (auteur de la gare TGV de Lyon/Saint-Exupéry). Architecture moderne et viticulture font décidément bon ménage !

Les salines de Laguardia : elles sont libres d'accès et bien visibles depuis la terrasse est de Laguardia, en particulier la plus grande, appelée *Prado de la Paul.* Les salines sont quatre grandes « cuvettes endoréiques » (c'est-à-dire qu'il n'y a ni source ni cours d'eau). Elles sont remplies par les pluies et se vident par évaporation. Après les pluies d'automne et d'hiver, elles atteignent leur remplissage maximum au printemps, puis s'assèchent lentement. En été, les deux plus petites ne sont plus qu'une croûte de sel, tandis que le Prado n'est jamais vraiment à sec.
Bien entendu, ces biotopes recèlent une grande variété de plantes rares, notamment des joncs adaptés aux eaux saumâtres. Les oiseaux aquatiques, surtout les limicoles (ceux qui vivent dans la vase, bécasses, aigrettes, vanneaux), sont nombreux. Pendant les mois d'hiver, les salines sont une station très fréquentée par les oiseaux migrateurs et principalement des canards.
➢ L'office de tourisme délivre une petite carte, suffisante pour faire le tour des lacs. Sachez simplement que pour visiter le Prado, deux sentiers partent de la route 3216 qui va à La Puebla de Labarca.

La Hoya – Museo prehistórico y poblado : *juste à l'extérieur de la ville (700 m), de l'autre côté de la route de Logroño. Situé à l'entrée du champ de fouilles. Avr-sept, mar-ven 11h-14h, 16h-20h ; sam 11h-15h ; dim 10h-14h. Oct-mars, mar-sam 11h-15h ; dim 10h-14h. GRATUIT. Slt en basque et en castillan (petite brochure en français à l'accueil, résumant bien l'ensemble).* Le site de La Hoya fut occupé de la fin de l'âge du bronze à la fin du 2e âge du fer (en gros de 1500 à 250 av. J.-C.). On sait que des peuples d'Europe centrale d'origine indo-européenne s'y installèrent, se mêlant aux populations autochtones. On ne sait pas pourquoi le village a été abandonné vers le IIIe s av. J.-C. Le musée relate l'histoire de ce peuplement. La maquette du village celtibère est beaucoup plus parlante que les excavations visibles sur le site. Dans des vitrines, du mobilier de fouilles permet de comprendre ce qu'était la vie de ces peuples celtes. Certains objets sont émouvants de simplicité, comme les poteries, d'autres témoignent d'un grand sens artistique, notamment tous les objets liés au cheval.

➢ Plusieurs *dolmens* d'époque celtique (comme en Bretagne) sur la route *entre Laguardia et Kripan* ainsi qu'entre *Laguardia et Samaniego.* Ce sont des dolmens à « couloir » formés par une enceinte verticale coiffée d'une grosse pierre plate au sommet. À La Hoya, petite brochure gratuite en français recensant (avec une brève présentation) ces mégalithes.

🦮🦮🦮 *Puerto de Bernedo* (col de Bernedo) : *au nord de Laguardia, sur la route A 3220 qui mène à la Navarre en traversant la sierra de Kodes.* Le lieu vaut surtout le détour pour la route qui y mène et le paysage qui l'entoure : un cirque de falaises calcaires grises qui domine la vallée de la Rioja. Depuis Laguardia, la route monte vers Kripan, Meano et Lapoblación, villages perchés qui offrent de bien jolies vues. De **Lapoblación,** continuer à monter vers **Bernedo,** en suivant la route A 2126. On arrive alors au col de Bernedo (992 m) d'où la vue sur la Rioja alavesa est superbe. À cet endroit, la barrière calcaire forme une sorte de brèche en U, une trouée étroite dans la roche. La route y passe et on change soudain de paysage. De l'autre côté commence le versant nord de la montagne, plus vert et humide, avec des bois et des champs (il n'y a plus de vignoble).

➢ Une **randonnée,** un peu longue (4h aller-retour) mais facile, mène **de Kripan à Elvillar.** De la plaza del Coso, la place centrale du village, suivre la calle de la Matilla qui donne sur l'ancienne voie romaine. De là, l'itinéraire est balisé. Le tracé descend doucement vers Elvillar dans un somptueux paysage de plaine desséchée, dominé par les falaises grises.

À Elvillar, vous pourrez aller voir le **dolmen de l'Hechicera,** très bien conservé avec son dôme de pierre.

ELCIEGO (ELTZIEGO)

🦮 *À 6 km au sud de Laguardia.* Ce gros bourg frappe par la concentration de grandes sociétés viticoles. On compte 14 *bodegas,* dont Domecq, Paterna, Luberri et Salceda.

– Fête patronale du village : 8 sept.

🦮 Elciego abrite surtout le siège social « pharaonique » de la **bodega Marqués de Riscal.** *Pour la visite, voir plus haut la rubrique « Visite de caves et achat de vin dans la Rioja alavesa ».* ● *marquesderiscal.com* ● Fondée en 1858, cette maison est la plus ancienne et la plus grande de la Rioja. Si on ne visite pas les caves, on peut admirer l'étonnant hôtel *Ciudad del Vino,* juste à côté du vignoble et du centre consacré à la « vinothérapie ». Bâtiment futuriste composé de gros rubans de tôle métallique colorée, cet hôtel du XXIe s a été conçu par Frank O. Gehry, l'architecte du musée Guggenheim de Bilbao. Il évoque par ses formes des ceps de vigne ondulant au-dessus de la terre viticole. Le style avant-gardiste de ce bâtiment s'inspire de la tradition mais présente un caractère résolument contemporain. On aime ou on n'aime pas. Sous le soleil et le ciel bleu, l'hôtel éclate et miroite de modernité. Sous le ciel gris et pluvieux, il change d'aspect, évoquant plus l'art de la récupération, les ferrailleurs et les tôles froissées... Chambres superbes et prix en conséquence. Dans l'enceinte autour de l'hôtel se trouvent les caves ouvertes au public, la cafétéria et la boutique.

VILLABUENA DE ÁLAVA (01307)

🦮 *À 6 km à l'ouest de Elciego.* Petit village au fond d'un vallon qui compte 42 *bodegas* pour... 320 résidents, c'est le record de bouteilles et de tonneaux par habitant ! La vie s'y déroulait lentement au rythme des saisons et des vendanges, et rien n'avait changé depuis des siècles. Jusqu'au jour où un homme d'affaires du pays eut l'idée de construire un hôtel design de style avant-gardiste au cœur même du village. Une révolution chez les viticulteurs, mais il est vrai que l'audacieux marquis de Riscal avait donné déjà dans le futurisme à Elciego, la bourgade voisine... Cette irruption soudaine de la modernité dans un bourg médiéval a transformé ce village en une œuvre d'art contemporaine ! Il s'agit de l'**Hotel Viura,** un insolite immeuble cubiste. Ce lieu incroyable aurait enchanté Picasso et Dalí. Quel contraste fulgurant entre l'ancien et le moderne... Pour les détails, voir plus haut notre rubrique « Où dormir dans les environs de Laguardia ? ».

LABASTIDA (BASTIDA) (01330) 1 390 hab. Carte Álava, B4

Entre Haro (6 km) et Briones, rattaché à la Rioja alavesa, ce gros village est adossé (pas vraiment perché comme les autres) à une robuste colline. La ville revendique aussi le titre de Capitale du vin de la Rioja. Le nombre de boutiques vendant du vin *(vinotecas)* y est important, comme ailleurs. Au fil des rues, quelques demeures anciennes et des palais blasonnés où la couleur ocre de la pierre domine.

Adresse utile

[i] Petit office de tourisme : *palacio de los Salazar (casa de Cultura), plaza de la Paz, 1.* ☎ *945-33-10-15.* ● *labastida-bastida.org* ● *En été, tlj sf dim ap-m et lun 10h-14h, 17h-20h (19h sam) ; en hiver, en principe mar-dim 10h-14h.*

Où dormir dans les environs ?

🏠 |●| Casa rural Areta-Etxea : *c/ Mayor, 17, 01212* **Salinillas de Burradón.** ☎ *945-33-72-75.* 📱 *657-73-50-34.* ● *aretako@euskalnet.net* ● *areta-etxea.com* ● *À env 7 km au nord-ouest de Labastida. C'est la 1re maison après la porte médiévale. Double avec sdb 50 € ; petit déj 5,50 €. Table d'hôtes (le soir slt, sf mer) 20 €. Pour 5 €, vous pouvez utiliser la cuisine.* 📶 *Visite de la bodega familiale sur présentation de ce guide.* Belle demeure du XVIIe s, restaurée et meublée avec soin. Chambres à l'étage, simples, fraîches et agréables. Piscine. Accueil chaleureux. Comme dans beaucoup de *casas rurales,* les propriétaires n'habitent pas sur place. Il faut donc téléphoner avant car sinon on trouve porte close.

Où manger ?

|●| Ariño : *c/ Frontin, 26.* ☎ *945-33-10-24. Tlj sf dim soir 13h-16h, 21h-23h (en été). Menu du jour en sem 11 € ; plats 6-15 €.* Presque en face du resto *El Bodegón,* c'est une maison en grosses pierres avec une salle vite remplie. On y sert une bonne cuisine locale appréciée par les habitants du village. Spécialités : *chuletillas de cordero* (côtelettes d'agneau), *pimientos rellenos* (piments doux farcis) et *solomillo de buey* (steak de bœuf).

À voir

Se garer à l'extérieur de la ville, où l'on peut. Éviter l'entrée principale avec ses vinothèques le long de la route et le parking des bus, et monter à pied jusqu'à la calle Mayor.

🕺 **Calle Mayor :** remarquable surtout par le nombre de maisons anciennes, blasonnées ou non. Remarquer en particulier la n° 15, son auvent sculpté, ses balcons en fer forgé, et la n° 16, maison patricienne blasonnée.

🕺 **Iglesia Nuestra Señora de la Asunción :** elle est parfois fermée dans la journée, aucun panneau n'indique les horaires d'ouverture. Face à la plaza Mayor, voici une église de style baroque mais de construction tardive. Elle abrite un orgue du XVIIIe s, impressionnant avec ses tuyaux horizontaux. Près de l'autel, un Christ en croix du XVe s où Jésus est accompagné d'un petit bonhomme en équilibre instable sur une échelle et qui fait une drôle de tête.

Le gigantesque retable doré est indescriptible. C'est un fouillis, un chaos de saints, de scènes religieuses, d'apôtres, d'anges joufflus, qui part du sol et va rejoindre le dôme de l'immense nef. On aime ou on n'aime pas, mais une chose est sûre, on ne reste pas indifférent.

Fêtes

– **Fêtes patronales :** *5-8 août.*
– **Fête des Vendanges :** *vers la mi-sept.*
– **Fiestas de los Pastores :** *24-25 déc.* Il s'agit d'une grande procession où les Rois mages vont à la recherche de la crèche. Tout le village participe avec ferveur à cette quête. L'itinéraire parcourt les deux rues principales et s'achève à l'église.

COMMENT Y ALLER ?

EN TRAIN

▲ **SNCF-RENFE**
Au départ de Paris-Montparnasse (TGV) ou d'Austerlitz (trains corail).

Pays basque français et Béarn

➤ *Paris – Bayonne :* durée 5h en moyenne en TGV au départ de la gare Montparnasse. Cette ligne dessert aussi les gares de Biarritz, Saint-Jean-de-Luz et Hendaye. Également 1 train de nuit au départ de la gare d'Austerlitz.
➤ *Paris – Saint-Jean-Pied-de-Port :* 3 liaisons/j. en moyenne avec un changement à Bayonne ; min 7h de trajet.
➤ *Paris – Pau :* plusieurs trains directs/j. et 1 train de nuit depuis la gare d'Austerlitz ; min 5h20 de trajet.

Pays basque espagnol

➤ *Paris – San Sebastián ou Vitoria-Gasteiz :* 2 liaisons/j. avec changement à Irun au départ de Paris-Montparnasse ; min 6h40 de trajet pour San Sebastián, env 8h20 pour Vitoria-Gasteiz. Et 1 train de nuit le ven au départ de Paris-Austerlitz avec changement à Irun au petit matin.
➤ *Paris – Pamplona :* 1 liaison/j. au départ de Paris-Montparnasse avec min 2 changements (Irun et Vitoria-Gasteiz) ; min 9h50 de trajet. D'autres liaisons via Toulouse, mais encore plus long et min 2 changements.
➤ *Paris – Bilbao :* 1 liaison/j. au départ de Paris-Gare de Lyon avec changement à Barcelone ; env 15h de trajet.

Pour préparer votre voyage

– *e-billet :* réservez, achetez et imprimez votre e-billet sur Internet.
– *m-billet :* plus besoin de support papier, vous pouvez télécharger le code-barres de votre voyage correspondant à votre réservation directement dans votre smartphone, à l'aide de l'application « SNCF Direct ».
– *Billet à domicile :* commandez votre billet par Internet ou par téléphone au ☎ *36-35 (0,34 €/mn, hors surcoût éventuel de votre opérateur)* ; la SNCF vous l'envoie gratuitement à domicile sous 48h, en France.

Pour voyager au meilleur prix

La SNCF propose des tarifs adaptés à chacun de vos voyages.
➤ *Prem's :* des petits prix disponibles toute l'année, jusqu'à 90 jours avant le départ. Billets non échangeables et non remboursables (offres soumises à conditions). Impossible de poser des options de réservation sur ces billets : il faut les payer immédiatement.
➤ *Les IDTGV :* des prix mini, à saisir sur Internet uniquement.
➤ *Les tarifs Loisirs :* une offre pour programmer votre voyage tout en gardant des billets modifiables : ils sont échangeables et remboursables. Pour bénéficier des meilleures réductions, pensez à réserver vos billets à l'avance (les réservations sont ouvertes jusqu'à 90 jours avant le départ) ou à voyager en période de faible affluence.
➤ *Les cartes de réduction :* pour ceux qui voyagent régulièrement, profitez de réductions garanties tout le temps avec les cartes *Enfant +, Jeune 12-17, Jeune 18-27, Week-end* ou *Senior +* (valables 1 an).

Renseignements et réservations

– *Internet :* ● *tgv.com* ● *intercites.sncf. com* ● *voyages-sncf.com* ● *interrailnet. eu* ●

– **Téléphone :** ☎ *36-35 (0,34 € TTC/mn ; hors surcoût éventuel de votre opérateur).*
– Également dans les gares, les boutiques SNCF et les agences de voyages agréées.

Les *pass* internationaux

Avec les **Pass InterRail,** les résidents européens peuvent voyager dans 30 pays d'Europe, dont l'*Espagne.* Plusieurs formules et autant de tarifs, en fonction de la destination et de l'âge.
À noter que le *Pass InterRail* n'est pas valable dans votre pays de résidence. Cependant, l'*InterRail Global Pass* offre une réduction de 50 % de votre point de départ jusqu'au point frontière en France. ● *interrailnet.eu* ●
– Pour les grands voyageurs, l'**InterRail Global Pass** est valable dans l'ensemble des 30 pays européens concernés : intéressant si vous comptez parcourir plusieurs pays au cours du même périple. Il se présente sous 5 formules au choix.
2 formules flexibles : utilisable 5 jours sur une période de validité de 10 jours ou 10 jours sur une période de validité de 22 jours (192-374 € selon âge et formule).
3 formules « continues » : *pass* 15 jours, 22 jours et 1 mois (325-626 € selon âge et formule).
Ces 5 formules existent aussi en version 1re classe (mais ce n'est pas le même prix, bien sûr !). Les voyageurs de plus de 60 ans bénéficient d'une réduction sur le tarif de l'*InterRail Global Pass* en 1re et 2de classes (tarif senior). Également des tarifs enfants 4-12 ans et 12-26 ans.
– Si vous ne parcourez que l'*Espagne,* le **One Country Pass** vous suffira. D'une période de validité de 1 mois et utilisable, selon les formules, 3, 4, 6 ou 8 jours en discontinu : compter de 173 à 297 € selon formule. Là encore, ces formules se déclinent en version 1re classe, enfants et 12-26 ans.
Pour voyager dans 2 pays, vous pouvez combiner 2 *One Country Pass.* Au-delà, il est préférable de prendre l'*Interrail Global Pass.*
InterRail offre également la possibilité d'obtenir des réductions ou avantages à travers toute l'Europe avec ses partenaires bonus (musées, chemins de fer privés, hôtels, etc.).
Tous ces prix ne sont qu'indicatifs.
Pour plus de renseignements, adressez-vous à la gare ou boutique SNCF la plus proche.

Comment circuler au Pays basque ?

TER

– TER Aquitaine propose la **carte IZY AIR,** qui permet de bénéficier d'une réduction de 25 % en semaine et 50 % les week-ends, jours fériés et tous les jours en juillet-août. Elle permet aussi d'offrir 50 % de réduction en juillet-août aux personnes qui accompagnent (maximum 3). Carte valable 1 an. Prix : 31 €.
– **PassBask :** un forfait combiné avantageux, valable dans tous les trains du réseau SNCF entre Bayonne et Hendaye, ainsi que dans l'*Eusko Tren* du réseau espagnol de Hendaye à San Sebastián. Vous pouvez voyager autant de fois que vous voulez avec escales possibles dans les gares intermédiaires. Trajets illimités dans les deux sens le week-end, en juillet-août tous les jours, du jour du compostage jusqu'au lendemain minuit. Prix : 11 € adulte, 7 € enfant de moins de 12 ans et gratuit pour un enfant de moins de 4 ans.

Pour tout renseignement

– *Internet :* ● *aquitaine.ter.sncf.com* ●
– *Téléphone :* TER Aquitaine, ☎ *0800-872-872 (n° Vert).*

▲ VOYAGES-SNCF.COM
– *Infos et résas depuis la France :* ● *voyages-sncf.com* ● *et sur tablette et mobile avec les applis « V. » (trains) et « V. Hôtels » (hôtels).*
– *Réserver un vol, un hôtel, une voiture :* ☎ *0899-500-500 (1,35 € l'appel, puis 0,34 €/mn).*
– *Une question ? Rubrique « Contact » ou au* ☎ *09-70-60-99-60 (n° non surtaxé).*
Voyages-sncf.com, distributeur de voyages en ligne de la SNCF, vous propose ses meilleurs prix de train, d'avion, d'hôtel et de location de voitures en France et en Europe. Accédez

autoescape.com

partout dans le monde

Louez
votre voiture
au **meilleur prix**,
partout en
France

Depuis 14 ans, nous sélectionnons les meilleurs loueurs et négocions des prix discount, en France et partout dans le monde.

Hertz | Europcar | AVIS | National | Budget | Alamo

-5% de remise pour les Routards*
Pour toute réservation par Internet,
avec le code de réduction : **GDR16**

AUTOESCAPE, UNE MARQUE DU GROUPE EXPEDIA

assistance téléphonique
pour vous conseiller
à tout moment
0 899 87 65 00
1,34€+0,34€/min

*réduction valable jusqu'au 31/12/2016, non cumulable avec toute remise ou promotion

EN BUS

Quand Franco prit le pouvoir, les mineurs des Asturies, républicains, communistes et anarchistes, émigrèrent en masse pour le nord de la France et la Belgique. Or sachez que les Asturies sont difficilement accessibles en train. Il faut prendre des correspondances, ce qui n'est pas simple avec beaucoup de bagages et des enfants. On créa donc, dans les années 1950, de nombreuses lignes de bus qui allaient de Bruxelles ou Lille à Oviedo afin de permettre aux mineurs asturiens de retourner de temps à autre au pays. Ces lignes existent toujours, elles ne sont pas chères et permettent de faire le voyage avec des gens du pays qui, en plus, parlent le français. Elles transitent toutes par Bayonne, Donostia ou Bilbao. Quel meilleur moyen de commencer votre voyage ?

▲ ALSA INTERNATIONAL
● *alsa.es* ●
➢ Propose env 3-4 fois/sem une ligne Paris (départ de Gallieni)-Bilbao via Orléans, Tours, Poitiers, Saintes, Bordeaux, Bayonne, Irun et Donostia ; et 3 fois/sem à destination de Vitoria-Gasteiz.

▲ EUROLINES
Rens : ☎ 0892-89-90-91 *(0,34 €/mn + prix d'appel – tlj 8h-21h, dim 10h-17h).* ● *eurolines.fr* ●
– *Paris : 55, rue Saint-Jacques, 75005. Numéro d'urgence :* ☎ 01-49-72-51-57. *Lun-ven 9h30-18h30 ; sam 10h-13h, 14h-17h.*
Vous trouverez également les services d'Eurolines sur ● *routard.com* ● *Eurolines propose 10 % de réduc pour les jeunes (12-25 ans) et les seniors. 2 bagages gratuits/pers en Europe et 40 kg gratuits pour le Maroc.*
– *Gare routière internationale à Paris : 28, av. du Général-de-Gaulle, 93541 Bagnolet Cedex.* Ⓜ *Gallieni.*
Première *low-cost* par bus en Europe, Eurolines permet de voyager vers plus de 600 destinations en Europe et au Maroc avec des départs quotidiens depuis 90 villes françaises. Eurolines propose également des hébergements à petits prix sur les destinations desservies.
– *Pass Europe :* pour un prix fixe valable 15 ou 30 jours, vous voyagez autant que vous le désirez sur le réseau entre 51 villes européennes. Également un *minipass* pour visiter deux capitales européennes (7 combinés possibles).

▲ FLIXBUS
Rens : ☎ 01-76-36-04-12. ● *flixbus.fr* ●
Ces bus long-courriers desservent plusieurs fois par jour Bayonne et Biarritz au départ de Paris et Bordeaux.

EN VOITURE

– *Tarifs autoroutiers :* pour connaître le coût de l'usage des principaux tronçons autoroutiers de l'Hexagone, consulter le site ● *autoroutes.fr* ●

Le covoiturage
Le principe est simple, économique et écologique. Il s'agit de mettre en relation un chauffeur et des passagers afin de partager le trajet et les frais, que ce soit de manière régulière ou de manière exceptionnelle (pour les vacances, par exemple). ● *blablacar.fr* ●

EN AVION

Les aéroports internationaux de *Bilbao* et *Bayonne-Anglet-Biarritz* assurent des liaisons avec la France, la Belgique, la Grande-Bretagne et d'autres destinations européennes. *Pau* assure également des

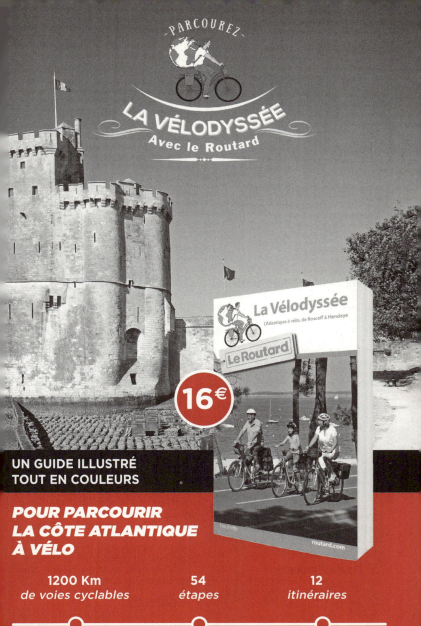

liaisons avec la France, la Belgique et la Grande-Bretagne, grâce aux compagnies *low-cost*. **Hondarribia-Donostia, Vitoria-Gasteiz** et **Pamplona** n'ont de liaisons qu'avec Madrid et Barcelone.

Les compagnies régulières

▲ AIR FRANCE
Rens et résas au ☎ 36-54 (0,35 €/mn – tlj 6h30-22h), sur • airfrance.fr •, dans les agences Air France (fermées dim) et dans ttes les agences de voyages.
➢ Plusieurs vols/j. sur Biarritz au départ de Paris-Orly. Pau est desservi depuis Orly ou Roissy-Charles-de-Gaulle.
➢ Compter 2 à 4 vols/j. entre Paris (Roissy) et Bilbao.
Air France propose des tarifs attractifs toute l'année. Pour consulter les meilleurs tarifs du moment, allez directement sur la page « Meilleures offres et promotions » sur • airfrance.fr • *Flying Blue*, le programme de fidélisation gratuit d'Air France-KLM, permet de cumuler des *miles* et de profiter d'un large choix de primes. Cette carte de fidélité est valable sur l'ensemble des compagnies membres de *Skyteam*.

▲ AIR EUROPA
– Paris : 58 A, rue du Dessous-des-Berges, 75013. ☎ 01-42-65-08-00. • aireuropa.com • Ⓜ *Bibliothèque-François-Mitterrand. Bureau ouv lun-ven 9h-17h. Résa possible par tél 24h/24.*
➢ Au départ de Roissy-Charles-de-Gaulle, terminal 2G, Air Europa dessert Bilbao via Madrid avec 5 vols/j. (4 vols sam), en partenariat avec Air France.

▲ HOP! AIR FRANCE
Rens et résas sur • hop.com • ou • airfrance.fr •, dans ttes les agences de voyages et aux centres d'appels ☎ 36-54 (0,35 €/mn – tlj) ou ☎ 0892-70-22-22 (0,35 €/mn – tlj).
➢ Depuis Biarritz, vols directs vers Lyon, Marseille, Nice, Paris-Orly, et vols saisonniers vers Lille et Genève.

▲ IBERIA
– Paris : Orly-Ouest, hall 1. Central de résas : ☎ 0825-800-965 (0,12 €/mn). • iberia.com/fr •
➢ Dessert Bilbao et San Sebastián tlj depuis Orly-Ouest via Madrid ; également des liaisons avec la plupart des grandes villes espagnoles. Également des vols tlj vers Bilbao depuis Nice, Marseille, Bordeaux, Strasbourg, Nantes et Toulouse via Madrid, et 3 fois/sem depuis Clermont-Ferrand. Par ailleurs, la compagnie nationale espagnole assure des liaisons intérieures quotidiennes avec Vitoria-Gasteiz.

▲ TWIN JET
Rens : ☎ 0892-707-737 (0,60 €/mn). • twinjet.fr •
➢ La compagnie propose 2 vols/j. en semaine entre Marseille et Pau.

Les compagnies *low cost*

Plus vous réserverez vos billets à l'avance, plus vous aurez des chances d'avoir des tarifs avantageux. Mais les pénalités en cas de changement de vols sont assez importantes. Il faut aussi rappeler que plusieurs compagnies facturent maintenant les bagages en soute et limitent leurs poids. En cabine également, le nombre de bagages est strictement limité (attention même le plus petit sac à main est compté comme un bagage à part entière). À bord, tous les services sont payants (boissons, journaux). Attention également au moment de la résa par Internet à décocher certaines options qui sont automatiquement cochées (assurances, etc.). Au final, même si les prix de base restent très attractifs, il convient de prendre en compte les frais annexes pour calculer le plus justement son budget.

▲ EASYJET
– En France : ☎ 0820-420-315 (1,12 € l'appel, puis coût depuis un mobile) ; en Suisse : ☎ 0848-28-28-28 (0,08 Fs/mn) ; en Espagne : ☎ 902-599-900 (0,083 €/mn). Résas sur • easyjet.com •

Votre voyage de A à Z !

CHOISIR
Trouvez la destination de vos rêves avec nos idées week-end et nos carnets de voyage.

ORGANISER
Préparez votre voyage avec nos 220 fiches destination, nos dossiers pratiques et les conseils de nos 530 000 membres.

RÉSERVER
Réservez avec les meilleurs partenaires votre vol, votre voiture, votre hôtel, votre location…

PARTAGER
Partagez vos expériences, photos, bons plans et avis d'hôtels avec 2.4 millions d'internautes chaque mois*.

* Source Nielsen/ Mediametrie/ Netrating

➤ Liaisons directes entre Biarritz et Paris (Roissy), Lyon (en été), ainsi qu'entre Genève et Bilbao.

▲ VOLOTEA
– *En France :* ☎ *0899-232-050 ; en Espagne :* ☎ *807-403-170.* • *volotea.com* •
➤ Dessert Biarritz au départ de Strasbourg de fin mars à fin août.

▲ VUELING
– *En France :* ☎ *0899-232-400 (1,34 € l'appel, puis 0,34 €/mn) ; en Belgique :* ☎ *0902-33-429 (0,75 €/mn) ; en Espagne :* ☎ *807-300-720 (0,91 €/mn).* • *vueling.com* •
➤ Au départ de Paris-Orly, Vueling dessert Bilbao. Depuis Paris, Brest, Lille, Lyon, Marseille, Nantes, Nice, Toulouse, Bruxelles et Genève, dessert Donostia – San Sebastián via Barcelone (parfois avec une nuit-étape à Barcelone).

HOMMES, CULTURE, ENVIRONNEMENT

« Là où il y a des Basques,
là est le Pays basque. »
Sabino Arana.

ACHATS

Les magasins ferment en milieu de journée : vers 12h dans le Nord (côté France ; jusqu'à 14h) et vers 13h30 ou 14h dans le Sud (côté Espagne ; jusqu'à 16h30). Le soir, ils ferment vers 19h dans le Nord, 20h ou 21h dans le Sud.
L'artisanat basque se caractérise par l'utilisation de peu de matières (bois, cuir, cuivre, lin) et par un soin extrême apporté à la solidité des articles. L'aspect esthétique est soit secondaire, soit extrêmement discret.

La vannerie

Autant le savoir, les **chisteras** pour jouer à la pelote, ces fameux gants d'osier vantés par les écrivains, sont fabriqués ailleurs qu'au Pays basque. Ce que tressent les Basques, ce sont de fines lamelles de châtaignier, et un chistera, c'est de la paille tressée sur une structure de châtaignier. L'osier a beau avoir inspiré les poètes, il ne résiste pas à l'impact de la balle. Pour les chisteras, il reste un seul fabricant à Anglet *(Maison Gonzalez)*. Partout ailleurs, suspicion très forte de produits de pacotille.
Les larges **paniers** sont également faits de châtaignier tressé. Les coopératives paysannes et les *ventas* en vendent de très beaux pas chers. En ce qui concerne la vannerie et l'artisanat en général, vous rencontrerez un motif récurrent, la **croix basque** : quatre bâtons en forme de virgules rayonnant depuis le même centre, à la manière du svastika. Un motif censé symboliser le mouvement du Soleil.

Le makila

Le **bâton traditionnel basque.** Fabriqué en bois de néflier sauvage et superbement ouvragé. Sa fabrication reste la même depuis des siècles.
Quand arrive le printemps, le bois de néflier est travaillé sur pied avec un outil spécial. On y pratique des incisions ou des sculptures. Au fil des mois, des dessins en relief apparaissent sur les incisions. À l'extrémité inférieure, le bois est engagé dans une pointe en laiton (parfois en argent) gravée de fins motifs basques. Pour l'équilibrer, on y coule même du plomb.
Des makilas d'honneur sont fabriqués avec des poignées argentées (ou d'argent massif) et des pommeaux de forme heptagonale (comme les sept provinces basques). Le choix de la devise gravée sur le pommeau est de la plus haute importance, car elle est censée symboliser la personnalité du propriétaire.
Trois fabricants au nord, les meilleurs du Pays basque : ***Bergara*** à Larressore, ***Leoncini*** à Bayonne et ***Harispuru*** à Ibarolle.

Le cuir

Vieille, très vieille tradition artisanale en ce pays d'éleveurs de moutons. Au point que les fabricants de chaussures de Mauléon et d'Hasparren étaient, voici moins

de 50 ans, considérés comme les meilleurs de France. La fameuse chaussure de marche *Pataugas* a été inventée à Mauléon pour les besoins des bergers (et de l'armée). Mais la concurrence est rude, et la fabrication a cessé.
Pourtant, le travail du cuir continue à exister avec des tanneurs comme *Carriat* à Espelette, des maroquiniers de luxe comme *Laffargue* à Saint-Jean-de-Luz.

– L'objet le plus traditionnel, presque emblématique, reste la **gourde en cuir** (*chahakoa*). Un truc : si vous achetez un *chahakoa* traditionnel et afin d'éliminer le mauvais goût dû à l'enduit de poix à l'intérieur, remplissez-le de vin bon marché, laissez-le séjourner 3-4 jours et videz-le (jetez le vin, devenu imbuvable). Recommencez trois ou quatre fois l'opération.

– Autre produit en cuir : la **pelote**. Même si vous ne jouez pas, une belle pelote est un joli objet, très décoratif. Un très bon fabricant : *Otero* à Anoeta (Guipúzcoa).

LE POUAH DE LA GOURDE

Selon la tradition, pour assurer l'étanchéité du chahakoa, la fameuse gourde basque, le cuir est enduit de poix, ce qui donne un goût épouvantable. De là viendrait l'expression du capitaine Haddock « Pouah ! ». La marque Las Tres ZZZ continue à utiliser les fabrications traditionnelles. En France, la société Sangou a remplacé la poix par du caoutchouc, mais on est formel, après de nombreux essais : ce n'est pas pareil.

L'espadrille

Vaste sujet pour une petite semelle de corde de chanvre. Cousue en spirale, on lui rajoute une toile de lin ou de coton. C'est solide, souple au pied, idéal pour la marche ou la danse.
Ce qui fait la qualité de l'espadrille, c'est sa semelle, dont le tressage très serré est un gage de solidité. Alors qu'une espadrille traditionnelle résiste à 1 année d'utilisation, les ersatz fabriqués en Asie durent beaucoup moins longtemps. Des petits malins font fabriquer leurs espadrilles en Asie et rajoutent une semelle faite en France avec la mention « made in France » (eh oui ! c'est légal).
Pour ne pas vous tromper, allez chez un fabricant traditionnel comme *Pare-Gabia* à Bayonne, *Prodiso* à Mauléon ou *Armaité* à Idaux-Mendy. Ces mêmes fabricants, outre les modèles traditionnels (tout simples ou avec lacets montant sur les mollets), proposent, pour la ville, des modèles à talons plus ou moins habillés. *Arin* à Bayonne, par exemple, travaille pour la haute couture, et ça se sent (les prix restent néanmoins très raisonnables). Depuis que le « made in Pays basque » a le vent en poupe, plusieurs marques à la mode ont éclos avec des modèles revisités. Les créateurs innovent tout en s'appuyant sur la garantie de la qualité basque. *Art of Soule, Soka, Espartine* sont des marques récentes vendues dans les boutiques chic de la Côte basque et adoptées par une jet-set bien dans ses espadrilles.

Le linge basque

Au commencement étaient les vaches. Pour les protéger du soleil et des mouches, on jetait sur ces honorables et précieux ruminants des couvertures en lin *(mantas)*. Comme il arrivait qu'on lave ces *mantas* au lavoir du village, ou qu'on les pose au coin d'un champ, chaque maison possédait son signe distinctif : quelques rayures, bleues ou rouges, de largeurs différentes.
Belle matière, belles couleurs, simplicité et harmonie, il n'en fallait pas plus pour que ces couvertures se transforment en nappes d'intérieurs bourgeois, puis en serviettes, et se déclinent enfin dans toutes les variétés du linge de maison. Le linge basque eut son heure de gloire dans les années 1930, puis à nouveau dans les années 1960. Même problème que pour les espadrilles : la recherche du profit

entraîna l'apparition d'ersatz venus des tropiques ; puis le coton, plus facile à travailler et à entretenir, remplaça le lin.

Les meilleurs négociants continuèrent pourtant à utiliser les services de tisserands pyrénéens, notamment béarnais. Une marque béarnaise emblématique symbolise d'ailleurs le renouveau du linge basque : *Artiga* devenue la coqueluche des magazines de mode et de déco. Le motif reste traditionnel, mais couleurs et assemblages sont déclinés dans un esprit contemporain. On adore, même si l'atelier est implanté dans les Landes, à Magesq ! Quant au Pays basque, seule *Ona Tiss,* à Saint-Palais, y travaille toujours le coton et un peu le lin, dans une veine très classique. Et citons aussi les ateliers *Lartigue* à Oloron-Saint-Marie et Ascain. En Béarn, chez *Moutet* à Orthez, la cinquième génération de tisserands perpétue la tradition d'un magnifique linge basque et assure des créations originales. Si les autres usines ont été « délocalisées » (au mieux dans les Landes ou en Espagne), les marques proposent toujours du beau linge, en misant là encore sur la mode et la couleur : *Jean-Vier, Les Tissages de Luz...*

Le béret basque *(boina)*

Les Béarnais racontent qu'ils sont les inventeurs du béret basque, et l'histoire semble leur donner raison. Les Basques rétorquent qu'ils ont su faire de cette coiffure montagnarde une coiffure universelle. Un bon béret dure (presque) toute une vie. Il faut une excellente laine, bien feutrée, bien serrée pour tenir chaud l'hiver, frais l'été et qui soit bien étanche sous la pluie. Le béret traditionnel est doublé et cerclé de cuir. Plutôt noir, il en existe des marron foncé en vallée d'Ossau pour les jours de fête. Une marque surpasse toutes les autres : *Elosegui* de Tolosa (Guipúzcoa). Mais le must reste de se faire tailler un béret sur mesure : chez *Jacky,* rue Port-de-Castets à Bayonne, on vous mesurera la tête, on vous conseillera et on conservera vos mesures et vos désirs afin que, 10 ans plus tard, vous puissiez commander votre nouveau béret même si vous êtes aux antipodes.

Malgré son caractère profondément identitaire et communautaire, le béret a lui aussi évolué au point de devenir un véritable accessoire de mode. Au début du XXe s, c'était, avec la casquette, LE couvre-chef populaire par excellence. Au point de devenir aux yeux du monde l'emblème de la France ! Sans oublier les femmes qui s'en sont emparées dans l'entre-deux-guerres, et ce dans le monde entier.

BARS

On y trouve évidemment de quoi boire et fréquemment aussi de quoi manger, mais sièges et tables sont comptés.

Pour manger dans les bars du Sud, il faut savoir que *bocadillo* signifie « sandwich », *sandwitch* (en espagnol) signifiant « toast » ou « croque-monsieur », et que *tostada* signifie « pain grillé ». Dernier détail : si vous demandez un *café* (idem pour le déca), on vous le servira généralement avec du lait. Si vous n'en voulez pas, précisez avant : *café solo.* Notez également qu'un *café cortado* est ce que nous appelons une « noisette ».

Dans la plupart des villes, il existe une « route des bars ». C'est une institution locale, tant au nord qu'au sud. Des groupes de copains, les *cuadrillas,* la parcourent (« font le *poteo* »), à tel point que dans certains quartiers de certaines villes, comme à San Sebastián, on organise des **soirées *pintxopote*** (une conso et un *pintxo* à prix très bas). Comme on ne dîne pas mais qu'on se nourrit de *pintxos,* la *cuadrilla* va de bar en bar comme si elle suivait une route. Est-il besoin de préciser que ces itinéraires, plus spiritueux que spirituels, varient selon la date, l'heure de la soirée, la personnalité de chacun, l'ambiance des bars et l'âge du capitaine ? Cela explique que le bistrot vide à 21h soit bondé 1h plus tard ou que la merveilleuse ambiance du vendredi soit partie ailleurs le samedi.

Dans certaines villes et dans de nombreux villages d'Hegoalde, vous trouverez des bars ornés du drapeau basque, de photos de leaders politiques et d'affiches. Les noms sont souvent les mêmes : *Batzoki, Herriko Taberna*... Ce sont les sièges locaux des partis politiques basques qui ont le droit de gérer des bars ou des restaurants ouverts au public (pour financer les partis, ce n'est pas si bête). Il va de soi qu'y entrer sous-entend d'en accepter l'idéologie et de ne pas être une source de troubles.

Il faut aussi dire quelques mots du **phénomène des « pafs »,** qui se répand côté sud. Un « paf » est un bar ordinaire qui, la nuit venue, balance la musique à fond les paffles, euh, les baffles, vire les *pintxos* du comptoir et laisse les clients danser au milieu des tables...

Le *mus*

Dans presque tous les bars du Pays basque, dès que deux hommes ont un moment libre, les cartes à jouer sortent des poches pour une partie de *mus* (on prononce « mouch »). Le *mus* est presque une religion, et les affiches annonçant tournois et compétitions fleurissent pendant l'été. Il existe une fédération française, un championnat de France, et même un championnat du monde de *mus*.

On a souvent dit que le *mus* était une sorte de poker, peut-être parce qu'on y joue de l'argent. Il n'en est rien. C'est un jeu d'une subtilité diabolique mais où tout se passe en basque, ce qui nécessite un peu de vocabulaire pour suivre les péripéties d'une partie.

Les parties les plus acharnées se disputent à quatre (deux équipes de deux). On distribue à chacun quatre cartes (ce sont des cartes d'origine espagnole, très différentes des cartes françaises : les symboles en sont les épées, les écus, les massues... c'est très joli !). Chaque joueur peut changer une, deux, trois ou quatre cartes sur sa donne : pour demander quatre cartes, on dit *« mus »,* d'où le nom du jeu.

Dans le jeu à quatre, les signes, très codifiés, sont autorisés (clignements d'yeux, pointe de la langue sortie, rictus de la bouche). Il faut faire signe à son partenaire sans être vu de l'adversaire (mais on peut désirer être vu pour annoncer une partie de son jeu, ce qui permet de dissimuler le reste). Il est formellement interdit de faire de faux signes mais tout à fait autorisé, et même recommandé, de parler et de mentir en paroles. Une bonne table de *mus* se compose donc de quatre menteurs. Le public, impassible, admire la connaissance de l'adversaire et du jeu des meilleurs joueurs.

BOISSONS

Le cidre

À tout seigneur, tout honneur, l'ancêtre des boissons basques est le cidre. Fabriqué dès l'Antiquité en Biscaye, le cidre basque *(sagarnoa)* est assez vert et un peu astringent (pour ne pas dire aigrelet), mais très rafraîchissant. C'est un mélange entre pommes acides, pommes douces et pommes amères. Dès le Xe s., il est fabriqué à grande échelle dans toutes les provinces côtières. Les Bayonnais en exportent d'énormes quantités en Grande-Bretagne sous le joli nom de « paumade » et prétendent, non sans raison, en avoir introduit la fabrication et la consommation en Normandie. Selon la tradition, le cidre se boit dans les cidreries à la fin de l'hiver.

Une vraie cidrerie est un endroit un peu magique, plein de monde et de bruit, où l'on boit à volonté en pratiquant le *txotx* (servi de très haut devant les cuves) et en mangeant des plats simples et toujours identiques : morue, omelette, côte de bœuf. La plupart des cidreries basques se trouvent en Guipúzcoa autour de Donostia – San Sebastián (voir le chapitre sur le Guipúzcoa).

Le vin

Concernant le vin *(arnoa)*, quatre grandes appellations viticoles se partagent le gâteau.

– *L'irouléguy* est un vin blanc, rouge ou rosé dont la réputation n'en finit pas de grandir. Le vignoble se trouve essentiellement sur les pentes du mont Arradoy près du village d'Irouléguy, en Basse-Navarre. Son cépage d'origine est le vieux *curixketu belza*, probablement très proche des cépages introduits par les Romains en Aquitaine. Mais l'irouléguy résulte désormais d'un mélange où interviennent le tannat (en basque, *bordeleza*), le claverie et le cabernet. Il est charpenté et riche en tanin.

– *Le txakoli* est un vin blanc très sec, légèrement pétillant, qui n'est produit que dans un tout petit cercle autour de Getaria et Zarautz (en Guipúzcoa) et de Bakio (en Biscaye). Il est parfait à l'apéritif et avec les coquillages, mais il ne se garde pas en cave très longtemps (un an, tout au plus). On le sert de nettement moins haut que le cidre basque, mais d'un grand geste, sec et précis, en mettant une petite distance entre le verre et la bouteille afin de l'oxygéner et de le faire légèrement perler. En fait, il est issu, comme l'irouléguy, du cépage *curixketu* sous ses deux formes, *belza* (noir) et *zuria* (blanc, cette dernière variété étant aussi le cépage originel du jurançon), mais en Euskadi, on ne le mélange pas à d'autres cépages. Sous le climat du Guipúzcoa, ce raisin mûrit imparfaitement et donne son acidité au vin. Le *curixketu* n'est conservé, sous sa forme ancienne, qu'à Getaria-Zarautz et dans la région de Bakio en Biscaye, ce qui fait du txakoli une relique précieuse.

– Le sud de l'Álava est intégré dans la dénomination d'origine **rioja** sous le nom de **rioja alavesa.** Les vins sont très fruités, assez forts en alcool et riches en tanin. C'est autour des villes de Labastida, Laguardia-Biasteri et surtout dans le village d'Elciego que l'on trouve les meilleurs riojas d'Espagne. Les grandes *bodegas* (caves) ont pour nom Marqués del Riscal, Remelluri, Muga, Domecq, Faustino Martinez...

Le cépage typique du rioja s'appelle *tempranillo* et ne donne que des vins rouges. Au fil du temps, d'autres cépages sont venus s'ajouter, notamment le grenache, le tannat et le merlot. La particularité du vignoble en Navarre et Rioja est sa taille en buisson. Sur ces terres venteuses et sèches, la vigne n'est pas palissée, de sorte que les feuilles protègent bien le raisin de la dessiccation, d'autant que le tempranillo est sensible au vent. Cela impose de ne pas utiliser de moyens mécaniques.

C'est la tradition qui, pendant longtemps, a pu donner ce qu'on appelait des vins de l'année (*tinto del año* ou *tinto jovén*). Au XVIIIe s apparaît la méthode bordelaise, qui consiste à égrapper le raisin avant foulage. Le vin jeune est plus acide, mais il vieillit mieux. Puis, avec l'agronomie moderne, apparaissent les nouveaux cépages, essentiellement en provenance de France. Peu à peu, chaque *bodega* va créer son vin en dosant différemment tempranillo et cépages étrangers. Ce nouveau type de vin, qui peut se garder, s'appelle *tinto de crianza*. Il est meilleur mais plus cher, car il nécessite plus de main-d'œuvre pour égrener le raisin. Donc, dans les bars, pour ne pas écorner son budget, boire du *tinto jovén*. À table, choisir au contraire du *tinto de crianza* dont 1964 reste « l'année du siècle » (les prix aussi, d'ailleurs).

– **Le navarre** est produit dans tout le sud de la province du même nom entre Sangüesa et Tudela à partir d'une variété particulière de tempranillo. Vin riche en tanin, parfois lourd, parfois âpre, parfois merveilleusement parfumé, il jouit d'une réputation égale à celle des vins de la Rioja castillane.

– Côté nord, n'oublions pas le **jurançon**, grande star du Béarn. Les vignobles qui produisent ce vin blanc sont implantés en majorité sur les collines entre Oloron-Sainte-Marie et Pau. Sec ou moelleux, à vous de choisir ! La romancière Colette, elle, disait : « Je fis, adolescente, la rencontre d'un prince enflammé, impérieux, traître comme tous les grands séducteurs : le jurançon. » Bien résumé !

Liqueurs et alcools

La liqueur fétiche du pays, ce n'est pas l'izarra mais le **patxaran**, macération de prunelles dans de l'alcool d'anis. La production de prunelles sauvages n'a pas suivi celle de la liqueur, et on trouve beaucoup de patxarans fabriqués avec de l'essence aromatique importée des pays de l'Est. Ne boire que les bouteilles où l'on peut voir les prunelles (c'est en général spécifié sur l'étiquette avec la mention « con endrinas »). La **manzana** est un alcool de pomme verte. En Rioja alavesa, on vous proposera de l'**orujo**, un marc de vin, assez fort, servi dans des verres coniques sans pied. Le verre repose dans une petite carafe emplie de glace pilée afin de conserver l'alcool glacé.

DRÔLE DE COCKTAIL

Une des boissons préférées des Basques tant du Nord que du Sud est le kalimucho. Et quand on sait ce qu'il y a dans le verre, on se demande pourquoi ! Goûtez donc : une bonne dose de vin rouge de table, une rondelle de citron, quelques glaçons, le tout noyé de Coca. Et c'est bien moins mauvais que la recette ne le laisse supposer. En tout cas, le kalimucho rencontre un grand succès, aussi bien chez les jeunes fêtards qu'auprès des petits couples chic.

La bière

Les Basques boivent également beaucoup de **bière** *(cerveza)*, c'est même la boisson la plus répandue. Mais attention : dans un bar, *una cerveza* veut dire une bière en bouteille. Meilleure, en fait, est la bière à la pression, qui se dit ¡ *Una caña, una !* Histoire de ne pas rouler sous la table quand on fait la tournée des bars à tapas, le *zurito* est plus petit que le demi, équivalent du galopin. Et pour les grandes soifs, notez qu'un panaché s'appelle *una clara*, et qu'*un tubo*, c'est un demi-litre. Tant qu'à siffler une mousse, autant essayer celles du coin, à commencer par une des plus répandues, *Eki*. Nombreuses bières artisanales également.

LES CHEMINS DE SAINT-JACQUES-DE-COMPOSTELLE

Pour une description détaillée des itinéraires et des infos pratiques, reportez-vous à la rubrique « Sur les chemins de Saint-Jacques-de-Compostelle » dans « Pays basque – Béarn utile », plus loin.

Les chemins de Compostelle, c'est un tout. Alors, plutôt que de vous présenter uniquement les chemins qui traversent le Pays basque, nous avons préféré vous faire un topo général.

Classés dans les ***Itinéraires culturels européens*** par le Conseil de l'Europe en 1987 et inscrits au Patrimoine mondial de l'humanité par l'Unesco (en 1993 pour le côté espagnol et en 1998 pour la partie française), les chemins vers Compostelle étaient déjà foulés par de nombreux pèlerins en l'an 1000. Aujourd'hui, on en compte près de 500 000 chaque année. Or, en Pays basque, le *Camino* est une réalité toujours vivante depuis 10 siècles et fort méconnue des voyageurs.

Un peu d'histoire

Saint Jacques le Majeur (ne pas confondre avec son frère Jacques le Mineur) est l'un des 12 apôtres. Histoire et légende se mêlent. En l'an 44 apr. J.-C., il est décapité à l'épée (détail important) devant Jérusalem. Ses disciples emportent sa dépouille dans une barque qui, guidée par les anges, vient accoster sur les côtes de Galice où l'on enterre l'apôtre. Puis on oublie la tombe et son emplacement. Au tout début de la chrétienté, saint Jacques est traditionnellement représenté avec l'épée de son supplice. De là à en faire le patron des chevaliers, il n'y avait qu'un pas. Bien sûr, c'est ainsi qu'il apparaît à Charlemagne pour lui intimer l'ordre d'aller combattre les Maures. Et voilà que lors d'une bataille près de Logroño, au moment où le roi des Asturies Ramiro Ier va succomber sous le nombre, un cavalier monté sur un cheval blanc surgit et taille les ennemis en pièces ; tout le monde a reconnu saint Jacques le tueur de Maures, *Santiago Matamoros*. C'est au même moment qu'un champ d'étoiles (en latin *campus stellae*, d'où Compostelle) indique à des bergers où se trouve la tombe du saint.

L'Espagne chrétienne s'était trouvé au bon moment un patron de qualité (il l'est encore d'ailleurs) : compagnon du Christ, apôtre, tueur de musulmans et enterré localement. À l'approche de l'an 1000, c'était une bénédiction politique et religieuse. On lui construisit donc une basilique (sur l'emplacement d'une ancienne église rasée par les Arabes, tout est bon pour les symboles), et les miracles commencèrent.

Le premier pèlerin connu est l'évêque Godescalc, du Puy-en-Velay, qui, parti d'Auvergne au début du Xe s, couvrit à pied 1 500 km pour atteindre l'Atlantique. Son exemple fut rapidement suivi, mais il faut quand même attendre plus d'un siècle pour que le pèlerinage s'organise. C'est qu'on ne peut pas passer partout. Les Pyrénées centrales, trop hautes, sont inaccessibles. Pas question de passer par la vallée de l'Èbre : Saragosse est encore aux mains des musulmans, qui, certes tolérants, sont malgré tout en guerre contre les chrétiens.

Les premiers pèlerins, ceux du Xe s, n'ont donc pas le choix et empruntent la route des Pyrénées occidentales. Le passage principal est le col d'Ibañeta d'où l'on peut gagner la plaine de l'Álava par les montagnes du Guipúzcoa et le fameux tunnel de San Adrián, tunnel naturel qui relie à travers la montagne le Guipúzcoa à l'Álava (désormais classé au Patrimoine mondial par l'Unesco). De là, les pèlerins peuvent se diriger vers l'ouest. Anglais et Allemands prennent le bateau et débarquent soit à Bordeaux, soit à Bayonne, économisant ainsi de longues journées de marche (mais les naufrages étaient nombreux). La voie côtière est donc très fréquentée.

Les premiers monastères surgissent à la fois pour accueillir les pèlerins et pour renforcer la puissance des rois chrétiens, en première ligne pour lutter contre les musulmans. Ils avaient, par bulle papale, le droit de porter la croix rouge et de prendre le titre de croisés pour les guerres de reconquête. L'intérêt des moines était évident : plus ils aidaient les pèlerins, plus la noblesse leur donnait de terres et d'aumônes pour cette sainte mission.

Le ***premier chemin de Saint-Jacques***, appelé en Espagne *Camino Real*, ignorait donc l'Aragon et la Navarre, trop proches des terres musulmanes et, de ce fait, dangereuses. En plus, ce chemin basque avait un avantage évident : il suivait partiellement l'ancienne voie romaine de Bordeaux à Astorga qui continuait à être visible et utilisée (elle l'est encore de nos jours, on en reparlera). C'était la route ancienne, connue, classique, sûre. Un autre chemin, plus long mais encore plus sûr, longeait la côte de Bayonne à Balmaseda. Ce n'est qu'à la fin du XIe s, après la reconquête de Huesca, qu'apparaît le chemin du Somport ou ***Camino Aragonés***. À la même époque, les pèlerins commencent à descendre de Roncevaux vers l'hôpital de Cizur, un faubourg de Pampelune. La jonction des deux chemins se fait à Puente la Reina. Pourquoi on vous raconte tout ça ? Pour vous dire que jusqu'à la fin du XIIe s, il y a des pèlerins, des hospices et des églises dans tout le Pays basque.

Or, voici qu'au milieu du XIIe s un petit moine poitevin appelé **Aymeri Picaud** publie le récit de son pèlerinage. Le livre rencontre un vrai succès. Picaud était passé par les ports de Cize mais décrivait aussi le chemin du Somport. Et voilà comment, peu à peu, à cause d'un livre, les pèlerins se détournèrent des itinéraires de l'Ouest et que, huit siècles plus tard, personne ne pense au Guipúzcoa ou à l'Álava quand on parle des chemins de Saint-Jacques.

On imagine mal ce que fut ce pèlerinage à son **apogée aux XIIIe et XIVe s.** Ce sont des milliers d'Européens qui, chaque année, prennent la route à pied, ou à cheval pour les plus fortunés. Un véritable engouement, au grand dam des pèlerinages séculaires de Rome et de Jérusalem. Riches ou pauvres, les pèlerins affluent de toute l'Europe chrétienne pour se faire pardonner leurs péchés, accomplir un vœu, également par goût de l'aventure, par désir d'ailleurs.

SUIVEZ LE GUIDE !

Au milieu du XIIe s, le moine Aymeri Picaud publia le récit de son pèlerinage jusqu'à Saint-Jacques-de-Compostelle et en fit un vrai guide (le premier) avec passages dangereux, problèmes rencontrés et tuyaux pour se faciliter la vie. Il fit le tri entre bons et mauvais hospices, signala les passeurs véreux... Une sorte de Routard, sauf qu'il fut recopié à la main, puisque Gutenberg n'était pas encore né !

Franchissant gués et montagnes, malgré les intempéries, ils n'hésitent pas à faire des détours pour obtenir quelque grâce particulière. Les confréries de Saint-Jacques et les ordres religieux les protègent. Mais beaucoup meurent d'épuisement en route. Le costume du pèlerin est celui que l'on voit porté par toutes les statues de saint Jacques, innombrables dans les églises basques. Au Moyen Âge, les pèlerins étaient revêtus d'un long manteau (la « pèlerine ») et d'un grand chapeau contre les intempéries. On ne s'étonnera donc pas que saint Jacques soit aussi le patron des chapeliers... Les chroniques de l'époque rapportent qu'ils « portaient une calebasse et empoignaient un bourdon contre les coquillards ». En v.f., comprenez qu'ils portaient une gourde et empoignaient un haut bâton ferré contre les voleurs. L'hospice religieux ou « hôpital » les recevait gratuitement. Et de chanter : « Ma calebasse, ma compagne. Mon bourdon, mon compagnon. La taverne m'y gouverne. L'hôpital est ma maison. »

Ceux qui ne périrent pas en route revinrent honorés et estimés, le chapeau orné de la **coquille Saint-Jacques** prouvant leur qualité de pèlerin et le succès de leur pèlerinage. Cette coquille devint le symbole du *Camino*. Elle figure partout, sur les représentations du saint, sur le tympan des églises ou le linteau des hospices. Mais pourquoi la coquille ? Parce qu'à l'époque, il restait encore quelques coquilles Saint-Jacques sur la plage d'El Padrón, que l'on distribuait aux pèlerins sur le parvis de la basilique, prouvant qu'ils y étaient bien allés. Elles valent actuellement entre 1 et 3 € en magasin. Sacrilège ! Les touristes les portent à l'aller... comme au retour !

Cette coquille, le voyageur d'aujourd'hui la rencontre partout, parfois assez loin de ce que l'on appelle aujourd'hui le chemin de Saint-Jacques, et qui n'est, en fait, que l'un des chemins. Car le maillage serré des sentiers, les erreurs d'orientation, les changements de dernière minute pour une auberge fermée ou un chemin effondré multipliaient les voies possibles. Les pèlerins quittaient le chemin principal pour rendre visite à tel ermite renommé ou pour faire leurs dévotions dans telle chapelle consacrée à leur saint favori.

En Pays basque, région tôt christianisée et au relief complexe, ces lieux étaient innombrables et, après l'entonnoir obligatoire des cols, les marcheurs de Dieu allaient partout, soulagés d'avoir passé le plus gros obstacle, ces montagnes sauvages, domaine des loups et des ours. Il leur suffisait de rejoindre l'Èbre et de suivre son cours pour arriver au terme de leur périple.

Durant des siècles, les candidats au pèlerinage s'imprègnent des écrits des pèlerins. Le succès de Picaud a un peu éclipsé les autres récits. Par exemple, en 1621, Jean Leclerc publie *Le Chemin de monsieur Saint-Jacques* où il détaille les étapes basques, de Bayonne à Miranda del Ebro.

Le pèlerinage se poursuivra jusqu'au XVIe s. L'irrésistible ascension du protestantisme en Europe du Nord ferme la vanne des pèlerins allemands, suisses et hollandais. La France se démène dans les guerres de Religion : le Béarn et les

terres gasconnes, protestantes, deviennent dangereux pour les catholiques. Les monastères se vident, d'autres destinations prennent le relais : Rome, Jérusalem retrouvent leur attrait.
Il faudra attendre les années 1950 pour que la Société des amis de Saint-Jacques-de-Compostelle, puis de multiples sociétés locales s'attachent à faire revivre le pèlerinage.
Le boom des GR (sentiers de grande randonnée) dans les années 1970 participe à la reconstitution d'un itinéraire suivant approximativement le Grand Chemin. Au-delà des Pyrénées, le mouvement s'amorce au début des années 1980 sous l'impulsion d'un prof de fac passionné, le professeur Millan Bravo Lozana.
Le chemin originel, le « vrai » et vieux chemin du Xe s, est systématiquement oublié, et cet oubli ne nous a jamais semblé autant injuste qu'un petit matin où nous avons traversé l'antique tunnel de San Adrián pour déboucher sur la lumineuse plaine d'Álava.

Aujourd'hui

Les pèlerins sont de plus en plus nombreux chaque année à suivre les traces de saint Jacques. La majorité d'entre eux affichent autour de 50 ans, mais les très jeunes et les octogénaires ne sont pas rares. Certains apportent à leur démarche une ferveur religieuse. Mais la plupart voient simplement dans les sentiers de Saint-Jacques l'occasion d'une longue randonnée pédestre et culturelle, alliant l'effort physique à la découverte de l'art roman et des somptueux paysages des plateaux navarrais ou des sierras de l'Álava.

CUISINE

Il n'y a pas une, mais deux cuisines basques : la cuisine de la montagne, terre d'élevage de l'agneau et du porc, et la cuisine de la côte, domaine des pêcheurs. Ajoutons aussi qu'il y en a une troisième, dans le Sud, que l'on appelle, comme dans toute l'Espagne, la « nouvelle cuisine basque ». C'est aussi tarte à la crème que la nouvelle cuisine française, à la différence quand même qu'au Pays basque vous ne risquez jamais de mourir de faim, car on remplit toujours copieusement les assiettes !
En réalité, il s'agit surtout à l'origine d'un choix rigoureux des produits. Mais l'industrialisation frappe fort et il est indispensable d'avoir quelques clés pour savoir ce que l'on mange et pour choisir ses restos. Bien entendu, les bons produits sont plus chers et l'addition peut s'en ressentir, surtout dans les villes.

Préliminaires sur les coutumes locales

– Dans le Sud (côté Espagne), à l'exception de certaines stations balnéaires ou de quelques petits villages, les horaires des repas sont différents de ceux pratiqués en France. Pour le déjeuner, de 13h ou 13h30 à 15h30-16h ; pour le dîner, de 20h30 ou 21h à 23h (il fait moins chaud). Petit déj : de 8h à 10h.
– Même remarque que pour les hôtels, encore dans le Sud : il faut parfois ajouter aux prix affichés une taxe (*IVA*, de 10 %). De plus, le pain peut être facturé (mais normalement, si on le refuse, il n'est pas compté). Les restaurants affichent souvent un *menú del día* (menu du jour) qu'ils ne servent, la plupart du temps, qu'au déjeuner en semaine. S'ils ne l'affichent pas, ils en ont quelquefois un malgré tout, n'hésitez pas à leur demander.
– Toujours dans le Sud, l'habitude est de faire un bon déjeuner et, le soir, de se nourrir au comptoir des bars à tapas, appelées ici *pintxos* (voir un peu plus loin).
– Dans les bars à *pintxos*, on peut, selon l'importance de son appétit ou tout simplement pour goûter à plusieurs spécialités, commander *una ración* (une assiette entière) ou *una media ración* (une demi-assiette). En général, pas la peine de

commander (sauf pour ce qui doit être servi chaud). On demande une assiette, on se sert et on indique au garçon ce que l'on a pris. Ne cherchez pas à tricher ; le serveur sait parfaitement ce que vous avez mangé et vos voisins aussi. Le système est basé sur la confiance mutuelle.

La cuisson *a la plancha (planxa)*

Le secret de la cuisine basque ! Pas si secret que ça d'ailleurs, vu l'engouement que connaît ce mode de cuisson. Aujourd'hui, de Madrid à Paris en passant par Londres et New York, les chefs passent tout *a la plancha*. Il faut dire que tout s'y prête : seiches, ventrèche de thon, calamars, moules, merlu, gambas, côte de bœuf, aubergines, tomates, *piquillos* ou champignons... Une plaque en acier, fonte ou inox, chauffée à très haute température (plusieurs centaines de degrés), permet de saisir instantanément les aliments qui gardent ainsi tout leur jus, toute leur saveur. D'une sublime simplicité !

La cuisine de la côte

Elle utilise surtout, bien sûr, les poissons et les fruits de mer avec, en vedettes, l'anchois, la morue, le merlu et les tourteaux ou araignées de mer. Certains produits viennent du voisinage : les moules de Galice et les huîtres d'Arcachon. Les gambas (grosses crevettes) viennent, quant à elles, plutôt de Huelva (sud de l'Espagne)... ou des mers tropicales.
Le poisson du golfe de Gascogne est un poisson de mer froide, et les pêcheurs prétendent que le bon poisson se capture pendant les mois finissant en « r » (septembre, etc.). En été, l'eau se réchauffe et la texture de la chair change. Le poisson se conserve alors moins bien. Choisissez, autant que faire se peut, un poisson « de ligne ». Ceux qui sont pêchés au chalut sont compressés par le poids des autres et souvent abîmés par les mailles du filet, tandis que le poisson de ligne est parfaitement préservé. Il se conserve donc mieux et son goût est plus fin. La présence de poisson de ligne sur une carte est une garantie de qualité. Mais il est aussi plus cher. Et puis il faut bien le dire : même vendu directement par les pêcheurs sur le port, le poisson reste un produit cher. Donc, un bon resto de poisson sera toujours cher.

Choisir selon les saisons

– Les **anchois** et les **sardines** sont abondants de fin avril à fin août. C'est l'époque des délicieuses grillades. En dehors de cette période, ils sont soit congelés, soit importés. Le **thon**, qui se nourrit d'anchois, arrive à peu près en même temps, de mai à septembre. Au-delà, suspicion de congélation. Il peut arriver que les anchois et le thon soient présents plus tardivement. Mais c'est suffisamment rare pour que la presse en parle.
– La **daurade** est abondante, surtout à l'automne, mais on en trouve toute l'année, surtout la daurade royale appelée *besugo*. Attention au poisson d'élevage, plus gras et à la chair moins ferme.
– La remarque vaut pour la **louvine** : pour savoir si une louvine est sauvage, observez le dos. Les louvines sauvages ont autant de chair sur le dos que sur le ventre, alors que les louvines d'élevage ont des filets inférieurs surdéveloppés (elles ne nagent pas assez, les *pôvres* !).
– Le **merlu** se pêche toute l'année et ne s'élève pas, du moins pas encore.
– Le **chipiron** (ou encornet, ou calamar) est abondant de fin mai à fin août. Mais comme les meilleurs se pêchent à la ligne, le prix peut être prohibitif : la plupart des chipirons à l'encre vendus en Pays basque sont hélas congelés, et c'est la sauce qui fait passer le plat. Les Basques adorent les chipirons frais simplement poêlés avec un peu d'ail. Un vrai régal.! Quand vous les aurez goûtés, vous refuserez les calamars caoutchouteux qu'on nous inflige trop souvent.

– Il y a peu de **poissons plats,** et on n'en trouve jamais dans les semaines qui suivent les tempêtes. Le turbot est souvent d'élevage. Un petit truc : la peau du turbot sauvage est hérissée de petits piquants, absents sur la peau du turbot d'élevage.
– Les **poissons de roche** sont rares, à l'exception de petits rougets barbets appelés vendangeurs parce qu'on les pêche en septembre-octobre.
– Parmi les poissons de rivière, le **saumon sauvage,** devenu très rare, se pêche d'avril à juin, aux mêmes époques que la *truite.* Le reste de l'année, il s'agit de poissons élevés et/ou surgelés. On trouve dans l'arrière-pays d'excellents élevages de truites en eaux vives. Une des spécialités locales : les truitelles (autrement dit les bébés truites) préparées en fricassée.
– L'*alose* est également très rare, et il n'y a pas d'élevage.
– Enfin, les **pibales** (alevins d'anguilles ou civelles) sont capturées lors de leur remontée des fleuves, de novembre à mars. C'est un plat de Noël traditionnel en Hegoalde, où on les fait revenir dans des cassolettes avec un peu d'ail, de l'huile d'olive et une pointe de piment. Attention : depuis quelques années se développe la commercialisation des *nagulas,* fausses civelles faites avec de la morue et du surimi. L'imitation est excellente (elles ont même des yeux faits avec de l'encre de seiche) et dépanne à bon compte bon nombre de tables familiales. L'illusion est presque parfaite, on pourrait presque s'y tromper après cuisson (c'est quand même un peu plus mou), surtout si le cuisinier force sur l'ail et le piment. Le problème, c'est que certains vendent ces ersatz au prix des vraies, soit près de 30-40 € la ration. C'est que, depuis quelques années, les Japonais raflent toutes les pibales afin de repeupler leurs rivières, et les cours explosent. Du coup naissent de vraies vocations de pêcheurs : une bonne pêche peut rapporter plus de 3 000 € en une nuit... En hiver, vous verrez de nombreuses voitures transportant d'immenses tamis longer les quais de l'Adour à la recherche de la pêche miraculeuse.

Quelques spécialités

– **Marmitako :** ragoût de thon. Plat traditionnel des pêcheurs qui préparaient une marmite de court-bouillon avec pommes de terre et tomates quand ils quittaient le port. Les premiers poissons pêchés étaient mis à cuire et mangés à la fin de la pêche. Nombreuses variantes.
– **Ttoro :** soupe de poisson traditionnelle. À base de merlu et de lotte, mais surtout de bas morceaux (tête, par exemple), qui sont là pour donner du goût. On peut y trouver quelques moules, mais presque jamais de poissons de roche, au contraire de la bouillabaisse. Les restos qui font du vrai *ttoro* sont très rares, la plupart utilisant des préparations toutes faites.
– **Txanguro :** araignée de mer ou crabe farci à la basquaise. Ne se trouve que dans les vrais restos de poisson, car sa préparation est longue et coûteuse (les industriels de la bouffe évitent ce genre de plats).
– **Merlu koskera :** merlu cuit avec des légumes frais, notamment des petits pois.
– **Morue à la biscaïenne :** morue cuite avec des légumes, surtout des tomates, des poivrons et de l'ail.

La cuisine de l'intérieur

– Les Basques utilisent abondamment le **porc,** mais pas n'importe lequel : il faut un cochon pie (rose et noir) élevé en liberté en montagne, où il peut manger glands et châtaignes à volonté. De nombreux restos proposent du jambon *serrano* (jambon de montagne espagnol très sec), et quelques-uns du *jabugo* (jambon de cochon sauvage longuement séché – fabuleux mais très cher). Le jambon *bellota,* encore meilleur que le précédent, signifie que le cochon s'est nourri à la glandée en forêt.
Outre le jambon, le cochon donne les *chichons,* sorte de rillons gras que l'on tartine sur un bout de pain chaud, la *ventrèche* ou *xingar* (prononcez « chingar »),

fines tranches de poitrine séchée parfumée au piment, et les charcuteries traditionnelles. La saucisse est souvent servie confite et très cuite. La saucisse basque traditionnelle *(chistorra)* est fine, sèche et assez pimentée.
– L'*agneau* est le plus souvent servi grillé, sauf dans le cas du *txillindron* où il est cuisiné en petits dés avec des poivrons. Le mouton est largement utilisé, notamment pour faire des petits boudins *(tripoxa)* cuisinés à la tomate. Un des plats phares de la région (en tout cas dans le Nord et le Béarn) reste la fricassée de ris d'agneau. Un must pour tout amateur d'abats. La Castille et les Pyrénées en général fournissent un agneau d'excellente qualité, qu'il soit de lait ou jeune « broutard ». Il est bien meilleur marché dans le Sud.
– Le *veau* est, avec le piment d'Espelette, l'ingrédient principal de l'*axoa* qui, comme son pauvre copain le poulet basquaise, souffre de malfaçon dans de nombreux restos. Délicieux (mais rustique) quand il est bien préparé, il a souvent l'aspect d'un hachis en sauce.
– Le *bœuf* est fort présent lui aussi. La *txuleta,* autrement dit la côte de bœuf, grillée comme il se doit *a la plancha,* est même un incontournable du « menu cidrerie ».
– Les *escargots* sont une spécialité de la côte. Ils sont cuisinés en sauce avec du jambon et de l'oignon. Les puristes distinguent les escargots « à la bayonnaise » des escargots « à la gipuzkoane », qui diffèrent par la qualité et la quantité de jambon.
– Les *gras-doubles* (en espagnol, *callos*) sont un plat traditionnel du Pays basque. Ils se différencient des tripes classiques par l'abondance des épices utilisées (plus de 10, dont le fameux piment d'Espelette) et par le temps de cuisson. De nombreux restos de qualité n'hésitent pas à les mettre à leur carte, avec des variantes, comme les gras-doubles de veau.
– La *palombe* se mange rôtie lors du passage (octobre-novembre) et en salmis (ragoût) toute l'année. Bien que ce soit délicieux, nous déconseillons d'en consommer : la plupart des palombes servies hors zones et périodes de chasse viennent des pays de l'Est, où une chasse anarchique détruit année après année les populations de ces oiseaux. Inutile d'être complice !
– *Le canard :* on le retrouve surtout dans la garbure. Vous n'y échapperez pas, cette soupe du Béarn est servie en entrée dans (presque) tous les restaurants. Confit de canard, chou vert, pommes de terre et poitrine fumée sont les ingrédients de base. Pas vraiment léger mais revigorant après une randonnée dans les Pyrénées.

Le jambon de Bayonne

Depuis 1999, le jambon de Bayonne est protégé par une *Indication géographique protégée (IGP)*. Cependant, nous sommes loin d'aimer cette IGP. Les jambons qui auront satisfait au cahier des charges seront marqués d'une croix basque et du mot « Bayonne », mais le cahier des charges permet de drôles de choses.
La zone d'élevage est « limitée » au grand Sud-Ouest, en clair jusqu'à Poitiers, dont on ne savait pas que c'était la banlieue de Bayonne ! Les porcs peuvent être des porcs industriels élevés en batterie avec des aliments à base de céréales. On est loin du cochon élevé en liberté, se nourrissant de glands, de châtaignes et même d'herbes qui lui donnaient des goûts différents. Les jambons devront avoir séché dans le bassin de l'Adour pendant 4 mois au moins, et les séchoirs artificiels sont acceptés. Il faut savoir qu'un bon jambon fermier séchait à l'air libre, dans les greniers des maisons ou les granges, pendant 9 à 12 mois. Quant aux condiments, leur nature n'est pas précisée, alors que le jambon de Bayonne se salait au sel gemme (sels de Salies, Bayonne ou Briscous) et non au sel de mer, qui modifie la texture et le goût de la viande. Le pire, c'est que de nombreux petits charcutiers ont adhéré au système. La croix basque peut donc orner des produits artisanaux de qualité aussi bien que des jambons industriels. D'autres ont refusé de se joindre

à cette opération de marketing, et leurs jambons, souvent délicieux, ne seront pas estampillés. Pas facile de s'y retrouver dès qu'on s'éloigne des producteurs dont la renommée s'est bâtie sur l'excellence des produits : *Montauzer, Mayté, Ospital* ou *Oteiza*...
– Si vous passez à Bayonne à Pâques, vous assisterez à la **foire au jambon** qui s'y tient depuis cinq siècles. Tous les ans s'y déroule un concours du jambon fermier où l'on récompense les producteurs familiaux. Et, surprise, ces jambons de compétition valent souvent moins cher que les autres.

Fruits et légumes

On vous parle plus loin des jardins de la vallée de l'Èbre (sud de la Navarre et de l'Álava), qui produisent des légumes exceptionnels, en particulier les *cogollos* (petits cœurs de laitue) et les artichauts de Tudela, les asperges de Navarre et les *pimientos del piquillo* de Lodosa, succulents petits poivrons rouges qui se servent soit poêlés à l'ail, soit farcis de morue ou de hachis d'agneau.
– En revanche, le *piment d'Espelette,* séché et réduit en poudre, sert à relever les plats, car il n'est guère plus piquant que le poivre mais beaucoup plus parfumé parce qu'il a longtemps séché au soleil. On voit un peu partout les taches rouges des colliers de piments pendus aux façades des maisons.
– *La piperade* est un mélange de poivrons verts et rouges avec un peu de tomate (les piperades industrielles inversent la proportion, question de prix). Après une longue cuisson qui réduit en bouillie les poivrons, on ajoute des œufs brouillés et une tranche de jambon frit.
– *Les cèpes* ne peuvent être frais qu'à l'automne, ce qui n'empêche pas de les voir sur les cartes toute l'année. Les conserves sont acceptables s'il s'agit de champignons locaux et non de cèpes importés : préférez les producteurs artisanaux.
– Plus insolite, le *kiwi de l'Adour,* cultivé de part et d'autre du fleuve (principalement dans les Landes), a trouvé ici un terroir de prédilection et a obtenu le Label Rouge.

Fromages, laitages et pâtisseries

– *Les yaourts au lait caillé de brebis* s'appellent *mamia* en basque et *cuajadas* en espagnol. C'est délicieux avec un peu de miel ou de confiture de cerises noires. Une laiterie a mis au point une glace au lait caillé de brebis. Innovant, surprenant et pas mauvais du tout !
– Le seul fromage basque est le *fromage de brebis* à base de lait le plus souvent cru appelé *ardi gasna,* ce qui signifie tout simplement « fromage de brebis ». Il doit être un peu sec, légèrement salé et sans ferments lactiques (qui améliorent la conservation mais donnent une note sucrée au fromage). On le propose souvent avec de la confiture de cerises noires dans le Nord, avec du *membrillo* (pâte de coing) dans le Sud. C'est ainsi que les bergers l'adoucissaient quand ils avaient un fromage trop vieux et un peu aigre. Normalement, un *ardi gasna* frais ne mérite pas un tel traitement. L'idéal est de trouver un fromage bien séché (dans une ferme ou chez un très bon marchand : les fromages industriels n'ont pas le temps de sécher) et de le servir en fines écailles avec la confiture.
À priori, c'est le mode de fabrication le plus simple : du lait de brebis, cru, non pasteurisé, non mélangé, pressé et non cuit, qu'on laisse mûrir pendant 2 à 6 mois. Simple ? Tout dépend du lait, de la race de la brebis, des pâturages, du savoir-faire des bergers. Au point que sur ce seul produit, il existe trois appellations d'origine contrôlée avec des cahiers des charges drastiques : **ossau-iraty** sur le versant nord des Pyrénées, **roncal** dans la vallée navarraise de Salazar et, surtout, **idiazabal** en Guipúzcoa et Navarre, autour du village du même nom. On retrouve malheureusement la même situation paradoxale que pour le jambon de Bayonne. À savoir que l'essentiel des fromages AOC sont des fromages issus de laiteries

industrielles et semi-industrielles qui, avec le temps, ont réussi à faire de leur goût formaté un modèle. Résultat, nombre de fromages fermiers se retrouvent exclus de l'appellation parce que différents. En fait, rien ne vaut l'expérience, alors goûtez avant d'acheter !

Le *fromage d'Idiazábal* a la réputation d'être le meilleur fromage d'Espagne. Sa production obéit à des critères très stricts et elle est largement saisonnière : le fromage commence à être préparé au début du printemps, époque de la lactation, puis est mis à affiner par les bergers en été. Il est consommable à partir de la fin du mois d'août. C'est à cette époque qu'a lieu à Ordizia (Navarre) le concours du meilleur fromage, à l'issue duquel les fromages primés sont mis aux enchères. Le record actuel, atteint aux enchères de 2014, est de 13 050 € pour un demi-fromage... Il s'agit, pour quelques notables ou des entreprises, de se faire valoir en invitant amis et clients à déguster le nec plus ultra de la production d'idiazabal. Avec les progrès de la conservation des laits, on produit de l'idiazabal toute l'année. Mais les meilleurs ne se trouvent qu'en fin d'été sur les marchés paysans. Dernier conseil, préférez les producteurs aux revendeurs. Sur les marchés, des stands offrent un choix multiple, large et tentant. Or, ils n'ont pas toujours un débit suffisant pour proposer un fromage « à point » (et le fromage que l'on achète n'est pas toujours celui que l'on goûte !), et surtout, ils pratiquent des marges qui multiplient parfois le prix par quatre !

– Les *taloas* sont des galettes de farines mélangées (50 % de blé, 50 % de maïs), traditionnellement servies avec des œufs et de la ventrèche. Mais les crêpes bretonnes ont fait école, et on fourre désormais n'importe quoi dans les *taloas*.

– Enfin, le *gâteau basque,* traditionnellement fourré à la crème pâtissière ou à la confiture de cerises noires, voire au chocolat.

Le cacao

Il arrive du Mexique en Espagne dès le début du XVIe s. À cette époque, les Espagnols le préparent à la mode aztèque, en le mélangeant avec du piment et des épices, selon une vieille recette toujours connue au Mexique sous le nom de *mole*. Mais pour faire un bon *mole,* il fallait disposer de produits qui ont longtemps été le monopole des juifs, herboristes et médecins traditionnels de l'Espagne médiévale. Or les juifs, expulsés par les Rois Catholiques durant l'Inquisition, emportent avec eux leurs produits. Mais en Biscaye et en Navarre, quelques-uns convertis au catholicisme (ou qui ont fait semblant) vivent et gardent des contacts avec leurs coreligionnaires installés dans le Labourd voisin. Les réseaux d'échange fonctionnent bien, et le Pays basque va devenir la plaque tournante du chocolat européen : Mme de Sévigné faisait venir son chocolat de Bayonne. La tradition du chocolat va atteindre son apogée au XIXe s quand l'impératrice Eugénie, folle de chocolat, comme beaucoup d'Espagnoles, favorise les artisans de la région de Biarritz.

À Bayonne, à Biarritz, mais aussi à Donostia – San Sebastián, à Cambo et à Tolosa, l'industrie chocolatière basque travaille à plein rendement. La tradition se perpétue, notamment à Bayonne, fondée sur des produits à forte teneur en cacao, sans adjonction de lait et un peu amers. Il y a même une très sérieuse Académie du chocolat de Bayonne et une guilde des chocolatiers !

Les sociétés gastronomiques

Il s'agit d'une véritable tradition locale, originaire d'Hegoalde, qui s'implante peu à peu dans le Nord (Pays basque français). Une société gastronomique basque est une bande de copains (on dit des *socios*) qui loue un local avec une grande cuisine pour se faire de bons petits plats. Régulièrement, chaque semaine ou chaque mois, une partie de la bande se met aux fourneaux et concocte un plat traditionnel, *marmitako* de thon ou merlu à la biscayenne. Les autres mettent la table, s'occupent des vins ou font la vaisselle. Après quoi, c'est la grande bouffe !

La nouvelle cuisine basque

Le phénomène de la « nouvelle cuisine basque » est un thème récurrent des chroniqueurs gastronomiques de la Péninsule (on ne peut pas dire qu'ils manquent d'imagination !). Arzac, Subijana, Berasategui et bien d'autres en sont, au sud, les figures emblématiques. Le phénomène paraît être la traduction dans l'hôtellerie de ce qui se passe dans les sociétés : les recettes de base sont des recettes traditionnelles où les meilleurs produits possibles sont retravaillés avec des ingrédients nouveaux qui les modifient légèrement mais sans en changer la substance. En outre, à quelques exceptions près, les portions sont copieuses : cuisine nouvelle peut-être, mais cuisine basque surtout !

Les *pintxos*

Les tapas désignent les amuse-gueules du sud de l'Espagne et sont offerts avec votre consommation. En Pays basque, on parle plutôt de *pintxos*, du nom de la petite pique qui les coiffe : ils sont payants et souvent plus élaborés que les tapas. Certains frisent même l'œuvre d'art et jonglent avec les saveurs comme avec les couleurs. Il existe d'ailleurs des concours de *pintxos*...
Dans le même esprit que les sociétés gastronomiques dont on parle plus haut, une *semana del pintxo* est organisée un peu partout en Navarre (en général, en mars-avril ou en octobre-novembre) : un grand concours réalisé entre les différents bars-restos d'une ville, les restaurateurs s'affrontant pour déterminer lequel présentera les meilleures créations, lequel sera le plus inventif et inspiré. Un concours savoureux et réjouissant, puisque les restos proposent ensuite à leurs clients leurs meilleures trouvailles. Voilà un jeu dans lequel, pour une fois, tout le monde est gagnant.

Les fermes-auberges

Vous en trouverez plein en Béarn, dont certaines superbes. Les prix ont augmenté, c'est vrai. Mais les paysans ne s'enrichissent pas sur votre dos. Les bons produits (à commencer par le foie gras maison) ont un prix qu'il faut être prêt à payer. Les petits paysans du Pays basque et du Béarn ne sont pas les gros céréaliers de la Beauce, ils touchent peu de subventions. Ils essaient de survivre (non, on ne force pas le trait) en vous recevant dans le cadre d'un échange normal entre citoyens responsables. Au sud, ce sont surtout les cidreries qui servent les produits locaux.

Un peu de vocabulaire (en castillan, suivi éventuellement du basque entre parenthèses)

viande	carne (haragia)
mouton	carnero
agneau	cordero
porc	cerdo (urdia)
bœuf	vaca
jambon	jamón (xingar)
poulet	pollo (oilaskua)
veau	ternera
œuf	huevo (arroltz)
filet (de bœuf ou de porc)	solomillo
côtelette	chuleta
rôti	asado
grillé	a la plancha
frit	frito
poisson	pescado (arraina)
merlu	merluza (legatza)

morue	*bacalao (makailua)*
truite	*trucha (amuarraina)*
fruits de mer	*mariscos*
hors-d'œuvre	*entremés*
omelette	*tortilla*
salade	*ensalada*
légumes	*verduras* (ou *legumbres*)
dessert	*postre*
fromage	*queso (gasna)*
glace	*helado*
cerises	*cerezas (gereziak)*
vin	*vino (arnoa)*
vin rouge	*vino tinto*
vin blanc	*vino blanco*
eau gazeuse, plate	*agua con gaz, sin gaz (ura)*
bière, panaché	*cerveza, clara (garagardoa)*
cidre	*sidra (sagarnoa)*
pomme	*manzana (sagarra)*
lait	*leche (esnea)*
sel	*sal (gatza)*
poivre	*pimienta*
ail	*ajo (baratxuria)*
huile	*aceite*
vinaigre	*vinagre (ozpina)*
beurre	*mantequilla*
pain	*pan (ogia)*
bouteille	*botella*

DROITS DE L'HOMME

« Pourrissement » : c'est le terme qui revient, lorsque l'on évoque le processus de paix interminable censé mettre fin au conflit qui oppose les indépendantistes basques de l'ETA au gouvernement espagnol. Alors que l'organisation a officiellement annoncé l'arrêt définitif de ses actions armées en 2011, Madrid s'oppose toujours à toute forme de discussion tant que celle-ci ne se sera pas officiellement dissoute, et n'aura pas déposé les armes. Un plan de désarmement proposé par le gouvernement régional basque a été refusé par l'ETA en mai 2015, qui lui préfère une solution alternative, proposée par la coalition de partis autonomistes de gauche EH Bildu. Un dépôt d'armes sous la surveillance d'une commission indépendante internationale, mais qui s'accompagnerait du rapprochement géographique des détenus membres de l'organisation, et du retrait des forces espagnoles de la région. La commission, qui a déjà affirmé que le désarmement avait débuté, n'est cependant toujours pas reconnue par Madrid (certains de ses membres ont même été entendus par la justice espagnole depuis). La coopération entre les polices espagnole et française a encore abouti à de nombreuses arrestations et captures d'armes, mais selon certains spécialistes, entre 100 et 200 étarras (membres de l'ETA) seraient toujours présents côté français. Bref, le bras de fer continue, même si l'action armée a aujourd'hui laissé place à un combat plus politique. EH Bildu, qui intègre une bonne part des anciens dirigeants de Batasuna (aile politique d'ETA, interdite en Espagne), est en effet devenue une force politique importante. Mais pas question pour la justice espagnole de laisser penser aux dirigeants de l'ETA qu'ils pourraient être amnistiés pour les crimes passés. L'Audience nationale – la plus haute cour du pays – a en effet décidé de juger recevable une plainte des familles de victimes en juillet 2015, et d'ouvrir une enquête pour crimes contre l'humanité à l'encontre des dirigeants d'ETA.

Pour en savoir plus, n'hésitez pas à contacter :

En France

■ *Fédération internationale des Droits de l'homme (FIDH) :* 17, passage de la Main-d'Or, 75011 Paris. ☎ 01-43-55-25-18. ● fidh.org ● Ⓜ Ledru-Rollin.

■ *Amnesty International* (section française) *:* 76, bd de la Villette, 75940 Paris Cedex 19. ☎ 01-53-38-65-65. ● amnesty.fr ● Ⓜ Belleville ou Colonel-Fabien.

En Espagne

■ *Asociación Pro Derechos Humanos de España (APDHE) :* c/ José Ortega y Gasset, 77-2A, 28006 Madrid. ☎ 91-402-23-12. ● apdhe@telefonica.es ● apdhe.org ●

ÉCONOMIE

Il est impossible de dresser un portrait économique global du Pays basque, car il n'existe pas d'appareil statistique fiable qui permette de faire la synthèse entre deux autonomies à statut différent au sud (côté Espagne) et un demi-département au nord (côté France). Et les différences sont lourdes. Le Nord vit encore de l'agriculture (et du tourisme), alors que le Sud s'appuie sur l'industrie, en particulier la sidérurgie en Euskadi, secteur désormais fragilisé. Le Sud avait vu se développer de puissantes coopératives ouvrières, dont l'une des plus connues est le conglomérat *Fagor* à Arrasate-Mondragon (mais la branche électro-ménager a déposé le bilan en novembre 2013). Résurgence de l'antique tradition égalitariste des villages, la plupart de ces coopératives ont été créées dans les années 1950 à l'initiative de prêtres, comme le père Arizmendi à Mondragon. Au nord, c'est une autre industrie, celle du surf, qui fit un temps les beaux jours économiques de la région de Saint-Jean-de-Luz, alors surnommée la *Glisscon Valley.* Quelques sites industriels génèrent aussi une forte activité économique, comme le campus du pétrolier Total à Pau, 1er site industriel de la région. Mais ce qui fait l'actualité économique du Pays basque, c'est surtout la violente crise espagnole, qui frappe durement Euskadi et la Navarre. Certes, toutes deux sont plutôt riches (le PIB d'Euskadi est le plus élevé du pays) et résistent mieux que d'autres régions d'Espagne. Leur taux de chômage est, par exemple, nettement moins élevé qu'ailleurs sur le territoire. Fin 2015, on comptait 13,70 % de chômeurs en Euskadi et 13,50 % en Navarre, contre près de 21,20 % pour l'ensemble de l'Espagne. Euskadi est par ailleurs moins soumise que le reste du pays à l'effondrement du secteur de la construction, puisque ici c'est l'industrie qui tire l'économie. Il n'empêche, si le Pays basque résiste mieux, il souffre quand même. Enfin, si la région autonome a pu refuser d'appliquer les réformes libérales de la santé et de l'éducation voulues par le gouvernement conservateur de Madrid, il lui a fallu, comme ailleurs en Espagne, reporter sur les prix une forte augmentation de l'*IVA* (la TVA espagnole). Les prix ont grimpé, mais pas les salaires ni les pensions…

ÉMIGRATION ET DIASPORA

L'émigration, miroir aux alouettes, a saigné le Pays basque, et les rares réussites sont l'arbre qui cache la forêt.
D'abord, les chiffres. Au XIXe s, en moins de 60 ans, le Pays basque du Nord, peuplé de 120 000 habitants, a envoyé 90 000 émigrants vers le Nouveau Monde ! Et cela, sans que la population basque ne baisse. En 1910, 250 000 Basques vivaient en Argentine ; leurs descendants sont aujourd'hui plus d'un million. Ils ont donné à l'Argentine 10 présidents de la République de 1900 à 1950, mais également un dictateur (le général Lanusse !).

On a donné plusieurs explications à ce phénomène. Tout d'abord, l'impossibilité pour le cadet de s'installer (voir plus loin « Habitat : l'*etxe* »), d'où l'émigration. Ensuite, notamment pour l'Espagne, la suppression des *fueros* au début du XIXe s : les Basques allaient chercher dans des pays neufs les libertés qu'ils n'avaient plus chez eux. En France, la conscription obligatoire a joué un rôle important, de nombreux Basques refusant d'être incorporés à l'armée nationale. Mais l'explication principale reste la pauvreté. Les paysans du Nord et le sous-prolétariat industriel du Sud cherchaient, avant tout, à survivre.

Difficile d'imaginer (quoique les schémas de l'émigration aient malheureusement peu changé) ces paysans de Soule ou du Guipúzcoa, pauvres, illettrés, ne parlant que le basque, qui quittaient leur village pour une « Terre promise » dont ils ne savaient rien ou si peu. Ils s'adressaient à un intermédiaire qui avançait l'argent du voyage (en prenant des garanties sur les salaires à venir ou les rares biens de la famille), organisait le passage sur des bateaux surchargés (un bon tiers mourait en route), prévoyait l'accueil sur place et procurait un travail. En arrivant, l'émigrant était déjà criblé de dettes. Beaucoup partaient comme bergers ou vachers sur les hautes terres du Nevada ou dans la pampa argentine. La mortalité était colossale. En 20 ans, de 1900 à 1920, 430 000 Basques (Français et Espagnols confondus) émigrèrent aux États-Unis. Aujourd'hui, la colonie basque américaine est estimée à environ 60 000 personnes, principalement dans l'ouest du pays (Californie, Nevada, Idaho...). C'est assez dire que beaucoup n'ont pas fait souche.

Par la suite, l'émigration est freinée. La guerre de 1914-1918 a saigné les jeunes générations, le développement économique en Europe permettait de mieux vivre, tandis que les maux endémiques de l'Amérique latine (inflation et dévaluation) rendaient l'émigration moins intéressante : des centaines d'émigrés revenus au pays avec des rentes se sont retrouvés ruinés.

Il reste un mythe et une diaspora. Le mythe se dessine autour de quelques grandes fortunes et de quelques grands noms : au Chili, Pinochet (dont la mère était basque) a fait assassiner le Basque Allende, et la poétesse Gabriela Mistral s'appelle Lucia Arcayaga. Aguirre, Echeverria, Ortiz, Iturri, les noms basques se retrouvent chez les dirigeants du Mexique, du Venezuela, d'Uruguay. Ceux-là sont les enfants de ceux qui ont réussi. Ils sont le plus souvent conservateurs, au point que Buñuel estimait que les Basques entravaient le développement de l'Amérique latine. Il suffit de voir l'actuelle reine consort des Pays-Bas, Máxima Zorreguieta Cerruti : de nationalité argentine, d'origine basque, riche et fille d'un ancien ministre de la dictature de Videla, la totale !

Aujourd'hui, la diaspora est active. Ne dit-on pas qu'à Fresno (Nevada) un tiers des Basques émigrés viendrait de Basse-Navarre, principalement du village d'Esterençuby, et que sur les 200 Biscayens résidant au Nevada, la moitié serait d'origine de Lekeitio et du village voisin d'Ispaster ?

Dans la plupart des villes d'immigration, en Amérique du Nord comme du Sud, existent des centres culturels basques, des journaux, des groupes folkloriques, des frontons. Les Américains se sont saisis de la *cesta-punta* (voir plus bas la rubrique « Sports »), et les plus grands *jaï-alaï* du monde sont désormais à Miami, Orlando ou Tijuana. Et l'université du Nevada a même créé un département d'études basques. Les liens avec la mère patrie sont pieusement conservés, y compris chez les jeunes générations.

ENVIRONNEMENT

Fous d'oxygène, accros des forêts, junkies des falaises, ce pays est pour vous. Le Pays basque et le Béarn, par leur climat et leur structure géologique, offrent une grande diversité de paysages sauvages. On passe des terres semi-désertiques des Bardenas Reales aux immenses forêts des Pyrénées, des alpages d'Urbasa aux falaises de flysch de la côte. Sorti des grands axes, on peut passer une journée sans voir âme qui vive, ce qui a permis la conservation de certaines espèces menacées, comme le vautour fauve, ou de races anciennes de chevaux (le pottok). Et comme, en plus, les montagnes basques sont l'un des plus grands couloirs de migration européens, ça change tout le temps. Seulement, cette jolie médaille a son revers. La mer n'est pas, tant s'en faut, la plus propre d'Europe.

Pollution

Alors, quelle est la situation ? Simple : beaucoup de plages sont polluées, certaines gravement, de l'embouchure de l'Adour jusqu'à Zarautz. L'une des causes (pas la seule, mais la plus grave) est la pollution de l'Adour. Sachez qu'un bon tiers des Bayonnais, par exemple, rejettent leurs eaux usées directement dans le fleuve. Détournée par une grande digue, l'eau de l'Adour s'incurve vers le sud et va lécher les plages d'Anglet et de Biarritz, y déposant colibacilles et salmonelles. Résultat : aucun pavillon bleu avant la plage de Getaria, en Guipúzcoa. Quant aux pavillons noirs décernés jusqu'en 2004 par la *Surfrider Foundation* sur tout le Pays basque français, ils ont permis une prise de conscience et une nette amélioration de la situation. Mais il reste du chemin à faire. Au sud, le pavillon bleu flotte à Getxo.
Bon, ne déprimez pas pour autant et consultez régulièrement ces sites bien fichus : ● *surfrider.eu* ● *pavillonbleu.org* ● et ● *blueflag.global* ●

Énergies renouvelables

En Navarre notamment, le choix des énergies renouvelables est un choix politique que le voyageur ne peut ignorer. Dans cette région de montagnes et de vents soutenus, trois solutions ont été retenues : les barrages hydroélectriques (qui, en plus, aident à assurer l'irrigation des terres sèches), les panneaux solaires et les champs d'éoliennes (30 % de la consommation d'électricité). Actuellement, environ **75 % des énergies consommées en Navarre proviennent de sources renouvelables.** Impressionnant ! L'ambition de la Navarre dans ce domaine est spectaculaire, puisque le gouvernement autonome espère, à terme, atteindre les 100 %. On y trouve d'ailleurs également le centre d'étude national des énergies renouvelables (CENER, à Sarriguren), à la pointe de la recherche
Les **barrages,** très nombreux, hébergent souvent des équipements touristiques (baignades, gîtes ruraux, centres de voile). Appelés *embalses,* ils suscitent des oppositions (personne n'aime voir engloutir ses terres ou sa maison) qui font ressortir le vieux mot espagnol pour désigner les lacs, *pantanos.* Cela suffit à vous expliquer un graffiti assez fréquent en montagne : *¡ Panta No !*, jeu de mots qui signifie : « Non au barrage ! »
L'**énergie solaire** commence à faire son trou, lentement mais sûrement. Vous vous en apercevrez lors de vos virées navarraises, notamment si vous visitez les Bardenas Reales, dont les plateaux secs et inondés de soleil ont été couverts de vastes champs de panneaux solaires. Ou tout simplement en garant votre véhicule dans les rues de Bilbao, où les horodateurs fonctionnent au solaire. Quant aux **parcs d'éoliennes,** ils sont si nombreux qu'on en rencontre partout (près de 40 en Navarre, soit plus de 1 200 éoliennes). Les sommets des sierras sont recouverts de ces gigantesques moulins modernes, à faire frémir Don Quichotte. Autour de Lumbier, il y en a partout. Si la Chine est désormais le champion du monde éolien toutes catégories, l'Espagne est le quatrième producteur mondial et augmente sa puissance tous les ans – même si la crise ralentit certains projets. À titre de comparaison, la France détient le deuxième gisement de vent en Europe avec ses grandes façades océaniques, mais n'est que le huitième producteur d'énergie éolienne au monde (le cinquième en Europe), les intérêts écologiques à grande échelle se confrontant à un droit de l'environnement contraignant et à des associations de protection du paysage très actives.

Les parcs naturels

Il n'y en a aucun dans le Pays basque français ! Le gouvernement français, ayant créé le parc national des Pyrénées en territoire béarnais, a jugé que la protection de la nature pyrénéenne était assurée et n'a rien fait en Pays basque. Peut-être parce que des projets d'autoroutes ou de voies ferrées étaient déjà dans les cartons...

Au Pays basque espagnol, la situation est bien différente. Si l'on met de côté la Réserve de la biosphère d'Urdaibai, créée à l'initiative de l'Unesco, on compte une bonne douzaine de parcs, dont chacun a sa spécificité : protéger une chênaie comme à Aralar, un biotope karstique à Valderejo, des lacs endoréiques (dont les eaux ne s'écoulent pas jusqu'à la mer) à Laguardia. Naturellement, on vous en parle dans chaque chapitre.

Mais ces parcs, récent, sont encore souvent sous-équipés, bien que les deux gouvernements, basque et navarrais, fassent de gros efforts. Sachez simplement que se balader dans les parcs du Pays basque n'est pas trop difficile, mais que vous devrez prévoir avec soin votre ravitaillement et votre hébergement (le camping sauvage y est évidemment formellement interdit).

La chasse à la palombe

La palombe est-elle menacée de disparition ? La palombe, ici, est un oiseau sacré. Sa migration commence début octobre, et le proverbe veut que le paroxysme soit atteint pour la Saint-Luc, le 19 octobre : « À la Saint-Luc, grand truc. »

La palombe n'est autre que le pigeon ramier commun à toutes les grandes villes. Si nos pigeons français sont sédentaires, il n'en va pas de même des pigeons d'Europe du Nord (allemands, polonais, finlandais, lettons ou lituaniens). Ceux-là passent l'Allemagne, franchissent le Jura, traversent l'Aquitaine en diagonale et se présentent au Pays basque afin de gagner, par les cols les plus bas des Pyrénées, leurs zones d'hivernage en Espagne. De tout temps, les Basques les ont guettés. Ils montaient à pied en haut des cols, où ils passaient plusieurs semaines. Là, perchés sur les tours (les palombières), ils tendaient les filets (les pantières) et attendaient l'arrivée des oiseaux. Comme il n'y avait ni congélateur ni conserves, les prélèvements étaient limités à la consommation des jours suivants.

Aujourd'hui, si les palombières sont toujours dressées, le 4x4 a rendu les cols accessibles à tous, le fusil a presque partout remplacé les filets, les palombes passent l'hiver dans les congélateurs, et les millions d'oiseaux des belles années se sont considérablement raréfiés, au point que chasseurs et écolos s'entendent désormais pour affirmer que la palombe migratrice est menacée. C'est bien leur seul point commun car, en automne, sur les cols, les relations restent tendues.

L'association *Orgambideska Col Libre* a affermé le col d'Orgambideska, l'un des plus importants, où toute chasse est interdite. Ses membres militent pour une interdiction pure et simple de la chasse à la palombe migratrice sur tous les cols pyrénéens.

Le pottok

C'est ce petit cheval rustique, libre comme l'air, que vous allez rencontrer sur les pentes des monts pyrénéens. De son vrai nom basque *eskualdun pottoka*, ou *pottok* (prononcer « potiok »), il vit dans la région depuis le Paléolithique et semble bien avoir été le premier cheval connu. Au Muséum national d'histoire naturelle, à Paris, il existe un crâne de cheval préhistorique en tous points semblable à celui du pottok. On raconte que dans les veines des mustangs de l'Ouest américain coulerait du sang pottok (importé en Amérique par les conquistadors). Cheval de boucherie, le pottok est cependant aujourd'hui de plus en plus utilisé par les centres équestres pour les randonnées.

FUEROS OU FORS

Le mot qui explique tout ou presque. Le *fuero* (en ancien français « for ») est une charte conclue entre les habitants d'une ville, d'un village ou d'une vallée, et le roi. Ce contrat, fort détaillé, prévoit tout et précise toutes les libertés dont jouissent les habitants et auxquelles le roi s'interdit de toucher. On y détaille les impôts, les autorisations de tenir foires et marchés, les obligations militaires. Tous ces *fueros* sont signés dans le cadre plus général du *fuero de Navarra* qui précise les obligations du roi.

Tout roi, au moment de son couronnement, est obligé de jurer le respect du for général, puis de faire le tour de son royaume pour aller jurer chaque for particulier dans la ville ou vallée concernée. Les habitants y tenaient tant que les *fueros* continuèrent de s'appliquer sous les rois de Castille.

Aujourd'hui encore, la Navarre se définit comme une **« communauté forale »,** et l'université de Bayonne délivre une maîtrise de droit foral. Quant aux trois provinces d'Euskadi (ou Hegoalde : Guipúzcoa, Biscaye et Álava), elles sont dirigées par des *diputaciones forales*. Bien entendu, les exemptions fiscales ont changé, et les obligations militaires sont celles du pays concerné. Mais il en reste quelque chose dans les mentalités, et l'insoumission est souvent prônée en référence aux fors médiévaux. De même, dans les vallées montagnardes, l'utilisation des terres rest régie par les fors. En général, en Hegoalde, la date de délivrance du for est considérée comme la date de création de la ville.

Les guerres carlistes, l'opposition à Madrid, la fracture entre la Navarre et les autres provinces du Sud, tout s'explique par les *fueros*. On va essayer de résumer. Les fors, ça marchait bien au Moyen Âge. Au XVIIIe s, en Biscaye et Guipúzcoa, sous l'impulsion d'un penseur économiste et grand seigneur appelé Joaquín de Munibe, certains se mettent à se dire qu'on ne peut pas construire une économie moderne sur la base forale. Imprégné de la philosophie des Lumières, Munibe voit notamment dans les fors une cause d'inégalité.

Mais les fors préservent aussi les libertés. L'idée qui se dégage est celle d'une économie libérale (comme par hasard, c'est chez les premiers capitalistes de Biscaye qu'elle apparaît) dégagée des *fueros*, qui resteraient cependant garants des libertés individuelles. C'est l'esprit de la Constitution de Cádiz. Ferdinand VII la refuse et règne en monarque absolu, mais sa fille Isabelle va donner le pouvoir aux libéraux, qui abrogent les *fueros*.

Pendant la guerre carliste, Muñagorri propose un programme *Paz y Fueros* pour réconcilier tout le monde et, en 1839, les fors sont rétablis. Commence alors un lent grignotement (par exemple, l'installation d'une douane unifiée en 1841).

Avec le temps, les institutions nationales se mettent en place, et un nouvel appareil législatif remplace les fors. Mais les convulsions sont nombreuses. À chaque recul des fors, ce sont des émeutes, voire des guerres. Le sujet reste donc d'actualité, car il pose la question des pouvoirs respectifs de l'État et des citoyens, et celle de la proximité des centres de décision. Les foralistes font remarquer que les fors étaient adaptés à chaque situation locale, discutés et acceptés par des petits groupes de citoyens vivant proches les uns des autres. Les antiforalistes affirment qu'une société moderne ne peut pas tenir compte de tous les particularismes, sous peine d'être ingouvernable. Un débat vieux de plusieurs siècles, et toujours vivace...

GÉOGRAPHIE

Oubliez la vision simpliste des Pyrénées qui vont d'Hendaye au cap Cerbère. On vous l'a dit à propos du climat, la ligne de crête part vers le sud-ouest au niveau de Roncevaux. Au nord de cette ligne, Labourd, Basse-Navarre, Soule, Guipúzcoa et Biscaye. Au sud, l'Álava et la Navarre. Tout le Nord est une zone de collines assez escarpées : dès 500-600 m, les Basques parlent de « montagnes », ce qui fait sourire avant qu'on en ait entrepris l'ascension ! Les vallées sont très marquées et se resserrent parfois en gorges impressionnantes (en Haute-Soule, par exemple). Au sud de la ligne de crête, le relief est beaucoup plus érodé. On trouve des plateaux d'altitude (Urbasa), quelques vallées suspendues et quelques *mesas*

> ### HISTOIRE TRISTE
>
> *Pyrène était la fille d'un souverain qui hébergea Hercule. Elle tomba amoureuse du demi-dieu musclé. Hercule préféra partir, certainement pour terminer ses 12 travaux. Pyrène s'enfuit et mourut dévorée par un ours. Catastrophé, Hercule érigea un mausolée en amassant d'énormes rochers, donnant naissance aux Pyrénées.*

(reliefs tabulaires) non loin de la vallée de l'Èbre.
La caractéristique essentielle, comme dans toutes les Pyrénées, c'est l'organisation en vallées formées au nord par les affluents de l'Adour et quelques fleuves côtiers, au sud par les affluents de l'Èbre.
Administrativement, voici comment la région s'organise : au nord, les trois provinces françaises que sont le Labourd, la Basse-Navarre et la Soule appartiennent au département des Pyrénées-Atlantiques (qui comprend en outre le Béarn). Du côté espagnol, les trois autres régions que sont le Guipúzcoa, la Biscaye et l'Álava forment la Communauté autonome de l'Euskadi. À ces régions vient s'ajouter la Navarre, une autre Communauté autonome, bien distincte de l'Euskadi mais culturellement tout aussi basque. C'est à l'époque du royaume de Navarre (capitale Iruña – ou Pampelune), du IXe au XVIe s, que Basques du Nord et du Sud furent politiquement unifiés, et que la culture et la langue basques se sont affirmées.

HABITAT : L'*ETXE*

Il n'existe pas une maison basque *(etxe),* mais plusieurs. La maison typique, presque caricaturale, avec ses deux étages, son toit aux pentes inégales recouvertes de tuiles romaines, sa façade blanc et rouge est, en fait, la *maison labourdine de l'intérieur.*
Également rouge et blanc mais plus carrée, plus massive et en pierre est la *maison navarraise de la montagne.* En Navarre, la pierre est moins chère : la maison se pare donc de linteaux de portes et fenêtres en pierre massive. Cette large présence du **grès rose** lui donne un cachet particulier.
En *Biscaye* et dans le *Guipúzcoa,* la maison est assez proche de la maison labourdine. Les toits sont à double pente et les colombages apparents, mais la pierre est plus fréquemment utilisée.
Quant à la *maison souletine,* elle se rapproche de la béarnaise par ses murs de pierre grise ou de galets (jamais crépis), mais s'affirme d'architecture pyrénéenne avec son toit d'ardoises qui lui donne un aspect plus austère.
La *maison béarnaise,* elle, est construite en pierre dès le XVIIIe s, et sa façade symétrique se situe sous la pente du toit, à forte inclinaison, de manière à profiter d'un vaste grenier sous une charpente en chêne. Les tuiles utilisées traditionnellement sont dites « tuiles picon » ou tuiles plates.
Enfin, en *Navarre du Sud* ou en *Álava,* l'architecture se rapproche de l'architecture castillane avec de lourdes maisons en pierre (en général, des calcaires gréseux ocre d'or). Mais les transitions abondent, et rien n'est figé.
La *maison de la frange côtière* (Labourd, Biscaye, Guipúzcoa) se compose d'un rez-de-chaussée en pierre ou en brique crépie, surmonté de deux étages montés en colombages remplis de torchis ou de briques. Le rez-de-chaussée est consacré aux animaux, le premier étage aux hommes, le second et dernier étage au grenier.
Dans les *villes côtières,* quelques changements apparaissent : la maison est plus élancée, moins massive, à cause de la cherté du terrain, et les pièces réservées aux bêtes ne sont plus nécessaires.

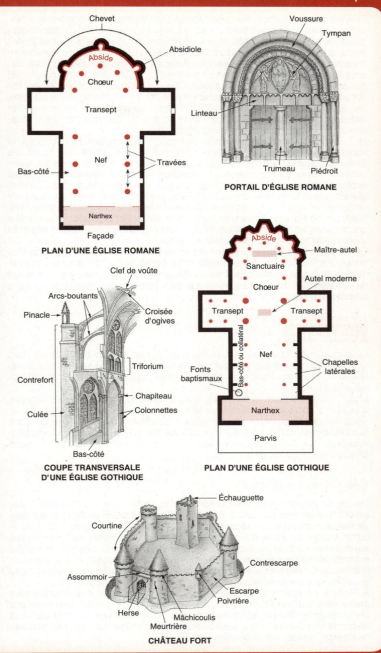

En *Hegoalde* (Guipúzcoa, Biscaye et Álava), vous verrez de très nombreuses maisons à l'allure castillane, carrées, avec des toits à quatre pentes, de grands halls pavés de galets, des balcons et des fenêtres en fer forgé, de superbes portes cloutées. Les grandes familles basques du Sud ont bénéficié d'une embellie économique aux XVIIe et XVIIIe s. Les conquistadors et administrateurs rapportaient au pays l'or des Amériques, la noblesse avait le droit de travailler (et elle ne s'en est pas privée), les forges tournaient à plein, l'élevage et l'industrie lainière étaient florissants. C'est à qui se ferait construire le plus beau *solar* (résidence de province, par opposition aux palais de Madrid). Et comme les rois d'Espagne accordaient facilement le droit de porter des armoiries, toutes ces maisons s'ornent d'écussons de pierre sculptée du plus noble effet.

Mais la maison *(etxe)* est beaucoup plus qu'une architecture. Elle est la pierre angulaire du système social. Elle donne son nom à la famille : la plupart des Basques portent le nom de leur maison (*Etchegaray* = la maison d'en haut, *Mendiburu* = le bout de la montagne, *Etcheverry* = la maison nouvelle, etc.), ce qui explique l'abondance de termes géographiques dans les noms propres. Surtout, elle est une et indivisible, elle est transmise avec les terres et les droits qui s'y rattachent à l'aîné, fille ou garçon, qui devient l'*etxe jaun* (le seigneur de la maison). D'ailleurs, en Navarre, le premier degré de noblesse, l'infançonnie, est accordé à des maisons, les maisons « infançonnes », qui perdent leurs droits et leur noblesse si elles ne se transmettent pas en ligne directe.

Les Basques considèrent que l'aîné est non le propriétaire, mais le dépositaire de la maison : il arrive donc fréquemment qu'un cadet, déshérité mais ayant fait fortune en Amérique, envoie à son frère (ou à sa sœur) l'argent nécessaire à l'entretien de la maison car, dans son esprit, il s'agit de la pérennité de la famille et non de la propriété d'un seul.

HISTOIRE

La devise du Pays basque, *Zazpiak Bat,* que l'on peut traduire par « Les sept font un », affirme que les quatre provinces espagnoles (Álava, Biscaye, Guipúzcoa, Navarre) et les trois françaises (Basse-Navarre, Labourd, Soule) sont indissolublement liées.

Mais l'histoire est têtue, et cette unité basque, avant tout linguistique et culturelle, s'exprime d'abord dans le **combat pour la langue,** devenue un symbole politique. Il faut dire que l'histoire, de Charlemagne à Franco, a su apprendre aux Basques la méfiance envers l'envahisseur ou le conquérant, et que les morcellements successifs du Pays basque ont laissé des traces fort visibles : à qui sait voir, l'Euskadi offre une infinie variété de nuances.

Les temps anciens

Les traces du Paléolithique supérieur (environ 15000 av. J.-C.) sont déjà imposantes. **Les grottes d'Isturits, de Santimañine, d'Altxerri et d'Ekain ont livré de belles peintures rupestres** que l'on peut rapprocher géographiquement et culturellement de celles d'Altamira, en Cantabrie, et de celles de Lascaux. Les sujets peints sont les produits de la chasse : chevaux, cerfs, bouquetins, etc., et même la pêche est présente, avec quelques poissons. Il existait, à partir d'environ 5000 av. J.-C., des groupes de chasseurs-éleveurs-cueilleurs, sans doute un peu agriculteurs, dans toute l'Aquitaine.

À l'âge du fer, durant la seconde moitié du Ier millénaire av. J.-C., **les peuples celtes déferlent sur l'Europe,** forçant ses premiers occupants à se replier dans les montagnes. Sur ces époques obscures, les archéologues sont prudents et leurs opinions divisées. On a voulu voir aussi dans les Basques des descendants des Ibères, mais les preuves manquent.

Les linguistes, eux, admettent l'existence d'une langue « aquitanique » répandue dans toutes les Pyrénées, une large partie du bassin de l'Èbre et jusqu'à la Garonne, langue qui a toutes les chances d'être l'ancêtre du basque actuel.
La première mention écrite préservée à propos d'un peuple *ouascon* (et l'orthographe, ici, est importante) est due à Strabon, géographe grec du Ier s av. J.-C. Si les Romains, à commencer par César, ont beaucoup écrit sur cette région, aucun auteur de l'époque n'a remarqué l'existence d'une langue bizarre, alors que leurs récits livrent de nombreux détails. On peut donc admettre que cette langue aquitanique leur était connue, sinon familière.

La *Pax Romana*

Quand les Romains arrivent, ils ne rencontrent que des peuples celtes. Mais Celtes puis Romains n'occupent que la côte, les vallées et quelques cols. On peut penser que dans les montagnes subsiste un noyau des premiers occupants.
L'occupation romaine va durer six siècles et changer la face du pays. Les vestiges sont plus nombreux dans le Sud (Veleia, Andelos, Oiasso) que dans le Nord (Bayonne, Saint-Jean-le-Vieux), encore que des villes comme Pampelune, indiscutablement fondée par les Romains, n'ont pratiquement jamais été fouillées. Lorsque des fouilles ont lieu, on trouve les éléments caractéristiques des villes romaines : des villas, des thermes et surtout des chaussées.
La grande voie romaine de Bordeaux à Astorga traverse le Pays basque et sera pendant huit siècles la plus grande voie de passage pour les Pyrénées de l'Ouest. Surtout, les Romains commencent à exploiter les filons de minerais du Pays basque, utilisés jusqu'à Bordeaux. Enfin, ils introduisent la vigne et l'olivier. La période romaine semble être une ère de paix et de prospérité.
Le christianisme pénètre lentement en Pays basque et sa diffusion va aller de pair avec deux phénomènes : l'un, militaire, est l'invasion des Goths ; l'autre, philosophique, est l'*arianisme,* ce dérivé du christianisme qui refusait la Trinité. Cette époque est très importante. C'est celle de saint Saturnin, de saint Prudence, de saint Firmin, de san Emeterio et san Celedonio, en un mot le temps où prennent naissance toutes ces grandes fêtes patronales qui illuminent les étés basques.

Le royaume wisigoth

Au IIIe s, les Vandales, pour la plupart convertis à l'arianisme, s'étaient installés en Espagne, bientôt suivis par les Alains et les Suèves. Une large partie de l'Espagne devint donc arienne.
L'empereur Théodose, chrétien de la meilleure eau, fait détruire tous les sanctuaires, statues et œuvres d'art non conformes, et s'allie aux Wisigoths (pourtant ariens aussi) pour éliminer les Vandales.
Les Wisigoths installent la capitale de leur royaume à Toulouse, ville dont le premier évêque fut saint Saturnin. Toute l'Aquitaine, la côte et le bassin de l'Èbre font partie de ce royaume wisigoth.
Arrive Clovis. À Vouillé, en 507, il écrase les Wisigoths. C'est la fin du royaume de Toulouse et de l'arianisme. Les Wisigoths se replient vers l'Espagne du Sud. Au Pays basque, le roi Leovigild écrase les Vascons (les ancêtres des Basques) et fonde Vitoria. Puis c'est Austrovald, un Franc, qui entreprend une expédition contre eux. Dans ces années obscures, *les Vascons ne se soumettent pas.* La *Pax Romana* est bien finie.
Le Pays basque d'alors est une sorte de no man's land. Les chroniqueurs (Frédégaire, Grégoire de Tours) affirment que, régulièrement, des délégations de Vascons allaient rendre hommage aux rois francs et que, tout aussi régulièrement, les Vascons descendaient de leurs montagnes pour piller les villes franques.
Il semble qu'il y ait eu alors deux sociétés vasconnes, l'une dans la plaine et les vallées, traitant plus ou moins avec les Francs ou les Wisigoths, l'autre repliée dans les montagnes et les forêts et descendant piller les villes franques ou

wisigothes. Ce qui est certain, c'est qu'à cette époque, **le modèle familial basque se répand dans toute l'Aquitaine** : transmission intégrale de la maison à l'aîné quel que soit son sexe, et obligation pour le cadet d'aller fonder sa maison ailleurs. Ce modèle restera en vigueur jusqu'au XVIIIe s dans le Gers et la Bigorre. Coincés entre deux puissants voisins, les Basques arrivent à étendre leur territoire.

Un fait encore de haute importance : aucun des chroniqueurs ne parle de chef basque, alors que leurs textes sont remplis de noms de ducs, de comtes et de seigneurs. Preuve supplémentaire d'une organisation égalitariste dès la plus Haute Antiquité, héritée directement des temps préhistoriques.

La conquête arabe

L'une des dates clés de cette époque est le **débarquement en 711 des musulmans dans le sud de l'Espagne.** Ce qui reste du royaume wisigoth n'y résiste pas. Les envahisseurs progressent vite : en 2 ans, l'Espagne est conquise. Toute ? Non. Un petit peuple résiste là-haut. **Les musulmans n'atteindront jamais la côte atlantique** protégée par la cordillère cantabre. Pampelune sera plusieurs fois mise à sac mais jamais vraiment conquise. Que se passe-t-il alors ? Les musulmans ne s'intéressent en fait qu'aux vallées. ***Une sorte de collaboration mesurée s'établit.*** La voie romaine de Bordeaux à Astorga est toujours là. Les Arabes l'empruntent pour envahir les Francs, et c'est par le Pays basque que Charlemagne passe pour aller guerroyer à Saragosse. Au retour, en 778, il rase Pampelune : les Basques l'attendent à Roncevaux pour lui apprendre que, tout roi qu'il soit, certaines choses ne se font pas. Charlemagne se le tiendra pour dit, et un chroniqueur nous raconte que, pour faire plaisir aux « princes d'Aquitaine », il fit habiller son fils Louis en cavalier vascon. Ainsi, au VIIIe s émerge en Aquitaine **une aristocratie guerrière qui résiste autant aux Francs qu'aux musulmans.** D'ailleurs, le futur premier duc d'Aquitaine, Loup-Sanche, explique gentiment à Louis le Pieux, fils de Charlemagne, roi d'Aquitaine et de Vasconie, que les Vascons ne partiront pas en guerre contre les musulmans. C'était bien la peine de se déguiser, a dû penser Louis.

Il va quand même partir en guerre contre les Maures et prendre Pampelune. Instruit par l'exemple, après avoir conquis la Haute-Navarre, il n'aura d'autre choix que celui d'installer des seigneurs basques pour contrôler la région.

Ceux-ci la contrôlent tellement bien qu'au début du IXe s apparaît la première mention de **« roi de Pampelune ».** Enneco Aresta s'affranchit de la tutelle carolingienne et noue des alliances matrimoniales avec les musulmans. Certes, il est catholique et laisse s'installer les premiers monastères, notamment sur les cols et dans le piémont. Son « royaume » n'est pas énorme, mais il tient les passages. Les débuts du pèlerinage de Compostelle par le Guipúzcoa annoncent l'amorce d'un développement économique et les premiers liens politiques avec les autres potentats de la région. Sur les terres du Labourd et du Guipúzcoa règne un autre roitelet, Sanche Mitarra. **Le Pays basque contemporain se met en place.**

Mais les alliances n'empêchant pas les guerres, les musulmans vont ravager plusieurs fois Pampelune et remonter jusqu'à l'Adour. À la fin du IXe s, les alliances se renversent. Peut-être sous la pression des monastères, les féodaux basques ont choisi leur ennemi. La Reconquista peut commencer et chasser les musulmans d'Espagne.

Le royaume de Navarre et la Reconquista

Au début du XIe s, à la mort sans descendance du dernier des Mitarra, Sanche III le Grand, roi de Navarre qui lui est apparenté, récupère les terres au nord des Pyrénées. **L'étendue du royaume de Navarre est alors exceptionnelle :** au nord, toute l'Aquitaine jusqu'à Arcachon ; à l'est, l'Aragon supérieur (capitale Jaca), le

Sobrarbe (autour de Huesca) et la Ribagorza ; à l'ouest, la Biscaye ; au sud, la Rioja. En Navarre, les musulmans ne tiennent plus que Tudela.

Le poids politique de Sanche et de ses descendants est sans commune mesure avec l'étendue de leur territoire (qui reste réduit face à celui des Arabes). Ils assistent aux sacres des rois de France et nouent avec les grands seigneurs du Nord des alliances matrimoniales. L'un des fils de Sanche, Ferdinand, devient roi de Castille, de León et des Asturies.

> ### POURQUOI DIT-ON « ROI DE FRANCE ET DE NAVARRE » ?
> *En 1284, quand Jeanne Ire, reine de Navarre, épousa le roi Philippe le Bel, le royaume de Navarre s'unit à la France. Suite à d'autres mariages, la Navarre rejoint ensuite l'Aquitaine anglaise puis l'Aragon espagnol. Voilà pourquoi les royaumes ont toujours été distincts.*

À la mort de Sanche III, en 1035, le royaume va éclater. Son petit-fils Alphonse VI (le fils de Ferdinand) profite de la situation pour s'emparer de la Rioja, de la Biscaye, de l'Álava et du Guipúzcoa, et les incorpore à la Castille. Après quoi, il fait assassiner son cousin Sanche IV puis devient roi de Navarre et d'Aragon. Ceux qui présentent les débuts de la Reconquista comme une union sacrée de tous les princes espagnols se trompent un peu ! Cependant, obsédés par la présence maure, les Navarrais oublient le Labourd, qui tombe dans l'escarcelle du comte de Poitiers.

Pendant trois siècles, l'histoire du Pays basque et de la Navarre va se confondre avec celle de la Reconquista et les histoires de familles. ***Les trois branches issues des fils de Sanche le Grand règnent en Navarre, en Castille et en Aragon.*** Régulièrement, l'un ou l'autre des rois part en croisade dans le Sud. Et tout aussi régulièrement, un neveu ou un cousin en profite pour lui barboter des terres. Bien entendu, les grands seigneurs jouent avec l'un ou avec l'autre. ***Pour s'assurer de la fidélité des villes, les rois leur accordent des fueros***, partant du principe que si les citoyens s'enrichissent, ils seront de leur côté. Et, bien entendu, chaque conquête d'une cité va de pair avec le maintien des *fueros* ou même leur amélioration par le nouveau roi.

Alphonse le Batailleur, l'un des descendants de Sanche le Grand, arrive à récupérer le Guipúzcoa et la Biscaye, et à conquérir Tudela. Son héritier (indirect) Sanche le Sage *(Sancho el Sabio)* lance un mouvement de créations de villes et de bastides, favorise les monastères, appuie le pèlerinage de Saint-Jacques et marie sa fille Bérengère à Richard Cœur de Lion. La présence anglaise dans le sud du royaume de France se renforce. La guerre de Cent Ans est en germe.

Sanche le Fort, son fils, était grand : son sépulcre à Roncevaux montre un homme de plus de 2 m, bien baraqué. Son titre de gloire fut de remporter en 1212 contre les musulmans la bataille de Las Navas de Tolosa et d'en rapporter les chaînes qui entouraient la tente de l'émir et l'émeraude qui ornait son turban. Ce sont, aujourd'hui encore, les armes de Navarre.

Pendant qu'il guerroie en Andalousie, les Castillans lui prennent la Biscaye, l'Álava et le Guipúzcoa ! L'explication donnée par les chroniqueurs est simple : le roi de Navarre avait porté atteinte aux *fueros,* et les habitants ont fait appel aux Castillans pour les restaurer.

Au XIIIe s, la situation est presque figée. Le Labourd est sujet des rois d'Angleterre qui, par le jeu des mariages, sont très liés avec la Navarre. La Navarre et la Basse-Navarre dépendent de Pampelune. Les provinces dites *vascongadas* (Álava, Biscaye, Guipúzcoa) sont sous la coupe castillane.

À la mort de Sanche le Fort (en 1234), la Navarre passe à l'un de ses neveux, Thibaut, comte de Champagne. ***Les « rois français » vont essayer d'administrer la Navarre au mieux de leurs intérêts.*** Finies les conquêtes et les croisades. Entourés de seigneurs français, les *francos,* les comtes de Champagne construisent

des châteaux, des routes, fortifient les villes, laissent prospérer la colonie juive. Ils n'hésitent pas non plus à s'entourer d'architectes et de forgerons musulmans. *La Navarre est un petit royaume, mais un royaume prospère.*
À la mort d'Henri le Gros, sa fille Jeanne devient reine. Or elle avait épousé **Philippe le Bel, roi de France, qui devint donc le premier « roi de France et de Navarre »**, ce que seront aussi ses descendants. Mais, patatras, en 1511, *les troupes castillanes entrent dans Pampelune.*

Deux royaumes

Charles Quint ne se souciait pas de quelques villages au-delà des monts. Il laisse donc les rois de Béarn administrer ce qui est devenu la Basse-Navarre. Quelques années plus tard, Henri IV deviendra roi de France et de Navarre. *La frontière est en place et il nous faut penser à deux histoires plutôt qu'à une. Si la France est déchirée par les guerres de Religion, côté sud, tout le monde est tourné vers l'Amérique.*

HENRI IV, SÉDUCTEUR ?

L'histoire colporte des rumeurs souvent fausses. Ainsi, Henri IV fut plutôt détesté de son vivant puis adoré par la suite. En revanche, son surnom de Vert Galant, parce qu'il aimait les femmes, est loin d'être usurpé. La preuve : il eut 6 enfants officiels... et 10 illégitimes (avec 6 maîtresses différentes). It's good to be a king !

Les grands seigneurs basques favorables à la Castille participent au mouvement. Ils emmènent avec eux des hommes fidèles et batailleurs qui feront merveille. Certains se rebellent, comme Aguirre ; d'autres fondent des villes, comme Zabala, fondateur de Montevideo. Les marins basques participent au mouvement : Elkano ramène à Cadix les débris de la flotte de Magellan. Et, après avoir été blessé au siège de Pampelune, Ignace de Loyola fonde la Compagnie de Jésus (c'est-à-dire les jésuites), qui va être l'un des fers de lance de la conquête missionnaire.
Les rapports entre les deux côtés de la frontière ne sont plus uniquement commerçants, et *les différends s'accumulent entre Madrid et Paris,* tournant parfois à l'affrontement. En conséquence, *les villes se fortifient,* qu'il s'agisse de Hondarribia, Bayonne ou Saint-Jean-Pied-de-Port, et les corsaires s'en mêlent.
Louis XIV mettra fin à tout ça en épousant l'infante Marie-Thérèse d'Espagne à Saint-Jean-de-Luz. Par la suite, son petit-fils pourra monter sur le trône d'Espagne sous le nom de Philippe V. Il y a des Bourbons à Paris et à Madrid, le jeu se calme, les relations reprennent naturellement, et les Basques retrouvent le chemin de l'autre capitale. Les idées des encyclopédistes commencent à se répandre dans le Sud.

Révolution et guerres carlistes

La Révolution française engendre un séisme au Pays basque avec la nuit du 4 août. *L'abolition des privilèges signifie l'abolition des fueros.* Les députés de Navarre s'y opposant, la Constituante décide que « la Navarre est confondue avec la France » et que le roi de France et de Navarre devient « roi des Français ». Malgré l'opposition des Garat, députés du Labourd, *le département des Basses-Pyrénées englobe Pays basque et Béarn.*
Obsédé par la péninsule Ibérique, *Napoléon Ier* convoque à Bayonne le roi Charles IV et son fils Ferdinand VII et obtient l'abdication des Bourbons. Il commence par annexer une partie du Guipúzcoa à la France. Après quoi, il met sur le trône son frère Joseph, que toute l'Espagne surnomme *Pepe Botella* (Jojo la Bouteille). Aussi sec, l'Espagne se soulève. Wellington, à la tête des armées anglo-espagnoles, va de victoire en victoire et raccompagne les armées françaises vers la frontière. Au Pays basque, les victoires (ou défaites, ça dépend du côté où l'on

se place) de Vitoria et d'Irun, puis le siège de Bayonne laissent des traces. Entre-temps, l'Espagne s'est dotée d'une Constitution plutôt libérale, la Constitution de Cadix, mais Ferdinand VII, de retour sur son trône, refuse d'y adhérer. Les libéraux se révoltent, en vain, mais en Amérique sous l'impulsion de Bolívar, **les colonies accèdent à l'indépendance : le pouvoir royal s'effrite.** Le Pays basque reste un peu en dehors de tous ces troubles.

LE ROI ILLÉGITIME

*Napoléon I*er *nomma son frère Joseph roi d'Espagne en 1808. Il commença son règne en taxant l'alcool et fut aussitôt surnommé « Pepe Botella ». À son crédit, il abolit la terrible Inquisition. Il s'enfuit en 1813, en emportant les joyaux de la couronne espagnole.*

Ferdinand avait une fille, Isabelle, et un frère, Carlos. Selon la loi salique en vigueur chez les Bourbons, Carlos aurait dû devenir roi à la mort de son frère. Mais Ferdinand abolit la loi et, à sa mort, Isabelle, âgée alors de 3 ans, monte sur le trône. **Les guerres carlistes peuvent commencer.** S'appuyant sur les libéraux (et il y en a beaucoup dans les villes basques), **la reine rétablit la Constitution et, en 1833, les fueros sont officiellement abolis.**
Aussitôt, la Navarre se soulève, entraînant avec elle les traditionalistes du Guipúzcoa et de Biscaye. **Un jeune colonel, Zumalacárregui, prend la tête des requetes** (les combattants carlistes). C'est une armée de va-nu-pieds. Comme ils n'ont pas d'uniformes corrects, on teint en rouge des bérets et des ceintures pour qu'ils se reconnaissent (c'est l'origine du costume de fête navarrais, qui s'est étendu à tout le Pays basque). Malgré leur faiblesse, mais avec l'aide des Basques du Nord qui les approvisionnent et servent de sanctuaire, les carlistes vont infliger une série de défaites aux troupes royales. Ils mettent le siège devant Bilbao, où Zumalacárregui est tué. C'est le début de la déroute. Le ministre Mendizabal (basque et libéral) en profite pour abolir les ordres religieux et confisquer les biens des monastères.
En 1839, l'accord de Bergara met fin à la guerre. Elle aura montré une profonde fracture dans la société basque du Sud. La Biscaye libérale, industrielle et marchande, s'est opposée à la Navarre rurale et traditionaliste. Franco saura s'en souvenir. En 1937, ce sont les *requetes* navarrais qui seront en première ligne à Bilbao. Une deuxième guerre (1846-1849) n'aura pas plus de succès. Les soubresauts du règne d'Isabelle n'empêchent pas **la bonne société d'envahir en été les nouvelles stations de la Côte basque.** Il faut dire que Napoléon III et son Espagnole d'Eugénie s'installent chaque été à Biarritz. Qu'il fait bon danser et faire des affaires de part et d'autre de la frontière !

Naissance du nationalisme

L'abdication d'Isabelle provoque une troisième guerre carliste et la proclamation de la République espagnole en 1873. En fait, les fractures sociales ne font que s'aggraver entre libéraux et traditionalistes, et les positions sont devenues de plus en plus extrémistes. Dans ce contexte, les idées de 1848 progressent. Comment faire coexister liberté individuelle et justice sociale, tradition et modernisme ? Le nationalisme pouvait apparaître comme une solution, et c'est dans cet esprit que **Sabino Arana fonde en 1894 le Parti nationaliste basque.**
En Pays basque du Nord, **la création du département des Basses-Pyrénées, après la Révolution,** et la publication de tous les textes officiels en français ont provoqué un mouvement de rejet. Les querelles traditionnelles s'estompent, et les Basques commencent à parler d'une seule voix. Les maires obtiennent que nombre de lois et de décrets soient publiés en euskara pour être compris de leurs administrés. Et surtout, les Basques, jusqu'alors séparés administrativement et judiciairement, sont contraints de vivre ensemble. Le substrat est complet pour l'émergence d'un vrai nationalisme.

Dès le berceau, *le nationalisme basque se voulait donc résolument libéral et progressiste.* Dans le même temps, notamment en Pays basque du Sud, la révolution industrielle, en facilitant la création d'une industrie lourde en Biscaye et Guipúzcoa, avait permis l'émergence d'un *prolétariat ouvrier.* Cette dimension est d'autant plus importante que se succédaient au sud des régimes autoritaires qui, en plus, perdaient les dernières colonies. Autre dimension spécifiquement notable : l'émigration vidait le territoire de ses meilleurs éléments. En simplifiant, on peut affirmer que *le prolétaire basque ne se révolte pas : il émigre.*

À l'aube du XXe s, le mouvement nationaliste semblait la seule réponse aux nombreuses fractures qui divisaient la société basque. Avec cette constante : autant qu'une terre d'émigration, le Pays basque est une région d'immigration. Simplement, les *francos* du XIIIe s sont remplacés par des Andalous ou des Galiciens venus bénéficier des conditions économiques. *En fait d'unité, il ne restait aux Basques que leur langue, c'est-à-dire leur pays.* Le nationalisme basque pouvait émerger.

D'une guerre à l'autre

La guerre est la composante essentielle du XXe s en Pays basque. La Première Guerre mondiale saigne le Nord. Les troubles des années 1930 sont à peu près les mêmes au nord et au sud, et *à l'émergence du Front populaire en France répond la constitution du* Frente popular *en Espagne.* En Pays basque du Sud, le mouvement nationaliste adhère à la République. Les élections de février 1936 sont un succès pour le *Frente popular.*

L'assassinat du leader monarchiste Calvo Sotelo, en juillet 1936, donne le signal de l'insurrection de l'armée. *Le général Franco débarque en Espagne avec ses troupes marocaines.* Le pays se scinde en deux : aux légalistes républicains répondent les nationalistes rebelles. *La Navarre tombe immédiatement dans le giron franquiste* grâce à l'action et au poids économique de l'*Opus Dei,* société de laïcs fondée en 1928 par Mgr Escrivá de Balaguer pour appuyer l'action de l'Église dans ce qu'elle a de plus réactionnaire.

Les *requetes,* carlistes et navarrais, se reforment, et Franco les lance à l'assaut du Guipúzcoa. Dès septembre 1936, Irun est aux mains des phalangistes (militants d'extrême droite). La République donne alors aux Basques un premier gage. *L'autonomie du Pays basque est proclamée, et José Antonio Aguirre devient le premier* lehendakari (président) *de l'histoire.*

Mais Franco sait ce qu'il fait. Il faut d'abord écraser le Pays basque. Là sont les usines et les aciéries, les banques et les ressources. Aussi, après avoir coupé la frontière, Franco tourne ses forces vers la Biscaye. Les *gudaris* du gouvernement autonome sont peu nombreux. Ils sont appuyés par des forces anarchistes, mais sans commandement unique, et les dissensions sont nombreuses. Malgré tout, *le Pays basque industriel apparaît comme une forteresse ouvrière et républicaine.* Il faut frapper fort.

En mars 1937, les avions de la légion Condor bombardent la ville de Durango. C'est une toute nouvelle tactique que Goering a mise au point : bombarder les populations civiles pour les démoraliser. Un mois plus tard, c'est *Gernika,* ville symbolique où les citoyens basques se réunissaient depuis des siècles pour jurer les *fueros.* La répercussion internationale est énorme. Pas assez pour éviter que d'autres villes, comme Eibar, ne soient la cible des avions allemands. Deux mois plus tard, les *requetes* navarrais entrent dans Bilbao, *le gouvernement basque s'exile à Bayonne.* Franco et ses alliés allemands peuvent se tourner vers la Catalogne.

En mars 1939, Barcelone tombe, suivie de près par Madrid. *La dictature s'installe.* L'Espagne est saignée à blanc (un million de morts), son élite intellectuelle est dispersée aux quatre coins du monde, les républicains fuient en masse. Parmi eux, *les gudaris, qui retrouvent en France leurs ennemis allemands et s'engagent dans la Résistance.* Dans le cadre du corps franc Pommiès, qui opère en Aquitaine, ils forment un bataillon auquel ils donnent un nom hautement symbolique : Gernika. Leur rôle sera déterminant dans la région du Bordelais. Suivent 15 années lourdes. Au sud, le franquisme a installé une chape de plomb sur le pays. Au nord, les problèmes nationaux (reconstruction, guerres coloniales) accaparent l'attention. Mais les esprits sont en éveil. *En 1959 se créent simultanément deux mouvements activistes :* Enbata *au nord,* ETA (Euskadi Ta Askatasuna, « *le Pays basque et sa liberté* ») *au sud.*

De la dictature à l'autonomie

Sous Franco, les jeunes gens qui se lancent dans la lutte active s'opposent aux caciques du PNV (Parti nationaliste basque), plus axés sur un combat politique et ennemis de la violence. *Pour l'ETA, la violence séparatiste doit répondre à la violence franquiste.* N'oublions pas qu'il est interdit de parler basque et d'arborer les couleurs basques, sans parler du drapeau. Posséder un *ikurriña* est passible de prison !
Les premières actions sont dirigées contre la police et la *guardia civil*, symboles honnis du franquisme. *Les Basques du Sud s'appuient sur leurs frères du Nord,* où le mouvement Enbata leur fournit hébergement et soutien logistique. La prise de conscience d'une identité basque est alors générale, même si la majorité de la population ne se reconnaît pas dans l'action terroriste. On voit apparaître une presse basque structurée, des écoles en basque et une renaissance des études basques.
En 1969, la désignation de Juan Carlos, petit-fils d'Alphonse XIII, comme successeur de Franco ne change rien, même en Navarre, où les carlistes suivent le duc d'Anjou, seul prétendant au trône selon eux. En 1970, le procès de Burgos, dans lequel six militants de l'ETA sont condamnés à mort pour l'assassinat d'un commissaire de police, cristallise l'attention du monde : l'ETA se sent soutenu. Le point culminant sera quand même l'opération Ogre : *le 20 décembre 1973, l'ETA exécute, en plein Madrid, l'amiral Carrero Blanco, bras droit de Franco.* Naturellement, la répression est terrible.
La mort de Franco en 1975 voit les premières surprises. En octobre, pendant l'agonie du Caudillo, *Juan Carlos* assure l'intérim, et l'une de ses premières mesures est de légaliser l'usage du basque, du catalan et du galicien, qui deviennent « langues nationales » au même titre que le castillan. Puis il prête serment, nomme un homme nouveau, Adolfo Suárez, chef du gouvernement, et prépare une nouvelle Constitution, libérale, qui prévoit l'*autonomie du Pays basque* et de la Catalogne.

BONNE PIOCHE !

Pour sa succession, Franco se méfiait de Juan de Bourbon, le roi en titre, à cause de ses idées démocratiques. Il préféra donc son fils, Juan Carlos, et son éducation fut assurée par des professeurs bien franquistes. L'élève cacha son jeu et Juan Carlos succéda donc au dictateur à sa mort. En instaurant la démocratie, le jeune roi tourna définitivement la page noire du franquisme.

Tout cela est fort bien, mais les activistes veulent l'indépendance et rien d'autre. Les « jusqu'au-boutistes » du Sud sont désormais appuyés au nord par le mouvement *Iparretarak* (« ceux du Nord »), qui signe attentats et graffitis du sigle *IK*.
En 1979, les trois provinces d'Álava, Biscaye et Guipúzcoa forment la Communauté autonome d'Euskadi. La Navarre a refusé de se joindre au mouvement. Les ressentiments historiques ont la vie longue. Afin de ne pas rester isolée, la branche politico-militaire de l'ETA se transforme en parti politique qui prend le nom de HB (*Herri Batasuna,* le « peuple uni ») et participera désormais

aux élections, mais pas au gouvernement. C'est un moyen pour l'ETA de mieux connaître son poids politique. En 1980, le nouveau Parlement basque est installé à Vitoria, et **le leader du PNV, Goikoetxea, devient lehendakari,** 44 ans après Aguirre.

De trêves en attentats

L'élection de Felipe González en 1982 secoue l'Espagne : les socialistes sont au pouvoir. Au Pays basque, **c'est le début des années noires du GAL** (Groupes armés de libération) : Madrid et Paris s'entendent pour éradiquer le terrorisme, et **des milices formées de policiers espagnols opèrent en territoire français où ils viennent assassiner des réfugiés politiques.** L'opinion basque s'émeut des deux côtés de la frontière.
La question des fueros reste d'actualité. Les trois provinces sont dirigées par des parlements régionaux qui désignent les membres de la *diputación foral*. Le mot est toujours là, et le conflit éclate en 1984 : quelles sont les prérogatives du gouvernement de Vitoria et celles des gouvernements provinciaux ? Certains pensent qu'on n'a pas secoué la tutelle de Madrid pour tomber sous celle de Vitoria et que les *fueros* doivent être remis en vigueur. Goikoetxea, plutôt centralisateur, doit démissionner. Ardanza, plus conciliant, le remplace. En 1986, des élections anticipées installent à Vitoria un gouvernement de coalition PNV-PSOE (Parti socialiste ouvrier espagnol). Cette coalition restera au pouvoir jusqu'en 1998. **Dans l'intervalle, un processus de paix s'est mis en place.** Les élections générales de 1996 ont amené la droite et **José Maria Aznar au pouvoir à Madrid.** Le nouveau gouvernement entame des poursuites contre d'anciens membres du GAL. Mais l'assassinat d'un jeune conseiller municipal à Ermua en juillet 1997 va jeter des milliers de Basques dans la rue contre l'ETA. Malgré les succès électoraux de sa branche politique, **l'organisation terroriste est de plus en plus isolée.** La société basque marque fortement son désir d'un traitement politique de son identité.
En septembre 1998, la **déclaration de Lizarra** (nom basque de la petite ville d'Estella en Navarre, tous les symboles sont au rendez-vous) marque un tournant. Tous les acteurs de la vie politique basque sont représentés, du PNV au pouvoir à l'ETA, en passant par l'EH (*Euskal Herritarok* qui a remplacé HB) et même Abertzalen Batasuna qui représente les Basques d'Iparralde. L'ETA s'engage à cesser tout attentat et sa branche politique EH accepte de siéger au Parlement basque et même de participer au gouvernement. En 1999, c'est une coalition PNV-EH entièrement basque qui gouverne. La presse espagnole, toutes tendances confondues, se déchaîne : les terroristes gouvernent au Pays basque ! Les adversaires de la coalition n'oublient qu'une chose : c'est qu'elle est élue et majoritaire ! Au Parlement de Vitoria, EH, émanation politique de l'ETA, a plus de députés que le *Partido popular* ou le Parti socialiste. Le processus de paix qui se met en place nécessite pourtant la participation du gouvernement espagnol, et même celle du gouvernement français. En effet, **il existe une contrepartie à la trêve : le transfert des prisonniers basques dans des prisons proches du Pays basque et la normalisation des conditions de détention.** Pour les autonomistes, cette revendication est essentielle car, détenus aux Canaries ou en Picardie, les prisonniers sont coupés de leur famille. En outre, on fait remarquer que les remises de peine accordées aux prisonniers de droit commun sont constamment refusées aux Basques.
Or, sur ce point, la coalition n'a aucun pouvoir. Certes, l'Euskadi est autonome en matière culturelle et financière. La communauté dispose de ses écoles, de ses médias et même de sa police (aux pouvoirs assez limités et doublée par la *guardia civil*). Mais Madrid n'entend pas perdre ses prérogatives en matière de justice. Au contraire, **la coopération entre Français et Espagnols s'intensifie, et les arrestations se multiplient.** En pleine trêve, lorsque le ministre espagnol de l'Intérieur fait emprisonner l'état-major de EH, une nouvelle direction se met en

place : plus jeune, plus agressive, dont le leader charismatique est Arnaldo Otegi. En novembre 1999, à l'occasion de l'ouverture du procès de 22 autonomistes à Paris, *l'ETA annonce la fin de la trêve.* Les premiers attentats suivent, et la spirale répression-provocation aussi. C'est que les nouveaux dirigeants sont moins internationalistes, moins marxistes et plus « foralistes » : leur credo est l'indépendance et la mise en place de fortes libertés locales, ils ne tiennent plus compte de la dimension historique et internationaliste du problème basque. *Les « dirigeants historiques » de l'ETA sont menacés, voire assassinés, s'ils se prononcent pour la paix.* L'opposition se cristallise entre « espagnolistes » et *abertzales*, et les positions se durcissent Le PNV, avec ses idées modérées et sa position nationaliste, est la charnière du débat.

En mai 2001, des élections anticipées largement provoquées par Madrid, qui pensait que la reprise des attentats favoriserait une réaction électorale, donnent la majorité aux partis nationalistes, le PNV ratant de peu la majorité absolue. Retour à la case départ : les partis espagnolistes (PP et PSOE) ont tellement juré qu'ils ne gouverneraient jamais avec le PNV que ce dernier, quoique classé au centre-droit, s'allie à la gauche d'Izquierda Unita (communistes et écolos). Rebelote aux élections de 2003. Le PNV gagne dans les trois provinces, ne laissant que Donostia au PSOE. Les choses sont claires pour tout le monde, sauf pour le gouvernement espagnol qui refuse de comprendre que les Basques veulent être des partenaires et non des vassaux. En mars 2001, un sondage indiquait que 61 % des Basques du Sud se sentaient « basques, et pas du tout espagnols » et 20 % « basques d'abord et espagnols ensuite ».

En septembre 2002, le président Ibarretxe lance l'idée du *« plan Ibarretxe »,* visant à installer une situation de souveraineté partagée et de libre association avec l'État espagnol. Idée est finalement abandonnée lors des élections régionales basques d'avril 2005, qui voient les partis « espagnolistes » revenir à la hauteur du PNV.

Une reprise du dialogue… sans lendemain

Ce résultat électoral ouvre la voie à une réforme plus consensuelle, que le Premier ministre José-Luis Rodriguez Zapatero semble prêt à mettre en œuvre. Car l'objectif du nouveau gouvernement socialiste, au pouvoir depuis 2004, est, encore et toujours, la paix. Or, *depuis 2002, l'ETA chancelle.* Démantèlement logistique, faiblesse opérationnelle… pour preuve, l'arrestation en octobre 2004 de la moitié de ses membres dirigeants, dont le numéro un, Michel Albizu « Antza ». *Début 2005, la situation est telle que l'ETA annonce sa volonté de régler le conflit basque par la voie politique.* Zapatero se dit prêt à entamer le dialogue, à condition que l'organisation dépose les armes en guise de préalable… Le 22 mars 2006, une vidéo de l'ETA, diffusée sur toutes les chaînes du pays, annonce un *« cessez-le-feu permanent »,* une déclaration, certes accueillie avec prudence, mais qui suscite l'espoir. Le processus de paix risque d'être « long, dur et difficile », annonce Zapatero. Effectivement… Si cette première déclaration ne posait aucune condition au respect du cessez-le-feu, les suivantes se font plus tranchées, et demandent aux gouvernements français et espagnol de cesser la répression menée contre les indépendantistes, puis de respecter le droit à l'autodétermination sur tout le territoire basque. Tant et si bien qu'en septembre 2006, l'ETA annonce « qu'elle continuerait à lutter avec fermeté, les armes à la main, jusqu'à l'obtention de l'indépendance et du socialisme dans la partie basque ».

Et nous voilà revenus au point de départ. *Les pourparlers menés par le gouvernement de Zapatero sont fortement décriés par le Parti populaire* et les associations de victimes des attentats, qui dénoncent toute négociation avec une organisation terroriste responsable de quelque 830 morts (et des milliers de blessés) depuis 1968, sans que celle-ci soit officiellement désarmée. Si, comme ses prédécesseurs lors des négociations ratées, Zapatero accepte de négocier le sort des prisonniers indépendantistes, il reste très évasif sur la question de l'autodétermination.

Malgré le dialogue engagé en mars 2006, *le ministre de l'Intérieur espagnol qualifie début janvier 2007 le processus de paix avec l'ETA de « rompu, liquidé, terminé ». L'ETA vient en effet de commettre un nouvel attentat mortel quelques jours plus tôt à l'aéroport de Madrid.* Cette déclaration annihile le faible espoir de dialogue qui avait vu le jour à l'arrivée au pouvoir de Zapatero. Avec ce nouvel attentat, l'autorité des dirigeants historiques est contestée à l'intérieur même du mouvement. C'est l'éternel retour en arrière, vers la reprise des armes.

Entre septembre 2007 et 2009, le ton continue de se durcir, avec l'arrestation côté sud de nombreux dirigeants de Batasuna, et côté nord de coups de filets qui touchent les principaux leaders d'ETA. Si bien qu'en mai 2009, bien qu'arrivé en tête des suffrages aux élections régionales, *le PNV d'Ibarretxe doit céder le pouvoir à une coalition de partis non nationalistes.* Allié aux élus de droite du PP, le socialiste Patxi López devient *lehendakari*.

L'ETA est presque décapitée mais ne dépose pas les armes, puisque deux attentats à la voiture piégée auront encore lieu cette année-là. Et pour la première fois, en mars 2010, c'est un policier français qui est tué par des membres de l'ETA au cours d'une fusillade, près de Paris. En septembre 2010, signe avant-coureur, l'ETA accepte de reprendre le dialogue... mais sans déposer les armes.

L'espoir

L'année 2011 s'achève sous d'autres auspices : Ekin s'autodissout, et dès octobre, *l'ETA renonce définitivement à la lutte armée, et s'engage dès novembre sur la voie du désarmement.* Du coup, la gauche *abertzale* (indépendantiste) décide de reprendre le chemin des urnes. Déjà, en mai, lors des élections municipales, *Bildu, une coalition de partis héritiers de Batasuna, s'était imposée comme deuxième force politique d'Euskadi* (plus de 25 % des suffrages). Pour les législatives nationales de novembre, c'est sous le nom de *Amaiur*, une coalition de plusieurs partis indépendantistes historiques (dont Bildu), que la gauche radicale *abertzale* se présente. Son but : devenir « la première force politique de la région, devant le Parti nationaliste basque (PNV) », selon Karim Asry, correspondant d'*El País* en Euskadi. Et avec succès, puisque Amaiur remporte sept sièges au parlement espagnol.

Quoi qu'il en soit, l'abandon des armes par l'ETA, abandon qui semble cette fois-ci définitif, ouvre une nouvelle ère dans l'histoire de l'Euskadi. Elle commence par de *nouvelles élections régionales en Euskadi, en octobre 2012.* Avec le retour dans le jeu électoral de la gauche abertzale, *le score des nationalistes est écrasant.* Toutes tendances confondues, ils obtiennent 49 des 75 sièges de l'assemblée basque. Le PSOE et le PP sont laminés. *Iñigo Urkullu, leader du PNV,* accède au poste de *lehendakari*. *Mais Madrid et Paris ne relâchent pas la pression sur l'ETA,* quitte à prendre le risque de torpiller – à nouveau – le processus de paix (comme avec l'affaire Aurore Martin). C'est en *mars 2013* que les lignes de la négociation bougent à nouveau, autour des détenus basques : les médiateurs internationaux et l'association basque Lokarri incitent les prisonniers à accepter des négociations individuelles avec le gouvernement espagnol. Proposition finalement validée fin 2013 par le collectif des prisonniers etarras (EPPK). Prémices, peut-être, à une dissolution de l'ETA, et à la *réouverture de négociations officielles* ? En tout cas, ses membres se sont engagés dans la voie du désarmement.

La question des prisonniers

Comment s'y retrouver dans la marée d'articles et d'émissions plus ou moins partisans, plus ou moins agressifs, plus ou moins justes qui assènent chiffres plus ou moins tordus et vérités plus ou moins viciées ? *Vu de l'extérieur, le seul vrai problème est celui des prisonniers.* C'est la revendication globale et unanime, celle qui soude tous les Basques : il n'est pas de village qui n'ait au moins un habitant en prison, et donc un comité de soutien qui demande un traitement juste envers ce prisonnier.

Au nord, *la revendication pour un département basque est superbement balayée par Paris.* Revendication majoritaire qui s'exprime de façon pacifique par des manifestations. À chaque élection, les « départementalistes » améliorent leurs scores, au grand dam des grands partis politiques. Au nord comme au sud, le blocage est patent.

Les Basques ne sont pas rétrogrades. Ils ont toujours vécu avec des gouvernements lointains : Rome, Toulouse, Paris, Madrid autrefois, demain Bruxelles, qu'importe, dès lors que chez eux, dans leurs villages, dans leurs vallées, ils restent maîtres de leur vie. Pour beaucoup, c'est une revendication moderne. Pour les Basques, c'est la continuité logique de leur histoire.

Quelques dates

– *Paléolithique :* les premières traces humaines connues dans la région datent d'environ 250 000 ans. Les grottes rupestres de la fin du Paléolithique supérieur (du Magdalénien, 16500-11000 av. J.-C.), Isturits, Santimañine, Altxerri et Ekain, montrent une occupation ancienne et artistiquement productive du Pays basque, surtout près de la côte.
– *Néolithique :* les traces de cette époque sont surtout visibles dans les régions karstiques de l'intérieur (dolmens de Navarre et d'Álava).
– *202 av. J.-C. :* occupation romaine en Espagne. César occupe l'Aquitaine en 56 av. J.-C. Construction de la voie romaine de Bordeaux à Astorga.
– *484 apr. J.-C. :* le royaume des Wisigoths s'étend sur toute l'Espagne. Début de la christianisation du Pays basque sous l'influence de divers évêques de Toulouse, capitale des Wisigoths, et notamment Saturnin.
– *507 :* Clovis bat les Wisigoths à Vouillé. Le royaume de Toulouse s'effondre. Apparition d'un royaume des Vascons, dont la capitale est Pampelune.
– *778 :* bataille de Roncevaux.
– *824 :* Enneco Aresta est « roi de Pampelune ». Débuts de la dynastie Jimenez-Garcia.
– *Vers 900 :* premières traces du pèlerinage de Compostelle. En 925, Garcia Sanchez monte sur le trône de Navarre. Au nord, les ducs de Poitiers prennent le titre de « ducs d'Aquitaine ».
– *1004 :* Sanche le Grand devient roi de Navarre. Apogée de la puissance navarraise. Sanche est proclamé « roi de toutes les Espagnes ».
– *1000-1200 :* guerres de la Reconquête. Les Navarrais mènent une politique d'alliance compliquée avec l'Aragon, le León, la Castille et le Béarn.
– *1152 :* mariage d'Aliénor d'Aquitaine avec Henri II Plantagenêt. Bayonne et le Labourd passent sous la coupe anglaise.
– *1174 :* la Navarre perd le Biscaye au profit de la Castille.
– *1191 :* mariage de Bérengère de Navarre avec Richard Cœur de Lion.
– *1199 :* la Castille conquiert l'Álava et le Guipúzcoa.
– *1212 :* Sanche le Fort bat les musulmans à Las Navas de Tolosa après une alliance avec le roi de Castille.
– *1234 :* les comtes de Champagne deviennent rois de Navarre. Renversement des alliances, la Navarre se rapproche de la France.
– *1250-1400 :* politique de peuplement et création de bastides. Castillans et Navarrais s'observent.
– *1453 :* fin de la guerre de Cent Ans. Le Labourd revient à la France.
– *1468 :* mariage de Ferdinand d'Aragon et d'Isabelle de Castille. Réunion des deux royaumes longtemps rivaux. La Navarre est isolée.
– *1492 :* chute du royaume de Grenade le 2 janvier. Découverte de l'Amérique par Christophe Colomb pour le compte des Rois Catholiques (Ferdinand V et Isabelle Ire). Expulsion des juifs « pour protéger l'unité religieuse de l'Espagne ».

– **1511** : la Navarre est absorbée par la Castille. La Basse-Navarre est conservée par le grand-père d'Henri IV.
– **1516-1556** : règne de Charles Quint (Charles Ier pour les Espagnols), petit-fils d'Isabelle la Catholique. Domination d'un immense empire, tant en Europe qu'en Amérique, « où jamais le soleil ne se couche ».
– **1589** : Henri IV devient « roi de France et de Navarre ». Le Labourd, la Soule et la Basse-Navarre sont désormais en une seule main. La division des sept provinces basques en « 4+3 » est consommée.
– **1700** : avènement au trône d'Espagne de Philippe V, petit-fils de Louis XIV.

> ## LA MALÉDICTION DES HABSBOURG
>
> *À cause de multiples mariages consanguins, la famille impériale qui régna longtemps sur l'Autriche et l'Espagne portait des signes de dégénérescence et présentait des malformations, qui empoisonnèrent le sang d'une bonne partie des familles régnantes européennes. Le prognathisme (menton en avant) de Charles Quint en est un bon exemple.*

– **1792** : départementalisation de la France et création du département des Basses-Pyrénées en accolant le Pays basque et le Béarn.
– **1808** : Napoléon nomme roi d'Espagne son frère Joseph. Donostia est incorporée au département des Basses-Pyrénées. Madrid, occupée par les troupes françaises, se soulève. Début de la guerre d'Indépendance.
– **1813** : victoire de l'armée anglo-portugaise de Wellington, jointe aux Espagnols. À Irun, les Français repassent la frontière. Ferdinand VII retrouve le trône d'Espagne.
– **1833** : mort de Ferdinand VII. Son frère Don Carlos réclame le trône en vertu de la loi salique. Première guerre carliste. Le Pays basque est divisé entre traditionalistes (majoritaires en Navarre) et libéraux (majoritaires en Biscaye et dans le Guipúzcoa).
– **1847** : deuxième guerre carliste quand Don Carlos cherche à profiter des troubles qui secouent le sud de l'Espagne.
– **1853** : mariage de Napoléon III avec Eugénie de Montijo. Développement du tourisme balnéaire à Biarritz et Donostia.
– **1872** : troisième guerre carliste, qui provoque la proclamation de la République en Espagne (1873).
– **1894** : Sabino Arana fonde le *PNV (Partido nacionalista vasco)* et dessine l'*ikurriña*, le drapeau basque.
– **1902-1931** : règne d'Alphonse XIII, marqué par un renouveau économique et un régime dictatorial (entre 1923 et 1930) sous l'autorité de Primo de Rivera. Au sud comme au nord, la Côte basque est à la mode.
– **1931** : aux élections municipales espagnoles, la gauche l'emporte dans les grandes villes et réclame la république. Abdication du roi.
– **1935** : constitution du *Frente popular*, groupant syndicats et partis de gauche sur le modèle du Front populaire français.
– **Février 1936** : les élections sont un succès pour le *Frente popular*. Après l'assassinat du chef de l'opposition monarchiste José Calvo Sotelo, l'armée du Maroc, dirigée par le général Franco, donne le signal du soulèvement. C'est le début de la guerre civile, qui durera 3 ans. L'Espagne va devenir un banc d'essai des grandes puissances, qui offrent une aide importante aux deux parties.
– **Septembre 1936** : les *requetes* navarrais nationalistes prennent Irun pour couper toute retraite aux républicains.
– **Octobre 1936** : premier statut d'autonomie. Le PNV est au pouvoir à Bilbao. José Antonio Aguirre devient le premier président basque de l'histoire.

– *1937 :* bombardements de Durango et Gernika. Malgré l'héroïsme des *gudaris* basques et des anarchistes de la colonne Durruti, les nationalistes, supérieurs en nombre, remportent victoire sur victoire. Les soldats navarrais de Franco s'emparent de Bilbao le 19 juin 1937. Le gouvernement basque se réfugie à Bayonne.

– *1939 :* Barcelone, où le gouvernement républicain était replié, est prise par les nationalistes. Le 28 février, chute de Madrid, dernier centre de la résistance républicaine.

> **L'ESCADRILLE ESPAÑA**
>
> *Lorsque André Malraux s'engagea dans la guerre d'Espagne, les forces antifranquistes n'avaient pas d'aviation. En quelques semaines, il récupèra 25 avions pour créer l'escadrille España, aidé par un inconnu, alors directeur de cabinet du ministère de l'Air du Front populaire français, Jean Moulin. Ne sachant pas piloter, Malraux savait cependant commander et surtout convaincre. Il participa directement à 65 opérations aériennes.*

– *1959 :* renouveau du nationalisme basque. Création d'*Enbata* au nord et de l'*ETA* (*Euskadi Ta Askatasuna,* « le Pays basque et sa liberté ») au sud.

– *1969 :* le général Franco désigne officiellement son successeur en la personne du prince Juan Carlos, petit-fils d'Alphonse XIII.

– *1970 :* procès de Burgos. Six militants de l'ETA, accusés du meurtre d'un commissaire de police, sont condamnés à mort. L'opinion publique s'émeut.

– *1973 :* opération « Ogre ». L'amiral Carrero Blanco, bras droit de Franco, est tué par l'ETA en plein Madrid.

– *1975 :* mort de Franco, le 20 novembre. Le 22 novembre, Juan Carlos devient roi d'Espagne. Le basque, le catalan et le galicien sont reconnus comme langues nationales en Espagne.

– *1978 :* la nouvelle Constitution d'un État espagnol, « social et démocratique », entre en vigueur. Amnistie pour les prisonniers politiques. L'abstention est supérieure à 50 % au Pays basque, où l'on estime que les libertés ne sont pas assez respectées.

– *1979 :* statut d'autonomie accordé au Pays basque, à la Catalogne et à la Galice. La Navarre refuse de se joindre aux trois autres provinces basques qui forment la « Communauté autonome basque ».

– *1980 :* installation du premier Parlement basque.

– *1982 :* victoire de Felipe González, socialiste, qui devient chef du gouvernement espagnol. Début des actions du GAL (Groupes armés de libération), création de la police espagnole qui assassine des réfugiés basques sur le territoire français.

– *1984 :* opposition sévère entre le gouvernement basque et les foralistes.

– *1986 :* entrée de l'Espagne dans le Marché commun. Élections législatives : Felipe González conserve la majorité absolue. Le PNV gouverne l'Euskadi dans le cadre d'une coalition avec le PSOE.

– *1996 :* après 13 années de pouvoir, défaite du socialiste Felipe González face à José Maria Aznar, du Parti populaire (droite). Le nouveau chef du gouvernement négocie le soutien des nationalistes et surtout des Catalans menés par Jordi Pujol.

– *Octobre 1997 :* mariage de l'infante d'Espagne avec un handballeur. Tout fout l'camp ! Oui, mais il est basque. Ah bon !

– *Septembre 1998 :* les partis nationalistes basques signent la déclaration de Lizarra qui s'inspire du processus de paix nord-irlandais. Le nouveau *lehendakari,* J.-J. Ibarretxe, gouverne avec les extrémistes de HB (Herri Batasuna) et EH (Euskal Herritarok) afin de renforcer le processus de paix.

– *Novembre 1999 :* l'ETA annonce la reprise des attentats.

– *2000 :* les assassinats se multiplient. La répression durcit. Les élections nationales en Espagne voient un triomphe sans précédent de la droite *(Partido popular).*

– **Mai 2001 :** les élections anticipées consacrent à la fois le refus de la violence (Batasuna, vitrine politique de l'ETA, perd 10 % des voix) et le poids du nationalisme, puisque les deux courants nationalistes (modéré avec le PNV et radical avec Batasuna) flirtent avec 60 % des suffrages exprimés. Retour à la case départ.
– **Septembre 2002 :** le *lehendakari* Ibarretxe demande à l'Europe un référendum d'autodétermination pour que le Pays basque devienne « nation associée à l'Espagne ». Madrid hurle.
– **2003 :** la tension persiste entre les Basques, Madrid et Paris. Ibarretxe campe sur ses positions en demandant l'application complète du traité d'autonomie, et Nicolas Sarkozy, alors ministre de l'Intérieur, refuse de venir à Bayonne... Les nuages s'amoncellent.
– **Décembre 2004 :** le Parlement basque vote le principe d'un référendum au Pays basque pour approuver la proposition Ibarretxe. À Madrid, Zapatero, leader du PS, publie un communiqué commun avec le PP de Rajoy pour refuser la consultation. Les clivages politiques volent en éclats, l'ETA annonce une trêve. Ibarretxe a piégé tout le monde et se pose en leader incontesté.
– **2005 :** en *janvier,* ébranlé par l'arrestation de plusieurs de ses chefs, l'ETA fait une proposition de dialogue au gouvernement Zapatero. En *avril,* les Basques désavouent Ibarretxe lors des élections régionales. Le « plan Ibarretxe » est abandonné. En *mai,* le Parlement espagnol autorise Zapatero à mener les discussions de paix avec l'ETA à condition que le mouvement dépose les armes.
– **2006 :** en *mars,* l'ETA prononce un « cessez-le-feu permanent », mais annonce dès septembre qu'elle continuera de « lutter avec fermeté, les armes à la main, jusqu'à l'obtention de l'indépendance et du socialisme dans la partie basque ». Résultat : en *octobre,* le débat basque est porté sur la scène internationale. Mais le *30 décembre,* un attentat attribué à l'ETA fait deux morts à l'aéroport de Madrid. Le dialogue est à nouveau rompu. Le pont Vizcaya (pont transbordeur à l'embouchure de l'Ibaizabal) est classé au Patrimoine mondial par l'Unesco.
– **9 mars 2008 :** élections législatives en Espagne. Le PSOE remporte largement les élections avec près de 170 sièges au Parlement, Zapatero est reconduit à la tête du gouvernement.
– **Mai 2009 :** aux élections régionales, une coalition de partis non nationalistes (PP et PSOE) ravit le pouvoir au PNV d'Ibarretxe. Le socialiste Patxi López devient le nouveau *lehendakari*.
– **5 septembre 2010 :** l'ETA annonce un nouveau cessez-le-feu à travers un communiqué diffusé par la BBC. Réactions mitigées et prudentes de la part des autorités.
– **20 octobre 2011 :** l'ETA annonce la fin de sa lutte armée et affirme inscrire le désarmement à son agenda. La société civile basque est exaspérée par la violence. Elle se fait entendre lors des élections législatives de novembre, que le Parti populaire espagnol et son candidat Mariano Rajoy remportent haut la main. Le nouveau gouvernement met en place dès la fin décembre un nouveau plan d'austérité (hausse des impôts, coupes dans les budgets publics, etc.).
– **Octobre 2012 :** élections régionales en Euskadi. Les nationalistes (PNV et gauche abertzale) arrivent largement en tête, avec 49 sièges sur 75.
– **2013 :** le 31 janvier, naissance de l'*eusko*, une monnaie locale et solidaire alternative, destinée à promouvoir les échanges locaux dans le Pays basque Nord.

FELIPE VI, ROI DE CORSE ?

Lors de son couronnement en 2014, Felipe VI n'a pas seulement été sacré roi d'Espagne, il est aussi roi de Corse, duc et comte palatin de Bourgogne, comte du Roussillon, landgrave d'Alsace, comte du Haut-Rhin... Au total, plus d'une centaine de titres farfelus qu'il hérite de ses origines bourboniennes et habsbourgeoises. C'est au nom de la tradition et grâce à ses ancêtres Louis XIV et Charles Quint que Felipe hérite de ces prérogatives obsolètes.

– *2014 :* fragilisé par des scandales à répétition, le roi Juan Carlos abdique en faveur de son fils, Felipe, couronné sous le nom de Felipe VI.
– *2015 :* deux chefs politiques de l'ETA sont arrêtés en France, faisant dire au ministre espagnol de l'Intérieur que « l'ETA est décapitée ».
– *2016 :* Donostia – San Sebastián est la Capitale culturelle européenne. À vos agendas !

LANGUE RÉGIONALE

Pays sans réelle histoire écrite, peuple de culture essentiellement orale : ces deux éléments se sont unis pour faire de la langue l'étendard de l'identité basque. Ce n'est pas un fait récent : les Basques ont toujours affirmé qu'être basque, c'était d'abord parler basque. Ils sont environ 700 000 à parler le basque et environ 20 000 à avoir l'euskara (le basque, donc) comme langue unique.

Au nord, le combat pour la langue basque a réellement commencé en 1969, lorsque Claire Noblia a fondé la première *ikastola* à Arcangues. L'*ikastola*, c'est l'école basque où les enfants suivent le même programme que tous les petits Français mais en basque. En presque 40 ans, le mouvement est passé d'une quasi-clandestinité à la reconnaissance officielle, et chaque ville, chaque village possède son *ikastola*.

C'est le mouvement scolaire qui a permis la renaissance de la culture basque en officialisant l'apprentissage de la langue : les *ikastolak* ont été reconnues en 1994 comme écoles privées sous contrat par le gouvernement français, qui participe désormais à leur financement. *Herri Urrats,* la fête des *ikastolak* en juin à Saint-Pée-sur-Nivelle, est devenue une grand-messe qui regroupe plus de 25 000 personnes, et les meilleurs groupes musicaux de la région s'y produisent gratuitement pour collecter les fonds nécessaires à la poursuite du mouvement. Le non-bascophone peut s'y sentir très étranger, mais personne ne peut résister à l'extraordinaire ambiance de cette fête.

Au sud, 99 % des enfants sont scolarisés dans des écoles basques, contre un peu moins de 20 % en France. Et si, au nord, il existe de nombreuses radios locales et un journal hebdomadaire pour relayer l'école, au sud, ils en sont déjà à la TV ! Mais de l'autre côté de la montagne, les passions sont beaucoup plus exacerbées. Nombreux sont les Basques farouchement attachés à leur identité culturelle et résolus à se battre pour elle.

La plupart des panneaux indicateurs sont bilingues français-basque, mais quelques irréductibles s'efforcent de taguer les noms français, et il arrive souvent qu'à certains carrefours l'hésitation soit de mise (c'est la même histoire côté espagnol). De même, la tendance à annoncer les fêtes par des affiches exclusivement écrites en basque peut faire manquer quelques grands moments de réjouissance : qui peut savoir que *Lekorne herriko pestak* annonce les fêtes annuelles du village de Mendionde (Lekorne) ? Les quelques notions évoquées plus loin (voir « Quelques mots de basque » dans « Pays basque – Béarn utile. La langue basque ») vous permettront de comprendre les tags qui balafrent de nombreuses façades.

Mais, au fait, qu'est donc cette langue basque ? C'est que le basque ne se rattache à aucune langue connue. La langue basque, telle qu'elle est parlée aujourd'hui, est unifiée depuis une bonne trentaine d'années et vient de plusieurs dialectes de même souche parlés d'un côté ou de l'autre de la frontière. Aucun linguiste n'a su percer le mystère qui entoure l'origine de cette langue. **Elle est vraisemblablement l'une des plus vieilles langues vivantes européennes,** précédant même l'installation sur le vieux continent des langues celtes et indo-européennes, avec lesquelles elle n'a aucune racine commune. Selon le spécialiste Michel Morvan, le basque a des parentés proches et des parentés lointaines. Parmi les parentés proches, on trouve le paléo-sarde de la région de la Barbagia en Sardaigne et le paléo-corse. Les parentés lointaines rapprocheraient le basque des familles de langues caucasiennes et dravidiennes.

Parmi les hypothèses avancées, on parle d'un rapprochement possible entre Caucasiens et Indo-Européens lors des migrations vers l'Europe. Ainsi, la particule *ra* indique le lieu d'où l'on vient et la particule *ko* le lieu où l'on est. *Ezpelatara* est celui qui est originaire d'Espelette, alors que *Ezpeletako* est celui qui vit à Espelette. Cela évite l'emploi des prépositions : de sorte que *ren* marquant le génitif, on peut avoir *Peyoren zaldi* (le cheval de Peyo) comme *mendiko zaldi* (le cheval de la montagne), la particule marquant dans un cas l'appartenance, dans l'autre la localisation. La particule *rat* indique le déplacement vers quelque chose, comme dans l'expression *herrirat*, « vers le pays ». Le tag *Euskal presoak, euska herrirat* signifie donc « les prisonniers basques vers le Pays basque » puisque la marque du pluriel est la lettre *k* : *lorea*, « la fleur », fait *loreak*, « les fleurs », comme *presoa*, « le prisonnier », fait *presoak*, « les prisonniers ». Quant à la particule *dik,* elle indique un déplacement vers l'extérieur.

Cela donne une grande malléabilité à la langue, puisque la valeur grammaticale du mot est donnée par la particule et non par la place dans la phrase. De ce fait, on énonce d'abord ce qui a de l'importance et, comme dans toutes les langues agglutinantes, on peut ajouter autant de particules que nécessaire.

Il n'existe pas de genre pour les noms : le genre est donné par le verbe, qui se conjugue différemment selon que le sujet est masculin ou féminin. De nombreux Basques, surtout âgés, mêlent grammaire française et syntaxe basque, ce qui ne facilite pas la compréhension. Mais avec un peu d'habitude, on finit par s'en sortir.

Enfin, le basque n'hésite pas à emprunter et à « basquiser » le vocabulaire. Il suffit de prendre un mot et d'ajouter le suffixe *a* qui joue le rôle d'article, et la bicyclette devient *bizikleta*. Un exemple entre mille mais qui montre une certaine malice : *truka*, c'est « le change », au sens bancaire du terme. Les frontaliers savent de longue date que changer de l'argent, c'est un peu truquer ! Et, mieux encore, pour les Basques d'Amérique, *truka* désigne « le camion » (*truck* en anglais) !

Vous trouverez plus loin (voir le chapitre « Pays basque – Béarn utile. La langue basque ») un vocabulaire usuel castillan qui vous aidera à vous faire comprendre dans le Sud. Nous avons beaucoup hésité à vous donner le même en euskara. Mais si l'on peut mal prononcer le castillan, il n'en va pas de même du basque. Le poids symbolique de la langue est tel que les Basques n'aiment pas qu'on la défigure. Les combats pour sa préservation, dans le Nord comme dans le Sud, ont laissé des traces. L'euskara est un lien, pas seulement un moyen de communication. Nous ne vous donnons donc que quelques mots de politesse et d'usage.

MÉDIAS

Au nord, quatre journaux peuvent vous intéresser. *Sud-Ouest* est le grand quotidien régional d'informations. *La Semaine du Pays basque* est, comme son nom l'indique, un hebdomadaire. Le touriste y trouvera de bonnes pages culturelles et sportives, avec calendriers des manifestations. *Enbata* est le journal des indépendantistes du Nord (bilingue). On y trouve des informations souvent pointues en matière culturelle. Enfin, *Le Journal du Pays basque*, quotidien lancé en novembre 2001, cherche sa place entre presse locale et presse militante.

Au sud, hormis la **presse** espagnole – surtout la presse du cœur et les revues people –, qui est omniprésente, la libéralisation a vu la floraison d'une multitude de journaux en euskara, souvent très politisés.

Au sud toujours, il existe de nombreuses versions régionales de la presse nationale : *El País, El Mundo* ont des pages régionales assez complètes en espagnol. *El Diario Vasco* et *El Diario de Navarra* sont uniquement locaux mais très bien faits et complets. Ce sont d'excellentes sources d'information, notamment pour les fêtes. *Egunkarria* (modéré) est uniquement écrit en basque, ce qui limite son intérêt. *Deia* (tendance PNV) est bilingue. Ses pages culturelles peuvent vous fournir de nombreux renseignements. Enfin, *Gara* (indépendantiste et bilingue) a remplacé *Egin,* interdit.

Francophone, *Pays basque Magazine* est un trimestriel luxueusement illustré, au contenu irrégulier : en général, les articles traitant de randonnée ou de nature sont bien faits. En tout cas, la situation politique y est soigneusement évitée.
Les **radios** locales sont exclusivement bascophones. Il y en a pratiquement une par vallée. On peut y accrocher souvent de bons programmes musicaux. La meilleure programmation musicale qu'on ait trouvée (sans blabla) est celle de la radio *EiTB*.
Il existe une **TV** basque avec deux chaînes : *ETB 1* en basque, *ETB 2* en espagnol. On y trouve, comme en Espagne, beaucoup de sport (et surtout beaucoup de pelote, ce qui vaut la peine, car les réalisateurs d'*ETB* sont de vrais spécialistes), des variétés et des feuilletons, mais presque autant de débats, de talk-shows, de discussions sur des thèmes politiques ou sociaux (les Basques adorent ça !).

MUSIQUE, DANSES ET CHANSONS

Les Basques possèdent un très grand sens de la musique et adorent chanter. Cependant, paradoxalement, vous aurez peu l'occasion de les entendre. C'est avant tout lors des fêtes locales et de villages que ça se passe. Avec un peu de chance, vous tomberez sur une soirée ou un spectacle musical et de danse organisé pour l'occasion.
Un moyen d'entendre les Basques chanter est de se rendre tout simplement à la messe en basque : il y en a partout et notamment dans les grands sanctuaires que sont Arantzazu ou Estibaliz, mais aussi dans pratiquement tous les villages de l'intérieur. Ne pas rater les grandes fêtes religieuses, comme la célébration de la Fête-Dieu *(Phesta-Berri)* à Hélette et en Arberoue fin mai, début juin. On y chante à gorge déployée, ça vaut tous les sermons du monde !

Les instruments traditionnels

Il y a d'abord le tambourin, ce que les romantiques appelaient à tort le « tambour de Basque », qui est commun à toute l'Espagne. Il y a aussi le *txistu,* sorte de flûtiau aigrelet que le joueur accompagne au tambour (une main sur la flûte, l'autre tient une baguette, coordination pas évidente). Ce tambour à cordes s'appelle le *txun-txun.* Il y a enfin la *gaïta,* petit hautbois à double anche dont le son évoque à s'y méprendre une cornemuse ou une flûte arabe (d'ailleurs, c'est vraisemblablement un instrument d'origine arabe). C'est tout ? Presque. On a failli oublier l'*alboka,* flûte taillée dans une corne de bélier, très rarement jouée et dont le son, dit-on, peut rendre fou, ainsi que la *txalaparta,* poutre posée en équilibre sur deux supports, peut-être l'instrument de percussion le plus ancien du monde. Mais l'instrument favori des Basques, c'est la voix !

Le chant choral

Plus qu'une tradition, c'est une passion. Les chœurs d'hommes sont légion. La plus petite formation est un chœur de 8 hommes, l'*oxote,* mais il n'est pas rare de rencontrer des chœurs de 50 ou 80 bonshommes. Le chant basque est toujours une polyphonie. Il existe quelques chœurs mixtes, surtout pour l'interprétation de la musique religieuse.

La *jota*

En Navarre, la musique par excellence est la *jota*. Un couplet, parfois deux, chanté à deux ou plusieurs voix (en polyphonie donc, et non en plain-chant). L'harmonie, surtout entre la première et la seconde voix, est primordiale. Les paroles traitent de la vie quotidienne, mais aussi d'événements politiques, de guerres, avec une pointe d'humour acide. Les thèmes musicaux sont souvent proches et récurrents, mais le public attend surtout une interprétation, une sensation. Les plus grandes manifestations sont le concours de Tafalla et le mémorial Raimundo Lara de Murillo el Fruto.

La musique moderne

Plusieurs tendances chez les jeunes chanteurs basques.

Les **chanteurs à thème** ont naturellement trouvé leur place dans une société hyper sensibilisée. Ce sont des mélodistes qui accordent une grande attention aux paroles. Leurs concerts attirent un énorme public, et leurs prises de position sont toujours très attendues et suivies. Leur audience dépasse le Pays basque : Beñat Achiary a fait les meilleures ventes d'Ocora, la maison de disques ethniques de Radio France. Commencez par écouter la compil' *Euskal Herriko Musika.* Les vedettes : Beñat Achiary, Benito Lertxundi, Erramun Martikorena, Imanol, Amaia Zubira, Mixel Laboa.

La langue basque se prête bien au **rock.** Les sonorités rêches collent au rythme et à la musique, et les groupes sont nombreux, avec un public fidèle. Les vedettes : Anje Duhalde, Akelarre, Itoiz, Negu Gorriak, Su Ta Gar. À noter : Potato et Skalariak ont inventé le reggae basque, et c'est plutôt sympa !

La **tendance folk** existe sous toutes les formes possibles, depuis les adaptations électrifiées des classiques basques jusqu'à la simple utilisation de la langue sur des thèmes musicaux étrangers. Kepa Junkera est un accordéoniste exceptionnel qui joue de l'accordéon diatonique avec accompagnement de *txalaparta.* À ne manquer sous aucun prétexte. Nos préférés : Oskorri, Alaitz eta Maider, Sustraia, Kepa Junkera, Gozatequi, Haritzak.

Danses et traditions

Tout le monde connaît le fandango popularisé par Luis Mariano *(Fandango du Pays basque),* mais les danses basques sont innombrables et les costumes souvent exceptionnels. Surtout, elles sont encore largement pratiquées, et pas seulement par des groupes professionnels. Dans de nombreuses fêtes, on se retrouve pour danser, et peu importe que l'on soit novice ou spécialiste, il suffit de suivre le mouvement. Certaines danses, en revanche, requièrent entraînement et expérience.

Ainsi, dans les grandes occasions, vous pourrez voir danser l'*auresku* ou saut d'honneur. Hiératique, vêtu de blanc et rouge, armé de deux poignards, un jeune danseur exécute quelques sauts et pas codés devant une personnalité à célébrer. En Soule, les danses sont un curieux mélange de pas traditionnels et de pas classiques (entrechats, jetés, battus, etc.) exécutés en costumes inspirés de l'épopée napoléonienne. C'est là que vous pourrez assister à la danse du verre *(godalet dantza),* où le danseur se pose délicatement sur un verre sans le briser. En Biscaye, on se rapproche des danses d'épousailles anciennes avec des figures compliquées entre filles et garçons. Certains dansent sur des coffres portés à dos d'homme, comme à Lekeitio. En Navarre, vous verrez la danse des épées, où les danseurs simulent un combat excessivement stylisé.

Un mot doit être dit d'un groupe qui ne constitue pas à proprement parler des danseurs : les *joaldunak,* que vous croiserez sûrement dans une fête ou une autre. Vêtus de pelisses en peau de mouton, les mollets lacés de bandes rouges, coiffés d'un curieux chapeau pointu, ils portent sur les fesses deux grosses clarines et marchent en groupes en se déhanchant pour faire sonner leurs cloches au même rythme. Curiosité : on a vu presque les mêmes en Roumanie... à priori, y a du culte de l'ours là-dessous !

Les *bertsularis*

Il faut en dire deux mots car les Basques aiment beaucoup, en parlent beaucoup, et vous verrez régulièrement des affiches annonçant des concours de *bertsus.* Il s'agit d'une poésie improvisée, chantée, sur un thème imposé. C'est très subtil, paraît-il. En fait, il s'agit d'une forme de « duel de chants » que l'on retrouve sur une partie de la façade atlantique (et même au Groenland), où les compétiteurs se répondent, se moquent les uns des autres. Pour un non-bascophone, c'est totalement hermétique.

PERSONNAGES

Marins et explorateurs

Les pêcheurs basques n'ont pas laissé de nom dans l'histoire.
Le premier grand marin basque est **Sebastián Elkano** (1487-1526), né à Getaria, qui fut le premier homme à boucler un tour du monde à la voile. Lieutenant de Magellan, il prit le commandement après la disparition de celui-ci et ramena les navires en Espagne.
Les autres Basques connus sont plutôt des corsaires, voire des pirates, comme **Johannes de Suhergaraychipy** dit **Coursic** (mort en 1694), corsaire bayonnais du XVIIe s, ou **Pellot** d'Hendaye, qui prit au XIXe s nombre de bateaux au roi d'Angleterre.
D'autres grands marins furent plus légalistes : **Antonio de Okendo** (1577-1640) était l'amiral qui commandait la *Grande Armada* envoyée par Philippe II pour conquérir l'Angleterre. L'affaire se conclut par un naufrage ébouriffant. **Txurruka** (1761-1805), de Mutriku, manqua remporter la victoire de Trafalgar. Atteint par un boulet, sa mort entraîna la débandade de la flotte franco-espagnole et la victoire anglaise. **Jean-Bernard Jaureguiberry** (1815-1887) participa à la conquête navale de l'Indochine et du Tonkin.
Aujourd'hui, des skippers plus pacifiques comme **Didier Munduteguy** (né en 1953) ou **Pascal Bidegorry** (né en 1968) maintiennent une certaine tradition maritime basque.
Il y eut beaucoup de Basques parmi les conquistadors, peu parmi les explorateurs. **Aguirre** (1515-1561), le héros flamboyant magistralement interprété au cinéma par Klaus Kinski, était basque, tout comme **Zabala**, conquérant de l'Uruguay et fondateur de Montevideo en 1726. Totalement méconnu, bien qu'il ait sa statue dans le zoo de Washington, le **père David** (1826-1900) a exploré les contreforts du Tibet au XIXe s. Il en ramena des dizaines d'espèces animales inconnues, dont le grand panda et le cerf du père David.

Prêtres et missionnaires

Deux figures se détachent : **Ignace de Loyola** (1491-1556), natif d'Azpeitia (arrière-pays de Donostia – San Sebastián) et **François Xavier** (1506-1552), originaire du village de Javier aux confins de la Navarre et de l'Aragon, les deux premiers saints jésuites. Le premier fonde l'Ordre en 1540 à la suite d'une blessure qui lui fait découvrir la voie de Dieu. Le second décide d'évangéliser l'Inde, la Chine et le Japon. C'est un échec total, mais l'entreprise est tellement osée que les jésuites attirent ensuite des centaines de candidats missionnaires. À sa mort, il aurait prononcé ses dernières paroles en « langue maternelle navaraise »,

UN BASQUE EN MONGOLIE

Depuis un décret du pape Pie XI en 1927, saint François Xavier est le saint patron de toutes les missions catholiques dans le monde. On sait moins qu'il est aussi le saint patron de… la Mongolie.

c'est-à-dire en basque. Sa fête, le 3 décembre, est aussi celle de la langue basque *(euskara)*.

Artistes et créateurs

Si l'on excepte la personnalité marquante du sculpteur **Eduardo Chillida** (1924-2002), les très nombreux artistes basques, pour la plupart, accèdent rarement à une renommée internationale.
Pourtant, l'école de peinture basque a produit depuis le XIXe s de remarquables artistes. À la suite du Bayonnais **Léon Bonnat** (1833-1922), il s'est créé une école basque du portrait, illustrée par des personnalités comme **Ignacio Zuloaga** (1870-1945) ou **Denis Etcheverry** (1867-1950). Le cubisme a tenté beaucoup de peintres. C'est **Robert Delaunay** (1885-1941) qui est à l'origine de la création de la Société des peintres basques en 1936, mais de fortes personnalités comme **Aurelio Arteta** (1879-1940), malgré une peinture puissante et structurée autour de thèmes prolétariens, n'ont jamais été reconnues à leur juste valeur. Il n'en va pas de même des **frères Arrue,** et notamment Ramiro (1892-1971), qui ont su adapter les techniques cubistes pour reproduire à l'infini des paysages bien verts et des danseurs bien sautillants. En sculpture, le père fondateur est **Jorge Oteiza** (1908-2003) qui, dès les années 1920, produit des œuvres puissantes tendant vers l'abstraction.
Deux grands couturiers, bien différents l'un de l'autre mais tous deux parfaitement insérés dans leur époque, viennent d'Euskadi : **Cristóbal Balenciaga** (1895-1972) et **Paco Rabanne** (né en 1934 à San Sebastián), aussi célèbre pour ses robes métalliques que pour ses prédictions apocalyptiques.
Le Basque n'est pas un homme de l'écrit, et les grands écrivains basques sont rares. **Bernardo Atxaga** (né en 1951), l'une des figures de proue de la littérature espagnole contemporaine, fait figure d'exception. Du côté du cinéma, notons le réalisateur et scénariste **Álex de la Iglesia** (Bilbao, 1965), apprécié pour sa fantaisie baroque teintée d'humour noir (*Balade triste* en est un bon exemple), dont le dernier film, *Les Sorcières de Zugarramurdi,* s'inspire de cette légende de Navarre. En musique, **Maurice Ravel** (1875-1937), né à Ciboure, est naturellement le Basque le plus connu, puisque son *Boléro* est l'œuvre musicale la plus jouée de par le monde. Moins universel mais avec plus de groupies, même devant sa tombe, **Luis Mariano** (1914-1970), enfant d'Irun, a créé avec Francis Lopez, de Bayonne, un genre d'opérettes qui faisait un tabac dans les années 1950. S'il est né à Valence, **Paco Ibáñez** (né en 1934), le vieux loup de la chanson engagée, se réclame aussi de la culture basque : sa mère y est née, lui-même passe plusieurs années dans son enfance chez une tante, dans une ferme près de Donostia, et il ne dédaigne pas, à l'occasion, chanter en basque !

Politiciens et militaires

Beaucoup de militaires de valeur. Détachons-en quelques-uns comme **Isidore Harispe** (1768-1855), maréchal de France, ou **Tomás Zumalacárregui** (1788-1835), colonel puis général des troupes carlistes. Tous deux se distinguent par une grande bravoure, mais surtout un réel génie dans l'utilisation de petites troupes très mobiles qui pratiquent une stratégie de guérilla. Harispe avait obtenu de Napoléon que toutes les recrues basques soient

PROFIL BAS

Un Basque a « marqué » la langue française : le baron de Zilueta (1710-1774), nommé contrôleur général des Finances par Louis XV. Mais pas de quoi pavoiser ! Il s'y révéla si insignifiant que son nom, francisé en « silhouette » par le peuple parisien, a pris le sens d'un personnage sans relief. Ce mot d'origine basque est devenu un nom commun bien français.

regroupées dans un même régiment afin qu'elles puissent comprendre les ordres des officiers, puisque toutes parlaient le basque et fort peu le français.

En politique, le phare est **Sabino Arana** (1865-1903), créateur du Parti nationaliste basque, qui est le père de l'autonomie, et **José Aguirre** (1904-1960), premier président d'un gouvernement basque sous la République. Du côté français, n'oublions pas **René Cassin** (1887, Bayonne-1976), juriste à l'origine de la Déclaration universelle des Droits de l'homme en 1948 et Prix Nobel de la paix. Ses cendres ont été transférées au Panthéon en 1987. **Simón Bolívar** (1783-1830) est une autre figure symbolique, peut-être la plus sympathique des politiciens d'Amérique du Sud d'origine basque. Beaucoup d'autres (on en parle plus haut, dans « Émigration et diaspora ») se sont caractérisés par des prises de position nettement conservatrices. Mais c'étaient des hommes, pas des femmes, comme **Dolores Ibárruri** (1895-1989), d'origine biscayenne, symbole de la République, première femme élue députée aux Cortes et surnommée *La Pasionaria*.

Et encore...

Il y a aussi les sportifs comme **Miguel Induráin** (né en 1964), idole de l'Espagne cycliste, **Bixente Lizarazu** (né en 1969 à Saint-Jean-de-Luz), hendayais, footballeur et surfeur, **Jean Borotra** (Biarritz 1898-Arbonne 1994), le « Basque bondissant » qui donna la Coupe Davis à la France, **Didier Deschamps** (né en 1968), bayonnais mais pas vraiment basque (ne chipotons pas !), **Iñaki Perurena** (né en 1956) dont on vous parle plus loin dans le chapitre sur la force basque (l'homme qui a soulevé 100 t en 5h), le rugbyman **Imanol Harinordoquy** (né en 1980 à Bayonne), resté au pays puisqu'il joue au *Biarritz Olympique*, et **Iñaki Urdangarin** (né en 1968), le handballeur qui a conquis l'infante d'Espagne avant d'éclabousser la famille royale de ses scandales. Sans oublier le champion de canoë monoplace **Tony Estanguet** (né à Pau en 1978). Le Palois, triple champion olympique, a mis fin à sa carrière en 2012, mais a été nommé membre du Comité International Olympique.

Il y a les financiers comme **Cabarrus** (1752-1810), ministre des Finances de Charles IV, ou **Bastiat** (1801-1850), banquier de Napoléon. Ou encore la journaliste et animatrice de télévision **Anne-Sophie Lapix.**

Le Pays basque ne manque pas de talentueuses actrices : **Marie Laforêt** (née en 1939), la fille aux yeux d'or, et **Claire Borotra** (née en 1974), nièce de Jean, nous sont aussi offertes par le Pays basque. Terminons par la talentueuse **Marie Darrieussecq** (née à Bayonne en 1969), l'auteur, entre autres, du roman *Truismes* (1996).

POPULATION

Vaste sujet. On vous en parle largement dans tout le guide. Les Basques adorent l'idée qu'ils sont un peuple singulier, idée qui est née au XIXe s sous l'impulsion de scientifiques non basques comme l'Allemand Humboldt ou le Français Bonaparte (lisez à ce sujet le remarquable ouvrage de Pierre Bidart, *La Singularité basque, généalogie et usages*, PUF, 2001). En réalité, ils partagent avec d'autres la plupart de leurs singularités : ainsi, le fameux « rhésus basque » (plus de la moitié des Basques sont de groupe sanguin O rhésus

PIERRE LOTI, PAS TRÈS CLAIR

Après le succès de son roman Ramuntcho, *Loti garda une admiration pour le Pays basque. Il séjourna fréquemment à Hendaye et décida d'avoir des enfants d'une mère basque, afin qu'ils soient d'une race... plus pure. Il eut trois enfants basques dont le premier s'appela Ramuntcho. Ils furent élevés par sa femme officielle !*

négatif) se retrouve dans toutes les Pyrénées, et une étude récente a montré que Basques, Galiciens et Irlandais étaient très proches génétiquement. De même, la structure sociale axée sur la maison se retrouve jusqu'au XVIIe s dans tout le bassin de la Garonne, comme l'a montré Anne Zink. Ce qui est unique, c'est le mélange de ces singularités unies par le ciment de la langue.

Ce qui est étonnant aussi, c'est la persistance de ces éléments à l'époque moderne : par exemple, il existe toujours un fonctionnement social lié à la maison (voir plus haut « Habitat : l'*etxe* »). Cela donne une homogénéité sociale très forte, un sentiment identitaire puissant.

RELIGIONS, FÊTES ET CROYANCES

Au nord comme au sud, vous êtes en terre farouchement et fortement catholique. Les différences sont minimes : au sud, on processionne plus volontiers pour la Semaine sainte, au nord pour la Fête-Dieu. Au nord comme au sud, les messes sont un temps fort de la vie de la communauté et elles sont dites le plus souvent en basque. Au sud, l'intervention du clergé dans la vie quotidienne est plus importante qu'au nord : il n'est quasiment pas de fête sans bénédiction de quelque chose.

L'AURÉOLE DES SAINTS

Partout dans la chrétienté, l'auréole est le symbole des saints. Au départ, on apposait un disque métallique juste pour protéger la tête des statues de la chute de pierres ou de la tombée des eaux qui suintaient des plafonds. Peu à peu, les fidèles ont cru que cette protection était l'attribut de la sainteté...

Le clergé basque est un clergé actif, voire activiste. Au sud, les prêtres se sont fortement impliqués dans la création de coopératives ouvrières de production. Au nord, c'est l'Action catholique qui a été à la base de la création du syndicalisme paysan. Dans les deux cas, la visée anticapitaliste était forte, les paysans basques étant fortement impliqués dans la lutte antimondialisation.

Au sud, le clergé est majoritairement nationaliste. Sous couvert d'activités culturelles (c'est du monastère d'Arantzazu qu'est parti le combat pour la renaissance de la langue), les prêtres ont souvent pris part à la lutte antifranquiste. Au nom du soutien accordé par l'Église aux personnes en danger, les prêtres n'hésitent pas à accueillir fuyards et réfugiés. Il a même fallu que tout le village d'Espelette se mobilise pour obtenir la libération de son curé, Frantxoa Garat, incarcéré à Fleury-Mérogis pour « association de malfaiteurs » (il avait hébergé pour la nuit un réfugié politique).

Quelques particularités festives

L'alarde

Parade martiale qui trouve son origine dans l'existence d'une sorte de milice populaire au Guipúzcoa. Ces milices ont joué un rôle réel dans les guerres carlistes (voir « Histoire. Révolution et guerres carlistes ») et contre les troupes napoléoniennes. Une fois par an, les miliciens avaient pris l'habitude de défiler dans les rues en grand uniforme et de décharger tous ensemble leur fusil au signal de leur chef. Il n'y a plus de milices, mais les descendants continuent de jouer aux petits soldats. Les participants de l'*alarde* entretiennent avec soin leur bel uniforme et répètent tout au long de l'année pour faire belle figure lors de la parade annuelle. C'est un peu désuet, un brin ridicule, mais c'est jour de fête. Ou plutôt c'était. Depuis quelques années, certaines femmes réclament aussi le droit de défiler en uniforme au nom de l'égalité des sexes (elles nous avaient habitués à des revendications plus saines, mais passons !). Or, les hommes refusent farouchement et les suffragettes basques vont les défier en défilant le même jour par un autre itinéraire. Et ça se termine par des coups, nos vaillants miliciens, aidés par la police, évacuant manu militari les défileuses.

La tamborrada

Défilé de tambours jouant en cadence. Ça paraît simple, mais quand il y a 2 000 joueurs, comme à Donostia, ça fait un drôle d'effet et un sacré boucan ! L'origine en serait la défaite des troupes napoléoniennes. Quand ces dernières ont quitté les villes du Pays basque, elles ont essayé de le faire en bon ordre avec fifres et tambours. Et la population, pour se moquer, les a suivies en improvisant sur tout ce qui lui tombait sous la main, notamment des petits tonneaux.
Dans certaines villes, on défile en uniforme militaire, dans d'autres en cuisinier ou en pêcheur. On se prépare toute l'année, on s'entraîne par quartiers ou par associations. Une *tamborrada* est toujours un grand moment festif. On organise même des *tamborradas* pour les enfants, qui adorent cette autorisation soudainement donnée de faire un boucan d'enfer.

La romería

C'est tout simplement un pèlerinage. Des plus modestes, qui regroupent un village autour d'un ermitage de montagne, aux plus grandioses (Arantzazu, par exemple), qui drainent des milliers de pèlerins, la gamme est vaste.
Nous, on aime bien ceux des villages, quand tout le monde se retrouve pour pique-niquer. Vous verrez souvent auprès d'un ermitage de montagne un barbecue en ciment, destiné à faire griller les *chuletas* pour la bombance d'après messe. Le *vino tinto* coule, un accordéon joue, quelqu'un propose une partie de boules. Voilà quelques siècles que ça dure. N'hésitez pas à vous y mêler.

SPORTS

D'abord, le *fútbol*. On trouve en Espagne les plus grands stades européens, et Bayonne s'enorgueillit d'être la ville de Didier Deschamps. Sans parler de l'Hendayais Bixente Lizarazu, bien sûr. Les grands clubs sont la fierté des villes et, les soirs de match, la TV fonctionne à plein dans les bars et restos, surtout lors du derby basque Athletic Bilbao-Real Sociedad (le club de Donostia – San Sebastián). L'Athletic de Bilbao compose d'ailleurs ses équipes uniquement avec des joueurs basques, du Nord comme du Sud. Le travail des recruteurs en est simplifié !
Ensuite, le cyclisme (Induráin et Olano sont basques) : il n'y a pratiquement pas de fête patronale sans course cycliste, et plus le parcours est dur, plus ça plaît.
Le *baloncesto*, à savoir le basket-ball, est également suivi avec intérêt au Pays basque Sud, grâce notamment aux excellents clubs de Vitoria et de Bilbao, qui évoluent au plus haut niveau.
Le Pays basque Nord se passionne plus volontiers pour le rugby (c'est l'influence du Sud-Ouest) que pour le basket, et une rivalité farouche persiste entre les équipes de l'Aviron bayonnais et le Biarritz olympique. Cependant, il n'y a pas qu'au nord que le rugby sait se faire entendre.
Et puis il y a le reste. Les jeux basques, jeux de force, jeux de pelote ou courses de *traînières*. Les jeux importés qui ont trouvé au Pays basque le terrain propice à leur développement sont le surf, grâce aux vagues, et le golf en raison du climat et d'une certaine anglophilie de la bourgeoisie locale. Quant au tennis, il a trouvé un terreau favorable dans la pratique de la pelote.

La pelote basque

Jeu national ? Non, vous diront les Basques, jeu international, pratiqué un peu partout ! Surtout, jeu fascinant, complexe et simple à la fois. Pas un village qui n'ait

son fronton, et, dès qu'un mur est libre, on y trouve deux gamins en train de taper la balle. Qui n'a jamais tapé dans une pelote n'est pas vraiment basque.
La pelote est l'un des jeux les plus anciens de la région. On jouait jadis avec des balles de laine serrée soit dans un champ, soit contre un mur carré, soit encore dans un jeu de paume appelé ici *trinquet* (le trinquet Saint-André, à Bayonne, date du XVIIe s et celui de Markina de 1798). Ces pelotes de laine ne rebondissaient pas : on ne pouvait donc jouer qu'à la volée, et les aires de jeu n'étaient pas très grandes. Les pelotes s'attrapaient à main nue ou avec de gros gants de cuir. Ce type de jeu est encore pratiqué sous le nom de *pasaka*.
Au début du XIXe s, la pelote change : le cœur est fait d'une lanière de caoutchouc serrée en boule et revêtue d'une peau de chien cousue (le chien n'ayant pas de pores, son cuir est plus solide). Ce changement est fondamental, car la pelote devient plus rapide et permet le jeu avec prise au rebond. Les aires de jeu s'allongent, et on invente le fronton moderne en ajoutant un demi-cercle de maçonnerie au-dessus de l'ancien mur carré, ce qui explique la structure de la plupart des frontons villageois.

JEU DE GUERRE

Le chistera, ce gant en bois de châtaignier qui permet d'envoyer la balle à plus de 200 m dans le jeu de la pelote basque, connut une utilisation pour le moins inattendue durant la Première Guerre mondiale. Des soldats basques utilisaient en effet leurs chisteras pour envoyer, très loin, des grenades dans les tranchées allemandes ! Et cela alors que le lance-grenade n'était pas inventé.

Un pas de plus est franchi avec l'invention du **chistera,** qui se présente sous différentes formes (grand gant – 70 cm de long – et petit gant – 50 à 60 cm de long). Il vient s'ajouter aux autres instruments de lancer : la raquette en bois ou *pala* et le *xare,* sorte de raquette avec un filet, inventé en Argentine.
C'est au cours du XXe s (c'est-à-dire très récemment) que les diverses formes de pelote basque vont se mettre en place.
Pour résumer, il y a cinq possibilités de relancer la pelote : à main nue, avec un gant de cuir, avec une raquette en bois, avec une raquette avec un filet, avec un gant en bois de châtaignier recourbé ; et l'un des trois lieux possibles : un haut mur élevé en plein air, trois ou quatre murs couverts. Mais tous ces éléments ne sont pas combinables (ce serait trop facile !). Une particularité de la pelote : chaque point est chanté en basque.

Les jeux de pelote

Selon l'endroit où vous vous trouverez, vous ne pourrez pas assister à tous les types de jeux. Si la **cesta-punta** est largement pratiquée sur la côte, elle reste très rare à l'intérieur, en Soule, par exemple, où domine le **rebot.** En outre, certains jeux sont faciles à suivre par le non-initié alors que d'autres sont extrêmement complexes : au rebot, il n'y a pas moins de six arbitres pour juger des points litigieux et appliquer les règles !
– **Rebot :** deux équipes de cinq joueurs s'affrontent sur un terrain divisé en deux parts inégales par un trait tracé au sol dit ligne de *paso.* Près du fronton, un rectangle de sol très égal est tracé : c'est la *barne.* Chaque équipe comprend un buteur, ganté de cuir, et quatre joueurs, qui utilisent le petit chistera. Traditionnellement, les parties de rebot commencent à 11h et sont interrompues par l'angélus de 12h. Elles reprennent ensuite.
– **Main nue :** « c'est l'é-preu-ve reine », comme dirait Pierre Fulla. Elle se joue en place libre, en mur à gauche ou en trinquet, par équipes de deux. Chaque équipe doit envoyer la pelote dans les limites de l'aire de jeu et au-dessus de la ligne tracée sur le fronton. Une partie se joue le plus souvent en 30 points, mais on peut monter à 50 pour certains défis. Au but, la balle doit dépasser une ligne tracée à

environ 15 m du mur. Dans certains cas, une partie peut n'opposer que deux joueurs *(mano a mano)*.
– *Yoko garbi :* signifie « jeu propre » parce que les joueurs n'ont pas le droit de conserver la balle dans le petit chistera dont ils sont munis. Le gant s'utilise à la volée sans temps d'arrêt *(atxiki)*. Les parties se jouent en 50 points.

> ### EL FENOMENAL
>
> *Six fois champion de France (de 2008 à 2013), Waltari Agusti, surnommé* El Fenomenal, *est une star de la pelote à main nue. Et s'il bouscule la tradition, ce n'est pas uniquement par son jeu puissant et peu orthodoxe. Waltary Agusti est... cubain.*

Les règles sont aussi simples qu'à main nue, mais l'aire de jeu doit être beaucoup plus longue. La ligne d'engagement se trouve à environ 25 m du mur.
– *Grand chistera :* se joue en place libre en deux équipes de trois joueurs (deux avants et un arrière). Les règles sont les mêmes qu'à main nue. La ligne d'engagement est à 30 m du mur, et on joue en 50 points. Le grand chistera est depuis quelques années détrôné par la *cesta-punta.*
– *Pala :* se joue avec des raquettes d'environ 50 cm de long, par équipes de deux joueurs, en place libre. La ligne d'engagement est à 15 m du mur et on joue en 50 points. La *paleta corta* utilise le même type de *pala* mais en mur à gauche, tandis que la *paleta cuir,* malgré son nom, est une *pala* en bois de plus petites dimensions. Elle se différencie de la *paleta gomme* par le type de pelote : l'une est en cuir, l'autre en caoutchouc plein.
– *Remonte :* se joue par équipes de deux avec un chistera presque plat et tressé en rotin. La balle doit être reprise exactement comme à main nue, sans qu'elle s'arrête dans le panier. Une partie se joue, en mur à gauche, en 40 points.
– *Cesta-punta :* se joue en deux équipes de deux et en 35 points avec un grand chistera. Les règles sont les mêmes que pour tous les jeux de mur à gauche. C'est le jeu le plus spectaculaire, car il conserve la puissance et l'engagement physique du grand chistera mais dans un espace réduit, où le spectateur peut tout voir, avec, de surcroît, toutes les variétés tactiques autorisées par les trois murs.
– *Xare :* se joue en trinquet par équipes de deux. La raquette argentine est une raquette cordée non tendue. On y reçoit la balle, qui se loge dans le filet, puis on la renvoie. C'est un jeu moins spectaculaire que le *yoko garbi* ou la *pala* mais très agréable à voir. À l'engagement, la pelote doit rebondir dans la partie droite du trinquet.

Ce qu'il faut savoir

– En place libre, il n'y a pas de dimension imposée. Chaque fronton de village est différent par sa taille, mais aussi par ses matériaux ou le revêtement du mur. De ce fait, chaque fronton a sa personnalité, et, bien entendu, les joueurs locaux sont avantagés. Il en va de même des trinquets.
– Les couleurs traditionnelles différencient les équipes. On joue soit blancs contre rouges (couleurs des chemises), soit rouges contre bleus (couleurs des ceintures).
– Dans les jeux qui utilisent des instruments *(pala* et chistera), le port du casque est obligatoire. Il faut savoir qu'une balle de cuir quitte le chistera à plus de 300 km/h : c'est le jeu de balle le

> ### LA PELOTE, ÇA S'EXPORTE
>
> *Le plus grand terrain du monde ne se dresse pas à Bayonne mais à... Macao ! Comme on parie beaucoup à la pelote et que les Chinois sont joueurs, la* cesta-punta *est très populaire en Chine. Nul besoin de connaître les règles pour passer un bon moment.*

plus rapide du monde. Les accidents ont toujours été très nombreux, et plusieurs joueurs sont restés infirmes.

Comment choisir une partie de pelote ?

La *cesta-punta* est la meilleure initiation. Les puristes trouvent le jeu dévoyé : il est retransmis à la TV et apprécié des touristes ! Si vous ne pouvez assister au Gant d'or (début d'août à Biarritz), essayez d'aller à un tournoi à Saint-Jean-de-Luz. La presse locale vous renseignera. Les meilleures places sont plutôt vers l'arrière de la *cacha* (l'aire de jeu). C'est là que les points se gagnent ou se perdent.

Une excellente introduction à la main nue en trinquet est le Master des Fêtes au Trinquet moderne de Bayonne (la première semaine d'août). Les meilleurs manistes s'y retrouvent, et on y vient de tout le Pays basque. Réservation quasi obligatoire.

Pour tout renseignement supplémentaire :

■ *Fédération française de pelote basque* **:** *Trinquet moderne, 60, av. Dubrocq, BP 816, 64108* **Bayonne** *Cedex.* ☎ *05-59-59-22-34.* • *ffpb.net* •

La force basque

Durant l'été, de nombreux villages proposent des spectacles de « force basque ». Cette tradition remonte à 1951 : le curé de Saint-Palais, désireux d'améliorer les finances de son patronage, organisa le premier festival de Force basque connu. Ce brave ecclésiastique codifia les compétitions auxquelles se livraient jadis les jeunes gens des villages. Il est vrai que voir une corde tendue à se rompre, tirée par deux équipes championnes, vaut le coup d'œil. D'un côté, les huit tireurs de Saint-Martin-d'Arberoue (près d'une tonne à eux huit), et de l'autre, les huit costauds d'Espelette (à peine plus légers, mais plus jeunes) encouragés par un millier de spectateurs chantant en basque : un spectacle étonnant.

Les jeux de force basque sont directement issus des activités rurales traditionnelles. On distingue six groupes d'épreuves :

– *Soka tira (tir à la corde) :* l'épreuve reine, car elle oppose des villages et non des individus. Une corde avec huit hommes de chaque côté, porteurs des couleurs de leur village. Il s'agit d'entraîner l'équipe adverse de l'autre côté d'une ligne médiane. Le jeu est subtil car le corps doit à la fois résister et tracter.

– *Aizkolari (bûcherons) :* nos jeux préférés. On distingue deux variantes : dans l'une, les concurrents, placés face à face, doivent couper le plus vite possible le même tronc de chêne horizontal sur lequel ils sont debout. Pour faire avancer la coupe, ils font rouler la poutre sous leurs pieds tout en frappant à une cadence ahurissante. L'autre variante est encore plus spectaculaire : le bûcheron doit faire une entaille dans un tronc dressé sur la place. Dans l'entaille faite à 1 m du sol, il glisse une planche sur laquelle il monte pour faire une deuxième entaille. Il construit ainsi une sorte d'escalier : quand l'entaille est faite, il se baisse, attrape la planche au-dessous de lui, la positionne à nouveau et recommence. Il faut six à sept entailles pour atteindre le sommet de l'arbre à près de 8 m du sol. Alors, en quelques coups précis, il tranche la cime de l'arbre et redescend par le même chemin. Bluffant !

– *Zaculari (portage de sac) :* les concurrents sont chronométrés sur 120 m avec un sac de blé de 76 kg sur les épaules. Une variante consiste à faire des tours de place avec deux bidons de 20 l de lait au bout de chaque bras. On peut également faire courir les concurrents deux par deux, ce qui donne lieu à des confrontations homériques.

– *Lasto altxari (lever de paille) :* chaque concurrent doit hisser le plus grand nombre de fois un ballot de paille d'une centaine de kilos, en moins de 2 mn, à la hauteur d'un étage et au moyen d'une poulie.

– *Orga Yoko (jeu de la charrette) :* il s'agit de faire tourner sur son timon et en la soulevant une charrette de 350 kg. Un bon leveur fait au minimum deux tours, un champion peut dépasser les cinq tours.

– **Segari** *(scieurs de long) :* par équipes de deux, les concurrents doivent tronçonner le plus rapidement possible une poutre de chêne.

À ces six épreuves de base est venu s'ajouter **aritz altxari,** le lever de pierres, assez proche de l'haltérophilie, où de gros costauds soulèvent des pierres de 100, 200, voire 300 kg, et les posent sur leurs épaules. La compétition oppose deux leveurs avec des pierres d'un poids donné : celui qui fait le plus de levers a gagné. En 1999, le champion des champions, Iñaki Perurena, a créé un record historique (et toujours inégalé). Il a levé 1 000 fois de suite une pierre de 100 kg en 5h, 4 mn et 4 s ! Record homologué, en public, devant la TV, sans dopage. On est loin de l'haltérophilie olympique.

Pour découvrir la force basque, le mieux est de choisir la semaine du 15 août à Saint-Palais : c'est vraiment le meilleur championnat, et les villages s'y préparent toute l'année.

Les traînières

Ce sport, issu de la tradition maritime, avait beaucoup décliné au nord mais est en train de renaître sous la pression de quelques passionnés. Au sud, il a toujours été en vogue et tous les villages de pêcheurs possèdent un, deux ou plusieurs équipages.

Une *traînière* est une grosse chaloupe (autrefois en bois, aujourd'hui en fibre de verre) qui peut accueillir 12 rameurs et un barreur. Même si ses matériaux ont changé, la *traînière* est l'exacte descendante des chaloupes de baleiniers qui allaient harponner les cétacés au début du XIXe s. Cela donne la mesure de la puissance que les rameurs doivent mettre en œuvre pour la faire avancer. Les courses ont lieu en général pendant les fêtes locales et opposent plusieurs équipages. Le parcours est partout différent. Dans certains cas, il s'agit d'un aller-retour avec virage autour d'une bouée, mais il existe aussi des courses en ligne le long de la côte et des courses qui vont d'un port à un autre. L'ensemble des compétitions de l'été permet de désigner les meilleurs équipages, qui combattront pour le titre de champion du Pays basque lors des courses de *traînières* de Donostia au mois de septembre.

Si vous assistez à une course de *traînières,* munissez-vous de jumelles et suivez la foule : il y a des points où l'on voit mieux que d'autres. Les habitants les connaissent et, en plus, vous aurez droit aux commentaires et aux explications car, contrairement à ce qu'on peut penser, la puissance des rameurs n'est pas le seul critère : le vent, les courants et la science de la mer sont prédominants. Les meilleurs équipages sont traditionnellement Orio, Pasaia et Santurtzi.

Le golf

On a déjà parlé de l'anglophilie de nombreux Basques et du climat humide. Ajoutons les touristes d'un certain standing. Tout concordait pour faire du golf un sport basque. Les premiers golfs apparaissent à Biarritz et Bilbao au début du XXe s. Avec la démocratisation (toute relative) de ce sport, les golfs se sont multipliés. On en compte aujourd'hui une quarantaine, pratiquement tous sur la côte, à l'exception de trois clubs près de Vitoria et des cinq clubs navarrais.

Les plus anciens parcours et les plus chic sont *Chiberta* à Anglet-Biarritz, *Chantaco* à Saint-Jean-de-Luz, le *Royal Golf Club* d'Hondarribia et *Neguri* près de Bilbao.

Le rugby

Le palmarès du club du *Biarritz olympique* a connu de belles performances, mais le *BOPB* (● bo-pb.com ●), qui a rétrogradé 2e division (pro D2), ne fait désormais plus partie des poids lourds du Top 14 français. Quant au projet de fusion avec son voisin l'*Aviron bayonnais,* il a échoué en 2015, entraînant la démission de son président Serge Blanco.

Distant de seulement 5 km, le frère ennemi, le club de l'*Aviron bayonnais,* n'a pas réussi non plus à se hisser cette saison dans le Top 14 et évoluera aussi en 1re division. Le derby entre les deux clubs est un sommet, prompt à réveiller sur le terrain – et avec fair-play – la vieille rivalité Bayonne/Biarritz.

Le surf

Il débarque à Biarritz au milieu des années 1950, quand le cinéaste américain Peter Viertel, venu tourner un film, est séduit par les vagues et se fait envoyer sa planche. Au début, il s'agit surtout d'un sport pratiqué par quelques touristes de bonne famille, comme les frères de Rosnay. Puis les gens du cru s'y mettent et, avec leur bonne connaissance de la mer et des plages, ils font rapidement bonne figure et n'hésitent pas à se mesurer aux vedettes américaines.

Les spots mythiques des premières années, comme la côte des Basques à Biarritz, se sont multipliés. De Mundaka à Anglet, vous trouverez nombre de magasins, de fabricants ou réparateurs de planches, d'écoles, de stages d'initiation.

Le surf est devenu un marché, et le *surfwear* (ces vêtements de sport qui vous font ressembler à un Californien) aussi. La marque la plus connue, *Quiksilver,* est fabriquée à Saint-Jean-de-Luz par une astucieuse équipe d'Australiens.

TORO

Le culte du *toro* est peut-être l'une des clés des différences entre provinces. Pour l'observateur attentif, il y a deux Pays basques : le Pays basque du *toro* et l'autre. La frontière passe à peu près au niveau de la sierra de Gorbeia. Au nord de cette ligne, on ne trouve de *plaza de toros* (ce que les Français appelle une arène) que dans les grandes villes. Pas de *plaza* en Soule ou en Basse-Navarre, peu dans les autres provinces.

En revanche, en Navarre, chaque ville, chaque village possède ses arènes, parfois minuscules. Les plus petits villages, qui n'ont pas les moyens d'en construire, les louent à des sociétés spécialisées (en général, pour les fêtes patronales). En Navarre, le *toro* est roi. Et ce n'est qu'en Navarre qu'on peut assister à des *encierros* (voir plus loin).

C'est que la corrida formelle telle que nous la connaissons aujourd'hui a été inventée par les Navarrais, au cours du XVIe s. Alors que les grands seigneurs andalous combattaient le *toro* à cheval (tradition qui se perpétue de nos jours sous le nom de *corrida de rejón*), les paysans navarrais, trop pauvres pour posséder un cheval, imaginèrent de le combattre à pied. Au fil des siècles, la corrida s'est formalisée autour d'un ensemble de rites dont le seigneur est le *toro* : il combat en portant la « devise » (rubans de couleur) de son éleveur dont il est, en quelque sorte, le champion ou l'émanation.

L'archéologue ou l'historien notera que les spectacles taurins sont une tradition très ancienne dans toutes les zones fortement colonisées par les Romains : les textes historiques attestent des courses de vaches ou de bœufs dès le XIIIe s, et Bayonne est la première ville de France à avoir organisé une corrida moderne, en 1852, pour l'impératrice Eugénie de Montijo.

Certains affirment que ce sont les Ibères qui vouaient un culte au *toro,* mais la tradition taurine est également très forte dans toute l'Aquitaine et survit aujourd'hui dans les courses landaises qui se déroulent dans des arènes et dans les courses de *toros* où l'on distingue les *corridas* et les *novilladas*.

Le *toro*

Le *toro* choisi pour combattre est issu d'une sélection rigoureuse. Les éleveurs disposent de quelques *sementales* (étalons) et d'un troupeau de « vaches braves ». Chaque année, les jeunes veaux sont envoyés au pâturage, où ils forment des groupes exclusivement composés de mâles qui doivent arriver puceaux au combat. Ils ne verront jamais un homme à pied afin de ne rien en savoir le jour où ils pénétreront dans l'arène. On dit qu'ils sont *limpios* (propres). Les aficionados attendent du *ganadero* qu'il envoie au combat les bêtes les meilleures. Alors, rite barbare ou art sublime ? Lors de toute tentative de réponse à cette question, il faut se souvenir que le taureau est un mammifère, donc un animal équipé d'un système nerveux développé du même type que celui de l'homme... Comment croire un instant qu'un animal capable de déceler une mouche sur sa croupe, et de la chasser d'un coup de queue, ne ressente rien lorsqu'on lui enfonce 5 cm de métal dans l'échine, qui plus est à plusieurs reprises ? La souffrance d'un animal peut-elle être érigée en spectacle ?

À cette problématique philosophique s'ajoutent des pratiques contestables (et illégales pour la plupart) utilisées lors de la préparation des animaux avant même les corridas. On est bien loin du fantasme du « combat à armes égales » dont se réclament les pro-corridas... Dans toute l'Espagne, le débat (également lié à la crise et aux subventions publiques allouées au secteur) s'élève mais reste teinté de réserves : si la coalition Bildu (gauche indépendantiste) a supprimé les corridas de Donostia, elle reste muette sur le sujet de la San Fermín à Pamplona...

Le torero

Pendant longtemps les toreros, issus des milieux défavorisés, étaient assimilés à des voyous. D'ailleurs, comme eux, ils gagnaient beaucoup d'argent qu'ils dépensaient trop vite : grosses voitures, costumes de frimeurs et filles aguichantes. Ils furent même déshérités par Alphonse X et excommuniés par Pie XII, qui n'en a jamais loupé une. Ils furent soutenus par la noblesse qui toréait pour son seul plaisir. Les temps ont changé, et les toreros gèrent aujourd'hui leur fortune comme des hommes d'affaires. Ils ont des agents et font souvent la une des revues people.

Le mot « toréador » a été réemployé après plus d'un siècle d'oubli par des librettistes de la *Carmen* de Bizet pour les besoins d'une rime célèbre : « Toréador, ton cœur n'est pas en or »... Ce mot désignait les toreros à cheval avant le XVIIIe s.

La corrida

Disons d'emblée que les meilleures corridas ont lieu dans les plus grandes villes, principalement en Navarre. Question de budget. Mais ne négligez pas les petits villages, qui réservent parfois de bonnes surprises.

Comment choisir une corrida ?

– Les aficionados choisissent en fonction de l'élevage (ou *ganadería*). Chaque élevage possède ses caractéristiques, et les *toros* sont considérés plus ou moins dangereux ou braves selon l'élevage.

Ce critère est très important : les meilleurs toreros préfèrent toréer les animaux issus des meilleurs élevages et, le plus souvent, de bons *toros* garantissent un bon spectacle. À l'heure actuelle, si vous voulez découvrir la corrida, vous pouvez aller voir des *figuras* (grosses pointures) comme Rincón, Ponce, Rivera Ordoñez, Manolo Sánchez ou El Juli, et Juan Bautista, son rival français (né à Arles).

– Grands toreros signifient aussi cachets importants. Grands élevages signifient *toros* chers. Donc, les bons spectacles sont souvent les plus chers. Dans toutes les arènes, les places les plus chères sont à l'ombre et au premier rang, les moins chères au soleil, en haut des gradins. Dans la mesure du possible, il est préférable d'acheter les billets quelques jours avant la course : évitez les revendeurs à la sauvette placés à l'entrée des arènes, c'est nettement plus cher.

– Une *novillada* est une corrida où les *toros (novillos)* ont moins de 4 ans et où les matadors (appelés *novilleros*) sont encore considérés comme des apprentis. C'est l'époque où ils doivent asseoir leur réputation avant de prendre l'*alternative* qui leur permettra de faire une carrière de torero. C'est donc aussi l'époque où un jeune prendra tous les risques et montrera ses qualités et ses défauts. Cela peut assurer d'excellents spectacles, mais aussi de véritables déroutes. Naturellement, une *novillada* non piquée (premier degré de l'apprentissage du futur torero où il combat des *toros* de 2 ans appelés *erales*) est bien moins chère qu'une corrida.
– Une corrida *goyesca* se déroule dans les costumes représentés par le peintre Goya. Les toreros portent des filets pour retenir leurs cheveux, et les costumes ne sont pas brodés d'or. Certaines figures, représentées par Goya, sont autorisées, comme, par exemple, sauter par-dessus le *toro* avec une perche. Attention : ces corridas sont, en général, plus chères.
– Les corridas sont généralement regroupées en *ferias* (une course par jour pendant 3 ou 4 jours d'affilée). Les plus renommées sont la *feria de l'Assomption* à Bayonne et les ferias de Bilbao. La *feria de San Fermín* à Pampelune est assez particulière, vu l'ambiance qui règne dans les arènes.

Le déroulement d'une corrida

– Le cercle de l'arène s'appelle le *ruedo*. Il est bordé par une *talanquère* ou *barrera* (palissade circulaire en bois, derrière laquelle s'abritent les toreros et leurs aides). Le couloir délimité par la *talanquère* est le *callejón* : on y trouve les photographes autorisés, le personnel des arènes, les médecins et les notables.
– La corrida débute par un *paseo* : guidés par les *alguaciles* à cheval, les toreros défilent accompagnés de leur *cuadrilla* (on nomme ainsi les aides des matadors, *peones* et *picadores*) et du personnel des arènes (les *areneros* chargés de nettoyer le sable et de guider l'*arrastre*, train de mules qui sortira le *toro* mort). Portant des capes de cérémonie richement brodées, les toreros vont saluer le président de la corrida.
– Le **premier tercio** est destiné à juger la bête : ses allures, ses défauts éventuels (il existe des *toros* myopes), ses charges, sa façon de diriger ses cornes, etc. Ce peut être fait par le *maestro* lui-même ou par les *peones* qui font bouger le *toro* dans l'arène pendant que matador et public observent scrupuleusement.
On fait entrer ensuite les *picadores* chargés d'affaiblir le *toro* et, surtout, de vérifier sa bravoure. À la fin de ce temps, on connaît le caractère du *toro,* et le matador sait comment il pourra le toréer. La phase des piques est fondamentale et très technique. Le picador doit attendre le *toro* à l'intérieur d'un cercle étroit le long de la *talanquère* et ne jamais aller le provoquer. Il doit piquer droit, sans vriller sa pique, dans la zone musculaire entre les omoplates.
– Le **deuxième tercio** consiste à planter des banderilles (bâtons de bois terminés par un crochet de fer) sur le *morillo* (bosse) du *toro.* Il s'agit de vérifier son aptitude à charger l'homme, sa résistance et, éventuellement, de l'exciter un peu. Ce travail est généralement fait par les *peones*. Si le torero pose lui-même les banderilles, c'est toujours avec un accompagnement musical et un cérémonial précis.
– Le **troisième tercio** est celui de la mise à mort. Le torero, au moyen d'une *muleta* (cape rouge différente de la *capa* rose et jaune du premier *tercio*), doit « châtier » le *toro*. Il s'agit de provoquer les charges, de les arrêter, en un mot de dominer complètement la bête. Le torero enchaîne trois à cinq passes, puis laisse le *toro* maté et immobile. Si la *faena* (enchaînement des passes) est bonne, le président ordonne à l'orchestre de jouer. Au moment de la mise à mort, le *toro* doit être arrêté, tête légèrement baissée, pattes avant sur le même plan. Par un léger mouvement, le torero provoque la charge et va enfoncer l'épée dans le cœur. C'est l'estocade. Normalement, le *toro* doit tomber raide. Mais l'épée peut être déviée par un os ou manquer son objectif. Le torero doit alors recommencer. En cas d'échecs répétés, il peut utiliser le *descabello* (épée en croix que l'on enfonce dans le bulbe rachidien).

Un *toro* brave aura droit, après sa mort, à une *vuelta* (tour d'honneur de l'arène). Le torero obtiendra, selon sa prestation, l'autorisation de saluer de la *talanquère*, de saluer au tiers (il s'éloigne de la *talanquère* de 2 ou 3 m), de saluer du centre de l'arène, de faire une *vuelta* et de repartir avec une ou deux oreilles de la bête. Plus rarement, il recevra deux oreilles et la queue et, très exceptionnellement, deux oreilles, la queue et un morceau de patte. S'il a été très bon, à la fin de la course, on porte le torero hors de l'arène sur les épaules (sortie *a hombros*). Petite remarque : quand le public estime que le torero a droit à une récompense, il agite son mouchoir ; c'est selon cette tradition que le président accorde les récompenses.
Le règlement taurin est très précis sur la durée de chaque phase, sur la position des *picadores*, sur les attitudes des toreros. En Espagne, il a force de loi et peut entraîner des sanctions très lourdes (amendes, voire emprisonnement). Il n'en va pas de même en France et certains le déplorent. Il arrive exceptionnellement que le taureau soit gracié. C'est un hommage rendu à l'animal quand il a montré une grande bravoure dans le combat.

Comment assister à une corrida ?

Si vous avez décidé d'aller à une corrida, n'adoptez pas le ton et les arguments des opposants à ce spectacle : c'est peine perdue et vos voisins pourraient vous manifester une contradiction musclée. Si vous avez lu ce qui précède, vous en savez assez pour suivre le déroulement de la course sans poser de questions innocentes : laissez-vous porter par le public. Le silence le plus strict est recommandé lors de la mise à mort : un éternuement peut distraire le *toro*, provoquer un mouvement de tête et être fatal au torero. N'oubliez pas que l'acoustique d'une arène est toujours exceptionnelle : même au dernier rang, tout en haut, on entend ce que dit le torero au *toro*. Enfin, si le public manifeste un réel mécontentement, laissez-vous aller à hurler et siffler avec lui. C'est ce qu'on appelle une *bronca* et ça défoule bien.

Les *encierros*

Une corrida est précédée par un lâcher de *toros* ou *encierro*. Spécialité éminemment navarraise, l'*encierro* est surtout connu par les *encierros* des fêtes de San Fermín à Pampelune. Ernest Hemingway leur a consacré de fort belles pages. Sauf que, délicieusement installé entre Iruña et La Perla, Hemingway n'est pas souvent sorti de Pampelune. Il aurait pu voir d'autres *encierros*, car il s'en court plus de mille chaque été en Navarre. Courir devant des cornus est une vieille habitude navarraise.
Pour qu'une corrida ait lieu, il faut que les *toros* arrivent aux arènes. Ils venaient jadis escortés par des garçons vachers à cheval et accompagnés de bœufs (les *cabestros*) chargés de les encadrer et de les contenir. À l'approche de la ville, la jeunesse ne pouvait s'empêcher de venir les défier. La coutume s'est peu à peu institutionnalisée pour éviter les débordements. Les *toros* étaient amenés la veille dans un corral à la limite de la cité et étaient lâchés pour rejoindre les arènes. Sur ce parcours, les jeunes *mozos* pouvaient venir les défier en courant devant ou avec eux.
Dans beaucoup de villages, l'*encierro* remplace la corrida qu'on ne peut pas s'offrir. Il suffit de louer quelques vaches (et on les sait plus intelligentes et plus dangereuses que les mâles) et de les lâcher dans les rues de la ville. Pour peu que le parcours soit bien choisi, la montée d'adrénaline est garantie. Certains élevages se sont même fait une spécialité des vaches d'*encierro* qui peuvent courir le même jour dans trois ou quatre villages. On trouve donc de tout, depuis le petit *encierro de pueblo* avec quelques vaches sur un parcours limité, jusqu'au grand *encierro* comme celui de Pampelune où les *toros* sont de vrais *toros* de combat de 4 ans. Toutes les variantes sont permises : on peut faire courir aussi des *erales* (*toros* de 2 ans) ou des *novillos* (3 ans), mais il faut que la bête soit bien encornée.

L'*encierro* peut se dérouler dans les rues, mais également en campagne ou sur des falaises comme à Falces ou Arguedas : comme ça, le coureur a le choix entre les cornes ou le ravin (à moins qu'il ne coure plus vite que les *toros*). Il est des *encierros* matinaux et d'autres nocturnes comme à Mendigorria ou Murillo el Fruto. Bien entendu, le danger est à la mesure du plaisir. Les blessures sont innombrables et les accidents mortels fréquents, soit par *cornada,* soit par chute. Il est des règles que connaissent parfaitement les coureurs professionnels : connaître ses limites physiques, le parcours, les *toros* et les autres coureurs. Les très bons forment une caste à part, ils se connaissent tous et sont unanimes : pour eux, le plus grand danger, ce sont les amateurs. Tenez-vous-le pour dit !

VENTAS

Invention navarraise, une *venta* est tout simplement un magasin où l'on trouve un peu de tout, une sorte de bazar-épicerie. Mais, peu à peu, le mot est devenu le symbole de petits magasins-restaurants perdus dans la montagne et alimentés, il faut bien le dire, par la contrebande. Accessibles seulement par des chemins pédestres ou muletiers, elles servaient de haltes, de caches ou de dépôts provisoires aux contrebandiers qu'elles logeaient et nourrissaient. On y montait à pied pour manger une omelette aux piments et redescendre avec des provisions, des alcools et quelques paquets de cigarettes.

UNE AUBERGE ESPAGNOLE

Autrefois, on pouvait dormir dans ces auberges. En revanche, la nourriture venait souvent à manquer ou était de piètre qualité. Voilà pourquoi il était conseillé de venir avec ses propres victuailles. L'expression indique aujourd'hui un lieu où l'on trouve... ce que l'on apporte.

L'Europe et la société de consommation ont fait disparaître la plupart des *ventas*. Subsistent aujourd'hui les grosses supérettes de quelques cols comme Ibardin, qui n'ont de *venta* que le nom (mais où l'on se presse pour acheter de l'essence et des cigarettes), et une petite vingtaine de *ventas* authentiques alignées sur leurs crêtes, antiques témoins d'un temps révolu. On y mange toujours une cuisine roborative en buvant des vins bien charpentés. Elles sont devenues d'agréables buts de promenades ou le point de départ de belles randonnées.

PAYS BASQUE – BÉARN UTILE

AVANT LE DÉPART

Adresses utiles

En France
■ *Consulat d'Espagne :* 165, bd Malesherbes, 75017 Paris. ☎ 01-44-29-40-00. ● cog.paris@maec.es ● exteriores.gob.es/Consulados/paris ● Ⓜ Wagram ou Malesherbes. Lun-ven 8h30-14h30 (14h ven), 1ᵉʳ sam du mois (sf j. fériés) 8h30-12h. Autres consulats généraux à Bayonne, Bordeaux, au Havre, à Lyon, Marseille, Montpellier, Pau, Perpignan, Rennes, Strasbourg et Toulouse.
■ *Ambassade d'Espagne :* 22, av. Marceau, 75008 Paris. ☎ 01-44-43-18-00. ● emb.paris@maec.es ● exteriores.gob.es/embajadas/paris ● Ⓜ Alma-Marceau. Lun-ven 9h-13h30, 15h-18h.

En Belgique
🛈 *Office de tourisme d'Espagne :* rue Royale, 97, Bruxelles 1000. ☎ 02-280-19-26 ou 29. ● spain.info/fr_BE ● Accueil du public lun-ven 9h-14h. Accueil téléphonique lun-jeu jusqu'à 17h, ven jusqu'à 15h.
■ *Consulat général d'Espagne :* rue Ducale, 85-87, Bruxelles 1000. ☎ 02-509-87-70 ou 86. ● cog.bruselas@maec.es ● exteriores.gob.es/Consulados/bruselas ● Lun-ven 8h30-14h.
■ *Ambassade d'Espagne :* rue de la Science, 19, Bruxelles 1040. ☎ 02-230-03-40. ● emb.bruselas@maec.es ● exteriores.gob.es/Embajadas/bruselas ● Lun-ven 9h-13h.

En Suisse
🛈 *Office de tourisme d'Espagne :* Seefeldstrasse 19, 8008 Zürich. ☎ 044-253-60-50. ● spain.info/fr_CH ● Lun-ven 9h-17h. Renseignements également très complets par téléphone, et des brochures à télécharger sur le site internet.
■ *Consulat général d'Espagne :* av. Louis-Casaï, 58, case postale 59, 1216 Cointrin (Genève). ☎ 022-749-14-60. ● cog.ginebra@maec.es ● exteriores.gob.es/Consulados/ginebra ● Lun-ven 8h15-13h, sam 8h15-12h.
■ *Consulat général d'Espagne :* Marienstr. 12, 3005 Bern. ☎ 031-356-22-20 ou 23. ● cog.berna@maec.es ● exteriores.gob.es/Consulados/berna ● Mar-ven 8h30-13h30, sam 8h30-12h30.
■ *Ambassade d'Espagne :* Kalcheggweg 24, 3000 Berne 15. ☎ 031-350-52-52. ● emb.berna@maec.es ● exteriores.gob.es/Embajadas/berna ● Lun-ven 8h-15h30.

Au Canada
🛈 *Bureau de tourisme d'Espagne :* 2 Bloor St West, 34ᵗʰ floor, suite 3402, Toronto (Ontario) M4W 3E2. ☎ (416) 961-3131. ● spain.info/fr_CA ● Ⓜ Bloor-Yonge. Lun-ven 9h-15h.
■ *Consulat général d'Espagne :* 2 Bloor St East, suite 1201, Toronto (Ontario) M4W 1A8. ☎ (416) 977-1661 ou 39-23. ● cog.toronto@maec.es ● exteriores.gob.es/Consulados/toronto ● Au 12ᵉ étage. Lun-ven 9h-12h30.
■ *Consulat général d'Espagne :* 1 Westmount Sq, suite 1456, Montréal (Québec) H3Z 2P9. ☎ (514) 935-5235. ● cog.montreal@maec.es ● exteriores.

gob.es/Consulados/montreal • Lun-ven 9h-13h.
■ **Ambassade d'Espagne :** *74 Stanley Ave, Ottawa (Ontario) K1M 1P4.* ☎ *(613) 747-2252.* • *emb.ottawa@maec.es* • *exteriores.gob.es/Embajadas/ottawa* • **Section consulaire** *à la même adresse. Lun-ven 9h-13h.*

Assurances voyage

■ **Routard Assurance** *(c/o AVI International) : 40-44, rue Washington, 75008 Paris.* ☎ *01-44-63-51-00.* • *avi-international.com* • Ⓜ *George-V.* Depuis 20 ans, *Routard Assurance,* en collaboration avec *AVI International,* spécialiste de l'assurance voyage, propose aux voyageurs un contrat d'assurance complet à la semaine qui inclut le rapatriement, l'hospitalisation, les frais médicaux, le retour anticipé et les bagages. Ce contrat se décline en différentes formules : individuel, senior, famille, light et annulation. Pour les séjours longs (2 mois à 1 an), consultez le site. L'inscription se fait en ligne et vous recevrez dès la souscription, tous vos documents d'assurance par e-mail.

■ **AVA :** *25, rue de Maubeuge, 75009 Paris.* ☎ *01-53-20-44-20.* • *ava.fr* • Ⓜ *Cadet.* Un autre courtier fiable pour ceux qui souhaitent s'assurer en cas de décès-invalidité-accident lors d'un voyage à l'étranger, mais surtout pour bénéficier d'une assistance rapatriement, perte de bagages et annulation. Attention, franchises pour leurs contrats d'assurance voyage.

■ **Pixel Assur :** *18, rue des Plantes, BP 35, 78601 Maisons-Laffitte.* ☎ *01-39-62-28-63.* • *pixel-assur.com* • *RER A : Maisons-Laffitte.* Assurance de matériel photo et vidéo tous risques (casse, vol, immersion) dans le monde entier. Devis en ligne basé sur le prix d'achat de votre matériel. Avantage : garantie à l'année.

ARGENT, BANQUES, CHANGE

Dans le Sud, les **banques** sont généralement ouvertes du lundi au vendredi de 8h30 à 14h et le samedi (sauf en été) de 9h à 13h. Les commissions sont sensiblement variables d'une banque à l'autre. Amis suisses et canadiens, abstenez-vous de changer dans les banques situées en face des monuments et des sites touristiques. Le mieux est d'établir des chèques de voyage en euros, encaissables dans toutes les banques, moyennant une petite commission proportionnelle à la somme changée. Valeur minimum à changer : 15 €.

Cartes de paiement

Dans toutes les villes, même petites, on peut retirer de l'argent aux **distributeurs automatiques** avec les cartes *MasterCard, Visa* et *Maestro.* La plupart des hôtels et de nombreux restos, pensions et même les AJ les acceptent également comme moyen de paiement.
Quelle que soit la carte que vous possédez, chaque banque gère elle-même le processus d'opposition et le numéro de téléphone correspondant.

> Avant de partir, notez donc bien le numéro d'opposition propre à votre banque (il figure souvent sur votre contrat, au dos des tickets de retrait ou à côté des distributeurs de billets), ainsi que le numéro à 16 chiffres de votre carte. Bien entendu, conservez ces informations en lieu sûr et séparément de votre carte.

Par ailleurs, l'assistance médicale se limite aux 90 premiers jours du voyage et l'assistance véhicule aux cartes haut de gamme (renseignez-vous auprès de votre banque).
Attention : avant le départ, pensez bien À VÉRIFIER LA DATE D'EXPIRATION DE VOTRE CARTE DE PAIEMENT !

– **Carte Bleue Visa :** *numéro d'urgence* (Europ Assistance), ☎ *(00-33) 1-41-85-85-85 (24h/24).* ● visa.fr ●
– **Carte MasterCard :** *numéro d'urgence,* ☎ *(00-33) 1-45-16-65-65.* ● *mastercard france.com* ● *En cas de perte ou de vol, composez le numéro communiqué par votre banque pour faire opposition.*
– **Carte American Express :** *numéro d'urgence,* ☎ *(00-33) 1-47-77-72-00.* ● *americanexpress.com* ●
– *Pour ttes les cartes émises par* **La Banque postale,** *composez le* ☎ *0825-809-803 (0,15 €/mn + prix d'appel) depuis la France métropolitaine et les DOM, et le* ☎ *(00-33) 5-55-42-51-96 depuis l'étranger.* ● *labanquepostale.fr* ●

> Petite mesure de précaution : si vous retirez de l'argent dans un distributeur, utilisez de préférence les distributeurs attenants à une agence bancaire. En cas de pépin avec votre carte (carte avalée, erreur de code secret...), vous aurez un interlocuteur dans l'agence, pendant les heures ouvrables du moins.

En zone euro, pas de frais bancaire sur les paiements par carte. Les retraits sont soumis aux mêmes conditions tarifaires que ceux effectués en France (gratuits pour la plupart des cartes).
Une carte perdue ou volée peut être rapidement remplacée. En appelant sa banque, un système d'opposition, d'avance d'argent et de remplacement de carte pourra être mis en place afin de poursuivre son séjour en toute quiétude.

Dépannage d'urgence

En cas de besoin urgent d'argent liquide (perte ou vol de billets, chèques de voyage, carte de paiement), vous pouvez être dépanné en quelques minutes grâce au système **Western Union Money Transfer.** Pour cela, demandez à quelqu'un de vous déposer de l'argent en euros dans l'un des bureaux *Western Union* ; les correspondants en France de *Western Union* sont *La Banque postale (fermée le sam ap-m, n'oubliez pas !* ☎ *0825-00-98-98 ; 0,15 €/mn + prix d'appel)* et la *Société financière de paiements (SFDP ;* ☎ *0825-825-842 ; 0,15 €/mn + prix d'appel).* L'argent vous est transféré en moins de 15 mn. La commission, assez élevée, est payée par l'expéditeur. Possibilité d'effectuer un transfert en ligne 24h/24 par carte de paiement (Visa ou MasterCard émise en France). ● *westernunion.com* ●
En Espagne, le correspondant principal est **Correos** (la poste aussi, donc ; ☎ *902-197-197*). Se présenter dans l'une des agences muni d'une pièce d'identité.

BUDGET

Recommandation à ceux qui souhaitent profiter des réductions et avantages proposés dans le *Routard* par les hôteliers et les restaurateurs

À l'hôtel, pensez à les demander au moment de la réservation ou, si vous n'avez pas réservé, **à l'arrivée.** Ils ne sont valables que pour les réservations en direct et ne sont pas cumulables avec d'autres offres promotionnelles (notamment sur Internet). Au restaurant, parlez-en **au moment** de la commande et surtout **avant** que l'addition ne soit établie. Poser votre *Routard* sur la table ne suffit pas : le personnel de salle n'est pas toujours au courant et une fois le ticket de caisse imprimé, il est souvent difficile de modifier le total. En cas de doute, montrez la notice relative à l'établissement dans le *Routard* de l'année, et, bien sûr et ne manquez pas de nous faire part de toute difficulté rencontrée.

Hébergement

Dans le Nord (côté France) comme dans le Sud (côté Espagne), il devient difficile de trouver de petits hôtels à moins de 50 € la nuit pour une chambre double, surtout en haute saison. Avec le succès de la région, l'offre hôtelière est tirée vers le haut. L'été est considéré comme haute saison, ainsi que la Semaine sainte dans le Sud (à savoir, du 20 au 28 mars 2016 et du 9 au 17 avril 2017). Et pendant les fêtes locales, les prix s'envolent aussi, comme pendant la célèbre *San Fermín* de Pampelune, où les tarifs sont au moins multipliés par trois. L'offre hôtelière dans le Sud est assez faible par endroits. Le meilleur plan reste l'hébergement à la campagne (*Nekazal Turismoa, casas de agroturismo,* ou *Landetxeak, casas rurales*), équivalent des chambres d'hôtes ou gîtes à la ferme en France. La meilleure époque, dans le Nord comme dans le Sud, est l'arrière-saison. À partir de mi-septembre, les prix baissent et les journées sont encore très belles.

Les prix indiqués dans ce guide correspondent à ceux d'une chambre double. Pour le Sud, ils incluent généralement l'*IVA* (équivalent espagnol de la TVA ; 10 %). Sur place, faites-vous bien préciser à chaque fois si elle est comprise ou non dans les prix affichés. Nos tarifs ne comprennent pas, en revanche, le petit déj (sauf si nous le précisons). En effet, les chambres d'hôtes dans le Sud le proposent en général, mais il vous sera facturé en supplément (alors qu'il est normalement compris dans les chambres d'hôtes labellisées « Gîtes de France » dans le Nord). Voici grosso modo l'échelle des prix dans chaque catégorie :

– *Camping :* de 15 à 30 € environ la nuit en haute saison pour deux personnes avec tente et voiture.
– *Auberge de jeunesse :* de 15 à 30 € pour un lit en dortoir, selon l'âge (plus ou moins de 30 ans), la saison et le type de dortoir.
– *Bon marché :* jusqu'à 25 € par personne ou 50 € à deux.
– *Prix moyens :* de 50 à 80 €.
– *Chic :* de 80 à 120 €.
– *Plus chic :* de 120 à 150 €.
– *Beaucoup plus chic :* au-delà de 150 €.

Nourriture

Voici une région où l'on peut manger à tous les prix, un peu partout.

Le midi, dans le Sud (côté Espagne), un repas correct pourra ne vous coûter que 10-12 € avec le *menú del día* comprenant l'entrée, le plat, le dessert, pain et vin inclus. Certains restos servent aussi ce menu le soir. Le week-end, c'est toujours plus cher (de 15 à 30 €, en moyenne). Le *menú del día* a le mérite d'être économique et copieux, à défaut d'être gastronomique. Avec les *pintxos* et autres *cazuelitas* et *bocadillos* (sandwichs), on peut également picorer et s'en sortir honorablement. Attention cependant, car si un *pintxo* seul n'est pas cher (compter 1,50-3 € pour les froids, 3-4 € pour les chauds), quand on en mange deux, puis trois... l'addition grimpe vite ! Les *raciones* sont de petits plats à prix intermédiaire, en moyenne entre 6 et 12 €, qui permettent de se nourrir sérieusement à prix raisonnable le soir.

Établir une fourchette de prix est donc assez difficile, puisqu'une adresse peut être bon marché le midi, grâce à son menu, et devenir plus chic le soir à la carte. Les prix indiqués ici s'entendent par personne pour un menu complet ou un repas à la carte comprenant entrée + plat + dessert (et *IVA* de 10 % comprise dans le Sud), mais sans la boisson. Notez d'ailleurs que les vins sont un peu moins chers dans le Sud que dans le Nord (côté France), ce qui allège l'addition.

– *Très bon marché :* moins de 15 €.
– *Bon marché :* de 15 à 25 €.
– *Prix moyens :* de 25 à 35 €.
– *Chic :* de 35 à 50 €.
– *Plus chic :* au-delà de 50 €.

CLIMAT

Question climat, il y a deux Pays basques, l'un ouvert sur l'Atlantique, l'autre sur la Méditerranée par la vallée de l'Èbre. On y trouve donc au moins deux climats (plus les innombrables microclimats). Les Pyrénées sont des pièges à nuages et à pluie. Si les nuages s'accrochent sur la Rhune et qu'il pleut, changez de côté. En général, il fait toujours beau d'un côté ou de l'autre de la chaîne.
Au nord (côté France), les fleuves coulent vers l'Atlantique, l'influence océanique est donc très marquée. Au sud (côté Espagne), tout part vers la Méditerranée. Mais ne vous attendez pas pour autant à trouver à Vitoria le climat de Palma de Majorque, bien que la végétation de maquis, d'euphorbes et autres cactées laisse à penser qu'on se rapproche de l'Afrique.
En gros, on peut distinguer quatre zones climatiques.
– Une **zone océanique** englobant la Biscaye, le Guipúzcoa, le Labourd, la Basse-Navarre et la Soule du Nord : il y pleut plus en hiver qu'en été, la moyenne des températures oscille entre 5 et 22 °C, avec des pointes jusqu'à 38 °C (en juillet et août) et des minima légèrement en dessous de 0 °C. Au nord de la chaîne existe un phénomène de vent du sud qui peut se produire en plein hiver et faire monter la température en décembre à 14 ou 15 °C. Il faut donc toujours prévoir un imperméable et, en avant ou arrière-saison, une petite laine pour les soirées.
– La zone de montagne qui correspond au massif d'Iraty jouit d'un **climat subalpin** avec enneigement hivernal (on y pratique d'ailleurs le ski de randonnée).
– Au sud de la ligne de partage des eaux, une large bande correspond à un **climat méditerranéen tempéré,** car des influences océaniques s'y font encore sentir : c'est l'Álava, la Navarre du Nord et du Centre. Si la moyenne est identique à celle des autres provinces, les écarts y sont plus importants : les températures supérieures à 35 °C ne sont pas rares l'été, et des pointes jusqu'à - 15 °C peuvent être enregistrées l'hiver.
– Enfin, une **zone subdésertique** englobe le sud de la Navarre (Ribera et Bardenas).

DANGERS ET ENQUIQUINEMENTS

Comme ailleurs mais pas plus qu'ailleurs. Dans les grandes villes et les stations balnéaires, pickpockets et voleurs à la roulotte existent. Prenez les précautions habituelles (pas d'autoradios non sécurisés, pas d'objets de valeur en évidence sur la plage arrière du véhicule, etc.). Dans les grandes villes, les parkings gardés sont une bonne solution, mais ils sont chers.

FÊTES ET JOURS FÉRIÉS

Il y a d'abord les **fêtes nationales,** dans le Sud (côté Espagne) comme dans le Nord (côté France) : le 14 juillet dans les provinces d'Hegoalde, le 12 octobre dans les provinces du Sud. Ça, c'est la base. On y ajoute les **jours fériés,** soit internationaux et laïques, comme le 1ᵉʳ mai ou le Jour de l'an, soit catholiques, apostoliques et romains comme le 25 décembre ou le 15 août.
Sur cette base solide et connue de tous, il convient de rajouter les **grandes fêtes religieuses** en sachant que dans le Sud, Pâques veut dire Semaine sainte, c'est-à-dire une semaine de fêtes, et que Noël dure jusqu'à l'Épiphanie.
Quelques **journées laïques,** comme le 6 décembre, jour de la Constitution dans le Sud, ou le 11 novembre dans le Nord, complètent le calendrier régulier.
Viennent ensuite les **saints patrons.** Plus la ville est importante, plus elle va honorer son saint : à Irun, saint Martial a besoin d'une semaine de fêtes pour être satisfait. À Pampelune, c'est saint Saturnin qui boucle la ville pour une semaine fin novembre. Ceux qui croyaient que c'était saint Firmin en juillet ont tout faux :

saint Firmin est le copatron de la Navarre (avec François-Xavier), comme saint Ignace est celui du Guipúzcoa (il se fête le 31 juillet, 6 jours seulement après saint Jacques qui, lui, est le patron de l'Espagne et dont le jour de fête est également férié) ou saint Prudent celui de l'Álava. À Biarritz, on fête saint Martin, à Vitoria la Vierge blanche, à Hendaye saint Vincent, à Bayonne saint Léon (mais comme sa fête tombe en mars, quand il fait encore froid, on double par de grandes fêtes en été, au début du mois d'août).

Cela ne vient pas interférer avec toutes les **fêtes mariales** (en septembre et décembre), toutes les *romerías* (pèlerinages, et Dieu sait qu'il y a des sanctuaires !) et autres fêtes de moindre importance. Le schéma est toujours le même : les bars sont pleins, la musique et la danse déferlent sur la ville, on lâche des *toros* et des vaches, on processionne religieusement et on oublie totalement bureau, comptoir ou usine. Dans les grandes villes et en Navarre, c'est le moment de la *temporada,* où l'on assiste aux meilleures corridas – sauf si la fête tombe en hiver comme à Donostia (Saint-Sébastien).

Cela donne quelque 15 000 jours de fête par an au Pays basque ! Vous pouvez le calculer en multipliant 6 jours de fête par 150 agglomérations importantes, en ajoutant 5 jours de Semaine sainte multipliés par 2 000 villages, plus les petites fêtes de 2 ou 3 jours dans des centaines de localités secondaires...

N'oublions pas les **carnavals,** dont certains, comme ceux de Lantz, de Zalduondo ou d'Alsasua, drainent des milliers de personnes. Pour que le pays ne soit pas paralysé, les villes se mettent d'accord afin de répartir au mieux les festivités : le Carnaval s'étale donc sur plus d'un mois. Et rajoutons-y les « occasions festives », comme la Sainte-Agathe, où l'on va chanter de maison en maison, sans pour autant que la journée soit fériée.

Certains journaux, comme la *Semaine du Pays basque* dans le Nord ou le *Diario de Navarra* dans le Sud, publient des pleines pages avec les **dates et programmes** des fêtes.

Ces fêtes provoquent de grands mouvements migratoires : les Basques du Sud viennent passer la Semaine sainte dans le Nord, ceux du Nord ne manqueraient pour rien au monde les San Fermines de juillet ou les fêtes de Donostia (autour du 20 janvier).

Ces fêtes sont liées au fonctionnement social du Pays basque, car elles mêlent étroitement les défis (*encierros,* parties de pelote, jeux de force, concours de chiens de berger) et les moments de communion du groupe, rappel du temps où les maîtres des maisons se réunissaient pour résoudre les conflits.

De même, les autorités ecclésiastiques regrettent parfois les débordements païens des fêtes religieuses. Mais il n'est pas de fête sans l'intervention des prêtres, qu'il s'agisse de dire la messe, de bénir tout ce qu'il y a à bénir (la foule, les bateaux, les *toros,* les récoltes), d'organiser les processions et parfois même de descendre sur la *cancha* pour une féroce partie de pelote.

Pour le voyageur se pose l'immense difficulté d'être où il faut quand il faut. Pourquoi se morfondre à Orio quand tout le monde est à Bayonne, ou s'embêter à Hendaye quand il y a foule à Pampelune ?

Le petit calendrier ci-après recense les principales fêtes et les jours fériés, mais cette liste est loin d'être exhaustive. Attention à bien vérifier les dates sur place : beaucoup ont lieu le week-end avant ou après la date exacte quand celle-ci tombe en milieu de semaine. D'autre part, les fêtes locales sont répertoriées dans chacun des villes et villages.

Janvier

– *1ᵉʳ janvier :* le **Jour de l'an.** Comme il a le bon goût de tomber exactement entre Noël et l'Épiphanie, dans le Sud (côté Espagne), tout est fermé pendant 15 jours.
– *6 janvier :* l'**Épiphanie.** Équivalent de Noël dans toute l'Espagne, donc fête familiale mais célébrée avec éclat, en particulier dans la vallée de Roncal, à Lumbier, Pampelune et Sangüesa.
– *20 janvier :* **fête de San Sebastián** à Donostia.

Février

– À différentes dates, plusieurs *carnavals* à ne pas manquer : Zalduondo, Alsasua, Iturren, Zubieta, Lantz, Tolosa, Markina, Llodio.
– *4 février :* veille de la Sainte-Agathe (Santa Ageda). Dans de nombreuses villes et de nombreux villages, des groupes d'hommes vont chanter devant les maisons des habitants qu'on veut honorer.

Mars

– *1er dimanche de mars :* **fête de Saint-François-Xavier** à Javier, et dans de nombreux villages navarrais, le plus souvent avec pèlerinage.

Avril

– *Pâques :* **Semaine sainte** *(20-28 mars 2016 et 9-17 avril 2017)* partout, mais plus particulièrement à Balmaseda, Durango, Tudela, Corella et Hondarribia.
– *Lundi de Pâques (28 mars 2016 et 17 avril 2017) :* **foire transfrontalière** à Espelette.
– *27-28 avril :* **fêtes de San Prudencio** dans tout l'Álava, et surtout à Vitoria-Gasteiz.

Mai

– *1er mai :* **fête du Travail.** Férié dans le Nord (côté France) comme dans le Sud (côté Espagne).
– *8 mai :* **Armistice.** Férié dans le Nord.

Juin

– **Fête-Dieu :** à Oñati, Hélette, Iholdy et Macaye.
– *24 juin :* **fête de la Saint-Jean** dans de nombreuses villes, notamment à Agurain, Tolosa, Hasparren. **Fête des Sorcières** à Zugarramurdi. **Pèlerinage à San Juan de Gastelugatxe.**
– *29 juin :* **fêtes de la Saint-Pierre** à Alsasua, Saint-Pée-sur-Nivelle et dans la plupart des ports.

Juillet

– *7-14 juillet :* **fêtes de la San Fermín** à Pampelune.
– *14 juillet :* **fête nationale française.** Férié dans le Nord.
– *25 juillet :* **fête de la Saint-Jacques.** Férié dans toute l'Espagne.
– *31 juillet :* **fête de la Saint-Ignace.** Férié en Biscaye et dans le Guipúzcoa. **Pèlerinage à Loyola.**

Août

– *5 jours à compter du dernier mercredi de juillet (du mercredi au dimanche) :* **fêtes de Bayonne.**
– *2de quinzaine d'août :* **Semana Grande** à Bilbao.
– *1er dimanche d'août :* **fête de la Vierge d'Iraty** dans les vallées de Roncal et de Salazar.
– *Semaine du 15 août :* **Semana Grande** à Donostia.
– *15 août :* **Assomption de la Vierge.** Férié dans le Nord comme dans le Sud. Nombreuses *romerías* dans les sites dédiés à la Vierge.
– *Dimanche après le 15 août :* **festival de Force basque** à Saint-Palais.

Septembre

– *8 septembre* : **fêtes de la Vierge** dans tout le Pays basque Sud, notamment à Elciego, Ochagavia, Aranzazu, Estibaliz, Bermeo.
– *3ᵉ week-end de septembre* : **San Fermín Txiki** à Pampelune.

Octobre

– *12 octobre* : **fête nationale espagnole.** Férié dans le Sud.
– *Dernier week-end d'octobre* : **fête du Piment** à Espelette.

Novembre

– *1ᵉʳ novembre* : **Toussaint.** Férié dans le Nord comme dans le Sud.
– *11 novembre* : **Armistice 1914-1918** ; férié dans le Nord. **Fêtes de la Saint-Martin** à Ataun et à Biarritz.

Décembre

– *6 décembre* : **jour de la Constitution** en Espagne. Férié dans le Sud.
– *8 décembre* : **Immaculée Conception.** Férié dans le Sud.
– *24 décembre* : **fiestas de los Pastores** à Labastida. **Fête de l'Olentzero** dans tout le Pays basque. Cette tradition de Navarre a gagné tout l'Euskadi. Fondée sur la légende du charbonnier descendu dans les vallées pour annoncer la naissance du Christ, elle voit des groupes de chanteurs et musiciens escorter dans les rues des villes... un charbonnier.
– *25 décembre* : **Noël.** Férié dans le Nord comme dans le Sud.

HÉBERGEMENT

Au sud, dans les hôtels, mais aussi dans les bars, les restos et les taxis, il existe un cahier de réclamations *(el libro de quejas),* visé par les agents de répression des fraudes de la mairie. En cas de litige, demandez ce document, et le problème s'arrangera.

Les campings

Toujours dans le Sud (côté Espagne), le camping sauvage est strictement interdit, plus encore sur les plages et dans les parcs naturels. Si vous désirez camper sur une propriété privée, ayez la correction de demander l'autorisation au proprio avant. Quant aux campings officiels, leurs prix et catégories sont fixés par le gouvernement ; les tarifs doivent figurer bien en évidence à l'entrée.
À vrai dire, certaines régions n'en ont quasiment pas ou alors très peu (l'Álava n'en compte, en tout et pour tout, que deux !), la plupart étant installés le long de la côte. Ils sont assez bien équipés, mais l'ombre y est parfois rare. Quant aux sites, on ne vous indique que les meilleurs (car ils ne sont pas toujours très bien choisis !), si possible près des plages ou dans un environnement naturel propice. Nombreux sont les campings qui louent des bungalows tout équipés pour deux, quatre ou six (voire huit) personnes, une bonne alternative aux hôtels lorsqu'on voyage en famille ou entre copains. Attention, la réservation est quasi obligatoire en juillet-août. Pour les tarifs, voir la rubrique « Budget » plus haut.

Les auberges de jeunesse

Officielles, municipales ou privées, on en trouve dans les grandes villes, bien sûr, comme San Sebastián et Bilbao, mais aussi dans certaines petites stations de la côte, dans la partie espagnole. Il existe des AJ officielles, reconnues par les autorités, souvent installées dans des édifices sportifs ou des bâtiments en béton sans charme, sans déco et parfois un peu excentrés. Cela dit, l'accueil est souvent sympa, le tarif bas et c'est l'occasion de croiser d'autres routards. Attention, cependant, certaines AJ ne reçoivent que des groupes constitués. Sachez qu'il y a de plus en plus d'AJ privées, dorénavant, plus modernes, plus esthétiques (plus chères aussi !) et qui répondent à des critères bien plus souples. On le précise quand c'est le cas. Cela dit, certaines sont à éviter car on y entasse les touristes dans des piaules sans fenêtre, où parfois les lits sont superposés sur trois niveaux (ce qui est interdit !). À vous d'ouvrir l'œil.

Dans le Sud (côté Espagne), la carte de membre est toujours obligatoire dans les AJ officielles (achetez-la avant ou sur place, voir « Avant le départ » plus haut). Les tarifs varient selon l'âge et la saison. Certaines AJ proposent également les repas : petit déj (parfois compris), demi-pension ou pension complète. Mieux vaut réserver en juillet-août. Pour tous renseignements et réservations en direct côté sud, vous pouvez – au choix – contacter chaque auberge ou vous connecter sur ● *reaj.com* ● À noter, un site consacré uniquement aux AJ de Navarre : ● *navarra.es* ●, puis choisir « Temas. Juventud ».

– La FUAJ offre à ses adhérents la possibilité de réserver en ligne grâce à son système de réservation international ● *hihostels.com* ● (voir plus haut « Carte d'adhésion internationale aux auberges de jeunesse »).

Les pensions et les hôtels

Dans le Nord (côté France), pas de problème, on trouve beaucoup d'hôtels, avec ou sans resto, de toutes catégories.

Dans le Sud (côté Espagne), il y a d'abord les petites **pensiones-residencias** (PR sur les panonceaux bleus, plus le nombre d'étoiles), qui offrent un hébergement souvent nettement plus modeste que les hôtels mais généralement très correct pour le prix (toujours plus bas que celui d'un hôtel). La décoration n'est pas toujours très gaie, il faut bien le dire, sauf dans les grandes villes touristiques qui ont fait de gros efforts. Les chambres sont louées sans ou avec salle de bains privée, selon le tarif. En revanche, elles ne servent pas toujours le petit déj. Pour info, sachez qu'il est illégal, sous peine d'amende en cas de contrôle, de louer une chambre chez une personne non répertoriée par les autorités.

Dans les **hôtels,** essayez d'arriver assez tôt pour être sûr d'avoir une chambre et demandez à la visiter avant de déposer votre carte d'identité à la réception.

Les prix affichés varient souvent selon les saisons touristiques : haute, moyenne et basse, la Semaine sainte faisant toujours partie de la haute saison (voire d'une saison spéciale). En général, ces différences sont indiquées par les abréviations **T.A.** (*temporada alta* = haute saison), **T.B.** (*temporada baja* = basse saison) et **S.S.** (*Semana santa*). Les autres périodes de fêtes sont aussi incluses dans la haute saison (San Fermín, par exemple), même au cœur de l'hiver. Sachez que de toute façon les tarifs baissent généralement avec la durée du séjour.

Pour une chambre simple, demandez une *habitación individual,* pour une double, une *habitación doble,* et si vous voulez un grand lit, précisez *cama de matrimonio* (ou *cama matrimonial*). Les lits doubles en 140 cm, voire grand format dans les lieux plus chic, sont alors désormais la norme.

– Les offices de tourisme disposent d'une liste exhaustive des hôtels et des pensions avec les prix en cours. Demandez-la et faites-vous-la commenter. En Euskadi, les offices de tourisme donnent une brochure très bien faite avec photo, prix (pas toujours à jour), ce qui peut vous être pratique pour organiser votre voyage. Ces brochures sont aussi disponibles sur le site ● *tourisme.euskadi.eus* ●, dans la rubrique « Où dormir ? ».

– Dernière précision : si vous avez préféré réserver votre hébergement, et en particulier dans les petits hôtels ou pensions, on vous demandera souvent votre heure d'arrivée. Attention, si vous pensez avoir un peu de retard, prévenez d'un petit coup de téléphone. Dans le cas contraire, surtout en haute saison, votre chambre vous passera sous le nez !

Hébergements à la campagne (*agroturismos* et *casas rurales*)

Il s'agit dans le Sud (côté Espagne) des chambres d'hôtes *(casas rurales)*, des gîtes ruraux ou des gîtes à la ferme (qu'on retrouve, grosso modo, sous le label « Gîte de France » en France). Répertoriés sous le label *Nekazal-Turismoa (casas de agroturismo),* dans des fermes ou exploitations en activité, ou des *Landetxeak (casas rurales),* qui correspondent à des chambres d'hôtes à la campagne mais dans d'anciennes fermes aujourd'hui sans activité. En tout cas, on dort toujours dans des corps de fermes restaurés, parfois même historiques, soit de vieux *caserios* familiaux remplis de vieilles poutres et de souvenirs ! Ces structures sont strictement contrôlées et d'une qualité assez constante. Un certain nombre d'entre eux tient une cuisine à votre disposition, dont l'usage est payant (3-5 €). Comme pour les hôtels, leur prix peut varier un peu selon la saison. Attention, beaucoup de *casas rurales* n'ouvrent qu'à la belle saison… Toujours appeler ou réserver avant de venir, sinon vous risquez de ne trouver personne.

Là encore, le site ● *tourisme.euskadi.eus* ● (rubrique « Où dormir ? ») liste un certain nombre de ces adresses, avec plan d'accès, prix, photos, équipements… Voir aussi les sites ● *nekatur.net* ● *toprural.com* ● *casasrurales.com* ● entièrement consacrés à ces adresses vertes.

Centres de réservation

■ *Pour le Labourd, la Basse-Navarre, la Soule :* **boutiques Gîtes de France,** *4, rue Notre-Dame, 64100* **Bayonne.** ☎ *05-59-46-37-00. Et 20, rue Gassion, 64000* **Pau.** ☎ *05-59-11-20-64.* ● *gites-de-france-64.com* ●

■ *Pour le Guipúzcoa, la Biscaye, l'Álava :* **Nekatur,** *edificio Pia Eraikina, oficina 310, Juan Fermin Gilisagasti, 2, Zuatzu, 20018* **Donostia-San Sebastián.** ☎ *943-32-70-90. Tél de garde (Semaine sainte et été) :* 📱 *610-25-60-60.* ● *nekatur.net* ● *Lun-ven 9h-17h (19h par tél et en été).*

LA LANGUE BASQUE

Pour vous aider à communiquer, n'oubliez pas notre **Guide de conversation du Routard en espagnol.**

Vocabulaire usuel en castillan

oui / non	*sí / no*

Politesse

bonjour	*buenos días* (matin) */ buenas tardes* (à partir de 12h)
merci / merci beaucoup	*gracias / muchas gracias*
S'il vous plaît	*por favor*
excusez-moi	*perdóneme, disculpe*
bonsoir / bonne nuit	*buenas noches*
au revoir / à bientôt	*adiós / hasta luego*

Expressions courantes

parlez-vous français ?	*¿ habla francés ?*
comment vous appelez-vous ?	*¿ cómo se llama ?*
je ne comprends pas	*no entiendo*
je ne sais pas	*no sé*
comment dit-on en espagnol ?	*¿ cómo se dice en castellano ?*

demain	*mañana*
ce matin	*esta mañana*
ce soir	*esta noche*

Vie pratique

ville	*ciudad*
centre	*centro*
bureau de poste	*correos*
office de tourisme	*oficina de turismo*
banque	*banco*

Transports

gare routière	*estación de autobuses*
gare ferroviaire	*estación de tren*
billet	*billete*
à quelle heure le train arrive-t-il… / part-il ?	*¿ a qué hora llega (sale) el tren ?*
où faut-il changer de train ?	*¿ dónde hay que cambiar de tren ?*

Quelques abréviations courantes

calle, carrer	c/ (rue)
avenida	avda (avenue)
carretera	ctra (route, chemin)
travesía	trav. (passage)

Argent

payer	*pagar*
prix	*precio*
combien ça coûte ?	*¿ cuánto vale ?*
guichet automatique	*cajero automático bancomat*
carte de paiement	*tarjeta de crédito*
pas cher, bon marché	*barato*
cher	*caro*

À l'hôtel et au restaurant

hôtel	*hotel*
auberge	*albergue*
pension	*hostal, fonda, pensión*
chambre	*habitación*
chambre double	*habitación doble / de dos camas*
pourriez-vous me la montrer (la chambre), s'il vous plaît ?	*¿ me la puede enseñar, por favor ?*
service compris	*servicio incluido*
petit déjeuner	*desayuno*
déjeuner	*almuerzo*
dîner	*cena*
repas	*comida*
je voudrais la note	*quisiera la cuenta*

Le temps

jour	*día*
semaine	*semana*
lundi	*lunes*
mardi	*martes*
mercredi	*miércoles*
jeudi	*jueves*
vendredi	*viernes*

samedi	*sábado*
dimanche	*domingo*
matin	*mañana*
midi	*medio día*
après-midi	*tarde*
soir	*noche*
minuit	*media noche*
heure	*hora*

Les nombres

1	*uno, una*
2	*dos*
3	*tres*
4	*cuatro*
5	*cinco*
6	*seis*
7	*siete*
8	*ocho*
9	*nueve*
10	*diez*
11	*once*
12	*doce*
13	*trece*
14	*catorce*
15	*quince*
16	*dieciséis*
17	*diecisiete*
20	*veinte*
50	*cincuenta*
100	*ciento, cien*
200	*doscientos*
500	*quinientos*
1 000	*mil*

– Important : en espagnol, le « v » se prononce plus « b » que « v » : *cerveza* se dit plutôt « cerbessa », *Sevilla,* « Sebilla », *Valencia,* « Balencia », etc. Attention cependant, tout ce qui est excessif étant insignifiant, essayez quand même trouver le juste milieu entre le « v » et le « b ».

Quelques mots de basque

Voici les mots les plus utiles, ceux que vous rencontrerez le plus fréquemment. Nous n'avons pas indiqué les mots proches du français ou de l'espagnol comme *aireportua* (aéroport), *museoa* (musée) ou *tren* (train).

Les voyelles se prononcent comme en français à l'exception du *u* qui se prononce « ou » : *agur* se prononce « agour ».

Il n'y a aucune diphtongue, et deux voyelles qui se suivent sont nettement séparées : *ai* se prononce bien « a-i » que l'on rend en français par un tréma. *Baiona* se lit « ba-i-o-na ». Quant à *au,* on dit « a-ou » : *auzoa* (le hameau) se prononce « aousoa ».

Les consonnes posent plus de problèmes : le *r* est très

PARLER FRANÇAIS COMME UNE VACHE ESPAGNOLE

C'est vrai que les vaches, surtout espagnoles, parlent mal le français. Cette expression, datant du XVIIe s, vient en fait d'une altération du mot « basque ». Avec leur accent si particulier, on comprend mieux l'expression !

légèrement roulé avec la pointe de la langue proche des dents, et on ne le trouve jamais à l'initiale. Le *x* se prononce toujours « ch » : *etxe* se dit « etche » et chocolat s'écrit *xokolatea*. Le *s* est légèrement mouillé : sa prononciation se situe à mi-chemin entre « s » et « ch » comme dans l'anglais *sh*. *Milesker* (merci) ou *aski* (assez) se disent à peu près « mileshker » et « ashki ». Le *z* se prononce « s » et *Ezpeleta* = « Espeleta ». Le *g* est toujours dur, *gi* est l'équivalent du français « gui » et *ge* se prononce comme dans « guerre ». On dit donc « guison » pour *gizon* (l'homme). Le *h* est légèrement aspiré (plus au Nord – côté France – qu'au sud – côté Espagne). Le *j* est nettement mouillé et ressemble au « y » français. *Jatetxea* (restaurant) se prononce « yatetchea ».

Enfin, l'accentuation se fait généralement sur l'avant-dernière syllabe (qui est la première dans les mots de deux syllabes, ne l'oublions pas). Pour plus d'infos sur la langue basque, l'euskara, voir plus haut la rubrique « Langue régionale » dans le chapitre « Hommes, culture, environnement ».

Formules de politesse

oui	*bai*
non	*ez*
bonjour	*kaixo*
bonsoir	*gabon*
au revoir	*agur*
merci	*eskerrik asko*
bienvenue	*ongi etorri*
excusez-moi / pardon	*barkatu*
s'il vous plaît	*mesedez*
il n'y a pas de quoi	*ez horregatik*

Sur les panneaux

côté	*aldea*
centre ancien	*alde zaharra*
parking	*aparkelekua*
quartier, hameau	*auzoa*
marché	*azoka* ou *merkatu*
ermitage	*baseliza* ou *ermita*
route, chemin	*bidea*
office de tourisme	*turismoa bulegoa*
est (abrégé *E* sur les panneaux routiers)	*ekhi aldea*
église	*eliza*
place	*enparantza*
centre-ville (*Er* sur les panneaux routiers)	*erdi aldea*
police basque	*ertzaintza*
maison	*etxe*
station	*geltokia*
sud (abrégé *H* sur les panneaux routiers)	*hegoalde*
ville	*hiri*
centre-ville	*hiri gunea*
plage	*hondartza*
rivière	*ibaia*
avenue	*ibilbidea*
nord (abrégé *I* sur les panneaux routiers)	*iparralde*
sortie	*irteera*
mer	*itsas*
fermé	*itxita*
restaurant	*jatetxea*
port	*kaia*
rue	*kalea*

grande rue	*kale nagusia*
camping	*kanpina*
toilettes	*komunak*
attention	*kontuz*
caisse	*kutxa*
travaux	*lanak*
vallée	*larran*
bibliothèque	*liburutegia*
ouest (abrégé *M* sur les panneaux routiers)	*mendebelaldea*
montagne	*mendi*
dispensaire, centre de santé	*otsasunea*
entrée	*sarrera*
mairie	*udaletxea*
police municipale	*udalaintza*
aire de service	*zerbitzugunea*
pont	*zubi*

LIVRES DE ROUTE ET CARTES

Les livres

La plupart des ouvrages consacrés au Pays basque s'intéressent à un versant ou à l'autre, presque jamais aux deux en même temps. D'où quantité d'à-peu-près et de lacunes. De plus, le Pays basque souffre de l'exotisme qu'on lui a collé sur les épaules. Dans les romans, ce ne sont que pelotaris, contrebandiers et paysans pauvres mais travailleurs et pleins de noblesse. D'une surabondante bibliographie, on n'a donc finalement retenu que peu de chose.

– **Dictionnaire thématique de culture et civilisation basques,** ouvrage collectif, écrit en collaboration avec l'Institut culturel basque (éd. Pimientos, 2004). Une mine d'or pour qui veut comprendre les particularismes culturels du pays et tordre le cou aux clichés et autres idées reçues. Euskadi, euskara, *etxe*, grammaire, littérature, matriarcat, arts domestiques, linteaux, sépultures, stèles, fêtes, pelote, jeux, musique, etc., sont autant de thèmes envisagés sous un angle sociologique, historique, par les meilleurs spécialistes du Pays basque. Sérieux et documenté.

– **Les Gens d'Obabakoak,** de Bernardo Atxaga (éd. Bourgois, 2007). Un livre sensible et bien écrit (a obtenu le Prix national de littérature en 1989). Dense et bien documenté, cet ouvrage reflète le fonctionnement social et mental des Basques. *Les Gens d'Obabakoak* est un recueil de nouvelles qui se passent dans un village basque imaginaire.

– **Les Démons à ma porte,** de José Manuel Fajardo (éd. Métaillié, 2002). Un journaliste espagnol est enlevé par l'ETA. Pour lutter contre la claustrophobie et la terreur de l'enfermement, il se remémore les rencontres passées, ses histoires amoureuses (assez pitoyables !), ses virées dans le Pays basque espagnol, les différentes étapes de sa vie... Un texte sensible qui se lit avec intérêt et plaisir.

– **Le Pays basque : Récits et impressions de l'Euskal-Herrida,** de Pierre Loti (éd. Aubéron, 2007). Des notes, des descriptions, un journal de voyage intimiste et sympathique, à mille lieues de *Ramuntcho*. Mais force est de constater que Loti écrit bien mieux sur le pays que sur les Basques, en qui il ne voit que des indigènes distrayants.

– **Histoire générale du Pays basque,** de Manex Goyhenetche (éd. Elkarlanean, 2005). La première tentative pour écrire une histoire transfrontalière. Confus et dense, mais bourré d'informations intéressantes. Pour passionnés et spécialistes. En cinq tomes.

– **Pays basque, le guide idéal,** de Christophe Berliocchi (éd. Atlantica, 2015). Humour et dérision, on ne demande que ça pour aborder les sujets phares du Pays basque, oser quelques conseils et introduire l'estivant fraîchement émoulu !

– **Immortelle randonnée : Compostelle malgré moi,** de Jean-Christophe Rufin (coll. Folio, 2014). Sous la plume fluide et acerbe de l'auteur à la fois toubib, écrivain (académicien) et diplomate, on traverse le *Camino Norte* au rythme des étapes et des situations parfois truculentes. Le recul et l'humour de l'auteur achèvent de nous embarquer sur ses pas.

Les cartes routières

Vous utiliserez la Michelin n° 573 *País Vasco, Euskadi, Navarra, La Rioja,* au 1/250 000, précise et bien pratique.
Dans le Sud (côté Espagne), les offices de tourisme donnent aussi une carte routière d'Euskadi au 1/200 000, pas la plus précise de toutes mais suffisante pour s'orienter et, surtout, gratuite !

MUSÉES ET SITES

Deux poids, deux mesures. Au nord (côté France), tout est payant. Au sud (côté Espagne), c'est parfois gratuit (c'est le cas de tous les musées publics en Álava), mais la plupart des musées sont payants.
Les sites importants, dans les provinces du Sud, pratiquent des prix comparables à ceux du Nord. Les musées privés restent dans la même fourchette, de 4 à 8 € l'entrée. Nombreux sont les petits musées du Sud qui pratiquent des tarifs raisonnables (moins de 5 €). Il y a souvent des réductions pour les étudiants et les retraités.
Au sud, les églises posent un petit problème. Si certaines sont payantes (à Sangüesa, par exemple), la plupart sont gratuites, mais elles sont souvent fermées. On vous indique le plus possible les horaires d'ouverture (théoriques, et quand il y en a !) ou alors les heures des messes, souvent le seul moyen de les « visiter », mais à condition de rester discret... Dans les petits villages, il faut souvent demander la clé à la maison voisine. Il n'est pas rare qu'il faille verser son obole ou glisser 1 € dans une boîte pour éclairer un beau retable dégoulinant de dorures.
À noter que, pendant et autour des jours fériés (les fêtes de fin d'année en particulier et la Semaine sainte), les horaires sont différents et restreints : les offices de tourisme vous les donneront. Enfin, à l'exception des ermitages connus, les petits ermitages n'ouvrent généralement qu'une fois dans l'année : le jour du saint auquel ils sont dédiés.

PERSONNES HANDICAPÉES

Le label Tourisme et Handicap

Ce label national, créé par le secrétariat d'État à la Consommation et au Tourisme en partenariat avec les professionnels du tourisme et les associations représentant les personnes handicapées, permet d'identifier les lieux de vacances (hôtels, campings, sites naturels, etc.), de loisirs (parcs d'attractions, etc.) ou de culture (musées, monuments, etc.) accessibles aux personnes handicapées. Il apporte aux touristes en situation de handicap une information fiable sur l'accessibilité des lieux. Cette accessibilité, visualisée par un pictogramme correspondant aux quatre types de handicaps (moteur, visuel, auditif et mental), garantit un accueil et une utilisation des services proposés avec un maximum d'autonomie dans un environnement sécurisant. Pour connaître la liste des sites labellisés : • *rendezvousenfrance.com* • (rubrique « Tourisme et Handicap »).

Par ailleurs, dans notre guide, nous indiquons par le logo ⚲ les établissements qui possèdent un accès ou des chambres pouvant accueillir des personnes handicapées. Certaines adresses sont parfaitement équipées selon les critères les plus modernes. D'autres, plus simples, plus anciennes aussi, sans répondre aux normes les plus récentes, favorisent l'accueil des personnes handicapées en facilitant l'accès à leur établissement, tant sur le plan matériel que sur le plan humain. Évidemment, les handicaps étant très divers, des lieux accessibles à certaines personnes ne le seront pas pour d'autres. Appelez donc auparavant pour savoir si l'équipement de l'hôtel ou du resto est compatible avec votre niveau de mobilité. Malgré les combats menés par les nombreuses associations, l'intégration des personnes handicapées à la vie de tous les jours est encore balbutiante en France. Il tient à chacun de nous de faire changer les choses. Une prise de conscience est nécessaire, nous sommes tous concernés.

POSTE

Peu de différences entre le Nord et le Sud. Dans les grandes villes, les bureaux de poste sont ouverts du lundi au vendredi de 8h30 à 18h (20h30 au sud) et le samedi matin. Dans les petites, c'est souvent fermé l'après-midi.
On peut acheter des timbres dans tous les bureaux de tabac (*estanco* dans le Sud, où l'on demande un *sello* – timbre – tarif normal pour l'Europe : 0,90 €).
Noter que dans le Sud la poste est souvent un lieu très social où l'on n'hésite pas à discuter longuement du temps ou des résultats sportifs. D'où parfois des queues assez longues. Pour toutes infos : ● *correos.es* ● Et pour retrouver un numéro de téléphone égaré : ● *paginasamarillas.es* ●, les « Pages Jaunes » espagnoles.

RANDONNÉES EN PAYS BASQUE

Au nord (côté France)

Le Pays basque est traversé et couvert par un important réseau de sentiers aménagés et balisés. Qu'il s'agisse de randonner en famille ou entre amis sur des sentiers locaux (balisés en jaune) ou des chemins de grande randonnée (GR, balisés en rouge et blanc), la randonnée ici plus qu'ailleurs vous permet de découvrir certains des trésors les plus secrets du Pays basque. Paysages le plus souvent époustouflants.
Pour traverser d'est en ouest le Pays basque sur le GR 10, comptez 10 jours. Pour vous fondre parmi les pèlerins de Saint-Jacques, de Saint-Palais à Roncevaux, prévoyez 3 à 4 jours. Mais pour découvrir les cromlechs d'Okabé au cœur de la montagne basque, à peine quelques heures suffisent...
– Petite **bibliographie** indispensable : *Les Topoguides des GR* (éd. FFRandonnée), *Les Sentiers d'Émilie au Pays basque* (Rando éditions), *Le Guide Rando Pays basque* (Rando éditions). Pour les enfants, *Copain du Pays basque* (éd. Milan presse, 2007).
– **Cartes :** IGN série bleue au 1/25 000 (très grande précision, bien lisible) et « Vers Saint-Jacques-de-Compostelle ».
– Infos sur le site ● *randonnee.tourisme64.com* ●

Au sud (côté Espagne)

➢ Il existe plusieurs **sentiers GR** *(grande randonnée ou Gran Recorrido)*. L'Álava est sillonnée par le GR 1 (Campezo-Antonena) et le GR 25 (Landa-Legutiano) ; en Biscaye, on s'enfile le GR 98.1 (Sukarrieta-Katillotxu) et le GR 123 (Plentzia-Urdutiz) ; enfin, le Guipúzcoa est traversé par le GR 120 (Loiola-La Antigua-Zumarraga) et le GR 121 (Zumala-Elorriaga-Deba).

➤ Les **sentiers de petite randonnée (PR)** sont assez nombreux, tout comme les tours de pays. On trouve sur place, dans les offices de tourisme notamment, des cartes, des prospectus et parfois des topoguides (souvent payants). Le réseau espagnol n'a pas toujours été bien entretenu, mais cela ne cesse de s'améliorer avec le grand boom du tourisme vert.

À vélo

➤ Les amoureux de cyclisme et de tourisme peuvent relier Roscoff à Hendaye (pour les plus ambitieux !) grâce au plus long itinéraire cyclable de France. La « Vélodyssée », c'est 1 200 km de pistes cyclables le long de l'Atlantique, des itinéraires adaptés aux attentes et aux profils de chacun, mais aussi la possibilité de rejoindre d'autres pays européens comme l'Espagne ou l'Angleterre via le réseau EuroVelo. Sur le site ● *lavelodyssee.com* ●, vous trouverez pléthore d'informations pratiques ainsi que des idées de parcours. Pour plus d'infos et des cartes précises, reportez-vous au *Routard La Vélodyssée*.

➤ Le **Sentier des contrebandiers** traverse le Pays basque sur plus de 220 km, de Saint-Palais à Biriatou, en passant par Saint-Jean-Pied-de-Port. Sept étapes VTT avec des hébergements adaptés. Cet itinéraire sportif peut être emprunté à cheval en neuf étapes. Infos et descriptif sur ● *randonnee.tourisme64.com* ●

Adresses et conseils

■ ***Chemins de France :*** *36, rue Jean-Sarrailh, 64360* **Monein.** ☎ *05-59-21-37-57.* ● *chemins-de-france.com* ● Proposent notamment des randonnées sur les chemins de Saint-Jacques-de-Compostelle, du Pays basque et du Béarn, dont le sentier du littoral (Bidart à Fontarrabie), le GR 8 (Bayonne à Saint-Jean-de-Luz) et la traversée Saint-Palais à Saint-Jean-de-Luz.

■ ***Gipuzkoako Mendizale Federazioa :*** *Anoeta pasealekua, 5, 20014* **Donostia-San Sebastián.** ☎ *943-46-14-40.* ● *gmf-fgm.org* ●

■ ***Federación Vizcaína de Montaña :*** *Martin Barua Picaza, 27, 48003* **Bilbao.** ☎ *944-43-17-34.* ● *bmf-fvm.org* ●

■ ***Federación Navarra de Deportes de Montaña y Escalada :*** *c/ Paulino Caballero, 13, 31002* **Pamplona.** ☎ *948-22-46-83.* ● *nafarmendi.org* ● – Également ● *amf-fam.org* ● pour l'Álava, ● *senderismoeuskadi.net* ● et le site de la Fédération espagnole des sports de montagne et d'escalade, qui référence tous les GR d'Espagne : ● *fedme.es* ●

– ***Quelques conseils :*** prévoir de bonnes chaussures (pas de baskets ni de tennis) et une boussole, toujours partir avec quelqu'un et commencer la randonnée le plus tôt possible (faire le maximum avant la chaleur, et puis les couleurs du matin, aaah !), ne pas boire l'eau des ruisseaux (qui peut être polluée par un troupeau en amont), emporter de l'eau (découle de la remarque précédente) et des provisions légères et nutritives, ne pas faire de feu, ne pas oublier un sac en plastique pour remporter les ordures, bien refermer les barrières... Naturellement, les feux et le camping sauvage sont interdits partout, au nord comme au sud.

SUR LES CHEMINS DE SAINT-JACQUES-DE-COMPOSTELLE

Pour une description plus historique, reportez-vous à la rubrique « Les chemins de Saint-Jacques-de-Compostelle » dans « Hommes, culture, environnement ». De très bons guides ont été publiés depuis les écrits attribués au moine Aymeri. Nous vous conseillons la carte Michelin 442 pour dégrossir l'itinéraire. Tous les offices de tourisme vous donneront la carte *Chemins de rencontre* (gratuite) qui détaille les itinéraires basques. Nous ne saurions trop recommander l'achat des

cartes au 1/50 000 de *Randonnées pyrénéennes* pour la partie française et de l'*Institut géographique espagnol* pour le Sud (côté Espagne). Les itinéraires du Nord (côté France) se trouvent dans les guides du GR 65 (éd. FFRP).
Parmi les 6 m linéaires de bibliothèque sur le sujet, commencer par l'ouvrage très complet *Sur les chemins de Compostelle,* de Patrick Huchet et Yvon Boëlle (éd. Ouest-France, 2002). *El Camino de Santiago* (en espagnol, éd. El País) et *Le Chemin de Saint-Jacques, guide pratique du pèlerin,* de Patrick Huchet et Yvon Boëlle (éd. Ouest-France, 2011), possèdent tous deux de bonnes cartes et de nombreux renseignements pratiques. Des brochures existent auprès de l'office national espagnol de tourisme à Paris.
Quelques adresses pour information et documentation :

■ *Librairie La Procure : 3, rue de Mézières, 75006 Paris.* ☎ *01-45-48-20-25.* ● *laprocure.com* ● Ⓜ *Saint-Sulpice.* Pour toute la documentation écrite sur les chemins de Saint-Jacques. D'autres boutiques sur Paris et en province (coordonnées sur le site internet).

■ *Librairie Elkar : 1, pl. de l'Arsenal, 64100 Bayonne.* ☎ *05-59-59-35-14.* ● *elkar.com* ● Très bien fournie en ouvrages en français et en espagnol. Tout un réseau de librairies en Pays basque français et espagnol (coordonnées sur le site internet).

■ *Librairie Voyageurs du Monde : 48, rue Sainte-Anne, 75002 Paris.* ☎ *01-42-86-17-38.* ● *librairie.vdm. com* ● *Lun-sam 9h30-19h.* Ce magasin a en stock tous les topos français et espagnols, et un bon choix de littérature.

■ *Association de coopération interrégionale Les Chemins de Saint-Jacques-de-Compostelle : 4, rue Clémence-Isaure, 31000 Toulouse.* ☎ *05-62-27-00-05.* ● *chemins-compostelle.com* ● Une mine d'informations.

■ *Société française des Amis de Saint-Jacques :* ☎ *01-43-54-32-90.* ● *compostelle.asso.fr* ● *Permanence au 8, rue des Canettes, 75006 Paris.* Ⓜ *Saint-Sulpice. Lun-ven 14h-18h30.* Pour les pèlerins inconditionnels.

■ *Associations des Amis des chemins de Saint-Jacques* (Asociaciones de Amigos del Camino de Santiago) *: Zapatería, 85, 01001* **Vitoria-Gasteiz** (☎ *945-14-47-94*) pour l'Álava ; *Grupo Santo Domingo de Guzmán, 14, à* **Bilbao** (☎ *946-79-20-99*) pour la Biscaye ; *c/ Urbieta, 2, 20006* **Donostia-San Sebastián** (☎ *943-42-72-81*) ou *c/ Fueros, 2, à* **Irun** (☎ *943-62-41-85* ; ● *caminosnorte.org* ●) pour le Guipúzcoa. ● *caminosantiago.org* ●

■ *Les Amis du chemin de Saint-Jacques des Pyrénées-Atlantiques : 39, rue de la Citadelle, à* **Saint-Jean-Pied-de-Port.** ☎ *05-59-37-05-09.* ● *aucoeurduchemin.org* ●

– *Autres sites internet* (espagnols et français) plutôt bien fichus *:* ● *xacobeo. es* ● *jacobeo.net* ● *chemindecompostelle.com* ●

Les itinéraires

Vous l'avez compris, il s'agit d'un véritable réseau européen qui converge vers Compostelle.

➢ *En France,* quatre chemins principaux partent de Paris (via Turonensis partant de la tour Saint-Jacques vers Tours, Poitiers et Bordeaux), de Vézelay (via Lemovicensis par le Limousin), du Puy (via Podiensis ou le sentier GR 65 par l'Aubrac, Conques et Moissac). Ces trois premiers itinéraires se rejoignent au Pays basque, dans le village d'Ostabat. La route d'Arles (via Tolosana ou sentier GR 653), enfin, passe par Saint-Gilles-du-Gard, Toulouse, Auch, Lescar et le col du Somport. Bien sûr, il existe aussi une multitude de chemins transversaux. Certains voyageurs parcourent des milliers de kilomètres au départ du nord et de l'est de l'Europe, depuis la Sicile, la Pologne, la Suisse...

➢ *En Espagne,* le *Camino Francés,* ainsi dénommé en raison de la foule de « Francs » affluant d'outre-Pyrénées, a été récemment inscrit sur la liste du

SUR LES CHEMINS DE SAINT-JACQUES-DE-COMPOSTELLE

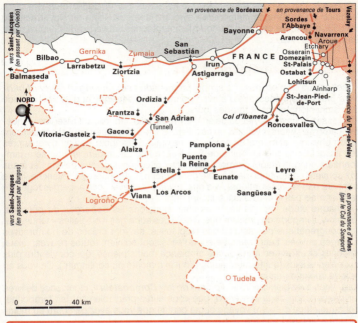

LES CHEMINS DE SAINT-JACQUES

patrimoine de l'Unesco. Il s'étire de Roncesvalles (Roncevaux, au nord de la Navarre) sur environ 790 km, en 29 étapes. Au niveau de Puente la Reina (Navarre), deux itinéraires arrivent de la France. On peut emprunter soit le tronçon aragonais, soit le tronçon navarrais.

– Le *chemin aragonais,* d'une distance de 158 km, passe par le col du Somport et prolonge la voie d'Arles (ou GR 653). C'est un passage difficile, point culminant de tous les chemins vers Compostelle.

– Le point de départ du *chemin navarrais* se situe à Saint-Jean-Pied-de-Port, à 26 km de Roncevaux, premier hospice espagnol, un col rendu célèbre par *La Chanson de Roland.* Prévoir 7h de marche pour cette étape difficile, d'une forte dénivelée. À cause des conditions climatiques (brumes et brouillards fréquents), il est préférable de partir entre 6h et 7h. On conseille aux marcheurs moins confirmés de partir d'Ostabat, situé à 20 km en amont de Saint-Jean-Pied-de-Port, étape plus facile pour démarrer.

L'itinéraire du *Camino Francés* peut être parcouru à pied, à cheval, à vélo comme en voiture pour un voyage à vocation culturelle. À vous de choisir. À pied, il faut moins d'une semaine pour le chemin du Guipúzcoa, un peu plus d'une semaine pour l'itinéraire de Roncevaux ou le chemin navarrais en marchant tous les jours de 3 à 9h, selon les étapes. Souvent, l'itinéraire historique suit la route goudronnée. Une ligne blanche en bordure « protège » le cheminant. De nouveaux tracés pédestres, à travers champs mais moins portés sur l'histoire, permettent de marcher agréablement au vert. En voiture, compter une bonne semaine avec les très nombreuses visites de monuments.

– **Conseils :** coupler les deux plaisirs en s'aérant par quelques étapes à pied. À choisir de préférence, l'itinéraire Leyre et Puente la Reina en Navarre sur le GR 653, ou encore celui qui parcourt les montagnes sauvages du Guipúzcoa et les vallées de l'Álava.

Quelques recommandations

– Sachez que ce n'est pas une simple promenade mais *un long et fatigant périple à pied.* Il est nécessaire d'être en bonne forme physique et d'avoir l'habitude de marcher longtemps et tous les jours.
– Munissez-vous du carnet du pèlerin, la *credencial,* laquelle est réservée uniquement aux marcheurs, cyclistes ou cavaliers, c'est-à-dire à ceux qui accomplissent l'effort physique et mental de parcourir une grande distance. À se procurer auprès des associations des chemins de Saint-Jacques. La *credencial* (qui sera tamponnée à chaque étape) permet l'accès aux gîtes réservés aux pèlerins et à des prix souvent compétitifs (de 4 à 12 € par personne). Attention, en revanche, ils ne prennent pas les réservations. Avis aux pèlerins à cheval : ces auberges logent le cavalier mais pas le cheval, sauf exceptions.
– À chaque étape importante, nous vous signalons les *auberges de pèlerins.* Toutefois, il importe de préciser que, à côté des auberges « officielles » tenues par des congrégations ou associations religieuses, se sont créées de nombreuses auberges privées. Leur avantage est qu'elles sont souvent toutes neuves, mieux équipées et offrent en général une ambiance moins pieuse, qui conviendra plus aux pèlerins laïcs (qui forment aujourd'hui la majorité du contingent). On vous en indique quelques-unes.
Voilà. Vous avez bien mérité le *diplôme de la « Compostela »,* indulgence délivrée sur présentation de la *credencial* que vous aurez préalablement fait tamponner à chaque étape de votre voyage et qui certifie que vous avez parcouru au moins 100 km à pied en Espagne.

TABAC

En Espagne, il est strictement interdit de fumer dans tous les lieux publics et sur les lieux de travail. Cette interdiction s'applique bien sûr à toutes les administrations publiques et aux entreprises privées, aux gares, aéroports, stations de métro, etc. Très stricte, la loi interdit de fumer dans tous les hôtels, bars, restaurants, et également dans les enceintes (même en plein air) des hôpitaux ainsi que dans et autour des aires de jeux pour enfants. Donc plus restrictive qu'en France.

TAXES ET DÉTAXES

Au Pays basque, la frontière n'est jamais loin. Les contrebandiers ont su l'exploiter avec brio. Feu Paul Dutournier, maire de Sare et organisateur du cross des contrebandiers, disait avec malice : « Un paysan exploite ce qu'il a. Nous, on a la frontière. Alors on l'exploite. »
Touristes au Pays basque, vivez comme les autochtones ! L'Europe a supprimé les douaniers, mais les taxes et les produits sont différents d'un côté à l'autre. Les Espagnols envahissent le Pays basque du Nord (côté France) pour acheter des vêtements, des chaussures, du matériel informatique. Et tous les samedis, on parle plus le français que l'espagnol au marché d'Irun. Car aller faire ses courses en Espagne est vraiment le meilleur plan possible : les légumes sont à moitié prix, le poisson aussi. Sur l'alcool et le tabac, on économise environ 30 %. Enfin, comme l'essence coûte 10 à 20 % de moins que dans les supermarchés français, on comprend facilement l'intérêt d'aller faire son plein « de l'autre côté ». Pour

ceux qui séjournent dans le Pays basque du Nord (côté France), le budget nourriture peut être diminué d'un quart à condition de faire ce petit saut.

Où aller ?

Cigarettes, vins et alcools, conserves, chorizo et jambon peuvent être achetés aux postes-frontière où tous les commerçants parlent le français et acceptent les cartes de paiement : Béhobie reste le moins cher, suivi d'Ibardin et de Dancharia. Mais Béhobie est laide alors que la route d'Ibardin est superbe.
Pour les produits frais (poisson, fruits et légumes, viande, fromage), le bon plan consiste à aller aux halles d'Irun (tous les jours sauf le dimanche) dans le centre-ville (suivre les panneaux « Merkatua »). Prévoir des espèces, car les cartes de paiement sont peu acceptées.
Dernier point : faire ses courses le matin. L'après-midi, les postes-frontière sont envahis par les bus de touristes qui viennent de tout le Sud-Ouest.

TÉLÉPHONE ET TÉLÉCOMMUNICATIONS

Appels internationaux

– *Europe → Espagne :* 00 + 34 + numéro du correspondant à 9 chiffres.
– *Espagne → France :* 00 + 33 puis le numéro de votre correspondant à neuf chiffres (c'est-à-dire le numéro à 10 chiffres sans le 0 initial).
– *Espagne → Belgique :* 00 + 32 + numéro du correspondant.
– *Espagne → Suisse :* 00 + 41 + indicatif local (sans le 0) + numéro du correspondant.
– *Appels en PCV (servicio directo país) :* ☎ *900-99-00-32 pour la Belgique ou* ☎ *900-99-00-33 pour la France.* On obtient une opératrice du pays concerné.

Appels intérieurs côté Espagne

Pour les *appels locaux* (exemple : de Bilbao à Bilbao) et *nationaux* (exemple : de Bilbao à Donostia), on compose le numéro complet à neuf chiffres. Sachez que le coût des communications d'un fixe vers les portables est, comme en France, plus élevé que vers les postes fixes.

Autres informations utiles

■ *Urgences :* ☎ *112.* Du Sud (côté Espagne) comme du Nord (côté France), ce numéro européen regroupe tous les services d'urgence (pompiers, SAMU, police).
■ *Information aux citoyens :* ☎ *010.* Ce numéro permet d'accéder à un service très utile en Espagne. Dès que vous vous posez une question d'ordre pratique (transports urbains et nationaux, dans quel magasin acheter tel objet...), composez ce numéro et, si vous parlez l'espagnol ou l'anglais, on essaiera de vous aider !
■ *Renseignements nationaux* (en Espagne) *:* ☎ *118-18 ou 118-88.*
■ *Renseignements internationaux* (en Espagne) *:* ☎ *118-25 ou 118-86.*

Le téléphone portable en voyage

On peut utiliser son propre téléphone portable en Espagne avec l'option « Europe » ou « Monde ».
– *À savoir :* un téléphone tri-bande ou quadri-bande est nécessaire pour les USA et le Canada, entre autres. Mais ce n'est pas le cas en Espagne. Pour être sûr que votre appareil est compatible avec votre destination, renseignez-vous auprès de votre opérateur.

– **Activer l'option « international » :** pour les abonnés récents, elle est en général activée par défaut. En revanche, si vous avez souscrit à un contrat depuis plus de 3 ans, pensez à contacter votre opérateur pour souscrire à l'option (gratuite). Attention toutefois à le faire au moins 48h avant le départ.
– **Le « roaming » :** c'est un système d'accords internationaux entre opérateurs. Concrètement, cela signifie que lorsque vous arrivez dans un pays, au bout de quelques minutes, le nouveau réseau s'affiche automatiquement sur l'écran de votre téléphone.
– Vous recevrez rapidement un SMS de votre opérateur qui propose un **pack voyageurs** plus ou moins avantageux, incluant un forfait limité de consommations téléphoniques et de connexion internet. À vous de voir...
– **Tarifs :** ils sont propres à chaque opérateur et varient en fonction des pays (le globe est découpé en plusieurs zones tarifaires). **N'oubliez pas qu'à l'international vous êtes facturé aussi bien pour les appels sortants que pour les appels entrants.** Ne papotez donc pas des heures en imaginant que c'est votre interlocuteur qui paiera !
– **Internet mobile :** utiliser le wifi à l'étranger et non les réseaux 3G ou 4G. Sinon on peut faire exploser les compteurs, avec, au retour de voyage, des factures de plusieurs centaines d'euros ! Le plus sage consiste à **désactiver la connexion** « Données à l'étranger » (dans « Réseau cellulaire »). Il faut également penser à **supprimer la mise à jour automatique de votre messagerie** qui consomme elle aussi des octets sans vous avertir (option « Push mail »). Opter pour le mode manuel. Cependant, des opérateurs incluent de plus en plus de *roaming data* (donc de connexion Internet depuis l'étranger) dans leurs forfaits avec des formules parfois spécialement adaptées à l'Europe. Bien vérifier le coût de la connexion auprès de son opérateur avant de partir. Noter que l'Union européenne impose aux opérateurs un coût maximum de 0,20 €/Mo (HT) jusqu'en 2017, ce qui permet de surfer plus sereinement et à prix réduit.

Bons plans pour utiliser son téléphone à l'étranger

– **Acheter une carte SIM/puce sur place :** c'est une option très avantageuse pour certaines destinations. Il suffit d'acheter à l'arrivée une carte SIM locale prépayée chez l'un des nombreux opérateurs (réseaux *Telefonica, Movistar, Vodafone, Orange, Euskaltel* ou *Yoigo*, nettement moins cher), représentés dans les boutiques de téléphonie mobile des principales villes du pays. On vous attribue alors un numéro de téléphone local et un petit crédit de communication, le tout pour 10 à 25 €. Avant de signer le contrat et de payer, essayez donc, si possible, la carte SIM du vendeur dans votre téléphone – préalablement débloqué – afin de vérifier si celui-ci est compatible. Ensuite, il est facile d'acheter un crédit de communications dans les supermarchés, tabacs, épiceries, stations-service, boutiques spécialisées. C'est toujours plus pratique pour trouver son chemin vers une *casa rural* paumée, réserver un hôtel, un resto ou une visite guidée, et bien moins cher que si vous appeliez avec votre carte SIM personnelle.
– **Se brancher sur les réseaux wifi** est le meilleur moyen de se connecter au Web gratuitement ou à moindre coût. La plupart des hébergements, restos et bars disposent d'un réseau gratuit.
– Une fois connecté grâce au wifi, à vous les joies de la **téléphonie par Internet** ! Le logiciel *Skype*, le plus répandu, vous permet d'appeler vos correspondants gratuitement s'ils sont eux aussi connectés, ou à coût très réduit si vous voulez les joindre sur leur téléphone. Autre application qui connaît un succès grandissant, **Viber** permet d'appeler et d'envoyer des SMS, des photos et des vidéos aux quatre coins de la planète, sans frais. Il suffit de télécharger – gratuitement – l'appli sur son smartphone, celle-ci se synchronise avec votre liste de contacts et détecte automatiquement ceux qui ont *Viber*. Même principe avec **WhatsApp Messenger**, la première année d'utilisation est gratuite, ensuite elle coûte 0,99 US$/an.

– De plus en plus de fournisseurs de téléphonie mobile offrent des journées incluses dans votre forfait, avec appels téléphoniques, SMS, voire MMS et même connexion internet en 3G limitée, pour communiquer de l'étranger vers la France. Il s'agit de l'offre *Origami Play* et *Origami Jet* chez Orange, des *Forfaits Sensation 3Go, 8Go, 16Go* ou encore du *Pack Destination* chez Free. Les destinations incluses dans votre forfait évoluant sans cesse, ne manquez pas de consulter le site de votre fournisseur.

TRANSPORTS

Le train

L'*Eusko Tren* (voir ci-après) fait la jonction nord-sud en reliant Hendaye à Donostia.
Au sud (côté Espagne), deux tendances. Celle de la Communauté d'Euskadi qui a créé la compagnie **Eusko Tren** pour gérer les lignes de proximité (notamment Irun-Bilbao qui dessert toute la côte et les vallées principales) et laisse **RENFE** (la compagnie nationale) s'occuper des longues distances. L'Álava, sous-équipée en voies ferrées mais peu peuplée, est principalement gérée par la *RENFE.* Numéro de téléphone national pour la *RENFE* : ☎ *902-320-320.* ● *renfe.com* ●
– Comme dans nombre de pays, le tarif d'un billet de train dépend du jour et de l'heure, de la date, de la classe de réservation... Vous trouverez aussi des réductions selon l'âge (enfants et seniors en particulier), et enfin, sachez que prendre un aller-retour revient quasiment toujours moins cher que de prendre l'aller puis le retour séparément.
– Sur certaines lignes, les lignes AVE (les TGV espagnols) en particulier, prévoir une bonne marge pour vous rendre à la gare, car les bagages sont passés dans des machines de sécurité du même type qu'aux aéroports : cela prend forcément du temps !
Si vous désirez réserver et retirer vos billets en France, une adresse :

■ **Iberrail France :** *14, rue Bruno-Coquatrix, 75009 Paris.* ☎ *01-40-82-63-60.* ● *renfe@iberrail.fr* ● Ⓜ *Opéra ou Madeleine.* Représentant officiel de la *RENFE* en France. Les billets ne vous coûteront pas plus cher, et tout se fera en français !

Eusko Tren est le meilleur moyen pour se déplacer le long de la côte. C'est bon marché, et les liaisons sont fréquentes et régulières. Bien vérifier au départ les gares où le train s'arrête, car il y a des directs, des semi-directs, des omnibus. Parfois, il faut une correspondance. En règle générale, on vous indique sur quelle ligne se situe la ville. Après, à vous de jouer avec les correspondances ! Pour plus de renseignements : ☎ *902-54-32-10.* ● *euskotren.eus* ●
Les trains de grandes lignes sont tous au standard européen. De plus, presque tous les trains sont maintenant climatisés, même les trains de banlieue. Dans les *AVE* et autres rapides *Intercity*, la réservation est strictement obligatoire.
N'oublions pas **FEVE,** chemins de fer à voie étroite et classe unique, qui, au Pays basque, gère, sous la houlette de la *RENFE,* deux lignes au départ de Bilbao :
● *renfe.com/viajeros/feve* ●

L'avion

Côté espagnol

Iberia (et ses filiales **Air Nostrum** et **Iberia Express** pour la version *low cost*) et **Air Europa** sont les principales compagnies intérieures classiques présentes en Espagne. Nombreuses liaisons entre Bilbao, Donostia-Hondarribia (et dans une moindre mesure Vitoria et Pampelune) et les principales villes espagnoles. Pour les contacter, voir plus haut le chapitre « Comment y aller ? ». La compagnie espagnole low-cost **Vueling** (● vueling.com ●) dessert, quant à elle, Bilbao et Donostia (depuis Madrid et Barcelone).

Côté français

Les aéroports de Bayonne-Anglet-Biarritz et Pau-Pyrénées assurent des vols avec Paris, mais aussi sur l'Europe. Pour plus de détails, se reporter aux pages consacrées au Labourd et à Pau.

La route

– Il est obligatoire, comme dans toute l'Europe et sous peine d'une forte amende, d'avoir **deux triangles de signalisation** dans son coffre, et un **gilet fluorescent** (à conserver dans l'habitacle).
– Côté sud (côté Espagne), les **limitations de vitesse** ne sont pas toujours les mêmes qu'au nord (côté France) : sur autoroute, la limitation de vitesse est à 120 km/h et non 130. Important également : les stops ne sont pas toujours matérialisés par une bande blanche au sol.
Les routes sont refaites à neuf à peu près partout au nord comme au sud et, en général, le réseau est bon. Les petites routes sont souvent meilleures au nord qu'au sud. Quelques routes de montagne en Navarre font exception. Certaines de nos adresses à la campagne, côté sud, sont accessibles par des routes très étroites, alors gare !
Évitez les *autopistas* (autoroutes), qui, au nord comme au sud, sont souvent hors de prix. Les *autovías,* qui correspondent à nos « voies express » (quatre-voies avec un terre-plein central), sont, elles, gratuites. Préférez donc les nationales ou les *autovías,* sauf dans un cas : la N 10 entre Bayonne et la frontière, qui est une vraie galère en été (notamment la traversée de Saint-Jean-de-Luz). Au sud, l'axe idéal est Donostia-Irurtzun-Pamplona par l'*autopista* A 15 (gratuite et somptueuse). De cet axe, vous pouvez rejoindre rapidement tous les points intéressants, sauf la côte. Depuis qu'elle a été refaite, l'A 1 Donostia-Vitoria n'est pas mal non plus.
Attention à l'*ertzainza* (police basque) qui, le week-end, fait la chasse aux conducteurs en état d'ébriété. Si vous êtes pris (tant pis pour vous), l'amende est salée et payable sur-le-champ, sous peine de confiscation de la voiture.
Les stations-service acceptent pratiquement toutes les cartes de paiement.

Signalisation routière

Petit problème pour le voyageur : le manque d'unité dans le bilinguisme. On va essayer d'être simples.
Dans les provinces du Nord (côté France), le français étant la langue officielle de la République, les noms français précèdent les noms basques. Ces derniers sont en général en italique. Sur les autoroutes, les indications en français sont suivies d'un panneau équivalent en basque.
Dans le Sud (côté Espagne), la règle est celle de la majorité. Si le village ou la ville est quasi exclusivement bascophone, seul est indiqué le nom basque : on dit Hondarribia tout court, et non Hondarribia-Fuenterrabia. Si la localité est majoritairement bascophone, le nom espagnol suit le nom basque : par exemple, Donostia – San Sebastián ou Orreaga-Roncesvalles. Une exception : Vitoria s'appelle officiellement Vitoria-Gasteiz car, la province existant administrativement avant l'autonomie, il aurait fallu refaire, par exemple, les plaques des voitures (les anciennes immatriculations commençaient par l'initiale de la capitale provinciale). Si les bascophones sont minoritaires, c'est le contraire, comme à Pamplona-Iruña. Enfin, s'il n'y a pas de bascophones, seul existe le nom espagnol. Mais tout cela a été fixé voici une quinzaine d'années et les proportions peuvent changer. Il peut aussi y avoir des conflits, comme à Tudela,

où les bascophones minoritaires et agissants ont sorti la bombe à taguer pour rétablir la situation.
La bombe à taguer sort d'ailleurs très facilement quand l'été revient. C'est vrai quelle que soit la province. En général, elle sert à masquer le nom français ou espagnol pour ne laisser que le nom basque. D'où des difficultés pour l'automobiliste qui ne sait pas que Burguete et Auritz, Mendionde et Lekorne, c'est la même chose. Mais dans certaines zones, c'est le contraire, et les noms basques sont tagués par des militants hispanophones.
Dans ce guide, on a choisi de respecter les noms tels qu'ils apparaissent sur les panneaux, sachant qu'il n'y a pas toujours non plus deux versions (Zarautz, Lekeitio, Bermeo...). Dernière mise en garde : à Béhobie, le nœud de communications le plus fréquenté, ne confondez pas les panneaux indiquant Irun, la ville frontière, et Iruña, qui n'est autre que Pampelune... en basque.

Location de voitures

■ *Auto Escape :* ☎ *0892-46-46-10 (0,34 €/mn).* ● *autoescape.com* ● *Vous trouverez également les services d'*Auto Escape *sur* ● *routard.com* ● Auto Escape *offre 5 % de remise sur la location de voiture aux lecteurs du* Routard *pour tte réservation par Internet avec le code de réduction « GDR16 ». Résa à l'avance conseillée.*
L'agence *Auto Escape* réserve auprès des loueurs de véhicules de gros volumes d'affaires, ce qui garantit des tarifs très compétitifs.
■ *BSP Auto :* ☎ 01-43-46-20-74 (tlj). ● bsp-auto.com ● Les plus : vous ne payez votre location que 5 jours avant le départ + réduction spéciale aux lecteurs de ce guide avec le code « routard ». Les prix proposés sont attractifs et comprennent le kilométrage illimité et les assurances. *BSP Auto* vous propose exclusivement les grandes compagnies de location sur place, vous assurant un très bon niveau de services.
Et aussi :
■ *Hertz :* ☎ 0-825-861-861 (0,18 €/mn). ● hertz.com ●
■ *Europcar :* ☎ 0825-358-358 (0,15 €/mn). ● europcar.fr ●
■ *Avis :* ☎ 0821-230-760 (0,15 €/mn). ● avis.fr ●

L'autobus

Au nord (côté France), diverses compagnies privées se partagent la desserte du département des Pyrénées-Atlantiques. Carte complète des lignes sur ● cg64.fr ●
Le réseau de bus d'Euskadi (Guipúzcoa, Biscaye, Álava) est très performant. Celui de Navarre est bon sur les grands axes, mais au nord, la situation n'est pas brillante, sauf sur la côte. Au sud comme au nord, les vallées pyrénéennes sont desservies régulièrement mais pas souvent. Il n'existe aucune connexion entre les réseaux, sauf à Béhobie. Autrement dit, n'espérez pas aller de Saint-Jean-Pied-de-Port à Roncevaux en bus. C'est néanmoins le moyen de transport le plus souple et économique une fois qu'on est dans le Sud.
Pour l'Euskadi et la Navarre, pas de site web spécialisé, mais vous trouverez les coordonnées des diverses et nombreuses compagnies sur ● turismo.euskadi.eus ●

NOTES PERSONNELLES

les ROUTARDS *sur la* FRANCE 2016-2017

(dates de parution sur • *routard.com* •)

Découpage de la FRANCE par le ROUTARD

Autres guides nationaux

- La Loire à Vélo
- La Vélodyssée (Roscoff-Hendaye ; mai 2016)
- Nos meilleurs campings en France
- Nos meilleures chambres d'hôtes en France
- Nos meilleurs restos en France
- Nos meilleurs sites pour observer les oiseaux en France
- Tourisme responsable

Autres guides sur Paris

- Paris
- Paris à vélo
- Paris balades
- Restos et bistrots de Paris
- Le Routard des amoureux à Paris
- Week-ends autour de Paris

les ROUTARDS sur l'ÉTRANGER 2016-2017

(dates de parution sur • *routard.com* •)

Découpage de l'ESPAGNE par le ROUTARD

Découpage de l'ITALIE par le ROUTARD

Autres pays européens

- Allemagne
- Angleterre, Pays de Galles
- Autriche
- Belgique
- Budapest, Hongrie
- Crète
- Croatie
- Danemark, Suède
- Écosse
- Finlande
- Grèce continentale
- Îles grecques et Athènes
- Irlande
- Islande
- Madère
- Malte
- Norvège
- Pologne
- Portugal
- République tchèque, Slovaquie
- Roumanie, Bulgarie
- Suisse

Villes européennes

- Amsterdam et ses environs
- Berlin
- Bruxelles
- Copenhague
- Dublin
- Lisbonne
- Londres
- Moscou
- Prague
- Saint-Pétersbourg
- Stockholm
- Vienne

— les ROUTARDS sur l'ÉTRANGER 2016-2017 —

(dates de parution sur • *routard.com* •)

Découpage des ÉTATS-UNIS par le ROUTARD

Autres pays d'Amérique

- Argentine
- Brésil
- Canada Ouest
- Chili et île de Pâques
- Équateur et les îles Galápagos
- Guatemala, Yucatán et Chiapas
- Mexique
- Montréal
- Pérou, Bolivie
- Québec, Ontario et Provinces maritimes

Asie et Océanie

- Australie côte est + Ayers Rock (mai 2016)
- Bali, Lombok
- Bangkok
- Birmanie (Myanmar)
- Cambodge, Laos
- Chine
- Hong-Kong, Macao, Canton
- Inde du Nord
- Inde du Sud
- Israël et Palestine
- Istanbul
- Jordanie
- Malaisie, Singapour
- Népal
- Shanghai
- Sri Lanka (Ceylan)
- Thaïlande
- Tokyo, Kyoto et environs
- Turquie
- Vietnam

Afrique

- Afrique de l'Ouest
- Afrique du Sud
- Égypte
- Kenya, Tanzanie et Zanzibar
- Maroc
- Marrakech
- Sénégal
- Tunisie

Îles Caraïbes et océan Indien

- Cuba
- Guadeloupe, Saint-Martin, Saint-Barth
- Île Maurice, Rodrigues
- Madagascar
- Martinique
- République dominicaine (Saint-Domingue)
- Réunion

Guides de conversation

- Allemand
- Anglais
- Arabe du Maghreb
- Arabe du Proche-Orient
- Chinois
- Croate
- Espagnol
- Grec
- Italien
- Japonais
- Portugais
- Russe
- G'palémo (conversation par l'image)

Les Routards Express

Amsterdam, Barcelone, Berlin, Bruxelles, Budapest (nouveauté), Dublin (nouveauté), Florence, Istanbul, Lisbonne, Londres, Madrid, Marrakech, New York, Prague, Rome, Venise.

Nos coups de cœur

- Nos 52 week-ends dans les plus belles villes d'Europe (nouveauté)
- France
- Monde

NOS NOUVEAUTÉS

AUSTRALIE CÔTE EST + AYERS ROCK
(mai 2016)

Le pouvoir attractif de l'Australie est évident. Des terres arides à l'emblématique Ayers Rock, cet immense « rocher » émergeant au milieu de rien, des îlots paradisiaques sur la Grande Barrière de corail… Les animaux, parfois cocasses – kangourous, koalas, crocodiles, araignées Redback… –, côtoient la plus vieille civilisation du monde, celle du peuple aborigène. Pour les adeptes de la mer, il faudrait 27 ans pour visiter toutes les plages du pays, à raison d'une par jour ! La plus longue autoroute du monde suit 14 500 km de côtes, sans jamais lasser. Pour les accros de culture, l'Opéra de Sydney s'impose, avant de découvrir de fabuleux musées. Sans oublier l'ambiance des cafés de Melbourne, véritable petite San Francisco locale. Vous saurez tout sur le fameux Programme Vacances Travail (Working Holiday Visa), permettant d'alterner petits boulots et voyage au long cours. Mais le plus important se trouve dans la franche convivialité du peuple australien.

LA VÉLODYSSÉE
(ROSCOFF-HENDAYE ; mai 2016)

De Roscoff à Hendaye, tout au long de la façade Atlantique, la plus longue véloroute de France dévale du nord au sud sur plus de 1 200 km. Choisissez votre parcours parmi 12 itinéraires divisés en étapes de 20 à 40 km, essentiellement en voies vertes fléchées et sécurisées. Un parcours nature, caractérisé par la diversité de ses paysages : eau salée de l'Atlantique et eau douce des lacs aquitains, forêts bretonnes et pinèdes landaises, marais salants, parcs à huîtres, plages de sable fin et marécages où viennent nicher les oiseaux… La Vélodyssée prend racine dans les genêts du Finistère, suit les agréables berges du canal de Nantes à Brest, puis se confond avec le littoral atlantique pour finir en beauté au Pays basque. Les plages à perte de vue et le charme des villes qui jalonnent le parcours sont autant de haltes à ne pas manquer.
Un guide pratique : à chaque étape sa carte en couleurs. Avec un carnet d'adresses pour louer un vélo, se loger et, bien sûr, se restaurer.

LES BONNES ADRESSES DU ROUTARD

Nos meilleurs hôtels et restos en France

+ de 3300 établissements de qualité sélectionnés pour leur originalité et leur convivialité.

- des cartes régionales en couleur
- des symboles, devant chaque établissement, détaillant les adresses avec terrasse, piscine et parking.

18,50 €

NOS NOUVEAUTÉS

LE PAYS PYRÉNÉES-MÉDITERRANÉE (mai 2016)

Deux noms qui disent bien la double personnalité de ce territoire catalan installé entre mer et montagne. Quelle chance ! En altitude, ses massifs possèdent chacun leurs particularités : les Aspres, les Albères et le Vallespir. Les sportifs pourront y pratiquer de nombreuses activités et les amateurs d'Art roman y découvrir de petites merveilles de cloîtres et de chapelles. Les versants côtiers, entre Collioure et Banyuls, affichent fièrement leurs vignobles en terrasses, tandis que la Côte Vermeille offre une vaste plage de sable à Argelès, et au sud, des criques abritées, au pied des falaises.

LE PAYS DE BRIVE (avril 2016)

Le Pays de Brive, c'est la Corrèze côté soleil. Un coin de France charmant qui fait partie du Limousin parce que l'histoire en a décidé ainsi mais qui se sent proche, dans sa nature et son esprit, des régions qui le bordent. Brive et tout le Pays alentour, c'est déjà le Périgord, ou même le Quercy. Les paysages, la cuisine, le climat tirent le visiteur vers le Sud-Ouest. Alors faites comme les Brivistes, entre deux balades, allez vous installer à la terrasse des cafés, pour regarder la vie s'étirer aussi paisiblement que le cours de la Corrèze. Et prévoyez aussi de fêter la troisième mi-temps en dégustant la cuisine régionale dans une des bonnes tables de Brive.

LES BONNES ADRESSES DU ROUTARD

Nos meilleurs campings en France

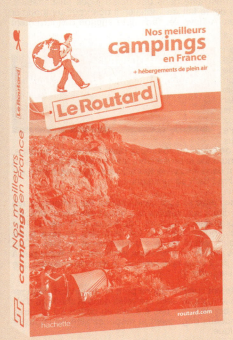

+ de 1 800 adresses pour découvrir les joies du camping.

Les plus :
- les balades à faire
- les monuments à ne pas manquer
- des adresses insolites

13,20 €

PETITS TRUCS ET ASTUCES POUR ÉVITER LES ARNAQUES !

Un routard informé en vaut deux ! Pour éviter les arnaques en tous genres, il est bon de les connaître. Voici un petit vade-mecum destiné à parer aux coûts et aux coups de bambous. À commencer par **l'affichage des prix** : dans les hôtels comme dans les restos, il est **obligatoire** et doit être situé à l'extérieur de l'établissement, de manière visible. Vous ne pouvez donc contester des prix exorbitants que s'ils ne sont pas clairement affichés.

À L'HÔTEL

1 - Arrhes ou acompte ? : au moment de réserver votre chambre par téléphone – par précaution, toujours confirmer par écrit (ou mail) – il n'est pas rare que l'hôtelier vous demande de verser à l'avance une certaine somme, celle-ci faisant office de garantie. Il est d'usage de parler d'arrhes et non d'acompte (en fait, la loi dispose que « sauf stipulation contraire du contrat, les sommes versées d'avance sont des arrhes »). Légalement, aucune règle n'en précise le montant. Toutefois, ne versez que des arrhes raisonnables : 25 à 30 % du prix total, sachant qu'il s'agit d'un engagement définitif sur la réservation de la chambre. Cette somme ne pourra donc pas être remboursée en cas d'annulation de la réservation, sauf cas de force majeure qu'il vous faudra justifier (maladie ou accident) ou en accord avec l'hôtelier si l'annulation est faite dans des délais jugés raisonnables. Si, au contraire, l'annulation est le fait de l'hôtelier, il doit vous rembourser le double des arrhes versées. À l'inverse, l'acompte engage définitivement client et hôtelier.

2 - Subordination de vente : comme les restaurateurs, les hôteliers ont interdiction de pratiquer la subordination de vente. C'est-à-dire qu'ils ne peuvent pas vous obliger à réserver plusieurs nuits d'hôtel si vous n'en souhaitez qu'une. Dans le même ordre d'idées, on ne peut vous obliger à prendre votre petit déjeuner ou vos repas dans l'hôtel ; ce principe, illégal, est néanmoins répandu dans la profession, toléré en pratique, surtout en haute saison... notamment dans les zones touristiques, où la demande est bien plus importante que l'offre ! Bien se renseigner.

> **« QUI DORT DÎNE ! »**
> *Cet adage, venu du Moyen Âge, signifie que les hôteliers imposaient le couvert aux clients qui prenaient une chambre. Déjà de la vente forcée !*

3 - Les réservations en ligne : elles se sont généralisées. Par l'intermédiaire de sites commerciaux ou en direct sur les sites des hôtels, elles sont simples et rapides. Mais voilà, les promesses ne sont pas toujours tenues et l'on constate parfois des dérives, notamment via les centrales de résa telles que promos bidons, descriptifs exagérés, avis d'internautes truqués... Des hôteliers s'estiment étranglés par les commissions abusives. N'hésitez pas à contacter l'hôtel sur son site pour vous faire préciser le type de chambre que l'on vous a réservé (sur rue, sur jardin ?).

4 - Responsabilité en cas de vol : un hôtelier ne peut en aucun cas dégager sa responsabilité pour des objets qui auraient été volés dans la chambre d'un de ses clients, même si ces objets n'ont pas été mis au coffre. En d'autres termes, les éventuels panonceaux dégageant la responsabilité de l'hôtelier n'ont aucun fondement juridique.

5 - En cas d'annulation : si vous avez réservé une chambre (sans avoir rien versé) et que vous avez un empêchement, passez un coup de téléphone pour annuler, c'est la moindre des politesses. Trop peu de gens le font, ce qui rend les hôteliers méfiants.

AU RESTO

1 - Menus : très souvent, les premiers menus (les moins chers) ne sont servis qu'en semaine ou que le midi, et avant certaines heures (12h30 et 20h30 généralement). C'est parfaitement légal, à condition que ce soit clairement indiqué sur le panneau extérieur : à vous d'être vigilant et d'arriver dans les bons créneaux horaires ! Il peut arriver que ce soit écrit en tout petit. Par ailleurs, bien vérifier que le « menu d'appel », le moins cher donc, est toujours présent dans la carte qu'on vous donne une fois installé. Il arrive qu'il disparaisse comme par enchantement. N'hésitez pas à le réclamer si vous êtes entré pour ce menu précis.

2 - Le « fait maison » : cette grande « tendance culinaire » de ces dernières années s'oppose aux plats sous-vide ou congelés achetés par les restaurateurs, réchauffés sur place et « agrémentés » d'une petite touche personnelle pour noyer le poisson (ou la souris d'agneau). Depuis 2013, le label « fait maison » permet de vérifier si les plats sont réellement préparés ou non sur place.

3 - Commande insuffisante : il arrive que certains restos refusent de servir une commande jugée insuffisante. Sachez, toutefois, qu'il est illégal de pousser le client à la consommation. Mais l'on peut également comprendre que commander un seul plat pour 3 personnes peut agacer un tantinet le restaurateur. Tout est une question de juste équilibre.

4 - Eau : une banale carafe d'eau du robinet est gratuite – à condition qu'elle accompagne un repas – sauf si son prix est affiché. On ne peut pas vous la refuser, sauf si elle est jugée impropre à la consommation par décret. La bouteille d'eau minérale quant à elle doit, comme le vin, être ouverte devant vous. L'arnaque dans certains restos « pousse-conso » consiste à proposer d'emblée une eau minérale et de la facturer 7 €, voire plus… À la question du serveur : « …et pour l'eau, Badoit ou Vittel ? » vous êtes en droit de répondre « une carafe ! ».

5 - Vins : les cartes des vins ne sont pas toujours très claires. Exemple : vous commandez un bourgogne à 16 € la bouteille. On vous la facture 32 €. En vérifiant sur la carte, vous découvrez que 16 € correspondent au prix d'une demi-bouteille. Mais c'était écrit en petits caractères illisibles. Attention au prix parfois exorbitant des vins au verre. Abus bien courant, l'année de référence n'est plus disponible : on vous sert un millésime plus récent mais au même tarif ! Vous devez obligatoirement en être informé avant le débouchage de la bouteille.

6 - Couvert enfant : le restaurateur peut tout à fait compter un couvert par enfant, même s'il ne consomme pas, à condition que ce soit spécifié sur la carte. Parfois il est libellé « Enfant ne mangeant pas », tant d'euros ! Cela dit, ce n'est quand même pas courant et ça donne une petite idée de la générosité du restaurateur !

7 - Sous-marin : après le coup de bambou et le coup de fusil, celui du sous-marin. Le procédé consiste à rendre la monnaie en plaçant dans la soucoupe (de bas en haut) : les pièces, l'addition puis les billets. Si l'on est pressé, on récupère les billets en oubliant les pièces cachées sous l'addition. Malin !

N'oublions pas que l'hôtellerie et la restauration sont des métiers de service, qui ne souffrent ni l'approximation, ni les (mauvais) écarts. Nous supprimons de nos guides tous les établissements qui abusent. Mais la réciproque est aussi valable : tout est question de respect mutuel.

Bonne route !

INDEX GÉNÉRAL

Les noms apparaissent tels qu'ils figurent sur les panneaux de signalisation routière.

A

Aas (miellerie
  de la Montagne Verte) 243
Abbadia (domaine et château-
  observatoire d') 105, 106
ABC du Pays basque 33
ABENSE-DE-HAUT 172
Abérouat (refuge de l') 251
ACCOUS 249
Achats 535
ACOSTA-OKOIZTA 510
ADOUR (val d') 132
AGURAIN (SALVATIERRA-
  AGURAIN) 502
AHETZE 80
AHURTI (URT) 132
AHUSQUY (AHUSKI) 171
AIA 391
Aiako Harria
  (parc naturel d') 385
AIARA (AYALA ; vallée d') 511
AIBAR (OIBAR) 314
AIEGI (AYEGUI) 341, 344
AINCILLE 156
AINHOA 116
AKAMARRE (CAME) 135
Alaiza (iglesia de) 503
ÁLAVA (ARABA ; l') 486
ALAVESA (MONTAÑA) 505
Albaola 384
ALBIZTUR 414
ALÇAY-LACARRY
  (ALTZAI-LAKARI) 173
ALDUDES (ALDUDE ; les) 148
ALDUDES (vallée des) 147
ALMIKA 432
ALSASUA (ALTSASU) 350, 352
ALTZAI-LAKARI
  (ALÇAY-LACARRY) 173
ALTZURUKU

  (AUSSURUCQ) 170
AMAIUR (MAIA) 297
AMBASAGUAS 473
AMOROTS 160
AMURRIO 512
ANDIA (sierra d') 351, 353
ANGELU (ANGLET) 56
Anglas (lac d') 244
ANGLET (ANGELU) 56
ANHAUX 152
Anie (pic d') 251
ANOS 205
Antigua (ermita de La) 417
ANTOÑANA 507
ARABA (ÁLAVA ; l') 486
ARABAKO ERRIOXA
  (RIOJA ALAVESA) 516
ARAGON (frontière avec l') 311
ARAIA 504
Aralar (parc naturel d') 409
ARALAR (sierra d') 349, 409
ARAMITS 256
ARANCOU 135
ARANTZA 295
Arantzazu (basílica de) 424
Araotz (site d') 424
ARBAILLES (massif des) 170
ARBEROUE (vallée de l') 140
ARBIZU 350
ARBONA 80
ARBUS 216
ARCANGUES
  (ARRANGOITZE) 78
ARCENIEGA
  (ARTZINIEGA) 511
ARCOS (LOS) 345
AREATZA 476, 478
ARELLANO 345
AREN 270

ARETTE	257
Argent, banques, change	592
Argiñeta (nécropole d')	485
ARGÜEDAS	323
ARIBE	306
ARIZCUN	298, 299
Arnoteguy (ermita Nuestra Señora de)	337
ARRANGOITZE (ARCANGUES)	78
ARRAST-LARREBIEU	167
Arrazola (voie verte d')	485
Arrémoulit (refuge d')	245
Arrikrutz (cuevas de)	424
Arriu-Mage (chemin de l')	239
ARROSA (SAINT-MARTIN-D'ARROSSA)	143
ARROSES	211
ARTAJONA	315
ARTEA	477
ARTETA	353
ARTOMAÑA	511
Artouste (lac d')	245
Artzamendi (mont)	128
ARTZINIEGA (ARCENIEGA)	511
ARUDY	234
ARZACQ	206
ASCAIN (AZKAINE)	108
ASCARAT	151
ASPE (vallée d')	246
ASSON	221, 222
Asson (zoo d')	222
ASTE-BÉON (Falaise aux Vautours)	239
ASTIGARRAGA	386, 387
ASTRÁIN	334
ATAUN ERGOIENA	410
ATAUN GREGORIO	410
ATAUN SAN MARTÍN	410
ATHARRATZE (TARDETS-SORHOLUS)	171
Aubisque (col d')	244
AURITZ (BURGUETE)	304
AURIZBERRI	304
AUSSURUCQ (ALTZURUKU)	170
Avant le départ	591
AYALA (AIARA ; vallée d')	511
AYDIE	210
AYDIUS	249
AYEGUI (AIEGI)	341, 344
Ayous (lacs d')	246
AZKAINE (ASCAIN)	108
AZKOITIA	416
AZPEITIA	414

B

BAIGORRI (SAINT-ÉTIENNE-DE-BAÏGORRY)	144
BAIGTS-DE-BÉARN	265
BAIONA (BAYONNE)	40
BAKIO	432
BALMASEDA	470
BANCA	147
BAQUEDANO	352
BARCUS (BARKOXE)	169
BARDENAS REALES (las)	321
BARÉTOUS (vallée du)	255
BARKOXE (BARCUS)	169
Bars	537
BASQUE (côte)	38
BASSE-NAVARRE (BEHE NAFARROA ; la)	136
BASSUSSARRY	47
BASTIDA (LA BASTIDE-CLAIRENCE)	138
BASTIDA (LABASTIDA)	518, 525
BAUDREIX	220
BAYONNE (BAIONA)	40
BAZTÁN (vallée du)	295
BÉARN (le)	180
BÉARN DES GAVES (le)	259
BEDOUS	247, 249
BEHE NAFARROA (BASSE-NAVARRE)	136
BÉHÉROBIE	157
BEHOBIA	365
BEIRE	318
Benou (plateau de)	239
BÉOST	240, 243
BERA	294
BERBINZANA	315
BERGARA	419
BERGOUEY	135
BERMEO	429
Bernedo	

(puerto de ; col de) 524
Bertiz (parc Señorio de)......... 301
Bétharram (grottes de)........... 222
Beyra (circuit)........................ 179
BIAÑEZ (museo-iglesia
   San Andrés) 474
BIARRITZ (MIARRITZE) 60
BIDACHE (BIDAXUNE) 134
BIDARRAY (BIDARRAI)......... 142
BIDART (BIDARTE) 81
BIDASOA (vallée de la) 293
BIDAXUNE (BIDACHE) 134
BIDOS................................... 229
BIELLE................................... 237
Bikotzgane (col de) 477
BILBAO (BILBO) 450
BILHÈRES-D'OSSOU 238
BILLÈRE 202
Bious-Artigues (lac de) 246
BIRIATOU (BIRIATU) 106
BISCAYE (BIZKAIA ; la) 425
Biscaye (balcon de) 449
BISCAYENNE (côte) 428
BIZANOS 201
BIZKAIA (LA BISCAYE).......... 425
Bizkarzé (pic du) 178
Boissons............................... 538
BOLIBAR 448
BORCE 253
BOSDARROS 214
BOURDETTES
   (les sonnailles Daban)......... 222
BOZATE................................. 297
BRISCOUS 130, 131
Budget.................................. 593
BURGUETE (AURITZ)............ 304
BURGUI (BURGI) 309
BUSSUNARITZ....................... 156
Busturia (plage de) 436
BUZY 235

C

CABIDOS............................... 206
CAMBO-LES-BAINS
   (KANBO) 122
CAME (AKAMARRE).............. 135
CAMOU (GAMUE) 161
Cañada Real de los Ronca-
   leses (randonnée) 324
Canfranc-en-Aragon
   (gare de) 255
CARCASTILLO
   (monasterio de la Oliva)...... 320
ÇARO 155
CASCANTE 331
CASTAGNÈDE-DE-BÉARN ... 262
CASTEIDE-CANDAU 207
CASTET 237
CASTETNAU-CAMBLONG ... 268
CETTE-EYGUN....................... 252
CHAPELLE-DE-ROUSSE
   (LA) 213
CHARNEGOU (Pays) 132

Chemins de Saint-Jacques-
   de-Compostelle (les) 540
Chemins de Saint-Jacques-
   de-Compostelle (sur les) 607
Choldokogagna (mont).......... 107
CIBOURE (ZIBURU) 95
CIDRERIES (circuit des) 385
Cimes (route impériale des)... 132
CINTRUÉNIGO 331
CIRAUQUI (ZIRAUKI)............. 337
CIZUR MENOR (ZIZUR
   TXIKIA).............................. 334
Climat................................... 595
COARRAZE 222
CORELLA 332
CORNICHE BASQUE (la)....... 105
CÔTE BASQUE (la)................. 38
CÔTE BISCAYENNE (la) 428
Coups de cœur (nos)............... 14
CROUSEILLES 210
Cuisine.................................. 543

D

DANCHARIA......................... 117
Dangers et enquiquinements... 595
DEBA 399
DEBA (vallée du río).............. 418

Delika (canyon de)	514	DE ARANA)	506
Deux Jumeaux (les)	105	DONEZTEBE	295
DIMA	477	DONIBANE GARAZI (SAINT-JEAN-PIED-DE-PORT)	150
DONAMARIA	295		
DONAMARTIRI (SAINT-MARTIN-D'ARBEROUE)	141	DONIBANE LOHIZUNE (SAINT-JEAN-DE-LUZ)	85
DONAPALEU (SAINT-PALAIS)	159	DONOSTIA – SAN SEBASTIÁN	365
DONE BIKENDI HARANA (SAN VICENTE		Droits de l'homme	550
		DURANGO	478

E

EA	443	ERRAZU (ERRATZU)	298
EAUX-BONNES (LES)	242	ERRENTERIA	384
EAUX-CHAUDES (LES)	244	ERREZU (RIEZU)	341
ÈBRE (ribera de l')	330	ERRIBERRI (OLITE)	317
ECHARRI-ARANAZ	409	ERRONKARI (RONCAL)	309
Économie	551	Escaliers (pic des)	179
Ehujarre (canyon d')	176	ESCOT	247
Ekain (réplique de la grotte d')	416	ESPALUNGUE	242
		ESPELETTE (EZPELETA)	119
ELANTXOBE	443	ESQUIULE (EZKIULE)	233
ELCIEGO (ELTZIEGO)	524	ESTELLA (LIZARRA)	338
Elissacillo (pointe)	105	ESTÉRENÇUBY	156, 157
ELIZONDO	295, 299	ESTIALESCQ	228
ELORRIAGA	496	ETSAUT	252
ELORRIO	483	ETXARRI-ARANATZ	350
ELOSU	510	Etxegarate (col d')	411
ELTZIEGO (ELCIEGO)	517	Eunate (ermita de Santa María)	337
ELVILLAR	524		
Émigration et diaspora	551	EUSA	286
ENCARTACIONES (les)	470	EZKIULE (ESQUIULE)	233
ENTZIA (sierra d')	506	EZPELETA (ESPELETTE)	119
Environnement	552		

F

FALCES	333	FONTARRABIE (HONDARRIBIA)	107, 358
Fêtes et jours fériés	595		
FITERO	331	*Fueros* ou fors	555

G

GABAS	245	de Coches clásicos y antiguos)	473
Gaceo (iglesia de)	503		
GALDAMÉS (torre de Loizaga – Museo		GAMUE (CAMOU)	161
		GAN	213

GARAI	482
Garaio (parc de)	505
GARDIA (LAGUARDIA)	518
GARES (PUENTE LA REINA)	335
GARRIS (GARRUZE)	161
GASTEIZ	487
GAUTEGIZ-ARTEAGA	442, 443
Gave (vallée du)	166
GAVES (Béarn des)	259
GEBARA (GUEVARA)	505
GELOS	201
Géographie	555
GERNIKA-LUMO	436
Gesaltza-Añana (salines de)	515
GETARIA (GUÉTHARY ; Labourd)	83
GETARIA (Guipúzcoa)	394
GETXO	468
GEÜS-D'OLORON	228
GIPUZKOA (GUIPÚZCOA ; le)	358
GIXUNE (GUICHE)	133
GOIERRI (le)	408
Goiuri (Gújuli ; cascade de)	511
GOIURI-ONDONA	511
GORBEIA (parc naturel de)	475
GORBEIA (sierra de)	509
GORLIZ	469
GOTEIN (GOTANE)	168
GOURETTE	242
GÜEÑES	473
GUÉTHARY (GETARIA)	83
GUEVARA (GEBARA)	505
GUICHE (GIXUNE)	133
GUIPÚZCOA (GIPUZKOA ; le)	354
GUIPÚZCOA (côte du)	387
GUIPÚZCOA (vallées du)	404
Gújuli (Goiuri ; cascade de)	511
GURMENÇON	228
GURS	269

H

Habitat : l'*etxe*	556
HALSOU	125
Harana (vallée d')	506
Harpea (caverne d')	157
HASPARREN (HAZPARNE)	128
HASTINGUES	134
HAZPARNE (HASPARREN)	128
Hébergement	598
Hechicera (dolmen de l')	524
HENDAYE (HENDAIA)	101
HERNANI	386
Histoire	558
Holzarte (passerelle d')	175
HONDARRIBIA (FONTARRABIE)	107, 358
HÔPITAL-SAINT-BLAISE (OSPITALE PIA ; L')	168
Hoya (museo prehistórico y poblado ; La)	523

I

IBAIZÁBAL (vallée d')	475
Ibardin (*ventas* du col d')	100
IBAROLLE-IBARLA	154
IBARRA	477
IBARRANGELU	443
IDIAZÁBAL	410
IHOLDY (IHOLDI)	141
Irache (monasterio de)	344
Irantzu (monasterio Santa María de)	344
IRATI (vallée d')	305
IRATY (forêt d')	157, 178
Iratzabaleta (col d')	179
IRISSARY (IRISSARI)	142
Irouléguy (vignoble d' ; Irulegi)	147
IRUN	363
IRUÑA (PAMPLONA)	279
IRUÑA OKA	501
Iruña-Veleia (oppidum romain d')	501
IRURI (TROIS-VILLES)	169
IRURITA	300
IRUZUBIETA	448

ISABA (IZABA)	308
ISPOURE	147, 155
Isturitz (grottes d')	140
Isuntza (plage d')	445
Itinéraires conseillés	28
ITXASSOU (ITSASU)	126
ITZIAR	401
IZABA (ISABA)	308
IZKI (parc naturel d')	507

J-K

JAVIER	312
JOUERS	250
JUILLACQ	211
JURANÇON	212
JURANÇON (coteaux du)	212
Kakouetta (gorges de)	175
KANBO (CAMBO-LES-BAINS)	122
Karpin Abentura	474
KARRANTZA (vallée de)	473
KARRANTZA-HARANA	474
Karraspio (plage de)	445
KEXAA (QUEJANA)	512, 513
KONTRASTA	506
KORRES	507, 508
KRIPAN	523, 524

L

L'HÔPITAL-SAINT-BLAISE (OSPITALE PIA)	168
LA BASTIDE-CLAIRENCE (BASTIDA)	138
LA CHAPELLE-DE-ROUSSE	213
LA MADELEINE (MAIDALENA)	173
LA PIERRE-SAINT-MARTIN	258
La Pierre-Saint-Martin (col)	259
La Pierre-Saint-Martin (gouffre de)	258
LAÀS	270
LABASTIDA (BASTIDA)	518, 525
LABOURD (LAPURDI ; le)	37
LACARRY	173
LACOMMANDE	218
Laga (plage de)	442
LAGUARDIA (GARDIA)	518
Laguardia (salines de)	523
Laida (plage de)	436, 442
LALASTRA	515, 516
Langue basque (la)	600
Langue régionale	573
LANNE	257
LAPOBLACIÓN	524
LAPURDI (LABOURD ; le)	37
LARCEVEAU	158
LAROIN	214
LARRABETZU	469
LARRAINE (LARRAU)	174
Larraitz (ermitage de)	410
LARRAONA	352
LARRAU (LARRAINE)	174
LARRESSORE	122
LARRIBAR	161
LARRUN (LA RHUNE)	109
LARUNS	240
LASERNA	521
LASSERRE	210
LASSEUBE	214
LASTUR	400
LECUMBERRI (LEKUNBERRI)	349
LEES-ATHAS	250
LEGAZPI	417
Leizar Atheka (pic de)	157
LEKAROZ	299
LEKEITIO	443
LEKUNBERRI (LECUMBERRI)	349
LEMBEYE	209
LERATE	338
LES ALDUDES (ALDUDE)	148
LES EAUX-BONNES	242
LES EAUX-CHAUDES	244
LESAKA	294
LESCAR	203
LESCUN	251
LESTELLE-BÉTHARRAM	220
Leyre (monasterio de)	311

LICQ-ATHÉREY (LIGI ATHEREI)	173
Livres de route et cartes	604
LIZARRA (ESTELLA)	338
Lizarrieta (col de)	113
Lizarrusti (col de)	410
LIZASO	348
LLODIO	511
Lohitzun (route de)	161
LOIU	454
LONS	196
LOS ARCOS	345
LOUBIENG	265
LOURDIOS	248
LOUVIE-JUZON	236
LOUVIE-SOUBIRON	239
Lu sur routard.com	27
LUCQ-DE-BÉARN	218
LUMBIER	310, 311
LURBE-SAINT-CHRISTAU	233
LURDEIA	431
LUXE-SUMBERRAUTE	176

M

MACAYE	130, 131
MADELEINE (LA ; MAIDALENA)	173
MADIRAN	210
Madiran (vignoble de)	209
MAIA (AMAIUR)	297
Mailh Massibe (mont)	239
MAIDALENA (LA MADELEINE)	173
MARCILLA	333
MARKINA-XEMEIN	448
MAROÑO	512
MASCARAAS-HARON	208
MASLACQ	265
MATURANA	505
Mâture (chemin de la)	254
MAULÉON-LICHARRE (MAULE-LEXTARRE)	166
MAZEROLLES	208
Médias	574
MENDATA	441
MENDEXA	444
MENDIONDE	130, 131
MENDIVE	178
Mendixur (réserve ornithologique de)	505
Mendukilo (cuevas de)	349
MIARRITZE (BIARRITZ)	60
Midi d'Ossau (pic du)	246
MOMAS	208
MONEIN	215
Montagnon (pic)	239
MONTAÑA ALAVESA (la)	505
MONTANER	211
MONTORY (MONTORI)	173
MORLAÀS	204
MORLANNE	207
MOUGUERRE	47
Mouline (gorges de la)	258
MUNDAKA	434
MUNGIA	469
MUNITIBAR-GERRIKAITZ	448
MURGIA	509, 510
MURILLO EL FRUTO	323
MURUA	509
Musées et sites	605
Musique, danses et chansons	575
MUTRIKU	401
MUXIKA	438

N

NAFARROA (NAVARRE ; la)	274
NATXITUA	443
NAVARRE (NAFARROA ; la)	274
NAVARRE OCCIDENTALE (la)	348
NAVARRE ORIENTALE (la)	310
NAVARRENX	267
NAY	219
Nervión (mirador del)	514
Nive (sources de la)	157
NIVE (vallée de la)	118
NIVELLE (vallée de la)	107
NORD-BÉARN (le)	204
Notre-Dame-de-Bétharram	222

Notre-Dame-de-Soccori (chapelle)	100
Nuestra Señora de Arnoteguy (ermita)	337
Nuestra Señora de Codés (monasterio)	346
Nuestra Señora de Estibaliz (santuario de)	500
Nuestra Señora de Oro (santuario de)	510
Nuestra Señora del Yugo (monasterio)	323

O

OBA	478
Occabé (mont)	157
OCHAGAVIA (OTSAGABIA)	306
Ogoño (cap)	442
OIARTZUN	384
OIBAR (AIBAR)	314
OLITE (ERRIBERRI)	317
Oliva (monasterio de la)	320
OLLO	353
OLORON-SAINTE-MARIE	223
OÑATI	421
ONDARROA	446
ORBAITZETA	306
ORDIARP (URDIÑARBE)	169
ORDIZIA	408
ORDUÑA (URDUÑA)	514
Orgambide (col d')	157
Organbideska (crête d')	178
Orgi (chênaie d')	348
ORIA (vallée d')	404
ORIO	374
ORION	272
ORONOZ-MUGAIRI (parc Señorio de Bertiz)	301
OROZKO	476, 477
ORREAGA (RONCESVALLES ou RONCEVAUX)	302
ORTHEZ	264
ORTZAIZE (OSSÈS)	144
OSPITALE PIA (L'HÔPITAL-SAINT-BLAISE)	168
Ossau (pic du Midi d')	246
OSSAU (vallée d')	234
OSSE-EN-ASPE	250
OSSÈS (ORTZAIZE)	144
OSTABAT	158
OTSAGABIA (OCHAGAVIA)	306
OTSIÑAGA	386
OTXANDIO	482, 483
Otxondo (col d')	297
Otzaurte (col d')	411
OUEST (vallées de l')	508
Oxocelhaya (grottes d')	140

P

PÁGANOS-LAGUARDIA	517, 521
Pagoeta (parque natural de)	394
PAGOLLE	161
PAMPLONA (IRUÑA)	279
Pas-de-Roland (le)	128
PASAIA	382
PASAIA ONDARTXO	384
PAU	188
PAYS CHARNEGOU (le)	132
Peñaflor (ruines du château de)	324
Pène-d'Escot (défilé de la)	247
Perdón (sierra del)	337
Personnages	577
Personnes handicapées	605
Petrilarré (sommet du)	178
PIÉMONT (le)	212
PIERRE-SAINT-MARTIN (LA)	258
Pierre-Saint-Martin (col de La)	259
Pierre-Saint-Martin (gouffre de La)	258
Plano (El)	324
Plazaola (vía verde de)	349
PLENTZIA	469
PONTIACQ-VILLEPINTE	212
Population	579
Portalet (fort du)	254
Poste	606
Pourtalet (col du)	245

Pozalagua (cueva de) 474
PUENTE
   LA REINA (GARES) 335
PYRÉNÉENNES
(vallées ; Espagne) 293
PYRÉNÉENNES
(vallées ; France) 223

Q-R

QUEJANA (KEXAA) 512, 513
Randonnées
   en Pays basque 606
Religions, fêtes
   et croyances 580
RHUNE (LARRUN ; la) 109
RIBERA DE L'ÈBRE (la) 330
RIEZU (ERREZU) 341
Rioja (balcón de la) 516
RIOJA ALAVESA
   (ARABAKO ERRIOXA ; la) ... 516
RONCAL (ERRONKARI) 309
RONCAL (vallée de) 307
RONCESVALLES (ORREAGA
   ou RONCEVAUX) 302
RONCEVAUX (vallée de) 301

S

SAINT-ESTEBEN 140, 141
SAINT-ÉTIENNE-DE-
   BAÏGORRY (BAIGORRI) 144
Saint-Ignace (col de) 110
SAINT-JACQUES
   (chemin de) 333
SAINT-JEAN-DE-LUZ
   (DONIBANE LOHIZUNE) 85
SAINT-JEAN-LE-VIEUX 153
SAINT-JEAN-PIED-DE-PORT
   (DONIBANE GARAZI) 150
SAINT-MARTIN-D'ARBEROUE
   (DONAMARTIRI) 141
SAINT-MARTIN-
   D'ARROSSA (ARROSA) 143
SAINT-MICHEL 156
SAINT-PALAIS
   (DONAPALEU) 159
SAINT-PÉE-SUR-NIVELLE
   (SENPERE) 114
Saint-Pée-sur-Nivelle
   (lac de) 116
Saint-Vincent (roseraie) 222
Sainte-Anne (pointe) 105
Sainte-Barbe (pointe) 95
SAINTE-COLOME 236
SAINTE-ENGRÂCE
   (SANTA GRAZI) 176
SALAZAR (vallée de) 306
SALIES-DE-BÉARN 259
SALINILLAS DE BURADÓN .. 525
SALVATIERRA-AGURAIN
   (AGURAIN) 502
SAMANIEGO 523
San Adrián (ermitage, Álava) ... 504
San Adrián (ermitage,
   Biscaye) 485
San Antonio (plage) 436
San Donato (ermitage) 353
San Juan de Gaztelugatxe
   (ermita de) 434
San Juan de Momoitio
   (ermita) 482
San Marcos (fuerte de) 384
SAN MARTÍN 352
San Martín de Tours
   (ermita) 316
SAN MARTÍN DE UNX 315
San Miguel d'Erenozar
   (ermitage) 442
San Miguel de Aralar
   (santuario de) 350
San Pelaio (ermitage de) 434
SAN SEBASTIÁN
   (DONOSTIA) 365
SAN VICENTE
   DE ARANA (DONE
   BIKENDI HARANA) 506
SANGÜESA (ZANGOZA) 312
Santa Catalina (ermita) 436
SANTA GRAZI
   (SAINTE-ENGRÂCE) 176

Santé 35
Santimamiñe (cueva de) 442
SARE (SARA) 110
Sare (grottes de) 113
Sare (parc animalier de) 114
SARRANCE 247
SARRÍA 509
SAUGUIS 168
SAUVETERRE-DE-BÉARN 271
Sayarre (mont) 157
SEGURA 411
Señorio de Bertiz (parc) 301
SENPERE (SAINT-PÉE-
 SUR-NIVELLE) 114
SÉVIGNACQ-MEYRACQ 235
Sites inscrits au Patrimoine
 mondial de l'Unesco 35
Sites internet 35
SOEIX 226
Somport (col du) 255
Somport (tunnel du) 246
SOPELANA 469
SORDE-D'ABBAYE 273
SORHAPURU 161
SOULE (XIBEROA ; la) 162
Sports 581
SUD-OUEST (vallées du) 514
SUMBILLA 294, 295

T

Tabac 610
TAFALLA 315
TARDETS-SORHOLUS
 (ATHARRATZE) 166, 171
Taxes et détaxes 610
Téléphone
 et télécommunications 611
TOLOSA 405
Toro 586
TORRES DEL RÍO 346
Transports 613
Trois-Rois (table des) 251
TROIS-VILLES (IRURI) 169
TUDELA (TUTERA) 320, 324
TUESTA 515
Tulebras (monastère de) 331
TUTERA (TUDELA) 320, 324

U

UGALDE 477
UHART-CIZE 156
UHART-MIXE 158
UHARTE-ARAKIL (santuario
 de San Miguel de Aralar) 350
UJUÉ (UXUE) 316
ULZAMA 348
Urbasa (palacio de) 353
URBASA (sierra d') 351
URCUIT 133
URDAIBAI (Réserve de la
 biosphère d') 441
URDAZUBI-URDAX 296
Urderra (sources de l') 352
URDIÑARBE (ORDIARP) 169
URDOS 254
URDUÑA (ORDUÑA) 514
UREPEL (UREPELE) 149
Urkiola (col d') 482, 483
URKIOLA (parc naturel d') 482
Urkulu (mont) 157
UROLA (vallée d') 414
URRETXU 417
URRUGNE (URRUÑA) 98
URT (AHURTI) 132
URTURI 507, 508
Urtubie (château d') 100
USTARITZ (USTARITZE) 118
UTERGA 335
UXUE (UJUÉ) 316
UZOS 203

V

VAL D'ADOUR 132
Valderejo (parc naturel de) 516
VALLÉES PYRÉNÉENNES
 (les ; Espagne) 293

VALLÉES PYRÉNÉENNES (les ; France) 223	VIELLENAVE 135
VALTIERRA 323	VILLABUENA DE ÁLAVA 521, 524
Veaux (col des) 127, 128	VILLAFRANCA 332
Ventas *590*	VILLAMAYOR DE MONJARDÍN 341, 345
VIANA 346	VILLANAÑE-VALDEGOVIA 514
VIC-BILH (le) 204	VITORIA-GASTEIZ 490
Vic-Bilh (vignoble du) 209	

X-Y-Z

XIBEROA (LA SOULE) 162	ZIRAUKI (CIRAUQUI) 337
YESA 312	ZIZUR TXIKIA (CIZUR MENOR) 334
Ysios (Bodegas) 523	
ZALDIBIA 410	ZUAZO DE VITORIA (ZUHATZU) 491
ZALDUONDO 504	
ZANGOZA (SANGÜESA) 312	ZUBIRI 305
ZARAUTZ 388	ZUDAIRE 352
ZEANURI 476, 477	ZUGARRAMURDI 296
ZEGAMA 412	ZUHATZU (ZUAZO DE VITORIA) 491
ZERAIN 412	
ZESTOA 416	ZUIA (région de) 509
ZIBURU (CIBOURE) 95	ZUMAIA 397
ZIORTZA (Ziortzako monastegia) 449	ZUMARRAGA 417

LISTE DES CARTES ET PLANS

- Álava (Araba ; l') 488-489
- Basse-Navarre (la) 137
- Bayonne 43
- Béarn (le) 182-183
- Béarn (le Pays basque et le) 10-11
- Bermeo 430-431
- Biarritz 62-63
- Bilbao 452-453
- Biscaye (Bizkaia ; la) ... 426-427
- Coups de cœur 14-15
- Distances par la route 2
- Donostia – San Sebastián 368-369
- Estella (Lizarra) 339
- Gernika-Lumo 439
- Guipúzcoa (Gipuzkoa ; le) 356-357
- Hondarribia 359
- Itinéraires 1 et 2 28-29
- Itinéraires 3 et 4 30-31
- Labourd (le) 38-39
- Navarre (Nafarroa ; la) 276-277
- Oloron-Sainte-Marie ... 224-225
- Pamplona (Iruña) 282-283
- Pau 190-191
- Pays basque et le Béarn (le) 10-11
- Saint-Jacques (les chemins de) 609
- Saint-Jean-de-Luz et Ciboure 87
- Saint-Jean-Pied-de-Port ... 151
- Soule (la) 163
- Tudela (Tutera) 325
- Vitoria-Gasteiz 492-493
- Zarrautz 390-391

Nous tenons à remercier tout particulièrement Loup-Maëlle Besançon, Thierry Bessou, Gérard Bouchu, François Chauvin, Grégory Dalex, Fabrice Doumergue, Cédric Fischer, Carole Fouque, Michelle Georget, David Giason, Claude Hervé-Bazin, Emmanuel Juste, Dimitri Lefèvre, Fabrice de Lestang, Romain Meynier, Éric Milet, Pierre Mitrano, Jean-Sébastien Petitdemange et Thomas Rivallain pour leur collaboration régulière.

Perrine Attout
Emmanuelle Bauquis
Jean-Jacques Bordier-Chêne
Michèle Boucher
Sophie Cachard
Caroline Cauwe
Lucie Colombo
Agnès Debiage
Jérôme Denoix
Tovi et Ahmet Diler
Clélie Dudon
Sophie Duval
Perrine Eymauzy
Alain Fisch
Cécile Gastaldo
Bérénice Glanger

Adrien et Clément Gloaguen
Bernard Hilaire
Sébastien Jauffret
Jacques Lemoine
Jacques Muller
Caroline Ollion
Justine Oury
Martine Partrat
Odile Paugam et Didier Jehanno
Émilie Pujol
Prakit Saiporn
Jean-Luc et Antigone Schilling
Alice Sionneau
Caroline Vallano
Camille Zecchinati

Direction: Nathalie Bloch-Pujo
Contrôle de gestion: Jérôme Boulingre et Alexis Bonnefond
Secrétariat: Catherine Maîtrepierre
Direction éditoriale: Catherine Julhe
Édition: Matthieu Devaux, Géraldine Péron, Olga Krokhina, Gia-Quy Tran, Julie Dupré, Emmanuelle Michon, Jeanne Cochin, Sarah Favaron, Flora Sallot, Quentin Tenneson, Clémence Toublanc et Sandra Vavdin
Préparation-lecture: Danielle Blondy
Cartographie: Frédéric Clémençon et Aurélie Huot
Fabrication: Nathalie Lautout et Audrey Detournay
Relations presse France: COM'PROD, Fred Papet. ☎ 01-70-69-04-69.
● info@comprod.fr ●
Illustration: Anne-Sophie de Précourt
Direction marketing: Adrien de Bizemont, Lydie Firmin et Clémence de Boisfleury
Contacts partenariats: André Magniez (EMD). ● andremagniez@gmail.com ●
Édition des partenariats: Élise Ernest
Informatique éditoriale: Lionel Barth
Couverture: Clément Gloaguen et Seenk
Maquette intérieure: le-bureau-des-affaires-graphiques.com, Thibault Reumaux et npeg.fr
Relations presse: Martine Levens (Belgique) et Maureen Browne (Suisse)
Régie publicitaire: Florence Brunel-Jars

Pour que votre pub voyage autant que nos lecteurs,
contactez nos régies publicitaires :
● fbrunel@hachette-livre.fr ●
● veronique@routard.com ●

Remarque importante aux hôteliers et restaurateurs
Les enquêteurs du *Routard* travaillent dans le plus strict anonymat. Aucune réduction, aucun avantage quelconque, aucune rétribution n'est jamais demandé en contrepartie. Face aux aigrefins, la loi autorise les hôteliers et restaurateurs à porter plainte.

Avis aux lecteurs
Le Routard, ce n'est pas comme le bon vin, il vieillit mal. On ne veut pas pousser à la consommation, mais évitez de partir avec une édition ancienne. Les modifications sont souvent importantes.

Les réductions accordées à nos lecteurs ne sont jamais demandées par nos rédacteurs afin de préserver leur indépendance. Les hôteliers et restaurateurs sont sollicités par une société de mailing, totalement indépendante de la rédaction, qui reste donc libre de ses choix. De même pour les autocollants et plaques émaillées.

Avec routard.com, choisissez, organisez, réservez et partagez vos voyages !
✓ Rejoignez la plus grande communauté francophone de voyageurs : plus de **2 millions** de visiteurs !

✓ Échangez avec les routarnautes : forums, photos, avis d'hôtels.

✓ Retrouvez aussi toutes les informations actualisées pour choisir et préparer vos voyages : plus de 200 fiches pays, une centaine de dossiers pratiques et un magazine en ligne pour découvrir tous les secrets de votre destination.

✓ Enfin, comparez les offres pour organiser et réserver votre voyage au meilleur prix.

Les **Routards** parlent aux **Routards**

Faites-nous part de vos expériences, de vos découvertes, de vos tuyaux. Indiquez-nous les renseignements périmés. Aidez-nous à remettre l'ouvrage à jour. Faites profiter les autres de vos adresses nouvelles, combines géniales... On adresse un exemplaire gratuit de la prochaine édition à ceux qui nous envoient les lettres les meilleures, pour la qualité et la pertinence des informations. Quelques conseils cependant :
– Envoyez-nous votre courrier le plus tôt possible afin que l'on puisse insérer vos tuyaux sur la prochaine édition.
– N'oubliez pas de préciser l'ouvrage que vous désirez recevoir, ainsi que votre adresse postale.
– Vérifiez que vos remarques concernent l'édition en cours et notez les pages du guide concernées par vos observations.
– Quand vous indiquez des hôtels ou des restaurants, pensez à signaler leur adresse précise et, pour les grandes villes, les moyens de transport pour y aller. Si vous le pouvez, joignez la carte de visite de l'hôtel ou du resto décrit.
– N'écrivez si possible que d'un côté de la lettre (et non recto verso).
– Bien sûr, on s'arrache moins les yeux sur les lettres dactylographiées ou correctement écrites.
En tout état de cause, merci pour vos nombreuses lettres.

122, rue du Moulin-des-Prés, 75013 Paris
● *guide@routard.com* ● *routard.com* ●

Routard Assurance *2016*

Née du partenariat entre *AVI International* et le *Routard*, *Routard Assurance* est une assurance voyage complète qui offre toutes les prestations d'assistance indispensables à l'étranger : dépenses médicales, pharmacie, frais d'hôpital, rapatriement médical, caution et défense pénale, responsabilité civile vie privée et bagages. Présent dans le monde entier, le plateau d'assistance d'*AVI International* donne accès à un vaste réseau de médecins et d'hôpitaux. Pas besoin d'avancer les frais d'hospitalisation ou de rapatriement. Numéro d'appel gratuit, disponible 24h/24. *AVI International* dispose par ailleurs d'une filiale aux États-Unis qui permet d'intervenir plus rapidement auprès des hôpitaux locaux. À noter, *Routard Assurance Famille* couvre jusqu'à 7 personnes, et *Routard Assurance Longue Durée Marco Polo* couvre les voyages de plus de 2 mois dans le monde entier. *AVI International* est une équipe d'experts qui répondra à toutes vos questions par téléphone : ☎ 01-44-63-51-00 ou par mail ● *routard@avi-international.com* ●
Conditions et souscription sur ● *avi-international.com* ●

Édité par Hachette Livre (58, rue Jean-Bleuzen, CS 70007, 92178 Vanves Cedex, France)
Photocomposé par Jouve (45770 Saran, France)
Imprimé par Lego SPA Plant Lavis (via Galileo Galilei, 11, 38015 Lavis, Italie)
Achevé d'imprimer le 11 avril 2016
Collection n° 15 - Édition n° 01
89/6154/9
I.S.B.N. 978-2-01-912475-5
Dépôt légal : avril 2016